全 番 組 表 集 成

まぼろしの大阪テレビ

～1000日の空中博覧会～

川崎隆章

＊本書をデジタポリス・高橋憲一さんに捧げます。

まぼろしの大阪テレビ

~ 1000日の空中博覧会 ~

目

Contents

次

Contents

- はじめに……………………………………010

第1章『誕生』
〜OTVの開局まで〜

（1906〜1956）

- 「放送」の夜明け…………………………014
- 大阪テレビ誕生……………………………020
- 堂島中一丁目13番地………………………026
- VTRと送信所………………………………032
- 開局四か月前………………………………038
- 開局30日前…………………………………042
- 番組表（1956年12月1日分）………………053
- 開局初日……………………………………055
- 番組表（1956年12月2日分）………………066
- 開局2日目…………………………………066
- 番組表（1956年12月3日分）………………068
- 開局3日目…………………………………068

第2章『熱狂』
〜テレビ時代のはじまり〜

（1956.12〜1958.7）

● 1956年12月
- OTV「完全番組表」について〜…………072
- 番組表（OTV）1956年12月4日〜31日……073
- これがOTVだ「大丸ミュージカルショーウィンドー」他…078

● 1957年1月
- OTVの組織　〜「まぼろしのテレビ局」の全容〜……082
- 番組表（OTV）1957年1月1日〜31日………085
- これがOTVだ「ロンドン・東京5万キロ」他………089

● 1957年2月
- ＯＴＶニュース　〜鳥より高く、消防車より早く〜…092
- 番組表（OTV）2月1日〜28日………………094
- これがOTVだ「棟方志功の版画芸術」他……098

● 1957年3月
- 経済サロン　〜関西経済界の司令塔〜……………100
- 「経済サロン」タイトル一覧………………102
- 番組表（OTV）1957年3月1日〜31日………104
- これがOTVだ「マンガと野球のひなまつり」他……109

● 1957年4月
- をどりの春　〜4月の舞踊公演中継〜………110
- 番組表（OTV）1957年4月1日〜30日………112
- これがＯＴＶだ「二つの椅子」「びっくり捕物帖」他…116

● 1957年5月
- 料理手帖　〜くいだおれの街が納得した料理番組〜………120
- テレビ料理365日〜50年代の関西の味を再現できる本〜…125
- 料理手帖の料理一覧（新聞番組表で予告されたもの）
  （1956年12月4日〜1959年6月7日）…………128
- 番組表（OTV）1957年5月1日〜31日………140
- これがＯＴＶだ「街頭中継・街の景気はどうですか」他…145

● 1957年6月
- OTVの野球中継　〜テレビ野球中継の黎明期〜…147
- 番組表（OTV）1957年6月1日〜30日………149
- これがOTVだ「シラレン国」他……………154

● 1957年7月
- テレビロケーション
  〜日本初・特定対象のない実況中継………155
- 番組表（OTV）1957年7月1日〜31日………159
- これがOTVだ「音響フィルム」「名探偵ルコック」他…163

● 1957年8月
- ドキュメント「大遠征」〜テレビ中継の大航海時代〜…165
- 番組表（OTV）1957年8月1日〜31日………171
- これがOTVだ「テレメンタリー・日本の旅」他……176

● 1957年9月
- OTVの演芸番組　〜戦前の大御所が勢揃い〜……179
- OTVが放送した演芸番組リスト……………180
- 番組表（OTV）1957年9月1日〜30日………185
- これがOTVだ「私はOTVのアナウンサー」他……190

● 1957年10月
- もうひとつのOTV〜最後に残った「ネコの目」………192
- 「家庭百科」放送リスト……………………194
- 番組表（OTV）1957年10月1日〜31日……196
- これがOTVだ「新聞にもの申す」「時の目」他………200

● 1957年11月
・ミナロン・ドリームサロン
　　～元祖・ミュージックビデオ番組～…………202
・各局の繊維系音楽番組………………………203
・座談会（2013年12月1日・中之島）…………207
・番組表（OTV）1957年11月1日～30日………215
・これがOTVだ「ゴルフ学校」他………………220

● 1957年12月
・テレビ、空へ、海へ
　　～技術開発で広がったテレビ生中継の世界～…221
・年表「カメラ小型化、移動体からの実況」……223
・番組表（OTV）1957年12月1日～31日………224
・これがOTVだ「かんてき長屋」「プロレスアワー」他…229

● 1958年1月
・三つの交通災害
　　～鉄道・船舶・飛行機、そして「人」～………232
・番組表（OTV）1958年1月1日～31日…………236
・これがOTVだ
　　「製油所を訪ねて」「おっさん人生」他…………241

● 1958年2月
・OTVのプレミアムドラマ　～ドラマの限界に挑む～……242
・番組表（OTV）1958年2月1日～28日…………250
　・これがOTVだ「テレビページェント・良弁杉」他…255

　● 1958年3月
　・全枠、定価で完売　～暗かった最初の見通し～………256
　・番組表（OTV）1958年3月1日～31日…………258
　・これがOTVだ「オールブラックス対全関西」他……263

● 1958年4月
・プロレスアワー～知られざる中継番組～………265
・番組表（OTV）1958年4月1日～30日…………273
・これがOTVだ「やりくりアパート」「パッチリ天国」他…277

● 1958年5月
・歌舞伎・文楽・家庭劇～大人気だった劇場中継～…280
・番組表（OTV）1958年5月1日～31日…………284
・これがOTVだ「総選挙特番」「ポーラ婦人ニュース」他……289

● 1958年6月
・OTVとクラシック音楽
　　～服部からショスタコービッチまで～…………291
・番組表（OTV）1958年6月1日～31日…………293
・これがOTVだ「ちんどんやの天使」他…………298

● 1958年7月
・富士山頂から生中継　～忘れられていた「世界記録」～…301
・番組表（OTV）1958年7月1日～31日…………309
・これがOTVだ
　「いつもどこかで」「天神祭二元実況中継」他……314
・黎明期のテレビ局一覧
　　～1959年までに開局したもの～………………316

第3章『増幅』
～多局化のはじまり～

● 1958年8月
・讀賣テレビの誕生
　　～日本を縦貫するステーションネット～………320
・YTV開局直後の番組表
　　（1958年9月15日　～21日　）……………326
・日本最初の准教育局……………………………327
・番組表（OTV）1958年8月1日～31日…………328
・これがOTVだ「テレビ婦人スクール」他………333

● 1958年9月
・テレビの笑い、大阪のテレビ。
　　～大村崑インタビュー・前篇～………………335
・番組表（OTV）9月1日～31日…………………346
・これがOTVだ「部長刑事」「道頓堀アワー」他……350

● 1958年10月
・テレビの笑い、大阪のテレビ。
　　～大村崑インタビュー・後篇～………………355
・番組表（OTV）10月1日～31日…………………364
・これがOTVだ
　　～「人間計算機」「科学大博覧会・原子力館」………369

● 1958年11月
・関西テレビ開局 〜完全ローカル、苦闘の半年〜……370
・KTV開局直後の番組表
　（1958年12月1日〜31日）……373
・番組表（OTV）1958年11月1日〜31日…376
・これがOTVだ
　「写楽の大首」「芽」他……381

● 1958年12月
・テレビドラマの一週間 〜15分ドラマ全盛期〜…384
・番組表（OTV）1958年12月1日〜31日…393
・これがOTVだ「誕生日十二月一日」「行く年くる年」…397

● 1959年1月
・いよいよ合併 〜クジびきまでの道〜……400
・番組表（OTV）1959年1月1日〜31日…402
・これがOTVだ「モスクワ芸術座公演・桜の園」他……407

● 1959年2月
・テレビのタニマチ
　〜OTV西を支えた企業とブランド〜……408
・番組表（OTV）1959年2月1日〜26日………412
・番組表（ABC-OTV）2月27日〜28日………416
・これがOTVだ「ジャック・ティーガーデン・ショウ」…417

第4章『展開』
〜事情が生んだ多様性〜

（1959.3〜1959.6）

● 1959年3月
・ＭＢＳテレビ開局〜ハンデを強みにかえたスタート〜…420
・MBS-TV 番組表（1959年3月30日〜4月5日）…425
・番組表（ABC-OTV）1959年3月1日〜31日…427
・これがOTVだ「マスコミセンター」「LMS珍道中」…432

● 1959年4月
・通天閣と東京タワー
　〜大阪人が建てた日本一の電波塔〜……434
・番組表（ABC-OTV）1959年4月1日〜31日……439
・これがOTVだ「皇太子殿下御成婚特別番組」他…………443

第5章『OTVが残した言葉』

（1959.5〜）

● 1959年5月
・OTV名言録……446
・番組表（ABC-OTV）1959年5月1日〜31日……452
・これがOTVだ「新任イギリス大使を囲んで」他……457

● 1959年6月
・OTVの遺産
　〜テレビを発展に導いた5つの種〜……458
・番組表（ABCテレビ）1959年6月1日〜7日……464
・番組表（MBSテレビ）1959年6月1日〜7日……465
・番組表（関西テレビ）1959年6月1日〜7日……466
・番組表（讀賣テレビ）1959年6月1日〜7日……467

●付録
・OTV放映番組リスト……470
・「芸名略称・別称」対照表……………………………………
491 ●おやすみの前に〜あとがきにかえて〜……496
・本書刊行までの流れ・資料解説・研究者の皆様へ……516

まぼろしの大阪テレビ

~ 1000日の空中博覧会 ~

はじめに

　昭和三十年代初頭のことである。

　伊丹空港に俳優・森繁久彌氏を出迎えた車が、北浜の料亭に到着した。

　案内された一室で待ち構えていたのは、当時の在阪各界首脳というべき面々であった。

　「今日は、大阪でテレビを始めることになったので、NHKや民間テレビを経験したアンタに来てもらって、ひとつ座談風にいろいろとお話を願う…ということなんだが」と迎えたのは、まもなく開局予定の「大阪テレビ放送」の役員の一人である高橋信三氏であった。

　森繁氏がこのような席に呼ばれたのは初めてではない。戦後、新日本放送が開局する時、森繁氏が戦前、満州電電の新京放送局でアナウンサーをしており、広告放送の現場を経験していたということで、当時、新日本放送の専務であった高橋氏の声がけで北浜の料亭に呼ばれたのであった。

　話が局舎の事となり、高橋氏が「もうすでに建築にかかりつつあるんだが、一度スタジオの設計を見てほしい」と問い掛けると、森繁氏は急に勢づいて弁舌を奮い始めた。

　「大スタジオを何のためにお建てになるんですか？　今日は、大阪『に』テレビ局ができる話ですか、大阪『の』テレビ局を作ろうというお話でしょうか。私は、大阪『にも』テレビ局を作るというお話ならさしたる関心はありません。しかし、東京のものとはさすが一風変わった『いかにも大阪らしいテレビ局を作ろう』というのなら大いに関心があります」

　森繁氏は身を乗り出した。

　「まず、大きなスタジオを作るかわりに、もっとも優れたテレビ中継車を五台用意します。うち二～三台は、その日の催事や芝居、寄席、競馬、野球を刻々中継し、残りの何台かは警察や新聞社に置いて、事件発生とともに飛び出して、劇場であれスポーツであれ、随時寸断して事件・事故の現場から中継する…」

　高橋氏はこれに「フン、おもしろいなあー」と応えた。

　東京でテレビ出演を経験している立場からの提案とはいえ、森繁氏の奇抜なアイディアはどれほど影響を与えたのだろうか。1956年12月に開局した大阪テレビ放送（以下OTV）は、関西一帯のあらゆる現場に急行し、真っただ中に飛び込んでいった。陸を駆け、空を飛び、海を渡り、生の声を拾い、現場の表情を発信した。

　事件・事故ばかりではない。心斎橋の賑わい、道頓堀の喝采、歌劇の響き、太棹の唸り、阿倍野体育館のプロレス、大阪球場の喚声、天神祭の手締め、祇園祭のコンチキチン、神戸港の汽笛、美術展、国際展示会、工場、天文台…中継車は世間の喜怒哀楽を毎日のように追いかけ、家庭や街頭に新たな熱狂を巻き起こした。

　OTVの社史 *"Album OTV"* には、中継課の守屋篤太郎課長の「開局以来の中継回数290回、TVカー（中継車）の走行距離18,000キロメートル」という言葉があるが、これにフィルム式カメラの活躍を加えると、OTVが、まさに関西の一帯を「巨大なスタジオ」にしてしまったことがわかる。

　一方、局舎の中には演劇や現代美術、映画現場などのノウハウを貪欲に学ぶ若きアーティストたちがいた。彼らは前例を持たぬ「テレビの芸術家」であった。

　スタジオを居所のように過ごし、一回こっきり再演なしの「作品」のために、新しい道具や素材をさがし、マニュアルにないオペレーションを考

え、誰にもできなかった表現を探し続けた。前例のない脚本、前例のない工具、前例のない塗料、前例のない機材…すべての「賭け」を一本の「番組」に叩き込んだのだ。

OTVは人々に新しい「熱狂」を提供した。役員や営業はスポンサー企業の社長や重役にスタジオ見学をすすめ、テレビの世界がいかに熱く、面白いかを口説いた。そしてついには、その面白さを伝える「フィルムパンフレット」を作成し「電波で」各社に送り届けた。インターネットによるビジュアルプレゼンテーションから半世紀前に、大阪ではこんな「未来」が具現化されていたのだ。

OTVの番組制作は「テレビとは何か」という問いから始まった。ゼロからの「コンテンツ開発」である。ある人は夢の箱をイメージし、ある人は遠眼鏡をイメージした。その画面に映し出されるのは時に真実、時に虚構。こんな「嘘も誠も一緒くた」の小さなステージなど今までなかった。唯一視聴者が感じた真実は「現場の熱狂」であったのかもしれない。

ところで、日本のテレビジョン史はいままで何度となく綴られてきたが、その中で「OTV」について どれほど語られてきただろうか。

テレビ放送黎明期のあちこちにOTVが深くかかわり、数々の冒険を重ね、日本記録や世界記録を樹ち立てたことなど、あまりにも知られていない。あるいは忘れ去られている。

OTVはテレビの中に「笑い」と「人情」という巨大な鉱脈を掘り当て、その資源を活用して、全国に大阪のポジティブなイメージをひろめた。その後、大阪に開局した第二・第三・第四のテレビ局もこの鉱脈を最大限活用し、大阪を日本中にとって「身近な存在」にした。

まさに在阪テレビ局の番組は、大阪・上方の文化を全国に伝える「ショーウインドウ」として機能し、街を売り出していったのだ。

いまや、全国どこでも、どの時間にチャンネルをあわせても、大抵どこかで関西弁が聞こえる。テレビの世界においては、大阪の存在感は（かなりステレオタイプではあるが）ひろがる一方である。

また、テレビ大国・日本では「受像機」の多くが大阪で生産され、世界に送り出された。さらに、昭和の街景色に欠かせない「八木アンテナ」を発明した八木秀次博士は、かつて大阪大学総長でもあった。

もはやテレビジョンと大阪は切っても切れない。もはや「テレビは大阪の地場産業や」と言っても差支えないのではないだろうか。

＊＊＊

本書は、大阪・関西の映像文化を研究するうえで大きな空白地帯であった「大阪テレビ放送」について、公刊データを再編集し、当時、現場にいた方々の証言等とあわせて紹介するものである。

鈴木剛社長（画：小島のぶ江）

テレビジョンは
大阪の地場産業である

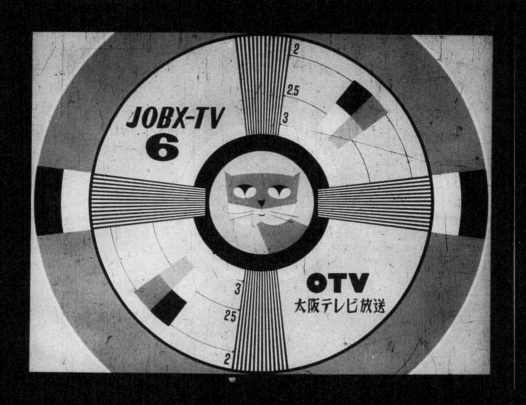

第1章『誕生』
〜OTVの開局まで〜
1906〜1956

日本初のステーションマスコットをあしらったテストパターン

「放送」の夜明け

●情報共有手段としての「放送」

1910〜20年代にかけて、世界の無線研究者の中に、無線電話による「Broadcast」を、情報共有手段の一つとして研究する人々があらわれた。

なかでも、米カリフォルニア州サンノゼ在住の若き無線研究者チャールズ・ヘロルドは、1906年にサンフランシスコとその周辺を襲った大地震の体験から、無線電話による広範囲での情報共有を思い立ち、震災の3年後、サンノゼでBroadcastingの実験を開始。1910年からは定時放送となった。この局はその局名アナウンスから「サンノゼ・コーリング」と呼ばれた、世界初のラジオ放送局である。

この頃（ちょうど1990年代のインターネットにおける状況と同様に）、無線電話の大衆普及によって社会全体・世界の仕組みが大きく変わると夢見ていた人が少なからずいた。また、第一次世界大戦に隣接した時期でもあり、情報に対する関心が急速に高まっている時でもあった。そういう背景の中、第一次大戦を経験した無線家の中に、無線電話と家庭の受信機を結んで最新の戦況を伝えるというスタイルを考えた人々が現れ、具体的な実験にとりかかった。

1920年代になると、産業界もこの動きに関心を示し始め、受信機販売と放送局をセットにしたビジネスモデルを企画し、これを実証実験する企業があらわれた。この中から最初に商業放送の免許を得たのが、一般に世界最初のラジオ放送局といわれている米ピッツバーグ市の「ウエスチングハウス放送局・KDKA」である。なお、先に開局したサンノゼ・コーリングは1921年にKQW放送局となり、やがてCBS傘下のKCBS放送局となって、現在も放送をおこなっている。

これらの放送局は、いずれも、この年代に大きな影を落とした大災害や戦争に際して「市民による情報共有」の必要性を感じた人々が、新たな情報ライフラインの開発に挑んだ結果誕生したものであるといえる。

●大阪における「放送」のはじまり

1917年、ロシアでボルシェビキが革命を成功させた際、世界に展開した革命軍の戦艦が無線電話からメッセージを放送した。そのため、アメリカでは一般無線家の送受信が一時禁止された。これは人々が世界の大きな変化を、ラジオで直接触れることができるようになったことを重視した結果だ。欧・米では数多くの無線雑誌が刊行され、やがて帰国者を通じてアジア・日本に持ち込まれた。やがて、日本でも官・民両側から無線電話の研究をすすめる人があらわれ、新聞社などがいち早くその可能性に関心を示した。

こと新聞社は、紙に代わる「声の新聞」の実現に向けてすぐに動き始めた。

1923年、関東大震災が動機となって、日本でも「私設無線電話局」の法的整備がおこなわれ、全国各地で公開実験や啓蒙行事のため、免許が申請された。

各地でさまざまなデモンストレーションがおこなわれるなか、大阪の朝日・毎日両紙は現在のラジオにつながる「報道と娯楽をとりまぜた」実験放送をおこない、デパートで公開聴取をおこなった。

このデモンストレーション放送は、ニュースあり音楽あり浪曲あり、役者による声の芝居や講演まであるという本格的なバラエティであり、まさに現代の放送の原型ともいえる。事業としての正式な放送でこそないが「放送らしい放送を実現した」という点では、堂島や中之島が日本の放送の「出発点」と言っても過言ではない。

●日本放送協会の誕生

ところが政府の方針は「放送免許は一都市一局」

というもので、大阪でも新聞社を含む多くの申請社が一つのチャンネルを奪い合ったが、最終的に、政府の勧めによって免許申請は一本化され、朝日・毎日も単独自営による「声の新聞」実現を断念せざるをえなかった。1925年には一本化によって民営の放送会社「社団法人大阪放送局（JOBK）」が開局。東京ではJOAK、名古屋ではJOCKが開局。いずれも広告こそないが民間が運営する放送会社であった。

ところが翌年、これらに解散命令が下され、新たに設立された「社団法人日本放送協会（現在のNHKの前身）」が三局を吸収。朝日・毎日はJOBKとのつながりを失った。

そこから終戦まで「放送普及」は国策の中心に置かれ、樺太から九州・沖縄・台湾・南洋諸島、朝鮮、関東州、満州にまでひろがる巨大なラジオネットワークが建設された。

一方、同じ頃、日本ではテレビ放送の実現にも力がそそがれていた。ヨーロッパ生まれの機械式テレビジョンにかわる、浜松高工で開発された「電子式テレビジョン」の実用化も進み、これと無線を結びつけた「テレビ放送」の技術も確立された。

1940年夏のオリンピックが東京に決定すると、この実況中継を目標とした「日本放送協会技術研究所テレビジョン実験局（J2PQ）」が設けられた。

ところが、オリンピックは返上され、国際情勢の緊張と共に、テレビ実験そのものが中止された。既に本放送を始めていたイギリスや、実験放送中のアメリカも中止した。

第二次大戦が終わるまで、世界からテレビジョン放送はいったん姿を消し、それらの技術は軍事レーダーなどに利用された。

●フリー・ラジオ

第二次大戦が終わって、1945年9月25日、米軍第六軍が和歌山から上陸。そのまま北上して27日には大阪に駐留し、大阪市東区北浜に司令部を置いた。

それに先立って23日、太平洋戦線で活動していた米軍の移動放送隊「ジャングル・ネットワーク」が大阪入りし、大阪放送局（JOBK）の施設を接収して「WVTQ」放送が始まった（このアメリカ式のコールサインは担当した部隊のもの）。上陸した兵員や、収容中の捕虜に向けたメッセージを放送した。同じ頃横浜でも停泊中の艦上から移動放送隊による同様の放送が始められ、連合軍の接収下にあった東京放送局から「WVTR」放送が始まった。

さらに、連合軍司令部（以下GHQ）でメディアを統括する立場にあった民間情報教育局（CIE）の指導により、日本放送協会の番組も大きく改革された。軍国色が徹底的に排除され、戦時下の軍や政府の動きを鋭く告発するような放送もはじめられた。当然、戦時中禁止されていたジャズなどの「敵性音楽」は解禁され、一方で軍記物の講談や、武芸・忠勇をたたえる物語、忠臣蔵のような「仇討」を想起させるものが禁止された。

こうして、たった十日たらずで日本の放送事情は逆転したのである。

日本人の中からも、新聞・放送・出版の戦争協力に対する批判があがった。メディア自身の中からも反省の声があげられた。

一方で、戦時に痛感した「放送の威力」を、今度は国家・社会の再建に生かそうと構想する人々もあらわれた。

終戦から一か月たたぬうちに、関西財界の名門の一社「寺田合名」の寺田甚吉が中心となって、新しい放送のための話し合いがもたれた。9月には寺田合名ビルに「新放送会社創立事務所」の看板が掲げられた。この会議には元日本放送協会の岩崎愛二が合流した。

やがて、同様の構想を抱いていた大阪毎日新聞社の本田親男編集局長と高橋信三編集総務がこれに合流し、「新日本放送株式会社」を出願した。これは実質的にのちの新日本放送（NJB）につながるものである。

東京では3つの動きが目立っていた。終戦早々、銀座・教文館ビルで弁護士・天野辰夫氏と、元日本放送協会技術部長で健康器具メーカー「伊藤超短波」の創設者である伊藤豊氏らが立ち上げた「国民放送協会」や、元代議士亀井貫一氏が立ち上げ、早稲田大学の山本忠興博士が技術顧問についた「常民生活科学技術協会」、東京商工経済会理事長の船田中氏を中心に日本電報通信社の吉田秀雄常務や東京芝浦電気、日本電気の関係者が参画した「民衆放送株式会社」がそれぞれ出願。このうち「民衆放送」はのちのラジオ東京（KR）につながる。

名古屋では財界が積極的に動き、名古屋商工経済会の三輪常次郎会頭を発起人総代とし、中部日本新聞社の杉山虎之助社長と小島源作連絡部長が協力して「中部日本放送株式会社」の申請書が逓信省に提出された。

日本放送協会の独占体制を打破する「フリー・ラジオ」と呼ばれた当時の民間放送は一種の言論解放運動の様相を呈していたが、一方ではこの動きに呼応するかのように、当時の逓信員総裁松前重義氏が逓信省による民間放送プランを作成しGHQに説明した。松前氏はのちに、自ら筑波山からの短波送信による全国向けの大学放送を申請し、さらには東海大学FM実験局（JS2AO）やFM東京（JOAU-FM）に参画して放送による通信教育に尽力した。

このように、事業者側も政府も民間放送に意欲を燃やしていたが、当時日本を占領していた連合軍総司令部（GHQ）民間通信局のハンナー部長は「民間放送は考慮しない」と発言した。さらには1946〜47年の対日理事会で英・華・ソが反対意見を求めたことで一旦却下された。GHQは占領下においては一元放送体制の方が施政上好ましいと判断したようだった。

さらに、1947年にはGHQにより船田中、寺田甚吉、岩崎愛二が公職から追われ、有力な民間放送構想はほとんど撤収せざるを得なくなった。ただ、その陰で、毎日新聞の本田・高橋コンビや電通の吉田のような水面下での研究を進める者によって、火種は保存されていた。

● テレビ実験放送再開へ

終戦後、GHQによって日本国内でのテレビジョン研究は禁止され、戦前からの日本放送協会の技術実験は再開できないでいた。これはテレビジョン研究が、たとえばレーダーなどの軍用技術に転用できるという懸念からであった。

ところが、そんな話をよそに、終戦から二年目の秋、テレビジョン放送の事業化に小さな火がともった。

1947年9月1日、A級戦犯の容疑が晴れて自由の身となった讀賣新聞社の正力松太郎氏は、のちにNTVの取締役となる皆川芳造氏から耳寄りな情報を聴いた。

「近頃アメリカでテレビ放送が始まったが、これは非常な勢いで伸びると思う。日本でも始めたらどうか」

これは三極真空管や発声映画の発明者であるド・フォーレ博士の誘いであり、皆川はこの提案に乗るつもりで実業家の正力に話を勧めてきたのだ。

正力は大いに関心を示し、早速これをプラン化してGHQに打診したところ「時期尚早」として相手にされなかった。

そこで、これを突破するため、戦前、日産コンツェルンを率いて敏腕をふるった鮎川義介氏に相談し、正力氏の起業力に対するお墨付きを貰い、正力氏を先頭とした推進体制を確立した。

体制確立後、皆川氏はド・フォーレ博士に書簡を送り、正力の実績（讀賣新聞や職業野球の成功など）や社会的信用などを伝えた。そして、博士を通じて米国務省に事業への許可を願い出た（当時日本ははまだ連合国の占領下にあった）。

すると、国務省から「マッカーサー元帥と直接交渉せよ」という回答があったため、1949年10月6日に元帥にあてて嘆願書を送り直し、この体

制を強く推した。

　日本政府に対するアプローチもおこなわれた。こちらは正力氏自身があたり、構想を携えて藤原銀次郎、池田成彬両氏を訪れ、吉田茂首相への仲介を依頼したところ、一週間後、吉田茂氏から「テレビをやることに差支えはないが、日本ではまだテレビ受像機が高価で、贅沢品であるから、日本におけるドルを使用してはならない、というマッカーサー元帥の反対意見もあり、政府としては深入りしたくない」という回答があった。

　1949年の時点で、日本のテレビジョン放送については、NHKを除けば正力・皆川周辺以外は誰も積極的ではなかったようだ。いずれにしても正力氏は公職追放のさなかにあり、これが解除されない限り、計画を前にすすめることは困難であった。

●電波三法

　1946年10月、日本放送協会従業員組合が20日間にわたる全面停波ストライキを決行した。政府は危機回避のため「国家管理放送」という非常手段で、ストライキに関与しない管理職などを動員して東京放送局の送信所から直接、ニュースや天気予報を放送した。

　このストライキは、民間放送に反対していたGHQの意見を賛成に傾かせた。

　1948年6月にはGHQの示唆を受けて芦田内閣下で逓信省から放送法案が提出された。しかし10月に昭電疑獄で芦田内閣が倒れ、これにかわって登場した吉田内閣はこれを撤回した。また、NHKも民間放送に激しく抵抗し、GHQや国会議員に阻止をはたらきかけた。

　1949年、郵政省と電気通信省が分離された。この際、電気通信省に「電波庁」が設けられた。このあと、放送の管理行政権についてGHQと吉田内閣とのあいだで対立が起き、民間放送の具現化はさらに遅れた。

　1950年5月2日、日本の新しい電波運用・放送管理を支える「電波法」「放送法」「電波監理委員会設置法」が公布され、6月1日に施行された。現在の「電波の日」である。

　これをきっかけに、前にもまさる勢いで全国に放送局設立の動きが高まった。

　国の方針は、まずは「一都市につき一局」、東京のみ「性格の違う二局」とされた。そのため、複数社から申請がある時はこれを一本化させた。

　東京ではGHQによって申請を取り下げられた「民衆放送」「常民科学技術協会」「国民放送協会」がそれぞれ再申請し、加えて毎日が「ラジオ日本」、朝日が「朝日放送」、読売が「讀賣放送」を申請。それ以外にも松前重義による教育短波放送局や、時報専門放送局など特色のある申請が出願された。

　大阪でも同様に、一度却下された新日本放送が毎日新聞社から再び申請され、戦前来のライバルである朝日新聞のほか、産業経済新聞（以下「産経新聞」）、国鉄などの申請も並んだ。

　朝日と毎日は全国各地で申請し、大阪を中心とした全国放送網を計画していた。

　毎日の計画は、大阪に申請中の「新日本放送」を本局とし、東京に申請中の「ラジオ日本」、福岡に申請中の「ラジオ九州」の3つを基幹局とした全国放送網を結成するものであった。このネットワークには「ラッポン（RAPPON）」という名前がつけられていた。

●一本化をはねのけた大阪

　ところが、既述のとおり東京は性格の違う2局、大阪は1局という割り当てであり、いずれも新聞社系である朝日と新日本は一つのチャンネルを奪い合うこととなった。

　名古屋では中部日本新聞社を核に、すぐに申請がまとまり「中部日本放送（CBC）」が免許第一号「JOAR」を獲得した。

　東京も早々に申請者の一本化が進められ、その中で「国民放送協会」と合流した「民衆放送」が電通主導の「東京放送」となって、「朝日放送（朝

日新聞社）」「ラジオ日本（毎日新聞社）」「讀賣放送（読売新聞社）」と一本化。これが東京最初の民間ラジオ局「ラジオ東京（KR）」である。時間がかかったため免許は第11番目でコールサインは「JOKR」であった。

東京における自営単独開局がかなわなかったため、毎日による全国網計画は頓挫した。東京のもう一波は宗教団体の合同による「財団法人日本文化放送協会（NCB）」が取得した。

本陣である大阪では朝日・新日本が最後まで一本化を受け入れず、大正時代のデッドヒートが再現された。

両社はさまざまな機会で論争を展開したが、ついにはGHQまで巻き込んで、メディア論に及ぶほどの大議論となり、最終的には政府が「大阪のみ2局免許する」と決断したのである。

こうして1951年4月21日に、申請が受理された16局に予備免許が与えられ、サンフランシスコ平和条約が締結された9月1日に免許第15番目の新日本放送と名古屋の中部日本放送、そして11月11日には第14番目の朝日放送が開局した。

1951～1952年に開局した放送局は右のとおり（開局順・局名は愛称）。

＜1951年＞
JOAR 中部日本放送 CBC 9月1日 6:00
JOOR 新日本放送 NJB 9月1日 12:00
JONR 朝日放送 ABC 11月11日
JOFR ラジオ九州 RKB 12月1日
　　　（旧RAPPON計画の「ラジオ九州」）
JOKR ラジオ東京 KR 1951年12月25日

＜1952年＞
JOBR ラジオ京都 KHK 1月1日
JOHR 北海道放送 HBC 3月10日
JOSR 信越放送 SBC 3月25日
JOQR 日本文化放送協会 NCB 3月31日
　　　（複数宗教団体の相乗りによる財団法人）
JOCR ラジオ神戸 CR 4月1日
JOIR ラジオ仙台 5月1日
JOMR ラジオ北陸 5月10日
JOLR 北日本放送 KNB 7月1日
JOJR 四国放送 JR 7月1日
JOPR 福井放送 FBC 7月20日
JOER ラジオ中国 RCC 10月1日
JOVR ラジオ静岡 VR 11月1日
JODR ラジオ新潟 RNK 12月24日

注：
＊1）局名はすべて放送上の通称。
＊2）JOAR～JOPRは第一期に交付された局。
＊3）JODRは第一期免許では「姫路市営放送」に付与されたが開局できずラジオ新潟へ。
＊4）JOBRは多くのデータでは12月24日開局とされているが、24日は開局記念式典中継と特別番組を放送し、翌日から大晦日までサービス放送であったため、本放送開始は1月1日である。
＊5）JOGRは第一期免許で西日本放送（久留米市）に付与されたが開局できずラジオ青森へ。
＊6）日本文化放送協会は唯一の財団法人局。免許申請の際には仏教系などの申請と一本化されたが、実質的にはイタリアに本部を持つ聖パウロ修道会の日本支部が運営を担っていた。

このように、全国に続々と民間ラジオ局が開局し、このうちNJB、ABC、KR、NCBの四社が全国に多くの番組を供給した。

このうち在阪のNJB・ABCは関西芸能界の人材と企画力で在京局に立ち向かった。ABCは笑い、NJBは一般参加番組を得意とし、また、当時関西にはプロ野球チームが五つ（阪神、阪急、南海、近鉄、松竹）もあったため、野球中継でも在阪局の存在感は大きかった。まさに両社は大阪にいながら「地方局とは異なる立場」を得ていたのである。

大阪テレビ社旗

大阪テレビ誕生

●テレビ時代到来

電波三法施行の翌年、つまり1951年の元旦、讀賣新聞は「テレヴィ実験放送開始」と題する社告を発表し、テレビ実験を申請する旨を発表した。

同年5月、衆議院本会議で「テレビジョン放送実施促進に関する決議案」が可決された。これを受けてNHKは既に実験放送に着手していた東京に続き、大阪と名古屋でテレビジョン実験放送を開始した。

大阪ではNHK大阪放送局がテレビジョン実験局を立ち上げた。まず三越大阪店の「躍進する電波展」にあわせて1951年6月25日から7月4日まで実験放送(出力30W)を実施した。

送信機は技術部の事務机の上に置かれ、屋上の仮設アンテナから送信した。馬場町の局舎は上町台地の上にあったため、たった30Wにもかかわらず大阪市内をカバーすることができた。

この実績を受けて1952年2月26日からは金・土曜日に3時間ずつの定期放送を開始した。

1952年6月18日、電波監理委員会は「放送局の開設の根本的基準」を改正し、テレビジョン関係の規定を追加した。

これを受けて7月3日、CBCがラジオとの兼営によるテレビ放送免許を申請した。これは在京企業以外ではじめてである。

一方、京浜地区ではNHKとNTVが争っていたが、7月31日にNTVに第一号の予備免許が交付され、この結果を受けて東京・麹町(二番町)の局舎建設が始められた。

戦前から実験してきたにもかかわらず予備免許免許第一号を逸したNHKは、本放送こそ第一号をと、世田谷の放送技術研究所にある実験用設備を改造し、本放送に間に合わせることにした。

両社はともに全国ネットワーク化を構想していたが、ラジオでの実績を持つNHKは、すぐに自営で「下り専用」マイクロ中継回線を建設。これにより、1953年1月11日から名古屋・大阪でも東京発の番組がネットワーク放送できるようになった。

●世界有数のテレビジョン・シティ誕生

大阪ではNHK実験局が1952年11月20日から生駒山頂からの送信に切り替え、出力も5KWに増力。サービスエリアは近畿を超え、四国、中国、中部地方の一部にまで拡大した。翌2月1日には「NHK東京テレビジョン」の開局式の模様を同時に放送している。NHKテレビジョンの本放送第一声は、実は近畿・東海エリアでも見ることができたのである。

当時、NHK大阪ほどの到達範囲やエリア人口を抱えたテレビ局は世界的にも稀であった。なによりこれは生駒山上からのマウントトップ送信によるところが大きい。アンテナを含めると700m近い高さからの送信で、しかも大阪市内まで十数キロという近さである。また。高い位置から降り注ぐ電波はビルの林立にも強かった。

NHK大阪は東京からの番組を中継しながら、その合間に、スタジオから上方芸能やスポーツ試合を放送したり(たとえば日本におけるプロレスリングの試合第一号はNHK大阪であった)、市中の劇場に中継カメラを持ち込んだりして、大阪での存在感をアピールした。大阪局独自のドラマも制作・放送された。

しかし、NHK大阪には大きな弱点があった。当時はローカルニュースの発信が難しかったのである。

NHK大阪は、映像報道に関しては取材・編集の技術や設備が十分になく、それに加え、NHKのテレビニュースは、NHK大阪が本放送(1954年3月)に入ってからでさえ、大阪の出来事であっても、撮影したフィルム素材を夜行列車で一旦東京まで運び、翌日の東京発のニュース時間に間に合わせなければならなかった。つまり大阪の視聴者から

みればローカルニュースは常に「一日遅れ」だったのだ。

これを見て大阪の視聴者は、テレビに関心を示しながらその一方で、NHKテレビについて「もっと身近な放送やったらえぇのに」と思っていた。

●朝日と毎日の歴史的合弁

いったん話を遡る。

NTVが予備免許を手にした翌日、すなわち1952年8月1日に朝日放送と新日本放送が共同で「大阪テレビ放送設立準備委員会（仮称）」を結成すると発表。同30日には、朝日放送社長・石井光次郎と、新日本放送社長・杉道助が連名で郵政省に免許を申請した。

さらに11月24日には、準備委員会の主催により新大阪ホテルで第1回懇談会を開催した。ここで「大阪テレビジョン株式会社」という仮称と設立趣旨が発表された。

この懇談会には、大阪財界の有力者ばかりが集められたが、当時、内閣経済最高顧問であった住友財閥最後の総理事・古田俊之助の出席がひときわ目立った。古田氏は関係者を激励した。

この時パンフレット第1号「テレヴィ計画のあらまし」が朝日、新日本の共同名義で配布された。

次いで1952年12月5日、郵政省は「三大地区（京浜・名古屋・京阪神）テレビ放送用周波数割当計画」を発表し、日本のテレビ放送を6チャンネル制でスタートするとした。

詳細には1〜3チャンネルが90MHz〜108MHz、4〜6チャンネルが170MHz〜188MHzという2バンド制で、混信防止のため同一または近隣地域で同一のチャンネルを避けるため、使用できるチャンネル数は以下の通りになった。

1ch　米軍レーダーが使用のため不可
2ch　米軍レーダーが使用のため不可
3ch　名古屋（NHK）、東京（NHK）
4ch　大阪（NHK）東京（民放）
5ch　名古屋（民放）
6ch　大阪（民放）東京（民放）

朝日・毎日陣営は、早々に合弁会社を設立し、讀賣陣営の「漁夫の利」を避けることとした。実際、この1つのチャンネルをめぐって、産経新聞、京都新聞、神戸新聞社のみならず、東京のNTVも狙っていたのだ。NTVはもともと一社による全国放送網を計画していた。

関西の各社はともかく、戦後、東京から大阪への電撃上陸に成功した讀賣新聞の関連企業に「大阪の民間テレビ第一号」を奪われたくはなかったのだ（詳細は「讀賣テレビ」の項参照）。

●専属職員1名

大阪テレビ側は会社設立のため着実に準備をすすめ、NHK東京テレビジョン開局の日に、朝日放送編成局放送部内に「大阪テレビジョン株式会社設立事務局」を設け、専属職員1名を置いた。

つづいて、免許申請に必要な送信所用地の確保のため、朝日放送・新日本放送の担当者が生駒山上に理想的な場所を探し出し、所有者である近鉄と折衝した。

しかし、思うように進まなかったため、1953年2月10日に鈴木委員長等8名で凍てつく生駒山頂を視察し、山頂に施設を持っていた京大観測所の所長らに相談をもちかけた。

その結果、15日に生駒山上の「京都大学太陽観測所」隣接地100坪を確保することができた。両社は連名で「テレビ送信所予定地」の標柱を建てた。

1953年3月7日、新大阪ホテルで設立準備委員会主催の第2回懇談会が開催され「大阪テレビ放送設立準備委員会」は正式な組織となった。

第2回懇談会と同じ日に、パンフレット第2号「テレビの常識」と第3号「商業テレビをめぐって」が朝日放送、新日本放送の共同名義で発行された。

以後、毎週、委員長と二人の幹事は定期会合を開催した。第一回定期会合（3月9日）では新会社の資本構成、発起人、送信機の選択について討

議した。まさに大阪テレビ誕生に向けて鼓動を打ち始めたのだ。

その後定期会合では住友銀行の調査部長からテレビ事業の見通しについて報告を受けたり、日本電気の専門家によるテレビ技術に関するレクチャーなども行われたが、この時の住友銀行調査部長の報告は、実にシビアなものであった。

(一) 予想されるテレビの広告料金は、他の媒体の広告料金と比して特に高いものとは思われない。
(二) アメリカの諸例を見ても、テレビだけではまだ採算はとれていない。
(三) 有力スポンサーを狙い撃ちする必要がある。
(四) 食料品、薬品、化粧品関係が主たるスポンサーとなるであろう。
(五) 三年以内に黒字とすることは甚だ困難と思われる。

あまりに厳しい予測であるが、この報告の一年後「街頭テレビ」という画期的手法によってテレビをめぐるビジネス環境が大きく変わるとは誰も思っていなかったのだ。

1953年3月16日、中之島の朝日新聞社内にあった設立事務所を肥後橋交叉点の南角、大阪市西区土佐堀通1－1大同生命ビル内に仮移設した。

4月22日には、堂島中1丁目の田熊汽罐ビル3階に正式な「設立事務所」が置かれた。

つづいて、クラブ関西で開催された1953年7月3日の第3回設立準備委員会には、委員がほぼ全員出席し、田熊汽罐隣に隣接する大阪建物所有地を社屋用に取得することが決定されたほか、技術、企画、設立事務の3委員会が結成された。

この土地は、終戦直後からGHQが連合軍拘置所を置いていた場所で、1951年に接収を解除されたあとは、アメリカ仕込みの「コニー・アイランド」と呼ばれる遊園地が設けられたこともあった。

8月6日、委員長と幹事の会談で、社名を「大阪テレビ放送株式会社」（略称OTV）に決めた。

授権資本10億円、払込資本金5億円も内定し、8日、持廻り小委員会の承認を得て決定された。

8月28日、東京では、ほぼ全ての機材をアメリカ製の最新型機材で固めた日本テレビ放送網（NTV）が本放送を開始した。

●大阪テレビ放送設立準備委員会

1953年3月7日、設立準備委員会第2回懇談会で正式決定されたもの（その後入れ替わりあり）。

委員長
　鈴木剛（前住友銀行頭取）

委員
　井口竹次郎（大阪瓦斯社長）
　飯田慶三（高島屋社長）
　飯島幡司（朝日放送社長）
　堀田庄三（住友銀行頭取）
　本田親男（毎日新聞社社長）
　土井正治（住友化学社長）
　小原英一（南海電鉄社長）
　太田垣士郎（関西電力社長）
　渡辺忠雄（三和銀行頭取）
　和田薫（京阪神急行電鉄社長）
　竹田省（法学博士）
　中橋武一（大阪建物会長）
　村岡四郎（京阪電鉄社長）
　村山長挙（朝日新聞社会長）
　野田誠三（阪神電鉄社長）
　古田俊之助（内閣顧問）
　寺田甚吉（寺田ビル会長）

寺尾威夫（大和銀行頭取）
佐伯勇（近畿日本鉄道社長）
阪田素夫（阪田商会会長）
北沢敬二郎（大丸社長）
清水雅（阪急百貨店社長）
広田寿一（住友金属工業社長）
弘世現（日本生命社長）
関桂三（関西経済連合会会長）
杉道助（大阪商工会議所会頭・新日本放送社長）

幹事
平井常次郎（朝日放送専務）
高橋信三（新日本放送常務）

● **専門委員会**
1953年7月3日の第3回設立準備委員会で決定。

技術委員会
草間貫吉（朝日放送）
木村久生（朝日放送）
須永浩夫（新日本放送）
浜部孝三（新日本放送）

企画委員会
原　清（朝日放送）
長谷川藤五（後に立石泰輔　朝日放送）
吉村繁雄（朝日放送）
斎藤栄一（後に川口劉二　新日本放送）
関　亨（新日本放送）
吉弘七郎（新日本放送）

設立事務委員会
北村誠一郎（朝日放送）
野依三郎（新日本放送）

局舎設計を含め、ゼロからの立ち上げが始まった。

●「猫の目」誕生

　開局プロモーションにおけるOTVの最大の強みは、朝日・毎日の両新聞と、朝日・新日本の二つのラジオ局をPR媒体として利用できたことだろう。

　たとえば1953年9月30日には「社章募集」の広告を朝日、毎日両新聞紙上に掲載しているが、実はこの時点でOTVは企業として正式には発足しておらず、方針も体制も何も決まっていなかった。

　ところが、その「まだ存在しない企業」のために12,800余の応募があった。もちろんこれは両新聞の影響力によるところに他ならず、OTVへの関心の高さも表している。

　募集は10月20日に締め切られ、11月5日にクラブ関西で審査を実施した。

審査員
　鈴木剛　平井常次郎　高橋信三（OTV）
　中村真（モダンアート協会）
　池島勘治郎（独立美術協会）

　最終選考で5作まで絞ったがその先が絞りきれず、ついにはクラブ関西の従業員などにも意見を求めたという。

　最終的に（のちに「猫の目」と呼ばれる）モダンなマークに決定した。当時の放送局のロゴマークとしては先進性を感じさせるスッキリとしたデザインで、欧米企業のロゴのようだという声もあった。作者は大阪市東区の松田登氏。賞金5万円を獲得した。公式資料には記されていないが、正式採用にあたってグラフィックデザイナー・早川良夫が補作したともいわれている。

　「呉越同舟」と言われながら、在阪の二大新聞・二大民間ラジオ局を核として、そこにつながる財界の有力企業を総ぐるみで巻き込んだ結果、企業系列に関係のない「オール大阪体制」が誕生した。

　あとは、早く免許者を決定してもらうばかりである。

　10月19日、鈴木委員長は、村山長挙、本田親男の両委員とともに東京で緒方竹虎副総理と会い、免許問題の早期解決を要望。26日にも来阪した塚田郵政相に委員6名が強く要請した。

●第1回発起人会

　1953年11月25日、第1回発起人会が開催され、発起人代表に鈴木剛が選ばれた。元住友銀行頭取であり大阪、関西の財界・産業界・芸術界にもっとも顔がきく人間が地位についたのだ。これに伴い、27日、免許申請を鈴木剛名義に変更した。

　12月3日には大阪建物との交渉によって社屋敷地を堂島の連合軍拘置所跡地に決定、10日には第4回設立準備委員会を開催して、発起人7名の追加を決定した。

　堂島は、大阪のビジネスセンターに位置する好立地であり、朝日放送の本社（中之島）と新日本放送の本社（堂島）の中間にあることが良かった。さらには、キタの歓楽街にも近いため、情報収集にも心強い。

　開けて1954年1月、委員会は社屋とスタジオの建設を清水建設に発注すると決定した。設計担当は越山欽平主任技師。委託を受けた清水建設は、地上4階、地下1階、のべ2,500坪という設計図を引いた。

　また、OTVはすでにこの時点で第2次計画を持っていた。この隣接地に「オーサカ・テレビ・センター」を建設し、巨大なマスメディア・センターとして、電気通信博物館まで併設すると発表していたのだ。

　設立準備委員会は、予備免許の取得に向けて「ま

るで既成事実を積み重ねてゆくかのように」計画を実体化し、強力なPR作戦で市井の期待を大きく膨らませていった。

3月1日、NHKは大阪・名古屋でも本放送を開始。この月末のNHK大阪局内のテレビ契約数は3,545件。大阪府下は1,780件であった。

●欧米メーカーも注目

開局に向けた準備はさらにピッチを増してゆく。1953年大阪府・大阪市・大阪商工会議所・海外市場調査会（現在の日本貿易振興機構）が中心となって「日本国際見本市委員会」が組織され、1954年4月に大阪でアジア初の国際見本市が開催された。OTV関係者はこの時、MARCONI、RCA、GEといった海外企業のデモンストレーションを見て、機材調達のための情報収集に励んだ。

11月1日、設立準備小委員会は免許促進の陳情書提出を決定した。それを受けて12月3日に電波監理委員会が待望の予備免許を交付した。

関西地区免許申請者5社の中、予備免許が交付されたのは大阪テレビ放送一社であった。

この日名古屋のCBCテレビ（第5チャンネル）にも予備免許が交付された。

OTVには当初「東京からのネット番組を多く中継して、そのすきまにローカル番組を放送すれば効率的」という考え方もあった。それは、大掛かりな出費を強いられるテレビ事業に対する堅実な姿勢として一理あった。

しかし、実際にはプライムタイムの番組には在阪企業のスポンサー名がズラリと並んだ。しかもこれ以後、合併まで全ての番組枠が定価で売れたという。このOTVの営業的成功は、その後民放各社の立ち上げにも影響を与えた。

開局準備事務所もスポンサーへのアピールに力をいれた。特に先行開局していた日本テレビとラジオ東京テレビジョン（KR-TV）の評判を企業に紹介し、テレビジョンの持ち得る力を繰り返し説明した。

同時に、朝日・毎日の合弁であることを活かして、それぞれが、自分のスポンサーや、資本系列の近い企業に強いプッシュをかけた。また、社長に就任した鈴木剛は住友銀行頭取であった経歴を生かして、財界全体に強く支援を呼びかけた。

その結果、企業間に強いライバル意識を引き起こした。鉄道、建設、繊維、重工業、エネルギー、食品、不動産、娯楽…あらゆるライバルがOTVに「最も自慢とするもの」を持ち寄り「ライバルよりよく見せろ」と要望した。

また、さまざまな文化人・芸能人が才能と技を提供し、評判を競い合い、まさに開局前から「空中博覧会」の様相を呈してきたのである。

視聴者が「フルパワーの大阪」に熱狂する日まであと11ヶ月と迫っていた。

予備免許の内容

郵放業第1392号

おおさかてれびほうそう

呼出符号 JOBX-TV

第6チャンネル

（中心周波数 185MHz）

映像出力 10kW

音声出力 5kW

堂島中一丁目十三番地

●株式募集へ

1955年1月20日、OTVは定款を作成し24日に大阪法務局の承認を受けた。また2月23日には証券取引法による「有価証券の募集に関する届出書」を大蔵大臣宛に提出した。これを受けて3月1日、大蔵大臣は株式の募集を認可し、OTVは募集に着手した。この月末のNHK大阪管内テレビ契約台数は12,893。うち大阪府下は6,679台であった。全国では5万3千台に達しようとしていた。

4月1日、ラジオ東京が「ラジオ東京テレビジョン」を開局した。今から見ると不自然な名前に見えるが、あくまで「ラジオ東京のテレビ事業」という位置づけであり、テレビの略称にもKR–TVまたは「KRテレビ」が使用された。のちに株式会社ラジオ東京の略称としてラジオ・テレビともに「KRT」が使用されるようになった。1960年には株式会社東京放送（TBS）に商号を変更。TBSへの移行期には「東京ラジオ」「東京テレビ」という名称を使う試みもあったが、「TBS」が定着したため立ち消えた。（本文中ではKRT、番組表中ではKRを使用する。）

KRTの開局は「一都市に複数の民間テレビ局」「ラジオ・テレビ兼営」という二つの点で初めてのケースとなった。4月22日にはKR–TVの開局準備と放送開始時の状況を見学した。吉村繁雄委員、浜部孝三委員による報告会が開催された。

4月25日、株式払込完了をうけて、5月25日「大阪テレビ放送株式会社創立総会」を大阪商工会議所で開催した。当日は快晴。10時5分、発起人代表・鈴木剛による開会宣言につづき、関桂三が議長の座について総会が始められた。

株式引受人総数 343名
発行済株式総数 100万株
出席株式引受人数 201名
　うち会場出席者数 16名
所有株式数 94万3750株
　うち会場出席者分 28万7550株
払込資本金 5億円
役員 14名、専任職員 5名。
鈴木剛が社長に選ばれ、11:40に終了。

午後4時15分、設立登記書類を窓口に提出し、続いて凸版印刷社製の株券15,000枚が発券台帳との割印を得て、8月1日に260名の株主に交付された。券面には微細な「OTV」3文字が地紋として刷り込まれ、右下にテレビカメラ、左下にテレビ送信塔を配し、唐草模様で縁取ったデザイン。500株券は紫、100株券は緑、50株券は茶、10株券は藍に色分けされた。

●採用試験

局舎も正式に堂島浜と決まった。

6月1日、大阪建物との間で土地523坪（1,729㎡）の賃借及び売却予約契約を締結。これを受けて本社建設予定地「大阪市北区堂島中1丁目13番地」で地鎮祭が実施された。

社屋用地は762坪4合9勺、建坪555坪1合6勺、延坪数2727坪2合8勺であった。この地鎮祭の

堂島米会所跡碑

2日前、隣接地において「堂島米市場跡」の記念碑（子供が稲を担いでいる像）の除幕式が賑々しく執り行われていた。

11月25日、第一回定時株主総会を大阪商工会議所で開催。取締役1名を増員した。

「設立事務所」は、人員増によって手狭となり、準備委員会は5月31日にムジカ喫茶店の2階に分室を設置した。翌日から技術、演出関係者がここを一時的な詰所とした。

しかしそれでも間に合わず、10月1日には事務室を田熊汽罐ビル内三階の大部屋（約38坪）へ移転した（それまでは三階の一郭を占めるのみであった）。

このとき「設立事務所」勤務であった下条氏、三人の女子社員和田、荻田、福武氏と運転手の江口氏は大部屋に移動した。

田熊時代は、誰かれなく朝早く来た者が掃除をするという習慣があり、そこには須藤部長、三輪次長の姿が見えることもあったという。役員は2階の社長室に詰めて担当事務につき、毎週月曜日の合同役員会合などは近くのクラブ関西でおこなわれた。会合では機器の選択から発注、組織、建設、金融関係など、すべてが社長決裁のもとでおこなわれた。

9月1日と2日、朝日、毎日の両紙上に第一回採用分としてアナウンサー募集の広告が掲載された。ABC，NJBからはラジオで告知した。

応募は翌日から続々と集まりはじめ、15日に締め切られた時には2,000通あまりにのぼった。

この間、直接事務所を訪れる人は多く、中には「容姿端麗」という採用条件を見込んで大判の見合い写真を持ち込む者もいた。このほか血書嘆願をする者や、「わしはもと陸軍中将で、この男は当時わしの当番だった男だがなかなかしっかりしとる。わしの眼に狂いはない。保証するけん、一つ何とか考えてやってもらえんか」という訪問者まであったという。

書類選考で1200名に絞り込んだのち、上本町の日本録音放送スタジオで音声・容姿の試験を実施した。

10月14日には、通過した男子64名、女子33名を対象とする学科試験が中之島の中央公会堂で開催された。

15日には大学・高校卒業予定者の募集が締め切られ、大卒予定者約4000名については11月3日関西大学で、高卒予定者270名については12月11日に扇町高校で学科試験が実施された。

遡って10月21日、アナウンサー志望者に対する第三次試験として、男子15名、女子23名に身体検査、カメラフェイス試験がおこなわれ、男女各3名の採用を決定した。

局舎工事は順調に進み、11月12日には本社社屋と演奏所の鉸鋲式が実施された。

鉸鋲式（こうびょうしき）とは日本の伝統建築でおこなわれる「上棟式」と同じで、鉄筋建築の場合の言い方である。

この時は金と銀のボルトが用意され、神官によるお祓いの後、原常務が三宝にうやうやしくこれを奉り、清水建設社長の先導で鈴木社長とともに第三スタジオの天井横骨あたりに上って、不安定な足元を踏みしめながら圧縮空気で打ち込んだ。

この後、工事が無事に進んでいることを神に感謝し、無事な完成を祈って手締めがおこなわれた。

12月16日には、企業むけ広報用資料『OTV情報』を発刊。OTVは開局まであと1年を切った。

●開局11か月前

1956年1月1日。

東京支社開設に向けて、東京都大田区馬込町に大森寮が開設された。馬込・大森界隈は今でも企業や大学の寮が多い。

営業部は年初からスポンサー獲得に動き出した。

1月15日には「新春広告問答～OTVアドシリーズ第一集」を作成した。

民間ラジオ開局の時は放送広告に対する理解も

なく、担当者から「おたくは空気を売りつけるのか」などとあしらわれたこともあったが、ラジオCM開始後は放送広告の威力が知られたこともあって、営業先で好意的な反応が多かったという。「街頭テレビ」で影響力をアピールしたNTVの成功が風向きを変えたという見方もある。

31日、電電公社からNTV、KRT、CBC、OTVに対し、テレビ中継施設計画案が提示された。

2月頃から東京2局とCBC、OTVの間のネットワーク問題が話題となった。テレビ用マイクロ回線のうち、民間放送には当初1回線だけが割り当てられたが、この制約がCBC、OTVがNTV、KRTのうち好きなほうを選択するという受け側有利な形を導いた。

また放送局以外にも、広告代理店の配給によるフィルムネットなどもおこなわれ、番組制作者・供給者の間でも競争意識が高まっていった。OTV、CBCから東京への番組ネットもおこなわれることになったが、大阪・名古屋からの番組が、東京でどこまで受け入れられるか不安はあった。

7月17日にはNTV、KRTV、CBC、OTVによる「ネットワーク委員会」第1回会合がおこなわれた。

● テレビ初体験の「経験者」

2月17日、郵政省が「テレビジョン放送用周波数の割当計画基本方針」を決定した（計画発表は1952年12月）。ただし、1～2chの米軍レーダー用周波数明け渡しは完了していなかった。

1956年3月1日から3日にかけて、大阪商工会議所で「経験者に対する最終試験」が面接形式でおこなわれ、最終的に60名が採用された。

「経験者」とはいっても、この時代、テレビ放送の経験者などほとんどいるはずもなく、ラジオの放送業務や美術制作、報道取材、原稿編集、営業・制作管理などの「経験者」を指した。

数少ないテレビジョン経験者としては、NHK大阪テレビ実験局から亀井茂氏（カメラマン）や、芝田真珠郎氏（美術）などが迎えられた。

亀井茂氏はNHK大阪のテレビジョン試験放送から現場に携わっていたが、OTV開局にあたって鈴木剛社長から直接の誘いを受けた。OTVでは当然テレビカメラ運用のリーダーに立ったが、後々開局した多く地方局でも指導にあたった。また、在阪後発の関西テレビや、そのネット相手であるフジテレビジョンのカメラマンの指導にもあたった。アイコノスコープからハイビジョンまで現場で扱った数少ない一人でもあり、古今東西の枠を超えた、民放テレビ史における最も貴重なテレビカメラマンの一人である。

ラジオ放送の経験者は、たとえば技術方面には多かった。また、アナウンサーや報道部員にもラジオ局の経験者がいた。

今村益三アナウンサーは丸顔に丸眼鏡、張りのある明るい声という、まさにテレビ映えのする明るい雰囲気の持ち主であったため「ミスターOTV」の異名をとったが、朝日放送ラジオから移籍してきた経験者であり、いったんABCを辞めた上での再就職であった。ABCやNJBを前職としていた人は、OTVの設立母体からの移籍にもかかわらず、多くがいったん辞職して入社した。

女子アナウンサー・稲田英子（写真：38ページ）さんは、前職はラジオ三重（RMC・三重県津市）である。彼女がOTVに移った直後、RMCは近畿東海放送（KTB）に社名を変更し、さらに岐阜市のラジオ東海（RTC）と合弁で名古屋に東海テレビ（THK）を設立した。さらにKTBとRMCは合併して現在の東海ラジオ放送（JOSF）になった。在籍した放送局が二つも合併で消滅してしまったという経歴の持ち主である。

報道や制作にはラジオからの転身組も多かった。報道部の青木亨ディレクターは東京の「日本文化放送協会（NCB）すなわち旧財団法人時代の文化放送（JOQR）からの移籍である。「テレビ・ロケーション」や「ヘリコプターからの空中撮影」など、テレビならではの報道企画が成功した土台には、ラ

ジオ報道の経験者が活かされた。

●美術部

テレビ放送には舞台セットが必要だということで、舞台制作やディスプレイ制作からの入社もあった。

まず、開局期に多くの番組をデザインした芝田真珠郎氏はNHK大阪で経験済みであったし、OTVを経てのちに朝日放送の美術制作で活躍した阪本雅信氏は演劇舞台の美術制作に携わっていたため、舞台演劇のセットに関するノウハウを身に着けていた。

しかし、当初、経営計画を立てる際に、一本のテレビ番組を作るためにどんな道具立て、どれほどの人員が必要になるか、ほとんど情報がなかったため、OTVには開局後しばらくの間「美術部」にあたる独立したセクションがなく、美術スタッフ用の部屋が局舎内に用意されていなかった。

営業関係には出版関係や広告代理店から移ってきた人がいた。

広告代理店・電通は当時OTVから歩ける距離にあり（新聞社も放送局も中之島・堂島に集中していた）放送局との連携は良かったという。

また、電通の企画持込みによる番組もあったため、電通から移籍した社員は良い連絡役になっていた。

OTVの場合、ラジオの開局時と違って「放送広告」に対する理解があらかじめできていたため、企業から「空気を売りつける気か」と言われるようなこともなく、むしろ、テレビへの露出に好意的かつ積極的であった。社長・役員が自ら制作現場の見学を希望したり、自社への訪問取材を提案することも多かったようで、その対応に追われることもあったようだ。

このほか、映画会社や劇場で制作・管理の経験を持つ人も少なくなかったが、現場で圧倒的な力を発揮したのは、25歳以下の新卒採用者であった。最年少は今でいう高等専門学校の卒業生であり、現場には技術部中継班の直井孝司氏のような「十代のエンジニア」がいたのだ。

●東京支社

1956年3月7日。銀座東2丁目（旧木挽町）の「株式会社ラジオテレビスタジオ」5階にOTV東京支社が開設された。現在の銀座二丁目の築地寄りの一角であり、同じ銀座でも下町の雰囲気がある。

本社屋上にて（写真提供：瀧川楊子）

歌舞伎座が近いこともあって、芝居好きの人々が好む趣味的な店が多い地域だ。

東京支社は、在京局や在京スポンサーとの交渉窓口が主な仕事ではあったが、のちにアンペックス社製VTRの一台が置かれスポンサーにOTVの番組を見せることができた。

さらに、1958年の富士山頂からの生中継の時には、富士山中継の可能性を探るため、隠密調査隊がここから派遣された。

また、開局までは在京局での実地研修を調整・手配をする役目もあった。

3月9日には職制・主要人事が決定され、毎日側が営業、朝日側が編成・制作を主に担当した。このため、東京支社には新日本放送や毎日新聞に関係のあった社員が集まった。

高級車が並んだ開館披露日。まだ「OTV」の文字が掲げられていない。右奥の鉄塔は毎日新聞社。

2016年8月現在の堂島川とANAクラウンホテル付近

大阪テレビ放送の本社は堂島川畔、渡辺橋と大江橋の中間あたりにあった。現在「ANAクラウンホテル大阪（北区堂島浜1-3-1）」がある場所。

この写真は1956年に毎日新聞社が空撮したものだが、局玄関が東を向いていたことがわかる。局舎周辺はまだ木造平屋が多かったので、モダンな建物はよく目立ったという。川辺りは今は土手になり遊歩道になっている、当時は小さな木造建物が並んでいた。局舎の陰になっているが、隣は関西財界のサロンである「（社）クラブ関西」。また、写真右下にあるタクシー会社は60年たった今でもこの地で営業中。

当時はこの局舎を含む巨大なメディアセンターを建設する計画があり、そこには朝日新聞や朝日放送ラジオも引っ越してくる計画だった。最寄駅は市電南北線堂島中町駅だが、社員の多くは梅田（700～800m）から徒歩で通っていたという。

左上の橋は渡辺橋、その奥のビルが前の朝日新聞社（現・フェスティバルタワー・ウエスト）。

VTRと送信所

● Ampex-VRX1000

1956年3月末の時点でNHKの全国テレビ契約者数は16万5666件になった。1953年3月には全国で1500台弱（契約者数ではない。試験放送中の大阪・名古屋局の受信者を含む）しか普及していなかったこと思えば、テレビはこの3年で大きな成長を遂げてきたといえる。

4月2日。社員51名が初顔合せ。この時はまだスタジオも送信所も建設中であった。

ところが、OTVが開局準備をすすめる一方で4月7日、その母体と言える新日本放送・朝日放送が、それぞれに独自のテレビ放送局開設を申請したのである。

4月14日。アメリカ放送事業者協会主催の放送機器展覧会（NARTB）で米国アンペックス社が、新開発のビデオテープレコーダー「VRX-1000」を発表した。

OTVは即座に導入を決め、二台を10万ドル（当時のレートで3600万円）で輸入契約した。

アメリカ国外からの発注はこれが初めてであり、米Broadcasting誌やWGR-TV発のニュースを通じてOTVの名が全米に伝播された。

アンペックス社（AMPEX CORPORATION）は、1944年にカリフォルニア州で設立された、当時新進の電子機器メーカーである。

1947年には俳優・歌手であったビング・クロスビーが5万ドルを出資して、高音質テープレコーダーを事業化した。

当時ラジオ放送で人気を博していたクロスビーは、録音放送に対応できる高音質なテープレコーダーの開発を求めていたが、アンペックス社がこの開発に成功していると聞いて、これに投資した。そしてクロスビーは録音機を利用することで、出演スケジュールを効率的に組みたかったのだ。

アンペックス社はその技術を発展させ、1956年1月には世界初の商用2-inchビデオテープレコーダー「VRX-1000」を開発。直後のNAB展で展示したのだ。第1号は米CBSに納品された。

当時は日本でもNHK技術研究所がVTRの研究を進めていたが、実際に放送現場に投入するには難しいものであった。また、VRX-1000についても「性能的に不安であり現場導入は時期尚早」という見方が大半であったが、OTVはあえてそういう声をはねのけて導入を決断したのであった。

注文から2年後の1958年4月6日、横浜と神戸に一台ずつ到着した。それぞれ通関手続きをして4月28日に東京支社と本社に一台ずつ納入。この「製造番号87、88号機」は米国外にはじめてへ輸出されたものであったが、日本輸出に当たり、安定性などを慎重にチェックしたため、注文から2年近くかかったという。

通関後、28日に本社と東京支社に着荷。5月12日に本社で関係方面を招待して披露。14日には本社スタジオでOSミュージックのボードビリアンが出演したスケッチ「初夏の夜の夢」を録画、再生。生放送さながらの映像に皆驚いたという。

16日には浜田電波監理局長が来社し、VTRやスタジオを視察。

19日には東京支社で「ミナロン・ドリームサロン」のデモ上映がおこなわれた。

その間、本社ではVTRでドラマを制作していた。

6月1日に放送されたドラマ「チンドン屋の天使」では、ミヤコ蝶々・南都雄二のふたりが同じ画面の自分たち自身（別の役）とやりとりをするというVTR合成がおこなわれた。もともと番組の一時保存用に開発された装置であったが、OTVはそれを飛ばして、いきなり特殊効果に用いたのだ。

このあともOTVは、スロー再生、切貼編集によるドラマ制作など、マニュアル外の応用技術を駆使し、ドラマ「写楽の大首」「ビルの谷間」などがこの点で高く評価され、芸術祭でも表彰された。

7月3日には「おはこ裏表」で、中村扇雀がVTRを使用した早替りを披露した。

29日には広島球場へ遠征してプロ野球オールスター戦を実況中継しVTRを使用した。

8月23日には日豪国際水上競技大会実況中継でも使用。中継時間が野球中継と重なっていたため、一部をＶＴＲで録画放送した。

11月2日には東芝日曜劇場で長谷川幸延脚本「写楽の大首」をVTRで放送。第13回芸術祭奨励賞を受賞した。

30日には東京産経ホールでおこなわれた「リカルドサントス管弦楽団特別演奏会」をVTR中継。

また、同日、東芝日曜劇場で依田義賢の脚本による「ビルの谷間」を放送したが、この作品ではVTRの切り貼り編集を本格的に導入した（日本初。世界初の可能性もある）。テレビドラマの演出に新しい風を吹き込んだことで、第13回芸術祭奨励賞を受賞した。

1959年1月2日には文楽座で公演された特別番組モスクワ芸術座公演「桜の園」全4幕をVTR中継したが、セリフの日本語訳をスーパーインポーズでいれたため、制作費が開局以来最高額に達したという。

4日には千葉（近鉄）、鶴岡（南海）、藤本（阪急）、田中（阪神）各監督の出席による「プロ野球監督新春放談」をVTRで放送。

なお、5月29日にはKRTVにもVRX-1000が到着し、6月8日には「日曜観劇会・デン助の裏町人情」の中継で使用していた（6日夜の公演内容を再生放送）。

KRTに納品されたものはOTVにつぐ日本国内第三・第四号機であったが、もしOTVが「チンドン屋」の放送を遅らせていたら、VTR使用の第一号を奪われていたところだった。

1台の単価が約5万ドル。テープ幅は2インチ。テープ速度は毎秒15インチ。60分用テープ1リールの単価は17万円。この時代、信号はまだ垂直に記録されていた。現在、88号機のヘッドだけがABCで保管されている。

●給与は6掛け支給

5月1日の人事発令では「社員数257」と発表された。

新入社員は7月までの間に順次入社し、研修期間の3ヶ月は本給の6掛け（60％）が支給された。入社式や研修は社屋建設現場東側の仮社屋でおこなわれた。

最初の事業計画では社員数200名くらいを予定していたが、各部局の要求をあわせると300人を超えるので、削減を図って242名を予定したが最終的に257名が第一期社員となった。

しかし、実際の番組現場ではこれだけでは足らず、舞台制作会社や劇団所属のスタッフ、広告ディスプレイ制作会社などから、外注契約スタッフを集めた。

この時の平均年齢は24.7歳（資料の算定時期によって前後あり）で当時NTV（開局3年目）が30歳、KRTが（開局5年目のラジオ部門を含めて）32歳であったから、OTVがいかに「若い企業」であったかがわかる。

創立後開局までの一年半、OTVは無収入の状態が続くため、経営陣は苦心を重ねた。「創業費」という名目で銀行から資金を調達する一方で、支出を抑えるために新規採用（120人）を5月、6月、7月の三回に分け、採用通知後待機期間を設けた。給与体系および旅費規程は、朝日・新日本の両局の8掛け（80％）相当というシビアな基準が示された。

一方、番組制作や技術に携わる社員たちは、未経験のテレビについて学習するために、その給料の中から個人的に海外の資料を購入していたという。だから、社員食堂の支払いをすると、手元にはほとんど残らなかったという。

●「堂島にエッフェル塔」の噂

送信所建設発表の前「堂島川をまたぐエッフェル塔のような巨大なアンテナをOTVが建設するらしい」という噂が立ったことがある。

堂島・中之島の垢抜けた雰囲気や、期待感を象徴するような噂であるが、これは当時の夕刊紙に実際に掲載されたものである。

ご存じのとおり、在阪テレビ局はNHKも含め、すべて生駒山上に送信所を置いている。

生駒山送信所は、アンテナ高を含めると標高700m近くに達するが、当時人口460万を抱えていた大阪府のみならず、京都府（約200万人）、兵庫県（360万人強）のそれぞれ大半、そして滋賀、奈良、和歌山、岡山、三重、徳島、香川の一部までを一波でカバーできるのが強みであった。

開局申請のためには、あらかじめ送信所用地を確保しておかなければならないのだが、OTV開局準備室は、生駒山頂に理想的な場所をみつけ、所有者であった近畿日本鉄道に譲渡をもちかけた。

しかしその場所は、近鉄自慢の生駒山遊園地の真ん中である「ケーブル山上駅」からのびるメインロードの先にあったため、利用価値も高く、そう簡単には譲られなかった。

準備室はいったん引き下がり、免許申請の為に、まず生駒山頂の山林を購入した。そして、その山林を京大生駒山太陽観測所の隣接地と交換。とりあえず免許申請に必要な用地を確保した。

ここからは土地獲得の本交渉である。

生駒山は古来、霊山として人気があったが、何より「眺めの良さ」が強みであった。山上遊園地

生駒山上から大阪市内を望む。

の最初のキャッチコピーは「摂河泉十一国を展望できる遊園地」であった。

OTVは、近鉄とのパイプを持つABCの平井常次郎専務を通じて折衝を重ね、ついに「条件付き」で狙い通りの場所を獲得した。その条件とは「送信所局舎の二階を展望室として無償で近鉄に使用させる」というもので、近鉄としても、眺望がウリの遊園地に「テナントの資金で展望カフェテリアを設置できる」のだから悪い条件ではない。

かくして山上遊園地の一番良いところに「未来感覚の展望喫茶店」ができることとなり、回旋飛行塔とともに大いに集客が期待された。

1955年8月29日。生駒山送信所用地の購入契約が近畿日本鉄道との間に締結された、

12月2日に工事着工。しかし、1〜2月の厳寒期にはコンクリートの凍結などが考えられるため、実質的な工期は限られていた。しかも当時、生駒山頂までは自動車道路が通っていなかったため、建設機材・資材はすべてロープウエイと人力で運ばなければならなかった。

運搬は遊園地が閉園する夜間〜早朝に限られた。そのため、建設要員はもとより、技術部の社員も、期間中、凍てつく山頂で仮泊を続けた。(生駒山上まで自動車道に開通したのは1958年の夏である。)急ピッチで進めた結果、1956年3月にはアンテナ設置部分を除いてほぼ完成した。

さらに日本電気製SU253B 10KW送信機が納入され、送信所が完成。6月20日には修祓式がおこなわれた。

8月2日は要員のための「生駒寮」が開かれた。

生駒山上のテレビ塔群。

それまで長い間、技術部員たちは建設中の送信所内に仮泊状態で作業にあたっていた。厳寒の冬にあっても寝袋ですごし、水槽に直接通電して沸かすだけの「仮設浴槽」を利用していたという。

9月14日、鉄塔に12段スーパーターンスタイル・アンテナが取り付けられ、かくして東経135度41分・北緯34度41分の位置に展望カフェテラスを備えたマウンテントップ送信所が出来上がった。世界に類を見ない「洒落た」送信所である。

スーパーターンスタイル・アンテナは日本のテレビ局の多くが使用しているもので、米RCA社が考案した。

これは無指向性の水平偏波を広い範囲に送り出すことができる「ターンスタイルアンテナ」を、多段に積み重ねた高性能アンテナである。軍配のような形のエレメント（アメリカではコウモリの羽と比喩されている）を送信塔の四方に取り付けて、無指向性に近くしたもので、利得をあげるために、縦に何段も重ねて取り付ける。OTVはこの国産機第一号を導入した。

OTVはほとんどの機材を国産で調達したが、それには事情があった。最初はGEやPHILCO製品の輸入を申請をしたが、電波監理局や通産省の認可がおりず、ようやく「国内メーカーで調達できない機材」と「カメラ」に限って輸入してよいということになったのである。

送信所と本社の機器は、大半が日本電気。カメラはDuMontおよび東芝。フィルムプロジェクターはPHILCO。その他一部の機材はGE製品が導入された。

8月に到着したDuMont製カメラは開局前の訓練用には用いられたが、操作性に満足がゆかないということでメインでは使用せず、普段のスタジオには東芝製のカメラが用いられた。

輸入認可がおりないという事情から国産機材を使うことになったのだが、12月には「国産機材を積極的に用いた」ことで通産大臣の表象を受けた。

●炎暑の中で

開局準備でますます多忙となり、社員たちは仮社屋や送信所建設現場で炎暑の中奮闘していた。

7月4日、本社および送信所の建設関連を一手に引き受けていた営繕室長・宮本市之丞氏が過労のため倒れ、脳溢血により15日永眠した。初の殉職者である。

宮本氏は送信所の完成はみることができたが、本社社屋の完成を目にすることはできなかった。

また、病気のため8月末に退職した辰馬篤子さんがまもなく逝去した。このことについては社史 *"Album OTV "* の中に、阿藤伝治氏によって書き残されている。

7月28日。社屋が竣工し、開館披露がおこなわれた。来会者600名。会場には宮本氏の遺影が掲げられた。

地上4階、地下1階、のべ2,500坪という社屋を設計したのは、清水建設設計部の越山欽平氏であった。越山氏は設計に当たり「テレビジョン放送にとっては、技術、演出、美術などのトラフィック（導線計画）の良否が放送自体に影響を与えるものだ」と語っている。

越山氏は先行事例として米WCAU、ハリウッドのCBSスタジオ、NBCのバーバンクスタジオなどを参考にし（既存のビルの応用ではなく）まったく新しく設計した。

司会者として東京・大阪のテレビ番組に出演したボードビリアンの三和完児氏は「当時としては他局とちがってなんとなくスムースに仕事が運ばれているような気がして来ました」と記し、その例としてメーキャップ室が地下にあったことを挙げた。

局内には事務所のほかに、三階の吹き抜け100坪のスタジオ2杯、吹き抜け50坪のスタジオ1杯を備えていた。のちに小さな第四スタジオも設けられた。

Ampex-VRX1000

開局四か月前

●冷房停止！

天気晴朗にして爽やかであった8月1日、朝10時からリハーサル室で第二回入社式が開かれた。

社長訓示と辞令、そしてバッチと名刺が支給され、この日から新社屋での業務が始まった。

この時の陣容は取締役13名、監査役2名、嘱託を含む社員244名であった。第一号の職員録も刊行され、この日の昼食にはお祝いの赤飯と茶菓子がふるまわれた。

8月8日、フロントに大きなOTVマークをつけた中継車（第一号）と、DuMont製カメラ3台が到着した。これを用いて12日から 第38回全国高校野球選手権大会中継の綜合訓練が各部員参加で実施され、朝から日没まで、多い日で1日4試合もの「実戦訓練」がおこなわれた。

野球中継を訓練するということは、単なる機材操作の訓練ではない。試合の流れを読み、球の行方を見極める「目と勘の訓練」であり、一寸先に備えて準備し続けるという、放送の現場に不可欠な機動力を養う官能的な訓練でもある。

6日、放送基準が制定され、15日にはクラブ関西で電波料とともに発表された。17日には東京會舘でも発表された。

10日、地下水の断水により、館内の冷房が二週間にわたって停止した。社内各所で「暑い暑い」との声があがり、総務部に苦情が殺到した。この冷房トラブルについては、複数の手記に書き残されている。

15日、放送基準と電波料の発表を受けて、本格的な営業活動が始まった。電波料はテレビ受像機の普及率を考慮して算定され、あくまで「定価販売」を守った。

21日、美術、照明、スタジオ管理の有志スタッフがNHK大阪を訪問。夕方、ドラマのリハーサルを見学した。

24日には「開局番組小委員会」が設置され、開局直後の特別編成についての議論が始まった。

開局予定日である12月1日は土曜日だから、週末の二日間を特別編成として、そこでどんな「お目見え」をするかが勝負のカギになるのだ。この頃は、製作スタッフの研修用として『夜盗』『センチメンタルウイドゥ』などの台本が用いられ、実際のプロセスをシミュレーションしていた。

また、この頃『OTV統一用語集』の編纂が進められていた。テレビ局には映画、演劇、ラジオをはじめ、さまざまな世界から人と技術が持ち込まれたため、用語を統一する必要があったのだ。

9月20日、機器調整に必要なグレイ・スケールのフィルムテストがおこなわれた。

22日にはアサヒアリーナの解体現場へ往き、不要になった幕や上敷き、平台などを貰い受けた。

●アイディアこそが商品だ

開局前に、全社員を対象に「アイディアこそ商品だ」という呼びかけで番組企画の募集がおこなわれた。

9月26日には応募案が発表された。

応募数は381通あったが、5通がかろうじて入選。44篇が佳作という結果になった。

この時代、テレビ関係者でも自宅にテレビを所有している人は少なかった。受像機が高価だったこともあるが、大阪ではまだNHK一局しかなく、放送時間も短いため、街頭や喫茶店、食堂、電器店のテレビで充分間に合っていた。そんな時代のテレビ局員にとって「テレビ番組を企画する」ということは、ほとんど「見たことがないものを作る」ことにほかならず、まさにテレビそのものを研究・想像することから始めなければならなかった。

現在もニュー・メディアを立ち上げる時によくおこなわれるのが「先行メディアとの比較」と「類似メディアの研究」である。

「先行メディアとの比較」でいえばテレビは絵つきラジオに他ならない。一方「類似メディアの研究」という視点から見ればテレビは電波映画である。

「電波映画」と考えた人たちはテレビカメラの技術的制約に悩まされた。

当時のテレビカメラは映画のカメラにくらべてはるかに機動力が劣った。また、当時のテレビスタジオは映画に比べ小さく、ロケーション制作しようとすると、中継機材など、あれこれ複雑な準備が必要であった。

また、これらの問題が解決されるフィルム制作では「生」という「放送らしさ」が生かせない。さらに、劇場の大スクリーンと家庭の小さなブラウン管では全く見え方が変わるので、テレビ番組と映画に生じる「違和感」との戦いを強いられた。

ただ、報道分野においてテレビのあり方は明快であった。「現場の映像を家庭に届ける」という簡単な言葉で説明できるからだ。これはいかにもテレビらしいあり方だ。

とはいえ、実際は「撮っただけで伝わるニュースを集めるのは大変」であった。

事件のほとんどはカメラがかけつけた時には「跡」しか残っていない。事態が動いている最中に伝えることが一番いいとはわかっていても、それは困難であった。そこでテレビ報道は、第一報の獲得から出動までの「スピード」を重視することとなる。

テレビは、与えられた条件が厳しく、すべてがんじがらめであった。未体験の人々にとってテレビの現場は「限度」ばかりが目についただろう。

●街頭テレビ登場

1956年10月2日。阪神電車提供の『野球教室』のサンプル（今でいう「パイロット版」）がフィルムで収録された。当時はテレビスタジオでフィルム撮影をすることもあった。

6日には、街頭テレビ用に注文した10台の受像機が本社玄関に到着。ズラリと並べられた頑丈な木箱に納められていたのは、当時一台30万円はした21インチと27インチの受像機である。12日の夜、東住吉区平野京町5丁目に一台（21インチ）、翌13日には中之島公園にもう一台（27インチ）が、黄色と黒とに塗り分けられた「テレビ塔」に格納された。この名称は新聞などで用いられたもので、OTVではもっぱら「街頭テレビ」と呼んでいた。「テレビ塔」という名称は、戦前、公園などにおかれた共聴設備「ラジオ塔」を意識したものではないか。

OTVの街頭テレビは、10月末までにOTV本社前を筆頭に、朝日・毎日両新聞社前、南海難波駅前、京阪天満橋駅、京阪神高槻駅（新聞表記ママ。阪急の高槻市駅であろう）・同天六（新聞表記ママ。当時の阪急天神橋駅であろう）、近鉄上六、国鉄大阪・吹田駅・天王寺駅など、大阪府下の主要駅前や公園におかれ、さらに京都および兵庫、滋賀、奈良、和歌山、三重、岡山、香川、徳島の各府県にも幅広く配置された。

街頭テレビの設置に際して社員が訪問し「大阪テレビ」の名刺を出すと、最初のうちは「まだテレビは買えへんで。何しろ高いからな。せめて1インチ5000円になってくれたら」と言われたという。販売員に間違えられたのである。

しかし、新聞広告や記事などでOTVまたは大阪テレビ放送という名前が周知されてゆくと、逆に設置の交渉段階で「そんなモン置かれたら、ただでさえ狭いところが、余計せまなりまんが、無茶いいなはんな」とか「道路交通法違反や」などと言われることもあったという。ただ、試験放送が始まると、こういった声も消え、かえって誘致活動がおこなわれるようになったという。

街頭テレビの管理契約では「OTVのすべての番組を放送すること」とされていたが、扉を開けるのを忘れることがあったり、勝手に早仕舞いすることもあった。車で通りがかった役員がこれを発見することもあったという。また「子供が外でテレビを見るので夜遅くなるまで遊んで困る」など

の苦情も局に寄せられた。

　街頭テレビはサービス放送開始までにおよそ60か所近く置かれ、これ以外にも、商品のデモンストレーション用として、多くの電器店が店頭に受像機を置いたという。これらの多くは店が自腹で購入したものだったが、モトをとるまで、さほど時間はかからなかった。

● **JOBX-TV 誕生**

　送信所と本社では、近畿電波監理局による落成検査が行われ、郵政省の技官がことこまかく審査した末、11日に合格と判定。生駒送信所からの最初の電波が発射され、本社のカメラが撮影した技術部制作のIDカードが鮮明に映し出された。音声はまだ調整用の単音であった。

　10月18日、本社の設備が電波監理局の設備検査で合格となり、これを受けて同日11:00〜13:00と18:00〜19:00に、テストパターンや開局予告のテロップとともに、ベートーヴェンの交響曲第六番「田園」が放送された。

　1956年10月30日火曜日。本社に集合した鈴木剛社長らは、郵政省近畿電波監理局に出向いた。朝一番に本免許交付式はおこなわれ、局長から鈴木社長に免許状が渡された。免許状は一枚の紙切れであるが、これを「送信機のある場所に掲示した時点」で効力を発揮する。

　受け取るやいなや、挨拶もそこそこに帰社。1分でも早く「JOBX－TV」の第一声を出そうということで、第一期公募採用である稲田英子アナが急きょスタジオに呼び出された。

　31日午前10時00分。

　稲田アナによる初めての顔出しアナウンスで「JOBX－TV　こちらは大阪テレビ放送です」という歯切れのいい第一声が放送された。

　ところが、この時着用していた白いブラウスが、カメラに強いハレーションを起こしてしまい、顔の下半分が暗い影になってしまった。

　稲田アナは、この日のアナウンスが「顔出し」であることを知らなかったため、こげ茶色のジャンパースカートと純白のブラウスのままカメラ前に座ったのだった。このことは翌日の朝日新聞朝刊でも紹介されている。

稲田英子アナウンサー

OTVの「サービス放送初日」である1956年11月1日付けの毎日新聞「ラジオ・テレビ欄」。ラジオ欄に比べてテレビ欄の小ささが分かる（枠内）。

開局30日前

朝日・毎日両紙朝刊は、サービス放送が始まることと、両紙がOTVにニュースを提供することを広告した。

いよいよ開局まであとひと月に迫り、局内では放送運用の訓練と、受信機調整、営業用サンプル（パイロット番組）のためのサービス放送を開始した。

● 11日1日（木）

- 12：00　テストパターン
- 12：55　おしらせ
- 13：00　フィルムポエジー「OTVの塔」
- 13：03　映画「日本美を求めて」
- 13：33　映画「カウボーイ現代版」
- 14：05　おしらせ
- 14：10　テストパターン

「フィルム・ポエジー　OTVの塔」は、神戸出身の詩人・竹中郁（1904～1982）が書き下ろし、朗読した記念すべき番組。

この番組はフィルム制作であったが、開局直後に発行された社内報「OTV情報」によれば、初日はフィルムプリントの光量不足のため画面が暗く、二日目に調整・再放送されたという。どんな画像が届くか、実際に放送・受信してみなければわからない。名古屋のCBCも、この日からサービス放送を開始した。

● 11月2日（金）

- 12：00　テストパターン
- 12：51　お知らせ
- 12：56　フィルムポエジー「OTVの塔」
- 12：00　スクリーンマガジン
　　　　　映画「写真家ウエストン」
- 12：44　おしらせ
- 12：50　テストパターン

一日目に放送した「OTVの塔」を再度プリントして放送したため、二日目の開始時刻は4分繰り上げられた。

映画「写真家ウエストン」はアメリカの写真家エドワード・ウェストン（Edward Weston 1886～1958）を取り上げた文化映画である。

ところで、新聞によれば、この日大阪球場で開催された「ブルックリン・ドジャース対南海ホークス」の親善試合がCBCで中継されていたという。この試合は地元OTVからは放送されず、大阪ではNHKがラジオ第2放送で中継したのみである。

● 11月3日（土）

- 12：00　テストパターン
- 12：40　お知らせ
- 12：45　文化の日に寄せて
- 13：00　東京六大学野球実況
　　　　　「早慶戦」（神宮球場）
　　　　　制作：ラジオ東京テレビジョン（KRTV）
　　　　　担当：吉川久夫アナ（KRTV）
　　　　　中止の時　映画「東京ジャングル」
　　　　　映画「母をたずねて三千里」
　　　　　続いて　おしらせ、テストパターン。

「文化の日に寄せて」は報道部製作のフィルム構成。毎日新聞ラテ欄コラムによれば、この年の大阪市民文化賞受賞者である吉田文五郎、山口誓子、緒方惟一をとりあげ、その日常生活や「文化風景」を紹介したとある。

「東京六大学野球実況早慶戦（神宮球場）」はKRTからネットされた最初の番組。この試合は同日、NHK大阪からも放送された。東京ではNHK、NTV、KRTVの三局がこの試合を生中継した。

● 11月4日（日）

- 12：00　テストパターン
- 12：55　お知らせ

13：00　「東京ジャングル」「母をたずねて三千里」
14：30　おしらせ、テストパターン

　3日に用意されていた雨傘番組用映画二本を放送した。NHK大阪ではこの日も東京からの早慶戦を中継した。

● **11月5〜8日**
　機器調整のため、OTVは翌5日（月）から8日（木）までサービス放送を休んだ。

● **11月9日（金）**
12：20　テストパターン
13：45　おしらせ
13：50　野球中継
　　　　「ドジャース対巨人」（後楽園球場）
　　　　制作：日本テレビ
　　　　担当：越智正典アナ（NTV）
　　　　解説：中沢不二雄
　　　　提供：丹頂ポマード
　　　　雨天の場合　映画「法隆寺」
　　　　終了後、おしらせ、テストパターン

● **11月10日（土）**
12：20　テストパターン
13：35　おしらせ
13：40　プロ野球
　　　　「ドジャース対全日本」（後楽園球場）
　　　　制作：日本テレビ
　　　　担当：大平和夫アナ（NTV）
　　　　提供：丹頂ポマード
　　　　雨天の場合　映画「法隆寺」「桂離宮」
　　　　終了後、おしらせ、テストパターン

● **11月11日（日）**
12：00　テストパターン
13：00　おしらせ
13：08　短編映画「世界スポーツ特集」
13：28　おしらせ
13：30　プロ野球
　　　　「ドジャース対全日本」（後楽園球場）
　　　　制作：日本テレビ
　　　　担当：越智正典アナ（NTV）
　　　　提供：丹頂ポマード
　　　　終了後、おしらせ、テストパターン。
　　　　雨天の場合　「法隆寺」「桂離宮」

　この秋、1956年度米ナショナルリーグの覇者となった「ブルックリン・ドジャース」が日米親善野球のため来日し、各地でさまざまな日本人チームと試合し、テレビ・ラジオでこれを中継した。

　11月9日から東京・後楽園球場で行われた「対巨人」「対全日本」の試合はNTV制作でCBC、OTVからもネット放映された。OTVは11日までの3日間のみ、CBCはそれ以降もネットした。

　この放送は整髪料「丹頂ポマード」の発売元である金鶴香水株式会社（現・株式会社マンダム）のスポンサード・プログラムだが、既発のNTVはともかく、サービス放送中のCBCやOTVまで広告を出稿したことは注目に値する。番組はCMつきのいわゆる「黒ネット」でNTVから送られた。

　東京・大阪・名古屋では、この中継について、丹頂チック名義の大々的な新聞広告が掲載された。大阪では朝毎両紙が全面広告を飾った。

　この新聞広告やラテ欄の予告でドジャース戦を知った人たちは、近畿各地のOTV専用街頭テレビに殺到。東海地区も、関東地区も同様で、今風にいえば、スポンサーつきの無料パブリックビューイングが三都市同時に開催されたことになる。

　当時、丹頂といえばポマード（ゲル状整髪料）やチック（固形整髪料）のトップブランドであり、これらの整髪料は当時流行の「アメリカ風」の恰好を決めるには欠かせない存在であった。まさにファッションの先端と大流行のスポーツ、そして注目の新メディアが手を結んだ三日間であった。

● 11月12日～14日（水）

　サービス放送は休止。次のステージへと準備をすすめている。局内では、もう新年番組の準備が始まっていた。

　13日、難波の高島屋で開催された「文化をひらくテレビ展」を後援。またこの頃、第5回舞台美術展が心斎橋のそごうギャラリーで開催され、OTVの社屋やスタジオの模型が展示された。

　同じ日、NTV、KRTV、CBC、OTVは「テレビ四社ネットワーク委員会業務協定」及び「番組の交流に関する協定覚書」（交流覚書）に調印した。これにより、ネット番組の大部分を担う東京二局の番組のうち好きな方を名古屋、大阪でネットする「Y字ネット」が確定した。この体制は1958年に讀賣テレビ（YTV）が開局するまで続いた。

　ただ、東名阪に敷かれたテレビ中継回線のうち民間放送が使えるのは当面1回線だけであったから、最初は名古屋と大阪が東京発の別の番組を同時に受けることはできなかった。

　また、東京からの番組は随時ネットされていたわけではなく、あくまでスポンサーの要望に従って番組がやりとりされていた。従って、回線料金はスポンサーの負担である。回線料金は映像は1時間単位、音声は24時間使い放題であった。

1956年11月9日朝刊の広告

● 日米野球の裏番組

　ここで、ドジャース戦が中継された同じ日のNHK大阪テレビジョンの昼の部の番組編成を見てみよう。

　OTVはサービス放送早々からスポーツ中継、街頭テレビや広告とのメディアミクスによって、旋風を巻き起こしはじめた。

　当時、現在のような視聴率や聴取率調査はなかったが、NHKを含め各局が設置した自局専用の街頭テレビが集めた人数は、そのまま広告営業の武器になった。

　NHKは、広告こそとらないが、公共放送としての責任から、民放同様に影響力を意識した。

【9日（金）】昼の部

11：30　中学校「やせがえる」一茶

12：00　ニュース

12：15　お好み風流亭

　　　　漫才：てんやわんや

　　　　落語：桂米丸「スリル」

12：35　きもの「外出着」岩松マス

【10日（土）】昼の部

11：30　職場訪問「化学繊維工場」升本二郎

12：00　ニュース

12：15　歌の花びら　音羽美子　恵ミチ子

12：45　短編映画「東海道」

12：00　学生フェンシング　個人選手権（明大）

　　　　引き続き全日本庭球選手権（大阪　鞠）

　　　　（庭球中止の場合　東西学生柔道）

※OTVでは13：40からドジャース戦を放映

【11日（日）】昼の部

11：30　週間ニュース

```
12：00    ニュース
12：15    寄席中継  落語：桃輔、木久助、柳昇
12：20    関東大学対抗ラグビー「慶明戦」
         （秩父宮ラグビー場）
         解説：伊藤真光
```

続いて、第八回全日本学生柔道選手権実況（大阪府立体育館）

番組表で見る限り、特に対抗番組をぶつけているようには見えない。土日にスポーツや舞台中継番組が放送されているが、週末午後はもともと「イベントアワー」とされていた。

さらに、当時テレビより優位にあったラジオについていえば、NHK第一（JOBK）、ABC、NJBとも通常通りの編成である。

NHK第二（JOBB）は10日は14：00からドジャース戦を中継した（実況・志村アナ、解説・小西得郎）。16：30からは大阪府立体育館から日本学生柔道東西対抗を中継。雨天時の番組としてドニゼッティの楽劇「愛の妙薬」、LPサロン「ハイドン作曲『時計』ほか」などが用意されていた。

日曜日は14：20から関東大学ラグビー（秩父宮ラグビー場。実況：福島アナ）、16：00から第六回バレーボール全日本選抜優勝大会（東京体育館　実況：中神アナ）。ただし、これらもごく通常通りの週末午後の編成である。

● 11月15日（木）

話はOTVに戻る。

いよいよメインとなる生放送の準備である。

昼の部（以下「テストパターン」は省略）

```
11：58    おしらせ
12：00    楽しい生け花   肥原康甫・宇治かほる
12：20    映画「造船日本」
12：48    おしらせ
```

夜の部

```
18：58    おしらせ
19：00    日本舞踊「錦秋薫浪華色彩」
                  （あきかおるなにわのいろどり）
         北新地・南地連中
19：30    おしらせ
```

ドジャース戦中継のあと、OTVは12日から14日までサービス放送を休止し、スタジオ制作番組のための準備に集中した。

翌15日、いよいよスタジオ制作による自主番組にとりかかった。またこの日から夜のサービス放送も始まった。

正午からの「楽しい生花」は、未生流家元・肥原康甫（八代未生斎）師の指導で、生徒役は宝塚歌劇団所属の宇治かほる。きき手は第一期入社の一人である佐藤和枝アナ。続いて短編文化映画「造船日本」を放送した。

いまではいわゆる「文化映画」がテレビ放送されることは珍しくなったが、1980年代初頭までは、比較的よく放送されていた。

短編文化映画は、戦前から啓蒙活動や戦時広報の手段として作られてきたが、戦後は、急ピッチで進められる国土復興を紹介するPR手段として大いに活用された。特に、産業紹介や、健康指導、生活改善指導などは高い関心をもって迎えられた。さらに日本ではUSIS（米国大使館広報文化局）を通じてアメリカ文化や、アメリカに関係する先端産業が積極的に紹介された。日本のテレビ放送の黎明期においてもUSIS経由でもたらされるアメリカの映像が（NHK、民放ともに）大事なソースの一つであった。

アメリカからの映像は、公共機関の広報映画ばかりではない。ディズニーをはじめとする民間会社が制作する娯楽性のある啓蒙フィルムや、百科事典でおなじみ「エンサイクロペディア・ブリタニカ」のフィルム版シリーズ（通称「ED映画」）などが積極的に活用された（MBSテレビの項に関連記述あり）。

こうした知的情報が家庭の受像機に「無料で」

送り込まれるのは、当時としては画期的なことであった。現在に比べれば選択肢こそ少ないが、それでも「世界の知識が目の前にやってきた」という喜びを人々は感じていた。

この後、おしらせに続いて昼の部は終了した。

夜の部は夕方6時58分に「お知らせ」で開始。続いてスタジオ舞踊「錦秋薫浪華色彩（あきかおるなにわのいろどり）」が放送された。内容は、北新地連中の舞踊「多摩川」と南地連中による舞踊「神田祭」であった。

ただ踊っているのを写すだけでは番組にならない。実際に撮りながら、光線やカメラの扱いについて研究を積み重ねなければならない。伝統芸能の持つ繊細さを、制限の多い制作環境のなかで写し取るのはどれだけ大変だっただろう。

11月半ばから「猫の顔」入りテストパターンが使われはじめたというが、この頃と思われる。これは日本最初の「放送局マスコット」である。

● **11月16日（金）**
昼の部
11：58　おしらせ
12：00　音楽コメディ「恋とトンプク」
　　　　立原博、安宅珠里、芦屋雁之助、
　　　　小雁ほか
12：20　短編映画◇おしらせ

夜の部
18：58　おしらせ
19：00　スリラー劇「予言」
　　　　都路正夫、溝江博ほか
19：30　おしらせ

正午からのミュージカルコメディ「恋とトンプク（20分）」（一部の新聞では「恋とトランプ」と誤記）。出演は立原博、安宅珠里、芦屋雁之助、芦屋小雁、三浦策郎。つづく短編映画は題名不明。

夜の部は「おしらせ」に続いて、7時からスリラードラマ「予言（30分）」。出演は都路正雄、辻美智、溝江博、棚倉千栄子ほか。

● **11月17日（土）**
昼の部
11：48　おしらせ
11：50　秋の味覚を語る
　　　　出演　湯木貞一、大久保恒次
12：10　希望の歌声（KRT）
　　　　出演　江口泰代　加藤雅夫　関真紀子
12：40　おしらせ～放送終了

夜の部
18：00　テストパターン
18：58　おしらせ
19：00　劇「晩秋の幸福」森光子
19：40　座談会「ぼくはこうみる」
　　　　新藤次郎　岩井雄二郎
19：55　おしらせ　～放送終了

昼の部の単発番組「秋の味覚を語る」。出演は料亭「吉兆」の創業者・湯木貞一と、関西の食通であり、今でいうフードコーディネーターの先駆けでもあった意匠家・大久保恒次。地元大阪の通人や専門家を出すことで「大阪のテレビ局」らしいイメージが打ち出されていった。

続いてはKRTVの「希望の歌声（30分）」。出演は江口泰代、加藤雅夫、関真紀子。

江口泰代（当時キングレコード）は、三橋美智也の「リンゴ村から」のSP盤（KING C-1309）のカップリング曲「大島むすめ」等で知られる。

加藤雅夫（日本コロムビア）は新人時代の1950年、再発売された久保幸江の「トンコ節」（COLUMBIA　A 1079）のデュエットの相手に抜擢され、これがヒット。

関真紀子（日本コロムビア）は、この頃「君美しく（1955年12月）」「午後8時13分のブルース（1956年10月）」「さすらいの唄（1956年8月）」「長崎の唐人娘（1956年3月）」など古関裕而の楽

曲を次々と吹き込んだ。

この番組が「10分」から開始しているのは、発局であるKRTVが、当時、正午から10分間「東京テレニュース」を放送していたため。一方NTVは正午から15分までをニュース時間にあてていたため、OTVで東京発の昼番組をネットする際は、発局の時間にあわせて編成を調整する必要があった。

夜の部のドラマ「晩秋の幸福（40分）」。出演は森光子、北村英三、石田茂樹。

森光子は、この頃は関西をベースに活躍し、すでにNHKでも何本かのドラマに出演していた。OTVでは、「コント千一夜」（1956〜1961）や、ドラマ「小判は寝姿の夢」（1957）、「芽」（1957芸術賞参加作品）、そして「ダイラケのびっくり捕物帖（1956〜ABCに継承）」に出演して全国的に評判になった。

「座談会・ぼくはこう見る」。出演は朝日新聞社の進藤次郎と岩井産業社長の岩井雄二郎。

進藤次郎は、太平洋戦争で朝日新聞社から南方軍へ派遣され、司令部報道部主計を経て、戦後、朝日新聞へ復帰。この頃、編集局長。

岩井雄二郎は当時の岩井産業社長であり、1949年に関西経済同友会で代表幹事を務めた。

岩井産業は、父・岩井勝次郎が創業した鉄鋼商社「岩井商店」を前身とし、鉄鋼卸を中心にメリヤス、塗料、スフ（レーヨン）、亜鉛、曹達（ソーダ）など、広く工業製品分野で業績を伸ばした。最後には財閥まで形成し、のちに日商と合併して日商岩井（現・双日）になった。

こうした言論機関や政財界の有力者を集めた座談会は放送局の報道部の企画で行われることが多かった。つまり、放送局自身が公会堂のような役目をかって積極的に意見を紹介していたのである。

● 11月18日（日）

昼の部

11：48　おしらせ
11：50　大阪キューバンボーイズショー
　　　　「タイガーラグ」「エル・チョクロ」ほか
12：10　短編映画
13：00　おしらせ

夜の部

18：58　おしらせ
19：00　ミュージカルショー「チャンネルNO.6」
　　　　香住豊ほか
19：30　中座中継「延命院日当」
　　　　十三代目片岡仁左衛門、嵐吉三郎、
　　　　嵐雛助、片岡我童。
21：00　おしらせ

18日は日曜日ということもあって、昼夜ともに華やかな番組が放送された。街頭テレビに集まった人々を、さぞ喜ばせたことだろう。

まずは20分間、スタジオからの音楽番組。演奏した大阪キューバンボーイズは、1954年、近藤正春をリーダーとして結成された、当時人気のジャズオーケストラの一つ。宗右衛門町の名門キャバレー「メトロ」を拠点に活動していた。「メトロ」からは坂本スミ子やアイ・ジョージといったスター歌手が飛び立った。

「メトロ」は、1936年12月に萬国観光株式会社が宗右衛門町に開いた国際キャバレー「メトロポリタン」が前身。跡地に建つ「イビススタイルズ大阪」の軍艦のような威容から当時の姿を想像すると、その敷地を丸ごと占めていた国際キャバレー「メトロ」がいかに巨大であったかがわかる。

夜の部は、まさに大盤振る舞いであった。

まず、スタジオ制作のミュージカルショー「チャンネルNO.6（30分）」。出演は香住豊、葛城日佐子、牧香織ほか。

香住豊はOSK（大阪松竹歌劇団）の大幹部。葛城日佐子、牧香織も幹部級のメンバーである。構成は高木光晴、振付は湯川整。

OSKは1956年3月に、あやめ池遊園地内に建

設された円形大劇場での定期公演を開始したところであった。

近鉄は1950年からあやめ池遊園地でOSKの公演を開催していたが、それに伴って建設された園内の円形大劇場には、のちに養成所まで併設され、1957年に株式会社大阪松竹歌劇団として独立した時、本拠地となった。まさに、阪急の宝塚と並ぶ常設レビューを目指していたのであった。

「チャンネルNO.6」という言葉はOTVのこだわりそのものである。

これは一部に伝わる「噂」ではあるが、この頃、マリリン・モンローのインタビューを通じて「シャネルの五番（Chanel NO.5）」が大流行したが「チャネルNO.6」はこれをもじったのではないかといわれている。

確かめようもないが、いかにもOTVらしい洒落た噂ではないか。

この日は、さらに、中座の芝居が実況中継された。街頭で、木戸銭なしに中座の芝居を愉しむことができたというわけだ。

既に季節は冬を迎えつつあったが、街頭テレビには日に日に多くの人が集まるようになった。

● 11月19日（月）

昼の部

11：48　おしらせ
11：50　みんな美しく　武内幸子　三浦禧余子
12：10　映画の窓「ボワニ分岐点」
12：40　おしらせ〜終了

夜の部

18：58　おしらせ
19：00　音楽ファンタジア「星くずの歌」
　　　　宝とも子ほか
19：30　劇「太閤記」（NTV）
20：00　おしらせ

昼の部はファッション講座番組「みんな美しく」。司会は小深秀子アナ。出演は武内幸子（女優）、三浦禧余子。

小深秀子アナウンサーは第一期採用で、大阪女子大学（旧・大阪府女子専門学校。現・大阪府立大学）の経済学科を卒業し、近畿放送劇団を経て入社した。

武内幸子氏については筆者が持つ女優のデータベースでは不明。朝日・毎日の番組表には「幸子」とあるが、似た名前の女優に「竹内孝子」がいる。詳細は不明。

三浦禧余子氏は服飾デザイナーで、開局後、幾度か番組に出演している。服飾関連以外の番組への出演もある。

つづいてKRTV制作の「映画の窓」。番組表には「ボワニ分岐点」とだけ書かれているが、これは欧米で公開されたばかりのMGM映画「ボワニー分岐点」。この作品は、監督：ジョージ・キューカー、音楽：ミクロス・ローザ、出演：エヴァ・ガードナー、スチュワート・グレンジャーほか。英米共同制作。

夜の部はミュージカルファンタジア「星くずの歌（30分）」から。出演は宝とも子、法村友井バレエ団。

宝とも子はラテン歌手として知られており、宝塚音楽歌劇学校卒。第6〜7回、第10〜11回のNHK紅白歌合戦に出場している。

法村友井バレエ団は、1937年、法村康之と友井唯起子によって大阪で結成された。OTVをはじめ、在阪各局から大小さまざまな番組にひっぱりだこであった。

つづいてNTV発で「太閤記『日吉丸編』（30分）」。出演は荒木玉枝、森健三、織田政雄ほか。

● 11月20日（火）

昼の部

11：58　おしらせ

```
12：00    OTVニュース
12：10    歌う青春列車（KRTV）
          「トランペットは歌う」
12：40    おしらせ
```

夜の部

```
18：43    おしらせ
18：45    OTVニュース
19：00    短編映画「飛行機時代」
19：30    ドラマ「お嬢さん売り出す（KRTV）」
20：00    おしらせ
```

11月20日。正午と夕方の「OTVニュース」が始まった。いずれもフィルムニュースで、現在のようにアナウンサーの顔出しはない。

OTVニュースは取材から放送までの早さがウリであった。社内に最新の現像設備があることが大きな強みになった。なお、この頃のテレビニュースは映画ニュースをモデルとしたため、タイトルや項目も縦書きであった。

OTVニュースのオープニングはアメリカのRKO映画を思わせる「アンテナから電波が飛んでいる」動画であったという。

続いて「歌う青春列車（KRTV）」。今回は「トランペットは歌う」で、出演は新倉美子、フランク永井、津瀬宏、楽団ラジオジョーカーズ。

新倉美子は新国劇の大名優・辰巳柳太郎の娘。美形ジャズシンガーとして知られた。

のちの大歌手・フランク永井は1955年、NTV『素人のど自慢』の年間ベスト1に選ばれ、ビクターと契約。そして9月に『恋人よ我に帰れ』でデビューしたばかりの新人であった。その後しばらくは売れない時期が続いたが、1957年『有楽町で逢いましょう』が空前のヒットとなった。

「津瀬宏」氏は、同名の脚本家・構成作家・作詞家と関係あるかどうか未確認。伴奏の「楽団ラジオジョーカーズ」も手がかりがない。

夜の部はドラマ「お嬢さん売り出す（KRTV）」。出演は十朱久雄、逢初夢子、中原美紗緒、福田公子ほか。この年の10月に開始し、翌年2月に終了。

● **11月21日（水）**

昼の部

```
11：58    おしらせ
12：00    OTVニュース
12：10    ファッションミュージック（KRT）
12：40    おしらせ
```

夜の部

```
18：43    お知らせ
18：45    OTVニュース
19：00    笑劇場（KRT）「犯人はうたがお好き」
19：30    スタジオバレエ「美しきダニューブ」
          出演・西野バレエ団
20：00    お知らせ
```

21日の昼の部はKRTV「ファッションミュージック」。ジェニー愛田、小川洋子などが出演。

夜の部はKRTV「笑劇場」でスタート。この日は坊屋三郎、柳沢真一、深緑夏代、野々浩介による「犯人はうたがお好き」。

つづいてOTV第一スタジオから西野バレエ団によるスタジオバレエ「美しきダニューブ」が放送された。

● **11月22日（木）**

昼の部

```
11：58    お知らせ
12：00    OTVニュース
12：10    テレビ昼席（KRTV）
          「漫才デュオ」阿部昇二・林大介
          「落語」八代目桂文楽
          司会　林家三平
12：40    お知らせ
```

夜の部

18：43　お知らせ
18：50　OTVニュース
19：00　浪曲ドラマ「白菊」
19：35　スリラードラマ「六人の客」
　　　　山村弘三、溝口繁ほか
20：00　ボクシング中継「早大対近大」
　　　　大阪府立体育館
21：00　お知らせ

22日昼の部は「テレビ昼席（KRTV）」から。

阿部昇二・林大介による「漫才デュオ」。阿部昇二はコント55号・坂上二郎の師匠にあたり、のちに映画で活躍する。八代目桂文楽は、明るくはじけた芸風で上方でも人気があった。

夜の部。まず、浪曲ドラマ「白菊」。出演は冨士月の栄と中村あやめ、志摩靖彦ほか。

冨士月の栄は「大阪大空襲」で知られる浪曲師。中村あやめは松竹京都作品「影法師　寛永寺坂の決闘」（1949年）「続影法師　龍虎相搏つ」（1950年）などに出演。志摩靖彦はのちに大映〜東映で活躍する。

続いて大阪出身の探偵文学作家・島久平作のスリラー・ドラマ「六人の客」。ちょっとしたタイトルの中にもチャンネル番号の「6」を織りこんでいる。

● **11月23日（金）勤労感謝の日**

昼の部

11：58　お知らせ
12：00　OTVニュース
12：10　食後の演芸
12：55　お知らせ〜テストパターン

夜の部

18：43　お知らせ
18：50　OTVニュース
19：00　テレビぴよぴよ大学（KRTV）
　　　　河井坊茶ほか
19：30　花王ワンダフルクイズ（NTV）
　　　　司会：今泉良夫
20：00　おしらせ〜テストパターン

11月23日、昼の部に「食後の演芸」。12:10に「食後」もないが、食事をしながらテレビを見ることが下品とされた時代だったから「食後」としたほうがよかったのだろう。

出演者の「三人奴」は、1950年結成の三味線トリオ。リーダーの塚本やっこ、笑がおこと妻・市松笑顔、笑美子こと笑顔の妹・市松笑美子の三人組。「阿波の鳴門」「野崎村」など浄瑠璃ネタが中心。テーマソングは「三味線ブギ」。

一陽斎正一はジャグラー操一を起源とする流派の奇術家。ワッハ上方には道具が遺されている。

芦屋小雁・雁之助は上方のテレビ黎明期に欠かせないコメディアン。1949年に芦乃家雁玉・林田十郎に弟子入り。その後、新京極富貴や戎橋松竹中心に活躍。1954年に開場したOSミュージックホールで、当時座付作者だった花登筺のコントを演じるようになる。やがて北野劇場に移り、ここから花登筺とともにテレビに進出していった。小雁のOTV初出演は11月16日の「恋とトンプク」。

夜の部。「テレビぴよぴよ大学」（KRTV）はラジオの人気番組をテレビ版に翻案したもの。河井坊茶、徳川夢声、戸川弓子、吉田哲也ほかが出演。

「花王ワンダフルクイズ」（NTV）。司会の今泉良夫はのちに「お笑い三人組」を経て参議院議員になった講談の一龍斎貞鳳。タレント活動では本名を使用。回答者には柳亭痴楽,岡本太郎他。

この日、東京ではNTVが早朝放送が本格開始した。この機に東京では朝日新聞がテレビ番組枠を大幅に拡大した。ニュースやテレビ体操、英語講座、子供番組などが朝7時（曜日によって8時）から10時近くまで編成された。

● **11月24日（土）開局一週間前**

昼の部
- 11:58　お知らせ
- 12:00　OTV ニュース
- 12:10　希望の歌声（KRTV）
- 12:40　おしらせ〜テストパターン

KRT の音楽番組「希望の歌声」。フランク永井、北野路子、中原葉子、菅原一郎らが出演。

夜の部
- 18:13　お知らせ
- 18:15　素人のどくらべ（NTV）
- 18:45　OTV ニュース
- 19:00　歌謡大学（KRTV）

「素人のどくらべ」（NTV）は暁テル子が司会。「歌謡大学」（KRTV）はこの日文化服装学院からの中継。司会は松井翠声、先生に柳家金語楼、佐藤美子。

● **11月25日（日）**

昼の部　休み
夜の部
- 18:58　お知らせ
- 19:00　OTV ニュース
- 19:10　短編映画
- 19:30　ウエストミンスター交響合唱団特別演奏会（NTV）日比谷公会堂
- 20:30　おしらせ〜テストパターン

「ウエストミンスター交響合唱団による特別演奏会」は日比谷公会堂から NTV が中継。

ウエストミンスター合唱団は 1956 年 11 月に東京や大阪で公演をおこなった。この来日公演は国際文化交換協会の主催。11 月 9 日から 25 日までは日比谷公会堂他で開催。並行して 11 月 21 日には東京都体育館でも開催。この夜の中継は日本での最終公演だった。

大阪でもこの 11 月に NJB ホールで行われたウエストミンスター合唱団とウイリアムスン博士への歓迎レセプションに、博士のクリニックを受けるデモンストレーション合唱団として出演。ヘンデルのハレルヤ他を歌ったという記録がある。

● **11月26日（月）**

昼の部　休み
夜の部
- 18:48　お知らせ
- 18:50　朝日新聞テレビニュース
- 19:00　オリンピックニュース
- 19:15　お知らせ〜テストパターン

「オリンピックニュース」はメルボルンオリンピックの記録フィルムに日本語の解説をつけたものだが、空輸による 1〜2 日遅れでも当時は画期的だった。フリーマントル社配給の素材を使用。

この日、第三回定時株主総会が本社会議室で開催された。

● **11月27日（火）**

昼の部　休み
夜の部
- 18:47　おしらせ
- 18:50　ニュース（毎日新聞）
- 19:00　オリンピックニュース
- 19:15　おしらせ

27 日　昼の部は休み。開局に向けてのこまごまとした最終準備をしながら、開局記念番組の制作作業に追われていた可能性がある。また、レギュラー番組のリハーサルもしなければならない。

● **11月28日（水）〜29日（木）**

サービス放送は昼夜ともに休み。新聞には「機械調整のため」と発表されている。

● 11月30日（金）　開局前日

昼の部　　休み
夜の部
　20：40　　おしらせ
　20：45　　プロレス実況（OTV制作）
　　　　　　ヘビー級選手権挑戦者決定試合
　　　　　　東富士―山口利一　戦（府立体育館）
　　　　　　レフェリー：力道山
　　　　　　解説：阿部修
　　　　　　中継：矢代清二アナ（OTV）
　22：15　　おしらせ

　この日の新聞朝刊には開局告知の全面広告が掲載され、番組紹介や受信ガイド、受像機各社の広告が満載された特集ページが組まれた。
　局内は既に開局後の番組のリハーサルや打ち合わせ、準備作業に追われていた。開局前日、昼の部を休み、夜の部はいつもより遅い19：40から「テストパターン」で開始。
　晩秋の夜だというのに、人々が街頭テレビに群がり始めた。サービス放送最終夜は大人気のプロレス中継が放送されるからだ。
　OTVでは、電波のよく届く場所を選び、設置場所近くの新聞販売店や電器店に有償で管理を委託した。「管理」の主な仕事は、街頭テレビ箱の「扉の開閉」。何かの都合で扉を開けるのが遅れると、集まった観客に文句を言われたという。
　この夜、早く仕事を終えた人たちは、どこかで一杯ひっかけて体を温めてから街頭に集まった。遅れた人々は仕事場から押っとり刀でかけつけた。いつもなら19時前にはニュースやドラマがはじまっているところだが、この晩は20時をすぎてもテストパターンが続いていた。
　20：40にようやく「おしらせ」が出て、続いて「プロレスヘビー級選手権挑戦者決定戦　東富士対山口利夫」が始まった。
　この試合は、当時ヘビー級に君臨していたチャンピオン力道山の挑戦者を決定するために1956年10月24日におこなわれた「重量別日本選手権ヘビー級決勝戦・東富士―山口利夫戦」が、三本目両者リングアウトにより決着がつかなかったことによる再試合であった。
　中継担当はOTV第一期の矢代清二アナウンサー（当時26歳）。明治学院大学で経済学を学んだ新人。

●初のスポンサードプロ
　11月12日毎日新聞（大阪）ラテ欄に「初商売としてプロレス中継　サービス放送も強化〜大阪テレビ」という記事がある。以下引用する。
　「二日連続でドジャース対巨人、全日本の日米親善野球を、サービス放送として独占実況中継した大阪テレビでは、来る三十日大阪府立体育館で開かれる日本プロレス連盟（ママ）主催、毎日新聞社後援の力道山挑戦者決定戦東富士対山口のプロレスリングを初商売のスポンサードプロとして放送することになった。翌一日の開局をひかえて恰好の前夜祭番組、この試合、テレビ中継料は七十万円以上といわれ、放送諸経費は約六万円、規定の電波料がOTVのふところへ入って、会社創設以来はじめての収入となる（引用おわり）」
　記事中「日本プロレス連盟」と書かれているが、これは「日本プロレスコミッション」のこと。力道山率いる日本プロレス協会、全日本プロレス協会解散後立ち上げられた山口道場、国際プロレス団を前身とするアジアプロレス協会、そして1955年に在日朝鮮人レスラーが大阪で結成した東亜プロレスリング協会の4団体が加盟している。
　OTVは、このプロレス中継によって、規定通りの電波料を得て、会社創設以来はじめての収入を得た。このときのスポンサーは「ゼネラルテレビ」でおなじみの八欧電機であった。当時、力道山は八欧電機のイメージキャラクターとして広告などによく登場していた。東京ではおなじみのプロレス中継のスポンサーであった。
　試合は2対1で東富士がヘビー級選手権への挑

第1章「誕生」

戦権を獲得したが、結局、力道山への挑戦試合は行われなかった。

●放送されなかった「開局前夜祭」

ところで、実はこの日、プロレスの熱狂をよそに、OTVは大阪・産経会館ホールで「OTV開局前夜祭」開催していた。

14：00と18：30から開始する2回まわし公演で、内容は3部構成のバラエティであった。

第1部はダイマル・ラケット、五九童・蝶子の漫才。

第2部は人気野球選手と森光子のトークショー。

第3部が江利チエミ、笈田敏夫ほか錚々たる面々によるジャズコンサート。

いかにもテレビらしい企画・構成であったが、「開局前夜祭」と題された豪華なイベントにもかかわらず、このショウは放送されなかった。どう考えても、開局前日にこのイベントを催しておいて放送しないわけがない。

この開局前夜祭は、11月19日の新聞広告によれば、中山太陽堂ことクラブ化粧品のファンデーション「ファンライト」の新発売プロモーションと連動して行われ、ハガキ応募で先着1500人を招待する内容が発表されている。30日開催のイベント広告を19日の朝刊でおこなっているというのもずいぶんせわしない話だ。こちらもOTVの事業企画として売れたのではないか。

詳細は明らかではないが、前夜祭の興行が決まった後からプロレス中継の話が飛び込んできたのではないか。もともと中継される予定だった「まぼろしの祝賀番組」なのかもしれない。

こうして、かたやプロレス、かたやバラエティ・ショーという二つの興奮で、開局前夜の夜は更けていった。

局舎屋上には早くも開局告知のアドバルーンが揚がっていた。

1956.12

・ハンガリーに侵入したソ連軍大部隊、首都を完全制圧。
・日本、国際連合に加盟。日・ソが11年ぶりに国交回復。
・最後のシベリア引揚船「興安丸」舞鶴港へ。全土に戒厳令。

●12月1日（土）

0930 テストパターン
1000 OTVシグナルミュージック
　　　（作曲：服部良一）
1001 社長あいさつ（第2スタジオより）
　　　大阪テレビ放送社長・鈴木剛
1020 寿式三番叟（第1スタジオより）
　　　竹本綱大夫・津大夫
　　　南部大夫 吉田文五郎 玉市 栄三 玉男
1040 誕生日十二月一日（2スタ）
　　　司会：大谷智子（東本願寺裏方）
　　　詩：石浜恒夫 音楽：野口源次郎
　　　合唱：帝塚山学院児童合唱団・
　　　赤ちゃん：純子ちゃん、利之君・伸介君（双子）、他
1050 これがOTVだ（フィルム構成）OTV報道部制作
　　　ナレーション：久保顕次アナ
1110 OTVニュース
1120 「絵本太功記・尼崎の場」（京都・南座）
　　　猿之助 鴈治郎 扇雀 嵐吉三郎 時蔵 延治郎 寿海
1245 開局記念パーティ
1305 OTVジャスト・ジャズ　出演：小林昭 笠原洋子
　　　NJBジャズオーケストラ
1330 五輪大会ニュース
1350 幾菊蝶初音道行 坂東鶴之助 乙羽信子
　　　清元松寿太夫
　　　◇おしらせ◇放送休止
1710 テストパターン◇おしらせ
1730 五輪大会ニュース
1755 シンフォニー・オブ・OTV（大阪歌舞伎座から中継）
　　　朝比奈隆 近衛秀麿 上田仁 笹田和子
　　　・交響曲第六番「田園」
　　　（ベートーヴェン）ABC交響楽団 東京交響楽団
　　　関西交響楽団・合同演奏・Mambo OTV（中村八大）
　　　中村八大 秋月恵美子 芦原千津子・大阪狂想曲
　　　ご存じ大阪メロディ（服部良一）笠置シヅ子
　　　ABC放送合唱団 関西交響楽団 NJBジャズオーケストラ
1850 朝日・毎日共同ニュース
1900 ピアノ三重奏（大阪歌舞伎座）辻久子 ヘルシャー
　　　原智恵子「ピアノ三重奏ト長調K564」
1930 ほろにがショー・何でもやりまショー(NTV)
2000 明日は日曜日(NTV)
2030 シャープ劇場　のり平喜劇教室(NTV)
2100 メトロニュース
2115 日真名氏飛び出す(KR)
2145 ダイナミックグローブ(NTV)
　　　日本ヘビー級特別試合（浅草）
2230 テレビガイド
2235 OTVニュース
2250 五輪大会ニュース
2305 放送終了

現在のものとは隔世の感がある1956年12月1日「開局初日」のラジオ・テレビ欄の大きさの違い。(朝日新聞)

開局初日

● OTV シグナルミュージック

ラジオテレビ番組欄に「OTVテレビ」という欄が新設され、初日の番組編成が発表された。

快晴に恵まれた1956年12月1日の朝、開局予告のアドバルーンが局舎の空高く揚げられた。

午前9時30分。テストパターンと「JOBX-TV　大阪テレビ放送です」というアナウンスが放送され、調整用の音楽が放送された。

この「調整」は、家庭のテレビを調整することを意味する。今ではテレビの調整といっても音量くらいのものだが、昔はしばらく調整なしに使い続けると、顔が長く伸びたり、パラパラと流れたりしたため、定期的に裏蓋を開けて調整する必要があった。そのツマミのすぐ脇には、何千ボルトという高圧電流が流れており、感電の危険もあった。また、発熱する個所もあり、素人がうっかりさわると火傷をすることもあった。また、ごくまれにテレビスクリーンのブラウン管が破裂する事故もあり、当時のテレビは危険物だったのだ。

午前10時、服部良一作曲のテーマ曲とともに、屋上から放たれた数十羽の鳩がアンテナを旋回するもようが放送された。

ここで演奏された曲は「OTVシグナルミュージック」という題名で、服部良一氏の作品リストにも記載されている。

ABCとの合併直前に発行された社史 *"Album OTV"* には、服部氏による文章が寄せられている。

「母の便りに『いつもお前の音楽を聴いてから、テレビのスイッチを切ります』と書いてあった。東京では滅多に最終までテレビを見たことのない僕にはその意味がよくわからなかった。たまたま大阪へ行った時にOTVを遅くまで聴いていたら『では今夜も服部良一作曲OTVシグナル・ミュージックでお別れいたしましょう』といったアナウンスを聴いた。開局当時ならいざ知らず、何年間も毎日続けて放送されてきたことは、郷土出身の作曲家としてまことに身に余る光栄で、20何年間大阪を離れていても、お陰で毎日毎晩、OTVを通じて郷土の皆さんにご挨拶しているのとおなじである。いまさらながら大阪のヒイキ強さに心温まる想いがする」

(*"Album OTV"* P24より)

この文を読む限り「シグナルミュージック」は放送開始・終了の両方で放送されていたようで、服部氏は「作曲から3年もたってまだ使われている」事に感心しているのだが、実はこの曲は3年どころか1959年6月に「朝日放送テレビ」に改名して以降も、映像を入れ替えながら34年間も使用されたのだ。

「シグナルミュージック」は、開局一周年の際に制作・放送されたフィルムPR番組「OTVビデオパンフレット」に残る録音を聴く限り、二管編成以上の管弦楽団による壮大なものだ。

楽曲はコラール風の主題を、楽器構成を変えながら何度も変奏する構築的なもので、対位法的な手法も用いられており、当時の実用音楽においてはレベルが高い繊細なオーケストレーションである。

この曲は音声多重放送開始の際、ステレオ放送用に再録音され、シンセサイザーを加えた小規模楽団用に再編曲されたものが（この時の録音テープには「ABCシグナルミュージック」と記された）1990年までABCテレビの放送開始音楽として使用された。さらに、2014年7月からはABCラジオの開始音楽として復活した。

楽曲はコラール風。弦楽器のグリッサンドを伴った短い序奏のあと、主題となるメロディ（g-A-gfe-d-c-Hch-A-g-c1-d1-c1hc1-def…）の前半を、メロディ、楽器編成とも変容させて4回繰り返す変奏曲風の格調高い曲である。

●いよいよ本番！

シグナルミュージックとともに、屋上にあげた中継カメラがアンテナを旋回しながら飛び立つ鳩を映

し、その後「鈴木社長の挨拶をお送りします」というアナウンスに続いて社長挨拶が始まった。

しかし、社長の顔がいったん大写しになった途端、音声が途切れてしまった。公式記録に残るOTVの放送不体裁第一号である。

続いて突然、次の番組のためにスタンバイしていた裸の赤ん坊の大写しに切り替わり、すぐに戻すと今度は社長の慌てた横顔が映ってしまった。実にさんざんなものであった、と「あんてな」誌で紹介されている。

続いて10時20分から「寿式三番叟」。第一スタジオからの生放送だったが、ここではなかなか映像が出ず、音声だけの状態が続いた。

出演は大夫・竹本綱大夫、津大夫、南部大夫、人形・吉田文五郎、玉市、栄三、玉男。松羽目も手摺も仕込んだ本格的なセットであった。

当時、照明の明るさは尋常ではなかった。それは、カメラの感度が現在のものほど良くなかったからで、長時間ライトを浴びていると、コップの水から湯気が立ち、肌の弱い人は水腫れができることもあったといわれている。そんな中で、文楽が上演されたというのは英断というほかない。強い光線で人形や衣装が傷む危険があり、人形遣いの面々も40度を超える中での実演となる。さらにはそんな高温のスタジオ内での太棹の演奏は、困難が伴ったのではないか。

●**放送と三番叟**

当時の最新メディアであったテレビジョン放送の最初の番組が、古式床しい「三番叟」であることは興味深い。NTV、KRTV、OTVそして、続く民間放送テレビ局が軒並み三番叟を放送した点に注目してみよう。

そもそも「三番叟」は、能公演の「開始番組」として用いられてきたもので、新劇場の柿落としにの機会にもよく上演されていたから、新しい放送局の幕開けにはふさわしいものといえる。

能は古来、古くは一日がかりの公演が多く、複数の演目で「番組」を組んで公演されていた。その最初の演目として、国家安泰・五穀豊穣を祈る演目として「式三番」を上演した。

放送局の開局初日の演目には式三番のうち「三番叟（または三番三）」が選ばれることが多いが、OTVと同日に開局したCBCテレビでは式三番のうち「千歳」にちなんだ演目が放送された。各局の「三番叟」をいくつかご紹介しよう。

◆**日本テレビ放送網（NTV）「寿式三番叟」**

日本の民間テレビ番組第一号は、NTV制作・東芝提供による「寿式三番叟（1953年8月28日）」であっ

たが、その演者は天津乙女、南悠子（ともに宝塚歌劇団）他であった。背景は松羽目、装束も正統なものであったが、演者が宝塚のトップスターとは破格である。まさに「これがテレビだ」といわんばかりの趣向だ。

◆**ラジオ東京テレビジョン（KRTV）「二人三番叟」**

KRTVは、いかにもKR好みの「豪華で本寸法」な開局特番を展開。その冒頭に市川猿之助、市川段四郎、坂東三津五郎による「二人三番叟（1955年4月1日 11:00～12:00放送）」を放送した。顔ぶれがいかにも在京局らしい。

◆**大阪テレビ放送（OTV）「文楽・寿式三番叟」**

そして第三号であるOTVは大阪を代表するテレビ局として、大阪固有の「文楽による寿式三番叟」を放送した。

◆**ラジオ九州テレビジョン（RKB）「操三番叟」**

1958年3月1日に福岡で開局したRKBテレビは初日の10:00から、1951年10月に襲名したばかりの岩井半四郎による「操三番叟」を放送。

◆**関西テレビ放送（KTV）「宝三番叟」**

1958年11月22日に開局したKTVは初日 18:00

からの「梅田コマ劇場スタジアム中継・バラエティーショー第一部」に「宝三番叟」を放送した。

出演は、紫綬褒章を受けたばかりの天津乙女と富士野高嶺、南悠子、梓真弓ほか。

◆北陸放送テレビジョン（MRO）
「加賀万歳・三番叟、魚づくし」

芸所・金沢に本社を置くMROテレビは1958年12月1日に開局。11：00から、まず北陸電力提供「記念能」を放送。演目は、シテ宝生九郎、ワキ殿田源三、ワキヅレ殿田保輔、泉喜人、謡・佐野安彦ほかによる「高砂」。続いて日本電気提供の開局記念番組では加賀万歳保存会による「加賀万歳・三番叟、魚づくし」を放送。

◆フジテレビジョン「寿式三番叟」

1959年3月1日にニッポン放送と文化放送の合弁で開局したフジテレビジョンは、初日9：45～10：30に、左団次・梅幸による「寿式三番叟」。続く10：0～11：00にはKTV制作による文楽「弥次喜多東海道中膝栗毛」を津大夫と相生大夫で、そして井口基成のピアノ演奏をはさんで12：30から海老蔵、梅幸、左団次ほかによる舞台劇「与話情浮名横櫛」を放送し、意気込みを見せた。

◆東北放送テレビジョン（TBC）「邦楽操三番叟」

仙台のTBCテレビは1959年4月1日10：15に開局記念番組として坂東八十助ほかによる「邦楽操三番叟」を、続いて10：45からは野村万作ほかによる狂言「二人袴」を放送した。

◆札幌テレビ放送（STV）「邦舞三番叟」

テレビ単営で開局したSTVは、開局初日の1959年4月1日10：25～10：45から中村時蔵による「邦舞三番叟」を放送。

◆ラジオ青森テレビジョン（RAB）「二人三番叟」

自社制作番組に苦心するRABテレビは開局初日の1959年10月1日10：45～11：00に祝賀番組「二人三番叟」を放送した。これは日本テレビが開局祝いのために制作した贈り物。

◆テレビ愛知（TVA）清元「四季三葉草」

下って1983年9月1日に開局したテレビ愛知は、初日の6：00～06：30に清元「四季三葉草」を放送した。これは「しき・さんばそう」と読む。

◆新日本放送（NJB）「義太夫・寿式三番叟」

毎日放送は、テレビ開局の際には三番叟は放送しなかったが、ラジオ単営の新日本放送時代、1951年9月1日18：05から30分にわたって豊竹山城少掾、竹本綱大夫、竹本津大夫、鶴澤寛治郎、竹澤彌七、野澤錦糸による「義太夫『寿式三番叟』」を放送した。これが民間放送による最も早い三番叟である。

このほか、1956年9月1日に民間放送ラジオ局第一号として開局したCBCは、ラジオ開局初日の11：05～12：15に「開業式典」を放送したが、この時、まさに祭壇にマイクロフォンをつりさげ、斎主・熱田神宮長谷宮司による祝詞奏上をそのまま放送した。その後「マイク除幕」があり、管弦楽と合唱による社歌「東海の虹」が演奏された。

ラジオの場合、三番叟よりもこのような神事や神楽を放送した放送局のほうが多かった。

また、聖パウロ修道会が設立に関わった日本文化放送は、局舎が教会内にあったのでミサ中継で開始した。

長崎放送はテレビのサービス放送初日が1958年のクリスマスイブにあたったため、大浦天主堂からクリスマスミサを中継した。

また、NHK大阪は教育テレビジョンの開始にあたり、人形浄瑠璃による寿式三番叟をローカル放送した。

● 誕生日 12月1日

　10時40分、第二スタジオから東本願寺裏方・大谷智子女史を司会に招いた「誕生日十二月一日」が放送された。この日生まれた赤ちゃんや子供を病院に訪ね、子とその母親を出演させる企画である。本放送開始直後の放送事故で、社長のかわりに映し出された裸の赤ちゃんはこの番組の出演者であった。

　司会の大谷智子女史は、東本願寺第二十四世法主である大谷光暢氏の妻であり、当時東本願寺裏方であった。久邇宮邦彦王の娘・智子女王であり、香淳皇后の御妹様にあたる。1906年生まれ。

　番組では、石浜恒夫作詞、野口源次郎作曲、帝塚山学院児童合唱団による合唱曲も披露された。

　石浜恒夫は「道頓堀左岸」などの詩集のほか、アイ・ジョージ「硝子のジョニー」やフランク永井「こいさんのラブコール」の作詞も手がけた。1923年生で東大卒。

　野口源次郎は関西では市歌や校歌などを多く残す作曲家。テレビでは、のちに「てなもんや三度笠」の音楽を担当した。

　「誕生日十二月一日」は、開局一周年と、二周年の記念日にも放送された。

　初回と同じセットを組んで、開局の日に登場した子がどれほど大きくなったかを披露するという企画なのだが、第二回放送の時点で二人の赤ちゃんが亡くなっていた。

　この時代、乳児の死亡率は、今よりもはるかに高かった。当時の新聞を見ると、悪い風邪や伝染病はもちろんのこと、家庭用殺虫剤、殺鼠剤などの誤飲事故や食品混入事故、工場等からの化学物質の流出、洪水や火災などで、乳児が真っ先に犠牲になる機会が多かった。だから赤ちゃんが生き延びることはことの外大変で、お七夜、百日の祝い、一歳の誕生日などの喜びも、今以上に大きかった。

　二回目、三回目も、ひきつづき大谷智子女史が司会をつとめ、帝塚山学院児童合唱団による合唱も同じように披露された。二年目は公開放送だったと記録されている。

　番組の構成は茂木草介。のちに東芝日曜劇場の「執行前三十分」(1960年朝日放送制作)でモンテカルロ・テレビ祭の演出・脚本部門最優秀賞をとり、1965年のNHK大河ドラマ「太閤記」で大ヒットを飛ばした。また、1973年から1974年にかけてNHK大阪が制作した連続ドラマ「けったいな人々」(演出・門脇正美)の台本も手掛けた。

● 放送事故と不体裁

　10時50分からは報道部制作の「これがOTVだ」(提供・清水建設)。設立から局舎・送信所建設、開局準備などの様子をまとめた番組(フィルム現存)。この番組は編集したフィルムに生でナレーションやレコードを重ねるという「半生」形式であったが、この日、全くの無事故・不体裁なしで放送されたのはこの番組の他、ごくわずかであった。

　とにかく、一か月間のサービス放送で訓練を積んでも、開局初期は、どんな番組にもかならず一カ所は事故・不体裁があったという。

　これは決してこのOTVばかりの話ではない。日本の民間テレビ最初のCMはフィルムのかけ違いで不発に終わったし、その半世紀後に完全デジタル送出で開局したあるテレビ局は、開局初日の朝、1時間に10回を超える不体裁をおこした。

　海外ではフランス国営放送（ORTF）のテレビ第三ネットワークが、開局初日のオープニングでスイッチングの不具合に見舞われたし、BBC第二テレビジョンは開局初日に社屋が停電に見舞われ、予定の半分も放送できなかった。

　11時10分からは「OTVニュース」。前日完成した東海道本線の電化がニュース第一号。

　20分からは南座中継「絵本太功記・尼が崎の場」が放送されたが、30分頃から映像が激しく持続的に乱れはじめた。

　問題が堂島本社と生駒送信所を結ぶSTリンクにある事はわかったが、なかなか原因を突き止めることができなかった。トラブルはおよそ30分にわたっ

て続いたが、原因はなんと、屋上にあげた開局告知のアドバルーンだった。

朝になって、急に風が強くなり、アドバルーンが何度もパラボラアンテナの前を横切ったのが原因だったのだ。

● 「OTVジャストジャズ」

12時45分から開局記念パーティの中継に続いて、13時5分からは「OTVジャストジャズ」。演奏は新日本放送の専属楽団「中沢壽士とNJBジャズオーケストラ」。出演は小林昭、笠原洋子。

この日の11時と14時から行われた開局祝賀パーティーにおいて行われたアトラクションの中継を兼ねていたと思われる。

放送局専属楽団の中でも、最も知名度が高かったのは新日本放送の「中澤壽士とNJBジャズオーケストラ」だった。

リーダーでトロンボーン奏者であった中澤壽士は、戦前からジャズオーケストラを率いており、戦後も進駐軍将校クラブ（東京・新橋の「第一ホテル」）の「スター・ダスターズ」を経て、京都・新京極にあった「美松ダンスホール」でもジャズ・オーケストラを結成し、人気を博した。これが中澤楽団（つまりNJB楽団）の母体となった。

1951年の新日本放送開局に際しては、当時、毎日新聞社に在籍していた高橋信三氏の誘いでNJBと専属契約。しかし、この時美松では、林二郎のタンゴバンドと人気を二分する評判だったため、専属にもかかわらず昼はNJB、夜は美松という忙しい日々が続いた。

また、彼らの活躍の場はスタジオの中だけではなかった。

NJBは「聴取者参加型公開番組」で人気を集めていたが、公開番組でもNJBジャズオーケストラが活躍した。当時の公開番組はテーマ音楽や歌手の伴奏、CMのBGMまで全て生演奏であったから拘束時間も長かった。

楽団名はNJBからMBSに社名が変更された後「中澤壽士とMBSジャズオーケストラ」と改称し、その後も長く活躍した。

13時30分からは、メルボルン・オリンピック第9日目（11月30日分）の結果が放送された。もちろんこの時代、衛星中継などないため、結果は短波による音声中継と無線転送による写真（ファクシミリ）で伝えるしかなかった。競技フィルムはフリーマントル社配給の空輸素材を使うため、撮影から2～3日ほど遅れた。

13:50からは坂東鶴之助、乙羽信子出演による舞踊劇「幾菊蝶初音道行」。演目は「吉野山」。

ここで言う坂東鶴之助とは、四代目の鶴之助、すなわち、五代目中村富十郎のこと。立方、踊りの名手として予てから評判であり、この頃は上方で活躍していた。

のちに映画やテレビで欠かせない重鎮俳優となる乙羽信子は1939年宝塚音楽学校本科を卒業（同期生に越路吹雪、月丘夢路ほか）。戦後、淡島千景と娘役トップスターの人気を分け、男役トップスター春日野八千代の相手役として宝塚の戦後復興を支えた。1950年退団後、大映入りするが、のちに新藤兼人の「近代映画協会」に移る。まさにこの出演は移籍直後のものである。

● シンフォニー・オブOTV

さて、午後1時過ぎに京都・南座で「絵本太功記・尼が崎の場」の中継を終えたスタッフは、大急ぎで撤収作業を終えて、一路、大阪歌舞伎座へ急いだ。

ここで言う大阪歌舞伎座とは、1958年に閉場して、のちに千日デパートになった「大阪歌舞伎座」のことである（デパートは1972年焼失）。

高速道路もなければ、一般道の舗装状態も良くなかった時代。うっかりスピードをあげれば繊細な器材が故障してしまう。到着後、まず機材の点検とメインテナンスにかかるのが当時のルーティンワークであった。

準備時間を節約するため、中継班は大阪歌舞伎座

に先発部隊を出していた。先発隊は広い会場内に長くて重いケーブルを何本も這わせて京都からのスタッフを待ちかまえていた。

中継車が到着すると、まず、パラボラアンテナを屋上にあげて、堂島に向けて中継回線を結ぶ。そして、故障チェックを終えた中継機器、音響調整機器、映像調整機器、カメラを順次セッティングする。現場は時計との闘いだ。

17時55分からの祝賀番組「シンフォニー・オブ・OTV」は、同じ檜舞台に、三つの交響楽団、一つのジャズオーケストラ、二つの合唱団、そして世界的ソロプレイヤーと当代人気歌手を載せるという、破格の大演奏会だ。欧米で新劇場の開幕の時に行うガラコンサートを思わせる。

演奏会は放送に先立って17時30分から始まった。11月29日の毎日新聞を見ると「大阪テレビ開局記念の催し」という情報記事があり、それを見ると大演奏会の冒頭に「六つの日本民謡」という演目があり、合唱：ABC放送合唱団、クローバークラブ、琴：星田みよし、ピアノ：藤田梓、指揮：日下部吉彦、野口源次郎と記されている。

17時55分、いよいよ生中継が始まった。解説は関西交響楽団の指揮者・朝比奈隆。

第一部は「シンフォニー・オブ・OTV」。

一曲目は、第六チャンネルにちなんでベートーベン「交響曲第六番"田園"」からの抜粋。

指揮は近衛秀麿。演奏はABC交響楽団、東京交響楽団、関西交響楽団の合同。当時のスティル写真を見ると、歌舞伎用の横長舞台に二百人近い楽員がギュウ詰めで座っている。

近衛秀麿（1898～1973）は日本のクラシック黎明期を代表する指揮者・作曲家。山田耕筰に作曲を学び、1923年に渡欧した。

1924年には山田に倣って自費でベルリン・フィルを雇って演奏会を開催。欧州デビューした。

帰国後、1925年に山田耕筰と「日本交響楽協会」を設立し、さらに複数の楽団立ち上げに参画した。

ベートーベンの交響曲は近衛秀麿にとって馴染みのある演目で、1947年には日本劇場において東宝交響楽団でチクルス、つまり交響曲全曲の演奏会を成功させている。

2曲目はプッチーニ「お蝶夫人」からの抜粋。指揮は近衛秀麿、歌はソプラノ・笹田和子、演奏はA響・東響・関響の合同。

戦前、近衛がフルトヴェングラーと蜜月関係にあった頃、1940年4月18日にベルリン国民歌劇場で指揮した、近衛のヨーロッパでの活躍を象徴する一曲だ。

「お蝶のアリア」を唄った笹田和子（ソプラノ）は、東京音楽学校（現・東京芸術大学）出身で、1942年に藤原歌劇団が『ローエングリン』日本初演の際、ヒロイン「エルザ」役でデビューし、日本初のワグナー歌手と呼ばれる。1946年に作家・織田作之助と結婚するが、ライフスタイルの不一致によりまもなく破局した（織田は翌年没）。戦後は藤原歌劇団や二期会などで活躍。関西交響楽団の旗揚げ演奏会にも出演した。2007年11月30日没。大阪フィル会館でお別れの会が催された。

● 中村八大、服部良一

ここで趣向が代わり「Jazz at the OTV」となる。まずは、中村八大の編曲とピアノ演奏による「マンボOTV」がはじまった。秋月恵美子、芦原千津子の歌、そして中澤壽士指揮のNJBジャズオーケストラの演奏。

リーダーを務めた中村八大（1931年1月20日～1992年6月10日）は、昭和歌謡のヒットメーカーとして知られているが、学生時代からピアノプレイヤー、アレンジャーとして人気を集めていた。

この演奏会の時点で中村は25歳。ジョージ川口、松本英彦、小野満と組んだ「ビッグ・フォー」は、すでにラジオを通じて全国で人気を博していた。

中村が『黒い花びら』を作曲して第一回日本レコード大賞を獲得するのはこの三年後である。

秋月恵美子と芦原千津子はともに大阪松竹歌劇団

の1930～1950年代を代表するトップスター。秋月は男役、芦原は娘役として人気を博した。剣舞・日舞からタップまで幅広いジャンルをこなすのがこの時代の歌劇スターだが、歌手としての人気も高く、1940年には大阪松竹歌劇団の団歌「櫻咲く國」を吹き込んだ。

演奏曲の「マンボOTV」については、まさにペレス・プラード楽団が来日した直後でもあり、このタイミングでマンボをビッグステージにかけた先進性は注目に値する。アメリカでマンボが本格的にヒットしたのは1957年といわれているが、この番組がマンボを取り上げたことは、まさにOTVの感性が世界的流行の最先端に届いていたことを意味する。

つづいて、服部良一作・編曲の「大阪狂想曲」と「ご存じ大阪メロディ」。後者は「買い物ブギ」ほか笠置シヅ子のヒット曲メドレー。演奏はNJBジャズオーケストラとABC放送合唱団およびクローバークラブという豪華版。わてホンマによう言わんわ。

「ABC放送合唱団」は二十数名で編成された女声コーラスのグループ。一方「クローバークラブ」は、同志社大学のグリークラブ（男声合唱団）。

ステージに、戦前から服部良一の楽曲提供を受けていた人気歌手・笠置シヅ子が登場。小柄な満身にパワーを漲らせながら人気の持ち歌を唄った。全国的には「東京ブギウギ」の歌手として知られているが、大阪ではクラブ歌手としての人気が高かった。

この演奏会について笠置は、"Album OTV"の中に次のように記している。

「はげしいリハーサルのうえ相当の自信をもって、さて舞台に立ちますと、20名くらいのオーケストラで日頃手慣れた人数、大したこともあるまいと、たかをくくって歌いだしました。ところがどうでしょう、なにしろ豪華な各楽団の人達が全員舞台にいるわけで、一時にそのオーケストラに乗り移ったようで、まるでとどろく雷鳴のなかで唄っているようなサッカクをおこして、せっかくリハーサルした歌もなんだかどきどきして、いつもとひどく調子の違う妙な気分で十分唄えませんでした。（中略）すべて豪華の一言につきるもので、あのような豪華な買い物ブギをふたたび唄えることは永久にないと思います。」

服部良一の「大阪狂想曲」はいろんな「おなじみのメロディ」をメドレー風につないだもの。服部良一公式website上の全作品リストには「交声曲大阪」というタイトルが掲載されているが、関係は未確認。ただ、備考欄に「OTV開局記念管弦楽」とあるので、これではないだろうか。

5曲目はクラシックに戻って、サラサーテ作曲の「チゴイネルワイゼン」。指揮は上田仁（この曲に関しては宮本政雄か？）、バイオリンは辻久子、演奏はA響、東響、関響の合同。

6曲目にはハチャトゥリヤンの「組曲・ガイーヌ」からの抜粋。指揮は上田仁（または宮本政雄）演奏はA響、東響、関響の合同とNJBジャズオーケストラ…一部の資料にこのように記載があるということは、ジャズを交えたオリジナル編曲だった可能性がある。

● 三つの楽団、三人の指揮者

近衛・朝比奈・上田。そしてA響、関響、東響。

この三人と三つの楽団の間には、日本の管弦楽の黎明期を象徴するような複雑な関係史がある。

まず、この三つの楽団の中で最も歴史が古いのは関響であるが、この立ち上げに関わったのは朝比奈隆である。朝比奈は、大阪放送局所属の「大阪放送管弦楽団」からメンバーを引き抜き、それを核に、宝塚交響楽団、京都大学交響楽団から集めたメンバーによって関西交響楽団（現・大阪フィルハーモニー管弦楽団）を結成した。

この時、日本放送協会の依頼を受けて朝比奈の引き抜き阻止に駆り出されたのが近衛秀麿であった。近衛は当時、協会所属の「日本交響楽団」（現・NHK交響楽団）設立のため日本放送協会とかかわっていたのである。この二人の間に恩讐があったかどうか

わからないが、この事情を知る者にとって二人が大阪で同じ舞台に立つことはちょっとした「事件」であったに違いない。

「事件」はこれだけではない。終戦直後、日本交響楽団と関係を断ち切った近衛が、1946年夏に、東京宝塚劇場の秦豊吉社長の構想による「真夏の夜の夢」（メンデルスゾーン作曲）演奏会を成功させたのをきっかけに、このときのメンバーで「東宝交響楽団」（宝響）を結成したが、この時、戦前から日本で活躍していたマンフレート・グルリットと共に尽力したのが上田仁であった。

ところが、まもなく東宝争議の影響で宝響はずたずたになり、これを見限った近衛は、それまで共に奮闘した上田らを置いて、自費で小管弦楽団を組織した。のちにこの小管弦楽団は朝日新聞社の支援を受け、さらに選抜メンバーを集めた「エオリアン・アンサンブル」を編成（のちに近衛管弦楽団に改名）した後、1956年に朝日放送と専属契約を結び「ABC交響楽団」となった。

一方、近衛に取り残された宝響は東宝グループから離れ「東京交響楽団」と改名。毎日新聞社の支援と、ラジオ東京、新日本放送との専属契約を受けて再出発した。この時奮闘したのが上田仁であったことはいうまでもない。

以上の話をまとめると、この夜、大阪歌舞伎座に会したのは朝日陣営、毎日陣営、関西を代表する楽団であると同時に「近衛が立ち上げた楽団」「近衛が離れた楽団」「近衛が阻止しようとした楽団」であったことになる。そして朝日陣営を代表して近衛が、毎日陣営を代表して上田が指揮台に乗り、関西を代表して朝比奈が解説についたのだ。この背後に恩讐や和解劇があったかどうかは不明だが、これらの関係史を知って演奏を聴いた人は、感慨ひとしおだったに違いない。

18時50分からは会場では10分間の休憩。テレビではこの間、朝日新聞と毎日新聞の合同ニュースが放送された。この二社の「合同ニュース」は他に例がない。

19時からはガラリと雰囲気が変わって、室内楽編成の演奏会である。

まずはモーツァルトの「ピアノ三重奏曲第7番ト長調K.564」。バイオリン：辻久子、チェロ：ルードヴィヒ・ヘルシャー、ピアノ：原智恵子。この曲を指定したのはヘルシャーである。

ルートヴィヒ・ヘルシャー（1907～1996）はフルトヴェングラー時代のベルリン・フィルハーモニー管弦楽団で首席奏者を務めたチェロ奏者。わずか29歳にしてベルリン音楽大学の教授に就任するという大抜擢を受け、戦後も長らくドイツの楽壇に強い影響を与えた重鎮である。

モーツァルトの「ピアノ三重奏曲第7番ト長調K.564」は、当時「有名奏者がわざわざ選んで弾くほどもない」イージーな曲といわれていたが、この夕、巨大オーケストラの管弦楽や、パンチの効いたビッグバンドで盛り上がった舞台を、さらりと軽い室内楽で締めたのは、なかなか洒落た趣向ではなかっただろうか。

●フリーネットの苦労

19時30分からは東京からのネット番組が放送された。いずれも東京で人気の番組である。

前述のとおり、ネットワーク契約による拘束がないため、OTVとCBCはNTVとKRTVから「人気のある番組」をチョイスすることができた。

しかし、当時の営業用資料を見ると「チョイスできる」というほど自由ではなかったことがわかる。

つまり、OTVは「チョイスする側」にはあるが、もしスポンサーが東京で制作する番組を「OTVにネットしたい」と言った場合原則としてOTVは断れなかったのだ（OTVにローカルで先約がある場合を除く）。

OTVが開局十か月前に、東京・大阪の企業に配布したパンフレット「テレビ広告新春問答OTVアドシリーズ」をみると、こんな問答が掲載されている。

問　OTVに時間取りを申し込むにはどうしたらよいか

答　本社の番組編成は東京二局とのネットワークを考えた上できめられます。例えばあなたが土曜日の午後七時半から三〇分間クイズ番組を申し込まれたとします。ところが東京のN局は、同じ時間にA社提供の人気クイズ番組を提供している。OTVとしてはA社の番組が内容がすぐれ視聴率も高いものであれば、この時間はA社の提供として、あなたには別の時間をおすすめせざるを得ぬ事態がおこってきます。このようにゴールデンタイムのよい時間は、東京―大阪を通じて上下ラインとも一種の利権化される過程が生じてくると思われます。これは望ましいことではありませんが、生の同時放送という制約から必然的に起きてくるものです。

問　それでは今のうちに東京の局の希望の時間に申し込んだほうがいいのでしょうか

答　OTVが出来てからではゴールデンタイムを確保することはむつかしいでしょう。すでにNTVは午後七時以降九時までの時間は全部売り切れております。ですから東西同時の時間を狙われるなら今のうちに東京の局へ申し込まれるとそれだけ有利です。開局してからですと、OTV自身扱いかねる場合も生じてきます。

問　ネットワークを組むと格安になりますか、またどんな利点が生じますか

答　そうです。二・三局へ申込みになりますと、それだけ製作費もかさみますし、それから二・三局へ流されるとタレントのギャラ増ということもあります。マイクロウエーブの使用料は一時間東京―大阪二万円にしかすぎません。またネットを組んだ時、東京一局の場合と同じ比率で製作費を投じたとすれば（※編注・3局で3本の番組を作らせる予算を、1局に投下したとすれば、という意味）さらに豪華な番組の制作が可能になります。そしてこれによって人気も増し、視聴率も大阪だけではなく東京でも高くなり、広告効果もあがってくるというわけです。
（引用ここまで）

史料「朝日放送の十二年」によれば、このパンフレットがスポンサーに大反響をよび、なんとNTVとKRTVへゴールデンタイムの申し込みが殺到した。OTVは「複数都市をネットワークしたければ、OTVを通すより、東京の局に申し込んだほうが有利だ」と指南したことになる。これでは儲からないのではないか？

もちろん儲からないわけがない。乱暴なことを言えば、ネット番組は「作られた番組を中継するだけで放送料が稼げる」のだ。しかも（東京の局に制作費が集中することにはなるが）制作費を集中投下できるので、乱暴ない方をすれば「豪華な番組を作らせる」ことができるのだ。

●夜のネット番組

「大演奏会」の終了後、19:30からはNTV制作の「何でもやりまショー」。アサヒビールの提供で司会は三国一朗。視聴者参加型のゲーム企画番組だが、放送史的には「ゲーム型公開バラエティ」の元祖で、最初の成功例といえるのではないだろうか。大変な人気を誇っていた。

20時からは連続ドラマ「明日は日曜日」。この日は「随行さんの巻」。NTV制作。源氏鶏太の原作。主な出演者は大坂志郎、十朱久雄、渡邊美佐子、西村晃、高友子、水戸光子、利根はる恵、中原早苗、北原文枝、久邇恭子、堤真佐子、槇芙佐子、逗子とんぼなど。このドラマは東京ではこの11月から始まったばかり。

20時30分からはシャープ劇場「のり平喜劇教室」。NTV制作。前年2月に開始したシャープ劇場「のり平のテレビ千一夜」がこの年4月にリニューアルして「のり平の喜劇教室」となった。基本的には東京からマイクロ回線で送られてくる放送を中継し、番組の合間にローカルCMを割りこませれば良いとは

いえ、なかなか慎重さを要する厳しい仕事だ。

21：00からは、「メトロニュース」。海外制作のニュースフィルムに日本語のナレーションをかぶせるというやり方であった。

21時15分からはネットワークを切り替えてKRTV制作の「日眞名氏飛び出す」。この日は「XYZ殺人事件・前編」。このドラマは同じ物語を前篇・後編に分けて放送する。

そして21：45からは、NTVの「ダイヤモンドグローブ」。番組表によれば、この夜は日本ヘビー級特別試合を浅草から中継した、とある。この番組は日本の民間放送における大長寿番組の一つと言ってもいい。放送開始は1954年12月21日。60年代ボクシングブームを経て1969年に第695回で毎週のレギュラー枠からはずされたが、不定期番組として継続され、1981年再びレギュラー番組に返り咲き。1990年代以降は日本テレビ系のCS放送で続けられている。

この日の放送は、22時35分から「OTVニュース」、22時50分に「五輪大会ニュース」で終了。番組表には掲載されていないが22時45分からPR番組「テレビガイド」が放送されていたようだ。五輪大会ニュースの終了時間は不明。OTVは毎夜ニュースで一日の放送を終えるが、その日のニュースの量によって終了時刻が変わったとのことである。

こうして、本放送第一日目の放送は、終了した。

街頭テレビに群がる人々（天神橋筋六丁目バス停前）

街頭テレビ設置を報じる記事。

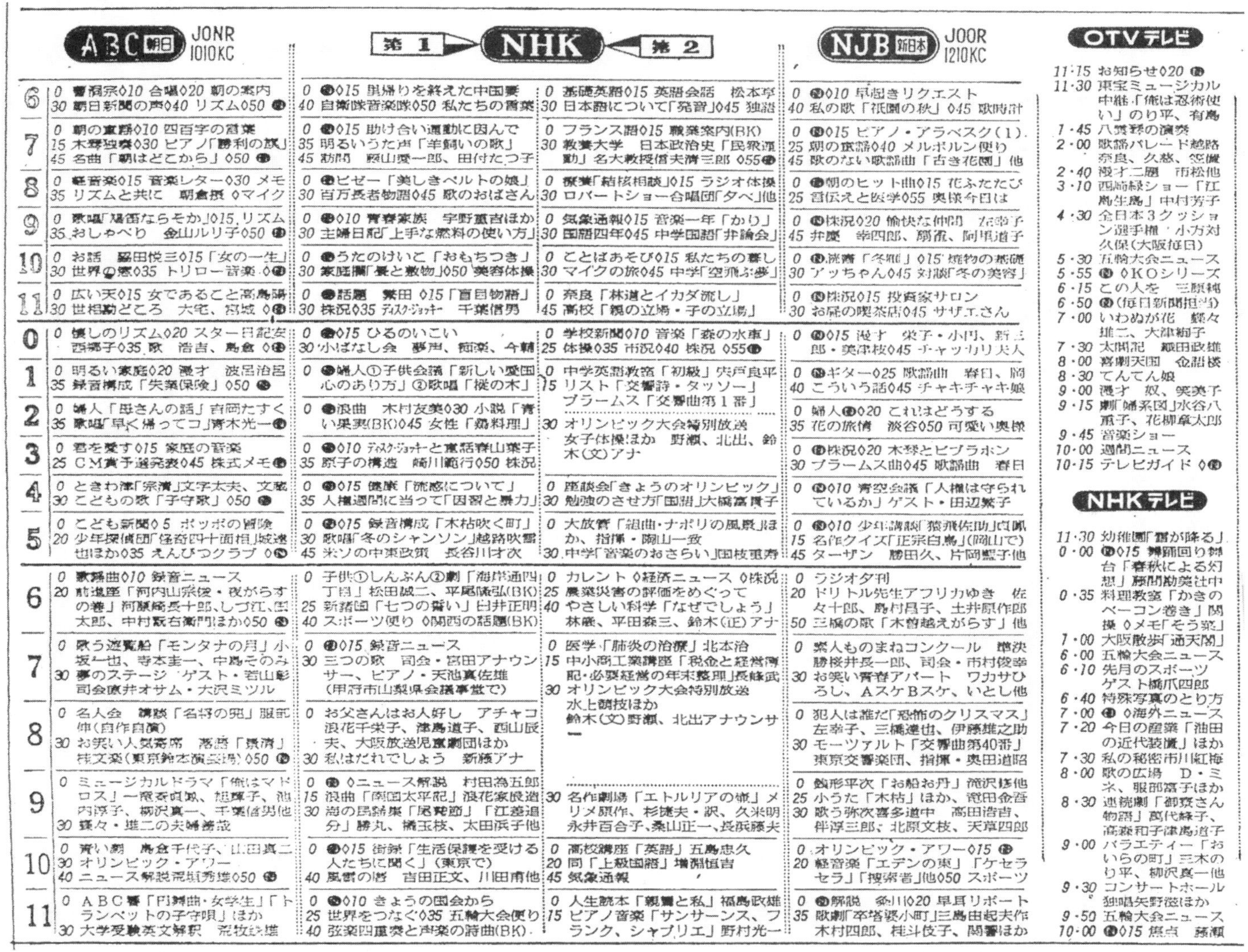

	ABC 朝日 JONR 1010KC	NHK 第1	NHK 第2	NJB 新日本 JOOR 1210KC
6	0 曹洞宗◇10 合唱◇20 朝の案内 30 朝日新聞の声◇40 リズム◇50 Ⓝ	0 Ⓝ◇15 里帰りを終えた中国妻 40 自衛隊音楽隊◇50 私たちの音楽	0 基礎英語◇15 英語会話 松本亨 30 日本語について「発音」◇45 独語	0 Ⓝ◇10 早起きリクエスト 40 私の歌「祇園の秋」◇45 歌時計
7	0 朝の童謡◇10 四百字の音楽 15 木琴独奏◇30 ピアノ「勝利の旗」 45 名曲「朝はどこから」◇50 Ⓝ	0 Ⓝ◇15 助け合い運動に因んで 35 明るいうた声「羊飼いの歌」 45 訪問 桜山愛一郎、田付たつ子	0 フランス語◇15 職業案内(BK) 30 教養大学 日本政治史「民衆運動」名大教授信夫清三郎 ◇55Ⓝ	0 Ⓝ◇15 ピアノ・アラベスク(1) 25 朝の童謡◇40 メルボルン便り 45 歌のない歌謡曲「古き花園」他
8	0 軽音楽◇15 音楽レター◇30 メモ 35 リズムと共に 朝倉摂 ◇マイク	0 Ⓝビゼー「美しきペルトの娘」 30 百万長者物語◇45 歌のおばさん	0 保健「結核相談」◇15 ラジオ体操 30 ロバートショー合唱団「夕べ」他	0 Ⓝ朝のヒット曲◇15 花ふたたび 25 言伝えと医学◇55 奥様今日は
9	0 歌唱「爆笛ならそか」◇15 リズム 35 おしゃべり 金山ルリ子◇50 Ⓝ	0 Ⓝ◇10 青春家族 宇野重吉ほか 30 主婦日記「上手な燃料の使い方」	0 気象通報◇15 音楽一年「かり」 30 国語四年◇45 中学国語「弁論会」	0 Ⓝ株況◇20 愉快な仲間 右幸子 45 弁慶 幸四郎、朋福、阿里道子
10	0 お話 脇田悦三◇15「女の一生」 30 世界の窓◇35 トリロー音楽 ◇Ⓝ	0 Ⓝうたのけいこ「おもちつき」 30 家庭欄「衣と敷物」◇50 美容体操	0 ことばあそび◇15 私たちの暮し 30 マイクの旅◇45 中学「空飛ぶ夢」	0 Ⓝ謡曲「冬期」◇15 焼物の話題 30 アッちゃん◇45 対談「冬の美容」
11	0 広い天◇15 女であること高島瞬 30 世相勘どころ 大宅、宮城 ◇Ⓝ	0 Ⓝ話題 桑田 ◇15「盲目物語」 30 株況◇35 ディスク・ジョッキー 千葉信男	0 奈良「林道とイカダ流し」 45 高校「親の立場・子の立場」	0 Ⓝ株況◇15 投資家サロン 30 お昼の喫茶店◇45 サザエさん
0	0 懐しのリズム◇20 スター日記安西郷子◇35 歌 浩吉、鳥倉 ◇Ⓝ	0 Ⓝ◇15 ひるのいこい 30 小ばなし会 夢声、痴楽、今輔	0 学校新聞◇10 音楽「森の水車」 25 体操◇35 市況◇40 株況 ◇55Ⓝ	0 Ⓝ◇15 漫才 栄子・小円、新三郎・美津枝◇45 チャッカリ夫人
1	0 明るい家庭◇20 漫才 波呂治呂 35 録音構成「失業保険」◇50 Ⓝ	0 Ⓝ婦人①子供会議「新しい愛国心のあり方」②歌唱「樅の木」	0 中学英語教室「初級」宍戸良平 15 リスト「交響詩・タッソー」ブラームス「交響曲第1番」	0 Ⓝギター◇25 歌謡曲 春日、岡 40 こういう話◇45 チャキチャキ娘
2	0 婦人「母さんの話」吉岡たすく 35 歌唱「早く帰ってコ」青木光一Ⓝ	0 Ⓝ浪曲 木村友衛◇30 小説「青い果実(BK)◇45 女性「鍋料理」	30 オリンピック大会特別放送 女子体操ほか 野瀬、北出、鈴木(文)アナ	0 婦人Ⓝ◇20 これはどうする 35 花の旅情 淡谷◇50 可愛い奥様
3	0 君を愛す◇15 家庭の音楽 25 CM賞予選発表◇45 株式メモⓃ	0 Ⓝ◇10 ディスク・ジョッキーと童話森山葉子 35 原子の構造 崎川範行◇50 株況		0 Ⓝ株況◇20 木琴とビブラホン 30 ブラームス曲◇45 歌謡曲 春日
4	0 ときわ津「宗清」文字太夫、文蔵 30 こどもの歌「子守歌」◇50 Ⓝ	0 Ⓝ◇15 健康「疲惑について」 35 人権週間に当って「因習と暴力」	0 座談会「きょうのオリンピック」 30 勉強のさせ方「国語」大槻富貴子	0 Ⓝ◇10 青空会議「人権は守られているか」ゲスト・田辺繁子
5	0 こども新聞◇5 ポッポの冒険 20 少年探偵団「怪奇四十面相」城達也ほか◇35 えんぴつクラブ ◇Ⓝ	0 Ⓝ◇15 録音構成「木枯吹く町」 30 歌唱「冬のシャンソン」越路吹雪 45 米ソの中東政策 長谷川才次	0 大放送「組曲・ナポリの風景」ほか、指揮・陶山一致 30 中学「音楽のおさらい」国枝重寿	0 Ⓝ◇10 少年講談「猿飛佐助」貞鳳 15 名作クイズ「正宗白鳥」(岡山で) 45 ターザン 勝田久、片岡鷗子他
6	0 歌謡曲◇10 録音ニュース 20 前進座「河内山宗俊・夜がらすの巻」河原崎長十郎、しづ江、国太郎、中村翫右衛門ほか◇50 Ⓝ	0 子供①しんぶん②劇「海岸通四丁目」松田誠二、平尾儀弘(BK) 25 新諸国「七つの誓い」臼井正明 40 スポーツ便り ◇関西の話題(BK)	0 カレント ◇経済ニュース ◇株況 25 農業災害の評価をめぐって 40 やさしい科学「なぜでしょう」林䕃、平田森三、鈴木(正)アナ	0 ラジオ夕刊 20 ドリトル先生アフリカゆき 佐々十郎、島村昌子、土井原作郎 50 三橋の歌「木曽越えがらす」他
7	0 歌う遊覧船「モンタナの月」小坂一也、寺本圭一、中島そのみ 30 夢のステージ ゲスト・若山彰 司会森井オサム・大沢ミツル	0 Ⓝ◇15 録音ニュース 30 三つの歌 司会・宮田アナウンサー、ピアノ・天池真佐雄(甲府市山梨県会議事堂で)	0 医学「肺炎の治療」北本治 15 中小商工業講座「税金と経営簿記・必要経営の年末整理」長幹武 30 オリンピック大会特別放送 水上競技ほか 鈴木(文)野瀬、北出アナウンサー	0 素人ものまねコンクール 審決勝桜井長一郎、司会・市村俊幸 30 お笑い青春アパート ワカサひろし、AスケBスケ、いとし他
8	0 名人会 講談「名将の兜」服部伸(自作自演) 30 お笑い人気寄席 落語「景清」桂文楽(東京鈴本演芸場)◇50 Ⓝ	0 お父さんはお人好し アチャコ 浪花千栄子、津島道子、西山辰夫、大阪放送児童劇団ほか 30 私はだれでしょう 新藤アナ		0 犯人は誰だ「恐怖のクリスマス」左幸子、三橋達也、伊藤雄之助 30 モーツァルト「交響曲第40番」東京交響楽団、指揮・奥田道昭
9	0 ミュージカルドラマ「俺はマドロス」一龍斎貞鳳、旭輝子、池内淳子、柳沢真一、千葉信男他 30 蝶々・雄二の夫婦善哉	0 Ⓝ ◇ニュース解説 村田為五郎 15 浪曲「南国太平記」浪花家辰造 30 海の民謡集「尾鷲節」「江差追分」勝丸、橘玉枝、太田浜子他	30 名作劇場「エトルリアの壺」メリメ原作、杉捷夫・訳、久米明 永井百合子、桑山正一、長浜藤夫	0 銭形平次「お船お丹」滝沢修他 25 小うた「木枯」ほか、滝田金吾 30 歌う弥次喜多道中 高田浩吉、伴淳三郎、北原文枝、天草四郎
10	0 青い鳥 鳥倉千代子、山田真二 30 オリンピック・アワー 40 ニュース解説荒垣秀雄◇50 Ⓝ	0 Ⓝ◇15 街録「生活保護を受ける人たちに聞く」(東京で) 40 風雪の碑 吉田正文、川田甫他	0 高校講座「英語」五島忠久 20 同「上級国語」増淵恒吉 45 気象通報	0 オリンピック・アワー◇15 Ⓝ 20 軽音楽「エデンの東」「ケセラセラ」「捜索者」他◇50 スポーツ
11	0 ABC番「円舞曲・女学生」「トランペットの子守唄」ほか 30 大学受験英文解釈 荒牧鉄雄	0 Ⓝ◇10 きょうの国会から 25 世界をつなぐ◇35 五輪大会便り 40 弦楽四重奏と声楽の詩曲(BK)	0 人生読本「親鸞と私」福島政雄 15 ピアノ音楽「サンサーンス、フランク、シャブリエ」野村光一	0 Ⓝ解説 魚川◇20 早耳リポート 35 歌劇「卒塔婆小町」三島由紀夫作 木村四郎、桂斗伎子、関響ほか

OTVテレビ

11・15 お知らせ◇20 Ⓝ
11・30 東宝ミュージカル中継「俺は忍術使い」のり平、有島
1・45 八雲琴の演奏
2・00 歌謡パレード越路 奈良、久慈、笠置
2・40 漫才二題 市松他
3・10 西崎緑ショー「江島生島」中村芳子
4・30 全日本3クッション選手権 小方対久保(大阪毎日)
5・30 五輪大会ニュース
5・55 Ⓝ ◇KOシリーズ
6・15 この人を 三原純
6・50 Ⓝ(毎日新聞担当)
7・00 いわぬが花 蝶々雄二、大津絢子
7・30 太閤記 織田政雄
8・00 喜劇天国 金語楼
8・30 てんてん娘
9・00 漫才 奴、笑美子
9・15 劇「婦系図」水谷八重子、花柳章太郎
9・45 音楽ショー
10・00 週間ニュース
10・15 テレビガイド ◇Ⓝ

NHKテレビ

11・30 幼稚園「雪が降る」
0・00 Ⓝ◇15 舞踊回り舞台「春秋による幻想」藤間勘斎社中
0・35 料理教室「かきのベーコン巻き」関操 ◇メモ「そう菜」
1・00 大阪散歩「通天閣」
6・00 五輪大会ニュース
6・10 先月のスポーツ ゲスト橋爪四郎
6・40 特殊写真のとり方
7・00 Ⓝ ◇海外ニュース
7・20 今日の産業「油田の近代装備」ほか
7・30 私の秘密市川紅梅
8・00 歌の広場 D・ミネ、服部富子ほか
8・30 連続劇「御宿さん物語」萬代峰子、高森和子津島道子
9・00 バラエティー「おいらの町」三木のり平、柳沢真一他
9・30 コンサートホール 独唱矢野滋ほか
9・50 五輪大会ニュース
10・00 Ⓝ◇15 焦点 藤瀬

OTV、CBC、NTV、KRTV の記念番組が勢揃いした「３日目」の番組表（1956 年 12 月 3 日朝日新聞）

1956.12

- ハンガリーに侵入したソ連軍大部隊、首都を完全制圧。全土に戒厳令。
- 日本、国際連合に加盟。日・ソが11年ぶりに国交回復。
- 最後のシベリア引揚船「興安丸」舞鶴港へ。

● 12月2日（日）

```
1045 テストパターン◇おしらせ
1110 経済座談会「内外の経済情勢と証券界の動き」
     大井治 今村益三アナ
1140 五輪大会ニュース
1200 舞踊劇・独楽三番叟（梅田コマ）武智鉄二・
     演出／天津乙女 南悠子 榎木健一 千葉信男
     岩井半四郎
1300 映画 "This is your music"
1330 お笑い七福神 秋田実 蝶々・雄二
     いとし・こいし ミスワカサ・島ひろし
     Aスケ・Bスケ
1410 スペクタクル・これがコマだ（梅田コマ）
     高木四郎・演出 トニー谷 榎本健一
     太刀川洋一 益田キートン 春日野八千代
     ◇おしらせ◇休止
1730 テストパターン◇おしらせ
1751 あしたのお天気
1754 OTVニュース（松下電器提供。以後も）
1800 OTV週間海外ニュース
1815 オリンピックあれこれ 伊藤寛 南部忠平
     （対談）
1830 私も出ま ショー（NTV）
1900 ジャングル・ジム（外 NTV）
     「金のパラソル」
     ※電電公社六本木端局が故障
      この回放送分は次週放送。
1930 鞍馬天狗（KR）「江戸日記」 市川高麗蔵
     坂東好太郎 沢村国太郎 南風洋子他
2000 いざこ座旗上興行「デンデンパラエティ」
     丹下キヨ子 水の江滝子 清川虹子
     越路吹雪他 脚本・前田武彦 永六輔
2100 東芝日曜劇場「舞踊劇 戻橋」（KR）
     市川羽左衛門 中村福助 坂東八重之助
     下座・常磐津 千歳勢太夫 菊三郎
2200 ダイハツスポーツウィークリー
2215 ゴルフ教室 石井廸夫 福井正一
2230 テレビガイド
2235 N◇天気◇おしらせ◇終了
```

開局2日目

●経済とコマ劇場

二日目は日曜日。この日は11時10分から第2スタジオで「経済サロン」（20分間）。「内外の経済情勢と証券界の動き」と題して大井治、山内重ほかが座談。

大井治は大井証券の創業者。小型株の価格つり上げなどで得意先を増やした。この頃はまさに大手に準じる体制づくりのために進撃を続けていたまっただなかであった。しかし、のちに所謂「四十年不況」による経営不振の際に社長の座を追われた。大井は画商としても成果をあげており、北浜界隈には彼の手を経た作品が多く残されているという。

山内重は大阪屋証券（現・岩井コスモ証券）社長であったが、同社は大阪商事（のちに大商証券→新日本証券→みずほ証券）と共に、関西を拠点とする証券会社の雄であり、その規模は当時の大手に次ぐ位置にあった。

つづいてニュース、五輪ニュースにつづいて正午からは舞踊劇「独楽三番叟」。出演は天津乙女、南悠子、トニー谷ほか。演出は武智鐵二。

こちらは11月16日にオープンしたばかりの梅田コマ劇場を祝う三番叟の中継であり、コマ劇場の機能を活かしたオリジナル演出がみどころ。

天津乙女は1918年宝塚少女歌劇団（6期）に入団、10月にお伽歌劇「馬の王様」で初出演。1938年には第1回ヨーロッパ公演に参加した。1948年には宝塚歌劇団理事に就任。この放送の前年と翌年にハワイ公演に参加している。伝説的タカラジェンヌとしてに名を残す。1980年没。

「小柄ながら舞台いっぱいに見せる芸は、六代目菊五郎によって開眼、あくまで日舞の基本を崩さずにオーケストラで踊る豪快にして華麗な『鏡獅子』、明るく可憐な『恋河童』、気品ある『宝三番叟』など絶妙変化に富み、正に至芸である。また、歌劇団の理事として後進の指導育成に努めた」（大阪市／上方芸能人顕彰より）。南悠子は宝塚歌劇団で活躍し、戦後、宝塚映画の作品にも多く登場した。

天津・南による舞踊はNTV開局初日にも放送された。

トニー谷はアーニーパイル劇場事務員を経て、同劇場のオペレッタ公演「ミカド」の公演を手伝い、進駐軍の仕事などに関わりながら手配などの仕事についていたが1950年、サンフランシスコ・シールズ来日の際、松井翠声の代役で歓迎会の司会を務めたことをきっかけとしてショウビジネス入り。

民放ラジオ黎明期には新日本放送の「アベック歌合戦」をはじめ全国で活躍したが、1955 年（OTV 開局の前年）長男が誘拐された事件をきっかけにマスメディアとの関係に溝が生まれ、しばらく表に出ない状態が続いた。

13 時からは映画「中南米音楽」が放送されたが、これは文化映画であったと考えられる。

13 時 30 分からは第 1 スタジオから「お笑い七福神」。ミヤコ蝶々・南都雄二、夢路いとし・喜味こいし他が出演した漫才大会。作家は秋田實。

14 時 10 分からはふたたび梅田コマ劇場。こけら落とし公演の中継で「これがコマだ」。終了時刻は不明。出演は榎本健一、トニー谷、春日野八千代、千葉信男。

春日野八千代は 1915 年生まれのタカラジェンヌで男役として人気。天津乙女とともに「宝塚の至宝」と称された。千葉信男はこの頃トニー谷主演映画で競演することが多かったようだ。

この日 NHK 大阪は「のど自慢」に続いて、13 時から「全日本バレーボール選抜東西対抗試合実況（大阪からの中継）」、14 時 30 分から「関東大学ラグビー試合実況」と、大阪テレビや中部日本放送テレビの開局特別番組を意識したような編成で勝負している。チャンネルの奪い合いというより、街頭テレビの集客合戦と考えると面白いだろう。

●天狗・いざこ座・戻橋

夜の部は 17 時 51 分の「お天気」で開始。54 分の「ニュース」を経て 18 時から「週間海外ニュース」。

18 時 15 分からは対談番組「オリンピックあれこれ」。出演は伊藤寛（1955 年ボストン・マラソンの日本監督）、南部忠平（1932 年ロサンゼルス五輪三段跳金メダリスト、毎日新聞運動部長）。

18 時 30 分からは NTV「私も出まショー」。そして 19 時からも NTV で「ジャングル・ジム」。この番組は、アテレコに日本で初めて 16 ミリ磁気フィルム録音機を使用したことで知られている。なお、アメリカテレビ映画の吹き替え放映はこの前年開始の「カウボーイ G メン」からはじまった。

19 時 30 分からは「鞍馬天狗」（KRTV）。11 月 1 日に放映がはじまったばかりの番組。フィルム配給のため、KRTV とは異なる時間での放映である。主演は市川高麗蔵（十代目）。

20 時からは「いざこ座旗上興行」（NTV）。丹下キヨ子、清川虹子、水の江瀧子、越路吹雪が出演。脚本は前田武彦、永六輔が担当。

21 時からは「東芝日曜劇場」（KRTV）の記念すべき第一回。河竹黙阿弥作の舞踊劇「戻橋」。市川羽左衛門、中村福助、坂東八重之助。下座は常磐津千東勢太夫、常磐津菊三郎。

「戻橋」は五世・六世尾上菊五郎撰定の新古演劇十種の一つ。舞台で演じられるものをスタジオで演じた「テレビ舞踊」。演出石川甫、プロデューサー田中亮吉。

22 時からは「スポーツウイークリー」、22 時 15 分からは「ゴルフ教室」。いずれも報道部制作。

「ゴルフ教室」は森下製薬株式会社提供。指導は石井迪夫と福井正一。

石井迪夫は米国タム・オシャンタ CC における世界選手権、アジア・サーキットなどで活躍。福井正一は日本人第 1 号プロゴルファー福井覚治の子であり、ゴルフ解説者としても有名であった。

提供の森下製薬は 1919 年設立された日本薬品洋行を前身とし（1945 年社名変更）、1957 年に味の素（株）が資本参加。1956 年に世界初の結晶アミノ酸輸液「モリアミン」を発売したが、これは味の素川崎工場から供給された医薬用アミノ酸によって製造されていた。

22 時 30 分からの「テレビガイド」に続いて 35 分から「OTV ニュース」「天気予報」で一日の放送を終了した。

1956.12

●12月3日（月）

```
1050 テストパターン
1115 おしらせ 20 OTVニュース
1130 東宝ミュージカル（KR）
     マゲモノ絵草子俺は忍術使い
     三木のり平 有島一郎
1345 八雲琴の演奏（CBC）
     無形文化財・愛知県郷土舞踊
1400 歌謡パレード花の競演（KR）
     越路 奈良 久慈 笠置シヅ子
1440 お笑いプレゼント（N）
     橘家菊春・吉郎・太郎
     浮世亭夢丸・吾妻ひな子
     （第二スタジオ）
1510 西崎緑ショー（N）
     「江島生島」中村芳子（第1スタ）
1630 OTVスポーツファンシート
     ビリヤード（大阪毎日）
     全日本3クッション選手権シリーズ
     第一回 小方－久保
1730 五輪大会ニュース 52 お天気
1754 OTVニュース
1800 世紀のKOシリーズ
1815 ポポンタイム
     この人を（NTV）三原純
1845 テレビガイド
1850 毎日新聞テレビニュース
1900 言わぬが花 蝶々・雄二（第1スタ）
1930 太閤記（NTV）「藤吉郎編」
2000 ニチボーアワー
     喜劇天国（NTV）
2030 ナショナル劇場・
     てんてん娘（KR）
2100 お好み浪花寄席（第2スタ）
     「お笑い堀川の段」三人奴
2115 ウロコ座（KR）「婦系図・湯島境内の場」
     花柳章太郎 水谷八重子
2145 大丸ミュージカル・ショーウインドー
     （第一スタ）
     江川幸作 吉田ハルナ
     大丸テレビグループ
2200 OTV週間世界ニュース
2215 テレビガイド
2220 OTVニュース
2232 お天気 35 五輪大会ニュース
2255 おしらせ、終了
```

開局3日目

●スタジオのやりくり

　12月3日は月曜日ではあるが、開局特別編成の最終日ということもあり、単発の娯楽番組が放送された。また、この日の昼の部では、OTV、CBC、NTV、KRTVの5局が番組交換をして、新しいネットワークの完成を祝った。

　この日は11時15分から「おしらせ」。20分からは「OTVニュース」。11：30からはKRT発の東宝ミュージカル中継「俺は忍術使い」。三木のり平、有島一郎他が出演。小野田勇作による人気の高いミュージカル演目で、1958年には東宝映画から斉藤寅次郎監督により「底抜け忍術合戦」として映画化された。

　13：45からは一色輝琴による「八雲琴の演奏」。当時から愛知県の無形文化財に指定されている神事芸能。この番組は12月1日に開局した中部日本放送テレビから東京・大阪に送られた開局特別番組で、東京では日本テレビ、ラジオ東京テレビの両局ともネットしている。

　14：00からは特別番組「歌謡パレード花の饗宴」（KRTV）。笠置シヅ子、越路吹雪、神楽坂浮子、青木はるみらが出演。この日の東京の新聞番組表ではNTVは14時から14時40分までが空白になっているが、KRTV制作のこの番組を同時放送したのか、放送を休止したのか不明。

　14：40からはOTV第2スタジオから「お笑いプレゼント」。出演は菊春・芳郎・太郎、夢子・ひな子とある。CBC、NTV、KRTがネット。

　15：10からはOTV第1スタジオ発で、人気創作舞踊家「西崎緑ショー」（NTV）。中村芳子との競演で「江島生島」。

　正徳4年（1714）1月に起きた、歌舞伎役者と大奥女中との恋の沙汰にもとづくといわれる人気演目を下地にしたと思われる。

　16：30からはローカルで「全日本スリークッション選手権」。小方浩也対久保敬三（大毎）のビリヤード試合を中継した。

　17：30からは「五輪大会ニュース」。この日は午後の休止時間を設けなかったのだろうか。

　17:55. からは「OTVニュース」。18時からは「世紀のKOシリーズ」。海外のボクシング名試合フィルムを放送するもので、古くは1930年代の試合まで登場する。

　この日はスタジオセットの建て替えが忙しかった。19時からは昼のセットを建替えた第1スタジオから「言わぬが花」。21時からは第2スタジオから「お好み浪花漫才」。21時45分からは大急ぎで

入れ替えた第１スタジオから「大丸ミュージカル・ショーウインドウ」。

この時期は大小二つのカメラつきスタジオと、カメラ持ち込みの第３スタジオという体制であった。多数のセットを要するドラマや、公開番組、バラエティなどは第１スタジオを用い、昼や夕方の帯番組、そしてシーン数の少ない番組の製作は第２スタジオが用いられ、曜日によっては朝から放送終了までフル回転になった。

たとえば水曜日は、朝から前日分の「ミナロン・ドリームサロン」のセット解体があって…

・11：50〜12：00「オープニングメロディ」
・12：45〜13：00「料理手帖」
・18：30〜18：45「ポケット劇場」（人形劇）
・21：00〜21：15「コント千一夜」（ドラマ）

…という放送時間の前後に、短時間で建込み・解体が繰り返される。セット数こそ、それぞれ１〜２杯だが、そこにグランドピアノ、調理台、人形劇用の小舞台などが持ち込まれるため、決してセッティングは単純ではなかったのだ。

●組み立てプロセスの合理化

いかに組み立てプロセスを合理化し、建て込み時間を圧縮するか。美術担当者は頭を悩ませていた。

ひとつは、演劇や映画の世界で昔から行われてきた方法。板材や角材の厚さ、太さ、さらに平台、箱などの大きさやジョイント部分（箱足など）の寸法を規格化する方法である。これによって、複数の台を並べ重ねて自在に使用することができる。

もうひとつは、「洋物」「和物」といったタイプごとに、インテリアやエクステリアの組み合わせを一括して設計する方法。地名や地理的特徴を特定されない「ある住宅街」「ある茶の間」などは、これを配置するだけで済む。

そこでOTV美術担当（この時まだ独立した美術セクションはなかった）の芝田真珠郎氏が発案したのは「ホルダー」によるジョイント・システムであった。これは、コの字型の金具に蝶ねじをつけたもので、これで張物の骨を挟むという方法で「現場からトンカチを追放しよう」というコンセプトで導入された。釘を使わず、ペンチとドライバーだけで組み立てようという「スマートな工法」であった。これにあわせて箱柱と小壁のジョイントも、柱側に５分（約15mm）の溝を切って、そこに小壁をおとしこむ（落とし込んだ時の壁の高さがぴったり鴨居の高さ５尺７寸になるという）設計も導入された。音も静かで前評判は高かった。

しかし、新システムを導入すると、全員が一斉に初心者になるため、導入後しばらく、建て込みにかえって時間がかかってしまった。特に、組み立て現場ではアルバイトも多く、なかなか手際があがらなかったようだ。半年後「びっくり捕物帖」の建込を梅田舞台に発注した際、彼らが旧来の「トンカチと釘」であっという間に立ててしまったのをきっかけに「ホルダー」化案は消えたという。

ただ、建込現場の合理化に対する関心は依然高かったようで、海外の公演を見るたびに、セットの建て方などに目をやっていたという。

●テロップ専任者

ありとあらゆる番組には、必ず始まりと終わりにタイトルがある。また、出演者のクレジットやその回のテーマを表示するにもタイトルが必要である。さらに、番組の進行に添って（オーバーラップも含めて）さまざまな文字を途中に用いなければならない。番組と番組の間に放送する局名IDや「しばらくお待ちください」などのサイン…実は、サービス放送を始めるまでは「テレビでこんなに文字テロップが必要になる」とは誰も想定していなかったのだ。そのため制作部の中にテロップ担当者が用意されておらず、試験放送期間中は美術スタッフが道具づくりの作業の合間に書いていた。これでは到底まにあうはずがない。そこではじめて選任者を置くことになった。

この業務を一手に引き受けたのは竹内志郎氏で

あった。

竹内氏は「関西演劇映画アカデミー」(のちに関西芸術アカデミー)を卒業後、劇団アカデミー、かもめ座、新春座など演劇関連の美術の現場で、チラシ、台本から舞台装置、舞台監督に至る幅広い領域の修行を経たのち、OTV開局の際に「タケさん、けえへんか？」という声掛けで、サンPR工房との兼務で現場入りした。

もともとスライドや仕事や短編映画のタイトルの仕事をやっていたので即戦力として歓迎された。

しかし、スライドや映画ではタイトルに18センチ×25センチの「フリップ」を使用していたのに対し、テレビ用には「テロップ」と呼ばれる5センチ×7センチくらいの小さなものを使用していたため、実際には新たに書き方を考えなければならなかった。

また、テレビの画面は、映画やスライドと比べ、解像度が低かったため、画数の多い文字はうまく略さなければならない（この問題は深刻で、たとえば讀賣テレビは画面表記では正式表記ではない「読売〜」や「よみうりテレビ」を用いた。また画面上で字が潰れるので、開局直前にもかかわらず、社名そのものを「富士テレビ」から「フジテレビ」に変更したというケースもある）。また、この環境下で、竹内氏はありとあらゆるスタイルの文字を書かなければならなかった。ニュースや硬い番組では明朝やゴシックが多いが、それ以外の番組では相撲文字、歌舞伎・文楽それぞれの勘亭流、寄席文字、洋風の装飾字体、バラエティ用のラフな書体、コメディ用の踊るような字体、と、どんな書体でも、楷書・行書・草書のかき分けが要求された。テレビでは横向きに走る走査線のため、どうしても画像が横に広がりやすく、これらの文字もその「癖」を計算して書かなければならなかった。まさに「テレビのためだけの字体」がOTVの中に生まれたのだ。

ニュースは放送直前まで内容が確定しないことがあるため、本番直前に大急ぎで書かなければならなかった。これが昼、夕、夜の3回。のちに夜のニュースがもう一つ増えたため4回あった。

この仕事は普通の清書力だけでは務まらなかった。事前に台本に目を通して、内容に沿ったものをデザインしなければならないのだ。

竹内氏はOTV以降も在阪各局でタイトルを書き続け、在阪局制作の番組に独特の雰囲気を与えつづけた。CGの時代になっても、竹内氏の手描きを原画とし

このタイトルは竹内さんのものではない。

たものが用いられることがある。

こうした「テレビ美術」は新しいメディアとともにうまれた前例のないものであったが、一度使われるとそのまま廃棄される運命にあった。そのため、セットもテロップも驚くほどたくさん作られたにもかかわらず、ひとかけらも残っていない。

広告用は広告会社が作成。放送とタイトルが違っている。

第2章 「熱狂」

~テレビ時代のはじまり~

1956.12 ~ 1958.7

1956年12月

開局最初の三日間が華やかに終わった。寒い師走にもかかわらず、夜更けまで街頭テレビから人だかりが消えることはなく、OTVは確実に人々の心に飛び込んだようだ。

CBC制作の祝賀番組「設楽の花祭り」を最後に祝賀編成も終わり、4日から「料理手帖」などのレギュラー番組が始まった。

4日　大阪朝日会館で開局記念「狂言座結成第一回公演」開催。

5日　同公演を京都祇園歌舞練場でも開催。演目は狂言「鳴神」ほか。

8日　大手前会館で、東京の人形劇団・プークと大阪の人形劇団クラルテによる「東西合同人形劇」開催。マルシャーク作「小さなお城」等上演。

18日　「OTVニュース」で、布施市で起きた火災の模様を映像つきで速報。OTVニュースの機動力が注目されるようになった。

23日　開局準備以来の奮闘を慰労するため「社員慰安会」がリハーサル室で開催された。

26日　東淀川区十三東之町で大阪テレビフィルム（OTVF）の社屋落成式がおこなわれた。OTVFは教養番組や、当時テレビ放送に不可欠だった「フィラー素材」の供給、CM制作でOTVのみならず全国の民間放送を支えた制作会社。OTVと同じロゴマークを使用していた。

28日「国産放送機器の積極的採用」に対し通産大臣から表彰を受けた。実際にはOTVからの輸入申請に対して通産省が首を横に振った結果ではあるが、結果として、現場（OTV）からの要望が国内製品に反映され、メーカーの技術レベル向上に大きく寄与することとなった。

30日から年末年始編成実施。

31日「ゆく年くる年」を放送。NTV、KRTV、CBCとの共同制作。

◆ OTV「完全番組表」について

この番組表は朝日新聞大阪版1956年11月1日～1959年6月7日までの朝刊ラテ欄に掲載分をもとに、省略部分を可能な限り復元した。

しかしこの番組表は、あくまで前日までに発表された「予告」であり、実際に放送された内容と異なることがある。判明したものについては、できるだけその旨を特記した。

また、原資料の誤記や印刷不鮮明により不明となっている部分は、複数社の新聞やOTV関連の書籍で確認して補い、それでもわからない部分はやむを得ず■で埋めている。

番組タイトルは、新聞表記と、放送時のタイトルと、社史などに記されたタイトルで違う場合があるが（例　新聞「スポーツウイークリー」広告資料「ダイハツ・スポーツウイークリー」社史「ＯＴＶスポーツウイークリー」）、放送上のタイトルに近いと思われるものを第一に採用した。

出演者については、新聞表記上の名前を優先したが、字数の都合で省略することがある（例「かしまし娘」は、1956～57年にかけて「正司歌江・照江・花江」と表記されることが多かった）。

第2章「熱狂」

1956.12

●12月4日 (火)

1130 テストパターン
1150 オープニングメロディ(2スタ)
　　　シンギングピアノ：岩崎洋
1200 OTV ニュース
1210 歌う青春列車 (KR)
1240 テレビガイド
1245 料理手帖「温いおソウ菜
　　　料理」辻徳光
1300 五輪大会ニュース
1320「設楽の花祭り」(CBC)
　　　◇おしらせ◇放送休止
1700 テストパターン
1720 オープニングメロディ
1730 五輪大会ニュース
1750 おしらせ&あしたのお天気
1754 OTV ニュース
1800 不思議の国のおじさん
　　　一陽斎正一 (2スタ)
1815 名犬リンチンチン (電通F)
1845 テレビガイド
1850 朝日新聞テレビニュース
1900 テレビ世界 (第一スタジオ)
　　　光晴・夢若五九童・蝶子
1930 お嬢さん売り出す (KR)
2000 山一名作劇場 (NTV)
　　　真実一路
2030 サンヨーかぶき
　　　「武智鉄二アワー」
　　　(NTV) 町子の歌舞伎迷
　　　作選より
　　　「忠臣蔵・六段目」
2100 近鉄パールアワー「ショー」
　　　秋月恵美子 芦原千津子
2115 SKDテレビパレード (KR)
　　　出演：松竹歌劇団
2145 ミナロン・ドリームサロン
　　　(2スタ) 司会：大伴千春
　　　ファッションジョージ岡
　　　ビショップ節子
　　　斎藤健とニューサンズトリオ
2200 テレビガイド
2205 OTV ニュース・お天気
2220 五輪大会ニュース
2240 おしらせ◇放送終了

●12月5日 (水)

1130 テストパターン◇おしらせ
1150 オープニングメロディ
　　　(2スタ)
1200 OTV ニュース
1210 邦楽百花選
　　　「京鹿子娘道成寺」
　　　藤間佐輔 杵屋佐喜照
　　　望月太明蔵社中
1240 テレビガイド
1245 料理手帖「フランス風カキ
　　　料理」井上幸作
1300 五輪大会ニュース
1320 おしらせ◇放送休止
1700 テストパターン
1720 オープニングメロディ
1730 五輪大会ニュース
1751 あしたのお天気
1754 OTV ニュース
1800 子供のお国 (2スタ)
　　　鴨川利江 長池小学校
　　　児童コーラス
1830 ポケット劇場 (2スタ)
　　　高木史郎・作
　　　藤本久美子 柴原俊郎
　　　近藤玲子モダンバレエ
1845 テレビガイド
1850 毎日新聞テレビニュース
1900 ピアス笑劇場 (KR)
　　　「逃げた銀狐」野々村介他
1930 歌はあなたとともに (NTV)
　　　江利チエミ 岡田茉莉子
　　　久慈あさみ
2000 三橋美智也ショー (NTV)
　　　(東京国際スタジアム)
2100 コント千一夜 森光子
　　　西山嘉孝 岡本勝他
2115 村上元三アワー (NTV)
　　　春風数え歌
2145 ニッケ・ジャズパレード
　　　(NTV)
2200 芸能トピックス
2210 OTV ニュース・お天気
2225 五輪大会ニュース
2245 おしらせ◇放送終了

●12月6日 (木)

1130 テストパターン
1150 オープニングメロディ
1200 OTV ニュース
1210 OTV で逢いましょう
　　　三浦策郎 扇美紗子 他
1240 テレビガイド
1245 料理手帖 上方風ソウ菜
1300 五輪大会ニュース
1320 おしらせ◇放送休止
1700 テストパターン
1720 オープニングメロディ
1730 五輪大会ニュース
1750 おしらせ
1754 OTV ニュース
1800 お笑いヒノマル劇場
　　　漫才：小雁・雁之助
1815 ペンギン劇場
　　　南極シリーズより
　　　「白い大陸」(NTV)
　　　若草会
1845 テレビガイド
1850 朝日新聞テレビニュース
1900 似てるでショー (KR)
　　　荻原賢治 葦原邦子
1930 宝塚ファンコンテスト
　　　(1スタ・視聴者参加)
　　　水代玉藻 神代錦
　　　淀かほる 宇治かほる
　　　扇千景
2000 ロビンフッドの冒険
　　　(NTV)
　　　声：外山高士 加藤正他
2030 獅子文六アワー「悦ちゃん」
　　　(NTV 単発版)
　　　松島トモ子 竜崎一郎
※終了時間が 2107 に延びた。
以下、時間は予定のもの。
2100 ダイハツワールドスポーツ
2115 ムーランショー (NTV)
2145 そこが見たい
2200 歌謡ショー (KR)
2220 テレビガイド
2225 OTV ニュース◇お天気
2240 五輪大会ニュース
2300 おしらせ◇放送終了

●12月7日 (金)

1130 テストパターン◇おしらせ
1150 オープニングメロディ
1200 OTV ニュース
1210 真昼のオルゴール (KR)
1240 テレビガイド
1245 明るい家庭「版画の作り方」
　　　前田藤四郎
1300 五輪大会ニュース
1320 おしらせ◇放送休止
1700 テストパターン
1720 オープニングメロディ
1730 五輪大会ニュース
1750 おしらせ
1751 あしたのお天気
1754 OTV ニュース
1800 人形劇場 (腹話術オペラ)
1815 テレビ紙芝居・6助がん
　　　ばれ 石田茂樹
　　　吉田澄代他
1830 テレビ動物園
　　　「動物演芸会」
1845 テレビガイド
1850 朝日新聞テレビニュース
1900 テレビぴよぴよ大学 (KR)
　　　河井坊茶 徳川夢声他
1930 花王ワンダフルクイズ
　　　(NTV) 今泉良夫 岡本
　　　太郎 柳亭痴楽
2000 京阪ゼスチャーゲーム
　　　川上のぼる
　　　京阪坊や (運転手の人形)
2030 特ダネを逃がすな (KR)
　　　「指」安井昌二 他
2100 野球教室
　　　藤村富美男 御園生崇男
2115 陽気なコーリス
2145 三越映画劇場
2200 ムードミュージック・
　　　ショー
2215 テレビガイド
2220 OTV ニュース
2242 あしたのお天気
2245 五輪大会ニュース
2305 おしらせ◇放送終了

●12月8日 (土)

1130 テストパターン◇おしらせ
1150 オープニングメロディ
1200 OTV ニュース
1210 花を召しませ (KR)
　　　北原文枝他
1240 テレビガイド
1245 料理手帖 うどんスキ
　　　竹中郁 薩摩きく
1300 五輪大会ニュース
1320 おしらせ◇放送休止
1700 テストパターン
1720 オープニングメロディ
1730 五輪大会ニュース
1751 あしたのお天気
1754 OTV ニュース
1800 漫画と手品
1815 素人のど競べ (NTV)
　　　暁テル子 服部良一
1845 テレビガイド
1850 毎日新聞テレビニュース
1900 歌謡大学 (NTV) 松井翠声
　　　柳家金語楼 佐藤美子
1930 ほろにがショー・何で
　　　もやりまショー (NTV)
　　　司会：三國一朗
2000 明日は日曜日 (NTV)
　　　大坂志郎 渡辺美佐子他
2030 シャープ劇場
　　　のり平喜劇教室 (NTV)
2100 メトロニュース
2115 日真名氏飛び出す (KR)
　　　久松保夫 高原駿雄
　　　淡京子 他
2145 ダイナミックグローブ
　　　(NTV)(下谷公会堂)
2230 テレビガイド
2235 OTV ニュース
2247 あしたのお天気
2250 五輪大会ニュース
2310 おしらせ◇放送終了

●12月9日 (日)

1100 テストパターン
1140 経済サロン「ビニロンの話」
　　　司会：今村益三アナ
　　　大原総一郎、山内圭
1200 OTV ニュース
1210 テレビガイド
1215 クラブ劇場・歌えば楽し
　　　「ミュージックシリーズ
　　　華やかな1890年代」
1240 テレビガイド
1245 新版大阪五人娘「尋ね人」
　　　藤沢恒夫、石浜恒夫・作
　　　桂美保 原黎子 飯召徳
　　　能勢圭英子 武周暢
　　　坂本和子
1300 五輪大会ニュース
1320 おしらせ◇放送休止
1630 テストパターン◇おしらせ
1650 五輪大会ニュース
1720 短編映画
1751 あしたのお天気
1754 OTV ニュース
1800 海外トピックス
1815 今日の世相
　　　住本利男 今田幾代
1830 私も出まショー (NTV)
　　　三和完児
1900 ジャングル・ジム
　　　※12月2日分を放送
1930 鞍馬天狗 (KR)「江戸日記」
　　　市川高麗蔵 坂東好太郎
　　　沢村国太郎 南風洋子他
2000「花頭巾」(大阪文楽座)
　　　大江美智子一座
2100 ダイハツスポーツウィクリー
2115 東芝日曜劇場
　　　「命美わし」(KR)
　　　伊志井寛 市川紅梅
　　　藤村秀夫 花柳武始
　　　金田竜之助
2215 ゴルフ教室
　　　石井廸夫 福井正一
2230 テレビガイド
2235 OTV ニュース
2247 あしたのお天気
2250 おしらせ◇放送終了

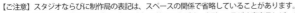

【ご注意】スタジオならびに制作局の表記は、スペースの関係で省略していることがあります。
(1スタ)＝第1スタジオ、(2スタ)＝第2スタジオ、(KR)＝ラジオ東京テレビ、(NTV)＝日本テレビ、(CBC)＝中部日本放送、(OYVF)＝大阪テレビフィルム

●12月10日(月)	●12月11日(火)	●12月12日(水)	●12月13日(木)	●12月14日(金)	●12月15日(土)	●12月16日(日)
1130 テストパターン	1130 テストパターン	1130 テストパターン	1130 テストパターン	930 テストパターン◇おしらせ	1130 テストパターン	1100 テストパターン
1150 オープニングメロディ	1150 オープニングメロディ	1150 オープニングメロディ	1150 オープニングメロディ	1000 自民党大会中継(KR)	1150 オープニングメロディ	1140 経済サロン
1200 OTV ニュース	1200 OTV ニュース	1200 OTV ニュース	1200 OTV ニュース	1200 OTV ニュース	1200 OTV ニュース	「プラスチックについて」
1210 ハーモニカリサイタル	1210 シンギングピアノ：岩崎洋	1210 ファッションミュージック (KR)	1210 テレビ寄席(KR)	1210 真昼のオルゴール(KR)	1210 花を召しませ(KR)	上野次郎大井治今村アナ
「パリのアメリカ人」	1210 歌う青春列車(KR)	1240 テレビガイド	小さん アダチ竜光	1240 テレビガイド	1240 テレビガイド	1200 OTV ニュース
「火祭りの踊り」(ファリャ)	音羽美子 上月左知子他	1245 料理手帖「さんまの洋風料理」	1240 テレビガイド	1245 明るい家庭 森光子ほか	1245 料理手帖	1210 テレビガイド
「インカ・ダンス」(自作曲)	1240 テレビガイド	富山利八郎小深秀子アナ	1245 料理手帖	「火災予防について」	「上方風のおすし」	1215 クラブ劇場・歌えば楽し
演奏：ジョン・セバスチャン	1245 料理手帖「お正月のおつまみ料理」	1300 五輪ニュース	家庭向きの中華料理	1300 おしらせ◇放送休止	小倉英一 小深秀子アナ	1240 テレビガイド
1240 テレビガイド	辻徳光	1320 おしらせ◇休止	辻徳光 佐藤和枝アナ	1445 テストパターン◇おしらせ	1300 おしらせ◇放送休止	1245 新撮大阪五人娘(ドラマ)
1245 料理手帖	佐藤和枝アナ	1640 テストパターン	1300 おしらせ◇放送休止	1500 バレエ(産経会館)	1710 テストパターン	「嬢さんと番頭」
「クッキーの作り方」	1300 五輪大会ニュース	1700 OTV スポーツファンシート	1700 テストパターン	「序章・玄黄」「スペイン組曲」	1740 オープニングメロディ	桂美保 片山樹美
1300 五輪大会ニュース	◇おしらせ◇放送休止	アマチュアボクシング中継	1740 オープニングメロディ	法村・友井近代バレエ団	1750 おしらせ	高橋芙美子
1320 おしらせ◇放送休止	1700 テストパターン	明大-関大(府立体育館)	1750 おしらせ	※阪本さんの資料には1400～「赤い天幕」も放送あり。	1754 OTV ニュース	小島慶四郎
1700 テストパターン	1720 オープニングメロディ	久保覚次アナ	1751 あしたのお天気	◇おしらせ◇放送休止	1800 ホモちゃん劇場	1300 おしらせ◇放送休止
1720 オープニングメロディ	1730 五輪大会 N 50 おしらせ	1810 オープニングメロディ	1754 OTV ニュース	1735 テストパターン	「ワン公の子守」	1700 テストパターン
1730 五輪大会ニュース	1751 お天気 55 OTV ニュース	1820 おしらせ	1800 お笑いヒノマル劇場 米朝	1750 おしらせ 52 お天気	手品：大野しげる	1730 おしらせ
1751 お天気◇N	1800 不思議の国のおじさん	1822 お天気 25 OTV ニュース	1815 ペンギン劇場・南極シリーズより「ペンギン天国」(NTV)	1754 OTV ニュース	1815 素人のど競べ(NTV)	1737 テレビガイド
1800 世紀のKOシリーズ	1815 名犬リンチンチン	1830 ポケット劇場「あわて床屋」	岸旗朔一郎 林寿郎	1800 ポケット劇場「小さいお城」	暁テル子 服部良一	1742 海外トピックス
1815 ポポンタイム	1845 テレビガイド	川尻泰司 人形劇団プーク	1845 テレビガイド	暁テル子 服部良一	1845 テレビガイド	1751 あしたのお天気
この人を(NTV)	1850 毎日新聞テレビニュース	1845 テレビガイド	1850 朝日新聞テレビニュース	1815 テレビ紙芝居・6助がんばれ 茂木草介・作	1850 朝日新聞テレビニュース	1754 OTV ニュース
1845 テレビガイド	1900 テレビ浮世亭	1850 毎日新聞テレビニュース	1900 似てるでショー	石田茂樹 小見満理子	1900 歌謡大学(KR) 松井翠声	1800 こどものお国「お人形さん」
1850 朝日新聞テレビニュース	花江・照江・歌江	1900 笑劇場(KR) 坊屋三郎	1930 宝塚ファンコンテスト	波田久夫 吉田澄代他	柳家金語楼 佐藤美子	泉田行夫
1900 言わぬか花(公開)	右楽・左楽	1930 小畑実	瑠璃豊美 故里明美	1830 テレビ動物園「お猿の天国」	1930 ほろにがショー・	西野皓三バレエ団
蝶々・雄二	1930 お嬢さん売り出す(KR)	歌はあなたと共に(NTV)	大和七海路 夏重天子	1845 テレビガイド	何でもやりまショー	桜塚小学校児童合唱団
1930 太閤記(NTV)「藤吉郎編」	中原美紗緒 十朱久雄	2000 大阪の顔(OTV)「師走の靴」	水代玉藻(公開放送)	1850 毎日新聞テレビニュース	(NTV) 司会：三國一朗	1830 私も出まショー(NTV)
2000 ニチボーアワー 喜劇天国(NTV)「女忠治」 暁テル子他	逢初夢子他	長谷川幸延・作	2000 ロビンフッドの冒険 (NTV)	1900 テレビぴよぴよ大学(KR)	2000 明日は日曜日(NTV)	三和完児
2030 ナショナル劇場・てんてん娘 (KR) 宮城まり子他	2000 山一名作劇場(NTV) 「真実一路」	柳川清吉川佳代子橘正己 岩田直二 梱色演出	声：外山高士 加藤正他	河井坊茶 徳川夢声他	2030 シャープ劇場 のり平喜劇教室(NTV)	1900 ジャングル・ジム
2100 お好み浪花寄席 漫才	2030 サンヨーかぶき	2030 街(NTV)「木枯らしの女」	2030 鞍馬天狗(KR)「江戸日記」	1930 花王ワンダフルクイズ(NTV)	2100 メトロニュース	1930 音楽映画
2115 ウロコ座(KR)「与三郎」	「武智鉄二アワー」(NTV)	三國連太郎 北原美枝	市川高麗蔵 坂東好太郎	今泉乃夫 三条美紀	2115 日真名氏飛び出す(KR)	「魔法のトランペット」
守田勘弥 笠川武夫 中村吉十郎 市川団之助 市川団蔵	町子の歌舞伎雑作選より 武智鉄二・脚色演出	岸旗江 伊藤雄之助	沢村国太郎 南風洋子他	痴楽会	「密室の魔術師」前篇	2000 「極付月形半平太」 (大阪歌舞伎座)
2145 大丸ミュージカル	2100 近鉄パールアワー	2100 コント千一夜 長中一・作	2100 ダイハツワールドスポーツ	2000 京阪ゼスチャーゲーム	2145 ダイナミックグローブ (NTV)(下谷公会堂)	辰巳柳太郎 二葉早苗
ショーウインドー 江川幸作・作	「恐・甘の春日若宮おん祭り」 平井康裕・佐山健一	森光子 丘みどり 安室国晴	2115 月夜のパラソル(NTV) 新作座	川上のぼる 京阪坊や	大川一 市村他	2100 東芝日曜劇場
2200 OTV 週間世界ニュース	岩田直二 速水雛子	2115 村上元三アワー(NTV)	2145 そこが見たい	2030 特ダネを逃がすな(KR) 「指」	2230 テレビガイド	「再婚旅行」(KR)
2220 レナウン・ミュージカルス	2115 SKDテレビパレード(KR)	「春風数え歌」	2200 ハンドル人生 (KR)	2100 野球教室「投手編」	2235 OTV ニュース	伊志井寛 市川紅梅他
沢たまき 益田貞信(KR)	2145 ミナロン・ドリームサロン 星野みよ子	2145 ニッケ・ジャズパレード (NTV)「フルフル」 中原美佐緒他	中川姿子 若原一郎	梶岡忠義	2247 あしたのお天気	2200 ダイハツスポーツウィクリー
2235 五輪大会ニュース	2200 戦慄の旅券	2200 芸能トピックス	2220 テレビガイド	2115 陽気なコーリス	2250 おしらせ◇放送終了	2215 ゴルフ教室
2255 OTV ニュース◇天気	2230 テレビガイド	2215 OTV ニュース	2225 OTV ニュース	2145 三越映画劇場		石井廸夫 福井正一
2310 おしらせ◇放送終了	2235 OTV ニュース 47 お天気	2225 五輪ニュース	2237 あしたのお天気	2200 ムードミュージック・ショー 江川幸作／江川バレエ団 ベティ・ベニイ		2230 テレビガイド
	2250 おしらせ◇放送終了	2245 おしらせ、終了	2240 おしらせ◇放送終了	2215 テレビガイド		2235 OTV ニュース
				2220 OTV ニュース		2247 あしたのお天気
				2232 お天気 35 おしらせ、終了		2250 おしらせ◇放送終了

【12月14日】※15：00 バレエの「阪本さんの資料」とは『上方テレビ美術事始め』(阪本雅信著／P510参照)のこと。

第2章「熱狂」

●12月17日（月）
1130 テストパターン
1150 オープニングメロディ
1200 OTV ニュース
1210 映画の窓 (KR)
1240 テレビガイド
1245 料理手帖 インドカレー
1300 おしらせ◇放送休止
1710 テストパターン
1740 オープニングメロディ
1751 あしたのお天気
1754 OTV ニュース
1800 世紀のKOシリーズ
　　「1920年代もの」
1815 ポポンタイム
　　この人を (NTV) 三原純
1845 テレビガイド
1850 毎日新聞テレビニュース
1900 言わぬが花 蝶々・雄二
1930 太閤記 (NTV)「藤吉郎編」
　　大川太郎 服部哲治
　　鈴木光枝 他
2000 ニチボーアワー喜劇天国
　　(NTV)
　　「おかあさん」
　　森川信 南風洋子 ほか
2030 ナショナル劇場・
　　てんてん娘 (KR)
　　宮城まり子 ほか
2100 お好み浪花寄席
　　洋児・夢路
2115 ウロコ座 (KR)
　　「巷談宵宮雨」前篇
　　中村勘三郎 守田勘弥
　　藤間紫 村田嘉久子
2145 大丸ミュージカル
　　ショーウインドー
2200 OTV 週間世界ニュース
2215 テレビガイド
2220 ミュージカルパレット
　　深緑夏代 近藤玲子
2235 OTV ニュース
2247 あしたのお天気
2250 おしらせ◇放送終了

●12月18日（火）
1130 テストパターンハイライト
1150 オープニングメロディ
1200 OTV ニュース
1210 歌う青春列車 (KR)
　　音羽美子 上月左知子他
1240 テレビガイド
1245 料理手帖「エビサラダ」
1300 おしらせ◇放送休止
1710 テストパターン
1730 オープニングメロディ
1740 動乱のハンガリア
1750 おしらせ
1751 あしたのお天気
1754 OTV ニュース
1800 不思議の国のおじさん
1815 名犬リンチンチン
1845 テレビガイド
1850 朝日新聞テレビニュース
1900 テレビ浮世亭
　　文雄 ほか
1930 お嬢さん売り出す (KR)
　　中原美紗緒 十朱久雄
　　逢初夢子他
2000 山一名作劇場 (NTV)
　　真実一路 (NTV)
　　藤乃高子 高田稔他
2030 サンヨーかぶき
　　「武智鉄二アワー」(NTV)
　　町子の歌舞伎迷作選より
　　「切られ与三郎」
　　春日八郎 乙羽信子 他
2100 近鉄パールアワー
　　「お伊勢まいり」
2115 SKDテレビパレード (KR)
2145 ミナロン・ドリームサロン
2200 戦慄の旅券
　　シーザーロメロ他
2230 テレビガイド
2235 OTV ニュース
2247 あしたのお天気
2250 おしらせ◇放送終了

●12月19日（水）
1130 テストパターン
1150 オープニングメロディ
1200 OTV ニュース
1210 ファッションミュージック
　　(KR) 久邇恭子
　　旗和子 ほか
1240 テレビガイド
1245 料理手帖
1300 おしらせ◇放送休止
1710 テストパターン
1740 オープニングメロディ
1750 おしらせ
1751 あしたのお天気
1754 OTV ニュース
1800 短編映画
1830 ポケット劇場「良寛さま」
　　腹話術：竹村まこと
1845 テレビガイド
1850 朝日新聞テレビニュース
1900 笑福場 (KR)
　　坊屋三郎 深緑夏代
　　柳沢真一
1930 歌はあなたととも (NTV)
　　「白虎隊」霧島昇 若山彰
　　コロムビアローズ
2000 大阪の顔 (OTV)
　　「夜の睡蓮」吉川佳代子他
2030 街 (NTV)
　　三国連太郎 石原裕次郎
2100 コント千一夜
　　森光子 西山嘉孝他
2115 村上元三アワー (NTV)
　　「春風数え歌」小堀明男
　　野上千鶴子他
2145 ニッケ・ジャズパレード
　　(NTV) 笠田敏夫
2200 芸能トピックス
2210 文化映画特選集
2225 OTV ニュース
2237 あしたのお天気
2240 おしらせ◇放送終了

●12月20日（木）
930 テストパターン◇おしらせ
1000 第28回通常国会中継
1150 オープニングメロディ
1200 OTV ニュース
1210 テレビ寄席 (KR)
　　円生 〆子 和子
1240 テレビガイド
1245 料理手帖「冬向家庭料理」
1300 関響特別演奏会
　　「組曲・田園(ラルソン)他
　　指揮ステン・フリクベルグ
　　◇おしらせ◇放送休止
1700 テストパターン
1740 オープニングメロディ
1750 おしらせ
1751 あしたのお天気
1754 OTV ニュース
1800 お笑いヒノマル劇場
　　こま代・文章
1815 ペンギン劇場・
　　南極シリーズより
　　「南極へ挑んだ人」
　　毛利充宏ほか
1845 テレビガイド
1850 毎日新聞テレビニュース
1900 似てるでショー (KR)
　　萩原寛次 葦原邦子
1930 宝塚ファンコンテスト
　　水代玉藻（公開放送）
2000 ロビンフッドの冒険
　　(NTV)
　　声：外山高士 加藤正始
2030 鞍馬天狗 (KR)「江戸日記」
　　花柳寛 旗和子 他
2100 ダイハツワールドスポーツ
2115 陽気なコーリスベイカー他
2145 三越映画劇場
2215 テレビガイド
2220 OTV ニュース
2232 あしたのお天気
2235 おしらせ◇放送終了

●12月21日（金）
1130 テストパターン
1150 オープニングメロディ
1200 OTV ニュース
1210 真昼のオルゴール (KR)
1240 テレビガイド
1245 明るい家庭「クリスマスと
　　お正月の装い」藤川延子
1300 おしらせ◇放送休止
1700 オープニングメロディ
1740 オープニングメロディ
1751 あしたのお天気
1754 OTV ニュース
1800 ポケット劇場「三びきの小豚」
　　人形劇団クラルテ
1815 テレビ紙芝居・6助がん
　　ばれ 石田茂樹
　　吉田澄代他
1830 テレビ動物園
　　「スージーちゃんのクリスマス」
1845 テレビガイド
1850 毎日新聞テレビニュース
1900 テレビぴよぴよ大学 (KR)
　　河井坊茶 徳川夢声他
1930 花王ワンダフルクイズ (NIV)
　　今泉良夫 岡本太郎
　　柳亭痴楽
2000 京阪ゼスチャーゲーム
　　川上のぼる 京阪坊や
2030 特ダネを逃がすな (KR)
　　佐伯徹 ほか
2100 野球教室「投手編」
　　梶岡忠義 久保顕次アナ
2145 中継「腕白親爺」
　　（浅草松竹演芸場）
　　デンスケ劇団
2230 テレビガイド
2235 OTV ニュース
2247 あしたのお天気
2250 おしらせ◇放送終了

●12月22日（土）
1130 テストパターン
1150 オープニングメロディ
1210 花を召しませ (KR)
　　河野ますみ他
1240 テレビガイド
1245 料理手帖 むしズシ
1300 おしらせ◇放送休止
1710 テストパターン
1740 オープニングメロディ
1750 おしらせ
1751 あしたのお天気
1754 OTV ニュース
1800 ホモちゃん劇場
　　「ちゃっかりがーちゃん」
　　と手品
1815 素人のど競べ (NTV)
　　暁テル子 服部良一他
1845 テレビガイド
1850 朝日新聞テレビニュース
1900 歌謡大学 (KR) 松井翠声
　　柳家金語楼 佐藤笑子
1930 ほろにがショー・
　　何でもやりまショー (NIV)
　　司会：三國一朗
2000 明日は日曜日 (NTV)
2030 シャープ劇場
　　のり平喜劇教室 (NTV)
2100 メトロニュース
2115 日真名氏飛び出す (KR)
　　「密室の魔術師」
　　解決篇
　　キノトール・作
2200 ムードミュージック・ショー
2215 テレビガイド
2220 OTV ニュース
2232 あしたのお天気
2235 おしらせ◇放送終了

●12月23日（日）
1100 テストパターン
1140 経済サロン
　　「石油化学について」
　　川村正人 寺村義太郎
　　今村アナ
1200 OTV ニュース
1210 テレビガイド
1215 クラブ劇場・歌えば楽し
　　「音楽映画・幼き頃の歌」
1240 テレビガイド
1245 新版大阪五人娘「お妙ちゃん」
1300 おしらせ◇放送休止
1710 テストパターン
1730 おしらせ
1737 テレビガイド
1742 海外トピックス
1751 あしたのお天気
1754 OTV ニュース
1800 子供の国「お遊び学級」
1830 私も出まショー (NTV)
1900 ジャングル・ジム (NTV)
1930 背番号16
　　川上哲治物語 (NTV)
2000 劇場中継 (NTV)
　　「いづみのXマスパー
　　ティー」雪村いづみ
　　笠田敏夫 松島トモ子
　　いとしこいし 他
2100 東芝日曜劇場
　　「忘れえぬXマス」
　　（ミュージカルドラマ・KR）
　　キノトール・作
　　森繁久彌 浜田百合子
　　三島耕他
2200 ダイハツスポーツウィクリー
2215 ゴルフ教室
　　石井廸夫 福井正一
2230 テレビガイド
2235 OTV ニュース
2247 あしたのお天気
2250 おしらせ◇放送終了

【外国フィルム番組】木20：00「ロビンフッドの冒険」、日19：00「ジャングルジム」はNTV発ですが、以後は省略します。

●12月24日 (月)

1130 テストパターン
1150 オープニングメロディ
1200 OTV ニュース
1210 ハーモニカリサイタル
　　「パリのアメリカ人」
　　「火祭りの踊り」(ファリャ)
　　「インカ・ダンス(自作曲)」
　　演奏：ジョン・セバスチャン
1240 テレビガイド
1245 料理手帖
　　「クッキーの作り方」
1300 五輪大会ニュース
1320 おしらせ◇放送休止
1700 テストパターン
1720 オープニングメロディ
1730 五輪大会ニュース
1751 あしたのお天気◇N
1800 世紀のKOシリーズ
1815 ポポンタイム
　　この人を (NTV) 三原純
1845 テレビガイド
1850 朝日新聞テレビニュース
1900 言わぬが花 (公開)
　　蝶々・雄二
1930 太閤記 (NTV)「藤吉郎編」
　　大川太郎　服部哲治
　　鈴木光枝
2000 ニチボーアワー 喜劇天国
　　(NTV)「女忠love」暁テル子他
2030 ナショナル劇場・てんてん娘
　　(KR) 宮城まり子他
2100 お好み浪花寄席　漫才
2115 ウロコ座 (KR)「与三郎」
　　守田勘弥　笠川武夫
　　中村吉十郎　市川団之助
　　市川団蔵
2145 大丸ミュージカル
　　ショーウインドー
　　江川幸作・作
　　江川バレエ団
2200 OTV 週間世界ニュース
2220 レナウン・ミュージカルス
　　沢たまき　益田貞信 (KR)
2235 OTV ニュース◇天気
2250 おしらせ◇放送終了

●12月25日 (火)

1130 テストパターン
1150 オープニングメロディ
1200 OTV ニュース
1210 歌う青春列車 (KR)
　　音羽美子　上月左知子他
1240 テレビガイド
1245 料理手帖
　　「オムレツの作り方」
1300 おしらせ
1305 おしらせ◇放送休止
1710 テストパターン
1740 オープニングメロディ
1751 あしたのお天気
1754 OTV ニュース
1800 不思議の国のおじさん
1815 名犬リンチンチン
　　「ねらわれた赤ん坊」
　　北里深雪
1845 テレビガイド
1850 朝日新聞テレビニュース
1900 テレビ浮世亭
　　一郎・ワカナ 芳子・市松
1930 お嬢さん売り出す (KR)
2000 山一名作劇場 (NTV)
　　真実一路
2030 サンヨーかぶき
　　「武智鉄二アワー」(NTV)・
　　町子の歌舞伎秀作選より
　　「鳴神」乙羽信子他
2100 近鉄パールアワー「初詣」
　　西條凡児
2115 SKDテレビパレード (KR)
　　松竹歌劇　八坂圭子他
2145 ミナロン・ドリームサロン
　　星野みよ子　大伴千春
　　ジョージ岡
2200 戦慄の旅券
2230 テレビガイド
2235 OTV ニュース
2247 あしたのお天気
2250 おしらせ◇放送終了

●12月26日 (水)

1130 テストパターン
1150 オープニングメロディ
1200 OTV ニュース
1210 ファッションミュージック
　　(KR) ヘレン・ヒギンズ
　　里井茂
1240 テレビガイド
1245 料理手帖「鶴の巣ごもり
　　ゾウニと果物の秘法切り」
　　辻徳光
1300 おしらせ◇放送休止
1710 テストパターン
1740 オープニングメロディ
1750 おしらせ
1751 あしたのお天気
1754 OTV ニュース
1800 短編映画
1830 ポケット劇場
　　「もういくつ寝たらお正月」
　　春日井真澄
　　大阪集英高校音楽部
1845 テレビガイド
1850 毎日新聞テレビニュース
1900 笑劇場 (KR)
　　坊屋三郎　深緑夏代
　　柳沢真一
1930 歌はあなたとともに (NTV)
2000 大阪の顔 (OTV)
　　「26日のサンタクロース」
2030 街「凍る夜」(NTV)
　　三国連太郎 石原裕次郎他
2100 コント千一夜
　　森光子　西山嘉孝他
2115 村上元三アワー (NTV)
　　「春風数え歌」
　　小堀明男 野上千鶴子他
2145 ニッケ・ジャズパレード
　　武井義明
2200 芸能トピックス
2210 文化映画特選集
2225 OTV ニュース
2237 あしたのお天気
2240 おしらせ◇放送終了

●12月27日 (木)

1130 テストパターン
1150 オープニングメロディ
1200 OTV ニュース
1210 テレビ寄席 (KR) 正蔵
1240 テレビガイド
1245 料理手帖 鰻の幽庵
1300 おしらせ◇放送休止
1700 テストパターン
1740 オープニングメロディ
1750 おしらせ
1751 あしたのお天気
1754 OTV ニュース
1800 お笑いヒノマル劇場
1815 ペンギン劇場・南極シリーズ
　　より「南極の日本観測
　　隊」(NTV)
1845 テレビガイド
1850 朝日新聞テレビニュース
1900 似てるショー (KR)
　　萩原賢次　葦原邦子
　　フランキー堺
1930 宝塚ファンコンテスト
　　黒木ひかる 天城月江
　　(公開)
2000 ロビンフッドの冒険
　　「花の女王」
　　声：外山高士 加藤正他
2030 鞍馬天狗 (KR)「江戸日記」
2100 ダイハツワールドスポーツ
2115 ムーラン劇場 (NTV)
　　「フロ屋の煙突はなぜ
　　高い」
2145 そこが見たい
2200 テレビガイド
2210 音楽バラエティ
　　「南国の夜はふけて」
　　林伊佐緒　吉岡妙子
2230 OTV ニュース
2242 あしたのお天気
2245 おしらせ◇放送終了

●12月28日 (金)

1130 テストパターン
1150 オープニングメロディ
1200 OTV ニュース
1210 真昼のオルゴール (KR)
　　小島伸子
1240 テレビガイド
1245 料理手帖「ブリステーキ」
　　的場千枝
1300 なつかしい指定席
　　「田園交響楽」
　　◇おしらせ◇放送休止
1700 テストパターン
1740 オープニングメロディ
1750 おしらせ
1751 あしたのお天気
1754 OTV ニュース
1800 明るい家庭 牧村史朗
1815 テレビ紙芝居・6月がん
　　ばれ　石田茂樹
　　吉田澄代他
1830 テレビ動物園
　　「ライオンのさまざま」
1845 テレビガイド
1850 朝日新聞テレビニュース
1900 テレビぴよぴよ大学 (KR)
　　河井坊茶 徳川夢声他
1930 花王ワンダフルクイズ
　　(NTV) 今泉良夫
　　岡本太郎 柳亭痴楽
　　中原早苗 清川虹子
2000 京阪ゼスチャーゲーム
　　川上のぼる 京阪坊や
2030 特ダネを逃がすな (KR)
2100 野球教室「投手編」
2115 陽気なコーリスベイカー他
2145 三越映画劇場
2200 ムードミュージック・ショー
2215 テレビガイド
2220 OTV ニュース
2232 あしたのお天気
2235 おしらせ◇放送終了

●12月29日 (土)

1130 テストパターン
1150 オープニングメロディ
1200 OTV ニュース
1210 人形劇「森のお友達」
1240 テレビガイド
1245 料理手帖「上方風のお
　　雑煮」
1300 おしらせ◇放送休止
1710 テストパターン
1740 オープニングメロディ
1750 おしらせ
1751 あしたのお天気
1754 OTV ニュース
1800 ホモちゃん劇場
　　「アンディーちゃんとリンゴ」
1815 素人のど競べ (NTV)
1845 毎日新聞テレビニュース
1900 歌謡大学 (KR)
　　柳家金語楼　佐藤笑子
　　松井翠声
1930 ほろにがいショー・
　　何でもやりまショー
　　(NTV)
2000 明日は日曜日 (NTV)
　　「来年こそはの巻」
2030 シャープ劇場
　　のり平喜劇教室 (NTV)
2100 メトロニュース
2115 日真名氏飛び出す (KR)
　　「わらべは見たり」前篇
2145 ダイナミックグローブ
　　(NIV)
　　福地健治－長房照徳
　　山口猛－矢尾板貞夫
2230 テレビガイド
2235 OTV ニュース
2242 あしたのお天気
2245 おしらせ◇放送終了

●12月30日 (日)

1100 テストパターン
1140 経済サロン
　　「来年の景気について」
　　粂川義男　大島昭
　　今村アナ
1200 OTV ニュース
1210 テレビガイド
1215 クラブ劇場・歌えば楽し
　　「音楽映画・幼き頃の歌」
1240 テレビガイド
1245 新版大阪五人娘
　　「男の告白」
1300 懐かしの指定席
　　「思い出の瞳」ミシェル・
　　モルガン ジャン・マレエ他
　　◇おしらせ◇放送休止
1700 テストパターン
1730 えとば
1737 テレビガイド
1742 海外トピックス
1751 あしたのお天気
1754 OTV ニュース
1800 こどものお国
　　「もうすぐお正月」
1830 私も出まショー (NTV)
1900 ジャングル・ジム
　　「血の報酬」
1930 背番号16
　　川上哲治物語 (NTV)
　　川上哲治 岬たか子他
2000 お名残り漫才ショー (大劇)
　　十郎・雁玉 光晴・夢若
　　大阪松竹歌劇団
2100 東芝日曜劇場「鴛」(KR)
　　九團右ヱ門 三木のり平
　　浜田寅彦他
2200 ダイハツスポーツウィクリー
2215 ゴルフ教室
　　石井廸夫　福井正一
2230 テレビガイド
2235 OTV ニュース
2247 あしたのお天気
2250 おしらせ◇放送終了

第2章「熱狂」

● 12月31日（月）

1045 テストパターン◇おしらせ
1115 日本の歩み1956年(KR)
1200 OTVニュース
1210 寄席 落語：桃太郎
　　　御神楽、曲芸
1310 年忘れ東西漫才大会
　　　(NTV・OTV)
　　　右楽・左楽・捨丸・春代
　　　桂子・好江
　　　(東阪二元中継)
1405 珍芸大会　千太・万吉
　　　天才・秀才他
1500 今年の回顧
　　　住本利男　新藤次郎
1520 今年の世界のスポーツ
　　　◇おしらせ◇放送休止
1630 テストパターン◇おしらせ
1700 ポポンタイム　この人を
　　　(NTV) 越智正典アナ
1730 世紀のKOシリーズ
1754 OTVニュース
1800 言わぬが花 蝶々・雄二
1830 太閤記(NTV)「日吉丸編」
1900 歌のスターパレード(KR)
　　　江利チエミ　三橋美智
　　　也ほか
2030 オールスター歌合戦(KR)
　　　高田浩吉　美空ひばり
　　　三浦洸一　島倉千代子
　　　森繁久弥
2200 ナショナル劇場・
　　　てんてん娘ショー(KR)
　　　宮城まり子　菊田一雄
　　　若乃花
2250 OTV週間世界ニュース
2300 お好み浪花寄席
　　　歌楽・サザエ
　　　栄子・小円
2330 ゆく年くる年（四元放送）
　　　道頓堀・心斎橋：OTV
　　　名古屋テレビ塔：CBC
　　　浅草寺観音：KRTV
　　　銀座和光前：NTV
2420 テレビガイド
2425 OTVニュース
2437 あしたのお天気
2440 おしらせ◇放送終了

1956年12月31日「ゆく年くる年」放送。

これがOTVだ 1956年12月

【単発番組】

（12月1日～3日は前章を参照。）

●ジョン・セバスチャン・ハーモニカ・リサイタル

　1956年12月10日（月）　12：10～12：40

　スタジオでの演奏会。「パリのアメリカ人」（ガーシュイン）「火祭りの踊り」（ファリャ）他。

●「序章・玄黄」「スペイン組曲」「赤い天幕」

　14日（金）15：00～（産経会館）「玄黄」つまり「黒と黄色」は「若駒と若鮎」をあらわすOTVのコーポレートカラー。OTV主催のバレエ公演。

●魔法のトランペット

　16日（日）19：30～20：00（音楽映画）

●関響特別演奏会

　20日（木）13：00～

　ラーションの「田園組曲」を演奏。ステン・フリュクベリ指揮関西交響楽団の特別演奏会を中継。ラーシュ＝エリク・ラーション（Lars-Erik Larssonは1908年生のスウェーデンの作曲家。

●おなごり漫才ショー（大劇）

　30日（日）20：00～21：00

　十郎・雁玉、光晴・夢若、大阪松竹歌劇団の出演。

●年忘れ東西漫才大会

　31日（月）13：10～14：05

NTVと共同制作。右楽・左楽、捨丸・春代他

●ゆく年くる年

　31日（月）23：30～24：20

　NTV、KRTV、CBC、OTV共同制作の「ゆく年くる年」。OTVは法善寺横町等からの中継を担当。

【新番組】

【1956年12月1日（土）】

●OTVシグナルミュージック

　服部良一作曲の放送開始・終了音楽。テレビ放送開始用には1990年まで使用。2014年からはABCラジオの開始音楽として月曜早朝に再登場した。

●ニュース、天気予報

・OTVニュース（昼）12：00～12：10

　（1956年11月15日～1959年2月28日）

・OTVニュース（夕）17：54～18：00

　1957年11月25日18：54～に移動

・OTVニュース（最終）（開局～1958年8月30日）

　ニュースの量によって終了時刻が変動。

・OTVニュース（夜）月～土21：45 日22：15～

　1958年8月31日、最終ニュースから移動。

・朝日／毎日新聞テレビニュース 18：50～19：00

　初回：1956年11月26日（月）朝日

曜日分担や交代順番などは不定。

1957年11月25日17：50～に移動

1959年3月2日から朝日新聞のみとなる。

・朝日新聞テレビニュース 11：00～11：10

　1959年3月2日増設。

・天気予報（夕）

　OTVニュース（夕）の前の3分間。

　1958年9月1日より同ニュースの後へ。

・天気予報（最終）時刻不定。放送終了直前。

・ABCニュース（深夜）23：00～23：10

　ABC-OTV制作。1959年4月1日から追加。

　この時代のニュースはほとんどが映画ニュースに倣って、編集済みフィルムに生で音楽とアナウンスをつけた。このほか「こどもニュース」「婦人ニュース」などもあった（別掲）。

【12月2日（日）】

●経済サロン

　（～1959年1月25日、全112回）　日11：40～（のちに11：30～）　産業界や景気動向からテーマを取り上げて、専門家、識者の座談会で解説。1959年2月1日「日曜サロン」に改題。

●OTVスポーツウイークリー

　（～1976年11月26日、全505回）

　日22：00～（移動多し）週間ニュース。新聞広告には「ダイハツスポーツウィークリー」と表記。

●ゴルフ教室

(～1957年10月27日、全41回)

日22：15～ （1957年5月5日から22：30～）
スタジオにプロゴルファーを招く技術講座。

【12月3日（月）】
●言わぬが花

(～1957年4月15日、全20回)

月19：00～19：30
公開トークショー。ミヤコ蝶々・南都雄二。

●大丸ミュージカル・ショー・ウインドー

(～1956年12月25日、全4回)

月21：45～22：00
音楽と舞踊で構成されたスタジオ・ショウだが、途中に美容体操などのコーナーもあり、短期間だったが、人気が高かった。

●OTV週間ニュース・週間海外ニュース（移動あり）

月22：30～22：50
一週間分のフィルムニュースを再編集。

【12月4日（火）】
●オープニング・メロディ

(昼～1959年2月28日　全692回)

(夕～1958年5月24日　全439回)

平日の昼と夕方「シグナルミュージック」に続いて始まる10分間の音楽番組。生演奏を2台のカメラがアドリブで撮るというスペクタクル。最初の担当はシンギングピアノの岩崎洋。1956年東京でコンサートデビュー。1957年3月からアコーディオンの岡田博が加わり、週ごとの交代制となった。さらに8月にはハモンドオルガンの斉藤超（わたる）が加わった。もとBKの専属ピアニスト。1958年後半にはこのほかにもさまざまなアーチストが登場するようになった。

●料理手帖

(～1983年4月22日、全7099回)

月～木、土12：45～13：00　1956年12月28日から金曜を追加。関西の有名料理人が指導する人気の料理番組。別項に詳細。

●不思議の国のおじさん

(～1957年4月16日)

火18：00～18：15
一陽斎正一の奇術番組。

●テレビ浮世亭

(～1958年6月24日、全78回)

火19：00～19：30
演芸番組。出演者はベテラン中心。「OTVの演芸番組」参照。

●近鉄パールアワー

(～1960年4月26日、全248回)

火21：00～21：15　近鉄提供枠。初期は演芸や観光フィルムなどをとりまぜで放送。1957年4月2日からは連続ドラマを放送。「テレビドラマの一週間」参照。

●ミナロンドリームサロン

(～1958年10月30日)

水21：45～22：00　新日本窒素提供の音楽番組。人気歌手によるショウとファッション・アドバイスで構成。「ミナロン・ドリームサロン」参照。

【12月5日（水）】
●子供のお国

(～1957年1月6日・全5回)

水18：00～18：30　12月16日から日曜日18：00～に移動。小学児童を第2スタジオに招いて放送。12/5、16、23、30、1/6のみ。2月3日からの「ミュージィ絵本・子供のお国」は別番組。

●ポケット劇場

(～1958年7月18日、全85回)

水18：30～18：45　1958年4月18日までは人形劇団クラルテ、プークによるスタジオ人形劇。以降はドラマ。第1スタジオから。提供・大阪ガス

●コント千一夜

(～1961年9月28日全248回)

水21：00～21：15　南海電鉄提供枠。森光子ほか。

「テレビドラマの一週間」参照。
● 芸能トピックス

（〜 1959年1月24日全120回）

水22：00〜22：15 ほか移動多し。高島屋提供枠。芸能ニュースや新作映画の紹介。フィルム番組。

【12月6日（木）】
● お笑いヒノマル劇場

（〜 1957年3月7日、全11回）

木18：00〜18：15 スタジオ演芸番組。

● 宝塚ファン・コンテスト

（〜 1957年9月26日、全43回）

木19：30〜20：00 同名の公開ラジオ番組（NJB）のテレビ版だが、内容はシンクロしていない。OTV第一スタジオにファンを招いて放送。

● ダイハツ・ワールドスポーツ

（〜 1978年3月28日） 木21：00〜21：15 OTV発祥の長寿番組の一つ。局資料には「OTVワールドスポーツ」と書かれている。

【12月7日（金）】
● 明るい家庭

（1956年12月7日〜21日 金12：45〜13：00、12月28日〜1958年3月28日 18：00〜18：15、全68回）

季節、流行などに沿って家庭生活をアドバイス。

● 人形劇場

（〜 12月21日、全3回）

金18：00〜18：15 第一回は「腹話術オペラ」。

● テレビ紙芝居・6助がんばれ

（〜 1957年8月9日、全35回）

金18：15〜18：30

● 京阪ゼスチャー・ゲーム

（〜 1957年12月27日、全55回）

金20：00〜20：30 のちに移動。京阪電車提供枠。当時、京阪ではテレビ受像機を搭載した特急電車「テレビ・カー」を運行し、普段はNHKを受信していたが、この時間だけは通勤者の帰宅時間を狙って大阪・京都対向団体戦のゲーム番組をOTVから放送。車内は応援で盛り上がりイベント列車の様相を呈していたという。

「京阪の朝日バラ会対抗」「京都・大阪の歯科医対抗」「京都・大阪の新劇人対抗」「白浜温泉対雄琴温泉」「京都・大阪の美容院対抗」「京阪マジシャンクラブ対抗」「天神祭と祇園祭」「大阪の海上自衛隊対京都の陸上自衛隊」「京阪ボーイスカウト対抗」「京阪の府警対抗」「江州音頭対河内音頭」「京都・大阪の漫画集団」「クローバークラブ対グリーンエコー」「関西アコーディオンの京都と大阪」「日本拳法界の大阪・京都」「子供教室対抗・大阪相愛ー京都短大」「立命と関大演劇部対抗」「京阪空手協会対抗」「京阪刑事対抗」「同志社台と大阪市大のグリー対抗」「同志社大対関学の演劇部対抗」「ともだち劇場対童劇ペチカ」「京阪剣道対抗」他。

川上のぼるが電車運転手の人形「京阪坊や」を連れて腹話術で司会。1958年からは「京阪テレビカー」と名を変え、その後ドラマ枠に切り替えた。

一部資料に「ジェスチャー〜」とあるが、当時の写真には「ゼスチュア〜」とあった。

● 野球教室

（〜 1958年3月7日 全70回）

金21：00〜21：15 阪神電鉄提供枠。阪神球団の協力により、選手・監督等がスタジオで話をしたり実技をみせた。

● ムードミュージック・ショー

（〜 1957年3月27日、全13回）

金22：00〜22：15 赤玉ふとん袋提供枠。ハイブラウな音楽バラエティ。

● 三越映画劇場

（〜 1958年8月29日、全91回）

金21：45〜22：00 撮影現場レポートと映画情報。

【12月8日（土）】
● ホモちゃん劇場

土18：00〜18：15

森永乳業提供枠。「ホモ」は「森永ホモ牛乳」つまり、ホモゲナイズド加工で安定化した牛乳の名。漫画映画と大野しげるの手品で構成。ただし、ラテ欄には「漫画と手品」とだけ表記されている。

【12月9日（日）】
●クラブ劇場ミュージックシリーズ『歌えば楽し』

（～1957年12月28日、全51回）

日12：15～12：40　クラブ化粧品提供枠。海外の音楽フィルムで構成。NTVへフィルムネット。

●新版大阪五人娘

（～1957年4月21日、全20回）

日12：45～13：00　関西汽船提供枠。藤沢桓夫原作、石浜恒夫脚色のさわやかなホームドラマ。吉田ハルマのハモンドオルガンによる生伴奏。

●海外トピックス

（～1959年3月29日、全122回）

日18：00～18：15　海外の通信社等のフィルムニュースから「おもしろニュース」を中心に構成。

【12月11日（火）】
●外国テレビ映画『戦慄の旅券』

（～1957年10月8日、全39話）

火22：00～22：30　原題名 "Passport to Danger"。スティーブ・マックィン主演。世界を転々とする主人公を追いかけるビッグスケールな作品。ドラマの中にニュースフィルムを挟み込むなど、緊迫感のある演出が人気を呼んだ。CBCにも送出。

【12月12日（水）】
●大阪の顔

（～1957年5月1日、全21回）

水20：00～20：30　OTV制作でNTVにネットされた初のレギュラー番組。長谷川幸延作の30分もの文芸調ドラマ。準備で徹夜が続いたため局内では「徹夜の顔」という言葉も生まれた。

スポンサー名を冠した番組が多かった。

1957年 1月

元旦　鈴木社長（OTV）、平井専務（ABC）、高橋専務（NJB）による座談会「新春に寄せて」で放送を開始。

17日　OTVは民間放送連盟に加入。民放連はこの時期について「この五局（NTV、KRTV、OTV、CBC、HBC）時代によってテレビ番組は本格的になり、スタジオ番組も従来の寄席演芸からテレビドラマ中心に移行するようになった。いわば民放テレビ時代の草創期から、急速に到来した隆盛期へ移行する橋渡しの時期であり、この期間を土台として激しい系列競争が展開されていった（『民間放送十年史』より引用）」と評価している。

21日　郵政省はテレビジョン放送用周波数具体的割当案を発表。京阪神地区に新規に8、10チャンネルを割り当てた。多局化時代の準備が進む。

25日「明るい家庭」で「巨匠ブルデルの人と作品」を解説放送。

OTVの組織 ～まぼろしのテレビ局の全容～

OTVの代表取締役社長・鈴木剛氏は、社員に対して自由な発想で挑めと発破をかける一方で銀行出身者らしく「予算・清算方式」を導入して無駄遣いを抑えたり、電算経理や振込方式を導入するなど、当時のマスコミでは珍しいスタイルを導入した。また、美術、音楽、料理への造詣の深さを積極的に企画に反映させるなど、社内全体に美的感覚をゆきわたらせた功績は大きい。

また、社員向けのメッセージのなかで謳った「若い皆さんが喜んで働きたくなるような職場づくりをしたい」という考え方は、現代でこそ通用する画期的なものではないだろうか。もちろん、社員たちは連日連夜「喜んで」局内に泊まり込んでいたわけではないが…。

●役員

開局時の役員は以下の通り

代表取締役　鈴木　剛（社長）
常務取締役　原　清（編成局長）
　　　　　　永松徹（営業局長）
　　　　　　阿藤伝治（総務局長）
取締役　遠藤邦夫　村山長挙
　　　　本田親男　杉道助
　　　　飯島幡司　平井常次郎
　　　　高橋信三　岡橋林　関桂三

●放送部

編成局には放送部、報道部、演出部がおかれ、報道部には映画課が置かれた。

放送全体の進行は放送部の任務であった。コンピューターのなかった時代、局内連絡は電話と書類のやりとりだけ。番組は生からフィルムまで、すべて手動コントロールで送出されていた。

また、道具類、衣装など「被写体づくり」を担う美術セクションは開局時、まだ独立したものではなく、制作ルームも局舎外に仮設されていた（第一章「堂島中1丁目13番地」から美術部の項参照）。

●報道部

報道部の仕事は、大まかにいえば
（1）ニュースの取材から番組制作・送出。
（2）ドキュメンタリーや情報番組の企画と制作。
（3）スポーツ中継や関連番組の企画・制作
という3つが中心であり、そのためにディレクター、カメラマン、アナウンサーが所属していた。

報道部所属のカメラマンは、フィルム式カメラを持った「映像記者」であり、何かあればDRやPhilco、アリフレックスといった、携帯型16ミリ

カメラを抱え、主にジープや列車でかけつけた。

カメラマンが撮影したフィルムは、OTV内のラボですぐに現像することができた。取材したものをすぐ現像・編集し、一番近いニュースで「すぐに」放送できるのがOTVの最大の強みであった。

ドキュメンタリーや情報番組は、フィルムから生放送まで、多様な方法が取られた。

たとえば、生放送で実況中継をするドキュメンタリーはOTV報道部が特に力をいれた分野の一つで、「テレビはもっとスタジオを飛び出すべきだ」との思いからはじまり、やがて「見たことのない視点から世界を生中継する」という「テレビの挑戦」へと成長した。

スポーツ番組は、OTVの場合、プロ野球・高校野球の中継以外に、ゴルフや野球の講座番組、評論家による解説番組も制作していた。

●演出部

演出部はドラマや音楽番組を筆頭に、報道以外のあらゆる番組を「演出」する立場にあった。

OTVではカメラマンが「演出セクション」に所属していた（のちに技術部中継課にもカメラマンが分担された）。

これは、編成局長・原清氏の「ラジオにおけるミキサーがアーチストであるならば、テレビにおけるカメラマンはアーチストであるべきだ」という発想に基づいているといわれる。開局当初、制作部のカメラマンはスタジオのみならず、ロケーション番組や、スポーツ中継にも出動した。

中継課のカメラマンについては「OTVの野球中継」（本誌P147）の項を参照。

●営業局

営業局は「番組が売れない」時期を経験しなかった。

OTVは、大阪人に絶大な人気があった。開局当初は「おつきあい営業」で広告が売れたこともあったが、地元寄りの情報が得られるOTVの人気はずば抜けており、その「注目度」が、関西の企業家を刺激し、広告枠にスポンサーが「殺到」した。

また「経済サロン」や「日曜朝の実況中継」「テレビロケーション」で、在関西企業の活躍する姿をみて「うちも紹介して欲しい」という声が経営者たちからあがった。多くの経営者がOTVのスタジオ見学を希望し、特別番組の企画に繋がった。

まさにOTVは関西の財界・文化界・芸能界を巻き込んだ「空中博覧会」の様相を呈していた。同じチャンネル（＝土俵）でライバル同士が企業力と文化度を競い合うということが実際に起きたのである。

●総合企画室

このセクションはOTVならではのものである。もとは朝日系の多い制作セクションと毎日系の多い営業セクションが摩擦なく仕事するための、調整役を兼ねたセクションであった。しかし、蓋をあけてみると、特にこれといった問題はなかった。トップから現場まで「全員がテレビ初体験」であり、対立をする余裕などなかったという。

このセクションで独特の存在感を放っていたのは総合企画室長の小谷正一氏である。氏は戦時下の新聞統合で生まれた夕刊紙「新大阪」や、戦後の民間放送立ち上げを経て、今でいう「メディアミクス」戦術を早くから導入し、社会とメディアをより有機的に結び付けようとしていた。

総合企画室は、実際には営業局と制作局の間に入って、現在の放送局で「編成局」がおこなっているような、編成戦略の構築や、具体的なリサーチ、企画をしていた。

室内の雰囲気は他の部署とは違い、大きなソファが設けられ、普段から作家や学者、芸術家が出入りして、サロンのような雰囲気であったという。

●技術部

技術部は取締役会直属で、整備課・調整課・中継課・送信課が置かれていた。

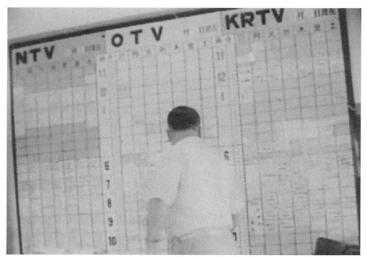

東京一大阪間のネット調整

ある技術部OB（複数）は「特許利用の申請書を書いた記憶はないが、特許登録の申請書はいっぱい書いた」と語った。

OTV技術部は、基礎に長けた学者肌と、番組作りの最短距離を常に考えている実務者肌が、しのぎを削っていた。

たとえば放送の世界では、番組制作者から技術的にハードな演出プランを突きつけられることがよくある。この時、すぐに実務肌のスタッフができてきて「こうすればできる」と、最短距離の解決案を提示し、具現化してしまう。一方で、学者肌のスタッフは、「勢い」で得た成果から、新たな技術を抽出・結晶させ、特許のとれるレベルにまで育て上げてしまうのだ。

OTVにはこの連携から生まれた新技術が山ほどあった。新製品を売り込みに来たメーカーに「それならもうあるよ」と答えることが珍しくなかったという。のちにメーカーから「何か面白い発明はないか」とお伺いの使者が来るようになった。

また、中継課はOTVのウリであった「実況中継」のために東奔西走した。

●総務局

阿藤伝治局長の率いる総務局には、総務部と経理部が置かれた。

経理部の管理システムは特筆に値する。ひとつは鈴木社長の方針で（現在はあたりまえの）あらゆる番組・事業・部署で「予算・清算」という段取りを徹底させたということだ。

旧来、新聞や放送の世界では、予算を立てることなく、必要な金銭を逐次経理から引出し、その合計を算出するという「今から見れば乱暴なやり方」が普通であった。一見、金に糸目を付けないようにみえるこのシステムは、予算規模が大きなテレビでは危険だと判断されたのかもしれない。

また、在阪企業ではあたりまえであった「集金制」をやめて振込制にしたのも大きな特徴だった。さらに、手形の扱い方などにも独特のやりかたを導入し、経理計算用にNCR製の巨大な電気計算機を導入するなど、新時代の企業経営を試す実験の場にもなっていたようだ。

●東京支社

OTVは在阪局でありながら、東京のスポンサーなどとの接触も多く、東京支社は大事な「出城」の役目を果たしていた。

なにより、アメリカから到着したアンペックス社のVTR1台は東京支社に置かれ、大阪の番組を録画で見せることができた。これができたのは1959年まではOTVだけであった。

第2章「熱狂」

1957.1

- 伊勢神宮の参拝者数、過去最高を記録。
- 英国、太平洋で核実験。マグロ漁と流通に多大な脅威。
- 日本の南極越冬隊が南極大陸オングル島に着岸。36名が初上陸。

●1月1日（火）

- 0900 テストパターン◇おしらせ
- 0935 座談会「新春に寄せて」
  - 平井常次郎 高橋信三
  - 鈴木剛他
- 1000 長唄「鶴亀」
  - 杵屋六左衛門他
- 1015 全閣僚挨拶
- 1100 新春・東宝スター・パレード
  - 財前詢子アナ
- 1200 OTVニュース
- 1210 音楽ショー
- 1300 舞踊劇「素襖落」(KR)
  - 尾上松緑 市村羽左衛門他
- 1350 初笑い寄席中継
  - 一郎・ワカナ 染丸
  - 光晴・夢若（戎橋）
- 1530 ミナロン・ドリームサロン
  - （この回30分特別）
  - 大伴千春 ジョージ岡
- 1600 新春歌謡曲大会（NTV）
  - 若山一郎 曽根幸明
  - コロムビアローズ
  - 三浦洸一
- 1730 首相、抱負を語る
  - 石橋湛山
- 1754 OTVニュース
- 1800 映画
- 1815 名犬リンチンチン
- 1845 テレビガイド
- 1850 新聞テレビニュース
- 1900 テレビ浮世亭
  - 凡児 五九童・蝶子
- 1930 お嬢さん売り出す（KR）
- 2000 山一名作劇場 真実一路（NIV）
- 2030 サンヨーかぶき
  - 「武智鉄二アワー」（NIV）
  - 町子の歌舞伎秀選より
  - 「ニワトリ三番叟」
  - ＊「酉年三番叟」の表記もあり
- 2100 近鉄パールアワー
  - 「伊勢大神楽講社中」
- 2115 東京バラエティー（KR）
  - ペギー葉山 細川
- 2215 ミュージックパレット
  - 「無言劇」のり平
- 2230 戦慄の旅券
- 2305 OTVニュース◇天気
- 2320 おしらせ◇放送終了

●1月2日（水）

- 930 テストパターン◇おしらせ
- 1000 新春党首会談（KR）
- 1030 皇居参賀風景（KR）
- 1100 狂言 野村萬蔵他（KR）
- 1130 日本の冬行事
- 1200 OTVニュース
- 1210 新春ファッション
  - ミュージック（KR）
  - 石浜朗 原田良子
- 1300 名人会「競演松竹梅」(KR)
  - 落語：文楽
  - 俗曲：勝太郎
  - 餅の曲つき：亭亭柳五郎
- 1405 文楽座人形浄瑠璃初春興行
  - 吉田難波掾改名披露
  - 「お染久松」綱大夫
- 1600 まんが劇場
- 1710 ジャズ・アット・ザOTV
  - 「今年もドライで」
  - ジョージ川口他
- 1800 初夢歌の贈りもの
- 1830 ポケット劇場
- 1845 テレビガイド
- 1850 新聞テレビニュース
- 1900 笑劇場（KR）坊屋三郎
- 1930 歌はあなたとともに（NIV）
- 2000 大阪の顔（OTV）「舞扇」
- 2030 街
  - 三国連太郎 石原裕次郎他
- 2100 コント千一夜
  - 森光子 西山嘉孝他
- 2115 村上元三アワー（NTV）
  - 「春風数え歌」
  - 田崎潤 他
- 2145 ニッケ・ジャズパレード（NTV）
- 2200 芸能トピックス
- 2210 文化映画特選集
  - 「ホーム・アルバム」
  - 続いてOTVニュース
  - あしたのお天気おしらせ
  - ◇放送終了

●1月3日（木）

- 1030 テストパターン
- 1050 オープニングメロディ
- 1100 新日本音楽「春の海」「潮音」
- 1130 新春放談 若ノ花
  - 若尾文子 高峰秀子
- 1200 OTVニュース
- 1210 テレビ寄席（KR）
  - 一歩・道雄 俗曲：鯉香
- 1300 喜劇「殿様じるこ」
  - 榎本健一 暁テル子
- 1345 ファッションショー・
  - 1957年のモード（NIV）
- 1430 ラグビー「早大一同大」
  - （花園）
- 1615 お笑い劇場 お浜・小浜
- 1630 なぐりこみ清水港（NIV）
  - 虎造 鈴木三重子
- 1800 OTVニュース
- 1815 ペンギン劇場「宝島」
  - (NIV) 竹田人形座
- 1845 テレビガイド
- 1850 新聞テレビニュース
- 1900 スーパースターメロディ
- 1930 宝塚ファンコンテスト
  - 黒木ひかる（公開）
- 2000 ロビンフッドの冒険
- 2030 鞍馬天狗
- 2100 ダイハツワールドスポーツ
- 2115 ムーラン劇場
  - 春と盗人たち（NTV）
  - 恩田清二郎他
- 2145 そこが見たい（NTV）
- 2210 バラエティ 松島詩子他
- 2230 OTVニュース
- 2245 映画「神変美女桜解決篇
  - 又四郎笠」
  - 市川春代 黒川弥太郎
  - 高山廣子他
  - 続いてあしたのお天気
  - おしらせ◇放送終了

●1月4日（金）

- 915 テストパターン
- 945 新春相撲稽古風景
- 1045 座談会「世界と日本」(KR)
  - 阿部知二他
- 1130 京舞 井上八千代
- 1200 OTVニュース
- 1210 愉快な週刊誌「第一号」
  - (KR) 有木山太 歌奴他
- 1240 テレビガイド
- 1245 テレビ動物園「鳥の世界」
- 1300 関西財界大いに語る
  - 寺尾威夫 ほか
- 1330 劇場中継 松竹新喜劇
  - 「チンドン屋物語」(中座)
- 1515 モダンジャズ
- 1545 ニューイヤージャズ
  - ナンシー梅木 小坂一也
  - 笠田敏夫
- 1700 劇場中継「赤西蠣太」(KR)
  - （新橋演舞場）
  - 松緑 梅幸 左団次
- 1845 テレビガイド
- 1850 新聞テレビニュース
- 1900 テレビよびよ大学（KR）
  - 河井坊茶 徳川夢声他
- 1930 花王ワンダフルクイズ
  - (NTV)
- 2000 京阪ゼスチャーゲーム
  - 川上のぼる 京阪坊や
- 2030 特ダネを逃がすな（KR）
  - 「十億円の行方」前篇
- 2100 野球教室「投手編」
  - 梶岡忠義 久保顕次
- 2115 陽気なコーリス
- 2205 雪村いづみショー（KR）
  - つづいてOTVニュース
  - あしたのお天気おしらせ
  - 放送終了

●1月5日（土）

- 1110 テストパターン◇おしらせ
- 1130 貿易と日本繊維工業（NIV）
  - 水田通産相他
- 1200 OTVニュース
- 1210 花を召しませ（KR）
  - 河野ますみ他
- 1240 マンガ公園「小鳥の楽園」ほか
- 1315 松竹大行進
  - 佐田啓二 石浜 大木
  - 高橋 淡島 有馬他
- 1410 中継「明日の幸福」(明治座)
  - 花柳 水谷
- 1625 OTVニュース
- 1630 OTV スポーツファンシート
  - プロレス中継
  - （府立体育館）
  - 「力道山対アドリヤン」
  - 「芳の里対大坪」
- 1800 漫画映画
  - 「ワン公の子守」
- 1815 素人のど競べ（NIV）
- 1845 テレビガイド
- 1850 新聞テレビニュース
- 1900 歌のパレード（KR）
  - 伊藤久男 灰田勝彦
- 1930 ほろにがショー・
  - 何でもやりまショー（NIV）
- 2000 明日は日曜日（NTV）
  - 大坂志郎他
- 2030 シャープ劇場
  - のり平喜劇教室（NTV）
- 2100 メトロニュース
- 2115 日真名氏飛び出す（KR）
  - 「わらべは見たり」解決篇
- 2145 ダイナミックグローブ
  - (NIV) 金平一松崎 ほか
- 2235 OTVニュース
- 2247 あしたのお天気
- 2250 おしらせ◇放送終了

●1月6日（日）

- 1120 テストパターン◇おしらせ
- 1140 経済サロン
  - 「今年の有望株は」大井治他
- 1200 OTVニュース
- 1210 テレビガイド
- 1215 クラブ劇場・歌えば楽し
  - 「アメリカ民謡」
- 1245 新浪大阪五人娘「海の潮風」
  - 桂美保 原黎子他
- 1315 おしらせ◇放送休止
- 1440 テストパターン◇おしらせ
- 1500 劇場中継「野崎村」(NTV)
  - （東京歌舞伎座）
  - 歌右衛門 時蔵 中車他
- 1740 おしらせ
- 1742 海外トピックス
- 1754 OTVニュース
- 1800 子供のお国「千夏の初夢」
- 1830 私も出ますョー（NIV）
  - 三和完児 柳枝他
- 1845 テレビガイド
- 1850 新聞テレビニュース
- 1900 ジャングル・ジム
- 1930 背番号16
  - 川上哲治物語（NTV）
  - 川上哲治 河野秋武
- 2000 中継「三人寺三巴白浪」
  - (NTV)（新橋演舞場）
  - 梅幸 左団次 松緑 福助
- 2100 東芝日曜劇場
  - 「舞踊・越後獅子
  - 京鹿子娘道成寺」(KR)
  - 中村又五郎 市川松蔦
- 2200 ダイハツスポーツウィクリー
- 2215 ゴルフ教室
  - 石井迪夫 桜井正一
- 2235 OTVニュース
- 2247 あしたのお天気
- 2250 おしらせ◇放送終了

【要確認】1月3日 19：00 を「似てるでショー」と表記する新聞があるが誤植。発局であるKRは「スーパースターメロディ」第1回を放送。

● **1月7日（月）**
1135 テストパターン
1150 オープニングメロディ
1200 OTV ニュース
1210 映画の窓 (KR)
　　「幸福への招待」
　　フランソワーズ・アルヌール
1240 テレビガイド
1245 料理手帖 欧風料理 辻勲
1300 おしらせ◇放送休止
1725 テストパターン
1740 オープニングメロディ
1750 おしらせ
1751 あしたのお天気
1754 OTV ニュース
1800 世紀のKOシリーズ
　　カルネラ対マロネイ
1815 ポポンタイム
　　この人を (NTV) 三原純
1845 テレビガイド
1850 毎日新聞テレビニュース
1900 言わぬが花 蝶々・雄二
1930 太閤記 (NTV)「藤吉郎編」
2000 ニチボーアワー
　　喜劇天国 (NTV) ロッパ
　　暁テル子　南風洋子
2030 ナショナル劇場・
　　てんてん娘 (KR)
　　宮城まり子
　　柳家金語楼他
2100 お好み浪花寄席
　　ミノル・みどり
2115 ウロコ座 (KR)
　　「眠駱駝物語」
　　市川中車 守田勘弥
　　市川荒次郎 市川団之助
2145 大丸ミュージカル
　　ショーウインドー
　　阿木五郎 正木純他
2200 OTV 週間世界ニュース
2235 OTV ニュース
2247 あしたのお天気
2250 おしらせ◇放送終了

● **1月8日（火）**
1130 テストパターン
1150 オープニングメロディ
1200 OTV ニュース
1210 歌う青春列車 (KR)
　　音羽美子 上月左知子他
1240 テレビガイド
1245 料理手帖
　　「小エビのカナッペ」
1300 おしらせ◇放送休止
1725 テストパターン
1740 おしらせ
1742 オープニングメロディ
1751 あしたのお天気
1754 OTV ニュース
1800 不思議の国のおじさん
　　一斎斎正一
1815 名犬リンチンチン
　　「疑惑の息子」
1845 テレビガイド
1850 朝日新聞テレビニュース
1900 テレビ浮世亭
　　ダイマル・ラケット
　　枝鶴
1930 お嬢さん売り出す (KR)
2000 山一名作劇場 (NTV)
　　真実一路
2030 サンヨーかぶき
　　「武智鉄二アワー」(NTV)
　　町々の歌舞伎選作選より
　　「勧進帳」トニー谷他
2100 近鉄パールアワー
　　「観光映画・山焼き」
2115 ピアス劇場 (KR)
　　雨だれ母さん (KR)
　　笠置シヅ子 殿山泰司
　　千石規子 他
2145 ミナロン・ドリームサロン
　　宝田明 大伴千春
　　ジョージ岡
2200 戦慄の旅券
2235 OTV ニュース
2247 あしたのお天気
2250 おしらせ 放送終了

● **1月9日（水）**
1130 テストパターン
1150 オープニングメロディ
1200 OTV ニュース
1210 ファッションミュージック
1245 料理手帖「変わったお
　　モチの食べ方」辻徳光
1300 ポケット音楽
1310 映画「町の名人」
　　模型、餅つき他
1340 中継「お夏清十郎恋笹舟」
　　（東宝劇場）
　　吾妻徳穂 長谷川他
1725 テストパターン
1740 オープニングメロディ
1750 おしらせ 52 お天気
1754 OTV ニュース
1800 エノケンの孫悟空 (KR)
　　榎本健一
　　吾妻徳穂 中村是参
　　恩田清二郎 江戸家猫八
1830 ポケット劇場 道化座
1845 テレビガイド
1850 朝日新聞テレビニュース
1900 笑劇場 (KR) 坊屋三郎
1930 歌はあなたとともに(NTV)
　　島倉 中島他
2000 大阪の顔 (OTV)
　　「肯えびす」山村浩三他
2030 街 (NTV)
　　三国連太郎 石原裕次郎他
2100 コント千一夜
　　森光子 西山嘉孝他
2115 村上元三アワー (NTV)
　　「春風数え歌」
2145 ニッケ・ジャズパレード
　　(NTV) ペギー葉山
2200 芸能トピックス
2210 ホームアルバム
　　続いて OTV ニュース
　　あしたのお天気
　　おしらせ◇放送終了

● **1月10日（木）**
1130 テストパターン
1150 オープニングメロディ
1200 OTV ニュース
1210 テレビ寄席 (KR)
　　浪曲「鹿政談」菊春 曲芸
1240 テレビガイド
1245 料理手帖
　　「長崎汁とおしたし」
　　湯木貞一
1300 おしらせ◇放送休止
1725 テストパターン
1740 オープニングメロディ
1750 おしらせ
1751 あしたのお天気
1754 OTV ニュース
1800 お笑いヒノマル劇場
　　桂福団次
1815 ペンギン劇場「宝島」
　　竹田人形座
1845 テレビガイド
1850 毎日新聞テレビニュース
1900 スーパースターメロディ
　　(KR) 近江敏郎
　　暁テル子
1930 宝塚ファンコンテスト
　　大路三千緒
2000 ロビンフッドの冒険
2030 鞍馬天狗 (KR)
　　「江戸日記」
2100 ダイハツワールドスポーツ
2115 ムーラン劇場 (NTV)
　　「春遠からじ」
　　宮坂将嘉 小柳ナナ子
2145 ニッケ・ジャズパレード
　　(NTV) ペギー葉山
2200 季節のスケッチ
2220 OTV ニュース
2232 あしたのお天気
2235 おしらせ◇放送終了

● **1月11日（金）**
1130 テストパターン
1150 オープニングメロディ
1200 OTV ニュース
1210 愉快な週刊誌
1240 テレビガイド
1245 料理手帖
　　「カキのスープ二種」
　　堀越フサエ
1300 おしらせ◇放送休止
1500 テストパターン◇おしらせ
1520 中継「新国劇 紋三郎の
　　秀」島田正吾
　　秋月正夫 辰巳柳太郎
　　久松喜代子
1750 おしらせ
1751 あしたのお天気
1754 OTV ニュース
1800 明るい家庭
　　「珍しい動物の話」
　　寺内信三
1815 テレビ紙芝居・6助がん
　　ばれ 石田茂樹
　　吉田澄代他
1830 テレビ動物園
1845 テレビガイド
1850 毎日新聞テレビニュース
1900 テレビぴよぴよ大学 (KR)
1930 花王ワンダフルクイズ
2000 京阪ゼスチャーゲーム
2030 特ダネを逃がすな (KR)
　　「十億円の行方」後編
2100 野球教室「投手編」
　　梶岡忠義 久保顕次
2115 陽気なコーリス
　　「はしか騒動」
2145 三越映画劇場
2200 ムードミュージック・ショー
　　「シャンソン集」高英夫
2220 OTV ニュース
2232 あしたのお天気
2240 おしらせ◇放送終了

● **1月12日（土）**
1134 テストパターン
1150 オープニングメロディ
1200 OTV ニュース
1210 コメディ・花を召しませ
　　(KR)
1240 テレビガイド
1245 料理手帖 コンブ
1300 おしらせ◇放送休止
1725 テストパターン
1740 オープニングメロディ
1750 おしらせ
1751 あしたのお天気
1754 OTV ニュース
1800 漫画映画「小豚の失敗」
1815 素人のど競べ (NTV)
1845 テレビガイド
1850 朝日新聞テレビニュース
1900 歌のパレード
　　生田恵子 河内桃子
1930 ほろにがショー・
　　何でもやりましょー(NTV)
2000 明日は日曜日 (NTV)
2030 シャープ劇場
　　のり平喜劇教室 (NTV)
　　「鯛やきと若旦那」
2100 メトロニュース
2115 日真名氏飛び出す (KR)
　　「人を呪わば」前篇
2145 ダイナミックグローブ
　　(NTV)
　　「フライ級タイトルマッチ」
　　岩本―浅見（京橋公会堂）
2230 テレビガイド
2235 OTV ニュース
2247 あしたのお天気
2250 おしらせ◇放送終了

● **1月13日（日）**
1120 テストパターン
1140 経済サロン
　　広慶太郎　松井正
1200 OTV ニュース
1215 クラブ劇場・歌えば楽
　　し
1245 新版大阪五人娘
1300 おしらせ◇放送休止
1330 テストパターン◇おしら
　　せ
1400 大相撲初場所初日 (KR)
　　（蔵前国技館）
1830 私も出まショー (NTV)
1900 ジャングル・ジム
　　「湖底の宝」
1930 背番号16
　　川上哲治物語 (NTV)
　　川上哲治 河野秋武
2000 中継「侠客御所五郎蔵」
　　（大阪歌舞伎座）
　　寿海 富十郎 仁左衛門
　　友右衛門
2100 東芝日曜劇場
　　「あばれ姫君」(KR)
　　市川松蔦 沢村訥升
　　市川すみれ 中原早苗他
2200 ダイハツスポーツウィク
　　リー
2215 ゴルフ教室
　　石井美夫 福井正一
2235 OTV ニュース
2245 あしたのお天気
2250 おしらせ◇放送終了

●1月14日（月）

1130 テストパターン
1150 オープニングメロディ
1200 OTV ニュース
1210 映画の窓 (KR)「屋根」
　　　飯島正他
1240 テレビガイド
1245 料理手帖「スパゲティ・
　　　ボロネーズ」
1300 おしらせ◇放送休止
1430 テストパターン
1450 オープニングメロディ
1500 大相撲初場所二日目
　　　(KR)（蔵前国技館）
1815 ポポンタイム
　　　この人を (NTV)
　　　越智正典アナ 藤波京子
1845 テレビガイド
1850 毎日新聞テレビニュース
1900 言わぬぬ花
　　　ゲスト：横山エンタツ
1930 太閤記 (NTV)「藤吉郎編」
2000 ニチボーアワー
　　　喜劇天国 (NTV)
　　　「心の峠」
　　　柳家金語楼 小桜京子
2030 ナショナル劇場・
　　　てんてん娘 (KR)
　　　宮城まり子他
2100 お好み浪花寄席
　　　松枝・菊二
2115 ウロコ座 (KR)
　　　「白野弁十郎」
　　　島田正吾 香川桂子
　　　河村憲一郎 秋月正夫
　　　新国劇
2145 大丸ミュージカル
　　　ショーウインドー
2200 OTV 週間世界ニュース
2215 テレビガイド
2220 ミュージカルパレット
　　　「神様とのお話」
2235 世紀の KO シリーズ
2250 OTV ニュース
2302 あしたのお天気
2305 おしらせ◇放送終了

●1月15日（火）

1130 テストパターン
1150 オープニングメロディ
1200 OTV ニュース
1210 歌う青春列車 (KR)
1240 テレビガイド
1245 料理手帖
　　　「サンドイッチ二種」
　　　井上幸枝
1300 おしらせ◇放送休止
1430 テストパターン
1450 オープニングメロディ
1500 大相撲初場所三日目
　　　(KR)（蔵前国技館）
1815 名犬リンチンチン
　　　「とばくの町」
1845 テレビガイド
1850 朝日新聞テレビニュース
1900 テレビ浮世亭
　　　ラッキー・セブン
　　　柳枝・喜代子
1930 お嬢さん売り出す (KR)
2000 山一名作劇場
　　　真実一路 (NTV)
　　　藤乃高子 高田稔他
2030 サンヨーかぶき
　　　「武智鉄二アワー」(NTV)
　　　町子の歌舞伎抄作選より
　　　「直侍」武智鉄二・脚色
　　　演出
2100 近鉄パールアワー
　　　「ホテルマナー」
　　　関本勝 赤木春恵
2115 ピアス劇場 (KR)
　　　雨だれ母さん
　　　笠置シヅ子 殿山泰司他
2145 ミナロン・ドリームサロン
　　　大伴千春 ジョージ岡
2200 戦慄の旅券
　　　「メキシコ編」
2230 テレビガイド
2235 OTV ニュース
2247 あしたのお天気
2250 おしらせ◇放送終了

●1月16日（水）

1130 テストパターン
1150 オープニングメロディ
1200 OTV ニュース
1210 ファッションミュージック
　　　(KR) 黒田 中原
1240 テレビガイド
1245 料理手帖「さざえの壺焼
　　　き福袋煮」
1300 おしらせ◇放送休止
1430 テストパターン
1450 オープニングメロディ
1500 大相撲初場所四日目
　　　(KR)（蔵前国技館）
1805 エノケンの孫悟空 (KR)
　　　榎本健一 長谷川待子
　　　十朱久雄 中村是好他
1835 ポケット劇場
　　　「大クラウス小クラウス」
1845 テレビガイド
1850 毎日新聞テレビニュース
1900 いざこ座ミュージカルス
　　　(KR) 丹下キヨ子
　　　水の江滝子他
1930 歌はあなたとともに (NTV)
　　　灰田勝彦 豆千代
2000 大阪の顔 (OTV)
2030 街「二つの夜」(NTV)
2100 コント千一夜
　　　森光子 西山嘉孝他
2115 村上元三アワー (NTV)
　　　「春風数え歌」
2145 ニッケ・ジャズパレード
　　　(NTV)
　　　「シャンソン」芦野宏
2200 芸能トピックス
2220 テレビガイド
2225 OTV ニュース
2237 あしたのお天気
2240 おしらせ◇放送終了

●1月17日（木）

1130 テストパターン
1150 オープニングメロディ
1200 OTV ニュース
1210 テレビ寄席 (KR)
　　　小勝 歌謡漫談ホープ他
　　　百歩陽子
1240 テレビガイド
1245 料理手帖「さざえの壺焼鉄火どんぶり
1300 おしらせ◇放送休止
1430 テストパターン
1450 オープニングメロディ
1500 大相撲初場所五日目
　　　(KR)（蔵前国技館）
　　　解説：天竜三郎
1815 ペンギン劇場「宝島」
　　　(NTV) 竹田人形座
1835 テレビ紙芝居・6助がん
　　　ばれ
　　　石田茂樹 吉田澄代他
1845 テレビガイド
1850 毎日新聞テレビニュース
1900 スーパースターメロディ (KR)
　　　岡田茉莉子 曽根幸明
1930 宝塚ファンコンテスト
　　　黒木ひかる 恵ゆたか
　　　淀かほる（公開）
2000 ロビンフッドの冒険
　　　「密かなる帰還」
2030 鞍馬天狗 (KR)
　　　「江戸日記」
2100 ダイハツワールドスポーツ
2115 ムーラン劇場 (NTV)
　　　「虚説国定忠治」
　　　野口浩介他
2145 そこが見たい (NTV)
　　　ルポ「銀嶺に踊る」
2205 お笑い劇場
　　　千歳家歳男
　　　松鶴家団之助
2230 テレビガイド
2235 OTV ニュース
2247 あしたのお天気
2250 おしらせ◇放送終了

1月18日（金）

1130 テストパタン
1150 オープニングメロディ
1200 OTV ニュース
1210 愉快な週刊誌 (KR)
　　　有木山太 歌奴
　　　沢村みつ子
1240 テレビガイド
1245 料理手帖
　　　「サケノルマンドとサラダ」
1300 おしらせ◇放送休止
1430 テストパターン
1450 オープニングメロディ
1500 大相撲初場所六日目
　　　(KR)（蔵前国技館）
1805 明るい家庭
　　　「やさしい電気科学」
1845 テレビガイド
1850 朝日新聞テレビニュース
1900 テレビぴよぴよ大学 (KR)
1930 花王ワンダフルクイズ
　　　(NTV)
2000 京阪ゼスチャーゲーム
　　　川上のぼる 京阪坊や
2030 特ダネを逃がすな
　　　「吠える犬」前篇
2100 野球教室「投手編」
　　　梶岡忠義
　　　飯田睦男ー鈴木■
　　　久保顕次アナ
2115 陽気なコーリス
2145 三越映画劇場
2200 ムードミュージック・ショー
2215 テレビガイド
2220 OTV ニュース
2232 あしたのお天気
2235 おしらせ◇放送終了

●1月19日（土）

1130 テストパターン
1150 オープニングメロディ
1200 OTV ニュース
1210 花を召しませ (KR)
1240 テレビガイド
1245 料理手帖
　　　「テンプラのあげかた」
1300 おしらせ◇放送休止
1430 テストパターン
1450 オープニングメロディ
1500 大相撲初場所七日目
　　　(KR)（蔵前国技館）
1805 ジャングル珍探検
1815 素人のど競べ (NTV)
　　　暁テル子
1845 テレビガイド
1850 毎日新聞テレビニュース
1900 歌のパレード (KR)
　　　久慈 野村 ローズ
1930 ほろにがショー・
　　　何でもやりまショー (NTV)
2000 明日はロバ
　　　「台風さんの巻」
2030 シャープ劇場
　　　のり平喜劇教室 (NTV)
2100 メトロニュース
2115 日真名氏飛び出す (KR)
　　　「人を呪わば」解決篇
2145 ダイナミックグローブ (NTV)
　　　笹島義弘ー熊谷泰志
　　　解説・平沢雪村
　　　志生野アナ
2230 ソール・アチャラカ劇場
　　　「これがアチャラカだ」
　　　瀧雅雄 川上正夫
　　　南亜子 平凡太郎他
2245 テレビガイド
2250 OTV ニュース
2302 あしたのお天気
2305 おしらせ◇放送終了

●1月20日（日）

1030 テストパターン◇おしらせ
1100 ロンドン東京5万㌔ドライブ
　　　辻豊 土浦一
1140 経済サロン
　　　「日本の繊維業界」
1200 OTV ニュース
1210 テレビガイド
1215 クラブ劇場・歌えば楽し
　　　「米国の大学歌集」
1245 新版大阪五人娘「消えた娘」
1300 劇映画「青い山脈」前篇
1500 大相撲初場所中日 (KR)
　　　（蔵前国技館）
　　　解説：天竜三郎
1820 海外トピックス
1830 私も出まショー (NTV)
　　　司会：三和完児
　　　ゲスト：清水金一
　　　朝霞照代
1845 テレビガイド
1900 ジャングル・ジム
　　　「呪いの太鼓」
1930 背番号16
　　　川上哲治物語 (NTV)
　　　川上哲治 河野秋武
2000 東宝名人会中継
　　　（東京宝塚劇場）
2100 東芝日曜劇場「心の灯」
　　　(KR) 宇野信夫作
　　　島田正吾 秋月
　　　谷川桂子
2200 ダイハツスポーツウィクリー
2215 ゴルフ教室
　　　石井廸夫 福井正一
2230 テレビガイド
2235 OTV ニュース
2247 あしたのお天気
2250 おしらせ◇放送終了

●1月21日（月）

- 1130 テストパターン
- 1150 オープニングメロディ
- 1200 OTV ニュース
- 1210 映画の窓 (KR)
  「汚れなき悪戯」
- 1240 テレビガイド
- 1245 料理手帖
- 1300 今年の課題
  杉道助 赤間文三他
  ◇おしらせ◇放送休止
- 1430 テストパターン
- 1450 オープニングメロディ
- 1500 大相撲初場所九日目
  (KR)（蔵前国技館）
  解説：天龍三郎
  実況近江アナ
- 1815 ポポンタイム
  この人を (NTV)
  越智正典アナ 藤波京子
- 1845 テレビガイド
- 1850 朝日新聞テレビニュース
- 1900 言わぬが花 蝶々・雄二
- 1930 太閤記「藤吉郎編」
- 2000 ニチボーアワー 喜劇天国
  (NTV) フランキー堺他
- 2030 ナショナル劇場・
  てんてん娘 (KR)
- 2100 お好み浪花寄席
  西部波呂・治呂
- 2115 ウロコ座 (KR)
  「修善寺物語」前篇
  市川猿之助 市川中車
  市川段四郎 藤間紫
  小野敦子
- 2145 大丸ミュージカル・
  ショーウインドー
- 2200 OTV 週間世界ニュース
- 2220 ミュージカルパレット
  フランキー堺他
- 2245 世紀の KO シリーズ
  ジョー・ルイス
- 2250 OTV ニュース
- 2302 あしたのお天気
- 2305 おしらせ◇放送終了

●1月22日（火）

- 1130 テストパターン
- 1150 オープニングメロディ
- 1200 OTV ニュース
- 1210 歌う青春列車 (KR)
- 1240 テレビガイド
- 1245 料理手帖
  「鮮魚のクシ焼き」
- 1300 歌のスケッチ 小坂一也
- 1305 おしらせ◇放送休止
- 1430 テストパターン
- 1450 オープニングメロディ
- 1500 大相撲初場所十日目
  (KR)（蔵前国技館）
- 1815 名犬リンチンチン
  「証拠の写真」
- 1845 テレビガイド
- 1850 毎日新聞テレビニュース
- 1900 歌の浮世亭
  林家染丸 右楽・左楽
- 1930 お嬢さん売り出す (KR)
- 2000 山一名作劇場 (NTV)
  真実一路
- 2030 サンヨーかぶき
  「武智鉄二アワー」(NTV)
  町子の歌舞伎迷作選より
  「狐火」黒田美治
  笠田麻衣
- 2100 近鉄パールアワー
  映画「うさぎがり」
- 2115 ピアス劇場 (KR)
  雨だれ母さん
  笠置シヅ子 殿山泰司他
- 2145 ミナロン・ドリームサロン
  小坂一也 大伴千春
  ジョージ岡
- 2200 戦慄の旅券
  「ブリスベーン編」
  シーザーロメロ他
- 2230 テレビガイド
- 2235 OTV ニュース
- 2247 あしたのお天気
- 2250 おしらせ◇放送終了

●1月23日（水）

- 1130 テストパターン
- 1150 オープニングメロディ
- 1200 OTV ニュース
- 1210 ファッションミュージック
  (KR) 築地容子
- 1240 テレビガイド
- 1245 料理手帖
  「カニのスープ煮」
- 1300 歌のスケッチ「土佐の華」
  峯村孝夫
- 1305 おしらせ◇放送休止
- 1430 テストパターン
- 1450 オープニングメロディ
- 1500 大相撲初場所十一日目
  (KR)（蔵前国技館）
  小坂アナ
- 1805 エノケンの孫悟空 (KR)
  榎本健一 長谷川待子
  十朱久雄 中村是好他
- 1835 ポケット劇場
  「大クラウス小クラウス」
- 1850 毎日新聞テレビニュース
- 1900 いざこ座ミュージカルス
  (KR)「下町ルンペン」
  丹下キヨ子
  水の江滝子他
- 1930 歌はあなたとともに (NTV)
  近江 鈴木
- 2000 大阪の顔 (OTV)
  「牡丹刷毛」
- 2030 街「霧の中の男」
  三国連太郎
  石原裕次郎他
- 2100 コント千一夜
  森光子 西山嘉孝他
- 2115 村上元三アワー (NTV)
  「春風数え歌」
  小堀明男 野上千鶴子他
- 2145 ニッケ・ジャズパレード
  (NTV) 宝とも子
- 2200 芸能トピックス
- 2220 テレビガイド
- 2225 OTV ニュース
- 2237 あしたのお天気
- 2240 おしらせ◇放送終了

●1月24日（木）

- 1130 テストパターン
- 1150 オープニングメロディ
- 1200 OTV ニュース
- 1210 テレビ寄席 (KR)
  小文治 ヒット・ますみ
- 1240 テレビガイド
- 1245 料理手帖「干そばのゆで方とそばご飯」
- 1300 歌のスケッチ
  島倉千代子
- 1305 おしらせ◇放送休止
- 1430 テストパターン
- 1450 オープニングメロディ
- 1500 大相撲初場所十二日目
  (KR)（蔵前国技館）
- 1815 ペンギン劇場「宝島」(NTV)
  竹田人形座
- 1845 テレビガイド
- 1850 朝日新聞テレビニュース
- 1900 スーパースターメロディ
  (KR) 若原一郎
  久保菜穂子 河内桃子
  高田浩吉他
- 1930 宝塚ファンコンテスト
  緑八千代 寿美花代
- 2000 ロビンフッドの冒険
- 2030 鞍馬天狗 (KR)「江戸日記」
  市川高麗蔵 坂東好太郎
  沢村国太郎 南風洋子他
- 2100 ダイハツワールドスポーツ
- 2115 ムーラン劇場 (NTV)
  「卵」左卜全 瀧昭保代
- 2145 そこが見たい (NTV)
  「シーズンオフの花珍選手」
  別所ほか
- 2200 短編映画「雪の大町」
- 2205 お笑い劇場
  A スケ・B スケ
- 2230 テレビガイド
- 2235 OTV ニュース
- 2247 あしたのお天気
- 2250 おしらせ◇放送終了

●1月25日（金）

- 1130 テストパターン
- 1150 オープニングメロディ
- 1200 OTV ニュース
- 1210 愉快な週刊誌
- 1240 テレビガイド
- 1245 料理手帖
  「鰯のフリッター」
- 1300 歌のスケッチ 山本富士子
- 1305 おしらせ◇放送休止
- 1430 テストパターン
- 1450 オープニングメロディ
- 1500 大相撲初場所十三日目
  (KR)（蔵前国技館）
  実況：鈴木近江
  吉川アナ
- 1805 明るい家庭
  「巨匠ブルデルの人と作品」
  上野照夫
- 1815 テレビ紙芝居・6助がんばれ
  石田茂樹 吉田澄代他
- 1830 テレビ動物園
- 1845 テレビガイド
- 1850 毎日新聞テレビニュース
- 1900 テレビぴよぴよ大学 (KR)
  河井坊茶 徳川夢声他
- 1930 花王ワンダフルクイズ (NIV)
- 2000 京阪ゼスチャーゲーム
- 2030 特ダネを逃がすな (KR)
  「吠える犬」後編
- 2100 野球教室「投手編」
  梶岡忠義 久保顕次
- 2115 陽気なコーリス
  「応援物資の巻」
- 2145 三越映画劇場
- 2200 ムードミュージック・ショー
- 2215 テレビガイド
- 2220 OTV ニュース
- 2232 あしたのお天気
- 2235 おしらせ◇放送終了

●1月26日（土）

- 1130 テストパターン
- 1150 オープニングメロディ
- 1200 OTV ニュース
- 1210 花を召しませ (KR)
- 1240 テレビガイド
- 1245 料理手帖 佐原輝次
  家庭向きの関東煮
- 1300 歌のスケッチ
- 1305 おしらせ◇放送休止
- 1430 テストパターン
- 1450 オープニングメロディ
- 1500 大相撲初場所十四日目
  (KR)（蔵前国技館）
- 1805 漫画「仔牛と森の精」
- 1815 素人のど競べ (NTV)
- 1845 テレビガイド
- 1850 朝日新聞テレビニュース
- 1900 歌のパレード (KR)
  藤島 松山恵子
  平野愛子
- 1930 ほろにがショー・
  何でもやりまショー (NIV)
- 2000 明日は日曜日 (NTV)
- 2030 シャープ劇場
  のり平喜劇教室 (NTV)
  「怪獣ノリドン」
- 2100 メトロポリス
- 2115 日真名氏飛び出す (KR)
  「オレを書くな」前篇
- 2145 ダイナミックグローブ
  (NTV)
  沢村栄治・矢尾板定雄
  他 解説・平沢雪村
- 2230 ソール・アチャラカ劇場
  「愛ちゃんさよなら」
  瀧雅雄 南亜子
  平凡太郎他
- 2250 OTV ニュース
- 2302 あしたのお天気
- 2305 おしらせ◇放送終了

●1月27日（日）

- 1125 ロンドン東京5万㌔ドライブ
- 1140 経済サロン
  松原与三松 太井治
- 1200 OTV ニュース
- 1210 テレビガイド
- 1215 クラブ劇場・歌えば楽し
  「音楽シリーズ・海の歌」
- 1245 新版大阪五人娘
- 1300 映画「青い山脈」
- 1430 大相撲初場所千秋楽
  (KR)（蔵前国技館）
- 1820 海外トピックス
- 1830 私も出ないショー (NTV)
  三和完児 円歌
  久保幸江他
- 1900 ジャングル・ジム
- 1930 背番号16
  川上哲治物語 (NTV)
  川上哲治 河野秋武
- 2000 北野ステージ・ショー
  中継「恋愛パトロール」
  曽根史郎
  中原美紗緒他
- 2100 東芝日曜劇場
  「熊と人と」
  (KR)
  対談：喜多村緑郎
  大矢市次郎
  出演：市川紅梅
  中川英夫
- 2200 ダイハツスポーツウィクリー
- 2215 ゴルフ教室
  石井辿夫 福井正一
- 2235 OTV ニュース
- 2247 あしたのお天気
- 2250 おしらせ◇放送終了

これがOTVだ 1957年1月

●1月28日（月）
1130 テストパターン
1150 オープニングメロディ
　　「明日にまた」
1200 OTV ニュース
1210 映画の窓（KR）
　　「リスボン」小森和子
　　荻昌弘
1240 テレビガイド
1245 料理手帖
　　「しばえびの博多あげ」
　　辻勲
1300 歌のスケッチ 島倉千代子
　　「東京だよおっかさん」
1305 おしらせ◇放送休止
1725 テストパターン
1742 オープニングメロディ
1751 あしたのお天気
1754 OTV ニュース
1800 世紀のKOシリーズ
　　シュメリング対ウスク
　　ダム（1929年）
1815 ポポンタイム
　　この人を（NTV）
　　越智正典アナ 藤波京子
1845 テレビガイド
1850 毎日新聞テレビニュース
1900 言わぬが花　蝶々・雄二
　　いとし・こいし
1930 太閤記（NTV）「藤吉郎編」
2000 ニチボーアワー 喜劇天国
　　（NTV）「恋愛四重奏」
　　ロッパ 伊豆肇
　　音羽美子他
2030 ナショナル劇場・
　　てんてん娘（KR）
2100 お好み浪花寄席
　　八千代・歌麿
2115 ウロコ座（KR）
　　「修善寺物語」前篇
　　市川猿之助 市川中車
　　市川段四郎 藤間紫
　　小野敦子
2145 大丸ミュージカル・
　　ショーウインドー
2200 OTV 週間世界ニュース
2220 ミュージカルパレット
　　中川弘子
2235 OTV ニュース
2247 あしたのお天気
2250 おしらせ◇放送終了

●1月29日（火）
1130 テストパターン
1150 オープニングメロディ
　　「ラメール」ほか
1200 OTV ニュース
1210 歌う青春列車（KR）
　　新倉美子 他
1240 テレビガイド
1245 料理手帖「豚肉チーズ
　　入り一口カツ」
1300 歌のスケッチ「ブルース
　　を歌おう」小坂一也
1305 おしらせ◇放送休止
1720 テストパターン
1742 オープニングメロディ
　　「ユモレスク」
1751 あしたのお天気
1754 OTV ニュース
1800 不思議の国のおじさん
1815 名犬リンチンチン
　　「盗賊王国」
1845 テレビガイド
1850 毎日新聞テレビニュース
1900 テレビ浮世亭
　　いとし・こいし
　　ワカサ・ひろし
1930 お嬢さん売り出す（KR）
2000 山一名作劇場（NTV）
　　「真実一路」
　　藤乃高子 高田稔他
2030 サンヨーかぶき
　　「武智鉄二アワー」（NTV）
　　町子の歌舞伎迷作選
　　より「三人吉三」
　　トニー谷 筏田敏夫他
2100 近鉄パールアワー
　　立体漫才：十郎 雁玉
2115 ピアス劇場 雨だれ母さん
　　（KR）笠置シヅ子
　　殿山泰司 他
2145 ミナロン・ドリームサロン
　　大伴千春　ジョージ岡
2200 戦慄の旅路
　　「ブリスベーン編」
2230 テレビガイド
2235 OTV ニュース
2247 あしたのお天気
2250 おしらせ◇放送終了

●1月30日（水）
1130 テストパターン
1150 オープニングメロディ
1200 OTV ニュース
1210 ファッションミュージック
　　（KR）
1240 テレビガイド
1245 料理手帖「お魚の銀紙焼き」
1300 歌のスケッチ
　　「土佐の華」峯村孝夫
1305 おしらせ◇放送休止
1700 テストパターン
1715 座談会「国会開会を控えて」
　　三木武夫
1751 あしたのお天気
1754 OTV ニュース 小坂アナ
1800 エノケンの孫悟空（KR）
1830 ポケット劇場
　　「シロちゃんのお耳」
　　道化座
1850 朝日新聞テレビニュース
1900 いざこ座ミュージカルス
　　（KR）「ルンペンヴァガ
　　ボンド」丹下キヨ子
　　水の江滝子他
1930 歌はあなたとともに（NTV）
　　フランク永井 野村 市丸
2000 大阪の顔
2030 街（NTV）三国連太郎
　　石原裕次郎他
2100 コント千一夜
　　森光子 西山嘉孝他
2115 村上元三アワー（NTV）
　　「春風駘蕩」
　　小堀明男 野上千鶴子他
2145 ニッケ・ジャズパレード
　　（NTV）「誇り高き男」ほか
　　ビンボウ・ダナウ ほか
2200 芸能トピックス
2220 テレビガイド
2225 OTV ニュース
2235 あしたのお天気
2238 おしらせ◇放送終了

●1月31日（木）
1130 テストパターン
1150 オープニングメロディ
1200 OTV ニュース
1210 テレビ寄席
　　曲芸：和楽
　　漫才：トップライト
1240 テレビガイド
1245 料理手帖
1300 歌のスケッチ
　　フェスバーカー
1305 おしらせ◇放送休止
1730 テストパターン
1742 オープニングメロディ
1751 あしたのお天気
1754 OTV ニュース
1800 お笑いヒノマル劇場
　　桂枝太郎
1815 ペンギン劇場「宝島」
　　竹田人形座
1845 テレビガイド
1850 毎日新聞テレビニュース
1900 スーパースターメロディ
　　（KR）浅丘雪路
　　黒田美治
1930 宝塚ファンコンテスト
　　（公開）神代錦 賀川千草
　　鳳八千代
2000 ロビンフッドの冒険
　　「脱出」
2030 鞍馬天狗（KR）「江戸日記」
2100 ダイハツワールドスポーツ
2115 ムーラン劇場（NTV）
　　「水いらず」
　　小崎正房・作
　　槇芙佐子 藤枝利民
2145 そこが見たい「■の季節」
2200 季節のスケッチ
　　「湯沸雪山」
2215 テレビガイド
2220 OTV ニュース
2232 あしたのお天気
2235 おしらせ◇放送終了

【単発番組】

●初笑い寄席中継
1957年1月1日（火）13：50～15：00（戎橋松竹）
出演：一郎・ワカナ、染丸　光晴・夢若

●ミナロンドリームサロン拡大版
1月1日（火）15：30～16：00　15分番組を拡大。

●人形浄瑠璃初春興行吉田難波掾改名披露
1月2日（水）14：05～16：00
「お染久松」ほか。（文楽座）

　四世吉田文五郎は、1883年に初代吉田玉助の門下で松島文楽座、1884年に吉田巳之助の名で彦六座や明楽座等に出演。1892年に吉田簑助。1907年に3代目桐竹亀松を襲名するが翌年簑助に戻る。

　1909年4代目文五郎を襲名、1915年から文楽座人形頭。1956年には東久邇家から「吉田難波掾」の称号を受けた。

●第1回東西対抗ラグビー試合「早大対同大」
1月3日（木）14：30～16：15（花園ラグビー場）
同一周波数のマイクロ波による二段中継。

●映画「神変美女桜　解決篇又四郎笠」
1月3日（木）22：45～

市川春代 黒川弥太郎 高山廣子他

●京舞

1月4日（金）11：30〜12：00

スタジオから井上八千代らが出演。

●関西財界人大いに語る

1月4日（金）13：00〜13：30　寺尾威夫他出席。

●松竹新喜劇・チンドン屋物語

（中座正月公演）

1月4日（金）13：30〜15：15

出演者（松竹新喜劇資料をもとに作成）

　渋谷天外（チンドンヤ緑家千丸）

　花村美津子（その妻みどり）

　曽我廼家五郎八（チンドンヤ桂家花子）

　曽我廼家明蝶（チンドンヤ関の家圭六）

　滝見すが子（その妹妙子）

　石河薫（圭六の後妻いせ子）

　千葉蝶三朗（吉村甚吉）

　高田亘（チンドンヤけんちゃん）

　藤山寛美（チンドンヤかねちゃん）

　戸山榮男（チンドンヤのぶちゃん）ほか

●OTV スポーツファンシート

　プロレス国際試合中継（大阪府立体育会館）

1月5日（土）16：30〜18：00

「力道山対アデリヤン」「芳の里対大坪清隆」

●侠客御所五郎蔵

（大阪歌舞伎座「當る酉歳初春大歌舞伎」中継）

13日（日）20：00〜21：00

出演者（公益社団法人日本俳優協会資料より）

　市川寿海（御所五郎蔵）

　片岡仁左衛門（星影土右衛門）

　中村富十郎（傾城皐月）

　嵐璃珏（子分梶原平蔵）

　實川延太郎（子分新貝荒蔵）ほか

●ロンドン・東京5万キロ（全4回）

第一回　両特派員による対談と全体総覧

　　　　1月20日（日）

　　　　11：00〜11：40

第二回　欧州編1月27日（日）

　　　　11：25〜11：40

第三回　近東編2月3日（日）

　　　　11：25〜11：40

「ロンドン・東京5万キロ」の新聞広告より

第四回　アジア編2月10日（日）

　　　　11：25〜11：40

朝日新聞社の辻豊、土崎一両特派員が自動車でユーラシア大陸を横断した冒険ドキュメンタリー・シリーズ。取材フィルムは全22巻に及んだ。

●巨匠ブルデルの人と作品

　1月25日（金）18：00〜18：15　「明るい家庭」での作品解説放送。担当・上野照夫。新聞ラテ欄には18：05開始とあるが、これは大相撲が直前にあるためと思われる。

●北野ステージ・ショー中継「恋愛パトロール」

1月27日（日）20：00〜21：00（北野劇場）

　曽根史郎　中原美紗緒他

【新番組】

【1月19日（土）】

●ソール・アチャラカ劇場

　（〜1957年4月27日、全15回）

　土22：30〜22：45　ソール電気カミソリ（第一精機）提供枠。瀧雅雄 川上正夫 南亜子 平凡太郎他。藤田潤一脚本。

1957年 2月

1日　NHK大阪テレビジョンが自局発のニュースを開始。本放送開始から約3年たってようやく本格的な「ローカルニュース」が放送できるようになった。

6日　いわゆる「陸上自衛隊死の行軍事件」が発生。発生当日の取材はOTVのみであった。

21日　「そこが見たい」は「南朝部落を訪ねて」と題して奈良県吉野郡川上村で五百年にわたって南朝最後の天皇・自天王を祀ってきた「朝拝式」をはじめてテレビで紹介した。

OTVニュース〜鳥より高く、消防車より早く〜

須藤健夫報道部長の手記によれば報道部は「東大、京大、早大、慶應、同志社、関学、神戸大学など出身の英才揃い」で、おおまかに記者、カメラマン、編集スタッフ、ラボスタッフ（現像担当）の4グループで構成されていた

このうちカメラマンは映画やNHKなどでフィルム取材の経験を積んだ人と新人で構成され、記者グループは新人だけで構成された。

報道部に置かれていたカメラはフィルモ、オリコン、そしてスペシネ、アリフレックスといった高級機まで揃っていたが、多彩な装備を備えた高級機はもっぱら経歴の長いカメラマンが操作した。

OTVはフィルム現像所を局内に持っていたので、カメラスタッフとラボスタッフが連携して速度を上げることができた。特に大阪ローカルのニュースは、NHKより圧倒的に早かった。

また、1959年に皇太子ご夫妻が奈良を訪問された時は、現像室のスタッフを取材に同行させ、奈良から大阪までのヘリコプターの中で取材フィルムを現像、各局で唯一、昼のニュースで伝えた。

ところが、OTVが得意としていた「スピード」が不利益に働くことがあった。たとえば新聞にとって、現場からたった数時間で家庭に映像ニュースを届けられるテレビは脅威だったのだ。クラブ加入までの抵抗は大きかった。

●定時ニュースは「三人遣い」

定時の「OTVニュース」はニュース映画にならって、オープニングタイトルの後、項目ごとに一本ずつにまとめたフィルム素材を、順次送出する方法がとられた。しかし、各ニュースの見出しをフィルム撮影する時間を節約するため、項目ごとのタイトルは、冒頭に透明のフィルムをつけ、それ越しにテロップを直接テレビカメラで撮っていた。

また、フィルム切り替えのタイミングは、通常ならフィルムの端にパンチ穴をあけて、画面に合図の白い円型マークを映し出すところだが、画面を汚すのを嫌い、映写機のフィルムの流れを目で追いながらタイミングを狙っていたという。

ナレーションは、フィルムを見ながら生でかぶせた。急なニュースの時は本番前の読み合わせはできず、BGMもレコードを手動再生。ニュース向きの音楽はだいたい選曲が決まっており、放送用の音盤にダビングしたレコードを使っていた。

昼・夕・夜とも、わずか5〜10分のあいだに、

一本のフィルム映像に対して「三人遣い」の超人的連携プレイがおこなわれていたのだ。

また、黎明期、テレビニュースは、テレビらしさを示すため、「視覚に訴えやすいニュース」を優先してきた。ところが、視覚的なニュースになる事件・イベントなど毎日必ずあるわけではない。ましてや、文字だけで送稿されてきた国会関連のニュースなどは、議事堂の写真を映しながら伝えざるを得なかった。

また、KRTVからの東京発ニュースはマイクロ回線で受けたものをキネコで録画したが、音質が悪かったためOTVでナレーションを付け替えた。

●火事のOTV

木造住宅全盛の時代、火災の報道は人々の関心が高かった。記者クラブからの一報で現地に飛んでゆくと、よほどの大火災でない限り、鎮火後現場に到着することが多く、そこで撮れる映像は焼け跡や、がれきの片付けくらいだった。

ところが、たまたま湯川秀樹博士の取材に行った取材車が、その帰りに火災に遭遇し、燃え盛る家屋を撮影することができた。建物の中で猫が逃げ惑う映像は視聴者に大きな衝撃を与え、火災の恐ろしさを伝えたことで高い評価を受けた。

こうしたことから、報道部は、武藤慧部員の提案に従って、記者クラブ経由でなく直接火災連絡が得られるよう消防局に談判した。

当然のこと、最初は「前例がない」と即答されたが、やがて「一社だけに便宜を図るわけにはゆかない」という答えに変わり、さらに「市民の火災防止にも役立つから」の一点で粘ったところ、ついに大阪市消防局公認のホットラインを設け（消防同報無線の受信機）、これを情報源とすることができた。

その効果はてきめんで、OTVが消防車より早く現場に着くこともあり、その結果、消防活動の一部始終を紹介することもできて、消防局のPRにも役立ったという。

●天体取材

この時代は世界の関心が「宇宙」に向けられた時でもあった。

まず、1957年10月4日、ソビエト連邦のモスクワ放送局は、国際放送で世界初の人工衛星「スプートニク1号」が打上げと周回軌道投入に成功したことを臨時ニュースで放送した。OTVは、早速、軌道情報を入手し、翌5日に衛星をカメラでキャッ

ニュース取材で大活躍したジープ。

チしてOTVニュースで放送した。

11月3日にはソ連が早くも人工衛星「スプートニク2号」打ち上げに成功。報道部は大阪上空を通る12月15・16日に照準をあわせた。

15日の状況について京都花山天文台に連絡をとると、衛星は15日早朝5時38分頃にしし座の頭部から腹にかけて1〜2等星の明るさで見えるという。一方、大阪管区気象台からは雲が多く観測は不可能との連絡が入った。

翌16日については、天文台からは5時7分から3分ほど観測できるとの連絡があったが、大阪では霧の心配があるとの知らせもあった。

15日23時。星空の下、本社屋上に2台のカメラをセットし、さらに1台が花山天文台に向かった。

未明、星が徐々に隠れはじめ、4時過ぎにはすっかり雲に覆われてしまった。5時半、凍てつく風の中、屋上で仰角70度で横になっていたカメラマンが、残念そうに構えを解いた。

天文台に飛んだニュースカメラマンは、観測陣の中にまじって、見事に雲の切れ間からスプートニク2号の軌跡をフィルムで撮影。帰社後、念のため大阪学芸大学・能田教授のお墨付きをもらって、夕方18時53分のニュースで放送。OTVニュースは、独自取材で宇宙時代の到来を伝えたのだった。

1957.2

・年末に発足したばかりの石橋湛山内閣が総辞職。岸信介内閣成立。
・パラオから97柱の遺骨が無言の帰国。
・宇治市で火薬庫が大爆発。1キロ四方のガラス窓が吹き飛ぶ。

●2月1日（金）

1130 テストパターン
1150 オープニングメロディ
　　「誇り高き男」
1200 OTV ニュース
1210 愉快な週刊誌
　　鈴村一郎 歌奴 松本映子
1240 テレビガイド
1245 料理手帖「カキの串焼」
1300 歌のスケッチ 美空ひばり
1305 おしらせ◇放送休止
1720 テストパターン
1742 オープニングメロディ
　　「宵待草」ほか
1751 あしたのお天気
1754 OTV ニュース
1800 明るい家庭「花のある
　　生活」上野照夫
1815 テレビ紙芝居・6助がん
　　ばれ　石田茂樹
　　吉田澄代他
1830 テレビ動物園
　　「動物のお医者さん」
1845 テレビガイド
1850 毎日新聞テレビニュース
1900 テレビぴよぴよ大学 (KR)
　　ゲスト：神風正一
1930 花王ワンダフルクイズ
　　(NTV)
2000 京阪ゼスチャーゲーム
　　川上のぼる 京阪坊や
2030 特ダネを逃がすな (KR)
2100 野球教室「投手編」
　　梶岡忠義 久保顕次アナ
2115 陽気なコーリス
　　「はちの巣の巻」
2145 三越映画劇場
2200 ムードミュージック・ショー
　　旗照夫 江川バレエ団
2215 テレビガイド
2220 OTV ニュース
2232 あしたのお天気
2235 おしらせ◇放送終了

●2月2日（土）

1130 テストパターン
1150 オープニングメロディ
1200 OTV ニュース
1210 花を召しませ (KR)
　　河野ますみ 他
1240 テレビガイド
1245 料理手帖 かす汁
1300 歌のスケッチ 峯村孝夫
1305 おしらせ◇放送休止
1720 テストパターン
1742 オープニングメロディ
1751 あしたのお天気
1800 漫画劇場
1815 素人のど競べ (NTV)
1845 テレビガイド
1850 朝日新聞テレビニュース
1900 歌のパレード (KR)
　　三浦洸一 曽根史郎
1930 ほろにがショー・
　　何でもやりまショー (NTV)
2000 明日は日曜日 (NTV)
2030 シャープ劇場
　　のり平喜劇教室 (NTV)
　　「天使のような娘たち」
2100 メトロニュース
2110 テレビガイド
2115 日真名氏飛び出す (KR)
　　「オレを書くな」解決篇
2145 ダイナミックグローブ
　　(NTV)（下谷公会堂）
　　高山－奥山 吉田－山田
2230 ソール・アチャラカ劇場
　　「国定忠治」瀧雅雄
　　南亜子　平凡太郎他
2245 テレビガイド
2250 OTV ニュース
2302 あしたのお天気
2305 おしらせ◇放送終了

●2月3日（日）

1100 テストパターン
1125 ロンドン東京5万㌖ドライブ
　　辻豊
1140 経済サロン「日本の板
　　ガラス」中村文夫
1200 OTV ニュース
1210 テレビガイド
1215 クラブ劇場・歌えば楽し
　　～晴れたり曇ったり～
　　「青空」他
1240 テレビガイド
1245 新版大阪五人娘
1300 平岡洋一木琴独奏
1340 劇場中継「通天閣の灯」
　　四場（松竹新喜劇）
　　渋谷天外
　　◇おしらせ◇放送休止
1720 テストパターン
1742 海外トピックス
1751 あしたのお天気
1754 OTV ニュース
1800 ミュージイ絵本
　　「99代目の桃太郎」
1830 私も出まショー (NTV)
　　ゲスト・田谷力三他
1900 ジャングル・ジム
　　「鉄の足かせ」
1930 中継「ひばりの花開く歌
　　声」（北野劇場）
　　ジョージ柴田他
2030 シャープ劇場
　　のり平喜劇教室 (NTV)
　　「富士川の血煙り」
　　坂東好太郎 ほか
2100 東芝日曜劇場
　　「幽霊やしき」前編 (KR)
　　清水将夫 山内明
2200 ダイハツスポーツウィクリー
2215 ゴルフ教室
　　石井廸夫 福井正一
2235 OTV ニュース
2247 あしたのお天気
2250 おしらせ◇放送終了

第2章「熱狂」

●2月4日（月）
1130 テストパターン
1150 オープニングメロディ
　　　「詩人の魂」ほか
1200 OTV ニュース
1210 映画の窓 (KR)
　　　「夏の夜は三度微笑む」
1240 テレビガイド
1245 歌のスケッチ 島倉千代子
　　　「東京だよおっかさん」
1250 おしらせ◇放送休止
　　　※この日「料理手帖」休み
1725 テストパターン
1742 オープニングメロディ
　　　「ラパロマ」ほか
1751 あしたのお天気
1754 OTV ニュース
1800 世紀のKOシリーズ
　　　（1948年）
1815 ポポンタイム
　　　この人を (NTV)
　　　越智正典アナ 藤波京子
1845 テレビガイド
1850 毎日新聞テレビニュース
1900 言わぬか花 蝶々・雄二
1930 太閤記 (NTV)「藤吉郎編」
2000 ニチボーアワー
　　　喜劇天国 (NTV)
　　　「17年目の踊り」金語楼
2030 ナショナル劇場・
　　　てんてん娘 (KR)
2100 お好み浪花寄席
　　　幸朗・幸子
2115 ウロコ座
　　　「一本刀土俵入り」前篇
　　　中村勘三郎 藤間紫
　　　市川段四郎 中村しほみ
　　　坂東慶昇
2145 大丸ミュージカル・
　　　ショーウインドー「雛祭り」
　　　原田信夫他
2200 OTV 週間世界ニュース
2220 ミュージカルパレット
　　　「恋の光を」芦野宏他
2235 OTV ニュース
2247 あしたのお天気
2250 おしらせ◇放送終了

●2月5日（火）
1130 テストパターン
1150 オープニングメロディ
　　　「ラメール」ほか
1200 OTV ニュース
1210 歌う青春列車 (KR)
1240 テレビガイド
1245 料理手帖「マカロニを使っ
　　　たサラダ」
1300 歌のスケッチ
　　　「ブルースを歌おう」
　　　小坂一也 君和田民枝
　　　ワゴンマスターズ
1305 おしらせ◇放送休止
1720 テストパターン
1742 オープニングメロディ
　　　「ママ恋人かほしい」ほか
1751 お天気 1754 OTVニュース
1800 不思議の国のおじさん
1815 名犬リンチンチン「脅迫者」
1845 テレビガイド
1850 朝日新聞テレビニュース
1900 テレビ浮世亭
　　　伸・ハワイ 十郎・雁玉
1930 座談会「プロレス世界選
　　　手権をめぐって」力道山
　　　江利チエミ 伊集院浩
2000 山一名作劇場 (NTV)
　　　真実一路 (KR)
　　　藤乃高子 高田稔他
2030 サンヨーかぶき
　　　「武智鉄二アワー」(NTV)
　　　町子の歌舞伎選り選り
　　　「藤十郎」トニー谷
　　　笠田敏夫
2100 近鉄パールアワー
　　　「旧婚旅行」エンタツ
　　　日高久他
2115 ピアス劇場 雨だれ母さん
　　　(KR) 笠置シヅ子 殿山泰司他
2145 ミナロン・ドリームサロン
　　　J 柴田 星野 大伴千春
　　　ジョージ岡
2200 戦慄の旅券
　　　「ブリスベーン編」
　　　シーザーロメロ他
2230 テレビガイド
2235 OTV ニュース
2247 お天気
2250 おしらせ◇放送終了

●2月6日（水）
1130 テストパターン
1150 オープニングメロディ
1200 OTV ニュース
1210 ファッションミュージック(KR)
1240 テレビガイド
1245 料理手帖「さんまの洋風料理」
　　　富山利八郎 小深秀子アナ
1300 五輪ニュース
1320 おしらせ◇休止
1640 テストパターン
1700 OTV スポーツファンシート
　　　アマチュアボクシング中継
　　　明大一関大（府立体育館）
　　　久保顕次アナ
1810 オープニングメロディ
1820 おしらせ
1822 お天気 25 OTVニュース
1830 ポケット劇場「あわて床屋」
　　　川尻泰司人形劇団ブーク
1845 テレビガイド
1850 毎日新聞テレビニュース
1900 笑劇場 (KR) 坊屋三郎
1930 歌はあなたと共に (NTV)
　　　コロンビア・ローズほか
2000 大阪の顔(OTV)「師走の靴」
　　　長谷川幸延・作
　　　柳川清 吉川佳代子 橘正巳
　　　岩田直二 林嘉子 中村いし郎
2030 街 (NTV)「木枯らしの女」
　　　三國連太郎 北原美枝
　　　岸旗江 伊藤雄之助
2100 コント千一夜 長沖一・作
　　　森光子 丘みどり
　　　安達国晴
2115 村上元三アワー (NTV)
　　　春風みえ歌 小堀明男
　　　野上千鶴子 他
2145 ニッケ・ジャズパレード
　　　(NTV)「フルフル」
　　　中原美佐緒他
2200 芸能トピックス
2215 OTV ニュース
2225 五輪ニュース
2245 おしらせ、終了

●2月7日（木）
1130 テストパターン
1150 オープニングメロディ
1200 OTV ニュース
1210 テレビ寄席 (KR)
　　　民謡：近藤あきら
　　　落語：三遊亭金馬
1240 テレビガイド
1245 料理手帖 さばずし
1300 歌のスケッチ 島倉千代子
1305 おしらせ◇放送休止
1730 テストパターン
1742 オープニングメロディ
1751 あしたのお天気
1754 OTV ニュース
1805 お笑いヒノマル劇場
　　　〆吉・貞奴 他
1815 ペンギン劇場「宝島」(NTV)
1830 テレビガイド
1845 テレビガイド
1850 朝日新聞テレビニュース
1900 スーパースターメロディ (KR)
　　　石原裕次郎 岡本篤郎
　　　奈良光江
1930 宝塚ファンコンテスト
　　　司会：瑠璃豊美（公開）
2000 ロビンフッドの冒険
　　　「盗まれた秘宝」
2030 鞍馬天狗 (KR)
　　　「江戸日記」
2100 ダイハツワールドスポーツ
2115 ムーラン劇場 (NTV)
　　　「かなりや軒」
　　　音羽美子 野々浩介他
2145 そこが見たい「近代住宅」
2200 短編映画「民謡自慢」
2215 テレビガイド
2220 OTV ニュース
2232 あしたのお天気
2235 おしらせ◇放送終了

●2月8日（金）
1130 テストパターン
1150 オープニングメロディ
1200 OTV ニュース
1210 愉快な週刊誌
　　　久保秋穂子他
1240 テレビガイド
1245 料理手帖「魚のバター焼き」
1300 おしらせ◇放送休止
1720 テストパターン
1742 オープニングメロディ
1751 あしたのお天気
1754 OTV ニュース
1800 明るい家庭「笛の話」
　　　朝比奈隆他
1815 テレビ紙芝居・6助がん
　　　ばれ
1830 テレビ動物園
　　　「北海道の動物便り」
1845 漫画劇場「仔牛と蝶々」
1850 朝日新聞テレビニュース
1900 テレビよびよ大学 (KR)
1930 花王ワンダフルクイズ
　　　(NTV)
2000 京阪ゼスチャーゲーム
2030 特ダネを逃がすな (KR)
2100 野球教室「投手編」
　　　梶原忠義 久保顕次
2115 陽気なコーリス
　　　「女性対男性の巻」
2145 三越映画劇場
2200 ムードミュージック・ショー
　　　小割まさ江 小坂務
2215 ごめんあそばせ (NTV)
2230 ダイナミックグローブ(NTV)
　　　全日本新人王決定戦
　　　（京橋公会堂）
2247 あしたのお天気
2250 おしらせ◇放送終了

●2月9日（土）
1130 テストパターン
1150 オープニングメロディ
　　　「リクエスト軽音楽」
1210 花を召しませ (KR)
　　　藤間紫 北原文枝
　　　司会：河野ますみ
1240 テレビガイド
1245 料理手帖「かしわとごぼう
　　　のキンピラ」小島信平
　　　聴き手：吉村正一郎
1300 歌のスケッチ 美空ひばり
1305 おしらせ◇放送休止
1720 テストパターン
1742 オープニングメロディ
　　　「リクエスト軽音楽」
1751 あしたのお天気
1754 OTV ニュース
1800 漫画劇場
1815 素人のど競べ (NTV)
1845 テレビガイド
1850 毎日新聞テレビニュース
1900 歌のパレード
　　　菊地章子 真木不二夫
　　　岩本きよみ
1930 ほろにがショー・
　　　何でもやりましょー (NTV)
2000 明日は日曜日 (NTV)
2030 シャープ劇場
　　　のり平喜劇教室 (NTV)
2100 メトロニュース
2115 日真名氏飛び出す (KR)
　　　「銃声の町」前篇
2145 ダイナミックグローブ(NTV)
　　　全日本新人王決定戦
　　　（京橋公会堂）
2230 ソール・アチャラカ劇場
　　　「泥棒涙あり」瀧雅雄
　　　南亜子 平凡太郎他
2245 テレビガイド
2250 OTV ニュース
2302 あしたのお天気
2305 おしらせ◇放送終了

●2月10日（日）
1100 テストパターン
1125 ロンドン東京5万㌔ドライブ
　　　「アジア編」
1140 経済サロン
　　　「家庭の電化」松下幸之助他
1200 OTV ニュース
1210 テレビガイド
1215 クラブ劇場・歌えば楽し
　　　「君去りしのち」
1240 テレビガイド
1245 新歌大阪五人娘
1300 音楽プレゼント
　　　レス・バーネット（ピアノ）
　　　ジャック・カンナー（マリンバ）
　　　◇おしらせ
　　　◇放送休止
1720 テストパターン
1745 海外トピックス
1751 あしたのお天気
1754 OTV ニュース
1800 ミュージイ絵本「一休さん」
1830 私も出ましょー (NTV)
　　　三和完児 火野葦平
　　　織田昭子
1900 ジャングル・ジム
　　　「鈴のロケット」
1930 劇場中継 (NTV)
　　　松島トモ子 笠田敏夫他
2000 劇場中継「大工一亭坊」
　　　（道頓堀文楽座）
　　　村上元三・作演出
　　　大江美智子一座
2100 東芝日曜劇場
　　　「幽霊やしき」後編 (KR)
　　　清水将夫 山内明
2200 ダイハツスポーツウィクリー
2215 ゴルフ教室
　　　石井и夫 福井正一
2235 OTV ニュース
2247 あしたのお天気
2250 おしらせ◇放送終了

●2月11日（月）

- 1135 テストパターン(歌の花かご)
  三浦洸一の歌
- 1150 オープニングメロディ
  「会議は踊る」
- 1200 OTV ニュース
- 1210 映画の窓 (KR)
  「お茶と同情」荻昌弘
- 1240 テレビガイド
- 1245 料理手帖
  「家庭向き中華料理」
- 1300 歌のスケッチ 島倉千代子
  「東京だよおっかさん」
- 1305 おしらせ◇放送休止
- 1720 テストパターン
- 1742 オープニングメロディ
  「椰子の実」
- 1751 お天気◇OTV ニュース
- 1800 世紀のKOシリーズ
  「カルネラ対ルイス」
- 1815 ポポンタイム この人を
  (NTV) 越智正典アナ
- 1845 テレビガイド
- 1850 朝日新聞テレビニュース
- 1900 言わぬが花 蝶々・雄二
  ワカサ・ひろし
- 1930 太閤記 (NTV)「藤吉郎編」
- 2000 ニチボーアワー
  喜劇天国 (NTV)
- 2030 ナショナル劇場・
  てんてん娘 (KR)
- 2100 お好み浪花寄席
  笑福亭枝鶴他
- 2115 ウロコ座
  「一本刀土俵入り」後篇
  中村勘三郎 藤間紫
  市川段四郎 中村しほみ
  坂東慶昇
- 2145 大丸ミュージカル・
  ショーウインドー
  「新学期」原田信夫他
- 2200 OTV 週間世界ニュース
- 2220 ミュージカルパレット
  灰田勝彦他
- 2235 OTV ニュース
- 2247 お天気◇おしらせ◇終了

●2月12日（火）

- 1135 テストパターン
- 1150 オープニングメロディ
- 1200 OTV ニュース
- 1210 歌う青春列車 (KR)
  音羽美子 上月左知子他
- 1240 テレビガイド
- 1245 料理手帖 白魚
- 1300 歌のスケッチ
  小坂一也
- 1305 おしらせ◇放送休止
- 1720 テストパターン
- 1742 オープニングメロディ
- 1751 あしたのお天気
- 1754 OTV ニュース
- 1800 不思議の国のおじさん
- 1815 名犬リンチンチン
- 1845 テレビガイド
- 1850 毎日新聞テレビニュース
- 1900 テレビ浮世亭
  歌江・花江・照江
  サザエ・歌楽
- 1930 お嬢さん売り出す (KR)
- 2000 山一名作劇場 (NTV)
  真実一路
- 2030 歌のヒットパレード (NTV)
  ペギー葉山 武井義明
- 2100 近鉄パールアワー
  「春日なる月」
  遺departure留学生物語
  筧太浩一 関本勝也他
- 2115 ピアス劇場 (KR)
  雨だれ母さん
  笠置シヅ子 殿山泰司他
- 2145 ミナロン・ドリームサロン
  宝とも子他 大伴千春
  ジョージ岡
- 2200 戦慄の旅券「リマ編」
- 2230 テレビガイド
- 2235 OTV ニュース
- 2247 あしたのお天気
- 2250 おしらせ◇放送終了

●2月13日（水）

- 1135 テストパターン
- 1150 オープニングメロディ
- 1200 OTV ニュース
- 1210 ファッションミュージック
  (KR) 里井茂
  メリー大須賀他
- 1240 テレビガイド
- 1245 料理手帖「かれいの春雨
  あげ」辻徳光
- 1300 歌のスケッチ 高田浩吉
- 1305 おしらせ◇放送休止
- 1720 テストパターン
- 1742 オープニングメロディ
- 1751 あしたのお天気
- 1754 OTV ニュース 小坂アナ
- 1800 エノケンの孫悟空 (KR)
  榎本健一 長谷川待子
  十朱久雄 中村是好他
- 1830 ポケット劇場
  「ぶくすい熊ところす熊」
- 1850 毎日新聞テレビニュース
- 1900 いざこ座ミュージカルス
  (KR)「はねられたルンペン」
  丹下キヨ子
  水の江滝子他
- 1930 歌はあなたとともに (NTV)
- 2000 大阪の顔 (OTV)
  「むかしの人」
- 2030 街 三国連太郎
  石原裕次郎他
- 2100 コント千一夜
  森光子 西山嘉孝他
- 2115 村上元三アワー (NTV)
  「春風数え歌」
- 2145 ニッケ・ジャズパレード
  (NTV) J 柴田他
- 2200 芸能トピックス
- 2210 ホームアルバム「河井玉堂」
- 2225 OTV ニュース
- 2237 あしたのお天気
- 2250 おしらせ◇放送終了

●2月14日（木）

- 1130 テストパターン
- 1150 オープニングメロディ
- 1200 OTV ニュース
- 1210 OTVで逢いましょう
  三浦策郎 扇美佐緒他
- 1240 テレビガイド
- 1245 料理手帖 上方風ソウ菜
- 1300 五輪大会ニュース
- 1700 テストパターン
- 1720 オープニングメロディ
- 1730 五輪大会ニュース
- 1750 おしらせ
- 1754 OTV ニュース
- 1800 お笑いヒノマル劇場
  漫才：小雁・菊之助
- 1815 ペンギン劇場「宝島」
  (NTV)
- 1845 テレビガイド
- 1850 朝日新聞テレビニュース
- 1900 スーパースターメロディ
  (KR) 荻原賢治 葦原邦子
- 1930 宝塚ファンコンテスト
  (第一スタジオ・視聴者参加)
  水代玉藻 神代錦 淀かほる
  宇治かほる 扇千景
- 2000 ロビンフッドの冒険
  声：外山高士 加藤元他
- 2030 獅子文六アワー「悦ちゃん」
  (NTV 単発版)
  松島トモ子 竜崎一郎他
  ※終了時間が2107に延びた。
  以下、時間は予定のもの。
- 2100 ダイハツワールドスポーツ
- 2115 ムーランショー
- 2145 そこが見たい
- 2200 歌謡ショー
- 2220 テレビガイド
- 2225 OTV ニュース
- 2237 あしたのお天気
- 2240 五輪大会ニュース
- 2300 おしらせ◇放送終了

●2月15日（金）

- 1135 テストパターン
- 1150 オープニングメロディ
- 1200 OTV ニュース
- 1210 愉快な週刊誌 (KR)
  丸山真智子他
- 1240 テレビガイド
- 1245 料理手帖「シュークリーム
  の油揚げ」
- 1300 歌のスケッチ
  「デヴィクロケット」
- 1305 おしらせ◇放送休止
- 1720 テストパターン
- 1742 オープニングメロディ
- 1751 あしたのお天気
- 1754 OTV ニュース
- 1800 明るい家庭
  「お茶と近代生活」
  千嘉代子 今東光
  井口海仙他
- 1815 テレビ紙芝居・6助がん
  ばれ
  石田茂樹 吉田澄代他
- 1830 テレビ動物園「犬の訓練」
- 1845 テレビガイド
- 1850 毎日新聞テレビニュース
- 1900 テレビぴよぴよ大学 (KR)
  河井坊茶 徳川夢声他
- 1930 花王ワンダフルクイズ
  (NTV) 今泉良夫 岡本太郎
  柳亭痴楽
- 2000 京阪ゼスチャーゲーム
  川上のぼる 京阪坊や
- 2030 特ダネを逃すな (KR)
  「仏像の証言」
- 2100 野球教室「投手編」
  梶岡忠義 久保顕次
- 2115 陽気なコーリス
  「肥るべからず」
- 2145 三越映画劇場
- 2200 ムードミュージック・ショー
  寄立かおる他
- 2215 ごめんあそばせ (NTV)
  「楽しきかな新世帯」
- 2230 テレビガイド
- 2235 OTV ニュース
- 2247 あしたのお天気
- 2250 おしらせ◇放送終了

●2月16日（土）

- 1135 テストパターン
- 1150 オープニングメロディ
- 1200 OTV ニュース
- 1210 花を召しませ (KR)
  「計略成功五分前」
- 1240 テレビガイド
- 1245 料理手帖 鰯の包み焼き
- 1300 歌のスケッチ 美空ひばり
- 1305 おしらせ◇放送休止
- 1720 テストパターン
- 1742 オープニングメロディ
- 1751 あしたのお天気
- 1800 漫画劇場
- 1815 素人のど競べ (NTV)
- 1845 テレビガイド
- 1850 朝日新聞テレビニュース
- 1900 歌のパレード (KR)
  宇都美清 青木はるみ
  築地容子他
- 1930 ほろにがショー・
  何でもやりまショー (NTV)
  三國一朗
- 2000 明日は日曜日 (NTV)
- 2030 シャープ劇場
  のり平喜劇教室 (NTV)
  「親の光は」長門裕之
  ヘレン・ヒギンス
- 2100 メトロニュース
- 2115 日真名氏飛び出す (KR)
  「銃声の町」解決編
- 2145 ダイナミックグローブ
  (NTV)
  笹崎義弘 − 小林久雄 他
  解説：平沢雪村
- 2230 ソール・アチャラカ劇場
  「湯島の白梅」瀧雅雄
  南亜子 平凡太郎他
- 2245 テレビガイド
- 2250 OTV ニュース
- 2302 あしたのお天気
- 2305 おしらせ◇放送終了

●2月17日（日）

- 1125 テストパターン
- 1140 経済サロン
  「日本の化学工業」土井正治
- 1200 OTV ニュース
- 1210 テレビガイド
- 1215 クラブ劇場・歌えば楽し
  「君の名は」曲集
- 1240 テレビガイド
- 1245 新版大阪五人娘「つん寅」
  和嶋由紀
- 1300 中継「梶原平三誉石切」
  (御園座) 市川寿海
  坂東簑助
- 1420 中継「寿靭猿」(歌舞伎座)
  坂東三津五郎 守田勘弥
  中村時蔵他 (NTV)
- 1720 テストパターン
- 1745 海外トピックス
- 1751 あしたのお天気
- 1754 OTV ニュース
- 1800 ミュージイ絵本
  「ドン・キホーテ」橘正他
- 1830 私も出まショー (NTV)
  司会：三和完児
  花柳寿美 淡谷のり子他
- 1900 ジャングル・ジム
- 1930 森永No1ショー (NTV)
  石原裕次郎 江利チエミ
- 2030 中継「文七元結」
  (東横ホール)
  市川左団次 多賀之丞
- 2100 東芝日曜劇場
  「イヴェット・ジローの夕」
  (KR) 司会：益田信信
  ピアノ：マルク・エラン
  芦野宏 ビジョップ節子
- 2215 ゴルフ教室
  石井廸夫 福井正一
- 2235 OTV ニュース
- 2247 あしたのお天気
- 2250 おしらせ◇放送終了

●2月18日（月）
- 1135 テストパターン（歌の花かご）
   美空ひばりの歌
- 1150 オープニングメロディ
   「ルビー」ほか
- 1200 OTV ニュース
- 1210 映画の窓 (KR)
   「遙かなる国から来た男」
   清水晶 芦田宏
- 1240 テレビガイド
- 1245 料理手帖「ギリシャ風
   ポーピーエット」
- 1300 歌のスケッチ 島倉千代子
   「東京だよおっかさん」
- 1305 おしらせ◇放送休止
- 1720 テストパターン（ジャズ）
- 1742 オープニングメロディ
   「小雨降る径」ほか
- 1751 あしたのお天気
- 1754 OTV ニュース
- 1800 世紀のKOシリーズ
   「ルイス対ガレント」
- 1815 ポポンタイム
   この人は (NTV)
- 1845 テレビガイド
- 1850 毎日新聞テレビニュース
- 1900 言わぬが花
- 1930 太閤記 (NTV)
   「藤吉郎編」
- 2000 ニチボーアワー
   喜劇天国 (NTV)
   「明るい家族」エノケン他
- 2030 ナショナル劇場・
   てんてん娘 (KR)
- 2100 お好み浪花寄席
   夢丸・ひな子
- 2115 ウロコ座(KR)「鬼坊主清吉」
   前篇 尾上松緑 市川紅梅
   坂東鶴之助 佐々木孝丸
- 2145 大丸ミュージカル・ショー
   ウインドー「新学期」
   笠田敏夫
- 2200 OTV 週間世界ニュース
- 2220 ミュージカルパレット
   中田幸子他
- 2235 OTV ニュース
- 2247 あしたのお天気
- 2250 おしらせ◇放送終了

●2月19日（火）
- 1135 テストパターン
   「R・コルサコフの曲」
- 1150 オープニングメロディ
   「フルフル」ほか
- 1200 OTV ニュース
- 1210 歌う青春列車 (KR)
- 1240 テレビガイド
- 1245 料理手帖 鯨肉サラダ
- 1300 歌のスケッチ 小坂一也
- 1305 おしらせ◇放送休止
- 1720 テストパターン
   （ポピュラーアルバム）
   「ペリーコモの歌」
- 1742 オープニングメロディ
   「ララルー」ほか
- 1751 あしたのお天気
- 1754 OTV ニュース
- 1800 棟方志功の版画芸術
   河井寛次郎他
- 1815 名犬リンチンチン
- 1845 テレビガイド
- 1850 朝日新聞テレビニュース
- 1900 テレビ浮世亭
   お浜・小浜 Aスケ・Bスケ
- 1930 お嬢さん売り出す (KR)
- 2000 山一名作劇場 (NTV)
   真実一路
   富士環 安田章子
- 2030 歌のヒットパレード
   (NTV)「さよなら港」
   藤島 山田真二他
- 2100 近鉄パールアワー
   春日なる月
   遣唐留学生物語
   莵一浩一 関本勝也他
- 2115 ピアス劇場
   雨だれ母さん (KR)
   笠置シズ子 殿山泰司他
- 2145 ミナロン・ドリームサロン
   大伴千春 ジョージ岡
- 2200 戦慄の旅券
   シーザーロメロ他
- 2230 テレビガイド
- 2235 OTV ニュース
- 2247 あしたのお天気
- 2250 おしらせ◇放送終了

●2月20日（水）
- 1135 テストパターン
- 1150 オープニングメロディ
- 1200 OTV ニュース
- 1210 ファッションミュージック
   (KR) 星野みよ子他
- 1240 テレビガイド
- 1245 料理手帖「若鳥の変わった照り焼き」
- 1300 歌のスケッチ 高田浩吉
- 1305 おしらせ◇放送休止
- 1720 テストパターン
- 1742 オープニングメロディ
- 1751 あしたのお天気
- 1754 OTV ニュース
- 1800 エノケンの孫悟空 (KR)
- 1830 ポケット劇場・アラムの冒険
- 1850 毎日新聞テレビニュース
- 1900 いざこ座ミュージカルス
   (KR)
   「ルンペン・ヴァガボンド」
   水の江滝子 楠薫他
- 1930 歌はあなたとともに (NTV)
   鶴田六郎 神楽坂浮子他
- 2000 大阪の顔 (OTV)「三の午」
- 2030 街 (NTV) 三国連太郎
   石原裕次郎他
- 2100 コント千一夜
   森光子 西山嘉孝他
- 2115 村上元三アワー (NTV)
   「春風数え歌」
   小堀明男 野上千鶴子他
- 2145 ニッケ・ジャズパレード
   (NTV) J 柴田信
- 2200 芸能トピックス
- 2210 ホームアルバム
- 2225 OTV ニュース
- 2237 あしたのお天気
- 2240 おしらせ◇放送終了

●2月21日（木）
- 1135 テストパターン
- 1150 オープニングメロディ
- 1200 OTV ニュース
- 1210 テレビ寄席 (KR)
- 1240 テレビガイド
- 1245 料理手帖「あげたま丼」
- 1300 歌のスケッチ 島倉千代子
- 1305 おしらせ◇放送休止
- 1730 テストパターン
- 1742 オープニングメロディ
- 1751 あしたのお天気
- 1754 OTV ニュース
- 1800 お笑いヒノマル劇場
   歌子・泰志
- 1815 ペンギン劇場「宝島」(NIV)
   竹田人形座
- 1845 テレビガイド
- 1850 朝日新聞テレビニュース
- 1900 スーパースターメロディ
   (KR) 林 中川姿子
- 1930 宝塚ファンコンテスト
- 2000 ロビンフッドの冒険
- 2030 鞍馬天狗(KR)「江戸日記」
   市川高麗蔵 坂東好太郎
   沢村国太郎 南風洋子他
- 2100 ダイハツワールドスポーツ
- 2115 ムーラン劇場 (NTV)
   「母の放送」久爾恭子他
- 2145 そこが見たい
   「南朝部落を訪ねて」
- 2200 西洋美術名作展中継
   京都市立美術館
- 2245 テレビガイド
- 2250 OTV ニュース
- 2302 あしたのお天気
- 2305 おしらせ◇放送終了

●2月22日（金）
- 1135 テストパターン
- 1150 オープニングメロディ
- 1200 OTV ニュース
- 1210 愉快な週刊誌
   有木山太 歌奴
   鈴村一郎ほか
- 1240 テレビガイド
- 1245 料理手帖
   「アイリッシュシチュー」
- 1300 歌のスケッチ 小坂
- 1305 おしらせ◇放送休止
- 1720 テストパターン
- 1742 オープニングメロディ
   「赤い風車」
- 1751 あしたのお天気
- 1754 OTV ニュース
- 1800 明るい家庭「すまいの工夫」
   田中健三 花柳有洸他
- 1815 テレビ紙芝居・6助がんばれ 石田茂樹
   吉田澄代他
- 1830 テレビ動物園
- 1845 テレビガイド
- 1850 毎日新聞テレビニュース
- 1900 テレビぴよぴよ大学 (KR)
- 1930 花王ワンダフルクイズ (NIV)
- 2000 京阪ゼスチャーゲーム
   天王寺美術館対
   京都美術館
   川上のぼる 京阪坊や
- 2030 特ダネを逃がすな (KR)
- 2100 野球教室「投手編」
   梶岡忠義 久保той次
- 2115 陽気なコーリス
- 2145 三越映画劇場
   「柳生武芸帳」ロケ風扇他
- 2200 ムードミュージック・ショー
- 2215 ごめんあそばせ (NTV)
- 2230 テレビガイド
- 2235 OTV ニュース
- 2247 あしたのお天気
- 2250 おしらせ◇放送終了

●2月23日（土）
- 1135 テストパターン
- 1150 オープニングメロディ
- 1200 OTV ニュース
- 1210 花を召しませ (KR)
- 1240 テレビガイド
- 1245 料理手帖 いわし鍋
- 1300 歌のスケッチ 美空ひばり
- 1305 おしらせ◇放送休止
- 1720 テストパターン
- 1742 オープニングメロディ
- 1751 あしたのお天気
- 1754 OTV ニュース
- 1800 漫画劇場
   「ロビンフッドの冒険」
- 1815 素人のど展べ (NTV)
- 1845 テレビガイド
- 1850 毎日新聞テレビニュース
- 1900 歌のパレード (KR)
   津村謙 三船浩 ほか
- 1930 ほろにがショー・
   何でもやりまショー (NIV)
- 2000 明日は日曜日 (KR)
- 2030 江戸っ子桂ちゃん
   小林桂樹 中田康子
- 2100 メトロニュース
- 2115 日真名氏飛び出す (KR)
   「深夜の仮面」前篇
- 2145 ダイナミックグローブ
   (NTV) 和田―高山
   大貫―小谷
- 2230 ソール・アチャラカ劇場
   「切られ与三郎」
   瀧雅雄 南亜子
   平凡太郎他
- 2245 テレビガイド
- 2250 OTV ニュース
- 2302 あしたのお天気
- 2305 おしらせ◇放送終了

●2月24日（日）
- 1110 テストパターン（楽しい童謡）
   おしらせ
- 1140 経済サロン
   有川廉太郎 永井茂他
- 1200 OTV ニュース
- 1210 テレビガイド
- 1215 クラブ劇場・歌えば楽し
   「ハワイで歌う」
- 1240 テレビガイド
- 1245 新歌大阪五人娘
- 1300 劇場中継「新派 流れる」
   花柳 水谷 九朗右衛門
   大矢
   ◇おしらせ◇放送休止
- 1710 テストパターン
- 1730 おしらせ
- 1737 テレビガイド
- 1745 海外トピックス
- 1751 あしたのお天気
- 1754 OTV ニュース
- 1800 ミュージイ絵本
   「ドンキホーテ」
- 1830 私も出ますショー (NTV)
   三和完民 円歌
   淡谷のり子
- 1900 ジャングル・ジム
   「暗黒の力」
- 1930 森永No1ショー (NTV)
   「高田浩吉ショー」
- 2030 寄席中継 伸・ハワイ
   染丸 一郎・ワカナ
   芳子・市松
- 2100 東芝日曜劇場 (舞踊)
   「保名」尾上梅五郎
   「藤娘」梅幸 (KR)
- 2200 ダイハツスポーツウィクリー
- 2215 スポーツもやま話
   「スポーツよもやま話」
- 2235 OTV ニュース
- 2247 あしたのお天気
- 2250 おしらせ◇放送終了

これがOTVだ 1957年2月

●2月25日（月）

1135 テストパターン
1150 オープニングメロディ
1200 OTVニュース
1210 バレエ「シルヴィア」
　　　「白と黒の幻想」
　　　小川亜矢子　関直人
　　　小牧バレエ団他
1240 テレビガイド
1245 料理手帖「カキのエンゼル風」
1300 歌のスケッチ 島倉千代子
　　　「東京だよおっかさん」
1305 おしらせ◇放送休止
1720 テストパターン
1742 オープニングメロディ
1751 お天気 55 OTVニュース
1800 世紀のKOシリーズ
　　　「マックラニー対ロス」
1815 ポポンタイム
　　　この人を (NTV)
1845 テレビガイド
1850 毎日新聞テレビニュース
1900 言わぬが花
　　　ワカサ・ひろし蝶々・雄二
1930 太閤記 (NTV)「藤吉郎編」
2000 ニチボーアワー喜劇天国
　　　(NTV)「明るい家庭」
　　　エノケン 南風洋子他
2030 ナショナル劇場・
　　　てんてん娘 (KR)
　　　宮城まり子他
2100 お好み浪花寄席
　　　桂福団治他
2115 ウロコ座 (KR)
　　　「鬼坊主清吉」後編
　　　尾上松緑　市川紅梅
　　　坂東鶴之助　佐々木孝丸
2145 大丸ミュージカル・
　　　ショーウインドー
　　　近藤玲子バレエ団
2200 OTV週間世界ニュース
2220 ミュージカルパレット
　　　「喜劇・うぬぼれ虫」
2235 OTVニュース
2247 あしたのお天気
2250 おしらせ◇放送終了

●2月26日（火）

1135 テストパターン
1150 オープニングメロディ
1200 OTVニュース
1210 歌う青春列車 (KR)
1240 テレビガイド
1245 料理手帖 木村健蔵
1300 歌のスケッチ
　　　小坂一也
1305 おしらせ◇放送休止
1720 テストパターン
1742 オープニングメロディ
1751 あしたのお天気
1754 OTVニュース
1800 不思議の国のおじさん
　　　一陽斎陽一
1815 名犬リンチンチン
1845 テレビガイド
1850 朝日新聞テレビニュース
1900 テレビ浮世亭
　　　光晴・夢若
　　　洋児・夢路・糸路
1930 お嬢さん売り出す (KR)
2000 山一名作劇場 (NTV)
　　　真実一路
2030 歌のヒットパレード
　　　(NTV)
　　　「江利チエミショー」
2100 近鉄パールアワー
　　　「風船」
　　　松島和子他
2115 ピアス劇場
　　　「雨だれ母さん」(KR)
　　　笠置シヅ子 殿山泰司他
2145 ミナロン・ドリームサロン
　　　旗照夫他 大伴千春
　　　ジョージ岡
2200 戦慄の旅券
　　　「ハヴァナ編」
2230 テレビガイド
2235 OTVニュース
2247 あしたのお天気
2250 おしらせ◇放送終了

●2月27日（水）

1135 テストパターン
　　　（楽しいリズム）
1150 オープニングメロディ
1200 OTVニュース
1210 ファッションミュージック
　　　(KR)
1240 テレビガイド
1245 料理手帖「さばずし」
　　　辻徳光
1300 歌のスケッチ 高田浩吉
1305 おしらせ◇放送休止
1720 テストパターン
1742 オープニングメロディ
1751 あしたのお天気
1754 OTVニュース
1800 エノケンの孫悟空 (KR)
1830 ポケット劇場・アラムの冒険
1850 毎日新聞テレビニュース
1900 いざこ座ミュージカルス
　　　(KR)
　　　「ルンペン・ヴァガボンド」
　　　丹下キヨ子 橘薫
　　　水の江滝子 藤村有弘他
1930 歌はあなたとともに (NTV)
　　　コロムビアローズ 小畑
2000 大阪の顔 (OTV)
　　　「をなごし」
2030 街「スクープ」
　　　三国連太郎 石原裕次郎
　　　他
2100 コント千一夜
　　　森光子 西山嘉孝他
2115 村上元三アワー (NTV)
　　　「春風数え歌」
　　　小堀明男 野上千鶴子他
2145 ニッケ・ジャズパレード
　　　(NTV) 宝とも子他
2200 芸能トピックス
2210 ホームアルバム
2225 OTVニュース
2237 あしたのお天気
2240 おしらせ◇放送終了

●2月28日（木）

1135 テストパターン
1150 オープニングメロディ
1200 OTVニュース
1210 テレビ寄席 (KR)
　　　落語「浮世床」百生
1240 テレビガイド
1245 料理手帖「かやくご飯」
1300 歌のスケッチ 島倉千代子
1305 おしらせ◇放送休止
1730 テストパターン
1742 オープニングメロディ
　　　「トスティのセレナーデ」
1751 あしたのお天気
1754 OTVニュース
1800 お笑いヒノマル劇場
　　　星らら子 望月凡太
1815 ペンギン劇場「宝島」
　　　竹田人形座
1845 テレビガイド
1850 朝日新聞テレビニュース
1900 スーパースターメロディ
　　　(KR) 中島孝 野村雪子
　　　鈴木三重子
1930 宝塚ファンコンテスト（公開）
　　　黒木ひかる 美春洋子他
2000 ロビンフッドの冒険「賭」
2030 鞍馬天狗 (KR)「江戸日記」
2100 ダイハツワールドスポーツ
2115 ムーラン劇場 (NTV)
　　　「どんさい物語」
　　　小川純 野々浩介他
2145 そこが見たい
　　　「大型映画時代」
2200 テレビガイド
2205 かしまし三人娘
　　　歌江・照江・花江
2225 OTVニュース
2237 あしたのお天気
2240 おしらせ◇放送終了

【単発番組】

●松竹新喜劇「通天閣の灯」全四場（中座）

1957年2月3日（日）13:40～ 2月公演からの中継。番組表には出演者として「渋谷天外　ダイマル・ラケット」だけが書かれているが松竹の公式資料の配役表にはダイ・ラケは入っていないため、テレビ用にゲストを入れたのかもしれない。

出演者（公式資料の掲載順）

花柳恵美子（芸者君香）

若山道子（芸者春代）

三鳩くるみ（芸者澄子）

石島康代（仲居お杉）

千葉蝶三朗（会社重役都築）

守田秀郎（社員田村）

島田文雄（招待客今藤）

原田勇（招待客秋村）

渋谷天外（田所健吉）

曽我廼家明蝶（藤田三平）

酒井光子（健吉の女房お京）

小島秀哉（息子敬吉）

滝見すが子（仲居お米）

曽我廼家五郎八（板前清次）

曽我廼家五九郎（岩間剛造）

戸山楽男（警防団組長泉）

曽我廼家一二三（警防団団員石本）

宇治川美智子（お京の妹信子）

藤山寛美（その良人山本）

花村美津子（リュックを背負う女つた江）

橋本賢次郎（ルンペン風の男）

●ミュージック・プレゼント

2月10日（日）13:00〜13:30　レス・バーネット（ハモンドオルガン）、ジャック・カンナー（マリンバ）の演奏。

●棟方志功の版画芸術

2月19日（火）18:00〜18:15　棟方志功、河井寛次郎出演の対談番組を放送。棟方は前年（1956年）ヴェネツィア・ビエンナーレに出品し、日本人として初の国際版画大賞（版画部門）を受賞したばかり。河井は前々年（1955年）の文化勲章をはじめ、人間国宝、芸術院会員などをすべて辞退。一方でこの年「白地草花絵扁壺」がミラノ・トリエンナーレ国際工芸展でグランプリ受賞という快挙に輝いた。夕方15分間の短い対談番組ではあったが、大いに注目を集めた。

●西洋美術名作展

2月21日（木）22:00〜22:15　OTV報道部によるはじめての本格的な実況中継企画。京都市立美術館から中継したが、閉館後テレビカメラが美術館に入った生放送は日本初である。

スタッフは前日から京都に投宿して準備。宿で守屋中継課長の靴下が紛失し、片足だけ履いて現場に臨んだという話が残っている。

●バレエ「シルヴィア」「白と黒の幻想」

2月25日（月）12:10〜12:40　小牧バレエ団・小川亜矢子、関直人ら。「シルヴィア」はドリーブの曲。「白と黒〜」はガーシュウィンのピアノ協奏曲ヘ調をアレンジしたものを用いた。

【新番組】

【2月3日（日）】

●ミュージィ絵本・こどものお国

（〜1957年3月31日）

作・花登筐　松尾静江

出演・佐々十郎　日高久　中山千夏

花登筐はOSミュージックの座付き作家から北野劇場に移り、佐々十郎らのコント台本を書いていた。テレビ開局にあたり、脚本から演出まで一括して任せることができるため、放送局にとって花登筐は貴重な存在となった。

さらに花登筐は大村崑、佐々十郎、茶川一郎、芦屋雁之助、芦屋小雁など、当時北野劇場等で活躍していた若手コメディアンを次々とテレビ番組に送り出し、多局化後も各局で人気番組を立ち上げた。「笑い」と「人情」という二大鉱脈の開発に大貢献した。

【2月4日（月）】

●お好み浪花寄席

（〜1957年6月24日）

12月からこの枠で同様の演芸番組が放送されていたが、この日からタイトルが確認されている。この日は笑福亭枝鶴　桂風團治　秋山右楽・夏川左楽。3月4日には「ドイツの三亀松・Hフォンタクト」と題して、日本語でヨーロッパの艶歌を歌うドイツ人芸人を紹介した。H・フォン・タクトは1960〜70年代にかけて東京の寄席に出演しており、落語芸術協会に所属していた。日本人の奥さんを持っていた。

1957年 3月

3日　プロ野球「阪神—毎日　第六回定期戦」を甲子園球場からOTV、CBC、NTVで放送。OTV初のプロ野球中継制作。解説は真田重蔵。

10日　OTV初の「大相撲春場所実況中継」。NTVの応援を受けた。キネコで撮影したフィルムを齣取り分解写真にし「ただいまの取組」として放送。局内に現像施設を持っている強みを大いに活かしたもの。現像室から出てきたばかりの濡れたフィルムを映写機にかけることもあった。

優勝力士へ贈るOTV賞「千成大瓢箪」は、あまりの重さに朝汐も持ち上げることができなかった。

11日から「オープニング・メロディ」にアコーディオンの岡田博が加わった。週ごとに交代。

21日　第一回番組視聴状況調査の結果「大阪の顔」周知率約80％。「料理手帖」が好評。

26日　鈴木剛社長が民放連理事に選出。

3月末　NHK大阪管内のテレビ契約数は117,032件。うち大阪府下は61,811件。全国総計は419,364件であった。

経済サロン ～関西経済界の司令塔～

「経済サロン」は、本放送開始の翌日である1956年12月2日11時40分に放送を開始した、自社制作によるレギュラー番組の第一号である。

開局目前のある日、電通から「産業めぐり」という番組企画が提案された。週に一本、企業訪問や産業レポートをするフィルム番組という企画であったが、OTV報道部は「いまひとつ新味がない」と企画書を大幅に書き換えた。

何より「テレビの強みは同時性にあるのだから」ということで生放送でやることを提案した。報道部としては人手が足りない中、レギュラーニュース以外でフィルム番組に人手をとられるのは避けたかったという本音もあった。

次に、大阪を中心に大企業のトップや経済の専門家にインタビューや座談会で直接語らせることにした。これは財界トップとつながる鈴木社長の人脈を生かす手段でもあった。

スポンサーには大阪商事、大阪屋証券、大井証券という在阪の三証券会社が毎週交替でついた。

番組は、青木亨ディレクターと今村益三アナウンサーが立ち上げから担当し、企業経営者の理念、需要見通し、業界動向、投資や消費の傾向などを投資家や企業人に提供した。

第一回は「内外の経済情勢と証券界の動き」というテーマで大井証券代表の大井治氏ほかが出演。資本系列の縛りに関係なく、関西財界の重鎮がじかに話す貴重な情報番組であった。

●投資家、経営者の「司令塔」

この番組の打ち合わせは、当日の朝、社長室で鈴木社長を交えて行われることが多かった。あれこれ会社や業界の話を聞き出すにも、鈴木社長が同席したほうが聞きやすい話もあっただろう。いずれにしても、財界が番組を通じて大衆と直接コンタクトすることで、産業復興の流れを活性化する、投資家や経営者のための「司令塔」番組だったのは言うまでもない。

●日曜朝の特別番組

当初企画した「テレビらしさ」を追求するうちに「スタジオを飛び出そう」という意見がでてきた。そこから1957年5月19日朝の「特別番組・街の景気はどうですか」をはじめ「テレビ・ロケーション」や、数々の生中継企画が誕生した。

・実況中継「街の景気はどうですか」

1957年5月19日（日）11:30～12:00

日曜朝の経済番組「経済サロン」に幅を与えようと企画された番組。中継企画の時は「経済サロン」という名称をはずして、独立した番組として扱うことにした。

この日は早朝から背中にケーブルを背負った技術部員たちがロッククライミングよろしく工事用の足場を登るというスペクタクルがあった。

ヘトヘトになりながら一階ごとに交代を重ね、高さ37mの屋上までおよそ二時間かけて登頂。通りがかりの人々は手に汗を握ったという。汗だくの技術部員はこの時の作業を終えたあと「生命保険の意味がわかった」と語った。

本番ではミナミ一帯の繁盛ぶりを鳥瞰しながら、街ゆく人々にインタビューすることを企画していたが、朝から大雨となり街頭インタビューを断念。屋上からの座談会に切り替えた。座談会の出席者は婦人レストラン経営者、アクセサリー店員、大丸外人店員、新聞記者、司会・今村益三アナ。

・実況中継「活動する伊丹空港」

1957年6月16日（日）11:30～12:00

連合国の接収を解除された伊丹空港からのレポートである。

・テレビロケーション

1957年7月7日～9月28日、全7回＋特別編3回。

この番組については1957年7月の項にまとめた。

・実況中継「原爆慰霊祭」

1957年8月6日（火）7:55～9:00

広島平和公園まで遠征して中継。

詳細は1957年8月の項を参照。

・灘の酒造り

1957年12月7日（土）13:30～14:10

薄暗い灘の酒蔵にカメラを持ち込んで、仕込み作業を中継。蔵に差し込む光の加減で幻想的な情景になったという。KRTにネットされた。

・製油所を訪ねて（成人の日特別番組）

1958年1月15日（水）12:10～12:40

和歌山県下津製油所から中継。丸善石油からの誘いで実現した。山越えを必要とする難度の高い長距離中継であり、三段中継で現地と本社を結んだ。この中継は、ＯＴＶを見学に訪れた丸善石油の重役が「ぜひうちの工場を取材してほしい」と言ったのがきっかけ。

・海に伸びる工場～灘浜の埋立工事現場から～

1958年2月16日（日）11:30～12:00

東神戸の灘浜から、神戸製鋼が進めていた埋め立て工事の模様を中継。山上と海岸からの二元中継で、立体的な番組となった。

・「瀬戸内の秋・山と海の合わせ鏡
　　　～海上ロケーション三元中継～」

1958年11月5日（水）13：30～14：10

それまで技術的に困難とされてきた海上マイクロ波中継の公開実験を兼ね、岡山県児島半島・金甲山、屋島半島北端の遊鶴亭、関西汽船讃岐航路定期船上から三元中継で備讃瀬戸の風光を描いた。

OTVでは、前年、散乱波対策のために開発した「電磁コーン式アンテナ」がヘリコプターからの生中継を成功させたことを受けて、同様の理由で困難とされてきた海上中継にも応用した。

この放送は金甲山にテレビ送信所を持つラジオ山陽（RSK・岡山市）の協力でおこなわれたが、RSKではこの放送にスポンサーがついたという。

ちなみに、RSKテレビは、開局時の技術指導や開局後の番組ネットでOTVと接触が多かった。特に初期のRSKテレビは、対岸のRNCテレビ（高松・西日本放送）と一本のマイクロ回線を奪い合っている状態で、RNCが回線を使用しているときは金甲山送信所でOTVの放送波を受信してそのまま中継していたことがあり、OTVのスタッフには縁の深い局であった。

- 貨幣のできるまで

1959年2月8日（日）15:00～15:30
　桜の通り抜けで有名な大阪造幣局から初めてのテレビ生中継。

● 「経済サロン」タイトル一覧

（空欄日は内容不明）

【1956年12月】
2日「内外の経済情勢と証券界の動き」大井治 他
9日「ビニロンの話」大原総一郎　山内重
16日「プラスチックについて」上野次郎　大井治
23日「石油化学について」川村正人　寺村義太郎
30日「来年の景気について」粂川義男　大島昭

【1957年1月】
6日「今年の有望株は」大井治 他
13日 広慶太郎 松井正
20日「日本の繊維業界」
27日 松原与三松　大井治

【2月】
3日「日本の板ガラス」中村文夫
10日「家庭の電化」松下幸之助 他
17日「日本の化学工業」土井正治
24日 有川廉太郎 永井茂 他

【3月】
3日「日本の鉄鋼」広田寿一 他
10日「綿紡の進む道」原吉平
17日 田中徳松 松井正 他
24日「貿易業界」岩井雄二郎　大井治
31日「日本の電力事情と原子力発電」太田垣士郎

【4月】
7日「景気はどう動く」粂川義男　大島昭
14日「ガス事業について」松井正 他
21日「日本の化学繊維」坂口二郎　大井治
28日「生命保険と経済界」弘世現 他

【5月】
4日「選挙に望む」四宮　松葉　藤原
12日「毛織物について」
19日 街頭中継「街の景気はどうですか」
26日「日本の発酵工業について」加藤辯三郎

【6月】
9日　徳川夢声 他
23日　中司清
30日「三輪トラックについて」小石雄治　松井正

【7月】
7日「関西経済の新展望」（1）
　　　栗本順三　杉道助　大島昭（朝日新聞）
14日「関西経済の新展望」（2）
　　　長谷川周重 湯浅佑一
21日「鉄板と生活」
28日「ソ連と中共の新体制」猪木正道

【8月】
4日「日本の触媒工業」八谷泰造　下岡恵一
11日「金融の引き締めと貿易」
　　　岩井雄二郎　木内信胤　粂川義雄
18日「パッキングケースの話」
25日「陶磁器の話」佐伯卯四郎 他

【9月】
1日「北浜今昔」
8日「化学繊維」大屋晋三　下岡恵一 他
15日「ベアリング鋼について」
22日 三木哲持 松井正
29日「日本冷凍業界の現状と将来」山田晃

【10月】
6日「大陸間弾道兵器について」
13日「薬と健康」武田長兵衛　山内重
20日「宇宙旅行」
27日「飲料の話」根岸信

【11月】
3日「新しい米ソ対立」
10日「関西私鉄業界の現況」
17日「化学兵器からオートメーションまで」
24日「鉄鋼の話」佐分利輝一

【12月】
1日「繊維と貿易の総決算」
8日

15日「百貨店の話」阪田新一
22日「湯川博士にきく」聞き手：平井忠夫
29日 大島昭他

【1958年1月】
5日「今年の経済」大井治他
12日「石油業界」
19日「セメントの現状と未来」
26日「チエインの働き」椿本説三

【2月】
2日「繊維の不況を探る」
9日「財産のつくり方」
23日「鉄と建築」松尾岩雄 下岡忠一他

【3月】
2日「今日の医薬品」塩野孝太郎　大井治
9日「中近東を回り」伊藤武雄
16日
23日
30日「血液銀行」

【4月】
6日「くすりと幸福」山内健二 大井治
13日「景気の見通し」大島昭
20日「解散に望む」
27日 神風正一

【5月】
4日「選挙に望む」

11日「テレビにもの申す」
18日「おやつと栄養」江崎利一 大井治
25日「造船界の現況」手塚敏雄 松井正

【6月】
1日「主婦と新薬」平林忠雄
8日「時計工場見学」河井坊茶
15日「電気冷蔵庫」中川電気社長・中川懐春
　　大阪屋証券常務・松井正　ABC劇団
22日「新内閣に望む」豊崎稔
29日「緊迫する近東情勢」
　　伊藤武雄 猪木正道 粂川義雄

【7月】
6日「今日の繊維界」植場鉄三 坂信綱 佐藤和枝
13日「興行界よもやま話」
20日「旅客と輸送」
27日「オートメの現状と将来」

【8月】
3日「アラブ問題」河原武 世古口二郎
10日「ゴムと産業」
17日「住宅公団」田中雄一 小西嘉夫
24日「夢の超特急」後藤悌次
31日「絹」的場小六

【9月】
7日「平沢京大総長にきく」きき手：平井忠夫
14日「煙草と生活」本間 柏村

21日 鈴木俊三他
28日「台湾問題をめぐって」

【10月】
5日「日本貿易界の前途」
12日「日本の道路」
19日「教養・高田保馬にきく」
26日「これからの株式投資」

【11月】
2日「ナベ底景気と中小企業」
　　藤原楠之助 畑中浩二他
9日「飲料と生活」佐々木他
16日「世界を結ぶ通信網（ワシントンから電話）」
　　進藤次郎（朝日新聞大阪本社編集局長）
　　中村正吾（朝日新聞アメリカ総局長）
　　清田良知（国際電信電話大阪支社長）
23日「造幣局」
30日「道修町今昔」

【12月】
7日「百貨店」北沢敬二郎 大井治
14日「鉄の今昔」佐分利輝一
21日「歳末のタクシー」大井治
28日「証券界この一年」

【1959年1月】
4日「今年の景気」粂川 義雄　大井治
11日「車両の移り変わり」

18日 石山賢吉 大井治 今村益三

25日「ヘリコプター」

以後「日曜サロン」に改題。

1959年2月「これがOTVだ」参照。

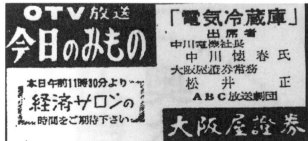

1957.3

- 近鉄信貴山ケーブルカー開通。「上本町から40分」
- 大丸・そごう間で火災に備えて空中廊下設置。
- 富田林市でスト終了を知らなかったデパート専用車が踏切で列車と衝突。

●3月1日（金）
- 1135 テストパターン
- 1150 オープニングメロディ
- 1200 OTVニュース
- 1210 愉快な週刊誌（KR）
  美船洋子 松山恵子
  歌奴他
- 1240 テレビガイド
- 1245 料理手帖「香港式中華カツ」
- 1300 歌のスケッチ「巨人」
  小坂一也
- 1305 おしらせ◇放送休止
- 1720 テストパターン
- 1742 オープニングメロディ
- 1751 あしたのお天気
- 1754 OTVニュース
- 1800 明るい家庭「京ぼり雛人形」
- 1815 テレビ紙芝居・6助がんばれ
  石田茂樹 吉田澄代他
- 1830 テレビ動物園
- 1845 テレビガイド
- 1850 朝日新聞テレビニュース
- 1900 テレビぴよぴよ大学（KR）
  河井坊茶 徳川夢声他
- 1930 花王ワンダフルクイズ（NTV）
  今泉良夫 三条美紀
- 2000 京阪ゼスチャーゲーム
  OSK対先斗町舞子
  川上のぼる 京阪坊や
- 2030 特ダネを逃がすな（KR）
- 2100 野球教室
- 2115 陽気なコーリス
- 2145 三越映画劇場
  「雪国」ロケだより
- 2200 夜の阿呆抄（KR）
  三木のり平
- 2215 ごめんあそばせ（NTV）
  小沢栄 遠山幸子
- 2230 写真教室 金丸重嶺
- 2250 OTVニュース
- 2302 あしたのお天気
- 2305 大臣にきく 池田隼人 土屋清
  続いてOTVニュース
  明日のお天気 おしらせ
  放送終了

●3月2日（土）
- 1135 テストパターン
  （グッドマン楽団）
- 1150 オープニングメロディ
- 1200 OTVニュース
- 1210 花を召しませ（KR）
- 1240 テレビガイド
- 1245 料理手帖
  「おひなまつり用のスシ」
- 1300 歌のスケッチ 美空ひばり
- 1305 服飾サロン
  田中千代 前田知子他
- 1335 ポケット音楽
- 1340 おしらせ◇放送休止
- 1720 テストパターン（南太平洋）
- 1742 オープニングメロディ
- 1751 あしたのお天気
- 1754 OTVニュース
- 1800 ホームアルバム
  京都の庭「苔寺」ほか
- 1815 素人のど競べ（NTV）
- 1845 テレビガイド
- 1850 毎日新聞テレビニュース
- 1900 歌のパレード（KR）
  春日 松島詩子 織井茂子他
- 1930 ほろにがショー・
  何でもやりまショー（NIV）
- 2000 明日は日曜日（NTV）
- 2030 シャープ劇場
  のり平喜劇教室（NTV）
- 2100 メトロニュース
- 2115 真名氏飛び出す（KR）
  「深夜の仮面」解決編
- 2145 ダイナミックグローブ
  （NTV）斎川一小林 ほか
- 2230 ソール・アチャラカ劇場
  「ある日の午後のことだった」
  瀧雅雄 南亜子
  平凡太郎他
- 2245 テレビガイド
- 2250 OTVニュース
- 2302 あしたのお天気
- 2305 おしらせ◇放送終了

●3月3日（日）
- 830 テストパターン
- 900 漫画と野球のひなまつり
  児童合唱
- 915 漫画映画
- 1140 経済サロン「日本の鉄鋼」
  広田寿一他
- 1200 OTVニュース
- 1210 テレビガイド
- 1215 クラブ劇場・歌えば楽し
- 1240 テレビガイド
- 1245 新版大阪五人娘
- 1300 漫画映画
- 1350 OTVスポーツファンシート
  プロ野球 阪神－毎日
  （甲子園）雨天の場合
  漫画映画
- 1530 バレエひなまつり
- 1730 テストパターン
- 1750 おしらせ
- 1753 あしたのお天気
- 1754 OTVニュース
- 1800 ミュージイ絵本
  「悪魔のつくった金の靴」
- 1830 私も出まショー（NTV）
  ゲスト：山根寿子
- 1900 ジャングル・ジム
- 1930 森永No1ショー（NTV）
  ナンシー梅木
- 2000 劇場中継
  「デン助の人生案内」
  （浅草松竹演芸場）
  大宮敏光他
- 2100 東芝日曜劇場
  「井伊大老」（KR）
  松本幸四郎
  山田五十鈴（テレビ初出演）
- 2200 ダイハツスポーツウィクリー
- 2235 OTVニュース
- 2247 あしたのお天気
- 2250 おしらせ◇放送終了

●3月4日（月）

1115 テストパターン
1135 オープニングメロディ
1145 新番付を見て
　　　秀ノ山　橋本嘉起他
1200 OTV ニュース
1210 映画の窓 (KR) 小森和子
　　　「女狙撃兵マリョートカ」
1240 テレビガイド
1245 料理手帖 辻勲
1300 歌のスケッチ 島倉千代子
　　　「東京だよおっかさん」
1305 おしらせ◇放送休止
1720 テストパターン
1742 オープニングメロディ
1751 あしたのお天気
1754 OTV ニュース
1800 世紀の KO シリーズ
　　　「マックスベアー対ノバー」
1815 ポポンタイム
　　　この人を (NTV)
1845 テレビガイド
1850 朝日新聞テレビニュース
1900 言わぬが花
　　　蝶々・雄二 Aスケ・Bスケ
1930 太閤記 (NTV)「藤吉郎編」
2000 ニチボーアワー
　　　喜劇天国 (NTV)
　　　「恋の妙薬」
　　　ロッパ 洋発・幸江
　　　朝霞鏡子他
2030 ナショナル劇場・
　　　てんてん娘 (KR)
　　　宮城まり子他
2100 お好み浪花寄席
　　　ドイツの三亀松・H フォ
　　　ンタクト
2115 ウロコ座 (KR)「カササギ」
　　　里見弴・作　金子信雄
　　　丹阿弥谷津子
2145 大丸ミュージカル・
　　　ショーウインドー
　　　西野晧三バレエ団
2200 OTV 週間世界ニュース
2220 OTV ニュース
2232 あしたのお天気
2250 おしらせ◇放送終了

●3月5日（火）

1135 テストパターン
1150 オープニングメロディ
1200 OTV ニュース
1210 歌う青春列車 (KR)
　　　ペギー葉山他
1240 テレビガイド
1245 料理手帖「うねぎのカラあげ」
1300 歌のスケッチ
　　　小坂一也
1305 おしらせ◇放送休止
1720 テストパターン
1742 オープニングメロディ
1751 あしたのお天気
1754 OTV ニュース
1800 不思議の国のおじさん
1815 名犬リンチンチン
　　　役者の災難
1845 テレビガイド
1850 毎日新聞テレビニュース
1900 テレビ浮世亭
　　　小円・栄子 芳子・市松
1930 ゼネラル劇場
　　　水戸黄門漫遊記 (KR)
　　　十朱久雄　益田喜頓
　　　柳沢真一
2000 山一名作劇場 (NTV)
　　　本日休診
　　　清水将夫　高原駿雄他
2030 歌のヒットパレード
　　　(NTV)
　　　宇佐美晴　市丸　野村
　　　F 永井
2100 近鉄パールアワ
　　　「天使とラッパと梅の花」
2115 ピアス劇場 (KR)
　　　雨だれ母さん
　　　笠置シヅ子 殿山泰司他
2145 ミナロン・ドリームサロン
　　　芦野宏 大伴千春
2200 戦慄の旅券「ハヴァナ編」
　　　シーザーロメロ他
2230 テレビガイド
2235 OTV ニュース
2247 あしたのお天気
2250 おしらせ◇放送終了

●3月6日（水）

1135 テストパターン
1150 オープニングメロディ
1200 OTV ニュース
1210 ファッションミュージック
　　　(KR) 中原美紗緒　浜路
　　　美帆
1240 テレビガイド
1245 料理手帖「イナまんじゅう」
1300 歌のスケッチ 高田浩吉
1305 おしらせ◇放送休止
1720 テストパターン
1742 オープニングメロディ
1751 あしたのお天気
1754 OTV ニュース
1800 エノケンの孫悟空 (KR)
　　　猫八十朱久雄他
1830 ポケット劇場
　　　「おじいさんのすることは
　　　いつもよい」
1850 毎日新聞テレビニュース
1900 いざこ座ミュージカルス
　　　俺たちゃ二人で一人前
　　　水の江滝子　橘薫他
1930 歌はあなたとともに (NTV)
　　　宮城まり子他
2000 大阪の顔 (OTV)
　　　「母の貯金」
2030 街 (NTV)「夜明け」
　　　三国連太郎
　　　石原裕次郎他
2100 コント千一夜
　　　志摩靖彦 森光子 他
2115 村上元三アワー (NTV)
　　　「まぼろしの塔」
　　　岩井半四郎 富士環他
2145 ニッケ・ジャズパレード
　　　(NTV)「スターダスト」
　　　東郷たまみ
2200 芸能トピックス
2210 ホームアルバム
2225 OTV ニュース
2237 あしたのお天気
2240 おしらせ◇放送終了

●3月7日（木）

1135 テストパターン
　　　（ポピュラー音楽）
1150 オープニングメロディ
　　　※新聞に表記なし
1200 OTV ニュース
1210 テレビ寄席 (KR)
　　　漫才「明治一代女」
　　　英二・喜美江
　　　大正琴・琴正
1240 テレビガイド
1245 料理手帖
　　　「フナのこぶ巻き」
1300 歌のスケッチ 島倉千代子
1305 おしらせ◇放送休止
1655 テストパターン
1722 オープニングメロディ
　　　※時間は新聞ママ
1751 あしたのお天気
1754 OTV ニュース
1800 お笑いヒノマル劇場
　　　文路・正三
1815 ペンギン劇場「宝島」(NTV)
　　　竹田人形座
1845 テレビガイド
1850 朝日新聞テレビニュース
1900 スーパースターメロディ
　　　(KR) 青木光一 鶴屋六郎
1930 宝塚ファンコンテスト
　　　瑠璃豊美他（公開放送）
2000 ロビンフッドの冒険
2030 鞍馬天狗 (KR)
　　　「山嶽党奇談」
2100 ダイハツワールドスポーツ
2115 ムーラン劇場 (NTV)
　　　「俺の出る幕じゃない」
　　　利根他
2145 そこが見たい (NTV)
　　　「海抜二千米の生活」
2200 忠臣蔵の人々 (KR)
　　　「大石主税」染五郎他
2230 私のコレクション「パイプ」
　　　石川欣一 福島慶子
2250 OTV ニュース
2302 あしたのお天気
2305 おしらせ◇放送終了

●3月8日（金）

1135 テストパターン
1150 オープニングメロディ
1200 OTV ニュース
1210 愉快な週刊誌（KR）
1240 テレビガイド
1245 料理手帖
1300 おしらせ◇放送休止
1720 テレビ教室
1742 オープニングメロディ
1751 あしたのお天気
1754 OTV ニュース
1815 東京紙芝居・6助がん
　　　ばれ
1830 テレビ動物園
1845 テレビガイド
1850 毎日新聞テレビニュース
1900 テレビぴよぴよ大学
　　　(KR)
　　　河井坊茶 徳川夢声他
2000 京阪ゼスチャーゲーム
　　　川上のぼる 京阪坊や
2030 特ダネを逃がすな (KR)
2100 野球教室
2115 陽気なコーリス
2145 三越映画劇場
2200 ムードミュージック・ショー
2215 ごめんあそばせ (NTV)
2230 テレビガイド
2235 OTV ニュース
2247 あしたのお天気
2250 おしらせ◇放送終了

●3月9日（土）

1135 テストパターン
1150 オープニングメロディ
1200 OTV ニュース
1210 花を召しませ (KR) 最終回
1240 テレビガイド
1245 料理手帖 ちゃんこナベ
　　　大山田他
1300 新版大阪五人娘
1305 座談会「税金問答」
　　　渡辺喜久造 淡島
1320 座談会「千代の山を囲んで」
1340 ダークダックス（1 スタ）
1345 おしらせ◇放送休止
1720 テストパターン
1742 オープニングメロディ
1751 あしたのお天気
1754 OTV ニュース
1800 ホームアルバム
　　　京都の庭
1815 素人のど競べ (NTV)
1845 テレビガイド
1850 朝日新聞テレビニュース
1930 花王ワンダフルクイズ
　　　(NTV) 今泉良夫
　　　岡本太郎　柳亭痴楽
1930 ほろにがショー・
　　　何でもやりましょー (NTV)
2000 明日は日曜日 (NTV)
　　　「春来たるの巻」
2030 シャープ劇場
　　　のり平喜劇教室 (NTV)
　　　「女をさがせ」
2100 メトロニュース
2115 日真名氏飛び出す (KR)
2145 ダイナミックグローブ
　　　(NTV) 高橋一金平
2230 ソール・アチャラカ劇場
2245 テレビガイド
2250 OTV ニュース
2302 あしたのお天気
2305 おしらせ◇放送終了

●3月10日（日）
※放送開始 100 日目

1125 テストパターン
1140 経済サロン
　　　「綿紡の進む道」原吉平
1200 OTV ニュース
1210 テレビガイド
1215 クラブ劇場・歌えば楽し
　　　「ジョニィ・マーサー特集」
1245 新版大阪五人娘
1300 漫画「豪傑坊や」ほか
1316 漫画映画
　　　「やぶにらみの暴君」
1430 劇場中継
　　　「傾城阿波の鳴門より
　　　巡礼歌の段」
　　　結城麻琴他
1500 大相撲春場所初日
　　　（府立体育館）
　　　制作：OTV 協力：NTV
　　　佐土アナ (NTV)
　　　杉本アナ (NTV)
　　　解説・佐渡ケ嶽
1800 ミュージイ絵本
　　　「シンホニー No ゼロ」
　　　井関島一構成
1830 私も出ましょー (NTV)
1900 ジャングル・ジム
1930 森永 No1 ショー (NTV)
　　　チエミ 石原 有島
2000 新国劇「大菩薩峠」
　　　（新橋演舞場）
2100 東芝日曜劇場「釣堀にて」
　　　(KR) 三津田健他
2200 ダイハツスポーツウィクリー
2215 ゴルフ教室
　　　石井迪夫 福井正一
2235 OTV ニュース
2247 あしたのお天気
2250 おしらせ◇放送終了

●3月11日（月）

- 1130 テストパターン
- 1150 オープニングメロディ
  アコーディオン：岡田博
- 1200 OTVニュース
- 1210 ポケット音楽
- 1215 映画の窓（KR）「反乱」
- 1245 料理手帖「いわしの洋風酢漬け」
- 1300 歌のスケッチ
  「東京だよおっかさん」
  島倉千代子
- 1305 おしらせ◇放送休止
- 1440 テストパターン
- 1450 オープニングメロディ
- 1500 大相撲春場所二日目
  （府立体育館 OTV/NTV）
  矢代・杉本アナ
  解説：美保ケ関
- 1800 OTVニュース
- 1815 ポポンタイムこの人を（NTV）
  越智正典アナ 藤波京子
- 1845 テレビガイド
- 1850 朝日新聞テレビニュース
- 1900 言わぬが花
  蝶々・雄二 ワカナ・ひろし
- 1930 太閤記（NTV）「藤吉郎編」
- 2000 ニチボーアワー
  喜劇天国（NTV）「親と子」
  金語楼 小桜京子
- 2030 アメリカ映画
  「ベーブ・ルース物語」
- 2100 お好み浪花寄席 桂米朝
- 2115 ウロコ座（KR）「新宿夜話」
  市川猿之助 富士環
  中村又五郎
- 2145 大丸ミュージカル・ショー
  ウインドー
  西野晧三バレエ団
- 2200 OTV週間世界ニュース
- 2215 世紀のKOシリーズ
  「タニー対デンプシー」
- 2230 テレビガイド
- 2235 OTVニュース◇お天気
- 2250 おしらせ◇放送終了

●3月12日（火）

- 1130 テストパターン
- 1150 オープニングメロディ
- 1200 OTVニュース
- 1210 ポケットミュージック
- 1215 歌う青春列車（KR）
  音羽美子 上月左知子他
- 1245 料理手帖
- 1300 歌のスケッチ
  小坂一也
- 1305 おしらせ◇放送休止
- 1430 テストパターン
- 1450 オープニングメロディ
- 1500 大相撲春場所三日目
  （府立体育館 OTV/NTV）
- 1800 OTVニュース
- 1805 海外トピックス
- 1815 名犬リンチンチン
- 1845 テレビガイド
- 1850 朝日新聞テレビニュース
- 1900 テレビ浮世亭
  笑かお・笑美子
  五九童・蝶子
- 1930 ゼネラル劇場
  水戸黄門漫遊記（KR）
- 2000 山一名作劇場（NTV）
  本日休診
  清水将夫 高原駿雄他
- 2030 歌のヒットパレード（NTV）
  ジェームス繁田
  ダークダックス他
- 2100 近鉄パールアワー
  「飛火野乙女」
  岡本勝 林喜久子他
- 2115 ピアス劇場 雨だれ母さん
  （KR）
  笠置シヅ子 殿山泰司他
- 2145 ミナロン・ドリームサロン
  水谷良重 大伴千春
  ジョージ岡
- 2200 戦慄の旅券「リマ編」
  シーザー・ロメロ他
- 2230 テレビガイド
- 2235 OTVニュース
- 2247 あしたのお天気
- 2250 おしらせ◇放送終了

●3月13日（水）

- 1130 テストパターン
- 1150 オープニングメロディ
- 1200 OTVニュース
- 1210 ポケット音楽
- 1215 ファッションミュージック（KR）
- 1245 料理手帖 巴まきずし
- 1300 歌のスケッチ 高田浩吉
- 1305 おしらせ◇放送休止
- 1430 テストパターン
- 1450 オープニングメロディ
- 1500 大相撲春場所四日目
  （府立体育館 OTV/NTV）
  解説：佐渡ヶ嶽 美保ヶ関
- 1800 OTVニュース
- 1805 エノケンの孫悟空（KR）
  久邇恭子 他
- 1830 ポケット劇場
  「おじいさんのすることは
  いつもよい」美和旺優子
- 1850 朝日新聞テレビニュース
- 1900 いざこ座ミュージカルス（KR）
  俺たちゃ二人で一人前
  丹下キヨ子 水の江滝子他
- 1930 歌はあなたとともに（NTV）
  林伊佐緒 音羽美子
  奈良光枝
- 2000 大阪の顔（OTV）
  「二つの時計」
- 2030 ミュージカルドラマ・
  サムライ大学（NTV）
  「入学の巻」灰田勝彦
  中原美紗緒 柳家金語楼
  シャンバロー 東富士
  ユセフ・トルコ他
- 2100 コント千一夜
- 2115 村上元三アワー（NTV）・
  「まぼろしの塔」
  岩井半四郎 富士環他
- 2145 ニッケ・ジャズパレード
  （NTV）武井義明
- 2200 芸能トピックス
- 2210 テレビガイド
- 2215 OTVニュース
- 2227 あしたのお天気
- 2230 おしらせ、終了

●3月14日（木）

- 1130 テストパターン
- 1150 オープニングメロディ
- 1200 OTVニュース
- 1210 一曲どうぞ
- 1215 テレビ寄席（KR）
  俗曲・民謡：〆香
  落語：柳枝
- 1245 料理手帖 牛肉の水たき
- 1300 歌のスケッチ
- 1305 コメディ・奥様こんにちは
  「旦那様は御出勤中」
  高橋美美子 萩原恭子
- 1320 おしらせ◇放送休止
- 1410 テストパターン
- 1430 オープニングメロディ
- 1445 漫才 文雄・田鶴子
- 1500 大相撲春場所五日目
  （府立体育館 OTV/NTV）
- 1800 OTVニュース
- 1815 ペンギン劇場「宝島」（NTV）
  竹田人形座
- 1845 テレビガイド
- 1850 朝日新聞テレビニュース
- 1900 スーパースターメロディ
  （KR）市丸 川端義夫他
- 1930 宝塚ファンコンテスト
  飛鳥妙子 他（公開放送）
- 2000 ロビンフッドの冒険
- 2030 競馬天狗（KR）「山巓党奇談」
  市川高麗蔵 坂東好太郎
  沢村国太郎 南風洋子他
- 2100 ダイハツワールドスポーツ
- 2115 ムーラン劇場（NTV）
  「桃色の宿題」
- 2145 そこが見たい（NTV）
- 2200 忠臣蔵の人々（KR）
  「大石主税」
  市川染五郎他
- 2215 私のコレクション
  「カバン」勘十郎
- 2230 OTVニュース
- 2242 あしたのお天気
- 2250 おしらせ◇放送終了

●3月15日（金）

- 1130 テストパターン
- 1150 オープニングメロディ
- 1200 OTVニュース
- 1210 一曲どうぞ
- 1215 愉快な週刊誌
- 1245 料理手帖
- 1300 歌のスケッチ
  小坂一也
- 1305 おしらせ◇放送休止
- 1430 テストパターン
- 1450 オープニングメロディ
- 1500 大相撲春場所六日目
  （府立体育館 OTV/NTV）
  解説：中沢 不二雄
- 1800 OTVニュース
- 1805 明るい家庭
  「テーブルマナー」
- 1820 テレビ紙芝居・6助がんばれ 石田茂樹
  吉田澄代他
- 1835 テレビ動物園
  「飛べない鳥、飛べる獣」
- 1850 毎日新聞テレビニュース
- 1900 テレビびよびよ大学（KR）
  河井坊茶 徳川夢声他
- 1930 花王ワンダフルクイズ
  （NTV）三遊亭金馬
  三条美紀他
- 2000 京阪ゼスチャーゲーム
  川上のぼる 京阪坊や
- 2030 特ダネを逃がすな（KR）
- 2100 野球教室 特網茂
- 2115 陽気なコーリス
- 2145 三越試写劇場
  「元禄琴の爪」
- 2200 夜の阿呆抄（KR）矢田茂
- 2215 ごめんあそばせ（NTV）
- 2230 写真教室
  金丸重嶺 桃太郎
- 2245 テレビガイド
- 2250 OTVニュース
- 2302 あしたのお天気
- 2305 おしらせ◇放送終了

●3月16日（土）

- 1130 テストパターン
- 1150 オープニングメロディ
- 1200 OTVニュース
- 1210 一曲どうぞ
- 1215 ジャズタイム
- 1245 料理手帖 のっぺい汁
- 1300 歌のスケッチ
  コロムビア・ローズ
- 1305 テストパターン
- 1345 OTVスポーツファンシート
  （NTV）プロ野球
  巨人－毎日（NTV）（後楽園）
  解説：秀ノ山 美保ヶ関
- 1650 大相撲春場所七日目
  （府立体育館 OTV/NTV）
- 1800 OTVニュース
- 1805 卓球教室 その1
- 1815 素人のど自慢（NTV）
  暁テル子
- 1845 テレビガイド
- 1850 朝日新聞テレビニュース
- 1900 歌のパレード（KR）
- 1930 ほろにがショー
  何でもやりまショー（NTV）
- 2000 明日は日曜だ（NTV）
- 2030 シャープ劇場
  のり平喜劇教室（NTV）
  「角帽よさよなら」
- 2100 メトロニュース
- 2115 日真名氏飛び出す（KR）
- 2145 ダイナミックグローブ
  「全日本新人王決定戦」
- 2230 ソール・アチャラカ劇場
  「美女と野獣」一路
  瀧雅維 南亜子
- 2245 テレビガイド
- 2250 OTVニュース
- 2302 あしたのお天気
- 2305 おしらせ◇放送終了

●3月17日（日）

- 1125 テストパターン
- 1140 経済サロン
  田中徳松 松井正他
- 1200 OTVニュース
- 1210 テレビガイド
- 1215 クラブ劇場・歌えば楽し
  「1920年代」
- 1245 新版大阪五人娘
- 1300 音楽バラエティ
- 1310 中継「艶姿女舞衣」
  （明治座）時蔵 芝雀他
  吉衛門劇場
- 1415 日展マンガ劇場
- 1500 大相撲春場所中日
  （府立体育館 OTV/NTV）
  解説：佐渡ヶ嶽 美保ヶ関
- 1800 海外トピックス
- 1810 ミュージイ絵本
- 1830 私も出ますショー（NTV）
  三和完児 玉川勝太郎
  円歌
- 1900 ジャングル・ジム
- 1930 森永No1ショー（NTV）
  「越路吹雪ショー」
  話し相手：有島一郎
- 2030 「忠臣蔵」七段目
  （東横ホール）中車
  段四郎 松鳶他
  猿之助劇団
- 2100 東芝日曜劇場
  「文士劇波止場の風」（KR）
  久保田万太郎 北条秀司
  川口松太郎 三島由紀夫他
- 2200 ダイハツスポーツウィクリー
- 2215 ゴルフ教室
  石井廸夫 福井正一
- 2235 OTVニュース
- 2247 あしたのお天気
- 2250 おしらせ◇放送終了

第2章「熱狂」

●3月18日（月）

1130 テストパターン
1150 オープニングメロディ
1200 OTVニュース
1210 一曲どうぞ
1215 映画の窓 (KR)
　　「スピードを盗む男」
1245 料理手帖「キャベツの重
　　 ね焼き」辻勲
1300 歌のスケッチ
　　「東京だよおっかさん」
　　 島倉千代子
1305 テストパターン
1450 大相撲春場所九日目
　　（府立体育館 OTV/
　　NTV）
1800 OTVニュース
1815 ポポンタイム
　　 この人を (NTV)
　　 越智正典アナ 藤波京子
1845 テレビガイド
1850 毎日新聞テレビニュース
1900 言わぬが花
　　 蝶々・雄二 三木鮎郎
1930 ジャズアメリカ
　　「12番街のラグ」
2000 ニチボーアワー
　　 喜劇天国 (NTV)
　　「詩人と泥棒」
　　 音羽美子　野々浩介
2030 ナショナル劇場・てんてん娘
　　(KR) 宮城まり子
　　 川田孝子 他
2100 お好み浪花寄席
　　 川上のぼる
2115 ウロコ座(KR)「同志の人々」
　　 松本幸四郎 尾上松緑
　　 中村又五郎 市川染五郎
2145 大丸ミュージカル・
　　 ショーウインドー
2200 OTV週間世界ニュース
2215 世紀のKOシリーズ
　　 ルイス対シュメリング
2220 ミュージカルパレット
2235 OTVニュース
2247 あしたのお天気
2250 おしらせ◇放送終了

●3月19日（火）

1130 テストパターン
1150 オープニングメロディ
1200 OTVニュース
1210 一曲どうぞ
1215 歌う青春列車 (KR)
1245 料理手帖「鯨肉のロール
　　 カツとミカンのサラダ」
1300 歌のスケッチ 小坂一也
1305 おしらせ◇放送休止
1430 テストパターン
1450 オープニングメロディ
1500 大相撲春場所十日目
　　（府立体育館 OTV/NTV）
　　 三保ヶ関 佐渡ヶ嶽
1800 OTVニュース
1805 不思議の国のおじさん
1815 名犬リンチンチン
1845 テレビガイド
1850 朝日新聞テレビニュース
1900 テレビ浮世亭
　　 波呂・治呂 喜代子・柳枝
1930 ゼネラル劇場
　　 水戸黄門漫遊記 (KR)
2000 山一名作劇場 (NTV)
　　 本日休診
2030 歌のヒットパレード (NTV)
　　「映画スターの夕べ」
　　 岡田茉莉子 高島忠夫
　　 久保菜穂子
2100 近鉄パールアワー
　　「火星の大地主」
　　 エンタツ 丘みどり
2115 ピアス劇場 (KR)
　　 雨だれ母さん
　　 笠置シヅ子 殿山泰司他
2145 ミナロン・ドリームサロン
　　 前田知子 大伴千春
　　 ジョージ岡
2200 戦慄の旅券「リマ編」
2230 テレビガイド
2235 OTVニュース
2247 あしたのお天気
2250 おしらせ◇放送終了

●3月20日（水）

1130 テストパターン
1150 オープニングメロディ
1200 OTVニュース
1210 一曲どうぞ
1215 ファッションミュージック
　　(KR) 沢村みつ子他
1245 料理手帖 いかの酢
1300 歌のスケッチ 高田浩吉
1305 おしらせ◇放送休止
1430 テストパターン
1450 オープニングメロディ
1500 大相撲春場所十一日目
　　（府立体育館 OTV/NTV）
1800 OTVニュース
1805 エノケンの孫悟空 (KR)
1835 ポケット劇場・
　　 アラムの冒険 道化座
1850 毎日新聞テレビニュース
1900 いざこ座ミュージカルス
　　(KR)「俺たちふたりで一人前」
　　 丹下キヨ子 水の江滝子他
1930 歌はあなたとともに (NIV)
　　 真木不二夫他
2000 大阪の顔(OTV)「とりかご」
　　 告川雅恵 他
2030 サムライ大学 (NTV)
　　 灰田勝彦 中村芽衣子他
2100 コント千一夜
　　 森光子 西山嘉孝他
2115 村上元三アワー (NTV)
　　「まぼろしの塔」
　　 岩井半四郎 富士眉他
2145 ニッケ・ジャズパレード
　　(NTV) 越路吹雪
2200 芸能トピックス
2215 劇映画「京の友禅」
　　 権十郎 藤乃高子
　　 終了後、OTVニュース
2245 OTVニュース
2252 あしたのお天気
2255 おしらせ◇放送終了

●3月21日（木）

1130 テストパターン
1150 オープニングメロディ
1200 OTVニュース
1210 一曲どうぞ
1215 テレビ寄席 (KR)
　　 牧野周一 三升家小勝
1245 料理手帖 行楽用のり巻
1300 歌のスケッチ 島倉千代子
1305 コメディ・奥様こんにちワ
1320 短編映画「広重」
1345 お彼岸特集
　　 マジックショー
　　 立体落語：円歌
　　 民謡じまん：九州編
1445 漫才 小菊・東洋
1500 大相撲春場所十二日目
　　（府立体育館 OTV/NTV）
1800 OTVニュース
1815 ペンギン劇場「宝島」
　　 竹田人形座
1840 テレビガイド
1850 朝日新聞テレビニュース
1900 スーパースターメロディ
　　(KR) 渡辺はま子他
1930 宝塚ファンコンテスト
　　 寿美花代他（公開放送）
2000 ロビンフッドの冒険
2030 鞍馬天狗 (KR)
　　「山嶽党奇談」
2100 ダイハツワールドスポーツ
2115 ムーラン劇場 (NTV)
　　「虚説国定忠治」
　　 野々浩介 音羽美子
2145 そこが見たい (NTV)
2200 忠臣蔵の人々 (KR)
　　「赤垣源蔵」
2230 私のコレクション
2245 OTVニュース
2250 テレビガイド
2302 あしたのお天気
2305 おしらせ◇放送終了

●3月22日（金）

1130 テストパターン
1150 オープニングメロディ
1200 OTVニュース
1210 一曲どうぞ
1215 愉快な週刊誌（KR）
　　 朝雲ゆたか 歌奴
1245 料理手帖
　　 サバの白ぶどう酒煮
1300 歌のスケッチ 小坂一也
1430 テストパターン
1450 オープニングメロディ
1500 大相撲春場所十三日目
　　（府立体育館 OTV/NTV）
1800 OTVニュース
1805 明るい家庭「家庭の照明」
1820 テレビ紙芝居・6助がん
　　 ばれ 石田秀樹
　　 吉田澄代他
1835 テレビ動物園
　　「冬眠する動物」
1850 朝日新聞テレビニュース
1900 テレビびびよ大学 (KR)
1930 花王ワンダフルクイズ
　　(NTV)
2000 京阪ゼスチャーゲーム
2030 特ダネを逃がすな (KR)
2100 野球教室 徳網茂
2115 陽気なコーリス
2145 三越映画劇場
2200 ムードミュージック・ショー
　　「ある夜の出来ごと」
2215 ごめんあそばせ (NTV)
　　 相馬千恵子 東野
2230 写真教室
2245 テレビガイド
2250 OTVニュース
2302 あしたのお天気
2305 おしらせ◇放送終了

●3月23日（土）

1130 テストパターン
1150 オープニングメロディ
1200 OTVニュース
1210 一曲どうぞ
1215 ジャズタイム
　　 中村八大 三宅光子
1245 料理手帖
　　「鰆のキャベツ巻」
1300 歌のスケッチ
　　 コロムビア・ローズ
1305 インターバル
1315 全国温泉コンクール
　　 ベスト10
　　◇おしらせ◇放送休止
1430 テストパターン
1450 オープニングメロディ
1500 大相撲春場所十四日目
　　（府立体育館 OTV/NTV）
　　 解説：三保ヶ関佐渡ヶ嶽
　　 実況：佐土 杉本アナ
1800 OTVニュース
　　 あすのお天気
1815 素人のど競べ (NTV)
1845 テレビガイド
1850 毎日新聞テレビニュース
1900 歌のパレード (KR) 岡本
　　 敦郎　船山裕二
　　 浅草ゆめ子 瀬川伸
1930 ほろにがショー・
　　 何でもやりまショー (NIV)
2000 明日は日曜日 (NIV)
　　「新婚旅行」
2030 シャープ劇場
　　 のり平喜劇教室 (NTV)
2100 メトロニュース
2115 日真名氏飛び出す (KR)
　　「四階の窓」前編
2145 ダイナミックグローブ (NIV)
　　 福地－横山
　　 高橋－長谷川
2230 ソール・アチャラカ劇場
　　「春の幽霊」瀧雅雄
　　 南亜子 平凡太郎他
2245 テレビガイド
2250 OTVニュース
2302 あしたのお天気
2305 おしらせ◇放送終了

●3月24日（日）

1125 テストパターン
1140 経済サロン「貿易業界」
　　 岩井雄二郎 大井治
1200 OTVニュース
1210 テレビガイド
1215 クラブ劇場・歌えば楽し
　　「夢みる人」
　　 パイロン・パーマー他
1245 新阪大阪五人娘「無精髭」
　　 輪島由紀子他
1300 おしらせ◇放送休止
1330 テストパターン
1400 大相撲春場所千秋楽
　　（府立体育館 OTV/NTV）
　　 秀ノ山 三保ヶ関
1800 海外トピックス
1810 ミュージイ絵本「夢の竜宮」
1830 私も出まショー (NTV)
1900 ジャングル・ジム
　　「死の黒真珠」
1930 森永No1ショー (NTV)
　　 曽根史郎 野村雪子
　　 藤本二三代 神楽坂浮子
2000 遠山桜江戸っ子奉行
　　（松竹演芸場）
　　 中神弘子 長門博他
2100 東芝日曜劇場
　　「人情噺・芝浜皮財布」(KR)
　　 松緑 権十郎他
2200 ダイハツスポーツウィクリー
2215 ゴルフ教室
2235 OTVニュース
2247 あしたのお天気
2250 おしらせ◇放送終了

●3月25日（月）

- 1130 テストパターン
- 1150 オープニングメロディ
- 1200 OTV ニュース
- 1210 一曲どうぞ
- 1215 映画の窓（KR）
    「悪人への貢物」
- 1245 料理手帖「芙蓉麺」
- 1300 歌のスケッチ
    「東京だよおっかさん」
    島倉千代子
- 1305 おしらせ◇放送休止
- 1645 テストパターン
- 1715 座談会
    「春場所受賞者の集い」
    秀ノ山
- 1754 OTV ニュース
- 1800 世紀のKOシリーズ
    世界ヘビイ級
- 1815 ポポンタイム
    この人を（NTV）
    越智正典アナ 藤波京子
- 1845 テレビガイド
- 1850 朝日新聞テレビニュース
- 1900 言わぬか花 蝶々・雄二
    エンタツ 森光子
- 1930 太閤記（NTV）「藤吉郎編」
    大川橋蔵 服部哲治
    鈴木光枝
- 2000 ニチボーアワー
    喜劇天国（NTV）
    「もちろん」榎本健一
- 2030 ナショナル劇場・
    てんてん娘（KR）
- 2100 お好み浪花寄席
    林家染丸
- 2115 ウロコ座（KR）
    「茅の屋根」守田勘弥
    藤間紫 中村又五郎
- 2145 大丸ミュージカル・
    ショーウインドー
    G斎田 原田信夫 他
- 2200 OTV 週間世界ニュース
- 2215 テレビガイド
- 2220 OTV ニュース
- 2232 あしたのお天気
- 2235 おしらせ◇放送終了

●3月26日（火）

- 1130 テストパターン
- 1150 オープニングメロディ
- 1200 OTV ニュース
- 1210 一曲どうぞ
- 1210 歌う青春列車（KR）
- 1245 料理手帖 貝柱料理二種
    井上幸作
- 1300 歌のスケッチ 小坂一也
- 1305 おしらせ◇放送休止
- 1720 テストパターン
- 1742 オープニングメロディ
- 1751 あしたのお天気
- 1754 OTV ニュース
- 1805 海外トピックス
- 1815 名犬リンチンチン
    「白い野牛」
- 1845 テレビガイド
- 1850 毎日新聞テレビニュース
- 1900 テレビ浮世亭
    菊二・松枝 右楽・左楽
- 1930 ゼネラル劇場
    水戸黄門漫遊記（KR）
- 2000 山一名作劇場（NTV）
    本日休診
    清水将夫 高原駿雄他
- 2030 歌のヒットパレード（NTV）
    武井義明 築地容子
    星野みよ子
- 2100 近鉄パールアワー
    「吉野の里」
    中村あやめ 関本勝
- 2115 ピアス劇場
    雨だれ母さん（KR）
    笠置シヅ子 殿山泰司他
- 2145 ミナロン・ドリームサロン
    大伴千春 ジョージ岡
- 2200 戦慄の旅券「ロンドン編」
    （NTV）旗照夫 他
- 2230 テレビガイド
- 2235 OTV ニュース
- 2247 あしたのお天気
- 2250 おしらせ◇放送終了

●3月27日（水）

- 1135 テストパターン
- 1150 オープニングメロディ
- 1200 OTV ニュース
- 1210 ファッションミュージック
    （KR）築地容子
- 1240 テレビガイド
- 1245 料理手帖
    「春の野山蒸し卵」
- 1300 歌のスケッチ 高田浩吉
- 1305 おしらせ◇放送休止
- 1340 テストパターン
- 1400 歌劇「夫婦善哉」
    （大阪産経会館）
    樋口栄 木村四郎
    ◇おしらせ◇放送休止
- 1720 テストパターン
- 1742 オープニングメロディ
- 1751 あしたのお天気
- 1754 OTV ニュース
- 1800 エノケンの孫悟空（KR）
- 1830 ポケット劇場・アラムの冒険
    「湖底の宮殿」
- 1850 毎日新聞テレビニュース
- 1900 いざこ座ミュージカルス
    （KR）俺たちゃ二人で一人前
- 1930 歌はあなたとともに（NTV）
    白根一男 神楽坂浮子
- 2000 大阪の顔（OTV）「きもの」
    荒木雅子 山村弘三
- 2030 サムライ大学（NTV）
    「仇討騒動の巻」
- 2100 コント千一夜
    森光子 北村栄二 他
- 2145 ニッケ・ジャズパレード
- 2200 芸能トピックス
- 2210 カブキ「番町皿屋敷」
    又五郎 訥升
- 2245 OTV ニュース
- 2257 あしたのお天気
- 2300 おしらせ◇放送終了

●3月28日（木）

- 1130 テストパターン
- 1150 オープニングメロディ
- 1200 OTV ニュース
- 1210 一曲どうぞ
- 1215 テレビ寄席（KR）
    講談「荒茶の湯」宝井馬琴
- 1245 料理手帖 若竹蒸し
- 1300 歌のスケッチ 島倉千代子
- 1305 コメディ・奥様こんにちワ
    高橋芙美子 北村英三
- 1320 おしらせ◇放送休止
- 1730 テストパターン
- 1742 オープニングメロディ
- 1751 あしたのお天気
- 1754 OTV ニュース
- 1800 漫才 虹子・寿郎
- 1815 ペンギン劇場「宝島」（KR）
    竹田人形座
- 1845 テレビガイド
- 1850 朝日新聞テレビニュース
- 1900 スーパースターメロディ
    （KR）藤島恒夫 藤本二三代
    フランク永井
- 1930 宝塚ファンコンテスト
    黒木ひかる（公開放送）
- 2000 ロビンフッドの冒険
- 2030 鞍馬天狗（KR）
    「山嶽党奇談」
- 2100 ダイハツワールドスポーツ
- 2115 ムーラン劇場（NTV）
    「虚説国定忠治」
    野々浩介 音羽美子
- 2145 そこが見たい「これも商売」
- 2200 忠臣蔵の人々（KR）
    「赤垣源三」片岡市蔵
- 2230 私のコレクション
- 2245 テレビガイド
- 2250 OTV ニュース
- 2302 あしたのお天気
- 2305 おしらせ◇放送終了

●3月29日（金）

- 1135 テストパターン
- 1150 オープニングメロディ
- 1200 OTV ニュース
- 1215 愉快な週刊誌（KR）
- 1240 テレビガイド
- 1245 料理手帖「パンケーキ」
    小林孝二
- 1300 歌のスケッチ 小坂一也
- 1305 おしらせ◇放送休止
- 1720 テストパターン
- 1742 オープニングメロディ
- 1751 あしたのお天気
- 1754 OTV ニュース
- 1800 明るい家庭「春の写真」
    鈴木泰全
- 1815 テレビ紙芝居・6助がん
    ばれ 石田茂樹
    吉田澄代他
- 1830 テレビ動物園「動物の四季」
- 1845 テレビガイド
- 1850 毎日新聞テレビニュース
- 1900 テレビぴよぴよ大学（KR）
- 1930 花王ワンダフルクイズ
    （NTV）
- 2000 京阪ゼスチャーゲーム
- 2030 特ダネを逃がすな（KR）
- 2100 野球教室
    「選抜高校野球展望」
- 2115 陽気なコーリス
- 2145 三越映画劇場
- 2200 夜の阿呆抄（KR）
    森川信 沖くるみ
- 2215 ごめんあそばせ（NTV）
- 2230 写真教室
    「はじめてとった写真」
- 2245 テレビガイド
- 2250 OTV ニュース
- 2302 あしたのお天気
- 2305 おしらせ、終了

●3月30日（土）

- 1135 テストパターン
- 1150 オープニングメロディ
- 1200 OTV ニュース
- 1210 一曲どうぞ
- 1215 ジャズタイム（KR）
- 1245 料理手帖「花見向きのおすし」
- 1300 歌のスケッチ
    コロムビア・ローズ
- 1305 ジャズ「十二番街のラグ」
    「私の理想」
- 1330 OTV スポーツファンシート
    プロ野球 巨人―国鉄
    （後楽園）
    ◇おしらせ◇放送休止
- 1640 テストパターン
- 1710 オープニングメロディ
- 1720 劇場「はるかなる南極」
    永田隊長 山本宗谷航海長
    鳥居海上保安庁長官
- 1754 OTV ニュース
- 1800 趣味の盆石 黒田玉峯他
- 1815 素人のど競べ（NTV）
- 1845 テレビガイド
- 1850 朝日新聞テレビニュース
- 1900 歌のパレード（KR）
    林伊佐緒 中島孝他
- 1930 ほろにがショー・
    何でもやりまショー（NIV）
- 2000 明日は日曜日（NTV）
- 2030 シャープ劇場
    のり平喜劇教室（NTV）
    「サラリーマン交響楽」
- 2100 メトロニュース
- 2115 日真名氏飛び出す（KR）
    「四階の窓」解決編
- 2145 ダイナミックグローブ（NIV）
    中西―小坂
- 2230 ソール・アチャラカ劇場
    「花嫁はどこにもいる」
    瀧雅権 南亜子
    平凡太郎他
- 2245 テレビガイド
- 2250 OTV ニュース
- 2302 あしたのお天気
- 2305 おしらせ◇放送終了

●3月31日（日）

- 1125 テストパターン
- 1140 経済サロン
    「日本の電力事情と
    原子力発電
    太田垣士郎他
- 1200 OTV ニュース
- 1210 テレビガイド
- 1215 クラブ劇場・歌えば楽し
    「クラシック集」
- 1245 新版大阪五人娘
- 1300 OTV スポーツファンシート
    プロ野球 中日―阪神
    （中日）
- 1520 競馬レース実況「桜花賞」
    （阪神競馬場）
- 1600 プロ野球 巨人―国鉄
    （後楽園）
- 1745 海外トピックス
- 1751 あしたのお天気
- 1754 OTV ニュース
- 1800 ミュージイ絵本
    「羽衣と少女」
- 1830 私も出ましョー（NTV）
    三和完児 かしまし娘
    木塚恵助 望月太明蔵
- 1900 ジャングル・ジム
- 1930 森永No1ショー（NTV）
- 2000 劇場中継「修善寺物語」
    かたばみ座
- 2100 東芝日曜劇場「十三夜」
    （KR）樋口一葉作
    水谷八重子 大矢市次郎
    伊志井寛 花柳武始 他
- 2200 ダイハツスポーツウィクリー
- 2215 ゴルフ教室
    石井廸夫 福井正一
- 2235 OTV ニュース
- 2247 あしたのお天気
- 2250 おしらせ◇放送終了

これがOTVだ　1957年3月

【単発番組】

●マンガと野球のひなまつり

3月3日（日）9：00〜17：00

OTVのひなまつり特別編成。児童合唱を皮切りに漫画、野球中継、バレエなど全三部構成。

・漫画映画（24本）9：15〜11：40

ひなまつり特別編成第一部。「ジャックと豆の木」「ウサギとカメの決勝戦」「瓜子姫とあまんじゃく」「森の野球団」「みつばちマーヤの冒険」「イワンのばか」など一挙24本を放送。

・バレエひなまつり　15：30〜　特集の第三部。

●歌劇「夫婦善哉」

3月27日（木）14：00〜（大阪産経会館）

武智鐵二演出、樋本栄、木村史郎。ネット放送。

●競馬実況「桜花賞」

3月31日（日）15：20〜

野球中継に割り込む形で阪神競馬場から初の競馬中継、ネット。ミスオンワードが優勝。

【新番組】

【3月1日（金）】

●ウエスト写真教室

（〜1957年5月24日）

金22：30〜22：50　金丸重嶺氏による番組。第一回は石黒敬七氏の珍しい資料を用いて写真の今昔について。

【3月2日（土）】

●テレビ服飾サロン（全3回）

3月2日（土）13：05〜13：35 田中千代

4月1日（土）12：10〜12：40 藤川延子

6月1日（土）12：10〜12：40 藤川延子

新番組。「ジャズタイム」や劇場中継、高校野球などの合間を縫って3回放送したが、三つが同じシリーズかどうか不明。

【3月7日（木）】

●私のコレクション

（〜8月29日、10月3日〜1958年8月7日）

木22：30〜22：50　各界有名人の収集品を紹介。OTVF制作。

【3月11日（月）】

●一曲どうぞ

（〜1958年6月30日　月〜土）

昼のニュースや料理手帖の後に放送されたポケット・ミュージック番組。人気の流行歌を連日同じ時間に繰り返し放送。

【3月14日（木）】

●奥様、今日は

（〜5月2日）13：05〜

高橋芙美子がエプロンマダムで出演。KR制作のラジオコメディ「ウッカリ夫人とチャッカリ夫人のテレビ版」とも言われた。構成・岡田比呂志。トークショー「奥様こんにちワ」（1957年5月3日〜）とは別番組。

1957年 4月

1日　第29回選抜高校野球大会中継を開始。「電子管方式によるカウント表示器」をはじめて使用。

同日、北海道放送（HBC）テレビが本放送を開始。手稲山山頂から発射された第1チャンネルの電波は北海道全体の7割を一挙にカバー。「初めてみたテレビはHBC」という地域が全道あちこちに誕生。

4日　「岩崎洋シンギング・ピアノ・リサイタル」OTV後援により産経会館で開催。

6日　「のり平喜劇教室」OTV制作分が外国誌で紹介された。

9日　貝谷八百子バレエ団「くるみ割人形」を後援。産経会館。

12日　広島県三原市沖合で定期船「第五北川丸」が沈没。報道部は現地へ急行した。

13日　プロ野球公式戦「阪急―南海」を西宮球場から中継。OTV発の公式戦実況中継。

20～25日　第三回「全関西オーディオ・フェアとビデオ展」を後援。

21日には三越劇場で人形劇団クラルテ公演メタリニコフ作「鳥の乳」を主催。

23日　高島屋で日本カクタス協会主催「第1回シャボテンの展覧会」を後援した。

8月をめどにOTVは早朝番組の実施を検討していることを発表。NTVと同様に短尺番組を並べた時計代わりのプログラムを7～9時に放送する計画で、夏休み番組などを取り入れて7～9月をめどに検討中と発表した。今シーズンのプロ野球中継枠を水、土、日とし、ナイターだけでなく、午後、ダブルヘッダーの第二戦も放送すると発表した。

をどりの春 ～4月の舞踊公演中継～

京都も大阪も4月は踊りの季節である。

1872（明治5）年、京都博覧会の特別企画として始められた祇園甲部歌舞練場での「都をどり」や、それをモデルに大阪の花街がはじめた蘆辺踊り、浪花踊りはいずれも4～5月の行事として定着し、それぞれ晩春の季語にもなった。

OTVは「都おどり」は毎年、「浪花踊り」は2回、「蘆辺踊り」は1回中継した。

●都をどり（祇園甲部歌舞練場）

万亭・杉浦治郎右衛門と三世井上八千代の企画によって始められた。全編総踊りで幕間なし。さまざまな名所や歴史の名場面を折りこんだ長唄で紹介しながら踊り通す、およそ1時間の公演。

・「都をどり・謡曲平家物語」
1957年4月19日（金）13：05～

・「都をどり・風流京洛の四季」
1958年4月26日（土）13：45～14：20
　吉井勇作詞、井上八千代振付

・「都をどり・夢模様謡曲絵巻」
1959年4月9日（木）16：00～

●蘆辺踊り（文楽座）

　1888年大阪・難波新地（南地）の五つの花街が芸妓総出で始めたもの。歌詞は相愛女学校・久保田蓬庵師、振付は楳茂都扇性。踊手の群舞に工夫を凝らした絢爛豪華さが特徴といわれる。
・第60回「あしべ踊り西鶴五人女」
　1957年4月15日（月）13：05〜

●浪花おどり

　大阪では南地の蘆辺踊り、堀江の木花踊のほかに、新町の浪花踊、5月は北新地の浪花踊があった。
・「浪花おどり・情の花道」（大阪産経会館）
　1957年5月13日（月）12：30〜13：20
　北新地連中
・「第28回・大阪画暦」（毎日ホール）
　1958年5月13日（火）13：15〜15：00
　曽根崎新地連中

●名古屋おどり（御園座）

　京都・大阪・東京の舞踊公演とは違い、芸妓でない地元のひとつの流派が主催している。
・「名古屋おどり・舞扇花姿絵」（CBC）
　1957年9月14日（土）13：35〜14：30
　西川鯉三郎一門

●東をどり

　東京・新橋の花街の芸妓が総出演する公演で、1925年、新橋演舞場柿落とし公演で初演された。
・「東をどり・今様蓬莱山」（KRT）
　1959年4月8日（水）13：30〜

　このほか、劇場主催による芸能人の舞踊公演も中継された。

●松竹歌劇団（大劇）
・大阪松竹歌劇団「秋のおどり」全20景
　1957年10月17日（木）13：00〜

●北野劇場
・「北野秋のおどり」
　1958年11月3日（月）13：25〜
　ジェームス繁田、黒岩三代子、
　雪村いづみ　佐々十郎　茶川一郎

●日劇
・ナショナル日曜テレビ観劇会
　日劇公演「夏のおどり」
　1958年7月27日（日）14：15〜
　雪村いづみ

・ナショナル日曜テレビ観劇会
　日劇公演「秋のをどり」
　1958年11月16日（日）13：15〜
　水谷良重　中島潤他

　さらに、これはスタジオ作品であるが、宝塚歌劇の作・演で、都をどりをイメージした一幕のメドレーによる作品である。

●宝塚歌劇団
・宝塚テレビ劇場「宝塚おどり 寿初春絵巻」
　1958年1月16日（木）19：30〜20：00
　神代錦　南悠子他

秋の東をどりはNTVが放送

●4月1日（月）
- 830 テストパターン◇おしらせ
- 850 第29回選抜高校野球
　　　入場式（甲子園）
　　　第一試合（甲子園）
- 1200 OTV ニュース
- 1210 一曲どうぞ
- 1215 映画の窓（KR）
　　　「映画の誕生」
- 1245 料理手帖「えびサラダボール」辻勲
- 1300 歌のスケッチ
　　　「東京だよおっかさん」
　　　島倉千代子
- 1305 おしらせ◇放送休止
- 1730 テストパターン
- 1742 オープニングメロディ
- 1751 あしたのお天気
- 1754 OTV ニュース
- 1800 スポーツクラブ「体操」
- 1815 ポポンタイム
　　　この人を（NTV）
　　　越智正典アナ 藤波京子
- 1845 テレビガイド
- 1850 毎日新聞テレビニュース
- 1900 言わぬが花　セブン
　　　大津美子
- 1930 太閤記（NTV）「藤吉郎編」
　　　大川太郎 服部哲治 他
- 2000 ニチボーアワー喜劇天国
　　　（NTV）「四月一日」
　　　ロッパ 並木一路
　　　平凡太郎
- 2030 ナショナル劇場・
　　　てんてん娘（KR）
- 2100 お好み浪花寄席
- 2115 ウロコ座（KR）
　　　「藤十郎の恋」
　　　市川海老蔵 尾上梅幸
- 2145 月曜対談・2つの椅子
　　　今東光 吉村正一郎
- 2200 OTV 週世界ニュース
- 2215 テレビガイド
- 2220 OTV ニュース◇お天気
- 2235 おしらせ◇放送終了

●4月2日（火）
- 930 テストパターン◇おしらせ
- 950 第29回選抜高校野球二日目
　　　第一試合（甲子園）
- 1200 OTV ニュース
- 1210 服飾サロン 藤川延子
- 1245 料理手帖
　　　「タケノコと木の芽」
- 1300 歌のスケッチ 小坂一也
- 1305 おしらせ◇放送休止
- 1730 テストパターン
- 1742 オープニングメロディ
- 1751 あしたのお天気
- 1754 OTV ニュース
- 1800 不思議の国のおじさん
　　　一陽斎正一
- 1815 名犬リンチンチン
- 1845 テレビガイド
- 1850 朝日新聞テレビニュース
- 1900 テレビ浮世亭
　　　米朝 捨丸・春代
- 1930 ゼネラル劇場
　　　水戸黄門漫遊記（KR）
　　　「古寺の怪」前篇
- 2000 山一名作劇場（NTV）
　　　「小僧の神様」木村功
　　　鈴木善夫 加藤治子他
- 2030 歌のヒットパレード（NIV）
- 2100 近鉄パールアワー・
　　　のんきな一族
　　　エンタツ 三角八重
- 2115 ピアス劇場
　　　雨だれ母さん（KR）
　　　笠置シヅ子 殿山泰司他
- 2145 ミナロン・ドリームサロン
　　　大伴千春 ジョージ岡
- 2200 戦慄の旅券
　　　シーザーロメロ他
- 2230 テレビガイド
- 2235 OTV ニュース
- 2247 あしたのお天気
- 2250 おしらせ◇放送終了

●4月3日（水）
- 1135 テストパターン
- 1150 オープニングメロディ
- 1200 OTV ニュース
- 1210 一曲どうぞ
- 1215 ファッションミュージック
　　　（KR）中原美紗緒 芦野宏
- 1245 料理手帖「カツオのたたき」
　　　辻徳光
- 1300 歌のスケッチ 島倉千代子
　　　「逢いたいなあの人に」
- 1305 おしらせ◇放送休止
- 1355 テストパターン
- 1410 オープニングメロディ
- 1420 OTV スポーツファンシート
　　　プロ野球 阪神ー国鉄
　　　（後楽園）
- 1751 あしたのお天気
- 1754 OTV ニュース
- 1800 エノケンの孫悟空（KR）
　　　正蔵 一歩・道雄
- 1830 ポケット劇場「白雪姫」
- 1845 テレビガイド
- 1850 朝日新聞テレビニュース
- 1900 いざこ座ミュージカルス（KR）
　　　俺たちゃ二人で一人前
- 1930 歌はあなたとともに（NIV）
- 2000 大阪の顔（OTV）「おぼろ朝」
　　　朝雲照代他
- 2030 サムライ大学（NTV）
　　　灰原勝彦 中川妙子他
- 2100 コント千一夜
　　　森光子 西山嘉孝他
- 2115 次郎長三国志（NTV）
　　　「桶屋の鬼吉」水島道太郎
　　　沢村国太郎他
- 2145 ニッケ・ジャズパレード
　　　（NTV）星野みよ子
- 2200 芸能トピックス
- 2215 OTV ニュース
- 2245 あしたのお天気
- 2250 おしらせ◇放送終了

●4月4日（木）
- 1130 テストパターン
- 1150 オープニングメロディ
- 1200 OTV ニュース
- 1215 テレビ寄席（KR）
- 1245 料理手帖 タイ茶
- 1300 歌のスケッチ 島倉千代子
- 1305 コメディ・奥様こんにちワ
- 1320 おしらせ◇放送休止
- 1725 テストパターン
- 1742 オープニングメロディ
- 1751 あしたのお天気
- 1754 OTV ニュース
- 1800 短編映画
- 1815 ペンギン劇場「宝島」（NIV）
　　　竹田人形座
- 1845 テレビガイド
- 1850 毎日新聞テレビニュース
- 1900 スーパースターメロディ（KR）
　　　財前和夫アナ 小畑実
　　　青木はるみ 石井千恵
- 1930 宝塚ファンコンテスト
　　　黒木ひかる（公開放送）
- 2000 ロビンフッドの冒険
　　　「村の求婚」
- 2030 鞍馬天狗（KR）
　　　「山嶽党奇談」
- 2100 ダイハツワールドスポーツ
- 2115 ムーラン劇場（NTV）
　　　「虚談国定忠治」
　　　渡り鳥エレジーの巻
　　　野々浩介 音羽美子
- 2145 そこが見たい
- 2200 忠臣蔵の人々（KR）
　　　「毛利小平太」前篇
　　　木村功 鈴木善夫
　　　加藤治子 島田妙子
- 2230 私のコレクション
　　　山根寿子
- 2250 OTV ニュース
- 2302 あしたのお天気
- 2305 おしらせ◇放送終了

●4月5日（金）
- 1135 テストパターン
- 1150 オープニングメロディ
- 1200 OTV ニュース
- 1210 テレビガイド
- 1215 テレビボードビル
　　　芸能百貨店 第一回
- 1245 料理手帖 堀越フサエ
- 1300 歌のスケッチ 小坂一也
- 1305 第29回選抜高校野球
　　　第三、四試合（甲子園）
　　　解説：井口新次郎 他
- 1751 あしたのお天気
- 1754 OTV ニュース
- 1800 明るい家庭「小鳥」
- 1815 テレビ紙芝居・6助がんばれ 石田茂樹
　　　吉田澄代他
- 1830 テレビ動物園
- 1850 毎日新聞テレビニュース
- 1900 テレビぴよぴよ大学（KR）
- 1930 花王ワンダフルクイズ（NIV）
- 2000 京阪ゼスチャーゲーム
- 2030 特ダネを逃がすな（KR）
　　　「焔の舞扇」佐伯徹
- 2100 野球教室
　　　「選抜高校野球特集」
- 2115 陽気なコーリス
- 2145 三越映画劇場
- 2200 夜の阿呆抄（KR）
　　　小野田勇 沖くるみ
- 2230 写真教室「動物の写真」
　　　古関忠道
- 2250 テレビガイド
- 2255 OTV ニュース
- 2307 あしたのお天気
- 2310 おしらせ◇放送終了

●4月6日（土）
- 950 テストパターン
- 1010 オープニング・メロディ
- 1020 OTV ニュース
- 1030 料理手帖 君和田民枝
- 1045 歌のスケッチ 君和田民枝
- 1050 第29回選抜高校野球準決勝
　　　（甲子園）【試合ない時】
- 1130 テストパターン
- 1150 オープニングメロディ
- 1200 OTV ニュース
- 1210 一曲どうぞ
- 1215 ジャズタイム
- 1245 料理手帖 のっぺいそば
- 1300 歌のスケッチ おしらせ
- 1725 あしたのお天気
- 1754 OTV ニュース
- 1800 ホームアルバム「江戸美術」
- 1815 素人のど競べ（NTV）
- 1840 テレビガイド
- 1850 朝日新聞テレビニュース
- 1900 歌のパレード（KR）
　　　髙島忠夫 ディック・ミネ
- 1930 ほろにがショー（NIV）
　　　何でもやりショー
- 2000 明日は日曜日（NTV）
　　　「あごひげ物語」
- 2030 シャープ劇場
　　　のり平喜劇教室（NTV）
　　　「かけもち社員」
　　　※この日OTV制作
- 2100 メトロニュース
- 2115 日真名氏飛び出す（KR）
　　　「月の女神」前篇
- 2145 ダイナミックグローブ
　　　（NTV・浅草公会堂）
- 2230 ソール・アチャラカ劇場
　　　「空巣のシーズン」
　　　瀧雅也 南亜子
　　　平凡太郎他
- 2245 テレビガイド
- 2250 OTV ニュース
- 2302 あしたのお天気
- 2305 おしらせ◇放送終了

●4月7日（日）
- 1100 テストパターン
- 1130 経済座談会
　　　「景気はどう動く」
　　　粂川義男 大島昭
- 1200 OTV ニュース
- 1215 クラブ劇場・歌えよ楽し
　　　「歌の宇宙旅行」
- 1245 新版大阪五人娘
- 1330 第29回選抜高校野球
　　　優勝戦（甲子園）
- 1600 OTV スポーツファンシート
　　　プロ野球 毎日ー南海
　　　（後楽園）
- 1745 映外トピックス
- 1753 あしたのお天気
- 1754 OTV ニュース
- 1900 キンピラ先生青春記（KR）
　　　第一回「きんぴら先生登場す」中原早苗
　　　沼田曜一 桂典子他
- 1830 私も出まショー（NTV）
　　　三和完児 暁テル子
　　　円歌他
- 1900 ジャングル・ジム
　　　「ジャングルの掟」
- 1930 森永No1 ショー（NTV）
　　　浜村美智子 市丸
- 2000 劇場中継「おさだの仇討」
　　　中村時蔵 市川松蔦
- 2100 東芝日曜劇場
　　　「浮舟」（KR）
　　　北条秀司書き下ろし
　　　松本幸四郎 守田勘弥
　　　岡田茉莉子（TV初出演）
　　　細川ちか子他
- 2200 ダイハツスポーツウィクリー
- 2215 ゴルフ教室
　　　石井廸夫 福井正一
- 2235 OTV ニュース
- 2247 あしたのお天気
- 2250 おしらせ◇放送終了

第2章「熱狂」

●4月8日（月）
1135 テストパターン
1150 オープニングメロディ
1200 OTV ニュース
1210 テレビガイド
1210 一曲どうぞ
1215 映画の窓 (KR) イタリア映画
　　　「愛は惜しみなく」
　　　ラフ・ヴァローネ 他
1245 料理手帖
　　　トルコ風のロールキャベツ
1300 一曲どうぞ 島倉千代子
1305 おしらせ◇放送休止
1730 テストパターン
1751 あしたのお天気
1754 OTV ニュース
1800 スポーツクラブ「ゴルフ」
1815 ポンパイタイム この人を(NTV)
　　　越前正典アナ 藤波京子
1845 テレビガイド
1850 毎日新聞テレビニュース
1900 言わぬが花 蝶々・雄二
　　　灰田勝彦 いとしこいし
1930 太閤記 (NTV)「藤吉郎編」
　　　大川太郎 服部哲治
　　　鈴木光枝他
2000 ニチボーアワー
　　　喜劇天国 (NTV)
　　　「箱屋と芸者」金語楼
　　　旭照子 若水ヤエ子
　　　小桜京子
2030 ナショナル劇場・
　　　てんてん娘 (KR)
　　　宮城まり子他
2100 お好み浪花寄席
　　　漫談と声帯模写：藤田
　　　まこと
2115 ウロコ座 (KR)
　　　「残菊物語」前篇
　　　喜多村緑郎 水谷八重子
　　　花柳章太郎他
2145 月曜対談・2つの椅子
2200 OTV 週間世界ニュース
2215 OTV ニュース
2227 あしたのお天気
2230 おしらせ◇放送終了

●4月9日（火）
1130 テストパターン
1150 オープニングメロディ
1200 OTV ニュース
1210 一曲どうぞ
1215 歌う青春列車 (KR)
1245 料理手帖「一口トンカツ」
　　　松下博子
1300 歌のスケッチ「港町十三番地」
　　　美空ひばり
1305 おしらせ◇放送休止
1725 テストパターン
1740 オープニングメロディ
1751 あしたのお天気
1754 OTV ニュース
1800 ディオール・ショー
　　　解説・岡田美智子
　　　モデル・伊東絹子 他
1815 名犬リンチンチン
1845 テレビガイド
1850 朝日新聞テレビニュース
1900 テレビ浮世亭
　　　ダイマル・ラケット
　　　夢丸・ひな子
1930 ゼネラル劇場
　　　水戸黄門漫遊記 (KR)
　　　「古寺の怪」後篇
　　　益田喜頓 柳沢真一
　　　渡辺篤
2000 山一名作劇場 (NTV)
　　　石中先生行状記
　　　「もすもすの巻」
　　　伊藤雄之助 日高澄子
　　　高田敏江 他 作・特別
　　　出演 石坂洋次郎
2030 歌のヒットパレード (NIV)
2100 近鉄パールアワー・
　　　のんきな一族
　　　エンタツ 三角八重
2115 ピアス劇場 雨だれ母さん
　　　(KR) 笠置シヅ子
　　　殿山泰司他
2145 ミナロン・ドリームサロン
　　　大伴千春 芦野宏
　　　ジョージ岡
2200 戦慄の旅券
　　　シーザーロメロ他
2235 OTV ニュース
2247 あしたのお天気
2250 おしらせ◇放送終了

●4月10日（水）
1135 テストパターン
1150 オープニングメロディ
1200 OTV ニュース
1210 一曲どうぞ
1215 ファッションミュージック
　　　(KR)
1245 料理手帖 辻徳光
1300 歌のスケッチ 島倉千代子
1305 おしらせ◇放送休止
1450 テストパターン
1510 OTV スポーツファンシート
　　　プロ野球 毎日―東映
　　　（後楽園）
　　　解説・中沢不二雄
1725 テストパターン
1742 オープニングメロディ
1751 あしたのお天気
1754 OTV ニュース
1800 エノケンの孫悟空 (KR)
　　　由利徹 花柳寛 他
1830 ポケット劇場「白雪姫」
1850 毎日新聞テレビニュース
1900 いざこ座ミュージカル (KR)
　　　俺たちゃ二人で一人前
　　　丹下キヨ子
　　　水の江滝子他
1930 歌はあなたとともに (NIV)
　　　霧島昇 船山裕二
　　　久慈あさみ
2000 大阪の顔 (OTV)「でっち」
2030 サムライ大学 (NTV)
2100 コント千一夜
　　　森光子 西山嘉孝他
2115 次郎長三国志 (NTV)
　　　「桶屋の鬼吉」水島道太郎
　　　沢村国太郎他
2145 ニッケ・ジャズパレード
　　　(NTV) ダークダックス
2200 芸能トピックス
2215 OTV ニュース
2227 あしたのお天気
2230 おしらせ◇放送終了

●4月11日（木）
1130 テストパターン
1150 オープニングメロディ
1200 OTV ニュース
1210 一曲どうぞ
1215 テレビ寄席 (KR)
　　　曲芸・三浦美奈子
　　　落語・桂小文治
　　　百歩 照子
1245 料理手帖「季節のてんぷら」
　　　菊山丈平
1300 歌のスケッチ
　　　コロムビアローズ
1305 コメディ・奥様こんにちは
　　　「結婚試験の巻」
1320 おしらせ◇放送休止
1725 テストパターン
1742 オープニングメロディ
1751 あしたのお天気
1754 OTV ニュース
1800 カメラだより北から南から
1815 ペンギン劇場「宝島」(NTV)
　　　吉田澄代他
1845 テレビガイド
1850 朝日新聞テレビニュース
1900 スーパースターメロディ (KR)
　　　財前和夫アナ
　　　久慈あさみ他
1930 宝塚ファンコンテスト
　　　星空ひかる他（公開放送）
2000 ロビンフッドの冒険
2030 鞍馬天狗 (KR)「山獄党奇談」
2100 ダイハツワールドスポーツ
2115 ムーラン劇場
　　　「虚説国定忠治」
　　　野々浩介 音羽美子
2145 おはこうら表 (NTV/OTV)
　　　ゲスト・朝比奈隆
　　　お相手・初音礼子
2200 忠臣蔵の人々 (KR)
　　　「毛利小平太」木村功他
2230 私のコレクション「鉄砲」
2250 OTV ニュース
2302 あしたのお天気
2305 おしらせ◇放送終了

●4月12日（金）
1150 オープニングメロディ
1200 OTV ニュース
1210 一曲どうぞ
1215 テレビボードビル
　　　芸能百貨店
　　　青葉笛子 石井すみ子
1245 料理手帖
　　　オムライス 平田武一他
1300 歌のスケッチ 小坂一也
1305 おしらせ◇放送休止
1725 テストパターン
1742 オープニングメロディ
1751 あしたのお天気
1754 OTV ニュース
1800 明るい家庭
　　　「のびゆく子供たち」
　　　自由学園作品展（大丸）
　　　から山室光子 学園生徒
　　　（座談会）
1815 テレビ紙芝居・6助がん
　　　ばれ 石田茂樹
1830 テレビ動物園
　　　「動物の親子」
1845 テレビガイド
1850 朝日新聞テレビニュース
1900 テレビぴよぴよ大学 (KR)
1930 花王ワンダフルクイズ
　　　(NTV)
2000 京阪ゼスチャーゲーム
2030 特ダネを逃がすな (KR)
2100 野球教室「捕手の守備」
　　　徳網茂也
2115 陽気なコーリス
2145 三越映画劇場
　　　「智恵子抄」ロケだより
2200 夜の阿呆砂 (NTV)
　　　安井昌二 忍節子
2215 ごめんあそばせ (NTV)
　　　安井昌二 忍節子
　　　小沢栄太郎
2230 写真教室 三笠宮
　　　金丸重嶺
2255 OTV ニュース
2307 あしたのお天気
2305 おしらせ◇放送終了
※この深夜 24:40 頃瀬戸内海・尾道
沖で第五北川丸沈没。終夜で救助作業
が行われた。

●4月13日（土）
1135 テストパターン
1150 オープニングメロディ
1210 紳士おしゃれ教室
　　　春の紳士の身だしなみ全
　　　般について 石津謙介
　　　ゲストモデル・有島一郎
1245 料理手帖「タコのやわらか煮」
　　　後藤輝次
1300 歌のスケッチ 君和田正枝
1305 テストパターン
1330 OTV スポーツファンシート
　　　プロ野球 阪急―南海
　　　（西宮）
　　　◇おしらせ◇放送休止
1725 テストパターン
1742 オープニングメロディ
1751 あしたのお天気
1754 OTV ニュース
1800 西の京めぐり（第一回）
　　　「薬師寺」
1815 素人のど競べ (NTV)
1845 テレビガイド
1850 毎日新聞テレビニュース
1900 歌のパレード (KR) 伊藤久男
　　　島倉千代子 村崎貞二
1930 ほろにが＼ョー―
　　　何でもやりまショー (NTV)
　　　司会・三國一朗
2000 明日は日曜日 (NTV)
2030 シャープ劇場
　　　のり平喜劇教室 (NTV)
　　　立原博 佐々十郎
2100 メトロニュース
2115 日真名氏飛び出す (KR)
　　　「月の女神」解決篇
2145 ダイナミックグローブ (NIV)
　　　（浅草公会堂）
　　　山口一石橋ほか
2230 ソール・アチャラカ劇場
　　　瀧雅弘 南亜子
　　　凡太郎他
2245 テレビガイド
2250 OTV ニュース
2302 あしたのお天気
2305 おしらせ◇放送終了

●4月14日（日）
11100 テストパターン
1130 経済サロン
　　　「ガス事業について」
　　　松井正他
1200 OTV ニュース
1210 テレビガイド
1215 クラブ劇場・歌えば楽し
　　　パイロンパーマー
1245 新版大阪五人娘
　　　「妖精の行方」
1300 OTV スポーツファンシート
　　　プロ野球 巨人―国鉄
　　　（後楽園）ダブルヘッダー
　　　【中止時】阪急―南海（西宮）
　　　◇おしらせ◇放送休止
1725 テストパターン
1745 海外トピックス
1900 キンピラ先生青春記
　　　(KR)「きんぴら先生大い
　　　に困る」中原早苗
　　　沼田曜一 桂典子他
1830 私も出まショー (NTV)
1900 ジャングル・ジム
　　　「盗まれた神眼」
1930 森永No1 ショー (NTV)
　　　島倉千代子
2000「早麻」桜緋紗子
　　　水谷良重 竹内京子
2100 東芝日曜劇場
　　　「限りなき前進」(KR)
　　　木村功 七尾伶子
※内田吐夢監督作品同名
映画のTV化。
小兼安二郎作品。
2200 プロ野球展望
2215 ゴルフ教室
　　　石井廸夫 福井正一
2235 OTV ニュース
2247 あしたのお天気
2250 おしらせ◇放送終了

●4月15日（月）

1135 テストパターン
1150 オープニングメロディ
1200 OTV ニュース
1210 一曲どうぞ
1215 映画の窓（KR）
　　「荒鷲の翼」筈見恒夫
1245 料理手帖「ギリシャ風
　　冷カレー野菜」
1300 歌のスケッチ 島倉千代子
1305 文楽座あしべ踊り
　　「西鶴五人女」（文楽座）
　　◇おしらせ◇放送休止
1742 オープニングメロディ
1751 あしたのお天気
1754 OTV ニュース
1800 ホームアルバム
　　「春雪谷川岳」
1815 ポポンタイム この人を
　　（NTV）越智正典アナ
　　藤波京子
1845 テレビガイド
1850 朝日新聞テレビニュース
1900 言わぬが花 最終回
　　蝶々・雄二 ダイマルラ
　　ケット 森光子他
　　※ダイラケ・森光子は次週
　　から開始する「びっくり
　　捕物帳」のレギュラー。
1930 太閤記（NTV）「藤吉郎編」
2000 ニチボーアワー 喜劇天国
　　（NTV）「青春箱入り娘」
　　森川信
2030 ナショナル劇場・てんてん
　　娘（KR）「黒髪夜話」
2100 お好み浪花寄席
　　高瀬晋一他
2115 ウロコ座（KR）「残菊物語」
　　中篇 喜多村緑郎
　　花柳章太郎他
2145 月曜対談・２つの椅子
　　今東光 吉村正一他
2200 OTV 週間世界ニュース
2215 OTV ニュース◇お天気
2250 おしらせ◇放送終了

●4月16日（火）

1130 テストパターン
1150 オープニングメロディ
1200 OTV ニュース
1210 一曲どうぞ
1215 歌う青春列車（KR）
1245 料理手帖
1300 歌のスケッチ 美空ひばり
1305 おしらせ◇放送休止
1725 テストパターン
1740 オープニングメロディ
1751 あしたのお天気
1754 OTV ニュース
1800 不思議の国のおじさん
　　最終回
1815 名犬リンチンチン
　　「魔法くらべ」
1845 毎日新聞テレビニュース
1900 テレビ浮世亭
　　小文枝 光晴・夢若
1930 ゼネラル劇場
　　水戸黄門漫遊記（KR）
2000 山一名作劇場（NTV）
　　石中先生行状記
　　伊藤雄之助 日高澄子他
2030 走れ名馬チャンピオン
2100 近鉄パールアワー・
　　のんきな一族
2115 ピアス劇場
　　雨だれ母さん（KR）
　　笠置シヅ子 殿山泰司他
2145 ミナロン・ドリームサロン
　　ウイリー沖山 大伴千春
　　ジョージ岡
2200 戦慄の旅券 プラーグ編
　　シーザーロメロ他
2235 OTV ニュース
2247 あしたのお天気
2250 おしらせ◇放送終了

●4月17日（水）

1135 テストパターン
1150 オープニングメロディ
1200 OTV ニュース
1210 一曲どうぞ
1215 ファッションミュージック
　　（KR）旗照夫 築地容子
1245 料理手帖
　　「新たけのこの含め煮」
1300 歌のスケッチ 島倉千代子
1305 おしらせ◇放送休止
1725 テストパターン
1742 オープニングメロディ
1751 あしたのお天気
1754 OTV ニュース
1800 エノケンの孫悟空（KR）
1830 ポケット劇場
　　こうのとりになった王様
　　道化座
1845 テレビガイド
1850 毎日新聞テレビニュース
1900 いざこ座ミュージカルス（KR）
　　俺たちゃ二人で一人前
　　丹下キヨ子 水の江滝子
　　楠薫
1930 歌はあなたとともに（NTV）
2000 大阪の顔（OTV）
　　「もくれん」
2030 サムライ大学（NTV）
　　灰田勝彦 水谷良重
2100 コント千一夜
2115 次郎長三国志
　　「桶屋の鬼吉」段四郎
2145 ニッケ・ジャズパレード
　　（NTV）ペギー葉山他
2200 芸能トピックス
2215 OTV ニュース
2227 あしたのお天気
2250 おしらせ◇放送終了

●4月18日（木）

11130 テストパターン
1150 オープニングメロディ
1200 OTV ニュース
1210 一曲どうぞ
1215 テレビ寄席（KR）
　　落語・三升家小勝
　　足芸・早竹三郎百歩照子
1245 料理手帖「なまぶし」
1300 歌のスケッチ
　　コロムビアローズ
1305 コメディ・奥様こんにちワ
1320 おしらせ◇放送休止
1410 テストパターン
1430 オープニングメロディ
1440 OTV スポーツファンシート
　　プロ野球 巨人―広島
　　（後楽園）
1751 あしたのお天気
1754 OTV ニュース
1800 カメラだより北から南から
1845 テレビガイド
1850 朝日新聞テレビニュース
1900 スーパースターメロディ（KR）
　　財前和夫アワー
1930 宝塚ファンコンテスト
2000 ロビンフッドの冒険
　　「錬金術師」
　　声：外山高士 加藤正他
2030 鞍馬天狗（KR）「山獄党奇談」
　　市川高麗蔵 坂東好太郎
　　沢村国太郎 南風洋子他
2100 ダイハツワールドスポーツ
2115 デンソー木曜劇場
　　春愁尼 旭照子（KR）
2145 おはこうら表 NIV/OTV
　　ゲスト・笠置シヅ子
　　お相手・初音礼子
2200 忠臣蔵の人々（KR）
　　「小林八郎」前篇 中中他
2230 私のコレクション
2245 テレビガイド
2250 OTV ニュース
2302 お天気 おしらせ、終了

●4月19日（金）

1130 テストパターン◇おしらせ
1150 オープニングメロディ
　　（第二スタジオ）
1200 OTV ニュース
1210 邦ране百花選
　　「京鹿子娘道成寺」
　　藤間広輔 杵屋佐喜照
　　望月太明蔵社中
1240 テレビガイド
1245 料理手帖 井上幸作
　　フランス風カキ料理
1305 都をどり・謡曲平家物語
　　（祇園歌舞練場）
　　おしらせ◇放送休止
1700 テストパターン
1720 オープニングメロディ
1730 五輪大会ニュース
1751 あしたのお天気
1754 OTV ニュース
1800 子供のお国（スタジオ）
　　鴨光利江 長池小学校
　　児童コーラス
1815 ペンギン劇場「宝島」（NIV）
　　竹田人形座
1845 テレビガイド
1850 朝日新聞テレビニュース
1900 ピアス笑劇場（KR）
　　「逃げた銀狐」野々浩介他
1930 歌はあなたとともに（NTV）
　　江利チエミ 岡田茉莉子
　　久慈あさみ
2000 三橋美智也ショー
　　（東京国際スタジアム）
2100 コント千一夜
2115 村上元三アワー（NTV）
　　春風みえ歌
2145 ニッケ・ジャズパレード
　　（NTV）
2200 芸能トピックス
2215 OTV ニュース・お天気
2225 五輪大会ニュース
2245 おしらせ◇放送終了

●4月20日（土）

1135 テストパターン
1150 オープニングメロディ
1200 OTV ニュース
1210 一曲どうぞ
1215 ジャズタイム
　　小割まさ江 河辺公一他
1245 料理手帖「ソースあん
　　仕立ての豚汁」
1300 歌のスケッチ
　　君和田民枝
1305 おしらせ◇放送休止
1730 テストパターン
1750 オープニングメロディ
1800 西の京めぐり
　　「唐招提寺」
1815 素人のど競べ（NTV）
1845 テレビガイド
1850 朝日新聞テレビニュース
1900 歌のパレード（KR）
　　白鳥みづえ 青木政男
1930 ほろにがショー
　　何でもやりショー（NIV）
2000 明日は日曜日（NTV）
　　大放志郎 十朱久雄
2030 シャープ劇場
　　のり平喜劇教室（NTV）
　　「命を売った男」
2100 メトロニュース
2115 日真名氏飛び出す（KR）
2145 若草物語（KR）
　　水谷良重 細川ちか子
2230 ソール・アチャラカ劇場
　　瀧雅雄 南亜子
　　平凡太郎他
2250 OTV ニュース
2302 あしたのお天気
2305 おしらせ◇放送終了

●4月21日（日）

1100 テストパターン
1130 経済サロン
　　「日本の化学繊維」
　　坂口二郎 大井治
1200 OTV ニュース
1210 テレビガイド
1215 クラブ劇場・歌えば楽し
　　「バラ色の人生」ほか
1245 新版大阪五人娘
1300 OTV スポーツファンシート
　　プロ野球 大映―西鉄
　　（後楽園）
【中継時】中日―広島（中日）
　　◇おしらせ◇放送休止
1725 テストパターン
1745 海外トピックス
1754 OTV ニュース
1900 キンピラ先生青春記（KR）
　　「きんぴら先生恋愛す」
　　中原早苗 沼田曜一
　　桂典子他
1830 私も出ショー（NTV）
　　三和完児 宝とも子
　　神楽坂浮子他
1900 ジャングル・ジム
1930 森永No1ショー（NTV）
　　小坂一也とワゴンマスターズ
2000 全日本
　　ボクシング新人王決定戦
　　木村七朗―今村博他
2100 東芝日曜劇場
　　「菜種河豚」（KR）
　　大矢市次郎
2200 ダイハツスポーツウィクリー
2215 ゴルフ教室
　　石井廸夫 福井正一
2235 OTV ニュース
2247 あしたのお天気
2250 おしらせ◇放送終了

※この日全民放ラジオは第五回民放祭り特集（13:00〜第一部「歌謡祭」14:00〜第二部「1000人の合唱・第九」）を放送。

第2章「熱狂」

●4月22日（月）
1135 テストパターン
1150 オープニングメロディ
1200 OTV ニュース
1210 一曲どうぞ
1215 映画の窓（KR）
　　　「暗殺計画7.20」
　　　解説・井沢淳 尾崎宏次
1245 料理手帖「豚肉煮込み
　　　ローベル風」辻勲
1300 歌のスケッチ 島倉千代子
1305 おしらせ◇放送休止
1725 テストパターン
1742 オープニングメロディ
1751 あしたのお天気
1754 OTV ニュース
1800 ホームアルバム「洛北の春」
1815 ポポンタイム
　　　この人を（NTV）
　　　越智正典アナ 藤波京子
1845 テレビガイド
1850 毎日新聞テレビニュース
1900 ダイラケのびっくり捕物帖
　　　第一回「お化けかむろ」
　　　前篇 ダイマル・ラケット
　　　森光子 中村あやめ
　　　藤田まこと他
1930 太閤記（NTV）「藤吉郎編」
2000 ニチボーアワー
　　　喜劇天国（NTV）
　　　「嘆くべからず」
　　　坊屋三郎
2030 ナショナル劇場・
　　　てんてん一族（KR）
　　　宮城まり子他
2100 お好み浪花寄席
　　　右楽左楽
2115 ウロコ座（KR）
　　　「残菊物語」後篇
　　　喜多村緑郎
　　　花柳章太郎他
2145 月曜対談・2つの椅子
　　　今東光 吉村正一郎
2200 OTV 週間世界ニュース
2215 OTV ニュース
2227 あしたのお天気
2230 おしらせ◇放送終了

●4月23日（火）
1130 テストパターン
1150 オープニングメロディ
1200 OTV ニュース
1210 一曲どうぞ
1215 歌う青春列車（KR）
　　　藤村有弘 梶哲也他
1245 料理手帖「オープンハン
　　　バーグサンド」
1300 歌のスケッチ 美空ひばり
1305 おしらせ◇放送休止
1725 テストパターン
1740 オープニングメロディ
1751 あしたのお天気
1754 OTV ニュース
1800 少年探偵シリーズ
　　　「魔王の笛」第一回
　　　川智義郎 小倉徳七
　　　大友美鶴
1815 名犬リンチンチン
　　　「保安官選挙」
1845 テレビガイド
1850 朝日新聞テレビニュース
1900 テレビ浮世亭
　　　桂米丸 一郎・ワカナ
1930 ゼネラル劇場
　　　水戸黄門漫遊記（KR）
　　　柳沢真一 旭照子
2000 山一名作劇場
　　　石中先生行状記
　　　伊藤雄之助 日高澄子他
2030 歌のヒットパレード
2100 近鉄パールアワー
　　　のんきな一日
　　　エンタツ 三角八重
2115 ピアス劇場
　　　雨だれ母さん（KR）
　　　笠置シヅ子 殿山泰司他
2145 ミナロン・ドリームサロン
　　　浜村美智子
　　　大伴千春 ジョージ岡
2200 戦慄の旅券 シーザーロメロ
2235 OTV ニュース
2247 あしたのお天気
2250 おしらせ◇放送終了

●4月24日（水）
1000 テストパターン
1020 オープニングメロディ
1030 実況中継「宗谷の帰国」
　　　（東京）
　　　南極観測船宗谷帰国
1200 OTV ニュース10
　　　一曲どうぞ
1215 ファッションミュージック
　　　（KR）
1245 料理手帖「タイのかぶと
　　　造り」辻徳光
1300 歌のスケッチ 島倉千代子
1305 おしらせ◇放送休止
1420 テストパターン
1440 OTV スポーツファンシート
　　　プロ野球 西鉄－毎日
　　　（後楽園）
1720 テストパターン
1742 オープニングメロディ
1751 あしたのお天気
1754 OTV ニュース
1800 カメラだより北から南から
　　　「発明日時代」
1815 ペンギン劇場「宝島」（NTV）
　　　竹田人形座
1845 テレビガイド
1850 毎日新聞テレビニュース
1900 スーパースターメロディ
　　　（KR）岡本敏郎 平井
　　　照夫他
1930 宝塚ファンコンテスト
　　　草間淑江（公開放送）
2000 ロビンフッドの冒険
　　　外山高士他
2030 鞍馬天狗（KR）
　　　「山獄党奇談」
2100 ダイハツワールドスポーツ
2115 デンソー木曜劇場
　　　春愁尼（NTV）
　　　音羽美子 旭照子他
2145 おはこうら表（NTV/OTV）
　　　ゲスト・蓑助 お相手・
　　　初音礼子
2200 忠臣蔵の人々（KR）
　　　「小林平八郎」後篇
　　　段四郎他
2230 私のコレクション
　　　「映画のプログラム」
2245 テレビガイド
2250 OTV ニュース
2302 あしたのお天気
2305 おしらせ◇放送終了

●4月25日（木）
1130 テストパターン
1150 オープニングメロディ
1200 OTV ニュースどうぞ
1215 テレビ寄席（KR）
　　　民謡・喜代丸 司会と
　　　漫才・トップライト
1245 料理手帖「朝掘りたけのこ
　　　の土佐煮」
1300 歌のスケッチ
　　　コロムビアローズ
1305 おしらせ◇放送休止
1420 テストパターン
1440 OTV スポーツファンシート
　　　プロ野球 西鉄－毎日
　　　（後楽園）
　　　◇おしらせ◇放送休止
1720 テストパターン
1742 オープニングメロディ
1751 あしたのお天気
1754 OTV ニュース
1800 カメラだより北から南から
　　　「発明日時代」
1815 テレビ紙芝居・6助がん
　　　ばれ 石田茂樹
　　　吉田澄代他
1830 テレビ動物園「沼に生きる」
1845 テレビガイド
1850 毎日新聞テレビニュース
1900 テレビぴよぴよ大学（KR）
1930 花王ワンダフルクイズ（NIV）
2000 京医ゼスチャーゲーム
2030 特ダネ劇場
　　　「誘拐の街」前篇
2100 野球教室「守備編」
2115 陽気なコーリス
2145 三越映画劇場
2200 夜の阿保抄（KR）
2215 ごめんあそばせ（NTV）
　　　吉川満子 桑原達男
2230 写真教室「造形」
　　　中村富十郎
2250 テレビガイド
2255 OTV ニュース
2302 あしたのお天気
2305 おしらせ◇放送終了

●4月26日（金）
1135 テストパターン
1150 オープニングメロディ
1200 OTV ニュース
1210 一曲どうぞ 君和田民枝
1215 テレビボードビル
　　　芸能百貨店
1245 料理手帖「フルーツパウ
　　　ンドケーキ」
1300 歌のスケッチ「ブルースを
　　　歌おう」小坂一也
1305 おしらせ◇放送休止
1725 テストパターン
1742 オープニングメロディ
1751 あしたのお天気
1754 OTV ニュース
1800 明るい家庭「きもの談義」
　　　木村孝子 今東光
1815 テレビ紙芝居・6助がん
　　　ばれ 石田茂樹
　　　吉田澄代他
1830 テレビ動物園「沼に生きる」
1845 テレビガイド
1850 毎日新聞テレビニュース
1900 テレビぴよぴよ大学（KR）
1930 花王ワンダフルクイズ（NIV）
2000 京都ゼスチャーゲーム
2030 特ダネ劇場
　　　「誘拐の街」前篇
2100 野球教室「守備編」
2115 陽気なコーリス
2145 三越映画劇場
2200 夜の阿保抄（KR）
2215 ごめんあそばせ（NTV）
　　　吉川満子 桑原達男
2230 写真教室「造形」
　　　中村富十郎
2250 テレビガイド
2255 OTV ニュース
2302 あしたのお天気
2305 おしらせ◇放送終了

●4月27日（土）
1135 テストパターン
1150 オープニングメロディ
1200 OTV ニュース
1210 一曲どうぞ 君和田民枝
1215 ジャズタイム
　　　小野まさ江 河辺公一他
1245 料理手帖「握りずし」
1300 歌のスケッチ 君和田民枝
1315 デ杯東洋ゾーン
　　　準決勝実況
　　　（田園コロセアム）
　　　デ杯に続いてOTV ス
　　　ポーツファンシートプ
　　　ロ野球
　　　巨人－中日（後楽園）
　　　◇おしらせ◇放送休止
1730 テストパターン
1750 オープニングメロディ
1800 ホームアルバム
1815 素人のど競べ（NTV）
1845 テレビガイド
1850 毎日新聞テレビニュース
1900 歌のパレード（KR）
　　　小畑実 渡辺はま子
　　　若杉啓二
1930 ほろにがショー・
　　　何でもやりショー（NIV）
2000 明日は日曜日（NTV）
2030 シャープ劇場
　　　のり平喜劇教室（NTV）
2100 メトロニュース
2115 日真名氏飛び出す（KR）
2145 ダイナミックグローブ
　　　（NIV）（東京・京橋公会堂）
　　　長谷川一鉄沢
　　　大貫一山ノ井
2230 ソール・アチャラカ劇場
　　　瀧雅雄 南亜子
　　　平凡太郎他
2250 OTV ニュース
2302 あしたのお天気
2305 おしらせ◇放送終了

●4月28日（日）
1130 経済サロン「生命保険と
　　　経済界」弘世現他
1200 OTV ニュース
1210 テレビガイド
1215 クラブ劇場・歌えば楽し
　　　「シャイン」「君故に泣
　　　く」他
1245 ユーモア航路 第一回
　　　「月と甲板」
　　　茂木草介・作 飯沼豊
　　　緋桜陽子他
1300 テニス中継 デ杯東洋
　　　ゾーン準決勝実況
　　　（田園コロセアム）
　　　デ杯に続いてOTV ス
　　　ポーツファンシートプ
　　　ロ野球
　　　巨人－中日（後楽園）
　　　◇おしらせ◇放送休止
1725 テストパターン
1745 海外トピックス
1753 あしたのお天気
1754 OTV ニュース
1900 キンピラ先生青春記（KR）
　　　「きんぴら先生転点々す」
　　　中原早苗 沼田曜一
　　　桂典子他
1830 私も出ますショー（NTV）
　　　三和完児 沢村ський
1900 ジャングル・ジム
1930 森永No1ショー（NTV）
　　　「春奏浩吉まつり」
　　　浩吉 伴淳 島倉
2100 東芝日曜劇場
　　　「京都の虹」（KR）
　　　※同名の俳優座小劇場公演
　　　作をTV化。
　　　永井智咲 大塚道子
2200 ダイハツスポーツウィクリー
2215 ゴルフ教室
　　　石井迪夫 福井正一
2230 OTV ニュース
2242 あしたのお天気
2345 おしらせ◇放送終了

これがOTVだ 1957年4月

～春の大改変～

OTVは1957年4月を機に大幅な番組改編をおこなった。この改編で伝説となる番組が誕生した。

【単発番組】

●ディオール・ショー――美しきシルエット

1957年4月9日（火）18：00～18：15

解説・岡田美智子　モデル・伊東絹子ほか。1959年4月24日（金）にも11：25～12：55「服飾教室」でディオール・ショーをとりあげている。

●のびゆく子供たち

4月12日（金）18：00～

大丸で開かれている自由学園の作品展から絵画や造形など十数点をとりあげ、山室光子と学園生徒らで座談会。

●第60回あしべ踊り「西鶴五人女」

（文楽座）

4月15日（月）13：05～

●都をどり「謡曲・平家物語」

（祇園歌舞練場）

4月19日（金）13：05～

【新番組】

【1957年4月1日（月）】

●二つの椅子

（～1959年5月31日全114回）

月21：45～22：00（のちに日21：00～）

人気小説家・僧侶の今東光、朝日新聞社パリ特派員から論説委員を経て「天声人語」を担当した仏文学者の吉村正一郎、毎日新聞の加藤三之雄の三人のうちの一人か二人がレギュラーを務めた対談番組。

1957年9月16日にはフランスの前衛画家ジョルジュ・マチュウが出演し、スタジオでライブ・ペインティングを披露した。絵具が付着すると照明機器が破裂するおそれがあったため、絵具が飛び散る危険に注意しながらのスリリングな生放送となった。マチュウも汗だくになって真剣に取り組んだが、聴き手の仏文学者の吉村正一郎が「パリの下町にいけばよくいる」と、これを全く評価せず、気まずい雰囲気になった。

1958年4月からはレギュラー制をやめ、毎回異なる二人を椅子に座らせるようになり、よりスリリングになった。

5月12日、杉浦忠、野村克也の「バッテリー放談」は、途中で話題が尽き、無言で煙草を吹かすだけという事態となった。

●4月29日（月）

1055 テストパターン◇おしらせ
1110 オープニングメロディ
1120 実況「天皇誕生日皇居参賀」
1200 OTVニュース10一曲どうぞ
1215 映画の窓（KR）
　　「仮面の迫撃」（英）
　　解説・植草甚九　清水昌
1245 料理手帖「ハンガリー風ポテトの煮込み」辻勲
1300 歌のスケッチ 島倉千代子
1355 OTVスポーツファンシート
　　巨人－中日（後楽園）
　　【中止時】阪急－国鉄
　　（西宮）
　　◇おしらせ◇放送休止
1720 テストパターン
1742 オープニングメロディ
1751 お天気 1754 OTVニュース
1800 ホームアルバム
1815 ポポンタイム この人を（NTV）
1845 テレビガイド
1850 毎日新聞テレビニュース
1900 ダイラケのびっくり捕物帖
　　「お化けかむろ」後篇
　　ダイマル・ラケット
　　森光子　中村あやめ
　　藤田まこと他
1930 太閤記（NTV）「藤吉郎編」
　　大川太郎　服部哲治
　　鈴木光枝 他
2000 ニチボーアワー
　　喜劇天国（NTV）
　　「愛ちゃん騒動」
2030 ナショナル劇場・てんてん娘（KR）
2100 お好み浪花寄席
　　曲芸：宝家和楽他
2115 ウロコ座（KR）「憎愛不二」
　　（ぞうあいふたつならず）
　　里見惇書き下ろし
　　田村秋子　杉村春子
　　京塚昌子
2145 月曜対談・2つの椅子
　　伊藤寛 ほか
2200 OTV週間世界ニュース
2215 ニュース◇お天気
2325 おしらせ◇放送終了

●4月30日（火）

1130 テストパターン
　　（クラシック音楽）
1150 オープニングメロディ
1200 OTVニュース
1210 一曲どうぞ
1215 歌う青春列車（KR）
　　音羽美子 上月左知子他
1245 料理手帖 富田利八郎
1300 歌のスケッチ 美空ひばり
1305 デザインルーム
　　藤川延子　佐藤安紀子
　　◇おしらせ◇放送休止
1720 テストパターン
　　軽音楽アンソニー
1742 オープニングメロディ
1751 あしたのお天気
1754 OTVニュース
1800 少年探偵シリーズ
　　「魔王の笛」香里たかし
　　川地義郎　松田明他
1815 名犬リンチンチン
1845 テレビガイド
1850 朝日新聞テレビニュース
1900 テレビ浮世亭
　　落語：福団治
　　漫才：右楽左楽
1930 ゼネラル劇場
　　水戸黄門漫遊記（KR）
　　「無法者の群」前篇
2000 山一名作劇場（NTV）
　　石中先生行状記
　　伊藤雄之助 日高澄子他
2030 走れ！名馬チャンピオン
　　「医師のなぞ」
　　北条美智留　佐藤英夫
2100 近鉄パールアワー・
　　のんきな一族
　　エンタツ　三角八重
2115 ピアス劇場雨だれ母さん
　　（KR）笠置シヅ子
　　殿山泰司他
2145 ミナロン・ドリームサロン
　　J繁田　大伴千春
　　ジョージ岡
2200 戦慄の旅券
2235 OTVニュース
2247 あしたのお天気
2250 おしらせ◇放送終了

1957.4

北野劇場で白昼堂々の強盗。キップ売り場で金を奪う。
上方落語協会結成。三代目林家染丸が会長。
尾道港ゆき定期客船第5北川丸が定員の3倍を乗せて沈没。死者113名。

このほかにも以下のような対談があった。タイムマシンがあったらぜひ見に行ってみたい組み合わせばかりである。

「兄弟放談」今東光　今日出海
「兄弟放談」吉村正一郎　公三郎
「男・女・社会」村山リウ　加藤三之雄
「スポーツ回顧」南部忠平　伊藤寛
「騒音大阪」松本完三　吉村正一郎
「放送法」四宮恭二　加藤三之雄
「入学と就職」松下幸之助　今東光
「選抜野球を間近に控えて」佐伯達夫　南部忠平
「法か教育か」藤沢桓夫　吉村正一郎
「ボストンマラソン」藤岡重作　伊藤寛
「子供ごころ」黒田しのぶ　今東光
「海の旅、空の旅」奥田恒夫ほか
「新しい性」朝山新一　今東光
「リズムにのせて」友井唯起子　山本篤子
「ホテル稼業」郡司茂　川名鍬次郎
「東南アジアと日本」梅棹忠夫　石川敬介
「青春裏街道」大宅壮一　秋田実
「好敵手」稲尾和久　長嶋茂雄
「入学と就職」松下幸之助　今東光
「食道楽」大久保恒次　古川ロッパ
「笑いと大衆」渋谷天外　藤沢桓夫
「上方歌舞伎をどうする」中村鴈治郎　大鋸時生
「お酒談議」朝比奈隆　平山亮太郎
「笑いの今昔」榎本健一　伴淳三郎
「大阪弁」山崎豊子　浪花千栄子
「フラフープ問答」藤森速一　河井冨美恵
「あんたと私」今東光　蝶々・雄二
「親馬鹿」東郷青児　渋谷天外
「明暗1958年」曾我廼家十吾　今東光
「長寿の歓び」山城少掾　難波掾
「我等の税金」村山達雄　西条凡児
「男役女役」友右衛門　明石照子、寿美花代ら宝塚歌劇団員6名
「週刊誌を切る」大宅壮一　中井
「憲法の焦点」俵静夫　河野須寿
「お城ばやり」旭堂南陵　波江悌夫

書店の新書の棚を眺めるような楽しさ。15分番組全盛の時代らしいテーマの絞り方だ。

【4月2日（火）】

●のんきな一族

（～1957年6月25日、全13回）

火 21：00～21：15　「近鉄パールアワー」枠。横山エンタツ、三角八重。第一スタジオ。

●おはこ裏表

（～1958年8月21日　9月2日～1959年3月25日　全100回）

木 21：45～22：00

関西の有名人がゲストに出演し、趣味や道楽を語ったり、かくし芸を披露したりする。最初、東京ではNTVから放送。9月2日からはKRTにチェンジ。初音礼子、葦原邦子の司会。

【4月11日（木）】

●カメラ便り「北から南から」

（～1963年12月24日、全361回）

木 18：00～18：15　5月24日から金 22：00～

1958年2月10日から月 21：00～　KRT、CBC、HBC、OTVの共同制作によるドキュメンタリー。タイトルからこの時代の匂いが感じられる。

「発明狂時代」
「本朝奇人伝―陽気な季節」
「あの道この道」
「まかり通るカリプソ」
「ゲイジツの秋」
「本朝メイ人伝」
「老いてますます」
「満四歳の自衛隊」
「文化国家の一日」
「只今冬眠中」

「ところ変われば・奇習を訪ねて」
「代議士故郷へ帰る」
「満員日本」
「道徳に関する十二章」
「当世店員気質」
「スキー場は花ざかり」
「農閑期」
「薫風捕物帳」
「辺地の夏」
「忍術は生きている」
「海女生活」
「夜間中学生」
「有楽町二十四時」
「さよなら仔馬」
「廻れ印刷機」
「雪山に炭を焼く人」
「お猿のせんせ」
「ダの字のつくお菓子」
「赤帽のОさん」
「ぼくは　はなし家一年生」
「浪花のオールド・ショー」

【4月14日（日）】

●プロ野球展望　（パイロット版）

（本放送は6月11日〜1957年12月10日）

火　22：35〜22：50

シーズン中に活躍した選手をスタジオに招いて、スポーツ記者と対談する。キャスター形式の番組のはしり。キャスターはセ・リーグの審判を務めた寺本秀平氏。寺本氏はプロ野球中継でアシスタント・ディレクターを務めたこともあるそうで、この時は次の球を正確に予測してスタッフに伝えることができたため、クロスプレーなどの決定的瞬間を迫力満点で撮影することができたという。

松井一之、樋上竜太郎、藤村富美男、水原円裕、野村克也、金田正一、岩田直二などが毎回立ち代りゲスト。「優勝の巨人に聞く」「スカウトのメモ」「今シーズン」「ペナントをめぐって」ほか

【4月22日（月）】

●びっくり捕物帖

（〜1960年5月22日全161回）

月　19：00〜19：30　6月9日から日12：15〜12：45に移動。作・香住春吾　制作・吉村繁雄。

演出・信太正行（1958年8月まで）

　　　澤田隆治（1958年9月から）

美術・柴田千之（1958年8月まで）

出演　中田ラケット（目明し・天満の五郎長）

　　　中田ダイマル（びっくり勘太）

　　　森光子（仙之助の妹・妙）

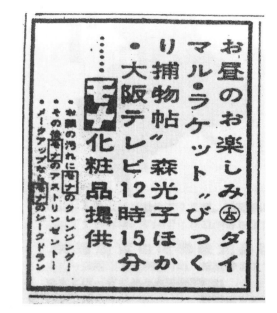

藤田まこと（天満与力・来島仙之助）
提供・モナ化粧品

第一スタジオで制作。藤田まことのテレビデビュー作品。目明しの二人が危うくなると「おタエさぁ〜ん」と、小太刀の名手であるお妙を呼ぶシーンが人気。裏方スタッフの間でも困ったときの流行語となる。

ОТV最初の時代物ということで、作家も演出も美術も苦心したという。セットはNHKで経験のあった梅田舞台に発注。テレビ用のグレースケールのセットではなく、舞台仕様の「総天然色」のセッ

トを持ち込んできた。

1957年8月11日の朝日新聞には「マイクやライトがたくさんぶら下がったスタジオは、カメラを中央に置き、そのまわりに四つも五つもの場面のセットが組まれています。」とある。つまり、両替屋の店先、店の表の道、来島与力の家、神社など「それぞれ離れた場所にあるはずの場面」が目と鼻の先にあったのだ。

また、名古屋・東京へネットされた第一回では、スタジオの中に「本物の水でできた川」が置かれ、しかも夜景のため水には墨色がつけられていた。この中に役者が飛び込むのだが、ネットを受けた東京では「あれはセットとは思えない。ロケーションではないか」との声があがった。

また、スタジオの奥行を深く見せるために「スクリーンプロセス」を利用したこともあった。たとえば神社の奥の絵をスクリーンの裏側から投射し、その前で演技するといった方法がとられた。

1958年夏、8月をもってMBSに移籍した信太氏にかわってディレクターについたのが、ABCラジオから移籍した澤田隆治氏である。澤田・ダイラケ・藤田という組み合わせは、その後「てなもんや三度笠」「スチャラカ社員」の誕生へとつながってゆく。

この番組は関東でも人気を得、大阪発「爆笑コメディ枠」の源流となった。

【4月23日（火）】

●少年探偵ドラマ「魔王の笛」

（〜1957年7月16日、全13回）

火 18:00〜

作・花登筐

演出・多田尊夫

美術・鈴木俊郎

出演・香里たかし　川地義郎　大友美鶴
　　　小倉徳七　松田明　国田栄弥　高霧真ほか

子供向け推理ドラマの第一号。大和紡績提供。

この枠ではこのあと「仲よし探偵団」「呼出符号L」が続く。推理ドラマゆえ、子供向けにも関わらず演出はリアリティを重視したという。

この作品は花登筐によるテレビドラマ脚本の第一作といわれる。花登筐はそれまで東宝系の北野劇場やOSミュージックでコントを書いていた。花登・多田コンビは、のちに「やりくりアパート」へとつながる。

【4月28日（日）】

●ユーモア航路

（〜1957年6月2日　全6回）

日 12:45〜13:00

1957年 5月

4日〜5日　大阪・毎日会館で劇団「仲間」による「三匹の魔法の犬」(アンデルセン原作)を主催し、5日の公演を中継した。

5日　開局記念番組「誕生日十二月一日」で募集した「1956年12月1日誕生の赤ちゃん」74名全員にメタセコイアの苗木が贈呈された。残念ながら一名はこのあと死去。

同日　東京・晴海で第4回日本国際見本市開幕。

8日　西宮球場でプロ野球公式戦「阪急一大映」中継のため、初めてナイター出動。しかし雨天時の予備カードであったため、オンエアではNTV発の川崎球場・大洋一巨人戦が放送された。

10日　KRTの人気番組「テレビぴよぴよ大学」をOTVが制作。

11日〜12日　三越劇場で人形劇団プーク公演「青い鳥」(メーテルリンク作)を主催。人形劇団プーク(PUK)は1929年に創設された東京の独立人形劇団。

19日　「経済サロン」が、特別企画で大丸屋上から生中継。しかし、突然の大雨で実施不能になり、座談会を放送。

21日　郵政省は「テレビジョン放送用周波数の割当計画基本方針」を修正し、8チャンネルから11チャンネルに拡大した。

24日　朝日新聞、OTVがカラーテレビの申請をしたことを報じ、ラテ欄で解説。

局内にはすでに、フィルコ社製のシネスキャナ(フィルム送像機)が導入されていた。

25日　第四回定時株主総会を本社会議室で開催。開局時のタイムセールス、一日平均4時間41分(全放送時間の70%)と発表。

料理手帖 〜くいだおれの街が納得した料理番組〜

「料理番組」はテレビ放送史の中でも最も古いジャンルのひとつで、世界的には1937年に英国のBBCテレビジョンが開始した「The Cook's Night Out」が最初とされる。その第一回は「オムレツの作り方」であった。担当のフランス料理人マルセル・ブールスタンは、家庭向けの簡単なレシピに力点を置く一方で、計量にとらわれ過ぎず、感性や趣味性を重視した番組作りを心掛けていたという。

日本では、戦前からラジオで料理講座がおこなわれていたが、「国民栄養の改善」や「家庭向けの経済料理」を重視した内容であり、戦後のテレビでもその方向性は踏襲された。

最初のテレビによる料理番組は、NHK東京テレビジョン実験局が1952年に開始した12時台の主婦向け15分番組『ホームライブラリー』における週1〜2回の料理コーナーで、大阪・名古屋の実験局にもネットされた。この番組は本放送開始後も継続され現在の「きょうの料理」に至る。

●民放テレビのお料理番組

民間放送ではNTVが開局直後の1953年

9月2日から毎週水曜日午後に放送した15分番組「味覚のしおり」が料理番組の始まりである。

この番組では「チキンサラダ（黒田初子・料理研究家、登山家）」、「季節の天ぷら（多田鉄之助・食味評論家、月刊「食味評論」主宰）」、「ほうちょう式（多田鉄太郎）」、「サンマ料理（竹内啓恭・魯山人門下、「三喜」料理人）」、「洋菓子の作り方（門倉国輝・洋菓子店コロンバン創業者）」などのメニューがならび、やや趣味性を帯びている。

NTVはこれとは別に、1954年宝酒造の提供で「タカラお料理手帳」をスタートさせた。これを民放テレビ最初のテレビ料理番組とする説もある。

OTVが開局四日目に放送を開始した「料理手帖」は、開始直後から人気を集め、番組で紹介した材料が午後の店頭で飛ぶように売れたという話が新聞記事にまでなった。サラリーマンは「昼間これを見ると晩のおかずがわかる」とまで言った。

芸能番組に比べて製作予算は低かったが、社会への影響力が飛びぬけて大きく、スポンサーにとってはたいへんコストパフォーマンスのよい番組であったようだ。

たとえば食肉業界では、この影響力に目をつけ、業界紙を通じて事前にメニューを取材し、肉屋の店頭に「本日のテレビ料理ひとそろい」という告知を貼りださせた。この手法は、青果店や鮮魚店等でも用いられたという。

人気の理由は、何より月〜土の連日放送だったことが第一であるが（NHKは当初週一回）、もう一つはメニューの選び方にあったといわれている。

「料理手帖」の講師は、大阪・京都・神戸を中心とした有名店の料理人を中心に選ばれたが、実際のメニューを見てわかるように、手ごろな家庭料理とともに、素材の選び方や盛り付けに趣味性を加えた、ちょっと高級な料理も積極的に紹介していた。たとえば、大衆的な「洋食」だけでなく「専門店の外国料理」もよく紹介されたのである。

たとえば「シュークリームの油揚げ」「ギリシャ風ポーピーエット」「プディングキャビネ」「ボンベイ風かやく御飯（ビリヤニのことか？）」「アラビア風ポークシチュー」といった珍しいメニューが紹介されている。

また、日本料理でも「ウオゼの柚庵焼きと骨からあげ」「鮭の軟骨みぞれ酢あえ」「からくさイカと青豆の含め煮」など、大事な来客の接待に使えるような華のあるメニューが取り上げられている。

● 緊張と拘束の15分間

放送は第一スタジオからで、火力と水回りが完備されたセットは、他の帯番組とともに第一スタジオの一隅に置かれ、2台のカメラが、ひとつのセット・2人の出演者をとらえた。

また「手許の撮影」のために、カメラは2枚の反射板をまないたの真上ともう一カ所に置いて撮影した。これによって、水平からだけでは撮りきれないテクニックを紹介することができたのだ。

講師たちは、時間内にすべての段取りを終えて完成させることが求められ、同時に、テレビカメラにうつりやすいように仕事をしながら、わかりやすい言葉で解説することを求められた。

画面で見る限りは難なく悠々と調理が進んでいるように見えるが、実際は緊張の15分間であった。

そこに、破格のエピソードが残されていた。

ある時、イタリア料理の調理が早めに終わったあと、担当講師が急にカンツォーネを歌いだしたことがあった。ちょっと一節だけかと思ったら、両手を動かしながら、朗々と番組終了まで歌い通してしまったそうで、アシスタントは隣で冷や汗を背筋に感じながら、歌を見守るほかなかったという。

また「ビフテキの炭火焼き」の時、説明しているうちに、助手がうっかり肉を焦がしてしまい、「何をボヤボヤしてんのや、こがしたらあかんやないか！」と叱った顔がそのまま放送されたこともあった。

この時はアナウンサーが「肉はこがさないで焼いてください」と付け加えた。

いずれにせよ、何が起こってもカメラの前を離れられないのが「生放送」なのである。

●担当は女子アナウンサー

アシスタントにはOTVの女子アナが交代であった。稲田英子アナの手記に寄れば「美人ANとして誉高いレディ・佐藤和枝、サバけた賢女・小深秀子、そしてノッポの稲田英子がOTV女子AN一期生として担当。二年目からは東京からの亭主もち才女・岩原富子、美女美女の広瀬修子、そして清く正しいアナウンスをした美少女のごとき高折八洲子の二期生が加わった」とある。

プロデューサーは演出部の山下益三氏、ディレクターは当初若手男子ディレクターが交代でついていたが、やがて岡野敏子氏、中務和子氏が加わり、衣装部の土井昭子氏と組んで評判をあげていたという。また、1958年秋には、それまでABCラジオで多くのラジオの演芸番組を担当してきた澤田隆治氏がスタッフに加わり、生CMに若手コメディアンを起用するなど演出の強化が図られた。

「料理手帖」のレシピは、幸いその大半が残されている。それは、1957年7月から希望者向けにテキストが発行されるようになったことと、新聞各紙のラテ欄でその日の材料が予告されたこと、そして、これらをもとに、六月社から「テレビ料理365日」が発刊されたことによる。

つまり、このレシピに忠実に従えば（素材の味は別として）1950年代後半の「上方の味覚」をほぼ完全に再現することができるのではないか。「〜365日」には盛り付け方の写真まで掲載されている。OTV時代の番組がほとんど消え去っていることからみれば夢のような話だ。

番組テキスト『奥様メモ』の配布は6月27日から番組内で告知されたが、反響が大きく、7月時点での申込総数は13,136件にも達し、締め切り後の8月末には15,000部にまで達した。

●何でも食べまショウ

1958年5月25日、晴れやかな天気のもと、生駒山麓を借り切って野外大食事会「何でも食べまショウ」がおこなわれた。参加者1600人。

これは「料理手帖」の視聴者を対象としたイベントで、井上幸作氏の挨拶、稲田英子アナの司会進行。内村信義部長以下事業部総動員で、風に舞いあがった紙皿を追いかけたりしながら和やかにすすめられたという。

普段テレビで紹介されているメニューを、講師つまり関西きっての名店の料理人たち自身の手によって供するというOTVならではの趣向に、参加者から山のような感謝状が届いたという。

日々のメニューは一人前30〜50円程度。材料の分量も度量衡の単位が切り替わる最中であったため、番組では西洋式のg（グラム）l（リットル）cc（シーシー）と日本式の匁（モンメ）合（ゴウ）勺（シャク）が併用された。

番組には視聴者からの要望として「胃弱者もおいしくたべられる料理を放送してほしい」「立派な花嫁教育になるので、夜も放送してほしい」「勤めにでているので、日曜日に一週間分まとめて放送してほしい」「番組のおかげで、料理に頭を使う心配がなくなった」などの声が寄せられた。

また、長年にわたって使われた番組のテーマ曲はレイモンド・マーチン（Raymond Martin）楽団の演奏によるテーマ曲「キツツキのワルツ（Woodpecker's Walts）」である。

演奏のRaymond Stuart Martinは、イギリスでは放送音楽の作曲者として有名。ウイーンで生まれ、1937年第二次大戦後、在ハンブルグ英軍放送（BFNH）の音楽制作や放送管弦楽団「Melody from the Sky」の運営に参与。その後BBC Nothern Variety OrchestraとEMI社に、録音プロデューサーおよびアレンジャーとして従事。ラジオ・テレビを中心に、生涯2,000曲以上をリリースした。

●各局自慢の「味」

　料理番組はこうしてテレビの編成に欠かせないものとなり、後発の各局もそれぞれに番組を設定した。

　YTV は NTV で放送されてきた『奥様お料理メモ』（講師：岡松喜美子、江上トミ　1956年4月2日～）をサービス放送期間からネット。KTV は 1959年11月24日に「料理教室」を開始。毎回、宝塚歌劇団の女優がゲスト出演するという豪華サービス。

　MBS はサービス放送中の 1959年2月16日正午から「毎日のお料理」を開始。日曜日にも同時間帯で「アベック料理コンテスト」を放送し「正午は MBS で料理」と印象付けた。

　CBC は 1957年から『今晩の家庭料理』を開始したが、1962年12月「キューピー3分クッキング」に発展。一方 NTV でも 1963年1月21日から NTV 版「キューピー3分クッキング」を開始した。

　その後、HBC（北海道放送）TBC（東北放送）、TNC（テレビ西日本）、KBC（九州朝日放送）、RBC（琉球放送）でも地域版が立ち上げられたが、最終的に TBS 系列向けと NTV 系列向けに統合された。

　こうして各局に代表すべき料理番組が揃ったが、OTV では「料理手帖」のほかに、日曜の朝に「カメラルポ・お料理訪問」（OTVF 制作）や「おやつ教室」（1959年2月15日～小林孝二担当）、火曜日の昼前に「朝日料理サロン」（1959年3月24日～辻徳光、茶珍俊夫ほか）などが始まった。

　「料理手帖」は、OTV が朝日放送と合併した後も、そのまま昼の人気番組として受け継がれ、大長寿番組となった。

●「料理手帖」の講師

　以下「テレビ料理365日」に掲載されている講師一覧である。

井上幸作（堂島浜通「クラブ関西」）
石本千太郎（「不二家」三宮店）
橋本芳蔵（淡路町「吉野寿司」）
丹羽陸夫（大阪市東区北浜）
堀越フサエ（大阪女子大学）
堀田吉夫（今橋「つる家」）
豊田三雄（高島屋3階サンドイッチパーラー）
富田利八郎（大阪YMCA）
梁耀庭（神戸市生田区中山手通り）
拭石俊枝（兵庫栄養学園）
小川旭（京都家庭料理学校）
奥井広美（日本割烹学校アベノ校）
小倉英一（横堀「鮨萬」）
田積富貴（日本割烹学校梅田校）
田中藤一（大和料理専門学校）
田中朋二郎（大和料理専門学校）
竹内富三（神戸国際ホテル）
辻勲（日本割烹学校梅田校）
辻徳光（日本割烹学校南校）
辻本忠三郎（宝塚ホテル）
中島佐賀雄（兵庫県衛生部保健予防課）
胸永竹之助（曽根崎「ヘンリー」）
村田時三（阪急航空ビル九階「シルバー」）
上田弥左雄（難波新地一番丁「新喜楽」）
野尻千草（大阪市北区浮田町）
松下員也（上六「関急ホテル」）
福井国三（難波新地一番丁「みどり」）
福井菊治郎（永楽町「スエヒロ本店」）
藤井忠孝（中京区寺町錦上「スター本社」）
小林孝二（浪速区元町「ＰＦＫ洋菓子店」）
後藤輝次（難波新地一番丁「正瓣丹吾亭」）
小島信平（南区横堀「生野」）
近藤福太郎（高島屋七階「はり半」）
砂土原兵吉（神明町「淀」）
薩摩卯一（横堀「美々卯」）
清見保夫（京都三条蹴上「都ホテル」）
北岡万三郎（梅田ビル地階「北こがね」）
木村健蔵（橋詰町「国際見本市会館ホテル」）
山本丈平（永楽町「菊屋」）
湯木貞一（高麗橋「吉兆」）

平田武一（マナ料理学校）

世渡三郎（心斎橋筋二丁目「清中」）

鈴木卯之助（京都四条麩屋町「万養軒」）

●「料理手帖」のスポンサー

「料理手帖」の番組提供は曜日ごとに入れ替わっており、日々のメニューもスポンサーに対応したものになることが多かった。

月曜日　エスビー食品株式会社
　　　　（SBカレー）
火曜日　株式会社中島董商店
　　　　（キユーピーマヨネーズ）
水曜日　味の素株式会社
　　　　（味の素）
木曜日　野田醬油株式会社
　　　　（キッコーマン醬油）
金曜日　旭電化工業株式会社
　　　　（リス印マーガリン）
土曜日　吉原製油株式会社
　　　　（ゴールデンサラダ油）

　ご覧のとおり、スポンサーにはカレー粉、マヨネーズ、マーガリンの会社があるが、番組全体としてカレー粉や各種スパイスを使った珍しい料理、本格的な西洋料理が充実しているのは、スポンサーの存在が影響しているのかもしれない。

テレビ料理３６５日〜５０年代の関西の味を再現できる本〜

「料理手帖」黎明期の料理は半世紀以上過ぎた今でも幸いレシピが残っている。ひとつは「料理手帖」のテキスト。もう一つは放送内容を一年分まとめた「テレビ料理365日」である。発行は六月社。国会図書館に蔵書がある。1957年7月1日〜1958年3月30日に放送したうち、好評だったレシピを選んだもの。1950年代の「上方の味」をぜひ再現していただきたい。

＊

■上方風味噌雑煮
（講師：福井国三）5人前

① 鰹出しは1.8Lの水に19g程度の昆布を入れ、煮立つ一寸前に昆布を取出し鰹を74g程入れて2〜3分の後静かにこし、白みそ350gを入れて溶く。

② 大根1本は輪切りまたは銀杏形等に切り、小いもは二つくらいにし、共に茹きます。

③ 焼豆腐1丁は小さく奴に切り、先の味噌汁の中に、小餅と共に大根、小いも、焼豆腐を入れ、中火で煮ます。時々鍋底をまぜてこげつかぬ様に注意します。

■ギリシャ風ポーピエット
（講師・辻勲）6人分

①牛肉の薄切り（スキヤキ用6枚）を平らにのばし、玉ねぎ3個のみじん切りをバター56gで薄茶色になるまでいため、塩、胡椒して肉の上に塗り、パン粉2勺、おろしチーズ、きざみパセリを一面にふりかけ、その上にハムのごく薄く切ったものをのせて端からくるくると巻き、2カ所ほど竹の皮の細くさいたものでくくります。

② 鍋にバターを煮溶かし、肉の全面に焦目のつくまでいためた後、玉ねぎ、にんじんの薄切りと、かぶる程度の煮出し汁を加えて、塩、胡椒で味付けしトマトケチャップ大匙2杯を加えて煮込みます。時にはかたくり粉の水溶きでとろりと濃度をつけます。

③バターライスを皿にもり、その周囲に②を注ぎ入れ、パセリを丈夫にあしらってすすめます。

【バターライスのつくりかた】

釜にバターを煮溶かし、洗い米4合を加えてサッとバターをまぶし、グリンピースを加えて塩、胡椒し、普通のご飯の水加減でたき上げライス型に入れてさらに盛ります。冷やご飯のバター炒めでもよろしい。

＜1人分45円＞

■いもたこなんきん
（講師・小川旭）2人分

A ① 50匁くらいのタコの足1本を塩ゆでし、太い方を3センチ厚に切り、縦に細かく十文字に包丁目を入れて、菊花形とします。

②こいも6個はつぼみ松茸の形に皮をむき、塩ゆでにします。栗なんきんは皮を取り、丹波栗の形にむきます（四角形でもよい）。

③ 醤油大匙2、みりん大匙2を煮出し汁1合でのばし、①②の材料を入れて中火でゆっくり煮含めます。

④煮物鉢に菊花タコ、こいも、松たけ栗なんきんの3種を感じよく盛り合わせます。

B ①糸こんにゃく150gの水を切り、4センチくらいの長さのザク切とします。三つ葉小1把も同じ長さに切り、タコ足の細いところもせん切りとします。

② 鍋にサラダ油を入れ、①の材料を強火でいため水分をとばし、火からおろして、酢大匙3、醤油大匙1、みりん大匙2を合わせたものをかけて味をつえい小鉢に盛りいれます。

＜一人分30円＞

■豚肉のハイシ

（講師・井上幸作）1人分

①豚肉56gを薄く切り、玉ねぎ38gをみじん切りにして、ゆでたじゃがいも113gを2センチ位の角切りか乱切りにしておきます。
②フライパンを火にかけバター茶さじ1杯余りを溶かし、玉ねぎを半ば炒めて豚肉を加え、色の変わるまでいため、メリケン粉茶さじ2杯を混ぜ合わし、更にいためます。
③2に煮出汁または水5勺を加え、ゆでたじゃがいもを入れて、塩茶さじ1/4、胡椒少々で味をつけてしばらく煮ます。
④グラタン皿または好みの器に盛り付け、きざみパセリをふりかけて食皿にのせ熱いところをすすめます。

＜1人前40円＞

■エビだんごの吸もの

（講師・奥井広美）2人分

①エビ56gは水で洗ってから細かくたたき塩少量をふりかけておきます。
②春雨1/3把は湯に通してひきあげ、小型のしいたけ5～6枚は水につけ足を取っておきます。
③卵白半個分を固く泡立て、かたくり粉小さじ2杯の水溶きを加えエビを混ぜ合わせます。
④③をさじにすくって油の中に落とし入れキツネ色に揚げます。
⑤鶏のスープ1.2合を熱し、豆もやし20gとしいたけ、春雨、ねぎ少々、④を入れて塩と醤油、胡椒で吸物くらいに味付けします。
⑥浮き上がったアワをすくい取り、暑いうちに深い器に持ちすすめます。

＜1人分40円＞

■ちくわの月見丼

（講師・小川旭）

① ちくわを縦二つに割り、小口から斜に薄く切り、松茸中1本を3センチくらいの短冊に切り、人参を細いせん切り、青ねぎを斜切りにします。
②松茸、ちくわ、人参を醤油、みりんを加えた煮出汁の中でサッと煮ます。
③1人当たり全卵1個と卵白1個分とを混ぜ合わせ、塩砂糖で味をつけ、卵黄一個分は別皿に除いておきます。
④③と①の青ねぎを③の中に入れ、半熟程度にたき、暖かい丼ご飯の上にかけ中央を少しくしぼめて、卵黄をぽとりと落とします。

＜1人分35円＞

■肉のシチュー

（講師・堀越フサエ）1人分

①【ブラウンソース】シチューパンにマーガリン大さじ2/1を溶かし、メリケン粉大さじ2/3を加えて平しゃくしで混ぜながら、きつね色になるまでいためたら、ストック1カップを一度に入れてゆるくとかし、トマトソース大さじ1/2を入れて煮込みます。
②牛肉(94g)は2切れずつの角切りにして塩、こしょうを振り、しばらくしてからマーガリン大匙1/2で焼いて全面に薄くこげ目をつけ、ブラウンソースに入れて煮込みます。シェリー酒小さじ1も加えます。
③ にんじん38gと玉ねぎ38g、じゃがいも38gはくし形に切り、松茸10gは縦に四つに切って、牛肉がほぼ柔らかく煮えた頃に加えて煮込みます。
④全材料が柔らかくなり、ソースも濃くなったら塩、こしょうで調味して、温めた皿に溶かしつけます。

＜1人分55円＞

■セイロン風魚めし

（講師・辻徳光）6人分

①バターライス3合を炊き上げ、それを更にフライパンであおり、トマト2個のサイノメ切とグリンピース3勺を適当に混ぜ、カレー粉小さじ2～3杯を振り掛けて塩少々、味の素少々で味付けし、煮

出汁1合を注ぎ入れ、混ぜてねばりを出し、おろしチーズ中さじ山盛り3杯を振り混ぜてお皿に台になるように平たく盛り付けます。
②舌ヒラメ2〜3匹3枚におろし、塩をして30分以上置き、メリケン粉少々をまぶして溶き卵をつけ、バター焼きにしてレモン汁を絞りかけます。
③②を①のライスの上にのせ、もし許せばさらに車エビの頭と尾をつけて皮をむき、バター焼きしたものを置きます。経済的には小エビのむき身50匁ほどを用いてもよい。
④別のフライパンにバターを煮とかし、色がつき始めた頃にドミグラスソース（代用：トマトケチャップ3匁、ウスターソース1匁）を加え、バターが泡状に沸騰した所をの上一面にかけ、さらしパセリを散らしてすすめます。

＜1人分40円　車エビを使わない場合の値段＞

■焼きどうふの博多蒸し

（講師・田中藤一）

①焼きどうふは2枚に切り両方に薄く塩をあて切り口にかたくり粉をふります。
② カシワのミンチをすり鉢に入れ卵を割り込んで十分に摺ります。
③ごぼうをささがきにし、2の中に加え、塩、しょうゆ、みりんで味付けします。
④①に③をぬり、サンドウィッチ風にはさみ蒸器で10分間ほど蒸す。
⑤青ねぎはできるだけ薄い輪切りとしてふきんに包み水の中で固く絞り洗いねぎとし、大根は皮をむき箸で穴を3、4個所あけ、鷹の爪をおしこんでおろし金で紅葉おろしをつくる。
⑥煮だし汁を火にかけ、醤油、みりん、砂糖、塩で味をととのえ煮立て、かけ汁を作ります。
⑦④を二つに切り器に入れ新井ねぎともみじおろしをのせ熱いかけ汁をかけてすすめます。

＜1人分25円＞

■バヴァロア　オウ　ショコラ

（講師：小林孝二）

A 【バヴァロア】

①ゼラチン予め水に浸して柔らかくしておきます。
②ボールで卵黄3個と砂糖120gを混ぜ、牛乳1合5匁を煮たてたものを注ぎます。
③①を火にかけ、絶えずボールの底を木杓子でかき混ぜながら卵の臭みがとれて沸騰点に達するまで煮て、マーガリン20gを入れます。
④さらに水に浸したゼラチンの水分を切って加え、混ぜながら完全に煮溶かし、ヴァニリン少量を入れてざるでこし、水でさまし、プリン型5個に注ぎ入れます。
⑤ 氷水の中または冷蔵庫で冷却し、固まったら、微温湯にさっと浸して型から貫、冷たい皿に盛り、ショコラソースをかけていただきます。

B 【ショコラソース】

①水5匁、砂糖40gをボールに入れ、火にかけ、沸騰させ、泡立て器で混ぜながら、その中に刻んだチョコレート40gとマーガリン20gを加えます。
②火からおろしてヴァニリン少量を入れ、泡立器で軽く混ぜながら、水の中でさまし、充分冷えたとき、バヴァロワの上にかけます。

料理手帖の料理一覧（新聞番組表で予告されたもの）

【1956年12月】
04 火：温いおソウ菜料理
　　　　辻徳光
05 水：フランス風カキ料理
　　　　井上幸作
06 木：上方風ソウ菜
08 土：うどんスキ
　　　　竹中郁　薩摩きく
10 月：クッキーの作り方
11 火：お正月のおつまみ料理
　　　　辻徳光　佐藤和枝
12 水：さんまの洋風料理
　　　　富田利八郎　小深秀子
13 木：家庭向きの中華料理
　　　　辻徳光　佐藤和枝
15 土：上方風のおすし
　　　　小倉英一　小深秀子
17 月：インドカレー
18 火：エビサラダ
19 水：すゴボウと黒豆
20 木：けんちん汁　丹羽陸夫
22 土：むしズシ　橋本芳蔵
24 月：Xマスパーティーのつまみもの
　　　　辻勲
25 火：オムレツの作り方
26 水：鶴の巣籠り雑煮と果物の秘宝切り
　　　　辻徳光
27 木：鰻の幽庵
28 金：ブリステーキ
　　　　的場千枝（金曜放映開始）
29 土：上方風のお雑煮
※21日まで金曜日は別番組

【1957年1月】
07 月：欧風料理
　　　　辻勲
08 火：小エビのカナッペ
09 水：変わったおモチの食べ方
　　　　辻徳光
10 木：長崎汁とおしたし
　　　　湯木貞一
11 金：カキのスープ二種
　　　　堀越フサエ
12 土：コンブの見分け方
14 月：スパゲティ・ボロネーズ
15 火：サンドイッチ二種
　　　　井上幸作
16 水：さざえの壺焼き、福袋煮　辻徳光
17 木：鉄火どんぶり　丹羽陸夫
18 金：サバのノルマンドとサラダ　中嶋佐賀雄
19 土：テンプラのあげかた
21 月：鶏卵モレー印度風
22 火：鮮魚のクシ焼き　木村健蔵
23 水：カニのスープ煮
24 木：干そばのゆで方とそばご飯　薩摩卯一
25 金：鰯のフリッター
26 土：家庭向きの関東煮
　　　　後藤輝次
28 月：しばえびの博多あげ
　　　　辻勲
29 火：豚肉チーズ入り一口カツ　村田時三
30 水：お魚の銀紙焼き
31 木：近藤福太郎

【1957年2月】
01 金：カキの串焼
02 土：かす汁　橋本国三
04 月：（この日「料理手帖」休み）
05 火：マカロニを使ったサラダ
06 水：ハム入り茶金卵　辻徳光
07 木：さばずし
08 金：魚のバター焼き
09 土：かしわとごぼうのキンピラ
11 月：家庭向き中華料理
12 火：白魚のカラ揚げ
13 水：かれいの春雨あげ
　　　　辻徳光
14 木：穴子まぶし
15 金：シュークリームの油揚げ
16 土：鰯の包み焼き
18 月：ギリシャ風ポーピーエット　辻勲
19 火：鯨肉サラダ
20 水：若鳥の変わった照り焼き
21 木：あげたまどんぶり
22 金：アイリシュシチュー　平田武一
23 土：いわし鍋　世渡三郎
25 月：カキのエンゼル風　辻勲
26 火：ミートボールスパゲティ　木村健蔵
27 水：さばずし
　　　　辻徳光
28 木：かやくご飯

【1957年3月】
01 金：香港式中華カツ　梁耀庭
02 土：おひなまつり用のスシ
04 月：スタッフドエッグ・カレー　辻勲
05 火：うおぜのカラあげ
06 水：イナまんじゅう　辻徳光
07 木：フナのこぶ巻き
08 金：鍋帖餃子　奥井広美
09 土：ちゃんこナベ
　　　　大田山他
11 月：いわしの洋風酢漬け
12 火：鰯マヨネーズショワロワ
13 水：巴まきずし
14 木：牛肉の水たき
15 金：魚デコレーション
16 土：のっぺい汁　福井国三
18 月：キャベツの重ね焼き
　　　　辻勲
19 火：鯨肉のロールカツとミカンのサラダ
20 水：いかの酢のもの
21 木：行楽用のり巻
22 金：サバの白ぶどう酒煮

23 土：鰯のキャベツ巻
25 月：芙蓉麺　辻勲
26 火：貝柱料理二種
　　　　井上幸作
27 水：春の野山蒸し卵
28 木：若竹蒸し
29 金：パンケーキ
　　　　小林孝二
30 土：花見向きのおすし

【1957年4月】
01 月：えびサラダボール
　　　　辻勲
02 火：タケノコと木の芽マヨネーズ
03 水：カツオのたたき　辻徳光
04 木：タイ茶
05 金：　堀越フサエ
06 土：のっぺいそば（高校野球のため1030〜）
08 月：トルコ風のロールキャベツ
09 火：一口トンカツ　松下員也
10 水：アマダイのさくらむし　辻徳光
11 木：季節のてんぷら　菊山丈平
12 金：オムライス
　　　　平田武一他
13 土：タコのやわらか煮
　　　　後藤輝次
15 月：ギリシャ風冷カレー野菜
16 火：ミックスサラダ
17 水：新たけのこの含め煮
18 木：なまぶし
19 金：キスとたけのこときぬさや　古沢クラ
20 土：ソースあん仕立ての豚汁
22 月：豚肉煮込みローベル風　辻勲
23 火：オープンハンバーグサンド
24 水：タイのかぶと造り
25 木：朝掘りたけのこの土佐煮
26 金：フルーツパウンドケーキ
27 土：握りずし

29 月：ハンガリー風ポテトの煮込み
30 火：タマゴサラダ　富田利八郎

【1957年5月】
01 水：タイの潮煮吸物
　　　　辻徳光　小深秀子
02 木：鯛麺
　　　　田中藤一
03 金：牛肉のくし焼きとマッシュド・ポテト
　　　　堀越フサエ
04 土：若鳥のいりつけ
　　　　丹羽陸夫
06 月：ドライカレー
07 火：カニサラダ　井上幸作
08 水：タイ御飯
　　　　辻徳光　小深秀子
09 木：サバの中華揚げ煮
　　　　小川旭
10 金：いわしのマーガリン焼き
　　　　古沢クラ
11 土：子エビちらし揚げ　近藤福太郎
13 月：ミラノ風のカツレツ
14 火：　村田時三
15 水：魚の野菜焼き
16 木：揚げ玉子のしょう油煮
　　　　奥井広美
17 金：ミート・パイ
　　　　拭石俊枝
18 土：うの花汁といりうの花
　　　　福井国三
20 月：魚の紙包み焼きアメリカンソース
　　　　辻勲
21 火：スタフドトマトサラダ
　　　　松下員也
22 水：フナの洗い
23 木：鯨肉のショウユ焼き
　　　　辻徳光　小深秀子
24 金：イチゴの英国風料理

25 土：とろろそば
27 月：イタリア風いりたまごめし
　　　　辻勲
28 火：小エビのフリッター
　　　　井上幸作
29 水：ハモの八幡巻き
　　　　辻徳光　小深秀子
30 木：ハモの信州蒸し
31 金：ハンバーグステーキと付け合わせ野菜

【1957年6月】
01 土：いもまんじゅう
　　　　世渡三郎
03 月：北欧風ブロセット
　　　　辻勲
04 火：小エビト卵のゼリー寄せ
　　　　富田利八郎
05 水：アコウの湯引きちり
　　　　辻徳光
06 木：イカのくわやき
　　　　小川旭
07 金：合わせ小アジのマーガリン焼き
　　　　古沢
08 土：魚のみぞれ煮
　　　　丹羽陸夫　小深秀子
10 月：スイス・ステーキ
　　　　辻勲
11 火：マカロニエッグサラダ
　　　　木村健蔵
12 水：水イカのけんちん蒸し
　　　　辻徳光
13 木：中華ソバの海苔巻き揚げ
　　　　奥井広美
14 金：イワシとエビナールソース
　　　　拭石
15 土：かますの月花蒸し
　　　　近藤福太郎
17 月：小エビのカクテル

18 火：ライスサラダ
　　　　胸永竹之助
19 水：小アジの南蛮漬け
　　　　辻徳光　小深秀子
20 木：ロールキャベツ
　　　　平田武一
21 金：フリーザーを使わずに作るアイスクリーム
　　　　小林孝二
22 土：ナスの田楽アコウの唐揚げ
　　　　福井国三　小深秀子
24 月：イカのスタフドピロー飯
　　　　辻勲 稲田英子
25 火：クラブハウスサンドイッチ
26 水：エビのシソ巻き天ぷら
　　　　辻徳光　小深秀子
27 木：タイのソースあんかけ
　　　　田中藤一　佐藤和枝
28 金：ビフテキとトマトサラダ
　　　　堀越フサエ
29 土：とりめん
　　　　薩摩卯一　小深秀子

【1957年7月】
01 月：エジプト風舌ひらめムニエルの料理
　　　　辻勲
02 火：トマトのこがね焼き
03 水：
04 木：揚げナスのそぼろアンかけ
　　　　小川旭
05 金：二色揚げと重ね焼きサラダ
　　　　拭石俊枝　稲田英子
06 土：サケのオイル焼き
　　　　世渡三郎
08 月：イカのから揚げイタリー風
　　　　辻勲
09 火：エッグ・ウイズ・チキンサラダ　井上幸作
10 水：ハモチリ　辻徳光

　　　　辻勲　稲田英子
11 木：中国風エビのゆば巻きあげ
　　　　奥井広美
12 金：バウアロア・オウ・ショコラ
　　　　小林孝二　稲田英子
13 土：ナスのしぎ焼き
　　　　丹羽陸夫
15 月：コニーアイランド・ホットドッグ　辻勲
16 火：イカのスタッフド　富田利八郎
17 水：柳川鍋　辻徳光
18 木：ひき肉のトルヌード
　　　　平田武一
19 金：ポテトパイ
　　　　堀越フサエ　稲田英子
20 土：浪花あげ
　　　　近藤福太郎他
22 月：ホット・ロースト・ポーク
　　　　辻勲
23 火：ビーフとマカロニ　セロリマヨネーズ
　　　　井上幸作　佐藤和枝
24 水：宿かりアワビ
　　　　辻徳光　小深秀子
25 木：スズキの松葉あげ
　　　　田中藤一
26 金：クレビネットボール
　　　　拭石俊枝
27 土：ビネグレットソースとコールフィッシュ
　　　　木村健蔵
29 月：魚貝カレー
　　　　辻勲
30 火：ハンバーガ・デラックス
　　　　井上幸作
31 水：小アジの卵の花寿司
　　　　辻徳光

【1957年8月】
01 木：小魚の甘酢揚げ
　　　　小川旭　佐藤和枝
02 金：カレー・ロールサンドイッチ

　　　　野尻千草　稲田英子
03 土：豚肉のもち粉揚げ
　　　　梁耀庭　小深秀子
05 月：プロヴァンス風野菜煮込み
　　　　辻勲
06 火：セットハム・サンドイッチ
　　　　井上幸作
07 水：青とうがらしのエビ詰め
　　　　辻徳光
08 木：雉片紅焼蛋　奥井広美
09 金：ライスプディング煮桃添え
　　　　小林孝二他
10 土：アジの油焼き　福井国三
12 月：ビールと洋酒のおつまみもの
　　　　辻勲
　　　　（晴天時13：15～雨天時12：47～放送）
13 火：シリップスメキシカン　井上幸作
　　　　（晴12：15～雨12：48～）
14 水：お盆の精進のお椀もり
　　　　辻徳光（晴天時12：15～雨天時12：45～）
15 木：即席シュウマイ
　　　　平田武一（13：00～）
16 金：ポークチャップ・ロバートソース
　　　　堀越フサエ
17 土：季節向てんぷら　北岡萬三郎
19 月：なすのつぶし肉はさみ焼き
　　　　辻勲
20 火：サーモンステーキ
　　　　井上幸作　佐藤和枝
　　　　（晴12：15～雨12：45～放送）
21 水：アワビの酒蒸し　辻徳光
22 木：バーベキュー料理　田中藤一
23 金：クラゲのごまあえ添え
　　　　拭石俊枝
24 土：ビフテキの炭火焼　柴田三雄
26 月：チキン・カレー
　　　　辻勲　稲田英子
27 火：オクラの煮込みポルトガル風

　　　　　井上幸作
28 水：そうめんと豚肉のバター炒り
　　　　　辻徳光
29 木：豚肉の八幡巻きマスカットの味噌漬
　　　　　小川旭
30 金：お子様向きの炒り卵ライス　野尻千草
31 土：タチウオの難波あげ
　　　　　世渡三郎

【1957年9月】
02 月：セビラ風ステーキ
　　　　　辻勲
03 火：フライドプロン・エレガント
　　　　　井上幸作
04 水：なすのはさみ揚げ
　　　　　辻徳光
05 木：魚の香味揚げと春雨の酢あえ
　　　　　奥井広美
06 金：フライ・アップルパイ
　　　　　小林孝二
07 土：魚のピカタ
　　　　　松下員也
09 月：ラビオリ
　　　　　辻勲　稲田英子
10 火：ナスのフライサンドにマヨネーズ
　　　　　胸永竹之助
11 水：菊花イカのつまみもの
　　　　　辻徳光　小深秀子
12 木：ささ身のチキンカツレツ
　　　　　平田武一
13 金：ビロード・ボアンソン
　　　　　堀越フサエ
14 土：精進あげ
　　　　　丹羽陸夫　小深秀子
16 月：マンハッタン・クラムチャウダー
　　　　　辻勲
17 火：シチュード・ケンネ
　　　　　井上幸作

18 水：魚の富士蒸し
　　　　　辻徳光　小深秀子
19 木：スタッフド・トマトのカレーがけ
　　　　　田中藤一
20 金：サバのメートルデトルとみぞれあえ
　　　　　拭石俊枝　稲田英子
21 土：スコッチエッグ
　　　　　木村健蔵
23 月：ギリシヤ風ポーピエット　辻勲
24 火：プロンカクテル
　　　　　井上幸作　佐藤和枝
25 水：袋ずめずしと笹巻きずし
　　　　　辻徳光　小深秀子
26 木：いもたこなんきん酢あえコンニャク　小川旭
27 金：卵とさつまいもの料理
　　　　　野尻千草
28 土：ささ身のさらさ揚げ
　　　　　近藤福太郎
30 月：中華風バナナフリッター
　　　　　辻勲

【1957年10月】
01 火：ソールブッセ
　　　　　井上幸作
02 水：まつたけと鳥肉のどびん蒸し
　　　　　辻徳光
03 木：米粉肉
　　　　　奥井広美
04 金：ホット・ケーキ
　　　　　小林孝二
05 土：かしわの紙包み揚げ　梁耀庭
06 月：いため牛肉アメリカ風　辻勲
08 火：シュリンプ・ニューバーグ
　　　　　井上幸作
09 水：サンマのかば焼　辻徳光
10 木：フーカデン
　　　　　平田武一　佐藤和枝
11 金：魚のムニエルにマッシュルームソース

　　　　　堀越フサエ
12 土：キスとまつたけの南禅寺揚げ
　　　　　福井国三
14 月：セイロン風魚飯
　　　　　辻勲　稲田英子
15 火：魚のフライ・マンハッタン
　　　　　井上幸作
16 水：塩カレイの春雨揚げとシュリンプトースト
　　　のチーズ揚げ
　　　　　辻徳光
17 木：大根のカキみそかけと栗のいが揚げ
　　　　　田中藤一
18 金：ほうれんそうのスープと松茸の宝楽焼き
　　　　　拭石俊枝
19 土：風変りな一口トンカツ
　　　　　豊田三郎
21 月：じゃがいものベーコン煮　辻勲
22 火：鯖の山家風
　　　　　井上幸作　岩原富子
23 水：カニの甲ら焼き
　　　　　辻徳光　広瀬修子
24 木：ちくわの月見丼と細昆布の酢の物　小川旭
25 金：洋風魚介類の茶碗蒸し
　　　　　野尻千草
26 土：紅葉そば
　　　　　（晴天時12：15〜雨天時12：51〜放送）
28 月：アラビア風ポークシチュー
　　　　　辻勲
29 火：レバーとベーコン
　　　　　井上幸作
30 水：うどんのクリーム煮
　　　　　辻徳光（晴12：15〜雨12：51〜）
31 木：ワンタン
　　　　　奥井広美　佐藤和枝

【1957年11月】
01 金：プディングキャビネ
　　　　　小林孝二

02 土：カキのフライ・アメリカン
　　　　富田利八郎
03 月：デミドフ風変りステーキ
　　　　辻勲
04 火：カスタードスープ　井上幸作
06 水：ちくわのチーズ揚げ
　　　　辻徳光　広瀬修子
07 木：エビのつつみ揚げ
　　　　平田武一　佐藤和枝
08 金：ハム入りクリームスープとチキンオムレツ
　　　　堀越フサエ
09 土：カニの南京焼
　　　　世渡三郎　小深秀子
11 月：カキのビルロワ
　　　　辻勲　稲田英子
12 火：ハマグリのベーコン巻き
　　　　井上幸作
13 水：ウオゼの柚庵焼きとウオゼの骨からあげ
　　　　辻徳光　広瀬修子
14 木：焼き豆腐の博多蒸し
　　　　田中藤一
15 金：ロシアスープ　拭石俊枝
16 土：イワシのオイル蒸し
　　　　辻本忠三郎
18 月：トルコ風カキご飯
　　　　辻勲
19 火：豚肉のハイシ　井上幸作
20 水：エビと栗の芝煮　辻徳光
21 木：サケのトルヌードソース　煮込み
　　　　小川旭
22 金：ハマグリの黄金焼き
　　　　野尻千草
23 土：カモまんじゅう
　　　　丹羽陸夫　小深秀子
25 月：洋風即席弁当
　　　　辻勲　稲田英子
26 火：よせハムのフリッターズ
　　　　井上幸作

27 水：かぶらの博多おし
　　　　辻勲
28 木：豚肉の天ぷら甘酢煮　奥井広美
29 金：バースデーケーキ　小林孝二
30 土：お子様ランチ　松下員也

【1957年12月】
02 月：温泉湯どうふ
　　　　辻勲　稲田英子
03 火：卵のリヨネーズ　井上幸作
04 水：カキの土手鍋
　　　　辻徳光　広瀬修子
05 木：イギリス風シチュー
　　　　平田武一
06 金：タンバルマカロニと芽キャベツの炒め煮
　　　　堀越フサエ
07 土：オランダ巻きサンドイッチ　豊田三雄
09 月：しゅうへいなべ
　　　　辻勲　稲田英子
10 火：アジのピクルス
　　　　井上幸作　岩原富子
11 水：お正月のつまみもの　辻徳光
12 木：かぶら蒸し
　　　　田中藤一
13 金：サワラのカキソースと人参のマーガリン煮
　　　　拭石俊枝
14 土：小エビの磯あげ　北岡萬三郎
16 月：牛肉の卵焼
　　　　辻勲　稲田英子
17 火：オードブルの盛り合わせ
　　　　井上幸作
18 水：照りごまめの作り方
　　　　辻徳光
19 木：エビだんごの吸い物
　　　　奥井広美他
20 金：Xマス用プラムケーキ
　　　　小林孝二
21 土：しいたけの詰めもの

　　　　梁耀庭　小深秀子
23 月：中華風若鶏唐揚げ　辻勲
24 火：伊勢エビのサラダいろいろ
　　　　井上幸作
25 水：老松と鶴亀
　　　　辻徳光　広瀬修子
26 木：卵とじ福袋と即席正月料理三種
　　　　小川旭
27 金：お母様の手伝いのために「お好み串焼き」
　　　　野尻千草　高折八洲子
28 土：正月のおにしめ　福井国三

【1958年1月】
06 月：洋風宝楽焼　辻勲
07 火：変わりポーチド・エッグ　井上幸作
08 水：コチのチリ鍋
　　　　辻徳光　広瀬修子
09 木：納豆おでん　平田武一
10 金：肉のシチュー
　　　　堀越フサエ
11 土：小魚と切り身のころも揚げ
　　　　木村健蔵
13 月：カキ
　　　　辻勲
14 火：イクラのサラダ
　　　　井上幸作
15 水：合ガモのロース煮
　　　　辻徳光
16 木：家庭向きよせなべ　田中藤一
17 金：タラの信州焼きと豚のかす汁　拭石俊枝
18 土：モロコの瑠璃漬け
　　　　近藤福太郎
20 月：カキ料理三種
　　　　辻勲
21 火：イワシのローフ
　　　　胸永竹之助
22 水：カキの鶏卵汁
23 木：ニシンの蒲焼とキャベツの甘酢漬　小川旭

24 金：おモチのカレー煮　野尻千草
25 土：卵包み焼　石本千太郎
27 月：和菓子・柚の香
　　　　辻勲　稲田英子
28 火：カニのプロセット　井上幸作
29 水：節分ナベ
　　　　辻徳光　広瀬修子
30 木：お魚の酒粕揚げ
　　　　奥井広美
31 金：ピーナツタフィー　小林孝二
【1958年2月】
01 土：がんもどき
　　　　石本千太郎
03 月：エッグドリア
　　　　辻勲　稲田英子
04 火：即席クリームスープ
　　　　井上幸作
05 水：卵とハムの磯蒸し
　　　　辻千代子　広瀬修子
06 木：フナの甘露煮
　　　　平田武一　佐藤和枝
07 金：おべんとう用詰め合わせ
　　　　堀越フサエ
08 土：小ダイの雀あげ
　　　　世渡三郎
10 月：スタフド・エッグ・ボンフェーム
　　　　辻勲
11 火：魚肉だんご
　　　　井上幸作
12 水：カキの石焼
　　　　辻徳光　広瀬修子
13 木：粟まんじゅうと赤貝の鉄砲あえ
　　　　田中藤一
14 金：くうや鍋
　　　　拭石俊枝
15 土：舌ヒラメの詰物チロル風
　　　　辻本忠三郎
17 月：カリフラワーのコロッケ
　　　　辻勲
18 火：オイスター・ステーキ
　　　　井上幸作
19 水：カニの甲羅揚げ
　　　　辻徳光　広瀬修子
20 木：サケの白菜巻　小林旭
21 金：フローレンス風クロケット
　　　　野尻千草
22 土：さといもの唐揚げ
　　　　堀田吉夫
24 月：オニオンステーキ
　　　　辻勲
25 火：シェフスサラダ　井上幸作
26 水：ハムと卵の銀紙焼
　　　　辻徳光　広瀬修子
27 木：豚肉の卵包み揚げ
　　　　奥井広美
28 金：クリーム・フリー
　　　　小林孝二　高折八洲子

【1958年3月】
01 土：小魚のミジン揚げ　後藤輝次
03 月：舌ビラメの白魚揚げ
　　　　辻勲
04 火：イカのリヨネーズ　井上幸作
05 水：春のにぎり寿司
　　　　辻徳光　広瀬修子
06 木：すじ肉料理
　　　　平田武一　佐藤和枝
07 金：卵とレバーのサンドイッチ
　　　　堀越フサエ　高折八洲子
08 土：豚肉一くちカツのシチュー　富田利八郎
10 月：マカロニープランタン
　　　　辻勲　稲田英子
11 火：キャベツ巻ロシア風
　　　　井上幸作
12 水：鯉こく汁
　　　　辻徳光　広瀬修子
13 木：ハマグリの酒蒸し
　　　　田中藤一
14 金：甘ダイのイタリア風サラダ
　　　　拭石俊枝
15 土：オイスター・クリーム
　　　　豊田三雄
17 月：ポークタンバル　辻勲
18 火：ほうれん草の料理2種　井上幸作
19 水：若鳥の葡萄酒煮　辻徳光
20 木：栄養豆腐と真砂和え
　　　　小川旭
21 金：ポテトクラストビーフシチュー　野尻千草
22 土：エジプト風卵料理
　　　　松下員也　小深秀子
24 月：マルセーユ風のキャベツ巻　辻勲
25 火：サケのシチュー　井上幸作
26 水：季節の変わり揚げ三種
　　　　辻徳光　広瀬修子
27 木：肉だんごのもち米蒸しと玉子の紅茶煮
　　　　奥井広美
28 金：スポンジケーキ
　　　　小林孝二　高折八洲子
29 土：桜揚げ
　　　　世渡三郎（北岡萬三郎という資料有り）
31 月：葉巻型ポーク
　　　　辻勲　稲田英子

【1958年4月】
01 火：玉葱料理二種　井上幸作
　　　　（高校野球のため12：15～放送）
02 水：春の盛り合わせ　辻徳光
03 木：鯨肉のみそ漬け
　　　　平田武一
04 金：ニョッキーグラタン
　　　　堀越フサエ
05 土：エビとハムの風船揚げ　梁耀庭
07 月」ソーセージライス　辻勲
　　　　（晴天時12：15～雨天時12：45～放送）

08 火：むきえんどう二種　井上幸作
　　　（晴天時 12：15 ～ 雨天時 12：45 ～放送）
09 水：魚の道明寺蒸し　辻徳光
　　　（晴天時 12：15 ～ 雨天時 12：45 ～）
10 木：イカのけんちん蒸し　田中藤一 (12：40 ～)
11 金：ポークカツレツ野菜ソース煮
　　　　野尻千草　高折八洲子
12 土：サバの南蛮焼き　福井国三
14 月：チキンレバーグラタン
　　　　辻勲
15 火：豚肉のチャプスイ
　　　　井上幸作
16 水：カツオの大皮づくり　辻徳光
17 木：若筍月かんと甘皮のごま酢和え　小川旭
18 金：鶏肉のクリームソース煮
　　　　拭石俊枝
19 土：こがね御飯　丹羽陸夫
21 月：イタリアンプロセット
　　　　辻勲
22 火：玉子の黄金あげ　井上幸作
23 水：竹若煮
　　　　辻徳光
24 木：中国風の五目炒め風
　　　　奥井広美
25 金：変わりドーナツ
　　　　小林孝二
26 土：小ダイのらんちゅう蒸し
　　　　近藤福太郎
28 月：ポークカツレツ印度風
　　　　辻勲　稲田英子
29 火：変りハイシビーフ　井上幸作
30 水：高野どうふの磯巻き天ぷら
　　　　辻徳光

【1958 年 5 月】
01 木：台湾ちまき　平田武一
02 金：カレイのマーガリン焼きと筍のサラダ
　　　　堀越フサエ

03 土：ミンチカツレツ　福井菊次郎
05 月：お子様ランチ　辻勲
06 火：平豆のフライとサラダ二種　井上幸作
07 水：小ダイのかぶと焼きとしょうぶウド　辻徳光
08 木：牛肉の包み揚げ
　　　　田中藤一　佐藤和枝
09 金：吉野煮　拭石俊枝
10 土：ヒラメの冷製イギリス風　石本千太郎
12 月：コールドアペタイザー　辻勲
13 火：ポテト・ダンプリング
　　　　井上幸作
14 水：なると巻イカと青豆のたき合わせ　辻徳光
15 木：鰹の生節と乾物の煮合わせ　小川旭
16 金：オニオンロールフィッシュ　野尻千草
17 土：オムライス　胸永竹之助
19 ：変わりポークソテー
　　　　辻勲
20 火：なすび料理二種　井上幸作
21 水：南蛮漬け
　　　　辻徳光
22 木：炒め豆腐のあんかけ
　　　　奥井広美
23 金：ストロベリージュースとジャム　小林孝二
24 土：ポテトコロッケ・スコッチ風　辻本忠三郎
26 月：鶏肝臓のフロレンチン
　　　　辻勲
27 火：トマトのシチュー　井上幸作
28 水：ハモの柳川煮
　　　　辻徳光　広瀬修子
29 木：信田巻と茶せんなすの煮物　平田武一
　　　　（アジア陸上のため 13：35 ～）
30 金：カレーパイ　堀越フサエ
31 土：魚のフライインデアン　富田利八郎

【1958 年 6 月】
02 月：巻牛肉のフライインド風
　　　　辻勲　佐藤和枝
03 火：お惣菜向きハムエッグ

　　　　井上幸作
04 水：合鴨のくわ焼き　辻徳光
05 木：ハモの子・寄せ卵　田中藤一
06 金：芝えびのピラフ　拭石俊枝
07 土：串カツ
　　　　豊田三雄
09 月：煮込み野菜ミートソース
　　　　辻勲　佐藤和枝
10 火：サボアオムレツ
　　　　井上幸作
11 水：白子の磯焼
　　　　辻徳光
12 木：アジのこはく湯引き
　　　　小川旭
13 金：魚の龍眼焼き　田積富貴
14 土：なすのしぎ揚げ　北岡萬三郎
16 月：鯛とうどのパピロット
　　　　辻勲
17 火：ドライハイシ　井上幸作
18 水：伊勢えびの具足煮
　　　　辻徳光
19 木：肉だんごのあめ煮
　　　　奥井広美
20 金：アップルゼリー
　　　　小林孝二　高折八洲子
21 土：ハモの黄金焼きとピーマンサラダ　竹内富三
23 月：炒めケンネハンガリー風　辻勲
24 火：卵とトマトのサラダ
　　　　井上幸作
25 水：小エビのおぼろ蒸しのシソあんかけ　辻徳光
26 木：ビビン麺
27 金：朝食の献立
　　　　堀越フサエ
28 土：チキン・ウィングフライ　木村健蔵
30 月：車エビの空揚げ中華風　辻勲

【1958 年 7 月】
01 火：ミンチ肉の炒め煮　ほか　井上幸作

02 水：いけハモの洗い　辻徳光
03 木：ふくさ焼
　　　　田中藤一　佐藤和枝
04 金：スズキの卵ソースとトマトピクルス
　　　　拭石俊枝
05 土：タコのやわらか煮
　　　　世渡三郎
07 月：いため牛肉焼ナス添え
　　　　辻勲
08 火：チキンサラダ
　　　　井上幸作　岩原富子
09 水：肉詰めのピーマントマト添え
　　　　辻徳光
10 木：鍋なしで作る柳川鍋
　　　　小川旭
11 金：プレートディナー
　　　　田積富貴
12 土：アジのマリナード　鈴木卯之助
14 月：ブレイク・ファーストサラダ
　　　　辻勲
15 火：変わりポークチャップ
　　　　井上幸作　岩原富子
16 水：冷やしそうめん
　　　　辻徳光
17 木：魚と野菜の酢のもの
　　　　奥井広美他
18 金：昼食の献立
　　　　堀越フサエ
19 土：カマスの一塩とかい割菜汁　福井国三
21 月：マルセーユ風トマトスープ
　　　　辻勲
22 火：ハンバーガードーナツ
　　　　井上幸作　岩原富子
23 水：巻き南瓜の含め煮
　　　　辻徳光　広瀬修子
24 木：アジの照焼　平田武一
25 金：お菓子のフライエッグ
　　　　小林孝二

26 土：英国風刻み肉
　　　　松下員也　小深秀子
28 月：お好みクシカツ
　　　　辻勲　佐藤和枝
29 火：芝えびの鉄板焼き
　　　　井上幸作　岩原富子
30 水：カマスの姿ずし　辻徳光
31 木：玉葱の肉詰め蒸
　　　　田中藤一

【1958年8月】
01 金：なすの肉詰め焼き
　　　　拭石俊枝
02 土：からしれんこん
　　　　丹羽陸夫　小深秀子
04 月：野外料理（1）
　　　　野菜と肉のブロセット、じゃがいもの銀紙焼
　　　　辻勲
05 火：レバーとピーマンのシチュー
　　　　井上幸作　岩原富子
06 水：花トマトのエビ詰め
　　　　辻徳光　広瀬修子
07 木：京風茄子ニシンと湯葉の酢の物
　　　　小川旭
08 金：とうふカレー煮　田積富貴
09 土：涼弁生菜麺　梁耀庭
11 月：野外料理（2）ハムステーク・ハワイアン
　　　　ソーセージアップル　辻勲
12 火：アジの惣菜煮　井上幸作
13 水：白滝あえ
　　　　辻徳光
14 木：冷やしソバの豚肉ミソかけ
　　　　奥井広美
15 金：フィッシュインケース
　　　　堀越フサエ
16 土：床ぶしの油いため　後藤輝次（1246〜）
18 月：スズキとトマトの重ね焼
　　　　辻勲

19 火：サラダ料理二種（1240〜）
　　　　井上幸作　岩原富子
20 水：栄養やき
　　　　辻徳光　広瀬修子
21 木：塩漬け菜と豚肉の油いため
　　　　平田武一
22 金：フルーツポンチ
　　　　小林孝二
23 土：ハムのセリー寄せ
　　　　清見保夫　岩原富子
25 月：夏のビールと酒のさかな
　　　　辻勲
26 火：コーンチャウダー
　　　　井上幸作　岩原富子
27 水：クリーム煮のケース盛り
　　　　辻徳光　広瀬修子
28 木：ベーコンロールとサーモンボール　田中藤一
29 金：エビしんじょと小鮎背越なます
　　　　拭石俊枝
30 土：エビと卵のコロッケ
　　　　福井菊治郎

【1958年9月】
01 月：魚のぶどう酒煮
　　　　辻勲
02 火：サラダとハムロール
　　　　井上幸作
03 水：ちらしすし　辻徳光
04 木：生揚げどうふ ぶどうじょう油添え　小川旭
05 金：豚肉とリンゴの重ね焼き
　　　　田積富貴他
06 土：犢肉シチューハンガリー風
　　　　石本千太郎
08 月：マルセイユ風のアジ料理
　　　　辻勲
09 火：スミルナ・ステーキ
　　　　井上幸作
10 水：サケの八寸盛り　辻徳光

11 木：魚の巻き揚げ甘煮
　　　奥井広美　佐藤和枝
12 金：スイートポテト　小林孝二
13 土：レバーと野菜の串揚げ
　　　藤井忠孝
15 月：豚と野菜のクリーム煮
　　　辻勲　佐藤和枝
16 火：さよりの輪つなぎ揚げ
　　　井上幸作
17 水：小だいのらんちゅう焼　辻徳光
18 木：ジンギスカン焼
　　　平田武一
19 金：夕食の献立例
　　　堀越フサエ
20 土：小魚のバター焼きと食べ方
　　　豊田三雄
22 月：イワシのグラタンイタリー風
　　　辻勲　佐藤和枝
23 火：フリカッセーチキン マセドアン
　　　井上幸作
24 水：サケときゅうりのかつら巻　辻徳光
25 木：豆腐の満月蒸
　　　田中藤一　佐藤和枝
26 金：ロシア風の壺焼
　　　拭石俊枝　高折八洲子
27 土：霞揚げ
　　　北岡万三郎
29 月：若鶏の赤ブドウ酒煮
　　　辻勲
30 火：折詰ランチ　井上幸作

【1958 年 10 月】
01 水：香りを逃さぬ松茸の銀紙焼き
　　　辻徳光
02 木：牛肉のしぐれ煮　小川旭
03 金：洋風魚のそぼろライス
　　　田積富貴
04 土：料理コンクール第一位※
　　　松たけのクロケット
06 月：チーズとポテトの重ね揚げ　辻勲
07 火：ミートボールパンケーキ　井上幸作
08 水：赤肉鯨の変わり焼
　　　辻徳光
09 木：鶏の骨付き揚と卵の醤油煮
　　　奥井広美
10 金：マシマロ
　　　小林孝二
11 土：行楽料理コンクール第一位
　　　「チーズパンのサンドイッチ」
13 月：菊花松たけのバター焼き
　　　辻勲
14 火：松たけスープ
15 水：サケどんぶり
　　　辻徳光
16 木：ビフテキの焼き方
　　　平田武一
17 金：秋さばの紙包み焼き
　　　堀越フサエ
18 土：野山の幸吹き寄せ　堀田吉夫
20 月：寄せ豆腐中華風　辻勲
21 火：カーペット・バッグ（牛肉の変わり焼）
　　　井上幸作
22 水：肉詰めれんこんの春雨あげ
　　　辻徳光
23 木：そば焼売
　　　田中藤一
24 金：サケのナンチュワ風
　　　拭石俊枝
25 土：なすのステーキ
　　　富田利八郎　佐藤和枝
27 月：幕の内弁当　辻勲
28 火：お子様ランチ　井上幸作
29 水：魚の栗蒸し
　　　辻徳光　広瀬修子
30 木：さんまのロール焼　松茸ソースがけ
　　　小川旭　佐藤和枝

31 金：洋風白菜鍋
　　　田積富貴

【1958 年 11 月】
01 土：エビとキスのいがグリ揚げ
　　　世渡三郎
03 月：ビーフステーキジプシー風
　　　辻勲
04 火：モロコのマリネー
　　　井上幸作他
05 水：サンマの八幡巻　辻徳光
06 木：しいたけと肉の合せ揚げ
　　　奥井広美
07 金：ノルマンド風パンケーキとココア
　　　小林孝二
08 土：エビ・カキ・イカのフライ
　　　谷森元市他
10 月：中華風アメ煮
　　　辻勲
11 火：舌びらめの詰めもの
　　　井上幸作他
12 水：茶碗蒸し二種　辻徳光
13 木：オムレツ
　　　平田武一
14 金：ボンベイ風かやく御飯
　　　堀越フサエ
15 土：卵の出汁巻きとさつま汁
　　　福井国三
17 月：五目とうふ
　　　辻勲
18 火：アイリッシュシチュー
　　　井上幸作他
19 水：イカ白菊焼とゆずなべ　辻徳光
20 木：豆腐の信田巻き　田中藤一
21 金：ポルトガル風のご飯と野菜スープ
　　　拭石俊枝
22 土：かぶらむし
　　　近藤福太郎

※【コンクール入賞者】10月4日・太田京子（西宮市）、10月11日・土山美智子（尼崎市）

24 月：純インド風カレー
　　　　辻勲　杉野
25 火：キャベツ料理２題
　　　　井上幸作他
26 水：サザエのつぼ焼　辻徳光
27 木：（皇太子ご成婚発表の為休止）
　　　　※ソーセージと卵の白菜巻が予定されていた。
　　　　小川旭
28 金：ミンチボールと野菜シチュー
　　　　田積富貴
29 土：いり卵の牛肉巻　佐野政一

【1958 年 12 月】
01 月：鰯のほうれん草巻き揚げ　辻勲
02 火：温かいいもサラダ
　　　　井上幸作
03 水：白菜とベーコン鍋
　　　　辻徳光　広瀬修子
04 木：中華風肉のてんぷら丼
　　　　奥井広美　佐藤和枝
05 金：田舎風豆のシチュー
　　　　堀越フサエ　高折八洲子
06 土：おろしクワイの揚げだし
　　　　丹羽陸夫他
08 月：フレンチコロッケ
　　　　辻勲　杉野アナ
09 火：カレースープ　井上幸作
10 水：湯どうふ
　　　　辻徳光　広瀬修子
11 木：蒸し鯖の納豆醤油とゆずの甘煮
　　　　平田武一
12 金：シュークリーム　拭石俊枝
13 土：アメリカ風カキスープ
　　　　松下員也　佐藤和枝
15 月：ひき肉のポーピエット
　　　　辻勲　杉野アナ
16 火：若どりのポットロースト
　　　　井上幸作他

17 水：茶そばあんかけ　辻徳光
18 木：とうふのエビくずびき
　　　　田中藤一
19 金：チーズバーガー　田積富貴
20 土：揚げかしわの酒漬け
　　　　梁耀庭　佐藤和枝
22 月：クリスマスのおつまみもの 辻勲
23 火：洋風よせ鍋
　　　　井上幸作他
24 水：日本カキサラダ　辻徳光
25 木：日の丸豆腐と菊花卵
　　　　小川旭
26 金：洋風日の出かまぼこと 松竹梅
　　　　堀越フサエ
27 土：つごもりそば　薩摩卯一

【1959 年 1 月】
01 木：（正月につき休止）
02 金：（　　同　上　　）
05 月：カキとベーコンのソテー　鶏肉のガランチン
　　　　三色くしざし（フィルム構成）辻勲
06 火：白ソースの作り方
　　　　井上幸作　岩原富子
07 水：蒸しずし
　　　　辻徳光
08 木：五目御飯の肉包み
　　　　奥井広美
09 金：くるみのケーキ　拭石俊枝
10 土：カキのベーコン巻きグリル
　　　　豊田三雄
12 月：貝のパン粉焼き
13 火：チキンマカロニ
　　　　井上幸作　岩原富子
14 水：お鏡かぶらのふろふき
　　　　辻徳光
15 木：白菜のサケ包み蒸し
　　　　奥井広美
16 金：お餅のいただきかたいろいろ　田積富貴

17 土：スペイン風ライス
　　　　石本千太郎
19 月：カキのシチュー　辻勲
20 火：ブラウンソースの作り方
　　　　井上幸作　岩原富子
21 水：鮭の軟骨みぞれ酢あえ
　　　　辻徳光　広瀬修子
22 木：甘ダイの酒蒸し　田中藤一
23 金：スコットランド風肉のシチュー
　　　　堀越フサエ
24 土：洋風だし巻
　　　　後藤輝次
26 月：巻豚肉の湯煮　辻勲
27 火：ビーフアラモード
　　　　井上幸作　岩原富子
28 水：節分汁
　　　　辻徳光　広瀬修子
29 木：カキとハムの包み揚げ
　　　　小川旭　佐藤和枝
30 金：きな粉あめ
　　　　拭石俊枝　高折八洲子
31 土：スペイン風変わりオムレツ
　　　　富田利八郎

【1959 年 2 月】
02 月：エッグドライカレー　辻勲
03 火：変わりマヨネーズ　井上幸作
04 水：カキご飯
　　　　辻徳光　広瀬修子
05 木：北京風シュウマイ
　　　　奥井広美　佐藤和枝
06 金：マカロニと牛肉のカレーシチュー　田積富貴
07 土：松葉揚げ 北岡万三郎
09 月：ソーセージライス　辻勲
10 火：スープの取り方 コンソメの作り方　井上幸作
11 水：イワシ料理二種 辻徳光
12 木：洋風さつま汁　平田武一
13 金：クジラの狩場焼 堀越フサエ

高折八洲子
14 土：若鶏の炒め焼煮揚げ玉子つき
　　　　　清見保夫
16 月：カキの銀串焼き
　　　　　辻勲　杉野アナ
17 火：カレーのポタージュ
　　　　　井上幸作　岩原富子
18 水：カニ料理二種　辻徳光
19 木：千枚大根のけんちん蒸し
　　　　　田中藤一他
20 金：フライカステラ
　　　　　拭石俊枝　高折八洲子
21 土：酒のかす入り ひろうすの吸物
　　　　　堀田吉夫
23 月：フライド・ロールコロッケ
　　　　　辻勲　杉野アナ
24 火：トマトソース
　　　　　井上幸作
25 水：藤の花ずしと菱ずし　卵のお吸物
　　　　　辻徳光（アンコール放送）
26 木：中華飯むし ひな祭りの桜と橘
　　　　　小川旭
27 金：イワシのころも焼き
　　　　　田積富貴
28 土：チダイかるかん揚
　　　　　世渡三郎

【1959年3月】（ABC-OTV）
02 月：野菜のかさね揚げ　辻勲
03 火：サバ煮込みポルトガル風
　　　　　井上幸作
04 水：とり貝と牛蒡の天ぷら
　　　　　辻徳光
05 木：豆腐の米粉揚げ　奥井広美
06 金：ロール肉のブロイルと野菜
　　　　　堀越フサエ　高折八洲子
7 土：崩し高野くずあんかけ
　　　　　丹羽陸夫　佐藤和枝

9 月：フライの盛り合わせスパゲティ添え
　　　　　辻他
10 火：カニコロッケ
　　　　　井上幸作
11 水：なたね蒸し
　　　　　辻徳光
12 木：サンドイッチ5種
　　　　　平田武一
13 金：チーズトースト
　　　　　拭石俊枝
14 土：小ダイの詰め物オイル焼き
　　　　　絹川幸三郎
16 月：カニライス王冠風
　　　　　辻勲
17 火：野菜オムレツ
　　　　　井上幸作
18 水：しいたけ小エビの二身焼き
　　　　　辻徳光
19 木：南禅寺蒸し
　　　　　田中藤一
20 金：イカの詰め物フライ
　　　　　田積富貴
21 土：いり豆腐と彼岸弁当
　　　　　福井国三
23 月：フーガーデン
　　　　　辻勲
24 火：ビーフカレー　井上幸作
25 水：ふき御飯
　　　　　辻徳光
26 木：チリメン雑魚と豆腐のクロケット
　　　　　小川旭
27 金：はまぐり入り洋風ライス
　　　　　堀越フサエ他
28 土：家庭向け即席焼豚
　　　　　梁耀庭
30 月：ロールキャベツ　辻勲
31 火：むきエビのカツレツロシア風
　　　　　井上幸作

【1959年4月】
01 水：竹皮煮と姫皮のごま酢和え
　　　　　辻徳光
02 木：焼きそば
　　　　　奥井広美
03 金：レモンメレンゲパイ
　　　　　拭石俊枝
04 土：英国風鯨肉ブロセット
　　　　　松下員也
06 月：ミンチボール
　　　　　辻勲
07 火：オランダ風シチュー　旬のサラダ
　　　　　井上幸作
08 水：イカの三つ輪煮　辻徳光
09 木：木の芽田楽　平田武一
10 金：（※皇太子ご成婚のため休止）
11 土：生シイタケのぶどう酒煮
　　　　　豊田三郎
13 月：フローレンス風豚肉の衣揚げ
　　　　　辻勲
14 火：牛肉とよせハムイタリー風
15 水：魚と椎茸の落とし焼き
　　　　　辻徳光
16 木：ナマブシ料理二種
　　　　　田中藤一
17 金：ケース盛り二種　チキン・イン・ケース
　　　　　サラダ・イン・コルネー
　　　　　堀越フサエ
18 土：白魚そば
　　　　　薩摩卯一
20 月：舌ヒラメのトスカ風衣焼き
　　　　　辻勲
21 火：スイス風ミートボール　井上幸作
22 水：タイの桜蒸し
　　　　　辻徳光
23 木：精進料理二種
　　　　　小川旭
24 金：カラメルプリン

※【まぼろしのご成婚メニュー】4月10日は「ご成婚を祝う楽しいディナー・キスのフライ（田積富貴）」が予定されていた。

拭石俊枝
25 土：カニの卵寄席スパゲッティ添え
　　　石本千太郎
27 月：イワシの炙り焼き　辻勲
28 火：鯖のカレー浸し　井上幸作
29 水：春の野菜を使って ふきとうどのたき合せ
　　　うどと三つ葉のゴマ酢かけ
　　　辻徳光
30 木：前菜二種 とり肝のカラアゲ　くらげの酢の物
　　　奥井広美

【1959 年 5 月】
01 金：ひき肉の卵巻
　　　田積富貴
02 土：桜ダイの油焼き
　　　北岡万三郎　佐藤和枝
04 月：ポークカツレツカレー煮
　　　辻勲
05 火：子供向き卵ご飯　井上幸作
06 水：からくさイカと青豆の含め煮
　　　辻徳光
07 木：キャベツの重ね煮
　　　平田武一
08 金：イカミンチのマーガリン焼き
　　　堀越フサエ
09 土：ハモの鳴門揚げ
　　　堀田吉夫
11 月：イワシの野菜チーズ焼き
　　　辻勲
12 火：サラダ料理二種　芝えびとマカロニのサラダ
　　　レタスと卵のサラダ　井上幸作
13 水：キャベツ巻の酢の物
　　　辻徳光
14 木：タイの杉板焼き　田中藤一
15 金：泡雪羹とスパイスケーキ
　　　拭石俊枝
16 土：舌ヒラメフライ　富岡利八郎
18 月：いちごのカーディナル

　　　辻勲
19 火：新じゃがとエビの煮込み　井上幸作
20 水：とこぶしの酒蒸しマヨネーズがけ
　　　辻徳光　広瀬修子
21 木：アジの香味揚げ いこみきゅうり
　　　小川旭
22 金：サバのドミグラスソース焼
　　　田積富貴
23 土：ハンバーグステーキ ベーコン巻き　清見保夫
25 月：ニース風の卵サラダ
　　　辻勲
26 火：玉葱の詰めものサラダ
　　　井上幸作
27 水：イワシの甘酢煮
　　　辻徳光
28 木：酢豚
　　　奥井広美
29 金：青豆のポタージュ
　　　堀越フサエ
30 土：射込みトマト
　　　世渡三郎

【1959 年 6 月】（ABC-TV）
01 月：初夏のプレートディナー
　　　辻勲
02 火：豚肉の水だき
　　　井上幸作
03 水：いわしダンゴの五色汁
　　　辻徳光
04 木：ごま豆腐
　　　平田武一
05 金：フランス風の小エビ入りカレー
　　　野尻千草
06 土：ちまき寿司
　　　丹羽陸夫

「料理手帖」は 1983 年まで続き、全 7,099 回放送された。その後も趣向や時間帯を変えながら ABC のお料理番組は続いており、名店の料理人を講師とする方法は 60 年にわたって踏襲されている。

　高校野球開催期間中は晴天時と雨天時で放送時間が違うことがあるので、その旨表記した。

1957.5

- メーデー、全国79個所で開催。380万人を動員。史上最大規模に。
- コカ・コーラ、日本で販売開始。
- 西成で古物商の夫婦殺害。犯人、逃走中に自殺。

●5月1日（水）

1130 テストパターン
　　「楽しいリズム」
1150 オープニングメロディ
　　シンギングピアノ：岩崎洋
1200 OTV ニュース
1210 一曲どうぞ「ルンバ・ブギ」
1215 ファッションミュージック
　　（KR）「ハワイ航路」
　　ペギー葉山　葉村チーム
1245 料理手帖「タイの潮煮吸物」
　　辻徳光　小深秀子アナ
1300 おしらせ◇放送休止
1450 テストパターン
1510 OTV スポーツファンシート
　　プロ野球 巨人一阪神
　　（後楽園）解説・中沢
　　不二雄
　　◇おしらせ◇放送休止
1725 テストパターン
1742 オープニングメロディ
1751 お天気 55 OTV ニュース
1800 エノケンの孫悟空（KR）
1830 ポケット劇場
　　「ヘンゼルとグレーテル」
　　人形劇団クラルテ他
1845 テレビガイド
1850 毎日新聞テレビニュース
1900 いざこ座ミュージカルス
　　（KR）俺たちゃ二人で一
　　人前　丹下キヨ子
　　水の江滝子　橘薫
1930 歌はあなたとともに（NTV）
　　「伊豆の佐太郎」
　　亀吉　君和田　村崎他
2000 大阪の顔（OTV）
　　吉川佳代子他
2030 サムライ大学（NIV）最終回
　　東富士　中原美紗緒
　　小金馬　沢田勝彦
2100 コント千一夜 森光子
2115 次郎長三国志（NTV）
　　「清水の大政」水島道太郎
　　沢村国太郎他
2145 ニッケ・ジャズパレード
　　（NTV）水谷良重 ヒギンズ
2200 芸能トピックス
2215 OTV ニュース
2222 あしたのお天気
2225 おしらせ、終了

●5月2日（木）

1135 テストパターン ペギーリー
1150 オープニングメロディ
　　シンギングピアノ：岩崎洋
1200 OTV ニュース 10一曲どうぞ
1215 テレビ寄席（KR）
　　奇術：ハリー長谷川
　　小金治
1245 料理手帖「鯛麺」
　　田中藤一
1300 歌のスケッチ「流転の宿」
　　山形英夫
1305 コメディ・奥様こんにちワ
　　「ダイヤ指輪の巻」
　　北村英三他
1320 おしらせ◇放送休止
1450 テストパターン
1510 OTV スポーツファンシート
　　プロ野球 巨人一阪神
　　（後楽園）終了後、
　　おしらせ◇放送休止
1720 テストパターン 音楽5編路
1742 オープニングメロディ
　　シンギングピアノ：岩崎洋
1751 お天気 55 OTV ニュース
1800 カメラだより北から南から
　　「島の春」
1815 ペンギン劇場「宝島」（NTV）
　　竹田人形座
1845 テレビガイド
1850 朝日新聞テレビニュース
1900 スーパースターメロディ
　　（KR）二葉あき子
　　高倉敏
1930 宝塚ファンコンテスト
2000 ロビンフッドの冒険「身代金」
2030 鞍馬天狗（KR）「まさかり組」
2100 ダイハツワールドスポーツ
2115 デンソー木曜劇場
　　愁学旅行（NTV）旭照子
2145 おはこうら表（KR/OTV）
　　初音礼子　宝とも子
2200 忠臣蔵の人々（KR）
　　「神崎与五郎」前篇
　　守田勘弥他
2230 私のコレクション「勲章」
　　中掘加津雄
2245 OTV ニュース
2257 あしたのお天気
　　おしらせ◇放送終了

●5月3日（金）

1135 テストパターン
1150 オープニングメロディ
1200 OTV ニュース
1210 一曲どうぞ「モミの木」
1215 テレビボードビル
　　芸能百貨店　柏三七子
　　踊り・長沢■子
　　奇術・向井鉄州
1245 料理手帖「牛肉の串焼
　　きとマッシュド・ポテ
　　ト」堀越よさえ
1300 歌のスケッチ 小坂一也
1305 おしらせ◇放送休止
1345 テストパターン
1405 美空ひばりショー
　　（江東劇場）
1510 OTV スポーツファンシート
　　プロ野球 巨人一阪神
　　（後楽園）解説・中沢
　　不二雄
　　◇おしらせ◇放送休止
1720 テストパターン
1742 オープニングメロディ
1751 お天気 55 OTV ニュース
1800 明るい家庭「五月人形」
　　岡本庄三　平中歳子
1815 テレビ紙芝居・
　　6助がんばれ
1830 テレビ動物園
　　「動物のお化粧」
1845 テレビガイド
1850 朝日新聞テレビニュース
1900 テレビぴよぴよ大学（KR）
1930 花王ワンダフルクイズ（NIV）
2000 京阪ゼスチャーゲーム
　　「京阪の朝日バラ会対抗」
　　川上のぼる 京阪坊や
2030 特ダネを逃がすな（KR）
　　「誘拐の町」後編
2100 野球教室「守備編」
　　河西俊雄
2115 陽気なコーリス
　　45 三越映画
2200 音楽手帳
　　小坂一也　沢村みち子
2215 ごめんあそばせ（NTV）
　　望月優子　三島耕 他
2230 写真教室「フラッシュ撮影」
　　中村富十郎
　　50 テレビガイド
2255 OTV ニュース
2317 あしたのお天気
　　おしらせ◇放送終了

●5月4日（土）

1135 テストパターン（管弦楽）
　　ビューティフル・オハイオ他
1150 オープニングメロディ
1200 OTV ニュース
1210 一曲どうぞ 君和田民枝
1215 ジャズタイム
　　ビブラフォン・平岡精二
1245 料理手帖「若鳥のいりつけ」
　　丹羽陸夫
1300 歌のスケッチ 君和田民枝
1305 おしらせ◇放送休止
1325 テストパターン
1345 OTV スポーツファンシート
　　プロ野球 巨人一国鉄
　　（後楽園）解説・中沢
　　不二雄
　　◇おしらせ◇放送休止
1720 テストパターン
　　「金と銀」（レハール）
1742 オープニングメロディ
　　シンギングピアノ：岩崎洋
1754 OTV ニュース
1800 ホームアルバム
1815 素人のど競べ（NTV）
1845 テレビガイド
1850 毎日新聞テレビニュース
1900 歌のパレード（KR）
　　林田佐緒 永田とよ子他
1930 ほろにがショー・
　　何でもやりまショー（NIV）
2000 明日は日曜日（NTV）
2030 馬鹿な奴（NTV）
　　木村功 他
2100 メトロニュース
2115 日真名氏飛び出す（KR）
　　「追いつめられて」前篇
2145 ダイナミックグローブ
　　（NIV）（東京・後楽公会堂）
　　ヘビィ級タイトルマッチ
　　中島豊―片岡昇ほか
　　解説 平沢雪村
2230 OTV ニュース
2242 あしたのお天気
2245 テレビガイド、放送終了

●5月5日（日）

910 テストパターン◇おしらせ
930 三びきの魔法の犬（毎日会館）
　　原作・アンデルセン
　　「火打箱」大河敏彦
　　渡辺芳子　劇団仲間
1100 たのしい生活を
　　「宗谷松本船長一家」
1115 藤島恒夫と三浦洸一の歌
　　「落ち葉しぐれ」ほか
1130 経済サロン
1200 OTV ニュース
1215 クラブ劇場・歌えば楽し
　　「ジミー・マックヒュー特集」
1245 ユーモア航路
　　「ウエディングドレス」
　　飯沼豊　緋桜陽子他
1300 OTV スポーツファンシート
　　プロ野球 阪神一中日
　　（甲子園）
　　◇リズムあそび
　　◇日曜マンガ「天空旅行」
　　「弥次喜多大工の巻」
1600 全日本柔道選手権大会
1745 海外トピックス
1754 OTV ニュース
1900 キンピラ先生青春記（KR）
　　「きんぴら先生座り込む」
　　中原早苗　沼田曜一
　　桂典代他
1830 私も出まショー（NTV）
1900 ジャングルジム「死の偶像」
1930 森永 No1 ショー（NTV）
　　津川雅彦 中村メイ子
2000 OTV スポーツファンシート
　　プロ野球 阪急一毎日
　　（西宮）
2115 東芝日曜劇場「女将」（KR）
　　山田五十鈴 細川ちか子
2215 ダイハツスポーツウィクリー
2230 ゴルフ教室
　　石井廸夫　福井正一
2240 OTV ニュース
2252 あしたのお天気
2255 おしらせ◇放送終了

●5月6日（月）

1130 テストパターン
　　「山際の道」若原一郎
1150 オープニングメロディ
　　アコーディオン：岡田博
1200 OTV ニュース10・曲どうぞ
1215 映画の窓（KR）
　　「影なき恐怖」ドリス・デイ
1245 料理手帖「ドライカレー」
1300 歌のスケッチ 島倉千代子
　　「東京だよおっかさん」
1305 おしらせ◇放送休止
1630 テストパターン
　　（ジャズをどうぞ）
　　ディジーガレスピー楽団
1750 オープニングメロディ
　　アコーディオン：岡田博
1800 ホームアルバム
　　「紀州」
1815 ポポンタイム
　　この人を（NTV）
　　越智正典アナ 藤波京子
1845 テレビガイド
1850 朝日新聞テレビニュース
1900 ダイラケのびっくり捕物帖
　　「たぬき騒動」前篇
　　ダイマル・ラケット
　　森光子 中村あやめ
　　藤田まこと他
1930 太閤記（NTV）「藤吉郎編」
2000 ニチボーアワー喜劇天国
　　（NTV）「良妻賢母」
　　渡辺篤 中村是好
　　伊豆肇 他
2030 ナショナル劇場・てんてん娘
　　（KR）「捕物帳・犬の毛」
　　後編 宮城まり子他
2100 お好み浪花寄席
　　笑福亭松之助
2115 ウロコ座（KR）「真如」
　　夏川静江 市川団子他
2145 月曜対談・2つの椅子
　　今東光 加藤三之雄
2200 OTV 週間世界ニュース
2215 テレビガイド
2220 ジェット・ジャクソン
2250 テレビガイド
2255 OTV ニュース
2307 お天気10おしらせ◇終了

●5月7日（火）

1135 テストパターン
　　（クラシック・ハイライト）
　　「幻想ポロネーズ」
　　（ショパン）
1150 オープニングメロディ
1200 OTV ニュース
1210 一曲どうぞ
1215 歌う青春列車（KR）
　　藤村有弘 熊倉一雄
　　逗子とんぼ他
1245 料理手帖「カニサラダ」
　　井上幸作
1300 歌のスケッチ「港町十三番地」美空ひばり
1305 おしらせ◇放送休止
1720 テストパターン
　　（ポピュラーアルバム）
　　「キャリオカ」ほか
1742 オープニングメロディ
　　アコーディオン：岡田博
1751 あしたのお天気
1754 OTV ニュース
1800 少年探偵シリーズ
　　「魔王の笛」
　　香里たかし 川地義郎
　　松田明
1815 名犬リンチンチン
1845 テレビガイド
1850 毎日新聞テレビニュース
1900 テレビ浮世亭
　　柳枝・喜代子小浜・お浜
1930 ゼネラル劇場
　　水戸黄門漫遊記（KR）
　　「無法者の群」後篇
2000 山一名作劇場（NTV）
　　石中先生行状記
　　「埋立地の人々」
2030 走れ！名馬チャンピオン
　　（KR）「失われた河」
2100 近鉄パールアワー・
　　のんきな一族
2115 ピアス劇場
　　雨だれ母さん（KR）
2145 ミナロン・ドリームサロン
　　大伴千春 ジョージ岡
2200 戦慄の旅券
2230 OTV ニュース
2242 あしたのお天気
2245 おしらせ◇放送終了

●5月8日（水）

1135 テストパターン
1150 オープニングメロディ
1200 OTV ニュース
1210 一曲どうぞ「モミの木」
1215 ファッションミュージック
　　（KR）黒田治 J 愛田
1245 料理手帖「タイ御飯」
　　辻徳光 小深秀子アナ
1300 歌のスケッチ 島倉千代子
　　「逢いたいなァあの人に」
1305 おしらせ◇放送休止
1720 テストパターン
　　「ピアノ協奏曲第二番」
　　（ラフマニノフ）
1742 オープニングメロディ
1751 お天気55 OTV ニュース
1800 エノケンの孫悟空（KR）
1830 ポケット劇場
　　「ヘンゼルとグレーテル」
　　人形劇団クラルテ他
1845 テレビガイド
1850 毎日新聞テレビニュース
1900 コンサート中継
　　木の十字架合唱演奏会
　　「君が代」「さくらさくら」
　　「ダニーボーイ」
1930 歌はあなたとともに（NTV）
　　「桔梗山節」伊藤久男
　　「バナナボート」浜村美智子
2000 OTV スポーツファンシート
　　プロ野球 巨人－大洋
　　（川崎）
　　【中止時】阪急－大映
　　（西宮）
2100 コント千一夜
2115 次郎長三国志（NTV）
　　「清水の大政」水島道太郎
　　沢村国太郎他
2145 ニッケ・ジャズパレード
　　（NTV）芦野宏
2200 芸能トピックス
2215 女（KR）第一回「貞淑な女」
　　月丘夢路 菅井一郎
　　山岡久乃
2245 OTV ニュース
2257 あしたのお天気
2300 おしらせ◇放送終了

●5月9日（木）

1135 テストパターン
　　（ポピュラー音楽）
1150 オープニングメロディ
1200 OTV ニュース
1210 一曲どうぞ
1215 テレビ寄席（KR）
　　司会：百歩・昇二
　　曲芸：花子
1245 料理手帖「サバの中華揚げ煮」小川
1300 歌のスケッチ 山形英夫
1305 おしらせ◇放送休止
1720 テストパターン
　　組曲「アルルの女」（ビゼー）
　　バンベルグ響
1742 オープニングメロディ
1751 お天気55 OTV ニュース
1800 カメラだより北から南から
　　「児童に関する十二章」
1815 ペンギン劇場「宝島」（NTV）
　　竹田人形座
1830 冒険漫画・スーパーマン
　　「第一種原始怪獣の巻」
　　声・大平透他 三期会
1900 スーパースターメロディ
　　（KR）財前和夫アナ
　　宮城千賀子 山田真二
　　石原裕次郎他
1930 宝塚ファンコンテスト（公開）
　　声・外山高士 加藤武他
2000 ロビンフッドの冒険
2030 鞍馬天狗（KR）「まさかり組」
　　市川鷹麗蔵 坂東好太郎
　　沢村国太郎 南風洋子他
2100 ダイハツワールドスポーツ
2115 デンソー木曜劇場
　　愁将旅行（NTV）旭照子
2145 おはこうら表（NTV/OTV）
　　ゲスト・花菱アチャコ
　　お相手・初音礼子
2200 忠臣蔵の人々（KR）
　　「神崎与五郎」後篇
　　守田勘弥他
2230 私のコレクション
　　「富士山」岡田紅陽
2250 OTV ニュース
2302 あしたのお天気
2305 おしらせ◇放送終了

●5月10日（金）

1135 テストパターン
1150 オープニングメロディ
1200 OTV ニュース
1215 テレビボードビル
　　芸能百貨店
　　山路朋子 渥美清
1245 料理手帖「いわしのマーガリン焼き」古沢クラ
1300 歌のスケッチ 小坂一也
1305 おしらせ◇放送休止
1510 テストパターン
1530 文楽座中継
　　「艶容女舞衣 酒屋の段」
　　おその：吉田難波掾
　　半七：吉田東太郎
　　吉田玉市 竹本佐大夫
　　鶴沢藤蔵
　　おしらせ◇放送休止
1720 テストパターン
1742 オープニングメロディ
　　アコーディオン：岡田博
1751 お天気55 OTV ニュース
1800 明るい家庭「母の日」
　　広岡貞子 遠藤るり
1815 テレビ紙芝居・
　　6助がんばれ
1830 冒険漫画・スーパーマン
　　「第一種原始怪獣の巻」
　　声・大平透他 三期会
1845 テレビガイド
1850 毎日新聞テレビニュース
1900 テレビぴよぴよ大学（KR）
　　※この日 OTV制作
　　「ママの誕生日」
1930 花王ワンダフルクイズ（NIV）
2000 京阪ゼスチャーゲーム
2030 特ダネを逃がすな（KR）
　　「拳銃の前の女」前篇
2100 野球教室「守備編」
　　河西俊雄
2115 陽気なコーリス
2145 三越映画劇場
2200 音楽手帳 沢村みつ子
　　小坂一也の音と音楽
2215 ごめんあそばせ（NTV）
2230 写真教室「フラッシュ撮影」
　　中村富十郎
　　50 テレビガイド
2255 OTV ニュース
2307 あしたのお天気
2210 おしらせ◇放送終了

●5月11日（土）

1135 テストパターン
1150 オープニングメロディ
　　アコーディオン：岡田博
1210 一曲どうぞ「軽音楽」
1215 ジャズタイム J 繁田
　　南ハル子 他
1245 料理手帖 近藤福太郎
1300 歌のスケッチ 君和田民枝
1305 寄席 A スケ・B スケ
　　柳枝・喜代子
　　ワカサ・ひろし
1405 俗曲 柳家三亀松
　　おしらせ◇放送休止
1720 テストパターン
　　「ワルツとセレナーデ」
　　スリーサンズ
1742 オープニングメロディ
　　アコーディオン：岡田博
1751 お天気55 OTV ニュース
1800 ホームアルバム
1810 テレビガイド
1815 素人のど競べ（NTV）
1845 テレビガイド
1850 朝日新聞テレビニュース
1900 歌のパレード（KR）
　　君和田民枝 Cローズ
　　若山富三郎
　　トップ・ライト
1930 ほろにがショー・
　　何でもやりまショー（NIV）
2000 明日は日曜日（NTV）
　　大坂志郎 渡辺美佐子
2030 シャープ劇場
　　「べらぼう社長」
2100 メトロニュース
2110 テレビガイド
2115 日真名氏飛び出す（KR）
　　「追いつめられて」
　　解決篇
2145 劇映画「赤き死の仮面」
　　河野秋武 高橋昌也
2230 テレビガイド
2235 OTV ニュース
2247 あしたのお天気
2250 おしらせ◇放送終了

●5月12日（日）

1040 テストパターン◇おしらせ
1100 たのしい生活を青島純子
　　「メイコちゃん誕生日
　　おめでとう」
1115 お早うサンデー 立原他
1130 綺済サロン「毛織物について」
1200 OTV ニュース
1215 歌謡劇場・歌えば楽し
　　「音楽横町」
1245 ユーモア航路
　　ランデブー2題
1425 舞踊劇「おさん茂兵衛」
　　鯉三郎 鯉二郎 鯉女
　　長寿 延寿太夫
1510 OTV スポーツファンシート
　　プロ野球 阪急－毎日
　　（後楽園）解説・中沢不二雄
1710 音楽サロン 黒い瞳
1742 あしたのお天気
1745 海外トピックス
1754 OTV ニュース
1900 キンピラ先生青春記（KR）
　　「きんぴら先生月下人水」
1830 私も出ま ショー（NTV）
　　ゲスト・西条凡児
1900 ジャングル・ジム「豹の爪」
1930 森永No1ショー（NTV）
　　「ジェラシー」
　　江利チエミ他
2000 OTV スポーツファンシート
　　プロ野球 阪神－巨人
　　（甲子園）
　　解説・井口新次郎
　　【野球ない時】
　　浅草松竹演芸場中継
　　「デン助のいたずら坊主」
2115 東芝日曜劇場「胡椒息子」
　　（KR）久米 七尾 霧立
2215 ダイハツスポーツウィクリー
2230 ゴルフ教室
　　石井美夫 福井正一
2245 テレビガイド
2250 OTV ニュース
2302 あしたのお天気
2305 おしらせ、終了

●5月13日（月）

- 1135 テストパターン
  「大峡谷」（グローフェ）
- 1150 オープニングメロディ
  ピアノ：岩崎洋
- 1200 OTV ニュース10・一曲どうぞ
- 1215 料理手帖「ミラノ風のカツレツ」辻勲
- 1230 浪花おどり「情の花道」
  （大阪産経会館）
  北新地連中
- 1320 歌のスケッチ 島倉千代子
- 1325 おしらせ◇放送休止
- 1720 テストパターン（ジャズ）
- 1742 オープニングメロディ
  シンギングピアノ：岩崎洋
- 1751 お天気 55 OTV ニュース
- 1800 ホームアルバム「能登半島」
- 1815 ポンポン大会（NTV）「お母さん有難う」
  越智正視アナ 藤波京子
- 1845 テレビガイド
- 1850 毎日新聞テレビニュース
- 1900 ダイラケのびっくり捕物帖
  「たぬき騒動」後篇
- 1930 太閤記（NTV）「藤吉郎編」
- 2000 ニチボーアワー 喜劇天国（NTV）「青春の街」ロッパ
  南風洋子 渡辺篤
- 2030 ナショナル劇場・てんてん娘（KR）道中記
- 2100 お好み浪花寄席
  歌江・照江・花江
- 2115 ウロコ座（KR）「黄楊の櫛」
  岡田八千代・作 大矢市次郎 山口正夫
  市川翠扇
- 2145 月曜対談・２つの椅子
  今東光 加藤三之雄
- 2200 OTV 週間世界ニュース
- 2215 テレビガイド
- 2220 ジェット・ジャクソン
  「消えたロケット」
  ※名古屋 CBC は 2200 ～
- 2250 テレビガイド
- 2255 OTV ニュース
- 2307 お天気 10 おしらせ、終了

●5月14日（火）

- 1135 テストパターン
- 1150 オープニングメロディ
- 1200 OTV ニュース
- 1210 一曲どうぞ
  「オープン・ストリング・コンチェルト」
- 1215 歌う青春列車（KR）
- 1245 料理手帖 村田時三
- 1300 歌のスケッチ
  「港町十三番地」
  美空ひばり
- 1305 おしらせ◇放送休止
- 1720 テストパターン
- 1742 オープニングメロディ
- 1751 あしたのお天気
- 1754 OTV ニュース
- 1800 少年探偵シリーズ
  「魔王の笛」香里たかし
  川地義郎 松田明他
- 1815 名犬リンチンチン
  「中尉の小さなお友達」
- 1845 テレビガイド
- 1850 朝日新聞テレビニュース
- 1900 テレビ浮世亭
  三味線叙曲：柳家三亀松
- 1930 ゼネラル劇場
  水戸黄門漫遊記（KR）
  「麝香頭巾」前篇
  十朱久雄 柳沢真一
- 2000 山一名作劇場（NTV）
  石中先生行状記「仲たがいの巻」伊藤雄之助
  日高澄子他
- 2030 走れ！名馬チャンピオン
  （KR）「射て！ジョニィ」
  北条美智留 佐藤英夫
- 2100 近鉄パールアワー・
  のんきな一族
- 2115 ピアス劇場 雨だれ母さん
  （KR）笠置シヅ子
  殿山泰司他
- 2145 ミナロン・ドリームサロン
  星野みよ子
- 2200 戦慄の旅券
- 2230 テレビガイド
- 2235 OTV ニュース
- 2247 あしたのお天気
- 2250 おしらせ◇放送終了

●5月15日（水）

- 1135 テストパターン
- 1150 オープニングメロディ
- 1200 OTV ニュース
- 1210 一曲どうぞ
  「ハイライフポルカ」
- 1215 ファッションミュージック
  （KR）小割まさ江 里井
- 1245 料理手帖「魚の野菜焼き」
- 1300 歌のスケッチ 島倉千代子
  「逢いたいなアあの人に」
- 1305 おしらせ◇放送休止
- 1720 テストパターン
- 1742 オープニングメロディ
- 1751 お天気 55 OTV ニュース
- 1800 エノケンの孫悟空（KR）
- 1830 ポケット「カスペルの冒険」
  グリム童話よりひとみ座
- 1845 テレビ寄席50町田節朝N
- 1900 いざこ座ミュージカルス
  （KR）「ルンペンの園」
- 1930 歌はあなたとともに（NTV）
  美空ひばりショー
  「港町十三番地」ほか
- 2000 OTV スポーツファンシート
  プロ野球 巨人－中日
  （後楽園）中沢不二雄
  越智正宗
  【雨の時】阪急－大映（西宮）
  ※巨人－中日戦（NTV）
  が延長。以下、NTV 番組は遅延、KRT 番組は休止。
  OTV 番組はニッケ・ジャズ
  パレード以降放送。
- 2100 ※時刻変更 コント千一夜
  森光子 西山嘉孝他
- 2115 ※時刻変更 次郎長三国志
  （NTV）「清水の大政」
- 2145 ※時刻変更
  ニッケ・ジャズパレード
  （NTV）朝丘雪路
- 2200 芸能トピックス
- 2215 ※時刻変更 女（KR）
  「さいころを振る女」
  月丘夢路 阿部寿美子
  柳沢真一
- 2245 ※変更 OTV ニュース
- 2257 ※変更 天気 おしらせ終了
  ※時間変更による時間調整の結果、実際の放送終了は 2415 になった。

●5月16日（木）

- 1135 テストパターン
  「タンホイザー」（ワグナー）
- 1150 オープニングメロディ
- 1200 OTV ニュース
- 1210 一曲どうぞ「ルンバブギ」
- 1215 テレビ寄席（KR）
  滑稽二人羽織
  音曲噺：円生
- 1245 料理手帖 奥井広美
  揚げ玉子のしょう油煮
- 1300 歌のスケッチ 山形英夫
- 1305 コメディ・奥様こんにちワ
  「レースと共に」
  藤川延子 佐藤安紀子
- 1320 おしらせ◇放送休止
- 1720 テストパターン
  映画音楽「追想」ほか
- 1742 オープニングメロディ
  シンギングピアノ：岩崎洋
- 1751 あしたのお天気
- 1754 OTV ニュース
- 1800 カメラだより北から南から
  「本陣奇人伝－陽気な季節」
- 1815 ペンギン劇場「宝島」（NTV）
  竹田人形座
- 1850 毎日新聞テレビニュース
- 1900 スーパースターメロディ（KR）
  霧島昇 大津美子 舟橋元
- 1930 宝塚ファンコンテスト
  黒木ひかる 梓真弓 他
  （公開）
- 2000 ロビンフッドの冒険
  「水車小屋事件」
- 2030 鞍馬天狗（KR）「まさかり組」
- 2100 ダイハツワールドスポーツ
- 2115 デンソー木曜劇場 発破（KR）
  利根はる恵 千石規子
- 2145 おはこう表（NTV/OTV）
  初音礼子 ゲスト・辻久子
- 2200 忠臣蔵の人々（KR）
  「岡野金右衛門」前篇
  喜多川光子 恩田
- 2230 私のコレクション
- 2250 OTV ニュース
- 2302 あしたのお天気
- 2305 おしらせ◇放送終了

●5月17日（金）

- 1135 テストパターン
  （フライング・リズム）
- 1150 オープニングメロディ
  シンギングピアノ：岩崎洋
- 1200 OTV ニュース
- 1210 一曲どうぞ「軽音楽」
- 1215 テレビボードビル
  芸能百貨店
  歌・中島孝
  日舞・花柳吉三真
  洋舞・畠山
- 1245 料理手帖 ミート・パイ
  兵庫県立学園 拭石俊枝
- 1300 歌のスケッチ 小坂一也
  「ブルースを歌おう」
- 1305 おしらせ◇放送休止
- 1720 テストパターン
  （ポピュラーアルバム）
- 1742 オープニングメロディ
  シンギングピアノ：岩崎洋
- 1751 お天気 55 OTV ニュース
- 1800 明るい家庭
  「淀川堤の野草」
  筒井嘉隆
- 1815 テレビ紙芝居・
  ６助がんばれ
  石田茂樹 吉田澄代他
- 1830 冒険漫画・スーパーマン
  「気狂科学者の巻」
- 1845 テレビガイド
- 1850 毎日新聞テレビニュース
- 1900 テレびよびよ大学（KR）
  河坊坊家 徳川夢声他
- 1930 花王ワンダフルクイズ（NTV）
  今泉良夫 岡本太郎
  柳亭痴楽
- 2000 京阪ゼスチャーゲーム
  川上のぼる 京阪坊や
- 2030 特ダネを逃がすな（KR）
  「拳銃の前の女」後編
- 2100 野球教室 河西俊雄他
  「守備編・遊撃手の守備」
- 2115 陽気なコーリス
- 2145 三越映画劇場
- 2200 音楽手帳 三浦 藤島
- 2215 ごめんあそばせ（NTV）
- 2230 写真教室
  2250 テレビガイド
- 2255 OTV ニュース
- 2302 あしたのお天気
- 2305 おしらせ◇放送終了

●5月18日（土）

- 1135 テストパターン
  「水の反映」（ドビュッシー）
- 1150 オープニングメロディ
  シンギングピアノ：岩崎洋
- 1200 OTV ニュース
- 1210 一曲どうぞ「軽音楽」
- 1215 ジャズタイム 旗照夫
- 1245 料理手帖「うの花汁といりうの花」福井国三
- 1300 歌のスケッチ 君和田民枝
- 1305 おしらせ◇放送休止
- 1710 テストパターン
  （音楽の小窓）「金と銀」
- 1727 オープニングメロディ
- 1737 リズム絵あそび 中山千真他
  「ぼっこちゃんグループ」
- 1751 あしたのお天気
- 1754 OTV ニュース
- 1800 ホームアルバム
  「巻貝の生態」
- 1810 テレビガイド
- 1815 素人のど競べ（NTV）
- 1845 テレビガイド
- 1850 朝日新聞テレビニュース
- 1900 歌のパレード（KR）
  田端義夫 白根一男
  及川うめ子 トップほか
- 1930 ほろにがショー
  何でもやりまショー（NTV）
- 2000 明日は日曜日（NTV）
  大坂志郎 渡辺佐代子
- 2030 武士のいなくなるまで
  のり平舞台出演のため
  別企画
- 2100 メトロニュース
- 2110 テレビガイド
- 2115 日真名氏飛び出す（KR）
- 2145 ダイナミックグローブ
  （NTV）（浅草公会堂）
  大川－高山
  小塚－田中
- 2230 テレビガイド
- 2235 OTV ニュース
- 2247 あしたのお天気
- 2250 おしらせ◇放送終了

●5月19日（日）

- 1040 テストパターン◇おしらせ
- 1100 たのしい生活を
  「勅使河原氏一家動向」
- 1115 奥さんこわいデス
  立原博 泉あつ子他
- 1130 街頭中継
  「街の景気はどうですか」
  ※大阪大丸デパート屋上から街頭中継を予定していたが、大雨のため座談会を放送。
- 1200 OTV ニュース
- 1215 クラブ劇場・歌えば楽し
  「恋する二人」「荒もよう」
- 1245 日曜日のお嬢さん
  奥村昌子 井上雪子
- 1300 OTV スポーツファンシート
  プロ野球 巨人－国鉄
  （後楽園）
  ◇大相撲夏場所初日
  （NTV 蔵前国技館）
  解説・佐渡ヶ嶽 左土、
  原アナ【野球ない時】
  1400 大相撲
- 1754 OTV ニュース
- 1805 キンピラ先生青春記（KR）
  「きんぴら先生■■す」
  中原早苗 沼田曜一
  桂典代他
- 1830 私も出まショー（NTV）
- 1900 ジャングル・ジム
  「宝石泥棒」
- 1930 森永No1 ショー（NTV）
  宮城まり子 有島一郎一家
- 2000 OTV スポーツファンシート
  プロ野球 中日－阪神
  （中日）
  【雨の時】阪急－西鉄
  （西宮）
  【野球ない時】
  劇映画「白い国境線」
- 2115 東芝日曜劇場「ひと夜」
  （KR）守田勘弥
  藤間紫他
- 2215 ダイハスポーツウィクリー
- 2230 ゴルフ教室
  石井桂夫 福井正一
- 2245 ガイド 50 OTV ニュース
- 2302 あしたのお天気
- 2305 おしらせ◇放送終了

●5月20日（月）

- 1135 テストパターン
  「黄金時代」よりポルカ
- 1150 オープニングメロディ
  シンギングピアノ：岡田博
- 1200 OTV ニュース10 一曲どうぞ
- 1215 映画の窓 (KR)
  「道」（伊）
  解説・望月優子
- 1245 料理手帖「魚の紙包み
  焼きアメリカンソース」
  辻
- 1300 歌のスケッチ　青木光一
- 1305 対談「国税局長にきく」
  原三郎　萬代峰子
  ◇おしらせ◇放送休止
- 1435 テストパターン（ジャズ）
- 1450 オープニングメロディ
  岡田博
- 1500 大相撲夏場所二日目
  （蔵前国技館 NTV）
  佐渡ヶ嶽　五ッ島
  本多アナ　原アナ
- 1754 OTV ニュース
- 1800 ホームアルバム
  「五月の日本」
- 1815 ポポンタイムこの人を (NIV)
- 1845 テレビガイド
- 1850 毎日新聞テレビニュース
- 1900 ダイラマのびっくり捕物帖
  「からくり屋敷」前篇
  ダイマル・ラケット
  森光子　中村あやめ
  藤田まこと他
- 1930 太閤記（KR）「藤吉郎編」
- 2000 ニチボーアワー喜劇天国
  (NTV)「一日貴族」
  エノケン　キートン他
- 2030 ナショナル劇場・
  てんてん娘 (KR)
- 2100 お好み浪花寄席
  光晴・夢若
- 2115 ウロコ座 (KR)
  「由井正雪の二代目」
  前篇　岡本綺堂・作
  坂東簑助 守田勘弥 他
- 2145 月曜対談・2つの椅子
  今東光　加藤三之雄
- 2200 OTV 週間世界ニュース
- 2215 テレビガイド
- 2220 ジェット・ジャクソン
- 2250 日づけ豆辞典 (OTVF)
  第一回
- 2253 OTV ニュース 05 お天気
- 2308 おしらせ◇放送終了

●5月21日（火）

- 1135 テストパターン「ラモー讃歌」
- 1150 オープニングメロディ
  アコーディオン：岡田博
- 1200 OTV ニュース
- 1210 一曲どうぞ「スタンスブギ」
- 1215 歌う青春列車（KR）
  「神代太陽legends」水谷浪重他
- 1245 料理手帖「スタフドトマト
  サラダ」松下貞也
- 1300 歌のスケッチ
  「港町十三番地」
- 1305 おしらせ◇放送休止
- 1435 テストパターン（軽音楽）
- 1450 オープニングメロディ
  アコーディオン：岡田博
- 1500 大相撲夏場所三日目
  （蔵前国技館 NTV）
  佐渡ヶ嶽　五ッ島
  本多・原アナ
- 1754 OTV ニュース
- 1800 少年探偵シリーズ「魔王の箱」
  香里たかし　川地義郎
  松田明
- 1815 名犬リンチンチン
- 1845 テレビガイド
- 1850 朝日新聞テレビニュース
- 1900 テレビ浮世亭
  枝雀　十郎・雁玉
- 1930 ゼネラル劇場
  水戸黄門漫遊記（KR）
  「ジャ番頭中」後篇
- 2000 山一名作劇場（NTV）
  石中先生行状記
  「厳しい世の中」
  伊海雄之助 日高澄子他
- 2030 走れ！名馬チャンピオン
  (KR)「前科者」
- 2100 近鉄パールアワー・
  のんきな一族
  「うとましき真実」
- 2115 ピアス劇場
  雨だれ母さん（KR）
- 2145 ミナロン・ドリームサロン
  浜村美智子
- 2200 戦慄の旅券
  30 テレビガイド
- 2235 日づけ豆辞典 (OTVF)
- 2238 OTV ニュース
- 2247 あしたのお天気
- 2350 おしらせ◇放送終了

●5月22日（水）

- 1135 テストパターン
- 1150 オープニングメロディ
  アコーディオン：岡田博
- 1200 OTV ニュース
- 1215 ファッションミュージック
  (KR)「霧のロンドン」
  「雨に歩けば」ビンボー
  ダナオ　淡路恵子
  南悠子　益田隆
- 1245 料理手帖「フナの洗い」
- 1300 歌のスケッチ 島倉千代子
  「逢いたいなぁあの人に」
- 1305 おしらせ◇放送休止
- 1435 テストパターン（ジャズ）
- 1450 オープニングメロディ
  アコーディオン：岡田博
- 1500 大相撲夏場所四日目
  （蔵前国技館 NTV）
  佐渡ヶ嶽　五ッ島
  本多アナ　原アナ
- 1754 OTV ニュース
- 1800 エノケンの孫悟空（KR）
- 1830 ポケット劇場
  「カスペルの冒険」グリム
  童話より　ひとみ座
- 1845 テレビガイド
- 1850 毎日新聞テレビニュース
- 1900 いざこ座ミュージカルス
  (KR)「ルンペンの園」
- 1930 歌はあなたとともに(NTV)
- 2000 OTV スポーツファンシート
  プロ野球 巨人―阪神
  （後楽園）
  中沢不二雄 越智正典
  【試合ない時】映画
- 2100 コント千一夜
- 2115 次郎長三国志 (NTV)
  「清水の大政」
- 2145 ニッケ・ジャズパレード
  (NTV) 笠田敏夫他
- 2200 芸能トピックス
- 2215 女「だまされた女」
  月丘夢路　阿部寿美子
  柳沢真一
- 2245 日づけ豆辞典 (OTVF)
- 2248 OTV ニュース
- 2300 あしたのお天気
- 2303 おしらせ◇放送終了

●5月23日（木）

- 1135 テストパターン
  「Rシュトラウスの交響詩」
- 1150 オープニングメロディ
  シンギングピアノ：岩崎洋
- 1200 OTV ニュース
- 1210 一曲どうぞ「ルンバブギ」
- 1215 テレビ寄席 (KR)
  中国奇術・吉慶堂孝彦
  落語・三遊亭百生
- 1245 料理手帖「鯛肉のショウユ
  焼き」辻徳光
  小深秀子アナ
- 1300 歌のスケッチ 島倉千代子
- 1305 コメディ・奥さんこんにちわ
  「出張には油断するな」
  北村英三 春日井真夢他
- 1320 おしらせ◇放送休止
- 1435 テストパターン
- 1450 オープニングメロディ
- 1500 大相撲夏場所五日目
  （蔵前国技館 NTV）
- 1754 OTV ニュース
- 1800 海小劇場
  「ペンギン劇場」
- 1815 ペンギン劇場
  「生きているお人形」
  (NTV) 語り手・寄山弘
- 1850 朝日新聞テレビニュース
- 1900 スーパースターメロディ
  (KR) 久保菜穂子
  若山富三郎
- 1930 宝塚ファンコンテスト
  筑紫まり 明石照子 他
  （公開）
- 2000 ロビンフッドの冒険
  「片目の騎士」
- 2030 鞍馬天狗(KR)「まさかり組」
- 2100 ダイハツワールドスポーツ
- 2115 デンソー木曜劇場「発破」
  後編
  利艶はる恵 千石現子他
- 2145 おはこうら表 (NTV/OTV)
  初音礼子
  ゲスト・中田康子
- 2200 忠臣蔵の人々 (KR)
  「岡野金右衛門」中篇
  山内明他
- 2230 私のコレクション竹田恒敏
- 2245 テレビガイド
- 2250 日づけ豆辞典 (OTVF)
- 2253 OTV ニュース
- 2305 お天気 08 おしらせ、終了

●5月24日（金）

- 1135 テストパターン
- 1150 オープニングメロディ
  アコーディオン：岡田博
- 1200 OTV ニュース
- 1210 一曲どうぞ「ルンバブギ」
- 1215 テレビボードビル芸能
  百貨店　深緑夏代
  佐久間功他
- 1245 料理手帖「イチゴの英国
  風料理」
- 1300 歌のスケッチ「ジェルソミナ」
- 1305 おしらせ◇放送休止
- 1435 テストパターン
- 1450 オープニングメロディ
  アコーディオン：岡田博
- 1500 大相撲夏場所六日目
  （蔵前国技館 NTV）
- 1754 OTV ニュース
- 1800 明るい家庭「暮しの生け花」
  中山文甫
- 1815 テレビ紙芝居・
  6助がんばれ
- 1830 冒険漫画・スーパーマン
  「地下洞窟の巻」
- 1845 テレビガイド
- 1850 朝日新聞テレビニュース
- 1900 テレビよびよ大学(KR)
- 1930 花王ワンダフルクイズ
  (NTV)
- 2000 京阪ゼスチャーゲーム
  「東京・大阪の漫才対抗」
- 2030 特ダネを逃がすな (KR)
  「おびえる幽霊」前篇
- 2100 野球劇場（KR）
  「守備編・遊撃手の守備」
- 2115 陽気なコーリス
  「かんにん袋の巻」
- 2145 三越映画劇場
- 2200 カメラだより北から南から
  「港」
- 2215 ごめんあそばせ (NTV)
  吉川満子 小林十九二
- 2230 写真教室
  「これからの写真」
  金丸重樹
  50 テレビガイド
- 2255 日づけ豆辞典 (OTVF)
- 2258 OTV ニュース
- 2310 あしたのお天気
- 2312 おしらせ◇放送終了

●5月25日（土）

- 1135 テストパターン
  （クラシックハイライト）
  小組曲「子供の遊戯」
- 1150 オープニングメロディ
  アコーディオン：岡田博
- 1200 OTV ニュース10 一曲どうぞ
- 1215 ジャズタイム
- 1245 料理手帖　とろろそば
- 1300 歌のスケッチ
  「波止場キッド」
  君和田民枝
- 1305 おしらせ◇放送休止
- 1435 テストパターン（音楽の小窓）
  「ラモナ」ほか
- 1450 オープニングメロディ
  アコーディオン：岡田博
- 1500 大相撲夏場所七日目
  （蔵前国技館 NTV）
- 1754 OTV ニュース
- 1800 ホームアルバム「焼物」
- 1810 テレビガイド
- 1815 素人のど競べ (NTV)
- 1845 テレビガイド
- 1850 毎日新聞テレビニュース
- 1900 歌のパレード (KR) 岡晴夫
  淡谷のり子 鶴岡茂他
- 1930 ほろにがショー・
  何でもやりましょう (NTV)
- 2000 明日は日曜日 (NTV)
  「小さな靴みがき」
  大坂志郎　西村晃
- 2030 一人ぼっちの鬼 (NTV)
  千葉信夫 森川信
  逗子とんぼ 久邇恭子
  香山光子 のり平舞台
  出演のため別企画
- 2100 メトロニュース
- 2110 テレビガイド
- 2115 日真名氏飛び出す (KR)
- 2145 ダイナミックグローブ
  (NTV) 長総一品田
  金子―小林
  予備・酒井―熊谷
- 2230 テレビガイド
- 2235 日づけ豆辞典 (OTVF)
  「食堂車の話」
  「天神橋の改装」
- 2250 あしたのお天気
- 2253 おしらせ◇放送終了

●5月26日（日）

- 1100 たのしい生活を「丹羽文雄
  氏一家」山川菊子
- 1115 スリにご用心
  立原啓 泉あつ子他
- 1130 経済サロン 加藤 他
  「日本の発酵工業について」
- 1200 OTV ニュース
- 1210 テレビガイド
- 1215 クラブ劇場・歌えば楽し
  アカデミー賞受賞曲
- 1245 ユーモア航空「花の恋人」
  荒木雅子　加茂嘉久
- 1300 OTV スポーツファンシート
  プロ野球 国鉄―中日
  （後楽園）
  ◇大相撲夏場所中日 (NTV)
  【野球ない時】
  1400 大相撲
- 1754 OTV ニュース
- 1800 キンピラ先生青春記 (KR)
  「きんぴら先生大いに怒る」
  中原早苗 沼田曜一
  桂典子他
- 1830 私も出ますショー (NTV)
  ゲスト・清川虹子
- 1900 ジャングル・ジム
  「タンバのお手柄」
- 1930 森永No1 ショー (NTV)
  雪村いづみ
- 2000 OTV スポーツファンシート
  プロ野球 阪神―広島
  （後楽園）【野球ない時】
  映画「春の凱歌」
- 2115 東芝日曜劇場「鶴亀」(KR)
  国際演劇月参加作品
  里見淳・作
  久保田万太郎・演出
  裏婦おつる：花柳喜太郎
  芸者お勝：市川翠扇
  芸者お芳：藤間紫
  表具屋豊吉：大矢市次郎
  鉄鍋場主川路：
  　恩田清二郎
  日本画家浦上：
  　浅町進治郎他
- 2215 ダイハスポーツウィクリー
- 2230 ゴルフ教室 石井迪夫
  福井正一
- 2245 テレビガイド
- 2250 日づけ豆辞典 (OTVF)
- 2255 OTV ニュース
- 2307 あしたのお天気
- 2310 おしらせ◇放送終了

●5月27日（月）

- 1135 テストパターン
- 1150 オープニングメロディ
- 1200 OTVニュース10一曲どうぞ
- 1215 映画の窓（KR)「鮮血の午後」
  （スペイン映画）望月優子
- 1245 料理手帖「イタリア風いり
  たまごめし」辻勲
- 1300 歌のスケッチ 青木光一
- 1305 おしらせ◇放送休止
- 1435 テストパターン
- 1450 オープニングメロディ
- 1500 大相撲夏場所九日目
  （蔵前国技館 NTV）
- 1754 OTV ニュース
- 1800 影絵映画 劇団プーク
  アラジンと魔法のランプ
- 1815 ポポンタイムこの人を（NTV)
  「松本久弥カメラマン」
- 1845 テレビガイド
- 1850 朝日新聞テレビニュース
- 1900 ダイラケのびっくり捕物帖
  「からくり屋敷」後篇
  ダイマル・ラケット
  森光子 中村あやめ
  藤田まこと他
- 1930 太閤記（NTV)「藤吉郎編」
- 2000 ニチボーアワー喜劇天国
  「あなた馬鹿ねェ」(NTV)
- 2030 ナショナル劇場
  てんてん娘（KR）道中記
- 2100 お好み浪花寄席
  ジャグラー都一
- 2115 ウロコ座（KR）
  「中井正雪の二代目」後篇
  坂東簑助 守田勘弥
  大谷友右衛門
- 2145 月曜対談・2つの椅子
  南部忠平 伊藤寛
  （朝毎運動部）
- 2200 OTV 週間世界ニュース
- 2215 テレビガイド
- 2220 ジェット・ジャクソン
- 2250 日づけ豆辞典（OTVF)
- 2253 OTVニュース 2310お天気
- 2313 おしらせ◇放送終了

●5月28日（火）

- 1135 テストパターン
- 1150 オープニングメロディ
- 1200 OTVニュース10一曲どうぞ
- 1215 歌う青春列車（KR)
- 1245 料理手帖 井上幸作
  小エビのフリッター
- 1300 歌のスケッチ 美空ひばり
- 1305 おしらせ◇放送休止
- 1435 テストパターン
- 1450 オープニングメロディ
- 1500 大相撲夏場所十日目
  （蔵前国技館 NTV）
  佐渡ヶ嶽 五ッ島
  本多アナ 原アナ
- 1754 OTVニュース
- 1800 少年探偵シリーズ
  「魔王の笛」
  香里たかし 川地義郎
  松田明
- 1815 名犬リンチンチン
  「ひみつたんてい」
- 1845 テレビガイド
- 1850 毎日新聞テレビニュース
- 1900 テレビ浮世亭
  右楽・左楽 西条凡児
- 1930 ゼネラル劇場
  水戸黄門漫遊記（KR）
  「おしゃれ狂女」前篇
- 2000 山一名作劇場（NTV)
  石中先生行状記
  伊藤雄之助 日高澄子他
- 2030 走れ！名馬チャンピオン
  （KR)「ロデオの王」
  北条美智留 佐藤英夫
- 2100 近鉄パールアワー
  のんきな一族
  エンタツ 三角八重
- 2115 ピアス劇場
  雨だれ母さん（KR)
  笠置シヅ子 殿山泰司他
- 2145 ミナロン・ドリームサロン
  芦野宏 大伴千春
  ジョージ岡
- 2200 戦慄の旅券
  「エジンバラ編」
- 2230 テレビガイド
- 2235 日づけ豆辞典（OTVF)
- 2238 OTV ニュース
- 2250 あしたのお天気
- 2253 おしらせ◇放送休止

●5月29日（水）

- 1135 テストパターン（歌の花かご）
  「折鶴さんど笠」
  高田浩吉
- 1150 オープニングメロディ
  シンギングピアノ：岩崎洋
- 1200 OTVニュース
- 1210 一曲どうぞ「ルンバブギ」
- 1215 ファッションミュージック
  （KR）中原美紗緒他
- 1245 料理手帖「ハモの八幡巻き」
  辻徳光 小深秀子アナ
- 1300 歌のスケッチ 浜村美智子
  「バナナボート・ソング」
- 1305 おしらせ◇放送休止
- 1435 テストパターン「マニャーナ」
  ミルズブラザーズのコーラス
- 1450 オープニングメロディ
- 1500 大相撲夏場所十一日目
  （蔵前）
- 1754 OTVニュース
- 1800 エノケンの孫悟空（KR)
  最終回
- 1830 ポケット劇場「黄金の蛇
  とエメラルドの蛇」
  チベット童話より進化座
- 1845 テレビガイド
- 1850 毎日新聞テレビニュース
- 1900 いざこ座ミュージカルス
- 1930 歌はあなたとともに（NTV)
  「流れ波唄」他
  藤島 松山 伊藤他
- 2000 OTV スポーツファンシート
  プロ野球 阪神ー国鉄
  （甲子園）中沢不二雄
  越智正典アナ
  【大阪雨天時】
  大映ー南海
  【野球ない時】劇映画
- 2100 コント千一夜 森西山他
- 2115 次郎長三国志（NTV)
  「清水の大政」水島道太郎
  沢村国太郎他
- 2145 ニッケ・ジャズパレード
  （NTV）中原
  ヘレン・ヒギンズ
- 2200 芸能トピックス
- 2215 女「足を洗う女」月岡三橋
- 2245 日づけ豆辞典（OTVF)
- 2248 OTV ニュース
- 2300 あしたのお天気
- 2303 おしらせ◇放送終了

●5月30日（木）

- 1135 テストパターン（音楽巡路）
- 1150 オープニングメロディ
  シンギングピアノ：岩崎洋
- 1200 OTVニュース
- 1210 一曲どうぞ「スタンスブギ」
- 1215 テレビ寄席（KR）民謡・
  喜代三 リーガル千太・
  万吉 林百歩
- 1245 料理手帖「ハモの信州蒸し」
- 1300 歌のスケッチ
  「楢山節」伊藤久男
- 1305 コメディ・奥様こんにちわ
  「魅惑の装い」
  講師・葦原邦子
- 1320 おしらせ◇放送休止
- 1435 テストパターン 映画音楽
- 1450 オープニングメロディ
  シンギングピアノ：岩崎洋
- 1500 大相撲夏場所十二日目
  （蔵前国技館 NTV）
- 1754 OTVニュース
- 1800 海外トピックス
- 1815 ペンギン劇場「かぐや姫」
  （NTV) 小栗一也
  真木恭介 青山弘
- 1850 新聞テレビニュース
- 1900 スーパースターメロディ
  （KR）財前和夫アナ
  伊藤久男 菅原都々子
- 1930 宝塚ファンコンテスト
  南條照美 淡路通子
  （公開放送）
- 2000 ロビンフッドの冒険
  「にせ金づくり」
- 2030 鞍馬天狗（KR)「まさかり組」
- 2100 ダイハツワールドスポーツ
- 2115 デンソー木曜劇場
  はがき少女（KR)
  木村忍 高友子他
- 2145 おはこうら表（NTV/OTV)
  初音礼子
  ゲスト・伴淳三郎
- 2200 忠臣蔵の人々（KR)
  「岡野金右衛門」
  後篇 山内明他
- 2230 私のコレクション「沖縄の
  民芸品」式場隆三郎
- 2245 OTV ニュース
- 2302 日づけ豆辞典（OTVF)
- 2305 あしたのお天気
- 2308 おしらせ◇放送終了

●5月31日（金）

- 1135 テストパターン
- 1150 オープニングメロディ
- 1200 OTVニュース10一曲どうぞ
- 1215 テレビボードビル芸能
  百貨店
- 1245 料理手帖「ハンバーグステー
  キと付け合わせ野菜
- 1300 歌のスケッチ「ジェルソミナ」
- 1305 おしらせ◇放送休止
- 1435 テストパターン
  （ポピュラーアルバム）
- 1450 オープニングメロディ
- 1500 大相撲夏場所十三日目
  （蔵前国技館 NTV）
- 1754 OTV ニュース
- 1800 明るい家庭「あやつり人形」
  文楽人形 ギニョール
  マリオネット
  お話・大西重孝
- 1815 テレビ紙芝居・
  6助がんばれ（第二部）
  石田茂樹 吉田澄代
- 1830 冒険漫画・スーパーマン
- 1845 テレビガイド
- 1850 毎日新聞テレビニュース
- 1900 テレビぴよぴよ大学（KR)
- 1930 花王ワンダフルクイズ
  （NTV)
- 2000 京阪ゼスチャーゲーム
  「京都・大阪の歯医対抗」
- 2030 特ダネを逃がすな（KR)
  「おびえる幽霊」後編
- 2100 野球教室
  「守備編・遊撃手の守備」
  河西俊雄他
- 2115 陽気なコーリス
  「失礼しちゃうわ」
- 2145 三越映画劇場
- 2200 カメラだより北から南から
  「おまつりニッポン」
- 2215 ごめんあそばせ（NTV)
  吉川満子 東野英次郎
- 2230 テレビガイド
- 2235 OTV ニュース
- 2247 日づけ豆辞典（OTVF)
- 2250 あしたのお天気
- 2253 おしらせ◇放送終了

これが OTV だ 1957年5月

単発番組

●三びきの魔法の犬（毎日会館）

1957年5月5日（日）9:30～11:00
アンデルセン作「火打箱」をもとにした作品。5月4、5日に開催された劇団「仲間」の公演をOTVが主催。5日の公演を中継した。
出演：大河敏彦　渡辺芳子 ほか劇団仲間。

●パリ・木の十字架少年合唱団

5月8日（水）19:00～19:30　「君が代」「さくらさくら」「ダニーボーイ」ほかを歌う。木の十字架少年合唱団（Les Petits Chanteurs à la Croix de Bois）は20世紀初頭に、パリの貧民街で少年たちを集めて組織した合唱団。1957年に初来日。以後たびたび日本で公演している。

●人形浄瑠璃「艶容女舞衣－酒屋の段」（文楽座）

5月10日（金）15:30～
吉田難波掾（おその）、吉田東太郎（半七）、吉田玉市、竹本土佐大夫、鶴沢藤蔵。

●テレビぴよぴよ大学

5月10日（金）19:00～19:30
KRTVの人気番組。この回、OTVが制作したことが記録に残されている。

●第27回浪花おどり「情の花道」（産経会館）

5月13日（月）12:30～13:20　出演：北新地連中。この日は「料理手帖」を12:15に繰り上げて放送した。

● OTV スポーツファンシート
プロ野球中継「巨人－中日」（後楽園）

5月15日（水）20:00～NTV発
中沢不二雄　越智正典。この日、試合が大幅延長となり、以下、NTV番組は発局側で順延され、KRT番組はネットを休んだ。OTV番組はニッケ・ジャズパレード以降の時間にまとめて放送した。その結果、放送終了は24:15になった。

●特別番組「街頭中継・街の景気はどうですか」

5月19日（日）11:30～12:00
「経済サロン」の特別版として心斎橋・大丸の屋上から放送。詳細は「経済サロン」の項参照。

ナイター野球中継

発足する大阪・中日テレビ

ネット・ワーク第一歩
大部分の番組、既に売切れ

……地方の民間テレビの第一陣として、十二月一日から大阪テレビ（OTV）………★……と中日テレビ（CBC-TV）とが、大阪と名古屋でそれぞれ開局する。……☆

両局はいずれも東京の日本テレビ、ラジオ東京テレビとネット・ワークを組むことになり、去る十六日に「テレビジョン放送番組交換に関する四社協定」を調印した。

新発足の両局の布陣をのぞいてみよう。

しかも、テレビ界が明るい見通しをわがて、今続立の放送網の出願が続いているさけに、今後関西上いろいろの事情を観察することも予想されるが、ともかくそれでわが国における民間放送のネット・ワークが第一歩を踏み出したわけだ。

両局は、先進国アメリカの放送局で組織されているチェーン系統の放送ネット・ワークとちがって、全く独立の放送網の協力だけに、今後関西上いろいろの事情を観察することも予想されるが、ともかくそれでわが国における民間放送のネット・ワークが第一歩を踏み出したわけだ。

大阪テレビ

大阪テレビは、朝日新聞、毎日新聞、朝日放送、新日本放送を母体とし、関西財界の支持によって昨年十二月に本免許を得、今月に入ってからはサービス放送を続けて早朝晩、ドジャース戦などのほか、NTV、KR・TVの人気番組をネット放送し、〇八番組を放送した。

去る十月二十六日に最初の試験電波を出し二十日に本免許を受け、放送を続けて早朝晩、ドジャース戦などのほか、NTV、KR・TVの人気番組をネット放送し、〇八番組を放送した。

なおニュースはラジオ東京と素材を交換するほか、朝日OTVニュースを毎日TVニュースを交互に一日三回OTVニュースを放送する。海外ニュースはNBSと特約している。

開局記念としては、十一月一日本社で式典とパーティを催し、夜は大阪歌舞伎座からそのまま同時中継するほか、「シンフォニー・オブ・OTV」などを中継ニュースを出す。

中日テレビ

中日テレビは、ラジオとの密接な協力による総合的な放送としての発足に新しい色彩を出しているが、十一月一日にはCBC会館の落成式とテレビ開局を兼ねて東京分局を設けて連絡放送とすることに乗り出すことになっている。

この局もレギュラー番組の大部分は東京二局からマイクロ・ウェーブ線で受けとる以外、ラジオ東京と同じマイクロ・ウェーブ線でそのものを受信するが、ニュースは中日新聞本社の支局網を通じ、ニュースは中日新聞本社の支局網を通じ、ニュースを三局同時中継するほか、中日▽ニュースを出す。

ラジオとテレビ

同局はいずれも東京の日本テレビ開局当時の東京都内のNHKテレビ受像合数はわずかに三千、最近の調べによると（十一月十三日現在）大阪市内の受像合数は七万六千七百五十九、名古屋市内でも三万六千二百六十七にのぼる。それに門外とも同じ比率に競争相手の現れるのは昭和二十八年八月、日本テレビ開局当時の東京都内のNHKテレビ受像合数はわずかに三千、最近の調べによると（十一月十三日現在）大阪市内の受像合数は七万六千七百五十九、名古屋市内でも三万六千二百六十七にのぼる。それに門外とも同じ比率に競争相手の現れるのは、はるかに恵まれた出発点だといえる。

空中線塔は生駒山上海抜六百四十二Ｍの地点に三百Ｍの高さのものがこの九月に完成した。スタジオは当二十Ｍの塔は約千㎡空高く、テレビ塔の高さとしては世界一といわれる。アンテナは十二段スーパー・ターン・スタイルで、出力は映像一KW。空中線塔は生駒山上海抜六百四十二Ｍの地点に三百Ｍの高さのものがこの九月に完成した。

大阪テレビのスーパーターン・スタイル十二段空中線

OTV の送信タワーの下は展望レストランになっていた。

1957年 6月

2日　NTV制作の人気番組「No.1ショウ」を大阪府立体育会館から中継。

5〜6日　技術部が「第10回NHK大阪中央放送局技術報告会」で「自動時報装置」「オシログラフを利用した標準時計較正装置」「TV効果用ポインター装置」「野球カウント指示装置」等の共同研究を発表。11〜19日には中継局設置のため、NHK大阪と共同で、福知山、綾部、舞鶴の電界強度を測定。

10日　平井郵政相が社内見学、役員懇談のあと記者会見。14日には衆議院逓信委員7名が施設見学。

17日　アナウンサー第2期生を募集。

19日　郵政省は「テレビジョン放送用周波数割当計画表」を決定。京阪神地区には民放2波（うち1波は教育専門局用）を割り当てた。

20日　「伊達三郎還暦祝賀チェロ演奏会」（朝日会館）を後援。

23日　1958年度「ミス・ユニバース、ミス・ワールド」大阪発表会実施。

27日　「料理手帖」で、番組テキスト「奥様メモ」のおしらせを放送。申込総数1万5千部に達した。

26日　官民合同「カラーテレビジョン調査会」発足。

OTVの野球中継 〜テレビ野球中継の黎明期〜

開局以来、OTVではテレビカメラマンは映画や演劇などに造詣がある人を選び、演出部所属として完成度の高い絵作りに専念することを求めた。

それはスポーツ中継においても同様で、野球中継の時も演出部のカメラマンがポジションについた。しかし、当時のカメラは、非常に壊れやすく、放送中のトラブルも珍しくはなかった。修理は技術部の担当で、トラブルがあるとその都度、修理・調整にかけつけていた。

ある時、技術部と役員の懇談会があり、そこで守屋中継課長が「他局にならってカメラマンを中継課でやらせていただきたいのですが」と、切り出した。他の中継課員たちからも「他局ではどこでも技術がやっています。どうしてうちはいけないのでしょうか」「故障の時困るのです。カメラマンが技術の者なら、その場で簡単に直せますよ」と、畳みかけるように質問が浴びせかけたが、役員からは「確かに故障の時は不便をかけると思います。しかし、カメラマンにはセンスのある人を起用したい。カメラの故障もだんだん少なくなるでしょう。これからはそんな時代です」と返された。「音にとってミキサーがアーチストであるなら、画像にとってカメラマンはアーチストでなければならない」という原清制作部長の方針に揺らぎはなかった。

●新人スタッフの進言

そこに新人スタッフから発言があった。

「お言葉を返すようですが、技術の者にはセンスがないと決めてしまわれるのは、ちょっとおかしいのではないでしょうか。もちろんわれわれ中継課員の中には映画の経験者はいません。カメラアングルのとりかたはうまくないかもしれません。しかし野球場ではカメラは据え付けられたまま、つまり固定されています。そうなると、いかに速くボールを追うか、いかに速くランナーを追うか、むしろ反射神経の方が大切だと思います。練習でうまくなると思います。われわれはいつも球場へ行っているのでカメラを任してもらえればきっとうまくなってみせます」

若手の大胆な発言に、出席者一同は驚いていたが、最終的に原氏も「そんなにやりたいのなら」と、スポーツなど屋外中継に限って技術部にカメラを任せることにした。

●三台の連係プレー

念願通りテレビカメラを手にした中継課スタッフであったが、いざ始めてみると野球中継は一筋縄ではいかなかった。

ボールを的確に追うには、個々に鍛錬してカンや瞬発力を磨くしかないが、三台のカメラを連携させるにはどうすればいいのか。

OTVでは、野球中継には三台のカメラを使っていたが、ポジションごとに番号が振られていた。

1番　バックネット裏（審判の後方）
2番　1－2塁間の観客スタンド内
3番　1－2塁間のスタンド前列

ポジションによる役割を言えば、まず、打者がバッターボックスに入って打つまでの間は1番の担当である。次に、バッターが打った瞬間から2番がボールを追いかけ、ランナーの動向を3番がフォローし、ランナーがホームに戻る時には再び1番…ということになるのだが、それはあくまで計画上の話である。試合が興奮に達し、混戦模様になってくると、事前の役割分担があっという間に崩れてしまう。

甲子園球場で「阪神－巨人」戦があった時、ジャイアンツ長嶋の本塁打に満場が興奮。中継車からカメラマンに指示が飛んだが、場内の喚声にかき消されてしまった。カメラは三台とも一斉に長嶋をとらえてしまった。既に出塁していた先行二人のランナーをどのカメラも押さえていなかったため、まるで長嶋がひとり走って3点を稼いでしまったかのようになってしまった。

やがて視聴者から「OTVの野球は見ていてちっともわからん」という声が聞こえてきた。せっかく「うまくなってみせます」と見得を切った以上、このままではゆかない。中継が終わるたびにスタッフが侃々諤々の反省会を開いた。

三台のカメラで、ボールや走者など注目すべき対象と、全体の面的状況とをどうやって撮り分けるか。試合のたびに試行錯誤がおこなわれた。

やがて「野球とはランナーとボールの競争だ」という基本原理を発見した。技術部はそれを支点にカメラワークの新たな手順を練り始めた。

まずは打球を追うカメラとランナーを追うカメラを決めておけばよい。そうすればどちらかは必ず映る。そして、もう一台はリアクション、つまりホームランを打たれてしゃがみ込むピッチャーや、歓喜する大観衆を写せばよいのだ。

この分担方式は大発見であった。しかし、実際の現場では、カメラマンが互いにどんな絵をとっているか「互いを目視せずに把握する」のが難しく、実現には時間を要した。

こうしてOTVが生んだノウハウはABCとMBSに受け継がれ、全国各地に生まれた新局にも伝えられた。日本の野球中継史においてOTVが果した役割は大変に大きいのである。

●1カメ、2カメ…の意味

ところで、球場のカメラに振られる番号が、過酷な昔日の名残であることは、知られていない。

これは各カメラのプライオリティ（優先度）を示している。当時のテレビカメラは壊れやすかったため、いざという時の対応が決まっていた。つまり三台のうち、必ず残さなければならないポジションが1番であり、重要度に従って2, 3, 4…となる。もし試合中に1番カメラが故障したら、とにかく3番のカメラを1番に移動させるということだ。故障が連続して一台だけになったこともあったという。

しかし、カメラのポジションと番号はのちに入れ替わり、1番がスコアボード側、3番がバックネット裏となった。最初は本塁周辺の動きを大きく見せることに主眼が置かれたのだろうが、やがて試合全体を見渡せるスコアボード脇の役割が重視された。これはズームレンズの導入にあわせて変化していったものだが、要は「最悪、何を見せれば試合が伝えられるか」という判断だろう。

2番カメラは「花形ポジション」であった。打球

を追いかける直観力があり、観客スタンドの目立つ場所に構えてカメラをブーンと回す姿には、スポーツらしい軽快さがある。2番は最も経験のある者、あるいは「2番向き」の者が担当した。

試合の日は、中継開始2時間前には基本的なセッティングを終え、あらゆる中継機材の通電を開始する。甲子園の場合、8:30に開始する第一試合を中継するためには、朝5時に球場入りしてセッティングを始める。重くて長いケーブルを球場のあちこちに這い廻し、その間に機材の点検をする。

放送時間が近づくと、各カメラに人が就いて調整に入る。この時、何気なくカメラが客席を映していると、たまたま美人が映り「お前はこういうコが趣味か?」と突っ込まれることもあった。

また、高校野球中継の場合、両校の応援席を探って、カメラうつりのいい生徒を探す。表裏の交代時などにちょっと素敵な表情を挟むためである。プロ野球の場合も、同じ目的で客席に美人がいないかどうか探すこともあるようだが、これは球場やチームによって困難な場合もある。

1957.6

- 英国、モールデン島で「第二次大戦で使用した総爆弾量に匹敵する規模」の水爆実験。
- 台風5号襲来。大阪は集中豪雨で10万戸が浸水。
- A型流感ウイルス猛威。宝塚歌劇団員が客席からの感染で次々倒れる。

●6月1日(土)
1135 テストパターン
1150 オープニングメロディ
1200 OTVニュース
1210 一曲どうぞ
1215 服飾サロン 藤川延子
　　　モデル:加茂みやじ 他
1245 料理手帖「いもまんじゅう」
　　　世度三郎
1300 歌のスケッチ 君和田民枝
1305 おしらせ◇放送休止
1435 テストパターン
1450 オープニングメロディ
1500 大相撲夏場所十四日目
　　　(蔵前 NTV)
　　　佐渡ヶ嶽 原アナ
1754 OTVニュース
1800 ホームアルバム
1810 テレビガイド
1815 素人のど競べ(NTV)
1845 テレビガイド
1850 朝日新聞テレビニュース
1900 歌のパレード(KR)
　　　藤島恒夫 松山恵子
　　　津川洋一
1930 ほろにがショー・
　　　何でもやりまショー(NTV)
2000 明日は日曜日(NTV)
　　　「東京よいとこ」大阪志郎
　　　渡辺美佐子 他
2030 シャープ劇場
　　　のり平喜劇教室(NTV)
2100 メトロニュース
2110 テレビガイド
2115 日真名氏飛び出す(KR)
　　　「能面の秘密」前編
2145 ダイナミックグローブ
　　　(NTV)
　　　(浅草公会堂)
　　　長谷川正之一金平正記
　　　諸墨光男―赤木茂夫
　　　解説・平沢雪村
2230 テレビガイド
2235 OTVニュース
2247 日づけ豆辞典(OTVF)
2250 あしたのお天気
2253 おしらせ◇放送終了

●6月2日(日)
1040 テストパターン◇おしらせ
1100 たのしい生活を(KR)
　　　「ピンポンコンビ」沢村一家
1115 当たるも八卦当たらぬも八卦
　　　芦屋小雁 雁之助他
1130 アメリカ見たまま聞いたまま 野田全治 他
1200 OTVニュース
1215 クラブ劇場・歌えば楽し
　　　「ハワイで歌えば」
1245 ユーモア航路(最終回)
　　　「窓と恋人」飯沼 他
1300 映画「双児のロッテ」
　　　ドイツ・カールトン社制作
1445 大相撲夏場所千秋楽
　　　(蔵前 NTV)
　　　佐渡ヶ嶽 五ッ島
　　　本多アナ 原アナ
1754 OTVニュース
1800 ジェット・ジャクソン
1830 私も出ますショー(NTV)
　　　ゲスト・岩井半四郎
1900 ジャングル・ジム
　　　「金のパラソル」
1930 森永No1ショー(OTV)
　　　(府立体育館より)
　　　いづみ ひばり 大川 勝
2000 OTVスポーツファンシート
　　　プロ野球 中日―巨人
　　　(中日)解説・杉浦清
　　　【名古屋雨の時】毎日―南海
　　　【試合ない時】「春の凱歌」
2115 東芝日曜劇場
　　　「たつのおとしご」(KR)
　　　真船豊・作、演出
　　　小澤重雄 磯村千花子
　　　江家礼子
2215 ダイハツスポーツウィクリー
2230 ゴルフ教室
　　　石井廸夫 福井正一
2245 テレビガイド
2250 OTVニュース
2302 日づけ豆辞典(OTVF)
※正しい肖像画調達が間に合わず放送取りやめ
2305 あしたのお天気

球場のカメラマン。毎日テレビ放送が並んでいるので1959年3月1日以降と思われる。

●6月3日（月）

- 1130 テストパターン
  （クラシックハイライト）
- 1150 オープニングメロディ
- 1200 OTVニュース
- 1210 テレビガイド
- 1210 一曲どうぞ
- 1215 奥様多忙 (KR)
  「新聞読むべからずの巻」
  江見渉 山岡久乃他
- 1245 料理手帖「北欧風ブロセット」辻勲
- 1300 歌のスケッチ 青木光一
- 1305 おしらせ◇放送休止
- 1735 テストパターン
- 1751 あしたのお天気
- 1754 OTVニュース
- 1800 影絵映画「アラジンの不思議なランプ」劇団ブーク
- 1815 ポポンタイムこの人を(NTV)
  越智正典アナ 藤皮京子
- 1845 テレビガイド
- 1850 毎日新聞テレビニュース
- 1900 キンピラ先生青春記 (KR)
- 1930 太閤記 (NTV)「藤吉郎編」
- 2000 ニチボーアワー
  喜劇天国 (NTV)
  「泣いてから笑え」
- 2030 ナショナル劇場・てんてん娘 (KR) 道中記
  宮城まり子他
- 2100 お好み浪花寄席
  桂枝太郎
- 2115 ウロコ座 (KR)
  心中天網島より
  「名残の橋尽くし」
  中村鴈治郎 中村扇雀
- 2145 月曜対談・2つの椅子
  今東光 吉村正一郎
- 2200 OTV 週間世界ニュース
- 2215 テレビガイド
- 2220 OTV ニュース
- 2232 日づけ豆辞典 (OTVF)
- 2235 あしたのお天気

●6月4日（火）

- 1135 テストパターン
  バックハウスのピアノ
- 1150 オープニングメロディ
- 1200 OTVニュース
- 1210 一曲どうぞ
- 1215 歌う青春列車 (KR)
- 1245 料理手帖「小エビと卵のゼリー寄せ」富田利八郎
- 1300 歌のスケッチ 美空ひばり
- 1305 おしらせ◇放送休止
- 1730 テストパターン
- 1742 オープニングメロディ
  シンギングピアノ：岩崎洋
- 1751 あしたのお天気
- 1754 OTVニュース
- 1800 少年探偵シリーズ
  「魔王の笛」香里たかし
  川地義郎 松田明他
- 1815 名犬リンチンチン
  「ブランカ少年」
- 1845 テレビガイド
- 1850 朝日新聞テレビニュース
- 1900 テレビ浮世風
  いとし・こいし
  Aスケ・Bスケ
- 1930 ゼネラル劇場
  水戸黄門漫遊記 (KR)
  「おしゃれ狂女」後篇
- 2000 山一名作劇場 (NTV)
  石中先生行状記
  伊693藤雄之助 日高澄子他
- 2030 走れ！名馬チャンピオン
  「放浪者」北条美智留
  佐藤英夫
- 2100 近鉄パールアワー
  のんきな一族 エンタツ
  三角八重
- 2115 ピアス劇場 雨だれ母さん (KR) 笠置シヅ子
  殿山泰司 他
- 2145 ミナロンドリームサロン
  小割まさ江
- 2200 戦慄の旅券「誇り高き男」
- 2250 OTV ニュース
- 2302 日づけ豆辞典 (OTVF)
- 2305 あしたのお天気

●6月5日（水）

- 1135 テストパターン
- 1150 オープニングメロディ
- 1200 OTVニュース10一曲どうぞ
- 1215 ファッションミュージック (KR) 東郷たまみ他
- 1245 料理手帖「アコウの湯引きちり」辻徳光
- 1300 歌のスケッチ
- 1305 おしらせ◇放送休止
- 1640 テストパターン
- 1700 オープニングメロディ
- 1710 東南アジア訪問から帰って
  岸信介 ほか
- 1751 お天気 55 OTV ニュース
- 1800 漫画映画
  「仔熊ちゃんの花束」
- 1810 野営動物の生活
  「キリマンジェロ山麓地帯」
- 1830 ポケット劇場「黄金の蛇とエメラルドの蛇」
  チベット童話より進化座
- 1845 テレビガイド
- 1850 朝日新聞テレビニュース
- 1900 スーパースターメロディ (KR)
  春日八郎「俺と影法師」
  Cローズ「幸せのリズム」
  生田恵子「東京ティナティナ」
- 1930 宝塚ファンコンテスト
  南条照美 淡路通子（公開）
- 2000 OTV スポーツファンシート
  南海一西鉄（大阪球場）
  解説・井口新次郎
  実況・久保顕次アナ
  【大阪雨の時】
  大洋-巨人
- 2100 コント千一夜 森光子 他
- 2115 次郎長三国志 (NTV)
  「清水の大政」
- 2145 ニッケ・ジャズパレード
  (NTV) J繁田
- 2200 芸能トピックス
- 2215 女「三味線を弾く女」
  月丘夢路 小林重四郎
- 2245 ポケット音楽
- 2250 OTV ニュース
- 2302 日づけ豆辞典 (OTVF)
- 2305 あしたのお天気
- 2308 おしらせ 放送終了

●6月6日（木）

- 1135 テストパターン
- 1150 オープニングメロディ
- 1200 OTV ニュース
- 1210 一曲どうぞ「ルンバブギ」
- 1215 テレビ寄席 (KR)
  民謡・〆香
  落語・「鈴ヶ森」三遊亭円遊
- 1245 料理手帖「イカのくわやき」小川旭
- 1300 歌のスケッチ
  伊庭久男「楢山節」
- 1305 おしらせ◇放送休止
- 1720 パターン 42 メロディ
- 1751 あしたのお天気
- 1754 OTVニュース
- 1800 海外トピックス
- 1815 ペンギン劇場「かぐや姫」
  小栗一也 真木恭介
  青山弘
- 1850 毎日新聞テレビニュース
- 1900 スーパーマン (KR)
- 1930 歌はあなたとともに (NTV)
  高英男 久慈あさみ
- 2000 ロビンフッドの冒険
  「カンタベリーへの道」
  リチャード・グリーン
- 2030 鞍馬天狗 (KR)「まさかり組」
  市川高麗蔵 坂東好太郎
  沢村田之助 南風洋子他
- 2100 ダイハツワールドスポーツ
- 2115 デンソー木曜劇場
  南風 (NTV)
  菊田一夫作 利根はる恵
- 2145 おはこうら表 (NTV/OTV)
  ゲスト・石井好子
  石井久子
  お相手・初音礼子
- 2200 忠臣蔵の人々 (KR)
  「片岡源五右衛門」前篇
- 2230 私のコレクション
- 2245 テレビガイド
- 2250 OTV ニュース
- 2302 日づけ豆辞典 (OTVF)
- 2305 あしたのお天気

●6月7日（金）

- 1135 テストパターン（軽音楽）
- 1150 オープニングメロディ
- 1200 OTV ニュース
- 1210 一曲どうぞ
- 1215 映画の窓 (KR)「ハッピーロード」ジーン・ケリイ
- 1245 料理手帖「合わせ小アジのマーガリン焼」古沢
- 1300 歌のスケッチ「ジェルソミナ」
- 1320 松竹新喜劇「廓」五場
  （中座）西口克己 作「廓」
  第二部より
  渋谷天外 曾我廼家五郎八
  石河薫 ◇おしらせ
  ◇放送休止
- 1725 パターン 42 メロディ
- 1751 お天気 55 OTV ニュース
- 1800 明るい家庭
  「カラコルムと南極」
  井田重男 梅棹忠夫
- 1815 テレビ紙芝居
  「6助がんばれ」
- 1830 スーパーマン（漫画）
- 1845 テレビガイド 50 新聞N
- 1900 テレビぴよぴよ大学 (KR)
- 1930 花王ワンダフルクイズ (NTV)
- 2000 京阪ゼスチャーゲーム
  京都・大阪の新劇人対抗
  川上のぼる 京阪坊や
- 2030 特ダネを逃がすな (KR)
  「私は見た」前篇
- 2100 野球教室
  「ファンの誇る阪神勢」
  細田国太郎「友を選ばば」
  エリック 神風正一
- 2115 陽気なコーリス
  「うるさいなあの巻」
- 2145 三越映画劇場
- 2200 カメラだより北から南から
  「衣替え」
- 2215 ごめんあそばせ (NTV)
  吉川満子 東野英次郎
- 2230 テレビガイド
- 2235 OTV 週間海外ニュース
- 2250 OTV ニュース
- 2302 日づけ豆辞典 (OTVF)
- 2305 あしたのお天気
- 2308 おしらせ 放送終了

●6月8日（土）

- 1135 テストパターン
  「ペルシャの踊り」
  （ムソルグスキー作曲）
- 1150 オープニングメロディ
  アコーディオン：岡田博
- 1200 OTV ニュース10 一曲どうぞ
- 1215 ジャズタイム
  三宅光子 ダークダックス
- 1245 料理手帖「魚のみぞれ煮」
  丹羽陸夫 小深秀子アナ
- 1300 歌のスケッチ
  君和田民枝
- 1305 東京六大学野球
  早大一慶応大（神宮）
  ◇全日本学生拳法選手権大会
  ◇お天気◇ OTV ニュース
- 1800 ホームアルバム「広重」
- 1810 テレビガイド
- 1815 素人のど競べ (NTV)
  暁テル子 服部良一
  小島正夫
- 1845 テレビガイド
- 1900 新聞テレビニュース
- 1900 歌のパレード (KR)
  青木光一 花村菊江
  松浦エ子 トップ・ライト
- 1930 ほろにがショー・
  何でもやりショー (NTV)
  「奇妙な福の神」
- 2000 明日は日曜日 (NTV)
- 2030 シャープ劇場
  のり平喜劇教室 (NTV)
  「友を選ばば」
- 2100 メトロニュース
- 2110 テレビガイド
- 2115 日真名氏飛び出す (KR)
  「能面の秘密」解決篇
- 2145 一張羅の幸福 (NTV)
  フランキー堺 山岡久乃
  飯島誠司 高橋豊子
- 2230 テレビガイド
- 2235 OTV ニュース
- 2247 日づけ豆辞典 (OTVF)
- 2250 あしたのお天気
- 2253 おしらせ◇放送終了

●6月9日（日）

- 820 楽しい家庭 中西
- 840 サンデーモーニング劇場
  「純静員」源氏鶏太・作
- 1015 時計は生きている
  渡辺紳一郎
  （阪急百貨店七階）
  展示会場から街頭中継
  時計の歴史、見学者の声等
- 1045 ミスターしんさいばし氏
  北村英三他
- 1100 たのしい生活を
  「バラと生活」
- 1115 海外トピックス (KR)
- 1130 経済サロン 徳川夢声他
- 1200 OTV ニュース
- 1215 ダイラケのびっくり捕物帖
  「鬼むすめ」前篇 (OTV)
- 1245 短編映画「カラス日記」
- 1300 おしらせ◇放送終了
- 1305 ミスユニバースコンテスト
  日本代表第一次予選
  （東京産経ホール）
- 1325 OTV スポーツファンシート
  早稲田大学一慶応義塾
  （神宮）解説・武藤茂美
  【野球終了後】
  ミスユニバースコンテスト日本代表決定
  ◇おしらせ◇放送休止
- 1730 パターン 45 あしたのお天気
- 1748 OTV ニュース
- 1800 ジェット・ジャクソン
- 1830 私も出ますケン
- 1900 ジャングル・ジム
- 1930 森永 No1 ショー (NTV)
  「いづみリサイタル」
  雪村いづみ 美空ひばり
  山田真二 江利チエミ
- 2000 OTV スポーツファンシート
  プロ野球 毎日一阪神
  中沢
- 2115 東芝日曜劇場「西山物語」
  (KR) 松本幸四郎 市川染五郎 中村芝翫 市川段四郎他
- 2215 ダイハツスポーツウィクリー
- 2230 ゴルフ教室 石井 福井
- 2245 ガイド 50 OTV ニュース
- 2302 日付け豆辞典 (OTVF)
- 2305 お天気◇おしらせ放送終了

●6月10日（月）

- 1135 テストパターン
- 1150 オープニングメロディ
- 1200 OTV ニュース
- 1210 テレビガイド
- 1210 一曲どうぞ
- 1215 奥様多忙（KR）江見渉　上月左知子　山岡久乃他
- 1245 料理手帖「スイス・ステーキ」辻勲
- 1300 歌のスケッチ　青木光一「僕は流しの運転手」
- 1305 おしらせ◇フィラー
- 1320 東京六大学野球　早大－慶応（神宮）解説・佐藤茂美
- 1735 テストパターン
- 1751 あしたのお天気
- 1754 OTV ニュース
- 1800 短編映画
- 1815 ポポンタイムこの人を（NTV）越智正典アナ　藤皮京子
- 1845 テレビガイド
- 1850 毎日新聞テレビニュース
- 1900 キンピラ先生青春記（KR）「きんぴら先生証言す」
- 1930 太閤記（NTV）「藤吉郎編」
- 2000 ニチボーアワー喜劇天国（NTV）「歌って歩けば」ロッパ　暁テル子
- 2030 ナショナル劇場　てんてん娘（KR）
- 2100 お好み浪花寄席　歌楽　サザエ
- 2115 ウロコ座（KR）「佐々木高綱」市川猿之助　小野敦子　市川段四郎　藤間紫　市川団子
- 2145 月曜対談・2つの椅子　今東光　吉村正一郎
- 2200 OTV 週刊世界ニュース
- 2215 8ミリ記録映画「南極大陸に挑む」
- 2245 テレビガイド
- 2250 OTV ニュース
- 2302 日づけ豆辞典（OTVF）
- 2305 お天気◇おしらせ◇終了

●6月11日（火）

- 1135 テストパターン
- 1150 オープニングメロディ
- 1200 OTV ニュース10－曲どうぞ
- 1215 歌う青春列車（KR）
- 1245 料理手帖「マカロニエッグサラダ」木村健蔵
- 1300 歌のスケッチ　美空ひばり「港町十三番地」
- 1305 おしらせ◇放送休止
- 1720 テストパターン
- 1742 オープニングメロディ
- 1751 お天気 55 OTV ニュース
- 1754 OTV ニュース
- 1800 少年探偵シリーズ「魔王の箱」香里たかし　川地義郎　松田明他
- 1815 名犬リンチンチン「コウマイ酋長」北里深期他
- 1845 テレビガイド
- 1850 朝日新聞テレビニュース
- 1900 テレビ浮世亭　柳枝・喜代子　ワカサ・ひろし
- 1930 ゼネラル劇場　水戸黄門漫遊記（KR）「琉球の花笠」前篇
- 2000 山－名作劇場（NTV）石井兇甘武弘「出てこい出てこいドラムかん」伊藤雄之助　日高澄子他
- 2030 走れ！名馬チャンピオン（KR）「鹿どろぼう」北条美智留　佐藤英夫
- 2115 ピアス劇場　雨だれ母さん（KR）笠置シズ子　殿山泰司他
- 2145 ミナロンドリームサロン　石井好子　高木史朗　大伴家持　ジョージ岡
- 2200 戦慄の旅券　シーザー・ロメロ他
- 2235 プロ野球展望　松井一之
- 2250 OTV ニュース
- 2302 日づけ豆辞典（OTVF）
- 2305 あしたのお天気

●6月12日（水）

- 1135 テストパターン（歌の花筐）若原 郎「旧路の道」ほか
- 1150 オープニングメロディ　アコーディオン：岡田博
- 1200 OTV ニュース
- 1210 一曲どうぞ
- 1215 ファッションミュージック（KR）ペギー葉山他
- 1245 料理手帖「水イカのけんちん蒸し」辻徳光
- 1300 歌のスケッチ　浜村美智子「バナボート・ソング」
- 1305 おしらせ◇放送休止
- 1720 テストパターン
- 1742 オープニングメロディ
- 1751 お天気 55 OTV ニュース
- 1800 文化映画「まぐろ」
- 1830 ポケット「のろまのハンス」
- 1845 テレビガイド
- 1850 毎日新聞テレビニュース
- 1900 ピアスグランドミュージカル（KR）東郷たまみ　J・繁田他
- 1930 歌はあなたとともに（NTV）青木光一 Cローズ若山他
- 2000 OTV スポーツファンシート　プロ野球　巨人－国鉄（後楽園）解説・中沢不二雄【東京雨】阪神－広島（甲子園）
- 2100 コント千一夜
- 2115 次郎長三国志（NTV）「渋川の仙石衛門」水島道太郎　沢村国太郎
- 2145 ニッケ・ジャズパレード（NTV）「ラメール」東山ヒギンス
- 2200 芸能トピックス
- 2215 女「退屈した女」月丘夢路　小林重四郎
- 2245 OTV ニュース
- 2257 日付け豆辞典（OTVF）
- 2300 あしたのお天気
- 2303 おしらせ◇終了

●6月13日（木）

- 1135 テストパターン（クラシックハイライト）「幻想交響曲」（ベルリオーズ）
- 1150 オープニングメロディ　アコーディオン：岡田博
- 1200 OTV ニュース10－曲どうぞ
- 1210 一曲どうぞ
- 1215 テレビ寄席　英二・喜美江　おどり
- 1245 料理手帖「中華ソバの海苔巻き揚げ」奥井広美
- 1300 歌のスケッチ　伊藤久男　Dローズ楽団
- 1305 コメディ・奥様こんにちわ　西野児童バレエ団
- 1320 おしらせ◇放送終了
- 1725 テストパターン（映画音楽）「雨に歌えば」
- 1742 オープニングメロディ　アコーディオン：岡田博
- 1751 お天気 55 OTV ニュース
- 1800 シラレン国 第一回「浮いた紙風船」J・繁田たまみ
- 1815 西部の王者　キットカースン
- 1850 新聞テレビニュース
- 1900 スーパースターメロディ　灰沼勝彦　奈良光枝他
- 1930 宝塚ファンコンテスト　故里明美　黒木ひかる（公開）
- 2000 ロビンフッドの冒険「風」
- 2030 鞍馬天狗（KR）「まさかり組」
- 2100 ダイハツワールドスポーツ
- 2115 デンソー木曜劇場「しあわせ」（NTV）望月優子　中原早苗
- 2145 おはこうら表（NTV/OTV）ゲスト・藤原義江　お相手・初音礼子
- 2200 忠臣蔵の人々「片岡源五右衛門」後篇
- 2230 私のコレクション「釣道具」金馬
- 2245 テレビガイド
- 2250 OTV ニュース
- 2302 日づけ豆辞典（OTVF）
- 2305 あしたのお天気
- 2308 おしらせ◇放送終了

●6月14日（金）

- 1135 テストパターン
- 1150 オープニングメロディ
- 1200 OTV ニュース
- 1210 カリフォルニア大学グリークラブ特別演奏会（OTV 第一スタジオより）「おお何たる喜びよ」「九月の歌」ほか
- 1245 料理手帖「イワシとエビナールソース」拭石俊枝　福田アナ
- 1300 歌のスケッチ「ジェルソミナ」君和田民枝
- 1305 おしらせ◇放送休止
- 1320 おしらせ◇放送休止
- 1720 テストパターン
- 1742 オープニングメロディ　アコーディオン：岡田博
- 1751 あしたのお天気
- 1754 OTV ニュース
- 1800 明るい家庭「錦影絵と指影絵」桂南天　歌川　登志春
- 1815 テレビ紙芝居「6助がんばれ」石田茂樹　吉田澄代他
- 1830 スーパーマン（漫画）「噴火山の巻」
- 1845 テレビガイド
- 1850 朝日新聞テレビニュース
- 1900 テレビびよびよ大学（KR）
- 1930 花王ワンダフルクイズ（NTV）
- 2000 京阪ゼスチャーゲーム　白浜温泉対雄琴温泉
- 2030 特ダネを逃がすな（KR）「私は見た」後編
- 2100 野球教室　河西俊雄他「守備編・内野の守備」
- 2115 陽気なコーリス
- 2145 三越映画劇場「大当り三色帳」
- 2200 カメラだより北から南から「雨季来る」
- 2215 ごめんあそばせ（NTV）
- 2230 小唄教室（KR）幸村
- 2245 ガイド 50 OTV ニュース
- 2302 日づけ豆辞典（OTVF）
- 2305 あしたのお天気
- 2307 おしらせ◇放送終了

●6月15日（土）

- 1135 テストパターン
- 1150 オープニングメロディ　アコーディオン：岡田博
- 1200 OTV ニュース
- 1210 一曲どうぞ
- 1215 映画の窓（KR）「将軍月光に消ゆ」ダーク・ボガード他　解説：安岡章太郎
- 1245 料理手帖「かますの月花蒸し」近藤福太郎
- 1300 歌のスケッチ　君和田民枝
- 1305 OTV 週報テレビニュース
- 1320 おしらせ◇放送休止
- 1720 テストパターン
- 1742 オープニングメロディ　アコーディオン：岡田博
- 1751 あしたのお天気
- 1754 OTV ニュース
- 1800 ホームアルバム「広重・今と昔の東海道」
- 1815 あすがんばれ競べ（NTV）
- 1845 テレビガイド
- 1850 毎日新聞テレビニュース
- 1900 歌のパレード（KR）
- 1930 ほろにがショー（NTV）何でもやりまショー（NTV）
- 2000 明日は日曜日（NTV）「人情■路」大坂志郎　西村晃
- 2030 シャープ劇場　のり平喜劇教室（NTV）
- 2100 メトロニュース
- 2110 テレビガイド
- 2115 日真名氏飛び出す（KR）「ボールを打つな」前編
- 2145 ダイナミックグローブ（NTV）（浅草公会堂）阿部－佐々木　三■－矢尾板　平沢雪村　大平アナ
- 2230 テレビガイド
- 2235 OTV ニュース
- 2247 日づけ豆辞典（OTVF）
- 2250 あしたのお天気
- 2253 おしらせ◇放送終了

●6月16日（日）

- 900 テストパターン◇おしらせ
- 930 劇映画「神変美女峠」黒川弥太郎　大友柳太郎　宮城千賀子他
- 1045 ミスターしんさいばし氏　北村英三他
- 1100 たのしい生活を（KR）「元気な赤ちゃん」
- 1115 海外トピックス
- 1130 特集・実況中継「伊丹空港」※駐留軍から返還された直後の伊丹空港からのレポート
- 1200 OTV ニュース
- 1215 ダイラケのびっくり捕物帖「鬼むすめ」後篇※NTVにネット開始
- 1245 漫画映画「キツツキ」
- 1335 新派「包」（御園座 CBC）羽田文雄・作　水谷 大矢　伊志井他 終演後、おしらせ◇放送休止
- 1735 テストパターン
- 1751 あしたのお天気
- 1754 OTV ニュース
- 1800 ジェット・ジャクソン「ダイヤモンド密輸団」
- 1830 私も出ま show　ゲスト・ワカサひろし
- 1900 ジャングル・ジム「ジャングルの怪人」
- 1930 森永 No1 ショー（NTV）カリプソ特集「バナナボート」浜村美智子
- 2000 OTV スポーツファンシート　プロ野球　巨人－中日（後楽園 NTV）【東京雨】阪急－南海（西宮）【試合ない時】「春の凱歌」
- 2115 東芝日曜劇場「越後獅子祭」（KR）岩井半四郎　子団次他
- 2215 ダイハツスポーツウィクリー
- 2230 ゴルフ教室
- 2245 テレビガイド
- 2250 OTV ニュース
- 2302 日づけ豆辞典（OTVF）
- 2305 お天気
- 2308 おしらせ　放送終了

●6月17日（月）	●6月18日（火） ※本放送開始200日目	●6月19日（水）	●6月20日（木）	●6月21日（金）	●6月22日（土）	●6月23日（日）
1135 テストパターン 　　（クラシックハイライト） 1150 オープニングメロディ 　　アコーディオン：岡田博 1200 OTV ニュース 10 ガイド 1210 一曲どうぞ「ルンバ・ブギ」 1215 奥様多化(KR)上月左知子他 1245 料理手帖小エビのカクテル」 　　辻勲　稲田英子アナ 1300 歌のスケッチ 　　「僕は流しの運転手」 1305 おしらせ◇放送休止 1725 テストパターン 　　（ジャズをどうぞ） 1742 オープニングメロディ 　　アコーディオン：岡田博 1751 あしたのお天気 1800 短編映画「アワータイム」 1815 ポポンタイムこの人を(NIV) 　　越智正典アナ 藤波京子 1845 テレビガイド 1850 朝日新聞テレビニュース 1900 キンピラ先生青春記(KR) 1930 太閤記(NTV)「藤吉郎編」 2000 ニチボーアワー 　　喜劇天国 (NTV) 　　「魚屋■■」清川虹子他 2030 ナショナル劇場・てんてん 　　娘 (KR) 宮城まり子他 2100 お好み浪花寄席 　　バイオリンハッタリーズに 　　よるお笑い音楽 2115 ウロコ座(KR)「暴れ牛」 　　前篇 尾上松緑 　　七尾伶子　小野敦子 　　市川段四郎 2145 月曜対談・２つの椅子 　　今東光 吉村正一郎 2200 OTV 週間世界ニュース 2215 テレビガイド 2220 OTV ニュース 2232 フルシチョフ大いに語る 　　KRTV16 日放送分と同内容。 ◇日づけ豆辞典 (OTVF) 天、おしらせ、終了	1135 テストパターン 1150 オープニングメロディ 　　アコーディオン：岡田博 1200 OTV ニュース 1210 一曲どうぞ 1215 歌う青春列車 (KR) 　　「青空人生」 1245 料理手帖「ライスサラダ」 　　胸永竹之助 1300 歌のスケッチ 　　「港町十三番地」 1305 おしらせ◇放送休止 1720 テストパターン 1742 オープニングメロディ 1751 あしたのお天気 1754 OTV ニュース 1800 少年探偵シリーズ 　　「魔王の笛」香里たかし 　　川地義朗 松田明他 1815 名犬リンチンチン 　　「オハラの早分点」 1845 テレビガイド 1850 毎日新聞テレビニュース 1900 テレビ浮世写 　　百生「野崎参り」 　　円生「紀州」 1930 ゼネラル劇場 　　水戸黄門漫遊記 (KR) 　　「琉球の花笠」後編 2000 山一名作劇場 (NTV) 　　石中先生行状記 　　「黒いワンピースの娘」 　　伊藤雄之助 日高澄子他 2030 走れ！名馬チャンピオン 　　(KR)「鉄路は西へ」 　　北条美智留 佐藤英夫 2115 ピアス劇場雨だれ母さん 　　(KR) 笠置シヅ子 　　小畑やすし 他 2145 ミナロンドリームサロン 　　ピンボーダナオ 井上雪子 　　大伴千春 ジョージ岡 2200 戦慄の旅券シーザー・ 　　ロメロ他 2235 プロ野球解説久保毅飲アナ 2245 OTV ニュース 2257 日づけ豆辞典 (OTVF) 2300 あしたのお天気 2308 おしらせ、放送終了	1135 テストパターン（歌の花篭） 　　　C・ローズ 1150 オープニングメロディ 　　アコーディオン：岡田博 1200 OIV ニュース10一曲どうぞ 1215 ファッションミュージック 　　(KR) J愛日 牧野ヨシオ 　　里井茂 旗和子 1245 料理手帖「小アジの南蛮 　　漬け」 辻徳光 　　小深秀子アナ 1300 歌のスケッチ 浜村美智子 　　「バナナボート・ソング」 1305 おしらせ◇放送休止 1720 テストパターン 1742 オープニングメロディ 1751 あしたのお天気 1754 OTV ニュース 1800 短編映画「名犬物語」 1830 ポケット劇場 　　「のろまのハンス」 　　アンデルセン童話より 1845 テレビガイド 1850 新聞テレビニュース 1900 ピアスグランドミュージカル 　　(KR) 山田真二 　　河内桃子 1930 歌はあなたとともに(NIV) 　　春日八郎 長崎友美 2000 OTV スポーツファンシート 　　中日－阪神（中日） 　　解説・中沢不二雄 　　【名古屋雨】 　　巨－国（後楽園） 　　【試合ない時】 　　映画 ブラジル 2100 コント千一夜 2115 次郎長三国志 (NTV) 　　「渋川の仙右衛門」 　　水島道太郎 沢村国太郎 2145 ニッケ・ジャズパレード 　　(NTV) 大沢蓮 ヒギンス 2200 芸能トピックス 2215 街 (NTV) 三国連太郎 　　石原裕次郎 他 2245 OTV ニュース 2257 日づけ豆辞典 (OTVF) 2300 あしたのお天気 2308 おしらせ、終了	1135 テストパターン 1150 オープニングメロディ 1200 OTV ニュース 1215 テレビ寄席 (KR) 　　吟舞「天草洋泊」 　　落語「とんち落し」小勝 1245 料理手帖「ロールキャベツ」 　　平田人 1300 歌のスケッチ 　　伊藤久男「樺山節」 1305 おしらせ◇放送休止 1725 テストパターン 1742 オープニングメロディ 1751 あしたのお天気 1754 OTV ニュース 1800 シラレン国「三吉の行方」 　　広野みどり他 1815 西部の王者・キットカースン 1850 朝日新聞テレビニュース 1900 スーパースターメロディ(KR) 　　近江 織井 三船 1930 宝塚ファンコンテスト 　　黒木ひかる 筑紫まり 　　（公開） 2000 ロビンフッドの冒険 　　「アーサー王子の危難」 　　声：外山高士 加藤正他 2030 鞍馬天狗(KR)「まさかり組」 　　市川團藏 坂東好太郎 　　沢村国太郎 南風洋子他 2100 ダイハツワールドスポーツ 2115 デンソー木曜劇場 　　しあわせ(NIV)中原早苗他 2145 おはこうら表(NTV/OTV) 　　ゲスト・右楽・左楽 　　お相手・初音礼子 2200 忠臣蔵の人々(KR) 　　「間新六」前篇 　　坂東八十助 2230 私のコレクション 　　「おかねのいろいろ」 　　野村詩朗 藤蔭静枝 2245 テレビガイド 2250 OTV ニュース 2302 日づけ豆辞典 (OTVF) 2305 あしたのお天気 2308 おしらせ、終了	1135 テストパターン 1150 オープニングメロディ 1200 OTV ニュース 1210 一曲どうぞ 1215 映画の窓 (KR) 　　「すべてを五分で」 　　（ソ連喜劇） 1245 料理手帖「フリーザーを 　　使わずに作るアイスクリー 　　ム」小林孝二 1300 歌のスケッチ「ジェルソミナ 　　Ｄローズ楽団 1305 おしらせ◇放送休止 1725 パターン 42 メロディ 1742 オープニングメロディ 1751 お天気 55 OTV ニュース 1800 明るい家庭「金魚の話」 　　宇野仁松 星野かほる 1815 テレビ紙芝居 　　「６助がんばれ」 　　石田茂樹 吉田澄代他 1830 スーパーマン (漫画) 1845 テレビガイド 1850 毎日新聞テレビニュース 1900 歌のパレード (KR) 1930 花王ワンダフルクイズ(NIV) 　　今泉良夫 岡本太郎 　　痴楽他 2000 京阪ゼスチャーゲーム 　　京都・大阪の美容院対抗 　　川上のぼる 京阪坊や 2030 特バラエテー 　　「大学の谷間」前篇 2100 野球教室 河西俊雄他 　　「守備編・牽制と強肩」 2115 陽気なコーリス 　　「狐と猫の巻」 　　アン・ベイカー他 2145 三越映画劇場 2200 カメラだより北から南から 　　「あの道この道」 2215 ごめんあそばせ (NTV) 　　渡辺篤 2230 小唄教室 (KR) 　　三遊亭円生 2245 テレビガイド 2250 OTV ニュース 2302 日づけ豆辞典 (OTVF) 2305 あしたのお天気 2308 おしらせ、放送終了	1135 テストパターン 1150 オープニングメロディ 1200 OTV ニュース 1210 フォスター名曲集 1245 料理手帖「ナスの田楽アコ 　　ウの唐揚げ」福井国三 1300 歌のスケッチ 君和田民枝 1305 OTV 週間テレビニュース 1320 おしらせ◇放送休止 1725 テストパターン 　　「白鳥」（サンサーンス） 　　演奏：マントヴァーニ楽団 1742 オープニングメロディ 1751 あしたのお天気 1754 OTV ニュース 1800 ホームアルバム 1815 素人のど競べ(NTV) 1845 テレビガイド 1850 朝日新聞テレビニュース 1900 歌のパレード (KR) 　　山田真二　菅原都々子 　　トップ・ライト 1930 ほろにがショー・ 　　何でもやりまショー(NIV) 　　司会・三國一朗 2000 明日は日曜日 (KR) 　　大坂志郎 西村晃 2030 シャープ劇場 　　のり平喜劇教室 (NTV) 　　「夏まつりのり平囃子」 2100 メトロニュース 2110 テレビガイド 2115 日真名氏飛び出す (KR) 　　「ボールを打つ者」解肤篇 2145 ダイナミックグローブ 　　(NTV) 田中一朝見 　　飯田－大久保 　　解説・平沢雪村 2230 テレビガイド 2235 ドラッグネット 　　「恐怖のマンホール」 2305 OTV ニュース 2317 日づけ豆辞典 (OTVF) 2320 あしたのお天気	900 テストパターン 920 劇映画「又四郎笠」 1045 ミスターしんさいばし氏 　　北村英他 1100 たのしい生活を 　　「結婚の喜び」 1115 海外トピックス 1130 経済サロン 中司 1200 OTV ニュース 1215 ダイラケのびっくり捕物帖 　　ダイマル・ラケット 　　森光子 中村あやめ 　　藤田まこと他 1245 映画「アワ・タイムス」 1315 「樺山節考」(東京歌舞伎座) 　　(NTV) 左団次 松緑 　　梅幸他 終演後、お 　　しらせ◇放送休止 1700 1958 年ミスユニバース 　　ワールド大阪発表会 1730 映画「海苔の生態」 1754 OTV ニュース 1800 ジェット・ジャクソン 　　「ファラオの呪」 1830 私も出ましョー (NTV) 1900 ジャングル・ジム 　　「離れるこびと族」 1930 森永 No1 ショー (NTV) 　　藤沢嵐子特集 　　「ジーラジーラ」ほか 2000 OTV スポーツファンシート 　　プロ野球 巨人－広島 　　（後楽園） 　　[東京雨天] 阪急－毎日 　　【試合ない時】「春の凱歌」 2115 東芝日曜劇場「海の蝶」 　　(KR) 岡田英次他 2215 ダイハツスポーツウィクリー 2230 ゴルフ教室「こんな時どうす 　　ればいいか」 　　石井進夫 福井正一 2245 テレビガイド 2250 OTV ニュース 2302 日づけ豆辞典 (OTVF) 2305 あしたのお天気 2308 おしらせ、放送終了

第2章「熱狂」

●6月24日（月）

1135 テストパターン
1150 オープニングメロディ
1200 OIVニュース10─一曲どうぞ
1215 奥様多忙（KR）江見渉
　　　上月左知子 山岡久乃他
1240 テレビガイド
1245 料理手帖「イカのスタフド
　　　ピロー飯」辻勲 稲田英子
1300 歌のスケッチ 青木光一
　　　「僕は流しの運転手」
1305 おしらせ◇放送休止
1725 テストパターン
1742 オープニングメロディ
　　　アコーディオン：岡田博
1751 あしたのお天気
1754 OTVニュース
1800 短編映画「美と力」
　　　体操競技
1815 ポポンタイムこの人を（NTV）
　　　「養老員を慰問する街の
　　　素人 落語家（生野区）
　　　「バタ屋さんと共同生活
　　　をする神戸の神父さん」
　　　越智正典アナ 藤皮京子
　　　＊この回OTV発
1845 テレビガイド
1850 毎日新聞テレビニュース
1900 キンピラ先生青春記（KR）
　　　「きんぴら先生昂情す」
1930 太閤記（NTV）「藤吉郎編」
　　　大川太郎 服部哲治
　　　鈴木光枝
2000 ニチボーアワー喜劇天国
　　　（NTV）「噴火予定地」
　　　森川信 音羽典子他
2030 ナショナル劇場てんてん娘
　　　（KR）宮城まり子他
2100 お好み浪花寄席
　　　笑福亭枝鶴
2115 ウロコ座（KR）
　　　「暴れ牛」後編
2145 月曜対談・2つの椅子
　　　南部忠平 伊藤蒙
2200 OTV 週間世界ニュース
2235 ナイト・ミュージックサロン
2250 OTVニュース
2302 日づけ豆辞典
2305 お天気 08おしらせ、終了

●6月25日（火）

1135 テストパターン
1150 オープニングメロディ
1200 OIVニュース10─一曲どうぞ
1215 歌う青春列車（KR）
　　　藤村有弘 逗子とんぼ
　　　東郷たまみ 他
1240 テレビガイド
1245 料理手帖「クラブハウス
　　　サンドイッチ」
1300 歌のスケッチ
　　　「港町十三番地」
1305 おしらせ◇放送休止
1720 テストパターン
1742 オープニングメロディ
1751 お天気 55 OTVニュース
1800 少年探偵シリーズ「魔王の箱」
　　　香里たかし 川地義男
　　　松田明
1815 名犬リンチンチン
　　　「ピストルを使うな」
1845 テレビガイド
1850 朝日新聞テレビニュース
1900 テレビ浮世亭
　　　小蝶・あきら 蝶々・雄二
1930 ゼネラル劇場
　　　水戸黄門漫遊記（KR）
　　　「めくら飛」前篇
　　　十失久雄 柳沢真一
　　　里井茂
2000 山一名作劇場（NTV）
　　　石中先生行状記
　　　「蕗の葉の巻」
　　　伊藤雄之助 日高澄子他
2030 走れ！名馬チャンピオン
　　　（KR）「ウイル再び立つ」
　　　北条美智留 佐藤英夫
2100 近鉄パールアワー
　　　のんきな一族 最終回
　　　「家族会議」エンタツ
　　　三角八重 安達国晴他
2115 ピアス劇場雨だれ母さん
　　　（KR）笠置シヅ子
　　　殿山泰司他
2145 ミナロンドリームサロン
　　　丸山明宏 大伴千春
　　　ジョージ岡
2200 戦慄の旅券
2235 プロ野球展望 松井一之
2250 OTVニュース
2302 日づけ豆辞典（OTVF）
2305 お天気 08 おしらせ、終了

●6月26日（水）

1135 テストパターン
　　　（歌の花かご）春日八郎の歌
1150 オープニングメロディ
　　　アコーディオン：岡田博
1200 OIVニュース10─一曲どうぞ
1215 ファッションミュージック
　　　（KR）朝丘雪路
1240 テレビガイド
1245 料理手帖「エビのシソ巻き
　　　天ぷら」辻徳光
　　　小深秀子アナ
1300 歌のスケッチ
1305 おしらせ◇放送休止
1720 テストパターン
1742 オープニングメロディ
　　　アコーディオン：岡田博
1751 あしたのお天気
1754 OTVニュース
1800 短編映画「名犬物語」
1830 ポケット劇場
　　　「長靴をはいた猫」前篇
　　　人形劇団クラルテ
1845 テレビガイド
1850 朝日新聞テレビニュース
1900 ピアスグランドミュージカル
　　　（KR）芦野宏
　　　星野みよ子他
1930 歌はあなたとともに（NTV）
　　　鶴田六郎 山田真二
　　　花村菊江
2000 OTV スポーツファンシート
　　　プロ野球 南海─阪急
　　　（大阪球場）
　　　解説・中沢不二雄
　　　【大阪雨】毎日─近鉄
　　　（後楽園）
　　　【試合ない時】劇映画
2100 コント千一夜
2115 デンソー木曜劇場
　　　しあわせ（KR）
　　　望月優子 中原早苗 他
2145 おはこうら表（OTV）初音
　　　礼子 ゲスト・貝谷八百子
2200 忠臣蔵の人々（KR）
　　　「間新六」後編
2230 私のコレクション
　　　「植物」佐藤達夫
2245 テレビガイド
2250 OTVニュース
2302 日づけ豆辞典（OTVF）
2305 あしたのお天気
2303 おしらせ◇放送終了

●6月27日（木）

1135 テストパターン
1150 オープニングメロディ
1200 OIVニュース10─一曲どうぞ
1215 テレビ寄席（KR）
　　　腹話術、落語・馬生
1240 テレビガイド
1245 料理手帖「タイのソースあん
　　　かけ」田中
　　　佐藤和枝アナ
1300 歌のスケッチ
　　　伊達久男「樵山節」
1305 奥様こんにちは
　　　司会 今村益三アナ
　　　◇おしらせ◇放送休止
1725 パターン 42 メロディ
1751 お天気 55 OTVニュース
1800 シラレン国「みどりの島」
1815 西部の王者・キットカーソン
　　　「ブラッケ高原の裁判官」
　　　声：佐藤愛之助 新人会
1850 毎日新聞テレビニュース
1900 スーパースターメロディ
　　　（KR）「幌馬車」
　　　「霧の中の男」ディック
　　　ミネ 藤崎 西田
1930 宝塚ファンコンテスト
　　　黒木久弥 真弓ひかり
　　　明石照子（公開放送）
2000 ロビンフッドの冒険
　　　声：外山高士 加藤正也
2030 鞍馬天狗（KR）
　　　「まさかり組」市川儷麗蔵
　　　坂東好太郎 沢村国太郎
　　　南風洋子他
2100 ダイハツワールドスポーツ
2115 デンソー木曜劇場
　　　しあわせ（KR）
　　　望月優子 中原早苗 他
2145 おはこうら表（OTV）初音
　　　礼子 ゲスト・貝谷八百子
2200 カメラだより北から南から
2215 ごめんあそばせ（NTV）
　　　坪内美詠子 小沢
2230 小唄教室 英太郎
2245 ガイド 50 OTVニュース
2302 日づけ豆辞典（OTVF）
2305 あしたのお天気
2308 おしらせ◇放送終了

●6月28日（金）

1135 テストパターン「軽音楽」
1150 オープニングメロディ
　　　シンギングピアノ：岩崎洋
1200 OTVニュース
1210 一曲どうぞ
1215 映画の窓（KR）「抵抗」
　　　仏映画「死刑囚の手記」
　　　より 解説：木村功他
1245 料理手帖
　　　ビフテキとトマトサラダ
1300 歌のスケッチ「ジェルソミナ」
1305 おしらせ◇放送休止
1725 テストパターン
1742 オープニングメロディ
1751 あしたのお天気
1754 OTVニュース
1800 明るい家庭「祖父・鉄斎の
　　　思い出」富岡益太郎ら孫
　　　2人
1815 テレビ紙芝居
　　　「6助がんばれ」
　　　花園雅樹 吉田澄代他
1830 スーパーマン（漫画）
　　　「気狂科学者」
　　　声・大平透他 三期会
1845 テレビガイド
1850 朝日新聞テレビニュース
1900 テレビよびよ大学（KR）
　　　河井坊茶 徳川夢声他
1930 花王ワンダフルクイズ（NTV）
2000 京阪ゼスチャーゲーム
　　　京応マジシャンクラブ抗
2030 特ダネを逃がすな（KR）
　　　「大学の谷間」後編
2100 野球教室「守備編」
　　　内野守備のインサイド
　　　ワーク
2115 陽気なコーリス
　　　「占いますの巻」
2145 三越映画劇場「三色娘」
2200 カメラだより北から南から
2215 ごめんあそばせ（NTV）
　　　坪内美詠子 小沢
2230 小唄教室 英太郎
2245 ガイド 50 OTVニュース
2302 日づけ豆辞典（OTVF）
2305 あしたのお天気
2308 おしらせ◇放送終了

●6月29日（土）

1135 テストパターン
1150 オープニングメロディ
1200 OTVニュース
1210 クラブ劇場・歌えば楽し
　　　「ラテンアメリカ音楽」
1245 料理手帖 とりめん
　　　薩摩汁─ 小深秀子アナ
1300 歌のスケッチ 君和田民技
1305 OTV 週間テレビニュース
　　　◇おしらせ◇放送休止
1725 テストパターン
1742 あしたのお天気
1751 あしたのお天気
1754 OTVニュース
1800 ホームアルバム
　　　「水泳教室・救助編」
1815 素人のぶっくり捕物
　　　暁テル子
1845 テレビガイド
1850 朝日新聞テレビニュース
1900 歌のパレード（KR）
　　　白根一男 二葉百合子
　　　神楽坂浮子
1930 ほろにがショー・
　　　何でもやりショー（NTV）
　　　司会・三國一朗
2000 明日は日曜日
　　　「坊やは天使だ」
　　　大坂志郎 西村晃
2030 シャープ劇場
　　　のり平喜劇教室
　　　「幕末グラマー娘」
2100 メトロポリス
2110 テレビガイド
2115 日真名氏飛び出す（KR）
　　　「裏切り者を消せ」前編
2145 ダイナミックグローブ
　　　（NTV）（浅草公会堂）
　　　市村─熊谷
　　　鈴木─矢尾板
2230 テレビガイド
2235 ドラッグネット
2305 OTVニュース
2317 日づけ豆辞典（OTVF）
2320 あしたのお天気
2323 おしらせ◇放送終了

●6月30日（日）

840 テストパターン◇おしらせ
900 劇映画「エデンの海」
　　　鶴田浩二 藤田泰子
1015 産業教室「海運」
　　　石山賢吉 俣野夢輔 ほか
1045 ミスターしんさいばし氏
　　　北村英三他
　　　「ねらわれたバレリーナ
　　　の巻」
1100 たのしい生活を
　　　「山と人生」麻生武治
1115 海外トピックス
1130 経済サロン
　　　小石進治 松井正
　　　「三輪トラックについて」
1200 OTVニュース
1215 ダイラケのびっくり捕物帖
　　　ダイマル・ラケット
　　　森光子 中村あやめ
　　　藤田まこと他
1245 短編映画「石油の国」
1325 「蟹の国（KR）
　　　中島美代子 永井智雄
　　　終演後、おしらせ
　　　◇放送休止
1740 テストパターン
1751 あしたのお天気
1754 OTVニュース
1800 ジェット・ジャクソン
1830 私も出ますショー（NTV）
　　　ゲスト・二葉あき子
　　　小畑実
1900 ジャングル・ジム
　　　「血の報酬」
1930 森永No1ショー（NTV）
　　　「流転がらす」浮草の宿
2000 OTVスポーツファンシート
　　　プロ野球 阪神─中日
　　　（甲子園）
　　　【雨天時】毎日─阪急
　　　（後楽園）
　　　【試合ない時】映画
2115 東芝日曜劇場「下町」（KR）
　　　尾上松緑 花柳喜章
　　　安部陽子 一条久枝
　　　霧立のぼる
2215 OTVスポーツウィクリー
2235 ゴルフ教室
　　　石井廸夫 福井正一
2245 ガイド 50 OTVニュース
2302 日づけ豆辞典（OTVF）
2305 あしたのお天気
2308 おしらせ◇放送終了

これがOTVだ 1957年6月

【単発番組】

●実況中継「時計は生きている」

1957年6月9日（日）10：15〜10：45

「経済サロン」特別編の一つ。阪急百貨店7階「時計展」から中継。時計の歴史や見学者の声等を紹介。出演・渡辺紳一郎。

●カリフォルニア大学グリークラブ特別演奏会

6月15日（土）12：10〜12：40

OTV第一スタジオより生放送。「おお何たる喜びよ」「九月の歌」など。

●実況中継「活動する伊丹空港」

6月16日（日）11：30〜12：00

1957年3月「経済サロン」の項参照。

●「フルシチョフ大いに語る」

6月17日（月）22：32〜

提供・朝日新聞社。前日、KRTでも放送。

●第1回「ウエスト月例写真コンクール」

6月23日（日）16：15〜16：40

出演・棚橋紫水ほか

【新番組】

【6月9日（日）】

●サンデー・モーニング劇場

第一回は8：40〜10：15に「純情社員（源氏鶏太・作）」を放送。日曜早朝の不定期。

【6月13日（木）】

●宇宙冒険ドラマ「シラレン国」

（〜9月26日、全16回）

木18：00〜18：15　菊池すなお・作、演出・檀上文雄。テレビ黎明期の異色SFドラマ。未来の宇宙惑星を舞台とするため、あらゆる素材でセットを試みた。

「浮いた紙風船」「三吉の行方」「みどりの島」「ふしぎな窓」「空飛ぶ裁判」「おかしな学校」「大きな草の実」「奇妙な劇場」「機械の中の三吉」「お母さんの心配」「キャンプの三吉」「こども大会」「謎の老人」「地下の工場」「秘密の乗物」「水中ロケットの旅（最終回）」など。出演・長岡秀幸、笠田幸男、沙月ひろみ他。

【6月16日（日）】

●ナショナル・サンデープレゼント

　日曜テレビ観劇会（第一回）

　新派公演「庖丁」（御園座）

（〜1965年3月13日 全404回）

日曜日午後放送　第1回はCBC制作。OTV制作分は30日の大阪朝日会館「蟹の町」が最初。東京ではNTVが放送していたが1958年8月からKRTに移動。タイトルを「ナショナル日曜観劇会」に変更した。

【6月17日（月）】

●週間世界ニュース（時間変動多し）

（〜ABC合併後も「週間世界ニュース」として）

【6月26日（水）】

●長靴をはいた猫

（〜7月10日、全3回）

水18：30〜18：45　「ポケット劇場」の一つ。粉ひき屋の猫が立派なお城の大臣になるというオトギ話。

1957年 7月

2〜14日　第9回「伸びゆく電波と電気通信展」を主催。展示にも参加。

3日〜12日　技術部が淡路島、四国地方で電界強度測定を実施した。

8日　人気上昇中の「オープニング・メロディ」にハモンドオルガンの斎藤超が参加。

8日　大関西テレビに予備免許。のちの「関西テレビ放送」。

9日　新大阪テレビ放送が教育テレビジョン放送局の免許申請。当初一般局として申請したが教育局の基準に従って申請するよう求められた。のちの「讀賣テレビ放送」。

11日　新日本放送、一般局のテレビ免許申請を取り下げ、教育テレビジョン放送局の免許を申請。朝日放送も同時に申請し直した。

同日　マイクロ回線を利用した在京局との同時ニュース送出を開始。「第二次岸信介内閣成立」が第一号。

19日、26日　「野球教室」は「野球医学」と題して腰の痛み、肩の痛みの実用的な治療法、自覚しない外傷、外相の手当てや衛生法など、実際の臨床例をあげて説明した。大阪厚生年金病院清水源一郎氏ほかが解説。

20日　新春座公演「金と未亡人」後援

21日　新春座公演「戦国無頼」後援

24日〜30日　総合企画室は大阪大学文学部社会学教室に依頼し番組視聴率調査を実施。その結果、「私の秘密」（NHK）、「日真名氏飛び出す」（OTV）、「びっくり捕物帖」（OTV）、「ぴよぴよ大学」（OTV）、「料理手帖」（OTV）が上位を占めた。

24日　プロ野球中継の雨傘プロにと制作された映画第一弾「六百五十万円の謎」が完成し、試写会が行われた。

1956年の「岸本社長殺し事件」に題材をとり、松崎プロダクションとの共同制作で田崎潤、鮎川十糸子、柳川清らが出演。46分。

ただ、新聞の評判は「裏の番組も充実させようという意欲は買うべきだが、今回の第一作はご愛嬌程度」と芳しくなかった。第二作は森本薫原作「むかしの歌」。

26日　官民合同「カラーテレビジョン調査会」発足。

28日　第2回「ウエスト月例写真コンクール」を主催。発表会を放送。

30日 15:30　後楽園球場の都市対抗野球「日本生命対倉敷レイヨン」を放送（NTV発）。放送前日の午後、日本生命が時間枠を購入してOTVでの放映が実現した。

テレビロケーション〜日本初・特定対象のない実況中継〜

OTVを代表する番組の一つである「テレビロケーション」は、日曜朝の番組「経済サロン」の特別版として企画されたもので「テレビの性能と特徴を最大に生かす」ことを主題にした実験的番組だった。報道部または制作部の企画により、関西のあちこちに飛び、伸びゆく関西の姿を中継した。

この番組は1957年の夏休み企画として日曜日の朝（第五回のみ土曜昼間）全7回シリーズで企画されたものだが、街中から特定の対象なしに中継する、よくいえば「景色と日常の人の営みを生で見せる実況中継」という、当時の日本のテレビではきわめて画期的なものであった。

●第一回「中之島にて」

1957年7月7日 8：15〜9：00

堂島の対岸にある中之島からの放送。三台のカメラを日曜朝の中之島に持ち出しての生中継だが、通勤風景もなく、特別なイベントもない大阪のどまん中からの静かな中継は評判を呼んだ。気温は24度くらいで、早朝からわずかな雨があったが、放送中は雨も止んだ。

●第二回「ミナト大阪」
1957年7月14日（日）8：15～9：00

　戦後復興と共に賑わいを取り戻した大阪港の様子を中継。快晴の爽やかな朝であった。1人当りの実質国民総生産（GNP）が1955年に戦前（1934～1936）の平均水準を超え、経済企画庁が経済白書の結びで「（日本経済は）もはや戦後ではない」と宣言したのは、この前年のことであった。世は記録的な高度成長の序盤を迎え、大阪では「冷蔵庫・洗濯機・OTV」を「三種の神器」と呼んだ。

　大阪経済は、戦争による20年の空白をようやく奪回したのであった。

●第三回「大阪駅」
1957年7月21日（日）8：15～9：00

　OTVのある渡辺橋の近くから大阪駅までは歩いてゆける距離であるが、ビルディングが林立しているため、直進するマイクロ波を「通す」ことが困難だった。たとえて言うならば「竹藪でサッカーをする」ようなもので、中継電波を送るために、どの屋上、どのバルコニーを借りればいいか、ということに苦心したという。

　この日は、列車の発着の様子や駅長の話、そして明治以来働き続ける赤帽さんへのインタビューなども交えた内容。番組は、ちょうど朝9時に出発する長距離列車を見送りながら終わるという情緒豊かなもので、新聞評が高かった。

●第四回「錦織・龍村シルクマンションから」
1957年7月28日（日）8：15～9：00

　この日は京都からの生中継。岡崎・南禅寺界隈の別荘庭園群の一つを訪問した。

　番組のタイトルでは「龍村シルクマンション」となっているが、これは（株）龍村美術織物が所有していた「織寶苑」のこと。

　一帯はもともと南禅寺が所有していたが、明治維新の時、政府に召し上げられ、その後別邸庭園として有力者に払い下げられた。そのうち近江の塚本与三次が所有していた園内の「福地庵」が三菱財閥の総帥・岩崎小彌太の所有となり「巨陶庵」と呼ばれるようになった。

　その後、終戦とともに、連合軍が住宅として接収。一部を洋風建築に改造したが1948年に岩崎がお茶仲間の龍村平蔵に相談し、龍村美術織物に譲渡した。この時「織寶苑」と名を変え、改造した部分を復旧した。

　一方で龍村は、米国を中心とした海外との絹織物の取り引きを急速に拡大していたこともあり、輸出拡大・外貨獲得のため、ここを外国人客の接待と絹織物のプロモーション用空間として活用した。そのため、海外では「Tatsumura silk mansion（龍村シルクマンション）」として知られ、当時の庭園の写真絵葉書は骨董品として人気がある。

　庭園は、平安神宮の作庭も手がけた小川治兵衛と長男・白太郎が1909年から4年がかりで作ったもので、完成後、さらに幾度かの改修を経ている。私有のため、当時は一般公開されていなかったが、そこにOTVの中継カメラが入ったのである。

●第五回「心斎橋をゆく」
1957年8月3日（土）12：10～12：45

　爆発的人気の漫才師、中田ダイマル・ラケットがカメラとともに心斎橋に繰り出して、道行く人々と話をしたり、店をのぞいたりするという企画で、放送中に大きな人だかりができた。この時の雑踏からの生中継で得た経験は、のちに街頭を舞台とした生ドラマの制作に役立てられた。また、この企画は新聞評でも称賛された。

●第六回「浜寺水練学校」
1957年8月4日（日）8：15～9：00

　前回放送の翌日であるこの日は、ミスターOTVこと今村益三アナをメインに、ノッポの稲田英子アナが校長のインタビューにあたった。中継班はこの放送後、急きょ大阪歌舞伎座に向かって午後

の劇場中継を行い、甲子園球場のナイターを放送した。今でも語り草となる盛りだくさんの一日だ。

● 第七回「千里山アパートをたずねて」
1957年8月11日（日）8：15～9：00

　大正から昭和にかけて三島郡千里村大字佐井寺、今でいう阪急千里線・千里山駅の西側にあたる一帯に「千里山住宅地」と呼ばれる英国式田園都市が建設され、モダンライフの象徴ともてはやされた。1956年には同駅東側に日本住宅公団が千里山団地（1061戸）を建設。これが「千里山アパート」である。のちの千里ニュータウンとは異なるもの。
　番組では、好景気に支えられてモダンな生活を楽しみ始めた新型アパートの住人たちの休日の朝を紹介した。
　ここまでが「テレビロケーション」の本編である。この番組は評判を呼び、すぐに特別編が続けられた。

● 特別編「東映京都撮影所」
1957年9月8日（日）8：15～9：00

　この回には萬屋錦之助・大友柳太朗・大川橋蔵など（映画五社との協定で）テレビでお目にかかることができなかった映画界の大スターが登場した。
　詳しい放送内容が残されていないが、映画の公開時期から推測すれば、萬屋錦之介は1957年11月10日公開の「恋風道中」、あるいは1958年の正月映画「任侠東海道」、続く「おしどり駕籠」の撮影期間であったと思われる。
　また、大友柳太朗ならば「丹下左膳」や「月形半平太」、大川橋蔵ならば「若さま侍捕物帖」「草間の半次郎」などのシリーズが絶好調の最中にあった頃であり、さぞ視聴者の期待も大きかったことと思われる。
　この回はCBCにもネットされた。

● 特別編「ミナトコウベ」
9月19日（木）　11：30～12：00

　諏訪山展望台と神戸港を走るランチにカメラを置き、風景を対比させながら海と山をブラウン管に描いた大変美しいロケーションであったという。
　翌々日の朝日新聞に掲載された紹介記事によれば「最初に考えられたのが六甲山だったが、距離が遠すぎて失敗。第二候補の摩耶山は障害物があってダメ。最後に選ばれたのが諏訪山展望台だった」とあり、事前に何度も現場で実験を重ねたことがわかる。
　湊川のランチは神戸市港湾局の「摩耶丸」（28トン）。自家発電機と送信アンテナ・送信機、テレビカメラ一式が乗せられた。展望台側はカメラ二台に中継車。車内には担当ディレクターの青木享氏が乗り込んで三つのカメラからの映像をモニターしながら、スイッチャーに指示を出す。
　この時の周波数は708.75メガサイクル。諏訪山から大砲のような穴で船を覗いて方向を定めていた。
　番組は諏訪山の2台のカメラの映像から始まり、やがてアナウンサーが「では、これから移動中継の公開実験に移ります」という言葉で、海から岸壁をとらえた「海上からの映像」に切り替えられた。
　この時音声では、青木ディレクターから出された「走って！走って！」などの無線指示の声が放送され、まさに公開実験現場の様子が生々しく放送されたのだ。
　終了後、高島技術部長が「どうだい、4ヶ月くらいは鼻が高いだろう」と青木ディレクターの肩を叩いたところ「いや、28日のヘリコプターからの中継が成功してからですよ」と答えたという。
　この日、電波監理局から28日の実験についての予備免許をおろすという電報がOTVに届いた。
　NHKは、中継の前月25日、日本選手権ボートレース決勝で自動車からの移動中継を成功させていたが、海上を移動する船から山上の中継車に向けて電波を飛ばすというのがOTVの改良点であった。NHKは日本選手権中継のあと「お次は船上や

飛行機から」と言っていたが OTV に先を越されてしまった。

OTV はこの放送の時、28 日のヘリコプターからの実況中継を予告した。

● 「特別編・自衛隊の朝」
1957 年 9 月 28 日（土）11:00 ～ 11:40

この回は、自衛隊のヘリコプターにカメラと送信機を持ち込んだ、日本初の「空中からの生中継」であったが、詳細は後述する。

● その他

OTV は「テレビ・ロケーション」以外にも、新技術の公開実験や、企業の最新技術・伝統技術を実況中継で紹介する単発番組を放送した。タイトルこそ違い、はっきりした「対象」のある中継だが、内容や技法は「テレビ・ロケーション」のやりかたを継承したものだ。

1957.7

・フィルター付きたばこ「ホープ」発売。
・ソ連スターリン主義一掃。モロトフ、マレンコフら四首脳解任。
・升田幸三、将棋 3 大タイトル（王将・九段・名人）を独占。

「特別編：自衛隊の朝」より

第2章「熱狂」

●7月1日（月）
850 テストパターン◇おしらせ
920 岸首相アメリカより帰る
　　（羽田空港より中継）
　　◇おしらせ◇放送休止
1135 テストパターン
1150 オープニングメロディ
1200 OIV ニュース10-一曲どうぞ
1215 奥様多忙（KR）江見渉
1245 料理手帖「エジプト風舌ひら
　　めムニエル」辻勲
1300 一曲どうぞ　青木光一
1335 石田首房長官を囲んで（KR）
　　浅沼稲次郎　御手洗長雄
　　終了後おしらせ◇放送休止
1720 テストパターン
1741 オープニングメロディ
　　アコーディオン：岡田博
1751 お天気 54 OTV ニュース
1754 OTV ニュース
1800 名探偵ルコック 第一回
　　「ルコック登場す」
1815 ポンポコ この人を（NIV）
1850 毎日新聞テレビニュース
1900 キンピラ先生青春記（KR）
　　「きんぴら先生決闘す」
1930 太閤記（NTV）「藤吉郎編」
2000 ニチボーアワー
　　喜劇天国（NIV）「恋文騒動」
2030 その夜の哀愁（KR）
　　「サンドイッチマン物語」
2100 ホーム欄（KR）
　　徳川夢声　永田雅一夫妻
2115 ウロコ座「笛」前篇
　　村上元三・作　松本幸四郎
　　水谷八重子　市川段四郎
　　白鷺道子　中村福助
2145 月曜対談・2つの椅子
　　今東光　加藤三之雄
2200 OTV 週間世界ニュース
2220 ニッカヒッチコック劇場
　　（NTV）「しのびよる影」
2250 OTV ニュース
2302 日付け豆辞典
2305 あしたのお天気
2308 おしらせ◇放送終了

●7月2日（火）
1135 テストパターン（クラシック）
　　ブラームス「交響曲一番」
1150 オープニングメロディ
　　アコーディオン：岡田博
1200 OIV ニュース10-一曲どうぞ
1215 歌う青春列車（KR）
　　「浜辺よこんにちわ」
　　藤田有弘　逗子とんぼ他
1245 料理手帖
　　トマトのこがね焼き
1300 歌のスケッチ
　　美空ひばり「港町十三番地」
1305 おしらせ◇放送休止
1725 テストパターン
　　ドリス・デイの歌
1741 オープニングメロディ
　　アコーディオン：岡田博
1751 あしたのお天気
1754 OTV ニュース
1800 少年探偵シリーズ「魔王の箱」
1815 名犬リンチンチン「ひでりの町」
1845 テレビガイド
1850 朝日新聞テレビニュース
1900 テレビ浮世亭
　　桂文業「よかちょろ」
　　牧野周一
1930 ゼネラル劇場
　　水戸黄門漫遊記（KR）
　　「めくら笛」後篇
2000 山一名作劇場（NTV）
　　石中先生行状記
　　「ハイヒールの巻」
2030 走れ！名馬チャンピオン
　　「レッドの帰還」
2100 近鉄パールアワー
　　これからの人生
　　「貸間いたします」
2115 ピアス劇場
　　雨だれ母さん（KR）
2145 ミナロンドリームサロン
　　大伴右春　ジョージ岡
2200 戦乗の旅券「カルカッタ編」
2235 プロ野球展望
　　プロ野球ペナントをめぐって
　　樋上竜太郎
2250 OTV ニュース
2202 日づけ豆辞典（OTVF）
2205 お天気◇おしらせ◇終了

●7月3日（水）
1135 テストパターン（歌の花かご）
1150 オープニングメロディ
1200 OIV ニュース10-一曲どうぞ
1215 ファッションミュージック
　　（KR）
1245 料理手帖
　　「冷やし金銀豆腐」
1300 おしらせ◇放送休止
1720 テストパターン
1742 オープニングメロディ
1751 あしたのお天気
1754 OTV ニュース
1800 短編映画
1830 ポケット劇場
　　「長靴をはいた猫」
　　人形劇団クラルテ
1845 テレビガイド
1850 毎日新聞テレビニュース
1900 ピアスグランドミュージカル
1930 歌はあなたとともに（NTV）
2000 OTV スポーツファンシート
　　プロ野球（大阪球場）
　　【雨天時】
　　眠狂四郎無頼控（NTV）
　　江見俊　池内淳子他
　　野球ない時）劇映画
2100 コント千一夜
2115 巨人ー阪神
2145 ニッケ・ジャズパレード
　　（NIV）
2200 芸能トピックス
2215 街（NTV）三国連太郎
　　石原裕次郎他
2245 OTV ニュース
2257 日づけ豆辞典（OTVF）
2300 あしたのお天気
2303 おしらせ◇放送終了

●7月4日（木）
1135 テストパターン（クラシック）
1150 オープニングメロディ
1200 OTV ニュース
1210 一曲どうぞ「ルンバブギ」
1215 テレビ寄席（KR）
　　円蔵　百歩・昇二
　　東京テレビ劇団（コント）
1245 料理手帖「揚げナスのそ
　　ぼろアンかけ」小川旭
1300 歌のスケッチ
　　伊集久男「樋山節」
1305 おしらせ◇放送休止
1720 テストパターン
1741 オープニングメロディ
1751 あしたのお天気
1754 OTV ニュース
1800 シラレン国「ふしぎな窓」
　　長岡秀幸他
1815 西部の王者・キットカースン
　　「レホの裏切り者」
1830 スーパーマン（漫画）
1900 スーパースターメロディ
　　（KR）神楽坂浮子
　　「十九の春」大津美子
　　「ここに幸あり」佐川
　　新太郎
1930 宝塚ファンコンテスト
　　黒木ひかる　美鈴寿子
　　（公開）
2000 ロビンフッドの冒険
2030 鞍馬天狗（KR）・江戸記
　　「鬼面の老女」
2100 ダイハツワールドスポーツ
2115 デンソー木曜劇場
　　しあわせ（NIV）（最終回）
　　望月優子　中原早苗
　　二本柳寛
2145 おはこうら表（NTV/OTV）
　　茂山七五三　千之丞
　　お相手・初音礼子
2200 忠臣蔵の人々（KR）
　　「清水一角」前篇
2230 私のコレクション
　　「落語」安藤鶴夫
2245 テレビガイド
2250 OTV ニュース
2302 日づけ豆辞典（OTVF）
2305 お天気 08 おしらせ、終了

●7月5日（金）
1135 テストパターン
1150 オープニングメロディ
1200 OTV ニュース
1210 一曲どうぞ
1215 映画の窓（KR）
　　「美女の中の美女」（伊）
　　ジーナ・ロロブリジーダ
1245 料理手帖「二色揚げと重ね
　　拭石枝枚　稲田英子アナ
1300 歌のスケッチ
　　「ジェルソミナ」
　　Dローズ楽団
1305 おしらせ◇放送休止
1725 テストパターン（クラシック）
1741 オープニングメロディ
1751 お天気 54 OTV ニュース
1800 明るい家庭「七夕さま」
　　橋本多佳子他
1815 テレビ紙芝居
　　「6助がんばれ」
1830 漫画
1845 テレビガイド
1850 朝日新聞テレビニュース
1900 テレビよびよ大学（KR）
1930 花王ワンダフルクイズ
2000 京阪ゼスチャーゲーム
2030 特ダネを逃がすな（KR）
　　「銀幕の影」前篇
2100 野球教室「オールスター戦」
2115 陽気なコーリス
　　「お芝居なのに」
2145 三越映画劇場
2200 カメラだより北から南から
　　「山」
2215 ごめんあそばせ（NTV）
　　「女中っ子物語」
2230 小唄教室（KR）
2245 テレビガイド
2250 OTV ニュース
2302 日づけ豆辞典（OTVF）
2305 あしたのお天気
2308 おしらせ◇放送終了

●7月6日（土）
1135 テストパターン
1150 オープニングメロディ
　　アコーディオン：岡田博
1200 OTV ニュース
1210 クラブ劇場・歌えば楽し
　　「華やかな1890年代」
　　【再】
1245 料理手帖「サケのオイル
　　焼き」渡度三郎
1300 歌のスケッチ 君和田民枝
1305 OTV 週間テレビニュース
1320 よしの サロン
1725 テストパターン（クラシック）
1741 オープニングメロディ
1751 お天気 54 OTV ニュース
1800 ホームアルバム
　　「水泳教室・平泳ぎ」
1815 素人のど競べ（NTV）
1845 テレビガイド
1850 毎日新聞テレビニュース
1900 歌のパレード（KR）二葉
　　あき子　河内桃子　野村
1930 ほろにがショー・
　　何でもやりまショー（NIV）
2000 明日は日曜日（NTV）
　　「坊っちゃん万歳」前篇
2030 シャープ劇場
　　のり平喜劇教室（NTV）
　　「署長さんはおこりんぼ」
2100 メトロニュース
2110 テレビガイド
2115 日真名氏飛び出す（KR）
　　「裏切り者を消せ」解決篇
2145 ダイナミックグローブ
　　（NTV）（浅草公会堂）
　　大貫一小川
　　小林一田中
2230 テレビガイド
2235 ドラッグネット
2305 OTV ニュース
2317 日づけ豆辞典
2320 あしたのお天気
2323 おしらせ◇放送終了

●7月7日（日）
745 テストパターン
815 テレビロケーション
　　第一回「中之島にて」
900 仲よしニュース
915 劇画「歌まつり満月理合戦」
　　美空ひばり　雪村いづみ
1040 漫画劇場
　　「キツネとサーカス」
1100 たのしい生活を「ゆかた」
　　伊東深水　花柳章太郎
1115 海外トピックス
1130 経済サロン
　　「関西経済の新展望」
　　栗田順三　杉道助　大島昭
1200 OTV ニュース
1210 テレビガイド
1215 ダイヤモンドのびっくり捕物帖
　　「念仏小僧」前篇（OTV）
1245 わが輩ははなばな氏（KR）
1315 芸術座公演「大番」
　　田中澄江脚色
　　菊田一夫演出
　　加東大介（ギューちゃん）
　　三益愛子　白川由美

※この日 NHK も 1930 から
新派公演「大番」（東横劇場）
を中継。花柳喜章が主演。

1650 産業教室（KR）「鉄鋼」
1700 実況中継 30 映画
1754 OTV ニュース
1800 ジェット・ジャクソン
1830 私も出ますショー（NTV）
1900 サーカス・ボーイ
1930 森永No1ショー（NTV）
　　木下サーカス中継（後楽園）
2000 OTV スポーツファンシート
　　プロ野球 巨人ー大洋
　　（後楽園）
　　【東京雨】南海ー東映
　　（大阪）
2115 東芝日曜劇場「檻」（KR）
　　中村勘三郎　夏川静江
2215 ダイハツスポーツウィクリー
2230 ゴルフ教室 45 テレビガイド
2250 OTV ニュース
2302 日づけ豆辞典
2305 あしたのお天気
2308 おしらせ、終了

●7月8日（月）	●7月9日（火）	●7月10日（水）	●7月11日（木）	●7月12日（金）	●7月13日（土）	●7月14日（日）
1135 テストパターン（クラシック）	1135 テストパターン（クラシック）	1135 テストパターン 照菊 他	1135 テストパターン	1135 テストパターン（フライングリズム）	1135 テストパターン（クラシック）	745 テストパターン◇おしらせ
1150 オープニングメロディ	1150 オープニングメロディ	1150 オープニングメロディ ハモンドオルガン：斎藤超	1150 オープニングメロディ	1150 オープニングメロディ 斎藤超とニューサウンズ	1150 オープニングメロディ 斎藤超とニューサウンズ	815 テレビロケーション第二回「ミナト大阪」
1200 OTV ニュース	1200 OTV ニュース	1200 OTV ニュース 10-一曲どうぞ	1200 OTV ニュース	1200 OTV ニュース 10-一曲どうぞ	1200 OTV ニュース	915 劇映画「無法町の対決」鶴田浩二 島崎雪子他
1210 一曲どうぞ	1210 一曲どうぞ	1215 ファッションミュージック（KR） サン・ドレス特集	1210 一曲どうぞ「ダンスブギ」	1215 映画の窓「揚子江死の脱走」清水晶	1210 五十嵐喜芳渡伊記念リサイタル「オーソレミオ」「女心の歌」ほか計10曲	1045 まんがくらぶ
1215 奥様多忙（KR）	1215 歌う青春列車（KR）「昭和豪豪伝」藤村有弘 水谷良重 梶哲也	1245 料理手帖「ハモチリ」辻	1215 テレビ寄席（KR）浪曲：国友忠 コント	1245 料理手帖「中国風エビのゆば巻きあげ」奥井広美	1240 テレビガイド	1100 たのしい生活を（KR）「私たちのつり」大下宇陀児
1245 料理手帖「イカのから揚げイタリー風」辻勲	1245 料理手帖「エッグ・ウイズ・チキンサラダ」	1300 おしらせ◇放送休止	1245 料理手帖「中国風エビのゆば巻きあげ」奥井広美	1300 歌のスケッチ「ジェルソミナ」Dローズ楽団	1245 料理手帖「ナスのしぎ焼き」丹羽康夫	1115 海外トピックス
1300 一曲どうぞ 青木光一	1300 歌のスケッチ 美空ひばり「港町十三番地」	1650 パターン「かわいいワルツ」	1300 歌のスケッチ 伊藤久男	1305 おしらせ◇放送休止	1300 歌のスケッチ「別れの三号地」Cローズ	1130 経済サロン「関西経済の新展望」長谷川周重 湯浅佑一
1305 おしらせ◇放送休止	1305 おしらせ◇放送休止	1705 オープニングメロディ ハモンドオルガン 斎藤超	1305 おしらせ◇放送休止	1725 OTV 週間トピックス（ポピュラー）	1320 おしらせ◇放送休止	1200 OTV ニュース
1730 テストパターン	1741 オープニングメロディ	1715 忍術真田城 佐藤他	1725 テストパターン（クラシック）	1741 オープニングメロディ 斎藤超とニューサウンズ	1600 テストパターン◇おしらせ	1215 ダイラケのびっくり捕物帖「念仏小僧」後篇
1751 あしたのお天気	1751 お天気 54 OTV ニュース	1745 音響フィルム 55 ニュース	1741 オープニングメロディ 斎藤超とニューサウンズ	1751 お天気	1615 新作舞踊発表会 花柳有洸 坂本晴江◇おしらせ◇テストパターン	1245 わか輩ははなばな氏（KR）
1754 OTV ニュース	1800 少年探偵シリーズ「魔王の笛」	1800 ポケット劇場「長靴をはいた猫」	1751 あしたのお天気	1754 OTV ニュース	1741 オープニングメロディ	1315 短編映画「鉄路に生きる」（文部省特選作品）
1800 名探偵ロック「長靴の男」	1815 名犬リンチンチン「埋もれた金鉱」	1820 毎日新聞テレビニュース	1754 OTV ニュース	1800 明るい家庭「ゆかたの美しさ」中島真衣他	1751 お天気 54 OTV ニュース	1345 歌 藤島恒夫 三浦洸一
1815 ポポンタイムこの人を（NIV）	1845 テレビガイド	1830 歌はあなたとともに（NIV）小畑 中原 北野 杉本	1800 シラレン国「空飛ぶ裁判」	1815 テレビ紙芝居「6助がんばれ」	1800 ホームアルバム「祇園まつり」	1400 新国劇（梅田コマスタジアム）「丹下左膳乾雲坤竜の巻」辰巳 島田他
1850 朝日新聞テレビニュース	1850 毎日新聞テレビニュース	1845 テレビガイド	1815 西部の王者・キットカーソン「なぞの銃弾」	1830 スーパーマン「ロボットの巻」	1815 素人のど腕くらべ（NIV）司会：暁テル子 審査員 服部良一 小島正雄 豊吉	1645 平凡・芸能ニュース
1900 キンピラ先生青春記（KR）「きんぴら先生 試験を監督する」	1900 プロ野球オールスターゲーム 第一戦（中日）解説：杉浦青 中沢不雄	1900 プロ野球オールスターゲーム 第一戦[振替]（中日）解説：杉浦青 中沢不雄	1850 朝日新聞テレビニュース	1845 テレビガイド	1850 毎日新聞テレビニュース	1700 おしらせ◇放送休止
1930 太閤記（NTV）「藤吉郎編」	2215 ミナロンドリームサロン 一色皓一郎 井上雪子 大伴千春 ジョージ岡	2145 コント千一夜	1900 スーパースターメロディ（KR）シャンソン大会「パリ祭」「ジェルソミナ」他 石井好子 芦野宏 中原美紗緒 他	1900 テレビぴよびよ大学（KR）	1900 歌のパレード（KR）三浦 久保 小西	1730 テストパターン◇おしらせ
2000 ニチボーアワー 喜劇天国（NTV）「親子相撲」	2230 戦慄の旅券「モンテカルロ編」	2200 眠狂四郎無頼控（NTV）	1930 宝塚ファンコンテスト 汐風圭子 淀かほる 宇治かほる (公開)	1930 花王ワンダフルクイズ（NIV）	1930 ほろにがショー・何でもやりまショー（NIV）「怪談特集」三國一朗 ゲスト・中川弘子他	1751 お天気 54 OTV ニュース
2030 ミュージカルファンタジー その夜の哀愁（KR）「サンドイッチマン物語」鶴田浩二 左幸子 殿山泰司他	2300 OTV ニュース	2230 ニッケ・ジャズパレード	2000 ロビンフッドの冒険	2000 京阪ゼスチャーゲーム「特集・天神祭と祇園祭」	2000 明日は日曜日（NTV）「坊っちゃん万歳」中編	1800 ジェット・ジャクソン「鉄格子の裏の謀略」
2100 ホーム欄（KR）坂東鶴之助夫妻 お相手：徳川夢声	2312 日づけ豆辞典（OTVF）	2245 芸能トピックス	2030 鞍馬天狗（KR）「京洛日記」	2030 特ダネを逃がすな（KR）「銀幕の影」後篇	2030 シャープ教室 のり平喜劇教室（NTV）「シュークリームと若旦那」	1830 私も出まショー（NTV）ゲスト・実川延二郎
2115 ウロコ座（KR）「笛」後篇 村上元三・作 松本幸四郎 水谷八重子 市川段四郎 白銀道子 中村福助	2315 あしたのお天気	2300 街（NTV）三国連太郎 他	2100 ダイハツワールドスポーツ	2100 野球教室「オールスターみたま」御園生崇男 河西俊雄	2100 メトロニュース 10 ガイド	1845 テレビガイド
2145 月曜対談・2つの椅子	2318 おしらせ◇放送終了【オールスター試合ない時】	2330 OTV ニュース 42 豆辞典	2115 デンソー木曜劇場 青い谷間［第一回］	2115 陽気なコーリス	2115 日真名氏飛び出す（KR）「闇の中の眼」前編	1900 サーカス・ボーイ
2200 OTV 週間世界ニュース	1725 テストパターン	2345 お天気 48 おしらせ、終了【オールスター試合ない時】	2145 おはこうら表（NIV/OTV）ゲスト・清元延寿太夫 古賀政男 藁原邦子 お相手・初音礼子	2145 三越映画劇場「撮影風景」	2145 ダイナミックグローブ（NIV）大久保・佐々木 キッド・田中 奥山・川端 30 テレビガイド	1930 森永No1ショー（NTV）
2220 ニッカ・ヒッチコック劇場「国境」神山政子他	1741 オープニングメロディ	1725 テストパターン	2200 忠臣蔵の人々（KR）「清水一角」後篇	2200 カメラだより北から南まで「つわものどもが夢の跡」	2235 ドラッグネット「恐怖の口髭」	2000 OTV スポーツファンシート プロ野球中日-国鉄（中日）【名古屋雨天時】大洋-巨人【試合ない時】「春の凱歌」
2250 OTV ニュース	1754 OTV ニュース	1800 長靴をはいたねこ	2230 私のコレクション「マキ絵とガラス器具」富十郎 芳子	2215 ごめんあそばせ（NTV）	2305 ニュース	2115 東芝日曜劇場「女房会」（KR）伊志井寛 夏川大二郎
2302 日づけ豆辞典（OTVF）	1900 映画「母のない子と子のない母」	1815 忍術真田城 45 テレビガイド	2245 両陛下初の富士登山	2230 小唄教室（KR）翠扇	2317 日づけ豆辞典（OTVF）	2215 ダイハツスポーツウィクリー
2305 あしたのお天気	2030 走れ！名馬チャンピオン	1750 毎日新聞ニュース	2250 OTV ニュース	2245 テレビガイド	2320 天気 23 おしらせ◇放送終了	2230 ゴルフ教室 福井正一
2308 おしらせ◇放送終了	2100 プロ野球展望	1900 音楽ショー	2302 日付け豆辞典（OTVF）	2250 OTV ニュース		2245 テレビガイド
	2115 ピアス劇場 雨だれ母さん（KR）	1930 歌はあなたと共に	2315 お天気 18 おしらせ、終了	2302 日づけ豆辞典（OTVF）		2300 OTV ニュース
	2145 ミナロンドリームサロン	2000 映画「世界を敵として」		2305 お天気		2312 日づけ豆辞典（OTVF）
	2200 スリラー映画「戦慄の旅券」	2100 コント千一夜		2308 おしらせ、終了		2315 あしたのお天気
	2230 OTV ニュース	2145 ニッケ・ジャズパレード				2318 おしらせ◇放送終了
	2242 日づけ豆辞典（OTVF）	2200 芸能トピックス 15 街				
	2245 お天気 48 おしらせ・終了 ※この日は雨天編成を実施。	2245 OTV ニュース				
		2252 日づけ豆辞典（OTVF）				
		2255 天気 58 おしらせ、終了				

●7月15日（月）

1135 テストパターン
1150 オープニングメロディ
1200 OTV ニュース
1210 一曲どうぞ
1215 奥様多忙 (KR) 江見渉 他
1245 料理手帖 辻勲
1300 一曲どうぞ 青木光一
　　　「僕は流しの運転手」
1305 おしらせ◇放送休止
1725 テストパターン
1741 オープニングメロディ
1751 お天気 54 OTV ニュース
1800 名探偵ルコック「死体置場」
1815 ポポンタイム この人を (NTV)
1850 毎日新聞テレビニュース
1900 キンピラ先生青春記 (KR)
　　　「きんぴら先生快談す」
1930 太閤記 (NTV)「藤吉郎編」
2000 ニチボーアワー喜劇天国
　　　(NTV)「庇貸すべからず」
　　　古川ロッパ 他
2030 ミュージカルファンタジー
　　　その夜の哀愁 (KR)
　　　越路吹雪 森繁久彌
　　　ダークダックス
2100 ホーム欄 (KR)
　　　鈴木康之 望月優子夫人
　　　お相手：徳川夢声
2115 ウロコ座 (KR)
　　　「風流深川唄」前篇
　　　水谷八重子 花柳章太郎
　　　大矢市次郎 喜多村緑郎
2145 月曜対談・2つの椅子
　　　今東光 加藤三之雄
2200 OTV 週間世界ニュース
2220 ニッカ・ヒッチコック劇場
　　　「七年間の失踪」
　　　グラックマン 他
2250 OTV ニュース
2302 日づけ豆辞典 (OTVF)
2305 あしたのお天気
2308 おしらせ◇放送終了

●7月16日（火）

1135 テストパターン
　　　（クラシック・ハイライト）
1150 オープニングメロディ
　　　シンギングピアノ：岩崎洋
1200 OTV ニュース 10 一曲どうぞ
1215 歌う青春列車 (KR)
　　　「ペテン師田舎へ行くの巻」
1240 テレビガイド
1245 料理手帖
　　　「イカのスタッフド」富田
1300 歌のスケッチ 美空ひばり
　　　「港町十三番地」
1305 おしらせ◇放送休止
1725 テストパターン（ポピュラー
　　　アルバム）
1741 オープニングメロディ
　　　シンギングピアノ：岩崎洋
1751 お天気 54 OTV ニュース
1800 少年探偵シリーズ
　　　「魔王の笛」（最終回）
1815 名犬リンチンチン
　　　「ダブスじいさんのホラ」
1845 テレビガイド
1850 朝日新聞テレビニュース
1900 木曽の満月 (KR)
　　　水谷八重子 中村勘三郎
　　　市川高麗蔵 大谷友衛門 他
　　　※KR 赤坂新局合同制作
　　　ドラマ
2000 山一名作劇場 (NTV)
　　　石中先生行状記
　　　最終回「女同士」
　　　伊藤雄之助 高澄子他
2030 走れ！名馬チャンピオン
　　　北条美智留 佐藤英夫
2100 これからの人生「洗たく機
　　　ブーム」エンタツ三角他
2115 ピアス劇場山だれ母さん
　　　(KR) 笠置シヅ子
　　　殿山泰司他
2145 ミナロンドリームサロン
　　　寺谷 大伴年春
　　　ジョージ岡
2200 戦慄の旅券
2215 街 (NTV)「哀しき人々」
　　　三国連太郎 石原裕次郎他
2250 OTV ニュース
2302 日づけ豆辞典 (OTVF)
2305 あしたのお天気
2308 おしらせ、終了

●7月17日（水）

1135 テストパターン
1150 オープニングメロディ
1200 OTV ニュース
1210 一曲どうぞ
1215 ファッションミュージック
　　　(KR)「海浜着と水着特集」
　　　山田真二 旗和子
1245 料理手帖「柳川鍋」
　　　辻徳光
1300 歌のスケッチ 浜村美智子
　　　「バナナボート・ソング」
1305 実況中継「祇園まつり」
　　　吉井勇 依田義賢他
　　　◇おしらせ◇放送休止
1725 テストパターン
1741 オープニングメロディ
1751 お天気 54 OTV ニュース
1800 ポケット劇場 道化座
　　　「ベールと水の精」第一回
1815 忍術真田城 (NTV)
　　　佐藤精二 小林重四郎
　　　太宰久雄 津村悠子
　　　根本嘉也
1845 テレビガイド
1850 朝日新聞テレビニュース
1900 ピアスグランドミュージカル
　　　エセル中田 他
1930 歌いあなたとともに (NTV)
　　　鈴木三重子 三波春夫
　　　青木はるみ 神楽坂浮子
2000 ロビンフッドの冒険
　　　「ブリタニーの山賊」
2030 鞍馬天狗 (KR)「京洛日記」
2100 ダイハツワールドスポーツ
2115 デンソー木曜劇場
　　　青い谷間 (NTV)
　　　秋月桂日・作望月優子他
2145 おはこうら表 (NTV/OTV)
　　　力道山お相手・初音礼子
2200 忠臣蔵の人々 (NTV)
　　　「磯貝十郎左衛門」前篇
　　　鶴之助他
2230 私のコレクション「蝶々」
　　　岸三二
2245 テレビガイド
2250 OTV ニュース
2302 日づけ豆辞典 (OTVF)
2305 あしたのお天気
2308 おしらせ、終了

●7月18日（木）

1135 テストパターン
1150 オープニングメロディ
1200 OTV ニュース
1210 一曲どうぞ
1215 テレビ寄席 (KR)
　　　コント：東京テレビ劇団
　　　落語「胴とり」桂小文治
1245 料理手帖「ひき肉のトル
　　　ヌード」平田武一
1300 歌のスケッチ
　　　伊庭久男「栖山節」
1450「髪結新三」(大阪歌舞座)
　　　松緑 左団次 羽佐衛門
1725 テストパターン (映画音楽)
1741 オープニングメロディ
1751 お天気 54 OTV ニュース
1800 シラレン国「おかしな学校」
　　　沙月ひろみ他
1815 西部の王者・キットカーソン
　　　「国境の挑戦」
1850 毎日新聞テレビニュース
1900 スーパースターメロディ
　　　宝田明 築地容子 山形
　　　英夫
1930 宝塚ファンコンテスト
　　　南城照美 明石照子
　　　(公開)
2000 ロビンフッドの冒険
　　　「ブリタニーの山賊」
2030 鞍馬天狗(KR)「京洛日記」
2100 ダイハツワールドスポーツ
2115 デンソー木曜劇場
　　　青い谷間 (NTV)
　　　秋月桂日・作望月優子他
2145 おはこうら表 (NTV/OTV)
　　　力道山お相手・初音礼子
2200 忠臣蔵の人々 (NTV)
　　　「磯貝十郎左衛門」前篇
　　　鶴之助他
2245 テレビガイド
2250 OTV ニュース
2302 日づけ豆辞典 (OTVF)
2305 あしたのお天気
2308 おしらせ、終了

●7月19日（金）

1135 テストパターン
1150 オープニングメロディ
　　　シンギングピアノ：
　　　岩崎洋
1200 OTV ニュース
　　　10 一曲どうぞ
1215 映画の窓 (KR) 荻昌弘
　　　「赤い灯をつけるな」(仏)
1245 料理手帖「ポテトパイ」
　　　堀越フサエ 稲田英子アナ
1300 歌のスケッチ
　　　「ジェルソミナ」
　　　Dローズ楽団
1305 おしらせ◇放送休止
1725 テストパターン
1741 オープニングメロディ
　　　シンギングピアノ：
　　　岩崎洋
1751 あしたのお天気
1754 OTV ニュース
1800 明るい家庭
　　　「電器の正しい
　　　使い方」和田昌博
　　　小柴千寿子
1815 テレビ紙芝居
　　　「6助がんばれ」
1830 スーパーマン（漫画）
1845 テレビガイド
1850 毎日新聞テレビニュース
1900 テレビぴよぴよ大学
　　　(KR)
1930 花王ワンダフルクイズ
　　　(NTV)
2000 京阪ゼスチャーゲーム
　　　「大阪（海上自衛隊）対
　　　京都（陸上自衛隊）」
2030 特ダネを逃がすな平喜劇教室
　　　「強風注意報」前篇
2100 野球教室 清水源一郎
2115 陽気なコーリス
　　　「デイト異変」
2145 三越映画劇場「撮影風景」
2200 カメラだより北から南から
　　　「まかり通るカリプソ」
2215 ごめんあそばせ (NTV)
2230 小唄教室 (KR) 安藤鶴夫
2245 テレビガイド
2250 OTV ニュース
2302 日づけ豆辞典 (OTVF)
2305 お天気
2308 おしらせ、終了

●7月20日（土）

1135 テストパターン
1150 オープニングメロディ
1200 OTV ニュース
1210 クラブ劇場・歌えば楽し
　　　「いとしの名は」
1240 テレビガイド
1245 料理手帖「浪華あげ」
　　　はり半の近藤福太郎他
1300 歌のスケッチ
　　　「別れの三号地」
1500 新春公演「金と人」
　　　(中座) 作・演出：茂木
　　　草介 萬代峯子 速水
　　　雛子 安達田晴 武周
　　　暢 荒木雅子 高田次郎
　　　桂美保他
　　　◇おしらせ◇休止
1720 テストパターン
1741 オープニングメロディ
　　　シンギングピアノ：岩崎洋
1751 お天気
1754 OTV ニュース
1800 ホームアルバム
　　　「吉野川下り」
1815 素人のど競べ (NTV)
1845 テレビガイド
1850 毎日新聞テレビニュース
1900 秋のパレードスターダスト
　　　コンサート（産経会館）
　　　石井好子 笠田敏夫
　　　※KRへネット
1930 ほろにがショー・
　　　何でもやりまショー(NTV)
2000 明日は日曜日 (NTV)
　　　「坊っちゃん万歳」後編
2030 シャープ劇場 (NTV)
　　　「ひとりぼっちの天使」
2100 メトロニュース
2110 テレビガイド
2115 日真名氏飛び出す (KR)
　　　「闇の中の眼」解決篇
2145 わが町（ソーントン・ワイ
　　　ルダー作）
　　　三津田健 宮口精二他
2230 テレビガイド
2235 ドラッグネット
　　　「恐怖の失踪」
2305 OTV ニュース 17 豆辞典
2320 お天気 23 おしらせ、終了

●7月21日（日）

745 テストパターン◇おしらせ
815 テレビロケーション第三回
　　　「大阪駅」
900 仲よしニュース
915 劇映画「謎の八十八夜」
　　　嵐寛寿郎 宮城千賀子
1045 漫画「キツネと小鳥」
1100 たのしい生活 (KR)
　　　「かっぱのたのしさ」
　　　古橋広之進夫妻
1115 海外トピックス
1130 経済サロン「鉄板と生活」
1200 OTV ニュース
1215 ダイラケのびっくり捕物会
　　　「幽霊草紙」前篇
1245 わが輩ははなばな氏 (KR)
1315 おしらせ◇放送休止
1420 テストパターン
1440 短編舞踊映画「呪術師」
1450「おはん」（東京歌舞座）
　　　作・宇野千代 鴈治郎
　　　我宣也
1650 夏山映画特集
1751 お天気 54 OTV ニュース
1800 ジェット・ジャクソン
1830 私も出ますショー (NTV)
1845 テレビガイド
1900 サーカス・ボーイ
　　　「戻ってきた勇気」
1930 森永 No1 ショー (NTV)
　　　森繁久彌 雪村いづみ
　　　安西郷子
2000 OTV スポーツファンシート
　　　プロ野球 巨人－中日
　　　（後楽園）
　　　【雨天時】阪神－大洋
　　　（甲子園）
　　　【試合ない時】「春の凱歌」
2115 東芝日曜劇場
　　　「親子灯籠」(KR)
　　　村上元三 作・脚色
　　　中村勘三郎 坂東鶴之助
　　　大谷友右衛門 小夜福子
2215 ダイハツスポーツウィクリー
2230 ゴルフ教室
2250 OTV ニュース
2302 豆辞典
2305 あしたのお天気
2308 おしらせ、終了

●7月22日（月）

- 1135 テストパターン（クラシック）「ピアノ奏鳴曲18」（ベートーヴェン）演奏：ギーゼキング
- 1150 オープニングメロディ アコーディオン：岡田博
- 1200 OTVニュース
- 1210 一曲どうぞ タランテラ
- 1215 奥様多忙（KR）
- 1245 料理手帖「ホット・ロースト・ポーク」辻勲
- 1300 一曲どうぞ 青木光一
- 1305 おしらせ◇放送休止
- 1725 テストパターン
- 1741 オープニングメロディ アコーディオン：岡田博
- 1751 お天気◇OTVニュース
- 1800 名探偵ルコック「謎の犯人メイ」
- 1815 ポポンタイム この人を（NTV）
- 1850 新聞テレビニュース
- 1900 キンピラ先生青春記（KR）「きんぴら先生山門に入る」
- 1930 太閤記（NTV）「藤吉郎編」
- 2000 ニチボーアワー 喜劇天国（NTV）「夏姿平次」武智豊子 魚住純子
- 2030 コメディ「二人とてもよい男」
- 2100 ホーム欄（KR）川上哲治夫妻 お相手：徳川夢声
- 2115 ウロコ座（KR）「風流深川唄」中編
- 2145 月曜対談・2つの椅子 南部忠平 伊藤寛（毎・朝運動部長）
- 2200 OTV週間世界ニュース
- 2220 ニッカ・ヒッチコック劇場「生と死の間」
- 2250 OTVニュース
- 2302 日づけ豆辞典（OTVF）
- 2305 お天気 08 おしらせ、終了

●7月23日（火）

- 1135 テストパターン
- 1150 オープニングメロディ
- 1200 OTV ニュース10-曲どうぞ
- 1215 歌う青春列車（KR）
- 1245 料理手帖「ビーフとマカロニ」「セロリーマヨネーズ」井上幸作 佐藤和枝アナ
- 1300 歌のスケッチ 美空ひばり「港町十三番地」
- 1305 おしらせ◇放送休止
- 1725 テストパターン
- 1741 オープニングメロディ アコーディオン：岡田博
- 1751 お天気 54 OTVニュース
- 1800 少年探偵シリーズ「異人館の謎」
- 1815 名犬リンチンチン「恐竜の骨」
- 1845 テレビガイド
- 1850 朝日新聞テレビニュース
- 1900 テレビ浮世亭 小さん 英二・喜美江 金馬 津村悠方 佐山俊二
- 1930 ゼネラル劇場 水戸黄門漫遊記（KR）
- 2000 山一名作劇場（NTV）無法松の一生「怪談孔雀の間」田崎潤 坪内美詠子
- 2030 走れ！名馬チャンピオン「偽物を追う」北条文樹 佐藤英夫
- 2100 近鉄パールアワー・これからの人生「ミチ子の在り方」
- 2115 ピアス劇場 愛の火曜日（KR）笠置 長門 浅丘 千石 殿山他
- 2145 ミナロンドリームサロン 黒岩三代子 大伴千春 ジョージ岡
- 2200 戦慄の旅券「ダマスカス編」
- 2235 プロ野球展望解説：松井
- 2250 OTVニュース
- 2302 日づけ豆辞典（OTVF）
- 2305 あしたのお天気
- 2308 おしらせ◇放送終了

●7月24日（水）

- 1135 テストパターン（歌の花かご）三橋美智也の歌
- 1150 オープニングメロディ アコーディオン：岡田博
- 1200 OTVニュース
- 1210 一曲どうぞ
- 1215 ファッションミュージック（KR）武井義明ほか
- 1245 料理手帖「宿かりアワビ」辻徳光 小深秀子アナ
- 1300 歌のスケッチ 浜村美智子「バナナボート・ソング」
- 1305 おしらせ◇放送休止
- 1725 テストパターン（ポピュラー）
- 1741 オープニングメロディ アコーディオン：岡田博
- 1751 お天気 54 OTVニュース
- 1800 ポケット劇場「ペールと水の精」
- 1815 忍術真田城（NTV）佐藤精二 太宰久雄 津村悠方 佐山俊二
- 1845 テレビガイド
- 1850 毎日新聞テレビニュース
- 1900 わが輩ははなばな氏（KR）中原葉子
- 1930 歌はあなたとともに（NTV）
- 2000 OTV スポーツファンシート プロ野球 巨人－国鉄（後楽園）
  【雨天時】阪急－南海（西宮）
  【試合ない時】劇映画
- 2100 コント千一夜
- 2115 眠狂四郎無頼控（NTV）江見渉 池内淳子 東山他
- 2145 ニッケ・ジャズパレード（NTV）ジョージ・柴田
- 2200 芸能トピックス
- 2215 街「私は告発します」三国連太郎 石原裕次郎他
- 2245 テレビガイド
- 2250 OTVニュース
- 2257 日付け豆辞典（OTVF）
- 2300 あしたのお天気
- 2303 おしらせ、終了

※この日広島市民球場で広島－阪神による初試合。OTVがフィルム取材。

●7月25日（木）

- 1135 テストパターン（クラシック）「交響曲第七番」（ベートーヴェン）
- 1150 オープニングメロディ アコーディオン：岡田博
- 1200 OTVニュース
- 1210 一曲どうぞ
- 1215 テレビ寄席（KR）落語「松竹梅」：笑橋
- 1245 料理手帖「スズキの松葉あげ」田中藤一
- 1300 歌のスケッチ 伊藤久男
- 1305 おしらせ◇休止
- 1500 テストパターン◇おしらせ
- 1515 天神祭実況 今村益三アナ 藤里好吉 生田花朝 ◇おしらせ◇休止
- 1725 テストパターン（クラシック）
- 1741 オープニングメロディ アコーディオン：岡田博
- 1751 あしたのお天気
- 1754 OTVニュース
- 1800 シララン劇場「大きな草の実」
- 1815 西部の王者・キットカースン
- 1850 朝日新聞テレビニュース
- 1900 スーパースタメロディ（KR）三浦洸一 藤本二三代 北野路子
- 1930 宝塚ファンコンテスト 南条照美他（公開放送）
- 2000 ロビンフッドの冒険
- 2030 鞍馬天狗（KR）「京洛日記」
- 2100 ダイハツウルドスポーツ
- 2115 デンソー木曜劇場 青い谷間（NTV）
- 2145 おはこうら表（NTV/OTV）ゲスト・清川虹子 葦原邦子 お相手・初音礼子
- 2200 忠臣蔵の人々「磯貝十郎左衛門」後篇
- 2230 私のコレクション「ジャズレコード」野口久光
- 2245 テレビガイド
- 2250 OTVニュース
- 2302 日づけ豆辞典（OTVF）
- 2305 あしたのお天気
- 2308 おしらせ◇放送終了

●7月26日（金）

- 1135 テストパターン（フライングリズム）
- 1150 オープニングメロディ アコーディオン：岡田博
- 1200 OTVニュース
- 1210 映画の窓（KR）「いそ笛・思い出の伊勢志摩」
- 1240 テレビガイド
- 1245 料理手帖「クレビネットボール」拭石俊枝
- 1300 歌のスケッチ「ジェルソミナ」
- 1305 おしらせ◇放送休止
- 1725 テストパターン
- 1741 オープニングメロディ アコーディオン：岡田博
- 1751 お天気
- 1754 OTVニュース
- 1800 明るい家庭「夏休みを楽しく」脇田悦三他
- 1815 テレビ紙芝居「6助がんばれ」石田茂樹 渡辺昇子 他
- 1830 スーパーマン（漫画）「ジャングルドラム」
- 1845 テレビガイド
- 1850 新聞テレビニュース
- 1900 テレビよびよ大学（KR）
- 1930 花王ワンダフルクイズ（NIV）
- 2000 京阪ゼスチャーゲーム 京阪ボーイスカウト対抗
- 2030 特ダネを逃がすな（KR）「強風注意報」後篇
- 2100 野球教室「野球医学」清水源一郎 久保charges
- 2115 陽気なコーリス「記念撮影の巻」
- 2145 三越映画劇場「ミス大番コンテスト風景」
- 2200 カメラだより北から南から「まかり通カリプソ」
- 2215 ごめんあそばせ（NTV）
- 2230 小唄教室 扇雀
- 2245 テレビガイド
- 2250 OTVニュース
- 2302 日づけ豆辞典（OTVF）
- 2305 お天気
- 2308 おしらせ◇放送終了

●7月27日（土）

- 1135 テストパターン
- 1150 オープニングメロディ
- 1200 OTVニュース
- 1210 クラブ劇場・歌えば楽し「ヨーロッパでの休日」
- 1245 料理手帖 木村健蔵
- 1300 歌のスケッチ「別れの三号地」コロンビア・ローズ
- 1305 OTV 週間テレビニュース
- 1320 おしらせ◇放送休止
- 1640 テストパターン（クラシック）
- 1700 オープニングメロディ アコーディオン：岡田博
- 1710 おしらせ
- 1711 テレビ社会科「鉄」
- 1751 お天気 54 OTVニュース
- 1800 ホームアルバム「バレエ教室」
- 1815 素人のど競べ（NTV）
- 1845 テレビガイド
- 1850 毎日新聞テレビニュース
- 1900 歌のパレード（KR）奈良光枝 河内桃子 中島孝
- 1930 ほろにがショー・何でもやりまショー（NIV）
- 2000 明日は日曜日「坊ちゃん万歳」（NTV）
- 2030 シャープ劇場 のり平喜劇教室（NTV）「山のご注意」
- 2100 メトロニュース
- 2110 テレビガイド
- 2115 日真名氏飛び出す（KR）「美女と黒猫」前篇
- 2145 ダイナミックグローブ（NIV）（浅草公会堂）高山一夫・酒井源治 池田光春－大阪兼一
- 2230 テレビガイド
- 2235 ドラッグネット
- 2305 OTVニュース
- 2317 日づけ豆辞典（OTVF）
- 2320 あしたのお天気
- 2323 おしらせ◇放送終了

●7月28日（日）

- 745 テストパターン
- 815 テレビロケーション 第四回「錦織」龍吉シルクマンションから
- 900 仲よしニュース
- 915 劇映画アラゴンの城塞（西）
- 1045 まんがくらぶ「兎と亀」
- 1100 たのしい生活に「灯を守る」（KR）生沼俊郎夫妻
- 1115 海外トピックス
- 1130 経済サロン「ソ連と中共の新体制」対談 猪木正道ほか
- 1200 OTVニュース
- 1215 ダイラケのびっくり捕物帖「幽霊草紙」後篇
- 1245 劇映画「キングウータン」
- 1450 松竹新喜劇「峰の出来事」（新橋演舞場）
- 1600 平凡・芸能ニュース
- 1615 月例写真コンクール
- 1751 あしたのお天気
- 1754 OTVニュース
- 1800 ジェット・ジャクソン
- 1830 私も出まショー（NTV）
- 1845 テレビガイド
- 1900 サーカス・ボーイ
- 1930 森永No1ショー（NTV）フランキー堺他
- 2000 OTV スポーツファンシート プロ野球中日－巨人（中日）
  【雨天時】阪神－国鉄（甲子園）
  【試合ない時】映画「春の凱歌」
- 2115 東芝日曜劇場「赤い羽織」（KR）中牟掛三郎 山安英 小沢重雄
- 2215 ダイハツスポーツウィクリー
- 2230 ゴルフ教室 石井辿夫 福井正一
- 2245 テレビガイド
- 2250 OTVニュース
- 2302 日づけ豆辞典（OTVF）
- 2305 あしたのお天気
- 2308 おしらせ、終了

●7月29日（月）

1135 テストパターン（クラシック）
     リスト「鐘」
1150 オープニングメロディ
     シンギングピアノ：岩崎洋
1200 OTVニュース
1210 一曲どうぞ
1215 奥様多忙（KR）
1245 料理手帖「魚貝カレー」
     辻勲
1300 一曲どうぞ 青木光一
1715 テストパターン（ジャズを
     どうぞ）
1733 オープニングメロディ
     シンギングピアノ：岩崎洋
1743 マンガ横町
1751 あしたのお天気
1754 OTVニュース
1800 名探偵ルコック
     「謎の面会人」
1815 ポポンタイムこの人を（NIV）
1850 朝日新聞テレビニュース
1900 キンピラ先生青春記（KR）
     「きんぴら先生偽物あら
     わる」
1930 太閤記（NTV）「藤吉郎編」
2000 ニチボーアワー喜劇天国
     （NTV）「ドライ七人娘」
2030 手古奈の恋
     越路吹雪　中田康子
     尾上九朗衛門 岩井半四郎
2100 ホーム欄（KR）
     大谷竹次郎夫妻
     お相手：徳川夢声
2115 ウロコ座（KR）
     「風流深川唄」後編
     水谷八重子　花柳章太郎
     大矢市次郎　喜多村緑郎
2145 月曜対談・2つの椅子
     加藤三之雄 今東光
2200 OTV週間世界ニュース
2220 ニッカ・ヒッチコック劇場
2250 OTVニュース
2302 日づけ豆辞典（OTVF）
2305 あしたのお天気
2308 おしらせ◇放送終了

●7月30日（火）

1135 テストパターン
     （クラシック）
1150 オープニングメロディ
1200 OTVニュース
1210 一曲どうぞ
1215 歌う青春列車（KR）
     音羽美子 上月左知子他
1245 料理手帖「ハンバーガ・
     デラックス」井上幸作
1300 歌のスケッチ 小坂一也
1530 都市対抗野球（後楽園）
     倉敷レーヨン－日本生命
1743 マンガ横町
     「ロビンフッドの冒険」
1751 お天気 54 OTVニュース
1800 少年探偵シリーズ
     「異人館の謎」
     岡本正則他
1815 名犬リンチンチン
1845 テレビガイド
1850 毎日新聞テレビニュース
1900 テレビ浮世亭
     漫才：トップ・ライト
     落語二題：三升家小勝
     　　　　　桂米丸
1930 ゼネラル劇場
     水戸黄門漫遊記
     （KR）「怪談・孔雀の間」
2000 山一名作劇場（NTV）
     無法松の一生
     田崎潤 坪内美詠子
2030 走れ！名馬チャンピオン
     「黄金のいたずら」
2100 近鉄パールアワー
     これからの人生
     エンタツ　三角八重他
2115 ピアス劇場
     愛の火曜日（KR）
     笠置シヅ子　原保美他
2145 ミナロンドリームサロン
     浜田洋子　大伴千春
     ジョージ岡
2200 戦慄の旅券
2235 プロ野球展望
     藤村富美男　水原円裕
2250 OTVニュース
2302 日づけ豆辞典（OTVF）
2305 お天気
2308 おしらせ◇放送終了

●7月31日（水）

1135 テストパターン
1150 オープニングメロディ
1200 OTVニュース
1210 一曲どうぞ
1215 ファッションミュージック
     （KR）
1245 料理手帖「小アジの卵の
     花寿司」辻徳光
1300 歌のスケッチ
1305 都市対抗野球（後楽園）
     日本通運－不二越鋼材
1720 テストパターン
1742 オープニングメロディ
1743 マンガ横町「悪猫の王様」
1751 お天気 54 OTVニュース
1800 ポケット劇場
     「黒ん坊ウサギ物語」
1815 忍術真田城
1845 テレビガイド
1850 毎日新聞テレビニュース
1900 わが輩ははなばな氏（KR）
1930 歌はあなたとともに（NIV）
     「待ちましょう」ほか
     大国阿子 津村謙
     丸山美智子 フランク永井
2000 OTVスポーツファンシート
     プロ野球 南海－西鉄
     （大阪）
     解説：浜崎真二
     【大阪雨天時】
     大洋－中日
     【試合ない時】劇映画
2100 コント八人
2115 眠狂四郎無頼控（NTV）
     「盲目円月殺法」江見渉
     池内淳子 東山他
2145 ニッケ・ジャズパレード
     （NTV）星野みよ子
     大伴千春
2200 芸能トピックス
2215 連続劇「風」北原三枝他
2245 OTVニュース
2257 日づけ豆辞典（OTVF）
2300 あしたのお天気
2303 おしらせ◇放送終了

第2章「熱狂」

これがOTVだ　1957年7月

【単発番組】

●音響フィルム

7月10日（水）17：45 ～ 17：55

　この日、19：00 ～ 21：00にNTV発でプロ野球オールスターゲームが放送されるため、19：30からのNTV発「歌はあなたとともに」が18：30 ～ に繰り上がり、18：15からの「忍術真田城」が17：15 ～ 17：45に設定されたため、OTVでは17：45 ～ 17：55に10分間の空きができた。そこで音楽つき映像をフィラーとして放送したと考えられる。当時は中継放送の早じまいや放送事故、ネット番組の都合でフィラーが放送されることが多かったが、番組表に掲載されるのは大変珍しい。OTVF制作。

●五十嵐喜芳の渡伊記念リサイタル

1957年7月13日（土）12：10 ～ 12：40

　新進テナー・五十嵐喜芳が20日に日本を出発してローマのサンタチェリア音楽院に留学することとなったため企画された。「オー・ソレ・ミオ」「女心の歌（歌劇「リゴレット」より）」等10曲。

●新作舞踊発表会中継

7月13日（土）16：15 ～ 17：44（産経会館）
花柳有洸、坂本晴江が出演。

●祇園祭

7月17日（水）13：05～14：05

　京都ガスビルからの景色をメインとした実況中継。ゲストに吉井勇、依田義賢を招いて意気込んでいたが、このとき、マイクロ回線の不通によって放送開始直後に映像・音声ともに途絶し、時間いっぱいまでフィラーが放送された。

　原因は途中の中継地点でマイクロ波の途絶があったのだが、その中継地点に放送波のモニターがなかったため途絶に気が付かず、かつ、連絡用トランシーバーのバッテリーがあがっていたため、復旧の指示を出すことができなかったという。大きな教訓を残した放送事故であった。

●スターダスト・コンサート

7月20日（土）19：00～19：30

　「白元歌のパレード」の特別企画を産経会館から中継。石井好子、笈田敏夫。

●天神祭

7月25日（木）15：15～

　天満宮境内と本社屋上からの二元中継。7台のカメラがフル稼働。ゲストに天満宮顧問・藤田好古、女流画家・生田花朝女。担当今村益三アナ。

【新番組】
【1日（月）】

●名探偵ルコック

（～1957年9月23日全13回）

　月18：00～18：15

　「テレビ版紅毛もの」の第一弾。このシリーズは「皇太子の冒険」「パリの秘密」へと続いた。フランス語の小説から起こした翻訳台本を用いて、役者は全員西洋人の格好・メーキャップ・かつらで演技。白黒テレビでは違和感なく見ることができた。リハ中のスタジオ映像が現存。

●ニッカヒッチコック劇場

（～1958年6月23日、全52回）

　月22：20～22：50（1958年から22：15～）

　1957年6月25日にNTVで放送開始。フイルムネット。映画監督として知られるアルフレッド・ヒッチコックの製作と解説による一話完結サスペンス。

【2日（火）】

●近鉄パールアワー「これからの人生」

　21：00～21：15（～9月24日全12回）

【3日（水）】

●なかよしニュース

（～1960年5月1日　全144回）

日曜朝の子供向けニュース。時間帯変動多し。

【7日（日）】

●テレビロケーション

（全7回＋特別編）

　詳しくは「テレビロケーション」参照。

【23日（火）】

●仲良し探偵団

（～1958年1月7日、全23回）

　火18：00～18：15「少年探偵シリーズ」の一つ。女優・中山千夏のテレビデビュー作品といわれる。

　「夜行103列車」「間違えられた人形」など、一つの話を数回に亘って放送する形式。

【29日（月）】

●マンガ横丁

（～1958年2月22日　CBCへネット）

　月～土17：43～17：51　日17：10～17：50

　米CBSで放送されたもの。日曜日は6本まとめて「マンガ公園」として再放送。

*【フィラー】当時は番組の中断が少なくなかったが、その際、穴埋め（filling）のために放送した風景などのフィルム素材。

1957年 8月

1日　アナウンサー第二期生が入社。玉井孝、黒田昭夫、岩原富子、広瀬修子、高折八洲子の5名。

3日　「テレビロケーション第5回・心斎橋をゆく」放送。中田ダイマル・ラケットがカメラとともに土曜昼飯時の心斎橋に繰り出して、街頭インタビュー。新聞で高く評価された。

4日　歴史に残る中継課大忙しの一日。朝いちばんで「テレビロケーション第6回・浜寺水練学校」を中継、終了後すぐ大阪歌舞伎座に向かい、舞台中継。公演が終わるとすぐに甲子園球場に出向いてナイター中継のあと帰社。そのまま一晩かけて準備をし、夜行列車でカメラなどの精密機材を輸送し、中継車は18時間かけて山陽道を広島へ。かくして6日朝、実況中継「原爆慰霊祭」。さらに7日には、広島市民球場の開場記念ナイター「プロ野球・広島対中日戦」を実況中継した。別項で詳述する。

8日（木）〜9日、産経会館で開催された「アカデミー児童劇団創立第一回公演『トランプの国』（ミハルコフ作、戦後初公演）を後援。

14日、大阪府立体育館で開催された、ハイチのジャン＝レオン・デスティネ舞踊集団公演を主催。

21日　扇町大阪プールで開催されたABC交響楽団演奏による「A響ポピュラー・コンサート」を後援。欧州でオフシーズンに開催される気軽なファミリー向けコンサートの形式を踏襲。

22日　KRTの「スーパー・スター・メロディ」を大阪朝日会館から放送した。

23日　「京阪ジェスチャーゲーム」で、川上のぼるが腹話術人形の「京阪坊や」をうっかり「ハリス坊や」と呼んでしまったというハプニングがあった（ABCラジオの「ハリスクイズ」で川上のぼるが司会であった）。この時は京阪坊やに「おっさん、間違ったらあかんやないか」と言わせ「そんないうて、恥かかさんといて」と「腹芸」で切り抜けた。

ドキュメント「大遠征」〜テレビ中継の大航海時代〜

ここに記すのは「企業コンプライアンス」なんて言葉がなかった時代の話である。二度とおこなわれないであろう「中継の職人たち」による大冒険をここに記録しておきたいと思う。

まず、背景から言えば、OTVは中継班一つと中継車一台であらゆる中継を賄っていたということ。そして、劇場中継、野球中継、イベント中継はどれも人気のあるものだった。

そして、当時、大阪より西には民放テレビがなかったことも重要な背景である。この頃の報道地域分担からいえば、西日本全域はすべてOTVの取材エリアにあたっていたため、関西より西で起きた重大事件や重要イベントは、OTVが取材すべき対象になるのだ。

● 1957年8月広島大遠征

1957年8月4日、中継課と報道部の面々は生放送のため、早朝から堺市の「浜寺水練学校」に中継車とともに乗り込んでいた。

浜寺水練学校は正式には「毎日新聞社浜寺水練学校」といい、1906年に大阪毎日新聞が浜寺に海水浴場と海泳練習場を開設

した際、夏季限定の水練学校を併設したことに始まる。通称「ハマスイ」。

1961年、堺泉北臨海工業地帯を造成するため、海水浴場は閉鎖されたが、2年後、浜寺公園内に大阪府営の大プールが開設され、水練学校が再開された。ここで上達した者が後進の育成に参加するというシステムや、明治以来水死事故が1件もないというのを誇りとしている。

西洋式の泳法だけでなく、紀州藩伝来の能島流日本泳法を教えるなどの特徴があり、また、水泳を通じて子供に礼儀・しつけを指導もするなど、親にも人気の高い学校であった。中継車はその学校開きの朝を生中継したのである。

白砂青松の眺めが美しい浜寺公園内に早朝から中継車を停め、綿密な機材チェック（および修理）。8:15から「テレビロケーション第六回・浜寺水練学校」が始まった。中継車を停めたあたりは、松の根方にある草むらから大量の蚊がくるのが悩ましかった。

中継課は前日の昼間、真夏の心斎橋から「テレビロケーション 第五回・心斎橋をゆく」を中継したばかりであった。この時は中田ダイマル・ラケットに心斎橋を歩かせながら町の人々に自由にかたりかけてゆくという、当時のテレビとしては大胆な企画。後日、新聞の評論で絶賛を受けた。

この日の「テレビロケーション」は9時に放送終了。中継班は大急ぎで機材を撤収し、一路大阪市内を目指した。次に待っていたのは14:20からの「ナショナル日曜テレビ観劇会『蝶々の母物語』」。大阪歌舞伎座から蝶々・雄二、富士乃章介、高見慶子、花和幸助、三角八重、志摩靖彦、速水雛子といった面々による作品。日曜午後のこの番組は東名阪から選りすぐった劇場中継を放送する人気の高いネット番組である。

浜寺から大阪市内までは昔ながらの一直線の道だが、この時代、まだ道路舗装もままならない時代で、たとえ舗装されている道でも実は穴だらけで、中継車の棚に積まれた「精密機械」を、振動が容赦なく襲った。真空管や継電器（リレー）など、微妙な接点を持つ部品は特に注意を要した。そのため、現地に到着したらまずは動作確認をし、本番2～3時間前には機材に通電して、動作の安定を確認しなければならなかったのだ。

●中継車、危うし！

浜寺で9時に放送を終えたスタッフは、撤収後大急ぎで大阪歌舞伎座に入り、楽屋や劇場へのあいさつなどをすませて、重いケーブルをあちこちに引き回しはじめた。電源ケーブル、映像ケーブル、音声ケーブル、スタッフ間の連絡回線……さまざまなケーブルを引き回さなければならない。さらに、映像・音声を送るために、屋上にパラボラアンテナを設置し、本社屋上のパラボラアンテナと正確に向き合わせなければならない。放送開始直前まで準備作業が続いた。

16：00、劇場中継終了。山のようなケーブルを大急ぎで巻き上げ、大急ぎで機材を片付けた。しかし、相手が精密機械だから作業は慎重にならざるを得ない。

つづいて20：00からの「OTVスポーツファンシート・プロ野球 阪神―中日戦」である。準備を考えると18時台には甲子園球場に着いていたい。撤収と設営の両方の時間を差し引くと、わずかな移動時間しかなかった。スピードを上げれば車が跳ね上がるから機材の事を考えるとあまり速度もあげられない。

ところが、そんなときに限って災難が起こる。途中、福島の清風寺付近で無免許少年の運転する車が中継車に衝突した。

少年もスタッフも無事ではあったが機材が心配である。ただでさえ疲れ切っているところに大打撃である。

現場に到着したのは中継開始の40分前。早速機材を点検したところシンク（同期装置）一台が故障しただけでナイター中継に支障はなかった。

●いざ広島へ

中継は 21:15 に終了。さすがにこの日三度目の荷物の積み下ろしは全員かなりコタエたようで、甲子園では誰も口をきく元気がなかったという。

中継車は球場から三ノ宮駅へ向かった。ケーブルやレンズ以外の機材を中継車にからおろし（この日四度目である）、改札を通って、赤帽の力を借りてプラットフォームに運び込んだ。大急ぎで混み合う三等車に運び込んで、整理が済んだところで午前 0 時過ぎ。列車が出発。確保した座席に座りこむや否や全員スイッチが切れたように眠りについてしまった。当時は三ノ宮から広島まで 7 時間の旅。

実は、これとは別に、開局時最初に購入したデュモント社のカメラが、予備機として広島に先行していた。もし福島の事故でカメラが壊れていた時は、これが使われていただろう。

一方、三ノ宮で列車を見送った中継車は運転要員と守屋課長を乗せ、一路、国道 2 号線を西へ急いだ。「国道」とはいうものの、当時の山陽道は舗装も完備されておらず、道幅も狭かった。また、昔の宿場町では、沿道の軒先が遠慮なく張り出しているところもあり、中継車はおそるおそる通らなければならなかった。

5 日朝、夜行列車で到着したスタッフ一行はへとへとになりながら機材をおろし、旅館でしばらく休憩してから平和記念公園の下見に出た。先発隊は公園の軒先を借りてすでに機材を拡げていた。さっそくカメラの調子を確認し、デュモント機を含めた 3 台で中継することが決まった。

ほっとした一同は、旅館につくや気が抜けたように倒れこんだ。夕方まで雑魚寝が続いた。

一方、中継車は何時までたっても到着しなかった。その時まだ山陽道のデコボコ道を走っていた。

広島平和公園からの映像・音声は、OTV の中継車から広島市西区の大茶臼山にある電電公社己斐（こい）無線中継所に送られ、ここから公社回線で大阪まで送られるのだが、大阪のテレビ局である OTV が、広島（中国電波監理局管内）で電波を飛ばすには、試験電波を飛ばして、監理局の検査を受けなければならなかった。

マイクロ担当は列車で広島入りするなり、検査官を引き連れて大茶臼山に向かい、中継所で受信機をセットし、広島平和公園から飛んでくるはずの試験電波を待ち構えた。

しかし予定されていた午前 10 時を過ぎても、電波は来ない。正午を回っても来なかった。

それもそのはず、この頃、中継車は未だ山陽道にあり、車を待つスタッフは疲れ切って泥のように眠っていたのだ。電波がでるはずもない。

今なら携帯電話で事情を知らせることもできたが、当時は電話連絡さえままならなかったのだ。

夕方が近づき、検査官の不機嫌も絶頂に達した。やがて諸般の事情が判明すると、ついに「画が来ないのだから検査は出来ない。不合格だ！」と言い出した。

そこを拝むようになだめ、いったん山を下りてちょっと豪華な食事を接待した。

●帰りたい奴は、いますぐ帰れ！

そうこうするうちに、18 時間かけて中継車が到着。途中 2 時間ほど仮眠をしたものの、悪路を走りっぱなしで、こちらも疲労の極限にあった。

出迎えた誰かが「スタッフが疲れたといっている」と何気なく守屋課長に言ったのが、どうも不平を言っているように聞こえたようで、部屋につくやいなや、ヤツレた顔に目をギラギラさせながら、雑魚寝しているスタッフに「帰りたい奴は、いますぐ帰れ！仕事はしていらん」と怒鳴りつけた。スタッフもステテコにランニングで寝転がっていた手前、恐縮するほかなかった。事情を説明し、誰もそのようなことを言っていないことを伝え、その場はおさまった。

打ち合わせは放送当日の午前 3 時まで続いた。その間に試験電波も飛ばし、検査も合格した。こ

の時、中継を担当した青木亨ディレクターは40度の発熱で医者にペニシリンを打たれながら現場にいた。一日食事を抜くようにも言われていた。

「おはようございます。こちら本社です。堂島間できれいな画が来てますよ」という声で現場は朝を迎えた。全員が胸をなでおろした一瞬である。

●ゲストが、誰も来てない！

広島ではOTVの放送波を受信できないため、普段と違って、放送中の画像をモニターできないのが不安であった。まるで「無視界飛行」のような状態である。本社テレシネにいる村上氏からの「ハイ、スタートしました。いま、テロップスーパー…テロップ間もなく終わります…終わりました。まもなくフィルム出ます…」という声だけを頼りに画像と音声を送り出すほかないのだ。

祈念式の実況を終わりインタビューに移ろうとした時、ADをつとめていたKRTの岩部氏が「前日に出演を依頼した原爆被害者の方々が誰も来ていない」と告げた。担当の繁村純孝アナウンサーは、慌てることなく、すぐに市長や原爆資料館長のインタビューに切り替えて放送を終えた。

理由はわからないままだが、当時は差別を避けて被爆者であることを隠す人も少なからずおり、テレビに出るのをはばかったのではないかといわれている。

ともあれ、民間放送テレビ初の原爆慰霊祭の中継を終え、スタッフはようやく休憩することができた。青木ディレクターの熱も、現場の緊張と興奮で吹き飛んでしまったという。

ところで、この時代、地方での中継放送の際は、ラジオ・テレビを問わず、地元の「実力者」と折衝しなければならないことがままあった。これを忘れて、中継準備を進めていると、フラリと人影がして「誰に断ってここで商売をするのか？」と聞いてくることもあった。こういうことが日本各地で頻繁にあったのだ。

今であれば嘘のような話だが、当時はこのような時の対処法は千差万別であった。丁寧に「あいさつ」する場合もあれば、それなりのコネクションを使って退散してもらうこともあったようだ。詳しいことは記録に残っていないが、恰幅のよい押し出しのきく担当者が堂々とわたりあう事もあった。各局それぞれに得意技があったようだ。

逆に地元局であれば「あぁ、あの番組のテレビ局か！いつも見てるぞ！」と、人気番組の名前に救われることもあったようだ。

●広島市民球場からの中継

翌7日には、開設されたばかりの広島市民球場から、民間放送はじめてのテレビ中継がおこなわれた。

広島カープは設立以来広島総合球場をフランチャイズとしてきたが、ナイター設備がないことや収容数が小さいことから、ファンからの新球場設立の要望があがっていた。これに応える形で地元財界が広島市に寄付し、1957年1月末、中国地方初のナイター設備球場が建設されることが発表され、2月22日に市民注目の中起工式が行われた。そして早くも五か月後の7月22日にはファン15,000人を集めて完工式と照明点灯式が実施され、24日に「広島―阪神」戦で正式開場した。この時の模様はOTVがフィルムで取材した。

新球場からの模様は20:00からの「OTVスポーツファンシート」枠で「プロ野球・広島―中日戦」として21:00まで放送された。

業界は「OTVは開局から約半年で400kmもの長距離生中継ができるところまで成長した」と高く評価した。この自信がその後の「記録への挑戦」につながったことは言うまでもない。

中継班は帰阪後2日間の休暇を与えられたが、11日早朝には「テレビロケーション第七回・千里山アパートをたずねて」があり、12日からは高校野球実況中継が始まるため、実は休みどころではなかったという。

● 1957年10月・福岡大遠征

さて、広島大遠征から二か月後の1957年10月、OTV中継班は、さらに西の福岡まで遠征することになった。

目的は日本シリーズの中継である。この年は巨人対西鉄であり、平和台でまず2戦、ついで移動日から後楽園で3戦ののち、再び移動日を挟んで平和台に戻ってくるというスケジュールであった。

移動にあたっては、広島大遠征の経験が生かされた。まず、長距離の悪路に揺れる中継車で機材を運ぶのは負担が大きすぎるという大問題を「機材を載せた中継車ごと、鉄道貨車に乗せてまるごと運ぶ」という大胆な案で解決した。

こうすれば何度も荷物を積み下ろしする必要もないし、少なくとも未舗装の悪路より鉄道のほうがはるかに振動は少なく、中継車内の機材の保護は、普段以上きつく縛りつければ、転落の心配もないと判断された。

また、中継車がトンネルにひっかかることが心配になった。そこで、中継車と同じ大きさの木枠を作って、事前に大阪ー博多間を運ばせてみたところ、サイズに問題がないことがわかった。

しかし、実際に梅田貨物駅で貨物車に中継車を載せたところ、高さが規定を超えてしまった。すぐさまタイヤをはずして低くした。

中継車は機材を載せたまま、正確な時刻で博多まで運ばれていった。今回は時間に余裕を持たせてあったため、電波監理局の検査も無理なくおこなわれ、順調に本番の日を迎えることができた。万事順調。広島の経験が見事に生かされていた。

当時、東京・名古屋はもとより、大阪からでも九州は「外国のように」遠かった。平均年齢20代の若者たちは、海外旅行にでも行くようにワクワクしながら「公費での」九州旅行に期待した。

事前の段取りはうまくいっている。実況中継は、いったん回線がつながってしまえば、あとは地元の中継と大差ない。試合は巨人・藤田と西鉄・稲尾の勝負が注目されており。のちに「神様」とあだなされる稲尾に対する地元の期待は大きかった。中継はいやがおうにも盛り上がるだろう。こんないい試合をタダで見て、九州に旅行できるのは、まさに役得だなぁ、と、気分は上々であった。

●プレイボール！

10月26日12時30分。

軽快なギャロップテンポの「OTVスポーツファンシート」のテーマ音楽とともに「日本シリーズ西鉄ー巨人第一戦」の全国放送が始まった。

解説は浜崎真二氏。

ゲストに九州大学学長の山田穣氏を招いた。

翌日も12時45分から中継した。

26日の先発は西鉄・稲尾に対し巨人・義原。

巨人が初回に1点を先取するも、西鉄は4回と6回に1点づつをあげて逆転。

巨人も7回に1点を返したがその後シーソーゲームで西鉄が勝ち越し、初戦を制した。

27日は、先発が西鉄・河村に巨人・堀内。

息詰まる投手戦で8回まで無得点が続いた。

しかし、9回に巨人・宮本がセーフティーバント失敗のあと、2球目を強打してレフトへホームランを放った。これを見てOTVもNHKも早々に三塁側の巨人軍ベンチにインタビューマイクを用意し、勝利インタビューの準備を始めた。

ところが、巨人の投手が堀内から藤田に代わった際、西鉄は代打・玉造を出塁させ、スリーバントした豊田の打球に藤田がダブルプレーを狙って大悪投。

西鉄、無死2・3塁。

ここで中西は三振に討ち取られた。

続く大下は高々とセンターフライをあげ、三塁走者が生還。

同点で9回ツーアウトに突入。

巨人・藤田は関口を敬遠。

次いで西鉄・河野がライトにヒット。

ここで逆転。試合はなんと西鉄の勝利で終った。

この結果にあわてたのは、放送関係者であった。

三塁側でインタビューの準備をしていたNHKラジオのスタッフが、大慌てで機材を移動するのが見えた。

劇的な決着に、西鉄のホームグラウンド・平和台球場は巨大な興奮に包まれた。選手たちは、この興奮と自信を胸に後楽園へと出陣。スポーツ担当ディレクターは、西鉄のあとを追いかけた。

●西鉄を待ちながら

前述の通り、会社に提出した予定表では、こうなった時には10月28日から11月1日までは、いったん大阪に帰ることになっていた。しかし、大量の中継機材を福岡に置いたままでは大阪に戻っても仕事にならないということで、西鉄が福岡に帰るのを「九州で」待つことにした。

この間公費で滞在できるということで、博多で大いに羽を伸ばす者も、周遊券で南九州を一周する者もいた。「せっかく来た九州」を満喫したい思いは共通であった。

一方、勢いづいた西鉄は後楽園球場でさらなる快進撃を続けた。

第3戦では稲尾が投げて5－4で西鉄が勝利。

第4戦は延長10回0－0で引き分けて、後楽園で第5戦を迎えることとなった。

西鉄快進撃により福岡での決着を予想していたスタッフは、大慌てで第5戦の動向に耳をそばだてた。

南九州を満喫していたスタッフは、指宿でラジオ中継を聴いていた。アナウンサーは最終回6対5で西鉄の優勢を伝えていた。まだ日が高い指宿で、ラジオは「後楽園には夕闇が迫ってきました」と叫んでいる。

ラジオはそのまま西鉄の勝利を伝え、日本シリーズでの制覇が決まった。

ファンは大喜びしたが、スタッフはがっくりした。西鉄が平和台に戻ってくる予定が吹き飛んでしまった、すなわち、あてにしていた「この5日分の出張費」をもらう理由がなくなってしまったのだ。

博多に戻ってくると、旅行や中洲の豪遊で金を使い果たしてしまったスタッフが、どんよりとした表情で宿舎に集まっていた。

そこに、守屋課長から「帰ってきたらそこに待機するように。マイクロのテストをする」という指示があった。

全員が戻ってきたところで、中継車は完成間近の関門トンネル（自動車道）へ向かった。

マイクロ波がトンネルの壁に反射しながら通るのではないかという仮説のもと、一般車両が通行する前に実験をやろうということになったのだ。

中継車は門司に向けて走った。

福岡市街から国道三号線を東に走り、テレビ塔建設が予定されていた帆柱山と製鉄所に挟まれながら八幡、大蔵を通過。路面電車と抜きつ抜かれつしながら小倉を過ぎ、風師山を見ながら門司市街を抜けると、関門海峡に面した和布刈のトンネル入口に到着した。

スタッフはトンネルでマイクロ導波実験にかかったが、この大胆な目論見は成功せず、すぐに撤収となった。

急に決まったこの実験により、豪遊の5日間は「出張」扱いになり、多くのスタッフが胸をなでおろした。

こうした大遠征は、全国に民放テレビ局が開局したことでおこなわれなくなったが、OTVはこの翌年「富士山頂からの生中継」という未曾有の大冒険に臨んだのであった。

第2章「熱狂」

1957.8

- 東海村原子力研究所で「原子の火」点灯。
- 国鉄金田投手、対中日戦で史上四人目の完全試合。
- 羽衣海水浴場にワーナー映画の宣伝飛行機が墜落。乗員3名死亡。

●8月1日（木）

- 1135 テストパターン（クラシック）
- 1150 オープニングメロディ シンギングピアノ：岩崎洋
- 1200 OTV ニュース
- 1210 一曲どうぞ 「ザ・ピーナッツ・ベンダー」
- 1215 テレビ寄席（KR）歌謡漫談 シャンバロー コント・司会 林百歩 阿部昇二
- 1245 料理手帖「小魚の甘酢揚げ」小川旭 佐藤和枝アナ
- 1300 歌のスケッチ 伊藤久男 「栖山節」
- 1515 都市対抗野球（後楽園）
- 1725 テストパターン 映画音楽
- 1733 オープニングメロディ シンギングピアノ：岩崎洋
- 1743 マンガ横町
- 1751 お天気 54 OTV ニュース
- 1800 シラレン国「奇妙な劇場」
- 1815 西部の王者・キットカースン 「奪われた証人」
- 1850 朝日新聞テレビニュース
- 1900 スーパースターメロディ（KR）岡晴夫 菊池章子 村蘭
- 1930 宝塚ファンコンテスト
- 2000 ロビンフッドの冒険 「生きていたトム」
- 2030 鞍馬天狗（KR）「京洛日記」
- 2100 ダイハツワールドスポーツ
- 2115 デンソー木屋劇場 「青い谷間」(NTV)最終回
- 2145 おはこうら表（NTV/OTV）ゲスト・灰田勝彦 お相手・初音礼子
- 2200 忠臣蔵の人々（KR）「小野寺十内」前篇
- 2230 私のコレクション
- 2245 テレビガイド
- 2250 OTV ニュース
- 2302 日づけ豆辞典（OTVF）
- 2305 あしたのお天気
- 2308 おしらせ◇放送終了

●8月2日（金）

- 1135 テストパターン （フライングリズム）
- 1150 オープニングメロディ
- 1200 OTV ニュース
- 1210 一曲どうぞ
- 1215 映画の窓（KR） 「翼よ！あれが巴里の灯だ」
- 1245 料理手帖「カレー・ロール サンドイッチ」野尻千草 稲田英子アナ
- 1300 歌のスケッチ 美空ひばり
- 1515 都市対抗野球 丸善石油－日本通運（後楽園）
- 1743 マンガ横町「海賊船の最後」
- 1751 お天気 54 OTV ニュース
- 1800 明るい家庭「大阪のお盆」牧村史陽 花柳有洸 山中たつ
- 1815 テレビ紙芝居 「6助がんばれ」
- 1830 スーパーマン（漫画）「にせスーパーマンの巻」
- 1845 テレビガイド
- 1850 毎日新聞テレビニュース
- 1900 テレビびよびよ大学（KR）河井坊茶 徳川夢声他
- 1930 花王ワンダフルクイズ（NIV）今泉良夫 岡本太郎 柳亭痴楽 三条美紀他
- 2000 京阪ゼスチャーゲーム 「京阪の府警対抗」
- 2030 特ダネを逃がすな（KR）
- 2100 野球教室「野球医学」清水源一郎
- 2115 陽気なコーリス
- 2145 三越映画劇場 「夏のロケーション便り」
- 2200 カメラだより北から南から 「日本の夏」
- 2215 ごめんあそばせ（NTV）高田稔 汐見洋他
- 2230 小唄教室（KR）三宅藤九郎
- 2245 テレビガイド
- 2250 OTV ニュース 02 豆辞典
- 2305 OTV ニュース
- 2308 おしらせ◇放送終了

●8月3日（土）

- 1135 テストパターン（クラシック）
- 1150 オープニングメロディ
- 1200 OTV ニュース
- 1210 テレビロケーション第五回 「心斎橋をゆく」ダイ・ラケ
- 1245 料理手帖「豚肉のもち粉揚げ」梁耀庭 小深秀子アナ
- 1300 歌のスケッチ 「別れの三号地」コロンビア・ローズ
- 1305 OTV 週間テレビニュース
- 1725 テストパターン（クラシック）
- 1733 オープニングメロディ シンギングピアノ：岩崎洋
- 1743 マンガ横町
- 1751 お天気 54 OTV ニュース
- 1800 ホームアルバム 「アイヌの歌と踊り」
- 1815 素人のど競べ（NTV）
- 1845 テレビガイド
- 1850 朝日新聞テレビニュース
- 1900 歌のパレード（KR）藤島桓夫 中川姿子 宝田明
- 1930 ほろにがショー・何でもやりまショー（NIV）三國一朗
- 2000 明日は日曜日（NTV）消えた犯人
- 2030 シャープ劇場 のり平喜劇教室（NTV）
- 2100 メトロポリス
- 2110 テレビガイド
- 2115 日真名氏飛び出す（KR） 「美女と黒猫」解決篇 美女と黒猫
- 2145 ダイナミックグローブ（NIV）（浅草公会堂）大久保－諸墨 山野井－小川 解説：平沢雪村 実況：志生野アナ
- 2230 テレビガイド
- 2235 ドラッグネット 「恐怖の軌跡」
- 2305 OTV ニュース
- 2317 日づけ豆辞典（OTVF）
- 2320 あしたのお天気
- 2323 おしらせ◇放送終了

●8月4日（日）

※中継班広島大遠征 一日目

- 0730 テストパターン
- 0800 楽しい■語 10 おしらせ
- 0815 テレビロケーション第六回 「浜寺水練学校」
- 0900 仲よしニュース
- 0915 劇映画「道」佐野周二 水戸光子 島崎雪子
- 1045 まんがくらぶ
- 1100 たのしい生活を 金田夫妻
- 1115 海外トピックス
- 1130 綜斉サロン「日本の触媒工業について」八谷泰造 下岡忠一
- 1200 OTV ニュース
- 1210 テレビガイド
- 1215 ダイラケのびっくり捕物帖 「人さらい天狗」前篇
- 1245 アフリカ探検記録映画 「ケニア大草原」「バブーナ」解説：徳川夢声
- 1420 ナショナル日曜テレビ 観劇会「蝶々の母物語」（大阪歌舞伎座 蝶々・雄二 富士乃章介 高見慶子 花和幸助 三角八重 志摩靖彦 速水雛子 新春座 こびと座
- 1600 芸能ニュース
- 1650 ハワイアン音楽
- 1710 マンガ公園 46 テレビガイド
- 1751 お天気 54 OTV ニュース
- 1800 ジェット・ジャクソン
- 1830 私も出まショー（NTV）
- 1900 サーカス・ボーイ
- 1930 森永 No1 ショー（NTV）
- 2000 OTV スポーツファンシート プロ野球 阪神－中日 【雨天】都市対抗野球決勝 【試合ない時】映画
- 2115 東芝日曜劇場 「生きている小平次」(KR) 勘弥 段四郎 紫
- 2215 ダイハツスポーツウィクリー
- 2230 ゴルフ教室 45 テレビガイド
- 2250 OTV ニュース
- 2302 日付け豆辞典（OTVF）
- 2305 お天気 08 おしらせ、終了

●8月5日 (月)	●8月6日 (火)	●8月7日 (水)	●8月8日 (木)	●8月9日 (金)	●8月10日 (土)	●8月11日 (日)
※広島大遠征二日目	※広島大遠征三日目	※広島大遠征四日目				
1135 テストパターン（クラシック）	730 テストパターン	1135 テストパターン（歌の花かご）中原の歌	1135 テストパターン（クラシック）	1135 テストパターン（フライングリズム）	1115 テストパターン（クラシック）	745 テストパターン
1150 オープニングメロディ	755 原爆慰霊祭実況中継（広島平和公園から）	1150 オープニングメロディ アコーディオン：岡田博	1150 オープニングメロディ	1150 オープニングメロディ アコーディオン：岡田博	1130 オープニングメロディ	815 テレビロケーション第七回「千田山」アパートをたずねて」
1200 OTV ニュース 10 一曲どうぞ	900 一曲どうぞ	1200 OTV ニュース 10 一曲どうぞ	1210 一曲どうぞ	1200 OTV ニュース 10 一曲どうぞ	1140 音楽のアルバム「バイオリン独奏」辻久子	900 仲よしニュース
1215 奥様多忙（KR）江見渉 山岡久乃他	1005 おしらせ◇放送休止	1215 ファッションミュージック（KR）ジェニー愛田 沢村みつ子 旗和子	1215 テレビ寄席（KR）コント：東京テレビ劇団 講談：宝井馬琴	1215 映画の窓（KR）「潮風のいたずら（MGM）」	1200 OTV ニュース	915 ひよどり草紙（劇映画）
1245 料理手帖「プロヴァンス風野菜煮込み」	1135 テストパターン ショパンの曲	1245 料理手帖「青とうがらしのエビ詰め」辻徳光	1245 料理手帖「雉片紅焼蛋」	1240 テレビガイド	1210 クラブ劇場・歌えば楽し ショーボートの思い出	1045 まんがくらぶ
1300 ドラマ「さいはての旅路」藤田進	1150 オープニングメロディ アコーディオン：岡田博	1300 歌のスケッチ「山百合の花」岡本敦郎	1300 歌のスケッチ 伊藤久男「樋山節」	1245 料理手帖「ライスプディング煮桃添え」小林孝二他	1240 テレビガイド	1100 たのしい生活を「星と伝説」草下英明
1305 おしらせ◇放送休止	1200 OTV ニュース 10 一曲どうぞ	1305 おしらせ◇放送休止	1305 コメディ・奥様こんにちワ 今村益三アナ	1300 歌のスケッチ 波止場小僧 美空ひばり	1245 料理手帖「アジの油焼き」	1115 海外トピックス
1725 テストパターン	1215 歌う青春列車（KR）	1715 テストパターン（ポピュラー）	1715 テストパターン（クラシック）	1305 おしらせ◇放送休止	1300 歌のスケッチ「別れの三号地」Cローズ	1130 経済サロン「金融の引き締めと貿易」岩井雄二郎 木内信胤 粂川義雄
1733 オープニングメロディ	1245 料理手帖「セットハム・サンドイッチ」井上幸作	1733 オープニングメロディ	1733 オープニングメロディ	1715 テストパターン	1305 ありちゃんのおかっぱ侍 有島一郎 中原早苗他	1200 OTV ニュース
1743 マンガ横町「町一番の消防夫」	1300 歌のスケッチ 小坂一也	1743 マンガ横町	1743 マンガ横町	1733 オープニングメロディ アコーディオン：岡田博	1335 OTV 週間テレビニュース	1215 ダイラケのびっくり捕物帖「人さらい天狗」後篇 ダイマル・ラケット
1751 お天気 54 OTV ニュース	1305 おしらせ◇放送休止	1751 お天気 54 OTV ニュース	1751 お天気 54 OTV ニュース	1743 マンガ横町	1350 おしらせ◇放送休止	1245 特別番組「夏の甲子園大会」佐伯達夫他
1800 名探偵ルコック「独房の囚人」	1715 テストパターン	1800 ポケット劇場「ペールと水の精」	1800 シラレン国「機械の中の三吉」	1751 お天気 54 OTV ニュース	1655 テストパターン（音楽の小窓）	1410 ナショナル日曜テレビ観劇会「秋の別れ」（東京歌舞伎座） 尾上松緑 市川左団次 八重子
1815 ポポンタイムこの人を（NTV）	1733 オープニングメロディ	1815 忍術真田城（NTV）	1815 西部の王者・キットカーソン「脱獄囚」	1800 明るい家庭「台風とその対策」喜多村一男 藤野良重	1710 オープニングメロディ アコーディオン：岡田博	
1850 毎日新聞テレビニュース	1743 マンガ横町	1845 テレビガイド	1850 毎日新聞テレビニュース	1815 テレビ紙芝居「6助がんばれ」	1721 テレビ社会科「綿」	1520 写真コンクール発表
1900 キンピラ先生青春記（KR）「きんぴら先生追い越す」	1800 少年探偵シリーズ「異人館の謎」	1850 毎日新聞テレビニュース	1900 スーパースターメロディ わが輩はなばなな氏（KR）中村メイコ	1830 アメリカ民謡 黒ん坊ウサギ物語・金鉱発見	1743 マンガ横町	1640 テストパターン
1930 太閤記（NTV）「藤吉郎編」	1815 名犬リンチンチン	1900 テレビ浮世亭 歌謡落語：林家三平 一歩・道雄 柳家小さん	1930 歌はあなたとともに（NTV）	1845 テレビガイド	1751 お天気 54 OTV ニュース	1710 マンガ公園（6本）
2000 ニチボーアワー 喜劇天国（NTV）「恋の質入れ」	1845 テレビガイド	1930 ゼネラル劇場 水戸黄門漫遊記（KR）「あばれ地蔵」前篇	2000 ロビンフッドの冒険「悪党の恩返し」	1850 朝日新聞テレビニュース	1800 ホームアルバム「グライダー」	1751 お天気 54 OTV ニュース
2030 ナショナルTVホール（KR）「鬼〜宇宙拾遺物語より」草笛光子 永井智雄他	1850 朝日新聞テレビニュース	【広島雨天時】大洋-巨人（後楽園）解説：浜崎真二	2030 鞍馬天狗（KR）「京洛日記」	1900 テレビぴよぴよ大学（KR）	1815 素人のど競べ（NTV）	1800 ジェット・ジャクソン
2100 家賃は八百円（KR）高島忠夫 北原文枝 音羽美子	1900 テレビ浮世亭	【野球ない時】劇映画	2100 ダイハツワールドスポーツ	1930 花王ワンダフルクイズ（NIV）	1845 テレビガイド	1830 私も出ま ショー（NTV）三平完児 フランキー堺
2115 ウロコ座（KR）一周年記念番組「おっかさん」山田五十鈴 遠藤慎子 笹山栄一	2000 山一名作劇場（NTV）無法松の一生	2100 コント千一夜 森光子	2115 デンソー木曜劇場 愚かな母の物語（NTV）	2000 京阪ゼスチャーゲーム 江州音頭対河内音頭	1850 朝日新聞テレビニュース	1900 サーカス・ボーイ「鉄路の離れ業」
2145 月曜対談・2つの椅子 西脇安 吉村正一郎	2030 走れ！名馬チャンピオン	2115 熱狂四郎無頼姓（NTV）江見渉 池内淳子 東山他	2145 おはこうら表（NTV/OTV）木下萃声 お相手・初音礼子	2030 特ダネを逃がすな（KR）「狙われた家」前篇	1900 歌のパレード（KR）「鶴田浩二ヒット曲集」若杉啓二 音羽美子	1930 森永 No1 ショー（NTV）草笛光子
2200 OTV 週間世界ニュース	2100 近鉄パールアワー これからの人生 エンタツ他	2145 ニッケ・ジャズパレード（NTV）	2200 忠臣蔵の人々（KR）「小野寺十内」後篇 市川中車 市川松鳶	2100 野球教室「夏の高校野球」三浦竹雄	1930 ほろにがショー・何でもやりま ショー（NTV）	2000 OTV スポーツファンシート プロ野球 国鉄-巨人（後楽園）
2220 ニッカ・ヒッチコック劇場「脱獄」	2115 ピアス劇場 愛の火曜日（KR）笠置シズ子 千石規子 中村是公 ほか	2200 芸能トピックス	2230 私のコレクション「原始芸術」宮武辰夫	2115 陽気なコーリス	2000 明日は日曜日（NTV）	【中止時】毎日・南海 野球ない時 ドラマ
2250 OTV ニュース	2145 ミナロンドリームサロン 深緑夏代 大伴千春 ジョージ岡	2215 街（NTV） 三国連太郎 石原裕次郎他	2245 テレビガイド	2145 三越映画劇場	2030 シャープ劇場 のり平喜劇教室（NTV）「馬車にのる日」	2115 東芝日曜劇場「高原日和」（KR）島田正吾 秋月正夫
2302 日づけ豆辞典（OTVF）	2200 戦慄の旅券	2245 OTV ニュース	2250 OTV ニュース	2200 カメラだより北から南から「生きている明治」	2100 メトロニュース	2215 ダイハツスポーツウィクリー
2305 あしたのお天気	2235 プロ野球展望 野村克也 松井一之	2257 日づけ豆辞典（OTVF）	2302 日づけ豆辞典（OTVF）	2215 ごめんあそばせ（NTV）	2110 テレビガイド	2230 ゴルフ教室 45 テレビガイド
2308 おしらせ◇放送終了	2250 OTV ニュース	2300 あしたのお天気	2305 あしたのお天気	2230 小唄教室（KR）井上光男他	2115 真名氏飛び出す（KR）「折れたドリル」前編	2250 OTV ニュース
	2302 日づけ豆辞典（OTVF）	2303 おしらせ◇放送終了	2308 おしらせ◇放送終了	2245 テレビガイド	2145 ダイナミックグローブ（NIV）稲垣-熊谷 中西-山田 平沢 雪村 30 テレビガイド	2302 日付け豆辞典（OTVF）
	2305 天気 ◇ おしらせ、終了	2345 終了		2250 OTV ニュース	2235 ドラッグネット「恐怖の銃撃」	2305 あしたのお天気
				2302 日づけ豆辞典（OTVF）	2305 OTV ニュース	2308 おしらせ、終了
				2305 あしたのお天気	2317 日付け豆辞典（OTVF）	
				2308 おしらせ◇放送終了	2320 あしたのお天気	
					2323 おしらせ◇放送終了	

第2章「熱狂」

●8月12日（月）
【試合開催時】
930 テストパターン
945 オープニングメロディ
　　斎藤超とニューサウンズ
955 第39回高校野球第一日
　　開会式 山形南ー坂出商業
1200 OTVニュース10ガイド
1315 料理手帖「ビールと洋酒
　　のおつまみもの」辻勲
1330 歌のスケッチ
1335 第39回高校野球第一日
　　第二試合 佐賀商ー函館工
　　第三試合 宮崎大宮崎ー三国
※この日、雨天のため中止時編成
【中止時】
1130 テストパターン
1150 オープニングメロディ
1200 OTVニュース11一曲どうぞ
1215 奥様多忙（KR）
　　江見渉 山岡久乃
1247 料理手帖 辻勲
1300 歌のスケッチ 藤田進
1305 おしらせ◇放送休止
1715 パターン 33 メロディ
1743 マンガ横町
1751 お天気 54 OTVニュース
【共通】
1800 ルコック
1815 ポポンタイムこの人を（NIV）
1850 毎日新聞テレビニュース
1900 キンピラ先生青春記（KR）
1930 太閤記（NTV）「藤吉郎編」
2000 ニチボーアワー 喜劇天国
　　「鳴らぬオルゴール」
　　（NTV）
2030 ナショナルTVホール（KR）
　　「嫉妬」
2100 家賃は八百円（KR）
　　高島忠夫
2115 ウロコ座（KR）国定忠治
　　前編　真山青果・原作
　　市川猿之助 水谷八重子
　　市川段四郎 柳永二郎
　　坂東鶴之助 藤間紫
2145 月曜対談・２つの椅子
2200 OTV週間世界ニュース
2220 ニッカ・ヒッチコック劇場
　　「ジョスリンの肖像」
2250 ニュース 02 日付け豆辞典
◇天◇おしらせ◇終了

●8月13日（火）
【試合開催時】
930 テストパターン
　　ブラームス：交響曲第四番
945 オープニングメロディ
955 第39回高校野球第一日
　　開会式〜第一試合
　　山形南ー坂出商業
1200 OTVニュース10ガイド
1215 料理手帖 井上幸作
1300 歌のスケッチ 小坂一也
1235 第39回高校野球第一日
　　第二試合
　　佐賀商ー函館工
　　第三試合
　　宮崎大宮崎ー三国
【中止時】
1131 テストパターン
1150 オープニングメロディ
1200 OTVニュース12一曲どうぞ
1215 歌う青春列車（KR）
1248 料理手帖 井上幸作
1300 歌のスケッチ 小坂一也
1305 おしらせ◇放送休止
【共通】
1720 パターン 42 メロディ
1743 マンガ横町
1751 お天気 54 OTVニュース
1800 少年探偵シリーズ
　　「異人館の謎」
1815 名犬リンチンチン
　　「ヒューバートの勇気」
1845 テレビガイド50朝日新聞N
1900 テレビ浮世亭 十郎・雁玉
　　栄子・小円 笑福亭松鶴
1930 ゼネラル劇場水戸黄門漫遊記
　　（KR）「あばれ地蔵」後篇
2000 山一名作劇場（NTV）
　　無法松の一生
2030 走れ！名馬チャンピオン
　　「秘密の鉱山」
2100 これからの人生「心配無用」
2115 ピアス劇場愛の火曜日
2145 ミナロンドリームサロン
　　黒岩三代子 栗野
2200 戦場の旅券35プロ野球展望
2250 OTVニュース
2302 日付け豆辞典（OTVF）
2305 天気08おしらせ◇放送終了

●8月14日（水）
【試合開催時】
930 テストパターン
955 第39回高校野球第二日
　　第一試合（前雨の影響で
　　30分遅れ開始）
1200 OTVニュース10ガイド
1215 料理手帖「お盆の精進の
　　お椀もり」辻徳光
1230 歌のスケッチ
1235 第39回高校野球第二日
　　第二試合
1430 シンクロナイズドスイミング
　　全日本選手権（東京・共済
　　プール）◇高校野球
【中止時】
1130 パターン 50 メロディ
1200 OTVニュース10一曲どうぞ
1215 ファッション M（KR）
1245 料理手帖
1300 歌のスケッチ
1305 おしらせ◇放送休止
1430 シンクロナイズドスイミング
1720 パターン 45 メロディ
【共通】
1743 マンガ
1751 お天気 54 OTVニュース
1800 ポケット劇場「ペールと
　　水の精」
1815 忍術真田城45テレビガイド
1850 毎日新聞テレビニュース
1900 わが輩ははなばな氏（KR）
1930 歌はあなたとともに（NIV）
　　灰田勝彦「雨の酒場」
　　ディック・ミネ
　　「ジャワのマンゴ売」
2000 芸能トピックス
2015 OIVスポーツファンシート
　　プロレス国際試合 力道山
2115 眠狂四郎無頼控（NTV）
　　「笑う狂女」
2145 ニッケ・ジャズパレード
　　（NTV）「世界民謡集」
　　「乙女」ダークダックス他
2200 芸能トピックス30続編映画
2245 中継・わかくさ娘 北原
　　三枝他
2315 OTVニュース
2327 日付け豆辞典（OTVF）
2330 お天気33おしらせ、終了

●8月15日（木）
【試合開催時】
930 テストパターン（クラシック）
　　おしらせ
955 第39回高校野球第三日
　　第一試合
　　（雨天時1130開始）
1130 パターン 50 メロディ
【共通】
1200 OTVニュース
1210 ハイチ・デスティネ
　　舞踊集団 お別れ公演
1300 料理手帖「即席シュウマイ」
　　辻徳光
1315 歌のスケッチ 伊藤久男
【試合開催時】
1320 第39回高校野球第三日
　　第二試合
　　高知高ー戸畑高
15:00 第三試合
　　上田松尾高ー平安高
1743 マンガ横町
　　「五ツ児の子犬」
【中止時】
1320 終戦記念特集映画
　　「広場の孤独」
　　◇おしらせ◇放送休止
1720 パターン 45 メロディ
【共通】
1751 お天気 54 OTVニュース
1800 シラレン国
　　「お母さんの心配」
1815 西部の王者・キットカーソン
　　「メキシコへの使者」
1850 朝日新聞テレビニュース
1900 スーパースターメロディ
　　（KR）
1930 花王ワンダフルクイズ
　　（NTV）
2000 京阪ゼスチャーゲーム
　　趣味の音楽家グループ
2100 ロビンフッドの冒険
　　「フランスからの脱出」
2030 鞍馬天狗（KR）「京洛日記」
2100 ダイハツワールドスポーツ
2115 デンソー木曜劇場
　　愚かな母の物語（NTV）
2145 おはこうん表（NTV/OTV）
　　中村玉緒 初音
2200 忠臣蔵の人々（KR）
　　「不破数右衛門」前篇
2230 かんざし 花柳章太郎
2245 テレビガイド
2250 OTVニュース 02 豆辞典
2305 天気08おしらせ、終了

●8月16日（金）
【試合開催時】
930 テストパターン◇おしらせ
955 第39回高校野球第四日
　　法政二ー清水東 矢代アナ
【中止時】
1130 パターン 50 メロディ
【共通】
1200 OIVニュース10歌スケッチ
1215 映画の窓
　　「嵐の中の青春」荻昌弘
1245 料理手帖「ポークチャップ・
　　ロバートソース」堀越
【試合開催時】
1300 第39回高校野球第四日
　　育英ー広島◇第三試合
【中止時】
1300 歌のスケッチ
1305 映画「猿飛佐助」
1425 涼風小唄草紙
　　◇おしらせ～放送休止
1716 パターン 33 メロディ
【共通】
1743 マンガ横町 51 お天気
1754 OTVニュース
1800 明るい家庭「芝居談義」
　　蓑助 山口
1815 短編映画「野球時代」
1830 せむしの子馬（ドラマ）
1845 テレビガイド
1850 新聞テレビニュース
1900 テレビびよびよ大学
　　（KR）
1930 ほろにがショー・
　　何でもありまショー
　　（NTV）三國一朗
2000 明日は日曜日
2030 シャープ劇場
　　のり平喜劇教室
　　（NTV）「銀座のおばけ」
2100 メトロポリス
2110 テレビガイド
2115 日真名氏飛び出す（KR）
　　「折れたドリル」解決編
2145 注文帳（ドラマ）
　　原作・泉鏡花
　　野上千鶴子
2230 テレビガイド
2235 ドラッグネット
　　「恐怖の夜盗」
　　声・北村和夫
2305 OTVニュース
2317 日付け豆辞典（OTVF）
2320 お天気23おしらせ、終了

●8月17日（土）
1115 テストパターン（クラシック）
1130 オープニングメロディ
　　斎藤超とニューサウンズ
1140 音楽へのいざない
　　「独唱・セレナーデ」
1200 OTVニュース
1210 ありちゃんのおかっぱ侍
　　有島一郎 中原早苗他
1240 テレビガイド
1245 料理手帖「季節何てんぷら」
1300 歌のスケッチ
　　「別れの三号地」
　　コロムビア・ローズ
1305 納涼お笑い
1350 劇場中継「怪談乳房榎」
　　（中座）延二郎 友右衛門
　　又一郎 仁左衛門 菊次郎
1610 映画「里の虎」
　　嵐寛寿郎 宮城千賀子
　　徳川夢声
1743 マンガ横町
1751 あしたのお天気
1754 OTVニュース
1800 ホームアルバム「水族館」
1815 素人のど競べ（NTV）
1845 テレビガイド
1850 毎日新聞テレビニュース
1900 歌のパラダイス
　　三浦洸一 野村雪子
　　若杉
1930 花王ワンダフルクイズ
　　（NTV）
2000 明日は日曜日
2030 シャープ劇場
2100 アサヒビールファミリー
2115 コーリス45三越映画劇場
2200 カメラだより北から南から
　　「夏休みの子供達」
2215 ごめんあそばせ（NTV）
2230 小唄教室45ガイド 50 N
2302 日づけ豆辞典（OTVF）
2305 お天気08 おしらせ、終了

●8月18日（日）
740 テストパターン
810 たのしい童謡 川田孝子
825 第39回高校野球第六日
　　第一試合
　　上田松尾ー広島第一
1050 サンデー家庭ニュース
1100 たのしい生活を「子供の夢」
1115 海外トピックス
1130 経済サロン
　　「パッキングケースの話」
1200 OTVニュース
1215 ダイラケのびっくり捕物帖
　　「さかさま騒動」
1335 劇場中継（東京歌舞伎座）
1345 第39回高校野球 第六日
　　第三試合 早実ー法政二
1535 平凡・芸能ニュース
1551 あしたのお天気
1554 テレビガイド
1600 第39回高校野球 第六日
　　第四試合 戸畑ー坂出
1800 ジェット・ジャクソン
　　「狂人博士と殺人音波」
1830 私もたのしい
1900 サーカス・ボーイ
　　「パパは英雄だ！」
1930 森永 No1 ショー（NTV）
　　「ハワイアンホリデー」
　　八千草薫
2000 OIVスポーツファンシート
　　プロ野球 巨人ー阪神
　　（後楽園）中沢不二雄
【東京雨時】中日ー広島
　　（中日）
【試合ない時】
　　映画「春の凱歌」
2115 東芝日曜劇場
　　「十七夜」（KR）
　　尾上松緑 山田五十鈴
2215 ダイハツスポーツウィクリー
2230 ゴルフ教室
　　石井廸夫 福井正一
2245 テレビガイド
2250 OTVニュース
2302 日づけ豆辞典（OTVF）
2305 お天気
2308 おしらせ、終了

●8月19日（月）	●8月20日（火）	●8月21日（水）	●8月22日（木）	●8月23日（金）	●8月24日（土）	●8月25日（日）
【試合開催時】 1100 テストパターン（クラシック） 1115 オープニングメロディ 　　　シンギングピアノ：岩崎洋 1125 マンガ公園「パンドラの箱」 　　　「五ツ子の小犬」 【中止時】 1135 パターン 1154 メロディ 　　　シンギングピアノ：岩崎洋 【共通】 1200 OTV ニュース 1210 一曲どうぞ 藤田進 1215 奥様多忙（KR） 1245 料理手帖「なすのつぶし 　　　肉はさみ焼き」辻勲 【中止時】 1300 歌のスケッチ 1305 おしらせ◇休止 【試合開催時】 1300 第39回高校野球 準決勝 　　　法政二-大宮 　　　広島商-戸畑 1743 マンガ横町 1751 お天気 54 OTV ニュース 1800 名探偵ルコック 　　　「囚人脱走」 1815 ポポンタイムこの人を 　　　（NIV）サトウハチロー 1850 新聞テレビニュース 1900 キンピラ先生青春記（KR） 　　　「きんぴら先生故郷に帰る」 1930 太閤記（NTV）「藤吉郎編」 2000 ニチボーアワー喜劇天国 　　　（NTV）「夢よもう一度」 2030 ナショナルTVホール（KR） 　　　「愛情」石坂洋次郎原作 　　　左幸子 桝瀬幸子 林功 　　　沢村貞子 2100 家賃は八百円 高島忠夫 2115 ウロコ座（KR）「国定忠治」 2145 月曜対談・2つの椅子 　　　今東光 2200 OTV 週間世界ニュース 2220 ニッカ・ヒッチコック劇場 　　　（NIV） 2250 OTV ニュース 2302 日づけ豆辞典（OTVF） 2305 お天気 おしらせ◇放送終了	【共通】 1135 テストパターン（クラシック） 1150 オープニングメロディ 1200 OIV ニュース 10-一曲どうぞ 1210 一曲どうぞ 【試合開催時】 1215 料理手帖「サーモンステーキ」 　　　井上幸作 佐藤和枝アナ 1230 歌のスケッチ 小坂一也 1235 第39回高校野球 決勝 　　　法政二高-広島商 　　　久保顕次アナ 　　　終了後、おしらせ◇休止 【中止時】 1215 歌う青春列車（KR） 1245 料理手帖1300歌のスケッチ 1305 おしらせ◇放送休止 【共通】 1720 テストパターン 1733 オープニングメロディ 1743 マンガ横町 1751 お天気 54 OTV ニュース 1800 少年探偵シリーズ 　　　「王冠の秘密」 1815 名犬リンチンチン 　　　「武器密売団」 1845 テレビガイド 1850 毎日新聞テレビニュース 1900 テレビ浮世場 　　　「特集・しろうと寄席」 　　　牧野 審査員：三遊亭円遊 1930 ゼネラル劇場 　　　水戸黄門漫遊記（KR） 2000 山一名作劇場（NTV） 　　　無法松の一生 　　　「瀬戸の凶賊」 　　　田崎潤 坪内美詠子 2030 走れ！名馬チャンピオン 　　　「悪人の砦」 2100 近鉄パールアワー 　　　これからの人生 2115 ピアス劇場 　　　愛の火曜日（KR） 2145 ミナロンドリームサロン 　　　沢村みつ子 大伴千春 　　　ジョージ岡 2200 戦慄の旅券 2235 プロ野球展望 梅本ほか 2250 OTV ニュース 2302 日づけ豆辞典（OTVF） 2305 お天気 08 おしらせ、終了	1135 テストパターン（歌の花かご） 1150 オープニングメロディ 1200 OIV ニュース 1210 一曲どうぞ 1215 ファッションミュージック 　　　（KR）「フォア・ユー」 　　　朝丘雪路 築地容子 　　　コント：里井茂 旗和子 1245 料理手帖「アワビの酒蒸し」 1300 歌のスケッチ「山百合の花」 　　　岡本敦郎 1305 おしらせ◇放送休止 1720 テストパターン 1733 オープニングメロディ 1743 マンガ横町 1751 お天気 54 OTV ニュース 1800 スーパーマン（漫画） 　　　「人工地震の巻」 1815 忍術真田城（NTV） 1845 テレビガイド 1850 毎日新聞テレビニュース 1900 わが輩ははなばな氏（KR） 1930 歌はあなたとともに（NIV） 　　　宝とも子 林伊佐緒 　　　白鳥みずえ 2000 OIV スポーツファンシート 　　　プロレス国際試合 　　　レートン、フレッチー 　　　東富士、豊登 　　　ボボ・ブラジル-力道山 　　　（大阪府立体育館） 2130 コント千一夜 2145 狂四郎無頼控（NTV） 　　　「運命絵figures」 2215 ニッケ・ジャズパレード（NIV） 　　　浜村美智子 ヒギンズ 2230 芸能トピックス 2245 星空の下に 　　　林功 中川弘子 中川俊子 2315 OTV ニュース 2327 日づけ豆辞典（OTVF） 2330 お天気 2233 おしらせ、終了	1135 テストパターン（クラシック） 1150 オープニングメロディ 1200 OIV ニュース 10-一曲どうぞ 1215 テレビ寄席（KR） 　　　声帯模写：桜井長一郎 　　　浪曲：広沢菊春 1245 料理手帖「バーベキュー料理」 1300 歌のスケッチ「タンカーの男」 　　　若山彰 1305 おしらせ◇放送休止 1715 テストパターン（クラシック） 1720 テストパターン 1733 オープニングメロディ 1743 マンガ横町 1751 お天気 54 OTV ニュース 1800 スーパースターアワー 　　　（大阪朝日会館 OTV/KR） 　　　三浦洸 山本富士子 1930 宝塚ファンコンテスト 　　　城照美 淀かほる 2000 ロビンスフッドの冒険 　　　「とんぼ返り四人組」 2030 鞍馬天狗（KR） 　　　「京洛日記・影法師」 2100 ダイハツワールドスポーツ 2115 デンソー木曜劇場 　　　愚かな母の物語（NTV） 2145 おはこうら表（NIV/OIV） 　　　ゲスト・龍斎貞丈・貞鳳 　　　お相手・藁原邦子初音礼子 2200 忠臣蔵の人々（KR） 　　　「不破数右衛門」中篇 2230 私のコレクション 2245 テレビガイド 2250 OTV ニュース 2302 日づけ豆辞典（OTVF） 2305 あしたのお天気 2308 おしらせ◇放送終了	1135 テストパターン（軽音楽） 1150 オープニングメロディ 1200 OIV ニュース 10-一曲どうぞ 1215 映画の窓（KR） 　　　「殺人狂想曲」 　　　解説：古川ロッパ 1245 料理手帖「クラゲのごまあ 　　　え添え」拭石俊枝 1300 歌のスケッチ「ジェルソミナ」 1305 OTV 週間テレビニュース 1715 テストパターン 1733 オープニングメロディ 1743 マンガ横町 1751 お天気 54 OTV ニュース 1800 明るい家庭 秋の訪れ 　　　「鳴く虫」佐藤 1815 短編文化映画 1830 せむしの子馬（ドラマ） 1845 テレビガイド 1850 毎日新聞テレビニュース 1900 テレビよびよび大学（KR） 　　　河井坊茶 徳川夢声他 1930 花王ワンダフルクイズ（NIV） 　　　今泉良夫 岡本太郎 　　　柳亭痴楽他 2000 京阪ゼスチャーゲーム 　　　京都・大阪の漫画集団 2030 特ダネを逃がすな（KR） 　　　「消えたアリバイ」前篇 2100 野球教室「外野編」 　　　河西俊雄他 2115 陽気なコリース 2145 三越映画劇場「撮影風景」 2200 カメラだより北から南から 　　　「無用の長物」 2215 ごめんあそばせ（NTV） 2230 小唄教室（KR）花姿はま 2245 テレビガイド 2250 OTV ニュース 2302 日づけ豆辞典（OTVF） 2305 あしたのお天気 2308 おしらせ◇放送終了	1140 テストパターン（クラシック） 　　　平岡養一の木琴演奏 1150 オープニングメロディ 1200 OTV ニュース 1210 クラブ劇場・歌えば楽し 1245 料理手帖 　　　「ビフテキの炭火焼」 1300 歌のスケッチ 　　　「別れの三号地」 　　　C・ローズ 1305 ありちゃんのおかっぱ侍 　　　有島一郎 中原早苗他 1335 テレメンタリー「日本の旅」 　　　（特別番組） 　　　札幌・東京・名古屋・大阪 　　　井上八千代 原口神戸市長 　　　朝丘雪路 1715 テストパターン（クラシック） 1733 オープニングメロディ 1743 マンガ横町 1751 あしたのお天気 1754 OTV ニュース 1800 ホームアルバム「灯台」 1815 素人のど競べ（NTV） 1845 テレビガイド 1850 朝日新聞テレビニュース 1900 歌のパレード 　　　伊藤久男 若杉哲二 1930 ほろにがショー・ 　　　何でもやりショー（NIV） 2000 明日は日曜日（NTV） 2030 シャープ劇場 　　　のり平喜劇教室（NTV） 2030 芸能人野球実況（大阪球場） 　　　日本映画俳優協会アク 　　　ターズ対 関西劇人協会 　　　コメディアンズ 2110 テレビガイド 2115 日真名氏飛び出す（KR） 2145 瞼の母（ドラマ） 　　　島田正吾 久松喜世子 　　　香川桂子 2230 テレビガイド 2235 ドラッグネット 　　　「恐怖の水溜」 2305 OTV ニュース 2317 日付け豆辞典（OTV） 2320 あしたのお天気 2323 おしらせ◇放送終了	840 テストパターン 855 おしらせ 900 仲よしニュース 910 映画「広場の孤独」 920 劇映画 1045 ミスターしんさいばし氏 　　　北村英三他 1050 日曜ホームニュース 1100 たのしい生活を 　　　「和服の美しさ」 1115 海外トピックス 1130 経済サロン「陶磁器の話」 　　　佐伯卯四郎他 1200 OTV ニュース 1215 ダイラケのびっくり捕物帖 　　　「さかさま騒動」後篇 1245 マンガ公園 漫画映画6本 1320 平凡・芸能ニュース 1610 音楽 スリーサンズ 1630 ナショナル日曜テレビ 　　　観劇会「稽古扇」 　　　中村歌右衛門 喜多村 　　　六郎 花柳章太郎 　　　大矢市次郎他 1751 あしたのお天気 1754 OTV ニュース 1800 ジェット・ジャクソン 　　　「爆弾魔の復習」 1830 私も出ますショー（NTV） 　　　三和完児 1900 サーカス・ボーイ 　　　「ピエロの友情」 1930 森永No1 ショー（NTV） 2000 OTV スポーツファンシート 　　　プロ野球 阪急-西鉄 　　　（西宮）解説：浜崎真二 　　　【雨天時】大映-南海 　　　【試合ない時】劇映画 2115 東芝日曜劇場 　　　「ダニロワ・バレエの夕」 　　　（KRIVマンモススタジオ） 　　　ダニロワバレエ団 　　　牧阿佐美バレエ団 2215 ダイハツスポーツウィクリー 2230 ゴルフ教室45テレビガイド 2250 OTV ニュース 2302 日付け豆辞典（OTVF） 2305 お天気、おしらせ◇放送 　　　終了

●8月26日（月）

1135 テストパターン（クラシック）
1150 オープニングメロディ
　　　アコーディオン：岡田博
1200 OTV ニュース
1210 一曲どうぞ
1215 奥様多忙 (KR) 江見渉 他
1245 料理手帖「チキン・カレー」
　　　辻勲 稲田英子アナ
1300 歌のスケッチ 藤田進
1305 おしらせ◇放送休止
1715 テストパターン
1733 オープニングメロディ
　　　アコーディオン：岡田博
1743 マンガ横町
　　　「マスイとアルバル爺さん」
1751 お天気 54 OTV ニュース
1800 名探偵ルコック
　　　「ルコックの追跡」
1815 ポポンタイム
　　　この人を (NTV)
1850 新聞テレビニュース
1900 キンピラ先生青春記 (KR)
　　　「きんぴら先生お見合う」
1930 太閤記 (NTV)「藤吉郎編」
2000 ニチボーアワー
　　　喜劇天国(NTV)「忍ぶ今宵」
2030 ナショナルTVホール (KR)
　　　「婚礼」
2100 家賃は八百円 (KR) 高尾忠夫
　　　北原文枝 音羽美子
2115 ウロコ座 (KR)
　　　「国定忠治」後篇
2145 月曜対談・2つの椅子
2200 OTV 週間世界ニュース
2220 ニッカ・ヒッチコック劇場
　　　「風」Rゴードン
2250 OTV ニュース
2302 日づけ豆辞典 (OTVF)
2305 あしたのお天気
2308 おしらせ◇放送終了

●8月27日（火）

1135 テストパターン（クラシック）
1150 オープニングメロディ
　　　アコーディオン：岡田博
1200 OTV ニュース10一曲どうぞ
1215 歌う青春列車 (KR)
　　　音冶美子 上月左知子他
1245 料理手帖「オクラの煮込み
　　　ポルトガル風」井上幸作他
1300 歌のスケッチ 小坂一也
1305 おしらせ◇放送休止
1715 テストパターン（ポピュラー）
1733 オープニングメロディ
　　　アコーディオン：岡田博
1743 マンガ横町
1751 お天気 54 OTV ニュース
1800 少年探偵シリーズ
　　　「王冠の行方」
1815 名犬リンチンチン「豹の猛襲」
1845 テレビガイド
1850 朝日新聞テレビニュース
1900 テレビ浮世亭
　　　円生「首屋」文楽「酢豆腐」
　　　歌謡漫談：シャンバロー
1930 ゼネラル劇場
　　　水戸黄門漫遊記 (KR)
2000 山一名作劇場 (NTV)
　　　息子の縁談
　　　津川雅彦 中村メイコ他
2030 走れ！名馬チャンピオン
　　　「金鉱の誘惑」
　　　北条美智留 佐藤英夫
2100 近鉄パールアワー
　　　これからの人生
　　　「身の上相談」
2115 ピアス劇場愛の火曜日 (KR)
　　　笠置シヅ子 原保美他
2145 ミナロンドリームサロン
　　　中原美紗緒 大伴千春
　　　ジョージ岡
2200 戦慄の旅券
2235 プロ野球展望
2250 OTV ニュース
2302 日づけ豆辞典 (OTVF)
2305 あしたのお天気
2308 おしらせ◇放送終了

●8月28日（水）

1135 テストパターン（歌の花かご）
　　　雪村いづみの歌
1150 オープニングメロディ
　　　アコーディオン：岡田博
1200 OTV ニュース
1210 一曲どうぞ
1215 ファッションミュージック
　　　(KR) 三宅光子 浜路美帆
1245 料理手帖「そうめんと豚肉の
　　　バター炒り」辻徳光
1300 歌のスケッチ
　　　「山百合の花」岡本敦郎
1305 おしらせ◇放送休止
1645 テストパターン愛のかたみ
1702 オープニングメロディ
1715 忍術真田城 (NTV)
1746 マンガ横町
1751 お天気 54 OTV ニュース
1800 スーパーマン（漫画）
　　　「魚雷工場の巻」
1815 雪村いづみリサイタル
　　　多忠作楽団
1845 テレビガイド
1850 朝日新聞テレビニュース
1900 わが輩ははなばな氏 (KR)
1930 ボリショイ劇場バレエ出演
　　　春の水（ラフマニノフ）
　　　眠れる森の美女
　　　（チャイコフスキー）
　　　ドン・キホーテ（ミンクス）
　　　ガイーヌ（ハチャトリアン）
　　　（新宿コマ劇場）
　　　解説：伊藤道郎 腋部智恵子
2115 コント千一夜
2130 眠狂四郎無頼控 (NTV)
　　　「切支丹坂」江見渉
　　　池内淳子 東山他
2200 ニック・ジャズパレード (NTV)
　　　ペギー葉山 J柴田他
2215 芸能トピックス
2230 薔薇のごとく 三橋達也
　　　日高澄子他
2300 OTV ニュース
2312 日づけ豆辞典 (OTVF)
2315 あしたのお天気
2318 おしらせ◇放送終了

●8月29日（木）

645 テストパターン◇おしらせ
700 産業教室 (KR)「造船」
　　　終了後、おしらせ◇休止
1135 テストパターン
1150 オープニングメロディ
　　　アコーディオン：岡田博
1200 OTV ニュース10一曲どうぞ
1215 テレビ寄席 (KR)
　　　マジック：向井鉄舟
　　　リーガル千太・万吉
1245 料理手帖「豚肉の八幡巻きと
　　　マスカットの味噌漬」
1300 歌のスケッチ「樽山節」
　　　若山彰
1305 おしらせ◇放送休止
1715 テストパターン（クラシック）
1733 オープニングメロディ
　　　アコーディオン：岡田博
1743 マンガ横町
1751 お天気 54 OTV ニュース
1800 シラレン国「こども大会」
1815 西部の王者・キットカースン
　　　「駅馬車」
1850 毎日新聞テレビニュース
1900 スーパースターメロディ (KR)
　　　林 津村 音羽 宮尾
1930 宝塚ファンコンテスト
2000 ロビンフッドの冒険
　　　「秘密の池」声：外山高士
　　　加藤正也
2030 鞍馬天狗 (KR)「京洛日記」
2100 ダイハツワールドスポーツ
2115 デンソー木曜劇場
　　　「紅屋ヨーカン」(NTV)
　　　宇津井健他
2145 おはこうら表 (NTV/OTV)
2200 忠臣蔵の人々 (KR)
　　　「不破数右衛門」後篇
2230 私のコレクション
　　　「印材と印譜」横田実他
2245 テレビガイド
2250 OTV ニュース
2302 日づけ豆辞典 (OTVF)
2305 あしたのお天気
2308 おしらせ◇放送終了

●8月30日（金）

1135 テストパターン
1150 オープニングメロディ
　　　アコーディオン：岡田博
1200 OTV ニュース10一曲どうぞ
1215 映画の窓(KR)「最後の決死隊」
　　　（イギリス映画）
　　　解説：荻昌弘
1245 料理手帖「お子様向きの
　　　炒り卵ライス」
1300 歌のスケッチ「波止場小僧」
　　　美空ひばり
1305 おしらせ◇放送休止
1715 テストパターン
1733 オープニングメロディ
　　　アコーディオン：岡田博
1743 マンガ横町
1751 お天気 54 OTV ニュース
1800 明るい家庭「上方わらべ唄」
　　　稗村正治
1815 短編映画
1830 ポケット劇場「せむしの子馬」
　　　ロシア民話より
1845 テレビガイド
1850 新聞テレビニュース
1900 テレビぴよぴよ大学 (KR)
　　　河井坊茶 徳川夢声他
1930 花王ワンダフルクイズ(NTV)
　　　今泉良夫 岡本太郎
　　　柳家痴楽
2000 京阪にがうシアター
2030 特ダネを逃がすな (KR)
　　　「消えたアリバイ」後篇
2100 野球教室「外野編」
　　　河西俊雄他
2115 陽気なコーリス
　　　「いちごは御免の巻」
2145 三越映画劇場「撮影風景」
2200 カメラだより北から南から
　　　「夏枯れ」
2215 ごめんあそばせ (NTV)
　　　「通り雨」
2230 小唄教室 菱胡多栄宝井馬琴
2245 テレビガイド
2250 OTV ニュース
2302 日づけ豆辞典 (OTVF)
2305 あしたのお天気
2308 おしらせ◇放送終了

●8月31日（土）

1115 テストパターン（クラシック）
1130 オープニングメロディ
　　　アコーディオン：岡田博
1140 音楽へのいざない
　　　「ショパンの子守唄」
1200 OTV ニュース
1210 クラブ劇場・歌えば楽し
　　　「西部の唄」【再放送】
1240 テレビガイド
1245 料理手帖「タチウオの薄皮
　　　あげ」世渡三郎
1300 歌のスケッチ 宝田明
1305 ありちゃんのおかっぱ待
　　　有島一郎 中原早苗他
1335 OTV 週間テレビニュース
1715 テストパターン（クラシック）
1733 メロディ 岡田博
1743 マンガ横町
1751 あしたのお天気
1754 OTV ニュース
1800 ホームアルバム「大昔の生活」
1815 素人のど競べ (NTV)
　　　暁テルブ 45歳テレビガイド
1850 朝日新聞テレビニュース
1900 歌のパレード (KR)
　　　「霧の中の男」
　　　ディック・ミネ
　　　青木光一 若杉啓二
1930 ほろにがショー
　　　何でもやりまショー (NTV)
　　　三國一朗
2000 明日は日曜日 (NTV)
2030 シャープ劇場
　　　のり平喜劇教室
　　　(NTV)「のんきな死神」
2100 メトロニュース
2110 テレビガイド
2115 日真名氏飛び出す (KR)
2145 ダイナミックグローブ (NTV)
　　　（浅草公会堂）
　　　田中一長谷川
　　　大久保一戸塚
2230 テレビガイド
2235 ドラッグネット
　　　「恐怖の告白」
2305 OTV ニュース
2317 日づけ豆辞典 (OTVF)
2320 お天気 23 おしらせ、終了

これがOTVだ 1957年8月

【単発番組】

●実況中継「原爆慰霊祭」

1957年8月6日（火）7：55〜9：00

大阪から中継車を直接派遣して、広島平和公園で行われた原爆慰霊祭のもようを実況中継。

実況担当は繁村純孝アナウンサー。

式典の実況につづいて、市長や原爆資料館長へのインタビューがおこなわれた。

詳細は「ドキュメント大遠征」の項に。

●特別番組「夏の甲子園大会」

8月11日（日）12：45〜13：25

夏の甲子園大会を目前に控え、佐伯達夫他の出演で、豊中球場時代や鳴尾球場時代までさかのぼって高校野球の今昔を映画で紹介。昔懐かしいチームや、歴史に残る熱戦「中京対明石二十五回戦」なども紹介した。

●第39回全国高校野球大会

8月12日（月）〜20日（火）

第一試合9：55〜 第二、第三試合はなりゆき。

久保顕次アナウンサーに加え、朝日放送の村上、小林、中村アナの応援。

初日の試合中継で「喋りすぎる」という声があがったため、実況アナウンサーのそばにもう一人ついて、喋りすぎそうな時肩を叩くという「牽制役」がついたという。

また、センター後方、バックスクリーン左側の広告看板は投手と打者の両方をカメラがとらえた時必ず写るのだが、第一日の中継のスポンサーが看板の広告主の競合社にあたるため、要望でアングルを変更したという。

●デスティネ舞踊集団お別れ公演

8月15日（木）12：10〜13：00

ハイチのジャン＝レオン・デスティネ舞踊集団の舞踊と演奏を第1スタジオから生放送。

ジャン＝レオン・デスティネ（Jean-Léon Destiné）は、1930年ハイチ生まれの舞踊家。

1946年よりダンスの道に入り、1949年、自らダンスカンパニーを設立。積極的にハイチの芸術の海外に紹介した。

振付家や後進の育成にも従事。映画「鏡の中のマヤ・デレン（2001米）」に出演。2013年没。

●OTVスポーツファンシート「プロレス国際試合」

8月21日（水）20：00〜21：30

大阪府立体育館から中継。NTVにネット。

レートン、フレッチス対東富士、豊登およびボボ・ブラジル対力道山の2試合を放送した。

この日、OTVの街頭テレビは、設置以来の最高記録を更新した。最も多くの人を集めたのは新森小路公園の2140人であった。

各設置場所で平均600人を集めたという。

●テレメンタリー「日本の旅」

8月24日（土）13：35〜17：35

HBC、NTV、CBCとの四局リレーによるライブ・ドキュメンタリー。

幹事局はNTVで徳川夢声が総合司会を担当。開発されたばかりのウォーキールッキーを含め、合計31台のカメラを動員して実況・フィルム・スタジオを組み合わせた番組となった。

「テレメンタリー（Telementary）」という言葉は米NBCによる造語。

サンフランシスコ、セントルイス、マイアミ、レイク・ミード、ロックフェラーセンター、グランドキャニオン、マサチューセッツの港町、コネチカットの平和な町、クリーブランドをリレーで結ぶという、90分間の多元中継番組「秋の日曜日」で使われたのが最初である。

「日本の旅」は、まさにこの日本版を製作しようというものだが、スポンサーがつかなかったため、300万円の予算で自主制作した。

まず、東京NTVからは「展びゆく東京（50分）」。自衛隊のヘリコプターにカメラを載せて空中実況を予定していたが自衛隊から断られ、隅田川のポンポン蒸気からの中継に変更したというエピソー

ドがある。

続いて札幌 HBC からは「拓けゆく北海道（35分）」。

札幌市内の百貨店屋上から市内の景色を写し、郷土研究科たちがジンギスカンを囲みながらの座談会を放送した。

名古屋 CBC からは「躍進する名古屋（45分）」。

伝統芸能や立ち並ぶビルの紹介とともに、画面を２分割するワイプを利用して、東京のスタジオにいる徳川夢声と名古屋のスタジオにいる小林市長の対談などを放送した。

OTV は「栄えゆく京阪神（50分）」と題して、5カ所に6台のカメラを配置。

戎橋には宝塚映画から借りた映画用の大型クレーンを据えた。

まず OTV 屋上から堂島のビジネスセンターを展望。

続いてスタジオに切り替わって、商工会議所・杉会頭へのインタビューをすすめながら、まずはフィルムで御堂筋、丼池筋などを紹介。

そのまま実況中継で戎橋へ。

食い道楽の話にのせて実況で大食堂ビルや道頓堀を紹介。

すし屋に入ると横山エンタツがいて女将と大阪鮨を食べながら食い物談義を愉しむ。

やがて、スタジオに戻って原口神戸市長や地唄舞の井上八千代さんがフィルムや対談で「ミナト神戸」や「観光京都」を語る。

最後に OTV 屋上から大阪市内を見渡すシーンで終わるという手の込んだ内容であった。

●テレビ産業教室・造船「進水式実況」

8月29日（木）7：00〜

KRT 制作。HBC、CBC との４局ネット。三浦半島から東京・赤坂まで三段中継。

新番組

【8月4日】

●マンガ公園（まとめ再放送）

（〜1959年11月29日、全119回）

日 17：10〜17：45　月〜土の夕方「マンガ横丁」として放送した漫画をまとめて再放送。新聞では「漫画６本」と表記されることが多かった。アメリカ製のショート・カトゥーンを放送。

【8月10日】

●音楽へのいざない（〜1958年6月23日）

土 11：40〜12：00

クラシックのスタジオリサイタル番組。第一回は辻久子のバイオリン独奏。

第１ NHK 第２ | 朝日 ABC JONR 1010KC | 新日本 NJB JOOR 1210KC | 神戸 CR JOCR 560KC | 京都 KBS | 中部日本 CBC JOAR 1090KC | 西日本 JOJR 940KC | NHKテレビ

大阪テレビ

ラジオ東京 950KC | ニッポン放送 1310KC

終戦記念日特集

1957 年 8 月 15 日（木）「デスティネ舞踊集団お別れ公演」放送（朝日新聞）

1957年 9月

3日20時23分10秒から21時33分7秒にわたって音声途絶。「山一名作劇場」(20：00〜NTV)、「走れ！名馬チャンピオン」(20：30〜KRT)、「これからの人生」(21：00〜KRT)、「ピアス劇場」(21：15〜21：45 KRT)の4本が影響を受けたが、苦情は少なかった。NHKが裏でプロ野球「巨人―阪神戦」を中継していたためといわれている。

10日 開局一周年に向けた番組・事業企画案が社内募集された。

17日、電波監理審議会は姫路地区に予定していた第2チャンネルを京阪神地区に振り替え、京阪神地区で新たに免許する民放2局をいずれも準教育局にするとを発表。18日NJB、19日ABCが準教育局として申請内容を改め、新大阪テレビは教育局として申請しなおした。

29〜30日、NJB創業7周年記念第一回「大阪まつり」(梅田コマ劇場)を後援。

29日大阪朝日会館でぶどうの会創立10周年記念「おんにょろ盛衰記」「悪党」を主催。

30日21:50頃、報道部は日航機雲仙号の不時着を速報。詳細は別記。

OTVの演芸番組 〜戦前の大御所が勢揃い〜

民放ラジオが開局したときもそうであったが、なんといっても一番人気の番組は演芸番組である。今風にいえば「ソフトの確保」のために各局は躍起であり、人気芸人と専属契約を結んだり、既存の演芸場を公開収録の場として活用することも珍しくなかった。

残された番組表を見ると、在京局は圧倒的に落語の比率が高く、在阪局は漫才の比率が高い。もっともこの時代、大阪の落語界は戦前〜戦中の絶滅寸前の状況からやや上向きになりはじめた矢先のことであり、人数もすくなかった。

OTVが開局し、大小さまざまな演芸番組が放送されたが、記録を見るとほとんどが戦前・戦中に結成・組み換えされたコンビやトリオで、若手が少ないように思える。

演芸番組の出演枠は名の知れたベテランや中堅クラスで一杯で、若手はバラエティやコメディ、あるいは生CMに出演することが多かった。

当時の演芸番組は、寄席やホールの公開放送のほかに、15分番組くらいの無観客のスタジオ番組があった。

いまでは無観客の演芸放送は、放送上白けたものになるため、まず考えられないが、この時代はどこの局にもそんな枠が設定されていた。

それは、大部分の人が街頭テレビや、あるいはテレビのある家や喫茶店などに「集まって」見ていたため、一緒になって笑うことができたからではないか。

さて、次頁からOTVが放送した演芸番組のリストを掲載しているが、ここには在京局で制作されたネット番組も含まれている。東京からのネット番組には東京の落語家が多く出演しているが、テレビにでてくる東京の落語家は大阪でも好まれていたようだ。話を聞いてみると、巷間でよくいわれるほどに大阪の観客が東京の芸人を毛嫌いしていたわけではなく、たまたま、漫才中心の演芸場や劇場で、上方漫才や上方噺に挟まれてテンポも質感も違う江戸落語が上演されることへの違和感が強調されて「大阪人の東京芸人嫌い」という話になったようだ。

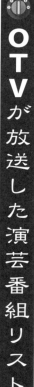

OTVが放送した演芸番組リスト

以下は、OTVで「放送された」演芸番組と出演者リストであり、OTV制作以外のネット番組も含まれる。

新聞番組表をもとに作成したため、実際の放送と内容が異なるのもある。また、新聞掲載の段階で省かれた情報もあるので予めご承知頂きたい。

注：

❶トリオ「かしまし娘」は1956年夏に命名されたためか新聞では「正司歌江・照江・花江」と表記されていることが多かった。このデータ集では「かしまし娘」で統一した。
❷トリオ「三人奴」は、新聞では「笑がお・やっこ・笑美子」、「市松笑顔・塚本やっこ・市松笑美子」などと記されることもあったが、本リストでは「三人奴」で統一した。
❸「タイヘイトリオ」は新聞表記上「洋児・糸路・夢路」と表記されることがあったが本リストでは「タイヘイトリオ」に統一した。
❹H・フォン・タクト（「お好み浪花寄席」3月4日）は当時、東名阪の寄席に出演していたドイツ人芸人で、日本語で艶っぽい替え歌を歌っていた。文藝春秋1966年6月号にグラビア記事あり。
❺落語・漫才以外は、ジャンルを記した（例「奇術」「漫談」「浪曲」）。
❻落語他の演目は新聞の表記に従った。現在の表記と異なるものも書き換えていない。
❼東西で同名の落語家について、新聞で亭号が表記されていない場合はそのまま転記した。

お好み浪花寄席
月 21：00～21：15　制作：OTV

<1956年>

【12月】
3日「お笑い堀川の段」三人奴
10日 漫才
17日 タイヘイ洋児・夢路
24日 ミヤコ小蝶・鳴尾あきら
31日 浮世亭歌楽・ミナミサザエ
　　　三遊亭小円・木村栄子（23：00～）

<1957年>

【1月】
7日 橘ミノル・双葉みどり
14日 五條家菊二・松枝
21日 西都ハロー・ジロー
　　　（新聞では波呂・治呂と表記）
28日 流行亭歌麿・やちよ

【2月】
4日 人生幸朗・生恵幸子
11日 笑福亭枝鶴（四代目）他
18日 浮世亭夢丸・吾妻ひな子
25日 桂福団治他

【3月】
4日 H・フォン・タクト「ドイツの三亀松」
11日 桂米朝
18日 川上のぼる「物まね」
25日 林家染丸

【4月】
1日（不明）
8日 藤田まこと「漫談と声帯模写」
15日 高瀬晋一ほか
22日 秋山右楽・夏川左楽
29日 曲芸・宝家和楽他

【5月】
6日 笑福亭松之助
13日 かしまし娘
20日 松鶴家光晴・浮世亭夢若
27日 ジャグラー都一（＝一陽斎都一）

【6月】
3日 桂枝太郎
10日 浮世亭歌楽・ミナミサザエ
17日 バイオリン・ハッタリーズの
　　　お笑い音楽
24日 笑福亭枝鶴
11月30日土 15：00
　　開局一周年記念　企画
　　「お好み浪花寄席」のスペシャル版を
　　大阪歌舞伎座地下演　芸場から放送。
　　秋山右楽・夏川左楽
　　松鶴家光晴・浮世亭夢若
　　桂米朝　ほか

お笑い劇場
木曜日 22.05～　制作：OTV

<1957年>
1月17日 千歳家歳男・松鶴家団之助
1月24日 秋田Aスケ・Bスケ

お笑い日の丸劇場
木 18.00～18：15　制作：OTV

<1956年>

【12月】
6日 芦屋小雁・雁之助
13日 桂米朝

第2章「熱狂」

20日 東文章・こま代
27日 （不明）

<1957年>
【1月】
10日 桂福団次
17日 （大相撲のため休止）
24日 （大相撲のため休止）
31日 桂枝太郎

【2月】
7日 花菱〆吉・花柳貞奴他
14日 山遊亭金太郎
21日 歌子（千守歌子か？）・泰志
28日 星らら子・望月凡太

【3月】
7日 山崎正三・都家文路

テレビ浮世亭
火 19：00〜　KRTV/OTV/電通TV企
　　　　画制作部 NTVの同名番組とは別。

<1956年>
【12月】
4日 松鶴家光晴・浮世亭夢若
　　　東五九童・松葉蝶子
11日 かしまし娘 秋山右楽・夏川左楽
18日 都家文雄　ほか
25日 ミスワカナ・玉松一郎
　　　浪花家市松・芳子

<1957年>
【1月】
1日 西条凡児　東五九童・松葉蝶子
8日 中田ダイマル・ラケット　笑福亭枝鶴

15日 香島ラッキー・御園セブン
　　　三遊亭柳枝・南喜代子
22日 林家染丸　秋山右楽・夏川左楽
29日 夢路いとし・喜味こいし
　　　ミスワカサ・島ひろし

【2月】
5日 暁伸・ミスハワイ
　　　林田十郎・芦乃家雁玉
12日 かしまし娘
　　　浮世亭歌楽・ミナミサザエ
19日 海原お浜・小浜
　　　秋田Ａスケ・Ｂスケ
26日 松鶴家光晴・浮世亭夢若
　　　タイヘイ洋児・夢路・糸路

【3月】
5日 三遊亭小円・木村栄子
　　　浪花家市松・芳子
12日 市松笑がお・塚本やっこ・市松笑美子
　　　東五九童・松葉蝶子
19日 西都ハロー・ジロー
　　　（新聞では波呂・治呂）
　　　三遊亭柳枝・南喜代子
26日 五條家菊二・松枝
　　　秋山右楽・夏川左楽

【4月】
2日 桂米朝　砂川捨丸・中村春代
9日 中田ダイマル・ラケット
　　　浮世亭夢丸・吾妻ひな子
16日 桂小文枝 松鶴家光晴・浮世亭夢若
23日 桂米丸 ミスワカナ・玉松一郎
30日 桂福団治 秋山右楽・夏川左楽

【5月】
7日 三遊亭柳枝・南喜代子
　　　海原小浜・お浜
14日 柳家三亀松「三味線粋曲」
21日 笑福亭枝鶴 林田十郎・芦乃家雁玉
28日 秋山右楽・夏川左楽
　　　西条凡児「漫談」

【6月】
4日 いとし・こいし Ａスケ・Ｂスケ
11日 三遊亭柳枝・南喜代子
　　　ミスワカサ・島ひろし
18日 三遊亭百生「野崎参り」
　　　三遊亭円生「紀州」
25日 ミヤコ小蝶・鳴尾あきら
　　　ミヤコ蝶々・南都雄二

【7月】
2日 桂文楽「よかちょろ」牧野周一「漫談」
9日 （プロ野球オールスター戦のため休み）
16日 （KRT新局舎初制作ドラマのため休み）
23日 柳家小さん 三遊亭金馬
　　　都上英二・東喜美江
30日 コロムビアトップ・ライト
　　　三升家小勝（六代目）桂米丸

【8月】
6日 林家三平 柳家小さん
　　　宮島一歩・三国道雄
13日 林田十郎・芦乃家雁玉
　　　三遊亭小円・木村栄子 笑福亭枝鶴
20日「特集・しろうと寄席」
　　　牧野周一 審査員：三遊亭円遊
27日 三遊亭円生「首屋」
　　　桂文楽「酢豆腐」
　　　シャンバロー「歌謡漫談」

【9月】
3日 三遊亭百生「奈良名所」
　　　円生「置き泥」
　　　コロムビアトップ・ライト
10日 かしまし娘 松鶴家光晴・浮世亭夢若
　　　桂米朝
17日「特集・しろうと寄席」
　　　牧野周一 審査員：三遊亭円遊
24日 桂小文枝　秋山右楽・夏川左楽
　　　砂川捨丸・中村春代

【10月】
1日 三升家小勝　柳家小さん
　　　宮島一歩・三国道雄
8日 桂文楽　牧野周一「漫談」
15日「特集・しろうと寄席」
　　　牧野周一 審査員：三遊亭円遊
22日 西条凡児「漫談」
　　　東五九童・松葉蝶子
29日 柳家小さん「蜘かご」(ママ)
　　　宮島一歩・三国道雄

【11月】
5日 （不明）
12日 三遊亭柳枝・南喜代子
　　　秋田Ａスケ・Ｂスケ
19日 桂文楽　三遊亭円遊
26日 林田十郎・芦乃家雁玉
　　　秋山右楽・夏川左楽

【12月】
3日 （不明）
10日 かしまし娘
　　　中田ダイマル・ラケット
17日 桂文楽　都上英二・東喜美江
24日 姿三平・浅草四郎　西条凡児「漫談」

31 日（「1957 年さよなら大放送」のため休止）

<1958 年>
【1 月】
7 日 リーガル千太・万吉 三升家小勝
14 日 夢路いとし・喜味こいし
　　　講談：旭堂南陵
21 日 柳家小さん 宮田洋容・布地由起江
28 日「稽古屋」桂米朝
　　　秋山右楽・夏川左楽

【2 月】
4 日 三遊亭円生　牧野周一「漫談」
11 日 三遊亭柳枝・南喜代子 かしまし娘
18 日 三遊亭円遊「くやみ」
　　　都上英二・東喜美江
25 日 笹山タンバ・宮津タンゴ
　　　砂川捨丸・中村春代

【3 月】
4 日 桂米丸「エキストラ」
　　　コロムビアトップ・ライト「社会戯評」
11 日 西条凡児「漫談」
　　　三遊亭小円・木村栄子「湯島の白梅」
18 日 柳家小さん　三遊亭円遊
25 日 秋山右楽・夏川左楽
　　　廣澤菊春（二代目）浪曲「おかめ団子」

【4 月】
1 日 三遊亭円遊　三遊亭円生
8 日（不明）
15 日 柳家小さん「ちりとてちん」
　　　宮島一歩・三国道雄
22 日（レニングラード交響楽団特別演奏会）

29 日 桂文楽「花びん」牧野周一「漫談」

【5 月】
6 日 林家三平「相撲風景」
　　　シャンバロー「歌謡漫談」
13 日（不明）
20 日（不明）
27 日（不明）

【6 月】
3 日 三遊亭円右「恋の新宿」
　　　コロムビアトップ・ライト
10 日 かしまし娘
　　　三遊亭柳枝・南喜代子
17 日 三遊亭円遊「堀の内」
　　　都家かつ江「音曲吹き寄せ」
24 日（不明）

土曜寄席
土 1215〜　制作:OTV
<1958 年>
【8 月】
30 日 笑福亭枝鶴「三人旅」
　　　桂米朝「無精の代参」

【9 月】
6 日 瀧の家鯉香「三味線コント」
　　　東五九童・松葉蝶子
13 日 桂枝太郎 秋山右楽・左楽
20 日 タイヘイ洋児・糸路・夢路
27 日 五條家松枝・菊二
　　　浮世亭歌楽・ミナミサザエ

【10 月】
4 日 庭野千草「大正琴」海原お浜・小浜

11 日 三遊亭小円・木村栄子
　　　林家染九「子ほり相撲」
18 日 桂小文治独演会「紙くず屋」
25 日 柳亭痴楽「妻を語る」
　　　姿三平・浅草四郎

【11 月】
1 日 笹山タンバ・宮津タンゴ
　　　五條家菊二・松枝
8 日 三遊亭柳枝・南喜代子「秋深し」
15 日 東五九童・松葉蝶子
22 日 かしまし三人娘「初恋物語」
29 日 松鶴家光晴・浮世亭夢若

【12 月】
6 日 浪花家市松・芳子「台所交響楽」
13 日 ミスワカサ・島ひろし
　　　「のんだ安・高田の馬場」
20 日 秋田 A スケ・B スケ
　　　「僕の趣味君の趣味」
27 日 タイヘイ洋児 夢路他

<1959 年>
【1 月】
10 日「神めぐり」東五九童・松葉蝶子
17 日 三遊亭柳枝・南喜代子
24 日 ミナミサザエ・浮世亭歌楽
　　　「僕のへそくり」
31 日 秋山右楽・夏川左楽
　　　ミナミサザエ・浮世亭歌楽

【2 月】
7 日 松鶴家光晴・浮世亭夢若
14 日 姿三平・浅草四郎
21 日 タイヘイ洋児・夢路・糸路

「からたち日記」
28 日 海原お浜・小浜「春遠からじ」

【3 月】
7 日 浮世亭歌楽・ミナミサザエ
14 日 三遊亭小円・木村栄子
21 日
28 日

【4 月】
4 日 砂川捨丸・中村春代
　　　「映画のない時代」
11 日 秋山右楽・夏川左楽
18 日 桂春団治「野崎詣り」
25 日 かしまし娘「かしまし股旅道中記」

【5 月】
2 日 夢路いとし・喜味こいし
9 日 松鶴家光晴・浮世亭夢若
16 日 川上のぼる「ひとりのバラエティ」
23 日 浮世亭歌楽・ミナミサザエ
30 日 姿三平・浅草四郎
　　　「お笑いクイズ合戦」

【6 月】
6 日 秋山右楽・夏川左楽「映画物語」

「道頓堀アワー」の寄席中継（角座）
土 2000〜
<1958 年>
【9 月】
27 日 かしまし娘 柳亭痴楽
　　　中村春代・砂川捨丸

【10月】
　4日　和楽・和喜美「曲芸」
　　　　夢路いとし・喜味こいし
　　　　浪曲「鹿政談」：
　25日　秋山右楽・夏川左楽
　　　　梅中軒鶯童「浪曲」

【11月】
　22日　三人奴　ミスワカサ・島ひろし
　　　　廣澤菊春「浪曲」

【12月】
　13日　小円・栄子　右楽・左楽
　　　　春代・捨丸

<1959年>
【1月】
　17日　Aスケ・Bスケ和楽・和喜美
　　　　中村春代・砂川捨丸

【2月】
　28日　三人奴「野崎村」
　　　　もろ多玉枝・広多成三郎「馬だより」
　　　　松葉家奴・喜久奴「松づくし」

【3月】
　7日　橘ミノル・双葉みどり
　　　　かしましい娘
　　　　五條家菊二・松枝

　21日（角座）
　28日（角座）

【4月】
　18日　笹山タンバ・宮津タンゴ
　　　　かしましい娘
　　　　都家文雄・美智代

　25日　三人奴　桂小文治　秋
　　　　山右楽・夏川左楽

【5月】
　9日　ダイマル・ラケット
　　　　かしまし娘　千歳家今次・今若
　23日　平和ラッパ・日左丸
　　　　枝太郎「親子電車」
　　　　松葉家奴・喜久奴

【6月】
　6日　横山ホットブラザース　正一「奇術」
　　　　砂川捨丸・中村春代

お笑い七福神
1956年12月2日（日）1330〜
　　　蝶々・雄二　いとし・こいし他

テレビ寄席
木 1210〜　制作：KRTV
司会：百歩照子 コロムビアトップ・ライト
<1956年>
【11月】（サービス放送中）
　22日　阿部昇二・林大介「漫談デュオ」
　　　　八代目桂文楽　林家三平

【12月】
　13日　柳家小さん アダチ竜光「奇術」
　20日　三遊亭円生 東和子・西〆子
　27日　林家正楽

<1957年>
【1月】
　3日　宮島一歩・三国道雄
　　　　瀧の家鯉香「俗曲」
　10日　廣澤菊春 浪曲「鹿政談」ほか曲芸

　17日　三升家小勝 ホープ「歌謡漫談」他
　24日　桂小文治 大空ヒット・三空ますみ
　31日　翁家和楽「曲芸」
　　　　コロムビアトップ・ライト

【2月】
　7日　近藤あきら「民謡」三遊亭金馬
　14日　林家染団治 喜美子
　　　　三笑亭夢楽「権助芝居」
　21日
　28日　三遊亭百生「浮世床」

【3月】
　7日　都上英二・東喜美江「明治一代女」
　　　　琴正「大正琴」
　　　　・木1215〜に変更
　14日　浅草〆香「俗曲・民謡」柳枝
　21日　牧野周一「漫談」三升家小勝
　28日　宝井馬琴「講談・荒茶の湯」

【4月】
　4日　林家正蔵 宮島一歩・三国道雄
　11日　三浦美奈子 桂小文治
　18日　三升家小勝 早竹三郎「足芸」
　25日　新橋喜代丸「民謡」
　　　　コロムビアトップ・ライト

【5月】
　2日　ハリー長谷川「奇術」桂小金治
　9日　花子「曲芸」
　16日「滑稽二人羽織」
　　　　三遊亭円生「音曲ばなし」
　23日　吉慶堂李彩「中国奇術」三遊亭百生
　30日　新橋喜代三「民謡」
　　　　リーガル千太・万吉　林百歩

【6月】
　6日　三遊亭円遊「鈴が森」
　13日　都上英二・東喜美江 おどり
　20日　南■■子 吟舞「天軍■泊」
　　　　三升家小勝「とんち落ち」
　27日　腹話術：■田 落語：金原亭馬生

【7月】7月各回、東京テレビ劇団のコントあり
　4日　落語：橘家円蔵　林百歩・阿部昇二
　11日　国友忠「浪曲」
　18日　桂小文治「胴とり」
　25日　春風亭笑橋「松竹梅」

【8月】
　1日　シャンバロー「歌謡漫談」
　　　　林百歩・阿部昇二
　8日　宝井馬琴
　22日　桜井長一郎「声帯模写」
　　　　廣澤菊春「浪曲」
　29日　向井鉄舟「マジック」
　　　　リーガル千太・万吉

【9月】
　5日　近藤あきら「民謡」
　　　　柳家三亀松「民謡漫談」
　12日　松旭斎一光「足芸」三升家小勝
　19日　柳家小半治 三遊亭円生 林百歩
　26日　桂二三男（柳家紫朝改メ）
　　　　「声帯模写」
　　　　一龍斎貞山「講談」

【10月】
　3日　林百歩・阿部昇二
　　　　新橋喜代三「民謡」

コロムビアトップ・ライト
10日 瀧の家鯉香「音曲吹寄せ」
17日 海老一染之助・染太郎
　　スイングボーイズ
24日
31日 牧野周一「漫談」三遊亭金馬

【11月】
7日 翁家和楽社中「曲芸」
　　シャンバロー「歌謡漫談」
14日 コロムビアトップ・ライト
　　スイングボーイズ「歌謡漫談」
21日 鏡味小鉄「曲芸」
　　都上英二・東喜美江
28日 宮田洋容・布地由起江
　　三遊亭金馬

【12月】
5日 西﨑流若葉会「舞踊」
　　桂小文治　桂米丸
12日 松鶴家千代菊「音曲吹き寄せ」
　　柳家小さん
19日 林家染団治・駒治 桂小金治
26日 江戸家猫八 宝井馬琴

<1958年>
【1月】
9日 廣澤菊春「浪曲」
16日 三遊亭円遊
23日 柳家三亀松「漫談」
30日 春風亭小柳枝

【2月】
6日 三升家小勝

13日 あやつり人形「八百屋お七」
20日 廣澤菊春「浪曲・火事息子」
27日 柳家小さん「棒鱈」

【3月】12日から水 1215～
6日 三遊亭金馬「錦明竹」
12日 神田伯山「講談・無心は強い」
19日 三遊亭円遊

【4月】
2日 三遊亭金馬
23日 林家正蔵
30日 三升家小勝「宝くじ」
16日 古川ロッパ「漫談」

近鉄パールアワー「立体漫才」
　火 2100～　制作：OTV
　1957年1月29日
　林田十郎・芦乃家雁玉

【単発、およびタイトル不明】

<1956年>
「食後の演芸」
　11月23日金 12：10～
　制作：OTV
　三人奴 奇術：一陽斎正一
　芦屋小雁・雁之助

「お笑いプレゼント」
　12月3日月 14：40～
　制作：OTV（第二スタジオ）
　橘家菊春・吉郎・太郎

　浮世亭夢子・吾妻ひな子

「お名残り漫才ショー（大劇）」
　12月30日日 20：00～
　制作：OTV
　十郎・雁玉　光晴・夢若
　大阪松竹歌劇団

「寄席」
　12月31日月 12：10～
　昔昔亭桃太郎　御神楽　曲芸 市松

「年忘れ東西漫才大会（東阪二元中継）」
　12月31日月 13：00～
　NTVと共同制作
　秋山右楽・夏川左楽
　砂川捨丸・中村春代他

「珍芸大会（東阪二元中継）」
　12月31日月 14：05～
　リーガル千太・万吉
　リーガル天才・秀才他
　右楽・左楽　捨丸・春代
　桂子・好江

<1957年>
「タイトル不明」
　1月1日火 13：50～
　松鶴家光晴・浮世亭夢若

「名人会」
　1月2日水 13：00～
　桂文楽　勝太郎「俗曲」
　東亭杵五郎「餅の曲搗」

「寄席中継」
　2月24日日 20：30～
　制作：OTV
　暁伸・ミスハワイ　林家染丸
　ミスワカナ・玉松一郎　芳子

「タイトル不明」
　3月14日木 14：45～
　都家文雄・高田田鶴子

お彼岸特集「マジックショー」
　3月21日木 13：45～

円歌「立体落語・民謡じまん九州編」
　3月21日木 14：45～
　岡田東洋・小菊

「タイトル不明」
　3月28日木 18：00～
　虹子・寿郎

「タイトル不明」
　5月3日土 15：30～
　五條家松枝・菊二
　三遊亭柳枝・南喜代子
　ミスワカサ・島ひろし
　中田ダイマル・ラケット

「タイトル不明」
　4月12日日 22：30～
　「寝床」三遊亭円生
　リーガル千太・万吉

「タイトル不明」

4月16日木 22：00〜
　柳家小さん

「タイトル不明」
4月26日日 22：30〜
　シャンバロー「歌謡漫談」

「タイトル不明」
5月11日土 13：05〜
　秋田Aスケ・Bスケ
　三遊亭柳枝・南喜代子
　ミスワカサ・島ひろし

「納涼お笑い」
8月17日土 1305〜

12月1日月 16：00〜
　松鶴家枝鶴
　中田ダイマル・ラケット他

12月8日月 16：00〜（不明）

「年忘れ漫才大会」
12月31日火 14：20〜
　ワカサひろし　夢路いとし・喜味こいし
　リーガル千太・万吉
　大空ヒット・三空ますみ他

<1958年>
「初笑い寄席中継」
1月1日水 15：30〜
　松鶴家光晴・浮世亭夢若
　秋山右楽・夏川左楽

「寄席中継」

4月3日金 13：45〜
　松鶴家光晴・浮世亭夢若
　姿三平・浅草四郎　笑福亭枝鶴　他

6月15日日 13：15〜
　三遊亭円生　桂文楽
　リーガル千太・万吉

「寄席中継」
9月6日土 20：00〜
　三遊亭柳枝・南喜代子　芦乃家
　雁玉・林田十郎
　岩田直二　石田　他

9月22日日 22：30〜
　コント「宛名は見ている」

10月05日日 13：15〜
　「林家三平の真打披露会」

<1959年>
「寄席中継」
1月1日木 14：30〜
　柳家小さん　桂文楽　林家正蔵
　三升家小勝　春風亭小柳枝

「演芸館」
1月2日金 18：30〜
　秋田Aスケ・Bスケ

3月13日金 22：30〜
　「権兵衛狸」三升家小勝

3月20日金 22：30〜
　「浮世床」三遊亭円生

3月27日金 22：30〜
　「長屋の花見」三遊亭金馬

5月03日日 22：30〜
　「鍬潟」三遊亭円生

5月10日日 22：30〜
　「道灌」柳家小さん

「兼営記念番組　東西お笑い大会」
6月1日月 14：20〜
　三遊亭円生　桂文楽
　松鶴家光晴・浮世亭夢若
　かしまし娘

6月6日土 13：15〜
　桂文楽　歌謡漫談：シャンバロー　他

1957.9
・台風10号。大阪市は米130万食、ボート320隻を手配。
・日本国産ロケット第一号「カッパ-4C」試射成功。
・旭区千林駅前に「主婦の店ダイエー」一号店。

第2章「熱狂」

●9月1日（日）
840 テストパターン
900 仲よしニュース
910 劇映画「りんご園の少女」
　　美空ひばり　山村聡
1050 ホームニュース
1100 たのしい生活を
　　お天気の話・空の表情
1115 海外トピックス
1130 経済サロン「北浜今昔」
1200 OTVニュース
1215 ダイラケのびっくり捕物帖
　　「鳥追い女」前篇
1245 短編映画 (USIS)
1305 タンゴ集　牧博
1440 劇場中継
　　「フランキーのフットライト」
　　フランキー堺
　　宝とも子　久保
1550 平凡・芸能ニュース
1710 マンガ公園
　　「オペラ騒動」ほか 5本
1751 お天気 54 OTVニュース
1800 ジェット・ジャクソン
　　「大森林の秘密」
1830 私も出まショー (NTV)
　　三和完児　淡谷のり子
1900 サーカス・ボーイ「白い熊」
　　ペリイ他
1930 宇宙船エンゼル号の冒険
　　(NTV) 日影丈吉・作
　　八島恵子 杉浦直樹 三宅一
　　久野四郎　小松方正他
2000 OTV スポーツファンシート
　　プロ野球　巨人ー中日
　　(後楽園)
　　【雨天】西鉄ー近鉄
　　（平和台）
　　【試合ない時】
　　映画「春の凱歌」
2115 東芝日曜劇場「月見草」
　　(KR) 久米明　東恵美子
2215 ダイハツスポーツウィクリー
2230 ゴルフ教室
　　石井廸夫 福井正一
2250 OTVニュース
2302 日づけ豆辞典 (OTVF)
2305 あしたのお天気
2308 おしらせ、終了

●9月2日（月）

- 930 テストパターン◇おしらせ
- 945 国際ペン大会開会式実況
  解説佐藤朔 東京産経ホール
  終了後休止
- 1125 テストパターン（クラシック）
- 1150 オープニングメロディ
  斎藤超とニューサウンズ
- 1200 OIVニュース10 一曲どうぞ
- 1215 奥様多忙（KR）「秋は来ぬ」
  江見渉 山岡久乃他
- 1245 料理手帖「セビラ風ステーキ」
  辻勲
- 1300 歌のスケッチ 島倉千代子
- 1305 おしらせ◇放送休止
- 1715 テストパターン 音楽
- 1730 オープニングメロディ
  斎藤超とニューサウンズ
- 1743 マンガ横町 50 お天気
- 1753 OTV ニュース
- 1800 名探偵ルコック
  「セルムーズ公爵」
- 1815 ポンポンタイム この人が
  （NTV）
- 1850 毎日新聞テレビニュース
- 1900 キンピラ先生青春記（KR）
- 1930 太閤記（NTV）「藤吉郎編」
  大川丘男 服部哲治
  鈴木光枝
- 2000 ニチボーアワー
  喜劇天国（NIV）「ある楽屋」
  柳家金語楼 川田孝子
- 2030 ナショナルTVホール（KR）
  「名妓」千秋稔 乙羽信子
  高友子
- 2100 家賃は八百円
- 2115 ウロコ座（KR）
  「佐々木小次郎」
  前篇 村上元三・作
- 2145 月曜対談・2つの椅子
  植田 吉村
- 2200 OTV 週間世界ニュース
- 2220 ニッカ・ヒッチコック劇場
  「隠された記憶」
- 2250 OTV ニュース
- 2302 日づけ豆辞典（OTVF）
- 2305 天気 08 おしらせ、終了

●9月3日（火）

- 1135 テストパターン（クラシック）
- 1150 オープニングメロディ
  斎藤超とニューサウンズ
- 1200 OIVニュース10 一曲どうぞ
- 1215 歌う青春列車（KR）
  音羽美子 上月左知子他
- 1245 料理手帖「フライド・プロン・
  エレガント」
- 1300 歌のスケッチ「噂の男」
  岡晴夫
- 1305 おしらせ◇放送休止
- 1715 テストパターン
- 1733 オープニングメロディ
  斎藤超とニューサウンズ
- 1800 少年探偵シリーズ
  「王冠の行方」
  高桐真 中山千夏
- 1815 名犬リンチンチン「初手柄」
- 1850 朝日新聞テレビニュース
- 1900 テレビ浮世亭
  三遊亭百生「奈良名所」
  三遊亭円生「置き泥」
  コロムビア・トップ・ライト
- 1930 ゼネラル劇場
  水戸黄門漫遊記（KR）
  「消えた医者」前篇
- 2000 山一名作劇場（NTV）
  息子の縁談
  津川雅彦 中村メイコ他
  ※20：23：10～21：33：07 無音事
  故発生。
- 2030 走れ！名馬チャンピオン
  「西部の挑戦」
  北条美智留 佐藤英夫
- 2100 これからの人生
  「慰安旅行」エンタツ他
- 2115 ピアス劇場愛の火曜日
  （KR）
- 2145 ミナロンドリームサロン
  ペギー葉山 粟野圭一
- 2200 戦粟の旅券「マドリード編」
  岡田英次 西村晃他
- 2235 プロ野球展望
- 2250 OTV ニュース
- 2302 日づけ豆辞典（OTVF）
- 2305 お天気 08 おしらせ、終了

●9月4日（水）

- 1135 テストパターン（歌の花かご）
  島倉千代子の歌
- 1150 オープニングメロディ
  斎藤超とニューサウンズ
- 1200 OIVニュース10 一曲どうぞ
- 1215 ファッションミュージック
  （KR）「フォー・ユー」
- 1245 料理手帖「なすのはさみ揚げ」
  辻徳光
- 1300 歌のスケッチ「山百合の花」
  岡本敦郎
- 1305 おしらせ◇放送休止
- 1715 テストパターン（ポピュラー）
- 1733 オープニングメロディ
  斎藤超とニューサウンズ
- 1743 マンガ横町
- 1800 スーパーマン（漫画）
  「ジャングルドラムの巻」
- 1815 忍術真田城
  佐藤慶二 小林重四郎
- 1850 毎日新聞テレビニュース
- 1900 わが輩ははなばな氏（KR）
- 1930 歌はあなたとともに（NTV）
  青木光一 Cローズ
  君和田民枝 湯川きよ美
  藤田進
- 2000 OTVスポーツファンシート
  中日―大洋（中日）
  解説 杉浦清
  【雨天時】毎日―西鉄
  【試合ない時】
  「決闘の断崖」
- 2100 コント千一夜
- 2115 眠狂四郎無頼控（NTV）
  「狂四郎哄笑」
  江見渉 池内淳子
- 2145 ニッケ・ジャズパレード
  （NTV）芦野宏
- 2200 忠臣蔵の人々（KR）
  「武林唯七」前篇
  堀越節子他
- 2235 ポケット喜劇 右楽左楽
  花江・照江・歌江
- 2245 OTV ニュース
- 2257 日づけ豆辞典（OTVF）
- 2300 あしたのお天気
- 2303 放送終了

●9月5日（木）

- 1135 テストパターン
- 1150 オープニングメロディ
  斎藤超とニューサウンズ
- 1200 OIVニュース10 一曲どうぞ
- 1215 テレビ寄席（KR）
  民謡：近藤あきら
  民謡漫談：柳家三亀松
- 1245 料理手帖「魚の香味揚げ
  と春雨の酢あえ」
- 1300 歌のスケッチ「タンカーの男」
  若山彰
- 1305 おしらせ◇放送休止
- 1715 テストパターン
- 1733 オープニングメロディ
  斎藤超とニューサウンズ
- 1743 マンガ横町
- 1800 シラレン国「謎の老人」
  長岡秀幸 山里しのぶ
- 1815 西部の王者・キットカースン
  「野牛の怒り」
- 1850 朝日新聞テレビニュース
- 1900 スーパーマンメロディ
  （KR）小坂一也
  君和田民枝
  ワゴンマスターズ
- 1930 宝塚ファンコンテスト
  黒木ひかる
- 2000 ロビンフッドの冒険
  「持参金」
- 2030 鞍馬天狗（KR）京洛日記
  「娘歌舞伎」
- 2100 ダイハツワールドスポーツ
- 2115 デンソー木曜劇場
  （NTV）河鹿の湯
  三島耕 魚住純子他
- 2145 おはこうら表（ntv/OTV）
  ゲスト・豊吉
  お相手・初音礼子
- 2200 カメラだより北から南から
  「ゲイジツの秋」
- 2215 ごめんあそばせ（NTV）
  「秋行く頃の巻」
- 2230 小唄教室（KR）胡満博他
- 2245 OTV ニュース
- 2250 OTV ニュース
- 2302 日づけ豆辞典（OTVF）
- 2305 あしたのお天気
- 2308 おしらせ◇放送終了

●9月6日（金）

- 1115 パターン 歌
- 1140 音楽へのいざない
  独唱「理想」月村光子
- 1150 オープニングメロディ
  斎藤超とニューサウンズ
- 1200 OTV ニュース
- 1210 クラブ劇場・歌えば楽し
  「アメリカ大学歌集」
  パイロンパーマー
- 1245 料理手帖「魚のピカタ」
  松下
- 1300 歌のスケッチ「大学の侍たち」
  宝田明
- 1305 ありちゃんのおかっぱ侍
  「懐かしき八百八丁の巻」
  有島一郎 中原早苗他
- 1335 文楽座人形浄瑠璃
  「仮名手本忠臣蔵」
  三・四段目 土佐太夫
  松太夫 つばめ太夫
  住太夫 人形：文五郎
  紋十郎 栄三玉五郎玉助
  三味線：清六 喜右衛門
  ※BKTVが翌日六段目を放送
- 1715 パターン 43 マンガ横町
- 1800 ホームアルバム「平安美術」
- 1815 素人のど競べ（NTV）
- 1850 毎日新聞テレビニュース
- 1900 歌のパレード（KR）灰田勝彦
  久慈あさみ 君和田民枝
- 1930 ほろにがショー・
  何でもやりショー（NIV）
- 2000 明日は日曜日（NTV）
  「愛のカルテ」1
- 2030 特ダネを逃すな（KR）
  「危ない契約書」前篇
- 2100 野球教室「外野編」
  河村俊雄他
- 2115 陽気なコーリス
- 2145 三越映画劇場「撮影風景」
- 2200 カメラだより北から南から
  「ゲイジツの秋」
- 2145 ダイナミックグローブ（NIV）
  中西―小林
  澤田―品田
- 2235 ドラグネット
  「恐怖の鳥界」
- 2303 特報・台風10号
  「気象解説」
  広野気象協会解説部長
  「市民の心得」松本民生
  局長
- 2323 日づけ豆辞典（OTVF）
- 2325 お天気◇おしらせ◇終了

●9月7日（土）

- 1200 OTV ニュース
- 1210 クラブ劇場・歌えば楽し
  「アメリカ大学歌集」
- 1300 歌のスケッチ「大学の侍たち」
- 1305 ありちゃんのおかっぱ侍
- 1715 パターン 43 マンガ横町
- 1800 ホームアルバム「平安美術」
- 1815 素人のど競べ（NTV）
- 1850 毎日新聞テレビニュース
- 1900 歌のパレード（KR）灰田勝彦
  久慈あさみ 君和田民枝
- 1930 ほろにがショー・
  何でもやりショー（NIV）
- 2000 明日は日曜日（NTV）
  「愛のカルテ」1
- 2030 シャープ劇場
  のり平喜劇教室（NTV）
  「四つの仕事の物語」
- 2100 メトロニュース
- 2115 白真名氏飛び出す（KR）
  「箱の中の復讐」前編
- 2145 ダイナミックグローブ（NIV）
  中西―小林
  澤田―品田
- 2235 ドラグネット
  「恐怖の鳥界」
- 2303 特報・台風10号

●9月8日（日）

- 800 テストパターン◇おしらせ
- 815 テレビロケーション
  特別編「東映京都撮影所」
  錦之助 柳太朗 橋蔵他
- 900 仲よしニュース
- 915 劇映画「猿飛佐助」
  水島道太郎 喜多川千鶴他
- 1050 ホームニュース
- 1100 たのしい生活を「秋の虫」
  中村汀女他
- 1115 海外トピックス
- 1130 経済読本「化学繊維」
  大屋晋三 下岡忠一他
- 1200 OIVニュース台風情報ほか
- 1215 ダイラケのびっくり捕物帖
  「鳥追い女」後篇
- 1245 私はOTVのアナウンサー
- 1315 ナショナル日曜テレビ
  観劇会「メナムの王妃」
  （東宝ミュージカル）
  作・菊田一夫
  水谷八重子 三益愛子
  宮城まり子 榎本健一
  三木のり平 益田キートン
  尾上九朗右衛門
- 1600 平凡・芸能ニュース
- 1615 短編映画「我々の原子力」
- 1710 マンガ公園 43 マンガ横町
- 1754 OTV ニュース
- 1800 ジェット・ジャクソン
- 1830 私も出ますショー（NTV）
- 1900 サーカス・ボーイ
- 1930 宇宙船エンゼル号の冒険
- 2000 OTVスポーツファンシート
  プロ野球 阪神―国鉄
  （甲子園）
  【雨天時】大洋―巨人
  【野球のない時】
  2000 劇映画
- 2115 東芝日曜劇場「硫黄島」
  （KR）木村功南原伸二
  加藤治子
- 2215 ダイニツスポーツウィクリー
- 2230 ゴルフ教室 石井福井
- 2250 OTV ニュース
- 2302 日づけ豆辞典（OTVF）
- 2305 あしたのお天気
- 2308 おしらせ、終了

第2章「熱狂」

●9月9日（月）

1135 テストパターン（クラシック）
　　　スラブ舞曲
1150 オープニングメロディ
　　　シンギングピアノ：岩崎洋
1200 OTV ニュース
1210 一曲どうぞ
1215 奥様多忙（KR）「秋は来ぬ」
1245 料理手帖 ラビオリ
　　　辻勲 稲田英子アナ
1300 歌のスケッチ「娘中乗りさん」
　　　島倉千代子
1305 おしらせ◇放送休止
1715 テストパターン
1733 オープニングメロディ
　　　シンギングピアノ：岩崎洋
1743 マンガ横町
1800 名探偵ルコック「消えた犯人」
1815 ポンタイムこの人を（NIV）
1845 テレビガイド
1850 朝日新聞テレビニュース
1900 キンピラ先生青春記（KR）
　　　「きんぴら先生弁護す」
1930 太閤記（NTV）「藤吉郎編」
2000 ニチボーアワー喜劇天国
　　　（NTV）
　　　「憧れのロマンスグレー」
2030「名妓」（KR）
2100 家寶ハ百円（KR）
　　　高島忠夫 北原文枝
　　　音羽美子
2115 ウロコ座（KR）
　　　「佐々木小次郎」後篇
　　　村上元三・作
　　　大谷友右衛門
　　　市川段四郎 小夜福子
　　　坂東簑助
2145 月曜対談・2つの椅子
　　　大阪府警 日向信治
　　　加藤三之雄
2200 OTV 週間世界ニュース
2220 ニッカ・ヒッチコック劇場
　　　「遺産」
2250 OTV ニュース
2302 日づけ豆辞典（OTVF）
2305 あしたのお天気
2308 おしらせ◇放送終了

●9月10日（火）

1135 テストパターン（クラシック）
1150 オープニングメロディ
1200 OTV ニュース10一曲どうぞ
1215 歌う青春列車
　　　音羽美子 上月左知子他
1245 料理手帖「ナスのフライサ
　　　ンドとマヨネーズ」
1300 歌のスケッチ「噂の男」
　　　岡晴夫
1305 おしらせ◇放送休止
1715 テストパターン
1733 オープニングメロディ
1743 マンガ横町
　　　「消防夫のバディちゃん」
1800 少年探偵シリーズ
　　　「王冠の行方」
1815 名犬リンチンチン
　　　「狙われた赤ん坊」
1845 テレビガイド
1850 毎日新聞テレビニュース
1900 テレビ浮世亭
　　　歌謡漫才：歌江・照江・
　　　　　　　　花江
　　　漫才：光晴・夢若
　　　落語：米朝
1930 ゼネラル劇場
　　　水戸黄門漫遊記（KR）
　　　「消えた医者」後篇
2000 山一名作劇場（NTV）
　　　息子の縁談
　　　津川雅彦 中村メイコ他
2030 走れ！名馬チャンピオン
　　　「凶悪なカチンカ」
　　　北条美智їl 佐藤英夫
2100 近鉄パールアワー
　　　これからの人生
　　　「小さいお客様」
2115 ピアス恋の火曜日（KR）
2145 ミナロンドリームサロン
　　　寺谷 大伴 千春
　　　ジョージ岡
2200 戦慄の旅券「マドリード編」
2235 プロ野球展望
2250 OTV ニュース
2302 日づけ豆辞典（OTVF）
2305 あしたのお天気
2308 おしらせ◇放送終了

●9月11日（水）

1135 テストパターン（歌の花かご）
1150 メロディ ピアノ：岩崎洋
1200 OTV ニュース
1210 一曲どうぞ「山百合の花」
　　　岡本敦郎
1215 ファッションミュージック
　　　（KR）「フォー・ユー」
1245 料理手帖
　　　菊花イカのつまみもの
　　　辻徳光 小深秀子アナ
1300 歌のスケッチ
　　　「山百合の花」岡本敦郎
1305 おしらせ◇放送休止
1715 テストパターン（ポピュラー）
1733 オープニングメロディ
　　　斎藤超とニューサウンズ
1743 マンガ横町
1800 スーパーマン（漫画）
　　　「磁力望遠鏡の巻」
1815 忍術真田城（NTV）
　　　佐藤精二 小林重四郎
1845 テレビガイド
1850 毎日新聞テレビニュース
1900 わが輩ははなばな氏（KR）
1930 歌はあなたとともに（NIV）
　　　三浦洸一 藤本二三代
2000 OTV スポーツファンシート
　　　プロ野球 巨人－阪神
　　　（後楽園）解説中沢不二雄
　　　越智アナ
　　　【雨天時】
　　　阪急ー毎日（西宮）
　　　【試合のない時】
　　　「決闘の断崖」
2100 コント千一夜
2115 眠狂四郎無頼控（NTV）
　　　狂四郎哄笑 江見渉
　　　池内淳子 東山他
2145 ニッケ・ジャズパレード
　　　（NTV）朝丘雪路 ヘレン
　　　ヒギンズ
2200 芸能トピックス
2215 色眼鏡岡田英次 西村晃他
2245 OTV ニュース
2257 日づけ豆辞典（OTVF）
2300 あしたのお天気
2308 おしらせ◇放送終了

●9月12日（木）

1135 テストパターン（クラシック）
　　　ドボルザーク
1150 オープニングメロディ
1200 OTV ニュース
1210 一曲どうぞ
1215 テレビ寄席（KR）
　　　足芸：松旭斎一光
　　　落語：小勝
1245 料理手帖「ささ身のチキンカツ」
1300 歌のスケッチ「タンカーの男」
　　　若山彰
1305 おしらせ◇放送休止
1715 テストパターン（クラシック）
1733 オープニングメロディ
　　　斎藤超とニューサウンズ
1743 マンガ横町
1800 シラレン国「地下の工場」
　　　長岡秀幸 山里しのぶ
1815 西部の王者
　　　キットカースン
　　　「野牛の怒り」45ガイド
1850 朝日新聞テレビニュース
1900 スーパースターメロディ（KR）
1930 宝塚ファンコンテスト
　　　南城照美 寿美花代他
2000 ロビンフッドの冒険
　　　「ソウルキル城の幽霊」
2030 鞍馬天狗（KR）「京洛日記」
2100 目で聴く話題雨風雲
　　　「大阪よいとこ」
　　　（OTV、CBC 第一回）
　　　笠置 夢声他
2145 おはこうら表（NIV/OTV）
　　　初音礼子
　　　ゲスト・勝新太郎
2200 忠臣蔵の人々（KR）
　　　「武林唯七」後篇
　　　堀越節子他
2230 私のコレクション
2235 冗談ミュージカル
　　　「佐々ちゃんのあの手
　　　　この手」佐々十郎他
2250 OTV ニュース
2302 日づけ豆辞典（OTVF）
2305 あしたのお天気
2308 おしらせ、終了

●9月13日（金）

1115 テストパターン
1150 オープニングメロディ
1200 OTV ニュース
1210 一曲どうぞ
1215 映画の窓（KR）「女ひとり」
　　　キム・ノバク
　　　ジェフ・チャンドラー他
1245 料理手帖「ピロード・ボア
　　　ンソン」堀越フサヱ
1300 歌のスケッチ「波止場小僧」
1305 おしらせ◇放送休止
1715 テストパターン
1733 オープニングメロディ
　　　シンギングピアノ：岩崎洋
1743 マンガ横町
1751 あしたのお天気
1754 OTV ニュース
1800 明るい家庭「おどる手拭」
　　　京都先斗町の人々
1815 短編映画「粘土教室」
1830 ポケット劇場
　　　「うかれバイオリン」1
　　　イギリス童話人形劇団
　　　クラルテ
1850 毎日新聞テレビニュース
1900 テレビよびよ大学（KR）
　　　河木坊茶 徳川夢声他
1930 花王ワンダフルクイズ（NIV）
　　　今泉良夫 岡本太郎
　　　柳亭痴楽
2000 京阪ゼスチャーゲーム
　　　関西アコーディオンの
　　　京都と大阪
2030 特ダネを逃がすな（KR）
　　　「危ない契約書」後篇
2100 野球教室「外野編」
2115 陽気なコリウス
　　　「我ら男性の巻」
2145 三越映画劇場
2200 カメラだより北から南から
　　　「本朝メイ人伝」
2215 ごめんあそばせ（NTV）
2230 小唄教室（KR）
　　　オリエ 津坂
2245 ガイド 50 OTV ニュース
2302 日づけ豆辞典（OTVF）
2305 あしたのお天気
2308 おしらせ、終了

●9月14日（土）

840 テストパターン
1130 オープニングメロディ
　　　シンギングピアノ：岩崎洋
1140 音楽へのいざない
　　　「バレエ 幻想即興曲」
　　　西野バレエ団
1200 OTV ニュース
1210 西部の唄40テレビガイド
1245 料理手帖「精進あげ」
　　　丹믜睦夫 小深秀子アナ
1300 歌のスケッチ 宝田明
1305 ありちゃんのおかっぱ侍
1335 御園新公演「名古屋おどり
　　　舞扇花姿絵」
　　　西川鯉三郎一門
1430 OTV 週間テレビニュース
1715 テストパターン（クラシック）
1733 OTV マンガ横町
1751 お天気 54 OTV ニュース
1800 ホームアルバム「鎌倉美術」
1815 素人のど競べ（NTV）
1845 テレビガイド
1850 朝日新聞テレビニュース
1900 ポリショイ劇場バレエ並演
　　　「バフチサライの泉」第三幕
　　　チャラダインシエイン
　　　ザハロフ・ベタラソフ
1930 ほろにがショー・
　　　何でもやりまショー（NIV）
2000 明日は日曜日（NTV）
　　　「愛のカルテ」
2030 シャープ劇場
　　　のり平喜劇教室（NTV）
　　　「子分入門」千葉信男
　　　旭輝子
2100 メトロニュース 10 ガイド
2115 真名氏飛び出す（KR）
　　　「箱の中の復讐」解決編
2145 甲と孑供 日向阿梦子・作
　　　ミヤコ蝶々 南都雄二
2230 テレビガイド
2235 ナイトネット「恐怖のエメ
　　　ラルド」
2305 OTV ニュース
2317 日づけ豆辞典（OTVF）
2320 お天気◇終了

【アンテナは見ている】日 22:30 〜はKRとの共同制作番組。

●9月15日（日）

840 テストパターン
900 仲よしニュース
910 漫画「奥の恩返し」ほか
945 自然の秋「秋の星空」ほか
1030 今日は老人の日
1050 ホームニュース
1100 たのしい生活を『勝負の世界』
　　　将棋名人・升田幸三
1115 海外トピックス
　　　「ベアリング鋼について」
1200 OTV ニュース
1215 ダイラのびっくり捕物帖
　　　「おいてけ地獄」前篇
1245 短編映画
1305 平凡・芸能ニュース
1320 ナショナル日曜テレビ観能会
　　　「河内秋祭記」渋谷天外
　　　あやめ 五郎八
1500 大相撲夏場所初日
　　　（蔵前 NTV）原アナ
　　　佐士アナ 解説・佐渡ヶ嶽
1751 お天気 54 OTV ニュース
1800 ジェット・ジャクソン
1830 私も出まショー（NTV）
1900 サーカス・ボーイ
　　　「悪者は誰だ」
1930 宇宙船エンゼル号の冒険
　　　「つらぬく限石」（NTV）
　　　日影丈吉・作 八島恵子
　　　杉浦直樹 三宅一
　　　久野四郎 小松方正他
2000 OTV スポーツファンシート
　　　プロ野球 巨人－広島
　　　（後楽園）越智アナ
　　　【試合のない時】
　　　「春の凱歌」
2100 東芝日曜劇場
　　　「慶喜命乞」（KR）
　　　猿之助 柳永二郎 簑助
2215 ダイハツスポーツウィクリー
2230 ニュースコント・アン
　　　テナは見ている
　　　第一回
2250 OTV ニュース
2302 日づけ豆辞典（OTVF）
2305 あしたのお天気
2308 おしらせ 放送終了

●9月16日（月）	●9月17日（火）	●9月18日（水）	●9月19日（木）	●9月20日（金）	●9月21日（土）	●9月22日（日）
1135 テストパターン（クラシック）	1135 テストパターン（クラシック）	1135 テストパターン（歌の花かご）	1105 テストパターン	1135 テストパターン	1135 テストパターン（クラシック）ベートーベン スプリングソナタ 遠藤■風他	840 テストパターン
1150 オープニングメロディ	1150 オープニングメロディ	1150 オープニングメロディ	1130 テレビロケーション特別編「ミナトコウベ」第一、第二カメラ：諏訪山展望台 第三カメラ：神戸市港湾局 ランチ「摩耶丸」 担当 繁村アナ ※日本初の海上マイクロ中継によるテレビ生放送	1150 オープニングメロディ		900 仲よしニュース
1200 OTV ニュース10一曲どうぞ	1200 OTV ニュース10一曲どうぞ 斎藤超とニューサウンズ	1200 OTV ニュース10一曲どうぞ		1200 OTV ニュース10一曲どうぞ	1150 オープニングメロディ	910 サンデーモーニング劇場 人形映画「不思議な太鼓」児童映画「川べりの少年たち」
1215 奥様多忙 (KR) 江島渉 山岡久乃他	1215 歌う青春列車 (KR) 音羽美子 上月左知子他 シチュード・ケンネ	1215 ファッションミュージック (KR)「雨ぞ降る」桂典子 里見茂 武井義明		1215 映画の窓 (KR)「虎の行動」清水晶 南俊子 40 ガイド	1200 OTV ニュース	
1245 料理手帖「マンハッタンクラムチャウダー」辻勲		1240 テレビガイド	1200 OTV ニュース10一曲どうぞ	1245 料理手帖「サバ」拭石俊枝 稲田英子アナ	1210 クラブ劇場・歌えば楽し「土曜日のコニーアイランド」	1050 日曜ホームニュース
1300 歌のスケッチ「娘仲乗りさん」島倉千代子他	1300 歌のスケッチ「噂の男」岡晴夫	1245 料理手帖「魚の富士蒸し」辻徳光 小深秀子アナ	1215 テレビ寄席 (KR) 柳家小半治 三遊亭円生 杯口有歩 40 テレビガイド	1300 歌のスケッチ「波止場小僧」美空ひばり	1245 料理手帖「スコッチエッグ」	1100 たのしい生活を「お彼岸」
1305 おしらせ◇放送休止	1305 おしらせ◇放送休止	1300 歌のスケッチ「山百合の花」岡本敦郎	1245 料理手帖 スタッフ・ド・トマトのカレーがけ	1305 おしらせ◇放送休止	1300 ありちゃんのおかっぱ侍 有島一郎 中原早苗他	1115 海外トピックス
1500 大相撲夏場所二日目（蔵前 NTV） 原アナ 佐土アナ 解説：佐渡ヶ嶽	1435 テストパターン	1305 おしらせ◇放送休止	1300 歌のスケッチ「タンカーの男」若山彰	1435 テストパターン	1330 OTV 週間テレビニュース	1130 経済サロン 三木晢持 松井正
	1450 オープニングメロディ 斎藤超とニューサウンズ	1435 テストパターン	1305 おしらせ◇放送休止	1450 オープニングメロディ	1435 テストパターン（クラシック）	1200 OTV ニュース
	1500 大相撲夏場所三日目（蔵前 NIV）原アナ 佐土アナ 解説：佐渡ヶ嶽	1450 オープニングメロディ 斎藤超とニューサウンズ	1435 テストパターン「紫の丘」	1500 大相撲夏場所六日目（蔵前 NTV）大平アナ 佐土アナ 解説：佐渡ヶ嶽	1450 オープニングメロディ	1215 ダイラケのびっくり捕物帖「おいてけ地蔵」後篇
1751 お天気 54 OTV ニュース		1500 大相撲夏場所四日目（蔵前NIV）原アナ 佐土アナ 解説：佐渡ヶ嶽	1450 オープニングメロディ		1500 大相撲夏場所七日目（蔵前 NTV）原アナ 佐土アナ 解説：佐渡ヶ嶽	1245 記録映画「みさき公園」
1800 名探偵ルコック「侯爵夫人の謎」	1743 マンガ横町		1500 大相撲夏場所五日目（蔵前 NTV）	1751 お天気 54 OTV ニュース		1315 平凡・芸能ニュース
1815 ポポンタイムこの人を (NIV)	1800 少年探偵シリーズ「黒服の男」高橋眞 中山千夏	1751 あしたのお天気	1435 テストパターン	1800 明るい家庭「陶器」河井卯之助 富田砕花		1330 ナショナル日曜テレビ観劇会「父子鷹」（東横ホール NTV）市川左団次
1845 テレビガイド	1815 名犬リンチンチン「わしと決闘」	1754 OTV ニュース	1450 オープニングメロディ	1815 赤胴鈴之助 第一回 吉田豊明 矢野文彦 酒井衽他	1751 あしたのお天気	
1850 毎日新聞テレビニュース	1850 テレビ浮世亭「特集・しろうと寄席」円遊かほか	1800 スーパーマン（漫画）「列車強盗の巻」	1500 大相撲夏場所五日目（蔵前 NTV）	1830 ポケット劇場「うかれバイオリン」イギリス童話 人形劇団クラルテ	1754 OTV ニュース	1510 大相撲夏場所中日（蔵前 NTV）原アナ 佐土アナ 解説：佐渡ヶ嶽
1900 キンピラ先生青春記 (KR)「きんぴら先生同情す」	1900 テレビ浮世亭	1815 忍術真田城 (NTV) 佐藤精二 小林重四郎	1743 マンガ横町		1800 ホームアルバム「室町美術」	
1930 太閤記 (NTV)「藤吉郎編」	1930 ゼネラル劇場 水戸黄門漫遊記 (KR)「鍾乳洞の怪」前篇	1850 朝日新聞テレビニュース	1800 シラレン国「秘密の乗物」長岡秀幸 山里しのぶ	1850 毎日新聞テレビニュース	1815 素人のど競べ (NIV) 暁テル子	1751 お天気 54 OTV ニュース
2000 ニチボーアワー 喜劇天国 (NTV)「慾の皮」	2000 山一名作劇場 (NTV) 鮎と競馬 岡田英次 岸田今日子	1900 わが輩ははなばな氏 (KR)	1815 西部の王者・キットカースン「復讐」45 テレビガイド	1900 テレビぴよびよ大学 (KR)	1845 テレビガイド	1800 ジェット・ジャクソン
		1930 歌「あなたとともに」若原一郎 大津美子 三船浩他	1850 毎日新聞テレビニュース	1930 花王ワンダフルクイズ (NIV)	1850 朝日新聞テレビニュース	1830 私も出まーす (NTV)
2030 丘の上 (KR) 安西邦子 扇千景 阪本武	2030 走れ！名馬チャンピオン 北条美智留 佐藤英夫	2000 OIV スポーツファンシート プロ野球 巨人ー国鉄（後楽園）解説中沢不二雄 越智アナ	1900 スーパースターメロディ (KR)	2000 京阪ゼスチャーゲーム	1900 歌のパレード (KR)「青春の街」	1900 サーカス・ボーイ「象を殺せ」
2100 家賃は八百円 (KR) 高島忠夫 北原文枝 音羽美子	2100 近鉄パールアワー これからの人生 エンタツ他		1930 宝塚ファンコンテスト 黒木 故里 大倉他	2030 特ダネを逃がすな (KR)「消えた花嫁」前篇	1930 ほろにがショー・何でもやりまショー (NIV) 三国一朗	1930 宇宙船エンゼル号の冒険 (NTV)「輝く地球」八島恵子 杉浦直樹 小松方正他
		【雨天時】阪神ー大洋（甲子園）【試合ない時】映画「南蛮頭巾」	2000 ロビンフッドの冒険「回教徒アリ」	2100 野球教室「打撃編」	2000 明日は日曜日 (NTV)「愛のカルテ」3	
2115 ウロコ座 (KR)「冷奴」尾上松緑 市川中車	2115 ピアス劇場愛の火曜日 (KR) 笠置シヅ子他	2115 眠狂四郎無頼控 (NTV)「二人狂四郎」江見渉 池内淳子 東山他	2030 鞍馬天狗 (KR)「京洛日記・香りの秘密」（前篇）	2110 テレビガイド	2030 シャープ劇場 のり平喜劇教室 (NTV)	2000 OIV スポーツファンシート プロ野球 中日ー巨人（中日）解説：杉浦清 【雨天時】国鉄ー阪神（神宮）【試合ない時】劇映画
2145 月曜対談・2つの椅子※ マチュー（画家） 吉村正一郎 芳賀徹 ※アクションペインティング・スタジオ実演あり。	2145 ミナロンドリームサロン ウイリー沖山 大伴千春 ジョージ岡	2145 ニッケ・ジャズパレード (NIV)「マドリード編」	2100 ダイハツワールドスポーツ	2115 陽気なコーリス「掘出し物の巻」	2100 メトロニュース	
			2115 目で聴く話題雨風録 (NIV)	2115 日真名氏飛び出す (KR)「ベランダに死す」前編	2115 東芝日曜劇場 「夜の波音」 (KR) 山田五十鈴 高杉早苗他	
	2200 戦慄の旅券	2200 芸能トピックス	2145 おはこうら表 (NTV/OTV)	2200 カメラだより北から南へ「老いてますます」金田義男ー永井正成 岩本正治ー亀井慶三	2145 三越映画劇場「撮影風景」	
2200 OTV 週間世界ニュース	2235 プロ野球展望	2215 ドラムと幽霊 木村功 野上千鶴子 45 OTV ニュース	2200 忠臣蔵の人々「高田郡兵衛」前篇		2145 ダイナミックグローブ (NIV)	2215 ダイハツスポーツウィクリー
2220 ニッカ・ヒッチコック劇場「消えた母親」	2300 テレビガイド		2235 音楽ファンタジア「秋」佐々十郎 西野バレエ団	2215 ごめんあそばせ (NTV)		2230 ニュースコント・アンテナは見ている
2250 OTV ニュース	2305 OTV ニュース	2257 日付け豆辞典	2250 OTV ニュース	2230 小唄教室 45 テレビガイド	2230 テレビガイド	2250 OTV ニュース
2302 日づけ豆辞典 (OTVF)	2317 日づけ豆辞典 (OTVF)	2300 あしたのお天気	2302 日付け豆辞典 (OTVF)	2250 OTV ニュース	2235 ドラグネット「四百万ドルの女」	2302 日づけ豆辞典 (OTVF)
2305 あしたのお天気	2320 あしたのお天気	2303 おしらせ、終了	2305 お天気 08 おしらせ、終了	2302 日づけ豆辞典 (OTVF)	2305 OTV ニュース	2305 あしたのお天気
2308 おしらせ◇放送終了	2323 おしらせ◇放送終了			2305 あしたのお天気	2317 日づけ豆辞典 (OTVF)	2308 おしらせ 放送終了
				2308 おしらせ◇放送終了	2320 あしたのお天気	
					2323 おしらせ◇放送終了	

※【二つの椅子】9月16日21：45〜のゲスト、ジョルジュ・マチューをめぐる話は114ページ参照。

第2章「熱狂」

●9月23日（月）
1135 テストパターン（クラシック）
1150 オープニングメロディ
　　　アコーディオン：岡田博
1200 OTVニュース
1210 一曲どうぞ
1215 奥様多忙（KR）
　　　江見渉 山岡久乃他
1240 テレビガイド
1245 料理手帖 辻勲
1300 漫画世界童話集
1340 十六夜浪心（東京歌舞伎座）
　　　寿海 歌右衛門
1510 大相撲夏場所九日目
　　　（蔵前NTV）
　　　本多アナ 原アナ
　　　解説：佐渡ヶ嶽
1751 お天気 54 OTVニュース
1900 キンピラ先生青春記（KR）
　　　「きんぴら先生迷惑す」
1800 名探偵ルコック
　　　「森の決闘」
1815 ポポンタイムこの人を（NIV）
1845 テレビガイド
1850 毎日新聞テレビニュース
1930 太閤記（NTV）「藤吉郎編」
2000 ニチボーアワー
　　　喜劇阿国「泥酔画伯」（NIV）
2030 風早青年
　　　フランキー堺 久慈あさみ
　　　伊藤雄之助
2100 家賃は八百円（KR）
　　　高島忠夫 北原文枝
　　　音羽晶子
2115 ウロコ座（KR）
　　　「刺青奇偶」前篇
　　　中村勘三郎 藤間紫
　　　村田嘉久子
2145 月曜対談・2つの椅子
　　　阪本勝也
2200 OTV 週間世界ニュース
2220 ニッカ・ヒッチコック劇場
　　　「狂熱の街」
2250 OTVニュース
2302 日づけ豆辞典（OTVF）
2305 お天気◇おしらせ◇終了

●9月24日（火）
1135 テストパターン（クラシック）
1150 オープニングメロディ
　　　アコーディオン：岡田博
1200 OTV ニュース10・一曲どうぞ
1215 歌う青春列車（KR）
　　　藤村有弘 新倉美子他
1240 テレビガイド
1245 料理手帖「ブロンカクテル」
　　　井上幸作 佐藤和枝アナ
1300 おしらせ◇放送休止
1435 テストパターン
1450 オープニングメロディ
　　　斎藤超とニューサウンズ
1500 大相撲夏場所十日目
　　　（蔵前 NTV）
　　　原アナ 佐土アナ
　　　解説：佐渡ヶ嶽
1751 お天気 54 OTV ニュース
1800 少年探偵シリーズ「黒服の男」
　　　高桐真 中山千夏
1815 名犬リンチンチン「鈴の写真」
1850 朝日新聞テレビニュース
1900 テレビ浮世亭
　　　落語：小文枝
　　　漫才：右楽・左楽
　　　　　　捨丸・春代
1930 ゼネラル劇場
　　　水戸黄門漫遊記（KR）
　　　「鍾乳洞の怪」後篇
2000 山一名作劇場（NTV）
　　　死と恋と波と 作・井上靖
　　　岡田英次
2030 走れ！名馬チャンピオン
　　　「幸福をはなすな」
　　　北条美智回 佐藤英夫
2100 近鉄パールアワー
　　　これからの人生
　　　「妻の孤独より」エンタツ他
2115 ピアス劇場愛の火曜日（KR）
　　　笠置シヅ子 原保美他
2145 ミナロンドリームサロン
　　　星野みよ子
2200 戦慄の旅券「マドリード編」
2235 プロ野球展望
2245 OTV ニュース
2250 OTV ニュース
2257 日づけ豆辞典（OTVF）
2302 日づけ豆辞典（OTVF）
2305 あしたのお天気
2308 おしらせ 放送終了

●9月25日（水）
1135 テストパターン（歌の花かご）
　　　島倉千代子の歌
1150 オープニングメロディ
　　　岡田博
1200 OTV ニュース10・一曲どうぞ
1215 ファッションミュージック
　　　（KR）「秋のコート」
　　　旗和子 高橋伸 里井茂
1240 テレビガイド
1245 料理手帖
　　　袋づめむしと笹巻きずし
　　　辻徳光 小深秀子アナ
1300 おしらせ◇放送休止
1435 テストパターン（ポピュラー）
1450 オープニングメロディ
　　　シンギングピアノ：岩崎洋
1500 大相撲夏場所十一日目
　　　（蔵前 NTV）
　　　原アナ 本多アナ
　　　解説：佐渡ヶ嶽
1743 マンガ横町
1800 スーパーマン（漫画）
　　　「キングコングの巻」
1815 忍術真田城（NTV）
　　　佐藤精三 小林重四郎
1850 毎日新聞テレビニュース
1900 わが輩ははなばな氏（KR）
　　　「鬼のいぬ間に」
1930 歌はあなたとともに（NIV）
2000 OTV スポーツファンシート
　　　プロレス国際試合
　　　力道山・豊登対ボボブラ
　　　ジル・メッチルス（川崎球場）
　　　解説：伊集院浩
2115 コント千一夜
2130 眠れ四郎無頼控（NTV）
　　　「狂四郎哄笑」
2200 ニッケ・ジャズパレード
　　　（NIV）J 柴田ヒギンス他
2215 芸能トピックス
2230 くつと女
　　　中村弘子 宇津井健
2245 OTV ニュース
2257 日づけ豆辞典（OTVF）
2300 あしたのお天気
2303 おしらせ◇放送終了

●9月26日（木）
※本放送開始 300日目
1135 テストパターン（クラシック）
1150 オープニングメロディ
1200 OTV ニュース10・一曲どうぞ
1215 テレビ寄席
　　　声帯模写：桂三男
　　　講談：貞山4 テレビガイド
1245 料理手帖 小川旭
1300 おしらせ◇放送休止
1435 テストパターン（クラシック）
1450 オープニングメロディ
1500 大相撲夏場所十二日目
　　　（蔵前NIV）大平 佐土アナ
1743 マンガ横町
1800 シラレン国 最終回
　　　「水中ロケットの旅」
1815 西部の王者・キットカースン
1845 テレビガイド
1850 朝日新聞テレビニュース
1900 スーパースターメロディ（KR）
　　　明石照子 筑紫まり
　　　淀かほる 寿美花代
　　　「キエレメ・ムーチョ」
　　　「ルナ・ロッサ」
　　　「ティカ・ディカドウ」他
1930 宝塚ファンコンテスト
2000 ロビンフッドの冒険
2030 鞍馬天狗（KR）「京洛日記」
2100 ダイハツワールドスポーツ
2115 目で聴く話題雨風雪（NIV）
　　　「五臓六腑」近藤日出造
2145 おはこうら表（NIV/OTV）
　　　北上弥太郎
　　　お相手・初音礼子
2200 忠臣蔵の人々（KR）
　　　「高田郡兵衛」後篇
2230 テレビガイド
2235 ポケットスリラー
　　　「ハイボール殺人事件」
2250 OTV ニュース
2302 日づけ豆辞典（OTVF）
2305 あしたのお天気
2308 おしらせ、終了

●9月27日（金）
1135 テストパターン
1150 オープニングメロディ
1200 OTV ニュース10・一曲どうぞ
1215 映画の窓（KR）「限りなき道」
　　　伊藤雄之助他
1240 テレビガイド
1245 料理手帖「卵とさつまいもの料理」野尻千草
1300 おしらせ◇放送休止
1405 パターン 30 メロディ
1440 特派員のメモ
　　　「アメリカの問題」
1500 大相撲夏場所十三日目
　　　（蔵前 NTV）
　　　解説：佐渡ヶ嶽
1751 お天気 54 OTV ニュース
1800 明るい家庭「我が家の照明」
1815 赤胴鈴之助
　　　吉田豊明 石田茂樹
1830 ポケット劇場
　　　「うかれバイオリン」
　　　イギリス童話
　　　人形劇団クラルテ
1850 朝日新聞テレビニュース
1900 テレビぴよぴよ大学（KR）
1930 花王ワンダフルクイズ（NIV）
2000 京阪ゼスチャーゲーム
　　　日本拳法界の大阪・京都
2030 特ダネを逃がすな（KR）
　　　「消えた花嫁」後篇
2100 野球教室「打撃編」
2115 陽気なコーリス
2145 三越映画劇場「撮影風景」
2200 カメラだより北から南から
　　　「空港」
2215 ごめんあそばせ（NTV）
　　　「落葉のころ」
　　　小栄太郎 吉川満子他
2230 小唄教室（KR）
　　　和数糸 片岡仁左衛門
2245 テレビガイド
2250 OTV ニュース
2302 日づけ豆辞典（OTVF）
2305 あしたのお天気
2308 おしらせ、終了

●9月28日（土）
1035 パターン 50 メロディ
　　　アコーディオン：岡田博
1100 テレビロケーション特別編
　　　「自衛隊の朝」（伊丹空港）
※世界初のヘリコプターからの上空映像の生中継。
1140 音楽へのいざない
　　　「かやの木山」「曼珠沙華」
1200 OTV ニュース 10 ガイド
1215 クラブ劇場・歌えば楽し
　　　パイロン・パーマー
1245 料理手帖「ささ身」近藤
1300 ありちゃんのおかっぱ待
　　　有島一郎 中原早苗他
1330 OTV 週間テレビニュース
1345 料理 マカロニ料理
1435 テストパターン（クラシック）
1450 オープニングメロディ
1500 大相撲夏場所十四日目
　　　（蔵前NIV）解説：佐渡ヶ嶽
1751 お天気 55 OTV ニュース
1805 ホームアルバム「桃山美術」
1815 素人と競べ（NIV）暁テル子
1845 テレビガイド
1850 毎日新聞テレビニュース
1900 歌のパレード（KR）
　　　市丸 浮子 二三子
1930 ほろにがショー・
　　　何でもやりまショー（NIV）
2000 メトロニュース
2015 OTV スポーツファンシート
　　　プロ野球 巨人―中日
　　　（後楽園）中沢不二雄
【野球ない時】
2000 せむしの子馬（ソ連）
2100 メトロ N 10 ガイド
2115 目真名氏飛び出す（KR）
　　　「ベランダに死す」解決編
【中止時】
2115 陽気なコーリス
2145 芸能トピックス
2200 NEC劇場右門捕物帳（KR）
　　　◇ガイド
2235 ドラッグネット
　　　「麻薬常習者の家」
2305 OTV ニュース
2317 日づけ豆辞典（OTVF）
2320 あしたのお天気
2323 おしらせ◇放送終了

●9月29日（日）
840 テストパターン
855 おしらせ
900 記録映画「佐久間ダム」
1050 日曜ホームニュース
1100 たのしい生活を
　　　「ピクニックのお弁当」
1115 海外トピックス
1130 経済サロン「日本冷凍業界の現状と将来」
　　　山田晃 太井治
　　　今村益三アナ
1200 OTV ニュース 10 ガイド
1215 ダイラケのびっくり捕物帖
　　　「ニセ勘太の巻」前篇
1245 平凡・芸能ニュース
1300 ナショナル日曜テレビ観劇会「おんにょろ盛衰記」山本安英 久米明他 ぶどうの会
　　　対談：山本・岡倉
1515 大相撲夏場所千秋楽
　　　（蔵前 NTV）
　　　原アナ 佐土アナ
　　　解説：佐渡ヶ嶽
1751 あしたのお天気
1754 OTV ニュース
1800 ジェット・ジャクソン
　　　「狙われた新兵器」
1830 私も出ますか（NTV）
　　　三和完児
1900 サーカス・ボーイ
　　　「さよならサーカス」
1930 宇宙船エンゼル号の冒険
　　　（NTV）「月世界の囚」
2000 OTV スポーツファンシート
　　　プロ野球 巨人―中日
　　　（後楽園）解説：中沢
【中止時】阪神―大洋
　　　（甲子園）
【試合ない時】劇映画
2115 東芝日曜劇場「逢坂の辻」
　　　（KR）花柳章太郎 大矢
2215 ダイハツスポーツウィクリー
2230 テレビコント・アンテナは見ている（KR・ANTV）
2245 テレビガイド
2250 OTV ニュース
2302 日づけ豆辞典（OTVF）
2305 あしたのお天気
2308 おしらせ、終了

●9月30日（月）

1135 パターン 50 メロディ
1200 OTV ニュース 10─曲どうぞ
1215 奥様多忙（KR）「秋は来ぬ」
1245 料理手帖「中華風バナナフリッター」辻勲
1300 美術の秋 中村貞以他
1340 大阪まつり（大阪梅田コマ）「大阪の幻想」
　　　藤沢恒夫構成 武智鉄二演出　※人形浄瑠璃「八重垣姫」の部分は桐竹紋十郎、綱大夫他「バラエティ・雪月花浪華彩色」中野実構成 白井鐵造演出 千代之介 藤久弥 エンタツ・アチャコ 笠置シヅ子 蝶々・雄二 浪花千栄子他
1640 パターン 05 メロディ
1715 座談会「栃錦を囲み」
1743 マンガ横町「大男たいじ」
1751 お天気 54 OTV ニュース
1800 皇太子の冒険「皇太子フロリゼル殿下」
1815 ポポンタイムこの人を（NIV）
1845 ガイド 50 朝日新聞 N
1900 キンピラ先生青春記（KR）「きんぴら先生演劇す」
1930 太閤記（NTV）「藤吉郎編」
2000 喜劇天国（NTV）「愉しき人々」
2030 山原乙女 半四郎 夏川静江
2100 家賃は八百円（KR）高島忠夫
2115 ウロコ座（KR）「刺青寄偶」後編 中村勘三郎 藤間紫
2145 2つの椅子 太田博邦
2200 OTV 週間世界ニュース
　　　※2218 テロップで速報
2220 ニッカ・ヒッチコック劇場「チェイニーの花瓶」
2250 OTV ニュース
　　　※日航機不時着事故特番のため 2250 以降時刻変更。
2302 日航惨劇◇天気◇おしらせ
2350 臨時特集「日航機不時着事故」動画第一号
　　　（2355 終了）
　　　※NJB/NHK ラジオは 2200 の定時 N で速報、ABC は 2230、乗客名簿等詳報。BKTV は翌日テレビニュースで。

これが OTV だ 1957年9月

【単発番組】

●人形浄瑠璃 仮名手本忠臣蔵

1957年9月7日（土）13：35～

「落人」と「四段目」を中継。

松竹の膳建てによって、分裂中であった三和会・因会の大夫 32 人、三味線 30 人、人形 43 人が全員集まって、道頓堀文楽座で合同公演が実現された。NHK では翌日「六段目」を放送。

●特報・台風 10 号

9月7日（土）23：03～23：23

この台風は 1957 年 9 月 6 日の夕方、鹿児島県佐多岬に上陸し、その後四国に大きな被害を及ぼして近畿地方を通過。その日のうちに日本海を抜けた後、青森県に再上陸した。

7日中に台風が通過するという予報のため、6日夜から 20 人が社内に詰めて臨戦態勢をとった。内容は以下の通り。

「気象解説」（気象協会・広野解説部長）
「市民の心得」（大阪市・松本民政局長）

この放送の時点では台風の中心は日本海方面にあったため、進路予測というよりは、通過した台風についての解説と、被害状況、対応などについての説明があったものと思われる。

●私は OTV のアナウンサー

9月8日（日）12：45～13：15

新人を含む 13 名のアナウンサーによる自己紹介番組。繁村純孝、今村益三、久保顕次、竹中文博、矢代清二、小深秀子、佐藤和枝、稲田英子、および、新人の玉井孝、黒田昭夫、岩原富子、広瀬修子、高折八洲子の各アナウンサー。

ところで、アナウンサーの重要な仕事に、番組と番組の間の ID アナウンスがある。OTV では英語由来の単語を英語風に読むことになっていたため OTV の V は「ヴィー」であったし、チャンネルの読み方について「チャネル・シックス」という呼び方で統一していた。

最初の一年近くは 6（SIX）の発音を英語風にしていたため、新聞では「チャネル・セックス」とからかわれることもあった。それもあって、1958年3月には、この発音を「シックス」と日本語風に発音するよう鈴木社長から指示が出たという。

もともとこの発音は、欧米視察から帰国した原清の「テレビジョンは欧米の技術だから、用語は英語を使うべきだ」という提案に従ったものといわれている。「チャネル・シックス」という言い方は ABC テレビになってからも長らく継承された。

●ドラマ「月と子供」

9月14日（土）21：45～22：30

ミヤコ蝶々の自作自演（脚本は日向阿沙子名義）南都雄二と共演。

● 今日は老人の日

9月15日（日）10：30〜10：50

吹田市の養老施設弘済院と、布施市の長生養老院からゲストを招き、今村アナウンサーがインタビュー。

● テレビロケーション特別編

「ミナト・コウベ〜海と山の合せ鏡」

9月19日（木）11：30〜12：00

諏訪山展望台と神戸港にを走るランチにカメラを置き、風景を対比させながら「海と山の合わせ鏡」をブラウン管に描いた大変美しい三元中継企画。現場の模様が後日新聞でも紹介された。

● ミュージカルファンタジア・秋

9月19日（木）22：35〜22：50

西野皓三バレエ団が出演。

● テレビロケーション特別編・自衛隊の朝

9月28日（土）11：00〜11：40

陸上自衛隊の伊丹飛行場からの実況中継。ヘリコプター機上からの生中継は日本初。のちに第6回民間放送連盟会長賞を受賞。

● 大阪まつり

9月30日（月）13：40〜16：40

梅田コマ・スタジアムで開催されるNJB開局七周年記念企画をOTVから放送。

第一部は藤沢恒夫・構成、武智鉄二・演出による「大阪の幻想」。人形浄瑠璃「八重垣姫」から始まる全五景。浄瑠璃は桐竹紋十郎、綱大夫他。第二部は中野実・構成、白井鐵造・演出の「バラエティ・雪月花浪華彩色」。千代之介、森繁久弥、エンタツ アチャコ、笠置シヅ子、蝶々・雄二、浪花千栄子他。

NJB開局七周年記念企画「大阪まつり特集」は28日からおこなわれており、NJBでは30日分は同日23：20から第二部のみダイジェスト放送した。

【新番組】

【9月15日（日）】

● アンテナは見ている

（〜1958年6月1日　全37回）

日　22：30〜22：45

OTV栗原茂一郎氏がプロデュース。のちに21：00〜に変更。

【9月20日（金）】

● ロッテ劇場・赤胴鈴之助

（〜1958年10月17日　全55回）

金18：15〜18：30

主役を公募し、応募者232名から大阪高校1年の吉田豊明君（16）を採用。KRTVにも同名の番組あり。

【9月30日（月）】

● 皇太子の冒険

（1957年12月23日全13回）

月18：00〜18：15

「紅毛ものドラマ」の第二シリーズ。原作はスティーブンスの「新アラビアンナイト」。飯沼慧、溝田繁ほか。演出・中西武夫。

1957年 10月

4日 モスクワ放送は「ソ連が第一号人工衛星を打ち上げた」と発表。5日、報道部は日本上空通過のタイミングを狙ってこれを捉え、ニュースで放送した。

6日 田中郵政大臣、京阪神地区の2波をNOTV（新大阪テレビ／後の讀賣テレビ）と、NJBかABCのいずれか一方に割当てる方針と表明。残る一方はOTVと合併するよう勧告した。

14日 「四人の会」作品発表演奏会（産経会館）を後援。

同日 郵政省の呈示した条件に従い、NJBが再度準教育局の免許申請。

15日 郵政省「テレビジョン放送用周波数の割当計画基本方針」を一部修正。NHK大阪教育テレビ用に第12チャンネルの割当を決定。同日NOTVが準教育局に申請を改める。

22日 郵政省、NJB、NOTVを含む民間放送34社36局とNHK7局にテレビ放送予備免許を交付。

もうひとつのOTV 〜最後に残った「ネコの目」〜

OTVは開局前、放送局の事業スタイルについて、二つの選択肢を抱えていた。

ひとつは、日本テレビが成功させた「番組制作・送信の一体型」。もうひとつは、開局準備中に原・永松両氏らによる訪米視察団が見てきた「テレビ局は送信に徹し、番組は制作会社から調達する「制作・送信分離型」である。

前者については、NTVは自主制作番組に加え「轟先生」など讀賣新聞とのタイアップによる番組や、巨人戦中継のような系列事業を活かした番組でラインナップを形成していたが、OTVがそれだけのラインナップを整えられるかについては懐疑的であった。また、電通の吉田社長のすすめもあり「在京2局からほとんどの番組を購入してあとはローカルニュースを流せばよいではないかという考え方まであった。

また、一方で当時大阪には宝映（宝塚映画）制作の映画が潤沢にあり、京都には戦災を免れた映画人や中小の映画会社が沢山あったため、これを活用してラインナップに充てることもできると、いう見通しがあった。

東京では、ラジオ東京テレビジョンが、自社制作の番組に加えて、1955年3月16日、自社の出資による制作会社「東京テレビ映画社（のちのTBS映画社）」を立ち上げ、フィルム制作の番組を発注しはじめた。

大阪でもOTVが、このやりかたを参考にして、制作会社「大阪テレビフィルム（OTVF）」を設立した。日本で二番目のテレビ番組制作会社である。

●番組表に乗らないコンテンツを作る

テレビの黎明期、番組表に載らない重要コンテンツとして「フィラー」があった。早い話が時間調整や、事故で放送に穴が開いてしまった時のための穴埋め映像のことだが、この時代「いつどこで始めても終わってもいい主題性のない映像」など用意されているはずもなく、テレビ放送が始まるにあたって、はじめてそれを調達する必要が生じたのだった。

また、大宅壮一氏の「低質なテレビ番組の蔓延による一億総白痴化」に代表されるように、民間テレビ放送に対して（商業的にうまみが少なくても）教養普及や社会啓蒙的な役割をより積極的に担うようにという意見が、社会全体の風潮、そして監督官庁である郵政省などからも寄せられ、番組編成の中に一定率以上の教養番組をいれなければならなくなった（これはのちの「教育専門局」

や「準教育局」に発展してゆく）。

そこで、仕事が過多気味であった局内ではなく、OTVFが専門家と契約し、教養番組を安定的に供給しよう、ということになったのである。

このような「こまごまとした編成素材」すなわちフィラーや教養番組、そしてOTV局内で作りきれないＣＭなどを制作・供給する制作会社・OTVFがレギュラーで制作した社会教育番組として、次の番組が確認されている（共同制作を含む）。

・明るい家庭
（1956年12月7日〜1958年3月28日）
・京だより
（1957年11月30日〜1959年10月18日）
・文学ところどころ
（1958年3月9日〜1958年11月30日）
・家庭百科
（1958年4月16日〜1959年4月13日）
・ここにこんな人が
（1959年3月4日〜10月28日）

このうち「家庭百科」は、1959年に新設された5分番組「くらしの泉」に引き継がれ、1990年代初頭まで、通算5339本が全国の民放局に供給され続けられた。

OTVFの撮影機材は、設立当初フィルモ社の「70DR」が中心であったが、やがて多機能なポレックス社「H16RX」が使われるようになり、その後、ファインダーから対象を覗くことができるアリフレックス「16ST」へと移った。16mmフィルムの現像は社内、35mmの現像は東洋現像所に委託。カラーフィルムはハワイの現像所に送られた。

● 「準教育局」は上顧客

さて、郵政省は、社会のテレビに対する風潮を受け、1952年、全国に民間テレビ放送局を免許するにあたって、編成全体の3割を教育番組および教育番組に準じたものに充てるよう義務付けた。「準教育局」という基準である。また、それ以外の局に対しても、教養番組の拡充を要求した。

この流れは、教養番組のオーソリティであり、かつ、そのために広範な専門家人脈を持つOTVFにとって、大きなチャンスとなった。OTVFはOTVと別会社であることを利用し、全国のあらゆる民間テレビ局に、ネットワークの縛りに関係なく、大量の教養番組を供給していったのである。寡占状態であったため番組が足らず、たとえば名古屋では東海テレビ開局の際、CBCとのあいだで「教養番組のとりあい」があったという。

● 「六社会」が推進した教養番組

「教養番組求む」という流れはＴＢＳ映画社（旧東京テレビ映画社）をはじめ、日本各地の制作会社（いずれも民放各局が出資）にもおよび、のちに「六社会」と呼ばれる親睦会が結成された。この会では、各社の出席者が酒食を共にしながら情報交換をしていたというが、特にグルメ情報の交換は盛んに行われ、のちの「食レポ」番組や「名店のレシピ紹介番組」の発展へとつながっていった。グルメ情報はなんといってもOTVFが一番強かったという。

また、OTVFでは、年始の慶祝番組、歌会初めの題にちなんだ番組なども制作し、また、ＣＭ分野では松下電器の照明器具のＣＦ（果物や野菜の皮をむいてゆくと中から光があふれ出てくるという幻想的な作品）がカンヌ映画祭で受賞している。

大阪テレビフィルムは、OTVとABCの合併後も「大阪テレビ」という名称と、ロゴタイプや社章などを1990年代まで「頑固に」使い続けた。

OTVFの創立15周年（1972年）の記念品（左）ウラ面、（右）オモテ面。

「家庭百科」放送リスト

「家庭百科」は、まさに毎日家庭にその日、その時期に役立つノウハウを紹介してきた「テレビ版百科事典」の元祖。このジャンルの幅の広さがOTVFの力。その後「くらしの泉」と名を変えて、約30年にわたって全国で放送された。

● 「家庭百科」
制作：大阪テレビフィルム（OTVF）

以下、新聞番組表で確認されたサブタイトル。

【4月】
「美容食」「春の外出着」「保健所訪問」「上手な選択」「お化粧のこつ」「カギのかけ方選び方」「強化食品」「春に出回る合成繊維」「美容体操」「下着の知識」「ハイキングに持ってゆくカン詰」「季節の活花」「結核予防」「ハイキングの服装」「睡眠」

【5月】
「おやつの話」「我が家の憲法」「子供の遊び」「レースの扱い方」「心臓心電図」「美しい手」「ワイシャツのかけかた」「飲水の知識」「初夏の家庭着」「靴の医学」「日焼け予防」「楽しい潮干狩」「台所を楽しく」「妊婦の栄養」「ハダと汗」「レースのおしゃれ」「くつ下の選び方」「金魚の飼方」「鍋の科学」「カビの話」「携帯雨具のいろいろ」「フィルム、アルバムの整理」「部屋と花」

【6月】
「家庭で出来る防水」「虫歯予防」「レーンコートの選び方」「メートルの話」「冷蔵庫の話」「時計の話」「タルカンパウダーの話」「涼しい着方」「八ミリ映画の映し方」「日よけの工夫」「赤ちゃん誕生」「浴衣とゲタ」「聴診器」「汗どめの工夫」「夏山の準備のため」「痛風の工夫」「野菜ジュースのいろいろ」「プリント服地選び方」「家庭看護ベッドバス」「涼しい髪形」「子供の遊び着」「夏の敷物」

【7月】
「山のスタイル」「子供の姿勢」「美しい足」「楽しいキャンプ」「美しく寝ましょう」「夏のお弁当」「水着の選び方」「水泳の心得」「顔にあった眼鏡」「子供と海水浴」「扇風機の使い方」「一月目の赤ちゃん」「海辺のスタイル」「寄生虫の話」「夏の入浴」「西瓜提灯」「季節のいけばな」「夏とビタミン」「夏ふだん着」「虫垂炎の話」「真夏の化粧」「楽しい夏休み」「テラスを作りましょう」「夏やせを防ぐ食物」「タウンウエア」「氷枕」「日焼の手当」

【8月】
「昆虫特集」「台風に備えて」「カルシウムの摂りかた」「涼しい着方」「放射能と皮膚」「夏の美容体操」「台風に備えて」「カルシウムの摂りかた」「涼しい着方」「女性ホルモン」「美しい泳ぎ」「季節のいけばな」「二カ月目の赤ちゃん」「初秋の生地」「胃潰瘍」「皮膚と化粧品」「昆虫の整理」「排水と衛生」「干物と乾物」「初秋の流行とデザイン」「家庭看護検査」「秋の髪型」「夏休みをふりかえって」「読書の姿勢と照明」

【9月】
「粉食をおいしく」「毛糸の選び方」「コルセットの医学」「口紅」「新しいウエディングドレス」「家庭のスポーツ」「子供の工夫」「家庭医療箱」「ピンカール」「テーブルマナー」「季節のいけばな」「老人向けの食物」「スポーツのあとの心得」「帯と腰ひも」「楽しいピクニック」「3ヶ月目の赤ちゃん」「糖・蜜と人工甘味」「家庭看護・湿布」「私の皮膚の手入れ」「楽しいパーティー」「壁の若返り」「蛋白質の知識」

【10月】
「傷の手当て」「お白粉」「魚つり」「保温と敷物」「食欲の医学」「眼のメイキャップ」「ホーム・バー」「季節のいけばな」「糖尿病」「乳液」「小鳥の飼い方」「赤

ちゃんシリーズ」「家庭看護・ベッド洗髪」「乳液」「スケート入門」「障子とフスマのはりかえ」「しもやけの予防」「乳液」「子供の遊戯」

【11月】
「プロパンガス」「スープと栄養」「冬のウール地」「八頭身の医学」「防火の注意」「贈答の心得帳」「ヘヤークリーム」「ふぐの話」「温かい家庭着」「血圧」「季節の生花」「テレビセットの知識」「石ケンの色々」「みかん」「オーバー」「脳下垂体」「五か月の赤子」「スキーの準備」「健毛法」「圧力鍋」「ガウン」「家庭看護保温法」「冬向の美容体操」「入浴と化粧」

【12月】
「パーティードレス」「感冒」「燃料の科学」「ダンス入門」「ハンドクリーム」「焼鳥」「お正月着」「お酒の医学」「六ヶ月目の赤ちゃん」「Xマスツリー」「写真向きの化粧」「おもちの話」「晴着の着こなし」「消化剤」「家具の手入れ」「季節のヘアスタイル」「おにしめの話」「訪問着」「家庭看護　日光浴」「敷物や畳のしみぬき」「カジュアル・ウエア」「パーティー化粧」「お正月の飲物」「冷え性」

【1月】
「調味料」「毛糸の利用」「せきどめ」「赤ちゃん離乳」「室内運動」「雪と化粧」「毛糸の利用」「晴れ着の始末」「検眼」「オーデコロン」「季節の生け花」「コーヒーの入れ方」「ホーム・ケーキ」「スラックス」「消毒」「防音」「熱帯魚の飼い方」「寒気と肌」「お味噌」「ガン」「プラスチックと台所」「スエーデン刺しゅう」「冬のバック」

【2月】
「いわし」「プルオーバー」「麻酔」「音質」「切手あつめ」「化粧と栄養」「ヨーグルト牛乳」「春の服地」「貧血」「離乳」「茶道入門」「にきびどめ」「ソース」「春のよそおい」「看護蒸気吸入」「季節のいけばな」「手芸手帳」「香水」「レバー」「おしゃれメモ・スカーフ」「血液銀行」「新しい家具」「春の園芸」「ツートーン化粧」

【3月】
「レバー」「高校生の通学服」「眼底」「塗料」「スポーツ・ウエア」「クリーム」「小学生の通学服」「玩具」「包丁の話」「携帯用化粧品」「精進料理」「通勤服」「家庭看護・家庭薬」「季節のいけばな」「ヘアースタイル」「クリーム」「卵」「ハンカチ」「肥りすぎ・痩せすぎ」「化粧台」「お天気図」「クリーム」「鯨肉」「農村着」「化粧台」「クロレラ」「ハネムーンの支度」「家庭看護」「季節の生花」「ハンドバッグ今昔物語」「クロレラ」

この項目は、大阪テレビフィルムを創設から解散まで見届けた元社長・織田文雄さんから提供していただいた広報用資料と、氏の体験談をもとに作成した。

OTVFの社章（上）とタイピン（下）

1957.10

- 炭労大手13社、全造船、鉄鋼労連など軒並みスト決行。
- 人工衛星スプートニク1号打上げ成功。翌月、犬を乗せた2号も成功。
- 「大師のお告げを受けた」と、女性が通天閣から飛び降りて負傷。

●10月1日（火）
1135 テストパターン（クラシック）
1150 オープニングメロディ
　　シンギングピアノ：岩崎洋
1200 OTV ニュース10一曲どうぞ
1215 歌う青春列車 (KR)
　　藤川有弘 逗子とんぼ他
1245 料理手帖「ソールブッセ」
　　井上幸作 佐藤和枝アナ
1300 新聞にもの申す
　　（新聞週間特別番組）
　　新藤次郎　西脇リカ
　　伊吹武彦　坂田勝郎
1715 テストパターン
1733 オープニングメロディ
　　斎藤超とニューサウンズ
1743 マンガ横町
1800 少年探偵シリーズ「黒眼の男」
　　高桐真　中山千夏
1815 名犬リンチンチン「苦難の旅」
1850 朝日新聞テレビニュース
1900 テレビ浮世亭
　　落語：小勝　小さん
　　漫才：一歩・道雄
1930 ゼネラル劇場
　　水戸黄門漫遊記 (KR)
　　「猿の爪」前篇
2000 山一名作怪談場(NIV)小鳥寺
　　岡田英次 木村功
2030 サンヨーテレビ劇場(KR)
　　「どろんこ姫」松島トモ子他
2100 近鉄パールアワー
　　何月何日何曜日
　　エンタツ他
2115 ピアス劇場・東京の青い風
　　(KR)
2145 ミナロンドリームサロン
　　東郷たまみ　大伴千春
　　ジョージ岡
2200 戦慄の旅券「
　　ブリスベイン編」
2230 テレビガイド
2235 プロ野球展望
　　「優勝前の巨人に聞く」
2250 OTV ニュース
2302 日づけ豆辞典 (OTVF)
2305 あしたのお天気
2308 おしらせ◇放送終了

●10月2日（水）
1135 テストパターン（歌の花かご）
　　浜村美智子の歌
1150 オープニングメロディ
　　シンギングピアノ：岩崎洋
1200 OTV ニュース
1210 一曲どうぞ
1215 ファッションミュージック
　　(KR) 朝丘雪路　久爾
1245 料理手帖「まつたけと鳥肉
　　のどびん蒸し」辻徳光
1300 おしらせ◇放送休止
1715 テストパターン
　　ジローの歌
1733 オープニングメロディ
　　シンギングピアノ：岩崎洋
1743 マンガ横町
1800 スーパーマン（漫画）
　　「ロボットの巻」
1815 忍術真田城
　　佐藤精二　小林重四郎
1850 毎日新聞テレビニュース
1900 わが輩ははなばな氏 (KR)
　　「夢はジープに乗って」
1930 OTV スポーツファンシート
　　中日―巨人（中日）
　　解説・杉浦清　田中アナ
【野球ない時】
1930 映画「南蛮頭巾」
2045 短編映画
2100 コント千一夜
2115 宮本武蔵 (NTV)
　　安永昌二　夏川大二郎他
2145 ニッケ・ジャズパレード
　　(NTV) 星野みよ子他
2200 ありちゃんのおかっぱ侍
　　有島一郎　中原早苗他
2230 テレビガイド
2235 時の眼 日高一郎
2250 OTV ニュース
2302 日づけ豆辞典 (OTVF)
2305 あしたのお天気
2308 おしらせ◇放送終了

●10月3日（木）
1135 テストパターン（クラシック）
1150 オープニングメロディ
1200 OTV ニュース
1210 一曲どうぞ「スターダスト」
　　シューン・バリ
1215 テレビ寄席 (KR)
　　司会：百歩・昇二
　　喜三（民謡）トップ・ライト
1245 料理手帖「米粉肉」
　　奥井広美
1300 短編映画「黒潮の洗う地方」
1330 OTV スポーツファンシート
　　「お相撲さんの運動会」
1715 テストパターン
1733 オープニングメロディ
　　岩崎
1743 マンガ横町◇天気◇ニュース
1800 短編映画「皇居の水鳥」
1815 西部の王者・
　　キットカースン「覆面団」
　　45 テレビガイド
1850 朝日新聞テレビニュース
1900 スーパースターメロディ (KR)
　　淡谷のり子　宝田明
　　三波春夫
1930 宝塚テレビ劇場
　　「スターとともに」明石照子
2000 ロビンフッドの冒険
　　「金貨とならずもの」
2030 鞍馬天狗 (KR)「二人天狗」
2100 ダイハツワールドスポーツ
2115 目で聴く話題雨風曇 (NIV)
　　栃錦　近藤日出造他
2145 おはこうら表 (KR/OTV)
　　ゲスト・北ノ洋 安念山
　　若羽黒お相手・初音礼子
2200 忠臣蔵の人々 (KR)
　　「前原伊助」前篇
2230 私のコレクション「扇」
　　花柳芳次郎
2245 テレビガイド
2250 OTV ニュース
2302 日づけ豆辞典 (OTVF)
2305 あしたのお天気
2308 おしらせ◇放送終了

●10月4日（金）
1135 パターン
1150 オープニングメロディ
　　シンギングピアノ：岩崎洋
1200 OTV ニュース10一曲どうぞ
1215 映画の窓 (KR)「リラの門」
　　監督：クレール解説：荻昌弘
1245 料理手帖「ホット・ケーキ」
　　小林孝二
1300 おしらせ◇放送休止
1715 パターン
1733 メロディ ピアノ：岩崎洋
1743 漫画「真夜中の玩具たち」
1710 特別番組
　　「邁進する鉄鋼産業」
　　広田寿一 小池厚之助
1751 OTV ニュース
1754 OTV ニュース
　　「スプートニク2号の撮影に
　　成功」
1800 明るい家庭「釣の話」
　　亀山蒸光 聴き手速水雛子
1815 赤胴鈴之助　吉田豊明
　　石田茂樹　井上雪子他
1830 ポケット劇場
　　「アラビアンナイト」
　　魔法のランプ 神戸小毅
　　バレリー・モリル
1850 毎日新聞テレビニュース
1900 テレビぴよぴよ大学 (KR)
　　河井玄茶　徳川夢声他
1930 花王ワンダフルクイズ(NIV)
2000 京阪ゼスチャーゲーム
　　「子供教室対抗
　　大阪相愛―京都短大」
2030 特ダネを逃がすな (KR)
　　「美しき犯罪者」
2100 野球教室「打撃編」
　　御園生崇男　久保顕次
2115 陽気なコーリス
　　「隔離しますの巻」
2145 三越映画劇場「撮影風景」
2200 カメラだより北から南から
　　「日本の秋」
2215 ごめんあそばせ (NTV)
　　市川すみれ 三田隆
2230 小唄教室英十三 45 ガイド
2250 OTV ニュース
2302 日づけ豆辞典 (OTVF)
2305 あしたのお天気
2308 おしらせ◇放送終了

●10月5日（土）
1125 テストパターン（クラシック）
1140 音楽へのいざない
　　メンデルスゾーン
　　「ピアノトリオ」
　　関西室内楽団演奏
1200 OTV ニュース
1210 クラブ劇場・歌えば楽し
1245 料理手帖「かしわの紙包
　　み揚げ」
1300 紳士おしゃれ教室
1325 OTV 週間テレビニュース
1340 空想劇映画「火星探検」
1655 テストパターン（クラシック）
1710 特別番組
1733 メロディ ピアノ：岩崎洋
1751 お天気 55 OTV ニュース
1800 テレビ日曜日
1805 ホームアルバム「絵巻物」
1815 素人のど競べ (NTV)
　　暁テル子
1845 テレビガイド
1850 朝日新聞テレビニュース
1900 ジェット・ジャクソン
　　「十代の犯罪」
1930 ほろにがショー・
　　何でもやりまショー (NIV)
2000 明日は日曜日 (NIV)
　　「愛のカルテ」
2030 白い桟橋（第一夜NIV/OTV）
　　東京大阪二元放送
2100 メトロニュース
2110 テレビガイド
2115 日真名氏飛び出す (KR)
　　「桃源郷の女」前編
2145 芸能トピックス
2200 NEC 劇場・右門捕物帳
　　(KR)「左刺しの匕首」
2230 テレビガイド
2235 ドラッグネット
2305 OTV ニュース
2317 日づけ豆辞典 (OTVF)
2320 あしたのお天気
2323 おしらせ◇放送終了

●10月6日（日）
830 テストパターン
850 なかよしニュース
900 マンガ公園 漫画六本
935 劇映画「少年合唱隊」
1045 モーニングコーラス
　　フォアコインズ
1100 たのしい生活を
　　「舞踊を楽しむ」
　　黛節子舞踊団他
1115 海外トピックス
1130 経済サロン
　　「大型間諜遺兵器について」
1200 OTV ニュース
1215 ダイラケのびっくり捕物帖
　　「ニセ勘太の巻」後篇
1245 OK 横丁に集まれ
　　第一回(NIV)
1300 ナショナル日曜テレビ
　　観劇会「風林火山」
1630 平凡・芸能ニュース
1645 ダイハツスポーツウィクリー
1715 ダイヤル 110 番 (NTV)
　　「つね公の神様」
　　沢村国太郎　浅茅由美子他
1745 テレビガイド
1751 お天気 54 OTV ニュース
1800 ジェット・ジャクソン
1830 私も出ましョー (NTV)
1900 サーカス・ボーイ
1930 宇宙船エンゼル号の冒険
　　(NTV) 日影丈吉・作
　　八島恵子　杉浦直樹
　　三宅一　久野四郎
　　小松方正他
2000 OTV スポーツファンシート
　　プロレス国際試合
　　力道山対ルーテーズ
　　（後楽園）
2000 ソ連映画
2115 東芝日曜劇場
　　「髪と毛と花びら」(KR)
　　二本柳寛　今村原兵
　　藤山竜一
2215 ネール首相に聞く
　　安倍能成 笠信太郎
　　松岡洋子◇ガイド
2305 OTV ニュース
2312 日づけ豆辞典 (OTVF)
2315 あしたのお天気
2318 おしらせ◇放送終了

● 10月7日（月）
※この日BKTVが早朝放送を開始
0700 - 0800
1135 テストパターン（クラシック）
　　　アイーダ
1150 オープニングメロディ
　　　斎藤とニューサウンズ
1200 OTVニュース10曲どうぞ
1215 奥様多忙（KR）
　　　江見渉　山岡久乃他
1245 料理手帖「いため牛肉アメリカ風」辻勲
1300 おしらせ◇放送休止
1345 テストパターン◇おしらせ
1400 プロ野球ワールドシリーズ
　　　解説：鈴木惣太郎　越智アナ
　　　試合終了後おしらせ、終了
1715 テストパターン（ジャズ）
1733 メロディ　斎藤超
1743 マンガ横町
1751 お天気 54 OTVニュース
1800 皇太子の冒険
1815 ポポンタイムこの人を（NIV）
1845 テレビ新聞
1850 毎日新聞テレビニュース
1900 キンピラ先生青春記（KR）
　　　「きんぴら先生推理す」
1930 太閤記（NTV）「藤吉郎編」
2000 ニチボーアワー
　　　戯劇風土記（NIV）「小春日和」
　　　ロッパ　清川玉枝　佐伯徹
2030 ナショナルテレビホール
　　　千秋実　音羽信子　高丘子
2100 リボンとまないた　第一回
　　　（ライトコメディ KR）
　　　川田孝子　音羽美子
　　　山東昭子
2115 ウロコ座（KR）「無明と愛染」
　　　市川猿之助 山田五十鈴他
2145 月曜対談・2つの椅子
　　　中村祐吉
　　　ききて：加藤二三雄
2200 OTV週間世界ニュース
2220 ニッカ・ヒッチコック劇場
　　　「惰性」
2250 OTVニュース
2302 日づけ豆辞典（OTVF）
2305 あしたのお天気
2308 おしらせ◇放送終了

● 10月8日（火）
1135 テストパターン（クラシック）
1150 オープニングメロディ
　　　アコーディオン：岡田博
1200 OTVニュース10曲どうぞ
1215 歌う青春列車（KR）
　　　音羽美子　上月左知子他
1245 料理手帖「シュリンプ・ニューバーグ」井上幸作
1400 米ワールドシリーズ（NIV）
　　　解説：鈴木惣太郎
　　　越智アナ
　　　※キネコによる録画放送
1715 テストパターン
1733 オープニングメロディ
　　　アコーディオン：岡田博
1743 マンガ横町
　　　「利口な子ギツネ」
1751 お天気 54 OTVニュース
1800 少年探偵シリーズ
　　　仲良し探偵団 最終回
　　　「黒服の男」
1815 名犬リンチンチン
　　　「あばれ馬」
1850 朝日新聞テレビニュース
1900 テレビ浮世亭
　　　落語：桂文楽
　　　漫談：牧野周一
1930 ゼネラル劇場
　　　水戸黄門漫遊記（KR）
　　　「猿の爪」後篇
2000 山一名作劇場（NTV）
　　　一回だけの招待
　　　中原早苗　岡田英次
2030 サンヨーテレビ劇場（KR）
　　　「どろんこ姫」母を訪ねて
2100 今月何日何曜日
　　　「文の秘密」
　　　朝丘雪路　長門裕之他
2145 ミナロンドリームサロン
　　　ダークダックス 大伴千春
　　　ジョージ岡
2200 戦慄の旅券
　　　「ベオグラード編」
2230 テレビガイド
2235 プロ野球展望　金田正一
2250 OTVニュース
2302 日づけ豆辞典（OTVF）
2305 あしたのお天気
2308 おしらせ◇放送終了

● 10月9日（水）
1135 テストパターン（歌の花かご）
1150 オープニングメロディ
1200 OTVニュース
1210 一曲どうぞ
1215 ファッションミュージック（KR）
1245 料理手帖
1305 おしらせ◇放送休止
1400 米ワールドシリーズ（NIV）
　　　解説：鈴木惣太郎
　　　越智アナ
1715 テストパターン
1733 オープニングメロディ
1743 マンガ横町
1751 お気 54 OTVニュース
1800 スーパーマン（漫画）
1815 忍術真田城
1850 毎日新聞テレビニュース
1900 わが輩はははな氏（NIV）
1930 歌はあなたとともに（NIV）
2000 帰らぬ人（NTV）
2100 コント千一夜　森光子
　　　西山嘉孝他
2115 宮本武蔵（NTV）
　　　安井昌二　夏川大二郎他
2145 ニッケ・ジャズパレード
　　　（NTV）　武井義明
　　　黒沢三代子
2200 ありちゃんのおかっぱ侍
　　　（KR/OTV）
　　　有島一郎　中原早苗他
2230 テレビガイド
2235 時の眼（ニュース解説）
　　　解説・木村照彦
2250 OTVニュース
2302 日づけ豆辞典（OTVF）
2305 あしたのお天気
2308 おしらせ◇放送終了

● 10月10日（木）
1135 テストパターン（クラシック）
1150 オープニングメロディ
1200 OTVニュース
1210 一曲どうぞ
1215 テレビ寄席（KR）
　　　音曲吹寄せ：瀧ノ家鯉香
　　　落語：粗忽長屋
1245 料理手帖「フーカデン」
　　　平田武一　佐藤和枝アナ
1300 歌のスケッチ
1400 米ワールドシリーズ（NIV）
　　　解説：鈴木惣太郎
　　　越智アナ
1715 テストパターン（クラシック）
1733 オープニングメロディ
1743 マンガ横町
　　　「猫ちゃんの結婚式」
1800 短編映画
　　　「人に飼われている動物」
1815 西部の王者・
　　　キットカースン
　　　「西部への道」
1845 テレビガイド
1850 毎日新聞テレビニュース
1900 スーパースターメロディ（KR）
1930 宝塚テレビ劇場
　　　「みにくいあひるのこ」
　　　前篇　鳳八千代
　　　淀かほる　星空ひかる
2000 ロビンフッドの冒険
　　　「洞窟の子供達」
2030 鞍馬天狗（KR）「二人天狗」
2100 ダイハツワールドスポーツ
2115 目で聴く話題 雨風暑
　　　（NTV）　森永太平他
2145 おはこうら表（NIV/OTV）
　　　ゲスト・河上敬子
　　　お相手・初音礼子
2200 忠臣蔵の人々
　　　「前原伊助」後篇
　　　坂東喜助他
2230 私のコレクション
　　　「首人形」
　　　山内金三郎
2245 テレビガイド
2250 OTVニュース
2302 日づけ豆辞典（OTVF）
2305 あしたのお天気
2308 おしらせ◇放送終了

● 10月11日（金）
1135 テストパターン
1150 オープニングメロディ
1200 OTVニュース10曲どうぞ
1215 映画の窓（KR）
　　　「楽しい映画の見方」
　　　野口久光　荻昌弘
1245 料理手帖「魚のムニエル」
1300 短編映画
1330 実況中継・松竹新喜劇
　　　「大阪のここに夢あり」
　　　渋谷天外 曾我廼家明蝶
　　　酒井光子 石浜祐次郎
1715 テストパターン
1733 オープニングメロディ
1743 マンガ横町
1751 お気 54 OTVニュース
1800 明るい家庭「明日の交通」
1815 短編映画
1830 ポケット劇場
　　　「アラビアンナイト」
　　　魔法のランプ
1850 毎日新聞テレビニュース
1900 テレビよびよび大学（KR）
　　　河井坊茶　徳川夢声他
1930 花王ワンダフルクイズ（NIV）
　　　今泉良夫　岡本太郎
　　　柳亭痴楽
2000 京阪ゼスチャーゲーム
　　　「立命と関大演劇部対抗」
2030 特ダネを逃がすな（KR）
　　　「美しき犯罪者」後篇
2100 野球教室「打撃編」
2115 陽気なコーリス
　　　「やせるコツの巻」
2145 三越映画劇場
2215 ごめんあそばせ（NTV）
　　　東野英治郎　西村晃
2230 小唄教室
　　　井上恵以　片岡市蔵
2245 テレビガイド
2250 OTVニュース
2302 日づけ豆辞典（OTVF）
2305 あしたのお天気
2308 おしらせ◇放送終了

● 10月12日（土）
1115 パターン 30 メロディ 斎藤超
1140 音楽へのいざない
　　　独唱「乾杯の歌」ほか
　　　木村彦治 樋本栄他
1200 OTVニュース
1210 歌の宇宙旅行 40 ガイド
1245 料理手帖「キスとまついたの南禅寺揚げ」福井国三
1300 OTV週間テレビニュース
1315 テレビ週報（政府）
　　　愛知官房長官他
1330 料理 コロッケなど
1350 OTVスポーツファンシート
　　　阪神－中日（甲子園）
　　　浜崎真二 久保顕次アナ
1715 テストパターン（クラシック）
1733 オープニングメロディ
　　　斎藤超とニューサウンズ
1743 マンガ横町「子守のネコ」
1751 あしたのお天気
1754 OTVニュース
1800 ホームアルバム「絵巻物」
　　　望月信成 聞き手：吉田稔
1815 素人のど競べ（NIV）
　　　（東京・大阪二元放送）
1845 テレビガイド
1850 朝日新聞テレビニュース
1900 ジェット・ジャクソン
　　　「恐怖の脱走」
1930 ほろにがショー・
　　　何でもやりまショー
　　　（NIV）
2000 明日は日曜日（NTV）
　　　「秋晴れ夫人」水戸光子
2030 白い桟橋（NTV/OTV）
　　　「書き終わらない手紙」
2100 メトロニュース10ガイド
2115 日真名氏飛び出す（KR）
　　　「桃源郷の女」解決編
2145 芸能トピックス
2200 右門捕物帳（KR）30ガイド
2235 ドラグネット
　　　「ママの第六感」
2305 OTVニュース
2317 日づけ豆辞典（OTVF）
2320 あしたのお天気
2323 おしらせ、終了

● 10月13日（日）
800 テストパターン◇おしらせ
830 なかよしニュース
840 劇映画「野球少年」
940 マンガ公園 漫画映画 6本
1015 テレビ週報（政府）
1030 OTV週間テレビニュース
　　　（再）
1045 モーニングコーラス
1100 たのしい生活を
　　　「新婚旅行」
　　　村岡花子他
1115 海外トピックス
1130 経済サロン「薬と健康」
　　　武田長兵衛　山内重
1200 OTVニュース
1215 ダイラケのびっくり捕物帖
　　　「いなり小町」前篇
1245 OK娘下に集まれ◇おしらせ
1405 ナショナル日曜テレビ
　　　観劇会
　　　「夜の蝶」（新橋演舞場）
　　　川口松太郎原作
　　　村山知義・演出、花柳
　　　章太郎、水谷八重子
　　　金田竜之介（五月座）
1605 平凡・芸能ニュース
1715 ダイヤル110番（NTV）
　　　「ガラスの破片」
　　　宍戸錠也
1746 テレビガイド 51 お天気
1754 OTVニュース
1800 映画「わらべ歌」他
1830 私も出まショー（NTV）
1900 サーカス・ボーイ
　　　「英雄リカード」
1930 宇宙船エンゼル号の冒険
　　　（NTV）
2000 プロレス世界選手権
　　　ルーテーズ対力道山
2115 東芝日曜劇場
　　　「ネオンの雑草」（KR）
　　　青山恭二 中原早苗
2215 ダイハツスポーツウィクリー
2230 ニュースコント・アンテナ
　　　は見ている
2245 テレビガイド
2250 OTVニュース
2302 日づけ豆辞典（OTVF）
2305 あしたのお天気
2308 おしらせ◇放送終了

●10月14日 (月)

- 1135 テストパターン(クラシック)
- 1150 オープニングメロディ
  アコーディオン：岡田博
- 1200 OTV ニュース10一曲どうぞ
- 1215 奥様多忙 (KR)
  江見渉 山岡久乃他
- 1245 料理手帖「セイロン風魚飯」
  辻勲 稲田英子◇告知
  ◇休止
- 1640 テストパターン(ポピュラー)
- 1708 オープニングメロディ
  アコーディオン：岡田博
- 1718 テレビ社会科「ガス交響楽」
- 1743 マンガ横町
- 1751 お天気 54 OTV ニュース
- 1800 皇太子の冒険
- 1815 ポポンタイムこの人を(NTV)
  「母の力」「家を支える少女」
- 1845 テレビガイド
- 1850 毎日新聞テレビニュース
- 1900 キンピラ先生青春記 (KR)
  「きんぴら先生貰い泣き」
- 1930 太閤記 (NTV)「藤吉郎」
- 2000 ニチボーアワー喜劇天国
  (NTV)「コスモスの花咲く頃」
- 2030 ナショナルTVホール (KR)
  「ママ信じてよ」前篇
  水戸光子 七浦弘子
- 2100 リボンとまないた (KR)
  川田孝子 音羽美子
  山東昭子他
- 2115 ウロコ座 (KR)「遠い雲」
  佐野周二 藤間紫
  宮城千賀子他
- 2145 月曜対談・2つの椅子
  今東光 伊吹武彦
- 2200 OTV 週間世界ニュース
- 2220 ニッカ・ヒッチコック
  劇場「共犯者」
- 2250 OTV ニュース
- 2302 日づけ豆辞典 (OTVF)
- 2305 あしたのお天気
- 2308 おしらせ◇放送終了

●10月15日 (火)

- 1135 テストパターン(クラシック)
- 1150 オープニングメロディ
  アコーディオン：岡田博
- 1200 OTV ニュース
- 1210 一曲どうぞ「テンダリー」
- 1215 歌う青春列車 (KR)
- 1245 料理手帖「魚のフライ」
  井上作太
- 1300 コットンデザインルーム
  解説：藤川延子 奥村恵津子
- 1315 サイクリング・クラブ
- 1325 米ワールドシリーズ (NTV)
  鈴木惣太郎 越智アナ
- 1500 OTV スポーツファンシート
  巨人ー阪神 (後楽園)
  解説：中沢不二雄
  越智アナ
- 1715 テストパターン
- 1733 メロディ 43 マンガ横町
- 1751 お天気 54 OTV ニュース
- 1800 仲よし探偵団「白紙の手紙」
  中原美紗緒他
- 1815 名犬リンチンチン「白い柳生」
- 1850 朝日新聞テレビニュース
- 1900 テレビ浮世亭
  牧野周一 三遊亭円遊
- 1930 ゼネラル劇場
  水戸黄門漫遊記 (KR)
  「江戸の木枯らし」前篇
- 2000 山一名作劇場 (NTV)
  一回だけの招待
  中原早苗 岡田英次
- 2030 サンヨーテレビ劇場 (KR)
  どろんこ姫「白刃の地獄」
  松島トモ子
- 2100 何月何日何曜日
  「長屋の名人」
- 2115 ピアス劇場
  東京の青い風 (KR)
  朝丘雪路 長門裕之他
- 2145 ミナロンドリームサロン
  深緑夏代
- 2200 マーチンケイン捜査シリーズ
  「XLO516」30テレビガイド
- 2235 プロ野球展望
  「スカウトのメモ」青木
- 2250 OTV ニュース
- 2302 日づけ豆辞典 (OTVF)
- 2305 あしたのお天気
- 2308 おしらせ◇放送終了

●10月16日 (水)

- 1135 テストパターン(歌の花かご)
  島倉千代子の歌
- 1150 オープニングメロディ
  アコーディオン：岡田博
- 1200 OTV ニュース
- 1210 一曲どうぞ
- 1215 ファッションミュージック(KR)
  「フォア・ユー」
- 1245 料理手帖「塩カレイの春雨
  揚ぐとシュリンプトースト
  のチーズ揚げ」
  辻徳光 小深秀子アナ
  巨人ー阪神 (後楽園)
  解説：中沢不二雄
  越智アナ
- 1715 テストパターン(ポピュラー)
- 1733 オープニングメロディ
  アコーディオン：岡田博
- 1743 マンガ横町
- 1751 お天気 54 OTV ニュース
- 1800 スーパーマン (漫画)
  「魚雷工場の謎」
- 1815 忍術真田城 (NTV)
  佐藤精二 小林重四郎
- 1850 毎日新聞テレビニュース
- 1900 わが輩ははなばな氏 (KR)
  「秋の夜長」
- 1930 歌はあなたとともに (KR)
  小夜福子 奈良岡朋子他
- 2000 祝福 (NTV)
- 2030 鞍馬天狗 (KR)「二人天狗」
- 2100 ダイハツワールドスポーツ
- 2115 目で聴く詩雨風録(NTV)
- 2145 おはこうら表 (NTV/OTV)
  葦原邦子ゲスト・
  岩井半四郎
- 2200 ありちゃんのおかっぱ侍
  (KR/OTV) 有島一郎
- 2230 テレビガイド
- 2235 時の眼 田中菊次郎
- 2250 OTV ニュース
- 2302 日づけ豆辞典 (OTVF)
- 2305 あしたのお天気
- 2308 おしらせ◇放送終了

●10月17日 (木)

- 1135 テストパターン(クラシック)
- 1150 オープニングメロディ
  アコーディオン：岡田博
- 1200 OTV ニュース10一曲どうぞ
- 1215 テレビ寄席 (KR)
  曲芸：海老一染之助・染
  太郎 歌謡漫談：スイ
  ングボーイズ
- 1245 料理手帖「大根のカキみそ
  かけと栗のいが揚げ」
- 1300 大阪松竹歌劇団
  「秋のおどり」
  全20景 (大劇)
  ◇放送休止・休止
- 1715 テストパターン(クラシック)
- 1733 オープニングメロディ
  アコーディオン：岡田博
- 1743 マンガ横町
- 1751 お天気 54 OTV ニュース
- 1800 短編映画「メダカの観察」
- 1815 西部の王者・キットカースン
  「ワゴンタイア事件」
- 1845 テレビガイド
- 1850 朝日新聞テレビニュース
- 1900 スーパースターメロディ(KR)
  島倉千代子 森川きよ美
  藤田進
- 1930 宝塚テレビ劇場
  「みにくいあひるのこ」後篇
  鳳八千代・淀かほる・星
  空ひかる
- 2000 ロビンフッドの冒険
- 2030 特ダネを逃がすな (KR)
  「消えた花嫁」前篇
- 2100 野球教室「打撃編」
- 2115 陽気なコーリス
  「掘出し物の巻」
- 2145 三越映画劇場
  「撮影風景」
- 2200 カメラだより北から南から
  「老いてまた」
- 2215 ごめんあそばせ (NTV)
- 2230 小唄教室 45 テレビガイド
- 2250 OTV ニュース
- 2302 日づけ豆辞典 (OTVF)
- 2305 あしたのお天気
- 2308 おしらせ◇放送終了

●10月18日 (金)

- 1135 テストパターン
- 1150 オープニングメロディ
  アコーディオン：岡田博
- 1200 OTV ニュース10一曲どうぞ
- 1215 映画の窓 (KR)「虎の行動」
  清水晶南俊子40ガイド
- 1245 料理手帖「サバ」
  拭石俊枝 稲田英子アナ
- 1300 歌のスケッチ
  「波止場小僧」美空ひばり
- 1305 おしらせ◇放送休止
- 1435 テストパターン
- 1450 オープニングメロディ
- 1500 大相撲夏場所六日目
  (蔵前 NTV) 大平アナ
  佐土アナ解説：佐渡ヶ嶽
- 1751 お天気 54 OTV ニュース
- 1800 明るい家庭「陶器」
  河井卯之助 冨田碎花
- 1815 赤胴鈴之助 第一回
  吉田豊明 矢野文彦
  酒井哲他
- 1830 ポケット劇場
  「うかれバイオリン」
  イギリス童話
  人形劇団クラルテ
- 1850 毎日新聞テレビニュース
- 1900 テレビぴよぴよ大学 (KR)
- 1930 花王ワンダフルクイズ(NTV)
- 1900 京阪ゼスチャーゲーム
- 2030 特ダネを逃がすな (KR)
  「消えた花嫁」前篇
- 2100 野球教室「打撃編」
- 2115 陽気なコーリス
  「掘出し物の巻」
- 2145 三越映画劇場
  「撮影風景」
- 2200 カメラだより北から南から
  「老いてまた」
- 2215 ごめんあそばせ (NTV)
- 2230 小唄教室 45 テレビガイド
- 2250 OTV ニュース
- 2302 日づけ豆辞典 (OTVF)
- 2305 あしたのお天気
- 2308 おしらせ◇放送終了

●10月19日 (土)

- 1115 テストパターン(クラシック)
- 1130 オープニングメロディ
  アコーディオン：岡田博
- 1140 音楽へのいざない
  「バレエコント 神様は
  留守だった」三木一郎
- 1200 OTV ニュース
- 1210 クラブ劇場・歌えば楽し
  「アンコールアワー」
- 1245 料理手帖「風変りな一口
  トンカツ」
- 1300 OTV 週間テレビニュース
- 1310 おしらせ 休止
- 1400 テレビガイド◇おしらせ
- 1415 関西六大学野球(西京極)
  「同志社大ー立命館大」
  解説：寺本秀平
- 1650 テストパターン(クラシック)
- 1703 オープニングメロディ
- 1713 テレビ社会科「生きる歓び」
- 1743 マンガ横町
- 1751 あしたのお天気
- 1754 OTV ニュース
- 1800 明るい家庭「食生活の智恵」
- 1805 ホームアルバム
- 1815 素人のど競べ (NTV)
  暁テル子
- 1845 テレビガイド
- 1850 毎日新聞テレビニュース
- 1900 ジェット・ジャクソン
- 1930 ほろにがショー・
  何でもやりまショー (NTV)
- 2000 明日は日曜日 (NTV)
- 2030 白い桟橋 (NTV/OTV)
  「赤い電話」
- 2100 メトロニュース10ガイド
- 2115 日真名氏飛び出す (KR)
  「王手飛車取り」前編
- 2145 芸能トピックス
- 2200 NEC 劇場・右門捕物帳
  (KR)「村正騒動」
- 2230 テレビガイド
- 2235 ドラッグネット
  「自殺は11時に」
- 2305 OTV ニュース
- 2317 日づけ豆辞典 (OTVF)
- 2320 あしたのお天気
- 2323 おしらせ◇放送終了

●10月20日 (日)

- 810 テストパターン(楽しい童謡)
- 830 なかよしニュース
- 840 劇映画「野口英世の少年時代」
- 940 マンガ公園 漫画 6 編
- 1015 テレビ週報 (政府)
  政府から国民の皆様へ
- 1030 OTV 週間テレビニュース
- 1045 モーニングコーラス
- 1100 たのしい生活を「秋祭り」
- 1115 海外トピックス
- 1130 経済サロン「宇宙旅行」
- 1200 OTV ニュース
- 1215 ダイラケのびっくり捕物帖
  「いなり小町」後篇
- 1245 OK 横丁に集まれ (NTV)
- 1315 短編映画「アワータイムズ」
- 1400 ナショナル日曜テレビ
  観劇会「藤十郎の恋」
  (東京歌舞伎座)
  海老蔵 左団治 梅幸他
- 1500 平凡・芸能版
- 1725 テストパターン
- 1751 あしたのお天気
- 1754 OTV ニュース
- 1800 映画「小さな提琴」
- 1830 私も出ますショー (NTV)
  三和完児
- 1900 サーカス・ボーイ
- 1930 宇宙船エンゼル号の冒険
  (NTV) 杉浦直樹 三宅一
- 2000 金四郎江戸桜 (NTV)
  坂東好太郎 白銀道子他
- 2030 ダイヤル110番 (NTV)
  「清一荘殺人事件」
- 2100 ニュースコント・
  アンテナは見ている
- 2115 東芝日曜劇場「古瀬戸」
  (KR/芸術祭参加作品)
  清水将夫 細川ちか子
  草薙幸二郎他
- 2215 ダイハツスポーツウィクリー
- 2230 ゴルフ教室
  石井廸夫 福井正一
- 2250 OTV ニュース
- 2302 日づけ豆辞典 (OTVF)
- 2305 あしたのお天気
- 2308 おしらせ◇放送終了

第2章「熱狂」

●10月21日（月）	●10月22日（火）	●10月23日（水）	●10月24日（木）	●10月25日（金）	●10月26日（土）	●10月27日（日）
1135 テストパターン（クラシック） 1150 オープニングメロディ 1200 OTV ニュース 1210 一曲どうぞ 1215 奥様多忙 (KR) 　　江見渉 山岡久乃他 1245 料理手帖 1300 南極へ宗谷を送る 　　（東京港日の出桟橋から中継） 1715 テストパターン 1733 オープニングメロディ 　　シンギングピアノ：岩崎洋 1743 マンガ横町 1751 あしたのお天気 1754 OTV ニュース 1800 皇太子の冒険 　　「不思議な夜会」 1815 ポポンタイムこの人を (NIV) 1845 テレビガイド 1850 朝日新聞テレビニュース 1900 キンピラ先生青春記(KR) 　　入賞原稿「風船」より 1930 太閤記 (NTV)「藤吉郎編」 2000 ニチボーアワー 　　喜劇天国 (NTV) 　　「ここに娘あり」 2030 ナショナルTVホール(KR) 　　「ママ信じてよ」後篇 　　芦田伸介 水戸光子 2100 リボンとまないた (KR) 　　川田孝子 音羽美子 　　山東昭子他 2115 ウロコ座(KR)「小判狐」前篇 　　坂東簑助 市川翠扇他 2145 月曜対談・2つの椅子 　　「八海事件を巡って」 　　瀧川幸雄 吉村正一郎 2200 OTV 週間世界ニュース 2215 テレビガイド 2220 ニッカ・ヒッチコック劇場 　　「誰が彼を殺したか」 2250 OTV ニュース 2302 日づけ豆辞典 (OTVF) 2305 あしたのお天気 2308 おしらせ◇放送終了	1135 テストパターン（クラシック） 1150 オープニングメロディ 　　シンギングピアノ：岩崎洋 1200 OTV ニュース 1210 一曲どうぞ 1215 歌う青春列車 (KR) 　　音羽美子・上月左知子他 1245 料理手帖「鯖の山家風」 1300 デザインルーム 伊東茂平 　　原田眞子◇おしらせ◇休止 1715 テストパターン 1733 オープニングメロディ 　　シンギングピアノ：岩崎洋 1743 マンガ横町 　　「魔法のジュウタン」 1800 仲よし探偵団「白紙の手紙」 1815 名犬リンチンチン 　　「魔法くらべ」 1850 毎日新聞テレビニュース 1900 テレビ浮世亭 　　漫談：西条凡児 　　漫才：五九童・蝶子 1930 ゼネラル劇場 　　水戸黄門漫遊記 (KR) 　　「江戸の木枯らし」後篇 2000 山一名作劇場 (NTV) 　　一回だけの招待 　　中原早苗 岡田英次 2030 サンヨーテレビ劇場(KR) 　　「どろんこ姫」 2100 何月何日何曜日 2115 ピアス劇場 　　東京の青い風 (KR) 　　朝丘雪路 長門裕之他 2145 ミナロンドリームサロン 　　高橋伸 小割まさ江 　　大伴千春 ジョージ岡 2200 マーチンケイン捜査シリーズ 　　声・柳川 岩田直二 2230 テレビガイド 2235 プロ野球展望 2250 OTV ニュース 2302 日づけ豆辞典 (OTVF) 2305 あしたのお天気 2308 おしらせ◇放送終了	1135 テストパターン（歌の花かご） 1150 オープニングメロディ 1200 OTV ニュース 1200 OTV ニュース10一曲どうぞ 1215 ファッションミュージック(KR) 1245 料理手帖 カニの甲ら焼き 　　辻徳光 広瀬修子 1305 おしらせ◇放送休止 1715 テストパターン（ポピュラー） 1733 オープニングメロディ 　　斎藤超とニューサウンズ 1743 マンガ横町 1751 お天気 54 OTV ニュース 1800 スーパーマン（漫画） 　　「人工地震の巻」 1815 忍術真田城 　　佐藤精二 小林重四郎 1850 毎日新聞テレビニュース 1900 わが輩ははなばな氏 (KR) 　　「風と共に来た男」 1930 歌はあなたとともに (NIV) 　　白根一男 花村菊江 　　三波春夫 2000 噴煙(OIV芸術参加作品) 　　演出：五所平之助 　　春日井真澄 海老江寛 　　石田茂樹 　　※全編フィルム制作 2100 コント千一夜 2115 宮本武蔵 (NTV) 　　安井昌二 夏川大二郎他 2145 ニッケ・ジャズパレード 　　ピンボーダナオ 　　黒岩三代子 2200 ありちゃんのおかっぱ侍 　　有島一郎 中原早苗他 2230 テレビガイド 2235 時の眼 大島昭（朝日新聞） 2250 OTV ニュース 2302 日づけ豆辞典 (OTVF) 2305 あしたのお天気 2308 おしらせ◇放送終了	1135 テストパターン（クラシック） 1150 オープニングメロディ 1200 OTV ニュース 1210 一曲どうぞ 1215 テレビ寄席 (KR) 1245 料理手帖 1300 おしらせ◇放送休止 1715 テストパターン（クラシック） 1733 オープニングメロディ 1743 マンガ横町 1800 明るい家庭 1815 西部の王者・キットカースン 1850 朝日新聞テレビニュース 1900 スーパースターメロディ(KR) 1930 宝塚テレビ劇場 2000 ロビンフッドの冒険 2030 鞍馬天狗 (KR)「二人天狗」 2100 ダイハツワールドスポーツ 2115 目で聴く話題雨風雷 (NIV) 2145 おはこうら表 (NIV/OTV) 　　初音礼子 2200 忠臣蔵の人々 (KR) 　　「貝賀弥左衛門」中篇 2230 私のコレクション「矢立」 2235 冗談ミュージカル 　　「佐々ちゃんのあの手この手」 2250 OTV ニュース 2302 日づけ豆辞典 (OTVF) 2305 あしたのお天気 2308 おしらせ◇放送終了	855 テストパターン 910 オープニングメロディ 920 ゴルフ・カナダカップ選手権 　　(NIV霞か関CC東コース) 　　解説 水谷準 金田明武 1200 OTV ニュース 1210 一曲どうぞ「ハットン」 1215 映画の窓 　　「真昼の暴動」 　　（アメリカ映画） 1245 料理手帖 　　洋風魚介類の茶碗蒸し 　　◇休止 1715 テストパターン 1733 オープニングメロディ 1743 マンガ横町 1800 明るい家庭「交通規則」 　　山下豊久 1815 赤胴鈴之助 　　吉田豊明他 1830 ポケット劇場 　　「ハメルンの笛吹きおじさん」 1850 毎日新聞テレビニュース 1900 テレビびよびよ大学(KR) 　　河井炊茶 徳川夢声他 1930 花王ワンダフルクイズ(NIV) 　　今泉良夫 岡本太郎 　　柳亭痴楽 2000 京阪ゼスチャーゲーム 　　「京阪空手協会対抗」 2030 特ダネを逃がすな (KR) 　　「秘められた一年」前篇 2100 野球教室「打撃編」 2115 陽気なコーリス 　　「無賃乗、追及の巻」エリス 2145 三越映画劇場 　　「撮影風景」 2200 カメラだより北から南から 2215 ごめんあそばせ (NTV) 　　「■■と盗人」 2230 小唄教室 (KR) 芳次郎 2245 テレビガイド 2250 OTV ニュース 2302 日づけ豆辞典 (OTVF) 2305 あしたのお天気◇終了	855 パターン 0910 メロディ 920 ゴルフ・カナダカップ選手権 　　(NIV霞か関CC東コース) 　　解説 水谷準 金田明武 1140 音楽へのいざない 　　「ピアノ独奏」原智恵子 1150 オープニングメロディ 1200 OTV ニュース 10ガイド 1215 料理手帖 紅葉そば 1230 OTV スポーツファンシート 　　西鉄−巨人（平和台） 　　解説：浜崎真二 　　九大学長山田穣中村アナ 【終了後】OTV 週間世界 N 　　◇おしらせ◇休止 【野球ない時】 1200 OTV ニュース 1210 歌えば楽し◇ガイド 1251 料理手帖 1302 OTV 週間世界ニュース 1310 おしらせ◇放送終了 1715 テストパターン（クラシック） 1733 オープニングメロディ 　　シンギングピアノ：岩崎洋 1743 マンガ横町「いたずら子猫」 1752 お天気 55 OTV ニュース 1800 ホームアルバム 　　「アイロンの科学」 1815 素人と競べ(NIV)暁テル子 1845 テレビガイド 1850 朝日新聞テレビニュース 1900 ジェット・ジャクソン 1930 ほろにがショー・ 　　何でもやりまショー (NIV) 2000 明日は日曜日 (NTV) 2030 白い桟橋「電報」 　　(NIV/OTV) 2100 メトロニュース 10ガイド 2115 日真名氏飛び出す (KR) 　　「王手飛車取り」解決編 2145 芸能トピックス 2200 NEC 劇場・右門捕物帳 　　(KR)「村山騒動」 　　30 テレビガイド 2235 ドラッグネット 　　「運命のトランク」 2305 OTV ニュース 2317 日付け豆辞典 (OTVF) 2320 お天気 23 おしらせ、終了	825 テストパターン 840 劇映画「トランペット少年」 940 漫画映画 6 本 1015 テレビ週報（政府） 　　「生活と電話」中尾徹 1030 OTV 週間テレビニュース 1045 モーニングコーラス 1100 たのしい生活 　　「長唄に生きる」 　　吉住小三郎夫妻 1115 海外トピックス 1130 経済サロン「飲料の話」 　　根岸信 1200 OTV ニュース 1215 ダイラケのびっくり捕物帖 　　(OIV「お火さま危機」前篇 1245 OTV スポーツファンシート 　　日本選手権 西鉄−巨人 　　（平和台）解説：浜崎真二 　　九大学長山田穣 【続いて】 　　カナダカップゴルフ 　　解説：水谷準 金田明武 1715 OK 横丁に集まれ (NTV) 1751 お天気 54 OTV ニュース 1800 映画「南極の宗谷」 1830 ルも知らない (NTV) 1900 サーカス・ボーイ 　　「ジャックの大失敗」 1930 宇宙船エンゼル号の冒険 2000 金四郎江戸桜 (NTV) 2030 ダイヤル 110 番 (NTV) 　　「左手の負傷」 2100 アンテナは見ている 2115 東芝日曜劇場 　　「ぶっつけ本番」 　　(KRTV 芸術祭参加作品) 　　清水将夫 垂水悟郎 　　奈良岡朋子 信欣三 　　三崎千恵子 芦田伸介他 2215 ダイハツスポーツウィクリー 2230 ゴルフ教室 2250 OTV ニュース 2302 日付け豆辞典 (OTVF) 2305 あしたのお天気 2308 おしらせ◇放送終了

● 10月28日（月）

1135 テストパターン（クラシック）
1150 オープニングメロディ
　　　斎藤超とニューサウンズ
1200 OTV ニュース 10一曲どうぞ
1215 奥様多忙 (KR)「隣の人」
　　　江見渉 山岡久乃他
1245 料理手帖「アラビア風ポークシチュー」
1300 おしらせ◇放送休止
1715 テストパターン
1733 オープニングメロディ
1743 マンガ横町「氷の北海」
1751 あしたのお天気
1754 OTV ニュース
1800 皇太子の冒険「夜間の決闘」
1815 ポポンタイム
　　　この人を (NTV) 45 ガイド
1850 毎日新聞テレビニュース
1900 キンピラ先生青春記 (KR)
　　　「きんぴら先生雲に乗る」
1930 太閤記 (NTV)「藤吉郎編」
2000 ニチボーアワー
　　　喜劇天国 (NTV)「御前さま」
2030 ナショナルTVホール (KR)
　　　「白い蝶・紅いダリヤ」
　　　岡田英次 坪内美詠子
　　　田崎潤
2100 リボンとまないた (KR)
　　　川田孝子 音羽美子
　　　山東昭子
2115 ウロコ座 (KR)「小判狐」後篇
　　　坂東簑助 市川翠扇他
2145 月曜対談・2つの椅子
　　　高橋信三 他
2200 OTV 週間世界ニュース
2220 ニッカ・ヒッチコック劇場
　　　「完全犯罪」
2250 OTV ニュース
2302 日づけ豆辞典 (OTVF)
2305 あしたのお天気
2308 おしらせ◇放送終了

● 10月29日（火）

1135 テストパターン（クラシック）
1150 オープニングメロディ
　　　斎藤超とニューサウンズ
1200 OTV ニュース
1210 一曲どうぞ
1215 歌う青春列車 (KR)
　　　音羽美子 上月登知子他
1245 料理手帖「レバーとベーコン」
　　　井上幸作
1300 デザインルーム
　　　「木綿のしゃれたよそおい」
　　　伊東茂平 原田良子
1315 おしらせ 18 放送休止
1715 テストパターン（ポピュラー）
1733 オープニングメロディ
　　　斎藤超とニューサウンズ
1743 マンガ横町
　　　「真夜中のネズミたち」
1800 仲よし探偵団「白紙の手紙」
1815 名犬リンチンチン
　　　「サーカススター」
1850 朝日新聞テレビニュース
1900 テレビ浮世亭
　　　落語：小さん「蜘かご」
　　　漫才：一歩・道雄
1930 ゼネラル劇場
　　　水戸黄門漫遊記 (KR)
　　　「水戸は日本晴」
　　　柳沢真一 他
2000 山一名作劇場 (NTV)
　　　「一回だけの招待」
　　　中原早苗 岡田英次
2030 サンヨーテレビ劇場 (KR)
　　　「どろろん姫」
2100 何月何日何曜日
2115 ピアス劇場東京の青い風
　　　(KR) 朝比雪路 長門裕之他
2145 ミナロンドリームサロン
　　　芦野宏 大伴千春
　　　ジョージ岡
2200 マーチンケイン
　　　捜査シリーズ
　　　声・柳川清 岩田直二
2230 テレビガイド
2235 プロ野球展望
2250 OTV ニュース
2302 日づけ豆辞典 (OTVF)
2305 あしたのお天気
2308 おしらせ◇放送休止

● 10月30日（水）

1135 テストパターン（歌の花かご）
　　　島倉千代子の歌
1150 オープニングメロディ
1200 OIV ニュース 10一曲どうぞ
1215 料理手帖「うどんのクリーム煮」
　　　辻徳光
1230 OIV スポーツファンシート
　　　日本選手権 巨人―西鉄
　　　（後楽園）解説：中沢不二雄
　　　実況：越智アナ (NTV)
【野球ない時】
1215 ファッションミュージック
　　　(KR)「フォー・ユー」
1245 料理手帖 1300 休止
1715 パターン 33 メロディ 斎藤
1743 マンガ横町
1751 お天気 54 OTV ニュース
1800 スーパーマン（漫画）
　　　「列車強盗の巻」
1815 忍術真田城
1850 朝日新聞テレビニュース
1900 わが輩ははなばな氏 (KR)
　　　「堀り出し物」フランキー堺
　　　堺花子 堺俊哉
1930 歌はあなたとともに (NTV)
　　　島倉千代子 若杉
2000 奈落の二人
　　　(NTV 芸術祭参加作品)
　　　宇野重吉 山内明 芦田伸介
　　　斎藤美和他
2100 コント千一夜
2115 宮本武蔵 (NTV)
　　　安井昌二 夏川大二郎他
2145 ニッケ・ジャズパレード
　　　(NTV) ペギー葉山
　　　黒岩三代子
2200 ありちゃんのおかっぱ侍
　　　有島一郎 中原早苗他
2230 テレビガイド
2235 時の眼 日高一郎
2250 OTV ニュース
2302 日づけ豆辞典 (OTVF)
2305 あしたのお天気
2308 おしらせ◇放送終了

● 10月31日（木）

1135 テストパターン（クラシック）
1150 オープニングメロディ
1200 OTV ニュース
1210 一曲どうぞ
1215 テレビ寄席 (KR)
　　　講談：牧野周一
　　　落語：金馬
1245 料理手帖「ワンタン」
　　　奥井広美 佐藤和岐アナ
1300 OTV スポーツファンシート
　　　日本選手権
　　　巨人―西鉄（後楽園）
　　　解説：中沢不二雄
　　　実況：越智アナ
　　　試合終了後◇おしらせ
　　　◇終了
【試合ない時】
1300 おしらせ◇放送休止
1715 パターン 33 メロディ
1743 マンガ横町
1800 カゴメ劇場・母の肖像
　　　～朝の花々より円地文子・作
　　　京町伸夫・脚色稲垣京子
　　　八杉陽子 広野みどり他
1815 西部の王者・キットカースン
1845 テレビガイド
1850 毎日新聞テレビニュース
1900 スーパースターメロディ (KR)
1930 宝塚テレビ劇場
　　　「ホームコメディ
　　　フラッシュ娘」
2000 ロビンフッドの冒険
2030 鞍馬天狗 (KR)「二人天狗」
2100 ダイハツワールドスポーツ
2115 目で聴く諷雨風曇 (NIV)
　　　「白と黒」夢声 正木
2145 おはこうら表 (NIV/OTV)
　　　初音礼子 岩井半四郎
　　　緒方知三郎
2200 忠臣蔵の人々 (KR)
　　　「貝賀弥左衛門」後篇
2230 私のコレクション
　　　本出保次郎
2235 冗談ミュージカル
　　　「佐々ちゃんの
　　　あの手この手」
2250 OTV ニュース
2302 日づけ豆辞典 (OTVF)
2305 お天気 08 おしらせ、終了

これがOTVだ 1957年10月

【単発番組】

●新聞にもの申す

1957年10月1日（火）13：00～13：30

　新聞週間の初日に伊吹武彦教授（フランス文学者）と西脇リカ調停員（大阪家庭裁判所）が、毎日新聞大阪本社・坂田勝郎編集局長、朝日新聞大阪本社・新藤次郎編集局長に質問や要望を語る。

●ネール首相に聞く

10月6日（日）22：15～23：00

　東京迎賓館から中継。民放とNHKの共同制作。出演・安倍能成 笠信太郎 松岡洋子

●ヤンキース対ブレーブス

10月7日（月）14：00～

　米大リーグワールドシリーズの模様を空輸フイルムにて放送（～15日、7戦中の5戦を放送）

● OTV スポーツファンシート

「力道山対ルー・テーズ」

10月13日（日）20：00～21：15　ネットプロレス世界選手権大会を扇町プールから中継。

●前進座公演「好色一代女」

10月18日（金）13：20～

　京都南座から中継。依田義賢脚色 河原崎しづ江

●噴煙（五所平之助作・演出）
10月23日（水）20：00～21：00
初の芸術祭参加作品。「プレミアムドラマ」参照。

【新番組】
【10月1日（火）】
●近鉄パールアワー「何月何日何曜日」
（～1957年12月31日）
火21：00～21：15　出演・横山エンタツ他

【10月2日（水）】
●時の眼
（～1958年5月14日、全32回）
水22：35～22：50　日高一郎(毎日新聞調査部長)、田中菊次郎(毎日新聞整理部長)、木村照彦(朝日新聞編集局次長)、大島昭(朝日新聞経済部長)が解説。年末特集も放送。

【10月3日（木）】
●宝塚テレビ劇場
（～1958年9月25日全52回）
木19：30～20：00
特集「スターとともに」、スタジオレヴュー、子供向け童話ミュージカル、宝塚メルヘンランドなど、週ごとに趣向を変えた。

【10月5日（土）】
●白い桟橋
（～1958年5月10日、全32回）
土20：30～21：00
NTVとOTVで共同制作され、CBC、HBCでもネットされた内村直也作の描き下ろしメロドラマ。各地をロケして全国に舞台を広げる趣向。第一回は東京・大阪の二元中継。藤倉守郎という青年科学者をめぐる二人の女性を描く。

【10月6日（日）】
●モーニング・コーラス
（～1958年1月26日）
日10：45～11：00
フォーコインズ、ダークダックス、デュークエイセス、などコーラス系歌手の番組。

【10月12日（土）】
●政府広報番組「テレビ週報」
（～1959年3月30日）時間移動多し。
KRT、HBC、CBCと4局ネット。サブタイトルに「政府から国民へ」とある。
「生活と電話」「流感に備え」「海の防犯」「これからの暮らし」「開拓地のお正月」「電源開発」「地下に拡がる交通」「海上自衛隊ハワイ訪問」「観光日本」など。1959年4月7日からは「政府の窓」。

【10月15日（火）】
●コットン・デザインルーム
（～11月5日全4回）
火13：00～13：15
京都・藤川衣服研究所代表である藤川延子の解説で放送。同研究所はのちに藤川服飾学院、京都芸術短期大学を経て京都造形芸術大学となった。ゲストに佐藤安紀子、奥村恵津子、加茂みやじなどが出演。

【10月31日（木）】
●カゴメ劇場「母の肖像～朝の花々より」
（1958年1月23日　全13回）
木18：00～18：15
円地文子原作、京都信夫脚色。
孤児の峰子と、峰子に同情を寄せる玲子（共に中学三年生）を中心に、美しい少女の心の世界を描く。稲田京子、八杉陽子、広野みどりほか。

1957年 11月

6日～7日 三越劇場で行われた「関西オペラ第4回・創作歌劇」を後援。

7日「OTVニュース」で月食を放送。

10日 中之島公会堂でおこなわれた「高校定時制教育及び通信教育十周年記念大会」を後援。同日 朝日放送、社報で合併について告知。

25日 第五回定時株主総会を本社会議室で開催。総収入7億1210万円、純利益1200万円。

同日 朝日・毎日両新聞ニュースの放送時間を17：50開始に繰り上げ。18：50～19：00は天気予報とOTVニュースに変更。

同日 産経会館で行われた「斎藤超とニューサンズ・トリオ・リサイタル」を後援

2・6日～29日 大阪日伊協会主催「第1回イタリアの知恵・イタリア芸術講座」を後援。

28日 第3スタジオ完成。カラー放送対応。第一スタジオと同じ面積を持ちながら、カメラを常設せず、補助的な役割で用いてきた。カラー対応用機材を揃えることでスタジオとして完成。

30日 開局1周年にあたり、「お好み浪花寄席」のスペシャル版を大阪歌舞伎座地下演芸場から放送。その他の祝賀番組はKRTから「舞踊・鳥獣戯画絵巻」、NTVから劇場中継「勧進帳」。

ミナロン・ドリームサロン ～元祖・ミュージックビデオ番組～

「ドリームサロン」は、大阪テレビ放送で1956年12月4日～1958年10月30日に生放送された音楽番組。スポンサー名を冠して「ミナロン・ドリームサロン」と呼ばれた。

毎週火曜21：45からの15分番組で新日本窒素（現・チッソ）の提供。全100回。

民間テレビの黎明期、好調真っ盛りであった紡績会社・化学繊維メーカーは大きなスポンサーのひとつであったが、歌手をモデルのようにしてファッションショウ感覚で「見せて、聴かせる」宝石のような音楽番組が人気を集めた。

座談会の中にも出てくる「ニッケ・ジャズ・パレード（水曜日21：45～22：00・日本毛織提供）」は日本テレビが1956年3月から1959年6月まで放送した番組だが（担当・井原高忠）、ジャズやカントリー、ラテンを中心とした生演奏に加え、モデルのヘレン・ヒギンズが網タイツ姿を見せるのが人気の的でもあった。

OTVも開局直後から「ニッケ・ジャズ・パレード」をネットし、好評を博していたが、番組の人気の一つであった「ヘレン・ヒギンズの網タイツ」について、井原氏は「ジャズファン以外の視聴者を引き付けるため」と言っていたが、当時、この網タイツを見るために「飲み屋がからっぽになる」と噂された。

OTVの「ミナロン・ドリームサロン」は「ニッケ・ジャズ・パレード」とは異なり、むしろ正面から音楽をしっかり聞かせる路線をとった。ジャンルはジャズ、カントリー、シャンソン、ラテンなど洋楽を幅広くとりあげた。

「まもなく売れそうな若手」を中心に選び、毎回趣向の違うセットをデザインし、それを活かす高度な照明で視聴者を魅了したのもこの番組の特徴であった。

「ドリームサロン」の司会は大伴千春。3曲程度の演奏のほか、ファッションアドバイスのコーナーもあったことがわかっているが、台本も構成資料もまったく残っていないので詳細は不明である。

1958年夏、野添泰男ディレクターは急ピッチで開局準備が進められている関西テレビ放送に移籍。「ミナロン・ドリームサロン」は10月に放送を終了した。そして野添ディレクターは移籍後数多くの「見せて聴かせる音楽番組」を開花させるのである。

●各局の繊維系音楽番組

ミナロン・ドリームサロン

（1956年12月4日～
1958年10月30日）OTV制作

火 21：45～22：00

新日本窒素（ミナロン）提供

司会：大伴千春　ファッション解説：ジョージ岡

・おもなゲスト（順不同）

星野美代子、宝田明、小坂一也、宝とも子、旗照夫、芦野宏、水谷良重、前田知子、ジェームス繁田、浜村美智子、石井好子、高木史郎、ビンボーダナオ、井上雪子、丸山明宏、一色皓一郎、黒岩三代子、浜田洋子、深緑夏代、沢村みつ子、中原美紗緒、ペギー葉山、栗野圭一、ウイリー沖山、東郷たまみ、ダークダックス、高橋伸、小割まさ江、山田真二、淀かほる、ビショップ節子、新倉美子、武井義明、藤沢嵐子、太田京子、笈田敏夫、宇治かほる、小林昭、淡島あい子 他

ニッケ・ジャズパレード

1956年3月～　NTV制作

水 21：45～22：00

日本毛織（ニッケ）提供

OTV 1956年12月5日ネット開始

1958年9月3日、YTVにネット変更。

ただし、1958年8月27日（サービス放送期間中）だけはYTVとOTVの両方から放送した。

・カバーガール：ヘレンヒギンス

・伴奏：秋満義孝
　　　平岡精二とオールスター・スイングバンド

・おもなゲスト（順不同）

中原美紗緒、小堀明男、田崎潤、武井義明、ペギー葉山、芦野宏、宝とも子、ビンボーダナオ、旗照夫、東郷たまみ、越路吹雪、星野美代子、ダークダックス、ペギー葉山、水谷良重、朝丘雪路、笈田敏夫、ジェームス繁田、ダークダックス、浜村美智子、黒岩三代子、木村正照、小坂一也、フレディ・クイン、三宅光子、江利チエミ、原田信夫 ほか

お昼のメロディ（月～土）

12：00～12：15 KTV 大和紡提供

宝塚ミュージック・サロン（日）

12：00～12：15 KTV 　大和紡・提供

　関西テレビは開局後半年にわたり、正午から15分間のスタジオ音楽番組を大和紡の提供で「一日も休むことなく」放送した。月～土は「お昼のメロディ」日は「宝塚ミュージックサロン」。

・宝塚ミュージック・サロン

構成：白井鐵造　出演：浜木綿子　大倉玉子

ゲスト：古城月子、豆千代、山本満智子、真咲のり子、

高橋淳子、寺谷啓子、天城月江、寿美花代、毬るい子、山本四郎、明石照子　三鷹恵子、水原節子、淡路通子、黒木ひかる、竜城のぼる、槙克己、真木弥生、寿美花代、時凡子、松乃みどり、淀かほる、故里明美、吉月朱美、春日野八千代、浜木綿子

・お昼のメロディ

おもな出演　大阪バレエ学園法村・友井バレエ団
山本基代美、小林昭、坂元すみ子、滝えり子、山本満智子、高橋淳子、岡崎広志、真咲のり子、園佳也子、神原敏行、島敏也　筑紫まり　美園恵子、小川旭

カネカロン・ジャズパレード

火 19：30〜20：00　MBS 制作
鐘淵化学工業（カネカ）提供
古賀さと子、ダークダックス、渡真二　ほか

「ミナロン・ドリームサロン」再現会場での阪本雅信さん：2015 年 2 月逝去）

●長年の眠りを覚まして

　本項には、この番組に携わった野添泰男ディレクター、美術の阪本雅信氏、カメラの亀井茂氏へのインタビューの一部を掲載している。

　これは 2013 年 12 月 1 日に、大阪・中之島の京阪なにわ橋駅コンコース内にある「アートエリア B1」で、大阪大学 21 世紀懐徳堂主催によっておこなわれたイベント「OSAKAN CAFE〜とんがってた時代の TV 美術」におけるものである。

　このインタビューは、このお三方の証言をもとに、「ミナロン・ドリームサロン」の復刻版を撮影するという、いわゆる「レジェンド企画」としておこなわれたものである。

　会場には阪本さんによる「この日のためのオリジナルデザインのセット」が製作され、野添さんのカメラ割りとキュー、亀井さんのアドバイスにより 15 分の番組が一本製作された。番組には歌手として東京からちょうど来阪中であった歌手のさがゆきさん

下手側

上手側

阪本雅信さんデザインの「ミナロン・ドリームサロン」再現舞台パネル（2400X2400mmX2 枚）
上部バックは「黄色」、下部は「黒」の「OTV カラー」のパネルに、阪本さん撮影・所蔵の当時の
白黒舞台写真を配置した。
（製作：大阪大学 21 世紀懐徳堂塾「OSAKAN CAFE」）

に「月をテーマにしたスタンダードナンバー3曲」を、ギター弾き唄いでお願いした。また、撮影には、技術部カメラマンであった直井孝司さんのコーディネーションで、音楽番組のキューに対応できるスタッフを集めて頂き、ディレクターのカメラ割りに添って直井さんに編集していただいた。仕上げは当然、モノクロームである。

●伝説を再現する

こうした実験はやってみるもので、当時の番組を本当に再現するにはあまりに多くのものが失われていることがわかった。たとえば当時のオルシコン式カメラでしか撮れない画。同時に、古いモノクロ用のブラウン管式テレビでなければ映し出せない画。予算をかければ映像自体は当時そのままに再現できるとは思うが、映像の入り口と出口だけはどうにもならない。

「ドリームサロン」再現を思いついたきっかけは、阪本さんとの出会いであった。少し遡って2013年3月3日に同じく大阪大学21世紀懐徳堂主催による「OSAKAN CAFE　まぼろしの大阪テレビ」というイベントで、いくつか気になる番組として「ミナロンドリームサロン」を取り上げたところ、会場に来ておられた阪本さんが「その番組は私が美術を担当していました。15分の小さな番組でしたが、一番忘れられません」とおっしゃったのだ。さらにお話を伺うと、資料と研究用に番組セットの写真を保管されていること、特に「ドリームサロン」関係のセットの写真は沢山遺っているということで、それを使ったイベントを企画したのだ。

最初は、パネルでの展示などを考えていたが、この写真をもっとテレビ的に利用することはできないかと考え、セットの写真を大きなパネルに引き伸ばして、そこでライブ演奏をして、往時の雰囲気を少しでも味わうことを思い立った。やがてそれは「当時の番組を再現してみよう」という話に膨らんでいった。

そこで、助言をお願いしていた亀井さんから「これだけのことをやるんやったら、ディレクターの野添さんにちゃんと話を通すのが筋やで」と指摘を頂き、すぐに連絡をとっていただいた。そのおかげもあって、当時の番組スタッフであったお三方に集まって頂き、番組再現にご協力いただくことができたわけだ。

阪本さんからはすぐにデザイン画が届いた。OTVのコーポレートカラーである黄色をベースに用いて当時の写真を張り混ぜにしたもので、それを左右に置いて、センターにスクリーンを置いて当時のセット写真を大写しにした。これはOTVがスタジオセットに独特の使い方をしていたスクリーン・プロセス（スクプロ）を現代の機材で置き換えたものだ。

そして、画面に立体感を出すために、生花を飾った。

●オルシコンカメラ時代の美

撮影された番組は直井さんによって、できるだけ当時の雰囲気が出るように編集していただいた。

ところが、実際に見てみると、画像が「綺麗」すぎる。当時の写真が醸し出すようなスゴみや幻想感が出てこない。照明も含めて、当時の機材が用意できれば多少はかわったのかもしれない。予算があればCG加工で画質を直せばいいのかもしれないが、そのやりかたは本質的ではない。

当然のことではあるが、現代の機材は走査線1125本（あるいは4K、8K）で最も美しく表現できるように設計されているのである。オルシコンカメラ時代の機材は525本モノクロのブラウン管で美しく写るように設計されていたのだ。当時は走査線の間には「にじみ」もあった。もし、同じものを再現するには、スタジオの設計から受像機まで1950年代に戻さなければならないということだ。

ただ「いま、何が再現できないか」を具体的に知ることができたのは、研究の上においては大収穫であった。

【座談会】 ～元祖・ミュージックビデオ番組「ミナロン・ドリームサロン」～

大阪大学 21 世紀懐徳堂塾「OSAKAN CAFE」第 3 回「とんがっていた時代の TV 美術」／ 2013 年 12 月 1 日（於：アートエリア B 1）

OTVの舞台美術を支えた阪本雅信さん（左）

●美術担当・阪本雅信さん登場

川崎：（阪本さんを舞台上に迎える）よろしかったら、こちらにお座りください。

阪本：…見世モンみたい。

川崎：みなさんに、ご覧いただきたいわけで…。

阪本：………イヤや（会場爆笑）。

川崎：じゃ、立ったままでも結構ですよ。

阪本：じゃあ、座ろか…（笑）

川崎：今日は、阪本さんの写真コレクションを使って舞台背景をつくっていただきました。これは、毎回、ご自身で写真をお撮りになってたんですか？

阪本：そうそうそう。

川崎：研究用に。

阪本：いや、自分のものを「遺したい」という気持ちだけです。今日（イベント）のために、なんて、一切考えたことないですよ（笑）。

川崎：50年以上たって、こうして再利用させていただきました。

阪本：ありがたいことですねえ。ここでボクの個展をやっていただけるやなんて（会場爆笑）

川崎：そもそも、このイベントをやろうと思ったきっかけが、阪本さんのコレクションだったんですよ。前回、3月にやったイベントの時に阪本さんが「ミナロン・ドリームサロン」の写真をいっぱいもってらっしゃるとおっしゃって「あ、これで何かできないかな」と思ったんです。

阪本：ウカツなこと言えませんネェ（笑）

川崎：うっかり喋ると大変ですよ（笑）

阪本：いや、あの時舞い上がるほどうれしかったんです。あなたが、あのちっぽけな名前の番組を憶えていてくれたというだけでね、ほんとにうれしかったんですよ。で、それだけで終わってたと思ってたんですよ。

川崎：阪本さんが出版された「上方テレビ美術事始め」にいくつか載っていたセットの写真を見てびっくりしたんですよ。たった15分の音楽番組のセットなのに、キュビズムもある、様式美もある、リアリズムもある…ありとあらゆることがおこなわれている。いったいどんな番組だ、と思っていたんです。

阪本：（うなづいている）

●人気が高かった夜半の音楽番組

川崎：ここから具体的な話になりますが、1950年代当時、テレビには随分音楽番組がありましたね。たとえば火曜日の夜9時45分には「ミナロンドリームサロン」があって、水曜日の同じ時間には日本テレビ制作の「ニッケ・ジャズパレード」がありました。

阪本：楽しい番組でした。

川崎：これは、のちに「ゲバゲバ90分」を制作する井原高忠さんが担当されていた番組ですが、この番組はジャズが中心に聴かせながら、網タイツ姿のヘレン・ヒギンズ（モデル）の脚線美で人気を集めたんですよね。

阪本：そう！そうそうそう・・・

川崎：お顔がほころんでますね。

阪本：（笑）

川崎：その脚線美に対抗して「じゃあ、大阪発でも新しい音楽番組を」と思われたと思うんですが。

阪本：いやそれは僕は知らないです。

（阪本さん、手招きする）

川崎：その点についてはディレクターを担当されていた野添さんにうかがってみたいと思います。

●ディレクター・野添泰男さん登場

川崎：当時は堀泰男さんというお名前で制作されていました。

革のブルゾンで颯爽と野添ディレクター（中央）が話に加わる。

野添：はい。そうです。

川崎：お父様が宝塚歌劇団の黎明期に沢山作品を残された堀正旗さんでいらっしゃいますが、その方面からOTVにいらっしゃったということでよろしいですか？

野添：その通りです。

川崎：当時、音楽番組に代表される「バラエティ」を主に担当されていたそうですが。

野添：宝塚歌劇団にいましたんでね、その流れで音楽番組を担当していました。

川崎：当時、音楽番組のディレクターはカメラマンに、楽譜を見ながら「何小節目の何拍目」という指示を出していらっしゃったと伺いました。

野添：ま、まあ…オーケストラのスコアは読めませんけど、普通の楽譜は読めます。

川崎：井原さんの本を読むとスイッチャーが譜面

会場からは「イメージオルシコン」の撮像管も登場。(OTVOBの植田譲二氏)

を見ながらカメラをテンポよく切り替えていたという話がでてきますが。

野添：それは本当やと思います。

川崎：当時は音楽業界からテレビに来るという人、多かったんでしょうか。

野添：当時、テレビ局には舞台からくる人、映画からくる人、ラジオからくる人、その他…その他ってのは一番胡散臭いんですけど（笑）…そういう構成で。たとえば満州放送局にいた人とか、私は舞台から来たし、雅信さんもそうだよねぇ。

阪本：そうです。舞台です。

● 「口パク」は誤魔化しではなかった

川崎：番組はどういう風に作られていたんでしょうか。

野添：演奏はプレ・レコで、それをプレイバックして、歌手が口パクというのが基本で…まあ、生のケースもないことはなかったんですが。

川崎：最近は「歌番組で口パク」というと手抜きとか誤魔化しの代表みたいにいわれますが、そういうのとは全く違うようですね。

野添：当時のテレビというのは、このぐらい（親指と人さし指で大きめの輪を作る）このくらいの太いケーブルを引き回してるので、スタジオの中は雑音が多いんですね。ガサガサガサって、蛇が天井を這うような大きな音ですよ。だから、スタジオの中でマイクを活かすのは司会の人が喋るときだけで、それ以外はいつもOFFにしておいて、自由にカメラに動いてもらいたい、と。

川崎：そういうことだったんですね。

野添：それからブームマイクというのがあって、それで声を追いかけるんですけど、吊り下げたマイクの先が画面にでたり引っ込んだりするし、カメラの動きも制限されるから、先に音を取っておいたほうがいいわけです。それに歌手のいいコンディションの状態をみなさんには聞いていただきたいですから。

川崎：「ミナロン」はカメラ2台で撮っていたそうですが、使用していた第二スタジオはどのくらいの大きさだったんですか？

野添：50坪です。この会場くらいです。

川崎：当時の写真を見ると、決して広い空間ではなかったのに、前後左右上下とかなり立体的なセッ

トを組んでらっしゃいますね。書割りにすることは、お考えにならなかったんですか？

野添：まったく考えてなかったですねえ。書割ってのはチャチでしょう？　それは何か意図があって使うときは別ですけど、そうでない場合はやはりきちっとセットを組んで、立体的にしたほうが…照明もそのほうが深みが出ますしネ。それに、プレ・レコにしたほうがカメラアングルが自由になるという考えもありました。

●砂の中から「デーオ！」

川崎：ところで、浜村美智子さんがお出になった時は、社員がいっぱい見学に押し寄せて大変だったそうですね。

野添：そうそうそう。あれはすごかった。

川崎：この時の演出がすごかったそうですね。

野添：あのねぇ…彼女を説得して砂の中に…砂といってもオガクズですけどね。オガクズの中に埋めて（歌の冒頭の）「デーオ！」の時に、砂の中からバリッ！と手を突き上げてもらったんですよ（会場爆笑）。とってもいい演出でした。自分でいうのもオカシイんですけど。

阪本：（口をおさえて笑っている）

川崎：誰がやろうっていいだしたんですか。

野添：（ニヤリとして）私です。

さがゆきさんによる「月」をテーマにした曲の弾き語り

（会場爆笑）

川崎：それから、浜村さんのファッションもすごいですねえ。コーヒーの麻袋をくりぬいて造ったようなワンピースを着て。後ろのセットには火山があって浜辺があって、月が出ていて。背景はスライドをお使いになったんですか？

阪本：スクプロです。

川崎：スクプロ？

●スクプロの新用法

阪本：スクリーン・プロセスです。これは本来、こういう使い方をするんじゃないんです。普通はドラマで、映画のスクプロと同様に、走っている列車の窓に風景映像とかを写したりするのによく使われるんですが、アメリカからの輸入品で150万円くらいするものがあったんです。ところが、OTVにあったのがタテが9尺でヨコが二間というもので、実際に使うには小さかったもので、誰も

カメラマンだった亀井茂さんが登場（右から2人目。左端は永田靖大阪大学大学院文学研究科教授。）

使っていなかったんですね。倉庫に眠ってたんです。で、僕がミナロンのセットのデザインでネタに困っていた時、ひっぱり出してきたんです。

川崎：えぇ。

阪本：スクリーンプロセスの場合、普通は4インチ×5インチの耐熱ガラスの板にフィルムを置いて使うんですが、私は耐熱ガラスに黒インクの濃いので直接、絵を描いたんですよ。（写真を指差して）だからペン・タッチでね。火山とか浜辺とか、背景のエッフェル塔の絵とかを描いて、リア・プロジェクションでスクリーンの後ろから投射したんです。ただ、狭いスタジオですから、プロジェクターとスクリーンの間に「引き（に必要な距離）」がないですよね。だから、スタジオの扉をあけて、外から写したんです。音はプレレコでマイクが遮断されてるから、雑音の心配をしなくて大丈夫ということだったんですよ。

●マリリン・モンローが出演!?

（客席からアナウンサーの稲田英子さんが発言）

稲田：「ミナロン・ドリームサロン」は本当に夢がたゆたうような素敵な画面と音楽が出る番組だったんですよ。

「ミナロン」の放送は火曜日でしたが、私は「近鉄パールアワー」という番組のコマーシャルをやっていて、いつもエンタツさんの車に乗せてもらっておうちへ帰る、というスケジュールだったんですが、あの日、帰り際に画面をみたら「いやあ、マリリン・モンローが出てる！」って。

それで、私その日は車には乗らないで、堀ちゃん（野添さんのこと）には悪いと思ったんですがスーッとスタジオに忍び込みました。黒岩三代子さんが出演の時だったんですが、ほんとに顔も動きもステキで、天にも昇るような心地がして。でも…実物を見たときは「あ、わりとお顔の長い女性だったんだ」と思いました。

阪本：これ？（写真の一枚を指差す）

稲田：違う。もっと長かった（会場爆笑）

川崎：顔の長い人が、テレビでは短く映るんですね。

●カメラマン亀井茂さん登場

川崎：カメラを担当された亀井茂さんです。

亀井：どうも亀井です。今のご質問にお答えしますけども、黒岩さん、確かに顔の長い方だったんで、カメラは下から撮って寸法を詰めたんですよ（笑）

　浜村美智子さんの時ね、阪本さんがセットに椰子の木を置いてくれて、そこにホントのバナナをね…生のバナナ。市場から買ってきてね、吊ったんですよ、アレ。

野添：そしたらねぇ。スタッフが…マァその頃食べるモンがなくて（笑）バナナの裏っ側に自分の名前をワレサキに書いて（会場大爆笑）

亀井：やりました。「亀井」って書いて「終わったらコレは俺のだ」って（笑）

川崎：黒岩さんのお顔は…下から撮ったんですか。

亀井：そうです。全部仰向けで撮って、長さを詰めるんです。そしたらエリザベス・テイラーみたいになります。

川崎：つまり「カメラ美人」を作ったんですね。

亀井：いや、別に私が作ったわけではないんですよ。だいたいね、当時のブラウン管はどうしても横長に映っちゃうんですよ。だから丸顔の人よりも、むしろキツネ顔の人のほうがテレビではトクなんです。美人に映るんです。

野添：それから、当時二枚目で売ってたダーク・ダックスに「かかし」の格好をさせましてねえ、こう（両手をいっぱいに拡げて）袖に棒を通して…ダークに会うといつも「えらい目にあいました」って言われます（笑）

●真っ赤なジャンパー

川崎：ところで、50坪のスタジオの中に、どのくらいの大きさのセットを組んでたんですか？

阪本：奥から3分の2くらいまでかな。引きがあるから（編注：カメラの可動範囲が案外少ない）。

亀井：阪本さんがいろいろ考えてくれてね。セットの横から回りこんで撮れたりね。

野添：セットに穴あけてね、そこからカメラが撮ったりとか。そらまぁ、いろいろ、今の人より苦労しながら楽しんだですネ。

亀井：照明もよかったね。

野添：照明もよかった。のちにフジテレビにいっ

尽きない昔話がはずむ

会場ではOBの直井孝司さんが撮影に協力。

た人ですが、あの照明よかったね。
（各人うなずく）
亀井：それから、ミナロンで堀さん（野添さん）が呼んで番組に出演した人が、東京に帰って、そこからグーッとあがっていったりしました。ダーク・ダックスだってそうでしょう？
野添：大阪でねェ、東京のスターを呼んでくるのはすごい難しかった。その頃、丸二日間つぶれるでしょう？　新幹線もなかったから。だから、これから売れる人を中心にしていましたね。ところが、それではスポンサーがウンとは言わないから、たまには第一線の方もいらっしゃったけど。とにかく、理解のあるいいスポンサーでした。
川崎：「ミナロン」というのは化学繊維ですか？
阪本・野添・亀井：アセテート。
野添：はじめてミナロン・アセテートができて、番組をやるということが決まって、われわれのスタジオのジャンパーも全部作って頂きまして。真っ赤な色のネ。OTV演出部は派手やったなァ。
川崎：新日本窒素（スポンサー）の方が見に来られましたでしょう。
野添：毎週来られましたね。名前も憶えてますが「クマさん」というかたで。
川崎：クマさん？
野添：「久間」と書いてクマさん。お酒が好きで。本番が終わったら、司会の大伴さんのバーへ必ず行ってねぇ。
亀井：酒を飲めないあたしまで付き合ったんです（笑）。　　　　　　（2013年12月1日収録）

●プレレコについて

　いまではテレビの音楽番組というと「ライブ中継」型と「プロモーションビデオビデオ（PV）型」くらいしかないが、インタビューにもあるように、当時は「生放送でPV的な完成度を目指す」という考え方があった。つまり、演奏を完璧にするために、放送前にテープで収録しておき（レコードを転用することはない）、それにあわせて歌手が自由に動き回って歌うやりかたである。
　当時はまだワイヤレスマイクが導入されていなかったから、テレビで歌手が歌うときは、マイク

を持つか、スタンドの前に立つ必要があった。しかし、マイクのケーブルやスタンドによって歌手の動きが制限されるため、画一的な画になりやすく、しかもスポンサーは繊維メーカーで、化繊や毛織を用いたモダンなファッションを普及させようとしていたのだから、歌手が自由に動き回って「視覚的な面白さ」が表現されたほうがいい。それが「プレレコ（事前録音）」という方法を選ばせた大きな理由である。

音楽番組は、その後TBSが音楽番組でマイクを使った演出方法を確立し、絵的に面白くなるやりかたを成功させた。これをきっかけとして、プレレコによる従来型の製作スタイルは衰退した。再びプレレコが行なわれるようになったのはCGやプロジェクション・マッピングが使用されるようになった21世紀のことである。

1957.11

- ミナミの繁華街で19件の連続放火。放火魔逮捕される。
- プロ野球大映が毎日と合併し「大毎オリオンズ（毎日大映オリオンズ）」に。
- 大相撲玉乃海が全勝優勝。

●11月1日（金）

1135 テストパターン（リズム）
1150 オープニングメロディ
　　　斎藤超とニューサウンズ
1200 OTVニュース
1210 一曲どうぞ「12番街のラグ」
1215 映画の窓（KR）荻昌弘他
　　　「千の顔を持つ男」
1245 料理手帖 小林孝二
　　　プディングキャビネ
1300 OTVスポーツファンシート
　　　日本選手権 巨人－西鉄
　　　（後楽園解説：中沢不二雄
　　　実況：越智アナ）
【雨天】1300 おしらせ◇休止
1715 テストパターン（ポピュラー）
1735 オープニングメロディ
　　　斎藤超とニューサウンズ
1745 マンガ横町
1751 お天気 54 OTVニュース
1800 明るい家庭
　　　「私たちの吹奏楽団」
　　　対談：辻久子他
1815 赤胴鈴之助 吉田豊明
1830 ポケット劇場
　　　「ハメルンの笛吹きおじさん」
1850 毎日新聞テレビニュース
1900 テレビぴよぴよ大学（KR）
1930 花王ワンダフルクイズ（NIV）
2000 京阪ゼスチャーゲーム
　　　「京都と大阪の刑事対抗」
2030 特ダネを逃がすな（KR）
　　　「秘められた一年」後篇
2100 野球教室「打撃編」
　　　御園生崇男　久保顕次
2115 陽気なコーリス
2145 三越映画劇場「撮影風景」
2200 カメラだより北から南から
　　　「食欲の秋」
2215 ごめんあそばせ（NTV）
2230 小唄教室（KR）
　　　真木八千代
2245 テレビガイド
2250 OTVニュース
2302 日づけ豆辞典（OTVF）
2305 あしたのお天気
2308 おしらせ◇放送終了

●11月2日（土）

1115 テストパターン（クラシック）
1130 オープニングメロディ
　　　斎藤超とニューサウンズ
1140 音楽へのいざない「歌の翼」
1200 OTVニュース
1210 クラブ劇場・歌えば楽し
1240 テレビガイド
1245 料理手帖「カキのフライ・アメリカン」富田利八郎
1715 テストパターン
1733 オープニングメロディ
　　　斎藤超とニューサウンズ
1751 あしたのお天気
1754 OTVニュース
1800 ホームアルバム「能の話」
1815 素人のど競べ（NTV）
　　　暁テル子
1845 テレビガイド
1850 朝日新聞テレビニュース
1900 ジェット・ジャクソン
　　　「死の探検」
1930 ほろにがショー・
　　　何でもやりまショー（NIV）
2000 磯川兵助功名噺（NTV）
2030 白い桟橋「赤い電話」
　　　（NTV/OTV）
2100 メトロニュース10ガイド
2115 日真名氏飛び出す（KR）
　　　「浅草の姉妹」前編
2145 芸能トピックス
2200 NEC劇場・右門捕物帳
　　　（KR）「村正騒動」
2230 テレビガイド
2235 ドラッグネット
　　　「魅力のダイヤ」
2305 OTVニュース
2317 日づけ豆辞典（OTVF）
2320 あしたのお天気
2323 おしらせ◇放送終了

●11月3日（日）

810 パターン30 なかよしN
840 劇映画「白鳥物語」
940 漫画映画6本
1015 テレビ週報（政府）
　　　政府から国民の皆様へ
1030 OTV週間テレビニュース
1045 モーニングコーラス
　　　ダークダックス
1100 たのしい生活を
　　　「アマチュア無線」
1115 海外トピックス
1130 綺羅サロン「新しい米ソ対立」
1200 OTVニュース
1215 ダイラケのびっくり捕物帖
　　　「お妙さま危機」後篇
1245 OK 横丁に集まれ（NTV）
1300 ナショナルサンデープレゼント
　　　日曜テレビ観劇会
　　　「カブキ映画・勧進帳」
　　　先代幸四郎　羽左衛門
　　　菊五郎
1450 平凡・芸能ニュース
1500 記録映画「街道の秋」
1746 テレビガイド 51 お天気
1754 OTVニュース
1800 プレイハウス
　　　「悲運のボクサー」
1830 私も出まショー（NTV）
1900 サーカス・ボーイ
　　　「危険なナイフ投げ」
1930 宇宙船エンゼル号の冒険
　　　「砂漠の無形人」
2000 金四郎江戸桜（NTV）
　　　「金さん初手柄」
2030 ダイヤル110番（NTV）
　　　「踊る炎」
2100 アンテナは見ている
2115 東芝日曜劇場
　　　「月が笑った」（KR）
　　　金子洋子：作 久米明
　　　岸旗江　河野秋武他
2215 ダイハツスポーツウィクリー
2230 ゴルフ学校50 ニュース
2302 日づけ豆辞典（OTVF）
2305 お天気 08 おしらせ、終了

●11月4日（月）

- 1135 テストパターン（クラシック）
- 1150 オープニングメロディ
  アコーディオン：岡田博
- 1200 OTV ニュース
- 1210 一曲どうぞ
- 1215 奥様多忙 (KR)「あの手この手」
  江見渉 山岡久乃他
- 1245 料理手帖 辻勲
  デミトフ風変りステーキ
- 1300 おしらせ◇放送休止
- 1715 テストパターン
- 1733 オープニングメロディ
  アコーディオン：岡田博
- 1743 マンガ横町「こわい夢をみた
  アルファおじさん」
- 1751 あしたのお天気
- 1754 OTV ニュース
- 1800 皇太子の冒険「帽子の神箱」
- 1815 ポポンタイムこの人を(NTV)
- 1845 テレビガイド
- 1900 キンピラ先生青春記 (KR)
  「きんぴら先生準備完了」
- 1850 毎日新聞テレビニュース
- 1930 太閤記 (NTV)「藤吉郎編」
- 2000 ニチボーアワー喜劇天国
  (NTV)「他人の娘」他
  金語楼 木田三千雄他
- 2030 ナショナルTVホール (KR)
  「白い蝶・紅いダリヤ」
  岡田英次 岸田今日子
  田崎潤他
- 2100 リボンとまないた (KR)
  川田孝子 音羽美子
  山東昭子
- 2115 ウロコ座(KR)「戦鼓」前篇
  村上元三・作 市川段四郎
  大谷友右衛門 中村又五郎
  藤代鮎子
- 2145 月曜対談・2つの椅子
  伊藤乾
- 2200 OTV 週間世界ニュース
- 2220 ニッカ・ヒッチコック劇場
  (NTV)「子守のロッティ」
- 2250 OTV ニュース
- 2302 日づけ豆辞典 (OTVF)
- 2305 お天気 08 おしらせ、終了

●11月5日（火）

- 1135 テストパターン（クラシック）
  ギレリス他
- 1150 オープニングメロディ
  アコーディオン：岡田博
- 1200 OTV ニュース
- 1210 一曲どうぞ
- 1215 歌う青春列車
  「ジューンバリーの歌」
  音羽美子 上月左知子他
- 1245 料理手帖「カスタードスープ」
- 1300 デザインルーム
  藤川延子 加茂みやじ他
- 1315 おしらせ◇放送休止
- 1715 テストパターン D・ショア
- 1733 オープニングメロディ
  アコーディオン：岡田博
- 1743 マンガ横町
- 1751 あしたのお天気
- 1754 OTV ニュース
- 1800 少年探偵シリーズ
  「仲良し探偵団」
- 1815 名犬リンチンチン
- 1900 わが輩ははなぱだ氏 (KR)
- 1850 朝日新聞テレビニュース
- 1900 テレビ浮世亭
- 1930 ゼネラル劇場
  姿三四郎 (KR)　牧真介
  旭輝子 原保美
- 2000 山一名作劇場 (NTV)
  「見事な娘」源氏鶏太：作
  久保菜穂子他
- 2030 サンヨーテレビ劇場 (KR)
  「どろんこ姫」
- 2100 近鉄パールアワー・
  何月何日何曜日
- 2115 ピアス劇場東京の青い風
  (KR) 朝宮雲路 昻門裕之他
- 2145 ミナロンドリームサロン
  J 繁田 大伴千春
  ジョージ岡
- 2200 マーチンケイン捜査シリーズ
  「消えた男」
- 2230 テレビガイド
- 2235 プロ野球展望「今シーズン」
  岩田直二
- 2250 OTV ニュース
- 2302 日づけ豆辞典 (OTVF)
- 2305 お天気 08 おしらせ、終了

●11月6日（水）

- 1135 テストパターン（歌の花かご）
  島倉千代子の歌
- 1150 オープニングメロディ
  アコーディオン：岡田博
- 1200 OTV ニュース
- 1210 一曲どうぞ
- 1215 ファッションミュージック
  歌謡漫談：シャンバロー
- 1245 料理手帖「ちくわのチーズ
  揚げ」辻徳光 広瀬修子
- 1300 おしらせ◇放送休止
- 1715 テストパターン（ポピュラー）
- 1733 オープニングメロディ
  アコーディオン：岡田博
- 1743 マンガ横町「悪狼と小犬」
- 1751 あしたのお天気
- 1754 OTV ニュース
- 1800 スーパーマン（漫画）
- 1815 忍術真田城
  佐藤精二　小林重四郎
- 1850 毎日新聞テレビニュース
- 1900 歌はあなたとともに (NTV)
  「赤城の子守唄」他
  東海林太郎 平野愛子
  暁テル子他
- 2000 劇映画「毒ガス密輸団」
  ジョン・ウエイン
  レイ・コリガン他
- 2100 コント千一夜
- 2115 宮本武蔵 (NTV)
  安井昌二 夏川大二郎他
- 2145 ニッケ・ジャズパレード
  (NTV) 星野みよ子他
- 2200 ありちゃんのおかっぱ侍
  「鶴は千年、亀は万年」
  有島一郎　中原早苗他
- 2230 テレビガイド
- 2235 時の眼（ニュース解説）
  木村照彦（朝日新聞）
- 2250 OTV ニュース
- 2302 日づけ豆辞典 (OTVF)
- 2305 お天気 08 おしらせ、終了

●11月7日（木）

- 1135 テストパターン
  （フライングリズム）
- 1150 オープニングメロディ
  アコーディオン：岡田博
- 1200 OTV ニュース
- 1210 一曲どうぞ
- 1215 テレビ寄席 (KR)
  曲芸：翁家和楽社中
  歌謡漫談：シャンバロー
- 1245 料理手帖「エビのつつみ揚げ」
  平ি武一　佐藤和枝アナ
- 1300 おしらせ◇放送休止
- 1715 テストパターン（クラシック）
- 1733 オープニングメロディ
  アコーディオン：岡田博
- 1743 マンガ横町
- 1751 あしたのお天気
- 1800 カゴメ劇場・母の肖像
  ～朝の花々より
  円地文子・作
- 1815 西部の王者・キットカースン
  「呪われた指輪」
- 1845 テレビガイド
- 1850 朝日新聞テレビニュース
- 1900 スーパースターメロディ(KR)
  若原一郎 水原啓子 石井千恵
- 1930 宝塚テレビ劇場
  「舞踊劇 汐の音」
  故里明美　明石照子
- 2000 ロビンフッドの冒険
  「島の異教徒」
- 2030 鞍馬天狗 (KR)
  「地獄の門」
- 2100 ダイハツワールドスポーツ
- 2115 目で聴く話題雨風暮 (NTV)
  「さんまの歌」松田トシ
  徳川夢声
- 2145 おはこうら表 (NTV/OTV)
  ゲスト・岩井半四郎
  小夜福子 橘薫 桜紺紗子
- 2200 忠臣蔵の人々 (KR)
  「寺坂吉右衛門」前篇
- 2230 私のコレクション
  「乗物のオモチャ」野村薫
- 2250 OTV ニュース
- 2302 日づけ豆辞典 (OTVF)
- 2305 あしたのお天気
- 2308 おしらせ◇放送終了

●11月8日（金）

- 1115 テストパターン（クラシック）
- 1130 オープニングメロディ
- 1140 音楽へのいざない
  二台のピアノ演奏
  「ペトルーシュカ」
  金沢誉雄　真木利一
- 1200 OTV ニュース
- 1210 一曲どうぞ
- 1215 映画の窓(KR)「ドン・キホーテ」
  （ソビエト映画）
  解説：荻昌弘他
- 1245 料理手帖「ハム入りクリーム
  スープとチキン・オム
  レツ」堀越フサエ
- 1300 おしらせ◇放送休止
- 1715 テストパターン
- 1735 オープニングメロディ
  アコーディオン：岡田博
- 1745 マンガ横丁
- 1751 お天気 54 OTV ニュース
- 1800 明るい家庭「菊花」
  中橋小一郎　藤田昌子
- 1815 赤胴鈴之助 吉田豊明
- 1830 ポケット劇場
  「ハメルンの笛吹きおじさん」
  人形劇団クラルテ
- 1850 朝日新聞テレビニュース
- 1900 テレビよびよ大学 (KR)
  河井坊茶　徳川夢声他
- 1930 花王ワンダフルクイズ(NTV)
- 2000 京阪ゼスチャーゲーム
  「新春座殺陣研究会」他
- 2030 特ダネを逃がすな (KR)
  「光と影」前篇
- 2100 野球教室「打撃編」
  御園生崇男 久保顕次
- 2115 陽気なコーリス
- 2145 蜂の大軍の巻
- 2200 カメラだより北から南から
  「文化国家の一日」
- 2215 ごめんあそばせ (NTV)
  「河豚と姑」武智豊子
- 2230 小唄教室
  若柳福士他
- 2245 テレビガイド
- 2250 OTV ニュース
- 2302 日づけ豆辞典 (OTVF)
- 2305 あしたのお天気
- 2308 おしらせ◇放送終了

●11月9日（土）

- 1115 テストパターン（クラシック）
- 1130 オープニングメロディ
- 1200 OTV ニュース
- 1210 クラブ劇場・歌えば楽し
  「音楽横丁」パーマー他
- 1240 テレビガイド
- 1245 料理手帖「カニの南京焼」
  世度三郎 小深秀子アナ
- 1300 紳士おしゃれ教室
- 1325 おいしいマカロニ料理
  「スパゲッティソテー」
  中島佐賀雄 佐藤和枝アナ
- 1400 マンガ横丁◇休止
- 1715 テストパターン（クラシック）
- 1733 オープニングメロディ
- 1743 マンガ横丁
- 1751 お天気 54 OTV ニュース
- 1800 ホームアルバム「原子力」
  浅草の姉妹　解決編
- 1815 素人のど競べ (NTV)
  暁テル子
- 1845 テレビガイド
- 1850 新聞テレビニュース
- 1900 ジェット・ジャクソン
  「冷凍人間」
- 1930 ほろにがショー・
  何でもやりましょー (NTV)
- 2000 磯川兵助功名噺「兵助發場」
  榎本健一　浅野徳治郎他
- 2030 白い桟橋「第六夜 約束」
  (NTV/OTV)
- 2100 メトロニュース 10 ガイド
- 2115 日真名氏飛び出す (KR)
- 2145 芸能トピックス
- 2200 NEC 劇場・右門捕物帳
  (KR)「謎の八卦見」
  中村竹弥　西川敬三郎他
- 2230 テレビガイド
- 2235 ドラグネット
  「凶暴化する犯人」
- 2305 OTV ニュース
- 2317 日づけ豆辞典 (OTVF)
- 2320 お天気◇おしらせ◇放送終了

●11月10日（日）

- 810 テストパターン
- 830 なかよしニュース
- 840 歌をゆく暗号
- 940 漫画映画 6 本
- 1015 テレビ週報（政府）
  「流感に備え」
- 1030 OTV 週間テレビニュース
- 1045 合唱 フォーコインズ
- 1100 たのしい生活
- 1115 海外トピックス
- 1130 経済サロン
  「関西私鉄業界の現況」
- 1215 ダイラケのびっくり捕物帖
  (OTV)「天満の子守唄」前篇
- 1245 OK 横丁に集まれ (NTV)
- 1315 ナショナルサンデープレゼント
  日曜テレビ観劇会
  「モンパリ」（東京宝塚劇場）
  淀かほる 美吉佐久子
- 1445 平凡・芸能ニュース
- 1500 産業教室「化学工業」
  安西正夫　吉村昌光
- 1746 テレビガイド 51 お天気
- 1754 OTV ニュース
- 1800 プレイハウス
  「ある劇作家の恋」
- 1830 私も出ますか (NTV)
  三和完児
- 1900 サーカス・ボーイ
- 1930 宇宙船エンゼル号の冒険
- 2000 金四郎江戸桜 (NTV)
  坂東好太郎　白銀道子他
- 2030 ダイヤル110番「非番勤務」
  (NTV)
- 2100 アンテナは見ている
- 2115 東芝日曜劇場「或る決闘」
  (KR)（チェホフ「熊」から）
  柳永二郎　市川翠扇他
  ※宮城千賀子流感のため
  市川翠扇に
- 2215 ダイハツスポーツウィクリー
- 2230 ゴルフ学校 石井廸夫
- 2250 OTV ニュース
- 2302 日づけ豆辞典 (OTVF)
- 2305 お天気◇おしらせ◇終了

●11月11日(月)	●11月12日(火)	●11月13日(水)	●11月14日(木)	●11月15日(金)	●11月16日(土)	●11月17日(日)
1135 テストパターン(クラシック)	11135 テストパターン(クラシック)	1135 テストパターン(歌の花かご)	1135 テストパターン(クラシック)	1135 テストパターン（フライングリズム）	1115 テストパターン(クラシック)	810 テストパターン
1150 オープニングメロディ シンギングピアノ：岩崎洋	1150 オープニングメロディ シンギングピアノ：岩崎洋	1150 オープニングメロディ シンギングピアノ：岩崎洋	1150 オープニングメロディ シンギングピアノ：岩崎洋	1150 オープニングメロディ シンギングピアノ：岩崎洋	1130 オープニングメロディ シンギングピアノ：岩崎洋	830 なかよしニュース
1200 OTVニュース	1200 OTVニュース	1200 OTVニュース	1200 OTVニュース	1200 OTVニュース	1140 音楽へのいざない「女の二十四時間」松本寛子 宅孝二	840 劇映画「北風の吹く日」
1210 一曲どうぞ	1210 一曲どうぞ	1210 一曲どうぞ	1210 一曲どうぞ	1210 一曲どうぞ「波濤を越えて」	1215 映画の窓(KR)「復讐の谷」双葉十三郎他	940 漫画映画6本
1215 奥様多忙(KR) 江見渉 山岡久乃他	1215 歌う青春列車(KR)「結婚シーズンの巻」音羽美子 上月左知子他	1215 ファッションミュージック(KR) 宮地晴子	1215 テレビ寄席 漫才：トップライト 歌謡漫談：スイングボーイズ	1300 おしらせ◇放送休止	1240 テレビガイド	1015 テレビ週報(政府)・政府から国民の皆様へ「海の防犯」鳥居辰次郎
1245 料理手帖「カキのピルロワ」辻勲 稲田英子アナ	1245 料理手帖「ハマグリのベーコン巻き」井上幸作	1245 料理手帖「ウオゼの柚庵焼きとウオゼの骨からあげ」辻徳光 広瀬修子	1245 料理手帖 田中藤一 焼き豆腐の博多蒸し	1715 テストパターン(ポピュラー)	1245 料理手帖「イワシのオイル蒸し」辻本忠三郎	1030 OTV週報テレビニュース
1300 おしらせ◇放送休止	1300 おしらせ◇放送休止	1300 おしらせ◇放送休止	1300 おしらせ◇放送休止	1735 オープニングメロディ シンギングピアノ：岩崎洋	1300 京だより 15 短編映画	1045 合唱
1715 テストパターン	1715 テストパターン	1715 テストパターン	1715 テストパターン(クラシック)	1745 マンガ横町	1335 劇場継電開明続秘法秘防(中座)仁左衛門 延二郎 菊次郎	1100 たのしい生活を「私たちの自動車」田村
1733 オープニングメロディ シンギングピアノ：岩崎洋	1733 オープニングメロディ シンギングピアノ：岩崎洋	1733 オープニングメロディ シンギングピアノ：岩崎洋	1733 オープニングメロディ シンギングピアノ：岩崎洋	1751 お天気 54 OTVニュース	1715 テストパターン(クラシック)	1115 海外トピックス
1743 マンガ横町	1743 マンガ横町	1743 マンガ横町「パディちゃんの海面宝さがし」	1743 マンガ横町	1754 OTVニュース	1733 オープニングメロディ シンギングピアノ：岩崎洋	1130 経済サロン「化学兵器からオートメーションまで」
1751 あしたのお天気	1751 あしたのお天気	1751 あしたのお天気	1751 お天気 54 OTVニュース	1800 明るい家庭「地図の読み方」田中栄蔵	1751 お天気 55 OTVニュース	1200 OTVニュース
1754 OTVニュース	1754 OTVニュース	1754 OTVニュース	1800 カゴメ劇場・母の肖像〜朝乃花より甲地文子・作	1815 赤胴鈴之助 吉田豊明他	1800 ホームアルバム「箱根ごえ」	1215 ダイラケのびっくり捕物帖「天満の子守唄」後編
1800 皇太子の冒険	1800 少年探偵シリーズ 仲良し探偵団「夜行 103 列車」	1800 スーパーマン(漫画)「ニセスーパーマンの巻」	1815 西部の王者・キットカースン	1830 ポケット劇場「森の王子」グリム童話	1815 素人のど競べ(NTV)	1245 OK 横丁に集まれ(NTV)
1815 ポポンタイムこの人を(NIV)	1815 忍術真田城 佐藤精二 小林重四郎 千秋みつる	1815 忍術真田城 佐藤精二 小林重四郎 千秋みつる	1845 テレビガイド	1850 毎日新聞テレビニュース	1830 ほろにがショー・何でもやりまショー(NIV) 三國一朗	1300 ナショナルサンデープレゼント日曜テレビ観劇会「穂高」(御園座)島田正吾他
1845 テレビガイド	1850 毎日新聞テレビニュース	1850 毎日新聞テレビニュース	1850 朝日新聞テレビニュース	1900 テレビぴよぴよ大学(KR)	1845 テレビガイド	1500 記録映画
1850 朝日新聞テレビニュース	1900 テレビ浮世算 柳枝・喜代子 秋田 Aスケ・Bスケ	1900 わが輩ははなばな氏(KR)「忙しやかな人生の巻」	1900 スーパースターメロディ(KR)	1930 花王ワンダフルクイズ(NIV)	1850 朝日新聞テレビニュース	1550 競馬レース実況「菊花賞」
1900 キンピラ先生青春記(KR)「きんぴら先生西へ行く」	1930 ゼネラル劇場姿三四郎(KR) 牧真介 旭輝子 原保美	1930 歌はあなたとともに(NTV) F 永井 三船他	1930 宝塚テレビ劇場 スターと共に筑紫まり	2000 京阪ゼスチャーゲーム「同志社大と大阪市大のグリー対抗」	1900 ジェット・ジャクソン「原爆スパイ団」	1746 テレビガイド
1930 太閤記(NTV)「藤吉郎編」	2000 山一名作劇場(NTV)「見事な娘」源氏鶏太作 久保菜穂子他	2000 架空の人 高野由美 高田敏江 伊達信 細川ちか子 下元勉	2000 ロビンフッドの冒険「仕立て屋の勇気」	2030 特ダネを逃がすな(KR)「光と影」後篇	1930 ほろにがショー・何でもやりまショー(NIV) 三國一朗	1751 お天気 54 OTVニュース
2000 ニチボーアワー 喜劇天国(NTV)「バリカンの味」	2030 サンヨーテレビ劇場(KR)「どろんこ姫」絶壁の谷	2100 コント千一夜	2030 鞍馬天狗(KR)「地獄の門」	2100 野球教室「打撃編」御園生崇男 久保顕次	2000 磯川兵助功名噺(NTV)「兵助登場」(2)榎本健一 浅野進治郎他	1800 プレイハウス「唯一の偶然」ジョン・ベリモア・ジュニア
2030 ナショナルTVホール(KR)「吹雪峠」宇野信夫・作 中村扇雀 岩井半四郎	2100 近鉄パールアワー・何月何日何曜日「オーバーと■■」	2115 宮本武蔵(NTV) 安仲昌二 夏川大二郎他	2100 ダイハツワールドスポーツ	2115 陽気なコーリス「彼女は12歳」	2030 白い桟橋(NIV/OTV)「二枚の切符」	1830 私も出ま ショー
2100 リボンとまないた	2115 ピアス劇場 東京の青い風(KR) 朝丘雪路 長門裕之他	2145 ニッケ・ジャズパレード(NTV) ダークダックス	2115 目で聴く話雨風景(NIV) 金馬 夢声他	2145 三越映画劇場「撮影風景」	2100 メトロニュース 10 ガイド	1900 サーカス・ボーイ「ギャングと英雄」
2115 ウロコ座(KR)「戦鼓」後篇 村上元三・作 市川段四郎 大谷友右衛門 中村又五郎 藤代鮎子	2145 ミナロンドリームサロン 宝とも子 栗野圭一 大伴千春 ジョージ岡	2200 ありちゃんのおかっぱ侍「筆は刀より強しの巻」有島一郎 中原早苗他	2145 おはこうら表(NIV/OTV) ゲスト・岩井半四郎 前田通子 筑波久子他	2200 カメラだより北から南から「豪華版」	2115 日真名氏飛び出す(KR)「夜の狙撃者」前編	1930 宇宙船エンゼル号の冒険
2145 月曜対談・2つの椅子 前芝龍三 加藤三之雄	2200 マーチンケイン捜査シリーズ「えのぐ箱」	2230 私のコレクション「自動車の国際バッジ」野口	2200 忠臣蔵の人々(KR)「寺坂吉右衛門」後篇 山内明	2215 ごめんあそばせ(NTV)	2145 芸能トピックス	2000 金四郎江戸桜 坂東好太郎他
2200 OTV週間世界ニュース	2230 ガイド 35 短編映画	2230 テレビガイド	2230 小唄教室(KR) 栗島すみ子	2230 小唄教室(KR) 栗島すみ子	2200 NEC劇場・右門捕物帳(KR)「謎の八卦見」30 ガイド	2030 ダイヤル110番(NIV)「猫」
2220 ニッカ・ヒッチコック劇場(NTV)	2250 OTVニュース	2235 時の眼 田中菊次郎	2245 テレビガイド	2245 テレビガイド	2235 ドラグネット「消えた死体」	2100 アンテナは見ている「好きな人」
2250 OTVニュース	2302 日づけ豆辞典(OTVF)	2250 OTVニュース	2250 OTVニュース	2250 OTVニュース	2305 OTVニュース	2115 東芝日曜劇場「息子」(小山内薫三十年追悼KR) 中村勘三郎 坂東簑助 中村又五郎他
2302 日づけ豆辞典(OTVF)	2305 あしたのお天気	2302 日づけ豆辞典(OTVF)	2302 日づけ豆辞典(OTVF)	2302 日づけ豆辞典(OTVF)		2215 ダイハツスポーツウィクリー
2305 あしたのお天気		2305 あしたのお天気	2305 あしたのお天気	2305 あしたのお天気		2230 ゴルフ学校◇ニュース
2308 おしらせ◇放送終了		2308 おしらせ◇放送終了	2308 おしらせ◇放送終了	2308 おしらせ◇放送終了		2302 日づけ豆辞典(OTVF)
				2317 日づけ豆辞典(OTVF)		2305 お天気◇おしらせ◇終了
				2320 お天気 23 おしらせ、終了		

●11月18日(月)

- 1135 テストパターン(クラシック)
- 1150 オープニングメロディ 斎藤超とニューサウンズ
- 1200 OTVニュース
- 1210 一曲どうぞ
- 1215 奥様多忙 (KR) 江見渉 山岡久乃他
- 1245 料理手帖「トルコ風カキご飯」辻勲
- ◇放送休止
- 1715 テストパターン
- 1733 オープニングメロディ
- 1743 マンガ横町
- 1751 あしたのお天気
- 1754 OTVニュース
- 1900 キンピラ先生青春記 (KR)「きんぴら先生祇園を見る」
- 1800 皇太子の冒険「宝石泥棒」
- 1815 ポポンタイムこの人を (NIV) (NTV)
- 1845 テレビガイド
- 1850 毎日新聞テレビニュース
- 1930 太閤記 (NTV)「藤吉郎編」
- 2000 ニチボーアワー喜劇天国 (NTV)「恋を知った強盗」
- 2030 リボンとまないた (KR)
- 2045 ウロコ座 (KR)「姫重熊」(芸術祭参加作品) 松本幸四郎 山田五十鈴 中村勘三郎 岡田英次他 ※芸術祭受賞
- 2145 月曜対談・2つの椅子 吉村正一郎 糸川英夫
- 2200 OTV 週刊世界ニュース
- 2220 ニッカ・ヒッチコック劇場 (NTV)「会葬者」
- 2250 OTVニュース
- 2302 日づけ豆辞典 (OTVF)
- 2305 あしたのお天気
- 2308 おしらせ◇放送終了

●11月19日(火)

- 1135 テストパターン(クラシック) ハイドン曲
- 1150 オープニングメロディ 斎藤超とニューサウンズ
- 1200 OTVニュース
- 1210 一曲どうぞ
- 1215 歌う青春列車 (KR) 音羽上月他
- 1245 料理手帖 豚肉のハイシ
- 1300 おしらせ◇放送休止
- 1715 テストパターン
- 1733 オープニングメロディ
- 1743 マンガ横町「海の怪獣たいじ」
- 1751 あしたのお天気
- 1754 OTVニュース
- 1800 少年探偵シリーズ「仲良し探偵団」
- 1815 名犬リンチンチン「ココパのみつけた宝」
- 1850 朝日新聞テレビニュース
- 1900 テレビ浮世亭 落語: 桂文楽 三遊亭円遊
- 1930 ゼネラル劇場 姿三四郎 (KR) 牧真介 旭輝子 原607美
- 2000 山一名作劇場 (NTV)「見事な娘」源氏鶏太: 作 久保菜穂子他
- 2030 サンヨーテレビ劇場 (KR)「どろんこ姫」
- 2100 近鉄パールアワー・何月何日何曜日
- 2115 ピアス劇場「東京の青い風」(KR)
- 2145 ミナロンドリームサロン 黒岩三代子 大伴千春 ジョージ岡
- 2200 マーチンケイン捜査シリーズ「盗聴」
- 2230 テレビガイド
- 2235 短編映画
- 2250 OTVニュース
- 2302 日づけ豆辞典 (OTVF)
- 2305 あしたのお天気
- 2308 おしらせ◇放送終了

●11月20日(水)

- 1135 テストパターン(歌の花かご)
- 1150 オープニングメロディ
- 1200 OTVニュース
- 1210 一曲どうぞ
- 1215 ファッションミュージック (KR)
- 1245 料理手帖 エビと栗の芝煮
- 1300 おしらせ◇放送休止
- 1715 テストパターン
- 1733 オープニングメロディ
- 1743 マンガ横町
- 1751 あしたのお天気
- 1754 OTVニュース
- 1800 スーパーマン(漫画)「ミイラの謎の巻」
- 1815 忍術真田城 佐藤精二他
- 1850 朝日新聞テレビニュース
- 1900 わが輩ははなばな氏 (KR)
- 1930 歌はあなたとともに (NIV) 灰山勝彦 神楽坂浮子 照菊 内海突破
- 2000 ボクシング 東洋チャンピオン カーニバル(国際スタジアム) エスピノザー石橋広次 オムサップ・大川寛 解説・平沢雪村
- 2100 コント千一夜 森光子 他
- 2115 宮本武蔵 (NTV)
- 2145 ニッケ・ジャズパレード (NTV) ジェームス繁田 黒岩三代子
- 2200 ありちゃんのおかっぱ侍「流しましょう浮世風呂」有島一郎 中原早苗他
- 2230 テレビガイド
- 2235 時の眼 林照惨(朝日新聞)
- 2250 OTVニュース
- 2302 日づけ豆辞典 (OTVF)
- 2305 あしたのお天気
- 2308 おしらせ◇放送終了

※この日NHKのテレビ受信契約者 703,740台。うち東京地区30万台、大阪地区20万台。名古屋地区10万台。(NHK加入部集計)

●11月21日(木)

- 1135 テストパターン(クラシック)
- 1150 オープニングメロディ アコーディオン:岡田博
- 1200 OTVニュース
- 1210 一曲どうぞ
- 1215 テレビ寄席 (KR) 曲芸: 鏡味小鉄 漫才: 英二・喜美江
- 1245 料理手帖「サケのトリヌードソース煮込」小川旭
- 1300 おしらせ◇放送休止
- 1715 テストパターン(クラシック)
- 1733 オープニングメロディ アコーディオン:岡田博
- 1743 マンガ横町
- 1751 あしたのお天気
- 1754 OTVニュース
- 1800 カゴメ劇場・母の肖像 ~朝の花々より「とけ合う心」
- 1815 西部の王者・キットカーソン「火の山」
- 1845 テレビガイド
- 1850 毎日新聞テレビニュース
- 1900 スーパースターメロディ (KR)
- 1930 宝塚テレビ劇場「幸福の王子」
- 2000 ロビンフッドの冒険
- 2030 鞍馬天狗 (KR)「地獄の門」
- 2100 ダイハツワールドスポーツ
- 2115 目で聴く話題雨風曇 (NIV)
- 2145 おはこうら表 (NTV/OTV)
- 2200 忠臣蔵の人々 (OTV)「杉野十平次」前篇
- 2230 私のコレクション「ひげ徳利」高津嘉之
- 2250 OTVニュース
- 2302 日づけ豆辞典 (OTVF)
- 2305 あしたのお天気
- 2308 おしらせ◇放送終了

●11月22日(金)

- 1115 テストパターン
  (フライングリズム)
- 1130 オープニングメロディ アコーディオン:岡田博
- 1150 オープニングメロディ アコーディオン:岡田博
- 1200 OTVニュース 10一曲どうぞ
- 1215 映画の窓 (KR)「世界は恐怖する ~死の灰の正体~」(亀井文夫監督作品) 解説: 荻昌弘他
- 1245 料理手帖「ハマグリの黄金焼き」野尻千草
- 1300 おしらせ◇放送休止
- 1715 テストパターン
- 1735 オープニングメロディ
- 1745 マンガ横町 51 お天気
- 1754 OTVニュース
- 1800 明るい家庭「木曽路」足立巻一
- 1815 赤胴鈴之助 吉田豊明他
- 1830 ポケット劇場「森の王子」グリム童話 神戸人形劇場はか
- 1850 毎日新聞テレビニュース
- 1900 テレビびよびよ大学 (KR)
- 1930 花王ワンダフルクイズ (NIV)
- 2000 京阪ゼスチャーゲーム「同志社大対関学の演劇部対抗」
- 2030 特ダネを逃がすな (KR)「黒い手袋」前篇
- 2100 野球教室「阪神二軍選手の一日」御園生崇男 久保顕次
- 2115 陽気なコーリス「ここに幸あり」
- 2145 三越映画劇場「撮影風景」
- 2200 カメラだより北から南から「内助の功」
- 2215 ごめんあそばせ (NTV)「車夫と令嬢」
- 2230 小唄教室 (KR) 堀小満寿 西川鯉 坂東鶴之助
- 2245 テレビガイド
- 2250 OTVニュース
- 2302 日づけ豆辞典 (OTVF)
- 2305 お天気 08 おしらせ、終了

●11月23日(土)

- 1115 テストパターン(クラシック)
- 1130 オープニングメロディ アコーディオン:岡田博
- 1140 音楽へのいざない「ピアノ独奏」野辺地勝久
- 1200 OTVニュース
- 1210 クラブ劇場・歌えば楽し アカデミー賞受賞曲集
- 1240 テレビ寄席 (KR)
- 1245 料理手帖「カモまんじゅう」丹景陸夫 小深秀子アナ
- 1300 京だより 15 おしらせ
- 1325 劇映画「愛」有馬稲子 木村功 桂木洋子他
- 1525 劇場中継「人情斯小判一両」(大阪歌舞伎座) 松緑 羽左衛門
- 1715 テストパターン(クラシック)
- 1733 オープニングメロディ アコーディオン:岡田博
- 1751 あしたのお天気
- 1754 OTVニュース
- 1800 ホームアルバム
- 1815 素人のど競べ (NTV)
- 1845 テレビガイド
- 1850 朝日新聞テレビニュース
- 1900 ジェット・ジャクソン「海底の宝ら」
- 1930 ほろにがショー・何でもやりまショー (NTV) 三國一朗
- 2000 磯川兵助功名噺 榎本健一 他
- 2030 白い桟橋「女ふたり」 (NTV/OTV)
- 2100 メトロニュース
- 2110 テレビガイド
- 2115 日真名氏飛び出す (KR)「夜の狙撃者」解決編
- 2145 芸能トピックス
- 2200 NEC劇場・右門捕物帳 (KR)「謎の八卦見」
- 2230 テレビガイド
- 2235 ドラッグネット「地下運動の勇士」
- 2305 OTVニュース
- 2317 日づけ豆辞典 (OTVF)
- 2320 あしたのお天気
- 2323 おしらせ◇放送終了

●11月24日(日)

- 810 パターン 30 なかよしN
- 840 劇映画 940 漫画映画6本
- 1015 テレビ週報(政府)・政府から国民の皆様へ
- 1030 OTV 週刊テレビニュース
- 1045 モーニングコーラス
- 1100 たのしい生活を「アパート暮らし」
- 1115 海外トピックス
- 1130 経済サロン「鉄鋼の話」佐分利輝一
- 1200 OTVニュース 10 ガイド
- 1215 ダイラケのびっくり捕物帖「身代わり花嫁」前編
- 1245 OK 横丁に集まれ (NTV)
- 1315 短編映画
- 1330 ナショナルサンデープレゼント 日曜テレビ観劇会「菊の寿」 (新宿コマ公演) 花柳章太郎 水谷八重子 大矢市次郎他新派
- 1725 パターン 51 お天気
- 1754 OTVニュース
- 1800 プレイハウス「サイヤー氏」三和完児
- 1830 私も出まショー (NTV)
- 1900 サーカス・ボーイ「お父さんが危ない」
- 1930 宇宙船エンゼル号の冒険「宇宙追撃戦」
- 2000 金四郎江戸桜 (NTV)「二人金さん」坂東好太郎 白銀道子他
- 2030 ダイヤル110番 (NTV)「銃口」
- 2100 アンテナは見ている
- 2115 東芝日曜劇場「橋」 (KR) (芸術祭参加作品) 杉村春子 伊達諄下元勉他
- 2215 ダイハツスポーツウィクリー
- 2230 ゴルフ学校
- 2250 OTVニュース
- 2302 日づけ豆辞典 (OTVF)
- 2305 お天気 08 おしらせ、終了

第2章「熱狂」

●11月25日（月）
- 1135 テストパターン（クラシック）
- 1150 オープニングメロディ
  シンギングピアノ：
  岩崎洋
- 1200 OTVニュース
- 1210 一曲どうぞ「12番街のラグ」
- 1215 奥様多忙（KR）
  江見渉 山岡久乃他
- 1245 料理手帖「洋風即席弁当」
  辻勲 稲田英子
- 1300 おしらせ◇放送休止
- 1715 テストパターン
  ジャズをどうぞ
- 1733 オープニングメロディ
  シンギングピアノ：
  岩崎洋
- 1742 マンガ横町
  「いたずら子ねずみ」
- 1750 毎日新聞テレビニュース
- 1800 皇太子の冒険
- 1815 ポポンタイムこの人を（NIV）
- 1845 テレビガイド
- 1850 あしたのお天気
- 1853 OTVニュース
- 1900 キンピラ先生青春記（KR）
  「きんぴら先生芋を焼く」
- 1930 太閤記（NTV）「藤吉郎編」
- 2000 ニチボーアワー喜劇天国
  （NIV）「いつわりの浅太郎」
- 2030 ナショナルTVホール（KR）
  「人名」（芸術祭参加作品）
  福永二郎 船山裕二
  小林旭 高田敏江
  小園蓉子 宍戸錠
  織田政雄 万里陽子
- 2145 月曜対談・2つの椅子
  「ラグビー今昔談」
  進藤次郎 他
- 2200 OTV 週間世界ニュース
- 2220 ニッカ・ヒッチコック
  劇場（NTV）「決闘」
- 2250 OTVニュース
- 2302 日づけ豆辞典（OTVF）
- 2305 あしたのお天気

●11月26日（火）
- 1135 テストパターン（クラシック）
  「吾君を愛す」
- 1150 オープニングメロディ
  シンギングピアノ：
  岩崎洋
- 1200 OTVニュース
- 1210 一曲どうぞ「アーニー」
- 1215 歌う青春列車（KR）
  音羽 上月他
- 1245 料理手帖「よせソムのフリッターズ」井上幸作
- 1300 おしらせ◇放送休止
- 1715 テストパターン「夢うつつ」
- 1732 オープニングメロディ
  シンギングピアノ：
  岩崎洋
- 1742 マンガ横町「弱い狼のお話」
- 1750 朝日新聞テレビニュース
- 1800 少年探偵シリーズ
  仲良し探偵団
  「夜行103列車」
- 1815 名犬リンチンチン
  「豹の猛■」
- 1845 テレビガイド
- 1850 あしたのお天気
- 1853 OTVニュース
- 1900 テレビ浮世亭 漫才：十
  郎・雁玉 右楽・左楽
- 1930 ゼネラル劇場 姿三四郎
  （KR）「四天王の■」
  牧真介 旭輝子
- 2000 山一名作劇場（NTV）
  「見事な娘」（終）源氏
  鶏太：作 久保菜穂子他
- 2030 サンヨーテレビ劇場（KR）
  どろんこ姫「泡雪の母」
- 2100 近鉄パールアワー・
  何狗狛狛狸曜日「一等営選」
- 2115 ピアス劇場
  東京の青い風（KR）
- 2145 ミナロンドリームサロン
  山田真二 淀かほる 大伴
  千春 ジョージ岡
- 2200 マーチンケイン捜査シリーズ
  「名器の行方」
- 2230 テレビガイド
- 2235 短編映画「スキー」
- 2250 OTVニュース
- 2302 日づけ豆辞典（OTVF）
- 2305 あしたのお天気
- 2308 おしらせ◇放送終了

●11月27日（水）
- 1135 テストパターン（歌の花かご）
- 1150 オープニングメロディ
  シンギングピアノ：
  岩崎洋
- 1200 OTVニュース
- 1210 一曲どうぞ
- 1215 ファッションミュージック
  （KR）「犬と私」
- 1245 料理手帖「かぶらの博多おし」辻勲
- 1300 おしらせ◇放送休止
- 1715 テストパターン
- 1732 オープニングメロディ
  シンギングピアノ：
  岩崎洋
- 1742 マンガ横町「西部の英雄」
- 1750 毎日新聞テレビニュース
- 1800 短編映画
- 1815 忍術真田城 佐藤精二他
- 1845 テレビガイド
- 1851 あしたのお天気
- 1853 OTVニュース
- 1900 わが輩ははなばな氏（KR）
  「歌えドラムの巻」
- 1930 歌はあなたとともに（NTV）
- 2000 蛍の夜（芸術祭参加作品）
  丹阿弥 永井 村瀬
  水戸光子
- 2100 コント千一夜 森光子他
- 2115 宮本武蔵（NTV）
- 2145 ニッケ・ジャズパレード
  （NTV）宝とも子 秋満他
- 2200 ありちゃんのおっかぱ待
  「あわれ賀草」
  有島一郎 他
- 2230 テレビガイド
- 2235 時の眼 日高二郎
- 2302 日づけ豆辞典（OTVF）
- 2305 あしたのお天気
- 2308 おしらせ◇放送終了

●11月28日（木）
- 1135 テストパターン
- 1150 オープニングメロディ
  シンギングピアノ：
  岩崎洋
- 1200 OTVニュース
- 1210 一曲どうぞ
- 1215 テレビ寄席
  漫才：洋容・幸江
  落語：金馬
- 1245 料理手帖
  豚肉の天ぷら甘酢煮
- 1300 おしらせ◇放送休止
- 1715 テストパターン（クラシック）
- 1732 オープニングメロディ
- 1742 マンガ横町「悪者のクモ」
- 1750 朝日新聞テレビニュース
- 1800 カゴメ劇場・母の肖像
  ～朝の花々より
  「ある訪問客」
- 1815 西部の王者・キットカーソン
  「国境の蛮族」
- 1845 テレビガイド
- 1850 あしたのお天気
- 1853 OTVニュース
- 1900 スーパースターメロディ
  （KR）
  白根一夫 宮尾
- 1930 宝塚テレビ劇場
  「バレエ劇 公園にて」
  四条秀子 藤代彩子
- 2000 ロビンフッドの冒険
  「借りられた赤ん坊」
- 2030 鞍馬天狗（KR）「地獄の門」
- 2100 ダイハツワールドスポーツ
- 2115 目で聴く話題雨風曇（NTV）
  夢声ハチロー日出造他
- 2145 おはこうら表（NIV/OTV）
  別所毅彦
- 2200 忠臣蔵の人々（KR）
  「杉野十平次」後篇
- 2230 私のコレクション
  「鈴」太田健次郎
- 2250 OTVニュース
- 2302 日づけ豆辞典（OTVF）
- 2305 あしたのお天気
- 2308 おしらせ◇放送終了

●11月29日（金）
- 1135 テストパターン
  （フライングリズム）
- 1150 オープニングメロディ
- 1200 OTVニュース
- 1210 一曲どうぞ
  「セプテンバーソング」
- 1215 映画の窓（KR）「目撃者」
  解説：荻昌弘 飯島正
- 1245 料理手帖「バースデーケーキ」
- 1300 おしらせ◇放送休止
- 1715 テストパターン
- 1732 オープニングメロディ
- 1742 マンガ横町
- 1750 朝日新聞テレビニュース
- 1800 明るい家庭
  「テレビの舞台裏」
  高島義雄 森光子
- 1815 赤胴鈴之助 吉田豊男他
- 1830 ポケット劇場「森の王子」
  グリム童話
- 1845 テレビガイド
- 1850 あしたのお天気
- 1853 OTVニュース
- 1900 テレビぴよぴよ大学（KR）
- 1930 花王ワンダフルクイズ（NIV）
- 2000 京阪ゼスチャーゲーム
  「ともだち劇場対童劇
  ペチカ」
- 2030 特ダネを逃がすな（KR）
  「黒い手袋」後篇
- 2100 野球教室「走塁」
  御薗生祟男 久保顕次
- 2115 陽気なコーリス
  「Xマスプレゼントの巻」
- 2145 三越映画場「撮影風景」
- 2200 カメラだより北から南から
  「冬来たりなば」
- 2215 ごめんあそばせ（NTV）
  「ああ世は儘ならぬもの」
- 2230 小唄教室
  蓼胡以左 西川喜州
- 2245 テレビガイド
- 2250 OTVニュース
- 2302 日づけ豆辞典（OTVF）
- 2305 あしたのお天気
- 2308 おしらせ◇放送終了

●11月30日（土）
- 1115 テストパターン（クラシック）
- 1130 オープニングメロディ
  シンギングピアノ：
  岩崎洋
- 1140 音楽へのいざない
  「セレナード集」
- 1200 OTVニュース
- 1210 クラブ劇場・歌えば楽し
  【再】
- 1240 テレビガイド
- 1245 料理手帖 お子様ランチ
- 1300 舞踊「鳥獣戯画絵巻」（KR）
  藤間紫他
- 1335 劇場中継「勧進帳」（NTV）
  河原崎長十郎他 前進座
- 1500 浪花寄席
  漫才：右楽・左楽
  光晴・夢若
  落語：米朝 ■丸
- 1630 京だより「京の四季」
- 1650 漫画人形劇場
- 1710 スーパーマン（実写版）※
- 1742 マンガ横町
- 1750 毎日新聞テレビニュース
- 1800 ホームアルバム
  「私たちのリズム■■」
- 1815 素人のど競べ（NTV）
  暁テル子
- 1845 テレビガイド
- 1850 あしたのお天気
- 1853 OTVニュース
- 1900 ジェット・ジャクソン
- 1930 ほろにがショー・
  何でもやりまショー（NIV）
- 2000 磯川兵助功名噺（NTV）
  榎本健一 他
- 2030 白い桟橋（NTV/OTV）
- 2100 話題のアルバム
- 2110 テレビガイド
- 2115 日真名氏飛び出す（KR）
  「初冬の女」前編
- 2145 芸能トピックス
- 2200 NEC 劇場・右門捕物帳
  （KR）
- 2230 テレビガイド
- 2235 ドラッグネット
- 2305 OTVニュース
- 2317 日づけ豆辞典（OTVF）
- 2320 あしたのお天気
- 2323 おしらせ◇放送終了

※【スーパーマン】土17：10。ここで放送されているシリーズは実写版。ジョージ・リーヴスが演じ人気を博す

これが OTV だ 1957年11月

【単発番組】
● 街道の秋
1957年11月3日（日）15：00〜
報道部制作の記録映画。詳細不明。

● 中央競馬「菊花賞」
11月17日（日）15：50〜
京都競馬場から中継。当日は不良馬場であった。
1着 ラプソデー 牡四（矢倉義勇）
2着 オンワードゼア 牡四（上田三千夫）
3着 ヨドサクラ 牝四（伊藤修司）

● 舞踊「鳥獣戯画絵巻」
11月30日（土）13：00〜　KRTV制作
藤間紫他　OTV開局一周年記念祝賀番組。

● 劇場中継「勧進帳」
11月30日（土）13：35〜　NTV制作
河原崎長十郎他 前進座

OTV開局一周年記念祝賀番組。

● お好み浪花寄席
11月30日（土）15：00〜
OTV開局一周年記念企画として「お好み浪花寄席」のスペシャル版を大阪歌舞伎座地下演芸場から放送した。秋山右楽・夏川左楽　松鶴家光晴・浮世亭夢若　桂米朝　ほか。

【新番組】
【11月3日（日）】
● ゴルフ学校（「ゴルフ教室」改め）
（〜1958年1月26日）
日22：30〜22：45
1956年12月2日以来放送されてきた「ゴルフ教室」をこの日から改題。
レッスンプロとゲストプレーヤーが出演する形式。視聴者から希望を募ってレッスン風景を放送したこともあったが、希望者の多くが企業の管理職や経営者であった。
レッスンプロには、梅田のインドア練習場でレッスンをしていた福井正一氏と、ゲストプレーヤーには芦屋カントリークラブにいた石井廸夫氏。
石井氏はスイングの美しさでは当代一といわれたが、視聴者からは「あんな綺麗なスイングを見せてもろうてもしゃあない。もっと不細工なほうが参考になるわ」と、反応はいまひとつであった。
放送翌日には、クラブ関西で「放送の延長」と称する昼食会が催され、スポンサーである森下製薬の社長と、局内のお歴々による担当者へのダメだしがおこなわれたという。

【11月16日（土）】
● 京だより
（〜1959年10月18日、全101回）
1957年11月16日より土13：00〜13：15
1958年5月18日より土10：30〜10：45
フイルム構成番組。詳細不明。OTVF制作

【11月30日（土）】
● 話題のアルバム
（〜1960年4月30日、全126回）
土21：00〜21：10　フイルム構成番組。詳細不明。

1957年 12月

2日　新大阪ホテルで開局1周年記念パーティ。番組をラインナップした記念パンフレット配布。

同日　道頓堀松竹座「OTVコンサート」開催

6日　田中角栄郵政大臣、OTVに朝日放送との合併を勧告。田中案による新聞社を軸としたテレビ局のネットワーク化構想による。

16日　京都花山天文台で人工衛星スプートニク2号の写真撮影に成功し、ニュースで放送。本社屋上ではテレビカメラによる撮影を試みていたがこちらは天候の関係で撮影できなかった。

17日　大阪朝日会館の朝日放送主催・オーストリア「バリリ弦楽四重奏団演奏会」を後援。

22日　OTV報道部の小林カメラマンが、ニュース映画協会からフィリピンに派遣された。戦歿者の遺骨収集を取材。1958年3月4日帰国。

同日　夕陽丘会館でおこなわれた「第7回大阪府高校演劇コンクール」を後援。38校参加。

24日　文楽座因会「若手勉強会」を後援。25日放送

テレビ、空へ、海へ 〜技術開発で広がったテレビ生中継の世界〜

先端技術開発の理想は「先端ニーズに応えてゆく」ことではないか。早い話が「誰か言い出した無茶」を「正面から受けて立つ」現場にこそ、先端技術が「降り立つ」のだ。

OTVの技術には二つの特徴がある。一つは基礎に基づいた合理主義。もう一つは基礎にとらわれない経験主義である。この二つが激しくせめぎあいながら「無茶な企画」が具現化され、新しい技術が生まれていったのだ。

●シコルスキーH19を追え！

1958年夏、須藤報道部長が「空からの中継はできないものか」と言った。こんな無茶振りはOTVでは決して珍しいものではない。

報道部はさっそく資料を取り寄せ、自衛隊所属のヘリコプターを調べた。すると、陸上自衛隊明野航空学校にある「シコルスキーH19型」機が、唯一、テレビカメラを搭載できる大きさであることがわかった。

報道部はさっそく自衛隊にかけあい「空中撮影に使わせてもらえないか」と打診したが、当然ながら民間の仕事には貸し出せないという回答。しかし、OTV報道部がそこで引き下がるわけはなく「では、伊丹の自衛隊基地のようすを紹介する広報番組にして、それを空中撮影するためにシコルスキーを使うのはどうか？」と、改めて願いでたところ、これが受け入れられたというわけだ。

話は決まってしまった。何がなんでもヘリコプターによる空中生中継を実行しなければならない。

ところが、この中継には二つの未開発の技術を要する。一つはプロペラによる電波散乱を防ぐ技術。もう一つは、テレビカメラの小型化だ。

●二つの「超」技術

実は、一つ目の課題である「プロペラによる散乱・減衰防止」については解決済であった。OTV中継班は「ミナト・コウベ」での船上生中継に成功したが、この時開発された「電磁ホーンアンテナ」がそのまま生かされた。このアンテナは、物理工学を基礎に徹底的につきつめて開発した成果。「技術の優等生」によるものである。

もう一つの課題は、シコルスキーH19機に、カメラ、カメコン、送信機、アンテナ、バッテリーをどうやって搭載するかという課題である。

まずカメラがやや大きすぎた。この時、OTV独自方式による小型携帯カメラOTVisionは完成して

空撮生中継第1号はOTV

●空の第一号は誰だ？

当時、NHKを含め、テレビ各局は、それぞれ、新たな技術の開発に取り組み、新しい番組づくりの武器にしようとしていた。

なかでも「特殊な条件での生中継」は各局共通の挑戦対象で、1955年から62年にかけて、移動体や特殊環境からの中継技術の開発に関してはNHK、OTV、KRT、CBC、KTVが目立った成果をあげていた。

カメラの小型化についていち早く成果を挙げていたのはNHK技術研究所で、1955年には真空管式のウォーキールッキーを開発。送信機を一体化させたポータブルカメラで機動力を向上させた。

これは、のちのENG（Electric News Gathering）取材につながる記念すべき第一歩といえるだろう。そして、その2年後、技研はトランジスター式で同じものを完成させ、大幅な軽量化と安定性が得られるようになった。

OTVは、NHKの5ヵ月後、まったく考え方の違う方法論、すなわち「カメラからファインダーをユニットから取り外し、カメコンのモニターを見ながら操作する」という大胆な方法で、「小型化」に成功した。

当時の写真を見ると、ファインダー部分がごっそり外されたテレビカメラが映っている。

二番目に空を飛んだのはCBCテレビであった。この時はトランジスタ式のウォーキールッキー（カメラはオルシコン方式）を用いて、伊勢神宮上空をヘリコプターから生中継。全国リレー中継特番「迎春」の中で放送された（1959年1月）。この中継は高い評判を得た。

CBCの50年史には、この中継について「世界初の移動体からの実況中継」と書いているが、これは放送後、NHK技研のカメラマンである和久井孝太郎主任研究員（当時）が「これは移動体からの世界初のテレビ生中継だ」という内容の葉書をCBC宛に送り、これを根拠として、CBC50年史本文の中に「移動体からの生中継は世界で初めてであった」と書いたためである。

OTVの番組がローカル放送であり、かつ当時は技術情報の共有が今ほど進んでいなかったために知られなかったことで、決して悪意はない。

CBCの空中中継はその後、皇太子ご成婚の生中継で、NHKとCBCがそれぞれウォーキールッキーでヘリコプター中継したことで大きく認められた。そして、この時の生中継をもとに、安定した技術として全国に継承されていったのだ。

いなかった。

普通の放送局なら「小型カメラの完成を待って番組を作ろう」と考えるところだが、OTV技術部が出した答えは「カメラのファインダーをユニットごとはずしてしまえ」というものであった（詳細後述）。「技術のガキ大将」の発想である。

かくして優等生とガキ大将が手を結び「テレビロケーション特別編・自衛隊の朝」が1957年9月28日(土)11:00～11:40に放送された。これは、公開されている番組資料や放送史料を見る限り、日本初の「空中からの生中継」に間違いない。

＜年表＞
カメラ小型化・移動体からの実況

● 1955 年
NHK、真空管式ウォーキールッキー試作

● 1957 年
【4 月】
NHK、全トランジスタ式ウォーキールッキー完成
【9 月】
OTV「テレビ・ロケーション　自衛隊の朝」でフィールド用オルシコンカメラをヘリコプターに搭載して生中継成功。

● 1958 年
【1 月】
OTV、トランジスタ式小型カメラ OTVision 開発
【3 月】
OTV、OTVision を大相撲三月場所でテスト使用
【4 月】
NHK、トランジスタ式ウォーキールッキー (ビデコン式) を「宗谷帰還実況中継」で初使用

【7 月】
OTV、真空管式オルシコンカメラで富士山頂からの実況中継に成功。寒冷地でのトラブルを避けるため OTVision 等トランジスタ使用機器を除外。
【11 月】
CBC、トランジスタ式ウォーキールッキー（オルシコン方式）完成。

● 1959 年
【1 月】
CBC、トランジスタ式ウォーキールッキー（オルシコン方式）で伊勢神宮をヘリコプターから生中継。全国リレー中継特番「迎春」の一部。
【4 月】
NHK、トランジスタ式ウォーキールッキー（オルシコン方式）を隅田川早慶戦ボートレース中継で移動艇に搭載し中継成功。
NHK、トランジスタ式ウォーキールッキー（オルシコン方式）で「皇太子ご成婚」ヘリコプター生中継を実施。
CBC もトランジスタ式ウォーキールッキー（オルシコン方式）でヘリコプター生中継を実施。
NTV も日本初 (自称) の全トランジスタ式ウォーキールッキーでパレードを地上中継。

【5 月】
KTV、独自開発のカメラを用いて海中からの生中継に成功。海中カメラ「KTV マリン」使用。
KRT、トランジスタ式オルシコンカメラを開発し、ウォーキールッキー化。
【8 月】
KRTV、トランジスタ式ウォーキールッキー（オルシコン方式）を谷川岳からの生中継に使用
【10 月】
ABC、建設中の黒部第四ダムサイト・立山山頂・湖底からの三元生中継。真空管カメラとともに、断崖からの撮影に OTVision を投入。
【11 月】
ABC、八尾飛行場で稲田英子アナをグライダーに乗せて空中から実況中継。

● 1962 年
【7 月】
KTV、トランジスタ式小型オルシコンカメラを独自開発。

この期間中、上記リスト以外にも山岳中継や水上中継などがあったが、自社開発された技術を中心に用いたものを取り上げた。

1957.12

● 12月1日（日）一周年

840 テストパターン
855 オープニングリサイタル
　　 オープニングメロディ特番
　　 岩崎洋　岡田博　斎藤超
925 記念番組
　　「誕生日十二月一日」
　　 小見満里子 純子ちゃん、
　　 利之君・伸介君（双子）、他
940 漫画映画6本「石器時代」
1015 テレビ週報30 OTV 週間N
1045 合唱 リトルシスターズ
1100 たのしい生活を「人形作
　　 りの夢」小沢教室
1115 海外トピックス
1130 経済サロン
　　「繊維と貿易の総決算」
1200 OTV ニュース10 ガイド
1215 ダイラケのびっくり捕物帖
　　「身代わり花嫁」後篇
　　（OTV）
1245 OK 横丁に集まれ（NTV）
1300 Jazz at the OTV
　　 江利チエミ　笠田敏夫
1500 劇場中継「地球を回る犬」
　　 森繁久弥　フランキー堺
1630 映画2本「恐怖の山荘」
　　 ◇「エディカンターショー」
1730 漫画「一寸法師」
1746 ガイド◇お天気◇ニュース
1800 プレイハウス
　　「開かれざる手紙」
1830 私も出まショー（NTV）
1900 サーカス・ボーイ
1930 宇宙船エンゼル号の冒険
　　（NTV）「パブロ星の怪獣」
2000 金四郎江戸桜（NTV）
2030 ダイヤル110番（NTV）
　　「妻の母親」
2100 アンテナは見ている
　　「北風の歌」津川雅彦
2115 東芝日曜劇場
　　「かんてき長屋」
　　（OTV)(芸術祭参加作品)
　　 萬代峯子他
2215 ダイハツスポーツウィクリー
2230 ゴルフ学校 石井廸夫
　　 福井正一50 OTV ニュース
2302 日づけ豆辞典（OTVF）
2305 お天気◇おしらせ◇終了

・北朝鮮密航団25ヵ所で一斉手入れ。工作員発見される。
・なんば地下街「ナンバ地下センター」開業。
・旧満州国皇帝溥儀の姪と級友が天城山中で心中。「純愛心中」続く。

開局1周年 1957.12.01

● 12月2日（月）

1135 テストパターン（クラシック）
1150 オープニングメロディ
　　　アコーディオン：岡田博
1200 OTV ニュース
1210 一曲どうぞ
1215 奥様多忙 (KR)
　　　江見渉　山岡久乃他
1245 料理手帖「温泉湯どうふ」
　　　辻勲　稲田英子
1300 OTV 週間テレビニュース
1525 テストパターン
1530 劇場中継「国定忠治山形屋」
　　　（大阪歌舞伎座）
　　　島田正吾　外崎恵美子他
1742 マンガ横町
1750 朝日新聞テレビニュース
1800 皇太子の冒険「オペラグラス」
1815 ポポンタイムこの人を
　　　(NTV)
1845 テレビガイド
1850 あしたのお天気
1853 OTV ニュース
1900 キンピラ先生青春記 (KR)
　　　「きんぴら先生経済す」
1930 太閤記 (NTV)「藤吉郎編」
2000 ニチボーアワー喜劇天国
　　　(NTV)「師走の風」
　　　中村是公他
2030 ナショナルTVホール (KR)
　　　「眩野」（前篇）月丘夢路
　　　久慈あさみ他
2100 リボンとまないた (KR)
2115 ウロコ座 (KR)「女書生」
　　　前篇　松本幸四郎
　　　中村又五郎　中村福助
　　　中村吉十郎　旭輝子
2145 月曜放談・2つの椅子
　　　「兄弟放談」
　　　今東光　今日出海
2200 OTV 週間世界ニュース
2220 ニッカ・ヒッチコック
　　　劇場 (NTV)
2250 OTV ニュース
2302 日づけ豆辞典 (OTVF)
2305 あしたのお天気
2308 おしらせ◇放送終了

● 12月3日（火）

1135 テストパターン（クラシック）
1150 オープニングメロディ
　　　斎藤超とニューサウンズ
1200 OTV ニュース
1210 一曲どうぞ
1215 歌う青春列車 (KR)
　　　音羽　上月他
1245 料理手帖「朝のリヨネーズ」
1300 モナ歌まつり（中公会堂）
　　　島倉千代子　青木　若山他
1400 OTV フィルムパンフレット
　　　「OTV楽れ」D：青木義久
1715 テストパターン（ポピュラー）
1732 オープニングメロディ
1742 マンガ横町
1750 毎日新聞テレビニュース
1800 少年探偵シリーズ
　　　「仲良し探偵団」
　　　　間違えられた人形
1815 名犬リンチンチン「援軍」
1850 あしたのお天気
1853 OTV ニュース
1900 テレビ浮世亭
1930 ゼネラル劇場
　　　姿三四郎 (KR)
　　　牧真介　旭照子　原保美
2000 山一名作劇場 (NTV)
　　　「坊っちゃん」
　　　宍戸錠　春日瞬詩
2030 サンヨーテレビ劇場 (KR)
　　　「どろんこ姫」
2100 近鉄パールアワー・
　　　何月何日何曜日
2115 ピアス劇場東京の青い風
　　　(KR)
2145 ミナロンドリームサロン
　　　ビショップ劇場 大伴千春
　　　ジョージ岡
2200 マーチンケイン
　　　捜査シリーズ
2230 テレビガイド
2235 短編映画「京都」
2250 OTV ニュース
2302 日づけ豆辞典 (OTVF)
2305 あしたのお天気
2308 おしらせ◇放送終了

● 12月4日（水）

1135 テストパターン
　　　（歌の花かご）ひばりの歌
1150 オープニングメロディ
　　　斎藤超とニューサウンズ
1200 OTV ニュース
1210 一曲どうぞ
1215 ファッションミュージック
　　　(KR)
1245 料理手帖「カキの土手鍋」
　　　辻徳光　広瀬修子
1300 おしらせ◇放送休止
1715 テストパターン コーラスで
1732 オープニングメロディ
1742 マンガ横町
1750 毎日新聞テレビニュース
1800 団子・串助漫遊記
　　　「初のぼりの巻」
　　　中村栄治郎　富十郎他
1815 忍術真田城　佐藤精二他
1845 テレビガイド
1850 あしたのお天気
1853 OTV ニュース
1900 わが輩ははなばな氏 (KR)
1930 歌はあなたとともに (NTV)
　　　松島詩子　織井茂子
　　　大津　美子　水原淳
　　　内海突破
2000 倖せな男 (NTV)
　　　「悲しき笑劇」
　　　作：菅原卓　信欣三
　　　大森義男他
2100 コント千一夜　森光子他
2115 宮本武蔵 (NTV)
2145 ニッケ・ジャズパレード
　　　(NTV)　水谷良重
　　　平岡精二　秋満義孝
2200 ありちゃんのおかっぱ侍
　　　有島一郎　中原早苗他
2230 テレビガイド
2235 時の眼
　　　木村照彦（朝日新聞）
2250 OTV ニュース
2302 日づけ豆辞典 (OTVF)
2305 あしたのお天気
2308 おしらせ◇放送終了

● 12月5日（木）

1135 テストパターン（クラシック）
1150 オープニングメロディ
1200 OTV ニュース
1210 一曲どうぞ
1215 テレビ寄席
　　　舞踊：西崎流若葉会
　　　落語：小文治　桂米丸
　　　有馬頼義他
1245 料理手帖「イギリス風
　　　シチュー」平田武一
1300 おしらせ◇放送休止
1715 テストパターン（クラシック）
1732 オープニングメロディ
1742 マンガ横町
1750 朝日新聞テレビニュース
1800 カゴメ劇場・母の肖像
　　　〜朝の花々より「恐いし
　　　真実」
1815 西部の王者・キットカースン
　　　「無法地帯」
1845 テレビガイド
1850 あしたのお天気
1853 OTV ニュース
1900 スーパースターメロディ (KR)
　　　青木市光　若山彰
　　　石井千恵
1930 宝塚テレビ劇場
　　　「舞踊観 舞い込んだ神様」
　　　深山さくら　那智わたる
2000 ロビンフッドの冒険
　　　「踊子カロッタ」
2030 鞍馬天狗 (KR)
　　　「地獄の門」
2100 奥様多忙 (KR)
　　　「内助の功」
　　　江見渉　山岡久乃他
2115 目で聴く話題 雨風曇
　　　(NTV)「虚礼虚心」
2145 おはこうら表 (NTV/OTV)
　　　服部良一　服部富子
2200 忠臣蔵の人々 (KR)
　　　「吉良とその子」
2230 私のコレクション
　　　「先代雁治郎に関する
　　　もの」今中富之助
2250 OTV ニュース
2302 日づけ豆辞典 (OTVF)
2305 あしたのお天気
2308 おしらせ◇放送終了

● 12月6日（金）

1135 テストパターン
　　　（フライングリズム）
1150 オープニングメロディ
1200 OTV ニュース
1210 一曲どうぞ
1215 映画の窓 (KR)
　　　「現金に体を張れ」
1245 料理手帖「タンバルマカ
　　　ロニと芽キャベツの
　　　炒め煮」堀越フサエ
1300 おしらせ◇放送休止
1715 テストパターン
1732 オープニングメロディ
1742 マンガ横町
1750 毎日新聞テレビニュース
1800 明るい家庭
　　　「局番なしの119番」
　　　松島歳巳
1815 赤胴鈴之助　吉田豊明他
1830 ポケット劇場
　　　「ブレーメン音楽隊」
　　　人形劇団クラルテ
1850 あしたのお天気
1853 OTV ニュース
1900 テレビぴよぴよ大学 (KR)
1930 花王ワンダクイズ (NIV)
　　　京阪ゼスチャーゲーム
　　　「京都・大阪漫画家対抗」
2030 特ダネを逃がすな (KR)
　　　「仮面の街」前篇
2100 野球教室「走塁」その2
　　　河西俊雄　久保顕次
2115 ハーバー・コマンド
　　　「白い円筒」第一回
　　　声・阪修
2145 三越映画劇場
2200 カメラだより北から南から
　　　「宇宙時代」
2215 ごめんあそばせ (NTV)
　　　「いわぬこっちゃない」
2230 小唄教室 (KR) 中村伸郎
2245 テレビガイド
2250 OTV ニュース
2302 日づけ豆辞典 (OTVF)
2305 あしたのお天気
2308 おしらせ◇放送終了

● 12月7日（土）

1115 テストパターン（クラシック）
1130 オープニングメロディ
1140 音楽へのいざない
1200 OTV ニュース
1210 クラブ劇場・歌えば楽し
　　　「フォスター名曲集」
1240 テレビガイド
1245 料理手帖「オランダ巻き
　　　サンドイッチ」
1300 京だより「狂言」
1315 男子専科「ネクタイ」
1330 灘の酒造り
　　　若林与左衛門他
　　　＊KRT へネット
1410 OTV 週間テレビニュース
1420 おしらせ◇放送休止
1645 テストパターン
1700 オープニングメロディ
1710 スーパーマン「爆弾」
1750 朝日新聞テレビニュース
1800 ぼくのわたしの音楽会
　　　大阪・長池小学校生徒
1815 素人のど自慢 (NTV)
　　　暁テル子
1845 テレビガイド
1850 あしたのお天気
1853 OTV ニュース
1900 ジェット・ジャクソン
　　　「迷信の山」
1930 ほろにがショー・
　　　何でもやりまショー (NIV)
　　　三國一朗
2000 磯貝兵助功名噺
　　　「かぶと改め」
　　　榎本健一 浅野進治郎他
2030 白い桟橋
　　　「女ふたり」(NTV/OTV)
2100 話題のアルバム
2110 テレビアルバム
2115 日真名氏飛び出す (KR)
　　　「初冬の女」解決編
2145 NEC 劇場・右門捕物帳
　　　(KR)「身代わり花嫁」
2230 テレビガイド
2235 ドラッグネット
　　　「20 ドルの俳優」
2250 OTV ニュース
2302 日づけ豆辞典 (OTVF)
2305 あしたのお天気
2317 日づけ豆辞典 (OTVF)
2320 お天気23 おしらせ◇終了

● 12月8日（日）

810 テストパターン
830 なかよしニュース
840 劇場映画「1500 米決勝」
940 漫画映画6本
1015 テレビ週報（政府）
　　　政府から国民の皆様へ
　　　「これからの暮らし」
1030 OTV 週間テレビニュース
1045 モーニングコラース
　　　フォーコインズ
1100 たのしい生活を「鳩と共に」
　　　多田清
1115 海外トピックス
1130 経済サロン
1200 OTV ニュース 10 ガイド
1215 ダイラケのびっくり捕物帖
　　　「あけすの闇」前篇
1245 OK 横丁に集まれ (NTV)
1215 おしらせ◇休止◇パターン
1400 ナショナルサンデープレゼント
　　　日曜テレビ観劇会
　　　「番町皿屋敷」（京都・
　　　南座）寿海　友右衛門他
1520 平凡・芸能ニュース
1535 おしらせ◇休止◇パターン
1714 映画「日本の茶販産業」
1745 テレビガイド
1750 お天気 54 OTV ニュース
1800 プレイハウス
1830 私も出まショー (NTV)
1900 サーカス・ボーイ「売
　　　られるサーカス」
1930 宇宙船エンゼル号の冒険
2000 金四郎江戸桜 (NTV)
2030 ダイヤル 110 番 (NTV)
　　　「冬の夜の足音」
2100 アンテナは見ている
　　　「トウちゃん」
2115 東芝日曜劇場
　　　「石となりぬる」(KR)
　　　吉井勇：作 山田五十鈴
　　　瓢右衛門　芳子他
2215 ダイハツスポーツウィクリー
2230 ゴルフ学校
　　　50 OTV ニュース
2302 日づけ豆辞典 (OTVF)
2305 お天気（08 おしらせ◇終了

●12月9日（月）

- 1135 テストパターン（クラシック）
- 1150 オープニングメロディ
- 1200 OTV ニュース
- 1210 一曲どうぞ「ユアーズ」
　　　J・ハット
- 1215 ミュージックコーナー（KR）
　　　浜路美帆　渡辺弘典
- 1245 料理帖「しゅうへいなべ」
　　　辻勲　稲田英子
- 1300 おしらせ◇放送休止
- 1715 テストパターン
- 1733 オープニングメロディ
- 1742 マンガ横町
　　　「中国の宮殿は大さわぎ」
- 1750 毎日新聞テレビニュース
- 1800 皇太子の冒険
- 1815 ポポンタイムこの人を
　　　(NTV)「一周年特集」
- 1845 テレビガイド
- 1850 あしたのお天気
- 1854 OTV ニュース
- 1900 キンピラ先生青春記（KR）
- 1930 太閤記（NTV）「藤吉郎編」
- 2000 ニチボーアワー喜劇天国
　　　(NTV)
　　　「おばあちゃんの血圧」
- 2030 ナショナルTVホール（KR）
　　　「眩野」（後編）
- 2100 リボンとまないた（KR）
　　　「私に恋人を」川田孝子
　　　音羽美子 山東昭子他
- 2115 ウロコ座（KR）「女書生」
　　　後篇　市川段四郎
　　　藤間紫　柳永二郎
　　　中村吉十郎
- 2145 月曜対談・2つの椅子
　　　「兄弟放談」吉村正一郎
　　　公三郎
- 2200 OTV 週間世界ニュース
- 2220 ニッカ・ヒッチコック劇場
- 2250 OTV ニュース
- 2302 日づけ豆辞典（OTVF）
- 2305 あしたのお天気
- 2308 おしらせ◇放送終了

●12月10日（火）

- 1135 テストパターン（クラシック）
- 1150 オープニングメロディ
　　　アコーディオン：岡田博
- 1200 OTV ニュース
- 1210 一曲どうぞ
- 1215 歌う青春列車（KR）
　　　羽羽 上月他
- 1245 料理帖「アジのピクルス」井上幸作 岩原アナ
- 1300 おしらせ◇放送休止
- 1715 テストパターン（ポピュラー）
- 1732 オープニングメロディ
　　　シンギングピアノ：岩崎洋
- 1742 マンガ横町
- 1750 毎日新聞テレビニュース
- 1800 少年探偵シリーズ
　　　「仲良し探偵団」
- 1815 名犬リンチンチン
　　　「洞窟の金貨」
- 1845 テレビガイド
- 1853 あしたのお天気
- 1900 テレビ浮世亭
　　　漫才：かしまし娘
　　　ダイマルラケット
- 1930 ゼネラル劇場
　　　姿三四郎（KR）
　　　牧真介 旭輝子 原保美
- 2000 山一名作劇場（NTV）
　　　「坊っちゃん」
　　　宍戸錠　春日瞬詩
- 2030 サンヨーテレビ劇場（KR）
　　　「どろんこ姫」
- 2100 近鉄パールアワー・
　　　何月何日何曜日
- 2115 ピアス劇場東京の青い風
- 2145 ミナロンドリームサロン
　　　新倉美子翠 圭一と楽団
　　　大伴千春　ジョージ岡
- 2200 マーチンケイン捜査シ
　　　リーズ「山頂」
- 2230 テレビガイド
- 2235 プロ野球展望
- 2250 OTV ニュース
- 2302 日づけ豆辞典（OTVF）
- 2305 あしたのお天気
- 2308 おしらせ◇放送終了

●12月11日（水）

- 1135 テストパターン（歌の花かご）
- 1150 オープニングメロディ
　　　アコーディオン：岡田博
- 1200 OTV ニュース
- 1210 一曲どうぞ
- 1215 ファッションミュージック
　　　（KR）「Xマス特集」
　　　宝とも子
- 1245 料理帖
　　　お正月のつまみもの
- 1300 おしらせ◇放送休止
- 1715 テストパターン
- 1732 オープニングメロディ
　　　アコーディオン：岡田博
- 1742 マンガ横町
　　　「キコちゃんの狐退治」
- 1750 朝日新聞テレビニュース
- 1800 団子串助漫遊記
　　　「雲助退治の巻」
　　　中村栄治郎　富十郎他
- 1815 忍術真田城 佐藤精二他
- 1845 テレビガイド
- 1850 あしたのお天気
- 1853 OTV ニュース
- 1900 わが輩ははなばな氏（KR）
　　　「二千円の嫉妬の巻」
- 1930 歌はあなたとともに（NTV）
　　　小畑実 内海突破
- 2000 民芸アワー（NTV）「島」
- 2100 コント千一夜 森光子他
- 2115 宮本武蔵（KR）
- 2145 ニッケ・ジャズパレード
　　　（NTV）「ミアルカ」他
　　　朝丘雪路他
- 2200 ありちゃんのおかっぱ侍
　　　「天晴おかっぱ親分の巻」
　　　有島一郎 中原早苗他
- 2230 テレビガイド
- 2235 時の眼　田中菊次郎
- 2250 OTV ニュース
- 2302 日づけ豆辞典（OTVF）
- 2305 あしたのお天気
- 2308 おしらせ◇放送終了

●12月12日（木）

- 1135 テストパターン
　　　（クラシックハイライト）
- 1150 オープニングメロディ
- 1200 OTV ニュース
- 1210 一曲どうぞ
- 1215 テレビ寄席（KR）
　　　音曲吹き寄せ：千代菊
　　　落語：小さん
- 1245 料理帖「かぶら蒸し」
　　　田中藤一
- 1300 おしらせ◇放送休止
- 1715 テストパターン（ポピュラー）
- 1732 オープニングメロディ
　　　アコーディオン：岡田博
- 1742 マンガ横町
　　　「ネズミの歌物語」
- 1750 毎日新聞テレビニュース
- 1800 カゴメ劇場・母の肖像
　　　～朝の花々より
　　　「夢に見る父」
- 1815 ますらを派出夫会（KR）
　　　「本日開業の巻」
　　　丹下キヨ子 森川信他
- 1845 テレビガイド
- 1850 あしたのお天気
- 1853 OTV ニュース
- 1900 スーパースターメロディ（KR）
　　　大木実 小畑実 宮尾たかし
- 1930 宝塚テレビ劇場
　　　「ホリナイト・ホリデイ」
　　　高羽千鶴　瑠璃豊美
- 2000 ロビンフッドの冒険
　　　「ヨークの宝」
- 2030 鞍馬天狗（KR）
　　　「地獄の門」
- 2100 奥様多忙（KR）
　　　「哀しきかなきは」
　　　江見渉　山岡久乃他
- 2115 目で聴く話題 雨風曇
　　　（NTV）中正雄
- 2145 おはこうら表（NTV/OTV）
　　　ゲスト・岩井半四郎
　　　中村メイ子 神津善行
- 2200 忠臣蔵の人々（KR）
　　　「吉良とその子」
- 2230 私のコレクション
　　　「航海ランプ」
　　　ジェームス原
- 2250 OTV ニュース
- 2302 日づけ豆辞典（OTVF）
- 2305 あしたのお天気
- 2308 おしらせ◇放送終了

●12月13日（金）

- 1135 テストパターン（フライングリズム）
- 1150 オープニングメロディ
　　　アコーディオン：岡田博
- 1200 OTV ニュース10・一曲どうぞ
- 1215 映画の窓（KR）野口久光
　　　「殿方ご免なさばせ」
- 1245 料理帖「サワラのカキ
　　　ソースとにしんのマー
　　　ガリン煮」拭石俊枝
- 1300 おしらせ◇放送休止
- 1715 テストパターン（ポピュラー）
- 1732 オープニングメロディ
　　　アコーディオン：岡田博
- 1742 マンガ横町
- 1750 毎日新聞テレビニュース
- 1800 赤胴鈴之助 吉田豊明
　　　石田茂樹　井上雪子他
- 1815 明るい家庭「スキーの話」
　　　西村一良
- 1830 ポケット劇場
　　　「ブレーメン音楽隊」
　　　人形劇団クラルテ
- 1845 テレビガイド
- 1850 あしたのお天気
- 1853 OTV ニュース
- 1900 テレビぴよぴよ大学（KR）
- 1930 花王ワンダフルクイズ（NTV）
- 2000 京阪ゼスチャーゲーム
　　　「京阪剣道対抗」
　　　川上のぼる 京阪坊や
- 2030 特ダネを逃がすな（KR）
　　　「仮面の術」後篇
- 2100 野球教室「走塁」
　　　御園生崇明　久保顕次
- 2115 ハーバー・コマンド
　　　声・阪修
- 2145 三越映画劇場「撮影風景」
- 2200 カメラだより北から南から
　　　「たくましい商魂」
- 2215 ごめんあそばせ（NTV）
- 2230 小唄教室（KR）
　　　井上恵以他
- 2245 テレビガイド
- 2250 OTV ニュース
- 2302 日づけ豆辞典（OTVF）
- 2305 あしたのお天気
- 2308 おしらせ◇放送終了

●12月14日（土）

- 11115 テストパターン（クラシック）
- 1130 オープニングメロディ
　　　アコーディオン：岡田博
- 1140 音楽へのいざない
　　　「ピアノ独奏」藤田梓
- 1210 クラブ劇場・歌えば楽し
　　　「アメリカ民謡集」[再放送]
- 1240 テレビガイド
- 1245 料理帖
　　　「小エビの磯あげ」
- 1300 ީ だより「祇園小唄」他
- 1315 OTV 週間テレビニュース
- 1330 劇場中継・松竹新喜劇
　　　「海を渡る千万長者」
　　　（中座）渋谷天外
　　　曾我廼家五郎八
- 1645 テストパターン（クラシック）
- 1700 オープニングメロディ
- 1710 スーパーマン
- 1750 朝日新聞テレビニュース
- 1800 ぼくのわたしの音楽会
　　　帝塚山学院
- 1815 素人のど競べ（NTV）
　　　暁テル子
- 1845 テレビガイド
- 1850 あしたのお天気
- 1853 OTV ニュース
- 1900 ジェット・ジャクソン
- 1930 ほろにがショー
　　　何でもやりまショー（NTV）
- 2000 磯川兵助功名噺
　　　「兜攻め」
　　　榎本健一 浅野進治郎他
- 2030 白い桟橋「仮装舞踏会」
　　　（NTV/OTV）
- 2100 話題のアルバム
- 2110 テレビガイド
- 2115 日真名氏飛び出す（KR）
　　　「肥後守異聞」前篇
- 2145 芸能トピックス
- 2200 NEC 劇場・右門捕物帳
　　　（KR）「身代わり花嫁」
- 2230 テレビガイド
- 2235 ドラグネット
- 2305 OTV ニュース
- 2317 日づけ豆辞典（OTVF）
- 2320 あしたのお天気
- 2323 おしらせ◇放送終了

●12月15日（日）

- 810 パターン 30 なかよしN
- 840 劇映画「オルガン物語」
- 940 漫画映画6本
- 1015 テレビ週報（政府）
- 1030 ダイハツワールドスポーツ
- 1045 モーニングコーラス
　　　リリオ・リズム
- 1100 たのしい生活を
　　　「我が家のスキー」
　　　升田義信一家
- 1130 経済サロン「百貨店の話」
　　　阪田新一
- 1200 OTV ニュース 10 ガイド
- 1215 ダイラケのびっくり捕物帖
　　　「あけすの間」後篇
- 1245 OK 横丁に集まれ（NTV）
- 1315 ナショナルサンデープレゼント
　　　日曜テレビ観劇会
　　　「ミュージカル・忠臣蔵」
　　　有島 蝶々・雄二
　　　雪村 草笛 トニー谷他
- 1540 平凡・芸能ニュース
- 1555 おしらせ 休止
- 1710 テストパターン
- 1725 おしらせ
- 1730 プロ野球炉辺放談
- 1745 テレビガイド
- 1751 お天気 54 OTV ニュース
- 1800 プレイハウス「童の指輪」
- 1830 私も出まショー（NTV）
- 1900 サーカス・ボーイ
　　　「にせのピエロ」
- 1930 宇宙船エンゼル号の冒険
- 2000 金四郎江戸桜（NTV）
　　　坂東好太郎他
- 2030 ダイヤル 110 番（NTV）
　　　「五百万円の悪夢」
- 2100 アンテナは見ている
- 2115 東芝日曜劇場
　　　「三日の客」（KR）
　　　川村花菱：作霧立のぼる
　　　京塚昌子 大矢市次郎
　　　山口正夫他
- 2215 ダイハツスポーツウィクリー
- 2230 ゴルフ学校
- 2250 OTV ニュース
- 2302 日づけ豆辞典（OTVF）
- 2305 お天気◇おしらせ◇終了

●12月16日(月)	●12月17日(火)	●12月18日(水)	●12月19日(木)	●12月20日(金)	●12月21日(土)	●12月22日(日)
1135 テストパターン(クラシック)	1135 テストパターン(クラシック)	1135 テストパターン(歌の花かご)	1135 テストパターン(クラシック)	1135 テストパターン(フライングリズム)	1115 テストパターン(クラシック)	810 テストパターン
1150 オープニングメロディ 斎藤超とニューサウンズ	1150 オープニングメロディ	1150 オープニングメロディ 斎藤超とニューサウンズ	1150 オープニングメロディ	1150 オープニングメロディ	1130 オープニングメロディ	830 なかよしニュース
1200 OTV ニュース	1200 OTV ニュース	1200 OTV ニュース	1200 OTV ニュース	1200 OTV ニュース10・一曲どうぞ	1140 音楽へのいざない「独唱すみれ」藤田和子	840 児童映画「良太とみちる」
1210 一曲どうぞ	1210 一曲どうぞ	1210 一曲どうぞ	1210 一曲どうぞ	1215 映画の窓(KR)「マダムと泥棒」解説：荻昌弘他	1200 OTV ニュース	940 漫画映画6本
1215 ミュージックコーナー (KR)黒岩三代子 武井義明	1215 歌う青春列車(KR)「命短かし恋せよおやじ」音羽美子 上月左知子他	1215 ファッションミュージック(KR)築地容子 中島淳	1215 テレビ寄席(KR) 漫才：染田治・朝治 落語：小金治	1245 料理手帖「エビだんごの吸い物」奥井広美他	1210 クラブ劇場・歌えば楽し「ラテンアメリカの巻」	1015 テレビ週報(政府)
1240 テレビガイド	1245 料理手帖 井上幸作 オードブルの盛り合わせ	1245 料理手帖「照りごまめの作り方」辻徳光	1245 料理手帖 Xマス用プラムケーキ	1300 おしらせ◇放送休止	1240 テレビガイド	1030 ダイハツワールドスポーツ
1245 料理手帖「牛肉の卵焼」辻勲 稲田英子アナ	1300 おしらせ◇放送休止	1300 おしらせ◇放送休止	1300 おしらせ◇放送休止	1615 テストパターン	1245 料理手帖「しいたけの詰めもの」小深秀子アナ	1045 合唱 デュークエイセス
1300 おしらせ◇放送休止	1715 テストパターン	1715 テストパターン	1715 テストパターン(クラシック)	1630 オープニングメロディ 斎藤超とニューサウンズ	1300 京だより「祇園小唄」	1100 たのしい生活「Xマスとホテルの台所」
1715 テストパターン	1732 オープニングメロディ	1732 オープニングメロディ 斎藤超とニューサウンズ	1732 オープニングメロディ	1640 OTV スポーツファンシート プロレス・アワー 力道山―ビルサベージ他(第3スタジオ)	1315 OTV 週間テレビニュース	1115 海外トピックス
1732 オープニングメロディ	1742 マンガ横町	1742 マンガ横町	1742 マンガ横町「山の悪者と勇敢なカウボーイ」		1325 おしらせ	1130 経済サロン「湯川博士にきく」聞き手：平井忠夫
1742 マンガ横町「美容学校」	1750 朝日新聞テレビニュース	1750 新聞テレビニュース	1750 朝日新聞テレビニュース		1535 テストパターン	1200 OTV ニュース 10 ガイド
1750 毎日新聞テレビニュース	1800 少年探偵シリーズ 仲良し探偵団「間違えられた人形」	1800 団子串助漫遊記「プロレスの巻」中村栄十郎 富十郎他	1800 カゴメ劇場・母の肖像〜鞠の花よリ〜「涙の対面」	1742 マンガ横町	1550 オープニングメロディ 斎藤超とニューサウンズ	1215 ダイラケのびっくり捕物帖「白頭巾御用」前篇
1800 皇太子の冒険「毒薬」	1815 名犬リンチンチン「ラスティの親友」	1815 忍術真田城 佐藤精二他	1815 ますらを派出夫会(KR) 丹下キヨ子 森川信他	1750 朝日新聞テレビニュース	1600 全日本学生卓球選手権大会 男女ダブルス(府立体育館)	1245 OK 横丁に集まれ(NTV) ◇休止
1815 ポポンタイムこの人を(NTV)	1845 テレビガイド	1845 テレビガイド	1845 テレビガイド	1800 赤胴鈴之助 吉田豊明 井上雪子他	1710 スーパーマン「百万ドルもらったら」	1350 テストパターン
1845 テレビガイド	1851 あしたのお天気	1851 あしたのお天気	1850 あしたのお天気	1815 明るい家庭「Xマスキャロル」	1742 マンガ横町	1355 ナショナル日曜テレビ観覧会「第二の家庭」(新橋演舞場) 伊志井寛 水谷八重子 越路吹雪他
1850 あしたのお天気	1853 OTV ニュース	1853 OTV ニュース	1853 OTV ニュース	1830 ポケット劇場「ブレーメン音楽隊」	1750 朝日新聞テレビニュース	
1853 OTV ニュース	1900 テレビ浮世絵 落語：文楽 漫才：英二・喜美江	1900 わか輩ははなばな氏(KR)「目下流行中の巻」	1900 スーパースターメロディ(KR) 小坂一也 デュークエイセス	1845 テレビガイド 50 お天気	1800 ぼくのわたしの音楽会	
1900 キンピラ先生青春記(KR)「きんぴら先生奮闘す」		1930 歌はわたしとともに(NTV)	1930 宝塚テレビ劇場「恋女房」若宮淡紅子 草間淑江	1853 OTV ニュース	1815 素人のど競べ(NTV)	1605 平凡・芸能ニュース
1930 太閤記(NTV)「藤吉郎編」	1930 ゼネラル劇場 姿三四郎(KR)「流水の章」牧真介 旭輝子 原保美	2000 ジョンウエイン西部劇「近海輸送大襲撃」声：小池朝雄他	2000 ロビンフッドの冒険「ビザンチンの姫君」	1900 花王ワンダフルクイズ(NTV)	1845 テレビガイド 50 お天気	1620 休止
2000 ニチボーアワー喜劇天国(NTV)「古風な恋物語」	2000 山一名作劇場(NTV)「坊っちゃん」宍戸錠 春日瞬詩	2100 コント千一夜 森光子他	2030 鞍馬天狗(KR)「地獄の門」	1930 ほろにがショー・何でもやりまショー(NIV)「特集ゲスト大会」	1853 OTV ニュース	1700 テストパターン
2030 ナショナルTVホール(KR)「てもやん」丹阿弥 千石他	2030 サンヨーテレビ劇場(KR)「どろんこ姫」轟く地雷火	2115 宮本武蔵(NTV)	2105 奥様多忙(KR)「スクイズプレー」江見渉 山岡久乃他	2000 京阪ゼスチャーゲーム「護身術をめぐって」三國一朗	1900 ジェット・ジャクソン「百万ドルの行方」	1730 プロ野球watch放談 花田
2100 江戸子の死(岡本綺堂原作) 柳永二郎 守田勘弥 中村又五郎 中村吉十郎	2100 近鉄パールアワー・何日何日何曜日「ボーナスの使い方」芦野宏 木村正照	2145 ニッケ・ジャズパレード(NTV)「小さな靴屋さん」「カナダ旅行」芦野宏 木村正照	※開始時間変更の理由不明	2030 特ダネを逃がすな(KR)「命美し」前篇	1930 花王ワンダフルクイズ(NIV)	1745 テレビガイド
2145 月曜対談・2つの椅子「男・女・社会」村山リウ 加藤三之雄	2115 ピアス劇場 東京の青い風(KR)	2200 ありちゃんのおかっぱ侍「居候は高髷の巻」有島一郎 中原早苗他	2115 目で聴く話題 雨風曇(NTV)「鬼が笑う」徳川夢声他	2100 野球教室「走塁」御園生崇男 久保顕次	2000 磯川兵助功名噺「兵助祝言」	1751 お天気 54 OTV ニュース
2200 OTV 週間世界ニュース	2145 ミナロンドリームサロン 芦野宏 大伴千春 ジョージ岡	2230 テレビガイド	2145 おはこうら表(NTV/OTV) 淡谷のり子	2115 ハーバー・コマンド「爆來」宇・阪修	2030 白い桟橋「彼女の父親」(NTV/OTV)	1800 プレイハウス「波止場」
2220 ニッカ・ヒッチコック劇場「斧」	2200 マーチンケイン捜査シリーズ	2235 短編映画	2200 忠臣蔵の人々(KR)「吉良とその子」	2145 三越映画劇場「撮影風景」	2100 話題のアルバム	1830 私も出まショー(NTV)
2250 OTV ニュース	2230 テレビガイド	2250 OTV ニュース	2215 ごめんあそばせ(NTV)「木枯しの巻」	2200 カメラだより北から南から「只今冬眠中」	2110 テレビガイド	1900 サーカス・ボーイ
2302 日づけ豆辞典(OTVF)	2235 短編映画	2302 日づけ豆辞典(OTVF)	2230 小唄教室(KR) エンタツ他	2215 ごめんあそばせ(NTV)「木枯しの巻」	2115 日真名氏飛び出す(KR)「肥後守異聞」解決編	1930 宇宙船エンゼル号の冒険
2305 あしたのお天気	2250 OTV ニュース	2305 あしたのお天気	2245 テレビガイド	2230 小唄教室(KR)	2145 芸能トピックス	2000 金四郎江戸桜(NTV)「お化け長屋」
2308 おしらせ◇放送終了	2302 日づけ豆辞典(OTVF)	2308 おしらせ◇放送終了	2250 OTV ニュース	2230 ドラグネット「理由なき殺人」	2200 NEC 劇場・右門捕物帳(KR)「子持ち硯」前篇	2030 ダイヤル 110 番(NTV)「麻薬」
	2305 あしたのお天気		2302 日づけ豆辞典(OTVF)	2305 OTV ニュース	2230 テレビガイド	2100 アンテナは見ている
	2308 おしらせ◇放送終了		2305 あしたのお天気	2317 日づけ豆辞典(OTVF)	2235 ドラグネット「理由なき殺人」	2115 東芝日曜劇場「クリスマスの贈物幸運の首飾り」(KR) 佐田啓二 高田敏江 宮城千賀子 佐野周二
			2308 おしらせ◇放送終了	2320 お天気◇おしらせ◇終了	2305 OTV ニュース	2215 ダイハツスポーツウィクリー
					2302 日づけ豆辞典(OTVF)	2230 ゴルフ学校
					2305 あしたのお天気	2250 OTV ニュース
						2302 日づけ豆辞典(OTVF)
						2305 あしたのお天気
						2308 おしらせ◇放送終了

●12月23日（月）
- 1135 テストパターン（クラシック）
- 1150 オープニングメロディ シンギングピアノ：岩崎洋
- 1200 OTV ニュース10一曲どうぞ
- 1215 ミュージックコーナー (KR) 東郷たまみ 朝丘雪路
- 1245 料理手帖「中華風若鶏唐揚げ」
- 1300 おしらせ◇放送休止
- 1715 テストパターン
- 1732 オープニングメロディ シンギングピアノ：岩崎洋
- 1742 マンガ横町 「小犬のバディと初雪」
- 1750 朝日新聞テレビニュース
- 1800 皇太子の冒険
- 1815 ポポンタイムこの人を (NTV)「Xマス贈物特集」
- 1845 テレビガイド
- 1850 あしたのお天気
- 1853 OTV ニュース
- 1900 キンピラ先生青春記 (KR)「きんぴら先生独歌を歌う」
- 1930 太閤記 (NTV)「藤吉郎編」
- 2000 ニチボーアワー喜観天国 (NTV)「逃ぶろ、ピストルだ」 榎本健一他
- 2030 ナショナルTVホール (KR)「波音」三益愛子 石黒達也 根岸他
- 2100 リボンとまないた (KR)「誰がために……の事」
- 2115 ウロコ座 (KR)「忠治祭」前篇
- 2145 月曜対談・2つの椅子 「スポーツ回顧」 南部忠平 伊藤寛
- 2200 OTV 週間世界ニュース
- 2220 ニッカ・ヒッチコック劇場 (NTV)「幸福」
- 2250 OTV ニュース
- 2302 日づけ豆辞典 (OTVF)
- 2305 あしたのお天気
- 2308 おしらせ◇放送終了

●12月24日（火）
- 1135 テストパターン（クラシック） メサイア
- 1150 オープニングメロディ シンギングピアノ：岩崎洋
- 1200 OTV ニュース10一曲どうぞ
- 1215 歌う青春列車 (KR) 音羽 上月他
- 1245 料理手帖「伊勢エビのサラダいろいろ」井上幸作
- 1300 おしらせ◇放送休止
- 1715 テストパターン（ポピュラー）
- 1732 オープニングメロディ シンギングピアノ：岩崎洋
- 1742 マンガ横町
- 1750 毎日新聞テレビニュース
- 1800 少年探偵シリーズ 仲良し探偵団 「間違えられた人形」
- 1815 名犬リンチンチン
- 1845 テレビガイド
- 1850 あしたのお天気
- 1853 OTV ニュース
- 1900 テレビ浮世亭 漫才：浅草四郎・三平 漫談：西条凡児
- 1930 ゼネラル劇場 姿三四郎 (KR) 牧真介 旭輝子 原保美
- 2000 山一名作劇場 (NTV) 「坊っちゃん」 宍戸錠 十朱久雄
- 2030 サンヨーテレビ劇場 (KR) 「どろんこ姫」最終回
- 2100 近鉄パールアワー・何月何日何曜日
- 2115 ピアス劇場 東京の青い風 (KR)
- 2145 ミナロンドリームサロン 沢村みつ子 大伴千春 ジョージ岡
- 2200 マーチンケイン捜査シリーズ 「古城の金」
- 2230 テレビガイド
- 2235 OTV ニュース
- 2250 捨てられたXマスツリー 五郎八 辻人芙子 朝比奈翠他
- 2347 日づけ豆辞典 (OTVF)
- 2350 明日のお天気
- 2353 おしらせ◇放送終了

●12月25日（水）
- 1135 テストパターン（歌の花かご）
- 1150 オープニングメロディ シンギングピアノ：岩崎洋
- 1200 OTV ニュース
- 1210 一曲どうぞ
- 1215 ファッションミュージック (KR)「忘年会特集」
- 1245 料理手帖「笠松と鶴亀」 辻徳光 広瀬修子
- 1300 劇場中継「一谷嫩軍記」（文楽座）豊竹弘太夫他
- 1715 テストパターン
- 1732 オープニングメロディ シンギングピアノ：岩崎洋
- 1742 マンガ横町「牛屋から逃げ出してみたけれど」
- 1750 新聞テレビニュース
- 1800 団子串助漫遊記「Xマスの巻」 中村栄治郎 富十郎他
- 1815 忍術真田城 佐藤精二他
- 1845 テレビガイド
- 1850 あしたのお天気
- 1853 OTV ニュース
- 1900 わが輩ははなばな氏 (KR)「白いXマスの巻」 明石照子 淀かほる 寿美花代
- 1930 歌はあなたとともに (NTV)
- 2000 民芸アワー (NTV)「メリーXマス」 清水将夫 奈良岡朋子 細川ちか子
- 2100 コント千一夜 森光子 他
- 2115 宮本武蔵 (NTV)
- 2145 ニッケ・ジャズパレード (NTV) J 繁田
- 2200 ありちゃんのおかっぱ侍 有島一郎 中原早苗他
- 2230 テレビガイド
- 2235 時の眼 日高一郎
- 2250 ニュース
- 2302 日づけ豆辞典 (OTVF)
- 2305 あしたのお天気
- 2308 おしらせ◇放送終了

●12月26日（木）
- 1135 テストパターン（クラシック）
- 1150 オープニングメロディ
- 1200 OTV ニュース
- 1210 一曲どうぞ
- 1215 テレビ寄席 (KR) 物まね：猫八講談：馬琴
- 1245 料理手帖「卵とじ福袋と即席正月料理三種」小川
- 1300 おしらせ◇放送休止
- 1715 テストパターン（クラシック）
- 1732 オープニングメロディ
- 1742 マンガ横町「真夜はネズミの天下」
- 1750 朝日新聞テレビニュース
- 1800 カゴメ劇場・母の肖像 〜朝の花々より
- 1815 ますらを派出夫会 (KR)「あと五日で！」
- 1845 テレビガイド
- 1850 あしたのお天気
- 1853 OTV ニュース
- 1900 スーパースターメロディ (KR) 大津美子 明石光司 三船浩
- 1930 宝塚テレビ劇場「スターとともに」 明石照子 淀かほる 寿美花代
- 2000 ロビンフッドの冒険
- 2030 鞍馬天狗 (KR)「地獄の門」
- 2100 奥様多忙 (KR) 江見渉 山岡久乃他
- 2130 花王ワンダフルクイズ (NTV)
- 2000 京阪テレビカー 柳枝劇団
- 2115 目で聴く話題 雨風畳 (NTV) 渡辺紳一郎他
- 2145 おはこうら表 (NTV/OTV) ゲスト・岩井半四郎 松田トシ サトウハチロー他
- 2200 忠臣蔵の人々 (KR)「吉良とその子」
- 2230 私のコレクション「大黒様」小林林之助
- 2250 OTV ニュース
- 2302 日づけ豆辞典 (OTVF)
- 2305 あしたのお天気
- 2308 おしらせ◇放送終了

●12月27日（金）
- 1135 テストパターン（フライングリズム）
- 1150 オープニングメロディ シンギングピアノ：岩崎洋
- 1200 OTV ニュース10一曲どうぞ
- 1215 映画の窓 (KR)「特集サヨナラ1957年」邦画洋画ベスト10と座談会 双葉十三郎 小森和子 登川直樹 荻昌弘
- 1245 料理手帖「お母様の手伝いのために」「お好み串焼き」 ◇休止
- 1615 テストパターン
- 1630 オープニングメロディ シンギングピアノ：岩崎洋
- 1640 OTV スポーツファンシート プロレスアワー（阿倍野）坂田・芳の里=東富士・長沢他
- 1742 マンガ横町
- 1750 毎日新聞テレビニュース
- 1800 赤胴鈴之助 吉田豊明 他
- 1815 明るい家庭「正月の遊び」
- 1830 ドラマ「さようなら1957年」
- 1845 テレビガイド 50 お天気
- 1853 OTV ニュース
- 1900 テレビびよびよ大学 (KR)
- 1930 ほろにがショー・何でもやりまショー (NTV)
- 2000 磯川兵助功名噺「兵助祝言」 榎本健一 浅野進治郎他
- 2030 白い桟橋「仮装舞踏会」 (NTV/OTV)
- 2100 話題のアルバム
- 2100 野球教室「タイガース」御園生崇男 久保顕次
- 2115 日真名氏飛び出す (KR)「雪原とシェーン」前篇
- 2145 芸能トピックス
- 2200 NEC 劇場・右門捕物帳 (KR)「子持ち碪」後篇
- 2230 テレビガイド
- 2235 ドラッグネット「失敗した母親」
- 2305 OTV ニュース
- 2317 日づけ豆辞典 (OTVF)
- 2320 あしたのお天気
- 2323 おしらせ◇放送終了

●12月28日（土）
- 1115 テストパターン（クラシック）
- 1130 オープニングメロディ シンギングピアノ：岩崎洋
- 1140 音楽へのいざない
- 1200 OTV ニュース
- 1210 クラブ劇場・歌えば楽し「ハワイで歌う」
- 1240 テレビガイド
- 1245 料理手帖「正月のおにしめ」
- 1300 京だより「祇園小唄」
- 1315 OTV 週間テレビN◇休止
- 1645 テストパターン（クラシック）
- 1700 オープニングメロディ シンギングピアノ：岩崎洋
- 1710 スーパーマン「ボスを倒せ」
- 1750 朝日新聞テレビニュース
- 1800 ぼくのわたしの音楽会 木田小学校生徒
- 1815 素人のど競べ (NTV)
- 1845 テレビガイド
- 1851 あしたのお天気
- 1853 OTV ニュース
- 1900 ジェット・ジャクソン「失われたスーツケース」
- 1930 ほろにがショー・何でもやりまショー (NTV)
- 2000 磯川兵助功名噺「兵助祝言」 榎本健一 浅野進治郎他
- 2030 白い桟橋「仮装舞踏会」 (NTV/OTV)
- 2100 話題のアルバム
- 2115 ハーバー・コマンド
- 2145 芸能トピックス
- 2200 NEC 劇場・右門捕物帳 (KR)「子持ち碪」後篇
- 2230 テレビガイド
- 2235 ドラッグネット
- 2305 OTV ニュース
- 2317 日づけ豆辞典 (OTVF)
- 2320 あしたのお天気
- 2323 おしらせ◇放送終了

●12月29日（日）
- 830 なかよしニュース
- 910 テストパターン
- 925 おしらせ
- 940 マンガ公園「哀れな王様」他5本
- 1015 テレビ週報（政府）・政府から国民の皆様へ
- 1030 ダイハツワールドスポーツ
- 1045 モーニングコーラス ダーク・ダックス
- 1100 たのしい生活を「東西の歳の暮」
- 1115 海外トピックス
- 1130 経済サロン 大島昭他
- 1200 OTV ニュース 10 ガイド
- 1215 ダイラケのびっくり捕物帖「白頭中御用」後篇
- 1245 OK 横丁に集まれ (NTV)
- 1315 ナショナルサンデープレゼント日曜テレビ観賞会「喧嘩鳶は組小町」（浅草常盤座）
- 1450 平凡・芸能ニュース
- 1505 わが家の正月料理 朝比奈隆 鍋井克之他 ◇おしらせ◇休止
- 1710 テストパターン◇おしらせ
- 1730 プロ野球炉辺放談 神馬
- 1745 テレビガイド
- 1750 あしたのお天気
- 1753 OTV ニュース
- 1800 プレイハウス
- 1830 私も出ま ショー (NTV) 三和完児
- 1900 サーカス・ボーイ
- 1930 紅あざみ「黒百合の謎」
- 2000 金四郎江戸桜 (NTV)
- 2030 ダイヤル110番「善меの人々」 (NTV)
- 2100 アンテナは見ている (KR)「年賀状のいたずら」
- 2115 東芝日曜劇場「振袖纏」(KR) 花柳章太郎 水谷八重子他
- 2215 ダイハツスポーツウィクリー
- 2230 ゴルフ学校◇OTV ニュース
- 2302 日づけ豆辞典 (OTVF)
- 2305 お天気◇おしらせ◇終了

●12月30日（月）
1135 テストパターン（クラシック）
1150 オープニングメロディ
　　　シンギングピアノ：岩崎洋
1200 OTVニュース10―曲どうぞ
1215 ミュージックコーナー
　　　(KR)「音楽へのいざない・
　　　1957年ヒットパレード」
　　　朝丘雪路　東郷たまみ
　　　ジョニー愛田他
1240 時の眼特集
　　　「1957年時の流れ」
　　　日高一郎（毎日新聞調査
　　　部長）田中菊次郎（毎日
　　　新聞整理部長）木村照彦
　　　（朝日新聞編集局次長）
　　　大島昭（朝日新聞整容部長）
1300 今年の十大ニュース
1350 小判は寝姿の夢
　　　石浜祐次郎　森光子他
1700 テストパターン
1712 オープニングメロディ
　　　シンギングピアノ：岩崎洋
1730 パリの秘密42マンガ横町
1750 新聞テレビニュース
1800 皇太子の冒険
1745 ポポンタイムこの人を
　　　(NTV)
1845 テレビガイド 50 お天気
1853 OTVニュース
1900 キンピラ先生青春記(KR)
1930 太閤記(NTV)「藤吉郎編」
2000 ニチボーアワー
　　　喜劇天国 (NTV)
　　　「突然な忘年会」
2030 ナショナルTVホール(KR)
　　　「後妻の話より」
2100 リボンとまないた (KR)
2115 ウロコ座(KR)「忠治祭」
　　　後篇　村上元三・作
　　　松本幸四郎　中村又五郎
　　　市川高麗蔵
2145 月曜対談・2つの椅子
　　　今東光　吉村正一郎
　　　加藤三之雄
2200 OTV週間世界ニュース
2220 ニッカ・ヒッチコック劇場
　　　(NTV)「十番街の奇跡」
2250 OTVニュース
2302 日づけ豆辞典 (OTVF)
2305 お天気、おしらせ　放送終了

●12月31日（火）
1135 テストパターン（クラシック）
1150 オープニングメロディ
1200 OTVニュース10―曲どうぞ
1215 歌う青春列車 (KR)
1240 歌と音楽 原田信夫他
1255 劇映画「旅姿人気男」
　　　大河内伝次郎
　　　榎本健一他
1420 年忘れ漫才大会 ワカサ
　　　ひろし　いとしこいし
　　　千太万吉　ヒットますみ
　　　他
1610 1957年スポーツ特集
　　　国内編・海外編
1652 マンガ横町
1700 花のファンタジー
　　　花登筐・作　司葉子
　　　団令子　佐々十郎
　　　EHエリック
1730 名犬リンチンチン
1750 新聞テレビニュース
1800 山一名作劇場 (NTV)
　　　「坊っちゃん」
　　　宍戸錠　春日俊二
1830 何月何日何曜日
1845 テレビガイド
1850 あしたのお天気
1853 OTVニュース
1900 1957年さよなら大放送
　　　（日劇）藤島　春日　三浦
　　　島倉　照菊　金語楼
　　　霧島昇　越路他
2000 1957年オールスター大行進
　　　第一部（新宿コマ）
　　　歌の饗宴
　　　牧昌介　旭輝子　原景美
2100 1957年オールスター大行進
　　　第二部（新宿コマ）
　　　年忘れグランドショー
　　　キートン　宮城まり子
　　　フランキー堺他
2300 OTVニュース
2312 お正月の天気
2315 ゆく年くる年
　　　OTV：八坂神社
　　　NTV：浅草観音
　　　CBC：熱田神宮
　　　HBC：札幌神社
　　　KRTV：中村時蔵一家
2430 日づけ豆辞典 (OTVF)
2433 お天気◇おしらせ◇終了

これがOTVだ　1957年12月

単発番組

●誕生日十二月一日

1957年12月1日（日）9：25〜9：40

開局一周年記念番組。開局時に出演した赤ちゃんから小見満里子ちゃん、純子ちゃん、利之君・伸介君（双子）他が出演。

●東芝日曜劇場「かんてき長屋」

1957年12月1日（日）21：15〜22：15

開局1周年記念。長谷川幸延作、吉村繁雄演出の人情劇を放送。OTVが自社で開発したトランジスタ式携帯カメラ「OTビジョン」で、うらぶれた長屋の路地から家の中までカメラが入り込んでゆくなど、従来にないカメラワークを駆使した斬新な作品。1月29日にBK制作の「石の庭」とともに第12回芸術祭奨励賞を受賞した。

担当の吉村ディレクターは「主役のいないドラマでタレントも関西人ばかり。新しいカメラのOT Visionも調子がよく、なにからなにまで集団演技の成功でした」と語った。また、芸術祭の選考側も「演技陣のアンサンブル、流ちょうなカメラワークによる見事な成果」と評価した。

●モナ歌まつり

12月3日（火）13：00〜14：00

開局一周年記念番組を中央公会堂から中継放送。

●OTV案内・フィルムパンフレット

12月3日（火）14：00〜14：30

OTV紹介映画。ディレクター・青木義久。完全版が現存し、編成現場やスポーツ中継、料理手帖、紅毛ドラマ、デモ取材など放送現場の模様が多数収録されている。若き森光子の姿も映っている。大変貴重な一本。

●灘の酒造り（生中継）

12月7日（土）13：30〜14：10

灘五郷から。若林与左衛門他。KRTVへネット。

●全日本学生卓球選手権大会（大阪府立体育会館）

12月21日（土）16：00〜17：10

●捨てられたクリスマス・ツリー

12月24日（火）22：50〜23：47　伊藤道郎構成演出、裏町の少年にクリスマスツリーが贈られるという話を朝比奈隆、辻久子夫妻、曾我廼家五郎八らの出演で。コメディタッチ。

●ドラマ「小判は寝姿の夢」

12月30日（月）13：50〜

藤本義一作。石浜裕次郎　森光子他

●ミュージカルヴァラエティ「花のファンタジー」

12月31日（火）17：30〜18：00　花登筐・作　司葉子、団令子、佐々十郎、芦屋雁之助、世志凡太、EHエリック。ネットで放送。

- 年忘れ東西漫才大会

　12月31日（火）14：20～　ワカサひろし、いとしこいし、千太万吉、ヒットますみ他。共同制作。

- ゆく年くる年

　12月31日（火）23：15～24：30

　5局リレーで放送。OTVは京都八坂神社を担当。

新番組
【12月4日（水）】
- 団子串助漫遊記

　（～1958年4月30日、全22回）

　水18：00～18：15　ネット番組。宮尾しげを原作。

【12月6日（金）】
- ハーバー・コマンド

　（～1958年8月29日　全39回）

　金21：15～21：45　NTVへフイルムネット。

【12月7日（土）】
- 僕の私の音楽会

　（～1960年4月30日）

　土18：00～18：15　幼稚園児、小中学生による合唱・合奏。

【12月15日（日）】
- プロ野球炉辺放談

　（～1958年1月4日）

　17：30～17：45　土　週間ニュースの後（1月11日・25日）日22：30～22：45（1958年2月2日～3月23日）。「プロ野球展望（1957年4月14日～12月10日）」の後に誕生したキャスターインタビュー番組。新国劇島田正吾・辰巳柳太郎と「青バット」こと大下弘による鼎談が話題になった。

【12月20日（金）】
- OTVスポーツファンシート「プロレスアワー」

　（～1958年3月7日、全12回）。

　金16：40～ほか。時間移動あり。青少年向けスポーツ番組と銘打ったプロレス番組。「プロレスアワー」の項参照

【12月27日（金）】
- 京阪テレビ・カー

　金20：00～20：30

　人気番組「京阪ゼスチュア・ゲーム」の企画とタイトルを刷新。詳細は「ドラマの一週間」の項参照。

【12月30日（月）】
- パリの秘密

　（～1958年3月24日、全13回）

　月18：00～18：15　限られた資料をもとに制作したフランス・パリの街並みは、残存する写真資料などで見ることができる。

テーマ音楽は「OTVシグナルミュージック」

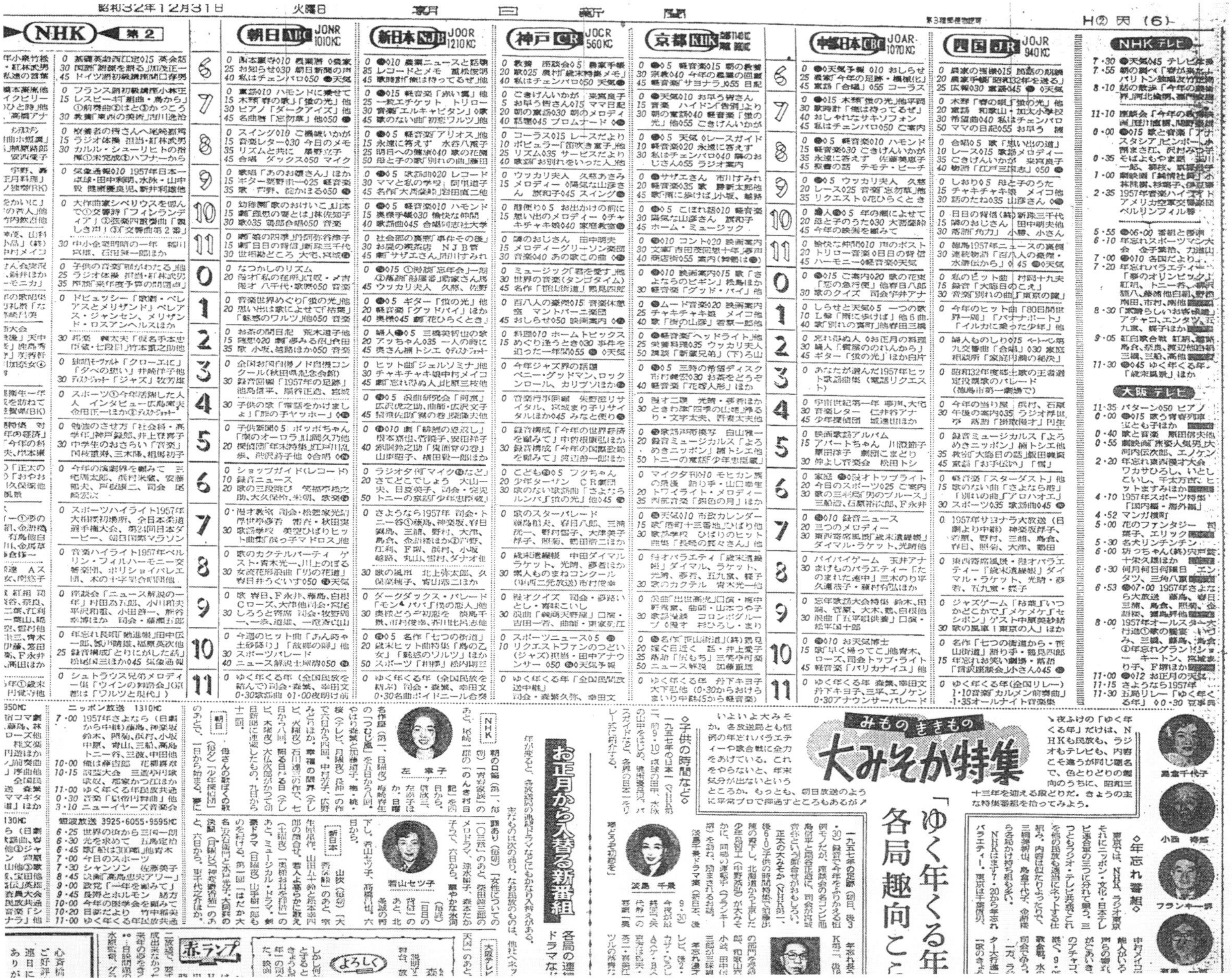

1957年12月31日のラテ欄（朝日新聞）

1958年1月

1958年1月1日（水）リハーサル室で年賀式。

13日　朝日会館で開催された、日本歌曲による「四家文子独唱会」を後援。

17日　宝塚劇場で開催された朝日放送主催A響「ニューイヤーコンサート」を後援。

21日　技術部でテレビ画面の指示装置「ポインター」完成、特許を出願。28日「特集南海丸遭難」で初めて使用、6月1日（電波の日）、近畿電波監理局長賞受賞。

23日　民放連「テレビ放送基準」を公式制定。

26日　徳島県小松島港から和歌山港に向かっていたフェリー紀阿航路「南海丸」が沈没。乗組員、乗客167名全員死亡。

29日　南海丸沈没事件に伴いスポンサー・南海電車の意向で「コント千一夜」を2週休止。

三つの交通災害～鉄道・船舶・飛行機、そして「人」～

この時代は大きな交通災害が頻繁に発生した。中には大阪・豊中の日航機墜落事故のように死者ゼロのものもあったが、南海丸事故のほかに、紫雲丸、もく星号、北川丸…さまざまな交通災害が多数の乗客を巻き込んだ。日本の交通運行のシステムは、いまだ戦後復興のまっ只中にあったのだ。

ここではそのうち鉄道・船舶・飛行機という三つの事故に焦点を当て、その際のOTVの取材対応について触れたい。

●国鉄参宮線正面衝突事故

1956年10月15日深夜、国鉄参宮線六軒駅で修学旅行生を満載した旅客列車と貨物列車が衝突した。

参宮線六軒駅は大阪からはるか遠く、CBCの担当エリアとも思われたが、新聞社からの通報を受け取った当夜のデスクは「なんとか出動できないか」ということで、ベテランカメラマンのかわりに、数か月前に研修を終えたばかりの西村浩カメラマンと松原正典カメラマン（ともに報道部）に出動を指示した。丁度居残っていた原清編成局長からも「新人諸君もなかなか頼もしいぞ！」と背中を押された。フィルムカメラほか重装備を抱え、軍資金を調達し、大阪駅から宇治山田行き急行に乗りこみ、松阪からタクシーで現場に向かった。

到着までのあいだに第一報は伝えられ、現場では既に初動取材がおこなわれていた。遺体収容もすすんでいた。新人二人は研修でニュース映画の基本を教わってはいたが、あまりに大規模な事故現場にあぜんとした。折れ曲がった客車に挟まれ死亡した生徒たちの姿を目にするのはつらく、手当たり次第撮りまくるなか、折り重なって倒壊した客車の片隅に散乱しているトランプを発見。事故直前までの楽しい車中の様子を思わせるものとして記録した。

OTV報道部はこの時期、実地訓練も兼ねて、フィルムを東京のKRTVに送っていた。そのため、現場から東京にフィルムを届ける大作戦が始まった。現地から車で一気に名古屋駅まで走り、深夜の東京行き荷物列車に託すのが最も早いと判断したのだ。

まだ道路舗装も不十分だった時代、タクシーを駆り立てて深夜の国道を走った。風圧と衝撃でボンネットが何度も跳ね上がった。命がけである。

タクシーがようやく名古屋駅構内にたどり着くと、松原カメラマンがフィルムの缶を持って裸足でプラットフォームめがけて走り出した。

汽車は丁度汽笛を鳴らしていたところで、松原氏は後部の車掌に原稿を手渡そうとしたが、あまりにぎりぎりの事で受け取りを拒否され、泣く泣く次の列車を待った。ともあれ、フィルムは早朝、東京に届けられ、「東京テレニュース」で放送された。　カメラマン二人の手記によれば、この時の取材映像は、使用フィルムと現場のスケールから考えればかなり露出不足でオンエアにはCBC取材のものが主に使われたとのことである。

このあと二人のカメラマンは、名古屋から再び六軒駅に戻り、撮影を続けた。

●紀阿航路「南海丸」遭難事故

1958年1月26日夜、ラジオ神戸のニュースが「徳島県の小松島港から和歌山の深日港に向かった客船『南海丸』が、時間になっても到着せず、心配されている」と伝えた。この時点ではラジオ神戸以外の放送各社、そして新聞各社には何も情報は入っていなかったという。

OTV報道部北本守氏が連絡を受けたのはこのラジオニュースをきいたOTV社員の一人からの電話であった。朝日新聞の特信に問い合わせても情報はなく、神戸の海上保安部に電話をしようとしたところ、朝日新聞から折り返し連絡があり「南海丸は嵐を避けて沼島沖に無事避難」というニュースを受け取った。

しかし、しばらくたって、それが誤報であることが伝えられた。報道部は大急ぎで現地急行の準備にかかった。

紀阿連絡航路の客船「南海丸（494トン）」は、17時半に小松島港を出航。この時、徳島地方気象台は強風注意報を発出していた。

18時28分頃、南海丸は無線電話で危険を知らせ、これを最後に消息が途絶した。ただちに僚船や海上保安庁の巡視船による救助体制がとられ、ラジオ神戸から第一報が伝えられたのである。

報道部・下条次長は、事件の報告を受け、神戸から捜索に向う海上保安庁の船にディレクターとカメラマンを載せ、同時に松原・浪田の両カメラマンに「朝日新聞和歌山支局に向かい、支局から情報を入手して取材にあたるように」という指示を出し、和歌山に向かわせた。

2人のカメラマンが和歌山に到着したのは夜十時ころ。和歌山支局には「報道部の広中も応援に駆け付けさせた」という連絡が入っていた。

下条氏から連絡を受けた朝日新聞和歌山支局長は「明日（27日）の明け方、沼島のほうに漁船をチャーターするから、希望するならば同乗してもよい」と許可。朝四時、未明の海を朝日新聞の社旗をかかげた漁船（13トン）に、朝日新聞5名、朝日放送1名、OTV3名、船頭2名が乗り込んで出航した。

激しい風波で木の葉のように揺れる船上、全員とも酷い船酔いにさいなまれながら、昼前に沼島（南淡町）の福良に到着。牛丼を無理やり腹に詰め込んで、朝日新聞の前線基地（新聞販売店）で情報を得ようとしたが「全員絶望」以上の情報はなし。朝日新聞の取材班はこの先をどうするか決めかねていたようであった。

その時、福良の港から海上自衛隊の船が出港しようとしているのを見つけ、乗船を交渉。無事に許可され、すぐに出航した。

3人は、自衛隊艦から海上を眺めていたが、やがて前方に救命胴衣のようなものが浮いているのを発見。竹竿で引き揚げてみると「ＮＲ」と記してある。これは南海汽船の親会社である「南海電車（Nankai Railway）」の略称に相違ない。やがて南海丸の浮遊物であることが公式に確認され、戦場は色めきだった。

小松島港に着くやいなや、この模様を送稿。南海丸沈没の事実を伝える「第一報」として、民放各局やNHKよりも早く放送することができた。朝日新聞の記者は「われわれの前にはOTVの取材班がいつも先行していた」と語った。

原稿を送った後、捜索スケジュールの確認と自

衛隊艦への同乗を再び依頼し、旅館を探して仮眠した。まだ昼間であった。

数時間後、自衛隊艦に同乗して沈没したと思われる海域に向かった。その時、他の自衛隊艦が遺体を引き揚げたというニュースが入り、艦上に緊張が走った。次の瞬間、全員が海に向かって自然に黙禱していた。

やがて自衛隊艦でも遺体の引き揚げが始まった。遺体引上げの様子やお寺に安置するところなどを取材して原稿を送った。

やがて、大阪から他社も含め第二陣、第三陣が到着し、小松島港はごったがえしていた。

OTV の社員は、実に礼儀正しかった。

まず、現場に入ると遺体に黙禱を捧げてから取材に入り、時に応じて遺体運びを手伝ったりもした。この行動は高い評価を得た。小松島の取材現場は目を覆う惨状で、多くの取材陣が気を荒立たせていた。OTV のスタッフは終始冷静かつ礼儀に気を付けていたが、取材各社の中には、興奮のあまり、棺桶をカメラ台がわりにしようとしたり、遺体をまたぐなど、冷静さを欠く行為があった。これらは、のちに問題になった。南海丸事故以前の北川丸事故の際に、一度語られていたことでもあった。

●日本航空「雲仙号」不時着事故

「雲仙号」とは当時日本航空が羽田―伊丹間を往復していた定期便の愛称で、機体にはダグラス・DC-10 が用いられていた。事故をおこした JA6011 機は 1946 年製で、米キャピタル航空社から購入。日航が取得してから座席数 61 席に改造。就航から 11 年で飛行時間 3 万 906 時間 23 分であったが、老朽というほどの状態ではなかった。

1957 年 9 月 30 日夜。羽田の管制上の都合で伊丹に遅れて到着した雲仙号下り便は、すぐさま折り返して上り便となり、出発準備についた。20 時 25 分に出発する予定であったが、遅延に押され 1 時間 11 分遅れの 21：36 に、乗客 51 名・乗員 4 名を乗せて出発した。

離陸直後、豊中市上空で左翼第一エンジンが停止。他のエンジンも続々不調となり失速。機長は緊急事態と判断し、空港に戻らず不時着を決断した。着地目標は豊中市勝部。着陸時に電線にひっかかって一部炎上し、火焔をあげながら田んぼの真ん中に着地した。直後、客室乗務員の迅速な避難誘導があった。着地時の衝撃によるけが人が若干出たものの、まずは全員脱出することができた。

結果、重軽傷者 7 名。しかしこの不時着判断は的確なものとして評価された。

21 時 50 分頃、報道部に朝日新聞本社（大阪）から「豊中で飛行機が落ちた」という第一報が入った。それを聞いた誰の脳裏にも、この年春起きた日航「もく星号」墜落事故の記憶がよぎった。

21:55 頃に ABC のラジオカーが現地に出発したという知らせが入ったが、OTV もほぼ同時刻に、豪雨の中を取材ジープで出発し、25 分で豊中の田園地帯に到着していた。まもなく、公休中のスタッフが自宅から応援に到着。バッテリーライトを担いで照明係となった。

ラジオでは、記者の報告が、続々と放送されはじめた。NJB と NHK ラジオは 22 時の定時ニュースで第一報を速報、一方 ABC は 22 時 30 分に乗客名簿等を含め詳しく報じた。その中には東京に戻るところであった三木鮎郎氏の名前もあった。

OTV は、記者からの報告を受けて、22 時 18 分「週刊世界ニュース」の放送中にテロップで速報。その約 30 分後、22 時 50 分の定時ニュースの中で事故の詳細を伝えるとともに、臨時編成による特報番組の準備にかかっていた。

そのころ記者は、一般人が撮影した 8 ミリフィルムを入手していた。すぐさま局に急行し、他の取材フィルムと一緒に現像室に持ち込んだ。

局では放送終了を延長し、随時フィラーや続報で間をつなぎ、特報のスタンバイにかかっていた。やがて取材フィルムの現像が終わった。普段以上

の速さであった。映像は生々しかった。

現地で取材したフィルムと、一般人撮影の8ミリフィルムは、23：50からの「臨時特集・日航機不時着事故」で放送された。事故発生からおよそ2時間。当時としては驚異的な速さであった。

多くの視聴者・同業者がこの速報に驚いたが、一番驚いたのは自分たちの事故をテレビで目の当たりにした乗客だったという。NHKテレビは、このニュースを翌日に回した。

OTVは翌日のニュースで雲仙号に乗っていた三木鮎郎のコメントを放送。さらに「どうしても1日午前中には東京に行かなければならない」という乗客が、大阪駅で「あさかぜ」に乗るまでの様子などを一部始終取材し、放送したという。

● 「人間」の墜落事故

ところで、雲仙号事故の現場では、実はもう一つの悲惨な「墜落事故」があった。

豊中に到着したカメラマンは、ジープを降りると、バッテリーライトをひき連れて、激しい雨の中、真っ暗な田んぼの中を、燃えあがる雲仙号を目指して飛び出していった。

二人は、できるだけ道「らしい」ところを探しながら直進していたが、突如、カメラマンが姿を消した。一瞬の出来事である。照明係があたりを見回していると「カメラ！カメラ！」という怒鳴り声が聞こえてきた。カメラマンは、道端の野壺（肥溜）に「墜落」していたのだ。

照明係はとっさに判断した。

彼はすぐさまカメラ「だけ」をひきあげて、カメラマンを置いて、再び現場に突進していった。野壺に残されたカメラマンは自力で這い上がり、近所の小川で身を清めて後からかけつけた。洗ったとはいっても石鹸があるわけでなし、その後合流してからの取材先・車内での「悪臭に対する反応」はさんざんだった。ちなみに「幸い」カメラは無事であった。

のちに集めた情報によれば、この晩、現場付近では、報道陣の「墜落事故」が、各社1名の割合で発生したといわれている。

カメラ「だけ」を救済した照明係氏は、さすがに心が咎めたのか、取材後、その近所であった自宅でお風呂を使わせ、着替えを提供したという。

詳細は不明だが *"Album OTV "* には、同年暮れにも新婚1年目の若手が野壺に墜落した、と記録されている。凍てつく中での事故ではあったが、幸い、カメラは無事であったという。

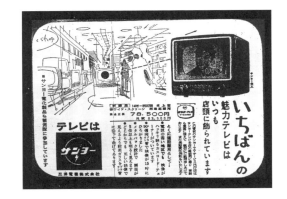

1958.1

・米人工衛星エクスプローラー1号、打ち上げ西欧。
・フェリー紀阿航路「南海丸」遭難。生存者なし。
・港新地を皮切りに大阪でも赤線転廃業。今里新地、飛田新地も。

●1月1日（水）

- 835 テストパターン
- 850 オープニングメロディ
  シンギングピアノ：岩崎洋
- 900 座談会「年のはじめに」
- 920 コンサート ABC交響楽団
- 1015 閣僚年頭の辞
- 1100 新春スターパレード（日劇）
  越路 宮城 雪村 山田他
- 1200 OTVニュース
- 1215 ファッションミュージック
  （KR）ペギー葉山
- 1300 映画「わが友原子力」
- 1400 ラグビー東西対抗
  慶大対京大
- 1530 初笑い寄席中継
  光晴・夢若 右楽・左楽
- 1630 歌絵巻
  三浦 伊藤 中原 F永井 鶴田
- 1730 映画「わんわん物語」
- 1740 おしらせ
- 1752 漫画
- 1800 団子串助漫遊記
  中村栄治郎 真澄他
- 1815 トモ子新春プレゼント
  キートン 竜崎一郎
- 1845 テレビガイド
- 1850 あしたのお天気
- 1853 OTVニュース
- 1900 わが輩ははなばな氏（KR）
- 1930 歌はあなたとともに（NTV）
  雪村いづみ 市丸
- 2000 エンタツの「正月先生」
  作：茂木草介
  三角八重 阪修
- 2100 コント千一夜 森光子 他
- 2115 宮本武蔵（NTV）
- 2145 ニッケ・ジャズパレード
  （NTV）ペギー葉山 旗
- 2200 ありちゃんのおかっぱ侍
  新春拡大版（45分）
  有島一郎 中原早苗他
- 2245 テレビガイド
- 2250 OTVニュース
- 2302 日づけ豆辞典（OTVF）
- 2305 あしたのお天気
- 2308 おしらせ◇放送終了

●1月2日（木）

- 835 テストパターン（クラシック）
- 850 オープニングメロディ
  アコーディオン：岡田博
- 900 映画「ビルマの竪琴」
- 1000 テレメンタリー
  「街から皇居へ」
  フランキー堺 三津田健他
- 1100 新春雅楽 宮内庁楽部
- 1130 上方舞 山村若
  若津也久子 床田順一他
- 1200 OTVニュース
- 1215 モダン三番曳
  岸田今日子他
- 1300 ピアノ独奏 ベートーベン
  「皇帝」演奏：ハンス・カン
- 1400 漫画「かっぱ川太郎」ほか
- 1430 遠山の金さん 一番手柄
  （梅田コマ）中村扇雀
  実川延二郎 林雄太郎
  萬代峰子他
- 1650 劇映画「風の又三郎」
- 1745 おしらせ1747マンガ横町
- 1800 カゴメ劇場・母の肖像
  〜朝の花々より
- 1815 ますらを派出大会（KR）
- 1845 ガイド50 あすのお天気
- 1853 OTVニュース
- 1900 スーパースターメロディ
  （KR）
- 1930 宝塚テレビ劇場
  「艶容宝塚戌年娘」
  寿美花代 高殿ゆかり
- 2000 ロビンフッドの冒険
- 2030 鞍馬天狗（KR）
- 2100 奥様多忙（KR）
  江見渉 山岡久乃他
- 2115 目で聴く話題 雨most曇
- 2145 おはこうら表（NTV/OTV）
  ゲスト・岩井半四郎
  文五郎
- 2200 日立劇場（KR）
  宇野信夫ドラマ「霜夜狐」
  加藤他
- 2230 私のコレクション
  「犬の玩具」宮脇新兵衛
- 2245 ガイド50 OTVニュース
- 2302 日づけ豆辞典（OTVF）
- 2305 お天気◇おしらせ

●1月3日（金）

- 835 テストパターン
  （フライングリズム）
- 850 オープニングメロディ
  斎藤超とニューサウンズ
- 900 岸総理新春鼎談
- 930 相撲初稽古風景
- 1000 リレー放送「新春風景」
  浅草：祇園：OTV
  札幌：HBC
- 1130 すごろく
- 1200 OTVニュース
- 1215 新春歌あわせ
  丹下 宮田 灰田
- 1300 ジャズショー 笠田
  宝とも子 ペギー葉山
- 1400 劇映画「大車輪」
- 1530 三橋美智也ショウ
  民謡による叙情曲「漁火」
- 1620 関西財界大いに語る
  杉道助
- 1650 OTVスポーツファンシート
  プロレスアワー
  タッグマッチと7人の
  勝抜試合（京都弥栄会館）
- 1752 漫画「悪婆と子ひつじ」
- 1800 赤胴鈴之助 吉田豊明 他
- 1815 明るい家庭「かしこい子犬」
- 1830 ポケット劇場
  「馬にばけた狐どん」
- 1845 テレビガイド
- 1853 OTVニュース
- 1900 テレビぴよぴよ大学（KR）
- 1930 花王ワンダフルクイズ（NTV）
- 2000 京阪テレビカー
  「ラテン対スイングのジャズ
  合戦」
- 2030 特ダネを逃がすな（KR）
- 2100 野球教室「年のはじめに」
- 2115 ハーバー・コマンド
- 2145 三越映画劇場
  「撮影風景」
- 2200 カメラだより北から南まで
- 2215 ごめんあそばせ（NTV）
- 2230 テレビガイド
- 2235 OTVニュース
- 2247 日づけ豆辞典（OTVF）
- 2250 あすのお天気
- 2253 おしらせ◇放送終了

●1月4日（土）

- 1000 テストパターン（クラシック）
- 1030 宇宙時代よもやま話
  宮本正太郎 塚原三郎
- 1100 四局リレー放送・おらが年
  「わんわん大会」徳川夢声
  ゲスト・浅沼稲次郎
  田中角栄郵相他
- 1200 OTVニュース
- 1215 短編映画「忍術」
- 1245 京だより「わらうた」
- 1300 奥様は嘘がお好き
  香住春吾・作 ミヤコ蝶々
  南都雄二 横山エンタツ
- 1345 ニコヨン紳士録（中座）
  天外他
- 1510 劇映画「ビルマの竪琴」
  三國連太郎 安井昌二
- 1620 短編音楽映画、漫画映画
- 1700 プロ野球炉辺放談
  浜崎真二
- 1720 スーパーマン（実写版）
  「にせものジミー君」
- 1752 漫画
- 1800 ぼくのわたしの音楽会
- 1815 素人のど競べ（NTV）
  暁テル子
- 1845 テレビガイド
- 1853 OTVニュース
- 1900 ジェット・ジャクソン
- 1930 ほろにがショー・
  何でもやりまショー（NTV）
  三國一朗
- 2000 磯川兵助功名噺（NTV）
- 2030 白い桟橋（NTV/OTV）
- 2100 話題のアルバム
- 2115 日真名氏飛び出す（KR）
  「雪原とシェーン」解決編
- 2145 芸能トピックス
- 2200 NEC劇場・右門捕物帳
  （KR）
- 2230 テレビガイド
- 2235 ドラッグネット
- 2305 OTVニュース
- 2317 あしたのお天気
- 2320 日づけ豆辞典（OTVF）
- 2323 おしらせ◇放送終了

●1月5日（日）
※本放送開始400日目

- 910 テストパターン
- 930 仲よしニュース
- 940 漫画映画6本
- 1015 テレビ週報（政府）
  政府から国民の皆様へ
  「開拓地のお正月」
- 1030 ダイハツワールドスポーツ
- 1045 モーニングコーラス
  フォーコインズ
- 1100 たのしい生活を「新年を舞う」
  三宅要他 15海外トピックス
- 1130 経済サロン「今年の経済」
  大井治他
- 1200 OTVニュース 10 ガイド
- 1215 ダイラケのびっくり捕物帖
  「親分勘太」前篇
- 1245 OK 横丁に集まれ（NTV）
- 1315 ナショナルサンデープレゼント
  日曜テレビ観劇会
  「風雪三十三年の夢」
  （東京芸術座正月公演）
  森繁久弥 乙羽信子
  三益愛子 扇千景
- 1630 平凡・芸能ニュース
- 1645 ガイド50 あしたのお天気
- 1700 ボクシング
  大川寛一オムザップ
- 1800 プレイハウス
- 1830 私も出ますショー（NTV）
  三和完児
- 1900 サーカス・ボーイ
- 1930 紅あざみ
  藤間賊太郎 琴野みゆき他
- 2000 金四郎江戸桜
  坂東好太郎他
- 2030 ダイヤル110番（NTV）
  「暁の追跡」
- 2100 アンテナは見ている
- 2115 東芝日曜劇場
  初笑い文士劇
  「鬼よりこわい清水の港」
  （KR）八木隆一 北条秀司
  宇野信夫 阿木翁助 小沢他
- 2215 ダイハツスポーツウィクリー
- 2230 ゴルフ学校 中村◇ガイド
- 2250 OTVニュース◇お天気
- 2305 日づけ豆辞典（OTVF）
- 2308 おしらせ◇放送終了

第2章「熱狂」

●1月6日（月）
1135 テストパターン
1150 オープニングメロディ
　　　アコーディオン：岡田博
1200 OTV ニュース10―曲どうぞ
1215 ミュージックコーナー (KR)
　　　「音楽へのいざない・
　　　1958年のジャズ」
　　　小割まさ江　福原彰
1240 テレビガイド
1245 料理手帖「洋風宝楽焼」
1300 おしらせ◇放送休止
1715 テストパターン
1732 オープニングメロディ
　　　アコーディオン：岡田博
1742 マンガ横町 50 OTV ニュース
1800 パリの秘密「陰謀」
　　　橘正巳　久井和子
1815 ポポンタイムこの人を (NIV)
1845 ガイド 50 あしたのお天気
1853 新聞テレビニュース
1900 キンピラ先生青春記 (KR)
　　　きんぴら先生新年大いに
　　　笑う
1930 太閤記 (NTV)「藤吉郎編」
2000 大助捕物帳 (NTV)
　　　「南京手品」前篇
　　　市川染五郎　中村万之助
　　　丘久美子他
2030 ナショナルTVホール (KR)
　　　「人知れずこそ」
　　　飛鳥みさ子　大塚国夫他
2100 リボンとまないた (KR)
　　　「恥は上がらず」川田孝子
　　　音羽美子　山東昭子他
2115 ウロコ座 (KR)
　　　「美つつ」庵主さん」前篇
　　　有吉佐和子・作小夜福子
　　　近松良枝　高橋とよ
　　　上月左知子　若水ヤエ子
2145 月曜対談・2つの椅子
　　　今東光　司葉子
2200 OTV 週間世界ニュース
2215 ニッカ・ヒッチコック劇場
　　　「アメリカから来た男」
2245 ガイド 50 OTV ニュース
2302 日づけ豆辞典 (OTVF)
2305 あしたのお天気
2308 おしらせ◇放送終了

●1月7日（火）
1135 テストパターン
1150 オープニングメロディ
　　　アコーディオン：岡田博
1200 OTV ニュース10―曲どうぞ
1215 歌う青春列車 (KR)
　　　40 ガイド
1245 料理手帖「変わりポーチド・
　　　エッグ」井上幸作
1300 短編映画
　　　「華厳滝の秘密を探る」他
1330 ひらゆく　電気
　　　松椎宗一　香川京子他
　　　◇おしらせ◇放送休止
1550 放送 吉田茂 金語楼◇休止
1555 テストパターン
1610 オープニングメロディ
　　　アコーディオン：岡田博
1620 劇場中継「与話情浮名横櫛」
　　　（東京・歌舞伎座）
　　　歌右衛門　幸四郎　中車
1742 マンガ横町
　　　バディちゃんのサーカス見物
1750 朝日新聞テレビニュース
1800 少年探偵シリーズ
　　　「仲良し探偵教」中山千夏
1815 名犬リンチンチン
　　　「少佐の息子」45 ガイド
1850 お天気 53 OTV ニュース
1900 テレビ浮世亭 漫才・金太・
　　　万吉　落語：小勝
1930 ゼネラル劇場姿三四郎
　　　(KR)「鹿鳴館の章」
　　　牧真介　筑紫他
2000 山一名作劇場 (NTV)
　　　「赤西蠣太」岡田英次
　　　笠間
2030 サンヨーテレビ劇場 (KR)
　　　「華燭」河野秋武
　　　桂木洋子
2100 近鉄パールアワー・
　　　おっさん人生　エンタツ
　　　三角八重　柿木汝嘉子
　　　筧浩一他
2115 ピアス劇場
　　　東京の青い風 (KR)
2145 ミナロンドリームサロン
　　　武井大伴千春　ジョージ岡
2200 マーチンケイン捜査シリーズ
2230 きまぐれジョッキー
2245 ガイド 50 OTV ニュース
2302 日づけ豆辞典 (OTVF)
2305 お天気 08 おしらせ、終了

●1月8日（水）
1135 テストパターン
1150 オープニングメロディ
　　　アコーディオン：岡田博
1200 OTV ニュース10―曲どうぞ
1215 ファッションミュージック (KR)
　　　宇治かほる　里井茂
1245 料理手帖「コチのチリ鍋」
　　　辻徳光 広瀬修子◇休止
1300 短編映画
1410 テストパターン
1415 全国社会人ラグビー決勝戦
　　　（花園）解説：永井肇
1550 放送 吉田茂 金語楼◇休止
1555 テストパターン
1732 オープニングメロディ
　　　アコーディオン：岡田博
1742 マンガ横町
　　　「インデアンの最後」
1750 毎日新聞テレビニュース
1800 団子串物漫遊記
　　　「清水港の巻」中村栄治郎
　　　かつら五郎　春日井真澄他
1815 獅子文六アワー「悦ちゃん」
　　　シリーズ　第一回
1845 テレビガイド
1850 あしたのお天気
1853 OTV ニュース
1900 わが輩ははなばな氏 (KR)
1930 歌はあなたとともに (NTV)
　　　コロムビアローズ 生田
　　　島他　司会：内海突破
2000 民芸アワー (NTV)「春の雪」
　　　劇団民芸　細川ちか子
　　　奈良岡朋子　清水将夫
　　　解説：徳川夢声
2100 コント千一夜　森光子 他
2115 宮本武蔵 (NTV)
2145 ニッケ・ジャズパレード
　　　(NTV)　小坂一也
2200 ありちゃんのおかっぱ侍
　　　「大判小判ザックザクの巻」
　　　*この日 OTV 制作
2230 テレビガイド
2235 時の眼　林田重五郎
2250 OTV ニュース
2302 日づけ豆辞典 (OTVF)
2305 お天気 08 おしらせ、終了

●1月9日（木）
1135 テストパターン（クラシック）
1150 オープニングメロディ
　　　アコーディオン：岡田博
1200 OTV ニュース10―曲どうぞ
1210 一曲どうぞ「波濤を越えて」
1215 テレビ寄席 (KR)
　　　トップライト浪曲；菊春
1240 テレビガイド
1245 料理手帖 納豆おでん
1300 おしらせ◇放送休止
1715 テストパターン（クラシック）
1732 オープニングメロディ
1742 マンガ横町
　　　「ミルクの嫌いな赤ん坊」
1750 朝日新聞テレビニュース
1800 カゴメ劇場・母の肖像
　　　～朝の花々より
1815 ますらを派出会会 (KR)
　　　アチャラ　森川信
1845 ガイド 50 あしたのお天気
1853 OTV ニュース
1900 スーパースターメロディ
　　　(KR)
　　　山田真二　野村雪子
　　　フランク永井他
1930 宝塚テレビ劇場
　　　「天津乙女と共に」
　　　南悠子　淡路路子
2000 「シャンソンリサイタル」
　　　(NIV)　J・フランソワ
2030 鞍馬天狗 (KR)
　　　「天狗八百八町・お芳の巻」
2100 奥様多忙 (KR)
　　　江見渉 山岡久乃他
2115 目で聴く話題 雨風曇
　　　(NTV)
　　　奥野 夢声 渡辺 近藤
2145 おはこうら表 (NTV/OTV)
　　　ゲスト・北条秀司
　　　久保田万太郎
2200 日立劇場 (KR) 宇野信夫
　　　ドラマ「冬次の弟」前篇
　　　坂東好太郎　千葉耕一
　　　加藤精一
2230 私のコレクション「隈とり」
　　　菱田正男 45 テレビガイド
2250 OTV ニュース
2302 日づけ豆辞典 (OTVF)
2305 あしたのお天気

●1月10日（金）
1135 テストパターン
1150 オープニングメロディ
　　　アコーディオン：岡田博
1200 OTV ニュース10―曲どうぞ
1215 映画の窓
　　　「宇宙への冒険」解説：
　　　荻昌弘他 40 ガイド
1245 料理手帖「肉のシチュー」
　　　堀越フサ江（女子大）
1300 大阪・今宮戎中継
　　　今村益三アナ
　　　宮司：津江孝夫
　　　郷土史家：牧村陽造
　　　料理屋女将：米倉政江
1615 テストパターン
1630 オープニングメロディ
1640 OTV スポーツファンシート
　　　プロレス・アワー（阿部野）
　　　富士　ハロルド坂田
1742 マンガ横町
1750 朝日新聞テレビニュース
1800 赤胴鈴之助　吉田豊明
　　　石田茂樹　井上雪子他
1815 明るい家庭
　　　「絵で見る児童心理」
1830 ポケット劇場
　　　「お馬に化けた狐どん」
　　　人形劇団ひとみ座
1845 ガイド 50 あしたのお天気
1853 OTV ニュース
1900 テレビぴよぴよ大学 (KR)
1930 花王ワンダフルクイズ (NIV)
2000 京阪テレビカー
　　　「武術はじめ　剣道・柔道」
2030 特ダネを逃がすな (KR)
　　　「首飾りは誰の首に」前篇
2100 阪神ファン大いに語る
2115 ハーバー・コマンド
　　　「暴力波止場」声・阪修
2145 三越映画劇場「撮影風景」
2200 カメラだより北から南から
　　　「おらが春」
2215 ごめんあそばせ (NTV)
　　　「ヤブ入りの巻」
2230 小唄教室
　　　春日とよ玉　藤間良輔他
2245 ガイド 50 OTV ニュース
2302 日づけ豆辞典 (OTVF)
2305 お天気 08 おしらせ、終了

●1月11日（土）
1115 テストパターン（クラシック）
1130 オープニングメロディ
　　　アコーディオン：岡田博
1140 音楽風景
　　　「スペイン舞曲」ほか辻久子
1200 OTV ニュース
1210 短編映画「雪国の生活」
　　　瀬戸内地方
1240 テレビガイド
1245 料理手帖「小魚と切り身
　　　のころも揚げ」木村雄蔵
1300 京だより「京の酒蔵」
1315 OTV 週間世界ニュース
1330 プロ野球阪辺辺放談
1345 劇映画「箱根風雲録」
　　　河原崎長十郎 山田五十鈴
　　　中村翫右衛門他◇休止
1645 テストパターン（クラシック）
1700 アコーディオン
1710 スーパーマン（実写版）
1742 マンガ横町
1750 毎日新聞テレビニュース
1800 ぼくのわたしの音楽会
1815 素人のど自慢 (NTV)
　　　暁テル子
1845 テレビガイド
1850 あしたのお天気
1853 OTV ニュース
1900 ジェット・ジャクソン
1930 ほろにがショー・
　　　何でもやりまショー (NIV)
　　　三國一朗
2000 磯貝兵助功労名噺
　　　榎本健一 他
2030 白い桟橋 (NTV/OTV)
2100 話題のアルバム
2115 日真名氏飛び出す (KR)
2145 芸能トピックス
2200 NEC 劇場・右門捕物帳
　　　(KR)
2230 テレビガイド
2235 ドラッグネット「白鼠」
2305 OTV ニュース
2317 日づけ豆辞典 (OTVF)
2320 あしたのお天気
2323 おしらせ◇放送終了

●1月12日（日）
820 テストパターン◇おしらせ
840 なかよしニュース
850 児童映画
940 マンガ公園 漫画映画6本
1015 テレビ週報（政府）
　　　政府から国民の皆様へ
　　　「電源開発」
1030 ダイハツワールドスポーツ
1045 モーニングコーラス
　　　トリオロスチカロス
1100 たのしい生活を
　　　「成人の日の喜び」金春他
1115 海外トピックス
1130 経済サロン「石油業界」
1200 OTV ニュース
1210 テレビガイド
1215 ダイラケのびっくり捕物帖
　　　「親分勘太」後篇
1245 OK 横丁に集られ (NTV)
1325 ナショナルサンデープレゼント
　　　日曜テレビ観劇会
　　　「花絵巻おしどり双紙」
　　　ひばり ダックス 堺駿二
1500 大相撲初場所（蔵前）
　　　初日 (NIV) 原アナ 佐土アナ
　　　解説：佐渡ヶ嶽◇N
1800 プレイハウス
　　　「リチャードとライオン」
1830 私も出まショー (NTV)
1900 サーカス・ボーイ
　　　「三人の暗殺者」
1930 紅あざみ「父のうわさ」
2000 金四郎江戸桜 (NTV)
　　　「深夜の銃声」
2030 ダイヤル 110 番 (NTV)
　　　「弾痕」
2100 アンテナは見ている (KR)
　　　「秘めごと」
2115 東芝日曜劇場
　　　「二十二夜待ち」
　　　(KR) 美濃部八郎　福山きよ
　　　子　桑山正一
2215 ダイハツスポーツウィクリー
2230 ゴルフ学校 林小野
2245 ガイド 50 OTV ニュース
2302 日づけ豆辞典 (OTVF)
2305 お天気 08 おしらせ、終了

●1月13日(月)

- 1135 テストパターン
- 1150 オープニングメロディ
  斎藤超とニューサウンズ
- 1200 OTV ニュース
- 1210 一曲どうぞ
- 1215 ミュージックコーナー (KR)
  旗照夫 沢たまき
- 1240 テレビガイド
- 1245 料理手帖 カキ
  辻勲 小深秀子アナ
- 1300 おしらせ◇放送休止
- 1435 テストパターン
- 1450 オープニングメロディ
  斎藤超とニューサウンズ
- 1500 大相撲初場所(蔵前)
  二日目 (NTV) 原アナ
  佐土アナ解説：佐渡ヶ嶽
- 1750 毎日新聞テレビニュース

※大相撲期間中、相撲中継が1755までに終われば5分間、それ以上伸びた時は最終ニュースのあとで放送。

- 1800 パリの秘密「穴倉」
- 1815 ポポンタイムこの人を(NTV)
- 1845 テレビガイド
- 1850 あしたのお天気
- 1853 OTV ニュース
- 1900 キンピラ先生青春記(KR)
- 1930 太閤記 (NTV)「藤吉郎編」
- 2000 大助捕物帳 (NTV)
- 2030 ナショナルTVホール (KR)
  人知れずこそ
- 2100 リボンとまないた (KR)
  「どこかで春が…」
- 2115 ウロコ座 (KR)
  「美っつい庵主さん」後篇
- 2145 月曜対談・2つの椅子
  「騒音大阪」松本完三
  吉村正一郎
- 2200 OTV 週間世界ニュース
- 2215 ニッカ・ヒッチコック劇場
  「山の修道院」
- 2145 テレビガイド
- 2250 OTV ニュース
- 2302 日づけ豆辞典 (OTVF)
- 2305 あしたのお天気
- 2308 おしらせ　放送終了

●1月14日(火)

- 1135 テストパターン
- 1150 オープニングメロディ
  斎藤超とニューサウンズ
- 1200 OTV ニュース
- 1210 一曲どうぞ
- 1215 歌う青春列車 (KR)
  音羽 上月他
- 1240 テレビガイド
- 1245 料理手帖「イクラのサラダ」
  井上幸作 岩原アナ
- 1300 おしらせ◇放送休止
- 1435 テストパターン
- 1450 オープニングメロディ
  斎藤超とニューサウンズ
- 1500 大相撲初場所(蔵前)
  三日目 (NTV) 原アナ
  佐土アナ解説：佐渡ヶ嶽
- 1750 新聞テレビニュース
- 1800 少年探偵シリーズ
  仲良し探偵団
  「柊城の幻影」中山千夏他
- 1815 名犬リンチンチン
  「インディアンの争い」
- 1845 テレビガイド
- 1850 あしたのお天気
- 1853 OTV ニュース
- 1900 テレビ浮世亭
  漫才：いとしこいし
  講談：旭堂南陵
- 1930 ゼネラル劇場姿三四郎 (KR)「鹿鳴館の章」
- 2000 山一名作劇場 (NTV)
  「赤西蠣太」
- 2030 サンヨーテレビ劇場 (KR)
  「華燭」
- 2100 近鉄パールアワー・
  おっさん人生
- 2115 ピアス劇場
  東京の青い風 (KR)
- 2145 ミナロンドリームサロン
  水谷良重 粟野圭一と楽団
- 2200 マーチンケイン捜索シリーズ
  「ダイヤの髪飾り」
- 2230 きまぐれジョッキー
  のり平
- 2245 ガイド 50 OTV ニュース
- 2302 日づけ豆辞典 (OTVF)
- 2305 お天気◇おしらせ◇終了

●1月15日(水)

- 1135 テストパターン
- 1150 オープニングメロディ
  斎藤超とニューサウンズ
- 1200 OTV ニュース
- 1210 成人の日特別番組
  「実況ルポ・製油所を訪れて」
  和歌山県下津製油所
  脇坂孝彦
- 1240 テレビガイド
- 1245 料理手帖「合ガモのロース煮」辻徳光
- 1300 映画と座談会 清水晶他
- 1315 平凡・芸能ニュース
- 1335 バレエ「白鳥の湖」
  (東京共立講堂) 馬駿女子
  岡本博夫 他
  西野皓三バレエ団
- 1500 大相撲初場所(蔵前)
  四日目 (NTV) 原アナ
  佐土アナ解説：佐渡ヶ嶽
- 1750 毎日新聞テレビニュース
- 1800 団子串助漫遊記
- 1815 獅子文六アワー (NTV)
  悦ちゃん「用心しましょう」
- 1845 テレビガイド
- 1850 あしたのお天気
- 1853 OTV ニュース
- 1900 わが輩ははなばな氏 (KR)
- 1930 歌はあなたとともに (NTV)
  三浦 曽根 野村 杉本正行
- 2000 ジョンウエイン西部劇
  「群衆の激怒の中に」
- 2100 コント千一夜 森光子 他
- 2115 宮本武蔵 (NTV)
- 2145 ニッケ・ジャズパレード
  (NTV) 黒岩三代子
- 2200 ありちゃんのおかっぱ侍
- 2230 テレビガイド
- 2235 時の眼 田中菊次郎
- 2250 OTV ニュース
- 2302 日づけ豆辞典 (OTVF)
- 2305 あしたのお天気
- 2308 おしらせ◇放送終了

●1月16日(木)

- 1135 テストパターン(クラシック)
- 1150 オープニングメロディ
- 1200 OTV ニュース
- 1210 一曲どうぞ
- 1215 テレビ寄席 (KR) 落語：円遊
  司会と漫才：トップライト
- 1240 テレビガイド
- 1245 料理手帖「家庭向きよせなべ」
- 1300 おしらせ◇放送休止
- 1425 テストパターン(クラシック)
- 1450 オープニングメロディ
- 1500 大相撲初場所(蔵前)
  五日目 (NTV) 原アナ
  佐土アナ解説：佐渡ヶ嶽
- 1750 新聞テレビニュース
- 1800 カゴメ劇場・母の肖像
  〜朝の花々より「父よ許せ」
- 1815 ますらを派出大会 (KR)
- 1830 ポケット劇場「アリババと
  盗賊」神戸人形劇場
- 1845 テレビガイド
- 1850 あしたのお天気
- 1853 OTV ニュース
- 1900 スーパースターメロディ
  (KR) 大木実 三船浩他
- 1930 宝塚テレビ劇場
  「宝塚おどり 寿桜春絵巻」
  神代錦 南悠子他
- 2000 ロビンフッドの冒険
  「護られた憲章」
- 2030 鞍馬天狗 (KR)
  「天狗八百八町・お芳の巻」
- 2100 奥様多忙 (KR)「生兵法は」
- 2115 目で聴く話題 雨風曇
- 2145 おはこうら表 (NTV/OTV)
  かしまし娘
- 2200 日立劇場 (KR) 宇野信夫
  ドラマ「冬次の弟」
  中編 坂東好太郎
- 2230 私のコレクション
  「ひょうたん」花柳禄誉
- 2245 テレビガイド
- 2250 OTV ニュース
- 2302 日づけ豆辞典 (OTVF)
- 2305 あしたのお天気
- 2308 おしらせ◇放送終了

●1月17日(金)

- 1115 テストパターン(クラシック)
- 1130 オープニングメロディ
  シンギングピアノ：
  岩崎洋
- 1140 音楽へのいざない
  「横井和子のピアノ独奏」
- 1200 OTV ニュース
- 1210 金語楼のお巡りさん
  柳家金語楼 由利徹他
- 1240 テレビガイド
- 1245 料理手帖「モロコの瑠璃漬け」近藤福太郎
- 1300 OIV スポーツファンシート
  プロレス・アワー
  東富士ーハロルド坂田他
  (阿倍野体育会館)
- 1500 大相撲初場所(蔵前)
  六日目 (NTV) 原アナ
  佐土アナ解説：佐渡ヶ嶽
- 1750 新聞テレビニュース
- 1800 赤胴鈴之助 吉田豊明他
- 1815 明るい家庭
  「欧米おしゃれ気質」
  福島芳美
- 1830 ポケット劇場「アリババと
  盗賊」神戸人形劇場
- 1845 テレビガイド
- 1850 あしたのお天気
- 1853 OTV ニュース
- 1900 テレビぴよぴよ大学 (KR)
- 1930 花王ワンダフルクイズ(NTV)
- 2000 京阪テレビカー
  「恋愛心得帳」かしまし娘
- 2030 特ダネを逃がすな (KR)
  「首飾りは誰の首に」
  後篇
- 2045 野球教室「ルール特集」
- 2115 ハーバー・コマンド
  「危険な出迎え人」
  声・阪修
- 2145 三越映画劇場「撮影風景」
- 2200 カメラだより北から南から
  「成人修業」
- 2215 ごめんあそばせ (NTV)
  「よろめくなかれ」
- 2230 小唄教室
  飯島ひろ子 中村正男
- 2245 テレビガイド
- 2250 OTV ニュース
- 2305 OTV ニュース
- 2317 日づけ豆辞典 (OTVF)
- 2320 あしたのお天気
- 2323 おしらせ◇放送終了

●1月18日(土)

- 1115 テストパターン(クラシック)
- 1130 オープニングメロディ
  シンギングピアノ：
  岩崎洋
- 1200 OTV ニュース
- 1210 一曲どうぞ
- 1215 映画の窓 (KR)「光は愛とともに」解説：荻昌弘
- 1240 テレビガイド
- 1245 料理手帖「タラの信州焼き」
- 1300 OIV スポーツファンシート
  プロレス・アワー
  東富士ーハロルド坂田他
  (阿倍野体育会館)
- 1435 テストパターン(クラシック)
- 1315 プロ野球炉辺放談
  山本一人 藤本定義
  浜崎真二
- 1450 オープニングメロディ
  シンギングピアノ：
  岩崎洋
- 1500 大相撲初場所(蔵前)
  七日目 (NTV) 原アナ
  佐土アナ解説：佐渡ヶ嶽
- 1750 朝日新聞テレビニュース
- 1800 ぼくのわたしの音楽会
  聖和幼稚園同窓
- 1815 素人のど競べ (NTV)
- 1845 テレビガイド
- 1850 あしたのお天気
- 1853 OTV ニュース
- 1900 ジェット・ジャクソン
- 1930 ほろにがショー・
  何でもやりショー (NTV)
- 2000 磯貝兵助功名噺
- 2030 白い桟橋 (NTV/OTV)
- 2100 話題のアルバム
- 2115 日真名氏飛び出す (KR)
- 2145 芸能トピックス
- 2200 NEC 劇場・右門捕物帳
  (KR)「毒を抱く女」
- 2230 テレビガイド
- 2235 ドラッグネット「脱獄」
- 2250 OTV ニュース
- 2302 日づけ豆辞典 (OTVF)
- 2305 あしたのお天気
- 2308 おしらせ◇放送終了

●1月19日(日)

- 820 テストパターン
- 835 おしらせ
- 840 なかよしニュース
- 850 児童映画
- 940 マンガ公園 漫画映画6本
- 1015 テレビ週報(政府)
  政府から国民の皆様へ
- 1030 ダイハツワールドスポーツ
- 1045 モーニングコーラス
  トリオロスチカロス
- 1100 たのしい生活を
- 1130 経済サロン
- 1200 OTV ニュース
- 1210 テレビガイド
- 1215 ダイラケのびっくり
  捕物帖「駕籠屋の娘」
  前篇
- 1245 OK 横丁に集まれ (NTV)
- 1315 テレビガイド
- 1320 短編文化映画
  「本州の屋根」
- 1345 ナショナルサンデープレゼント
  日曜テレビ観劇会
  「西郷と豚姫」松本幸四郎
  中村勘三郎
- 1500 大相撲初場所(蔵前)
  中日 (NTV) 原アナ
  佐土アナ解説：佐渡ヶ嶽
- 1800 プレイハウス
- 1830 私も出まショー (NTV)
- 1900 サーカス・ボーイ
  「底なし沼の追跡」
- 1930 紅あざみ「おとし穴」
- 2000 金四郎江戸桜 (NTV)
- 2030 ダイヤル110番死の目撃者
  (NTV) 増田順二
- 2100 アンテナは見ている (KR)
- 2115 東芝日曜劇場
  元禄忠臣蔵 お浜御殿綱
  豊卿 (KR)　市川猿之助
  市川段四郎
  藤間紫 小夜福子
- 2215 ダイハツスポーツウィクリー
- 2230 ゴルフ学校
- 2245 テレビガイド
- 2250 OTV ニュース
- 2302 日づけ豆辞典 (OTVF)
- 2305 あしたのお天気
- 2308 おしらせ◇放送終了

第2章「熱狂」

●1月20日（月）
1150 オープニングメロディ
1200 OTV ニュース
1210 一曲どうぞ
1215 ミュージックコーナー (KR)
1240 テレビガイド
1245 料理手帖「カキ料理三種」
　　　辻勲
1300 おしらせ◇放送休止
1435 テストパターン
1450 オープニングメロディ
1500 大相撲初場所 (蔵前)
　　　九日目 (NTV) 原アナ
　　　佐土アナ解説：佐渡ヶ嶽
1750 毎日新聞テレビニュース
1800 パリの秘密
1815 ポポンタイムこの人を
　　　(NTV)
1845 テレビガイド
1850 あしたのお天気
1853 OTV ニュース
1900 キンピラ先生青春記 (KR)
　　　「きんぴら先生疑いを
　　　かけらる」
1930 太閤記 (NTV)「藤吉郎編」
2000 大助捕物帳 (NTV)
2030 ナショナルＴＶホール (KR)
　　　「人知れずこそ」
2100 リボンとまないた (KR)
　　　「もうすぐ終わりになる」
2115 ウロコ座 (KR)
　　　「怨霊の里」前篇
2145 月曜対談・２つの椅子
　　　「大寒」大谷東平
　　　加藤三之雄
2200 OTV 週間世界ニュース
2215 ニッカ・ヒッチコック劇場
　　　「大穴」
2245 テレビガイド
2250 OTV ニュース
2302 日づけ豆辞典 (OTVF)
2305 あしたのお天気
2308 おしらせ◇放送終了

●1月21日（火）
1135 テストパターン
1150 オープニングメロディ
1200 OTV ニュース
1210 一曲どうぞ
1215 歌う青春列車 (KR)
　　　藤村有弘 梶哲也他
1240 テレビガイド
1245 料理手帖「イワシのロープ」
　　　胸永竹之助
1300 おしらせ◇放送休止
1435 テストパターン
1450 オープニングメロディ
　　　斎藤超とニューサウンズ
1500 大相撲初場所 (蔵前)
　　　十日目 (NTV) 原アナ
　　　佐土アナ解説：佐渡ヶ嶽
1750 朝日新聞テレビニュース
1800 柊城の幻影
　　　千葉保 浜崎恵三 紫麻
1815 名犬リンチンチン
　　　「中尉の計略」
1845 テレビガイド
1850 あしたのお天気
1853 OTV ニュース
1900 テレビ浮世亭
　　　落語：小さん
　　　漫才：洋容・幸江
1930 ゼネラル劇場姿三四郎
　　　(KR)「山嵐の章」
2000 山一名作劇場 (NTV)
　　　「赤西蠣太」
2030 サンヨーテレビ劇場 (KR)
　　　「大辞苑」あべこべ夫婦
2100 近鉄パールサロン
　　　おっさん人生「抵抗療法」
2115 ピアス劇場
　　　東京の青い風 (KR)
2145 ミナロンドリームサロン
　　　アンドレ・レジャン
2200 マーチンケイン捜査シリーズ
　　　「恐喝者」
2230 きまぐれジョッキーのり平
2245 テレビガイド
2250 OTV ニュース
2302 日づけ豆辞典 (OTVF)
2305 あしたのお天気
2308 おしらせ◇放送終了

●1月22日（水）
1135 テストパターン
1150 オープニングメロディ
　　　シンギングピアノ：
　　　岩崎洋
1200 OTV ニュース
1210 テレビガイド
1210 一曲どうぞ
1215 ファッションミュージック
　　　(KR) 小川洋子・中原美釈緒
　　　中島弘子他 40 ガイド
1245 料理手帖 カキの鶏卵汁
1300 おしらせ◇放送休止
1435 テストパターン
1450 オープニングメロディ
1500 大相撲初場所 (蔵前)
　　　十一日目 (NTV)
　　　原アナ 佐土アナ
　　　解説：佐渡ヶ嶽
1750 朝日新聞テレビニュース
1800 団子串助漫遊記
1815 獅子文六アワー (NTV)
　　　悦ちゃん 45 テレビガイド
1850 あしたのお天気
1853 OTV ニュース
1900 わが輩ははなばな氏 (KR)
1930 歌はあなたとともに (NIV)
　　　「青春の嵐」若山三波
2000 熊の歌 (NTV)
2100 コント千一夜 森光子 他
2115 宮本武蔵
2145 ニッケ・ジャズパレード
　　　(NTV)
2200 ありちゃんのおかっぱ侍
2235 時の眼 大鳥昭 (朝日新聞)
2250 OTV ニュース
2302 日づけ豆辞典 (OTVF)
2305 あしたのお天気
2308 おしらせ◇放送終了

●1月23日（木）
1135 テストパターン(クラシック)
1150 オープニングメロディ
1200 OTV ニュース
1210 テレビガイド
1210 一曲どうぞ
1215 テレビ寄席 (KR)
　　　漫才：トップライト
　　　漫談：三亀松
1245 料理手帖 ニシンの蒲焼
1300 おしらせ◇放送休止
1435 テストパターン(クラシック)
1450 オープニングメロディ
1500 大相撲初場所 (蔵前)
　　　十二日目 (NTV) 原、
　　　佐土アナ解説：佐渡ヶ嶽
1750 新聞テレビニュース
1800 カゴメ劇場・母の肖像
　　　～朝の花々より
1815 ますらを派出夫会 (KR)
1845 テレビガイド
1850 あしたのお天気
1853 OTV ニュース
1900 スーパースターメロディ (KR)
1930 宝塚テレビ劇場宝塚メルヘン
　　　「ヘンゼルとグレーテル」
　　　多摩川登李子 新草
2000 ロビンフッドの冒険「兄と弟」
　　　島洋介他
2030 鞍馬天狗 (KR)
　　　「江戸八百八町」
2100 奥様多化 (KR)「かくて再び」
　　　江見渉 山岡久乃他
2115 目で聴く話題 雨風曇
2145 おはこうら表 (NTV/OTV)
2200 日立劇場 (KR) 宇野信夫
　　　ドラマ「冬次の弟」
　　　後篇：坂東好太郎
　　　千葉耕一 加藤精一
2230 私のコレクション
　　　「天神さま」45 ガイド
2250 OTV ニュース
2302 日づけ豆辞典 (OTVF)
2305 あしたのお天気
2308 おしらせ◇放送終了

●1月24日（金）
1135 テストパターン
1150 オープニングメロディ
1200 OTV ニュース
1210 一曲どうぞ
1215 映画の窓 (KR)「広場の天使」
　　　解説：荻昌弘
1240 テレビガイド
1245 料理手帖「おモチのカレー
　　　煮」
1300 OTV スポーツファンシート
　　　プロレス・アワー
　　　東富士 豊登 他
　　　(阿倍野体育会館)
1435 テストパターン(クラシック)
1450 オープニングメロディ
1500 大相撲初場所 (蔵前)
　　　十三日目 (NTV) 原、
　　　佐土アナ 解説：佐渡ヶ嶽
1750 毎日新聞テレビニュース
1800 赤胴鈴之助 吉田豊明 他
1815 明るい家庭「バラの手入れ」
　　　津志本貞
1830 ポケット劇場「アリババ
　　　と盗賊」神戸人形劇場
1845 テレビガイド
1850 あしたのお天気
1853 OTV ニュース
1900 テレビぴよぴよ大学 (KR)
1930 花王ワンダフルクイズ (NIV)
2000 京阪テレビカー「ぼたもち」
　　　島洋介他
2030 特ダネを逃がすな (KR)
　　　「廃船」前篇
2100 野球教室「ルール特集」
2115 ハーバー・コマンド
　　　声 入原修
2145 三越映画劇場「撮影風景」
2200 カメラだより北から南から
　　　「ところ変われば奇習を
　　　訪ねて」
2215 ごめんあそばせ (NTV)
2230 小唄教室 (KR) 中田
2245 テレビガイド
2250 OTV ニュース
2302 日づけ豆辞典 (OTVF)
2305 あしたのお天気
2308 おしらせ◇放送終了

●1月25日（土）
1115 テストパターン(クラシック)
1130 オープニングメロディ
1140 音楽へのいざない
　　　「ソプラノ独唱」
1200 OTV ニュース
1210 金語楼のお巡りさん
　　　「たまには失敗の巻」
　　　柳家金語楼 由利徹他
1240 テレビガイド
1245 料理手帖「卵包み焼」
　　　石本
1300 OTV 週間世界ニュース
1315 プロ野球片辺放談
　　　浜崎真二
1330 劇映画
　　　「エノケンの極楽夫婦」
　　　榎本健一 笠置シヅ子
　　　灰田勝彦
1500 大相撲初場所 (蔵前)
　　　十四日目 (NTV) 原
　　　佐土アナ解説：佐渡ヶ嶽
1750 朝日新聞テレビニュース
1800 ぼくのわたしの音楽会
　　　大阪市立弘治小学校
1815 素人のど競べ (NTV)
　　　暁テル子
1845 テレビガイド
1850 あしたのお天気
1853 OTV ニュース
1900 ジェット・ジャクソン
1930 ほろにがショー・
　　　何でもやりまショー (NIV)
2000 磯川兵助功名噺 (NTV)
　　　「借着の紋付」
　　　榎本健一 浅野進治郎他
2030 白い桟橋「寮の日曜日」
　　　(NTV/OTV) 中原早苗
2100 話題のアルバム
2115 日真名氏飛び出す (KR)
　　　「凍った街」前篇
2145 芸能トピックス
2200 NEC 劇場・石門捕物帳 (KR)
2230 テレビガイド
2235 ドラッグネット
　　　「二日酔いの証言」
2305 OTV ニュース
2317 日づけ豆辞典 (OTVF)
2320 あしたのお天気
2323 おしらせ◇放送終了

●1月26日（日）
840 テストパターン◇おしらせ
900 なかよしニュース
910 スーパーマン (漫画)
　　　「にせ札偽造団」
940 マンガ公園 漫画映画6 編
1015 テレビ週報 (政府)・
　　　政府から国民の皆様へ
1030 ダイハツワールドスポーツ
1045 モーニングコーラス
　　　浜口ミホ
1100 たのしい生活を
1115 海外トピックス
1130 経済サロン「チエイン
　　　の働き」
1200 OTV ニュース
1210 テレビガイド
1215 ダイラケのびっくり捕物帖
　　　「駕籠屋の娘」後篇
1245 OK 横丁に集まれ (NTV)
1320 ナショナルサンデープレゼント
　　　日曜テレビ観劇会
　　　「お夏清十郎・恋の笹舟」
　　　扇雀 延二郎 萬代峰子
　　　(梅田コマ)
1430 大相撲初場所 (蔵前)
　　　千秋楽 (NTV) 原アナ
　　　佐土アナ解説：佐渡ヶ嶽
1800 プレイハウス「栄光の頂点」
1830 私も出まショー (NTV)
1900 サーカス・ボーイ
　　　「死の綱渡り」
1930 紅あざみ「兄妹」
2000 金四郎江戸桜 (NTV)
　　　「逢うは別れ」
2030 ダイヤル 110 番 (NTV)
　　　「ニセ千円札ご注意！」
2100 アンテナは見ている (KR)
　　　「狂った一日」
2115 東芝日曜劇場「鴎」(CBC)
　　　清川虹子 須賀不二夫
　　　宍戸錠
2215 ダイハツスポーツウィクリー
2230 ゴルフ学校
2245 ガイド 50 OTV ニュース
2302 日づけ豆辞典 (OTVF)
2305 あしたのお天気

※この晩、南海丸沈没の報を受けて報道部が出動。

●1月27日（月）
※南海丸沈没か（朝刊号外出る）
1135 テストパターン
1150 オープニングメロディ
　　　岡田博トリオ
1200 OTVニュース
1210 一曲どうぞ
1215 ミュージックコーナー
1240 テレビガイド
1245 料理手帖「和菓子・柚の香」
　　　辻勲　稲田英子
1300 おしらせ◇放送休止
1640 テストパターン
1700 オープニングメロディ
1710 優勝力士を囲んで
　　　若乃花　佐渡ヶ嶽　原アナ
1742 マンガ横町
1750 毎日新聞テレビニュース
1800 パリの秘密「リゴレット」
　　　中野洋子
1815 ポポンタイムこの人を
　　　（NTV）
1845 テレビガイド
1850 あしたのお天気
1853 OTVニュース
1900 キンピラ先生青春記
　　　「きんぴら先生大いに
　　　　がんばる」
1930 太閤記 (NTV)「藤吉郎編」
2000 大助捕物帳 (NTV)
　　　「黄金秘仏」
2030 ナショナルTVホール(KR)・
　　　「人知れずこそ」
　　　飛鳥みさ子　大塚国夫他
2100 リボンとまないた (KR)
2115 ウロコ座「怨霊の里」後篇
　　　真船禎・作　尾上松緑
　　　市川中車　市川段四郎
　　　香川桂子　坂東八十助
　　　近松良枝
2145 月曜対談・2つの椅子
　　　南部忠平　スケート選手・
　　　上野純子
2200 OTV週間世界ニュース
2215 ニッカ・ヒッチコック劇場
　　　(NTV)「ペラム氏の事件」
2245 ガイド 2250 OTVニュース
2302 日づけ豆辞典 (OTVF)
2305 お天気 08 おしらせ 終了

●1月28日（火）
1135 テストパターン
1150 オープニングメロディ
1200 OTVニュース 10―曲どうぞ
1215 歌う青春列車
　　　「スタジオは大騒ぎ」
　　　音羽美子　上月左知子他
1240 テレビガイド
1245 料理手帖「カニプロセット」
　　　◇おしらせ◇休止
1715 テストパターン
1732 オープニングメロディ
1742 マンガ横町
1750 新聞テレビニュース
1800 柊城の幻影
1815 名犬リンチンチン
　　　「砂丘の戦い」
1845 テレビガイド
1850 あしたのお天気
1853 OTVニュース
1900 テレビ浮世亭
　　　落語：「稽古屋」米朝
　　　漫才：右楽　左楽
1930 姿三四郎「山嵐の章」
2000 山一名作劇場 (NTV)
　　　「赤西蠣太」
　　　岡田英次　笠間
2030 サンヨーテレビ劇場 (KR)
　　　「夫婦百景」失格女房と
　　　　その夫　阿部徹
　　　北原文枝　夢声他
2100 近鉄パールアワー・
　　　おっさん人生　エンタツ
　　　三角八重 他
2115 ピアス劇場
　　　東京の青い風 (KR)
2145 ミナロンドリームサロン
　　　高英男　粟野圭一
　　　大伴千春
　　　ジョージ岡
2200 マーチンケイン捜査シリーズ
　　　「流河の秘密」
2230 きまぐれジョッキー
　　　「寒中お見舞い」
2245 テレビガイド
2250 OTVニュース
2302 日づけ豆辞典 (OTVF)
2305 あしたのお天気

●1月29日（水）
1135 テストパターン 春日の歌
1150 オープニングメロディ
　　　斎藤超とニューサウンズ
1200 OTVニュース 10―曲どうぞ
1215 ファッションミュージック
　　　星野みよ子　高橋
1240 テレビガイド
1245 料理手帖「節分ナベ」
　　　辻徳光　広瀬修子
1300 おしらせ◇放送休止
1715 テストパターン
　　　（ポピュラーアルバム）
1732 オープニングメロディ
　　　斎藤超とニューサウンズ
1742 マンガ横町
　　　「山のわるもの退治」
1750 毎日新聞テレビニュース
1800 団子串助漫遊記
　　　中村栄治郎　かつら五郎
　　　春日井真澄他
1815 獅子文六アワー (NTV)
　　　悦ちゃん「月給制度」
　　　松島トモ子　竜崎一郎他
1845 テレビガイド
1850 あしたのお天気
1853 OTVニュース
1900 わが輩ははなばな氏 (KR)
1930 歌はあなたとともに
　　　鶴田浩二　小坂一也
2000 ジョンウエイン西部劇
　　　「ボックスバレーの決闘」
　　　声：小池朝雄他
2100 短編映画「京都の庭」
2115 宮本武蔵
2145 ニッケ・ジャズパレード
　　　「何故かしら」他
　　　東郷たまみ　秋満義孝
2200 ありちゃんのおかっぱ侍
　　　「男三人よれば」有島一郎
2230 テレビガイド
2235 時の眼　日高一郎
2250 OTVニュース
2302 日づけ豆辞典 (OTVF)
2305 お天気◇おしらせ◇終了

●1月30日（木）
1135 テストパターン
　　　（クラシックハイライト）
1150 オープニングメロディ
1200 OTVニュース 10―曲どうぞ
1215 テレビ寄席
　　　漫才：トップライト
　　　落語：小柳枝 40 ガイド
1245 料理手帖「お魚の酒粕揚げ」
　　　奥井広美
1300 おしらせ◇放送休止
1715 テストパターン
　　　（クラシックハイライト）
1732 オープニングメロディ
1742 マンガ横町「賢い小狐」
1750 朝日新聞テレビニュース
1800 カゴメ劇場　母恋草
1815 ますらを派出夫会 (KR)
　　　さりとはツライデスの巻
1845 テレビガイド 50 あしたのお天気
1853 OTVニュース
1900 スーパースターメロディ
　　　淡谷のり子　灰田勝彦
　　　二葉あき子他
1930 宝塚テレビ劇場
　　　「ヘンデルとグレーテル」
　　　多摩川登季子　新草恵子
2000 ロビンフッドの冒険
　　　「森の塩騒動」
2030 鞍馬天狗 (KR)
　　　「江戸八百八町・お竜の巻」
2100 奥様多忙 (KR)「拾った恋」
　　　江見渉　山岡久乃他
2115 目で聴く話題 雨風曇
2145 おはこうら表 (NTV/OTV)
　　　江利チエミ
2200 日立劇場 (KR)
　　　宇野信夫ドラマ
　　　「花に降る雨」前篇
　　　海老蔵　羽左衛門
　　　藤間紫
2230 私のコレクション
　　　「おもちゃの動物」
　　　吉田平七郎 45 ガイド
2250 OTVニュース
2302 日づけ豆辞典 (OTVF)
2305 あしたのお天気
2308 おしらせ

●1月31日（金）
1135 テストパターン
1150 オープニングメロディ
　　　斎藤超とニューサウンズ
1200 OTVニュース 10―曲どうぞ
1215 映画の窓 (KR)「突撃」
　　　◇ガイド
1245 料理手帖
　　　「ピーナッツタフィー」
1615 テストパターン
1630 オープニングメロディ
1640 OTVスポーツファンシート
　　　プロレス・アワー
　　　（阿倍野体育館）坂田・
　　　芳ノ里―東富士・豊登
　　　吉村―阿部
　　　解説：力道山
1740 おしらせ
1742 マンガ横町
1750 朝日新聞テレビニュース
1800 赤胴鈴之助　吉田豊明他
1815 明るい家庭
　　　「小出楢重と佐伯祐三に
　　　　ついて」阪本勝他
1830 ポケット劇場
　　　「アリババと盗賊」
　　　神戸人形劇場
1845 テレビガイド
1850 あしたのお天気
1853 OTVニュース
1900 テレビぴよぴよ大学 (KR)
1930 花王ワンダフルクイズ (NTV)
2000 京阪テレビカー
　　　「コメディ・鬼の国」
　　　十郎・雁玉 阪脩
　　　若杉弥生
2030 特ダネを逃がすな (KR)
　　　「廃船」後篇
2100 野球教室「ルール特集」
2115 ハーバー・コマンド
2145 三越映画劇場「撮影風景」
2200 カメラだより北から南から
　　　「代議士故郷へ帰る」
2215 ごめんあそばせ
2230 小唄教室
2245 テレビガイド
2250 OTVニュース
2302 日づけ豆辞典 (OTVF)

【南海丸事故の影響】
　1月28日OTV発CBC、KRTネットで「特集・南海丸遭難」が放送されたが、時間など詳細は不明。
　1月29日は21:00からの「コント千一夜（南海電車提供）」が中止され、フィルム番組「京都の庭」を放送。2月5日も「ピアノ独奏」に差し替えられた。このスポンサーの対応は、視聴者には好意的に受け入れられた。

これが OTV だ　1958年1月

【単発番組】

●ニューイヤーコンサート

1958年1月1日（水）9:20～10:15
ABC交響楽団等出演

●エンタツの「正月先生」

1月1日（水）20:00～21:00　茂木草介作。定年退職した先生（エンタツ）が正月に昔の教え子を訪問して、人生の哀歌を知る。

●上方舞

1月2日（木）11:30～12:00
山村若、山村糸、山村若津也、山村久子、床田順一等出演

●劇場中継・遠山の金さん一番手柄

1月2日（木）14:30～16:50　（梅田コマ劇場）中村扇雀、林雄太郎、萬代峯子他。

●テレメンタリー四局リレー・新春風景

1月2日（木）10:00～11:00　幹事・NTV
「街から皇居へ」と題し、NTV（麹町）から都心に向かい、宮中参賀に向かう人波とともに皇居の中に入る。フランキー堺　三津田健他。

●座談会・関西財界大いに語る

1月3日（金）16:20～16:50
杉道助の司会による新春放談。

●宇宙よもやま話

1月4日（土）10:30～11:00
宮本正太郎、三浦禧余子等出演

●おらが年わんわん大会

1月4日（土）11:00～12:00
NTV、HBC、CBCとの四局リレー。司会・徳川夢声、ゲスト・浅沼稲次郎、田中角栄郵政相他

●奥様は嘘がお好き

1月4日（土）13:00～13:45
香住春吾作、蝶々、雄二、エンタツ等出演

●松竹新喜劇中継・ニコヨン紳士録

1月4日（土）13:45～15:10
大阪中座から渋谷天外他。

●ジャクリーヌ・フランソワ・リサイタル

1月9日（木）20:00～20:30 NTV発
コンサート途中からの中継であったが、番組開始後すぐに座談会に入ったため、ほとんど歌が放送されず、二曲目に入ったとたんに放送終了してしまった。大きな不評が新聞に掲載された。

●今宮戎

1月10日（金）13:00～　境内からの中継
津江孝夫宮司　郷土史家・牧村史陽
料理屋女将・米倉政江　今村益三アナ

●製油所を訪ねて

1月15日（水）12:10～12:40
成人の日特別番組放送。和歌山県下津港、丸善石油の製油所から大阪まで、マイクロ波三段中継。

●バレエ・白鳥の湖

1月15日（水）13:35～15:00
西野皓三バレエ団の第一回東京公演。演奏・東京フィルハーモニー管弦楽団。

●宝塚おどり

1月16日（木）19:30～20:00
お正月公演「寿初春絵巻」から、浜木綿子「雲の曙」、白拍子の舞、神代錦・南悠子・故里明美らが芸者姿で踊る「初扇」、コミックダンス「犬張子」、奴ダコやおかめダコが躍る「正月の空」、「あばれ獅子」など。

【新番組】

【1月7日（火）】

●近鉄パールアワー「おっさん人生」

（～1958年8月5日）　火 21:00～21:15

【1月14日（火）】

●柊城の幻影（～1月28日　全3回）
火 18:00～18:15　花登筐作。千葉保 浜崎恵三ほか。

【1月30日（木）】

●カゴメ劇場「母恋草」

（～4月24日　全13回）木 18:00～18:15
田村幸二脚本。瀬戸内海のある児島の漁村を舞台に、孤独な少年と少女が肉親にめぐりあうまでの話。主人公の少年少女には植木基晴（13）、千恵（9）。ともに片岡千恵蔵の子。

1958年 2月

1日　「何でもやりまショー」(NTV)「阪神―南海」の選手対抗番組を制作

同日　朝日会館でおこなわれた朝日放送主催「時事講演会」を後援。講師・細川隆元、大宅壮一。

9日　OTVとABCの合併に伴う異動準備。鈴木社長、社内放送で全社員に対し残留又は異動の希望を社長宛に親展の書簡で提出するよう呼掛け。その結果、NJBへの転出希望者104名、残留してABCに入る希望者200名。

13日　第一次人事異動。永松徹常務は営業局長・東京支社長から解嘱。南木淑郎放送部長、高木一見経理部長、富田隆之助東京支社営業部長の3名はNJBへ転出。立石泰輔、吉田三七雄、佐伯洋、小野寺省蔵各氏がABCから転入した。

17日　朝日会館でおこなわれた「関西芸術座第3回公演・長い墓標の列」を後援。

20日　朝日会館でおこなわれた「金沢桂子ピアノリサイタル」を後援。22日、一部放送。

23日　梅田コマ、神戸国際会館でおこなわれた「二期会公演　オペレッタ・蝙蝠」を後援。

OTVのプレミアムドラマ ～ドラマの限界に挑む～

ここでは、レギュラー番組として作られたドラマとは別に、芸術祭参加や、番組制作の実験として制作されたプレミアム・ドラマについてのデータを紹介する。ただ、資料がきわめて少なく、あらすじがわからないものもある事を、予めご了承いただきたい。

「噴煙」

昭和32年度芸術祭参加作品
放送 1957年10月23日（水）
20：00～21：00
OTV CBC NTV HBC　提供：東洋工業
原作 演出：五所平之助
脚本：長谷部慶次
出演：春日井真澄　海老江寛　溝田繁
　　　石田茂樹　島連太郎　松居茂美
　　　山村弘三
音楽：加納光記
演出助手：栗原茂一郎　作間芳郎
カメラ：亀井茂　墨谷尚之　中山亮
　　　　牧野治郎（墨谷尚之）
フィルム撮影：各務真一
SW：関口健次　CCU：稲川正男
テレシネ：細谷譲二　藤原晴夫　中森
録音：坂本修　植田譲二
美術：芝田真珠郎
照明：加納正良　檜山実　長崎直定　角本喜一郎
進行：堀内収　浅尾達男　永海洋
効果：月村潔　松村和明
セット制作：西野寛　須摩緑
小道具：迫田アキラ　衣装：長友節子
化粧：荒山光　タイトル：末田規矩二
記録：平松　編集：各務真一
現像：坪内釛輔　宣伝：野村忠

ウラン採掘に従事する青年技師（石田茂樹）と、放射線障害で若い体をおかされている乙女・怜子（春日井真澄）の清らかな恋愛を中心に描いた作品。細かいシーンで構成されているため、フィルムで撮影・編集された。

放送直後の朝日新聞「赤ランプ」では、画面の下のほうにディレクターの指図と思われる指先がちらちらとみえていた、とある。

五所平之助の脚本作品は、OTVでは「ピアス劇場」(火21：15～21：45 KRTV)で五作品放送された。
「雨だれ母さん」1957年1月8日～7月16日
「愛の火曜日」1957年7月23日～9月24日
「東京の青い風」
　　1957年10月1日～1958年1月28日
「華やかな誘惑」1958年4月1日～4月15日

「センチメンタルギャング」
　　　　1958年4月22日〜7月　日

東芝日曜劇場「かんてき長屋」
第12回芸術祭奨励賞受賞作品
放送 1957年12月1日（日）21：15〜22：15
OTV CBC KRTV HBC　提供：東芝
作 演出：長谷川幸延
出演：安達国晴 谷口完 三角八重 北村栄三
　　　荒木雅子 横山エンタツ 萬代峯子
　　　石田茂樹 海老江寛 松居茂美 東靖夫
　　　吉川雅恵 小倉康子 日高久 佐々山洋一
　　　小島慶四郎
音楽：服部良一　美術指導：大森正男
制作：山下良三　ＴＶ演出：吉村繁雄
演出助手：多田尊夫
カメラ：亀井茂　西前充男　富永俊之　杉山誠
ＳＷ：関口健次　ＣＣＵ：中谷宏
音声：坂本修　野口三郎
美術：芝田真珠郎　尾上つよし
セット制作：西野寛　タイトル　桑名哲夫
照明：加納正良　進行：堀内収　林誠一
効果：月村潔　松村和明
小道具：迫田アキラ　牧寛
衣装：小林一子　　化粧・床山：荒山光

長谷川幸延の脚本・演出による人情劇。
「かんてき（七輪）」とあだ名される、狭い入口一つの貧しい長屋が舞台。
ある裕福な家の子が、運転手の手違いからこの長屋に一人置き去りにされてしまった。見慣れない世界を興味津々で覗きまわっているところを、ラーメン屋の老夫婦に招かれた。
老夫婦が取り残された子に食事を与えていると、やがて、噂を聞きつけた長屋の住人たちが店に集まってきた。子どもは屈託なく長屋の人々に馴染んでゆく。久々に長屋に光が戻ってきた。
もし、この子の親がみつからず、長屋に居続けてくれたら…誰もがそんな「願ってはいけない希望」を心に浮かべた。
いくつかの小さな出来事があって、やがて、親と連絡がとれた子供は、親元に戻っていった。すっかり情が移ってしまった老夫婦の寂寞。それを気遣いながらも、日々の生活から手が離せない長屋の人々。再び色あせた日常が長屋に戻ってきた…。
このドラマはひたすら狭い長屋だけで展開されるが、従来の「水族館方式」のスタジオセットではなく、実物と同じ構造の「長屋」を立て、その中に、新開発の携帯カメラ「OT Vision」を自在に出入りさせて、人々の営みを「中継」した。あたかもロケーション撮影のように演技を撮ることで、ドラマに「テレビ的なリアリティ」を与えることができた。
ハンディ・カメラを用いたドラマ撮影は、画期的な作り方ではあったが、OTVではこれが最初で最後であったという。それは、VTRがやってきて、シーンの移り変わりを自由に表現することができるようになったからである。
生放送のドラマは、現代では特別な機会にしか企画されることはないが、この「ドラマを実況中継する」という考え方には、まだまだ面白さを引き出せる可能性があると思う。
このドラマの台本は「1958年刊テレビ・ドラマ代表作選集（清和書院・刊）」に収録されている。

テレビページェント「良弁杉」
放送 1958年2月25日（火）13：00〜14：00
作・演出：長谷川幸延
音楽：宮原康郎
振付：花柳芳五郎　　囃子：望月太明蔵社中
時代考証：中村貞似　制作：山下良三
演出：D 吉村繁雄　白井健輔
演出補：FD 多田尊夫　松本明　井尻益次郎
MD 渡辺清
出演：中村富十郎　中村芳子　久松喜世子
　　　北村栄三　谷口完　安達国晴　中村栄治郎
　　　大久保恵司　石田茂樹　柳川清

清水真沙子　他
カメラ：亀井茂　柴田修作　杉山誠　富永俊之
　　　　　（北条信之　墨谷尚之）
美術：芝田真珠郎　鈴木淑郎　阪本雅信
操作：植田勝　前羽俊治
小道具：迫田アキラ　北本光信
衣装：長友節子　化粧・床山：荒山光　白石典子
照明：加納正良　草野　檜山　弘光和彦
中継：守屋篤太郎　OTV中継課

　1958年2月25日（火）午後1時、東大寺二月堂から一本のテレビドラマが放送された。「テレビページェント・良弁杉」である。

　ページェント（pagent）とは「野外劇」であるが、このドラマは東大寺二月堂とその前庭を「スタジオ」にして、文字通りの「野外劇」を放送したのである。

　実物の古跡を使ったドラマはNHKでも計画していたが、リスクの高さから、放送直前になって断念したという。

● 「良弁杉由来」とは…

　古くから人形浄瑠璃や歌舞伎の演目などにも取り入れられた有名な伝説。以下はその概要。

　「三十年前、二月堂の前庭にそびえたつ杉の木の梢で、大鷲がさらってきた赤子を餌食にしようとしていたところを、これを見た僧正が助けたということがあった。その後赤子は寺で育てられ、今や大僧正と崇められる身となった。これが良弁大僧正の来歴である。大僧正は今でも、いつの日か仏の加護により別れた両親に会えるよう、参拝を欠かさなかった。

　ある日、いつものように杉の木に寄ると、幹に一枚の張り紙。これを読むや否や大僧正は近習に尋ね、辺りにいた老婆を連れてくるよう命じた。

　みすぼらしい老婆は自らが張り紙をしたと言い、三十年前自らの子が大鷲に攫われた一件を語り、さらに『大僧正がもしや自分の子供ではと思って紙をはった』と泣き伏した。

　大僧正は老女に『何か身につけさせたものはないか』と聞くと『小さな観音像をお守り袋にいれて持たせた』と語る。

　大僧正は幼い頃から肌身離さずもっていた守り袋を取り出して見せた。その守り袋こそ、菅原道真から拝領した香木を包んでいた錦を縫い直し、我が子・光丸に持たせたものであったのだ。

　親子は抱き合って喜び、泣き、母・渚の方は故郷に戻って尼になり、夫の菩提を弔うと言って立ち去ろうとするが、大僧正は自らの輿に乗せた。良弁僧正は仏恩に深く感謝し、この観音像を本尊として故郷・志賀里に石山寺を建立することを決意。母を乗せた輿と共にに二月堂を後にした。

　以来、この杉は『良弁杉』と呼ばれるようになった」

● 一番忙しい時期に

　東大寺二月堂は二月に大きな祭り「修二会」がおこなわれるので二月堂と呼ばれるようになった。

　修二会は11名の練行衆（僧）が堂内に籠って、衆生にかわって本尊・十一面観音に懺悔し、仏加護を念じる法要であるが、一般には行事のクライマックスである「お水取り」が最もよく知られている。

　修二会は、12月16日の「修二会参籠の練行衆交名発表」から始まり、752年（天平勝宝4年）以来1200年以上続く習わしに従っておこなわれる。

　2月下旬と言えば、練行衆たちが泊まりこみで本行の準備にかかる重要な期間である。なんという忙しい時にテレビの話をもちかけたのだろう。

　二月堂での修二会の本行は3月1日から14日間だが、それに先だち「別火」と呼ばれる前行期間があり、2月20日からは「試別火」「惣別火」の二段階で物心両面の準備がすすめられる。

　この期間、声明、読経の稽古、仏前を飾る南天椿の造花作り、灯明に使う灯心類の準備、紙衣のための仙花紙絞り、履物（サシカケ）の修理、牛玉箱の包紙づくり、守本尊の補修、紐、紙縒り、

付札作り、掃除等、六時間おきのお勤めや法要・行事の合間におこなう準備など、仕事は山ほどある。

この「野外劇」は、そのまっただなかでおこなわれたのだ。

● 「時代」を隠す

東大寺の全面的協力により、二月堂の回廊・前庭をまるまるスタジオとして使えることになった。

回廊を仰ぎ見るような傾斜を持った前庭には良弁杉が聳えている。その脇には興成神社の鳥居と小さな社殿。庭の両脇には長く伸びる石段…今見ても、それだけでいろんな絵作りができそうな「自然のセット」である。

ここで展開されるドラマを、3台のカメラが「中継」するのだ。

ただ、1000年以上変わらぬたたずまいとはいえ、いろいろ隠さなければならないものがあった。

たとえば、このドラマのもうひとつ主人公である「良弁杉」である。この時、良弁杉は表面の傷みが目立っていたため、桧皮を張り、枝を付けなければならない状態であった。しかしこの修復があまりに出来であったため、放送終了後、東大寺から「桧皮をはがさず、そのままにしてほしい」と言われたという。

また、二月堂の両側の階段わきにずらりと並ぶ寄進の石柱も隠さなければならなかった。

石柱は、前庭に良い雰囲気を与えてはいるが、刻まれている寄進者の名前には「現代の有名人」も多いため、それを隠すように生垣が作られた。

鉄道や自動車道が近くにないのは幸運だったが、飛行機が通るおそれがあったので、関係機関に問い合わせて東大寺上空に飛行機が通過しないことを確認し、急な予定変更がないよう協力も仰いだ。

● 本番当日

24日は、朝から雨が降っていた。

新聞ラテ欄には午後1時から「テレビページェント・良弁杉」と記されていたが、とても止む気配はなかった。スタッフの中には回廊にてるてる坊主を吊る者、回廊下をお百度よろしく小走りでグルグル回る者もいたが、結局24日は雨天順延となり、通常通り午後の放送休止になった。

25日は見事に晴れ上がり、朝から中継準備がすすめられた。

生駒山を挟んでいるので、生駒送信所経由で本社にマイクロ波を送ることができる。中継技術の面からいえば特に困難はなかった。

大変なのはカメラマンである。この「天然のスタジオ」は、両脇に石段を備え、二月堂の回廊から良弁杉までが急斜面になっているため、カメラの向きを替えただけで、起伏のある変化にとんだ画を撮ることができる。ところが、ドラマは回廊と庭の両方で展開され、これを3台のカメラで追うため、長い石段を上下に大移動させなければならない。実際、ドラマの最中、回廊のシーンから前庭のシーンに移る前に、50kg以上の重さがある精密機器・カメラを急いで運び下さなければならなくなった。

木枠にカメラを乗せ、これを男四人で抱えて、石段を急いで降りていった。もし移動中に足でも滑らせようものなら、カメラは間違いなく大破してしまうのだ。

「良弁杉」は25日午後1時に始まってから、順調に進んでいった。現場ではこの貴重な現場を記録するためのフィルムカメラも回された。このフィルムはABCのアーカイブスに保管されている。

いよいよドラマはクライマックスを迎える。

渚の方と良弁僧正が、輿と共にに二月堂を去るシーンとなった。

そこに……

「ブーン」

上空に飛行機が飛んできた。

25日の飛行スケジュールがひっかかっていたのだった。千年前の物語に、文明の最先端が乱入した。

幸いカメラに写る方向でなかったのと、エンジ

ン音が低いものだったので、テレビの前で気づいた人は少なかったという。

　いま、同じ日に二月堂に行くと、竹矢来が張り巡らされ、冬毛が抜けてボロボロになった鹿が歩き回り、史跡案内人の「これが二月堂、あれが三月堂、そっちが四月堂、そしてこれが…食堂」というおなじみのセリフが聞こえてくる。

　そういえば、ドラマに鹿は登場したのだろうか。

東芝日曜劇場「写楽の大首」

第13回芸術祭奨励賞受賞　提供：東芝
放送 1958年11月2日（日）21：15～22：15
OTV CBC RSK RKB KRT HBC
作・演出：長谷川幸延　制作：山下良三
テレビ演出：白井健輔　山田智也
演出補：FD 井尻益次郎
　　　　AD 松本明　今井久正　石田健一郎
出演：実川延二郎　大谷ひと江　武田正憲
　　　安達国晴　北村英三　望月美岐
　　　小倉康子　石田茂樹　元安　豊
　　　双葉弘子　岡田英二　荒木雅子
　　　谷口　完　嵐三右衛門　速水雛子
演奏：ABC交響楽団　望月太明蔵社中（鳴物）
カメラ：亀井茂　中山亮　北條信之
CA：杉山圭一　津田敦　佐藤隆之　TD：植田譲二

CCU：平井基昭　ミキサー：里見清　杉本定男
美術進行：阪本雅信　大石立二　装飾：野田和
照明：加納正良　音響効果：月村潔
セット制作：西野寛　セット操作：佐藤弘樹
小道具：迫田アキラ　衣装：長友節子
化粧・床山：荒山光　タイトル：竹内志郎
スタジオ係：西野寛

●大阪で描かれた江戸

　長谷川幸延の脚本による文芸ドラマ。

　絵師・東洲斎写楽は独特のデフォルメーションによって知られるが、当初は意図を理解されず、多くの俳優や、心ない贔屓客から強い圧迫を受けたという。しかし、これにいささかも屈しなかった写楽は、貧苦と闘いながら、その極度に単純化された線や色彩を究めつづけ、俳優たちの特徴をより印象的に描こうとした。

　このドラマは、その作品によってのちに世界的評価を受けることとなる絵師・東洲斎写楽と、写楽を理解し鼓舞勉励した俳優・市川高麗蔵の美しい友情を描こうとするものであった。

　しかし、このドラマは、演出面での苦労は多かったようで、"Album OTV "に寄せた長谷川幸延自身の文によれば決して満足ゆくものにはならなかったようだ。

　「稽古しながら、大阪人ばかりのこのタレントで、江戸を出そうというのは、努力することの徒労をしみじみ感じた」

　「私の本そのものが、江戸のことばで書かれていても、やはり大阪の性格なのに気が付いた。これは『写楽の大首』に描かれた役者の顔が、延二郎のマスクでなければならないという思いつきだったが、そんなことは二の次だ」と厳しい反省が続く。文は「本当の、大阪ものが、大阪からいつも流れてくることを、期待してやまない」

　大阪発の全国番組の製作に関する難しさはいまでも続いている。逆に大阪色を前面に打ち出した番組が全国に普及したが、それが番組制作上の拘束になっていることも事実だ。

　12月12日、第13回芸術祭奨励賞受賞が決定し26日に授賞された。

「芽」（世界初のVTR編集ドラマ）

第13回芸術祭奨励賞受賞　提供：倉敷レーヨン
放送 1958年11月12日（水）20：00～21：30
作：茂木草介　企画・演出：吉村繁雄
演出助手：井尻益次郎　松田行二　荒木左近
　　　　内海重俊
出演：西山嘉孝　森光子　長谷百合　夏川裕子
　　　谷口完　桂美保　三角八重　吉川雅恵
　　　石田茂樹　不破潤　柳原久仁夫　双葉弘子

カメラ：亀井茂　杉山誠　柴田修作
技術：関口健次
ＳＷ：稲川正夫　平井基昭　杉本定男
照明：吉村元成　効果：月村潔　浅尾達男
美監・装置：三木次郎　三島務
装飾：迫田アキラ　衣装：小林一子
化粧：北村方乃　操作：井上照雪
タイトル：竹内志郎
音響効果：月村潔　永海洋　視覚効果：植田勝
美術デザイン：横矢猛　河合弘
スタジオ操作：佐藤弘樹
スタジオ進行：今井賢一
小道具：迫田アキラ　衣装：長友節子
化粧・床山：荒山光

　この作品は豊中市在住の小学生・杉村柚子さん（豊南小学校六年生）が詩と作文で綴った、身辺の事実を基に、茂木草介がドラマ化したもの。

　茂木の残した制作意図には「『家庭の貧困に負けず家族全部が病弱の父親を中心として家庭を立て直して行く』と云う人間の善意を柚子さんを中心として明るく謳い上げた」とある。

　「かんてき長屋」同様、リアルに設計されたセットを使用したドラマであるが、今回はOTVに隣接する空き地に本物同然の長屋を建設し、そこでドラマを演じ、局内のビデオで収録して「切り張り編集」したというのが大きな特徴である。

　Ampex社製に限らず、初期のVTRはいずれも、録画してそのまま再生するための「一時固定用装置」として開発されていたので、このテープを切ったり張ったりすることは「仕様外」の使い方であった。

　このときOTVはVTR編集でドラマを制作したが、最初から意図的に切り貼り編集をしたドラマはこれが世界で初めてだった（普通、そういう場合はフィルムで制作するのだ）。

　当時、現場では「60分用ビデオテープ一本で車が一台買える」といわれ、編集一カ所ごとに決済のハンコが必要だった。同時期に制作された「ビルの谷間」もVTR編集によるものである。

　屋外セットでの撮影は11月9日を予定していたが、雨のため10日に順延され、およそ1日半で編集を終わらせなければならなかった。

　12月12日、第13回芸術祭奨励賞受賞が決定。12月26日に授賞された。

東芝日曜劇場「ビルの谷間」

第13回芸術祭奨励賞受賞
提供：東芝
制作：大阪テレビ放送
放送 1958年11月30日(日) 21：15-22：15
OTV CBC RSK RKB KRT HBC ＶＴＲ収録
作：依田義賢　制作：吉村繁雄　演出：山田智也
演出補：FD 井尻益次郎
AD 松本明　今井久正　石田健一郎
出演：萬代峯子　國本暢子　仲谷昇　左幸子
　　　並木瓶太郎　加藤治子　小池朝雄
　　　立岡光　阪脩　浜田彰夫　岡竜介
　　　松宮準　北村光正　三井洋子　山本昭子
　　　佐藤実　速水雛子　野々村圭　筧田幸男
　　　小島慶四郎
カメラ：亀井茂　牧野治郎　森市郎
ＳＷ：高橋重男　ミキサー：中谷宏
シエダー：尾池弥嗣　マイクマン：杉本定男
照明：角本喜一郎　佐藤哲一
音響効果：月村潔　永海洋　視覚効果：植田勝
美術デザイン：横矢猛　河合弘
スタジオ操作：佐藤弘樹　進行：今井賢一
小道具：迫田アキラ　衣装：長友節子
化粧：荒山光
登場人物
　たこ焼のおばはん（四十五、六歳）
　その娘（二十二歳位）
　新聞記者（二十八歳位）
　或る女（二十五歳位）
　証券屋（五十五、六歳）

女アナウンサー（二十五歳）
ラジオプロデューサー（三十歳）
ホテルのボーイ（三十五歳）
運転手（三十五、六歳）
ホテルの守衛（四十歳位）
客　甲（四十歳前後）
客　乙（同上）
ビル内の人（二十五歳位）
警官（二十七、八歳）
その他　人夫麩の男・女数名

●真夜中を描く

　ビジネス街である堂島・中之島界隈。深夜のビルの谷間でたこ焼きや中華そば、酒などを商う一軒の屋台を舞台に繰り広げられる。
　ドラマ全体のトーンは会話の積み重ねによる地味なものであるが、たとえば冒頭の3分間、ラジオ局（朝日放送）の深夜放送のスタジオ〜OTV社屋アンテナ塔にカメラを揚げて撮影した深夜の中之島の鳥瞰〜地上6階から屋台を見下ろす景色といったスペクタクルに富んだ映像リレーもあり、映像的には動的かつ画期的な作品だったようだ。
　全編ロケーション撮影であり、堂島本社でVTRに記録し、編集・放送した。なお、夜景や夜間のシーンは昼間撮影し、カメラで調整した。
　このドラマは「芽」「写楽の大首」とともに世界で初めてVTRの切り貼り編集で制作されたものである。
　この年は「VTRの活用」に対して「写楽の大首」「芽」とともに第13回芸術祭奨励賞を受賞した。

●冒頭シーン

　「冷たいガラスに囲まれて、プロデューサーの二人が黙々と深夜放送を送っている。優雅なクラシックの音楽がスピーカーから流れている。ガラスの向こうにレシーバアを耳にあてた女アナの姿が望まれる。音楽は消えて女アナの声が流れる」と台本にある。（表記は原文ママ）
　ABC在籍時代に同名のラジオドラマを手掛けた山田智也氏は「最初の三分間を勝負」とするラジオ現場での経験を活かして、ビルの冷たさ、非情さを緊張感のある映像で語りこんだ。
　タイトルバックはクラシック音楽のレコードが回転する画で、これをBGMに通りを流れてゆく車のヘッドライトを映しだす。そこから都会の風景（OTV屋上の鉄塔にカメラをあげて160度くらいのパンで中之島・堂島の夜景を映し出す）を経て、朝日放送ラジオのスタジオにつなぎ、朝日新聞正面の時計台を映し出したあと、広角レンズでビルの谷間を覗き込み、路上の小さなたこ焼き屋台にズームイン…と、タイトル前後にまで緻密なVTR編集が行われた。編集は上出来で、画面が流れることはなかった。

●「谷間」のシーン

　冒頭シーンに続いて、カメラは「おばはん」が営む、ビルの谷間の蛸焼き屋台へ。
　そこに集まるタクシードライバーたちの会話。
　高いビルの上から大声でたこやきの注文。
　たこ焼きは、窓から吊るされた箱に入れられてビルの壁に沿ってスルスルと上がってゆくが、カメラはたこ焼きを「真上から」捉えている。
　この時使用されていたイメージオルシコン管※は、微細な埃などが撮像部に「激突」するのを防ぐため、管を真下に向けることを「禁止」していた。一本で「外車一台」が買えるほどの超高価消耗品であるため、カメラマンたちは、普段からこの管を真下に向けないように気を付けていたのだが、演出の山田智也は「真上からたこ焼きを撮影する」というオーダーをした。
　そこで、カメラマンはできるだけ使用期限の迫った管を装着して撮影に臨んだ。

※【イメージオルシコン管】右中段。当時のテレビカメラに使用されていた撮像管。巨大な茶筒のような形の真空管で、映像を電気信号に変える役目をする。P210参照。

● **コンセプチュアルな映像**

依田義賢氏の記した「制作意図」には

「巨大なビルと蛸焼き屋。

このアンバランスな背景より、

現代の奇妙な世相の縮図を描いてみたい」

と書かれているが、近代的な世界と、取り残された時代の接点こそ「ビルの谷間」の舞台である。

このドラマでは、この近代と過去のコントラストを「巨大ビルとタコ焼き屋台」だけでなく、いくつものシンボリックな映像で表現した。

たとえば、人物が一歩でも屋台を出た時には、必ず背景に巨大なビルをいれた。そのためにカメラをマンホールの中にいれ、ビルの全尺を背景に写すという案まで出たという。

また、ビルの上から人物を豆粒のように小さく撮影する極端なカットを挟むことで、ビルの「縦の線」を強調した。

屋台のシーンでは、必ず屋台の柱を画面の中に入れ、押し詰まって小さく感じる工夫をした。

まるでエイゼンシュテインの「モンタージュ技法」を思わせる作り方である。

● **最後のシーン**

大阪城の空がしらんで、朝日がのぼりはじめる。夜の明けた橋の上はもう電車が通り、バスが通り、人々が群れをなして通っている。

ビルの谷間へ人々の群れが流れ込んでくる。

それにさからうようにして、おばはんが、屋台の車を引いて、去ってゆく。橋の上をおばはんはやどかりが貝殻を背負っているように、屋台の貝殻をひいてゆく…と、台本にはある。

このドラマの台本は「1959年刊テレビ・ドラマ代表作選集（清和書院・刊）」に収録されている。

誰か、この21世紀版を手掛けないだろうか。

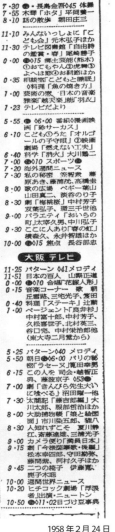

1958年2月24日　　1958年2月25日

雨天順延となった「良弁杉」

テレビ中継用マイクロウェーブ網の進行図（1958年6月）

1958.2

- 志摩で神社の大木にセスナ機が接触。墜落して全員死亡。
- 大阪大学、核融合反応に成功。
- 芦屋市の中心部でラジウム泉が発見される。

●2月1日（土）

1115 テストパターン
1130 オープニングメロディ
1140 音楽へのいざない
　　　「ピアノ独奏」豊増昇
1200 OTV ニュース
1210 金語楼のお巡りさん
　　　柳家金語楼　由利徹他
1240 テレビガイド
1245 料理手帖「がんもどき」
　　　石本
1300 京だより「鞍馬天狗（KR）」
1315 短編映画「人類の夢」
1330 歌謡大会・純愛の砂
　　　（東京産経ホール）
　　　大津　林　若原　水原他
1615 テストパターン
　　　（クラシックハイライト）
1630 オープニングメロディ
1645 対談「再開国会をめぐり」
　　　細川隆元　林道助
1710 短編映画「BG楽団」
1742 マンガ横町
1750 毎日新聞テレビニュース
1800 ぼくのわたしの音楽会
　　　芦屋市立精道小学校児童
1815 素人のど競べ　暁テル子
1845 テレビガイド
1850 あしたのお天気
1853 OTV ニュース
1900 街のチャンピオン
1930 ほろにがショー
　　　何でもやりまショー
　　　　＊この日OTV発
　　　三國一朗　阪神・南海選手
2000 磯川兵助功名噺
　　　榎本健一　他
2030 白い桟橋「港を歩く」
　　　松本朝夫他（NTV/OTV）
2100 話題のアルバム
2115 日真名氏飛び出す（KR）
　　　「凍った街」解決編
2145 芸能トピックス
2200 NEC 劇場・右門捕物帳
　　　（KR）
2230 テレビガイド
2235 ドラッグネット
　　　「52歳の抵抗」
2320 OTV ニュース
2332 日づけ豆辞典（OTVF）
2335 お天気◇おしらせ

●2月2日（日）

840 テストパターン 55 おしらせ
900 なかよし N 10 マンガ公園
945 スーパーマン
　　　「スーパーマンの結婚」
1015 テレビ週報（政府）
　　　「伸びる■」
1030 OTV ワールド・スポーツ
1045 モーニング・ミュージック
1100 たのしい生活を「雪の生活」
　　　森田たま他
1115 海外トピックス
1130 経済サロン
　　　「繊維の不況を探る」
1200 OTV ニュース 10 ガイド
1215 ダイラケのびっくり捕物帖
　　　「通りゃんせ」前篇
　　　ダイマル・ラケット森光子
　　　中村あやめ　藤田まこと他
1245 OK 横丁に集まれ（NTV）
1315 短編映画
　　　「百獣の王ライオン」
　　　撮影メモ　40 短編映画
1400 日曜テレビ観劇会
　　　「新宿コマ喜劇・母は嘆かず」
　　　ミヤコ蝶々・南都雄二
　　　柳家金語楼　山田真二他
1630 全日本ボクシング新人王
　　　決定戦（中央公会堂）
1730 OTV 週間テレビニュース
1745 テレビガイド
1750 お天気 54 OTV ニュース
1800 プレイハウス
1830 私も出ましょうトニー谷
1900 サーカス・ボーイ
1930 紅あざみ
2000 金四郎江戸桜（NTV）
2030 ダイヤル 110 番（NTV）
　　　「血染めのジャッキー」
2100 アンテナは見ている（KR）
2115 東芝日曜劇場「ミスター
　　　浦島」（KR）菊田一夫・作
　　　外崎恵美子　島田正吾
　　　他　新国劇
2215 ダイハツスポーツウィクリー
2230 プロ野球珍放談 45 ガイド
2250 OTV ニュース 02 お天気
2305 日づけ豆辞典（OTVF）
2308 おしらせ　放送終了

第2章「熱狂」

●2月3日（月）

1125 テストパターン モーツァルト曲
1141 オープニングメロディ
　　　斎藤超とニューサウンズ
1151 日本の百人 「茅誠司」
1200 OTV ニュース10一曲どうぞ
1215 ミュージックコーナー (KR)
　　　宝とも子 ■■貞子他
1240 テレビガイド
1245 料理手帖「エッグドリア」
　　　辻勲 稲田英子
1300 おしらせ◇放送休止
1715 テストパターン（ジャズを
　　　どうぞ）
1732 オープニングメロディ
　　　斎藤超とニューサウンズ
1742 マンガ横町
1750 朝日新聞テレビニュース
1800 パリの秘密「女囚」
1815 ポポンタイムこの人を (NIV)
1845 テレビガイド
1850 あしたのお天気
1853 OTV ニュース
1900 キンピラ先生青春記
　　　「きんぴら先生抵抗す」
1930 太閤記 (NTV)「藤吉郎編」
2000 大助捕物帳 (NTV)
　　　「秘密の一万両」前篇
　　　市川染二郎 中村万之助
　　　丘久美子他
2030 ナショナルＴＶホール (KR)
　　　人知れずこそ
　　　飛鳥みさ子 大塚国夫他
2100 防寒方あの手この手
　　　川西孝子 音羽美子
　　　山東昭子
2115 ウロコ座「声」前篇
　　　松本清張・原作佐野周二
　　　三井弘次 藤間紫 坂本武
　　　細川俊夫 宮城千賀子
2145 月曜対談・２つの椅子
　　　今井栄文 今東光
2200 OTV 週刊世界ニュース
2215 ニッカ・ヒッチコック劇場
2245 ガイド
2250 OTV ニュース
2302 日づけ豆辞典 (OTVF)
2305 お天気◇おしらせ◇終了

●2月4日（火）

1125 テストパターン
1142 オープニングメロディ
　　　斎藤超とニューサウンズ
1152 日本の百人 「吉川英治」
1200 OTV ニュース
1210 一曲どうぞ
1215 歌う青春列車 音羽 上月他
1240 テレビガイド
1245 料理手帖「即席クリームスープ」
　　　井上幸作◇休止
1715 テストパターン
1732 オープニングメロディ
1742 マンガ横町「バディのみた夢」
1750 毎日新聞テレビニュース
1800 盗まれた宝石
　　　松田明 小倉徳七他
1815 名犬リンチンチン
　　　「ロロミーの心」
1845 テレビガイド
1850 あしたのお天気
1853 OTV ニュース
1900 テレビ浮世亭 落語：
　　　円生 漫談：牧野
1930 姿三四郎「山嵐の章」
2000 山一名作劇場 (NTV)
　　　「天皇の帽子」柳谷寛
　　　中村是好 藤村有弘
　　　初井言栄 英百合子
　　　夢声
2030 サンヨーテレビ劇場 (KR)
　　　夫婦百景より「学生夫婦」
　　　津川 野添ひとみ 夢声
　　　戸川
2100 近鉄パールアワー・
　　　おっさん人生
　　　「月掛貯金の巻」
　　　エンタツ 三角八重
　　　柿木汰嘉子 筧浩一他
2115 ピアス劇場破れ大鼓
　　　柳永二郎 千石規子他
2145 ミナロンドリームサロン
　　　東郷たまみ 細川大伴
　　　千春 ジョージ岡
2200 マーチンケイン捜査シリーズ
　　　「脱獄囚」
2230 きまぐれジョッキー
2245 テレビガイド
2250 OTV ニュース
2302 日づけ豆辞典 (OTVF)
2305 お天気◇おしらせ◇終了

●2月5日（水）

1125 テストパターン
1141 オープニングメロディ
1151 日本の百人「阿部真之介」
1200 OTV ニュース
1210 一曲どうぞ
1215 ファッションミュージック
　　　「スキーに行きません」
1240 テレビガイド
1245 料理手帖「卵とハムの
　　　磯蒸し」辻千代子
　　　広瀬修子
1300 おしらせ◇放送休止
1715 テストパターン
1732 オープニングメロディ
1742 マンガ横町
1750 毎日新聞テレビニュース
1800 団子串助漫遊記「初午」
　　　中村米治郎 かつら五郎
　　　春日井真澄他
1815 獅子文六アワー (NTV)
　　　悦ちゃん45 テレビガイド
1850 あしたのお天気
1853 OTV ニュース
1900 わが輩ははなばな氏 (KR)
1930 歌はあなたとともに
　　　藤島恒夫 松山恵子
　　　丸山美智子 津川洋一
2000 散る花
　　　滝沢修・作 高田俊枝
　　　高野由美 清水将夫他
　　　民芸
2100 ピアノ独奏 真木利一
　　　※南海丸事故により
　　　「コント千一夜」休止
2115 宮本武蔵 (NTV)
2145 ニッケ・ジャズパレード
　　　宇治かほる他
2200 ありちゃんのおかっぱ侍
　　　八波むと志 中原早苗他※
2230 テレビガイド
2235 時の眼 林田重五郎
　　　（朝日新聞）
2250 OTV ニュース
2302 日づけ豆辞典 (OTVF)
2305 あしたのお天気
2308 おしらせ 放送終了

●2月6日（木）

1125 テストパターン（クラシック）
1141 オープニングメロディ
　　　斎藤超とニューサウンズ
1151 日本の百人「浅沼稲二郎」
1200 OTV ニュース10一曲どうぞ
1215 映画の窓 (KR)「崖」
　　　（クロホード）解説：狄률弘
1245 料理手帖「フナの甘露煮」
　　　平田武・佐藤紀枝◇休止
1715 テストパターン（クラシック）
1732 オープニングメロディ
　　　斎藤超とニューサウンズ
1742 マンガ横町
1750 朝日新聞テレビニュース
1800 カゴメ劇場 母恋草
　　　小田稔・演出
　　　田村幸三・脚本
　　　植木基晴 植草千恵
　　　広野みどり 海老江寛
1815 ますらを派出大会 (KR)
　　　水戸光子 鈴木光枝他
1845 ガイド50 あしたのお天気
1853 OTV ニュース
1900 スーパースターメロディ
　　　「鷲と鷹」「俺よ待ってるぜ」
　　　石原裕次郎 神戸一郎
　　　若杉
1930 宝塚テレビ劇場
　　　「スターとともに」
　　　踊：時凡子
　　　唄：浜木綿子 藤里美保
　　　タップ：内重のぼる
　　　エレガントガールズ
2000 ロビンフッドの冒険
　　　「ピエールとチモシイ」
2030 鞍馬天狗 (KR)
2100 奥様多忙 (KR)「手擢愛の紳士」
　　　江見渉 山岡久乃他
2115 目で聴く話題雨嵐曇 (NIV)
　　　水谷良重 南道郎 夢声
2145 おはこうら表 (NIV/OTV)
2200 日立劇場 宇野信夫
　　　ドラマ「花ふる雨」後篇
　　　海老蔵 羽左右衛門
　　　藤間紫
2230 私のコレクション
　　　「役者錦絵」鞴助45 ガイ
　　　ド 50 ニュース
2302 日づけ豆辞典 (OTVF)
2305 お天気 08 おしらせ 終了

●2月7日（金）

1125 テストパターン
1141 オープニングメロディ
1151 日本の百人「杉村春子」
1200 OTV ニュース10一曲どうぞ
1215 テレビ寄席 トップライト
　　　小勝40 テレビガイド
1245 料理手帖「おべんとう下詰
　　　め合わせ」堀越フサエ
1615 テストパターン
1630 オープニングメロディ
1640 OTV スポーツファンシート
　　　プロレス・アワー
　　　（阿倍野体育館）
　　　坂田・芳の里―東富士・
　　　豊登 解説：力道山
1742 マンガ横町
1750 朝日新聞テレビニュース
1800 赤胴鈴之助 吉田豊明他
1815 明るい家庭 岡部伊都子
　　　「青少年の心に灯を」
1830 ポケット劇場
　　　「うりこひめとあまんじゃく」
　　　ブッテ
1845 テレビガイド
1850 あしたのお天気
1853 OTV ニュース
1900 テレビぴよぴよ大学 (KR)
1930 花王ワンダフルクイズ (NIV)
2000 京阪テレビカー
　　　「コメディ・宇宙人登場」
　　　かしまし娘川上のぼる
2030 特ダネを逃がすな (KR)
　　　「見知らぬ港」前篇
2100 野球教室「記録について」
　　　中川
2115 ハーバー・コマンド
　　　「パナマ帽の男」
　　　声・阪修
2145 三越映画劇場「撮影風景」
2200 ドラッグネット
　　　「車売りたし」
　　　ジェック・ウェッブ他
2230 小唄教室 (KR) 井上恵以
2245 テレビガイド
2250 OTV ニュース
2302 日づけ豆辞典 (OTVF)
2305 お天気◇おしらせ◇終了

●2月8日（土）

1125 テストパターン
1141 オープニングメロディ
　　　斎藤超とニューサウンズ
1151 日本の百人「清水崑」
1200 OTV ニュース
1210 金語楼のお巡りさん
　　　柳家金語楼 由利徹他
1240 テレビガイド
1245 料理手帖「小ダイの雀あげ」
　　　世渡三郎
1300 京だより 鞍馬天狗
　　　「三十三間堂」
1315 おしらせ◇放送休止
1715 テストパターン
　　　（クラシックハイライト）
1732 オープニングメロディ
　　　斎藤超とニューサウンズ
1742 マンガ横町
1750 朝日新聞テレビニュース
1800 ぼくのわたしの音楽会
　　　大阪市立精華小学校生徒
1815 素人のど自慢べ 暁テル子
1845 テレビガイド
1853 OTV ニュース
1900 街のチャンピオン
　　　トップライト
1930 ほろにがショー
　　　何でもありまショー (NIV)
　　　「夫婦特集」三國一朗
2000 磯川兵助功名噺 (NTV)
2030 白い桟橋 (NIV/OTV)
2100 話題のアルバム
2110 芸能トピックス
2115 日真名氏飛び出す (KR)
　　　「岩石落とし」前篇
2145 芸能トピックス
2200 NEC 劇場・石門捕物帳
2230 テレビガイド
2235 シューベルト
　　　「ピアノ三重奏曲第一」
　　　川澄康哉他
2255 OTV ニュース
2307 日づけ豆辞典 (OTVF)
2310 あしたのお天気
2313 おしらせ

●2月9日（日）

845 テストパターン 55 おしらせ
900 なかよしニュース
945 スーパーマン
1015 テレビ週報（政府）・
　　　政府から国民の皆様へ
　　　「地下に拡がる交通」
1030 OTV ワールド・スポーツ
1045 歌 沢村みつ子他
1100 たのしい生活を
　　　「ホーム・バーの魅力」
1115 海外トピックス
1130 綺済サロン「財産のつくり方」
1200 OTV ニュース
1215 ダイラケのびっくり捕物帖
　　　「通りゃんせ」後篇
　　　ダイマル・ラケット 森光子
　　　中村あやめ 藤川まこと他
1245 OK 横丁に集まれ (NTV)
1315 短編映画
　　　「鷹匠と子供たち」
1330 ナショナル
　　　サンデープレゼント
　　　日曜テレビ観劇会
　　　新喜劇「祇園の雪」(中座)
　　　天外石浜薫明蝶五郎八他
1730 OTV 週刊テレビニュース
1746 ガイド◇あしたのお天気
1754 OTV ニュース
1800 プレイハウス
1830 私も出ましょう
　　　秋水 染丸
1900 サーカス・ボーイ
1930 紅あざみ
2000 金四郎江戸桜 (NTV)
　　　坂東好太郎他
2030 ダイヤル 110 番 (NTV)
　　　「脱走六日間」
2100 アンテナは見ている
　　　「暖かい風」
2115 東芝日曜劇場「ミュージカル
　　　コメディ・勝負はなまった」
　　　(KR) フランキー堺
　　　草笛光子 キートン他
2215 ダイハツスポーツウィクリー
2230 プロ野球周辺放談
2250 OTV ニュース
2302 日づけ豆辞典 (OTVF)
2305 お天気◇おしらせ◇終了

※【おかっぱ侍】5日 22:00 分は、東京宝塚劇場の火災で有島一郎が負傷したため八波むと志が代演。

●2月10日（月）

- 1125 テストパターン
- 1141 オープニングメロディ
  岡田博トリオ
- 1151 日本の百人「朝比奈■■」
- 1200 OTVニュース10一曲どうぞ
- 1215 ミュージックコーナー（KR）
  朝丘雪路他
- 1240 テレビガイド
- 1245 料理手帖「スタフドエッグ
  ボンフューム」辻勲
- 1300 おしらせ◇放送休止
- 1715 テストパターン
- 1732 オープニングメロディ
  岡田博トリオ
- 1742 マンガ横町
  「こま鳥を殺したのは誰か」
- 1750 毎日新聞テレビニュース
- 1800 パリの秘密「面会人」
- 1815 ポポンタイムこの人を（NIV）
- 1845 テレビガイド
- 1850 あしたのお天気
- 1853 OTVニュース
- 1900 キンピラ先生青春記
  「きんぴら先生お祝いす」
- 1930 太閤記（NTV）「藤吉郎編」
- 2000 大助捕物帳（NTV）
  「秘密の一万両」後篇
- 2030 ナショナルTVホール（KR）
  ・人知れずこそ飛鳥みさ子
  大塚国夫他
- 2100 カメラだより北から南から
- 2115 ウロコ座「声」後篇
  松本清張・原作
  佐野周二 三井弘次
  藤間紫 坂本武
  細川俊夫 宮城千賀子
- 2145 月曜対談・2つの椅子
  オーチス・ケリー
  吉村正一郎
- 2200 OTV週間世界ニュース
- 2215 テレビガイド
- 2220 ニッカ・ヒッチコック劇場
  「そしてリアブリンスカは
  死んだ」
- 2245 テレビ50 OTVニュース
- 2302 日づけ豆辞典（OTVF）
- 2305 お天気◇おしらせ◇終了

●2月11日（火）

- 1125 テストパターン
- 1142 オープニングメロディ
  岡田博トリオ
- 1152 日本の百人「木下恵介」
- 1200 OTVニュース
- 1210 一曲どうぞ
- 1215 歌う青春列車「富士山
  サヨナラ」音羽美子
  上月左知子他
- 1240 テレビガイド
- 1245 料理手帖「魚肉だんご」
  井上幸作
- 1300 おしらせ◇放送休止
- 1715 テストパターン
- 1732 オープニングメロディ
  岡田博トリオ
- 1742 マンガ横町
- 1750 朝日新聞テレビニュース
- 1800 盗まれた宝石
  松田明 小倉徳七他
- 1815 名犬リンチンチン
  「うらぎられた信頼」
- 1845 テレビガイド
- 1850 あしたのお天気
- 1853 OTVニュース
- 1900 テレビ浮世亭
  柳枝・喜代子かしまし娘
- 1930 姿三四郎「離合の章」
- 2000 山一名作劇場（NTV）
  「天皇の帽子」
  中村是好
  藤村有弘 初井言栄
  英百合子 夢声
- 2030 サンヨーテレビ劇場（KR）
  「夫婦百景」中間夫婦
  小池朝雄他
- 2100 近鉄パールアワー・
  おっさん人生 エンタツ
  三角八重 柿木汰嘉子
  筧浩一他
- 2115 ピアス劇場 破れ太鼓
  柳永二郎 千石規子他
- 2145 ミナロンドリームサロン
  ピンボーダナオ
  大伴高春 ジョージ岡
- 2200 マーチンケイン捜査シリーズ
  「劇場の殺人」
- 2230 きまぐれジョッキー
- 2245 テレビガイド
- 2250 OTVニュース
- 2302 日づけ豆辞典（OTVF）
- 2305 お天気 08おしらせ、終了

●2月12日（水）

- 1125 テストパターン
- 1141 オープニングメロディ
  岡田博トリオ
- 1151 日本の百人「棟方志功」
- 1200 OTVニュース
- 1210 一曲どうぞ
- 1215 ファッションミュージック
  「ぴんぼけ人生」
- 1240 テレビガイド
- 1245 料理手帖「カキの石焼」
  辻徳光 広瀬修子
- 1300 おしらせ◇放送休止
- 1715 テストパターン
- 1732 オープニングメロディ
  岡田博トリオ
- 1742 マンガ横町
- 1750 朝日新聞テレビニュース
- 1800 団子串助漫遊記
  「消えた死体」
  中村栄治郎 かつら五郎
  春日井真澄他
- 1815 獅子文六アワー（NTV）
  悦ちゃん45 テレビガイド
- 1850 あしたのお天気
- 1853 OTVニュース
- 1900 わが輩ははなばな氏（KR）
- 1930 歌はあなたとともに
  高田浩吉 島倉千代子
  神戸一郎 能沢佳子
- 2000 ジョンウエイン西部劇
  「正義の白覆面」
- 2100 コント千一夜 森光子 他
- 2115 宮本武蔵（NTV）
- 2145 ニッケ・ジャズパレード
  ダークダックス
- 2200 ありちゃんのおかっぱ侍
  「よろめき三人大工」
  有島一郎 中原早苗他
- 2230 テレビガイド
- 2235 時の眼 田中菊次郎
- 2250 OTVニュース
- 2302 日づけ豆辞典（OTVF）
- 2305 あしたのお天気
- 2308 おしらせ

●2月13日（木）

- 1125 テストパターン（クラシック）
- 1141 オープニングメロディ
  岡田博トリオ
- 1151 日本の百人「山田五十鈴」
- 1200 OTVニュース10一曲どうぞ
- 1215 テレビ寄席 トップライト
  あやつり人形「八百屋
  お七」
- 1240 テレビガイド
- 1245 料理手帖「栗まんじゅう
  と赤貝の鉄砲あえ」田中
  ◇おしらせ◇休止
- 1715 テストパターン（クラシック）
- 1732 オープニングメロディ
  岡田博トリオ
- 1742 マンガ横町「銀行家の娘」
- 1750 毎日新聞テレビニュース
- 1800 カゴメ劇場 母恋享
  小田稔・演出 田村幸二・
  脚本 植木基晴 植草千恵
  広野みどり 海老江寛
- 1815 ますらを派出夫会（KR）
  ねらわれた宝石の巻
- 1845 ガイド50 天気灯53 ニュース
- 1900 スーパースターメロディ
  東京特集 鶴田浩二
  「愛情の都」宝田明
- 1930 宝塚テレビ劇場
  「民話 不知火物語」
  南城照美 吉月朱美
- 2000 ロビンフッドの冒険
  「喧嘩法師」
- 2030 鞍馬天狗（KR）
  「江戸八百八町」
- 2100 奥様多忙（KR）
- 2115 目で聴く話題 雨風曇
  （NTV）「よろめき国会」
- 2145 おはこう表（NTV/OTV）
  ゲスト・河原崎
- 2200 日立劇場（KR）
  宇野信夫ドラマ
  「人情噺・小判一両」
  尾上松緑 市村羽左衛門
  尾上鯉三郎
- 2230 私のコレクション「櫛・簪」
  永田七郎
- 2245 ガイド2250 OTVニュース
- 2302 日づけ豆辞典（OTVF）
- 2305 お天気◇おしらせ◇終了

●2月14日（金）

- 1125 テストパターン
- 1141 オープニングメロディ
  岡田博トリオ
- 1151 日本の百人「鮎川義介」
- 1200 OTVニュース
- 1210 一曲どうぞ
- 1215 映画の窓（KR）「眼には眼を」
- 1240 テレビガイド
- 1245 料理手帖「くうや鍋」
  石原俊秋
- 1300 おしらせ◇放送休止
- 1615 テストパターン
- 1630 オープニングメロディ
  岡田博トリオ
- 1640 OTVスポーツファンシート
  プロレス・アワー（阿部野
  体育館）東富士 芳の里
  長沢 ユセフ・トルコ他
  レフェリー・力道山
- 1742 マンガ横町
- 1750 新聞テレビニュース
- 1800 赤胴鈴之助 吉田豊明 他
- 1815 明るい家庭「敦煌芸術」
- 1830 ポケット劇場「さるかに物語
  人形劇団クラルテ他
- 1845 ガイド◇お天気◇ニュース
- 1900 テレビぴよぴよ大学（KR）
- 1930 花王ワンダクイズ（NTV）
- 2000 京阪テレビカー「歌時計」
  十郎・雁玉 吉川雅恵
  日高久他
- 2030 特ダネを逃がすな（KR）
  「見知らぬ港」後篇
- 2100 野球教室「記録について」
- 2110 テレビガイド
- 2115 ハーバー・コマンド
  「ある知能犯罪」声・阪修
- 2145 三越映画劇場「撮影風景」
- 2200 ドラッグネット
  「幸運のサンドイッチ」
  ジェック・ウェップ他
- 2230 小唄教室
  蓼胡志春 林家正蔵
- 2245 ガイド2255 OTVニュース
- 2302 日づけ豆辞典（OTVF）
- 2305 お天気◇おしらせ◇終了

●2月15日（土）

- 1125 テストパターン
  （クラシックハイライト）
- 1141 オープニングメロディ
  岡田博トリオ
- 1151 日本の百人「吉田文五郎」
- 1200 OTVニュース
- 1210 金語楼のお巡りさん
  柳家語楼 由利徹他
- 1240 テレビガイド
- 1245 料理手帖「舌ヒラメの詰物
  チロル風」辻本忠三郎
- 1300 京だより「西陣織」
- 1315 おしらせ◇放送休止
- 1715 テストパターン
  （クラシックハイライト）
- 1732 オープニングメロディ
  岡田博トリオ
- 1742 マンガ横町
- 1750 毎日新聞テレビニュース
- 1800 ぼくのわたしの音楽会
- 1815 素人のど競べ 暁テル子
- 1845 テレビガイド
- 1853 OTVニュース
- 1900 街のチャンピオン
  司会・トップライト
- 1930 ほろにがショー・
  何でもやりまショー（NIV）
  （後楽園より）三國一朗
- 2000 磯川兵助功名噺（NTV）
  「小判と芋」前篇
  榎本健一 浅野進治郎他
- 2030 白い桟橋「貸した部屋」
  （NTV/OTV）
- 2100 話題のアルバム
- 2110 テレビガイド
- 2115 日真名氏飛び出す（KR）
  「岩石落とし」解決編
- 2145 芸能トピックス
- 2210 NEC劇場・右門捕物帳
  （KR）
- 2230 テレビガイド
- 2235 独唱「月の光」「夢のあとに」
  「アベ・マリア」
  福沢アクリビィ
- 2255 OTVニュース
- 2307 日づけ豆辞典（OTVF）
- 2310 あしたのお天気
- 2313 おしらせ◇放送終了

●2月16日（日）

- 840 テストパターン55 おしらせ
- 900 なかよしニュース
- 910 マンガ公園「銀行家の娘」他
- 945 スーパーマン「冷凍人」
- 1015 テレビ週報（政府）
  「海上自衛隊ハワイ訪問」
- 1030 OTVワールド・スポーツ
- 1045 ミュージック 武井義明
- 1100 たのしい生活を
  「わが道を往く」伊藤喜朔
- 1115 海外トピックス
- 1130 実況中継「海に伸びる工場」
  【雨天の時】映画
- 1200 OTVニュース
- 1215 ダイラケのびっくり捕物帖
  「鶴を折る女」前篇
- 1245 OK 横丁に集まれ（NTV）
  ◇休止
- 1415 ナショナルサンデープレゼント
  日曜テレビ観劇会
  「近松物語」
  （新橋演舞場公演）
  藤間成太郎 水谷八重子
  花柳章太郎◇休止
  ◇パターン
- 1730 OTV週間テレビニュース
- 1746 ガイド◇あしたのお天気
- 1754 OTVニュース
- 1800 プレイハウス「賞金」
- 1830 私も出ましょう
- 1900 サーカス・ボーイ
- 1930 紅あざみ「花の都」
- 2000 金四郎江戸桜（NTV）
  「青龍刀の鬼」
- 2030 ダイヤル110番「拳銃」（NIV）
- 2100 アンテナは見ている
  「可愛い奥さん」
- 2115 東芝日曜劇場 歌劇ガバ
  レリアルスチカーナ（KR）
  三枝喜美子 高田信男
  友竹正則 今村桜子
  新室内管弦楽団他
- 2215 ダイハツスポーツウィクリー
- 2230 プロ野球炉辺放談
- 2250 OTVニュース
- 2302 日づけ豆辞典（OTVF）
- 2305 お天気◇おしらせ◇終了

●2月17日（月）

1125 テストパターン
1141 オープニングメロディ
　　シンギングピアノ：
　　岩崎洋
1151 日本の百人「田中耕太郎」
1200 OTVニュース
1210 一曲どうぞ 青木光一
1215 ミュージックコーナー(KR)
　　旗照夫 東郷たまみ
1240 テレビガイド
1245 料理手帖「カリフラワーの
　　コロッケ」辻勲
1300 おしらせ◇放送休止
1715 テストパターン
1732 オープニングメロディ
　　シンギングピアノ：岩崎洋
1742 マンガ横町
1750 毎日新聞テレビニュース
1800 パリの秘密「屋根裏」
1815 ポポンタこの人を(NIV)
1845 ガイド50あしたのお天気
1853 OTVニュース
1900 キンピラ先生青春記
　　「きんぴら先生お点前す」
1930 太閤記
　　「藤吉郎編」
2000 大助捕物帳 (NTV)
　　「水茶屋の女」
2030 ナショナルTVホール(KR)・
　　「人知れずこそ」
2100 カメラだより北から南から
　　「おとな顔負け」
2115 ウロコ座「おまん源五兵衛・
　　今様薩摩歌
　　（杏花十種の内）」前篇
　　松本幸四郎 守田勘弥
　　藤間紫 笠川武夫
　　汐見洋 村田嘉久子
2145 月曜対談・2つの椅子
　　「放送法」
　　四宮恭二 加藤三之雄
2200 OTV 週間世界ニュース
2215 ニッカ・ヒッチコック劇場
　　「アリバイ」
2245 テレビガイド
2250 OTVニュース
2302 日づけ豆辞典 (OTVF)
2305 あしたのお天気
2308 おしらせ◇放送終了

●2月18日（火）

1125 テストパターン
1142 オープニングメロディ
　　シンギングピアノ：
　　岩崎洋
1152 日本の百人「喜多六平太」
1200 OTVニュース
1210 一曲どうぞ 旗照夫他
1215 歌う青春列車 音羽上月他
1240 テレビガイド
1245 料理手帖「オイスター・
　　ステーキ」井上幸作
1715 テストパターン
1732 オープニングメロディ
　　シンギングピアノ：
　　岩崎洋
1742 マンガ横町
1750 朝日新聞テレビニュース
1800 盗まれた宝石
　　松田明 小倉徳七他
1815 名犬リンチンチン
　　「真珠の行方」
1845 テレビガイド
1850 あしたのお天気
1853 OTVニュース
1900 テレビ浮世亭
　　落語：「くやみ」円遊
　　漫才：英二・喜美江
1930 姿三四郎「離合の章」
2000 山一名作劇場 (NTV)
　　「天皇の帽子」柳谷寛
　　中村是好 藤村有弘
　　初井言栄 英百合子
　　夢声
2030 サンヨーテレビ劇場(KR)
　　「夫婦百景」晩い結婚
　　佐々木すみ江 下條正巳
　　柳永二郎 千石規子
　　三島耕 中村メイ子
2100 近鉄パールアワー・
　　おっさん人生
　　「今日は公休日の巻」
2115 ピアス劇場破れ太鼓
　　柳永二郎 千石規子他
2145 ミナロンドリームサロン
　　大併千春 ジョージ岡
2200 マーチンケイン捜査シリーズ
　　「狙われた切手」
2230 きまぐれジョッキー
2245 テレビガイド
2250 OTVニュース
2302 日づけ豆辞典 (OTVF)
2305 お天気08おしらせ、終了

●2月19日（水）

1125 テストパターン
1141 オープニングメロディ
　　シンギングピアノ：
　　岩崎洋
1151 日本の百人「中島健蔵」
1200 OTVニュース
1210 テレビガイド
1210 一曲どうぞ
1215 ファッションミュージック
　　J柴田 三保敏郎
1240 テレビガイド
1245 料理手帖「カニの甲羅揚げ」
　　辻徳光 広瀬修子
1300 おしらせ◇放送休止
1715 テストパターン
1732 オープニングメロディ
　　シンギングピアノ：
　　岩崎洋
1742 マンガ横町
1750 朝日新聞テレビニュース
1800 カゲム劇場 母恋草
1815 ますらを派出夫会(KR)
　　ちゃっかり娘の巻
1845 ガイド50あしたのお天気
1853 OTVニュース
1900 スーパースターメロディ
　　ディック・ミネ 霧島昇
　　東海林太郎 渡辺はま子
1930 宝塚テレビ劇場
　　「バレエソーピーと讃美歌」
　　淀かほる 打吹美砂他
2000 ロビンフッドの冒険
　　「飢えた村人たち」
2030 鞍馬天狗(KR)「お芳の巻」
2100 奥様多忙(NIV)「梅匂う夜」
2115 目で聴く話題 雨展風暑
　　(NTV)
　　「狭き門」稲中文部次官
　　サトウハチロー
2145 おはこうら表(NTV/OTV)
　　葬原邦子
　　ゲスト・水谷良重
2200 日立劇場(KR)
　　宇野信夫ドラマ
　　「人情新・小判一両」
　　尾上松緑 市村羽左衛門
2230 私のコレクション
　　「明の染付皿」
　　坂野清夫 森光子
2245 ガイド50 OTVニュース
2302 日づけ豆辞典 (OTVF)
2305 お天気◇おしらせ◇終了

●2月20日（木）

1135 テストパターン
1141 オープニングメロディ
　　シンギングピアノ：
　　岩崎洋
1151 日本の百人「槙有恒」
1200 OTVニュース
1210 一曲どうぞ「ミアルカ」
1215 テレビ寄席 トップライト
　　浪曲「火事息子」菊春
1240 テレビガイド
1245 料理手帖「サケの白菜巻」
1300 おしらせ◇放送休止
1715 テストパターン
　　（クラシック）
1615 テストパターン
1630 オープニングメロディ
1640 OTV スポーツファンシート
　　プロレス・アワー
　　（阿倍野体育館）
　　東富士-長沢
　　玉ノ川-竹村
　　他 解説・力道山
1742 マンガ横町
1750 朝日新聞テレビニュース
1800 赤胴鈴之助 吉田豊明他
1815 明るい家庭
　　「染色ところどころ」
　　木村春子 小倉敬二
1830 ポケット劇場
　　「さるかに物語」
　　人形劇団クラルテ他
1845 ガイド50あしたのお天気
1853 OTVニュース
1900 テレビぴよぴよ大学(KR)
1930 花J ワンダフルクイズ(NIV)
2000 京阪テレビカー
　　「音楽バラエティ・キューバ
　　の恋人たち」
　　かしまし娘 川上のぼる
2030 特ダネを逃がすな(NIV)
　　「棄てられた自転車」
2100 野球教室「記録について」
　　中川金三 久保顕次
2115 ハーバー・コマンド
2145 三越映画劇場「撮影風景」
2200 ドラッグネット
　　「凶悪強盗ブル」
2230 小唄教室 松風綱他
2245 テレビガイド
2250 OTVニュース
2302 日づけ豆辞典 (OTVF)
2305 あしたのお天気
2308 おしらせ 放送終了

●2月21日（金）

1125 テストパターン
1141 オープニングメロディ
　　シンギングピアノ：
　　岩崎洋
1151 日本の百人「丹羽文雄」
1200 OTVニュース
1210 一曲どうぞ「シャイン」
　　旗
1215 映画の窓(KR)「情婦」
　　解説：荻昌弘40ガイド
1245 料理手帖「フローレンス風
　　クロケット」野尻千草
1300 おしらせ◇放送休止
1715 テストパターン
1732 オープニングメロディ
　　シンギングピアノ：
　　岩崎洋
1742 マンガ横町
1750 朝日新聞テレビニュース
1800 ぼくのわたしの音楽会
　　大阪市立弘治小学生
1815 素人が競べ 暁テル子
1845 テレビガイド
1853 OTVニュース
1900 街のチャンピオン
　　トップライト
1930 ほろにがショー
　　何でもやりまショー (NIV)
2000 磯川兵助功名噺
　　「小判と芋」後篇
　　榎本健一 浅野進治郎他
2030 白い桟橋「最後の仕事」
　　(NIV/OTV)
2100 話題のアルバム
2110 テレビガイド
2115 日真名氏飛び出す(KR)
　　「春来たりなば」前篇
2145 芸能トピックス
2200 NEC 劇場・右門捕物帳
　　(KR)
2230 テレビガイド
2235 音楽ショパン「バラード」
　　ラベル「水の精」他
　　ピアノ：金沢桂子
2255 OTVニュース
2307 日づけ豆辞典 (OTVF)
2310 あしたのお天気
2313 おしらせ◇放送終了

●2月22日（土）

1125 テストパターン（クラシック）
1141 オープニングメロディ
　　シンギングピアノ：
　　岩崎洋
1151 日本の百人「三原脩」
1200 OTVニュース
1210 金語楼のお巡りさん
　　柳家金語楼 由利徹他
1240 テレビガイド
1245 料理手帖「さといもの唐揚げ」
　　堀田吉夫
1300 京だより「京舞」
1315 おしらせ◇放送休止
1715 テストパターン
1732 オープニングメロディ
　　シンギングピアノ：
　　岩崎洋
1742 マンガ横町
　　「アリババと40人の盗賊」
1750 毎日新聞テレビニュース
1800 ぼくのわたしの音楽会
　　大阪市立弘治小学生
1815 素人お客競べ 暁テル子
1845 テレビガイド
1853 OTVニュース
1900 街のチャンピオン
　　トップライト
1930 ほろにがショー
2000 磯川兵助功名噺
　　「小判と芋」後篇
　　榎本健一 浅野進治郎他
2030 白い桟橋「最後の仕事」
　　(NIV/OTV)
2100 話題のアルバム
2110 テレビガイド
2115 日真名氏飛び出す(KR)
　　「春来たりなば」前篇
2145 芸能トピックス
2200 NEC 劇場・右門捕物帳
　　(KR)
2230 テレビガイド
2235 音楽ショパン「バラード」
　　ラベル「水の精」他
　　ピアノ：金沢桂子
2255 OTVニュース
2307 日づけ豆辞典 (OTVF)
2310 あしたのお天気
2313 おしらせ◇放送終了

●2月23日（日）

840 テストパターン55おしらせ
900 なかよしN10マンガ公園
945 スーパーマン「謎の潜水艦」
1015 テレビ週報（政府）
1030 OTV ワールド・スポーツ
1045 軽音楽歌：東郷たまみ他
1100 たのしい生活を
　　「春を呼ぶレコード」
1130 経済サロン「鉄と建築」
　　松尾岩雄 下岡忠一他
1200 OTVニュース
1215 ダイラケのびっくり捕物帳
　　「鶴を折る女」後篇
　　中村あやめ 藤田まこと他
1245 OK 横丁に集まれ (NTV)
　　「試験天国の巻」
1315 ナショナル
　　サンデープレゼント
　　日曜テレビ観劇会
　　「海抜3200粁」(芸術座)
　　小林桂樹 東宝スタジオ
　　劇団 第一回公演
1730 OTV 週間テレビニュース
1746 ガイド51あしたのお天気
1754 OTVニュース
1800 プレイハウス「古傷」
1830 私も出ますかしまし娘
1900 サーカス・ボーイ
　　「こまった占い夫人」
1930 紅あざみ「黄金の小判」
2000 金utimano四郎江戸桜 (NTV)
　　「緋鯉昇天」坂東好太郎
　　白銀道子他
2030 ダイヤル110番「赤い鼻」
　　(NTV)
2100 アンテナは見ている
　　「もうすぐ」
2115 東芝日曜劇場
　　与話情浮名横櫛 源氏店
　　の場 (KR) 市川海老蔵
　　尾上梅幸 尾上松緑
　　市村羽左衛門他
2215 ダイハツスポーツウイクリー
2230 プロ野球辺放送50N
2302 日づけ豆辞典 (OTVF)
2305 お天気08おしらせ、終了

●2月24日（月）

※テレビ・ページェント
「良弁杉」放送予定日
1125 テストパターン
1141 オープニングメロディ
1151 日本の百人「山際正道」
1200 OTV ニュース
1210 一曲どうぞ
　　「合唱・花嫁人形」
1215 ミュージックコーナー (KR)
1240 テレビガイド
1245 料理手帖「ステーキ」辻勲
1300 テレビ・ページェント
　　「良弁杉」(東大寺二月堂)
※悪天候のため翌日に順延
1725 テストパターン
1740 オープニングメロディ
1750 朝日新聞テレビニュース
1800 キンピラ先生青春記
　　「きんぴら先生大いに
　　喰べる」
1800 パリの秘密「ラセーヌ」
1815 ポンタイムこの人を (NIV)
1845 テレビガイド 50 お天気
1853 OTV ニュース
1930 太閤記 (NTV)「藤吉郎編」
2000 大助捕物帳 (NTV)
　　「娘と絵図面」
2030 ナショナルTVホール (KR)・
　　人知れずこそ
2100 カメラだより北から南から
　　「満員日本」
2115 ウロコ座
　　「おまん源五兵衛」
　　今様薩摩歌
　　(杏花十種の内)
　　後篇 松本幸四郎
　　守田勘弥　藤間紫
　　笠川武夫　汐見洋
　　村田嘉久子
2145 月曜対談・2つの椅子
　　伊藤寛　鹿子木聡
2200 OTV 週間世界ニュース
2215 ニッカ・ヒッチコック劇場
　　(NTV)「浮浪者」
2245 テレビガイド ◇N
2302 日づけ豆辞典 (OTVF)
2305 お天気◇おしらせ◇終了

●2月25日（火）

1125 テストパターン
1141 オープニングメロディ
1151 日本の百人「甑右衛門」
1200 OTV ニュース
1210 一曲どうぞ 青木光一
1215 歌う青春列車
　　音羽　上月他
1240 テレビガイド
1245 料理手帖「シェフスサラダ」
1300 テレビ・ページェント
　　「良弁杉」(東大寺二月堂)
　　中村富十郎　中村芳子
　　久松喜世子　北村英三
　　谷口啓　中村栄治郎他
1725 テストパターン
1740 オープニングメロディ
1750 毎日新聞テレビニュース
1800 盗まれた宝石
　　松田明　小倉徳七他
1815 名犬リンチンチン
1845 テレビガイド
1850 あしたのお天気
1853 OTV ニュース
1900 テレビ浮世亭
　　漫才：タンバタンゴ
　　砂川捨丸・中村春代
1930 姿三四郎「離合の章」
2000 山一名作劇場 (NTV)
　　「美しき隣人」
2030 サンヨーテレビ劇場 (KR)
　　「夫婦百景」二枚の招待状
　　南風洋子　小林トシ子
2100 近鉄パールアワー・
　　おっさん人生
　　「アマカラ騒動の巻」
2115 ピアス劇場破れ太鼓
　　柳永二郎　千石規子他
2145 ミナロンドリームサロン
　　小割まさ江　高橋伸
　　大伴千春　ジョージ岡
2200 マーチンケイン捜査シリーズ
2230 きまぐれジョッキー
　　「行ってらっしゃい」
　　越路吹雪ほか 45 ガイド
2250 OTV ニュース
2302 日づけ豆辞典 (OTVF)
2305 お天気◇おしらせ◇終了

●2月26日（水）

1125 テストパターン (歌の花かご)
1141 オープニングメロディ
　　斎藤超とニューサウンズ
1151 日本の百人「宮沢俊義」
1200 OIV ニュース10 一曲どうぞ
1215 ファッションミュージック
　　「人魚の恋」浜村美智子他
1240 テレビガイド
1245 料理手帖「ハムと卵の銀
　　紙焼」辻滋光　広瀬修子
1300 映画「歴史は夜作られる」
　　シャルル・ボワイエ他
1450 ラグビー (秩父宮)
　　解説：北野孟郎
　　「オールブラックス―
　　関東大学連合」
試合終了後、おしらせ・休止
1725 テストパターン
1740 オープニングメロディ
　　斎藤超とニューサウンズ
1750 新聞テレビニュース
1800 団子串助漫遊記
　　中村栄治郎　かつら五郎
　　春日井真澄他
1815 獅子文六アワー (NTV)
　　悦ちゃん 45 テレビガイド
1850 あしたのお天気
1853 OTV ニュース
1900 わが輩ははなばな氏 (KR)
1930 歌はあなたとともに
　　三波春夫　鶴美幸
　　鈴木三重子　J 三木
2000 民芸アワー「散る花」
　　滝沢修・作　高田俊枝
　　高野由美　清水将夫他
　　民芸
2100 コント千一夜 森光子他
2145 ニッケ・ジャズパレード
　　「マンドリンセレナーデ」他
　　中原美紗緒
2200 ありちゃんのおかっぱ侍
　　有島一郎　中原早苗他
2230 テレビガイド
2235 時の眼 日高一郎
2250 OTV ニュース
2302 日づけ豆辞典 (OTVF)
2305 あしたのお天気
2308 おしらせ◇終了

●2月27日（木）

1125 テストパターン
　　(クラシック) バレエ組曲
1141 オープニングメロディ
1151 日本の百人「奥むめお」
1200 OTV ニュース
1210 一曲どうぞ
　　「ダークダックスの合唱」
1215 テレビ寄席 トップライト
　　落語「棒鱈」：小さん
1240 テレビガイド
1245 料理手帖「豚肉の卵包み
　　揚げ」奥井英三
1300 おしらせ◇放送休止
1725 テストパターン「映画音楽」
1740 オープニングメロディ
　　斎藤超とニューサウンズ
1750 朝日新聞テレビニュース
1800 カゴメ劇場 母恋草
1815 ますらを派出夫会 (KR)
1845 テレビガイド
1850 あしたのお天気
1853 OTV ニュース
1900 スーパースターメロディ
　　「恋は炎か」他　Cローズ
　　中島孝　中海日出夫
1930 宝塚テレビ劇場
　　「舞踏 雪月花」
　　南悠子　夏亜矢子
　　他宝塚歌劇団
2000 ロビンフッドの冒険
2030 鞍馬天狗 (KR)
　　「天狗八百八町・お芳の巻」
2100 奥様多忙 (KR)
　　「お茶漬けの味」
　　江見渉　山岡久乃他
2115 目で聴く話題 雨風曇
　　(NTV)「ミュージカル笑」
2145 おはこうら表 (NTV/OTV)
　　ゲスト・岩井半四郎
　　エンタツ
2200 日立劇場 (KR)
　　宇野信夫ドラマ
　　「心々の世の中」前篇
　　加藤精一　天草四郎他
2230 私のコレクション
　　「船のいろいろ」
　　高田貫左右
2245 ガイド 2250 OTV ニュース
2302 日づけ豆辞典 (OTVF)
2305 お天気 08 おしらせ、終了

●2月28日（金）

1125 テストパターン
1141 オープニングメロディ
　　斎藤超とニューサウンズ
1151 日本の百人「和達清夫」
1200 OTV ニュース
1210 一曲どうぞ　青木光一
1215 映画の窓 (KR)「カラマゾフ
　　の兄弟」解説：十返肇他
1240 テレビガイド
1245 料理手帖「クリーム・フリー」
　　小林孝二　高折アナ
◇休止
1625 テストパターン
1630 オープニングメロディ
　　斎藤超とニューサウンズ
1640 OIV スポーツファンシート
　　プロレス・アワー
　　(阿倍野体育館)
　　東富士・長沢一芳ノ里・
　　阿бу
　　特別練習試合・力道山
1750 毎日新聞テレビニュース
1800 赤鈴之助 吉田豊明他
1815 明るい家庭「ひらけゆく
　　電気」芦原義重　村上
　　建司　井原
1830 ポケット劇場
　　「さるかに物語」
　　人形劇団クラルテ他
1845 テレビガイド
1850 あしたのお天気
1853 OTV ニュース
1900 テレビびぷえば大学 (KR)
1930 花王ワンダフルクイズ (NIV)
2000 京阪テレビカー「路地の雨」
2030 特ダネを逃がすな (KR)
　　「90％の犯罪」
2100 野球教室「シーズンを控えて」
　　カイザー田中
2115 ハーバー・コマンド
　　「港の復讐」声・阪修
2145 三越映画劇場「撮影風景」
2200 ドラッグネット「三日成金」
　　ジェック・ウェッブ他
2230 小唄教室 竜田金綱太夫
2245 テレビガイド
2250 OTV ニュース
2302 日づけ豆辞典 (OTVF)
2305 お天気◇おしらせ
　　◇放送終了

紙が糊になる
特許 紙糊（かみのり）
ほんとに便利です
水にといてすぐ使える

10枚入　40円
30枚入　100円
70枚入　200円

洗濯糊・香水入
立体裁縫に輝く
Yシャツ
カラー用

大阪市本町みその化学研究所

これがOTVだ 1958年2月

単発番組

● **1958年度全日本ボクシング新人王決定戦**

1958年2月2日（日）16:30～17:30（中央公会堂）NTVへネット。

● **海に伸びる工場－灘浜の埋立工事現場から**

2月16日（日）11:30～12:00

「経済サロン」参照

● **テレビページェント「良弁杉」**

2月25日（火）13:00～

雨天のため24日から25日に順延。「プレミアムドラマ」参照。

新番組

【2月1日】

● **街のチャンピオン**

（～1960年3月26日）土 19:00～19:30

114本中10本をOTVが制作。

【2月3日】

● **日本の百人**

（～1958年5月29日）月～土 11:51～12:00　ネット各局の持回り。全100本中15本をOTVが制作。

1958年2月1日「歌謡大会・純愛の砂」放送

1958年 3月

1日　ABC、NJBとの間で合併に伴う人事異動。

同日　福岡市でラジオ九州テレビジョン（RKB-TV）が本放送開始。JOFR-TV。

7日　「OTVワールドスポーツ」放送時間変更。

4日　大相撲春場所で、日本初のキネレコを使用した分解写真を放送。また、土俵際での肉迫する映像を撮影するため「OTVision」を導入しようとしたが、日本相撲協会が危険と判断し不許可。

14日　関西新劇場の第5回公演「裸の町」「京都三条通」（夕陽丘会館）後援。

24日～29日　大阪日伊協会主催「第2回イタリアの知恵～映画に現れたイタリヤ」（ガスビル講演場）後援。

同日　文楽座「野呂日本服飾文化展」を後援。

27日　毎日新聞社主催「第30回選抜野球展」（於阪神百貨店）に協賛

29日　日本学術会議、朝日新聞共催「ダーウィン進化論百年祭記念講演会」（朝日新聞講堂）後援。

31日　NJBにテレビ局予備免許確認証を交付。

全枠、定価で完売 ～暗かった最初の見通し～

OTVは開局から合併まで、放送全枠を定価で完売した。その理由として、社内に在阪大企業につながりがある社員が多かったからだという話もあるが、それだけで全枠定価完売できるはずがない。開局当時の営業資料から、財界がOTVにかけた期待の大きさがわかる。

この時代、多くの人々が、街頭テレビに集まったり、テレビのある飲食店に出かけたり、テレビを持っていた家庭に夜な夜な押し掛けて「共同視聴」していた。

つまり、OTV開局時、関西地区全体のテレビジョン受信機台数の多くは、家庭の受信機を含めて共同視聴に供されていたということだ。

また、個々の番組以上にテレビそのものが人気の的であったから、番組と番組の間のPT広告も影響力は絶大であった。

●暗い見通し

放送開始前、テレビ放送事業がこんなにうまくゆくとは思っていなかった。

たとえば、財界の注目のもとに結成された「大阪テレビ設立準備委員会」の初期の会合においては、住友銀行の調査部長が次のようなシビアな見通しを報告した。

（一）予想されるテレビの広告料金は、他の媒体の広告料金と比して特に高いものとは思われない。
（二）アメリカの諸例を見ても、テレビだけではまだ採算はとれていない。
（三）有力スポンサーを狙い撃ちする必要がある。
（四）食料品、薬品、化粧品関係が主たるスポンサーとなるであろう。
（五）三年以内に黒字とすることは甚だ困難と思われる。

以上は日本最初の民間テレビ局（NTV）が開局する前の見通しである。街頭テレビという「ビジネススタイル」がまだ発見される以前のことで、家庭普及率に頼った見通しではあるが、とにかくシビアな予想であった。

●全部売り切れております

東京で日本テレビが開局した際も、しばらくは「テレビジョンの事業化は次期尚早」の声が高かった。しかし、正力発案といわれる街頭テレビの登場とともにテレビ広告への評価がガラリとかわった。

OTVが、開局の十か月前に、在阪・在京の企業に配布したパンフレット「テレビ広告新春問答

OTVアドシリーズ」をみると、その変わりようがわかる。

[問] OTVに時間取りを申し込むにはどうしたらよいか

[答] 本社の番組編成は東京二局とのネットワークを考えた上できめられます。

例えばあなたが土曜日の午後七時半から三〇分間クイズ番組を申し込まれたとします。

ところが東京のN局は、同じ時間にA社提供の人気クイズ番組を提供している。

OTVとしてはA社の番組が内容がすぐれ視聴率も高いものであれば、この時間はA社の提供として、あなたには別の時間をおすすめせざるを得ぬ事態がおこってきます。

このようにゴールデンタイムのよい時間は、東京—大阪を通じて上下ラインとも一種の利権化される過程が生じてくると思われます。これは望ましいことではありませんが、生の同時放送という制約から必然的に起きてくるものです。

[問] それでは今のうちに東京の局の希望の時間に申し込んだほうがいいのでしょうか

[答] OTVが出来てからではゴールデンタイムを確保することはむつかしいでしょう。

すでにNTVは午後七時以降九時までの時間は全部売り切れております。

ですから東西同時の時間を狙われるなら今のうちに東京の局へ申し込まれるとそれだけ有利です。開局してからですと、OTV自身扱いかねる場合も生じてきます。

[問] ネットワークを組むと格安になりますか、またどんな利点が生じますか

[答] そうです。二・三局へ申込みになりますと、それだけ製作費もかさみますし、それから二・三局へ流されるとタレントのギャラ増ということもあります。

マイクロウエーブの使用料は一時間東京—大阪二万円にしかすぎません。またネットを組んだ時、東京一局の場合と同じ比率で製作費を投じたとすれば（編駐・3局で3本の番組を作らせる予算を、1局に投下したとすれば、という意味）さらに豪華な番組の制作が可能になります。

そしてこれによって人気も増し、視聴率も大阪だけではなく東京でも高くなり、広告効果もあがってくるというわけです。（引用おわり）

● **一番大事なのは「番組で稼ぐ」こと**

史料「朝日放送の12年」によれば、このパンフレットがスポンサーに大反響をよび、東京のNTVとKRTへゴールデンタイムの申し込みが殺到した。

OTVは「複数都市をネットワークしたければ、OTVを通すより、東京の局に申し込んだほうが有利だ」と指南したことになる。

これではみすみすスポンサーを見逃しているように見えるが、そうではない。乱暴なことを言えば、ネット番組は「番組を中継するだけで放送料が稼げる」のだ。

しかも東京の局に制作費を集中投下できるので、予算が分散せず「より豪華な番組を作る」ことができるのだ。

商売だけ考えれば東京に番組制作を集中させ、在京局に広告主を紹介して電波料とマージンをとるのが効率的だろう。

しかし、OTVは、こうした「商売上のウマミ」は確保し、一方で放送局の「本当のウマミ」である番組制作と販売にさらなる力を入れたのだ。

テレビジョン放送用周波数割当計画表

割当地区	周級別	周数	チャンネル番号	サービスエリア内の世帯数		割当地区	周級別	周数	チャンネル番号	サービスエリア内の世帯数
京阪神 姫路	V	4	4・6・8・10	3,008,700		田岡	V	2	7・10	31,300
	特	1	2	99,400			II	3	1・3・4	736,300
松山	III	2	6・10	156,300		松本	特	2	9・11	692,500
高知	IV	2	4・8	90,200		飯田	II	2	1・3	431,000
徳島	IV	2	1・3	109,000	児	長岡	IV	2	8・10	126,200
新居浜	V	1	2	39,700		大島	IV	2	2・5	112,200
岡山・高松	特	3	5・9・11	720,100		岡崎	IV	2	2・5	142,400
広島	III	2	3・4	359,800		延岡			-4・6	45,300
松江	III	2	6・10	125,000	世	保森	V	2	6・10	76,300
鳥取	IV	2	1・3	57,600		岡崎	III	2	1・3	146,700
山口	IV	2	9・11	109,500		盛岡	IV	2	2・5	82,700
宇部	V	1	7	55,900		秋田	IV	2	8・10	87,500
関門	III	3	6・8・10	531,000		仙台	III	2	1・3	278,500
富山	IV	2	1・3	178,900		鶴岡	IV	2	9・11	63,900
金沢	IV	2	9・11	127,000		山形	IV	2	4・6	105,000
福井	III	1	1・3・5	1,187,600		郡山	IV	2	2・5	102,000
名古屋						若松	V	2	7・10	65,800
静岡	III	2	4・6	214,800		福島	V	2	9・11	51,400
浜松	V	2	10	105,900		札幌	特	2	1・3	426,100
熱海	V	1	10	45,200		旭川	III	2	9・11	111,100
京浜	特	5	1・3・4・6・8	3,075,900		北見	III	2	2・6	48,300
水戸	IV	1	10	158,800		帯広	III	2	8・10	50,300
甲府	IV	2	2・5	120,600		函館	III	2	4・6	82,900
前橋	V	1	10	117,000		稚内	IV	2	4・7	20,300
宇都宮	V	1	11	66,000		寄路	IV	2	9・11	26,600
新潟	特	2	2・5	422,900		釧路	V	2	9・11	28,700
長野	特	2	9・11	356,300						
飯田	V	2	4・6	32,600						

テレビジョン放送用周波数割当計画表

1958.3

・大阪市長の提案で「街を静かにする運動」実施
・伊丹飛行場接収解除。大阪空港開港。
・はじめての海底国道・関門自動車トンネル開通。

●3月1日（土）

1125 テストパターン
1141 オープニングメロディ
1151 日本の百人「三島由紀夫」
1200 OTV ニュース
1210 金語楼のお巡りさん
　　「毛糸のお手柄」
　　柳家金語楼　由利徹他
1240 テレビガイド
1245 料理手帖「小魚のミジン揚げ」
1300 1958年度 全日本カクテルコンクール　有馬稲子
　　杉村春子　岡本太郎
　　淡谷のり子他
1345 OTV スポーツファンシート
　　オープン戦 阪神-南海
　　（甲子園）浜崎真二
　　久保顕次アナ
　　◇おしらせ◇放送休止
　　【野球ない時】
　　1345 京だより「京人形」
　　◇おしらせ◇放送休止
1725 テストパターン
1740 オープニングメロディ
1750 朝日新聞テレビニュース
1800 ぼくのわたしの音楽会
　　めぐみ会
1815 素人のど競べ 暁テル子
1845 テレビガイド
1853 OTV ニュース
1900 街のチャンピオン
1930 ほろにがショー
　　何でもやりまショー (NTV)
2000 磯川兵助功名噺
　　榎本健一 他
2030 白い桟橋「旅愁」(NTV/OTV)
2100 話題のアルバム10ガイド
2115 日真名氏飛び出す (KR)
　　「春来たりなば」解決編
2144 親さがし（朝日新聞社協力）
2145 芸能トピックス
2200 NEC 劇場・右門捕物帳
　　(KR)「朱彫りの花嫁」前篇
2230 テレビガイド
2235 音楽 55 OTV ニュース
2307 日づけ豆辞典 (OTVF)
2310 あしたのお天気
2313 おしらせ◇放送終了

●3月2日（日）

840 テストパターン 55 おしらせ
900 なかよしニュース
910 マンガ公園
945 スーパーマン「謎の潜水艦」
1015 テレビ週報（政府）
　　政府から国民の皆様へ
1030 OTV ワールド・スポーツ
1045 音楽映画
1100 たのしい生活を
　　「明日は雛祭り」
1115 海外トピックス
1130 綜済サロン「今日の疾薬品」
　　塩地孝太郎 大井治
　　今村益三アナ
1200 OTV ニュース
1215 ダイラケのびっくり捕物帖
　　「お化け雛」前篇ダイマル・
　　ラケット 森光子
　　中村あやめ 藤田まこと他
1245 OK 横丁に集まれ (NTV)
1330 ナショナルサンデープレゼント
　　日曜テレビ観劇会
　　「金色夜叉」（梅田コマ）
　　佐原健二 久保菜穂子
　　三益愛子他◇休止
　　◇パターン
1620 プロ野球12球団の実力を
　　探る 浜崎真二
1725 テストパターン46ガイド
1751 お天気54 OTV ニュース
1800 プレイハウス「巴里マリー街」
1830 私も出ましょう飯田蝶子
1900 サーカス・ボーイ
1930 紅あざみ
2000 金四郎江戸桜 (NTV)
　　坂東好太郎他
2030 ダイヤル 110 番 (NTV)
　　「布団包死体事件」
2100 アンテナは見ている
2115 東芝日曜劇場
　　「吉葉山物語」(KR)
　　北条誠書き下ろし
　　吉葉山　小林トシ子
　　三崎千恵子
2215 ダイハツスポーツウィクリー
2230 プロ野球炉辺放談 50 N
2302 日づけ豆辞典 (OTVF)
2305 お天気 おしらせ 休止

第2章「熱狂」

●3月3日（月）
1125 テストパターン
1141 オープニングメロディ
　　 アコーディオン：岡田博
1151 日本の百人「永田雅一」
1200 OTV ニュース
1210 一曲どうぞ
1215 ミュージックコーナー (KR)
　　 ピアノ独奏：秋元桃江
　　 バリトン独唱：山本徹
1240 テレビガイド
1245 料理手帖「舌ビラメの
　　 白魚揚げ」辻勲
1300 おしらせ◇放送休止
1725 テストパターン
1740 オープニングメロディ
　　 岡田博トリオ
1750 毎日新聞テレビニュース
1800 パリの秘密「結婚衣裳」
1815 ポポンタイムこの人を (NTV)
1845 テレビガイド
1850 あしたのお天気
1853 OTV ニュース
1900 キンピラ先生青春記
　　 「きんぴら先生抗議す」
1930 太閤記 (NTV)「藤吉郎編」
2000 大助捕物帳 (NTV)
　　 「お通の恋人」前篇
　　 市川染五郎 中村万之助
　　 丘久美子他
2030 ナショナルＴＶホール(KR)
　　 ・人知れずこそ
　　 飛鳥みさ子 大塚国夫他
2100 カメラだより北から南から
　　 「女性礼讃」
2115 ウロコ座「鬼の面」前篇
　　 柳永二郎　市川翠扇
　　 林孝一　笹川恵三
　　 守川勘弥
2145 月曜対談・2つの椅子
　　 「入学と就職」松下幸之助
　　 今東光
2200 OTV 週間世界ニュース
2215 ニッカ・ヒッチコック劇場
　　 「別れの一杯」
2245 ガイド 50 OTV ニュース
2302 日づけ豆辞典 (OTVF)
2305 お天気◇おしらせ◇終了

●3月4日（火）
1135 テストパターン
1142 オーニングメロディ
1152 日本の百人「千田是也」
1200 OTV ニュース
1210 一曲どうぞ「花」
　　 島倉千代子
1215 歌う青春列車「宝島騒動」
　　 東郷たまみ 梶哲也
1240 テレビガイド
1245 料理手帖「イカのリヨ
　　 ネーズ」
1725 テストパターン
1740 オープニングメロディ
1750 朝日新聞テレビニュース
1800 こどもスリラー・
　　 奇妙な足跡
1815 名犬リンチンチン
　　 「カイオワ族のわな」
1845 テレビガイド
1850 あしたのお天気
1853 OTV ニュース
1900 テレビ浮世亭
　　 落語「エキストラ」桂永丸
　　 漫才：社会戯評 トップ
　　 ライト
1930 姿三四郎
2000 山一名作劇場 (NTV)
　　 「小夜子とその母」前篇
　　 野呂圭介　高島忠夫
2030 サンヨーテレビ劇場 (KR)
　　 「ボロ家の春秋」木村功
　　 多々良純　殿山泰司
　　 沢村国太郎他
2100 近鉄パールアワー・
　　 おっさん人生「おひなさま」
　　 エンタツ　三角八重他
2115 ピアス劇場破れ太鼓
　　 第五回
　　 柳永二郎　千石規子他
2145 ミナロンドリームサロン
　　 淀かほる　大伴千春
　　 ジョージ岡
2200 マーチンケイン捜査シリーズ
2230 きまぐれジョッキー
2245 テレビガイド
2250 OTV ニュース
2302 日づけ豆辞典 (OTVF)
2305 お天気◇おしらせ◇終了

●3月5日（水）
1125 テストパターン
1141 オープニングメロディ
　　 シンギングピアノ：
　　 岩崎洋
1151 日本の百人「大宅壮一」
1200 OTV ニュース
1210 テレビガイド
1210 一曲どうぞ　青木光一
1215 ファッションミュージック
　　 「春はエレガントに」
1240 テレビガイド
1245 料理手帖「春のにぎり寿司」
　　 辻徳光　広瀬修子
1300 映画「歴史は夜つくられる」
1450 ラグビー中継（西宮球場）
　　 オールブラックス-全関西
　　 解説：谷口
　　 担当：小林アナ
1725 テストパターン
1740 オープニングメロディ
　　 シンギングピアノ：岩崎洋
1750 毎日新聞テレビニュース
1800 団子串helpers物語
　　 「座敷牢の巻」
1815 獅子文六アワー (NTV)
　　 悦ちゃん
　　 「悦ちゃんの入学試験」
1845 ガイド 50 あしたのお天気
1853 OTV ニュース
1900 わが輩ははなばな氏 (KR)
　　 「ボロと泥棒」
1930 歌はあなたとともに
　　 高島久保　野村 明石
2000 民芸アワー (NTV)
　　 「春の孤独」滝沢修・作
　　 高田俊枝　高野由美
　　 清水修他 民芸
2100 コント千一夜 森光子 他
2115 宮本武蔵 (NTV)
2145 ニッケ・ジャズパレード
　　 「バイバイ・ベビー」
2200 ありちゃんのおかっぱ侍
　　 「世は情めおとコケシ」
　　 有島一郎 中原早苗他
2230 テレビガイド
2235 時の眼 林田重五郎
　　 （朝日新聞）
2250 OTV ニュース
2302 日づけ豆辞典 (OTVF)
2305 あしたのお天気
2308 おしらせ◇放送終了

●3月6日（木）
1125 テストパターン（クラシック）
　　 バッハ曲
1141 オープニングメロディ
　　 シンギングピアノ：
　　 岩崎洋
1151 日本の百人「湯川秀樹」
1200 OTV ニュース 10 一曲どうぞ
1215 映画の窓 (KR) ドイツ映画
　　 「この目で見たソ連」
　　 日本版解説 芥川比呂志
1245 料理手帖「すじ肉料理」
　　 平田武一　佐藤和枝
1300 おしらせ◇放送休止
1725 テストパターン（クラシック）
　　 映画音楽
1740 オープニングメロディ
　　 シンギングピアノ：
　　 岩崎洋
1750 毎日新聞テレビニュース
1800 カゴメ劇場　母恋草
　　 小田稔：演出
　　 田村竜二：脚本
　　 植木基晴　植草千恵
　　 広野みどり　海老江夏
1815 ますらを派出夫会 (KR)
1845 ガイド1850 あしたのお天気
1853 OTV ニュース
1900 スーパースターメロディ
　　 雪村いづみ 朝比奈愛子
　　 ミッキーカーチス
1930 宝塚テレビ劇場
　　 「寿美花代」　天城
　　 月江他
2000 ロビンフッドの冒険
2030 鞍馬天狗 (KR)
　　 「天狗八百八町・お芳の巻」
2100 奥様多忙 (KR)
　　 江見渉　山岡久乃他
2115 目で聴く話題 雨風雷
　　 (NTV)
　　 青山利夫　徳川夢声他
2145 おはこうら表 (NTV/OTV)
　　 岩井半四郎　三船久蔵
　　 葦原邦子
2200 日立劇場
　　 宇野信夫ドラマ
　　 「心々の世の中」後編
　　 喜多村緑郎　加藤精一
　　 日高ゆりえ
2230 私のコレクション「絵馬」
　　 田中緑江 平鹿千代子
2245 ガイド 50 OTV ニュース
2302 日づけ豆辞典 (OTVF)
2305 あしたのお天気
2308 おしらせ◇放送終了

●3月7日（金）
1135 テストパターン
1141 オープニングメロディ
　　 岩崎洋トリオ
1151 日本の百人「花柳寿輔」
1200 OTV ニュース
1210 一曲どうぞ 島倉千代子
1215 テレビ寄席 トップライト
　　 柳家金語楼 市利徹也
1245 料理手帖「卵とレバーの
　　 サンドイッチ」
　　 堀越フサエ 高折アナ
1625 テストパターン
1640 オープニングメロディ
　　 岩崎洋トリオ
1650 OTV スポーツファンシート
　　 プロレス・アワー（大阪）
1750 毎日新聞テレビニュース
1800 赤胴鈴之助 吉田豊明他
1815 明るい家庭「横山大観の
　　 人と芸術」
　　 中村貞以 村松寛
1830 ポケット劇場「オッペル
　　 と象」人形劇団クラルテ
　　 他
1845 テレビガイド
1850 あしたのお天気
1853 OTV ニュース
1900 テレビよぴよ大学 (KR)
1930 花王ワンダフルクイズ (NTV)
2000 京阪テレビコ (KR)「ドラマ・
　　 玉子酒」十郎 雁玉
　　 日高久 若杉弥生
2030 特ダネを逃がすな (KR)
　　 「18歳の白書」前篇
2100 OTV ワールドスポーツ
2115 ハーバー・コマンド
　　 ヨットクラブの娘声・阪修
2145 三越映画劇場「撮影風景」
2200 ドラッグネット
　　 ジェック・ウェッブ他
2230 小唄教室（KR)
　　 霧立のぼる
2245 テレビガイド
2250 OTV ニュース
2302 日づけ豆辞典 (OTVF)
2305 あしたのお天気
2308 おしらせ◇放送終了

●3月8日（土）
1135 テストパターン
1141 オープニングメロディ
　　 岩崎洋トリオ
1151 日本の百人「岩井章」
1200 OTV ニュース
1210 金語楼のお巡りさん
1245 料理手帖「豚肉一くちカ
　　 ツのシチュー」
1300 京だより「てまり唄」
1315 朝汐、琴ケ浜にきく
1355 OTV スポーツファンシート
　　 オープン戦 南海-巨人
　　 （大阪球場）
　　 解説：浜崎真二
　　 試合終了後、おしらせ・
　　 休止
1725 テストパターン
1740 オープニングメロディ
　　 シンギングピアノ：岩崎洋
1750 毎日新聞テレビニュース
1800 ぼくのわたしの音楽会
　　 大阪市 長居小学校生徒
1815 素人のど自慢 暁テル子
1845 テレビガイド 50 お天気
1853 OTV ニュース
1900 街のチャンピオン
　　 トップライト
1930 ほろにがショー 何でも
　　 やりまショー
　　 (NTV) 三國一朗
2000 磯貝兵助物語 (NTV)
　　 「赤半纏の兵助」榎本
　　 健一　浅野進次郎他
2030 白い桟橋「妙な愛し方」
　　 (NTV/OTV)
2100 話題のアルバム
2110 テレビガイド
2115 日真名氏飛び出す (KR)
　　 「奇術師消失」
2145 芸能トピックス
2200 NEC 劇場・右門捕物帳
　　 (KR)「朱彫りの花嫁」
　　 後篇
2230 三協グッドナイト・ショウ
　　 構成：原清児
　　 深緑夏代　里井茂
2255 OTV ニュース
2307 日づけ豆辞典 (OTVF)
2310 天◇おしらせ◇放送終了

●3月9日 日（日）
845 テストパターン 55 おしらせ
900 なかよしニュース 10 劇場映画
945 スーパーマン（漫画）
1015 テレビ週報（政府）
1030 文学ところどころ
　　 「暖簾」山崎豊子
1045 音楽映画 中原 旗
1100 たのしい生活
　　 「春を花に訪ねて」
1115 海外トピックス
1130 終済分切「中近東を回り」
　　 伊藤武雄
1200 OTV ニュース
1215 ダイラケのびっくり捕物帖
1245 OK 横丁に集まれ (NTV)
　　 カナリヤの歌
1315 短篇映画
1330 ナショナル日曜テレビ
　　 観劇会「馬喰一代」
　　 御園座公演
　　 天外　明蝶 五郎八
　　 石河薫他
1500 大相撲春場所
　　 （府立体育館）
　　 初日 (OTV) 寿美花代
　　 解説：美保ヶ関佐渡ヶ嶽
1754 OTV ニュース
1800 プレイハウス
　　 「映画・故郷の土地」
　　 ベラ・マイルス
1830 私も出ましょう
1900 サーカスボーイ
　　 「家なき子ジーン」
1930 紅あざみ
　　 「シュノッテ像の怪」
2000 金四郎江戸桜 (NTV)
　　 「青節旬の謎」坂東
2030 ダイヤル 110 番 (NTV)
　　 「ウイスキー殺人事件」
2100 アンテナは見ている
　　 「おばあさん」
2115 東芝日曜劇場「笛のとが」
　　 加藤嘉　岡田英次
　　 稲垣美穂子 柳有他
2215 ダイハツスポーツウィクリー
2230 OTV 週間世界ニュース
2250 OTV ニュース
2302 日づけ豆辞典 (OTVF)

●3月10日（月）

- 1125 テストパターン
- 1141 オープニングメロディ 斎藤超とニューサウンズ
- 1151 日本の百人「千宗室」
- 1200 OTV ニュース
- 1210 一曲どうぞ 島倉千代子
- 1215 ミュージックコーナー (KR) 「スターダストファンタジー」 山内淑子・大場山内バレエ
- 1240 テレビガイド
- 1245 料理手帖「マカロニー ブランタン」辻勲 稲田英子
- 1300 おしらせ◇放送休止
- 1435 テストパターン
- 1450 オープニングメロディ 斎藤超とニューサウンズ
- 1500 大相撲春場所 （府立体育館）二日目 (OTV) 中村広三 担当：村上 矢代 原
- 1750 毎日新聞テレビニュース
- 1800 パリの秘密「地下キャバレー」
- 1815 ポポンタイムこの人を (NIV)
- 1845 テレビガイド◇50天
- 1853 OTV ニュース
- 1900 キンピラ先生青春記「きんぴら先生道請す」
- 1930 太閤記 (NTV)「藤吉郎編」
- 2000 大助捕物帳 (NTV)
- 2030 ナショナルTVホール (KR)・「人知れずこそ」 飛鳥みさ子 大塚国夫他
- 2100 カメラだより北から南から「冬物評判記」
- 2115 ウロコ座「鬼の間」後篇 柳永二郎 市川翠扇 林孝一 笹川恵三 守田勘弥
- 2145 月曜対談・2つの椅子「ヒマラヤめざして」
- 2200 OTV 週間世界ニュース
- 2215 ニッカ・ヒッチコック劇場「放火」◇45 ガイド
- 2250 OTV ニュース
- 2302 日づけ豆辞典 (OTVF)
- 2305 天気 ◇おしらせ◇放送終了

●3月11日（火）

- 915 テストパターン（クラシック）
- 932 オープニングメロディ 斎藤超とニューサウンズ
- 942 日本の百人
- 950 選抜都市対抗野球 日生ー日通（後楽園）
- 1200 OTV ニュース
- 1210 一曲どうぞ 青木光一
- 1215 歌う青春列車 音羽 上月他
- 1240 テレビガイド
- 1245 料理手帖「キャベツ巻 ロシア風」井上幸作
- 1300 おしらせ◇放送休止
- 1435 テストパターン
- 1450 オープニングメロディ 斎藤超とニューサウンズ
- 1500 大相撲春場所 （府立体育館）三日目 (OTV)
- 1750 朝日新聞テレビニュース
- 1800 こどもスリラー・奇妙な足跡
- 1815 名犬リンチンチン
- 1800 国串助漫遊記
- 1815 獅子文六アワー (NTV) 悦ちゃん45 テレビガイド
- 1850 あしたのお天気
- 1853 OTV ニュース
- 1900 テレビ浮世亭 漫談：西条凡児 漫才：湯島の白梅 栄子 小円
- 1930 姿三四郎「山嵐の章」
- 2000 山一名作劇場「小夜子とその母」後篇
- 2030 サンヨーテレビ劇場 (KR)「ボロ家の春秋」
- 2100 近鉄パールアワー・おっさん人生 エンタツ 三角八重 他
- 2115 ピアス劇場破れ太鼓 柳永二郎 千石規子他
- 2145 ミナロンドリームサロン 武井義明 大伴千春
- 2200 マーチンケイン捜査シリーズ「その殺し待て」
- 2230 きまぐれジョッキー のり平
- 2245 テレビガイド
- 2250 OTV ニュース
- 2302 日づけ豆辞典 (OTVF)
- 2305 あしたのお天気
- 2308 おしらせ 放送終了

●3月12日（水）

- 1125 テストパターン
- 1141 オープニングメロディ
- 1151 日本の百人「有沢広巳」
- 1200 OTV ニュース
- 1210 テレビガイド
- 1210 一曲どうぞ
- 1215 テレビ寄席 司会と漫才：トップライト 講談「無心は強い」 神田伯山
- 1245 料理手帖「鯉こく」辻嘉光 広瀬修子◇休止
- 1435 テストパターン
- 1450 オープニングメロディ 斎藤超とニューサウンズ
- 1500 大相撲春場所 （府立体育館）四日目 (OTV) 解説：美保ヶ関 佐渡ヶ嶽 高橋秀夫
- 1750 毎日新聞テレビニュース
- 1800 カゴメ劇場 母恋草
- 1815 ますらを派出夫会 (KR) 「電池で動くオモチャ」
- 1845 テレビガイド
- 1850 あしたのお天気
- 1853 OTV ニュース
- 1900 わが輩ははなば氏 (KR)
- 1930 歌はあなたとともに 若原一郎 神戸一郎 山田とも子 山田真二
- 2000 ジョンウエイン西部劇「復讐の谷」
- 2100 コント千一夜 森光子 他
- 2115 宮本武蔵 (NTV)
- 2145 ニッケ・ジャズパレード「あたしの天使」「ダイアナ」
- 2200 ありちゃんのおかっぱ侍 有島一郎 中原早苗他
- 2230 私のコレクション「猿」
- 2230 テレビガイド
- 2235 時の眼 田中菊次郎
- 2250 OTV ニュース
- 2302 日づけ豆辞典 (OTVF)
- 2305 あしたのお天気
- 2308 おしらせ

●3月13日（木）

- 11135 テストパターン（クラシック）
- 1141 オープニングメロディ
- 1151 日本の百人「中山■■」
- 1200 OTV ニュース
- 1210 一曲どうぞ
- 1215 アイ・ラブ・亭主 (KR) 第一回 宮川陽一 富永美沙子 梅屋かおる 40 テレビガイド
- 1245 料理手帖「ハマグリの酒蒸し」田中藤一
- 1300 おしらせ◇放送休止
- 1435 テストパターン（クラシック）
- 1450 オープニングメロディ
- 1500 大相撲春場所 （府立体育館）五日目 (OTV) 解説：秀ノ山 佐渡ヶ嶽 美保ヶ関 青木一三 担当：小池 アナ他
- 1750 朝日新聞テレビニュース
- 1800 カゴメ劇場 母恋草
- 1815 明るい家庭
- 1830 ポケット劇場「オッペルと象」人形劇団クラルテ他
- 1845 テレビガイド
- 1850 あしたのお天気
- 1853 OTV ニュース
- 1900 スーパースターメロディ 若原一郎 林伊佐緒他
- 1930 宝塚テレビ劇場「日本民謡より 白狐・小女郎」藤里美保時凡子
- 2000 ロビンフッドの冒険
- 2030 鞍馬天狗 (KR)「天狗八百八町・お芳の巻」
- 2100 奥様多忙 (KR) 江見渉 山岡久乃他
- 2115 目で聴く話題 雨風曇 (NTV)「12 キャンプ膝栗毛」 中沢不二雄 夢声 ハチロー
- 2145 おはこうら表 (NTV/OTV)
- 2200 日立м族 (KR) 宇野信夫 ドラマ「高瀬舟」より「人の世の川」前編 伊藤寿章 河野秋武 桂島子
- 2302 日づけ豆辞典 (OTVF)
- 2305 あしたのお天気
- 2308 おしらせ◇放送終了

●3月14日（金）

- 1135 テストパターン
- 1141 オープニングメロディ
- 1151 日本の百人「幸四郎」
- 1200 OTV ニュース
- 1210 一曲どうぞ 島倉千代子
- 1215 映画の窓 (KR) 清水崑「キャンベル渓谷の激闘」
- 1245 料理手帖「甘ダイのイタリア風サラダ」拭石俊枝
- 1300 おしらせ◇放送休止
- 1405 テストパターン
- 1420 オープニングメロディ
- 1430 座談会「火事は怖いもの」今泉信夫 川越邦雄
- 1500 大相撲春場所 （府立体育館）六日目 (OTV) 解説：秀ノ山 佐渡ヶ嶽 美保ヶ関 担当 中村 矢代清二
- 1750 朝日新聞テレビニュース
- 1800 赤胴鈴之助 吉田豊明 他
- 1815 ますらを派出夫会 (KR)
- 1845 テレビガイド
- 1850 あしたのお天気
- 1853 OTV ニュース
- 1900 テレビぴよぴよ大学 (KR)
- 1930 花王ワンダフルクイズ (NIV)
- 2000 京阪テレビカー「■水」 日高久 筧田幸男 浜田彰男
- 2030 特ダネを逃がすな (KR)「18歳の白書」後篇
- 2100 OTV ワールド・スポーツ
- 2115 ハーパー・コマンド「罪を重ねる男」声・阪修
- 2145 三越映画劇場「撮影風景」
- 2200 ドラッグネット「ナパから来た男」
- 2230 小唄傑公 (KR) 花柳寛 蓼胡由利 蓼胡栄他
- 2245 テレビガイド
- 2250 OTV ニュース
- 2307 日づけ豆辞典 (OTVF)
- 2310 あしたのお天気
- 2313 おしらせ 放送終了

●3月15日（土）

- 1125 テストパターン（クラシック）
- 1141 オープニングメロディ 斎藤超とニューサウンズ
- 1151 日本の百人「川上哲治」
- 1200 OTV ニュース
- 1210 金語楼のお巡りさん「花嫁さん笑って下さい」柳家金語楼 由利徹他
- 1240 テレビガイド
- 1245 料理手帖「オイスター・クリーム」豊田三雄
- 1300 京だより「てまり唄」
- 1315 放送休止
- 1435 テストパターン（クラシック）
- 1450 オープニングメロディ 斎藤超とニューサウンズ
- 1500 大相撲春場所 （府立体育館）七日目 (OTV) 解説：秀ノ山 佐渡ヶ嶽 美保ヶ関 孤児二人 担当：中村 矢代清二
- 1750 朝日新聞テレビニュース
- 1800 ぼくのわたしの音楽会 豊南幼稚園児
- 1815 素人のど競べ 暁テル子
- 1845 テレビガイド
- 1853 OTV ニュース
- 1900 街のチャンピオン 司会：トップライト
- 1930 ほろにがショー 何でもやりまショー (NIV)
- 2000 磯川兵助功助名噺 榎本健一他
- 2030 白い桟橋「告白」(NTV/OTV)
- 2100 話題のアルバム
- 2110 テレビガイド
- 2115 日真名氏飛び出す (KR)「祈祷師消失す」
- 2144 親さがし
- 2145 芸能トピックス
- 2200 NBC劇場・石"捕物帳 (KR)「京人形大臣」前篇
- 2230 三協グッドナイト・ショウ 宝とも子 秦よし子 長沢輝子
- 2255 OTV ニュース
- 2307 日づけ豆辞典 (OTVF)
- 2310 あしたのお天気
- 2313 おしらせ 放送終了

●3月16日（日）

- 845 テストパターン◇◇おしらせ
- 900 なかよしニュース
- 10 劇映画
- 945 スーパーマン（漫画）
- 1015 テレビ週報（政府）・政府から国民の皆様へ
- 1030 文学ところどころ「奈良〜志賀直哉」
- 1045 音楽短編映画 青木光一 島倉千代子
- 1100 たのしい生活を「応援団長まかり通る」
- 1115 海外トピックス
- 1130 経済サロン
- 1200 OTV ニュース
- 1215 ダイラケのびっくり捕物帖「びょうぶ変化」前篇 ダイマル・ラケット 森光子 中村あやめ 藤田まこと他
- 1245 OK 横丁に集まれ (NTV)
- 1315 ナショナル日曜テレビ 観劇会「絵の母」 東京芸術座公演 島田正吾 久松喜世子 高倉典江他1515 短編映画
- 1530 大相撲春場所 （府立体育館）中日 (OTV) 解説：秀ノ山 高山義三
- 1751 あしたのお天気
- 1754 OTV ニュース
- 1800 プレイハウス 最終回
- 1830 私も出ましょう
- 1900 漫画特集「アルファルファじいさん」
- 1930 紅あざみ
- 2000 金四郎江戸桜 (NTV)
- 2030 ダイヤル 110 番「変造小切手」(NTV)
- 2100 アンテナは見ている「星くずの詩」
- 2115 東芝日曜劇場「沈香扇」（中国越劇より KR）藤間紫 小夜福子 上月左知子
- 2215 ダイハツスポーツウィクリー
- 2230 OTV 週間世界ニュース
- 2245 テレビガイド
- 2250 OTV ニュース
- 2302 日づけ豆辞典 (OTVF)
- 2305 お天気◇おしらせ◇終了

第2章「熱狂」

●3月17日（月）

1125 テストパターン（クラシック）
1141 オープニングメロディ
　　 岡田博トリオ
1151 日本の百人「谷崎潤一郎」
1200 OTV ニュース
1210 一曲どうぞ 旗照夫
1215 ミュージックコーナー
　　（KR）「白鳥」
　　（サンサーンス）
　　 チェロ独奏：吉田
　　 40 ガイド
1245 料理手帖「ポークタンバル」
1300 おしらせ◇放送休止
1405 テストパターン（ジャズ）
1420 オープニングメロディ
　　 岡田博トリオ
1430 大阪公立高校入試問題を
　　 めぐって
　　「午前の試験科目の解答」
　　 中尾新六（大阪市立南
　　 中学校長）大石恒二郎
　　（大阪学芸大教授）
1500 大相撲春場所 九日目
　　（OTV）解説：美保ヶ関
　　 佐渡ヶ嶽
1750 朝日新聞テレビニュース
1800 パリの秘密「悪の家路」
　　 橘正巳 島村昌子
1815 ポポンタイムこの人を（NIV）
1845 ガイド 50 あしたのお天気
1853 OTV ニュース
1900 キンピラ先生青春記
　　「きんぴら先生■■さる」
1930 太閤記（NTV）「藤吉郎編」
2000 太助捕物帳（NTV）
　　 市川染五郎
2030 ナショナルTVホール（KR）・
　　「人知れずこそ」
2100 カメラだより北から南から
　　「ゴルフ狂時代」
2115 ウロコ座「水滸伝」前篇
　　 市川猿之助 柳永二郎他
2145 月曜対談・2つの椅子
　　「母と子と学校」
　　 石河 加藤
2200 OTV 週間世界ニュース
2215 ニッカ・ヒッチコック劇場
　　「弟リチャード」
2245 ガイド 50 OTV ニュース
2302 日づけ豆辞典（OTVF）
2305 お天気◇おしらせ◇終了

●3月18日（火）

1125 パターン 42 メロディ
1152 日本の百人「藤岡■■」
1200 OTV ニュース
1215 歌う青春列車
　　「ハイカラ書生節の巻」
1240 テレビガイド
1245 料理手帖「ほうれん草の
　　 料理2種」
1300 おしらせ
1305 映画と座談会
　　「双葉山物語」
　　 相撲協会映画部作品
　　 ナレーション：和田信賢
　　 座談会：時津風
　　 中村広三（東西会会長）
1345 OTV スポーツファンシート
　　 巨人－西鉄
　　【野球ない時】
1340 おしらせ◇休止
1540 パターン◇おしらせ
1600 大相撲春場所 十日目
　　（OTV）解説：美保ヶ関
　　 佐渡ヶ嶽
1750 毎日新聞テレビニュース
1800 こどもスリー・奇妙な足跡
1815 名犬リンチンチン
　　 45 ガイド
1850 お天気 1853 OTV ニュース
1900 テレビ浮世亭小さん 円遊
1930 姿三四郎
2000 山一名作劇場（NTV）
　　「花ひらく」
　　 岡田英次 遠山幸子
　　 加藤嘉他
2030 サンヨーテレビ劇場（KR）
　　「二等寝台車」江見渉
　　 野上千鶴子 三島沼田
2100 近鉄パールテレビ・
　　 おっさん人生
2115 ピアス劇場破れ太鼓
2145 ミナロンドリームサロン
　　 中原美紗緒 大伴千春
　　 ジョージ岡
2200 マーチンケイン捜査シリーズ
　　「放射性物質」
2230 きまぐれジョッキー
　　 ペギー葉山 45 テレビ
　　 ガイド
2250 OTV ニュース
2302 日づけ豆辞典（OTVF）
2305 お天気◇おしらせ◇終了

●3月19日（水）

1125 テストパターン
1141 オープニングメロディ
1151 日本の百人「芳村伊十郎」
1200 OTV ニュース
1210 一曲どうぞ 牧野ヨシオ
1215 テレビ寄席 トップライト
　　 落語：円遊
1240 テレビガイド
1245 料理手帖
　　「若鳥の葡萄酒煮」
1300 おしらせ◇放送休止
1330 オープニングメロディ
1335 オープニングメロディ
1345 OIV スポーツファンシート
　　 巨人－西鉄
1500 大相撲春場所
　　（府立体育館）十一日目
　　（OTV）※開始時刻は野
　　 球の終了次第
　　 解説：秀ノ山 佐渡ヶ嶽
1750 新聞テレビニュース
1800 団子串助漫遊記
　　「地下牢の巻」
1815 獅子文六アワー（NTV）
　　 悦ちゃん 45 テレビガイド
1850 あしたのお天気
1853 OTV ニュース
1900 わが輩はははなばな氏（KR）
　　「春の夢」
1930 歌はあなたとともに
　　 宮城まり子 クローズ
2000 民芸アワー（NTV）
　　「朝暁の歌」
　　 滝沢修・作 高田俊枝
　　 神崎ちよ 小夜福子
　　 斎藤■一也 他 民芸
2100 コント千一夜 森光子 他
2115 宮本武蔵（NTV）
2145 ニッケ・ジャズパレード
　　「パラダイス」他
2200 ありちゃんのおかっぱ侍
2230 日立劇場（KR）
　　 宇野信夫ドラマ
　　 高瀬舟より「人の世の川」
　　 中編伊藤寿章 河野秋武
　　 桂鹿子他
2230 私のコレクション「花瓶」
2245 ガイド 2250 OIV ニュース
2302 日づけ豆辞典（OTVF）
2305 お天気◇おしらせ◇終了

●3月20日（木）

1125 テストパターン（クラシック）
1141 オープニングメロディ
　　 岡田博トリオ
1151 日本の百人「渋沢敬三」
1200 OTV ニュース
1210 一曲どうぞダークダックス
1215 アイ・ラブ・亭主（KR）
　　「四人でお茶を」
　　 40 ガイド
1245 料理手帖「栄養豆腐と
　　 真砂和え」 小川旭
1300 おしらせ◇放送休止
1435 オープニングメロディ（KR）
1450 オープニングメロディ
　　 アコーディオン岡田博
　　 トリオ
1500 大相撲春場所
　　（府立体育館）十二日目
　　（OTV）朝日山親方夫人
　　 解説：秀ノ山
　　 美保ヶ関 佐渡ヶ嶽
1750 朝日新聞テレビニュース
1800 大蔵劇場 母恋草
1815 ますらを派出会会（KR）
　　 困ったおやじの巻
1845 ガイド
　　 50 あしたのお天気
1853 OTV ニュース
1900 スーパースターメロディ
　　 田端義夫 鈴木 若山彰
1930 宝塚テレビ劇場
　　「そよ風さん」第一回
　　 時凡子 鏡三枝子他
2000 ロビンフッドの冒険
2030 鞍馬天狗（KR）
　　 お久の夢（1）
2100 奥様多忙（KR）
　　 江見渉 山岡久乃他
2115 目で聴く話題 雨風曇
　　（NTV）「世相カクテル」
　　 南部 ■村 夢声
　　 ハチロー他
2145 おはこら表（NTV/OTV）
2200 日立劇場（KR）
　　 宇野信夫ドラマ
　　 高瀬舟より「人の世の川」
　　 中編伊藤寿章 河野秋武
　　 桂鹿子他
2230 私のコレクション「花瓶」
2245 ガイド 2250 OIV ニュース
2302 日づけ豆辞典（OTVF）
2305 お天気◇おしらせ◇終了

●3月21日（金）

1125 テストパターン
　　（クラシックハイライト）
1141 オープニングメロディ
　　 岡田博トリオ
1151 日本の百人「林武（画家）」
1200 OTV ニュース
1210 一曲どうぞ「枯葉」旗照夫
1215 映画の窓（KR）「白夜」
　　 荻昌弘
1240 テレビガイド
1245 料理手帖「ポテトクラスト
　　 ビーフシチュー」
1300 おしらせ
1305 人形漫画「こぶとり」
1330 映画「忘れじの面影」
　　 ジョン・フォンティン
1435 テストパターン
1450 オープニングメロディ
　　 岡田博トリオ
1500 大相撲春場所
　　（府立体育館）十三日目
　　（OTV）解説：三保ヶ関
　　 佐渡ヶ嶽
1750 毎日新聞テレビニュース
1800 赤胴鈴之助 吉田豊明 他
1815 明るい家庭
　　「あかりの歴史」
1830 ポケット劇場「オッペルと
　　 象」人形劇団クラルテ他
1845 テレビガイド
1850 あしたのお天気
1853 OTV ニュース
1900 街のチャンピオン
　　「灯台特集」トップライト
1930 ほろんだがジョー
　　 何でもやりましょー
　　（NTV）三國一朗
2000 磯川兵助功名噺
　　 榎本健一 他
2030 特ダネを逃がすな（KR）
　　「脱走47時間」前篇
2100 OTV ワールド・スポーツ
2115 ハーバー・コマンド
　　「港の伝道師」
　　 声・阪修
2145 三越映画劇場「撮影風景」
2200 ドラッグネット
　　「メキシコ逃避行」
2230 小唄教室
　　 井上恵以 光果 英十三
2245 テレビガイド
2250 OTV ニュース
2302 日づけ豆辞典（OTVF）
2305 あしたのお天気
2308 おしらせ◇放送終了

●3月22日（土）

1125 テストパターン
1141 オープニングメロディ
1151 日本の百人「近衛秀麿」
1200 OTV ニュース
1210 金語楼のお巡りさん
　　 平凡太郎
1240 テレビガイド
1245 料理手帖「エジプト風
　　 卵料理」松下貝也
　　 小深秀子アナ
1300 京介か」「てまり唄」
1315 放送休止
1435 テストパターン
1450 オープニングメロディ
　　 岡田博トリオ
1500 大相撲春場所
　　（府立体育館）十四日目
　　（OTV）解説：佐渡ヶ嶽他
1750 朝日新聞テレビニュース
1800 ぼくのわたしの音楽会
1815 素人のど競べ 暁テル子
1845 テレビガイド
1853 OTV ニュース
1900 街のチャンピオン
　　「灯台特集」トップライト
1930 ほろんだがジョー
　　 何でもやりましょー
　　（NTV）三國一朗
2000 磯川兵助功名噺
　　 榎本健一 他
2030 白い桟橋「妙な愛し方」
　　（NTV/OTV）
2100 話題のアルバム
2110 テレビガイド
2115 日真名氏飛び出す（KR）
　　「上には上」前篇
2145 芸能トピックス
2200 NEC劇場・右門捕物帳
　　（KR）
　　「京人形大臣」中篇
2230 三協グッドナイト・ショウ
2250 テレビガイド
2255 OTV ニュース
2307 日づけ豆辞典（OTVF）
2310 あしたのお天気
2313 おしらせ

●3月23日（日）

845 テストパターン
855 おしらせ
900 なかよしニュース 10 劇映画
945 スーパーマン（漫画）
1015 テレビ週報（政府）
　　 政府から国民の皆様へ
1030 OTV ワールド・スポーツ
1045 カメラルポ「お料理訪問」
　　 第一回
1100 たのしい生活を
1115 海外トピックス
1130 経済サロン
1200 OTV ニュース
1215 ダイラケのびっくり捕物帖
　　「びょうぶ変化」後篇
　　 ダイマル・ラケット森光子
　　 中村あやめ 藤田まこと他
1245 OK 横丁に集まれ（NTV）
1315 短編映画
1330 ナショナル日曜テレビ観牧会
1435 テストパターン
1450 オープニングメロディ
1500 大相撲春場所
　　（府立体育館）千秋楽
　　（OTV）
1730 OTV 週間テレビニュース
1746 テレビガイド
1751 ニュース
1754 OTV ニュース
1800「アニーよ銃を取れ」
1830 私も出ましょう
1900 スーパーマン「時間移動」
1930 紅あざみ
2000 金四郎江戸桜（NTV）
　　 坂東好太郎他
2030 ダイヤル110番（NTV）
　　「手の中のボタン」
2100 アンテナは生きている
2115 東芝日曜劇場
　　「西郷と豚姫」（KR）
　　 柳永二郎 中村勘三郎
　　 伊志井寛 守田勘弥
2215 ダイハツスポーツウィクリー
2230 プロ野球周辺放談
2250 OTV ニュース
2302 日づけ豆辞典（OTVF）
2305 あしたのお天気
2308 おしらせ◇放送終了

●3月24日（月）

1125 テストパターン
1141 オープニングメロディ
1151 日本の百人「十河信二」
1200 OTV ニュース
1210 一曲どうぞ 青木光一
1215 ミュージックコーナー (KR)
　　「マズルカ」「ワルツ」
　　「ポロネーズ」ピアノ
　　独奏：ワルター・ハウ
　　ツィッヒ
1240 テレビガイド
1245 料理手帖「マルセーユ風
　　のキャベツ巻」
1300 おしらせ◇放送休止
1635 テストパターン
1650 オープニングメロディ
1700 優勝の朝汐 三賞の
　　琴ケ浜・若前田を囲んで
1730 スポーツパレード
1750 新聞テレビニュース
1800 パリの秘密
　　「ある晴れた日に」最終回
1815 ポンタイムこの人に (NIV)
1845 ガイド50あしたのお天気
1853 OTV ニュース
1900 キンピラ先生青春記
　　「きんぴら先生■転す」
1930 太閤記 (NTV)「藤吉郎編」
2000 太助捕物帳 (NTV)
　　「覆面の敵」後編
2030 ナショナルTVホール (KR)・
　　「人知れずこそ」
2100 カメラより北から南から
　　「卒業式」
2115 ウロコ座「水滸伝」中篇
　　市川猿之助 柳永二郎他
2145 月曜対談・2つの椅子
　　「選抜野球を間近に控
　　えて」
　　佐伯達夫 南部忠平
2200 OTV 週間世界ニュース
2215 ニッカ・ヒッチコック劇場
　　「求人広告」
2245 テレビガイド
2250 OTV ニュース
2302 日づけ豆辞典 (OTVF)
2305 お天気◇おしらせ◇終了

●3月25日（火）

1125 テストパターン
　　（クラシックハイライト）
1142 オープニングメロディ
　　岡田博トリオ
1152 日本の百人「小汀利得」
1200 OTV ニュース
1210 一曲どうぞ 旗照夫
1215 歌う青春列車
　　「妻よよろめくなかれ」
1240 テレビガイド
1245 料理手帖「サケのシチュー」
1635 テストパターン
　　（ポピュラーアルバム）
1650 オープニングメロディ
1700 近鉄パールス激励会
　　加藤久幸監督
　　ダイマルラケット
　　星野みよ子 世志凡太
　　近鉄選手
1750 朝日新聞テレビニュース
1800 こどもスリラー・奇妙な足跡
1815 名代リンチンチン
1845 テレビガイド
1850 あしたのお天気
1853 OTV ニュース
1900 テレビ浮世亭
　　漫才：右楽・左楽
　　浪曲：菊春「おかめ団子」
1930 姿三四郎「旅立の章」
2000 山一名作劇場 (NTV)
　　「花ひらく」
2030 サンヨーテレビ劇場 (KR)
　　「吹雪」
2100 近鉄パールアワー・
　　おっさん人生
2115 ピアス劇場 破れ太鼓 (終)
2145 ミナロンサロン
　　藤沢嵐子 大伴千春
　　ジョージ岡
2200 マーチンケイン捜査シリーズ
2230 きまぐれジョッキー
　　旗照夫 フランキー堺
2245 テレビガイド
2250 OTV ニュース
2302 日づけ豆辞典 (OTVF)
2305 お天気◇おしらせ◇終了

●3月26日（水）

1125 テストパターン
1141 オープニングメロディ
　　岡田博トリオ
1151 日本の百人「森繁久弥」
1200 OTV ニュース
1210 テレビガイド
1210 一曲どうぞダークダックス
1215 ファッションミュージック
　　漫才：トップ・ライト
　　落語：「源平盛衰記」伸治
1240 テレビガイド
1245 料理手帖「季節の変わり
　　揚げ二種」
　　辻徳光 広瀬修子
1300 おしらせ◇放送休止
1725 テストパターン
1740 オープニングメロディ
　　岡田博トリオ
1750 朝日新聞テレビニュース
1800 団子串助漫遊記
　　「白狐党の巻」
1815 獅子文六アワー (NTV)
　　悦ちゃん
　　「悦ちゃんの卒業式」
1845 ガイド50あしたのお天気
1853 OTV ニュース
1900 わが輩ははなばな氏 (KR)
　　「作者失格の巻」
1930 歌はあなたと共に
2000 ジョンウエイン西部劇
　　「荒野の疾走」
2100 コント千一夜 森光子 他
2115 宮本武蔵 (NTV)
2145 ニッケ・ジャズパレード
　　ペギー葉山 ヘレン・
　　ヒギンス
2200 ありちゃんのおかっぱ侍
　　「春風剣豪小町の巻」
2230 テレビガイド
2235 時の眼 日高一郎
　　（朝日新聞）
2250 OTV ニュース
2302 日づけ豆辞典 (OTVF)
2305 あしたのお天気
2308 おしらせ◇放送終了

●3月27日（木）

1125 テストパターン（クラシック）
1141 オープニングメロディ
1151 日本の百人「松下幸之助」
1200 OTV ニュース
1210 一曲どうぞ 中原美紗緒
1215 アイ・ラブ・亭主 (KR)
　　四人でお茶を40ガイド
1245 料理手帖「肉だんごの
　　もち米蒸しと玉子の紅
　　茶煮」
1300 おしらせ◇放送休止
1605 テストパターン（クラシック）
1620 オープニングメロディ
　　岡田博トリオ
1630 芸能生活十周年記念
　　美空ひばりリサイタル
1750 毎日新聞テレビニュース
1800 カゴメ劇場 母恋草
1815 ますらを派出会会 (KR)
　　流れゆく花の巻
1845 ガイド50あしたのお天気
1853 OTV ニュース
1900 スーパースターメロディ
　　佐川新太郎 市丸 二三代
1930 宝塚テレビ劇場
　　「そよ風さん」時凡子
　　早川恭二 津川明三
2000 ロビンフッドの冒険
2030 鞍馬天狗 (KR)
　　「天狗八百八町・お芳の巻」
2100 奥様多忙 (KR)
2115 目で聴く話題 雨風曇
　　(NTV)
　　「マスコミの功罪」
　　高木健夫
2145 おはこうん表 (NTV/OTV)
　　ゲスト・岩井半四郎
　　ダイマル・ラケット
2200 日立劇場
　　宇野信夫ドラマ「高瀬舟」
　　より「人の世の川」
　　後編 伊藤寿章 河野
　　秋武 桂南毎他 中村富十郎他
2230 私のコレクション
　　「竿のいろいろ」
　　木村陽山 岡部伊都子
2245 テレビガイド
2250 OTV ニュース
2302 日づけ豆辞典 (OTVF)
2305 あしたのお天気
2308 おしらせ◇放送終了

●3月28日（金）

1120 テストパターン
　　（ポピュラーアルバム）
1135 オープニングメロディ
1151 日本の百人「石井漠」
1200 OTV ニュース
1210 一曲どうぞ
1215 映画の窓 (KR)「魅惑の巴里」
　　解説：荻昌弘 野口久代
1240 テレビガイド
1245 料理手帖「スポンジケーキ」
　　小林孝二 高折アナ
1300 おしらせ◇放送休止
1720 テストパターン
　　（ポピュラーアルバム）
1735 オープニングメロディ
　　岡田博トリオ
1750 毎日新聞テレビニュース
1800 赤胴鈴之助 吉田豊明 他
1815 明るい家庭
　　「続・テレビの舞台裏」
　　遠藤昭夫 森光子
1830 ポケット劇場
　　「オッペルと象」
　　人形劇団クラルテ他
1845 テレビガイド
1850 あしたのお天気
1853 OTV ニュース
1900 テレビびよびよ大学 (KR)
1930 花王ワンダフルクイズ (NIV)
2000 京阪テレビカー「純情家族」
　　かしまし娘 川上のぼる
2030 特ダネを逃がすな (KR)
　　「脱走 77時間」後編
　　榎本健一 浅間進治郎他
2100 OTV ワールド・スポーツ
2115 ハーバー・コマンド
　　「純金のホイルキャップ」
　　声・阪修
2145 三越映画劇場
　　「撮影風景」
2200 ドラッグネット
　　「落ちた模造ダイヤ」
2230 小唄教室 (KR)
　　中村富十郎
2245 テレビガイド
2250 OTV ニュース
2307 日づけ豆辞典 (OTVF)
2310 お天気◇おしらせ◇放送終了

●3月29日（土）

1135 テストパターン（クラシック）
1141 オープニングメロディ
1151 日本の百人「平林たい子」
1200 OTV ニュース
1210 金語楼のお巡りさん
　　「町会長選挙の巻」
1240 テレビガイド
1245 料理手帖「桜揚げ」
1300 京だより「てまり唄」
1315 劇映画「二人の億万長者」
　　（原題・五番街の出来事）
　　ドン・テ・フォア
1515 放送休止
1720 テストパターン
　　（クラシックハイライト）
1735 オープニングメロディ
1750 朝日新聞テレビニュース
1800 ぼくのわたしの音楽会
　　浜寺中学校
1815 素人のど競べ 暁テル子
1845 テレビガイド
1853 OTV ニュース
1900 街のチャンピオン
　　トップライト 浅丘ルリ子
1930 ほろにがショー
　　何でもやりまショー (NTV)
　　三國一朗
2000 磯川兵助功名噺 (NTV)
　　「変装人形遣い」
　　榎本健一・浅間進治郎他
2030 白い桟橋「納屋橋河畔」
　　(NTV/OTV)
2100 話題のアルバム
2110 テレビガイド
2115 真名氏飛び出す (KR)
　　「上には上」解決編
2144 親さがし（朝日新聞社協力）
2145 芸能トピックス
2200 NBC劇場・右門捕物帳 (KR)
　　「京人形大臣」後篇
2230 三協グッドナイト・ショウ
　　淡谷のり子
2250 OTV ニュース
2255 OTV ニュース
2307 日づけ豆辞典 (OTVF)
2310 お天気◇おしらせ◇放送終了

●3月30日（日）

910 テストパターン 25おしらせ
930 なかよしニュース
940 マンガ公園 漫画映画6本
1015 テレビ週報（政府）・
　　政府から国民の皆様へ
　　「観光日本」
1030 文学ところどころ
　　「夫婦善哉」
1045 カメラルポお料理訪問
　　竹中郁
1100 たのしい生活を「入学の喜び」
　　里見茂他
1115 海外トピックス
1130 経済サロン「血液銀行」
1200 OTV ニュース
1215 ダイラケのびっくり捕物帖
　　「まぼろしの鏡」前篇
　　ダイマル・ラケット
　　森光子 中村あやめ
　　藤田まこと他
1245 OK 横丁に集まれ (NTV)
1500 ナショナル日曜テレビ
　　観劇会「夕鶴」
　　東京・産経ホール
　　つう：山本安英
　　与へう：桑山正一
　　惣ど：久米明
　　運ず：小沢重雄
　　鶴の声：江家礼子
1746 テレビガイド 51 お天気
1754 OTV ニュース
1800 アニーよ銃をとれ
1830 私も出ましょう
1900 スーパーマン
　　「地上から消えた町」
　　声・大平透他
1930 紅あざみ
2000 金四郎江戸桜 (NTV)
　　「小判■」坂東好太郎
　　白銀道子他
2030 ダイヤル110番死体を探せ
　　(NTV)
2100 アンテナは見ている
　　「春の宵」
2115 東芝日曜劇場
　　「花嫁の父となりぬ」(KR)
　　伊志井寛 南田洋子
2215 ダイハツスポーツウィクリー
2230 OTV 週間世界ニュース
2250 OTV ニュース
2302 日づけ豆辞典 (OTVF)
2305 お天気◇おしらせ◇終了

●3月31日（月）

1125 テストパターン
1141 オープニングメロディ
　　　シンギングピアノ：岩崎洋
1151 日本の百人「水谷八重子」
1200 OTV ニュース
1210 一曲どうぞダークダックス
1215 ミュージックコーナー (KR)
　　　「城ヶ島の雨」他
　　　独唱：木村四郎 木村絢子
1240 テレビガイド
1245 料理手帖「葉巻型ポーク」
　　　辻勲　稲田英子
1300 おしらせ◇放送休止
1725 テストパターン
1740 オープニングメロディ
　　　シンギングピアノ：岩崎洋
1750 毎日新聞テレビニュース
1800 子供の教室
　　　「絵をかきましょう」
　　　野村克也(南海)
　　　伊藤義郎と門下生
1815 ポポンタイムこの人を
　　　(NTV) 秋元喜雄
　　　助手：藤波京子
1845 テレビガイド
1850 あしたのお天気
1853 OTV ニュース
1900 キンピラ先生青春記
　　　最終回「きんぴら先生
　　　何処へ行く」
1930 太閤記 (NTV)「藤吉郎編」
2000 大助捕物帳 (NTV)
　　　「娘軽業師」
2030 ナショナルＴＶホール
　　　(KR)・人知れずこそ
2100 カメラだより北から南から
　　　「赤い灯は消えたが」
2115 ウロコ座「水滸伝」後篇
　　　市川猿之助 柳永二郎他
2145 月曜対談・2つの椅子
　　　「赤線廃止が投げる波紋」
　　　菅原　今
2200 OTV 週間世界ニュース
2215 ニッカ・ヒッチコック劇場
　　　(NTV)「姉・妹」
2245 テレビガイド
2250 OTV ニュース
2302 日づけ豆辞典 (OTVF)
2305 あしたのお天気
2308 おしらせ 放送終了

これが OTV だ　1958 年 3 月

【単発番組】

●オールブラックス対全関西

1958 年 3 月 5 日（水）14：50 ～

ラグビー国際試合を西宮球技場から中継放送。試合は「全関西 6 対 39 オールブラックス」と、強豪を相手にしながら、なかなかの善戦であった。

●大相撲春場所

3 月 9 日（日）～ 23 日

毎日 15：00 ～ 18：00

実況中継を担当し CBC、NTV 他にネット。優勝の朝汐に OTV 賞としてブロンズ像を授与した。

●大阪公立高校入試問題をめぐり」

3 月 17 日（月）14：30 ～ 15：00

午前の試験科目の解答と解説を放送。出演は中尾新六 (大阪市立南中学校長)、大石恒二郎 (大阪学芸大教授)。

●近鉄パールズ激励会

3 月 25 日（火）17：00 ～ 17：50

出演：加藤久幸監督、中田ダイマル・ラケット、星野みよ子、世志凡太、近鉄選手。

当時、プロ野球のユニフォームは、黒や紺・灰などでシックにまとめるのが男らしく、格好いいとされていた。しかしこの春、近鉄は、ホーム用のユニフォームに大胆な赤をとりいれ、チームの内外を驚かせた。胸マーク、背番号、帽子、アンダーシャツ、ストッキングが真っ赤に染められ、斎田忠利選手をして「勝っているときはいいけど、負けているときはみっともなくて」とまで言わせた。

さて、この年のパールズは、最終的に全 130 試合中 29 勝 97 敗 4 引き分けという大低調を記録した。西鉄・稲尾和久投手が 33 勝で最多勝を記録したのもこの年だが、稲尾ひとりの勝ち数にも追いつけなかったことになる。

新番組

【3 月 8 日（土）】

●三協グッドナイトショウ

（～合併後も継続）

22：30 ～ 22：50　出演・深緑夏代、里井茂等

【3 月 4 日（火）】

●こどもスリラー・奇妙な足跡

火 18：00 ～ 18：15（～ 3 月 25 日　全 4 回）

花登筺作の子供スリラー。

【3 月 9 日（日）】

●文学ところどころ

（～ 6 月 8 日、7 月 25 日～ 11 月 30 日、全 33 回）

日 11：00 ～ 11：15　OTVF 制作の教養番組。

【3月21日（金）】

●**純情家族**

（〜7月25日、全19回）

金20：00〜20：30「京阪テレビカー」枠のドラマ。「ゼスチャー・ゲーム」からの企画変更で単発ドラマ等がしばらくつづき、この回からシリーズもののドラマになった。当時、阪急・国鉄にスピードで差を付けられていた京阪電車が、その「乗車時間」を逆手にとって評判を呼んだ。テレビ搭載の定時列車は世界でもきわめて珍しい。

【3月23日（日）】

●**カメラ・ルポ「お料理訪問」**

日10：45〜11：00

（〜1959年1月25日、全43回）

京阪テレビカー車内（1957年頃）

1958年 4月

2日　毎日大阪会館完成にあたり、記念公演「寿式三番叟」、「三流名匠能」など5公演を後援

4日　朝日会館の具体美術協会主催「第2回・舞台を使用する具体美術」を後援

6日　アンペックス社製VTRが横浜に入港。9日には神戸にも入港。それぞれ通関手続きをして28日に東京支社と本社に一台ずつ納入された。

7日　京都弥栄会館で開催された「東京交響楽団演奏会・交響曲第5番の夕」を後援

10日　桐朋学園・毎日新聞社共催の「桐朋学園オーケストラ演奏会」(毎日ホール)を後援。

14日　第1回「OTV社内文化祭」が第3スタジオで開催された。屋台など、会場の造作は美術部が奮闘。模擬店なども出て大いににぎわった。

16日　関西アカデミー児童劇団公演「雪姫」(毎日ホール)を後援。

18日　NJB主催「インド舞踊と音楽の会」(神戸国際会館)を後援。

25日　ABC主催ワルター・ハウツィッヒ「ピアノ・リサイタル」(ABCホール)を後援。

30日　小谷正一総合企画室長ほか、毎日系の社員が退社。

プロレスアワー〜知られざる中継番組〜

●戦後復興を支えた「格闘技」

日本の戦後史を語る上で欠かせないものとして、プロレスリングとボクシングがあげられる。どちらも、スポーツとして、エンタテイメントとして、そして、生身のドキュメンタリーとして、戦後復興期に日本社会に大きな影響を与えた。

中でもプロレスに関しては、力道山の活躍抜きに1950年代のテレビを語ることはできない。

大阪に民間放送が誕生した1951年は、前年、自ら髷を切って大相撲力士を廃業した力道山がプロレスデビューした年でもある。翌年2月、渡米し、日系人レスラー沖識名の特訓と、アメリカでの試合を経験して1953年2月にに帰国。同年7月最新のノウハウを持ち帰って「日本プロレス協会」を設立した。

設立には実業家の新田新作および、戦後衰退した浪曲を見事に復興させた大興行師・永田貞雄が加わった。

力道山は渡米中に作ったコネクションを通じてシャープ兄弟を招聘。一方自ら、柔道家からレスラーに転身した木村政彦とタッグを組んでこれを迎え撃つ日米対決を企画した。

1954年2月19日から週末の3日間にわたって日本プロレス協会の旗揚げ興行が開催された。メインは「力道山・木村政彦対シャープ兄弟」。この興行が、プロレスを相撲に匹敵するメジャー格闘技にのしあげたといっても過言はない。

この時、当時日本の興行師のドンと呼ばれた永田貞雄はチラシ30万枚を印刷して大相撲初場所の観客に連日集中投下。そして、放送開始まもないテレビジョン中継を誘致した。

中継は、初日(2月19日)はNTVとNHKの両方からそれぞれ中継された。この時のNHKの中継は試験放送中だった大阪局・名古屋局からも放送された。

二日目(20日)、三日目(21日)はNTVから単独放送された。

テレビの宣伝効果はてきめんであった。初日、会場には空席が目立ったが、これを街頭テレビで見た人々が翌日、以降国技館に押しかけてきたのである。また、熱狂した人々が殺到した二日目以降の中継はNTVの街頭テレビを通じて、さらに市中に拡散された。街頭テレビは関東一円に広く配置されていたため、プロレスファンの輪は数日のうちに一気に拡大したのだ。

NTVの記録によれば、首都圏二百か所を超える

NTVの街頭テレビには無数の観覧者が群がり、2月という寒い時期にも関わらず、新橋駅西口だけで2万人が集まった（特に19、20日は夜の中継であった）。NTV50年史によれば、この時の視聴者数はNTVだけでも、のべ一千万人にのぼったという。

大阪・名古屋にもネットワークされたNHKの中継も街頭テレビに人だかりを作った。名古屋、大阪では受像機製造メーカーや販売店が街頭テレビによる販売促進活動をすすめていたため、新聞予告を見た大阪・名古屋の人々が集まったのだ。

力道山・木村雅彦タッグとシャープ兄弟による試合はこの後、各地で衝撃を与えた。興行は大阪、神戸、名古屋、静岡、宇都宮を巡り、3月に東京に戻った。東京からのテレビ中継の甲斐あって関西での前評判も高かった。東京では3月の興行もテレビ中継され、街頭にさらに大きな人だかりを呼んだ。

中継を見た人々が、生の熱狂を求めて会場へと押し寄せた…より強い熱狂を求める人々を会場に殺到させるやりかたは、アメリカのテレビ放送黎明期をささえた放送会社 Dumont Network がプロレス中継を成功させた手法であり、渡米経験者がこのやりかたを進言したことは言うまでもない。

● **日本初のプロレス中継はNHK大阪**

ところで、大阪の人々にとっては2月19日の東京からの中継が「初めて」ではなかった。同じ頃大阪でもプロレス興業の本格化に挑戦する動きがあったのだ。

試験放送中のNHK大阪は、少し遡った1954年2月6日に、大阪ローカルで独自にプロレス中継を実施した。この中継はNHK大阪放送局70年史の中に記録されている。これが日本における最初のプロレスリングのテレビ中継である。

このときの試合は、山口利夫のタニマチが主催した「全日本プロレス協会」の興行で、毎日新聞社後援「マナスル登山隊後援・日米対抗試合」興行として、大阪府立体育館で開催された。この日の試合相手は在日米軍人「ブルドッグ・ブッチャー」であった。

「全日本プロレス協会」は、静岡県出身の柔道家・山口利夫、秋田県出身の力士・清美川梅之助らが立ち上げた大阪を拠点とする興行団体である。

この時期、東京を拠点とする力道山が徐々に興行範囲を拡大する一方「全日本プロレス協会」のように西日本を拠点とする団体もあらわれていた。

山口利夫は、木村政彦、遠藤幸吉とともに、戦前の大柔道家・牛島辰熊が1950年に設立した「国際プロ柔道協会」に参加していたが、興行不振で無給が続き、ハワイやブラジルに柔道指南の遠征をした後1954年4月に「全日本プロレス協会」を旗揚げし、プロレスラーへ転身した。

また、力道山と組んで先述のシャープ兄弟との巡業興行を成功させた木村は、力道山の元をはなれ、1954年11月に立ノ海登喜、大坪清隆らとともに故郷・熊本で「国際プロレス団」を結成した。

いずれも興行範囲の拡大をすすめていた力道山にとっては目障りな存在であった。

1954年12月22日に「日本ヘビー級王座決定戦」として力道山対木村政彦戦がおこなわれた。日本テレビ25年史には「日本の両巨頭による試合」とあるが、この一戦が、その後力道山の頭を悩ませることとなる。

いわば、互いに団体のプライドをかける構図となったこの試合で、力道山は、木村を叩きのめしてしまった。「試合開始15分49秒後、先決にまみれた木村がリングに倒れ、ドクターストップにより力道山が初のチャンピオンとなった試合である」とNTV25年史に書かれているが、あまりに凄惨な試合は物議を醸した。

鮮血ほとばしる「真剣勝負」を見た観客は大きなとまどいを見せた。特に、テレビでこうした映像が放映されたショックは大きかった。

この試合は、力道山にとっては「日本最強」を

宣する上で重要な試合であったが、のちのイメージに少なからず悪影響を与えてしまった。このさわぎは次第に「プロレスは真剣勝負かショウか」という論点にすりかわり、メディアもそこに論点を集約させてしまった。この一点に必要以上に目がそそがれた。

このため、プロレスにおける「演出」の必要性について十分に理解される間もなく「いままでのプロレスは八百長だ」という悪意のレッテルが貼られてしまった。

これを機にNHKはプロレス中継を大幅に減らし、新聞もプロレスを「スポーツとして」取り上げなくなった。目障りな西日本勢（山口、木村）の動きを牽制していた力道山にとっては容易ならぬ事態の到来である。

メディアの影響力で一気のしあがった力道山が、メディアの影響力で一気に落とされはじめた。高まっていたプロレス人気に陰りが見え始めた。

プロレスに熱狂した人々の多くは、今までの感動に「演出」があるかどうかなど、まだ知り得ないことであった。

メディアも、議論の拡大に乗るようにして、新たな英雄にアヤをつけた。この英雄は真の英雄か？ それとも台本と演出が作り出した英雄か？ 新たな英雄に執拗に疑問符が投げかけられてゆく。

●「プロレスアワー」誕生

力道山は、プロレスに対する啓蒙活動の必要を感じたようで、やがて東京で初のプロレスのレギュラー番組を開始した。

「プロレス・ファイトメン・アワー」と題された番組は1957年6月15日から、毎週土曜日17：00〜18：00に力道山道場の選手による試合を放送した。力道山自身が出演し、ファンに向って語りかけることもあった。日本橋浪花町のプロレスセンターからの中継である。

そして、1957年12月20日午後4時40分、OTV第三スタジオから「OTVスポーツファンシート　プロレス・アワー」が始まった。こちらは毎週金曜日16：40〜17：50の放送である。

こちらも力道山が解説とレフェリーを務めるという肝の入れようで、第一回は100坪の第三スタジオに特設リングを組んで放送された。

OBの手記によると、この番組は「少年向けスポーツ番組」として企画された。若手プロレス選手が努力と指導向上する姿を見せ、プロレスのスポーツとしての健全性をアピールしようという意図があらわれている。

この期間、力道山とその一行は、1957年12月から翌3月まで、毎週末、東京―大阪を往復した。さらにいえば、毎週金曜日の夕方に大阪で、そして土曜日の夕方に東京で試合していたのである。新幹線もない時代、レスラーたちは大阪発の夜行列車で東京に戻っていたのだ。

一方、力道山が、こうまでして大阪に乗り込んできたもう一つの理由として、大阪の「全日本プロレス協会」そしてそのトップである「山口利夫」への牽制が考えられる。

話はいったん、大阪テレビ放送開局前夜に戻る。

既述のとおり、1956年11月30日はサービス放送の最終日であり、この夜「プロレスヘビー級選手権挑戦者決定戦　東富士対山口利夫（大阪府立体育館）」が放送された。この試合は、1956年10月24日に、力道山への挑戦者を決定するためにおこなわれた「重量別日本選手権ヘビー級決勝戦・東富士―山口利夫戦」が、三本目両者リングアウトにより決着がつかなかったことによる再戦であった。

ところで、この再試合が大阪でおこなわれたことに何か特別な意図が考えられる。それは「全日本プロレス協会」がすでに解散状態にあった山口に花を持たせるため、あえて「全日本プロレス協会所属」名義で山口をリングにあげたのではないかということである。

試合結果は、日本プロレス所属の東富士が勝利し、ライトヘビー、ジュニアヘビー、ヘビーの3

階級を日本プロレスの選手が独占した。このとき、他の団体は、主だった選手が敗北したのをきっかけにまもなく消滅した。事実上、この選手権大会をもって力道山が日本のプロレス界を統一したと見ることもできるようだ。

力道山はそこに留まらず「プロレスアワー」による大阪制圧に乗り出した。

この番組は「少年向けスポーツ番組」と銘打って企画され、放送時間は16：40または16：50から約60分。会場にも街頭テレビにも多くの子供が群がった。

第一回（12月20日）は力道山が試合に出場するため、解説は谷口勝久が担当した。阿倍野体育館からの中継が多く、京都・弥栄会館からの放送やスタジオマッチもあった。

毎週の東阪往復は約3か月にわたった。この間のNTV「ファイトメン・アワー」の出場者との比較をしてみよう。

【1957年】 ★ OTV　☆ NTV

★ 12月20日（金）

16：40～17：40
OTVスポーツファンシート・プロレスアワー
（堂島・OTV第三スタジオ）
　力道山 対 ビル・サベージ
　豊登 対 長沢
　芳の里 対 ユセフ・トルコ
　吉村 対 大同山
　実況：矢代清二（OTV）
　解説：谷口勝久（毎日新聞記者）

☆ 12月21日（土）

17：00～18：00 プロレス・ファイトメン・アワー
（日本橋浪花町プロレスセンターより中継）
　力道山 対 ビル・サベージ
　ハロルド坂田＆豊登 対 吉村＆芳の里
　長沢 対 阿部
　竹村 対 玉の川
　タニー・アルフォード 対 田中米太郎
　トルコ 対 吉原
　宮島 対 大坪

★ 12月27日（金）

16：40～17：40
OTVスポーツファンシート・プロレスアワー
（阿倍野体育館より中継）
　ハロルド坂田＆芳の里 対 東富士＆長沢

☆ 12月28日（土）

17：00～18：00 プロレス・ファイトメン・アワー
（日本橋浪花町プロレスセンター）
　ハロルド坂田＆豊登 対 遠藤＆芳の里

【1958年】

★ 1月3日（金）

16：50～17：50
OTVスポーツファンシート・プロレスアワー
（京都・弥栄会館より中継）
タッグマッチと7人の勝抜試合
　ハロルド坂田＆芳の里 対 吉村＆駿河海

☆ 1月4日（土）

17：00～19：00 プロレス・ファイトメン・アワー
（日本橋浪花町・プロレスセンターより中継）
　観客800人
　ハロルド坂田＆豊登 対 遠藤＆芳の里
　または、豊登 対 芳の里

★ 1月10日（金）

16：40～17：40
OTVスポーツファンシート・プロレスアワー
（阿倍野体育館より中継）
　ハロルド坂田＆芳の里 対 東富士＆長沢

☆1月11日（土）
17：00〜18：00 プロレス・ファイトメン・アワー
（日本橋浪花町・プロレスセンターより中継）
　日本ジュニア
　吉村 対 芳の里
　東富士＆長沢 対 ハロルド坂田＆阿部
　タニー・アルフォード 対 玉の川
　吉原 対 トルコ
　宮島 対 田中

★1月17日（金）
13：00〜14：00 プロレス・アワー
（阿倍野体育館より中継）
　吉村 対 芳の里
　ハロルド坂田＆阿部修 対 東富士＆玉の川

・1月18日（土）
　大相撲中継のため休止

★1月24日（金）
13：00〜14：00
OTV スポーツファンシート・プロレスアワー
（阿倍野体育館より中継）
　ハロルド坂田＆阿部修＆芳の里 対
　　　　　　　　東富士＆豊登＆吉村

・1月25日（土）
　大相撲中継のためなし

★1月31日（金）
16：40〜17：40
OTV スポーツファンシート・プロレスアワー
（阿倍野体育館より中継）
　ハロルド坂田＆芳の里 対 東富士＆豊登
　吉村対阿部

☆2月1日（土）
17：00〜18：00 プロレス・ファイトメン・アワー
（日本橋浪花町・プロレスセンターより中継）
　豊登＆吉村 対 ？＆？

★2月7日（金）
16：40〜17：40
OTV スポーツファンシート・プロレスアワー
（阿倍野体育館より中継）
　ハロルド坂田＆芳の里 対 東富士＆豊登

・2月8日（土）
　17：00〜18：00
プロレス・ファイトメン・アワー
（日本橋浪花町プロレスセンターより中継）
　豊登＆吉村 対 ？＆？

★2月14日（金）
（阿倍野体育館より中継）
16：40〜17：40
OTV スポーツファンシート・プロレスアワー
　バトルロイヤル、東富士、トルコ、芳の里、
　長沢　吉村＆？対？対？

☆2月15日（土）
17：00〜 プロレス・ファイトメン・アワー
（日本橋浪花町・プロレスセンターより中継）
　吉村＆？ 対 ？＆？

★2月21日（金）
16：40〜17：40
OTV スポーツファンシート・プロレスアワー
（阿倍野体育館より中継）
　東富士 vs 長沢
　竹村 対 玉の川
　芳の里＆？ 対 ？＆？

☆2月22日（土）

17:00〜18:00 プロレス・ファイトメン・アワー
（日本橋浪花町・プロレスセンターより中継）
　　東富士 対 吉村

★2月28日（金）
16：40〜17：40
OTV スポーツファンシート・プロレスアワー
（阿倍野体育館より中継）
　　東富士＆長沢 対 芳の里＆阿部
　　特別練習試合　力道山 対 ?

☆3月1日（土）
17:00〜18:00 プロレス・ファイトメン・アワー
（日本橋浪花町・プロレスセンターより中継）
　　四人掛け
　　　　力道山 対 田中米太郎
　　　　力道山 対 竹村
　　　　力道山 対 玉の川
　　　　力道山 対 吉村

★3月7日（金）
16：50〜17：50
OTV スポーツファンシート・プロレスアワー（終）
（阿倍野体育館より中継）
　　芳の里＆阿部＆竹村 対 東富士＆吉村＆長沢

力道山プロレス教室

☆3月8日（土）
17:00〜18:00 プロレス・ファイトメン・アワー
（日本橋浪花町・プロレスセンターより中継）
　　力道山渡米歓送ファイト

●**実演・空手チョップ！**
　力道山と言えば「空手チョップ」である。当時の日本プロレス界で最強とされた唯一無二の必殺技。多くのファンがこの一撃を楽しみにしていた。
　ところが、毎回あまりにも鮮やかに技が決まるものだから「あれはインチキではないか」という声があがりはじめた。
　OTV 技術部にいた三上泰生さんの記録によれば、最終回の放送終了後、力道山はリングにあがり「これで番組はおしまいだ。今日はみんなのために、どんな技でも見せてあげる。何がいいかな、言ってみろ」と言った。
　「わあっ」という歓声と共に「空手チョップ！」という声が一斉にあがった。
　力道山は一瞬たじろいだものの、「とんでもない」という仕草をする弟子の一人をリングにあげ、手を掴まえてロープに投げ飛ばし、帰ってきたところに空手チョップを撃ち込んだ。

それはゆるかった。力道山は弟子をかばったのだ。それを見た子供たちは「あんなん、おかしい。あの空手チョップはうそや」と言い始めた。
　力道山に火が付いた。再び弟子の手を取るとロープに投げ飛ばし、帰ってきたところに満身の力をこめて一撃。
　鈍い音を立てて弟子は倒れた。ジェスチャーではなかった。
　あとで三上さんが確かめたところ、その胸には棒で思い切りたたいたような裂傷があり、血がにじんでいたという。
　世間の風評を跳ね返す一撃であった。

●**貴重な発掘**
　この三か月間、力道山と道場の面々は、大阪で鍛錬の成果を見せた。まさに「1000 日の空中博覧会」の中で、プロレスの「空中常打ち興行」がおこなわれたのであった。
　力道山は、最終的には、関西にも「プロレス・センター」を建設し、東京と並ぶ常打ち興行体制を実現し、週に1〜2本の定期試合を行い、外人レスラーも交えて交流することができる場所を目指していたといわれている。
　力道山は、山口の存在感をかき消し、新たな地盤をつくるための「地ならし」をするため「OTV

スポーツファンシート・プロレスアワー」の企画を持ち込んだのではないだろうか。

番組終了の二か月後、山口利夫が1958年5月31日と6月1日に、扇町プールで引退試合をおこなった。万策尽きたということだろう。OTVはこの引退試合を中継しなかった。力道山は、選手の参戦を許したのみで自身は何もしなかった。もっともこの時期は初期に世話になった永田貞夫などのプロモーターを日本プロレス内部から逐いだすのに懸命で、大阪に足を向ける余裕などなかったようでもある。

1958年9月、三菱ダイヤモンド・アワーで隔週の日本プロレス中継が始まった。関西地区では新たに開局したYTVがネットし、この先OTVでプロレスが放送されることはなかった。

「プロレスアワー」や、大阪でのプロレス試合については、本書の刊行まで長らく忘れ去られていた。今回集めた資料から「大阪でもプロレス興行およびプロレス放送を定期的におこなわれていた」ことがわかり、検証・分析により重要な発見であることが認められた。

力道山とその一行が、何をめざし、何を構想して毎週東京・大阪を往復していたのか。プロレスアワーの「発掘」により、さまざまな断片的事実が結びついた。

本章は、プロレス史研究者・小泉悦次氏の全面的協力で、氏による発見と分析をもとに書き上げた。プロレス史の視点からのより精細な研究については今後の小泉氏の研究をご一読頂きたい。

西明石—姫路間 電化完成に伴い 国鉄ダイヤを改正 十日実施

通勤輸送を重点に
米原—姫路間 電車八往復を増発

十月から貨車も電化
山陽本線全線は五年後に完成

レスラーや東西の芸能人たちを運んだのは東海道線の夜行列車であった。

1958.4

大阪で国際見本市開催。
八丈島、種子島で金環食観測。関西でも日食観察ブーム。
「転居通知」を利用してクイズ当選者の賞金を横取り詐欺。

●4月1日(火) OTV
825 テストパターン
840 メロディ 55 おしらせ
857 第30回選抜高校野球
　　入場式〜第一試合
　　(甲子園) 繁村純孝アナ
　　久保顕次アナ
【雨天時】
1125 テストパターン
1141 メロディ
1151 日本の百人「水谷八重子」
1200 OTV ニュース
1215 料理手帖「玉葱料理二種」
　　井上幸作
1230 第30回選抜高校野球
　　第二試合 (甲子園)
　　井上アナ
1400 日本の百人「安井郁」
1410 おしらせと映画
1410 選抜高校野球中継
　　(甲子園) 第三試合
　　香西アナ
1705 オープニングメロディ
　　岩崎洋◇おしらせ
1720 春は"暖簾"から
　　KRTV 開局三周年祝賀
　　番組　森繁久弥
　　浪花千栄子 山崎豊子他
1750 朝日新聞テレビニュース
1800 呼出符号L「ゼロの秘密」
　　高桐眞 千葉信保他
1815 名犬リンチンチン
　　「金鉱のありか」
1845 ガイド50 あしたのお天気
1853 OTV ニュース
1900 テレビ浮世亭 円遊 円生
1930 姿三四郎「すばあらの章」
2000 山一名作劇場 (NTV)
　　「花ひらく」
2030 サンヨーテレビ劇場 (KR)
　　「夫婦百景」裸の王様
　　前篇
2100 近鉄パールアワー・
　　おっさん人生「四月馬鹿」
2115 ピアス劇場華やかな誘惑
2145 ミナロンドリームサロン
　　大伴千春　ジョージ岡
2200 マーチンケイン捜査シリーズ
2230 きまぐれジョッキー
2245 ガイド 50 OTV ニュース
2302 日づけ豆辞典 (OTVF)
2305 お天気◇おしらせ◇終了

●4月2日(水)
750 テストパターン
805 オープニングメロディ
820 第30回選抜高校野球
　　第一試合 (甲子園)
1151 日本の百人
1200 OTV ニュース
　　「毎日大阪会館と新朝日
　　ビル開館実況」他
1215 テレビ寄席 金馬
　　トップ・ライト 40 ガイド
1245 料理手帖「春の盛り合わせ」
1300 第30回選抜高校野球
　　第三試合 (甲子園)
　　続いて日本の百人「東
　　竜太郎」
　　さらにつづいて第四試合
　　試合終了後おしらせ
【中止の時】
1120 テストパターン
1135 オープニングメロディ
1150 日本の百人
1200〜1300 晴天時に同じ
1300 陽春お国めぐり
1315 おしらせ　休止
1720 テストパターン東京の印象
1740 オープニングメロディ
　　シンギングピアノ：岩崎洋
1750 毎日新聞テレビニュース
1800 団子串助漫遊記
1815 獅子文六アワー (NTV)
　　悦ちゃん 45 ガイド
　　◇お天気
1853 OTV ニュース
1900 わが輩ははなばな氏 (KR)
　　「作者失格の巻」
1930 歌はあなたとともに
　　白根　三船　今村
2000 民芸アワー (NTV)「手」
　　織田正子原作
　　細川ちか子 入江杏子
　　松下達夫 森光子
2100 コント千一夜 森光子他
2115 宮本武蔵 (NTV)
2145 ニッケ・ジャズパレード
　　ペギー葉山　ヘレン・
　　ヒギンス
2200 ありちゃんのおかっぱ侍
2230 時の眼
　　林田重五郎 (朝日新聞)
2245 ガイド 50 OTV ニュース
2302 日づけ豆辞典 (OTVF)
2305 お天気◇おしらせ◇終了

●4月3日(木)
750 テストパターン (クラシック)
805 オープニングメロディ
820 第30回選抜高校野球
　　芦屋－宇都宮工
　　(甲子園) 井口
【中止時】1125 パターン
1141 メロディ
1151 日本の百人
※この日は試合中止
1200 OTV ニュース
1210 一曲どうぞ 青木光一
1215 アイラブ亭主 (KR) 40 ガイド
1245 料理手帖「鯨肉のみそ漬け」
　　平田武一
1300 第30回選抜高校野球
　　中京商業－広陵
　　(甲子園)
　　◇日本の百人「棹野藤吾」
　　◇多治見工－熊本工
　　手塚
【中止時】おしらせ◇放送休止
1720 パターン 35 メロディ
1750 朝日新聞テレビニュース
1800 カゴメ劇場 母恋草
1815 ますらを派出夫会 (KR)
　　栄冠ナミダあり 45 ガイド
1850 お天気 53 OTV ニュース
1900 スーパースターメロディ
　　三橋美智也　三浦洸一
1930 宝塚テレビ劇場
　　「そよ風さん」時凡子
　　早川恭三　津川明三
2000 ロビンフッドの冒険
　　「アルマの夢」
2030 鞍馬天狗 (KR)「決闘雲母坂」
2100 奥様多忙 (KR)
　　「カーネーションは■く」
　　江見渉 山岡久乃他
2115 目で聴く話題 雨風曇
　　(NTV)「解散マーチ」
　　夢声　ハチロー
2145 おはこうら気 (NTV/OTV)
　　ゲスト・岩井半四郎 旗
　　照夫 葦原邦子 旗昭二
2200 日立劇場 (KR)
　　宇野信夫ドラマ
　　「朝すずめ」伊藤寿章
　　河野秋武 桂典子他
2230 私のコレクション「豆絵画」
　　山口孝　萬代峰子
2245 ガイド 50 OTV ニュース
2302 日づけ豆辞典 (OTVF)
2305 お天気◇おしらせ◇終了

●4月4日(金)
750 テストパターン
805 オープニングメロディ
820 第30回選抜高校野球
　　芦屋－宇都宮工
　　(甲子園) 井口
　　◇おしらせと映画
　　◇遠野－兵庫工
【中止の時】
1122 テストパターン
1136 オープニングメロディ
　　シンギングピアノ：岩崎洋
1150 日本の百人
1200 OTV ニュース
1210 一曲どうぞ 中原美紗緒
1215 映画の窓 (KR)「濁流」
　　荻昌弘
1240 テレビガイド
1245 料理手帖「ニョッキー
　　グラタン」堀越フサエ
1300 第30回選抜高校野球
　　中京商業－広陵
　　(甲子園)
　　◇日本の百人 西川鯉三
　　◇多治見工－熊本工
　　◇おしらせ◇休止
【中止の時】
1300 おしらせ・休止
1720 パターン 40 メロディ
1750 朝日新聞テレビニュース
1800 赤胴鈴之助 吉田豊明他
1815 電気のABCヒューズの話」
1830 ポケット劇場「赤頭巾」
　　グリム童話劇クラルテ他
1845 ガイド 50 あしたのお天気
1853 OTV ニュース
1900 花王ワンダフルクイズ (NTV)
1930 花王ワンダフルクイズ (NTV)
2000 京阪テレビカー「純情家族」
2030 特ダネを逃がすな (KR)
　　「狼」前篇
2100 OTV ワールドスポーツ
2115 ハーバー・コマンド
　　声・阪修
2145 三越映画劇場「撮影風景」
2200 ドラッグネット「高校二年」
2230 小唄教室 鶴村 45 ガイド
2250 ガイド 55 OTV ニュース
2302 日づけ豆辞典 (OTVF)
2305 お天気◇おしらせ◇終了

●4月5日(土)
750 テストパターン (クラシック)
805 オープニングメロディ
　　シンギングピアノ：岩崎洋
0820 第30回選抜高校野球
　　第一試合 (甲子園)
　　井口
　　◇おしらせ◇映画
　　◇第二試合
【中止の時】
1123 テストパターン
1137 オープニングメロディ
　　シンギングピアノ：岩崎洋
1150 日本の百人 今井正
1200 OTV ニュース
1210 金語楼のお巡りさん
1240 テレビガイド
1245 料理手帖 風船揚げ
1300 第30回選抜高校野球
　　第三試合 (甲子園)
　　◇日本の百人 今井正
　　◇おしらせ◇休止
【中止の時】
1301 京だより
1315 放送休止
1720 テストパターン (クラシック)
1740 オープニングメロディ
　　シンギングピアノ：岩崎洋
1750 毎日新聞テレビニュース
1800 ぼくのわたしの音楽会
　　関西弦楽研究会児童部
1815 素人のど競べ 暁テル子
1845 ガイド 50 OTV ニュース
1900 街のチャンピオン (KR)
　　トップライト 川上哲治
1930 ほろにがショー
　　何でもやりまショー (NIV)
　　三國一朗
2000 磯貝兵助功名噺 (NTV)
2030 白い桟橋「桜咲く」
　　(NTV/OTV)
2100 話題のアルバム 10 ガイド
2115 目玉真名氏飛び出す (KR)
　　「男の声」前篇
2145 芸能トピックス
2200 NEC 劇場・右門捕物帳
　　(KR)「麝香頭巾」前篇
2230 三協グッドナイト・ショウ
2250 ガイド 55 OTV ニュース
2302 日づけ豆辞典 (OTVF)
2305 お天気◇おしらせ◇終了

●4月6日(日)
925 パターン 45 仲良しニュース
955 マンガ公園「子猫のピクニック」
　　他 5 本
1030 文学ところどころ「斑鳩
　　物語」高浜虚子
1045 カメラルポお料理訪問
　　「宇治・萬福寺」
1100 たのしい生活を
　　「さくら」幸田文
1115 海外トピックス
1130 経済サロン「くすりと幸福」
　　山内健二　大井治
1200 OTV ニュース
1215 ダイラケのびっくり捕物帖
　　「まぼろしの鏡」後篇
　　ダイマル・ラケット森光子
　　中村あやめ 藤田まこと他
1245 OK 横丁に集まれ (NTV)
1315 短編映画
1330 第30回選抜高校野球
　　(甲子園)
　　◇おしらせ◇休止
【中止の時】
1330 おしらせ◇休止
1731 テストパターン 46 ガイド
1751 お天気 54 OTV ニュース
1800 アニメと銃をとれ
1830 ダイハツコメディ・やりくり
　　アパート「御紹介の巻」
　　大村崑　佐々十郎 茶川
　　一郎　花和幸助　三角
　　八重　芦屋小雁　横山
　　エンタツ　初音礼子
1900 スーパーマン 30 紅あざみ
2000 金四郎江戸桜 (NTV)
2030 ダイヤル 110 番
　　「悪魔の演技」(NTV)
2100 アンテナは見ている
　　「少年」
2115 東芝日曜劇場
　　「インド古典舞踊」
　　インド政府派遣文化使節
2215 ダイハツスポーツウィクリー
2230 週刊ニュース 50 ニュース
2302 日づけ豆辞典 (OTVF)
2305 お天気◇おしらせ◇終了
※この日アンペックスVTR1台東京
に到着。神戸にもう一台9日到着。

●4月7日（月）

920 テストパターン
935 オープニングメロディ
　　岡田博トリオ
950 第30回選抜高校野球
　　第一試合◇第二試合
　　（甲子園）
1200 OTVニュース
1215 料理手帖「ソーセージライス」
　　辻勲
1230 第30回選抜高校野球
　　◇日本の百人「小川旭」
　　◇映画◇おしらせ◇休止
【中止の時】
　1124 テストパターン
　138 オープニングメロディ
　1150 日本の百人
　1200 OTVニュース
　1215 短編映画「石になった河」
　1245 料理手帖 辻勲
　1300 おしらせ◇放送休止
1720 パターン 35 メロディ
1745 テレビガイド
1750 朝日新聞テレビニュース
1800 子供の教室 コンサート
　　シューベルト「未完成」
1815 ポポンタイムこの人を（NTV）
1845 ガイド◇お天気◇ニュース
1900 おさけ社長（KR）
　　「おさけ社長よこんにちは」
1930 太閤記（NTV）
2000 大助捕物帳（NTV）
2030 ナショナルTVホール（KR）
　　人知れずこそ
2100 カメラだより北から南から
　　「花より団子」
2115 ウロコ座「三味線しぐれ」
　　前篇 坂東簑助
　　伊志井寛他
2145 月曜対談・2つの椅子
　　「法か教育か」藤沢恒夫
　　吉村正一郎
2200 OTV 週間世界ニュース
2215 ニッカ・ヒッチコック劇場
　　（NTV）
2245 ガイド 50 OTVニュース
2302 日づけ豆辞典（OTVF）
2305 お天気◇おしらせ◇終了

●4月8日（火）

920 テストパターン
935 メロディ 岡田博トリオ
950 第30回選抜高校野球
　　早実－済々黌
　　（甲子園）井口
1200 OTVニュース
1215 料理手帖「むきえんどう
　　二種」井上幸作
1230 第30回選抜高校野球
　　立命館－明治
　　（甲子園）樋上
　　◇日本の百人「高浜虚子」
　　◇福岡エ－中京商
【中止の時】
　1125 テストパターン
　1139 オープニングメロディ
　1150 日本の百人 高浜虚子
　1200 OTVニュース
　1210 一曲どうぞ
　1215 歌う青春列車
　1240 ガイド
　1245 料理手帖
　1300 おしらせ◇放送休止
1725 パターン 1740 メロディ
1750 毎日新聞テレビニュース
1800 呼出符号L「ゼロの秘密」
1815 名犬リンチンチン
　　「幽霊の館」
1845 ガイド 50 お天気
1853 OTVニュース
1900 テレビ浮世亭
1930 姿三四郎「すばあらの章」
2000 山一名作劇場（NTV）
　　「からたちの花」
　　長谷健作 鈴木光枝
2030 サンヨーテレビ劇場（KR）
　　「夫婦百景」裸の王様
　　後篇
2100 近鉄パールアワー・
　　おっさん人生「花見団子」
2115 ピアス劇場華やかな誘惑
2140 ミナロンドリームサロン
　　黒岩三代子 ウイリー沖山
　　大伴千春　ジョージ岡
2200 マーチンケイン捜査シリーズ
　　「レディ・キラー」
2230 きまぐれジョッキー
　　市村俊幸　藤沢嵐子
2245 ガイド 50 OTVニュース
2302 日づけ豆辞典（OTVF）
2305 お天気◇おしらせ◇終了

●4月9日（水）

1010 パターン 30 メロディ 岡田
1042 日本の百人「石田博英」
1050 第30回選抜高校野球
　　準決勝 明治－中京
　　（甲子園）井口
　　担当：矢代清二
1200 OTVニュース
1215 料理手帖「魚の道明寺
　　蒸し」辻徳光
1230 第30回選抜高校野球
　　準決勝熊本エー済々黌
　　（甲子園）樋上
　　担当：井上アナ◇休止
【中止の時】
　1126 パターン 40 メロディ
　1150 日本の百人 高浜虚子
　1200 OTVニュース
　1215 一曲どうぞ
　1215 昼席漫才落語：小柳枝
　1243 ガイド45 料理手帖
　1300 おしらせ 休止
　1445 テストパターン
　1500 プロ野球 巨人－大洋
　　（雨天時）1445 放送休止
1720 テストパターン
1735 オープニングメロディ
　　岡田博トリオ45おしらせ
1750 毎日新聞テレビニュース
1800 団子串助漫遊記
　　「轟然一発の巻」
1815 獅子文六アワー（NTV）
　　悦ちゃん 45 ガイド
　　◇お天気
1853 OTVニュース
1900 わが輩ははなばな氏（KR）
　　「誰がために鐘は鳴る」
1930 歌はあなたとともに
　　三浦大津 若杉詩二
2000 ジョンウエイン西部劇
　　「影なき虐殺」
2100 コント千一夜 森光子 他
2115 宮本武蔵（KR）
2145 ニッケ・ジャズパレード
　　芦野宏 ヒギンス
2200 ありちゃんのおかっぱ侍
　　「愛情にかける橋」
　　30 ガイド
2235 時の眼 田中菊次郎
2250 OTVニュース
2302 日づけ豆辞典（OTVF）
2305 お天気◇おしらせ◇終了

●4月10日（木）

1120 テストパターン（クラシック）
1135 オープニングメロディ
　　岡田博トリオ
1151 日本の百人「織田幹雄」
1200 OTVニュース10-一曲どうぞ
1215 料理手帖「イカのけんちん
　　蒸し」
1240 料理手帖「魚の道明寺
　　「にがい勝利」
1255 第30回選抜高校野球
　　決勝戦（甲子園）
　　解説：井口新次郎
　　◇おしらせ◇休止
【中止の時】1255 放送休止
　1720 テストパターン
　1735 オープニングメロディ
　　岡田博トリオ45ガイド
　1750 朝日新聞テレビニュース
　1800 カゴメ劇場 母恋笙
　1815 ますらを派出夫会（KR）
　1845 ガイド⑤あしたのお天気
1853 OTVニュース
1900 スーパースターメロディ
　　「柿の木坂の家」
　　青木光一 斎藤京子
　　君和田
1930 宝塚テレビ劇場
　　「椿姫物語」
　　故東八 大和七海路
　　万里弥生
2000 ロビンフッドの冒険
　　「ローマの宝」
2030 鞍馬天狗
　　「決闘雲母坂」
2100 奥様多忙（KR）「とかく女は」
　　江見渉 山岡久乃他
2115 目で聴く話題 雨風曇
　　（NTV）「やぶにらみ」
　　福田蘭童 徳川夢声
　　サトウハチロー
2145 おはこうら表（NTV/OTV）
　　雪代敦子
2200 日立劇場（KR）
　　宇野信夫ドラマ
　　「刀の中の顔」前篇
　　伊藤寿章 東恵美子
　　藤山竜一
2230 私のコレクション「箸置」
　　久保田耕気45テレビガイド
2250 OTVニュース
2302 日づけ豆辞典（OTVF）
2305 あしらせ 放送終了

●4月11日（金）

1120 テストパターン
1135 オープニングメロディ
　　岡田博トリオ
1151 日本の百人「岡治道」
1200 OTVニュース
1210 一曲どうぞ 青木光一
1215 映画の窓（KR）
1240 テレビガイド
1245 料理手帖「ポークカツレツ
　　野菜ソース煮」
　　野尻千草 高折アナ
1300 おしゃれコートミュージック
　　唄：芦野宏
1615 テストパターン
1735 オープニングメロディ
　　岡田博トリオ
1750 毎日新聞テレビニュース
1800 赤胴鈴之助 吉田豊明他
1815 電気のABC
　　「山陽線の電化」
　　志摩靖彦
1830 ポケット劇場「赤頭巾」
　　グリム童話
　　人形劇団クラルテ他
1845 テレビガイド
1850 あしたのお天気
1853 OTVニュース
1900 テレビぴよぴよ大学（KR）
1930 花王ワンダフルクイズ
　　（NTV）
2000 京阪テレビカー
　　「純情家族」
　　「本日休業の巻」
　　東五童 吉川雅恵
2030 特ダネを逃がすな（KR）
　　「狼」後篇
2100 OTVワールド・スポーツ
2115 ハーバー・コマンド「麻薬」
2145 三越映画劇場「撮影風景」
2200 ドラッグネット
　　「子供は考える」
2230 小唄教室（KR）
　　春日とよ玉 山下吾吉
2245 テレビガイド
2250 OTVニュース
2302 日づけ豆辞典（OTVF）
2305 あしらせ
2308 おしらせ 放送終了

●4月12日（土）

1040 テストパターン（クラシック）
1055 オープニングメロディ
　　岡田博トリオ
1110 日本国際見本市中継
　　（港会場）解説：関重夫
1200 OTVニュース
1151 日本の百人「辻久子」
1200 OTVニュース
1210 短編映画「宇宙探検」
1240 テレビガイド
1245 料理手帖「サバの南蛮焼き」
1300 京だより「京染」
1315 フランス映画
　　「上級生の寝室」
　　ジャン・マレエ 他
1500 大阪国際芸術祭中継
　　日本郷土芸能大会
　　（府立体育館）
1720 テストパターン（軽音楽）
1735 オープニングメロディ
　　岡田博トリオ
1750 朝日新聞テレビニュース
1800 ぼくのわたしの音楽会
1815 素人のど競べ 暁テル子
1845 テレビガイド
1853 OTVニュース
1900 街のチャンピオン（KR）
　　トップライト
1930 ほろんだがショー
　　何でもやりまショー（NTV）
　　三國一朗
2000 磯川兵助功名噺
　　榎本健一 他
2030 白い桟橋「魚の顔」
　　（NTV/OTV）
2100 話題のアルバム10 ガイド
2115 日真名氏飛び出す（KR）
　　「男の声」解決編
2144 親さがし
　　（朝日新聞社協力）
2145 芸能トピックス
2200 NEC劇場・右門捕物帳
　　（KR）「麝香頭巾」後篇
2230 三協グッドナイト・ショウ
　　前川まさ江 森よし子
2255 OTVニュース
2307 日づけ豆辞典（OTVF）
2310 あしたのお天気

●4月13日（日）

本放送開始500日目

845 テストパターン
900 動物園のおともだち 第一回
945 なかよしニュース
955 マンガ公園マンガ映画6本
1030 文学ところどころ
　　「闘鶏」今東光
1045 カメラルポお料理訪問
　　南部忠平
1100 たのしい生活を
　　「ボーリング」
1115 海外トピックス
1130 経済「景気の見通し」
　　大島昭
1200 OTVニュース
1215 ダイラケのびっくり捕物帖
　　「三人亭主」前篇
1245 OK 横丁に集まれ
1315 OTVスポーツファンシート
　　阪神－巨人（甲子園）
1505 テストパターン
1520 ナショナル日曜テレビ
　　観劇会「世直し善左」
　　大江美智子 竹村伸他
　　◇休止
1725 テストパターン46ガイド
1751 お天気54 OTVニュース
1800 アニーよ銃をとれ
　　「完全なるアリバイ」
1830 やりくりアパート
　　「隣人愛の巻」大村崑
　　佐々十郎 茶川一郎
　　花和幸助 三角八重
　　芦屋小雁
1900 スーパーマン「王国の夢」
1930 紅あざみ「古い塔」
2000 金四郎江戸桜（NTV）
　　「月夜ばやし」
2030 ダイヤル110番（NTV）
　　「証拠」
2100 アンテナは見ている
　　「桜並木」
2115 東芝日曜劇場「ミュージ
　　カル源氏物語～花散里
　　より」（KR）中村扇雀
　　フランキー堺 村田嘉
　　久子 熊倉一雄 左卜全
2215 ダイハツスポーツウィクリス
2230 OTV 週間世界N50ニュース
2302 日づけ豆辞典（OTVF）
2305 お天気◇おしらせ◇終了
2305 あしたのお天気
2308 おしらせ 放送終了

第2章「熱狂」

●4月14日（月）

1115 テストパターン
1130 オープニングメロディ
　　　ハモンドオルガン：斎藤超
1146 家庭百科（OTVF）第一回
　　　「美容食」茶珍俊夫
　　　（大阪市立衛生研究所所長）
1151 日本の百人「岸信介」
1200 OTV ニュース
1210 一曲どうぞダークダックス
1215 ミュージックコーナー（KR）
　　　「ハンス・カチンのピアノ」
1240 テレビガイド
1245 料理手帖「チキンレバー
　　　グラタン」辻勲
1300 おしらせ◇放送休止
1720 テストパターン
1735 メロディ 45 おしらせ
1750 毎日新聞テレビニュース
1800 子供の教室 伊藤継郎他
　　　「絵を描きましょう」
1815 ポポンタイムこの人を（NIV）
　　　映画の裏方 30 年の高岡
　　　昌司氏
1845 ガイド 50 あしたのお天気
1853 OTV ニュース
1900 おさげ社長（KR）
　　　「おさげ社長とユニホーム」
　　　永津澄江 飯田覚三
　　　川喜多雄三 野々村
1930 太閤記（NTV）「藤吉郎編」
2000 大助捕物帳（NTV）
　　　「ウンスンカルタの巻」
2030 ナショナル TV ホール（KR）・
　　　「人知れずこそ」
2100 カメラだより北から南から
　　　「乗り物アラカルト」
2115 ウロコ座「三味線しぐれ」
　　　後篇 坂東簑助 伊志井
　　　寛他
2145 月曜対談・2つの椅子
　　　「日本一あれこれ」
　　　里井 加藤
2200 OTV 週刊世界ニュース
2215 ニッカ・ヒッチコック劇場
　　　「バラの花園」
2245 テレビガイド
2250 OTV ニュース
2302 日づけ豆辞典（OTVF）
2305 あしたのお天気
2308 おしらせ 終了

●4月15日（火）

1115 テストパターン
1130 オープニングメロディ
　　　斎藤超とニューサウンズ
1146 家庭百科（OTVF）
　　　「春の外出着」
1152 日本の百人「鈴木茂三郎」
1200 OIV ニュース 10‐曲どうぞ
1215 歌う青春列車
　　　音羽 上月他
1240 テレビガイド
1245 料理手帖「豚肉のチャプ
　　　スイ」井上幸作
1300 おしらせ◇放送休止
1720 テストパターン
1735 オープニングメロディ
1745 おしらせ
1750 朝日新聞テレビニュース
1800 呼出符号 L「ゼロの秘密」
　　　高崎眞 千葉保他
1815 名犬リンチンチン
1845 ガイド 50 あしたのお天気
1853 OTV ニュース
1900 テレビ浮世亭
　　　落語：小さん
　　　「ちりとてちん」
　　　漫才：一歩・道雄
1930 姿三四郎「すばあらの章」
2000 山一名作劇場（NTV）
　　　「からたちの花」
2030 レニングラード交響楽団
　　　演奏会（フェスティバル
　　　ホール）チャイコフスキー
　　　「交響曲第四番」
　　　対談：近衛秀磨・辻久子
2130 近鉄パールアワー・
　　　おっさん人生
　　　「電話騒動の巻」
2145 ミナロンドリームサロン
　　　星野みよ子 粟野圭一他
　　　大伴千春 ジョージ岡
2200 マーチンケイン捜査シリーズ
　　　「幽霊の街」
　　　フランキー堺他
2245 テレビガイド
2250 OTV ニュース
2302 日づけ豆辞典（OTVF）
2305 お天気 08 おしらせ◇終了

●4月16日（水）

1115 テストパターン
1130 オープニングメロディ
1145 家庭百科（OTVF）
　　　「保健所訪問」
1151 日本の百人「河野一郎」
1210 テレビガイド
1210 一曲どうぞ
1215 テレビ昼席
　　　漫談：古川ロッパ
1240 テレビガイド
1245 料理手帖「カツオの大皮
　　　造り」
1300 ザルツブルグ人形劇
　　　「くるみ割り人形」他
　　　（産経会館）
1400 OIV スポーツファンシート
　　　大毎－阪急（後楽園）
　　　中沢不二雄 越智アナ
　　　◇休止
1720 テストパターン
1735 オープニングメロディ
1750 朝日新聞テレビニュース
1800 団子串助漫遊記
　　　「燃えるダイナマイトの巻」
1815 獅子文六アワー（NTV）
　　　悦ちゃん 45 テレビガイド
1850 あしたのお天気
1853 OTV ニュース
1900 わが輩ははなばな氏（KR）
　　　「天才教育の巻」
1930 歌はあなたとともに
　　　市丸 照菊 花村菊江
2000 ロビンフッドの冒険
2030 鞍馬天狗（KR）
　　　「決闘雲母坂」
2100 奥様多忙（KR）
2115 目で聴く話題 雨風曇
　　　（NTV）石田綾子
　　　有吉佐和子
2145 ニッケ・ジャズパレード
　　　宝とも子
　　　演奏：秋満義孝
2200 ありちゃんのおかっぱ侍
2230 テレビガイド
2235 時の眼
2250 OTV ニュース
2302 日づけ豆辞典（OTVF）
2305 あしたのお天気
2308 おしらせ

●4月17日（木）

1115 テストパターン（クラシック）
1136 オープニングメロディ
　　　斎藤超とニューサウンズ
1146 家庭百科（OTVF）
　　　「上手な洗顔」
1151 日本の百人「三木武夫」
1200 OTV ニュース
1210 一曲どうぞ 島倉千代子
1215 アイ・ラブ・亭主「選手交代」
　　　宮川洋一 冨永美沙子
　　　梅屋かおる他 40 ガイド
1245 料理手帖「若筍月かん
　　　と甘皮のごま酢和え」
1300 おしらせ◇放送休止
1515 テストパターン
1530 OIV スポーツファンシート
　　　大毎－阪急
1740 オープニングメロディ
1745 おしらせ
1750 毎日新聞テレビニュース
1800 カルメン 母恋草
1815 まするを派出夫会（KR）
1845 ガイド 50 あしたのお天気
1853 OTV ニュース
1900 スーパースターメロディ
　　　「流転わらべ唄」
　　　津村謙 久慈あさみ他
1930 宝塚テレビ劇場
　　　「天使と泥棒」
　　　溝上博 汐風享子
2000 ロビンフッドの冒険
2030 鞍馬天狗（KR）
　　　「決闘雲母坂」
2100 OTV ワールド・スポーツ
2115 ハーバー・コマンド
　　　「少年は知っていた」
　　　声・阪修
2145 三越映画劇場
2200 ドラッグネット「愛妻」
2230 小唄教室 （KR）
　　　立花素 立花とし 土屋信
2245 テレビガイド
2250 OTV ニュース
2302 日づけ豆辞典（OTVF）
2305 あしたのお天気
2308 おしらせ 放送終了

●4月18日（金）

1120 テストパターン
1135 オープニングメロディ
　　　斎藤超とニューサウンズ
1146 家庭百科（OTVF）
　　　「お化粧のこつ」
1151 日本の百人「河井寛次郎」
1200 OTV ニュース
1210 一曲どうぞ 島倉千代子
1215 映画の窓（KR）「非情」
　　　解説：荻昌弘 40 ガイド
1245 料理手帖 拭石俊枝
　　　鶏肉のクリームソース煮
1300 おしゃれコートミュージック
1300 歌う青春列車
　　　武井義明
　　　ミュージッククインテット
　　　◇おしらせ◇休止
1720 テストパターン
1735 オープニングメロディ
　　　斎藤超とニューサウンズ
1745 おしらせ
1750 毎日新聞テレビニュース
1800 赤胴鈴之助 吉田豊明 他
1815 電気の ABC 佐伯恒夫
1830 ポケット劇場
　　　人形劇団クラルテ他
1845 テレビガイド
1850 あしたのお天気
1853 OTV ニュース
1900 テレビよびよ大学（KR）
1930 花王ワンダクイズ（NIV）
2000 京阪テレビカー
　　　純情家族
　　　「腹の立つ樋の巻」
　　　歌楽・サザエ 広野
2030 特ダネを逃がすな（KR）
　　　「恐怖のランデブー」前篇
2100 OTV ワールド・スポーツ
2115 目真名氏飛び出す（KR）
　　　「ウエディングドレス」前篇
2145 芸能トピックス
2200 NEC 劇場・右門捕物帳
　　　（KR）「曲芸三人娘」
　　　前篇 30 ガイド
2235 三協グッドナイト・ショウ
　　　旗照大他 55OIV ニュース
2307 日づけ豆辞典（OTVF）
2310 お天気◇おしらせ◇終了

●4月19日（土）

1115 テストパターン
　　　（クラシックハイライト）
1130 オープニングメロディ
　　　斎藤超とニューサウンズ
1146 家庭百科（OTVF）
　　　「カギのかけ方選び方」
1151 日本の百人「藤山外相」
1200 OTV ニュース
1210 OTV ニュース 10 ガイド
1215 パッチリ天国 第一回
　　　「春風と一万円」姿三平
　　　浅草四郎他 40 ガイド
1245 料理手帖「こがね御飯」
1300 劇映画「赤い灯」
　　　ジョージラフト
　　　V メイヨ他
1415 劇場中継「関の弥太っぺ」
　　　（大阪歌舞伎座）島田
　　　辰己 香川桂子ら 新国劇
1620 京だより「金閣寺」
　　　◇休止
1720 テストパターン
1745 おしらせ
1750 朝日新聞テレビニュース
1800 ぼくのわたしの音楽会
　　　奈良木琴研究会
1815 素人のど競べ佐土アナ
　　　審査・上野千秋他
1845 ガイド 53 OTV ニュース
1900 街のチャンピオン（KR）
　　　トップライト 柳家金語楼
1930 ほろにがショー
　　　何でもやりまショー
　　　（NTV）三國一朗
2000 磯川兵助功名噺
　　　「二人兵助」榎本健一
　　　浅野進治郎他
2030 白い桟橋「大阪の風」
　　　（NTV/OTV）
2100 話題のアルバム 10 ガイド
2115 日真名氏飛び出す（KR）
　　　「ウエディングドレス」前篇
2200 NEC 劇場・右門捕物帳
　　　（KR）「曲芸三人娘」
　　　前篇 30 ガイド
2235 三協グッドナイト・ショウ
　　　旗照大他 55OIV ニュース
2307 日づけ豆辞典（OTVF）
2310 お天気◇おしらせ◇終了

●4月20日（日）

845 テストパターン
900 動物園のおともだち
　　（上野動物園から）
945 おしらせ
955 マンガ公園マンガ映画 6 本
1030 文学ところどころ
　　　「王将」北条秀司
1045 カメラルポ お料理訪問
　　　砂田正則
1100 たのしい生活を
　　　「カメラで女性が美しく」
1115 海外トピックス
1130 経済サロン「解散に望む」
1200 OTV ニュース
1215 ダイラケのびっくり捕物帖
　　　「三人亭主」後篇
1245 OK 横丁（NTV）
1300 第六回民放春歌謡大会
　　　（東京都体育館）
＊全民放ラジオテレビ同時放送
　　　江利チエミ 藤島桓夫
　　　美空ひばり 春日八郎
　　　コロムビア・ローズ
　　　三橋美智也 島倉
　　　　千代子 三浦洸一 雪村
　　　　いづみ フランク永井
1400 ナショナル日曜テレビ
　　　観劇会「愚かなる母
　　　蝶々雄二 河内桃子
1725 テストパターン 46 ガイド
1751 お天気 54 OTV ニュース
1800 アニよに銃をとれ
1830 やりくりアパート
　　　「発明家の巻」
1900 スーパーマン
　　　声：大平透他
1930 紅あざみ
2000 金四郎江戸桜（NTV）
2030 ダイヤル 110 番（NTV）
　　　深夜の急行便
2100 アンテナは見ている
　　　「ここに春は来ない」
2115 東芝日曜劇場
　　　「やぐら太鼓」
　　　（KR）緒方敏也
　　　千葉耕一他
2215 ダイハツスポーツウィクリー
2230 週間世界 N50OIV ニュース
2302 日づけ豆辞典（OTVF）
2305 天気◇おしらせ◇終了

●4月21日（月）	●4月22日（火）	●4月23日（水）	●4月24日（木）	●4月25日（金）	●4月26日（土）	●4月27日（日）
1115 パターン 30 メロディ	1115 テストパターン	1135 テストパターン　裕次郎の歌	1135 パターン 41 メロディ岩崎洋	1120 テストパターン	1115 テストパターン（クラシックハイライト）	845 テストパターン
1146 家庭百科（OTVF）「強化食品」	1130 オープニングメロディ　シンギングピアノ：岩崎洋	1141 オープニングメロディ　シンギングピアノ：岩崎洋	1146 家庭百科（OTVF）「下着の知識」藤川延子	1135 オープニングメロディ	1130 オープニングメロディ	900 動物園のおともだち「ハ虫類」林寿郎
1151 日本の百人「笠信太郎」	1146 家庭百科（OTVF）「春に出回る合成繊維」	1146 家庭百科（OTVF）「美容体操」山本鈴子	1151 日本の百人「佐藤喜一郎」	1146 家庭百科（OTVF）ハイキングに持ってゆく缶詰	1146 家庭百科（OTVF）「季節の活花」	945 なかよしニュース
1200 OTV ニュース	1152 日本の百人「松永安左衛門」	1151 日本の百人「矢代■助」	1200 OIV ニュース10-一曲どうぞ	1151 日本の百人「高川格」	1151 日本の百人「北村西望」	955 マンガ公園マンガ映画6本
1210 一曲どうぞ 島倉千代子	1200 OTV ニュース	1200 OTV ニュース 10 一曲どうぞ	1215 アイ・ラブ・亭主（KR）「明日は月給日」40ガイド	1200 OTV ニュース	1200 OTV ニュース	1030 文学ところどころ
1215 音楽へのいざない「ディベルティメント」「鉛の兵隊の行進曲」「バーレイ・小組曲」	1210 一曲どうぞ 中原美紗緒	1215 テレビ寄席 林家正蔵　トップライト40ガイド	1245 料理手帖「中国風の五目炒め鍋」奥井広美	1210 一曲どうぞ 旗 ダークダックス	1210 一曲どうぞ 青木光一	1045 カメラルポお料理訪問 ケリー
1240 テレビガイド	1215 歌う青春列車　音羽 上月他	1245 料理手帖「竹若煮」辻徳光	1300 おしらせ◇放送休止	1215 映画の窓（KR）「女は一回勝負する」解説：荻昌弘他40ガイド	1215 パッチイ天国　姿三平 浅草四郎他	1100 たのしい生活
1245 料理手帖「イタリアンプロセット」辻勲	1240 テレビガイド	1300 おしらせ◇放送休止	1720 テストパターン（映画音楽）	1245 料理手帖「変わりドーナツ」小林孝二	1240 テレビガイド	1115 海外トピックス
1300 おしらせ◇放送休止	1245 料理手帖「玉子の黄金あげ」	1720 テストパターン（ポピュラーアルバム）	1735 オープニングメロディ　シンギングピアノ：岩崎洋	1300 おしゃれコートミュージック　中原美紗緒◇おしらせ◇休止	1245 料理手帖「小ダイ」近藤	1130 経済サロン 神風正一
1720 テストパターン	1720 テストパターン（ポピュラーアルバム）	1735 オープニングメロディ　シンギングピアノ：岩崎洋	1745 テレビガイド	1720 テストパターン（ポピュラーアルバム）	1300 京おどり中継（祇園甲部）「風流京洛の四季」	1200 OTV ニュース
1735 オープニングメロディ	1735 オープニングメロディ　シンギングピアノ：岩崎洋	1745 テレビガイド	1750 新聞テレビニュース	1735 オープニングメロディ	1345 都おどり中継（祇園甲部）「風流京洛の四季」	1215 ダイラケのびっくり捕物帖「五郎長災難の巻」前篇　ダイマル・ラケット森光子　中村あやめ 藤田まこと他
1745 おしらせ	1750 朝日新聞テレビニュース	1750 毎日新聞テレビニュース	1800 カゴメ劇場 母恋草　最終回「解決のない人生」	1750 朝日新聞テレビニュース	1420 劇映画「ともしび」香川	1245 OK 横丁に集まれ（NTV）
1750 毎日新聞テレビニュース	1800 呼出符号L「盗まれた宝石」高畑眞 千葉保他	1800 団子串助漫遊記	1815 ますらを派出大会（KR）かりそめの親孝行	1800 赤胴鈴之助 吉田豊明他	1605 座談会「選挙戦を前に」三木武夫 浅沼稲次郎◇休止	1315 ナショナル日曜テレビ観劇会「まり子自叙伝」宮城まり子 市村俊幸 三橋達也他
1800 子供の教室 面白いカメラ	1815 名犬リンチンチン	1815 獅子六アワー　悦ちゃん45テレビガイド	1845 ガイド 50 あしたのお天気	1815 電気のABC「江戸時代の電気」志摩靖彦	1720 パターン 35 メロディ	1540 OIV スポーツファンシート　巨人ー中日【中止の時】西鉄ー南海◇おしらせ◇休止
1815 ポポンタイムこの人を（NIV）	1845 あしたのお天気	1850 あしたのお天気	1853 OTV ニュース	1830 ポケット劇場・小さいお嫁さん「犬猫おばさんの巻」石川日奈 村井晋 緋桜陽子	1745 おしらせ	1725 テストパターン46ガイド
1845 ガイド 50 あしたのお天気	1850 あしたのお天気	1853 OTV ニュース	1900 スーパースターメロディ「苦手なんだよ」他 藤島恒夫 春日八郎他	1845 ガイド 50 あしたのお天気	1750 毎日新聞テレビニュース	1751 お天気 54 OTV ニュース
1853 OTV ニュース	1853 OTV ニュース	1900 レニングラード交響楽団　特別演奏会（日比谷公会堂）「交響曲第5番」ショスタコービッチ作曲　対談：野呂信次郎他	1930 宝塚テレビ劇場「日本建国秘話 赤い砂丘」明石照子 美吉佐久子	1853 OTV ニュース	1800 ぼくのわたしの音楽会　大阪南田辺小学校	1800 アニーよ銃をとれ「覆面の怪談」
1900 おさげ社長（KR）「おさげ社長に涙あり」	1900 わが輩ははなばな氏（KR）	1930 歌はあなたとともに「柿の木坂の家」他 青木光一 松山恵子	2000 ロビンフッドの冒険「黒騎士の挑戦」	1900 テレビびゅびゅ大学（KR）	1815 素人のど競べ 暁テル子 ※暁、この回から司会復帰	1830 ダイハツコメディ・やりくりアパート 大村崑　佐々十郎 茶川一郎　花和幸助 三角八重　芦屋小雁 横山エンタツ　初音礼子
1930 太閤記（NTV）「藤吉郎編」	1930 歌はあなたとともに「柿の木坂の家」他 青木光一 松山恵子	2000 山一名作劇場（NTV）「からたちの花」	2030 鞍馬天狗（KR）「天狗八百八町・お芳の巻」	1930 花王ワンダフルクイズ（NIV）榎本健一他	1845 ガイド 53 OTV ニュース	1900 スーパーマン声：大平透他
2000 大助捕物帳（NTV）「第二の下手人」前篇	2000 山一名作劇場（NTV）「からたちの花」	2030 サンヨーテレビ劇場（KR）「清貧の書」小林トシ子　原保美 大森義夫	2100 コント千一夜　森光子 他	2000 京阪テレビカー「純情家族」東五九童 吉川雅恵	1900 街のチャンピオン（KR）トップライト上月左知圧	1930 紅あざみ「めぐりあい」
2030 ナショナルTVホール（KR）人知れずこえ	2030 サンヨーテレビ劇場（KR）「清貧の書」小林トシ子　原保美 大森義夫	2100 近鉄パールアワー・おっさん人生	2115 宮本武蔵（NTV）	2030 特ダネを逃がすな（KR）「恐怖のランデブー」後篇	1930 ほろにがショー　何でもやりまショー（NIV）	2000 金四郎江戸桜（NTV）
2100 カメラだより北から南から「なんでも集めましょう」	2100 近鉄パールアワー・おっさん人生	2115 ピアス劇場　センチメンタル・ギャング　五所平之助・作　長門裕之 鳳八千代他	2145 ニッケ・ジャズパレード「武器よさらば」他 ペギー葉山	2100 OTV ワールド・スポーツ	2000 磯川兵助功名噺「腹切自問」（NTV） 榎本健一他	2030 ダイヤル 110 番（NTV）「手製拳銃口径三十六」舟景元 殿山泰司　野々村潔他
2115 ウロコ座「一番星は杉の木の涙」谷内六郎・原案　津島恵子 林孝一 谷内六郎　塚越卓爾　春宮路 河村久子　ナレーター：河合坊茶	2115 ピアス劇場　センチメンタル・ギャング　五所平之助・作　長門裕之 鳳八千代他	2145 ミナロンドリームサロン　ジョニー柴田 大伴千春　ジョージ岡	2200 ありちゃんのおかっぱ侍	2115 ハーバー・コマンド「脱獄囚」声・阪修	2030 白い桟橋「友情と愛情」（NTV/OTV）	2100 アンテナは見ている
2145 月曜対談・2つの椅子「ボストンマラソン」藤岡重作 伊藤寛	2145 ミナロンドリームサロン　ジョニー柴田 大伴千春　ジョージ岡	2200 マーチンケイン捜査シリーズ「テレプリンター」	2230 テレビガイド	2145 三越映画劇場	2100 話題のアルバム 10 ガイド	2115 東芝日曜劇場「黒い虹」（KR）佐田啓二 津村悠子 藤間紫他
2200 OTV 週間世界ニュース	2200 マーチンケイン捜査シリーズ「テレプリンター」	2230 きまぐれジョッキ	2235 時の眼 日高一郎	2200 ドラッグネット「ベティという女」	2115 日真名氏飛び出す（KR）「ウエディングドレス」解決編	2215 ダイハツスポーツウイクリー
2215 ニッカ・ヒッチコック劇場「アモンティラード」	2230 きまぐれジョッキ	2245 ガイド 50 OTV ニュース	2250 OTV ニュース	2230 小唄教室（KR）駒ふく子	2144 親さがし（朝日新聞協力）	2230 OTV 週間世界ニュース
2245 ガイド 50 OTV ニュース	2245 ガイド 50 OTV ニュース	2302 日づけ豆辞典（OTVF）	2302 日づけ豆辞典（OTVF）	2245 テレビガイド	2145 芸能トピックス	2250 OTV ニュース
2302 日づけ豆辞典（OTVF）	2302 日づけ豆辞典（OTVF）	2305 あしたのお天気	2305 あしたのお天気	2250 OTV ニュース	2200 NEC 劇場・右門捕物帳（KR）「曲芸三人娘」後篇	2302 日づけ豆辞典（OTVF）
2305 お天気◇おしらせ◇終了	2305 お天気◇おしらせ◇終了	2308 おしらせ 放送終了	2308 おしらせ◇放送休止	2255 OTV ニュース	2230 三協グッドナイト・ショウ　自転車曲芸 笹川 踊　小川卓也	2305 お天気◇おしらせ◇終了
				2302 日づけ豆辞典（OTVF）	2307 日づけ豆辞典（OTVF）	
				2305 あしたのお天気	2310 お天気◇おしらせ◇終了	
				2308 おしらせ◇放送休止		

第2章「熱狂」

●4月28日（月）

1010 テストパターン
1025 オープニングメロディ
　　　岡田博トリオ
1040 家庭百科（OTVF）
　　　「結核予防」木崎国嘉
1045 宗谷帰る
　　　（東京・日の出桟橋）
　　　藤井　前田
1151 日本の百人「清元志津太夫」
1200 OTVニュース
1210 一曲どうぞ　旗照夫他
1215 音楽へのいざない
　　　ブラームス「日曜日」他
　　　ソプラノ独唱：津村トシ
1240 テレビガイド
1245 料理手帖「ポークカツレツ
　　　印度風」辻勲　稲田英子
1300 おしらせ◇放送休止
1720 テストパターン
1735 オープニングメロディ
　　　岡田博トリオ45おしらせ
1750 朝日新聞テレビニュース
1800 子供の教室
　　　「面白い磁石の話」
　　　角尾寿彦
1815 ポポンタイムこの人を(NTV)
1845 ガイド50 あしたのお天気
1853 OTVニュース
1900 おさげ社長（KR）
　　　「おさげ社長と給料袋」
1930 太閤記（NTV）「藤吉郎編」
2000 大助捕物帳（NTV）
　　　「第二の下手人」後篇
2030 ナショナルTVホール(KR)
　　　人知れずこそ
2100 カメラだより北から南から
　　　「当世スポーツ読本」
2115 ウロコ座「細君三日天下」
　　　中村勘三郎　水谷八重子
　　　清水将夫　市川翠扇
2145 月曜対談・2つの椅子
　　　「子供ごころ」
　　　黒田しのぶ　今東光
2200 OTV週間世界ニュース
2215 ニッカ・ヒッチコック劇場
　　　「幸福な老人たち」
2245 ガイド50 OTVニュース
2302 日づけ豆辞典（OTVF）
2305 お天気◇おしらせ◇終了

●4月29日（火）

850 パターン 915 メロディ
930 天皇誕生日を寿いで
　　 久松定孝 火野葦平
　　 田中説(共同通信)他
　　 ◇休止
1135 パターン 41 メロディ
1146 家庭百科（OTVF）
　　　「ハイキングの服装」
1152 日本の百人「三船久蔵」
1200 OTVニュース
1210 一曲どうぞ ダークダックス
1215 歌う青春列車 羽上月他
1240 テレビガイド
1245 料理手帖　ハイシビーフ
1300 春のマンガ列車
1410 ザルツブルグ人形劇中継
　　　「セレナーデ」他
1500 OTVスポーツファンシート
　　　巨人ー阪神（後楽園）
1750 毎日新聞テレビニュース
1800 呼出符号L「牧場の男」
　　　高桐眞　千葉保他
1815 名犬リンチンチン
1845 ガイド50 お天気
1853 OTVニュース
1900 テレビ浮世亭
　　　落語：桂文楽「花びん」
　　　漫談：牧野周一
1930 姿三四郎「愛染の章」
2000 山一名作劇場（NTV）
　　　「からたちの花」
2030 サンヨーテレビ劇場（KR）
　　　「白い橋」木村功 左幸子
　　　音楽：伊藤日出夫
2100 近鉄パールアワー・
　　　おっさん人生
2115 ピアス劇場 センチメン
　　　タル・ギャング
　　　長門裕之　鳳八千代他
2145 ミナロンドリームサロン
　　　黒柳三代子　大伴千春
　　　ジョージ岡
2200 マーチンケイン捜査シリーズ
2230 きまぐれジョッキー
　　　芦野宏 市村俊幸
2245 ガイド50 OTVニュース
2302 日づけ豆辞典（OTVF）
2305 お天気◇おしらせ◇終了

●4月30日（水）

1135 テストパターン
1141 オープニングメロディ
1146 家庭百科（OTVF）「睡眠」
1151 日本の百人「土屋文明」
1200 OTVニュース
1210 テレビガイド
1210 一曲どうぞ
1215 テレビ寄席
　　　落語「宝くじ」
　　　三升家小勝
1240 テレビガイド
1245 料理手帖「高野どうふの
　　　磯巻き天ぷら」辻徳光
1300 二大政党会演説会
　　　（日比谷公会堂）岸信介
　　　川島正次郎 鈴木茂三郎
　　　浅沼稲次郎（KR）
1440 OTVスポーツファンシート
　　　巨人ー阪神（後楽園）
　　　解説：中沢不二雄
　　　大平アナ
1750 毎日新聞テレビニュース
1800 団子串助漫遊記
　　　「伊勢の海賊の巻」
　　　最終回
1815 獅子文六アワー（NTV）
　　　悦ちゃん45 テレビガイド
1850 あしたのお天気
1853 OTVニュース
1900 わが輩ははなばな氏（KR）
　　　「失われた週末」
1930 歌はあなたとともに
2000 民芸アワー（NTV）
　　　「東京の屋根の下」
　　　滝沢修・作 高田俊枝
　　　高野由美 清水将夫他
　　　民芸
2100 コント千一夜 森光子 他
2115 宮本武蔵（NTV）
2145 ニッケ・ジャズパレード
　　　「時には幸せ」
　　　東郷たまみ
2200 ありちゃんのおかっぱ侍
　　　「風雲江戸の巷の巻」
2230 テレビガイド
2235 時の眼
　　　林田重五郎（朝日新聞）
2250 OTVニュース
2302 日づけ豆辞典（OTVF）
2305 お天気◇おしらせ◇終了

これがOTVだ　1958年4月

単独番組

●第30回選抜高校野球大会実況中継

1958年4月1日（火）〜10日

HBC、KRTV、CBC、RKBへネットされた。

●春は『暖簾』から

4月1日（火）17：20〜17：50　KRT制作

KRテレビ開局3周年記念番組。森繁久彌、浪花千栄子、山崎豊子等出演。

●国際見本市初日実況中継

4月12日（土）11：10〜11：51

ソ連館と米国館を結んで港会場から中継。

解説：関重夫。

●日本郷土芸能大会

4月12日（土）15：00〜

大阪国際芸術祭（4月10日〜5月10日）のもようを大阪府立体育館から中継。

●レニングラード交響楽団特別演奏会

4月15日（火）20：30〜21：30　フェスティバル・ホールから中継。国際芸術祭参加。式：アレクサンドル・ガウク。チャイコフスキー「交響曲第四番」が演奏された。近衛秀麿・辻久子による対談あり。研究を重ね、ワンポイントマイクで集音され、音質でも評価を得た。東京にもネット

された。

●ザルツブルグ人形劇

4月16日（水）13：00〜14：00　産経会館から中継放送。国際芸術祭参加。「くるみ割り人形」ほか。

●都おどり中継「風流京洛の四季」

4月26日（土）13：45〜　吉井勇作詞、井上八千代振付による「都おどり〜風流京洛の四季〜」を祇園歌舞練場から中継。

新番組

【4月1日】

●ゼロの秘密

火18：00〜18：15　子供向ドラマ「呼出符号L」の中のシリーズか。

【4月4日】

●電気のABC

（〜1973年9月30日、全799回）

金18：15〜18：30

長期にわたって放送された子供向番組。「ヒューズの話」「山陽線の電化」「江戸時代の電気」「電気と光」「アイロンの科学（映画）」「送電」「カミナリの話」「家の中の電気」「バイメタルの話」「ランプよさようなら」「港と電気」「電気と磁気」「空港と電気」「電車」「停電の時は」「家庭のあかり」「台所のあかり」「居間の照明」「読書とあかり」「暖房器」「冬の暖房機・電気ざぶとん」「ステレオ」「花鬼」「たこあげ」「モールス」「最初の電信機」「雑音防止」「テレビの雑音防止法」「マイクロフォン」「電機を正しく使いましょう」「春がきた」「火力発電」「電気81年」「適正記録」「水力発電」「エジソンと電灯の発明」「電柱と電線」「ディーゼル発電」「電波を作る人々」他……。

【4月4日】

●ダイハツコメディ「やりくりアパート」

（〜1960年2月28日、全100回）

日18：30〜19：00

花登筐・作、大村崑、佐々十郎、茶川一郎、花和幸助、三角八重、芦屋小雁、横山エンタツ、初音礼子他。全国ネット。「テレビの笑い・大阪の笑い」参照。生ＣＭで言葉に詰まって苦肉の策でできた「ミゼット、ミゼット…」「やったったぁ」などの言葉が流行。

【4月11日】

●おしゃれコート・ミュージック

（〜5月2日、全4回）

金13：00〜　ゲストに芦野宏、中原美紗緒などが出演。

【4月13日】

●動物園のおともだち

（〜11月30日。KRT制作、OTV制作回あり）

日9：00〜9：45　上野動物園、多摩動物園、阪神パーク、池田動物園ほか、東西各地から中継。出演は古賀忠道、加納義男など。岡山・池田動物園からの中継では池田隆政夫妻が出演した。

各回のテーマとして「ハ虫類」「サル」「クジャク」「アフリカ生態園」「アメリカ大陸の動物」「動物の子供」「動物の進化」「ライオン」「鯨の仲間」「くま」「魚のえさ」「サイとカバ」「水鳥」「トドと大白鳥」「大きな動物たち（福岡から中継）」「イルカとクジラ」などがあった。この番組の前後「こどもニュース」や「崑さんの日曜漫画」など、子供向け番組が集められている。

【4月14日】

●家庭百科

（〜1959年4月13日、全308回）

月〜土11：45〜など　毎回、専門家が登場してその日、その季節に役立つ暮らしの知恵を紹介。「もうひとつのOTV」参照。大阪テレビフィルム制作。

【4月19日】

●パッチリ天国

(〜8月23日、全19回)

　土12：15〜12：40　「男やもめ只今解消」「嵐を呼ぶ渡り鳥」「若き隣人たち」「風流兵隊日記」「風流兵隊日記」「男優志願」など。8月30日からは土18:15〜18:45で「パッチリタイム・黒帯探偵」。

【4月25日】

●ポケット劇場「小さいお嫁さん」

(〜7月18日)

　金18：15〜18：30　詳細不明。

1958年4月20日　第6回民放祭歌謡大会放送

1958年 5月

1日　組織改正。総合企画室を廃止し編成局に編成部が設置された。

同日　朝日会館でおこなわれた朝日新聞社主催「溝口健二、豊田三郎、吉村公三郎個展」を後援。

10日　京都岡崎公会堂、大阪ABCホールで行われた朝日放送主催「時局講演会」を後援。講師・細川隆元、大宅壯一。

12日　本社にVTRを設置。披露パーティー開催。14日にOSミュージックのボードビリアンによるスケッチ「初夏の夜の夢」を録画、再生。

15日　西宮ハーバーでおこなわれた「第3回国立七大学ヨット競技大会」を後援。大阪大学が優勝。

16日　全国の受像機契約件数100万件を突破。
同日　浜田電波監理局長来社。VTR、スタジオなど視察

17日　大手前国民会館でおこなわれた関西芸術座公演「幸福は誰にくる」（マルシャーク作）3幕5場を後援。

19日　東京支社4階VTR室でVTRを公開。「わがVTR」「ミナロンドリームサロン」を再生した。

歌舞伎・文楽・喜劇 ～大人気だった劇場中継～

OTVの番組表を見ていただくと、当時は舞台中継が頻繁に放送されていたことがわかると思う。「ナショナル日曜観劇会」や「道頓堀アワー」などのレギュラー枠だけでなく、普段休止する昼間に人気の興行を中継することも多かった。

ところが、番組表を見ると「この時代の演劇事情を反映した」いくつかの点が目につく。

一つは歌舞伎中継の大半が東京からのネットであること。もう一つは、大阪ならではのコンテンツである文楽の中継が少ないこと、そして、松竹「新喜劇」のほかに「家庭劇」という聴きなれない名前の中継があることである。

●消えかかった上方歌舞伎

1950～60年代は劇場中継の全盛期で、歌舞伎の中継はテレビでも人気のある番組だったが、OTVから放送されたものは、ほとんどが東京からのネットで、地元の関西の歌舞伎が中継されたことはほとんどなかった。

明治末から上方歌舞伎の中心を支えた初代中村鴈治郎の死後、延若・魁車・梅玉がこれを引き継ぎ、千日前に開場した大阪歌舞伎座で独自の表現世界を展開していたが、戦争で多くの劇場を失い、加えて牽引役であった魁車、仁左衛門、梅玉、延若が相次いでこの世を去り、役者の数も不足。終戦直後、上方歌舞伎は風前の灯になってしまった。

しかし、壽海、壽三郎が演技に新風を吹き込んだり、1949年4月の四ツ橋文楽座における「武智歌舞伎」の誕生など、新しい芽生えもみられ、特に演出家・武智鉄二は歌舞伎の若手を鍛え上げ、古典・新作ともに精力的に上演し、上方歌舞伎の燻りを吹き飛ばすことに成功した。

武智歌舞伎はOTVでも数多く放送され、なかでも「サザエさん」の作者・長谷川町子による改作歌舞伎は「武智鉄二アワー」枠でレギュラー放送されるほどテレビでの人気もあった。

しかし、1954年壽三郎の死後、運営や役の差配などを巡って役者と松竹の関係が悪化。役者の松竹脱退、映画転向などがつづき、ついに松竹は関西での歌舞伎を断念。1958年、大阪歌舞伎座を閉鎖し、千土地興業に興行権を譲渡。難波に新歌舞伎座が開場したものの、こけら落し以降、ほとんど歌舞伎が上演されることはなくなった。

役者も黙ってはいなかった。同年8月大阪毎日ホールで自主興行による「七人の会 恋飛脚大和往

来 封印切の場」が開催された。「七人」とは鴈治郎、仁左衛門、十三代目我童、又一郎、五代目福助、延若、扇雀。採算面を除けば評価は高かった。

この模様は1958年8月30日（土）19:30〜21:00にOTVで放送された。関西歌舞伎の中継は、この二年半で数回しかない。興行自体がなくなっているのだから、東京からのネットを放送するしかなかったのだ。

● 分裂していた文楽

「文楽」は大阪の固有芸能といっても過言ではない。落語、歌舞伎、舞踊、音曲、曲芸、美術、文学、建築…あらゆる日本の芸能に影響を与え、誰もが納得する一番人気の芸能であった。OTVが開局最初の番組として、文楽による「三番叟」を放送したのは当然の選択だった。

ところがOTVでの文楽公演の中継は多くない。

1909年、松竹が文楽興行を一手に引き受け、文楽座を拠点に興行を打っていたが、大空襲で焼失して戦後再建したものの、1948年、待遇問題で、文楽界が松竹派の「文楽因会」と、組合側の「文楽三和会」に分裂。拠点を失った三和会は会場を探しながらの興行で、経済的には破綻状態。因会は1956年に道頓堀に新築移転した文楽座を拠点にはしたが、因会のメンバーだけでは人員不足。休場期間の方が長くなるというありさま。その影響であっという間に人気が落ちてしまったのだ。

そして、文楽座の文楽休場の合間を縫って公演したのが、松竹の新しい興行「松竹家庭劇」であった。

● 新喜劇と家庭劇

大阪の喜劇の伝統は、遡れば中世〜江戸時代に人気のあった「俄」に遡ることができる。また、現存する「松竹新喜劇」の直接の起源は、1928年9月に角座で旗揚げされた、曽我廼家十吾と二代目渋谷天外の「松竹家庭劇」といわれる。当時人気を誇っていた「曽我廼家五郎劇」に対抗する劇団として新たに松竹が立ち上げたものであった。

大戦を挟んで1946年、十吾と天外はいったん訣別したが、翌々年「松竹新喜劇」を復旧。ところが1956年に再び十吾が「松竹新喜劇」を退団し、途絶えていた「松竹家庭劇」を、別名「十吾の家庭劇」として復活。上方喜劇の根本である「俄」が持つ意表やハプニング性を打ち出すため、大胆な劇団員募集をかけたのだ。

1957年6月、関西の新聞各紙に「新人女優募集」の広告が掲載された。しかも「素人でも可」とある。これは曾我廼家十吾が八月に旗揚げを予定している「十吾の家庭劇」の座員として「若い女性」と「お婆さん」を募集したのである。若い女性については700人が応募して22人が合格。お婆さんは20人から応募があり、うち7人が合格した。当時63歳の十吾は、募集したばかりの役者と寄せ集めのスタッフをひきつれて、企画・脚本・演出、そして主演まで背負って、意気揚々と船出。旗揚げ拠点は、松竹・大谷会長の配慮によって「文楽座」に決まり、吉田文五郎翁の持つ人形と十吾師が握手をして初日の幕が開かれた。

旗揚げ興行こそ満員のスタートで、メンバーに石井均、旭輝子、博多淡海などを加え、京都南座・神戸国際会館・大博劇場（福岡）・御園座（名古屋）・新宿第一劇場・東横ホールと好評のうちに旅を終えた。しかし、道頓堀に戻ってみれば、中座では天外の「新喜劇」がテレビ進出の勢いも借り人気沸騰。折しも藤山寛美の人気に火がついたところで、文楽座の客足はどんどん吸い取られていった。

十吾は「テレビに出ると芸が落ちる」と語っていた。それは、アドリブとハプニングを信条とする「俄」の伝統を現代によみがえらせようとした考え方を表したものであったといわれる。

藤山寛美は、役者として人気のあった十吾に新喜劇への復帰を希望したが、家庭劇の団員に自らのやせ細った裸身を撮影させ「この通り、とても舞台はつとまりません」という返事まで送らせたという。

家庭劇の中継はテレビ泣かせであったといわれる。「役者を追いつめて面白さを引き出す」という即興性が命だったから、セリフはアドリブで毎日のように変わり、台本通りに芝居が運ばない。カメラ割りなどの約束事ができない。客席の盛り上がりで終演時間が延びることは常であったから放送枠にはめることができない。何もかもが予定通りに進まなかった。時間・技術ともに制約だらけだった当時のテレビとは相性が悪かった。

一方、天外・寛美はテレビならではの「拘束」を逆手にとり、文芸路線の台本と、徹底した演技指導でアドリブをゆるさない「松竹新喜劇」を全国に送り出すことに成功した。

その後「カメラのフレームから自由にはみ出し、アドリブとハプニングを自由に取り入れたコント」が、東京のテレビからやってきた。それは、愛嬌のある素人いじりで茶の間に「新しい笑い」を持ち込んだ萩本欽一の笑いであった。

テレビと相性がいいように見える渋谷天外であったが、1957年5月の新聞インタビューではこう言っている。

「テレビは舞台中継のほかは去年の暮れに一ぺん出ただけです。テレビのカメラは高いよってか知らんけど、人間よりカメラのほうをいたわりよる。あれは人道主義に反しまっせ。そやからテレビに出るのきらいでんね」

放送は「枠」の作業である。「一週間」の中の「一日」という枠の中に「番組」や「ＣＭ」という枠を設け、この中で生放送や、録画番組、映画が組み込まれる。

くせものは「生放送」である。特にドラマやバラエティは本番の最中に台本の一部をカットして時間調整したり、カットしすぎて時間が足りなくなってエンドタイトルを延々流しつづけたりすることで「枠」にはめなければならない。

時間調整ができるスタジオ番組はまだいい。問題はスポーツ中継や舞台中継である。野球の試合が延びて試合途中に中継終了になることは珍しくなかった。途中で中継終了できない演劇などは舞台リハーサルから立ち会って綿密に打ち合わせして、枠内に収められるように要請した。そうでなければ週末のゴールデンタイムのど真ん中で「道頓堀アワー」などという枠を設けることはできなかった。

最初は「客足を奪う」としてテレビを警戒していた舞台の世界であったが、いざ中継をしてみると、よい宣伝になることがわかりむしろ協力的になった。また、木戸銭以外に（客入りに関係ない）中継料が入るため、興行主にとっては有効なビジネスの一つとなった。

アドリブのきいた鮮烈な芝居で訴えるか、劇場を飛び出て家庭に届けるか、二つの劇団にとって、のちに明暗を分けるきっかけになった。

しかし、どちらがよかったかではない。1970年以前の大阪にはこうした生き方の選択肢を抱擁するだけの余裕があった。だから、座長たちは自らが選んだ道を堂々と進んで行けたのだ

曽我廼家十吾　　　　　　　　　　　　渋谷天外　　　　　　　　　　　　藤山寛美

画・小島のぶ江　女優。曾我廼家十吾に師事し、松竹家庭劇に出演。解散後は松竹新喜劇、吉本新喜劇でも活躍。OTV報道部にいた小島昭男さんの妹。

1958.5

- 国際オリンピック委員会総会開催。天皇陛下が開会宣言。
- 地下鉄四つ橋線・岸里〜玉出間が開業。玉出幼、玉出小の子供たちが試乗。
- 池坊学園短期大学が炎上。「損害1億円」と報じられる。

●5月1日（木）

1115 テストパターン
　　　（クラシックハイライト）
1146 オープニングメロディ
1146 家庭百科（OTVF）
1151 日本の百人
1200 OTV ニュース
1210 一曲どうぞ
　　　「歌・シャイン」平田
1215 アイ・ラブ・亭主（KR）
　　　「春風とラブレター」
1240 テレビガイド
1245 料理手帖「台湾ちまき」
1300 おやつコンクール
1330 総選挙を迎えて
1420 OTV スポーツファンシート
　　　巨人ー阪神（後楽園）
1720 テストパターン
　　　（クラシックハイライト）
1735 メロディ◇テレビガイド
1750 朝日新聞テレビニュース
1800 幸せはどこに
　　　「花ぬすびと」
　　　安西郷子　葦原邦子
1815 ますらを派出夫会（KR）
　　　無邪気な男たち
1845 テレビガイド◇お天気
1853 OTV ニュース
1900 スーパースターメロディ
　　　「花のうず潮」楠扶夫アナ
1930 宝塚テレビ劇場「揚雲雀」
2000 ロビンフッドの冒険
　　　「十字軍の五有志」
2030 鞍馬天狗（KR）「壬生浪士・
　　　山中敬助」（前編）
2100 奥様多忙（KR）「招かざる
　　　■会」江見渉 山岡久乃他
2115 目で聴く話題 雨風曇
　　　（NTV）
　　　「永田町で逢いましょう」
2145 おはこうら表（NTV/OTV）
　　　初音礼子
2200 日立劇場（KR）
　　　宇野信夫ドラマ
　　　「まがりかど」前篇
2230 私のコレクション
　　　岸本水府「昔の引き札」
2250 OTV ニュース
2302 日づけ豆辞典（OTVF）
2305 お天気◇おしらせ◇終了

●5月2日（金）

1115 テストパターン
　　　（クラシックハイライト）
1146 家庭百科（OTVF）
　　　「おやつの話」
1151 日本の百人
1200 OTV ニュース
1210 一曲どうぞ
　　　「ダックスの合唱」
1215 映画の窓（KR）「縄張り」
1240 テレビガイド
1245 料理手帖「カレイのマー
　　　ガリン焼きと筍のサラダ」
1300 おしゃれコートミュージック
　　　最終回
1520 船出（ブラジル移民50年
　　　記念）伊藤武雄 渡辺登也
1745 おしらせ
1750 毎日新聞テレビニュース
1800 赤胴鈴之助 吉田豊明他
1815 電気のABC 泉田行夫
1830 ポケット劇場・
　　　小さいお嫁さん
1845 テレビガイド
1850 あしたのお天気
1853 OTV ニュース
1900 テレビぴよぴよ大学（KR）
1930 花王ワンダフルクイズ（NIV）
2000 京阪テレビカー
　　　「純情家族」
2030 特ダネを逃がすな（KR）
　　　「四重唱」前篇
2100 OTV ワールド・スポーツ
2115 ハーバー・コマンド
　　　「帰ってきた男」声・阪修
2145 三越映画劇場
　　　「撮影風景」荻昌弘
2200 ドラッグネット「別れ話」
2230 小唄教室（KR）
　　　市川松蔦他
2250 OTV ニュース
2302 日づけ豆辞典（OTVF）
2305 お天気◇おしらせ◇終了

●5月3日（土）

100 テストパターン
　　　（クラシックハイライト）
1136 家庭百科（OTVF）
　　　「我が家の憲法」
1151 日本の百人「真野毅」
1200 OTV ニュース
1210 一曲どうぞ 青木光一
1215 パッチリ天国
　　　「ロッカビリーの決闘」
　　　姿三平　浅草四郎他
　　　◇ガイド
1245 料理手帖「ミンチカツレツ」
1300 京だより「節句」
1315 特別座談会「選挙戦はじ
　　　まる」吉武信也他
1345 テニス「デ杯東洋ゾーン
　　　実況」日ー比
　　　解説・安部民雄
1530 寄席 漫才：松枝・菊二
　　　柳枝・喜代子 ワカサ・
　　　ひろし・ダイマル・ラケット
1710 五月場所を前に
1750 朝日新聞テレビニュース
1800 ぼくのわたしの音楽会
1815 素人のど競べ 佐土アナ
　　　審査・上野千秋他
1845 ガイド 50 あしたのお天気
1853 OTV ニュース 木村功
1900 街のチャンピオン
1930 ほろにかショー何でもやり
　　　まショー（NTV）三國一朗
2000 磯川兵助功名噺
　　　「腹切音頭」榎本健一
　　　浅野憲治郎他
2030 白い桟橋『女の幸福』
　　　（NTV/OTV）
　　　松本朝夫 中原早苗他
2100 話題のアルバム
2115 日真名氏飛び出す（KR）
　　　「チョコレートを買う女」
　　　前篇
2144 親さがし
　　　（朝日新聞社協力）
2145 芸能トピックス
2200 又四郎行状記（KR）
　　　「逆立ち芸者」
2255 OTV ニュース
2320 日づけ豆辞典（OTVF）
2323 お天気◇おしらせ◇終了

●5月4日（日）

840 テストパターン 55 おしらせ
900 動物園のおともだち（多摩
　　　動物公園から中継）古賀
945 仲よしN 1000 マンガ公園
1030 文学ところどころ
　　　「あかがい」鞄房子
1045 カメラルポお料理訪問
　　　伊藤継郎
1100 音楽映画
　　　旗　ダークダックス
1115 海外トピックス
1130 経済サロン「選挙に望む」
　　　四宮 松葉 藤原
1200 OTV ニュース
1215 ダイラケのびっくり捕物帖
　　　「五郎長災難の巻」後篇
1245 OK 横丁に集まれ
　　　「幕間三十分」
　　　（NTV）1315 短編映画
1330 中継「恋愛教室」
　　　（道頓堀劇場）
　　　渋谷天外 宇治川美智子
　　　曾我廼家五郎八他
1400 ナショナル日曜テレビ観劇会
1520 大相撲夏場所（蔵前）
　　　初日（NIV）1754 ニュース
1800 アニーよ銃をとれ
　　　「タッグの家出」
1830 やりくりアパート
　　　「犯人は誰だの巻」
　　　大村崑　佐々十郎
　　　茶川一郎　花和幸助
　　　三角八重　芦屋小雁
　　　横山エンタツ 初音礼子
1900 スーパーマン「王子の上衣」
1930 紅あざみ　藤間城太郎
　　　桑野みゆき他
2000 金四郎江戸桜（NTV）
　　　「門出」最終話
　　　坂東好太郎 白銀道子
2030 ダイヤル110番「アリバイ」
　　　（NTV）
2100 アンテナは見ている
　　　「巷の唄」
2115 東芝日曜劇場
　　　「椎茸と雄弁」（KR）
2230 OTV 週間世界ニュース
2250 OTV ニュース
2302 日づけ豆辞典（OTVF）
2305 お天気◇おしらせ◇終了

●5月5日 (月)	●5月6日 (火)	●5月7日 (水)	●5月8日 (木)	●5月9日 (金)	●5月10日 (土)	●5月11日 (日)
1000 テストパターン 　　　(クラシックハイライト) 1015 劇映画 　　　「腕白小僧国会へ行く」 　　　江畑■他 1116 子供の日・マンガ祭り 1146 家庭百科 (OTVF) 　　　「子供の遊び」木崎国嘉 1151 日本の百人「福井貫一」 1200 OTV ニュース 1210 一曲どうぞ 　　　歌・中原美紗緒 1215 音楽へのいざない 　　　柳原温子のピアノ独奏 1240 テレビガイド 1245 料理手帖「お子様ランチ」 1300 ポーラ婦人ニュース第一回 1315 短編映画「宇宙探検」 1345 劇場中継 　　　「美空ひばりショー」 1500 大相撲夏場所 (蔵前) 　　　二日目 (NTV) 佐渡ヶ嶽 　　　五ッ島 本多アナ 原アナ 1750 毎日新聞テレビニュース 1800 ポンポンタイムこの人は(NIV) 　　　「昔の■」白木実他 1845 テレビガイド 1850 あしたのお天気 1853 OTV ニュース 1900 おさげ社長 (KR) 　　　「おさげ社長の子供の日」 　　　永津澄口 飯田覚三 　　　川喜多雄二 野々村 1930 太閤記 (NTV)「藤吉郎編」 2000 大助捕物帳 (NTV) 　　　「晒された女」前篇 2030 ナショナルTVホール (KR) 　　　人知れずこそ 2100 カメラだより北から南から 　　　「男性礼讃」 2115 ウロコ座「天狗草』」前篇 　　　坂本簣助 小夜福子他 2200 OTV 週間世界ニュース 2245 ニッカ・ヒッチコック劇場 2245 ガイド 50 OTV ニュース 2302 日づけ豆辞典 (OTVF) 2305 お天気◇おしらせ◇終了	1045 テストパターン(クラシック) 1100 オープニングメロディ 　　　斎藤超とニューサウンズ 1116 入学して一カ月 　　　(追手門学院より中継) 1146 家庭百科 (OTVF) 　　　「レースの扱い方」 　　　藤川延子 1151 日本の百人「都築正男」 1200 OTV ニュース 10~一曲どうぞ 1215 歌う青春列車 音羽上月他 1240 テレビガイド 1245 料理手帖「平豆のフライ 　　　とサラダ二種」 1300 婦人ニュース 15 放送休止 1430 テストパターン 1445 オープニングメロディ 1500 大相撲夏場所 (NTV) 　　　三日目 (NTV) 本多アナ 原アナ 1750 新聞テレビニュース 1800 呼出符号 L「牧場の男」 　　　高桐眞 千葉保他 1815 名犬リンチンチン 　　　45 ガイド 1850 あしたのお天気 1900 テレビ浮世亭 　　　落語：林家三平「相撲風景」 　　　歌謡漫談シャンバロー 　　　姿三四郎「愛染の章」 　　　牧真介 2000 山一名作劇場 (NTV) 　　　「からたちの花」 2030 サンヨーテレビ劇場 (KR) 　　　「下宿の娘たち」 　　　津村悠介 岸旗江他 2100 近鉄パールアワー 　　　おっさん人生 2115 ピアス劇場センチメンタル・ 　　　ギャング 長門裕之 　　　鳳八千代他 2145 ミナロンドリームサロン 　　　朝丘雪路 大伴千春 2200 マーチンケイン捜査シリーズ 2230 きまぐれジョッキー 　　　根岸明美 羽鳥雅一 2245 ガイド 50 OTV ニュース 2302 日づけ豆辞典 (OTVF) 2305 お天気◇おしらせ◇終了	1100 テストパターン 1130 オープニングメロディ 1146 家庭百科 (OTVF) 　　　「心臓心電図」 1151 日本の百人「升田幸三」 1200 OTV ニュース 1210 一曲どうぞ 青木光一 1215 ほえろ人一家 　　　竜崎一郎 坪内美詠子他 1240 テレビガイド 1245 料理手帖「小ダイのかぶと 　　　焼きとしょうぶど」 1300 婦人ニュース 1315 おしらせ～放送休止 1430 テストパターン 1445 オープニングメロディ 1500 大相撲夏場所 (NTV) 　　　四日目 (NTV) 佐渡ヶ嶽 　　　五ッ島 本多アナ 原アナ 1750 朝日新聞テレビニュース 1800 ヘッケルとジャッケル 　　　（漫画） 1815 獅子文六アワー・悦ちゃん 　　　悦ちゃんパパの失踪 　　　(NTV) 1845 テレビガイド 1850 あしたのお天気 1853 OTV ニュース 1900 わが輩ははなばな氏 (KR) 　　　「間に合わせの花婿」 1930 歌はあなたとともに 　　　「三浦洸一ショー」 2000 OTV スポーツファンシート 　　　阪神－中日 (甲子園) 　　　解説：浜崎真二 　　　中継：久保殿次アナ 　　　【野球ない時】 　　　映画「無法地帯」 2100 コント千一夜 森光子 他 2115 宮本武蔵 (NTV) 2145 ニッケ・ジャズパレード 2200 ありちゃんのおかっぱ侍 2230 時の眼 田中寛次郎 2245 テレビガイド 2250 OTV ニュース 2302 日づけ豆辞典 (OTVF) 2305 お天気◇おしらせ◇終了	1115 テストパターン(クラシック) 1130 オープニングメロディ 　　　岡田博トリオ 1146 家庭百科 (OTVF) 　　　「美しい手」山本鈴子 1151 日本の百人「中山伊知郎」 1200 OTV ニュース 1210 一曲どうぞダークダックス 1215 アイ・ラブ・亭主 (KR) 　　　春風とラブレター 　　　40 ガイド 1245 料理手帖「牛肉の包み揚げ」 　　　田中藤一 佐藤和技 1300 婦人 N 15 おしらせ～休止 1400 テストパターン(クラシック) 1415 オープニングメロディ 1430 明るい選挙 　　　1 大阪の候補者紹介 　　　2 対談広瀬護矢部利茂 1500 大相撲夏場所 (蔵前) 　　　五日目 (NTV) 佐渡ヶ嶽 1750 毎日新聞テレビニュース 1800 幸せはどこに 1815 ますらを派出夫会 (KR) 　　　「子供ばんざい」 　　　45 ガイド 1850 お天気 53 OTV ニュース 1900 スーパースターコメディ 1930 宝塚テレビ劇場「白い神 　　　浜木綿子 小泉他 2000 ロビンフッドの冒険 　　　「いかさま師・アドリアン」 2030 京阪テレビカー 純棒家族 　　　「壬生浪士・山中敬助」 　　　（後編） 2100 奥様お忙 (KR) 　　　美わしの五月となれば」 2145 おはこうら表(NIV/OTV) 　　　蝶々雄二 　　　お相手・初音礼子 2200 日立劇場 (KR) 　　　宇野信夫ドラマ 　　　「まがりかど」後篇 2230 私のコレクション「だるま」 2245 ガイド 50 OTV ニュース 2302 日づけ豆辞典 (OTVF) 2305 お天気◇おしらせ◇終了	1115 テストパターン 　　　（フライングリズム） 1130 オープニングメロディ 1146 家庭百科 (OTVF) 　　　「ワイシャツのかけかた」 1151 日本の百人「杉野芳子」 1200 OTV ニュース 1210 一曲どうぞ島倉千代子 1215 映画の窓 (KR)「スパイ」 　　　（フランス映画） 　　　クルトユルゲンス他 　　　解説：荻昌弘 清水晶 1240 テレビガイド 1245 料理手帖「吉野煮」 1300 ポーラ婦人ニュース 1315 おしらせ～放送休止 1400 テストパターン 1415 オープニングメロディ 1430 選挙「私の処女票」 1500 大相撲夏場所 (蔵前) 　　　六日目 (NIV) 佐渡ヶ嶽 　　　五ッ島 本多アナ 原アナ 1750 朝日新聞テレビニュース 1800 赤胴鈴之助 吉田豊明他 1815 電気の ABC 泉田行夫 1830 ポケット劇場・小さい 　　　お嫁さん 　　　石川日奈 緋桜陽子他 1845 ガイド 50 あしたのお天気 1853 OTV ニュース 1900 テレビぴよぴよ大学 (KR) 1930 花王ワンダフルクイズ(NIV) 2000 磯貝兵助功名噺 　　　「腹切音頭」榎本健一 　　　七浦弘子 小柳久子 　　　東恵美子 津村悠介 他 2030 特ダネを逃がすな (KR) 2100 OTV ワールド・スポーツ 2115 ハーバー・コマンド 　　　「必死の逃亡者」声・阪修 2145 三越映画劇場「撮影風景」 2200 ドラッグネット「ゆりかご」 2230 小唄教室 (KR) 2245 テレビガイド 2250 OTV ニュース 2302 日づけ豆辞典 (OTVF) 2305 お天気◇おしらせ◇終了	1115 テストパターン(クラシック) 1130 オープニングメロディ 1146 家庭百科 (OTVF) 1151 日本の百人 1200 OTV ニュース 1210 一曲どうぞ 1215 パッチリ天国 　　　「女は知っていた」 　　　姿三平 浅草四郎他 1240 テレビガイド 1245 料理手帖 1300 ポーラ婦人ニュース 1315 おしらせ～放送休止 1400 テストパターン(クラシック) 1415 オープニングメロディ 1430 対談「婦人と選挙」 　　　村山リウ 矢部利茂 1500 大相撲夏場所 　　　七日目 (NTV) 佐渡ヶ嶽 1750 朝日新聞テレビニュース 1800 ぼくのわたしの音楽会 1815 素人のど競べ 佐土アナ 　　　審査・上野千秋他 1845 テレビガイド 1850 あしたのお天気 1853 OTV ニュース 1900 街のチャンピオン 　　　トップライト益田キートン 1930 ほろにがショー 　　　何でもやりまショー 　　　(NTV) 三國一朗 2000 磯貝兵助功名噺 　　　松本朝夫他 (NTV/OTV) 2030 白い桟橋 　　　「解決のない人生」 2100 話題のアルバム 10 ガイド 2115 日真名氏飛び出す (KR) 　　　「チョコレートを買う女」 　　　解決編 2145 芸能トピックス 2200 又四郎行状記 (KR) 　　　「悪の巣」 2255 OTV ニュース 2307 日づけ豆辞典 (OTVF) 2310 お天気◇おしらせ◇終了	840 テストパターン 55 おしらせ 900 動物園のおともだち 　　　阪神パークから生中継 945 なかよしニュース 955 マンガ公園 1030 桂離宮 1045 マス料理 1100 文学ところどころ 　　　「天平の甍」 1115 海外トピックス 1130 経済サロン 　　　「テレビにもの申す」 1200 OTV ニュース 1215 ダイラケのびっくり捕物帳 　　　「三人道中の巻」前篇 　　　ダイマル・ラケット森光子 　　　中村あやめ 藤田まこと他 1245 OK 横丁に集まれ 　　　猫八他 (NTV) 1315 短編映画「アメリカの選挙」 1400 ナショナル日曜テレビ 　　　観劇「隅田川心中」 　　　一夫 八重子 扇雀他 1600 大相撲夏場所 　　　中日 (NTV) 佐渡ヶ嶽 　　　五ッ島 本多 原アナ 1754 ニュース 1800 アニーよ銃をとれ 　　　「消えた伝」 1830 ダイハツコメディ・やりくり 　　　アパート「家庭教師の巻」 1900 スーパーマン 　　　「石膏像の秘密」 1930 紅あざみ「父と子」 　　　藤間城太郎 桑野みゆき他 2000 OTV スポーツファンシート 　　　中日－巨人 (中日球場) 　　　解説：杉浦清 　　　【中止の時】大洋-国鉄 　　　【野球ない時】 　　　米映画「追憶の調べ」 2115 東芝日曜劇場「お桂ちゃん」 　　　(KR) 市川翠扇 細川俊夫 　　　於島鈴子 近松良枝 2215 ダイハツスポーツウィクリー 2230 OTV 週間世界ニュース 2250 OTV ニュース 2302 日づけ豆辞典 (OTVF) 2305 お天気◇おしらせ◇終了

●5月12日 (月)	●5月13日 (火)	●5月14日 (水)	●5月15日 (木)	●5月16日 (金)	●5月17日 (土)	●5月18日 (日)
1115 テストパターン(クラシック)	1115 テストパターン(クラシック)	1100 テストパターン	1115 テストパターン(クラシック)	1115 テストパターン (フライングリズム)	1100 テストパターン(クラシック)	840 テストパターン55おしらせ
1130 メロディピアノ：岩崎洋	1130 メロディピアノ：岩崎洋	1130 オープニングメロディ	1130 オープニングメロディ	1130 オープニングメロディ	1130 オープニングメロディ シンギングピアノ：岩崎洋	900 動物園のおともだち「サル」
1146 家庭百科 (OTVF)「飲水の知識」茶珍俊夫	1146 家庭百科 (OTVF)「初夏の家庭着」	1146 家庭百科 (OTVF)「靴の医学」	1146 家庭百科 (OTVF)「日焼け予防」	1146 家庭百科 (OTVF)「楽しい潮干狩」	1136 家庭百科 (OTVF)「台所を楽しく」山本鈴子	945 なかよしN55マンガ公園
1150 日本の百人「向坂逸郎」	1151 日本の百人「木原均」	1151 日本の百人「永田武」	1151 日本の百人「太田垣士郎」	1151 日本の百人「亀井勝一郎」	1151 日本の百人「野口弥吉」	1030 京だより「うちわ扇子」
1200 OTVニュース10・曲どうぞ	1200 OTVニュース10・曲どうぞ	1200 OTVニュース	1200 OTVニュース	1200 OTVニュース10・曲どうぞ	1200 OTVニュース	1045 カメラルポお料理訪問 法村 友井
1215 音楽へのいざない 関学グリークラブ合唱	1215 歌う青春列車	1210 一曲どうぞ 青木光一	1210 一曲どうぞ 島倉千代子	1215 映画の窓 荻昌弘 特集・初夏を飾る映画界の話題 40 ガイド	1210 一曲どうぞ 中原美紗緒	1100 文学ところどころ
1240 ガイド 45 料理手帖 コールドアペタイザー	1240 テレビガイド	1215 ほほえみ一家 竜崎一郎 坪内美詠子他	1215 アイ・ラブ・亭主 (KR)		1215 パッチリ天国 三平四郎他	1115 新撰組遺聞
	1245 料理手帖 井上幸作 ポテト・ダンプリング	1240 テレビガイド	1240 テレビガイド	1245 料理手帖「ロールフィッシュ」	1240 テレビガイド 45 料理手帖	1130 経済サロン「おやつと栄養」 江崎利一 大井治
1300 ポーラ婦人ニュース	1300 ポーラ婦人ニュース	1245 料理手帖「鳴門巻イカと青豆の炊き合せ」	1245 料理手帖「鰹節と乾物の煮合わせ」小川旭	1300 ポーラ婦人ニュース	1300 婦人ニュース 15おしらせ	1200 OTVニュース 10 ガイド
1315 宇宙時代のドリンクス グランドコンクール	1315 第28回旗花おどり〜大阪画暦（毎日ホール）	1300 ポーラ婦人ニュース	1300 ポーラ婦人ニュース	1315 おしらせ〜放送休止	1317 特集「私はこういう人を選ぶ」 古谷綱正他	1215 ダイラケのびっくり捕物帖「三人道中の巻」後篇 ダイマル・ラケット森光子 中村あやめ 藤田まこと他
1400 パターン 1415 メロディ		1315 おしらせ〜放送休止	1315 おしらせ〜放送休止	1400 テストパターン	1345 OTV スポーツファンシート 巨人−国鉄 南村侑広 越智アナ	
1430 選挙を汚すもの 宮地亨吉 矢部利茂		1430 テストパターン	1430 テストパターン(クラシック)	1415 オープニングメロディ		
		1445 オープニングメロディ シンギングピアノ：岩崎洋	1445 オープニングメロディ	1430 選挙「各地の終盤戦」	【野球ない時】	1245 OK 横丁に集まれ「公明選挙」(NTV)
1500 大相撲夏場所（蔵前）九日目 (NTV) 佐渡ヶ嶽 五ッ島 本多アナ 原アナ	1500 大相撲夏場所（蔵前）十日目 (NTV) 佐渡ヶ嶽 五ッ島 本多アナ 原アナ	1500 大相撲夏場所（蔵前）十一日目 (NTV) 佐渡ヶ嶽 五ッ島 本多アナ 原アナ	1500 大相撲夏場所（蔵前）十二日目 (NTV) 佐渡ヶ嶽 五ッ島 本多アナ 原アナ	1500 大相撲夏場所（蔵前）十三日目 (NTV) 佐渡ヶ嶽 五ッ島 本多アナ 原アナ 伊予寅彦	1500 大相撲夏場所（蔵前）十四日目 (NTV) 佐渡ヶ嶽 五ッ島 本多アナ 原アナ	1315 ナショナル日曜テレビ 観劇会「研長の討たれ」 榎本健一 如月
1750 毎日新聞テレビニュース	1750 朝日新聞テレビニュース			1750 朝日新聞テレビニュース	1750 朝日新聞テレビニュース	1500 大相撲夏場所（蔵前）千秋楽 (NTV) 佐渡ヶ嶽 五ッ島 本多アナ 原アナ
1800 子供の教室「温度計の話」 本戊	1800 呼出符号L「牧場の男」高桐眞 千葉保他	1750 毎日新聞テレビニュース	1800 幸せはどこに「鳴らぬピアノ」	1800 赤胴鈴之助 吉田豊明他	1800 ぼくのわたしの音楽会	1754 OTV ニュース
1815 ポポンタイムこの人を(NIV)	1815 名犬リンチンチン「ダニーと騎兵隊」	1800 ヘッケルとジャッケル(漫画)	1815 ますらを派出夫会 (KR) 森川信 瀧朋保代	1815 電気のABC「電気と光」泉田伴夫	1815 素人のど競べ 佐士アナ 審査・上野千秋他	1800 アニーよ銃をとれ「雷鳴の丘」
1845 ガイド 50天気 53 ニュース	1845 ガイド 50 あしたのお天気	1815 獅子文六アワー(KR) 悦ちゃん 45 テレビガイド	1845 テレビガイド	1830 ポケット劇場・小さいな嫁さん「さつま芋」 石川日奈 緋桜陽子他	1850 お天気 53 OTV ニュース	1830 ダイハツコメディ やりくりアパート「スリにご用心の巻」
1900 おさげ社長 (KR)「おさげ社長とお弁当」永津澄江 飯田覚三 川喜多雄二 野々村	1853 OTV ニュース	1850 あしたのお天気	1853 OTV ニュース		1900 街のチャンピオン トップライト 一龍斎貞山	1900 スーパーマン「ジミイ君の大発明」
	1900 テレビ浮世亭	1900 わが輩ははなばな氏 (KR) 財前和夫アナ 三波春夫 山田ともこ他	1900 スーパースターメロディ	1845 テレビガイド		1930 紅あざみ「みちのくへ」 藤間城太郎 桑野みゆき他
1930 太閤記 (NTV)「藤吉郎編」	1930 姿三四郎「愛染の章」	1930 歌はあなたとともに 若原一郎ショー「丘にのぼりて」他	1930 宝塚テレビ劇場「ロシアンバレエ」四秀秀子	1853 OTV ニュース	1930 ほろにがショー 何でもやりまショー (NIV) 三國一朗	
2000 大助捕物帳 (NTV)「晒された女」後篇	2000 山一名作アワー「からたちの花」池田弘夫 荒木玉枝 外山高士		2000 ロビンフッドの冒険「二人の幽霊」	1900 テレビぴよぴよ大学 (KR)		2000 OTV スポーツファンシート 西鉄−近鉄 解説・武本悉昌 榎本アナ
2030 ナショナルTVホール (KR)・人知れずこそ	2030 サンヨーテレビ劇場 (KR)「下宿の娘たち」 津川悠子 岸旗江他	2000 OTV スポーツファンシート 阪神−巨人（甲子園） 解説：浜崎真二 中継 久保顕次アナ	2030 鞍馬天狗 (KR)「壬生浪士」	1930 花王ワンダフルクイズ (NIV)	2000 OTV スポーツファンシート 中日−広島（中日） 解説・杉浦清 浅井アナ	【中止時】阪急−大毎（西宮）
2100 カメラだより北から南から「お願いします」	2100 近鉄パールアワー・おっきん人生「テレビ到達の巻」	【中止時】中日−国鉄 【野球ない時】 劇場中継「五月人形」	2100 奥様多忙 (KR)「ここに妻あり」江見渉 山岡久乃他	2000 京阪テレビカー 純情家族「喧嘩ばやり」林田十郎 吉川雅恵 若杉弥生 日高久 雁玉 広澤みどり	【中止時】西鉄−近鉄 【野球ない時】松竹家庭劇	【野球ない時】ソ連映画
2115 ウロコ座「天狗草子」中篇 坂東簑助 小夜福子他	2115 ピアス劇場 センチメンタル・ギャング 長門裕之 鳳八千代他	2115 目で聴く話題 雨風曇 (NTV)	2100 OTV ワールド・スポーツ	2030 特ダネを逃がすな (KR)「豚と真珠」前篇	2100 話題のアルバム 10 ガイド	2100 アンテナは見ている
2145 月曜対談・2つの椅子「バッテリー放談」杉浦忠、野村克也	2145 ミナロンドリームサロン 芦野宏 粟野圭一 大伴千春 ジョージ岡	2145 おはこうら表 (NTV/OTV) 三和完児 葦原邦子 お相手・初音礼子	2115 ハーバー・コマンド「波止場の変死体」声・阪修	2100 日真名氏飛び出す (KR)「くずやおはらい」前篇	2115 東芝日曜劇場 (CBC)「舞踏劇・物怪の女」西川鯉三郎 鯉次郎 右近	
2200 OTV 週間世界ニュース	2200 マーチンケイン捜査シリーズ「賭博狂」	2200 ありちゃんのおかっぱ侍	2145 三越映画劇場「撮影風景」	2144 親さがし（朝日新聞社協力）		
2215 ニッカ・ヒッチコック劇場	2230 きまぐれジョッキー フランキー堺 淡路恵子	2230 時の眼 最終回 大島昭	2200 ドラッグネット「サービスマッチ」	2145 芸能トピックス	2215 ダイハツスポーツウィクリー	
2245 ガイド 50 OTV ニュース	2245 ガイド 50 OTV ニュース	2230 私のコレクション「短冊」多賀博 近藤清子	2230 小唄教室 (KR) 坂東三津之丞 宮川静子他	2200 又四郎行状記 (KR)	2230 OTV 週間世界ニュース	
2302 日づけ豆辞典 (OTVF)	2302 日づけ豆辞典 (OTVF)	2245 テレビガイド	2245 ガイド 50 OTV ニュース	2255 OTV ニュース	2250 OTV ニュース	
2305 お天気◇おしらせ◇終了	2305 あしたのお天気	2250 OTV ニュース	2302 日づけ豆辞典	2305 日づけ豆辞典	2302 日づけ豆辞典 (OTVF)	
	2308 おしらせ 放送終了	2302 日づけ豆辞典 (OTVF)	2305 お天気	2308 おしらせ 終了	2307 日づけ豆辞典 (OTVF)	2305 お天気◇おしらせ◇終了
		2305 お天気			2310 お天気◇おしらせ◇終了	

第2章「熱狂」

●5月19日（月）
1115 テストパターン
　　（クラシックハイライト）
1130 オープニングメロディ
1146 家庭百科（OTVF）
　　「妊婦の栄養」
1151 日本の百人「大野貞祐」
1200 OTV ニュース
1210 一曲どうぞ 牧野ヨシオ
1215 音楽へのいざない「万霊節」
　　「献呈」R・シュトラウス
　　天野春美と林迷次の独唱
1240 ガイド45料理手帖「変わりポークソテー」上勲
1300 婦人ニュース05 放送休止
1440 私はこういう人を選ぶ
　　森光子 西岡義憲
　　青沼四郎 矢部利茂
　　川喜多雄二 野々村
1710 優勝力士を囲んで
　　佐渡ヶ嶽他40 短編映画
1750 朝日新聞テレビニュース
1800 子供の教室「石鹸の話」
1815 ポポンタイムこの人を(NIV)
　　秋元喜雄他
1850 お天気53 OTV ニュース
1900 おさげ社長（KR）
　　「おさげ社長と選挙運動」
　　永津澄江 飯田覚三
1930 太閤記（NTV）「藤吉郎編」
2000 大助捕物帳（NTV）
2030 ナショナルＴＶホール（KR）
　　人知れずこそ
2100 カメラだより北から南まで
　　「大掃除」
2115 ウロコ座「天狗草子」後篇
　　坂東寶助 小夜福子他
2145 月曜対談・2つの椅子
　　「海の旅、空の旅」
　　奥村恒夫 ほか
2200 OTV 週間世界ニュース
2215 ニッカ・ヒッチコック劇場
　　（NIV）◇テレビガイド
2250 OTV ニュース
2302 日づけ豆辞典（OTVF）
2305 お天気◇おしらせ◇終了

●5月20日（火）
1115 テストパターン
　　（クラシックハイライト）
1130 オープニングメロディ
1146 家庭百科（OTVF）
　　「妊婦の栄養」
1151 日本の百人
1200 OTV ニュース
1210 一曲どうぞ
1215 歌う青春列車
　　音羽 上月他
1240 テレビガイド
1245 料理手帖
1300 ポーラ婦人ニュース
1305 放送休止
1710 テストパターン
1740 オープニングメロディ
1750 朝日新聞テレビニュース
1800 呼出符号L「牧場の男」
　　高桐眞 千葉保他
1815 名犬リンチンチン
1845 テレビガイド
1850 あしたのお天気
1900 テレビ浮世亭
1930 姿三四郎「愛染の章」
2000 山一名作劇場（NTV）
　　「からたちの花」池田忠夫
　　荒木玉枝 外山高士
2030 サンヨーテレビ劇場（KR）
　　「下宿の娘たち」
　　津村悠子 岸旗江他
2100 近鉄パールアワー
　　おっさん人生
2115 ピアス劇場
　　センチメンタル・ギャング
　　長門裕之 鳳八千代他
2145 ミナロンドリームサロン
　　大伴千春 ジョージ岡
2200 マーチンケイン捜査シリーズ
2230 きまぐれジョッキー
　　フランキー堺 淡路恵子
2245 テレビガイド
2250 OTV ニュース
2302 日づけ豆辞典（OTVF）
2305 お天気◇おしらせ◇終了

●5月21日（水）
1000 テストパターン
1030 オープニングメロディ
1040 座談会「最高裁の国民審査」
　　佐藤道夫 海野
1146 家庭百科（OTVF）
　　「ハダと汗」木梨国嘉
1151 日本の百人「安田鞍彦」
1210 一曲どうぞ旗照夫「枯葉」
1215 ほほえみ一家
　　竜崎一郎 坪内美詠子他
1240 テレビガイド
1245 料理手帖「南蛮漬け」
　　辻徳光
1300 ポーラ婦人ニュース
1315 家庭百科（OTVF）「レースのおしゃれ」
　　藤川延子 花柳有洸
1345 放送休止
1640 テストパターン
1710 オープニングメロディ
　　シンギングピアノ：
　　岩崎洋
1720 選挙と政治 猪木正道
　　矢部利茂 岩崎卯一
1750 毎日新聞テレビニュース
1800 ヘッケルとジャッケル（漫画）
1815 獅子文六アワー（NTV）
　　悦ちゃん45 テレビガイド
1850 あしたのお天気
1853 OTV ニュース
1900 わが輩ははなばな氏（KR）
　　「笑顔買いますの巻」
1930 歌はあなたとともに
　　藤島恒夫ショー
　　「炭鉱恋歌」
　　ほか 松山恵子
2000 OTV スポーツファンシート
　　巨人―中日（後楽園）
【中止時】西鉄―南海
【野球ない時】西部劇映画
2100 コント千一夜 森光子他
2115 宮本武蔵（NTV）
2145 ニッケ・ジャズパレード
　　星野
2200 ありちゃんのおかっぱ侍
2230 ダイヤル110番「おとり」
　　（NTV）舟橋元 岡田英次
　　加藤嘉2300 OIV ニュース
2312 日づけ豆辞典（OTVF）

●5月22日（木）
1115 テストパターン（クラシック）
1130 オープニングメロディ
1146 家庭百科（OTVF）
　　「くつての選び方」
　　藤川延子
1151 日本の百人「安川第五郎」
1200 OTV ニュース選挙特集号
1210 一曲どうぞ
1215 アイ・ラブ・亭主（KR）
1240 テレビガイド
1245 料理手帖「炒め豆腐のあんかけ」
　　奥井広美
1300 ポーラ婦人ニュース
1315 おしらせ◇放送休止
1725 テストパターン（クラシック）
1740 オープニングメロディ
1750 朝日新聞テレビニュース
1800 幸せはどこに 最終回
　　「花売り姉妹」
　　梶川武利他
1815 ますらを派出大会（KR）
　　ゴールデンコック 森川信
　　瀧那保代45 ガイド
1850 お天気53 OTV ニュース
1900 スーパースターメロディ
　　財前和夫アナ 神楽坂子
　　松山恵子 石井千恵
1930 宝塚テレビ劇場
　　「旅行カバン」明石照子
　　筑紫まり 浜木綿子
2000 ロビンフッドの冒険
　　迷医オズワルド
2030 花見天狗（KR）「壬生浪士」
2100 奥様多化（KR）「上には上」
2115 目で聴く話題 雨風曇
　　（NTV）「私売ります」
2145 おはこうら表（NIV/OTV）
　　ゲスト：八千草薫
　　お相手・初音礼子
2200 日立劇場（KR）宇野信夫
　　ドラマ「力士雷電」後篇
　　夏山大二郎 恩田清 畑他
2230 私のコレクション
　　「唐獅子」箸尾清他
2245 ガイド 50 OTV ニュース
2302 あしたのお天気
2305 特集「総選挙を終わって」
　　解説・朝日新聞
　　連絡部長 渋沢輝二郎
2609 放送終了

●5月23日（金）
900 テストパターン
　　（フライングリズム）
910 家庭百科（OTVF）
931 家庭百科（OTVF）
　　「金魚の飼方」山下守
0945 選挙速報（朝日新聞担当）
1130 オープニングメロディ
1151 日本の百人「三笠宮」
1200 OTV ニュース
1210 一曲どうぞ
1215 選挙速報
　　解説・渋沢輝二郎
1245 料理手帖
1300 ポーラ婦人ニュース
1315 選挙速報 終了後休止
1600 選挙特報 浦上 粂川
1750 新政局を迎えて
1800 赤胴鈴之助 吉田豊明他
1815 電気のABC 泉田行夫
　　「アイロンの科学」(映画)
1830 ポケット劇場・小さいお
　　嫁さん「温習会の日」
　　石川日奈 緋桜陽子他
1845 テレビガイド
1850 あしたのお天気
1853 OTV ニュース
1900 テレビびよぴよ大学（KR）
1930 花王ワンダクイズ（NTV）
2000 京阪テレビカー 純情家族
　　「ある夜の出来事」
　　林田十郎 吉川雅恵
　　若杉弥生 日高久 雁玉
　　広岡みどり
2030 特ダネを逃がすな（KR）
　　「豚と真珠」後篇
2100 OTV ワールド・スポーツ
2110 テレビガイド
2115 ハーバー・コマンド
　　「自殺志願者」声・阪修
2145 三越映画劇場「撮影風景」
2200 ドラッグネット
　　「お婆さんと神様」
2230 小唄教室 （KR）
　　坂東三津之丞 宮川静子他
2245 テレビガイド
2250 OTV ニュース
2302 あしたのお天気
2307 日づけ豆辞典（OTVF）
2310 お天気◇おしらせ
　　　◇放送終了

●5月24日（土）
1045 テストパターン
　　（クラシックハイライト）
1100 オープニングメロディ
1116 日本の百人「奥村土牛」
1125 歌と音楽 ペギー葉山
1155 家庭百科（OTVF）
　　「鍋の科学」茶珍俊夫
1200 京だより
1210 一曲どうぞ 青木光一
1215 パッチリ天国
1245 料理手帖 辻本忠三郎
1300 ポーラ婦人ニュース
1315 おしらせ
1317 短編映画
1330 映画「深く静めに潜伏せよ」
　　解説・岡俊雄他
1400 アジア競技大会
1750 朝日新聞テレビニュース
1800 ぼくのわたしの音楽会
1815 素人のど競べ 佐土アナ
1850 あしたのお天気
1853 OTV ニュース
1900 街のチャンピオン
　　トップライト 長門美保
1930 ほろにがショー
　　何でもやりまショー(NIV)
　　三國一朗
2000 スーパーマン
2100 話題のアルバム
2110 テレビガイド
2115 日真名氏飛び出す（KR）
　　「くずやおはらい」
　　解決篇
2145 芸能トピックス
2200 又四郎行状記（KR）
2255 OTV ニュース
2307 日づけ豆辞典（OTVF）
2310 お天気◇おしらせ
　　　◇放送終了

●5月25日（日）
0840 テストパターン55 おしらせ
0900 動物園のおともだち
　　「クジャク」
　　（上野動物園から）
0945 なかよしニュース
0955 マンガ公園
1030 京だより
　　「小鳥の新婚旅行」
1045 カメラルポお料理訪問
　　「山村若さんを訪ねて」
1100 文学ところどころ
　　「夜の河・沢野久雄」
1130 経済サロン「造船界の現況」手塚敏雄 松井正
1200 OTV ニュース10 ガイド
1215 ダイラケのびっくり捕物帖
　　「化猫騒動の巻」前篇
1245 OK 横丁に集まれ（NTV）
1315 映画「聖火に集う若人」
1330 アジア競技大会「陸上」
　　解説・竹中正一郎
　　芥川アナ 矢代清二
1330 アジア競技大会「ホッケー」
　　解説・岩松荘介 斎藤アナ
1400 ナショナル日曜テレビ
　　観劇会
1753 OTV ニュース
1800 アニよ銃をとれ
1830 ダイハツコメディ
　　やりくりアパート
　　「男は三度勝負する巻」
1900 スーパーマン
1930 紅あざみ 最終回
　　藤間紫太郎 桑野みゆき他
2000 OTV スポーツファンシート
　　阪神―国鉄（甲子園）
　　解説・浜崎真二
【中止時】
　　劇映画「少年船長」
2115 東芝日曜劇場
　　（KR）山田五十鈴他
2215 ダイハツポーツウイクリー
2230 OTV 週間世界ニュース
2250 2305 お天気◇おしらせ
　　◇終了
※料理手帖・特集野外店「みんなで食べまショー」開催、1600 名参加。
（生駒山遊園地）

●5月26日（月）

- 825 テストパターン（クラシック）
- 840 メロディ ピアノ：岩崎洋
- 855 家庭百科（OTVF）
  「カビの話」茶珍俊夫
- 1000 アジア競技大会「レスリング」
  解説・石井庄八
- 1150 日本の百人「梅原龍三郎」
- 1200 OTV ニュース
- 1210 一曲どうぞ 旗照夫
- 1215 音楽へのいざない
  「バレエ」高田由起子他
- 1240 テレビガイド
- 1245 料理手帖「鶏肝臓のフロレンチン」辻勲
- 1300 婦人ニュース 15 短編映画
- 1330 アジア競技大会「陸上」
- 1510 アジア競技大会「卓球」
  男子団体戦
- 1630 アジア競技大会「サッカー」
  解説・堺井秀雄
- 1750 毎日新聞テレビニュース
- 1800 子供の教室「船の旅」
  辻人戊
- 1815 ポポンタイムこの人を(NIV)
- 1850 お天気 53 OTV ニュース
- 1900 おさげ社長 (KR)
  「おさげ社長のラブレター」
  永ながら 飯田覚三
  川喜多雄二 野々村
- 1930 太閤記 (NTV)「藤吉郎編」
- 2000 大助捕物帳 (NTV)
- 2030 ナショナルTVホール (KR)
  「人知れずして」
- 2100 カメラだより北から南から
  「戦いすんで」
- 2115 ウロコ座「恋文」前篇
  山田五十鈴 佐分利信
  金子信雄他
- 2145 月曜対談・2つの椅子
  「食道楽」大久保恒次、
  古川ロッパ
- 2200 OTV 週間世界ニュース
- 2215 ニッカ・ヒッチコック劇場
  「復讐」中村勝子
  小川卓也他 45 ガイド
- 2250 OTV ニュース
- 2302 日づけ豆辞典 (OTVF)
- 2305 お天気◇おしらせ◇終了

●5月27日（火）

- 1115 テストパターン（クラシック）
- 1130 オープニングメロディ
- 1146 家庭百科 (OTVF)
- 1151 日本の百人
- 1200 OTV ニュース 10一曲どうぞ
- 1215 歌う青春列車
  音羽 上月他
- 1240 テレビガイド
- 1245 料理手帖 井上幸作
- 1300 ポーラ婦人ニュース
- 1305 放送休止
- 1725 テストパターン
- 1740 オープニングメロディ
- 1750 朝日新聞テレビニュース
- 1800 呼出符号L「牧場の男」
  高桐眞 千葉保他
- 1815 名犬リンチンチン
- 1845 テレビガイド
- 1850 あしたのお天気
- 1853 OTV ニュース
- 1900 テレビ浮世亭
- 1930 姿三四郎「愛染の章」
- 2000 山一名作劇場 (KR)
  「からたちの花」
  池田忠夫 荒木玉枝
  外山高士
- 2030 サンヨーテレビ劇場 (KR)
  「下宿の娘たち」
  津村悠子 岸旗江他
- 2100 近鉄パールアワー・
  おっさん人生
- 2115 ピアス劇場
  センチメンタル・ギャング
  長門裕之 鳳八千代他
- 2145 ミナロンドリームサロン
  大伴千春 ジョージ岡
- 2200 マーチンケイン捜査シリーズ
- 2230 きまぐれジョッキー
  フランキー堺 淡路恵子
- 2245 テレビガイド
- 2250 OTV ニュース
- 2302 日づけ豆辞典 (OTVF)
- 2305 あしたのお天気
- 2308 おしらせ 放送終了

●5月28日（水）

- 955 パターン 1010 メロディ
- 1015 テレビガイド
- 1025 アジア競技大会「陸上」
  解説・竹中正一郎
- 1151 日本の百人「広津和郎」
- 1200 OTV ニュース
- 1210 一曲どうぞ 青木光一
- 1215 ほほえみ一家
  竜崎一郎 坪内美詠子他
- 1240 テレビガイド
- 1245 料理手帖「ハモの柳川煮」
  辻徳光 広瀬修子
- 1300 ポーラ婦人ニュース
- 1315 短編映画
- 1330 アジア競技大会「陸上」
  解説・竹中正一郎
- 1430 アジア競技大会「サッカー」
  解説・有馬晋
- 1540 アジア競技大会「水上」
  解説・村山修一 根上進
- 1750 朝日新聞テレビニュース
- 1800 ヘッケルとジャッケル
  「漫画」
- 1815 獅子文六アワー (NTV)
  悦ちゃん 45 ガイド
  ◇お天気
- 1853 OTV ニュース
- 1900 わが輩ははなばな氏 (KR)
  「やっぱり奥様は」
- 1930 歌はあなたとともに
  「鶴田浩二ショー」
  鳳八千代 浜村美智子
- 2000 OIV スポーツファンシート
  （中日球場）
  【中止時】大毎一阪急
  【野球ない時】劇映画
  「光と風と子供」
- 2100 コント千一夜 森光子 他
- 2115 宮本武蔵 (NTV)
- 2145 ニッケ・ジャズパレード
  水谷良重
- 2200 ありちゃんのおかっぱ侍
- 2230 ダイヤル110番「都会の渦」
  (NTV)
- 2250 OTV ニュース
- 2302 日づけ豆辞典 (OTVF)
- 2305 あしたのお天気
- 2308 おしらせ 放送終了

●5月29日（木）

- 930 テストパターン（クラシック）
- 945 家庭百科 (OTVF) 藤川延子
- 950 アジア競技大会「陸上」
  解説・竹中正一郎
  赤城孝夫アナ 清水一郎
  アナ 志生野温夫アナ他
- 1200 OTV ニュース
- 1215 アイラブ亭主 40 ガイド
- 1241 日本の百人「金田一京助」
- 1300 一曲どうぞ 中原美紗緒
- 1305 アイラブ亭主
- 1335 料理手帖 奥井広美
- 1350 婦人ニュース
- 1405 短編映画
- 1420 アジア競技大会
  「陸上」「水上」
- 1750 毎日新聞テレビニュース
- 1800 はなしの社会科
  日高一郎他
- 1815 ますらを派出夫会 (KR)
  ゴールデンコック 森川信
  瀧阪保代 45 テレビガイド
- 1850 お天気 53 OTV ニュース
- 1900 スーパースターメロディ
  財前和夫アナ 白根一男
  築地綾子和田弘とマヒナ
- 1930 宝塚テレビ劇場「キャラバン
  ゲンソウ」溝江博
  加茂さくら他 宝塚歌劇団
- 2000 ロビンフッドの冒険
- 2030 鞍馬天狗 (KR)
  「壬生浪士」
- 2100 奥様多忙 (KR)「驟雨」
- 2115 目で聴く話題 雨風曇
  (NTV)「若人の祭典」
- 2145 おはこうら表 (NIV/OTV)
  藤本二吉 藤本二三代
  葦原邦子
  お相手・初音礼子
- 2200 日立劇場 (KR)
  宇野信夫ドラマ
  「初恋法界坊」前篇
  伊藤寿章 夏川大二郎他
- 2230 私のコレクション
  「洋酒の小瓶」中村玉緒
- 2245 テレビガイド
- 2250 OTV ニュース
- 2302 お天気
- 2305 日づけ豆辞典 (OTVF)
- 2308 おしらせ 放送終了

●5月30日（金）

- 930 テストパターン
  （フライングリズム）
- 1000 アジア競技大会「庭球」
  男子シングル決勝
  近江アナ
- 1130 オープニングメロディ
- 1155 家庭百科 (OTVF)
  「フィルム、アルバムの整理」
- 1200 OIV ニュース 10一曲どうぞ
- 1215 映画の窓 (KR)
  「薔薇の肌着」(米映画)
  荻昌弘 40 ガイド
- 1245 料理手帖「カレーパイ」
- 1300 婦人ニュース 15 短編映画
- 1400 アジア競技大会「バスケット」
  七位決定戦 解説・植田
  義己 吉川アナウンサー
- 1530 アジア競技大会「水上」
  女子 4 百自由形決勝
  解説・村山修一 田中アナ
- 1700 アジア競技大会「ホッケー」
  解説・松永介 斉藤露子
- 1730 短編映画
- 1750 朝日新聞テレビニュース
- 1800 赤胴鈴之助 吉田豊明 他
- 1815 電気のABC「電気と光」
  泉田行夫
- 1830 ポケット劇場
  小さいお嫁さん
  石川日奈 緋桜陽子他
- 1845 ガイド 50 あしたのお天気
- 1853 OTV ニュース
- 1900 テレビびよびよ大学 (KR)
- 1930 花王ワンダフルクイズ (NIV)
- 2000 京阪テレビカー
  純情家族「恋愛と洗たく」
  林田一郎 吉川雅恵
  若杉弥生 日高久 雁玉
  広野みどり
- 2030 特ダネを逃がすな (KR)
  「サファイアの目」前篇
- 2100 OTV ワールド・スポーツ
- 2115 ハーバー・コマンド
  声・阪修
- 2145 三越映画劇場「撮影風景」
- 2200 ドラッグネット
- 2230 小唄教室 (KR) 蓼胡宇女
- 2245 ガイド 50 OTV ニュース
- 2302 日づけ豆辞典 (OTVF)
- 2305 お天気◇おしらせ◇終了

●5月31日（土）

- 1125 テストパターン
  （クラシックハイライト）
- 1140 オープニングメロディ
- 1155 家庭百科 (OTVF)
  「部屋と花」
- 1200 OTV ニュース
- 1210 一曲どうぞ
- 1215 パッチリ天国「青春武勇伝」
- 1240 テレビガイド
- 1245 料理手帖
- 1300 アジア競技大会「水上」
  男子 200 バタ、女子 100 平
  男子 800 リレー 各決
  勝など 君塚忠太郎
  斎藤 久保顕次アナ
  「卓球」個人・混合。
  女子複合 男子複合
  各決勝 君塚忠太郎
  斎藤 久保顕次アナ
- 1750 朝日新聞テレビニュース
- 1800 ぼくのわたしの音楽会
  仁川小学校
- 1815 素人のど自慢 調べ佐上アナ
- 1845 あしたのお天気
- 1853 OTV ニュース
- 1900 街のチャンピオン
  トップライト
- 1930 ほろにがショー
  何でもやりまショー (NIV)
  三國一朗
- 2000 OIV スポーツファンシート
  中日一阪神（中日）
  杉浦清 浅井アナ
  【雨天時】
  アジア競技大会中継
  「ボクシング」赤城孝夫
  清水一郎 志生野温夫
- 2100 話題のアルバム
- 2110 テレビガイド
- 2115 日真名氏飛び出す (KR)
  「舞台のデスデモーナ」前篇
- 2144 親さがし
  朝日新聞社協力
- 2145 芸能トピックス
- 2200 又四郎行状記 (KR)
  「鬼姫しぐれ」
- 2255 OTV ニュース
- 2307 日づけ豆辞典 (OTVF)
- 2310 お天気◇ガイド◇終了

これがOTVだ 1958年5月

【単独番組】

●総選挙特番

1958年5月1日～21日午後

21日まで選挙関連番組を放送。投票は22日(金)におこなわれた。

1日（木）13：00～「総選挙を迎えて」

3日（土）13：15～特別座談会「選挙戦はじまる」
　　　　　吉武信也他

8日（木）14：30～「明るい選挙」
　　　　1 大阪の候補者紹介
　　　　2 対談 広瀬優 矢部利茂

9日（金）14：30～「私の処女票」

10日（土）14：30～ 対談「婦人と選挙」
　　　　　村山リウ 矢部利茂

12日（月）14：30～「選挙を汚すもの」
　　　　　宮地亨吉 矢部利茂

16日（金）14：30～「各地の終盤戦」

17日（土）13：17～「私はこういう人を選ぶ」
　　　　　古谷綱武他

19日（月）14：40～「私はこういう人を選ぶ」
　　　　　森光子 西岡義憲 青沼四郎
　　　　　矢部利茂

21日（水）1720～「選挙と政治」

　　　　　猪木正道 矢部利茂 岩崎卯一

●船出

5月2日（金）15：20～ ブラジル日本移民50周年を記念し、神戸港桟橋とスタジオを結んで実況中継番組を放送。

●入学して1カ月

5月6日（火）11：16～11：46
追手門学院から中継。

●特集番組「テレビにもの申す」

5月11日（日）11：30～12：00 加藤秀俊、村山リウほか出演。「一億総白痴化」など社会とテレビが密接な関係になることに対する警告が高まっている社会情勢に対する答えとして、出資会社である新聞社の立場を借りて自己論評した番組。

●第28回「浪花おどり～大阪画暦」（毎日ホール）

5月13日（火）13：15～15：00

●第28回衆議院選挙開票速報

5月22日（木）23：05～翌2：09 テレビ的な演出を意識した「木村式開票速報板」使用。小さな窓を切った鉄枠に数字や名前のボードを差し込んで表示するというだけのものだが、窓がスライド開閉になっており、電動掲示板的な動作を見せることができた。

【新番組】

【5月1日】

●幸せはどこに

（～5月22日 全4回）木 18：00～18：15
田村幸二・作、安西郷子 葦原邦子。

【5月5日】

●ポーラ婦人ニュース

（～1968年9月28日 全3237回）

月～土 13：00～13：15 ポーラ化粧品はすでにNTVで1957年から「ポーラ婦人ニュース」を始めていたが、協同広告の菅野氏の努力でOTVにも誕生することになった。

制作担当は朝日放送から出向してきた八木一幸氏をはじめ、OTV報道部社会班の村上勝、西村豊明、青木亨、小原武雄、館林富美子、川口美智子各氏。メインキャスターが玉井孝アナウンサー。サブキャスターとして稲田英子アナウンサーがインタビュアーなどの役目を担った。

大阪での顔出しニュースは、これが初めてである。同年8月に讀賣テレビが開局すると、こちらでもNTV制作の「ポーラ婦人ニュース」が放送されることになった。同じタイトルではあるが、内容は別々である。

1958年5月23日衆議院総選挙速報

1958年 6月

1日　NJB、「毎日放送」「MBS」に変更。

同日　山陽放送テレビジョン（RSK）放送開始。

同日　電波の日大阪記念式典で表彰。
　　　画面の指示装置「ポインター」の考案実用化
　　　（技術部木村久生調整課長）
　　　「OTVision」の製作（有田調査係長）
　　　航空機からのテレビ中継（中継課）

同日　KRT、HBC、CBC、RKBとの間にテレビニュースに関するネットワーク協定締結

12日　神戸新聞会館の「道化座第30回公演・オセロー5幕」（シェークスピア作）を後援。

17日　心斎橋・大丸7階で「第10回・伸びゆく電波と電気通信展」開幕。

24日　西宮球技場「ハンドボール定期戦　早大ー関学」を後援。

27日　産経会館の「岩崎洋シンギング・ピアノ・リサイタル」後援。

同日　ABCホールで大阪市大・朝日放送の共催で行われた「大阪市大東南アジア学術調査隊帰国報告会」を後援。

29日　毎日ホールの伊藤・梶・森田三グループによる「モダン・ダンス・リサイタル」を後援。

OTVとクラシック音楽～服部からショスタコービッチまで～

いまやすっかり影を潜めてしまったクラシック音楽の番組だが、OTVは二年半のあいだに大ホールからスタジオまでさまざまな演奏を放送した。

ウエストミンスター交響合唱団特別演奏会

1956年11月25日（月）

19：30～20：30

日比谷公会堂から中継（NTV制作）

サービス放送時期に東京からのネットを受けて放送。OTVがはじめて電波に乗せた本格的なクラシック演奏会の第一号。この夜の中継は日本ツアーの最終公演だったから、公演を見られなかった人にはうれしいチャンスだったのではないか。

シンフォニー・オブOTV

1956年12月1日（土）

17：50～18：50（第一部）

19：00～19：30（第二部）

大阪歌舞伎座（OTV開局記念番組）

OTVが企画・制作した最初のクラシック音楽会。編成上は新聞社ニュースを挟んで二つに分かれているが、実際にはひとつの演奏会で、前半にはジャズのコーナーを含んでいる。実際に会場で演じられたのは以下の通り。

・合唱「六つの日本民謡」（放送なし）

　　合唱：ABC放送合唱団、
　　　　　同志社大学クローバークラブ
　　琴：星田みよし　ピアノ：藤田梓
　　指揮：日下部吉彦、野口源次郎

・ベートーベン「交響曲第六番"田園"」から抜粋

　　指揮：近衛秀麿（ABC交響楽団）
　　演奏：ABC交響楽団、東京交響楽団、
　　　　　関西交響楽団（約二百人による大合奏）

・「Mambo OTV」

　　編曲・ピアノ：中村八大
　　歌：秋月恵美子、芦原千津子
　　中澤壽士指揮NJBジャズオーケストラ

・「大阪狂想曲」「ご存じ大阪メロディ」

　　服部良一編曲・指揮　歌：笠置シヅ子
　　演奏：NJBジャズオーケストラ
　　合唱：ABC放送合唱団、
　　　　　同志社大学クローバークラブ

- サラサーテ「チゴイネルワイゼン」
  - 指揮・上田仁（または宮本政雄）
  - バイオリン・辻久子。
  - 演奏・A響、東響、関響合同

- ハチャトゥリヤン「組曲・ガイーヌ」抜粋
  - 指揮：上田仁（または宮本政雄）
  - 演奏：A響、東響、関響合同、
  - NJBジャズオーケストラ

- モーツァルト
  - 「ピアノ三重奏曲第7番ト長調K.564」
  - バイオリン：辻久子
  - チェロ：ルードヴィヒ・ヘルシャー
  - ピアノ：原智恵子。

ジョン・セバスチャン・ハーモニカ・リサイタル

1956年12月10日（月）12：10～12：40
「パリのアメリカ人」「火祭りの踊り」他。
スタジオ演奏会。伴奏などは不明。

バレエ公演
「序章・玄黄」「スペイン組曲」「赤い天幕」

1956年12月14日（金）15：00～
OTV開局を記念して作られたオリジナル・バレエ作品。「玄黄」つまり「黒と黄色」はOTVのコーポレートカラー。産経会館で開催。

関響特別演奏会

1956年12月20日（木）13：00～
ラーション（ars-Erik Larsson）「田園組曲」
指揮：ステン・フリュクベリ
演奏：関西交響楽団
Lars-Erik Larssonは1908年生のスウェーデンの作曲家。

歌劇「夫婦善哉」

1957年3月27日（水）14：00～
（大阪産経会館）
武智鐵二演出、樋本栄、木村史郎。ネット放送。

パリ・木の十字架少年合唱団

1957年5月8日（水）19：00～19：30
「君が代」「さくらさくら」「ダニーボーイ」他。

五十嵐喜芳の渡伊記念リサイタル

1957年7月13日（土）12：10～12：40
ローマのサンタチェリア音楽院に留学する新進テナー・五十嵐喜芳の独唱。「オー・ソレ・ミオ」「女心の歌（歌劇「リゴレット」より）等10曲。スタジオ演唱。

音楽へのいざない（毎週土11：40～12：00）

1957年8月10日～1958年6月23日
レギュラーによるクラシックのスタジオリサイタル番組。第一回は辻久子がバイオリン独奏。
1958年4月22日から月12：15に移動。

ニューイヤーコンサート

1958年1月1日（水）9：20～10：15
ABC交響楽団等出演　演目不詳

レニングラード交響楽団特別演奏会

1958年4月15日（火）20：10～21：00
チャイコフスキー「交響曲第四番」
指揮：アレクサンドル・ガウク。
（フェスティバル・ホール・国際芸術祭参加）
番組では近衛秀麿・辻久子による対談あり。

リシチャン特別独唱会

1958年10月6日（月）22：30～23：00
バリトン独唱：バーベル・リシチャン
伴奏：ナウム・パルテル

皇太子ご成婚関連の音楽番組

　また、1959年4月の皇太子ご成婚と、そのお相手の発表の日（1958年11月）には、スタジオから祝賀演奏がいくつも放送された。

　特に「お相手発表」の日の曲目にはバレエ「シンデレラ」が組み込まれているが、この選び方など、いかにも事前にお妃が誰であるか予告を受けていたことを表すようなものである。

・**お相手発表**
　1958年11月27日（木）
　13：30～　音楽「皇帝円舞曲」
　17：20　バレエ「シンデレラ」

・**結婚式**　1959年4月10日（金）
　11：00～　華やかなる調べ
　　　　　　結婚行進曲 (ワグナー)
　　　　　　戴冠式マーチ (マイトベーヤ)
　　　　　　指揮：上田仁
　　　　　　新室内楽団　藤原歌劇団
　　　　　　貝谷八百子　谷桃子　松山樹子

　このほか、OTVでは放送以外に数多くの演奏会を後援した。

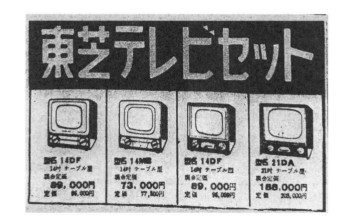

1958.6

・アラスカ、アメリカ合衆国第49番目の州に昇格。
・ビール製造各社が工場スト。ビヤホールへの生ビール供給止まる。
・阿蘇中岳が噴火。山小屋吹き飛び10名が即死。

●6月1日（日）

840　テストパターン52おしらせ
900　動物園のおともだち
945　なかよしニュース52マンガ
1030　京だより「京の石塔」
1045　カメラルポお料理訪問
　　　「鞆の浦のタイ料理訪問」
1100　文学ところどころ
　　　「二十四の瞳」
1130　海外トピックス
1130　経済サロン「主婦と新薬」
　　　平林忠雄
1200　OTVニュース10ガイド
1215　ダイラケのびっくり捕物帖
　　　「化猫騒動の巻」後篇
1245　OK横丁に集まれ (NTV)
1315　アジア競技大会
　　　「バスケット」
1400　劇場中継「道修町」
　　　（梅田コマ）ロッパ
　　　青山京子　八千草薫
　　　渡辺篤
1615　ちんどん屋の天使
　　　VTR解説について本編
　　　（ビデオテープ第一号番組）
　　　ミヤコ蝶々　南都雄二
　　　柿木汰嘉子
1700　アジア競技大会
　　　「エキシビション」
1751　お天気53 OTVニュース
1800　アニーよ銃をとれ
1830　やりくりアパート
　　　浜村美智子　大村崑
　　　佐々十郎　茶川一郎他
1900　スーパーマン
1930　我が家は楽し
　　　小田切みき他
　　　「ツンちゃん見合いの記」
2000　OIVスポーツファンシート
　　　「中日ー阪神」宇井アナ
　　　（CBC）杉浦清
　　　【雨天時】2000 ソ連映画
2115　東芝日曜劇場「女の幸福」
　　　（KR）小夜福子　河内桃子
　　　加藤嘉　三浦光子他
2215　ダイハツスポーツウィクリー
2230　OIV週間世界N5ニュース
2302　日づけ豆辞典 (OTVF)
2305　お天気◇おしらせ◇終了

●6月2日 (月)	●6月3日 (火)	●6月4日 (水)	●6月5日 (木)	●6月6日 (金)	●6月7日 (土)	●6月8日 (日)
1125 テストパターン	1125 テストパターン	1125 テストパターン	1125 テストパターン 死の舞踊	1125 テストパターン	1125 テストパターン (クラシックハイライト)	840 テストパターン童謡「海」他
1145 オープニングメロディ シンギングピアノ：岩崎洋	1145 メロディ ピアノ：岩崎洋	1145 オープニングメロディ シンギングピアノ：岩崎洋	1145 オープニングメロディ 斎藤超とニューサウンズ	1145 オープニングメロディ シンギングピアノ：岩崎洋	1145 オープニングメロディ シンギングピアノ：岩崎洋	900 動物園のおともだち 「岡山池田動物園から生中継」池田隆政夫妻
1155 家庭百科 (OTVF) 「お弁当の工夫」	1155 家庭百科 (OTVF) 「家庭で出来る防水」 藤川延子	1155 家庭百科 (OTVF) 「虫歯予防」	1155 家庭百科 (OTVF) 「レーンコートの選び方」 藤川延子	1155 家庭百科 (OTVF) 「メートルの話」	1155 家庭百科 (OTVF)	45仲よしN
1200 OTV ニュース	1200 OTV ニュース	1200 OTV ニュース	1200 OTV ニュース	1210 一曲どうぞ	1200 OTV ニュース	1000 マンガ公園
1210 一曲どうぞ「ダークダックス」	1210 一曲どうぞ 「島倉千代子の歌」	1210 一曲どうぞ 「青木光一の歌」	1210 一曲どうぞ「この世の花」	1215 映画の窓	1210 一曲どうぞ 「青木光一の歌」	1030 京だより「漆器」
1215 音楽へのいざない「熱情ソナタ」（バレエ） ショウラン・グレゴール	1215 歌う青春列車 「黒■三国志」	1215 ほほえみ一家 「空巣騒動」竜崎一郎 坪内美詠子他	1215 アイ・ラブ・亭主 (KR) 「まあ御冗談を」	1240 テレビガイド	1215 パッチリ天国	1045 カメラルポお料理訪問 朝比奈隆のにぎりずし
1240 テレビガイド	1240 テレビガイド	1240 テレビガイド	1240 テレビガイド	1245 料理手帖	1245 料理手帖「串カツ」 豊田三雄	1100 文学ところどころ 「裸足の娘」
1245 料理手帖「巻牛肉のフライ インド風」辻勲 佐藤和枝	1245 料理手帖 井上幸作 お惣菜向きハムエッグ	1245 料理手帖「合鴨のくわ焼き」	1245 料理手帖「ハモの子・寄せ卵」	1300 婦人ニュース	1300 婦人ニュース	1115 海外トピックス
1300 婦人ニュース	1300 婦人 N 15 ガイド 17 休止	1300 婦人ニュース	1300 婦人ニュース 15 ガイド	1315 おしらせ	1315 テレビガイド 20 放送休止	1130 経済サロン「時計工場見学」河井坊茶
1315 おしらせ◇放送休止	1635 テストパターン	1315 テレビガイド	1323 放送休止	1318 放送休止	1730 テストパターン◇おしらせ	1200 OTV ニュース 10 ガイド
1720 テストパターン◇おしらせ	1650 オープニングメロディ シンギングピアノ：岩崎洋	1318 放送休止	1730 テストパターン◇おしらせ	1720 テストパターン	1750 毎日新聞テレビニュース	1215 ダイラケのびっくり捕物帖 「幽霊になった男の巻」前篇
1741 まんがくらぶ	1700 アジア大会特集	1720 テストパターン	1750 朝日新聞テレビニュース	1736 おしらせ	1800 ぼくのわたしの音楽会 晴明丘小学校	1240 テレビガイド
1750 毎日新聞テレビニュース	1750 朝日新聞テレビニュース	1736 おしらせ	1800 テレビ社会科 「交通事故を防げるか」	1741 まんがくらぶ	1815 素人のど競べ 佐土アナ	1245 OK 横丁に集まれ (NTV)
1800 子供の教室「ろーけつ染め」 西出宗雄他	1800 呼出符号L「笑う影の男」 高桐眞 千葉保他	1741 まんがくらぶ	1815 ますらを派出夫会 (KR) 今日はツイてない	1750 新聞テレビニュース	1845 テレビガイド	1300 ナショナル日曜テレビ 観劇会 与話情浮名横櫛・源氏店の場 (劇場中継VTR) 寿海 中車 寿美蔵
1815 ポポンタイムこの人を (NIV) 秋元喜雄他	1815 名犬リンチンチン 「荒野のキング」	1750 毎日新聞テレビニュース	1845 テレビガイド	1800 赤胴鈴之助 吉田豊明 他	1850 あしたのお天気	1420 のり平西部劇 「右手買います」
1845 テレビガイド 50 お天気	1845 テレビガイド	1800 ヘッケルとジャッケル (漫画)	1850 あしたのお天気	1815 電気のABC「送電」	1853 OTV ニュース	1450 ミスユニバース選出会 （東京都立体育館）
1853 OTV ニュース	1853 OTV ニュース	1815 獅子文六アワー (NTV) 悦ちゃん45 テレビガイド	1853 OTV ニュース	1830 ポケット劇場・小さいお嫁さん 石川日奈 緋桜陽子他	1900 街のチャンピオン トップライト 林家三平	1505 短編映画「新しい建築」
1900 おさげ社長 (KR) 「おさげ社長と結婚の条件」永津澄江 飯田覚三 川喜多雄二 野々村	1900 テレビ浮世亭 円右 「恋の新宿」 コロムビアトップ・ライト	1850 あしたのお天気	1900 スーパースターメロディ 高田浩吉 花村菊江 熊沢桂子	1845 テレビガイド	1930 ほろにがショー 何でもやりまショー (NIV) 三國一朗	1745 ガイド 50 新聞ニュース
1930 太閤記 (NTV)「藤吉郎編」	1930 姿三四郎「愛染の章」	1853 OTV ニュース	1930 宝塚テレビ劇場 「風船は見た」 時凡子 故里明美他	1850 あしたのお天気	2000 OTV スポーツファンシート 国鉄ー阪神（後楽園） 【雨天時】西鉄ー東映 （平和台） 【野球ない時】 劇場「五月人形」	1751 お天気 54 OTV ニュース
2000 大助捕物帳 (NTV) 「芝居の巣」前篇	2000 山一名作劇場 (NTV) 「吾輩は猫である」 斎藤達雄 三宅邦子 徳川夢声 稲葉義男	1900 わが輩ははなばな氏 (KR) 「借金をいかになすべきか」	2000 ロビンフッドの冒険 「二人のロビン」	1853 OTV ニュース		1800 アニーよ銃をとれ
2030 ナショナルTVホール (KR) 人知れずこそ	2030 サンヨーテレビ劇場 (KR) 「愛をみつめるもの」 清水一郎 沢村国太郎	1930 歌はともとに 「三橋美智也ショー」	2030 鞍馬天狗 (KR)「男の敵」	1900 テレビぴよぴよ大学 (KR)		1830 やりくりアパート 「愚兄愚弟の巻」大村昆 佐々十郎 茶川一郎 花和幸助 三角八重 芦屋小雁 横1エンタツ 初音礼子
2100 カメラだより北から南から 「歌えば楽し」	2100 近鉄パールアワー おっさん人生	2000 OIV スポーツファンシート 阪神ー巨人（後楽園） 【雨天時】大毎ー西鉄 【野球ない時】映画	2100 奥様多忙 (KR)「愛の歓び」 江見渉 山岡久乃他	1930 花王ワンダフルクイズ (NIV)	2100 話題のアルバム・ガイド	
2115 ウロコ座「恋文」後篇 山田五十鈴 佐分利信 金子亜矢子 丹阿弥 稲垣	2115 ピアス劇場 センチメンタル・ギャング 長門裕之 鳳八千代他	2100 コント千一夜 森光子他	2145 三越映画劇場「撮影風景」	2000 京阪テレビカー 純情家族「招かざる客」	2115 日真名氏飛び出す (KR) 「寝台のデスデモーナ」解決編	1900 スーパーマン
2145 月曜対談・2つの椅子 「アジア大会を顧みて」 南部 津田	2145 ミナロンドリームサロン 太田京子 大伴千春 ジョージ岡	2115 宮本武蔵 (NTV)	2200 ドラッグネット 「さよならフランク」	2030 特ダネを逃がすな (KR) 「サファイアの目」後篇	2144 親さがし 朝日新聞社協力	1930 わか家は楽し「里帰り奇譚」青木義明 小田切みき
2200 OTV 週間世界ニュース	2200 マーチンケイン捜査シリーズ	2145 ニッケ・ジャズパレード 中原美紗緒 秋満義孝	2230 小唄教室 楳茂都梅治 春日とよ稲	2100 OTV ワールド・スポーツ	2145 芸能トピックス	2000 OIV スポーツファンシート 国鉄ー阪神（後楽園） 【中止時】西鉄ー東映
2215 ニッカ・ヒッチコック劇場「手」	2230 きまぐれジョッキー フランキー堺 淡路恵子	2200 ありちゃんのおかっぱ侍 「金髪と隠密と金魚の巻」	2245 テレビガイド	2115 ハーバー・コマンド 劇場「海底の黄金」声・阪修	2200 又四郎行状記 (KR) 「魔の手」	2115 東芝日曜劇場 「木曽のなかのりさん」 (KR) 沼田曜一他
2245 テレビガイド ◇ N	2245 ガイド 50 OTV ニュース	2230 ダイヤル 110 番 (NTV)「鉄斎」	2250 OTV ニュース		2230 三協グッドナイト・ショウ	2215 ダイハツスポーツウィクリー
2302 お天気◇おしらせ◇終了	2302 お天気◇おしらせ◇終了	2300 OTV ニュース	2302 お天気◇おしらせ◇終了		2255 OTV ニュース	2230 OTV 週間世界ニュース
		2312 お天気◇おしらせ◇終了			2302 お天気◇おしらせ◇終了	2230 曲芸 翁家和三郎
						2245 ガイド 50 OTV ニュース
						2300 お天気◇おしらせ◇終了

第2章「熱狂」

●6月9日（月）
1125 パターン 50 メロディ
1200 OTV ニュース
1210 一曲どうぞ
　　　「島倉千代子の歌」
1215 音楽へのいざない
　　　「世界民謡集」東京混声
1240 テレビガイド
1245 料理手帖「煮込み野菜ミートソース」勲 佐藤和枝
1300 婦人ニュース 15 おしらせ
1318 家庭百科（OTVF）
　　　「冷蔵庫の話」茶珍俊夫
1330 民放祭記念芸能大会（HBC）
　　　「熊祭り、イヨマンテ」
　　　家の中の行事、檻の前の踊り、神と共に喜ぶ踊り、剣の舞等
　　　（札幌スポーツセンター）
1720 テストパターン36おしらせ
1742 まんがくらぶ
1750 毎日新聞テレビニュース
1800 子供の教室
　　　「面白い伝書鳩」
1815 ポポンタイムこの人を（NIV）
　　　秋元喜雄他
1845 ガイド 50 あしたのお天気
1853 OTV ニュース
1900 おさげ社長（KR）「おさげ社長とPR」永津澄江
　　　飯田覚三 川喜多雄二
　　　野々村
1930 太閤記（NTV）「藤吉郎編」
2000 大助捕物帳（NTV）
　　　「芝居の巣」後篇
2030 ナショナルTVホール（KR）
　　　人知れずこそ
2100 カメラだより北から南から
　　　「動物天国」
2115 ウロコ座「ひとり相撲」
　　　前篇 長谷川幸延・作
　　　柳永二郎 清水一郎
　　　市川百弥次 沢村国太郎
　　　藤間紫
2145 月曜対談・2つの椅子
　　　「新しい性」
　　　朝山新一 今東光
2200 OTV 週間世界ニュース
2215 ニッカ・ヒッチコック劇場
　　　「死人」
2230 三協グッドナイト・ショウ
2245 ガイド 50 OTV ニュース
2302 お天気◇おしらせ◇終了

●6月10日（火）
1130 テストパターン 五重奏曲
1145 メロディ 斎藤超
1155 メロディ 1200 OIV ニュース
1210 一曲どうぞ
　　　「東京だよおっかさん」
1215 歌う青春列車
　　　「与太郎が泣く」
1240 テレビガイド
1245 料理手帖「オムレツ」
　　　井上幸作
1300 婦人ニュース 15 ガイド
1318 家庭百科（OTVF）
　　　「時計の話」
1323 放送休止
1720 テストパターン魅惑されて
1736 おしらせ 42 漫画くらぶ
1750 毎日新聞テレビニュース
1800 呼出符号L「笑う影の男」
　　　高桐眞 千葉保也
1815 名犬リンチンチン
　　　「チャールスの兄弟」
1845 あしたのお天気
1853 OTV ニュース
1900 テレビ浮世亭
　　　漫才：かしまし娘
　　　三遊亭柳枝・南家代子
1930 姿三四郎「一空の章」
2000 山一名作劇場（NTV）
　　　「吾輩は猫である」
　　　斎藤達雄 三宅邦子
　　　徳川夢声 稲葉義男
2030 サンヨーテレビ劇場（KR）
　　　「愛をみつめるもの」
　　　清水一郎 沢村国太郎
2100 近鉄パールアワーおっさん人生「氷はじめました」
2115 ピアス劇場センチメンタル・ギャング 長門裕之
　　　鳳八千代他
2145 ミナロンドリームサロン
　　　山田真二 粟野圭子
　　　大伴千春 ジョージ岡
2200 マーチンケイン捜査シリーズ
　　　「信号待ち」
2230 きまぐれジョッキー
　　　深category夏代 十朱久雄
2230 三協グッドナイト・ショウ
　　　河野ヨシユキ他
2245 ガイド 50 OTV ニュース
2302 お天気◇おしらせ◇終了

●6月11日（水）
1130 テストパターン（歌の花かご）
1145 メロディ 55 おしらせ
1200 OTV ニュース
1210 一曲どうぞ 旗照夫
1215 ほほえみ一家
　　　竜崎一郎 坪内美詠子他
1240 テレビガイド
1245 料理手帖「白子の磯焼」
　　　辻徳光
1300 ポーラ婦人 N 15 ガイド
1318 家庭百科（OTVF）
　　　「タルカンパウダーの話」
1323 放送休止
1721 テストパターン
　　　（ポピュラーアルバム）
1736 おしらせ
1750 新聞テレビニュース
1800 ヘッケルとジャッケル（漫画）
　　　「今日は釣日より」他
1815 獅子文六アワー
　　　悦ちゃん「パパへの手紙」
1845 テレビガイド
1850 あしたのお天気
1853 OTV ニュース
1900 わが輩ははなばな氏（KR）
1930 歌はあなたとともに
　　　コロンビア・ローズショー
　　　「恋は炎か」他 小金馬他
2000 OIV スポーツファンシート
　　　巨人―阪神（後楽園）
　　　越智アナ 南州侑広
　　　【中止時】近鉄―大毎
　　　【野球ない時】
　　　十四家庭劇
2100 コント千一夜 森光子他
2115 宮本武蔵 (NTV)
2144 親さがし
　　　（朝日新聞社協力）
2145 ニッケ・ジャズパレード
　　　中島他
2200 ありちゃんのおかっぱ侍
2230 三協グッドナイト・ショウ
　　　スリーエム 中島日出子他
2230 ダイヤル 110 番 (NTV)
　　　「その買物待て」
※この回大阪ロケで制作。大阪府警の資料を使用し、大阪出身の俳優を多用。
2300 OTV ニュース
2312 お天気◇おしらせ◇終了

●6月12日（木）
1130 テストパターン（クラシック）
1145 メロディ 55 おしらせ
1200 OIV ニュース 10一曲どうぞ
1215 アイ・ラブ・亭主 (KR)
　　　「ある夜のできごと」
1240 ガイド
1245 料理手帖「アジのこはく湯引き」小川旭
1300 婦人ニュース 15 ガイド
1318 家庭百科（OTVF）
　　　「涼しい着方」
　　　藤川延子 23 放送休止
1721 テストパターン（クラシック）
1736 おしらせ
1750 朝日新聞ニュース
1800 座談会
　　　「新内閣と日本の政治」
　　　田中 田淵他
1815 ますらを派出夫会 (KR)
　　　幸せのおじさん
1845 テレビガイド
1850 あしたのお天気
1853 OTV ニュース
1900 スーパースターメロディ
　　　「ダイアナ」他浜村小坂
1930 宝塚テレビ劇場
　　　「六月の宵の幻想曲」
　　　淀かほる 飛鳥妙子他
2000 ロビンフッドの冒険
　　　「豚は肥たけれど」
2030 鞍馬天狗 (KR)「男の敵」
2100 奥様多忙 (KR)「夏蜜柑」
2115 目で聴く話題 雨風曇
　　　(NTV) 夢声 紳一郎
　　　ハチロー 奥野信太郎
2145 おはこうら表 (NTV/OTV)
　　　髙原邦子 ゲスト・岩井半四郎 ジェームス 岡田真澄
2200 日立劇場 (KR) 宇野信夫
　　　ドラマ「初恋法男坊」
　　　後篇 伊藤寿章
　　　夏川大二郎他
2230 三協グッドナイト・ショウ
　　　森ヨシ子踊・永沢照子
　　　寺本圭一
2230 私のコレクション「鐔」
　　　藤原徳次郎 橋本昭子
2245 ガイド 50 OTV ニュース
2302 お天気◇おしらせ◇終了

●6月13日（金）
1130 テストパターン
1145 オープニングメロディ
　　　斎藤超とニューサウンズ
1155 おしらせ
1200 OTV ニュース
1210 一曲どうぞ
　　　「牧ヨシコの歌」
1215 映画の窓 (KR)「二都物語」
　　　解説：荻昌弘
　　　座談会「筈見恒夫をしのぶ」
　　　岸松雄 野口久光
1240 テレビガイド
1245 料理手帖「魚の龍眼焼」
1300 ポーラ婦人ニュース
1315 おしらせ
1318 家庭百科（OTVF）
　　　「ハミリ映画の映し方」
1323 放送休止
1721 テストパターン
　　　（ポピュラーアルバム）
1736 おしらせ
1741 まんがくらぶ
1750 毎日新聞テレビニュース
1800 ぼくのわたしの音楽会
　　　堺市国ケ丘中学校生
1815 素人のど競べ 暁テル子
1800 赤鰯鈴之助 吉田豊明他
1815 電気のABC「カミナリの話」泉田行夫
1830 ポケット劇場
　　　小さいお嫁さん
　　　石川日奈 緋桜陽子他
1845 電気の ABC
1850 あしたのお天気
1853 OTV ニュース
1900 テレビよぴよ大学 (KR)
1930 花王ワンダフルクイズ (NIV)
2000 京阪テレビカー
　　　「純情家族」
　　　梅雨晴れの巻」
2030 特ダネを逃がすな (KR)
　　　「恐怖のエレベーター」
2100 OTV ワールド・スポーツ
2115 ハーバー・コマンド
2145 三越映画劇場
　　　「残された手帖」
2200 ドラッグネット
　　　「赤いシグナル」
2230 三協グッドナイト・ショウ
2230 小唄教室 (KR)
　　　辰巳たつ 加東大介
　　　花柳エンコ
2245 ガイド 50 OTV ニュース
2302 お天気◇おしらせ◇終了

●6月14日（土）
1055 テストパターン
1115 オープニングメロディ
1125 レースとジャズコーナー
　　　中原美紗緒 朝丘雪路
1200 OTV ニュース
1210 一曲どうぞ
1215 パッチリ天国
　　　「真人間の条件」
1240 テレビガイド
1245 料理手帖「なすのしぎ揚ゲ」
1300 ポーラ婦人ニュース
1315 モスクワポリショイサーカス
　　　（後楽園）
1415 家庭百科（OTVF）
　　　「日よけの工夫」
　　　◇放送休止
1720 テストパターン
1736 おしらせ
1741 まんがくらぶ
1750 朝日新聞テレビニュース
1800 ぼくのわたしの音楽会
1815 素人のど競べ 暁テル子
1845 テレビガイド
1850 あしたのお天気
1853 OTV ニュース
1900 街の千人チャンピオン
　　　コロムビア・トップライト
1930 ほろにがショー
　　　何でもやりまショー (NIV)
2000 OTV スポーツファンシート
　　　国鉄―巨人（後楽園）
　　　【中止時】西鉄―阪急
　　　（平和台）
　　　【野球ない時】
　　　映画「光と風と子供達」
2100 話題のアルバム
2110 テレビガイド
2115 日真名氏飛び出す (KR)
　　　「カメラと拳銃」前篇
2144 親さがし
　　　朝日新聞社協力
2145 芸能トピックス
2200 又四郎行状記 (KR)
2230 三協グッドナイト・ショウ
2255 OTV ニュース
2302 お天気◇おしらせ◇終了

●6月15日（日）
840 テストパターン（楽しい童話）
900 動物園のおともだち
945 仲よし N 1000マンガ公園
1030 京だより「鉋」
1045 カメラルポお料理訪問
　　　「お料理訪問・藤沢恒夫」
1100 ボンネル映画アワー
　　　「素晴らしき男性」
　　　前篇（紹介）
1115 海外トピックス
1130 経済リポート「電気冷蔵庫」
　　　中川電気 中川懐春社長
　　　大阪屋証券松井正常務
　　　ABC 劇団
1200 OTV ニュース 10 ガイド
1215 ダイラケのびっくり捕物帖
　　　「幽霊になった男の巻」
　　　後篇 ダイマル・ラケット
　　　森光子 中村あやめ
　　　藤田まこと他
1245 OK 横丁に集まれ (NTV)
1315 演芸 落語：円生 文楽
　　　漫才：千太・万吉
1415 ナショナル日曜テレビ
　　　観劇会「荒神山」
　　　（新国劇）島田 辰巳
　　　香川桂子他
1725 パターン 46 ガイド、
　　　お天気
1754 OTV ニュース
1800 アニーよ銃をとれ
　　　「少年開拓クラブ」
1830 やりくりアパート 大村崑
1900 スーパーマン「火星人・ゼロ」
1930 わが家は楽し 青木義男
2000 OIV スポーツファンシート
　　　国鉄―巨人（後楽園）
　　　中沢不二雄 越智アナ
　　　【中止時】阪神―中日
　　　【野球ない時】
　　　ソ連映画
2115 東芝日曜劇場「朝顔物語」
　　　(KR) 尾上松緑 中村勘三郎 藤間紫他
2215 ダイハツスポーツウィクリー
2230 OTV 週間世界ニュース
2245 ガイド 50 OTV ニュース
2300 お天気◇おしらせ◇終了

●6月16日（月）

1130 テストパターン
1145 オープニングメロディ
　　　岡田博トリオ
1155 おしらせ
1200 OTV ニュース
1210 一曲どうぞ「枯葉」
1215 音楽へのいざない
　　　「人形劇・ムソルグスキー
　　　展覧会の絵」より
1240 テレビガイド
1245 料理手帖「鯛とうどのパピロット」辻勲
1300 婦人ニュース 15 おしらせ
1318 家庭百科(OTVF)「赤ちゃん
　　　誕生」吉丸久一
1720 テストパターン
1736 おしらせ 41 まんがくらぶ
1750 毎日新聞テレビニュース
1800 子供の教室
　　　「会長の新しい話占い話」
1815 ポポンタイムこの人を(NTV)
　　　秋元喜雄他
1845 ガイド 50 あしたのお天気
1853 OTV ニュース
1900 おさげ社長 (KR)
　　　「おさげ社長とペテン師」
　　　永津澄江 飯田覚三
　　　川喜多雄二 野々村
1930 太閤記 (NTV)「藤吉郎編」
2000 大助捕物帳 (NTV)
　　　「双生児姉妹」前篇
2030 ナショナルＴＶホール (KR)
　　　「人知れずこそ」
2100 カメラだより北から南から
　　　「ミスの季節」
2115 ウロコ座「ひとり相撲」後篇
　　　長谷川季延・作 柳永二郎
　　　清水一郎 市川子団次
　　　沢国太郎 藤間紫
2145 月曜対談・2つの椅子
　　　「笑いと大衆」
　　　天外 藤沢恒夫
2200 OTV 週間世界ニュース
2215 ニッカ・ヒッチコック劇場
　　　「足音」
2245 テレビガイド
2250 OTV ニュース
2302 お天気◇おしらせ◇終了

●6月17日（火）

1130 テストパターン 月光ソナタ
1145 オープニングメロディ
　　　岡田博トリオ 55 おしらせ
1200 OTV ニュース
1210 一曲どうぞ 青木光一
1215 歌う青春列車
　　　「おらが村の駐在所日記」
1240 テレビガイド
1245 料理手帖「ドライハイシ」
1300 婦人ニュース 15 ガイド
1318 家庭百科 (OTVF)
　　　「浴衣とゲタ」
1323 国会中継（衆議院）
　　　岸総理の所信表明演説
1720 テストパターン
1736 おしらせ 41 漫画くらぶ
1750 朝日新聞テレビニュース
1800 呼出符号 L「笑う影の男」
　　　高梅眞 千葉保他
1815 名犬リンチンチン
　　　「ラスティの友情」
1845 ガイド 50 あしたのお天気
1853 OTV ニュース
1900 テレビ浮世亭
　　　落語：円遊「堀の内」
　　　音曲吹き寄せ：都家かつ江
1930 姿三四郎「一空の章」
2000 山一名作劇場 (NTV)
　　　「吾輩は猫である」
　　　斎藤達雄 三宅邦子
　　　徳川夢声 稲葉義男
2030 サンヨーテレビ劇場 (KR)
　　　「探偵女房」
　　　獅子文六・原作
　　　楠田薫 佐野周二
　　　升田順二 伊沢一郎
　　　細川俊夫
2115 ピアス劇場
　　　センチメンタル・ギャング
　　　長門裕之 鳳八千代他
2145 ミナノドリームサロン
　　　星野みよ子他 大伴千春
　　　ジョージ岡
2200 マーチンケイン
　　　捜査シリーズ
　　　「リスボンの休日」
2230 きまぐれジョッキー
　　　フランキー堺 淡路恵子
2245 ガイド 50 OTV ニュース
2302 お天気◇おしらせ◇終了

●6月18日（水）

1130 テストパターン
1145 オープニングメロディ
　　　岡田博トリオ
1155 おしらせ
1200 OTV ニュース
1210 一曲どうぞ 旗照夫の歌
1215 ほほえみ一家
　　　竜崎一郎 坪内美詠子他
1240 テレビガイド
1245 料理手帖「伊勢えびの具
　　　足煮」辻徳光
1300 ポーラ婦人ニュース
1315 テレビガイド
1318 家庭百科 (OTVF)
　　　「聴診器」木崎国嘉
1323 放送休止
1720 テストパターン
1736 おしらせ
1741 まんがくらぶ
1750 朝日新聞テレビニュース
1800 ヘッケルとジャッケル
　　　（漫画）ほか 2 本
1815 獅子文六アワー (NTV)
　　　「おどろきませてネの巻」
　　　悦ちゃん 45 テレビガイド
1850 あしたのお天気
1853 OTV ニュース
1900 わが輩ははなばな氏 (KR)
1930 歌はあなたとともに
　　　「青木光一ショー」
　　　青木はるみ 船村徹
2000 OTV スポーツファンシート
　　　中日－巨人（中日）
　　　【雨天時】大毎－南海
　　　【野球ない時】
　　　西部劇「無法地帯」
2100 コント千一夜 森光子他
2115 宮本武蔵 (NTV)
2145 ニッケ・ジャズパレード
　　　沢たまき他
2200 ありちゃんのおかっぱ侍
2230 ダイヤル 110 番
　　　「四番目の男」
2300 OTV ニュース
2312 お天気◇おしらせ◇終了

●6月19日（木）

1130 テストパターン
　　　（クラシックハイライト）
1145 オープニングメロディ
　　　シンギングピアノ：
　　　岩崎洋
1155 おしらせ
1200 OTV ニュース 10 一曲どうぞ
1215 アイ・ラブ・亭主 (KR)
　　　「ある夜のできごと」
1240 ガイド
1245 料理手帖「肉だんごの
　　　あめ煮」奥井広美
1300 婦人ニュース 15 ガイド
1318 家庭百科 (OTVF)
　　　「汗どめの工夫」山本鈴子
1323 放送休止
1730 テストパターン
　　　（クラシックハイライト）
1736 おしらせ 41 まんがくらぶ
1750 毎日新聞テレビニュース
1800 テレビ社会科
1815 ますをを派出夫会 (KR)
　　　「家の中の電気」泉田行夫
　　　藤井誠 寺尾宗冬
1845 ガイド 50 あしたのお天気
1853 OTV ニュース
1900 スーパースターメロディ
　　　朝倉ゆり 曽根史郎
1930 宝塚テレビ劇場
　　　ミュージカルプレー
　　　「うぐいす」
　　　アンデルセン童話より
　　　白井鉄造・構成
　　　富士野高嶺 打吹美砂
　　　星空ひかる他
2000 ロビンフッドの冒険
　　　「吟遊詩人」
2030 鞍馬天狗 (KR)「男の敵」
2100 奥様お忙 (KR)「ナイター
　　　■間」江見渉
　　　山岡久乃他
2145 三越映画劇場
2200 金語楼劇場 おトラさん
　　　「おヤエの縁談」
　　　（東京 1 週遅れ VTR）
　　　柳家金語楼 小桜京子他
2230 小唄教室 (KR)
　　　喜多川緑郎 荘八
2245 テレビガイド
2250 OTV ニュース
2302 お天気◇おしらせ◇終了

●6月20日（金）

1130 テストパターン
1145 オープニングメロディ
　　　シンギングピアノ：
　　　岩崎洋
1155 おしらせ
1200 OTV ニュース
1210 一曲どうぞ
　　　「中原美紗緒の歌」
1215 映画の窓 (KR)「芽ばえ」
　　　川地民夫 40 テレビガイド
1245 料理手帖「アップルゼリー」
　　　小林孝二 高折八洲子
1300 ポーラ婦人ニュース
1315 テレビガイド
1318 家庭百科 (OTVF)「夏山の
　　　準備のため」木崎国嘉
1323 映画「サーカスの王者」
1720 テストパターン
　　　星の音楽集
1741 まんがくらぶ
1750 朝日新聞テレビニュース
1800 赤胴鈴之助 吉田豊明他
1815 電気の ABC
　　　「家の中の電気」泉田行夫
　　　藤井誠 寺尾宗冬
1845 テレビガイド
1850 あしたのお天気
1853 OTV ニュース
1830 ポケット劇場小さいお嫁さん
　　　「ミシス・ブライヤンの巻」
　　　石川日奈 緋桜陽子他
1845 テレビガイド
1850 あしたのお天気
1853 OTV ニュース
1900 テレビよびよ大学 (KR)
1930 花王ワンダクイズ (NTV)
2000 京阪テレビカー 純情家族
　　　「金魚と舞扇の巻」
2030 特ダネを逃がすな (KR)
　　　「帰ってきた女」前篇
2100 OTV ワールド・スポーツ
2115 ハーバー・コマンド「放火魔」
2145 三越映画劇場
2200 金語楼劇場 おトラさん
　　　「おヤエの縁談」
　　　（東京 1 週遅れ VTR）
　　　柳家金語楼 小桜京子他
2230 小唄教室 (KR)
2255 OTV ニュース
2302 お天気◇おしらせ◇終了

●6月21日（土）

1130 テストパターン
　　　（クラシックハイライト）
　　　楽興の時
1145 オープニングメロディ
　　　シンギングピアノ：
　　　岩崎洋
1155 おしらせ
1200 OTV ニュース
1210 一曲どうぞ「シャイン」
1215 パッチリ天国 40 ガイド
1245 料理手帖「ハモの黄金焼
　　　きとピーマンサラダ」
　　　中村とみ子 高折八洲子
1300 婦人ニュース 15 ガイド
1318 家庭百科 (OTVF)「夏山の
　　　痛風の工夫」茶珍俊夫
1323 映画「サーカスの王者」
1720 テストパターン
1736 おしらせ
1741 まんがくらぶ
1750 朝日新聞テレビニュース
1800 ぼくのわたしの音楽会
　　　大阪市立大宝小学校
1815 歌よく競べ 佐土アナ
1845 テレビガイド
1850 あしたのお天気
1853 OTV ニュース
1900 街のチャンピオン
　　　トップライト
1930 ほろにがショー
　　　何でもやりまショー (NTV)
　　　三國一朗 菅原通済
2000 OTV スポーツファンシート
　　　大毎－西鉄 中沢不二雄
　　　越智アナ
　　　【雨天時】阪神－国鉄
　　　（甲子園）
　　　【野球ない時】
　　　米映画「南欧の悲歌」
2100 話題のアルバム
2115 日真名氏飛び出す (KR)
　　　「カメラと拳銃」解決編
2145 芸能トピックス
2200 又四郎行状記 (KR)
2230 三協グッドナイト・ショー
　　　「宝とも子の歌」
2255 OTV ニュース
2302 お天気◇おしらせ◇終了

●6月22日（日）

840 テストパターン
900 動物園のおともだち
　　「アメリカ大陸の動物」
945 仲よしニュース
1000 マンガ公園 漫画映画6本
1030 京だより「宇治茶」
1045 カメラルポお料理訪問
1100 ボンネル映画アワー
　　　「素晴らしき男性」
　　　後篇（紹介）
1115 海外トピックス
1130 経済サロン
　　　「新内閣に望む」豊崎稔
1200 OTV ニュース 10 ガイド
1215 ダイラケのびっくり捕物帖
　　　「逃げた死体の巻」前篇
　　　ダイマル・ラケット森光子
　　　中村あやめ 藤田まこと他
1245 OK 横丁に集まれ (NTV)
1315 映画「生きていた幽霊」
　　　前篇 長谷川一夫他
1425 ナショナル日曜テレビ観劇会
　　　「半七捕物帳のうち春の
　　　雪解」東京歌舞伎座
　　　菊五郎劇団
1600 のり平歌謡劇「日本移民団
　　　来る」旭輝一他
　　　◇おしらせ◇終レパターン
1745 ガイド 51 天気 54 ニュース
1800 アニーよ銃をとれ
1830 ダイハツコメディ
　　　やりくりアパート 大村崑
　　　佐々十郎 茶川一郎
　　　花和幸助 三角八重
　　　芦屋小雁 横山エンタツ
　　　初音礼子
1900 スーパーマン
1930 わが家は楽し
　　　青木義助
2000 OTV スポーツファンシート
　　　阪神－国鉄（甲子園）
　　　【中止時】大毎－西鉄
　　　【野球ない時】
　　　ソ連映画
2115 東芝日曜劇場
　　　「国士無双」(KR)
　　　南原伸二 殿山泰司
　　　沢村国太郎 河内桃子
2215 ダイハツポーツウィクリー
2230 OTV 週間世界ニュース
2245 ガイド 50 OTV ニュース
2300 お天気◇おしらせ、終了

●6月23日（月）	●6月24日（火）	●6月25日（水） ※富士山先遣隊（カメラ班）頂上到達	●6月26日（木）	●6月27日（金）	●6月28日（土）	●6月29日（日）
1130 パターン 45 メロディ 1155 おしらせ 1200 OTV ニュース 1210 一曲どうぞ 　「合唱・花嫁人形」 1215 音楽へのいざない 　ピアノ：辻智美 　「メフィストワルツ」他 1240 テレビガイド 1245 料理手帖「炒めケンネハ 　ンガリ風」 1300 ポーラ婦人ニュース 1315 テレビガイド 1318 家庭百科（OTVF）茶珍俊夫 　「野菜ジュースの色々」 1323 放送休止 1720 テストパターン オレロ他 1741 まんがくらぶ 1750 毎日新聞テレビニュース 1800 子供の教室（OTV） 　「恐ろしい伝染病の話」 　※この回からKRTにネット 　開始の 1815 ポポンタイムこの人を（NTV） 　秋元喜雄他 1845 ガイド 50 あしたのお天気 1853 OTV ニュース 1900 おさげ社長（KR）「おさげ 　社長と夏祭り」 　永津澄江　飯田覚三 　川喜多雄二　野々村 1930 太閤記（NTV)「藤吉郎編」 2000 大助捕物帳（NTV） 　「双生児姉妹」後篇 2030 ナショナルTVホール（KR） 　「人知れずこそ」 2100 カメラが北から南から 　「賭けよふやせ」 2115 ウロコ座「五重塔」前篇 　花柳章太郎　水谷八重 　子他 2145 月曜対談・2つの椅子 　「勝負に生きる厳しさ」 2200 OTV 週間世界ニュース 2215 ニッカ・ヒッチコック劇場 　「トービイ」（OTV最終回） 　※8月に閉局するYTVに異動 2245 テレビガイド 2250 OTV ニュース 2302 お天気◇おしらせ◇終了	1130 テストパターン 1145 オープニングメロディ 　シンギングピアノ：岩崎洋 1155 おしらせ 1200 OTV ニュース10-曲どうぞ 1215 歌う青春列車 40 ガイド 1245 料理手帖「卵とトマトの 　サラダ」井上幸作 1300 婦人ニュース 15 ガイド 1318 家庭百科（OTVF） 　「プリント服地選び方」 1323 ゆかた祭テレビショー 　（ABCホール）三浦洸一 　浜村美智子　かしまし娘 　森光子◇休止 1720 パターン 31 メロディ 1741 漫画くらぶ 1750 朝日新聞テレビニュース 1800 呼出符号L「二つの顔」 　高崎眞　千葉保他 1815 名犬リンチンチン 1845 ガイド 50 あしたのお天気 1853 OTV ニュース 1900 テレビ浮世亭 1930 姿三四郎「終章」 2000 山一名作劇場（NTV） 　「吾輩は猫である」 　斎藤達雄　三宅邦子 　徳川夢声　稲葉義男 2030 サンヨーテレビ劇場（KR） 　「火の山」前篇 　井上友一郎・作山村聰他 2100 近鉄パールアワー 　おっさん人生 2115 ピアス劇場 　センチメンタル・ギャング 　長門裕之　鳳八千代他 2145 ミナロンドリームサロン 　笠田敏夫　宇治かおる他 　大伴千春　ジョージ岡 2200 マーチンケイン 　捜査シリーズ 　「二〇三号機」 2230 きまぐれジョッキー 　フランキー堺　淡路恵子 　中原美紗緒 45 ガイド 2250 OTV ニュース 2302 お天気◇おしらせ◇終了	1130 テストパターン 1145 オープニングメロディ 　シンギングピアノ：岩崎洋 1155 おしらせ 1200 OTV ニュース 1210 一曲どうぞ 　「中原美紗緒の歌」 1215 ほほえみ一家「妻よ許せ」 　竜崎一郎　坪内美詠子他 1240 テレビガイド 1245 料理手帖「小エビのおぼ 　ろ蒸し紫蘇あんかけ」 1300 婦人ニュース 15 ガイド 1318 家庭百科（OTVF）木崎国 　嘉「家庭看護ベッドバス」 1323 放送休止 1720 テストパターン 1736 ガイド 41 漫画くらぶ 1750 毎日新聞テレビニュース 1800 ヘッケルとジャッケル 　（漫画）ほか2本 1815 獅子文六アワー 　悦ちゃん「もう一度だけ」 1845 テレビガイド 50 お天気 1853 OTV ニュース 1900 わが輩ははなばな氏（KR） 　「記憶喪失症の話」 1930 歌はあなたとともに 　「曽根史郎ショー」 　野村雪子・藤本二三代 　内海突破 2000 ロビンフッドの冒険 2030 鞍馬天狗（KR）「男の敵」 2100 奥様多忙（KR） 【中止時】近鉄—西鉄 【野球ない時】映画 　「光と風と子供達」 2100 コント千一夜　森光子他 2115 宮本武蔵（NTV） 2145 ニッケ・ジャズパレード 　笠田敏夫 2200 ありちゃんのおかっぱ侍 　「御落胤混戦の巻」 2230 ダイヤル 110 番（NTV） 　「家族は五人いた」 2300 OTV ニュース 2312 お天気◇おしらせ◇終了	1130 テストパターン（クラシック） 　組曲「鳥」 1145 オープニングメロディ 　岡田博トリオ55おしらせ 1200 OTV ニュース 1210 一曲どうぞ「ともしび」 1215 アイ・ラブ・亭主（KR） 1240 ガイド 1245 料理手帖 ビビン麺 1300 婦人ニュース 15 ガイド 1318 家庭百科（OTVF） 　「涼しい髪形」山本鈴子 1323 おしらせ◇放送休止 1640 テストパターン（クラシック） 1700 産業「日本の造船」 　松原与三松　鈴木津馬治 1730 短編映画 　「建設の資源・雨」 1741 漫画くらぶ 1750 朝日新聞テレビニュース 1800 テレビ社会科「水と生活」 　日高一郎 1815 ますらを派出夫会（KR） 1845 ガイド◇天気◇OTVニュース 1900 スーパースターメロディ 　「ビバップルーラ」他 　雪村いづみ　三浦洸一 1930 宝塚テレビ劇場 　「オリムポスのリンゴ」 　天路律子 瑠璃豊美 畷 　克美　溝江博 2030 特ダネを逃がすな（KR） 　「帰ってきた女」後篇 2100 OTV ワールド・スポーツ 2115 ハーバー・コマンド 　「船隊入港」声・阪修 2145 三越映画劇場 2200 金語楼劇場おトラさん （KR）「尺八の巻」 　柳家金語楼　小桜京子他 2230 小唄教室（KR） 　藤村孝 孝静 長谷川幸延 2245 芸能トピックス 　朝日新聞社協力 2200 又四郎行状記（KR） 2230 三協グッドナイト・ショウ 2250 OTV ニュース 2302 あしたのお天気 2305 おしらせ◇放送終了	1130 テストパターン 　（クラシックハイライト） 1145 オープニングメロディ 　岡田博トリオ 1155 おしらせ 1200 OTV ニュース 1210 一曲どうぞ 　「ダークダックスの合唱」 1215 パッチリ天国「巨人と美人」 1240 テレビガイド 1245 料理手帖 木村健蔵 1300 ポーラ婦人ニュース 1315 テレビガイド 1318 家庭百科（OTVF）「夏の敷物」 1323 映画「今日われ恋愛す」 　森雅之 轟夕起子他◇休止 1730 テストパターン 1736 テレビガイド 1741 まんがくらぶ 1750 朝日新聞テレビニュース 1800 赤胴鈴之助　吉田豊明他 1815 電気の ABC 1830 ポケット劇場小さいお 　嫁さん「家庭訪問」 　石川日奈　緋桜陽子他 1845 テレビガイド 1850 あしたのお天気 1853 OTV ニュース 1900 街のチャンピオン 　トップライト 尾上緑也 1930 花王ワンダフルクイズ（NTV） 2000 京宝テレビカー・純喜族 　「姉の手紙」 2030 OTV スポーツファンシート 　巨人—広島（後楽園） 【中止時】中日—大洋 【野球ない時】米映画 　「南欧の悲歌」 2115 日真名氏飛び出す（KR） 　「ロカビリー殺人事件」前篇 2144 親さがし 2145 マーチンケイン	840 テストパターン 900 動物園のおともだち 　アメリカ大陸の動物 945 仲よしニュース 955 マンガ公園 漫画映画6本 1030 京だより「京都御所」 1045 カメラだよお料理訪問 1100 ボンネル映画アワー 　「運河」ダイジェスト 1115 海外トピックス 1130 経済サロン 　「緊迫する近東情勢」 1200 OTV ニュース 10 ガイド 1215 ダイラケのびっくり捕物帖 　「逃げた死体の巻」後篇 1245 OK 横丁に集まれ（NTV） 　「悲しみよさようなら」 1315 ナショナル日曜テレビ 　観劇会 　大江美智子一座・怪談 　女大蛇（常盤座） 1505 シャボン玉平凡部劇 　地面の下の欲望 八波むとし 1535 短編映画 1600 ボリショイサーカス 　クマ十七頭 　賛助出演：犬一頭 　　　　　ガチョウ二羽 1645 劇映画 　「幽霊暁に死す」後篇 　長谷川一夫　轟夕起子他 　※新聞では「生きていた幽霊」 1745 ガイド◇天気◇OTVニュース 1800 アニーよ銃をとれ 1830 やりくりアパート 　「明日はどっちの巻」 1900 スーパーマン 1930 わが家探し「つづり方騒動」 　青木義郎　小田切みき 2000 OTV スポーツファンシート 　西鉄—南海（平和台） 【中止時】広島—巨人 2115 東芝日曜劇場「琉球哀詩」 （KR）南田洋子 内田稔他 2215 ダイハツスポーツウィクリー 2230 OTV 週間世界ニュース 2245 ガイド 50 OTV ニュース 2300 天◇おしらせ◇終了

●6月30日（月）

1130 テストパターン
1145 オープニングメロディ
1155 おしらせ
1200 OTVニュース
1210 一曲どうぞ 島倉千代子
1215 ヘルメス・カクテルサロン
1240 テレビ・ガイド
1245 料理手帖 車エビの空
　　　揚げ中華風 辻勲
1300 ポーラ婦人ニュース
1315 テレビ・ガイド
1318 家庭百科 (OTVF)
　　　「冷やして食べる工夫」
1730 テストパターン
1740 オープニングメロディ
1750 朝日新聞テレビニュース
1800 子供の教室「テレビと
　　　ビデオテープ」
1815 ポポンタイム・この人を
　　　秋元喜雄他
1845 テレビ・ガイド
1850 あしたのお天気
1853 OTVニュース
1900 おさけ社長とてるてる坊主
1930 太閤記「藤吉郎編」
2000 大助捕物帳
2030 ナショナルTVホール
　　　人知れずこそ
2100 カメラだより北から南から
2115 ウロコ座「五重塔」中篇
　　　花柳章太郎
　　　水谷八重子他
2145 月曜対談・2つの椅子
　　　山下清 式場隆三郎
2200 OTV週間世界ニュース
2215 ミュージカル「夏」
2245 テレビ・ガイド
2250 OTVニュース
2302 あしたのお天気

これがOTVだ 1958年6月

【単独番組】

● ちんどんやの天使

1958年6月1日（日）16:15 〜 17:00
我国初のVTR録画番組（香住春吾作）。
蝶々・雄二がチンドン屋と天使の二役をVTRを応用して同一画面で演技するという特殊撮影をおこなった。出演はミヤコ蝶々・南都雄二、柿木汰嘉子、海老江寛等
冒頭「VTRについての解説」が15分あったため、ドラマ本編は約30分である。

● 動物園のおともだち
「岡山池田動物園から生中継」
6月8日（日）09:00 〜 09:45
この日OTV制作。岡山・池田動物園から中継。
ゲスト：池田隆政夫妻

● ゆかた祭テレビショウ
6月24日（火）13:23 〜　ABCホールからの中継。三浦洸一、かしまし三人娘等出演。

● ミュージカルバラエティ「夏」
6月30日（月）22:15 〜 22:45 「波の会」出演。

新番組

【6月1日（日）】

● わが家は楽し（〜8月31日、全13回）
日 19:30 〜 20:00
堤真佐子 玉田伊佐男 小田切みきほか。東京ではNTVから放送。

【6月15日（日）】

● ボンネル映画アワー（〜8月17日、全10回）
日 11:00 〜 11:15
6月15日（日）「素晴らしき男性」前篇
6月22日（日）「素晴らしき男性」後篇
6月29日（日）「運河」
7月6日（日）「悪魔と天使の季節」
7月13日（日）「野郎と黄金」
7月20日（日）「西銀座駅前」
7月27日（日）「海女の岩礁」
8月3日（日）「風速四十米」
8月10日（日）「東京の恋人」
8月17日（日）「青い乳房」

【6月20日（金）】

● 金語楼劇場「おトラさん」
22:00 〜 22:30　KRTVでは1956年6月8日開始。

KRTV制作の番組で東京地区民放聴視率第一位の人気番組。録画ネットで大阪でも放送開始。

【6月30日（月）】

●ヘルメスカクテルサロン

（〜1959年12月28日、全79回）

12:15 〜 12:40　毎回、昼間の番組にもかかわらず本物の洋酒を番組で使用していたが、盗み呑みを防ぐため厳重に木箱に納められ、施錠の上、倉庫で管理されていた。

しかし、テレビ局ゆえ「木箱をばらして組み立て直すための道具」には事欠かなかった、という事情も手伝って「目減り」は続いたといわれている。ちなみに、鍵は壊されなかった。

1959年1月19日分から企画変更。

1958年6月1日 16：15。「チンドン屋の天使」放送。

富士山頂から生中継

1958年 7月

1日　西日本放送テレビジョン(RNC)放送開始。JOKF-TV。岡山・香川県にまたがるサービスエリアで、NTV番組を中心にネット。

同日　ABCホールで行われた朝日放送主催「立体音響レコード発表会」を後援。

3日　「おはこ裏表」で中村扇雀がVTRを使った早替りを披露。

5日　大関西テレビが「関西テレビ放送」と改称。

6日　大相撲名古屋場所、金山体育館からKRT－OTV、CBC－NTVの2系統放送がおこなわれた

同日　第4回「関西ラリー」に協賛。OTVオートクラブのメンバーも参加した。

12日　大阪フェスティバルホールのABC主催「ABC交響楽団・A響サマー・コンサート」後援。

26日　「素人のど競べ」大阪地区決勝大会。

29日　プロ野球オールスター戦取材の為、広島まで遠征して実況中継。実況にVTR使用。

30日　梅田コマ劇場の関西高校楽団主催「十代の演奏家による三大バイオリン協奏曲演奏会」後援。

31日　毎日放送への転出希望者50名にに対し、第一回退社が発令された。翌日転籍。

富士山頂から生中継〜忘れられていた「世界記録」〜

日本の最高峰・富士山。標高3,776メートル。
　真夏でも気温が10度を超えない常冬の山頂。
　崩れやすい噴火石の山道。
　水もなく空気も薄く、日に何度も天気が変わる、難儀な霊峰。
　先人曰く「登るより眺める山」。
　しかし、テレビジョンにはのぼる理由があった。
　そこに「景色」があるからだ。

●はじめに言葉ありき

「朝日放送の50年」によれば、この山頂中継は当時の報道部長・須藤健夫氏の「おい君ら、富士山のてっぺんから生中継をやってみんか」という言葉から始まったという。

報道部OB・OGの文集「テレビニュースOTVの想い出」に掲載されている増田次郎氏（当時報道次長）の文によれば、立案者の須藤氏は当時52〜53歳くらいであり、平均年齢25.5歳のOTVでは、部員たちから"じいさま"というニックネームが捧げられていたという。部下の失敗をたださすときは穏やかに、良い仕事には大きな声で称賛するという、温和でメリハリのあるリーダーで、人望の高い集めていたという。

またこの発案には「噂に聞く富士山からの眺めというものを、父や母のような年寄りたちに見せてやりたいという親孝行の気持ちもあったという。

発案は斬新で、動機も美しい。
しかし実際は冒険の連続であった。

●目標は七月七日

OTV社内はこの「突拍子もない発案」をどう受け止めたのだろうか。

5月半ばに須藤部長が「富士山のてっぺんから」と言い出して、早くも数日後には「おもしろそうや」と噂が広がり。まもなく役員会でも「すぐ、検討しよう」ということになった。

その結果、山開きのおこなわれる「7月7日」

が放送予定日として設定された。プロジェクト始動である。

技術部では「てっぺんは寒いやろなあ、カメラ持つやろか」「機材はどうして揚げようか」「お金かかりまっせぇ」と、口では心配しながら、心は既に出発準備をはじめていた。

6月、銀座の東京支社に技術課長あての連絡があった。報道部の太田寛主任と一緒に、現地で「隠密調査」をするようにという指示が下った。

「隠密」にするのには、理由があった。

この計画の舞台となる富士山は、KRTVの「報道取材エリア内」にあり、景色が目当てとはいえ、もしこれが「報道取材」ととられれば、KRTVはエリア協定に従って「ちょっとまった」と異議を申し立てることができるからだ。

OTVは富士山周辺で中継波を使用する免許を持っていなかったため、KRTVに計画が漏れる危険はあったが、何より円滑に免許を取得できるよう、郵政省に相談を持ちかけた。

担当者は驚いた顔でこういった。

「在京局がどこも行ってこないところを…。なぜ、大阪の局が富士くんだりまで出て来て中継なんかするんだ？」

技術部長から担当者にこの中継の企画意図を説明すると、担当者は渋い顔をしてこう言った。

「君、富士山の山頂は…寒いぞ？」

●荷物は4トン

東京支社の技術課長と太田主任は、まもなく富士山に下見にでかけた。まだ山開き前である。

下見にあたって、まず確認しなければならないのは「電源の確保」であった。これがなければ手も足も出せない。

当時、富士山頂には、旧陸軍が敷設した電灯線があった。しかしせいぜい明かりをともすくらいのもので、機材を動かすだけの電力はない。そこで、米軍が朝鮮戦争で使った払い下げの発電機を持ち上げることにした。

次に持ち上げるべき資材は、カメラと映像調整の機材、マイクと音声調整の機材、マイクロ波の送信機、アンテナ、連絡用機材などに加え、食糧や身の回り品など、総計4トンにものぼるもので、これを昔ながらの歩荷（強力とも呼ばれた）に頼むにしても、いったい何人・何日、そしていくらかかるのか、見当もつかなかった。

また、麓のベースキャンプにすべき宿泊先、頂上に近い山小屋や頂上の詰所の事情、鉄道駅から登山口までの「4トンの機材とともに進むことが可能な」経路、あらゆることは現地に行かなければわからない時代だった。

そもそも、富士山という特殊な取材先は、不安要素を「山ほど」抱えていた。まず、中継予定日である「お山開き」の前後は気候が不安定な時期である。はたして強風に飛ばされることなく無事に機材を無事に運べるのか。また、苦労して機材を揚げたところで、七月七日の午前11時に晴れてくれるかどうか。無事、晴れてくれたとして、地上の三分の二しか気圧がなく、真冬並みの気温という条件の下で、テレビカメラは満足に動作してくれるのか。動作してはくれても、高地ゆえ、高圧部分が放電を起こせば一瞬にして映像は失われる。これらが解決されたとしても、持ち上げた発電機は、この薄い空気の中で十分な電気を送り出せるのか…。

調査隊の二人は富士吉田市を拠点に、まずは「運搬計画」を確かなものとすべく、山開き前の危険な時期にも関わらず、二度も山頂に登り立って、自らの目で確かめた。

結果、二人は「実現の見込みあり」との結論を役員会に報告した。

その後、さまざまな根回しを経て、OTVは記者会見を開き「七月七日、大阪テレビ放送は富士山のお山開きに、山頂から生中継を実施する」と発表したのである。

●一ヵ月前

　6月上旬、経理部・山田定信氏が、阿藤常務と佐伯放送部長からロケーションマネージャーを受命。太田寛ディレクターとともに大急ぎで食料や防寒具、寝具などの調達に奔走した。

　登山用品店はあるが、大勢分の用意となると予算の関係で中古品や代替品を使わざるを得ない。

　丁度、この当時は朝鮮戦争の影響で米軍関係の放出物資がよく出回っていた。貴重なデニム地の製品は中古でも十分頼もしい厚みと強さだ。また、頑丈な寝袋を「安く」調達することにも成功した。

　この冬、富士山における風の危険を象徴するような事故があった。それは、富士山頂測候所で強力と炊事を長く務め、さらには職員にまで採用されたベテラン・長田輝雄氏の殉職（1958年2月26日　享年59）のことである。

　富士山をもっとも知り尽くしているといわれた長田氏は、御殿場口7合目付近で突風に煽られ、頭から岩に激突して即死したのである。

　富士山に関わる人々は誰もが耳を疑い、大きなショックを受けた。この話が伝わり、全国の気象庁職員からは募金がよせられ、8合目の尾根から頂上に向かって、幅1m・長さ1,1kmで尾根伝いに登山道が開かれ「長田尾根」と命名された。そこには風から身を守る頑丈な鉄柵が設けられ、まさに長田氏の功績をたたえるとともに「富士山における風の恐怖」を後世に伝えた。

　まさに、そんな出来事があった「ばかり」。

　富士山は、海岸との間に障害物がなく、かつ逆すり鉢のような形であるがゆえに、季節に関係なく強い突風が生まれ、四方八方に向きを変える。登山道の脇には、強風に飛ばされてきた「巨石」が転がっている。山開き前の現場には、こんな恐怖が待ち構えているのである。

　そんな山の頂を目指して、6月中旬、技術部中継課から三上泰生氏、直井孝司氏による調査隊が出発した。現地に機材を運びこんで「動作確認」をする重要任務である。

　本番まで二週間。野球中継や劇場中継などがあるため、中継車を持ってゆくわけにゆかず、最小限の機材を列車〜バス〜ジープ（現地調達）で運ぶことにした。五合目から先は当然人力で運ぶほかない。

　二人はカメラなどいくつかの機材を持って、大阪駅22時30分発の急行「月光」に乗り込んだ。始発は大阪だから、多少は積み込み時間を確保できる。

　機材と共に列車に乗り込んだ。しかし、貸切ではないから、盗難や紛失のないよう見張っていなければならない。二人は一睡もすることないまま翌朝6時24分に富士駅に到着。大急ぎでプラットフォームに機材をおろし、荷物を確認後、バスに乗り換えた。

　当時、東海道線からの登山客の多くは、富士駅で河口湖行きのバスを利用することが多かったようだが、しかし、観光客用のため寄り道も多く、ずいぶん時間を要した。

　二人は河口湖で一泊。緊張から解放されて泥のように眠った翌日、機材をジープに乗せて五合目（吉田口）まで運搬。未舗装の山道を蛇行しながら延々進んだ。沿道の木々が徐々に低くなり、やがて、葉も枝先も吹き飛ばされた、骸骨のような林が、山肌に沿って押し付けられるようになる。木々の肌も石灰のような色合いで、地獄への道筋を思わせる殺伐とした風景が続く。

　五合目に到着すると、二人はまず機材を細かくバラし、持てる大きさにした。ボッカ（歩荷）に預けるためである。

　もちろん、自分たちも背負えるぶんは背負ってゆくつもりであった。しかし、二人ともこんなに高い山は初体験。間もなく荷物どころではなくなり、ボッカに預けざるを得なくなった。

　一行は鎖場を無事越えて、七合目山小屋群の最も高い位置にある「東洋館」に到着した。二人はここで2泊し、体を気圧に馴らした。

「東洋館」は七合目とはいいながら実際には八合目に近いところにある。標高3,000mに達する人気の山小屋だ。

二人はやがて薄い空気にも慣れ、いつまで歩いてもたどり着かない頂上を見上げながら、ボッカたちとともに頂上を目指した。

足元は溶岩と、溶岩が崩れてできた粗い砂。歩くほどに「ジャリッ…ジャリッ…」という湿った音が付きまとう。たまに「ザッ！」と大きな音がすると、それは誰かが足を滑らせた音だ。

「機材は大丈夫か！」

人の代わりはいても機材の代わりはなかった。

● 避難所から、また避難

一隊は早朝、東洋館を出発し、吉田登山道山頂からお鉢をぐるりと半周。富士山測候所に午後三時頃到着した。この間、雨風に遭遇しなかったのは幸いだったとしか言いようがない。

測候所は簡素な山小屋であった。6月中旬にもかかわらず石炭ストーブが燃えていた。

ひとやすみした後、火口をやや下ったところにある厚生省管轄の避難所に向かった。ここが中継班の詰所となる。

ドアをあけると、土間には雪が残っていた。前シーズンから誰も使っていなかったのだろう。ボッカが石炭を集めてストーブに火を起こそうとしていたが苦戦していた。

やがて、部屋中にモウモウと煙が広がりはじめた。全員あわてて屋外へ出たが、煙を大量に吸ってしまった6人は、フラフラになって、頭痛を訴えはじめた。一酸化炭素中毒だ。ストーブの煙突に雪が詰まっていたのである。

6人は、いったん避難所を離れ、藤村測候部長の好意で測候所に宿泊することにした。

翌朝、頭痛はとれたが、三上・直井の2人は体がまるで動かない。頭の後ろが冷たく感じ、ぼうっとしている。

高山病の酸欠症状であった。

立ち直ったボッカの一人が粥を炊いてはくれたが、とても口を付けられる状況ではなかった。粥はおろか桃の缶詰さえも受け付けない。心臓の脈が時々飛んでいることがわかる。

この「緊急事態」は無線を通じて本社まで伝えられた。驚いた会社は全力で検討を開始した。

検討するうち、話はどんどん大きくなり「第一陣の2名が死にかけている。医療用の酸素がほしい」と報告された。救助ヘリを飛ばす最終案まで検討されたようだが、まずはOTV医務室の手配で大阪から医療用の酸素ボンベが送りだされた。

ところが、これがどういうことか、吸入装置もない「裸のボンベ」を送ってしまったのである。うっかり開ければ爆発の危険がある。

しかし、心配は無用だった。ボンベが山頂に着く頃には「瀕死の2人」は気圧に慣れてピンピンしていた。

「登山病とは、こういうもんですか」

そういうものらしい。

● 全員、初心者

登山病から回復した二人は早速機材を組み立て、動作試験を行った。

心配された発電機のパワーダウンも予想の範囲内であった。調達した三台で充分に中継を賄えることができることがわかった。

また、最も気がかりであった、テレビカメラの放電障害も発生せず、いつもの綺麗な画像がえられた。世界で初めて「テレビカメラが海抜3,776mで動作すること」が確認された瞬間だ。

ところで、この時既にOTVは、ポータブル・トランジスターカメラ「OT Vision」を開発していたが、富士山で使用しなかったのには理由があった。

第一に、トランジスターなどの半導体部品が低温でちゃんと動作するか不安だったこと、第二に、真空管が発する熱を利用して、他の部品の安定を守りたかったからだ。

必要事項を確認の上、調査隊の二人はいったん下山。この間、頂上はずっと昼間から零下が続いていた。

数日後、調査隊と入れ替わりで、中継課、報道部の本隊が河口湖に到着した。

この時のOTVのスタッフには、富士登山の経験者はいなかった。調査隊の苦労に学んで、頂上の「避難所」で、まずは一日休ませるようにした。これだけのことで、翌日以降、酸欠症状が軽減するのだ。煙突は清掃を済ませてあるから火も使える。

6月24日、太田寛ディレクター、山田定信ロケーションマネージャー率いる部隊が、鉄道とバスで河口湖入り。合計4トンにも及ぶ大量の荷物を現地にとどけた。

山田定信ロケ・マネージャーに与えられたもう一つのミッションは「現金輸送」であった。

現場では、大勢のボッカの手を借りなければならないが、当時は「一人ひとりに、直接現金で、出来高払い」する決まりがあったので、大量の現金を現地まで携行しなければならなかったのだ。

時間に猶予があれば大阪から静岡の銀行まで送金する事もできた。しかし、急なことゆえ時間もなく、山田氏は24日、堂島本社でおよそ百万円分の千円札を預かった。

山田氏はそれを、お母さんが拵えたサラシの腹巻にくるんで胴に巻きつけた。梅雨時のうっとおしい季節にこの格好で急行「月光」からバスを乗り継いで河口湖〜五合目へと現金を輸送するのだ。

●機材からバナナまで

山田氏の携行品は現金だけではなかった。まず登山用の大きなリュックサック（OTV小林氏からの借り物）に自分の衣類をギュウギュウに詰め込み、その上に8インチのピクチャー・モニターをくくりつけ、手には皮バンドで縛った大量の乾電池（現在のような小型ではない）を提げた。その上、ロケ・マネージャーであるから、ロケーション全体がうまく進むよう、常に気を引き締めていなければならない。身にも心にも重荷を背負った出発。当然、車内で一睡もできるはずがない。

富士駅で下車した際、電池を縛っていた革バンドがプツンと切れた。不吉な想いを祓いながら応急処置を済ませ、迂回しながらノロノロと走る観光バスに乗り、河口湖畔の大屋ホテルについた時には、守屋中継課長一行のチームがすでに山頂と、割り込み中継の場所で準備作業にかかっていた。

中継チームが設定した中継ルートは「山頂〜電電公社山原中継所（現・静岡市清水区）〜マイクロ本線〜大阪」であり、山頂と山原（割り込み場所）の二カ所に分かれて準備をすすめていたのだ。

ロケ・マネである山田氏の業務は荷物運びばかりではない。出発前からスタッフのスケジュールをチェックし、現地への出入り、起床・食事・入浴等の手配、スタッフの現地活動資金の仮払いと清算（これはホテルに戻った時に必ず玄関で行わなければならなかった）、一日の集計や事務処理をしなければならない。

また、富士箱根伊豆国立公園の監督官庁である厚生省から中継現場の視察があったため、このための送迎・接待・弁当なの用意・登山随行などもしなければならない。加えて、陣中見舞のためはるばるやって来た阿藤常務の登頂随行という役もあった。手記によれば、準備から中継終了の三週間に、山田氏は都合四回も登頂したという。

また、頂上からの無線を受けて、必要なものを手配するのも、山田氏の重要任務であった。

中継開始まであと数日という頃、頂上の太田氏から「バナナを運んで来てくれ」という指示が飛んできた。事情を聴くと「準備にかかっている頂上のスタッフは疲労困憊しており、かつ、酸素不足のためか食欲がなくなってしまった。精気をつけるために運び込んだ肉の缶詰には誰も手を付けようとしない。むしろ、福神漬けや果物の缶詰に人気がある。ついては、バナナを大量に買い込んで山頂まで運ばせてほしい。急を要する話だ」と

いうことで、山田氏は町の果物屋に出向いた。

町の果物屋とはいっても小さなところで、籠入りのバナナを「ありったけ全部欲しい」と言っても怪訝な顔をされるばかりでなかなか取り合ってくれなかった。当時としては破格な高級商品であったから仕方ないことではあるが、それでも代金を払って買占め、翌朝、ボッカに頼んで機材と一緒に「大量の」バナナを山頂に届けてもらった。

その数日後、山田氏が頂上の現場に入ると、太田氏が血相を変えて飛んできた。

「お前はロケ・マネで来てるんやろう。頼んだバナナ、ちょっとしか届いてへんが、どないなっとるんや！」

どうしたことだろうか。標高3000メートルをあがるうちにバナナが蒸発してしまったのだ。

もちろん、疑うべき要素はいくつもある。頂上に揚げる前夜、河口湖界隈で見慣れぬ新鮮なバナナの皮が数本分発見されていたという報告もあったようだが、それがいかなる原因であるか、誰に聞いても「わからんなぁ（笑）」。

後日、当時の関係者が参加した研究会では「その頃、頭の黒い大きなネズミが発生したようだ。なお、それは少なくとも自分ではない…」という意見が、複数から寄せられた。登山道での皮の落下状況については、詳細な資料がないため不明である。

別の情報源によれば、頂上に届いたわずかなバナナも、ほどなく行方不明になったという。頭の黒い大きなネズミは頂上にまで出現したようだ。

富士登山では、いまでも羊羹やミニカステラのような甘くて口当たりのいいものが「携行食」として好まれている。エネルギーの吸収が良い食べ物ばかりだ。大事なエネルギー源であった牛肉大和煮の缶詰は、結局誰も手をつけないまま測候所やボッカの面々に贈呈されたという。

● 晴れて前日

7月6日早朝。中継班は早朝から山頂にスタンバイした。万が一、本番時に不測の事態が生じた時に備えて、朝の光に覆われた雄大な富士山頂からの風景をVTRに収録した。

不測の事態…つまり、天候不良か中継回線・機器の不調のことであるが…に備えるため、報道部の睦好三郎カメラマンが撮影した荷揚げや準備の様子が堂島に送られていた。

富士山が一般向けに開かれるのは7月上旬から9月上旬までだが、本当に登りやすいのは7月下旬から8月下旬までのわずかな期間。7月7日などは五合目以上では零度を割るほどの寒さになることがあった。

この時期の富士山は天候も不安定で、晴れた空の向こうから巨大な霧が襲いかかるようにやってきて、あっという間に足元を浚うような大雨や強風に変わることがある。このとき、麓では「きれいな傘がかかっているね」という会話が生まれる。

「登るより眺める山」

そう呼ばれる由縁である。

明けて7日朝の富士山頂は摂氏1度に満たなかった。現場にいた人々はみな「あの日は朝からええ天気やった」と語っている。

東洋館からは御来迎を拝むことができた。放送が終わればすぐに下山してしまうから、これが見納めだ。"*Album OTV*"の中の御来迎のカラー写真は東洋館からのものではないかと言われている。

堂島本社の第1スタジオでは朝イチから本番に向けてリハーサルが始まった。報道部長および関係者もスタジオに集まって、山頂からの映像が送られてくるのを待ち構えていた。

機材も天候も好調。しかし、スタッフの緊張は最高潮で、山頂と本社の調整室をつなぐ打ち合わせ用回線が1本しかないため、技術と報道が電話機を奪い合うようにして連絡事項を怒鳴り合っていた。堂島側では山頂との打ち合わせをスタジオや調整室のスピーカーでオープンにしており、山頂からの激しい指示が鳴り響いていた。

本番1時間前、ようやく山頂からの映像が届いた。スタジオ中におおきな喚声がわいた。まるで宇宙中継の現場をみるようだ。
「部長が、カメラの位置を少し変えたらどうかとおっしゃっておられます」
　スタジオから何気なく呼びかけが飛んだ。
　すると、頂上から割れんばかりの声で
「…それどころやないっ！オジンは黙って引っ込どれ…と言うてくれ！」と叫んだ。
　驚いたのは、目の前のスピーカーから「黙って引っ込んどれ！」と言われた当の「オジン」であった。あまりのことに、スタジオは一瞬シーンとした。

● 呼吸困難！

　午前11時。早朝に五合目を出発した登山者が、昼前後にぞくぞく到着する。その時刻を狙って放送が始まった。番組はKRTVからも放送された。新聞では天候不良の場合午後1時に順延されると予告されていたが杞憂に終わった。
　この日は、堂島の第一スタジオに観測隊の家族をゲストに招き、富士山頂に今村益三アナウンサー、そして、堂島のOTV屋上からの3元放送。山頂は冬の寒さ、堂島の屋上は真夏、スタジオ内は完全空調の常春。三つの季節を生で結ぶという不思議な放送だ。

　山頂では、今村アナウンサーが薄い空気の中で喘いでいた。コンディションを整えるため、数日前から山頂に入ってはいたが、そこで「マイクに向かって喋る」のは初めてである。
「喋りながら歩く」という、普段の動作が困難になって戸惑っている。デコボコとした岩だらけの場所を歩きながら喋っていると、あっという間に息が切れる。後になって、その息切れが「臨場感があってよい」と評価された。
　今村アナは、まず、坂道を登ってきた女性の登山客にインタビューをした。麓で予め中継の事を知らせてあった。女性たちの足にからみつくように、犬も登ってきた。
　今村アナは不思議に思いながらも女性客へのインタビューを続け、犬には触れなかった。ところが、放送終了後、須藤部長から「せっかく犬がいるのになぜそれを取り上げなかったのだ。『おぉ、おまえも苦労して登ってきたんやな』くらい、声をかけるべきだった。生き物は何より大切な記事の素材だ」と叱られた。
　登山客へのインタビューを終えると、今度は藤村観測所長の待つ標高表示点に、いつもの調子で駆け上がっていった。
　ほんのわずかの距離であったが、途端に呼吸が止まった。声にならないあえぎ声だけがマイクに

入る。体内は低酸素状態になり、そのあとはもう息も絶え絶えである。しかしそこで倒れるわけにはゆかない。生放送中。あえぎを声に代えて必死になってインタビューをすすめた。
　どうにか終えて「いよいよお時間」という時に、急に景色に雲がかかりはじめた。端からどんどん景色が隠れてゆく。カメラマンに「とにかく、写せるところをどんどん映して行け！」と指示が飛んだ。最後の数分はカット割りを無視してカメラと雲の追いかけっこ。お鉢の景色を右へ右へと雲が追いかけてくる。果して中継時間終了の直後、山頂は厚い雲の中に包まれ、カメラのモニターが真っ白になった。

● 富士にはためく社旗

　無事に放送が終わった。
　藤村観測所長の好意で、測候所で打ち上げ会がおこなわれた。飲めや歌えであったという。皆、気持ちよく酔い、そのまま測候所に泊まり込んだが、佐伯氏と山田ロケ・マネだけは避難所に戻って寝袋で朝を迎えた。
　ところでこの寝袋について、スタッフの間に、或る噂が伝えられている。
　調達係が安くて丈夫で暖かい米軍の放出品を入手したのだが、いざ使用すると嫌なにおいがした。

富士山頂でのスタッフ記念撮影

折しも朝鮮戦争で戦死した米兵を移送するために使用された寝袋ではないか、これはその匂いではないか、という噂が流れた。

ところが、後日、この「匂い」はホルマリンのものだということがわかった。もちろん寝袋を何に使ったかは明らかではないが、調達担当者は「薄気味悪くて寝るどころではなかった」と記している。この寝袋は、OTV山岳会に寄付されたという。

翌朝、中継班は機材撤収完了後、一気に砂走りで駆け下りていった。山田氏ほか数名はここから五合目まで荷卸し作業。送出側と受取り側が無線で連絡を取り合いながら荷物をひとつずつ照合。紛失と運搬重量の不正を防ぐのだ。面倒な作業ではあったが、なんとか一日で済んだ。

佐伯氏と山田氏は、一番最後に山頂を出発。途中、七合目の東洋館に立ち寄ったところ、東洋館の主人から「今回の放送の記念に社旗を」と懇願されたが、社旗ゆえ「差し上げます」というわけにゆかず、しかし、こみあげる恩情から「紛失したことにして、それを東洋館の誰かが拾った」ことにしたという。きっと今でもあるはずで、まさにこの旗は世界記録の証人だ。

●新車で出発

かくして五合目でボッカから引き渡された機材

は河口湖の旅館にまとめられた。

スタッフを大阪へ送り出した後、すべての支払等を終え、機材と共に河口湖に残った。それは、東京で製造中の新機材車を迎えるためであった。

予定より一週間ほど遅れて、黄色と黒が配色された、モダンな機材車が河口湖に到着した。機材を積み込み、ホテルや近隣の店の人々に見送られて、夜の河口湖を一路大阪に向かった。ところが、静岡市に入ってタイヤがパンク。本社と連絡の上、山田氏は静岡に車を残して夜行列車で帰阪した。

全員が大阪に戻ったあと、慰労会がおこなわれ、その数日後、スタッフとして参加した小林、上野、末次の三氏が MBS に移籍していった。

●黒四ダムへの布石

ABC との合併後、1959 年 8 月 5 日 8 時 15 分から 45 分間、黒部第四発電所ダムサイト～立山頂上～大阪 ABC スタジオを結ぶ大中継が行なわれた。OTV での富士山の成功をもとに、ニュース性の高い建設中の黒四ダムを選び、かつ、標高 3000m での安定した発電や、三・四段というレベルの高い中継という課題に挑戦したのだ。

この中継企画について守屋中継課長は「近畿地方は山が多いから、何か事件が起きた時、手持ちの器材で、どんなところからでも中継できるように訓練したい」とテレビジョン学会誌の座談で語っている。その一方で「私の方も，こういったスケールの中継はもう余りやらない方針です。殊に山の中継などは結局天候次第という訳ですから、そんなものにに成否のすべてを賭けるのは、もうゴメンだという気持です．勿論、今後はどんな場所でも気軽ににやれる自信はありますが，今度のようなスケールの中継は、もうやっても意味がないと思います」と語った。

これぞ、冒険による成長が生んだ言葉である。

1958.7

- 近鉄、2階建て電車「ビスタカー10000系」登場。
- 核武装反対平和大行進、大阪入り。
- 白山丸舞鶴入港。中之島で学生二千人が合流。密出国者65名を含む帰国者上陸。その場で逮捕。

●7月1日 (火)
1130 テストパターン
1145 オープニングメロディ
　　　斎藤超とニューサウンズ
1155 おしらせ
1200 OTV ニュース
1215 歌う青春列車 (KR)
1240 テレビガイド
1245 料理手帖「ミンチ肉の炒め煮」ほか 井上幸作
1300 ポーラ婦人ニュース
　　　担当：牧野夫佐子
　　　辻善之助
1315 テレビガイド
1319 家庭百科 (OTVF)
　　　「山のスタイル」
　　　藤川延子
　　　◇放送休止
1720 テストパターン
1731 オープニングメロディ
1741 漫画くらぶ
1750 毎日新聞テレビニュース
1800 呼出符号L「二つの顔」
　　　高梱眞　千葉保他
1815 名犬リンチンチン
1845 ガイド◇天気◇OIVニュース
1900 カロランミュージカル (KR)
　　　旗照夫　東郷たまみ
1930 ばらの伯爵 (KR)
　　　（デュマ「岩窟王」より）
　　　木村功　水谷八重子他
2000 山一名作劇場 (NTV)
　　　「牡丹灯籠」第一回
　　　岡田英次　遠山幸子
　　　加藤嘉他
2030 サンヨーテレビ劇場 (KR)
　　　「火の山」後篇
　　　山村聰　春日俊二
　　　津村悠子　並木瓶太郎
2100 近鉄パールテアター
　　　おっさん人生
2115 ピアス劇場 (KR)
　　　センチメンタル・ギャング
　　　最終回　長門裕之
　　　鳳八千代他
2145 ミナロンドリームサロン
　　　デュークエイセス
　　　大伴伴春　ジョージ岡
2200 マーチンケイン
　　　捜査シリーズ
2230 短編音楽映画
2245 ガイド 50 OTV ニュース
2302 お天気◇おしらせ◇終了

●7月2日 (水)
1130 テストパターン
　　　美空ひばりの歌
1145 オープニングメロディ
　　　斎藤超とニューサウンズ
1155 おしらせ
1200 OTV ニュース
1215 ほほえみ一家
　　　「彦ちゃんバタ屋となる」
　　　竜崎一郎　坪内美詠子他
1240 テレビガイド
1245 料理手帖「いけハモの洗い」
1300 ポーラ婦人ニュース
　　　中尾咲
1315 テレビガイド
1319 家庭百科 (OTVF)
　　　「子供の姿勢」木崎国嘉
1324 放送休止
1720 テストパターン◇おしらせ
1741 漫画くらぶ
1750 朝日新聞テレビニュース
1800 ヘッケルとジャッケル
　　　(漫画)「キャンディ君の鯨騒動」他
1815 獅子文六・作 (NTV)
　　　悦ちゃん
1845 ガイド◇天気◇OIVニュース
1900 わが輩ははなばな氏 (KR)
　　　「はなばなしき門出」
1930 歌にあなたとともに (NTV)
　　　「雪村いづみショー」
　　　ウイリー沖山　内海突破
2000 OIV スポーツファンシート
　　　巨人―国鉄 (後楽園)
　　　南村侑広
　　　【雨天時】中日―阪神
　　　【野球ない時】
　　　西部劇
2100 コント千一夜　森光子他
2115 宮本武蔵 (NTV)
2145 ニッケ・ジャズパレード
　　　旗照夫　ヘレンヒギンス他
2200 ありちゃんのおかっぱ侍
　　　(KR)「謎の娘」
2230 ダイヤル110番「サンダル」
　　　(NTV)
2300 OTV ニュース
2312 天気◇おしらせ、終了

●7月3日 (木)
1130 テストパターン (クラシック)
1140 オープニングメロディ
　　　斎藤超とニューサウンズ
1155 おしらせ
1200 OTV ニュース
1215 アイ・ラブ・亭主 (KR)
　　　「宛名のない手紙」
1240 テレビガイド
1245 料理手帖「ふくさ焼」
　　　田中勝一　佐藤和枝
1300 婦人ニュース 坂田房治郎
1316 家庭百科 (OTVF)
　　　「美しい足」山本鈴子
1324 おしらせ◇放送休止
1715 テストパターン
　　　（クラシックハイライト）
1731 オープニングメロディ
1741 まんがくらぶ
1750 朝日新聞テレビニュース
1800 テレビ社会科「水の季節」
1815 ますらを派出大会 (KR)
　　　「お祭り騒ぎの巻」
1845 ガイド◇天気◇OIVニュース
1900 スーパースターメロディ
　　　「歌うスター」宝田明
　　　久慈あさみ　安西郷子
1930 宝塚テレビ劇場「風鈴」
　　　前篇　美杉てい子
　　　夏重矢子他
2000 ロビンフッドの冒険
2030 鞍馬天狗 (KR)「影の如く」
2100 奥様多忙 (KR)
　　　「火の国から来た男」
　　　江見渉　山岡久乃他
2115 目で聴く話題 雨風曇 (NTV)
2145 おはこうら表 (NTV/OTV)
　　　「四季眺TV成駒」
　　　ゲスト・扇雀　荒川和子
　　　堀小美次他
2200 新大岡政談「門出の日」
　　　沢村昌之助　榎本嘉也
2230 私のコレクション「能面」
2245 テレビガイド
2250 OTV ニュース
2302 あしたのお天気
2305 おしらせ◇放送終了

●7月4日 (金)
1130 テストパターン
1145 オープニングメロディ
　　　斎藤超とニューサウンズ
1155 おしらせ
1200 OTV ニュース
1215 映画の窓 (KR)
　　　「ゴーストタウンの決闘」
　　　（アメリカ映画）
1240 テレビガイド
1245 料理手帖「スズキの卵ソース」拭石俊枝
1300 婦人ニュース　村田希久
1315 放送休止
1319 家庭百科 (OTVF)
　　　「楽しいキャンプ」
　　　木崎国嘉
1323 放送休止
1720 テストパターン
　　　（ポピュラーアルバム）
1740 オープニングメロディ
1750 毎日新聞テレビニュース
1800 赤胴鈴之助 吉田豊明他
1815 電気のABC「バイメタルの話」藤井誠也
1830 ポケット劇場小さいお嫁さん「花束の巻」
　　　石川日奈　緋桜陽子他
1845 ガイド◇天気◇OIVニュース
1900 テレビびよびよ大学 (KR)
1930 花王ワンダフルクイズ(NIV)
2000 京家テレビカー・純情家族
　　　「親鳥小鳥の巻」
　　　十郎・雁玉
2030 特ダネを逃がすな (KR)
　　　「消えてゆく過去」
2100 OTV ワールド・スポーツ
2115 ハーバー・コマンド
　　　「影におびえる男」声・阪妻
2145 三越映画劇場
2200 金語楼劇場おトラさん
　　　(KR)「柳家金語楼
　　　小桜京子他
2230 小唄教室 (KR)
　　　井上恵以　柴秀寿　土屋健
2245 テレビガイド
2250 OTV ニュー
2302 あしたのお天気
2305 おしらせ 放送終了

●7月5日 (土)
1130 テストパターン
　　　（クラシックハイライト）
1145 オープニングメロディ
　　　斎藤超とニューサウンズ
1155 おしらせ
1200 OTV ニュース
1215 バッチリ天国
　　　「男やもめ只今解消」
1240 テレビガイド
1245 料理手帖「タコのやわらか煮」世渡三郎他
1300 婦人ニュース
　　　解説：勝村泰三
1315 ボリショイサーカス
1545 テレビガイド
1549 家庭百科 (OTVF)
　　　「美しく寝ましょう」
　　　藤川延子
1554 映画「浮気天国」
1728 新番組紹介ハイライト
1735 おしらせ
1741 まんがくらぶ
1750 朝日新聞テレビニュース
1800 ぼくのわたしの音楽会
　　　堺日曜子供会
1815 素人のど競べ (NTV)
　　　暁テル子
　　　審査・服部良一他
1845 ガイド◇天気◇OTVニュース
1900 街のチャンピオン
1930 ほろにがショー
　　　何でもやりまショー
　　　(NTV)　中條貞鳳
2000 OIV スポーツファンシート
　　　西鉄―大毎 (平和台)
　　　武末悉昌
　　　【中止時】中日―巨人
　　　（中日）
　　　【野球ない時】
　　　英画「南欧の悲歌」
2100 話題のアルバム 10 ガイド
2115 日真名氏飛び出す (KR)
　　　ロカビリー殺人事件
　　　解決編
2145 芸能トピックス
2200 又四郎行状記 (KR)
　　　「男の勝負」
2230 三協グッドナイト・ショウ
　　　深緑夏代他
2255 OTV ニュース
2302 あしたのお天気
2305 おしらせ◇放送終了

●7月6日 (日)
840 テストパターン
900 動物園のおともだち
　　　「米大陸の動物」
945 仲よしニュース 55 マンガ
1030 京だより「祇園ばやし」
1045 カメラルボお料理訪問
　　　「お料理訪問・林公子」
1100 ボンネル映画アワー
　　　悪魔と天使の季節（紹介）
1115 海外トピックス
1130 絡斉サロン「今日の繊維界」植場鉄三　坂信綱
　　　佐藤和枝
1200 OTV ニュース 10 ガイド
1215 ダイラケのびっくり捕物帖
　　　「猫盗人」前篇
1240 OK 横丁に集まれ (NTV)
1315 ナショナル日曜テレビ
　　　観劇会「閣下」
　　　（歌舞伎座）新国劇
1515 大相撲名古屋場所
　　　（金山体育館）初日 (KR)
　　　解説：天龍三郎　輝昇
　　　担当：鈴木　近江
　　　榎本アナ
1755 OTV ニュース
1800 アニーよ銃をとれ
　　　「深夜の疾走」
1830 やりくりアパート
　　　黒岩三代子　大村崑
　　　佐々十郎　茶川一郎他
1900 スーパーマン「インカ王国の宝」
1930 わが家は楽し
　　　「まっすぐ歩け」
2000 OTV スポーツファンシート
　　　巨人―中日 (後楽園)
　　　中沢　越智アナ
　　　【中止時】
　　　ソ連「少年船長」
2115 東芝日曜劇場「星まつり」
　　　(KR) 水谷八重子　加藤和恵　堀内敏子　英つや子　南美江
2215 テレビガイド
2220 ダイハツスポーツウィクリー
2230 OIV 週間世界 N45 ガイド
2250 OTV ニュース
2305 天◇おしらせ◇終了

●7月7日（月）	●7月8日（火）	●7月9日（水）	●7月10日（木）	●7月11日（金）	●7月12日（土）	●7月13日（日）
1000 パターン 15 メロディ	1130 テストパターン ラベル作品	1130 テストパターン 石原裕次郎の歌	1130 テストパターン（クラシック）	1130 テストパターン	1130 パターン（クラシック）	840 テストパターン
1030 富士山頂からテレビ実況中継（三元中継 OTV） 今村益三アナ（山頂） 大谷東平　藤村郁雄 繁村純孝アナ他 ※天候不良時 1330～	1145 オープニングメロディ 岡田博トリオ55おしらせ	1145 オープニングメロディ 斎藤超とニューサウンズ	1145 オープニングメロディ アコーディオン：岡田博	1145 オープニングメロディ 岡田博トリオ55おしらせ	1145 オープニングメロディ	900 動物園のおともだち「動物の子供」古賀忠進
1130 短編映画	1200 OTV ニュース	1200 OTV ニュース	1200 OTV ニュース	1155 おしらせ	1200 OTV ニュース	945 仲よしN 955 マンガ公園
1200 OTV ニュース	1215 ほほえみ一家 竜崎一郎 坪内美詠子他	1215 奥さん天国 ～東西夫婦気質～「バケツ亭主」(KR) 市川寿美礼 春日俊二 江戸家猫八	1215 アイ・ラブ・亭主（KR）「人の気も知らないで」 荻昌弘40 テレビガイド	1200 OTV ニュース	1215 パッチリ天国「嵐を呼ぶ渡り鳥」◇ガイド	1030 京だより「祇園ばやし」
1215 ヘルメス・カクテルサロン「ダイアナ」愛田40ガイド	1240 テレビガイド			1215 映画の窓(KR)「最後の接吻」荻昌弘40 テレビガイド	1245 料理手帖 アジマリナード	1045 カメラルポ お料理訪問 「お料理訪問・貝塚茂樹」
1245 料理手帖「いため牛肉」辻勲	1245 料理手帖「チキンサラダ」井上幸作 岩原アナ	1240 ガイド 45 料理手帖「肉詰めのピーマントマト添え」辻徳光	1240 ガイド 45 料理手帖「鍋なしで作る柳川鍋」小川旭	1245 料理手帖「プレートディナー」田積宣貴	1300 婦人ニュース 薄田桂 ◇ガイド	1100 ボンネル映画アワー「野郎と黄金」（紹介）
1300 婦人ニュース 村山りう	1300 婦人ニュース 中尾保	1300 婦人ニュース 河野須寿	1300 婦人ニュース 坂田房治郎	1300 婦人ニュース 15 ガイド	1320 家庭百科（OTVF）「扇風機の使い方」	1115 海外トピックス
1315 おしらせ	1315 テレビガイド	1315 テレビガイド	1316 家庭百科（OTVF）山本鈴子「子供と海水浴」山本	1319 家庭百科（OTVF）「顔にあった眼鏡」	1325 の」平西部劇「愛するノミと共に」三木のり平 藤山寛一 渥美清	1130 経済サロン「興行界よもやま話」
1319 家庭百科（OTVF）「夏のお弁当」茶珍俊夫 25 放送休止	1318 家庭百科（OTVF）「水着の選び方」藤川延子 ◇放送休止	1318 家庭百科（OTVF）「水泳の心得」木崎国嘉	1324 おしらせ◇放送休止	1323 放送休止		1200 OTV ニュース 10 ガイド
1440 テストパターン55 おしらせ	1440 テストパターン ポピュラー	1323 放送休止	1440 テストパターン55 おしらせ	1440 テストパターン55 おしらせ	1430 テストパターン（クラシック）	1215 ダイラケのびっくり捕物帖「猫盗人」後篇 ダイマル・ラケット 森光子 中村あやめ 藤田まこと他
1500 大相撲名古屋場所二日目(KR) 解説：天龍三郎 輝昇　担当：鈴木 近江 榎本アナ	1500 大相撲名古屋場所三日目(KR) 解説：天龍三郎 輝昇 1741 漫画 くらぶ	1440 テストパターン55 おしらせ	1500 大相撲名古屋場所（金山体育館）五日目(CBC) 解説：天龍三郎 輝昇 担当：鈴木 近江 榎本アナ	1500 大相撲名古屋場所（金山体育館）六日目(KR) 解説：天龍三郎 輝昇 担当：鈴木 近江 榎本アナ	1455 来週の番組	1240 OK 横丁に集まれ (NTV)
	1750 朝日新聞テレビガイド	1500 大相撲名古屋場所（金山体育館）四日目(KR)			1500 大相撲名古屋場所（金山体育館）七日目 解説：天龍三郎 輝昇 担当：鈴木 近江 榎本アナ	1315 ナショナル日曜テレビ観劇会「オンボロ天使」宮城まり子
1750 毎日新聞テレビニュース	1800 呼出符号L 高桐眞 千葉保他	1750 朝日新聞テレビニュース	1750 毎日新聞テレビニュース			1455 大相撲名古屋場所（金山体育館）中日(KR)
1800 子供の教室（OTV）「夏の夜の星空」出演：佐伯恒夫	1815 名犬リンチンチン「森の一家」	1800 ヘッケルとジャッケル（漫画）「キャンディ君の鯨騒動」他	1800 放射能と原爆実験 田中菊次郎	1750 毎日新聞テレビニュース	1750 朝日新聞テレビニュース	1750 おしらせ55 OIVニュース
1815 ポポンタイムこの人を(NIV)「七夕」秋元喜雄他	1845 ガイド◇天気◇OIVニュース	1815 獅子文六アワー(NTV) 悦ちゃん「新しいママは？」	1815 ますらたちを派遣大会（KR）「花火のようなお客様」	1800 赤胴鈴之助 吉田豊明 他	1800 ぼくのわたしの音楽会 神戸市湊中	1800 アニーよ銃をとれ「第二の機会」 G デビス他
1845 ガイド◇天気◇OIVニュース	1900 カロランミュージカル(KR) 旗照夫 東郷たまみ	1845 ガイド 50 OTV ニュース	1815 電気のABC	1815 素人ものど競ベ 暁テル子 審査・脇郡良一45ガイド	1815 素人ものど競ベ 暁テル子 審査・脇郡良一45ガイド	1830 やりくりアパート 丸山明宏　大村崑
1900 おさげ社長（KR）「おさげ社長 怒っていた」	1930 ばらの伯爵（KR） 木村功 水谷八重子他	1856 あしたのお天気	1830 ポケット劇場 小さいお嫁さん「花束の巻」石川日奈 緋桜陽子他	1850 OTV ニュース 56 お天気		佐々十郎　茶川一郎 花和喜助　三角八重 芦屋小雁 横山エンタツ 初音礼子他
1930 太閤記 (NTV)「藤吉郎編」	2000 山一名作劇場 (NTV)「牡丹灯籠」岡田英次 遠山幸子 加藤嘉他	1900 わが輩ははなばな氏（KR）「奥様御免遊ばせ」の巻	1845 テレビガイド	1900 テレビよびよ大学（KR）	1900 街のチャンピオン	1900 スーパーマン「蝋人形屋形の殺人」
2000 大助捕物帳 (NTV) 長屋の秘密	2030 サンヨーテレビ劇場（KR）「七人の紳士」井靖：原作 三井光次 多々良純 佐野周二 坂本武	1930 歌はあなたとともに「東京の夜」江見渉 山岡久乃他	1850 OTV ニュース	1930 花王ワンダフルクイズ (NIV)	1930 ほろにがショー・何でもやりまショー「お化け大会」一龍斎貞鳳	1930 わが家楽し「まっすぐ歩け」堤真佐子 玉田伊佐男 小田切みき
2030 ナショナルTVホール（KR）銭形平次捕物控「縁結び」前篇	2100 近鉄パールアワー おっさん人生「キャンプシーズン」	2000 OIV スポーツファンシート 巨人一国鉄（後楽園） 南村侑広	1856 あしたのお天気	2000 京阪テレビカー・純情家族	2000 OTV スポーツファンシート 巨人一大洋（後楽園） 解説：中沢不二雄	2000 OIV スポーツファンシート 巨人一大洋（後楽園NIV）大平アナ
2100 カメラだより北から南から「牽牛と織女」	2115 ピアス劇場（KR）翠の愛人 富田恵子 三宅邦子他	【中止時】映画	1900 スーパースターメロディ「歌うスター」宝田明 久慈あさみ 安西郷子	2030 特ダネを逃がすな（KR）「消えてゆく過去」後篇	2100 OTV ワールド・スポーツ	【雨天時】映画「南欧の悲歌」
2115 ウロコ座「五重塔」後篇	2145 ミナロンドリームサロン 朝丘雪路	2100 コント千一夜 森光子 他	1930 宝塚テレビ劇場「風鈴」後篇 美杉てい子 夏亜東子他	2100 OTV ワールド・スポーツ	2115 ハーパー・コマンド「漂流船」	2100 話題のアルバム 10 ガイド
2145 月曜社交・2つの椅子「夏の夜話」	2200 マーチンケイン捜査シリーズ「ロケットを掘った男」	2115 宮本武蔵	2000 ロビンフッドの冒険	2115 日真名氏飛び出す（KR）「高原の秘密」前篇	2145 三越映画劇場	【雨天時】阪急一西鉄（西宮）
2200 青春のやまびこ「バラの夕映え」前篇	2230 OTV 週間世界ニュース	2145 ニッケ・ジャズパレード 旗照夫 ヘレンヒギンス他	2030 鞍馬天狗（KR）「影の如く」	2145 芸能トピックス	2200 金語楼劇場おトラさん（KR）「書道の巻」柳家金語楼 小桜京子他	【ない時】 ソ映画「少年船長」
2230 ルポ「自衛隊」野々浩介	2245 テレビガイド	2200 ありちゃんのおかっぱ侍「娘一人に彼氏が四人の巻」	2100 奥様多忙（KR）	2200 又四郎行状記（KR）「美女峠」	2230 小唄教室 春日とよ玉 西川鯉右他	2115 東芝日曜劇場「吹きだまり」(KR) 伊志井寛 市川翠扇 大矢市次郎 坂東蓑助他
2245 ガイド 50 OTV ニュース	2250 OTV ニュース	2230 ダイヤル110番(NTV)「尾行者」	2115 目で聴く話題 雨風曇 (NTV)「愚連隊」	2230 三協グッドナイト・ショウ 水谷良重 東洋舞踊団 リズムエッツ	2245 テレビガイド	2215 テレビガイド
2302 お天気◇おしらせ◇終了	2302 お天気◇おしらせ ◇放送終了	2300 OTV ニュース	2145 おはこう表 (NIV/OTV)	2255 ニュース◇天◇おしらせ◇終了	2250 OTV ニュース	2220 ダイハツスポーツウイクリー
		2312 あしたのお天気	2200 新大岡政談「江戸の夕立」前篇		2302 あしたのお天気	2230 OTV 週間世界ニュース
		2315 おしらせ◇放送終了	2230 私のコレクション「羊」川柳家 藤井好浪			2245 ガイド 50 OTV ニュース
			2245 ガイド 50 OTV ニュース			2305 お天気◇おしらせ◇終了
			2250 OTV ニュース			
			2302 お天気◇おしらせ◇終了			

●7月14日(月)

- 1130 テストパターン
- 1145 オープニングメロディ
  斎藤超とニューサウンズ
- 1155 おしらせ 1200 OTVニュース
- 1215 ヘルメス・カクテルサロン
  歌・中原 木村 40 ガイド
- 1245 料理手帖「ブレイク・
  ファーストサラダ」辻勲
- 1300 婦人ニュース 村山リウ
- 1315 テレビガイド
- 1319 家庭百科(OTVF)
  「一月目の赤ちゃん」
  吉矢久一
- 1325 放送休止
- 1440 テストパターン 55 おしらせ
- 1500 大相撲名古屋場所
  (金山体育館) 九日目(KR)
  解説:天龍三郎 輝昇
  担当:鈴木 近江 榎本アナ
- 1750 毎日新聞テレビニュース
- 1800 子供の教室 (OTV)
  「音のみつけ方」藤田
- 1815 ポポンタイムこの人を(NTV)
  橋本厚生大臣 45 ガイド
- 1850 OTVニュース 56 お天気
- 1900 おさげ社長 (KR)
  「おさげ社長のお中元」
  永津澄江 飯田覚三
  川喜多雄二 野々村
- 1930 太閤記(NTV)「藤吉郎編」
- 2000 大助捕物帳(NTV)「紅
  勘」
- 2030 ナショナルTVホール(KR)・
  銭形平次捕物控
  「縁結び」後篇
- 2100 カメラだより北から南から
  「ハイカラ日本」
- 2115 ウロコ座「晴小袖」前篇
  花柳章太郎 水谷八重子他
- 2145 月曜対談・2つの椅子
  「リズムにのせて」
  友井唯起子 山本篤子
- 2200 青春のやまびこ「朝焼け雲」
- 2230 ルポ「蟻の街の奇跡」
  野々浩介
- 2245 ガイド 50 OTVニュース
- 2302 お天気◇おしらせ◇終了

●7月15日(火)

- 1130 テストパターン(クラシック)
- 1145 オープニングメロディ
  斎藤超とニューサウンズ
- 1155 おしらせ
- 1200 OTVニュース
- 1215 ほほえみ一家
  竜崎一郎 坪内美詠子他
- 1240 テレビガイド
- 1245 料理手帖「変わりポーク
  チャップ」井上幸作
  岩原アナ
- 1300 婦人ニュース 牧野夫佐子
- 1315 テレビガイド
- 1320 家庭百科(OTVF)藤川延子
  「海辺のスタイル」◇休止
- 1440 テストパターン(ポピュラー)
- 1500 大相撲名古屋場所
  (金山体育館) 十日目(KR)
- 1741 漫画くらぶ
- 1750 朝日新聞テレビニュース
- 1800 呼出符号L
  高桐眞 千葉保他
- 1815 名犬リンチンチン
  「セスの活躍」
- 1845 ガイド 50 OTVニュース
- 1856 あしたのお天気
- 1900 カロランミュージカル(KR)
  芦野宏 宝とも子
  キューバンボーイズ
- 1930 ばらの伯爵(KR)
- 2000 山一名作劇場(NTV)
  「牡丹灯籠」岡田英次
  遠山幸子 加藤嘉他
- 2030 サンヨーテレビ劇場(KR)
  「七人の紳士」井上靖
  原作:三井光次 多々良純
  佐野周二 坂本武
- 2100 近鉄パールアワー
  おっさん人生「お中元の巻」
- 2115 ビアス劇場(KR) 翠の愛人
  富田恵子 三宅邦子他
- 2145 ニッケ・ジャズパレード
  高英男 大伴千春
  宝とも子ヘレンヒギンス他
  ジョージ岡
- 2200 マーチンケイン
  捜査シリーズ「復讐」
- 2230 OTV 週間世界ニュース
- 2245 ガイド 50 OTVニュース
- 2302 お天気◇おしらせ◇終了

●7月16日(水)

- 1130 テストパターン
- 1145 オープニングメロディ
  斎藤超とニューサウンズ
- 1155 おしらせ
- 1200 OTV ニュース
- 1215 奥さん天国
  ～東西夫婦気質～
  「お中元」(OTV)
  京都伸夫・作
  西条凡児 萬代峯子
  山村弘三 環三千世
- 1240 テレビガイド
- 1245 料理手帖「冷やしそうめん」
  辻徳光
- 1300 ポーラ婦人ニュース
  出席:保田春雄(奇術師)
- 1315 テレビガイド
- 1318 家庭百科(OTVF)
  「寄生虫の話」日本大阪
  本院 木崎国嘉◇休止
- 1440 1500 大相撲名古屋場所
  (金山体育館) 十一日目
  (KR) 解説:天龍三郎
  輝昇 担当:鈴木
  近江 榎本アナ
- 1750 毎日新聞テレビニュース
- 1800 ヘッケルとジャッキル(漫画)
  「キャンディ君の鯨騒
  動」他
- 1815 獅子文六アワー (NTV)
  悦ちゃん「海風吹けば」
- 1845 ガイド
  ◇OTV ニュース◇天気
- 1900 わが輩ははなばな氏(KR)
  「パパご免」の巻
- 1930 歌はあなたとともに
  「高英男ショー」ビショッ
  プ 節子 太田京子他
- 2000 OTV スポーツファンシート
  阪神―中日(甲子園)
  【中止時】大毎―西鉄
  【ない時】
  映画「西部の叫び」
- 2100 コント千一夜 森光子 他
- 2115 宮本武蔵(NTV)
- 2145 ニッケ・ジャズパレード
  宝とも子ヘレンヒギンス他
- 2200 ありちゃんのおかっぱ侍
  「書中水見舞の巻」
- 2230 ダイヤル110番消えた乗客」
  (NTV)
- 2300 OTVニュース
- 2312 お天気◇おしらせ◇終了

●7月17日(木)

- 930 テストパターン◇おしらせ
- 945 祇園祭(京都四条寺町より)
  伊吹武彦 繁村純孝アナ
  ◇おしらせ・休止
- 1130 テストパターン(クラシック)
- 1145 オープニングメロディ
  岡田博トリオ 55 おしらせ
- 1200 OTVニュース
- 1215 アイ・ラブ・亭主(KR)
  「人の気も知らないで」
- 1240 テレビガイド
- 1245 料理手帖「魚と野菜の酢の
  もの」奥井広美他
- 1300 婦人ニュース 黒田しのぶ
- 1316 家庭百科(OTVF)
  「夏の入浴」山本鈴子
- 1324 おしらせ 30 放送休止
- 1440 テストパターン 55 おしらせ
- 1500 大相撲名古屋場所
  (金山体育館) 十二日目
  (KR) 解説:天龍三郎
  輝昇 担当:鈴木
  近江 榎本アナ
- 1750 朝日新聞テレビニュース
- 1800 テレビ社会科田中菊次郎
  「これからの交通」
- 1815 ますらを派出大会(KR)
  「ほほえみよ今日は」
- 1845 ガイド 50 OTVニュース
- 1856 あしたのお天気
- 1900 スーパースターメロディ
  「ハワイアンの夕べ」
  宝田明 久慈あさみ
  安西郷子
- 1930 アイヌ民話「赤い燕」
  松乃みどり 夏亜矢子
- 2000 ロビンフッドの冒険「緑の布」
- 2030 鞍馬天狗(KR)「影の如く」
- 2100 奥様多忙(KR)「郷愁」
- 2115 目で聴く話題 雨風曇
  (NTV)
- 2145 おはこう表 (NTV/OTV)
- 2200 新大岡政談
  「江戸の夕立」後篇
- 2230 私のコレクション
  「ジョッキー」大森寅之進
- 2245 テレビガイド
- 2250 OTVニュース
- 2302 お天気◇おしらせ◇終了

●7月18日(金)

- 1130 テストパターン(ポピュラー)
- 1145 オープニングメロディ
  岡田博トリオ 55 おしらせ
- 1200 OTV ニュース
- 1215 映画の窓 (KR)
  殺人鬼に罠をかけろ
  荻昌弘
- 1240 料理手帖 昼食の献立
  堀越フサエ
- 1300 婦人ニュース 千宗室
- 1315 テレビガイド
- 1320 家庭百科(OTVF)
  「カマスの塩と
  かいわれ菜汁」福井国三
- 1325 放送休止
- 1440 テストパターン(ポピュラー)
- 1500 大相撲名古屋場所
  (金山体育館) 十三日目
  (KR) 解説:天龍三郎
  輝昇 担当:鈴木
  近江 榎本アナ
- 1750 朝日新聞テレビニュース
- 1800 赤胴鈴之助 吉田豊明 他
- 1815 電気のABC 泉田行夫 他
  「ランプよさようなら」
- 1830 ポケット劇場小さいお嫁さん
  「小さい時計」
  石川旨奈 緋桜陽子他
- 1845 ガイド 50 OTVニュース
- 1856 あしたのお天気
- 1900 テレビよびろよ大学(KR)
- 1930 花王ワンダフルクイズ(NTV)
- 2000 京阪テレビカー・純情家族
  「夏の夜の秘密」
- 2030 特ダネを逃がすな(NTV)
  「湖は見ていた」前篇
- 2100 OTV ワールド・スポーツ
- 2115 ハーバー・コマンド
  「目撃者」声・阪修
- 2145 三越映画劇場
- 2200 金語楼劇場おトラさん
  (KR)「言葉の巻」
  柳家金語楼 小桜京子他
- 2230 小唄教室 (KR)
  三升延 水谷八重子他
  藤間紫
- 2245 テレビガイド
- 2250 OTVニュース
- 2302 お天気◇おしらせ◇終了

●7月19日(土)

- 1120 テストパターン(クラシック)
  ローマの泉
- 1135 オープニングメロディ
  斎藤超とニューサウンズ
- 1150 来週のハイライト
- 1155 家庭百科 (OTVF)
  「季節のいけばな」
  佐治丹姫
- 1200 OTVニュース
- 1215 パッチリ天国「嵐を呼ぶ
  渡り鳥」40 ガイド
- 1245 料理手帖「ダマスの塩と
  かいわれ菜汁」福井国三
- 1300 婦人ニュース 勝村泰三
- 1315 テレビガイド
- 1320 劇場中継「復讐変化絵巻」
  (大阪の劇場) 大江美智子他
- 1455 おしらせ
- 1500 大相撲名古屋場所
  (金山体育館) 十四日目
  (KR) 解説:天龍三郎
  輝昇 担当:鈴木
  近江 榎本アナ
- 1755 毎日新聞テレビニュース
- 1800 ぼくのわたしの音楽会
  京都市醍醐小
- 1815 素人のど競べ 暁テル子
- 1845 ガイド 50 お天気
- 1853 OTVニュース
- 1900 街のチャンピオン
- 1930 ほろにがショー・
  何でもやりまショー(NTV)
  ゲスト若水ヤエ子夫妻
- 2000 OTV スポーツファンシート
  大毎―南海
  解説:中沢不二雄
  大平アナ
  【雨天時】阪神―国鉄
  (甲子園)
  【試合ない時】
  英映画「南欧の悲歌」
- 2100 話題のアルバム 10 ガイド
- 2115 日真名氏飛び出す(KR)
  「高原の秘密」解決編
- 2145 芸能トピックス
- 2200 又四郎行状記(KR)
- 2230 三協グッドナイト・ショウ
  渋谷のり子
- 2255 OTVニュース
- 2302 お天気◇おしらせ◇終了

●7月20日(日)

- 840 テストパターン
- 900 動物園のおともだち
  「動物の進化」古賀忠道他
- 945 仲よしN 955 マンガ公園
- 1030 京だより「祇園ばやし」
- 1045 カメラルポお料理訪問
  「お料理訪問・辻嘉一」
- 1100 ボンネル映画アワー
  「西銀座駅前」(紹介)
- 1115 海外トピックス
- 1130 経済サロン「旅客と輸送」
- 1200 OTVニュース 10 ガイド
- 1215 ダイラケのびっくり捕物帖
  「二人の伝吉の巻」前編
  ダイマル・ラケット 森光子
  中村あやめ 藤間まこと他
- 1240 OK 横丁に集まれ
- 1315 ナショナル日曜テレビ
  観劇会「渦中に立つ花嫁」
  大阪文楽座公演
  高田次郎 由良道子
  十吾他
- 1435 大相撲名古屋場所
  (金山体育館) 千秋楽
  (KR)
- 1750 おしらせ 55 OTVニュース
- 1800 アニーよ銃をとれ
  「悲運の名選手」
  Gデビス他
- 1830 やりくりアパート
  「海風・恋風の巻」
  エリック 大村崑
  佐々十郎 茶川一郎
  花和剋助 三角八重
  芦屋小雁 横山エンタツ
  初音礼子他
- 1900 スーパーマン
- 1930 わが家は楽し「素晴らしき旅」
  堤真佐子 玉田伊佐男
- 2000 OTV スポーツファンシート
  阪神―国鉄(甲子園)
  【ない時】
  ソ映画「少年船長」
- 2115 東芝日曜劇場「荒濤」(KR)
  柳永二郎 市川翠扇
  花柳武治
- 2215 テレビガイド
- 2220 ダイハツスポーツウィクリー
- 2230 OTV 週間世界 N
- 2245 ガイド 2250 N
- 2305 天◇おしらせ◇終了

第2章「熱狂」

●7月21日（月）

1130 パターン 45 メロディ
1155 おしらせ 1200 OTV ニュース
1215 ヘルメス・カクテルサロン
　　　歌・東郷たまみ
　　　木村与三男他
1240 ガイド
1245 料理手帖「マルセーユ風トマトスープ」辻勲
1300 婦人ニュース 村山リウ
1315 おしらせ
1320 家庭百科（OTVF）
　　　「夏とビタミン」茅珍俊夫
1325 放送休止
1720 テストパターン36おしらせ
1741 漫画くらぶ
1750 朝日新聞テレビニュース
1800 子供の教室
　　　「トオ・シューズをはいて」
　　　西野バレエ団
1815 ポポンタイムこの人を（NIV）
　　　「海に生きる人々」45 ガイド
1850 OTV ニュース 56 お天気
1900 おさげ社長（KR）
　　　「おさげ社長のお客様」
　　　永津澄江 飯田覚三
　　　川喜多雄二 野々村
1930 太閤記（NTV）「藤吉郎編」
2000 大助捕物帳（NTV）
　　　「紅勘■」後篇
2030 ナショナルTVホール
　　　（KR）銭形平次捕物控
　　　「殺された半蔵」前篇
2100 カメラは北から南から
　　　「鍋底景気の明暗」
2115 ウロコ座「晴小袖」中篇
　　　花柳障太郎 水谷八重子他
2145 月曜対談・2つの椅子
　　　「ホテル稼業」
　　　郡司茂 川名鍬次郎
2200 青春のやまびこ
　　　「人は何のために」坂本武
　　　佐野周二 三宅邦子
　　　山田玲子他
2230 ルポ「今は昔品川辺り」
　　　野々浩介 45 ガイド◇N
2302 お天気◇おしらせ◇終了

●7月22日（火）

1130 テストパターン45メロディ
1155 おしらせ
1200 OTV ニュース
1215 ほほえみ一家「お化け退治」
　　　竜崎一郎 坪内美詠子他
1240 テレビガイド
1245 料理手帖「ハンバーガードーナツ」井上幸作
　　　岩原アナ
1300 婦人ニュース 桂米朝
1315 テレビガイド
1320 家庭百科（OTVF）
　　　「夏ふだん着」藤川延子
1325 短編映画「フーバーダム物語」
1400 劇場中継「あまから人生」
　　　（大阪梅田コマ）
　　　ダイマル・ラケット
　　　森光子他
1720 パターン 30 メロディ
1741 漫画くらぶ
1800 毎日新聞テレビニュース
1800 呼出符号 L
　　　高崎眞 千葉保他
1815 名犬リンチンチン
　　　ブーンのおじさん45ガイド
1850 OTV ニュース 56 お天気
1900 カロランミュージカル（KR）
　　　「恋は風に乗って」
　　　ジェームス繁田
　　　ペギー葉山 朝丘雪路
　　　中原美紗緒 笠田敏夫
1930 ばらの伯爵（KR）「明暗」
　　　木村功 水谷八重子他
2000 山一名作劇場（NTV）
　　　「牡丹灯籠」
2030 サンテレビ劇場（KR）
　　　「密会」
2100 近鉄パールアワー
　　　おっさん人生「夏祭り」
2115 ピアス劇場愛情シリーズ
　　　「緑の愛人」
　　　富田恵子 三宅邦子他
2145 ミナロンドリームサロン
　　　J 繁田他
2200 富士山頂から実況中継
　　　【再】
2245 OTV ニュース
2257 OTV 週間世界ニュース
2312 お天気◇おしらせ◇終了

●7月23日（水）

1130 パターン 45 メロディ
1155 おしらせ
1200 OTV ニュース
1215 奥さん天国
　　　〜東西夫婦気質〜
　　　「十八歳未満お断り」（KR）
　　　市川寿美礼 春日俊二
　　　江戸家猫八 40 テレビガイド
1245 料理手帖「巻き南瓜の含め煮」辻徳光
　　　広瀬修子
1300 婦人ニュース 猪熊兼繁
1315 テレビガイド
1318 家庭百科（OTVF）
　　　「虫垂炎の話」木崎国嘉
1323 放送休止
1720 テストパターン36おしらせ
1741 漫画くらぶ
1750 毎日新聞テレビニュース
1800 ヘッケルとジャッケル（漫画）
　　　キャンディ君とマンガの国
1815 獅子文六アワー（NTV）
　　　悦ちゃん「豪華な一日」
1845 ガイド◇OIVニュース◇天気
1900 わが輩ははなばな氏（KR）
　　　「社長それは我慢できない」の巻
1930 歌はあなたとともに
　　　「市丸ショー」
2000 OIV スポーツファンシート
　　　巨人一国鉄（後楽園）
　　　【中止時】阪神ー広島
　　　（甲子園）
　　　【野球ない時】映画
2100 コント千一夜 森光子他
2115 宮本武蔵（NTV）
2145 ニッケ・ジャズパレード
　　　芦野宏 ヘレンヒギンス他
2200 ありちゃんのおかっぱ侍
　　　恋と花火は夜空に消える
　　　の巻
2230 ダイヤル 110 番（NTV）
　　　「大阪連続放火事件」
　　　※ 1950年ミナミで起きた
　　　連続放火事件が題材。
2300 OTV ニュース
2312 お天気◇おしらせ◇終了

●7月24日（木）

※本放送開始 600 日目

1130 テストパターン（クラシック）
　　　ハイドン曲
1145 オープニングメロディ
　　　岡田博トリオ 55 おしらせ
1200 OTV ニュース
1215 アイ・ラブ・亭主（KR）
1240 ガイド
1245 料理手帖「アジの照焼」
　　　平田武一
1300 婦人ニュース 交換学生他
1315 テレビガイド
1320 家庭百科（OTVF）
　　　「真夏の化粧」山本鈴子
1325 おしらせ 30 放送休止
1720 テストパターン（クラシック）
　　　映画音楽
1731 オープニングメロディ
1741 まんがくらぶ
1750 朝日新聞テレビニュース
1800 テレビ社会科
　　　「石油の宝庫・中近東」
　　　日高一郎他
1815 ますらを派出会（KR）
　　　「ほほえみよ今日は」
1845 テレビガイド
1850 OTV ニュース 56 お天気
1900 スーパースターウーマン
　　　春日八郎ヒット集
　　　「居酒屋」斎藤京子他
1930 宝塚テレビ劇場
　　　バレエファンタジー
　　　「海の神秘」翼ひかる
　　　天城月江他
2000 ロビンフッドの冒険
　　　「弓試合の賞金」
2030 鞍馬天狗（KR）「影の如く」
2100 奥様多忙（KR）
2115 目で聴く話題 雨風曇
　　　（NTV）「サーカスのお友達」
　　　夢声 ハチロー 渡辺 奥野
2145 おはこう表（NTV/OTV）
　　　菫原邦子 ゲスト・
　　　トップライト
2200 新大岡政談
　　　みみず長屋 前篇
2230 私のコレクション
　　　カエル平手兼松45ガイド
2250 OTV ニュース
2302 お天気◇おしらせ◇終了

●7月25日（金）

1130 テストパターン
　　　（ポピュラーアルバム）
1145 オープニングメロディ
　　　岡田博トリオ 55 おしらせ
1200 OTV ニュース
1215 映画の窓（KR）
　　　「静かなるドン」荻昌弘
1240 テレビガイド
1245 料理手帖「英国風きざみ肉」松下貝也
　　　小深秀子・アナ
1300 婦人ニュース 薄田桂
1315 テレビガイド
1320 家庭百科（OTVF）山下守
　　　テラスを作りましょう
　　　◇休止
1710 テストパターン
1725 オープニングメロディ
1736 来週の番組
1741 まんがくらぶ
1750 朝日新聞テレビニュース
1800 ぼくのわたしの音楽会
　　　大阪：梅花学園中学部
1815 素人のど競べ
　　　（大阪地区合格者大会）
　　　暁テル子 審査・服部良
　　　一他
1845 テレビガイド
1850 OTV ニュース
1856 あしたのお天気
1900 街のチャンピオン
　　　トップライト
1930 ほろにがショー
　　　何でもやりまショー（NIV）
　　　一龍斎貞鳳
2000 イギリス映画
　　　「南欧の悲歌」
2100 話題のアルバム
2110 テレビガイド
2115 日真名氏飛び出す（KR）
　　　「静かな温泉宿」前篇
2145 芸能トピックス
2200 又四郎行状記（KR）
　　　「裏と表」
2230 三協グッドナイト・ショウ
　　　ペギー菊山 中野ブラザ
　　　ー フォーコインズ
2255 OTV ニュース
2302 お天気◇おしらせ◇終了

●7月26日（土）

1130 テストパターン45メロディ
1155 来週のハイライト
1200 OTV ニュース
1215 バッチリ天国「若き隣人たち」
1240 テレビガイド
1245 料理手帖「夢みる頃」
1315 短編映画「夢みる頃」
1345 のり平西部劇
1415 ナショナル日曜テレビ
　　　観劇会「夏のおどり」
　　　日劇公演 雪村いづみ
　　　◇休止◇パターン
1750 OTV ニュース 56 お天気
1800 アニメと銃をとれ
　　　G デビス他
1830 やりくりアパート
　　　エリック 大村崑
　　　佐々十郎 茶川一郎
　　　花和幸助 三角八重
　　　芦屋小雁 横山エンタツ
　　　初音礼子他
1900 OIV スポーツファンシート
　　　オールスターゲーム
　　　（平和台）中沢不二雄
　　　【野球ない時】
　　　　1900 スーパーマン
　　　　1930 わが家は楽し
　　　　2000 ボリショイサーカス
　　　　　　　（アイスパレスより）
2100 文学ところどころ
　　　「王将」
2115 スポーツウィクリー
2130 東芝日曜劇場「夕立雲」
　　　（KR）梅幸 松緑 海老蔵
　　　五十鈴
2230 OTV 週間世界ニュース
2245 ガイド 50 OTV ニュース
2305 お天気◇おしらせ◇終了

●7月27日（日）

8840 テストパターン
900 動物園のおともだち
　　古賀忠道他 45 仲よしN
955 マンガ公園 漫画映画 6 本
1030 京だより「祇園ばやし」
1045 カメラルポお料理訪問
　　　「竜■の飛鮎」
1100 ボンネル映画アワー
　　　「海女の岩礁」（紹介）
1115 海外トピックス
1130 経済サロン
　　　「オートメの現状と将来」
　　　松村睦■ 山本優
1200 OTV ニュース 10 ガイド
1215 ダイラケのびっくり捕物帖
　　　「二人の伝法の巻」後篇
　　　ダイマル・ラケット 森光子
　　　中村あやめ 藤田まこと他
1245 OK 横丁に集まれ（NTV）
1315 短編映画「夢みる頃」
1345 のり平西部劇
1415 ナショナル日曜テレビ
　　　観劇会「夏のおどり」
　　　日劇公演 雪村いづみ
　　　◇休止◇パターン
1750 OTV ニュース 56 お天気
1800 のり平西部劇
　　　G デビス他
1830 やりくりアパート
　　　エリック 大村崑
　　　佐々十郎 茶川一郎
　　　花和幸助 三角八重
　　　芦屋小雁 横山エンタツ
　　　初音礼子他
1900 OIV スポーツファンシート
　　　オールスターゲーム
　　　（平和台）中沢不二雄
　　　【野球ない時】
　　　　1900 スーパーマン
　　　　1930 わが家は楽し
　　　　2000 ボリショイサーカス
　　　　　　　（アイスパレスより）
2100 文学ところどころ
　　　「王将」
2115 スポーツウィクリー
2130 東芝日曜劇場「夕立雲」
　　　（KR）梅幸 松緑 海老蔵
　　　五十鈴
2230 OTV 週間世界ニュース
2245 ガイド 50 OTV ニュース
2305 お天気◇おしらせ◇終了

●7月28日（月）	●7月29日（火）	●7月30日（水）	●7月31日（木）
1130 テストパターンショパン曲	1130 テストパターン	930 テストパターン	1130 テストパターン（クラシック）
1145 オープニングメロディ シンギングピアノ：岩崎洋	1145 メロディ 55 おしらせ	945 オープニングメロディ 斎藤超とニューサウンズ	1145 オープニングメロディ
1155 おしらせ	1200 OTV ニュース	955 家庭百科（OTVF）	1155 おしらせ
1200 OTV ニュース	1215 ほほえみ一家 「愉しい海水浴」竜崎一郎	「氷枕」木崎国嘉	1200 OTV ニュース
1215 ヘルメス・カクテルサロン 星野みよ子 木村他	40 ガイド	1000 衆議院外務委員会中継	1215 アイ・ラブ・亭主（KR） 「涼しすぎた■日」
1240 テレビガイド	1245 料理手帖「芝えびの鉄板焼き」井上幸作 岩原アナ	1150 映画「絵を描く子供達」	40 ガイド
1245 料理手帖「お好みクシカツ」辻勲 佐藤和枝	1300 婦人ニュース 牧野夫佐子	1200 OTV ニュース	1245 料理手帖「玉葱の肉詰め蒸」他 田中藤一
1300 婦人ニュース 佐伯恒夫	1315 テレビガイド	1215 奥さん天国 ～東西夫婦気質～ 「あなたテストお願い」（OTV）京都伸夫・作 西条凡児 萬代峯子 山村弘三 環三千世	1300 婦人ニュース 交換学生他
1315 テレビガイド	1320 家庭百科（OTVF） 「タウンウエア」藤1延子		1315 テレビガイド
1320 家庭百科（OTVF） 「夏やせを防ぐ食物」茶珍俊夫 25 放送休止	1720 テストパターン（ポピュラー）		1320 家庭百科（OTVF） 「日焼の手当」山本鈴子 木崎国嘉
1720 テストパターン（ジャズをどうぞ）36おしらせ	1731 メロディ 41 漫画くらぶ	1240 テレビガイド	1325 おしらせ 30 放送休止
1741 漫画くらぶ	1750 朝日新聞テレビニュース	1245 料理手帖「カマスの姿ずし」	1720 テストパターン（クラシック） 映画音楽
1750 毎日新聞テレビニュース	1800 呼出符号L「この声に従え」	1300 婦人ニュース 鈴木倫子	1731 オープニングメロディ
1800 子供の教室（OTV） 「面白い数と計算」京大 薮内清	1815 名犬リンチンチン	1315 テレビガイド	1741 まんがくらぶ
1815 ポポンタイムこの人を（NIV）	1845 ガイド 50 OTV ニュース	1320 都市対抗野球 (後楽園) 全鐘紡－東洋紡岩国	1750 毎日新聞テレビニュース
1845 ガイド◇ニュース ◇お天気	1855 あしたのお天気	◇休止	1800 テレビ社会科 「石油の宝庫・中近東」日高一郎他
1900 おさげ社長（KR） 「おさげ社長のどたんば」	1900 OTV スポーツファンシート オールスターゲーム（広島） 解説：浜崎真二 大和球士	1720 テストパターン	1815 ますらを派出大会（KR） 「ほほえみよ今日は」
1930 太閤記（NTV）「藤吉郎編」		1736 おしらせ	1845 テレビガイド
2000 大助捕物帳（NTV） 「三千両道中」		1741 漫画くらぶ	1850 あしたのお天気
2030 ナショナルTVホール（KR）銭形平次捕物控 「殺された半蔵」後篇	2145 ミナロンドリームサロン 三宅光子 粟野圭一	1750 朝日新聞テレビニュース	1853 OTV ニュース
2100 カメラだより北から南から「暑いデス」	2200 短編映画	1800 ヘッケルとジャッケル（漫画）	1900 スーパースターメロディ 淡谷のり子 花村菊江 神戸一郎 大江洋一
2115 ウロコ座「晴小袖」後篇	2215 OTV 週間世界ニュース	1815 獅子文六アワー（NTV） 悦ちゃん「ママが二人でも」	1930 宝塚テレビ劇場 「舞踊劇雪の舞扇」神代錦 南悠子他
2145 月曜対談・2つの椅子「東南アジアと日本」梅棹忠夫 石川敬介	2230 OTV ニュース	1845 テレビガイド	2000 ロビンフッドの冒険
2200 青春のやまびこ 坂本武 佐野周二 三宅邦子 山田玲子他	2242 お天気◇おしらせ◇終了	1850 OTV ニュース	2030 鞍馬天狗（KR）「影の如く」
2230 カメラルポいつもどこかで「氷と花火」野空浩45ガイド	【野球ない時】	1856 あしたのお天気	2100 奥様多忙（KR）「別れの歌」江見渉 山岡久乃他
2250 OTV ニュース	1900 カロランミュージカル（KR）「恋 颯 このって」	1900 わが輩ははなばな氏（KR）「社長はそれを我慢できない」	2115 目で聴く話題 雨風曇
2302 お天気◇おしらせ◇終了	1930 ばらの伯爵（KR）		2145 おはこうら表（NTV/OTV）
	2000 「顔」（NTV）原作松本清張	1930 歌はあなたとともに 「島倉千代子ショー」金原	2200 新大岡政談「みみず長屋」後篇 藤山竜一 猿若清方
	2030 「踊る葬列」	2000 映画「西部の叫び」ジョン・ウエイン	2230 私のコレクション「貝がら」菊地典男
	2100 おっさん人生	2100 コント千一夜 森光子 他	2245 テレビガイド
	2115 ピアス劇場（KR）	2115 宮本武蔵（NTV）	2250 OTV ニュース
	2145 ミナロンドリームサロン いづみ ヘレンヒギンス他	2145 ニッケ・ジャズパレード	2302 お天気◇おしらせ◇終了
	2200 短編映画 ウエストミンスター合唱団	2200 ありちゃんのおかっぱ侍「ヤクザ志願の巻」	
	2225 週間世界ニュース	2230 ダイヤル 110 番（NTV）「遺留品」	
	2240 OTV ニュース	2300 OTV ニュース	
	2252 天気◇おしらせ◇終了	2312 お天気◇おしらせ◇終了	

これがOTVだ　1958年7月

【単発番組】

● 富士山から実況中継

7月7日（月）10：30～11：30

標高3000m以上から世界初の生中継。頂上、堂島本社屋上、スタジオから三元放送。この番組はKRTVへネットされた。22日再放送。第7回民間放送連盟会長賞受賞（1959年4月21日）。「富士山頂より実況中継」参照。

● 祇園祭実況中継

7月17日（木）9：45～11：00　四条寺町から中継。出演・伊吹武彦 繁村純孝アナウンサー。

● 天神祭二元実況中継

7月25日（金）15：00～

大阪天満宮と堂島川畔の屋形船より。旭堂南陵、徳光孝ほか。

【新番組】

【7月7日（月）】

● カメラ・ルポ「いつもどこかで」

火22：00～22：15（～1959年4月28日）

「祇園の舞妓」「路地の芸人」「マネキン人形」「ダイアル119番」「鋳物」「おもちゃ」「夜間中学生」「山寺」「大谷石」「海苔を作る人」「有楽町二十四時」「寒

の釣船」「さよなら仔馬」「廻れ印刷機」「雪山に炭を焼く人」「雪国で生まれる夏の着物」「ぼくらは美容師」「瀬戸物で暮らす町」「お猿のせんせ」「ダの字のつくお菓子」「赤帽のＯさん」「ぼくは　はなし家一年生」「浪花のオールド・ショー」「加茂川に生まれる着物」「おむつ屋でござい」等。

【9日（水）】

●奥さん天国〜東西夫婦気質〜

（〜10月1日、全13回）

水 12：15 〜 12：45

KRTVと交互制作のホームドラマ。OTV制作分は「お中元」「あなたテストお願い」「ご注意あそばせ」「夫の勤務評定」ほか。

KRTV制作分は「バケツ亭主」「十八歳未満お断り」「彼女と指定席の巻」「花瓶物語」「私は顔です」「入れ知恵の巻」ほか。

1958年7月7日「富士山頂からのテレビ実況中継」

黎明期のテレビ局一覧 〜1959年までに開局したもの〜

開局日順。
◆は社団法人日本放送協会、日本放送協会（放送法上の特殊法人）。◇は民間放送。▲はそれ以外の放送局に関する事項。

1939（昭和14）年
◆5月13日
・日本放送協会テレビジョン実験局
J2PQ
（放送会館〜技術研究所間。公開実験）

（1941年〜1945年　太平洋戦争に伴い研究中断）

1948（昭和23）年
◆6月4日（戦後初。実験再開）
・日本放送協会テレビジョン実験局
（東京）

1950（昭和25）年
◆2月
・技研内にテレビ実験局を開設
◆11月
・NHK 東京テレビジョン実験局
JOAK-TVX

1951（昭和26）年
◆6月
・NHK 大阪テレビジョン実験局
JOBK-TVX
◆7月
・NHK 名古屋テレビジョン実験局
JOCK-TVX

1953（昭和28）年
◆2月1日（本放送）
・NHK 東京テレビジョン
JOAK-TV
◇8月28日
・日本テレビ放送網
JOAX-TV（東京）

1954（昭和29）年
◆2月1日（本放送）
・NHK 大阪テレビジョン
JOBK-TV
◆2月20日（本放送）
・NHK 名古屋テレビジョン
JOCK-TV
◇7月10日（北洋博で公開実験）
・北海道放送函館テレビ実験局
JOHO-TVX（函館市）

1955（昭和30）年
◇4月1日
・ラジオ東京テレビ
JOKR-TV（東京）
◆3月21日
・NHK 仙台テレビジョン
JOHK-TV
・NHK 広島テレビジョン
JOFK-TV
・NHK 福岡テレビジョン
JOLK-TV
◇6月29日
・北海道放送札幌テレビ実験局
JOHR-TVX（札幌市）
▲12月25日
・FEN　OKINAWA TV
（米軍放送・嘉手納）

1956（昭和31）年
◇12月1日
・大阪テレビ放送
JOBX-TV（大阪市）
・中部日本放送テレビ
JOAR-TV（名古屋市）
◆12月20日
・NHK 札幌テレビジョン
JOIK-TV

1957（昭和32）年

◆3月22日
・NHK 函館テレビジョン
JOVK-TV

◇4月1日
・北海道放送テレビジョン
JOHR-TV（札幌市）

◆5月29日
・NHK 松山テレビジョン
JOZK-TV
・NHK 小倉テレビジョン
JOSK-TV（福岡県小倉市）

◆6月1日
・NHK 静岡テレビジョン
JOPK-TV

◆12月22日
・NHK 岡山テレビジョン
JOKK-TV

◆12月23日
・NHK 金沢テレビジョン
JOJK-TV

◆12月28日
・NHK カラーテレビ東京実験局
JOAK-TVX（東京）

◇12月28日
・NTV カラーテレビ実験局
JOAX-TVX（東京）

1958（昭和33）年

◆2月22日
・NHK 熊本テレビジョン
JOGK-TV
・NHK 鹿児島テレビジョン
JOHG-TV

◇3月1日
・ラジオ九州テレビジョン
JOFR-TV（福岡市）

◇6月1日
・山陽放送テレビジョン
JOYR-TV（岡山市）

◇7月1日
・西日本放送テレビジョン
JOKF-TV（高松市）

◇8月1日
・RKB 毎日放送関門テレビ局
JOFO-TV（福岡県小倉市）

◇8月28日
・読売テレビ放送
JOIX-TV（大阪市）
・テレビ西日本
JOHX-TV（福岡県八幡市）

◆10月15日
・NHK 富山テレビジョン
JOIG-TV

◇10月25日
・信越放送テレビジョン
JOSR-TV（長野市）

◇11月1日
・静岡放送テレビジョン
JOVR-TV（静岡市）

◆11月15日
・NHK 長野テレビジョン
JONK-TV

◇11月22日
・関西テレビ放送
JODX-TV（大阪市）

◆11月27日
・NHK 室蘭テレビジョン
JOIU-TV

◆11月28日
・NHK 高知テレビジョン
JORK-TV

◆12月1日
・NHK 新潟テレビジョン
JOQK-TV

◇12月1日
・北陸放送テレビジョン
JOMR-TV
・南海放送テレビジョン
JOAF-TV（松山市）

◆12月22日
・NHK 長崎テレビジョン
JOAG-TV
・NHK 佐世保テレビジョン
JOAT-TV

◇12月24日
・ラジオ新潟テレビジョン
JODR-TV（新潟市）

◇12月25日
・東海テレビ放送
JOFX-TV（名古屋市）

◆12月28日
・NHK 旭川テレビジョン
JOCG-TV
・NHK 盛岡テレビジョン
JOQG-TV

1959（昭和34）年

◇1月1日
・長崎放送テレビジョン
JOUR-TV（長崎市）

◆1月10日
・NHK 東京教育テレビジョン
JOAB-TV

◇2月1日
・日本教育テレビ
JOEX-TV（東京）

◇1959 2月2日
・ラジオ東京カラーテレビ実験局
JOKR-TVX（東京）

◇2月28日
・朝日放送大阪テレビ
JONR-TV（合併による開局）

◆3月1日
・NHK 福島総合テレビジョン
JOFP-TV
◇3月1日
・毎日放送テレビジョン
JOOR-TV（大阪市）
・フジテレビジョン
JOCX-TV（東京）
・九州朝日放送テレビジョン
JOIF-TV（福岡市）
◆3月3日
・NHK 鳥取総合テレビジョン
JOLG-TV
◇3月3日
・日本海テレビジョン
JOJX-TV（鳥取市）
◆3月15日
・NHK 徳島総合テレビジョン
JOXK-TV
◆3月22日
・NHK 青森総合テレビジョン
JOTG-TV
◆4月1日
・NHK 大阪教育テレビジョン
JOBB-TV
◇4月1日
・札幌テレビ放送
JOKX-TV（札幌市）

・東北放送テレビジョン
JOIR-TV（仙台市）
・北日本放送テレビジョン
JOLR-TV（富山市）
・ラジオ中国テレビジョン
JOER-TV（広島市）
・四国放送テレビジョン
JOJR-TV（徳島市）
・ラジオ高知テレビジョン
JOZR-TV（高知市）
・ラジオ熊本テレビジョン
JOBR-TV（熊本市）
・ラジオ南日本テレビジョン
JOCF-TV（鹿児島市）
◇6月1日
・朝日放送テレビジョン
JONR-TV（事業継承完了）
◆6月15日
・NHK 山口総合テレビジョン
JOUG-TV
◆8月3日
・NHK 福井総合テレビジョン
JOFG-TV
◆8月24日
・NHK 大分総合テレビジョン
JOIP-TV
◇9月1日
・岩手放送テレビジョン
JODF-TV（盛岡市）

◆9月18日
・NHK 甲府総合テレビジョン
JOKG-TV
◇10月1日
・ラジオ青森テレビジョン
JOGR-TV（青森市）
・ラジオ山口テレビジョン
JOPF-TV（徳山市）
・ラジオ大分テレビジョン
JOGF-TV（大分市）
◆10月28日
・NHK 松江総合テレビジョン
JOTK-TV
◇11月1日
・沖縄テレビ放送
KSDW-TV（那覇市）
◆11月20日
・NHK 浜松総合テレビジョン
JODG-TV
◇12月15日
・ラジオ山陰テレビジョン
JOHF-TV（松江市）
◆12月19日
・NHK 山形総合テレビジョン
JOJG-TV
◇12月20日
・ラジオ山梨テレビジョン
JOJF-TV（甲府市）

◆12月24日
・NHK 帯広総合テレビジョン
JOOG-TV
◆12月25日
・NHK 秋田総合テレビジョン
JOUK-TV
◆12月28日
・NHK 釧路総合テレビジョン
JOPG-TV

第3章 「増幅」

～多局化のはじまり～

1958.8 ～ 1959.2

1958年 8月

1日　社員50名、毎日放送へ移籍

同日　福岡市のラジオ九州と八幡市の西部毎日テレビジョンが合併。福岡市にRKB毎日放送設立。KRTやOTVの番組を中心に放送。

同日　新大阪テレビ放送、讀賣テレビ放送に改称

3日　ABCホール「関西新劇場創立3周年記念公演・十五の森」を後援

6日　阪神百貨店8階ホール「朝日新聞社主催・高校野球40回記念展」を後援。

同日　プロ野球のネットをKRT系に変更。YTV開局までは一部NTV系中継も放送。

8日　ABCホール「朝日放送主催・第3回放送討論会」を後援。

10日　機構改革実施

11日　中継車第1号、第2号の愛称を募集。

11日　ABCホール「ABC爆笑納涼大会」を後援

14日　宝塚映画のテレビ映画第一作「可愛い仲人」（内村禄哉監督）を「宝塚テレビ劇場」で放送。

15日　MBSへの転出希望者11名に第二回退社が発令された。

15日　ABCホール「ABCステレオ・レコード・コンサート」を後援。

15日　HBC、NTV、KRT、CBC、YTV、RSK、RNC、RKB、TNCが「テレビジョン放送番組の交流に関する協定覚書」調印。番組送出局が受け取る「ネット特別分担金」制度を承認。

16日　アルバイト勤務者64名を準社員に採用

17日　大阪府立体育館「第4回全日本珠算選手権競技会」を後援。

20日　讀賣テレビ放送に本免許。

21日　毎日ホール「毎日新聞社・大阪青年会議所共催・貝谷百合子バレエ団「白鳥の湖」を後援。

27日　寺尾郵政大臣来社、社内施設見学

28日　準教育テレビ局「讀賣テレビ放送」本放送開始。第10チャンネル（JOIX-TV）

同日　福岡県八幡市のテレビ西日本（JOGX-TV）が本放送開始。関門地区第二局。NTV番組を中心に放送。

31日　毎日放送への転出希望者30名にに対し第二回退職が発令された。

同日　劇団新春座と優先出演契約

讀賣テレビの誕生 ～日本を縦貫するステーションネット～

「八が三つも並ぶ目出度い日」すなわち1958年8月28日に、讀賣テレビ放送は本放送を開始した。ネット相手は、五年前の「八が三つも並ぶ目出度い日」（昭和28年8月28日）に開局した日本テレビ放送網だ。

両局の「目出度い日」を選んだのは、実業家で政治家の正力松太郎氏であった。正力氏はNTVの経営を基盤に乗せた後、讀賣テレビの開局にも力を傾け、両社の会長に就任していた。

終戦直後はじまった民間放送開設運動は、1950年6月「電波法」「放送法」「電波監理委員会設置法」（いわゆる「電波三法」）施行で一挙に高まり、全国紙から地方紙・県域紙まで、それぞれの地域財界と組んで放送事業への参入を目指した。

そんな中、1951年元旦、讀賣新聞は「テレヴィ実験放送開始」と題する社告で実験局を申請する旨を発表し、注目を浴びた。8月6日には正力松太郎氏の公職追放が解かれ、テレビジョン開始に向け、政界、財界、米政府関係筋ともに、怒涛のごとく動き出した。

9月4日には日本工業倶楽部に新聞記者

を招き、正力氏や毎日新聞社社長・本田親男氏ほか発起人、そしてThe Voice of Americaの創設者でもあるヘンリー・ホルシューセン米上院外交委員会顧問の立ち合いのもと「テレビジョン事業計画の概要」と題して以下の通り発表した。

・第一期計画として讀賣新聞社別館（有楽町）にスタジオを設け、半年以内に映像10kW、音声5kWの放送を行う。

・第二期計画として大阪、名古屋に同様の計画を実行する。

・第三期計画として全国22カ所に送信所や中継局を設けて全国テレビ放送網を完成させる。

これに加えて、事業計画や収支予想などとともに、民間の広告放送によって計画を実現することが発表された。

一方、NHKは1951年10月中旬に経営委員会を開き、第一次5ヶ年計画を決定。東京・大阪・名古屋および7件の中継局免許を申請。また、全国各地でテレビ兼営を目指すラジオ局のうち、1952年6月16日にKR、7月3日にCBC、10日にNCB（財団法人日本文化放送協会）、8月30日OTVが申請された。このほか全日本放送、日本テレビジョン放送協会などの申請があった。

このあと、テレビ放送の標準方式をめぐって、正力陣営とNHKとの間でいわゆる「6メガ／7メガ論争」があり、正力陣営が主張する6メガ方式に決定したが、その経緯は省略する。

7月31日、電波監理委員会は日本テレビ放送に予備免許を与え、NHKを含む他の申請は留保、拒否または未決とした。これを受けてNTVはすぐに局舎・鉄塔の建設や制作体制の準備にかかり、1953年初頭には殆ど準備が出来てはいたが、アメリカに発注していたRCA製送信機を最新の空冷式に変更したため開局が遅れ、NHK東京に本放送の一番乗りを譲った。

そうして、日本のテレビ局の免許第一号でもある日本テレビ放送網は、1953（昭和28）年8月28日11時20分に、東京・麹町の二番町から本放送を開始したのだ。

●讀賣陣営の電撃上陸

ここから舞台は大阪に移る。

もともと関東の地方紙としてスタートした讀賣新聞は、1952年に大阪に電撃上陸した。朝日・毎日の両紙が圧倒的な力を持つ新聞王国への割り込み準備は秘密裏におこなわれ、見事に成功。もちろん、両紙に迫るとまではいかなかったが、大阪に発行拠点を置くことで、西日本地域での取材活動や販売活動がやりやすくなることには違いなく、全国紙として完成させるために必要な関門ではあったのだ。

衝撃を受けたのは朝日・毎日の両紙であった。何の変哲もない町の印刷工場だった場所が、ある日突然「讀賣新聞社」に看板をつけ替え、大量の新聞を印刷してＰＲ拡販をはじめたのである。忍術なみの慎重さと大胆さと評された。販売面においても、価格を安く設定し、堅実に購読者を増やしていった。

翌年NTVが開局すると、街頭テレビから巨人軍のさらなる人気隆盛がはじまり、やがて、正力氏の事業全体にも良い流れを与えはじめた。当然、すべては讀賣新聞の人気に帰結した。

大阪讀賣新聞にもこうした流れが必要なのは明らかであった。また、将来、全国で讀賣新聞の販路を拡張するには、正力松太郎氏の全国放送網計画が不可欠であることがNTVの事業的成功によって明らかになったのだ。

ところで、1951年の時点で讀賣新聞が「NTV大阪局」の開設申請をしていたことは既述の通りだが、朝日新聞も毎日新聞もこれを警戒していた。

京阪神地区に割り当てられた一つのチャンネルを朝日・毎日が「呉越同舟までして」取得しようと動いた理由として「讀賣新聞の大阪拡張を牽制すること」が考えられている。両紙・両局の社史等にそうは書かれていないが、チャンネルが讀賣

陣営に先取されれば、両社・両局の損失は共通であり、ことに新聞事業に大きな影響を与えることがわかっていたから「チャンネルを讀賣に渡さない」ということで手を組んだと考える見方は不自然ではないだろう。

1956年、OTV開局。

その少し前、大阪電撃上陸を指揮した務台光雄大阪讀賣新聞社代表取締役は「関西人による関西人のためのテレビ局」を標榜して、1957年2月には第一回設立発起人会を開き、資本金・事業計画・定款などを承認した。

このとき名乗っていたのは「新大阪テレビ」略してNOTV。「ノーテレ」と呼ぶ人もいた。讀賣新聞が発行開始の直前まで「新大阪印刷」という社名であったことと無関係ではないだろう。

まもなく置局実現のため奔走するNOTVに福音が舞い込んだ。1957年1月、日本のテレビジョン放送が6チャンネル制から11チャンネル制に拡大され、京阪神地区に、あらたに8chと10chが割り当てられたのだ。これを受け、申請が林立する中、1957年7月8日、大関西テレビ放送（のちのKTV）に免許が交付され、NOTVの申請はABC、NJBほかとともに却下された。

このとき、NOTVは「教育テレビ局」として再申請し、同時に免許拒否に対する異議申し立てを行った。電波三法の施行以来「免許拒否に対する異議申し立て」は初のケースであった。

1957年7月10日、田中角栄が郵政大臣に就任。10月の大量免許の際、京阪神の民放用2波のうち10chをNOTVに割り当て、もう一つの新設チャンネルは「NJBかABCのどちらかがOTVと合併し、残る一方に割り当てる」と発表した。状況はNOTVに有利に動いた。

ここでNOTVはNTV開局5周年にあたる1958年8月28日を開局の日ときめ、猛烈な勢いで開局準備にとりかかった。

●読賣テレビ放送設立

本社は大阪市北区岩井町と定められ、生駒山頂の送信所と並行して昼夜通しの突貫工事がはじまった。スタッフの研修は東京・麹町のNTVでおこなわれた。大阪市内のところどころでNOTVのロゴが入った中継車が走り始めた。

開局目前の8月1日、社名が急きょ「讀賣テレビ（YTV）」に変更された。取材車や用具類にはすべて「新大阪テレビ・NOTV」と記されていたので、これらは大急ぎで書きなおされた。

さて、正力松太郎氏による「当初の」ネットワーク構想はどうなったのだろうか。つまり、東京のNTVを中央局として、日本を縦貫するかたちで山頂をわたる方式（Mountain Top方式）でマイクロ回線を通し、ここから各都市に枝を分岐して、全国にネットワークを張り巡らせようという計画だ。最初の事業計画ではこの回線を使ってファクシミリや電話なども中継し、複合的な全国通信網として完成させるというものだった。

これはアメリカ政府が全世界に張り巡らせようとしていた防衛通信網構想と重なるが（その因果関係については既に研究書が刊行されているのでここでは省略する）必要な資金をアメリカからの借款に頼る計画だったことからさまざまな懸念を呼び、NTV開局の翌年、衆参両院の電気通信委員会で「民営マイクロ構想を非とし、施設を電電公社に一元的にゆだねる」旨の決議が採択され、正力氏の示した自営構想は頓挫した。

そこでYTVは電電公社回線を使って一日のほとんどの時間NTVの番組をリレーするという編成をとった。またニュースについてはYTVのほか、同日に開局したTNC（福岡）やRNC（香川）なども含め「日本テレニュース」の名称で、統一したネットワークニュースを放送した。

このほかYTVは、プロ野球巨人戦や、後楽園スタジアムでのイベントやスポーツ試合、そして当時讀賣新聞に連載されていた漫画「轟先生」の実写版コントなど、讀賣新聞社に関係の深い番組を

そのまま放送し、グループの一体感を見せつけた。

1958年8月3日、生駒山頂の送信所から初の試験電波。6日からは一日二回、2時間づつ試験電波を発射。

YTVの最大の懸念は、市中に出回っている受像機の大半が6チャンネル制に対応したものだったため、短期間で11チャンネル用に改造させなければならないという問題だったが、幸い、複雑な改造を要さなかったため改造はスムースにすすんだ。

●試験放送の内容

8月3日（日）
　12：17 初試験電波発射

8月4日（月）　なし

8月5日（火）
　10：00～12：00　16：00～18：00テストパターン

8月6日（水）
　10：00～12：00　16：00～18：00テストパターン

8月7日（木）
　10：00～12：00　16：00～18：00テストパターン

8月8日（金）
　10：00～12：00　15：00～17：00テストパターン
　※受像機調整の便宜を図るため1時間繰り上げ。

8月9日（土）
　10：00～12：00　15：00～17：00テストパターン

8月10日（日）
　10：00～12：00　15：00～17：00テストパターン

8月11日（月）　午前休み
　15：00～17：00テストパターン

8月12日（火）　午前休み
　15：00～17：00テストパターン

8月13日（水）
　10：00～12：00　15：00～17：00テストパターン

8月14日（木）
　10：00～12：00　15：00～17：00テストパターン

8月15日（金）
　10：00～12：00　15：00～17：00テストパターン

8月16日（土）
　10：00～12：00　13：00～13：15テストパターン
　13：15 菊五郎劇団「三人片輪」（新宿松竹劇場）
　14：50～17：00、19：00～19：05テストパターン
　19：05 野外オペラ「アイーダ」（国立競技場）
　20：05 プロ野球「巨人－阪神」（後楽園）
　試合終了～22：00テストパターン

8月17日（日）
　19：00テストパターン
　19：30 プロ野球「巨人－阪神」（後楽園）
　試合終了～22：00テストパターン

8月18日（月）
　10：00～12：00テストパターン
　15：00～17：00テストパターン

8月19日（火）
　10：00～12：00テストパターン
　15：00～17：00テストパターン

8月20日（水）
　10：00～12：00テストパターン
　15：00 日豪親善国際水上競技大会
　実況中継（福岡県・八幡プール）
　17：00 終了

21日からはいよいよサービス放送となりNTVの番組がほぼストレートで関西の空に放たれた。

●本放送開始

YTVが本放送を開始した8月28日は福岡のTNC開局、NTVの開局5周年の日でもあったため、東阪福のマイクロ回線を駆使した祝賀番組が作られた。

9時15分から新田宇一郎専務による「視聴者の皆さんへの御挨拶」で放送開始。30分からは「伸びゆくテレビジョン」の第一回。

10時15分からは「邦舞二題」と題して、まずNTVから第一部「老松」「喜三の庭」。寿輔 他。第

二部はYTV第二スタジオのこけら落とし番組で市川寿海と大谷友右衛門による「道行旅路花婿」。清元は、寿美太夫・秀寿太夫・啓寿太夫。

その後、昼のレギュラー番組を挟んで午後1時から「テレビ五年のあゆみ」。そして1時半から「讀賣テレビ開局祝賀会（YTV第一スタジオ）」と「NTV放送開始五周年祝賀会（有楽町・讀賣会館）」の二元中継。

その後PR映画「みなさまの讀賣テレビ」を挟んでNTVからテレビ初出演の山本富士子と市川雷蔵の共演による歌舞伎舞踊「お祭」。

続いてYTV第一スタジオのこけら落としとして、文楽「義経千本桜」より「道行初音旅」。文楽因会の綱太夫と三和会のつばめ太夫が共演。浄瑠璃は吉田難波掾、紋十郎他。

その後「歌謡大行進」や新橋演舞場からの劇場中継などが放送された。

また、NTVで深夜に放送されていた英語ニュース「Telenews」もそのまま放送された。これはNTV開局から続く英語定時ニュースで、アメリカから毎日送られてくるニュースフィルムを編集して生で英語ナレーションをつけるというもの。在日米人（ほとんどが米軍人）を対象とした正規の外国語放送であった。

提供は、アメリカの大手メーカー・ナショナル金銭登録機（National Cash Register）であった。

週末には同番組のスポーツ版もあった。

のちにアメリカ制作の実用英語講座「Living English」がこのニュースの後に放送され、学習者への便宜が図られた。

翌日以降も祝賀番組が挟まれ、HBC、NTV、CBC、YTV、TNCの日替わりによる「お国自慢芸能大会」や、各局をリレーして米の産地から消費地までを取材する「ニュースショー・米」などがネット番組の合間に放送された。

番組の引っ越しも行われた。早いものでは「ヒッチコック劇場」のように6月にいったんOTVでの放送をやめ、YTV開局から再開したような例もあったが、大抵は8月のサービス放送期間中にOTVでの放送を終え、YTV開局後の第一週や第二週目から引っ越した。ただ、スポンサーの意向があったのか、9月ごろまではOTVとYTVの両局で同時に放送された番組も少なからず存在した。

予備免許から開局まで大忙しだったこともあって、本格的な番組作りの体制を持つには少し時間を要したようだ。本書で掲載されている期間中YTVのローカル「娯楽」番組は、まだわずかであった。しかしその間たくさんの教育・教養番組や「バレエオムニバス」など芸術性の高い娯楽番組が作られていたことは特筆に値する。

YTVはまもなく「とんま天狗」などの爆笑コメディで全国に番組を発信してゆくこととなる。

YTV 開局初日のラテ欄。1958年8月28日（木）（読売新聞）

【開局直後の讀賣テレビの番組】

⑩9月15日（月）YTV
- 1045 テストパターン◇おしらせ
- 1105 コーラスアルバム
  「中田喜直集」京大グリー
- 1115 私たちの幼稚園
  「紙芝居人形とお遊び」
- 1130 仲よし劇場（人形劇）
  「いなば白兎」
- 1145 教育映画「コネコの落書き」
- 1200 日本テレニュース
- 1215 ママと一緒に 松田トシ他
- 1240 ポーラ婦人ニュース◇ガイド
- 1300 奥様料理メモ
  鰯のシチュー
- 1315 洋食器ABC 飯田深雪
- 1330 私のおしゃれ 幸田文◇休止
- 1430 テストパターン
- 1450 おとぼけ相撲教室
  トップ・ライト 桃太郎
- 1500 大相撲秋場所
  五ツ島 峯崎 佐土
  本多アナ
- 1745 讀賣新聞テレビニュース
- 1800 轟先生
  「お年寄りを大切に」
- 1810 ガイドタイム
- 1815 デン助の小使重役
  大宮敏光
- 1845 YTVニュースフラッシュ
- 1855 国際ニュース
- 1900 エンゼルショー「シボネー」
  星野みよ子 宝とも子他
- 1930 太閤記・藤吉郎編 大川
- 2000 怪傑黒頭巾
  「偽黒頭巾現る」
- 2030 テレビスコープ
  「見取暗算十段」ほか
  司会・小島正雄
- 2100 きょうの出来事
- 2111 マンガニュース
- 2115 モーガン警部
- 2145 TVスポーツ
- 2200 夫婦百景「探偵女房」
  轟夕起子 有島一郎他
- 2230 スポーツニュース◇天気
- 2240 風流交差点「寝室の灯」
- 2255 テレニュース（英語）
- 2310 番組予告◇放送終了

⑩9月16日（火）YTV
- 1045 パターン 1100 おしらせ
- 1105 コーラスアルバム
  京都大学合唱団
- 1115 私たちの学校（低学年向け）
  図工 大阪五条小学校
  ◇映画
- 1200 日本テレニュース
- 1215 僕と私のファッション
  「秋の街着」
- 1240 ポーラ婦人ニュース
  女性の職場 55 ガイド
- 1300 奥様料理メモ
  豚肉のチーズ焼き
- 1315 洋食器ABC 飯田深雪
- 1330 手芸講座
  フランス刺しゅう 河合
- 1400 放送休止 30 パターン
- 1450 おとぼけ相撲教室
  トップ・ライト 桃太郎
- 1500 大相撲秋場所 佐渡ヶ嶽
  五ツ島 峯崎 佐土
  本田アナ
- 1745 朝日新聞テレビニュース
- 1755 あしたの天気
  ◇ガイドタイム
- 1800 轟先生 10 ガイドタイム
- 1815 名犬リンチンチン
- 1845 YTVニュースフラッシュ
- 1855 国際ニュース
- 1900 ポポンタイム・この人を
- 1930 パパは何でも知っている
  「潜水具騒動」
- 2000 赤ちゃん
  沼田曜一 増田順二
- 2030 ダイヤル110番「獅子舞」
- 2100 きょうの出来事11マンガN
- 2115 ニッカ・ヒッチコック劇場
  お前も眠れ
  45 TVスポーツ
- 2145 マスチゲン・アワー・
  日活撮影所だより
  「赤い波止場」
- 2200 ダイナミックグローブ
  大塚昌和―勝又行雄
- 2230 スポーツN◇あしたの天気
- 2240 貞鳳ショー「深夜喫茶」
- 2255 テレニュース（英語）
- 2310 番組予告 15 放送終了

⑩9月17日（水）YTV
- 1045 パターン 1100 おしらせ
- 1105 コーラスアルバム
  「牧場の朝」
  京都大学合唱団
- 1115 私たちの学校（高学年向け）
  作業テスト
  大阪・岸の里小学校
  ◇映画「動物のおうち」
- 1200 日本テレニュース
- 1215 お昼の演芸 鹿島蜜夫
  八波むと志 由利徹他
- 1240 婦人ニュース
  「増改築の知識」
- 1255 ガイド 1300 奥様料理メモ
  サンマの柚子焼 赤堀全子
- 1315 デザインルーム
- 1330 おやつの工夫 飯田深雪
- 1400 放送休止 30 パターン
- 1450 おとぼけ相撲教室
  トップ・ライト 桃太郎
- 1500 大相撲秋場所
- 1745 毎日新聞テレビN 55 天気
- 1800 轟先生「スター誕生の巻」
- 1810 ガイド 15 スピードゲーム
- 1845 YTVニュースフラッシュ
- 1855 国際ニュース
- 1900 コロムビア名画アワー
  「愛情物語」
  ローランド・モリス
- 1930 歌はあなたと共に
  Cローズ 大津美子
  三船浩
- 2000 プロ野球中継（甲子園）
  阪神―中日
  【雨天時】巨人―広島
  【野球ない時】映画
- 2100 きょうの出来事11マンガN
- 2115 ニッカ・ヒッチコック劇場
  お前も眠れ
- 2145 ニッケ・ジャズ・パレード
- 2215 黄金の幕・芸に生きる
  平岡養一 関光夫
  伊藤■子
- 2245 スポーツN 50 あしたの天気
- 2255 浮世談義
  ～女だけの部屋～
  「素晴らしき男性」
  桜京美他
- 2310 テレニュース（英語）
- 2325 番組予告 30 放送終了

⑩9月18日（木）YTV
- 1040 テストパターン 55 おしらせ
- 1105 コーラスアルバム
  「野ばら」
  京都大学合唱団
- 1115 私たちの学校（中学生向け）
  産業教育 上町中学
  ◇映画「原子力」
- 1200 日本テレニュース
- 1215 ペトリ・ミュージック
  パラダイス 35 婦人N
  「男性飼育時代」星野他
- 1255 テレビ・ガイド
- 1300 奥様料理メモ そぼろ丼
  江上トミ
- 1315 暮らしの栞 食卓作法
- 1330 貴女の服 1400 休止
- 1450 おとぼけ相撲教室
  トップ・ライト 桃太郎
- 1500 大相撲秋場所
- 1745 讀賣新聞テレビニュース
- 1800 轟先生「一日亭主の巻」
- 1810 物識り大学 三木鮎郎他
- 1845 YTVニュースフラッシュ
- 1855 国際ニュース
- 1900 チョコラ劇場・雑草の歌
  「よろけ坂」
- 1930 歌のパレード「好きな人」
  明石光司 藤本他
- 2000 お楽しみ演芸館
  人形落語「寝床」
  井上よしき
  暁伸・ミスハワイ 30 氷柱
- 2100 きょうの出来事11マンガN
- 2115 目で聞く話題「雨・風・雲」
  「プロ野球の醍醐味」
  夢声 安井他
- 2145 お笑い哲学「笑いと言葉」
  萬代峯子 泉他
- 2200 灯いまも消えず
  「海はあけぼの」
  坂東好太郎 市川寿美礼
  寺島信子他
- 2230 スポーツニュース 35 天気
- 2240 暮しのアクセサリー
  「宿題は語る」暉峻康隆
- 2255 テレニュース（英語）
- 2310 番組予告 15 放送終了

⑩9月19日（金）YTV
- 1045 パターン 55 おしらせ
- 1105 コーラスアルバム
  京都大学合唱団
- 1115 私たちの学校（高校生向け）
  高校生の悩み 住吉高
  ◇学園N
- 1145 私の十代 山本君代他
- 1200 日本テレニュース
- 1215 コロムビア・アワー
  君和田民枝 青木光一
  神戸一郎他
- 1235 婦人N 稲垣浩 55 ガイド
- 1300 奥様料理メモ 猪肉丸子
  江上トミ
- 1315 暮らしの栞 テーブルマナー
- 1330 家庭医学 杉靖三郎
- 1445 休止◇テストパターン
- 1450 おとぼけ相撲教室
- 1500 大相撲秋場所
- 1745 朝日新聞N 55 天気・ガイド
- 1800 轟先生「セールス合戦」
  藤村有弘他 10 ガイド
  タイム
- 1815 素人のど自慢 小金馬
- 1845 YTVニュースフラッシュ
- 1855 国際ニュース
- 1900 ミュージカル・コメディ
  誰かがあなたを愛してる
  秋満義孝他
- 1930 花王ワンダフルクイズ
  南博 ゲスト：高友子
  左幸子
- 2000 ダイヤモンドアワー・
  プロレスリング中継
  力道山、バレンド組―
  ジョナサン、スカイハ
  イリー組
- 2100 きょうの出来事11マンガN
- 2115 名作劇場Oヘンリー傑作集
  「浮世のすべて」
- 2145 芸能トピックス
- 2200 ミュージカルショー・
  ハニータイム
  武市義明とフォア・
  コインズ 久保菜穂子他
- 2240 茶の間の話題「絵心女心」
  高木健夫 金馬 小山
- 2255 テレニュース（英語）
- 2310 番組予告 15 放送終了

⑩9月20日（土）YTV
- 1045 パターン 1100 おしらせ
- 1105 コーラスアルバム
  「椰子の実」
  京都大学合唱団
- 1115 PTAアワー・
  子供の身体と心
  「青年期の性の発達」
  朝山新一（大阪市立大）
- 1200 日本テレニュース
- 1215 コロムビア・アワー
  水戸丸一
- 1240 婦人N「日本の空」55ガイド
- 1300 奥様料理メモ 五目焼めし
  岡松喜与子
- 1315 歌舞伎中継「一谷嫩軍記」
  幸四郎他
- 1450 おとぼけ相撲教室
- 1510 大相撲秋場所
- 1745 毎日新聞N 55 天気・ガイド
- 1800 轟先生「セールス合戦」
  藤村有弘他 10 ガイド
  タイム
- 1845 YTVニュースフラッシュ
- 1855 国際ニュース
- 1900 われらのキャシディ
  「金とともに去りぬ」
- 1930 何でもやりまショー
  ゲスト：松登夫妻
- 2000 プロ野球中継 巨人―阪神
  解説：南村侑広
  【雨天時】西鉄―近鉄
  【野球ない時】
  英映画「影のある街」
- 2100 きょうの出来事11マンガN
- 2115 芝居時代劇「恋さま有情」
  宮城千賀子 森健二
- 2145 蛇の目アワー・平凡芸能N
- 2200 ハリウッド劇場「殉教者」
  声：城地也 30 スポーツN
- 2235 あしたの天気
- 2240 ウイークエンド・イン
  美川章子 竹部他
- 2255 テレニュース・ウイークリー
  （英）

⑩9月21日（日）YTV
- 750 パターン 810 おしらせ・天気
- 815 9000万人の政治
  「どうなる中共問題」
  御手洗辰雄 佐多忠隆
- 900 モーニングメロディ
  ハモンドオルガン 斎藤超
- 910 週間ニュース 25 街は明るく
- 945 ミユキ野球教室
  大矢根 中沢
- 1000 テレビ世界めぐり 韓国
- 1015 海外トピックス
- 1030 爆笑Wコントショー
- 1100 二十世紀「日本のれい明」
  和歌森太郎 岩田義一他
- 1200 日本テレニュース
- 1215 気流奥様（視聴者参加番組）
- 1245 OK横丁に集まれ
  「道頓堀の灯」
  蝶々・雄二他
- 1315 映画「嘘」三宅邦子他
- 1420 東京六大学野球中継
  早稲田大学―立教大学
  成田理助 赤木アナ
- 1500 大相撲秋場所
- 1745 サンデー特集（ニュース）
- 1755 あしたの天気◇ガイドタイム
- 1800 たのしい科学「橋」
- 1815 ベルちゃんの芸能通信
  「高田浩吉」
- 1830 花椿ショウ・光子の窓
- 1900 ジョン・カルバート・ショー
  ブルーコーツ他
- 1930 プロ野球 巨人―阪神
  （後楽園）
  【雨天】南海―阪急
  【野球ない時】
  映画 ソ連映画
- 2100 きょうの出来事
- 2115 教育映画「ブラジル」他
- 2145 サンデー・ダーク・ダックス
- 2200 スポーツの目
  「新入幕 ハイティーントリオ」
  富樫 若秩父他
- 2215 バレーオムニバス
  「公園の幻想」馬場敦子他
- 2230 スポーツN 35 あしたの天気
- 2240 今週の海外ニュース
- 2255 テレニューススポーツ（英）
- 2310 おしらせ 15 放送終了

●日本最初の準教育テレビ局

「教育番組は、
　一億総白痴化の悪評を
　一億総啓発の言葉にかえる力です」

これは、讀賣テレビ開局の際に新聞取材に応えた編成局スタッフの言葉である。

放送開始から数年の間にテレビジョンが示した社会的影響力は予想以上に大きく、産業復興への好影響に期待する人々がいる反面、文化的・社会的な悪影響を懸念する声も少なからずあった。

そこで政府はNHKに教育テレビジョンの放送を許可するとともに、民間放送にも一定割合で教育・教養番組を編成するよう求め、日本教育テレビを「教育局」として免許するとともに、フジ、YTV、MBS、STV（札幌テレビ放送）を「準教育局」という条件つきで免許した。

日本最初の準教育テレビ局YTVは、免許に当たって、編成全体に対して、教養番組20％、教育番組30％を義務づけられた。開局当時、放送時間は週50時間ほどであったから、毎週25時間分の教養・教育番組を編成しなければならなかった。

【YTVで放送された教養・教育番組の例】

※NTV制作の番組を含む

「私たちの学校」「テレビ修学旅行」
「テレビドクター」「外科手術中継」
「テレビのおばちゃま」「仲よし日曜音楽会」
「赤ちゃんこんにちは」「あなたの夢買います」
「夢にのりましょう」「わんぱく問答」
「讀賣奥様教室」「奥様お料理メモ」
「テレビとともにやせましょう」
「少年マヒ」「ガンと闘う」「選挙」
「テレビ茶道教室」「生物教室」「いけ花教室」
「芸術教室」「俳句教室」「源氏物語」「人生相談」

このほか、ドラマ、ドキュメンタリー、対談などが「教養・教育番組」として放送された。

●教育・教養番組を編成する

午前中は学校向け放送にあてられた。

月〜金は「私たちの学校（幼稚園）」で、曜日ごとに幼稚園、小学校低学年、高学年、中学生、高校生が割り当てられた。また「コーラスアルバム」のコーナーでは、京阪神の大学のグループが出演した。金曜日には高校生向けに「学園ニュース」や「私の十代」も放送された。「私の十代」は、各回の成功者が語る青春の想い出で、松下幸之助、湯川秀樹、中村鴈治郎といった大物まで出演した。

土曜日は、のちに成人向け教養番組の基礎となった「PTAアワー」や、発生学の権威・朝山新一教授（大阪市立大学）による「性教育」、植木茂、中村真、竹中郁各氏が講師を務める「グッド・デザイン」、京大教授人による「テレビ読書欄」、林屋辰三郎、奈良本辰也、原田伴彦各氏による「日本女性史」など高度な講座番組が用意された。

1959年1月からは7時45分開始の早朝放送をスタートさせた。既に早朝放送を始めていたNTVのネットだが、このなかにはすでに子供向けや家庭向けの教養番組が含まれていた。

その後も早朝と昼の放送開始時間を少しづつ繰り上げ、家庭婦人向けの趣味講座を充実させたり、「源氏物語」の解説講座に村山リウ氏を起用して話題を集めたり、未開拓の時間帯を用いた展開に力を注いでいった。

こうして「朝は教養・教育」「昼は家庭生活」「夜は娯楽」というYTVならではの編成スタイルが確立していったのだ。

開局前から巨人戦を中継した。

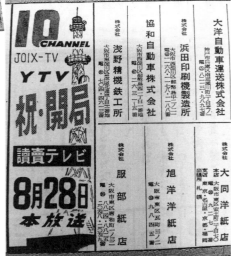

1958.8

- 米原子力潜水艦・ノーチラス号、北極圏海底横断に成功。
- 日清食品「チキンラーメン」発売。
- 六甲道で市バスと国電が衝突し、4人死亡。

●8月1日（金）OTV

- 1130 テストパターン（ポピュラー）
- 1145 オープニングメロディ 岡田博トリオ55おしらせ
- 1200 OTVニュース
- 1215 映画の窓（KR）「激戦ダンケルク」解説：荻昌弘40ガイド
- 1245 料理手帖「なすの肉詰め焼き」拭石
- 1300 婦人ニュース 村田希久
- 1315 放送休止
- 1320 家庭百科（OTVF）「昆虫特集」木崎国嘉
- 1325 放送休止
- 1720 テストパターン（映画音楽）
- 1736 おしらせ
- 1741 まんがくらぶ
- 1750 毎日新聞テレビニュース
- 1800 赤胴鈴之助 吉田豊明他
- 1815 電気のABC「電気と磁気」泉田行夫 藤井誠 寺尾
- 1830 文学ところどころ「あかがい 鞄房子・作」
- 1845 テレビガイド
- 1850 OTVニュース
- 1856 あしたのお天気
- 1900 テレビぴよぴよ大学（KR）
- 1930 花王ワンダフルクイズ（NIV）
- 2000 京阪テレビカー・がんこ親父「ミスお中元の巻」十郎 雁玉他
- 2030 特ダネを逃がすな（KR）「蘭蝶の聞えるとき」前篇
- 2100 OTVワールド・スポーツ
- 2115 ハーバー・コマンド「不法入国者」声・阪修
- 2145 三越映画劇場「お化け大会の巻」
- 2200 金語楼劇場・おトラさん（KR）「信心の巻」柳家金語楼 小桜京子他
- 2230 小唄教室（KR）井筒万津エ 安藤はる子 安藤鶴夫
- 2245 テレビガイド
- 2250 OTVニュース
- 2302 あしたのお天気
- 2305 おしらせ◇放送終了

●8月2日（土）OTV

- 1130 テストパターン（クラシックハイライト）ベートーベン「熱情」
- 1145 オープニングメロディ 斎藤超とニューサウンズ
- 1155 来週のハイライト
- 1200 OTVニュース
- 1215 パッチリ天国 姿三平他
- 1240 テレビガイド
- 1245 料理手帖「からしれんこん」丹羽陸夫 小深秀子アナ
- 1300 婦人ニュース 勝村泰三
- 1315 テレビガイド
- 1320 家庭百科（OTVF）「台風に備えて」山下守
- 1710 テストパターン（軽音楽）
- 1725 来週のハイライト
- 1741 まんがくらぶ
- 1750 朝日新聞テレビニュース
- 1800 ぼくのわたしの音楽会 大阪府忠岡小学校児童
- 1815 素人ののど競べ 暁テル子 審査・服部良一他
- 1845 テレビガイド
- 1850 OTVニュース
- 1856 あしたのお天気
- 1900 街のチャンピオン トップ・ライト
- 1930 ほろにがショー・何でもやりまショー（NIV）三国一朗
- 2000 OTVスポーツファンシート 阪神－巨人【中止時】西鉄－近鉄【野球ない時】イギリス映画「影のある街」
- 2100 話題のアルバム
- 2110 テレビガイド
- 2115 日真名氏飛び出す（KR）「静かな温泉宿」解決編
- 2145 芸能トピックス
- 2200 又四郎行状記（KR）「恋がたき」
- 2230 三協グッドナイト・ショウ 服部烏田バレエ団他
- 2255 OTVニュース
- 2302 あしたのお天気◇おしらせ◇放送終了

●8月3日（日）OTV

- 840 テストパターン
- 900 動物園のおともだち
- 945 仲よしN 55マンガ公園
- 1030 京だより 45 カメラルポ「お料理訪問・村山リウさん」
- 1100 ボンネル映画アワー「風速四十米」（紹介）
- 1115 海外トピックス
- 1130 経済サロン「アラブ問題」河原武 世古口二郎
- 1200 OTVニュース 10ガイド
- 1215 ダイラケのびっくり捕物帖「三日月城の怪異」前篇
- 1240 テレビガイド
- 1245 OK 横丁に集まれ（NTV）「グラマー誕生」
- 1315 ナショナル日曜テレビ 観劇会「深川の鈴」東京歌舞伎座 花柳章太郎 大矢市次郎 伊志井寛◇おしらせ◇休止
- 1700 テストパターン
- 1715 踊る葬列 森雅之 南原伸二 山根寿子他
- 1745 ガイド 50 OTVニュース
- 1800 アニーよ銃をとれ
- 1830 ダイハツコメディ・やりくりアパート（OTV）「今宵ロマンスの巻」旗照夫 環三千世 大村崑 佐々十郎 茶川一郎 花和幸助 三角八重 芦屋小雁 横Iエンタツ 初音礼子他
- 1900 スーパーマン声・大平透他
- 1930 わが家は楽し「居候のおばあさん」
- 2000 納涼お笑い寄席（角座）川上のぼる 三遊亭柳枝 南喜代子 木村栄子 三遊亭小円 中田ダイマル・ラケット
- 2115 東芝日曜劇場「敏腕記者」（KR）平幹二朗 下條正巳他
- 2215 ダイハツスポーツウィクリー
- 2230 OTV 週間世界ニュース
- 2245 テレビガイド
- 2250 OTVニュース
- 2300 お天気◇おしらせ◇終了

●8月4日（月）OTV

1130 テストパターン（クラシック）
1145 オープニングメロディ
　　　小坂務とクインテット
1155 おしらせ
1200 OTV ニュース
1215 カクテルサロン 朝丘雪路
1240 テレビガイド
1245 料理手帖「野外料理（1）
　　　野菜と肉のブロセット、
　　　じゃがいもの銀紙焼」
　　　辻勲
1300 婦人ニュース 幸田文
1315 テレビガイド
1320 家庭百科（OTVF）
　　　「カルシウムの摂りかた」
　　　茶谷俊夫
1720 テストパターン
　　　（ジャズをどうぞ）
1750 毎日新聞テレビニュース
1800 子供の教室（OTV）
　　　「和時計の話」吉田光邦
1815 ポンナタイムこの人を（NTV）
　　　「辺地の校長先生」
　　　秋元喜雄
1845 ガイド 50 OTV ニュース
1856 あしたのお天気
1900 おさげ社長
　　　「おさげ社長と新入社員」
　　　永津澄江　飯田覚三
　　　川居多雄二　野々村
1930 太閤記（NTV）「藤吉郎編」
2000 大助捕物帳（NTV）
　　　三両道中
2030 ナショナルTVホール（KR）
　　　銭形平次捕物控
　　　「永楽銭の謎」前篇
2100 カメラだより北から南から
2115 ウロコ座「夕顔」前篇
　　　市川中車　藤間紫
　　　守田勘弥　三井弘次
　　　佐野周二
2145 月曜対談・2つの椅子
　　　「夏の球宴今と昔」
2200 青春のやまびこ 坂本武
　　　佐野周二　三宅邦子
　　　山田玲子
2230 カメラポいつもどこかで
2245 テレビガイド
2250 OTV ニュース
2302 お天気◇おしらせ◇終了

●8月5日（火）OTV

1130 テストパターン
1145 メロディ 55 おしらせ
1200 OTV ニュース
1215 ほほえみ一家（KR）
　　　「おばあちゃんの貸本屋」
　　　竜崎一郎 坪内美詠子他
1240 テレビガイド
1245 料理手帖「レバーとピーマン
　　　のシチュー」井上幸作
　　　岩原富子
1300 ポーラ婦人ニュース 奥村
1315 テレビガイド
1320 家庭百科（OTVF）
　　　「涼しい着方」藤川延子
1325 放送休止
1720 テストパターン36おしらせ
1741 漫画くらぶ
1750 朝日新聞テレビニュース
1800 呼出符号L「この声に従え」
　　　高桐眞　千葉保他
1815 名犬リンチンチン「■の危機」
1845 ガイド 50 OIV ニュース
1856 あしたのお天気
1900 カロランミュージカル（KR）
　　　「恋は風に乗って」
　　　ジェームス繁田
　　　ペギー葉山 朝丘雪路
　　　中原美紗緒 笠田敏夫
1930 ばらの伯爵（KR）
　　　木村功　水谷八重子他
2000 山一名作劇場（NTV）
　　　「疑惑」春日ゆり
　　　三島正夫　高友子
2030 サンヨーテレビ劇場（KR）
　　　「あゝ江田島」南原伸二
　　　原保美　戸田皓久
　　　嶋俊介
2100 近鉄パールアワー・
　　　おっさん人生
　　　「たか子の帰郷」
2115 ピアス劇場愛情シリーズ
　　　「緑の愛人」
　　　富田恵子　三宅邦子他
2145 ミナロンドリームサロン
　　　ビショップ節子
　　　粟原圭一　大伴春夫
　　　ジョージ岡
2200 映画「夢のディズニーランド」
2237 ガイド42週間世界ニュース
2257 OTV ニュース
2309 お天気◇おしらせ◇終了

●8月6日（水）OTV

1130 テストパターン（歌の花かご）
　　　「俺は東京のタフガイ」
　　　（石原裕次郎）他
1145 オープニングメロディ
1155 おしらせ
1200 OTV ニュース
1215 奥さん天国
　　　〜東西夫婦気質〜
　　　「彼女と指定席の巻」
　　　（KR）市川寿美礼
　　　春日俊二　江戸家猫八
　　　40 ガイド
1245 料理手帖「花トマトのエビ
　　　詰め」辻徳光　広瀬修子
1300 婦人ニュース 15 ガイド
1320 家庭百科（OTVF）
　　　「放射能と皮膚」
　　　木崎国嘉
1325 放送休止
1720 テストパターン（聖歌集）
1741 まんがくらぶ
1750 毎日新聞テレビニュース
1800 ヘッケルとジャッケル
　　　（漫画）「ねず公と可愛
　　　い子猫」
1815 獅子文六アワー
　　　悦ちゃん
1845 ガイド◇OIVニュース◇天気
1900 わが輩ははなばな氏（KR）
　　　「女は三回損をする」
1930 宝塚テレビ劇場
　　　ミュージカルプレイ
　　　「貴女はあじさい」
　　　飛鳥妙子
2000 ロビンフッドの冒険
　　　「若者の妻」
2030 鞍馬天狗（KR）
　　　「羽団扇道中」
2100 奥様多化（KR）
　　　「山は招く」江見渉
2115 目で聴く話題 雨風雲
　　　（NTV）浜崎真二
2145 おはこうら表（NTV/OTV）
　　　高橋伸 秋満義孝
2200 新大陸咬談ふたおもて（1）
　　　沢村昌之助他
2230 私のコレクション
　　　「豆鐘」久田忠守
2300 OTV ニュース
2312 お天気◇おしらせ◇終了

●8月7日（木）OTV

850 パターン 910 メロディ
920 第 40 高校野球開会式
　　　（甲子園）
1030 新潟商—鳥取西（甲子園）
　　　今村益三アナ
　　　◇N◇料理手帖◇婦人N
1300 札幌商高—城所仲高（つづき）
　　　◇家庭百科
1500 法政二—玉竜（甲子園）
【中止時】
1130 パターン 45 メロディ
1155 おしらせ
1200 OTV ニュース
1210 一曲どうぞ
1215 大助捕物帳（NTV）
1240 テレビガイド
1245 料理手帖「とうふカレー煮」
　　　木崎国嘉「ヨットあそび」
1325 放送休止
1720 テストパターン◇おしらせ
【共通】
1741 まんがくらぶ
1750 朝日新聞テレビニュース
1800 赤胴鈴之進 田辺豊明他
1815 電気の ABC
1830 文学ところどころ「奈良」
1845 ガイド 850 OTVニュース
1856 あしたのお天気
1900 テレビよびだ大学（KR）
1930 花王ワンダフルクイズ（NTV）
2000 京阪テレビカー・がんこ
　　　親爺 シンデレラ騒動
　　　十郎 雁玉他
2030 特ダネを逃がすな（KR）
　　　「蝶蝶の聞けるとき」
　　　後篇
2100 OTV ワールド・スポーツ
2115 ハーバー・コマンド
　　　「隊長を脅迫する男」
2145 三越映画劇場
　　　「大怪獣バラン撮影風景」
2200 金語楼劇場・おトラさん
　　　（KR）「長さん納涼」
2230 小唄教室
　　　田中湖佐和
　　　富士松亀三郎　千州
2245 ガイド 50 OTV ニュース
2302 お天気◇おしらせ◇終了

●8月8日（金）OTV

840 テストパターン（クラシック）
855 メロディ　斎藤超
905 来週のハイライト
920 高校野球第一試合（甲子園）
　　　（中止時の編成は別掲）
1200 OTV ニュース
1215 パッチリ天国 40 ガイド
1245 料理手帖「涼生野菜麺」
1300 ポーラ婦人ニュース
　　　薄田柱
1315 テレビガイド
1320 家庭百科（OTVF）
　　　「台風に備えて」山下守
1325 高校野球第二試合（甲子園）
　　　◇第三試合
　　　（中止時の編成は別掲）
【中止時】
1130 パターン 40 メロディ
1155 来週のハイライト
1200〜1325（晴天時に同じ）
1325 おしらせ◇放送休止
1710 パターン◇おしらせ
1725 来週のハイライト
1741 まんがくらぶ
1750 毎日新聞テレビニュース
1800 大阪府忠岡小学校児童
　　　の音楽会
1815 素人かくし芸くらべ45ガイド
1850 OTV ニュース 56 お天気
1900 街のチャンピオン
　　　トップ・ライト
　　　花月亭九里丸
1930 ほろにがショー・何でもや
　　　りまショー（NTV）
　　　一龍斎貞鳳 玉川一郎
　　　夫妻
2000 OIV スポーツファンシート
　　　大毎—南海
【中止時】
　　　阪神—中日（甲子園）
【野球ない時】
　　　「影のある街」
2100 話題のアルバム 10 ガイド
2115 日真名氏飛び出す（KR）
　　　「魔球」前篇
2145 芸能トピックス
2200 又四郎行状記（KR）「密計」
2230 三協グッドナイト・ショウ
2255 OTV ニュース
2302 お天気◇おしらせ◇終了

●8月9日（土）OTV

840 テストパターン 55 おしらせ
900 動物園のおともだち 古賀
945 仲よし N 55 マンガ公園
1030 京だより
　　　「六道踊と京の橋」
1045 カメラルポお料理訪問
　　　スペイン料理・大使館
　　　員とともに
1100 ボンネル映画アワー
　　　「東京の恋人」（紹介）
1115 海外トピックス
1130 経済サロン「ゴムと産業」
1200 OTV ニュース 10 ガイド
1215 ダイラケのびっくり捕物帖
　　　「三日月城の怪異」後篇
1245 OK横丁に集まれ「砂浜の歌」
1315 高校野球
　　　（甲子園及び西宮）
　　　◇魚津—浪商
　　　◇清水東—八幡浜
　　　◇松阪商—益田産
【中止時】
1315 劇場中継
　　　「月高く人が死ぬ」
　　　おしらせ◇放送休止
1700 テストパターン
　　　◇おしらせ
【共通】
1745 ガイド 50 OTV ニュース
1756 あしたのお天気
1800 アニーよ銃をとれ
　　　「まぼろしの英雄」
1830 やりくりアパート（OTV）
　　　「盆おどりの巻の巻」
1900 スーパーマン
　　　「消えたロボット」
1930 わが家は楽し
　　　「坊やのお留守番」
2005 映画「シンデレラ姫」
　　　川上のぼる 三遊亭柳枝
　　　南喜代子　木村栄子
　　　三遊亭小円　中田ダイ
　　　マル・ラケット
2115 東芝日曜劇場「新橋夜話」
　　　（KR）市川翠扇
　　　霧立のぼる
2215 ダイハツスポーツウィクリー
2230 スージー「妖婦」
2300 ガイド 05 N
2312 天◇おしらせ◇終了

●8月11日（月）OTV

855 テストパターン（クラシック）
910 オープニングメロディ
920 高校野球第一試合（甲子園）
【中止時】
　1130 パターン 45 メロディ
　1155 おしらせ
1200 OTV ニュース
1215 カクテルサロン 沢たまき
　　木村与三 40 ガイド
1245 料理手帖 野外料理（1）
　　「野菜と肉のプロセット
　　じゃがいもの銀紙焼」
　　辻勲
1300 婦人N 幸田文 15 ガイド
1320 家庭百科（OTVF）茶珍呆夫
　　「カルシウムの摂りかた」
1325 高校野球 第二、第三試合
【中止時】
　1326 おしらせ◇休止
1720 パターン（ジャズ）
1741 まんがくらぶ
1750 朝日新聞テレビニュース
1800 子供の教室（OTV）
　　日本古代生物「明石象」
1815 ポポンタイムこの人を（NTV）
　　「原爆の子」秋元喜雄他
1845 ガイド 50 OTV◇お天気
1900 おさげ社長（KR）
　　「おさげ社長の集合旅行」
1930 太閤記（NTV）「藤吉郎編」
2000 大助捕物帳（NTV）
　　「消えた宇田川小町」
2030 ナショナルTVホール（KR）・
　　銭形平次捕物控
　　「永楽銭の謎」後篇
　　若山富三郎他
2100 カメラが北から南から
　　「裸の季節」
2115 ウロコ座「夕顔」後篇
2145 月曜対談・2つの椅子
　　「泣き笑い」
2200 映画「日本美を訪ねて」
　　佐野周二 三宅邦子
　　山田玲子
2230 カメラぽいつもどこかで
　　「富士山頂」
2245 ガイド 50 OTV ニュース
2302 お天気◇おしらせ◇終了

●8月12日（火）OTV

855 パターン 910 メロディ
920 高校野球（甲子園・西宮）
　　桐生－御所
　　玉■ 矢代アナ
　　中京－濟々黌
　　田中 西村アナ
【中止時】1130 パターン
　◇メロディ◇おしらせ
1200 OTV ニュース
1215 ほほえみ一家（KR）
　　おばあちゃんの貸本屋
　　ガイド
1245 料理手帖「アジの惣菜煮」
1300 婦人ニュース奥村 15 ガイド
1320 家庭百科（OTVF）
　　「涼しい着方」藤川延子
1325 高校野球（甲子園・西宮）
　　柳井－鳥取西
　　松居 中村アナ
　　桜丘－高松商
　　池北 久保アナ
　　尾道商－海南
　　吉田 黒田アナ
　　魚津－明治
　　好村 小林アナ
【中止時】1720 パターン
1736 おしらせ
1741 漫画くらぶ
1750 毎日新聞テレビニュース
1800 呼出符号L「この声に従え」
1815 名犬リンチンチン
　　「オハラのお母さん」
1845 ガイド 50 OTV ニュース
1856 あしたのお天気
1900 カロランミュージカル（KR）
　　「恋は風に乗って」
1930 ばらの伯爵（KR）「父と子」
　　木村功 水谷八重子他
2000 山一名作劇場（NTV）
　　「幽霊やしき」
2030 サンヨーテレビ劇場（KR）
　　「あゝ江田島」南原伸二
　　原保美 戸田皓久嶋俊介
2100 近鉄パールアワー・
　　「うちのお父ちゃん」
2115 ピアス劇場愛情シリーズ
　　「湖上の面影」
2145 ミナロンドリームサロン
　　黒岩三代子 粟野圭一
2200 ガイド
2205 映画「美しい人」上原謙他
2306 週間N◇N◇天◇告知
　◇終了

●8月13日（水）OTV

850 テストパターン（歌の花かご）
　　島倉千代子の歌
905 オープニングメロディ
920 高校野球第一試合（甲子園）
【中止時】1130 パターン
　（歌の花籠）
1145 メロディ、おしらせ
1200 OTV ニュース
1215 奥さん天国
　　～東西夫婦気質～
　　（OTV）京都伸夫・作
　　西条凡児 萬代峯子
　　山村昆三 環三千世
1245 料理手帖「白滝あえ」
　　辻徳光
1320 家庭百科（OTVF）
　　「女性ホルモン」茶珍呆夫
1325 高校野球第二試合（甲子園）
　　◇第三試合
【中止時】1325 おしらせ◇休止
1720 パターン 31 メロディ
1741 まんがくらぶ
1750 朝日新聞テレビニュース
1800 はなしの社会科
　　「豊作と景気」大島昭他
1815 ますらを派出会大（KR）
1845 ガイド OIV ニュースお天気
1900 わが輩ははなばな氏（KR）
　　「花子は元気かい」
1930 歌はあなたとともに
2000 OIV スポーツファンシート
　　南海－西鉄
　　浜崎真二 久保顕次
【中止時】東映－大毎
　　【野球ない時】
　　劇場中継 菊五郎劇団
　　若手公演「高田馬場」
2100 コント千一夜 森光子 他
2115 宮本武蔵（NTV）
2145 ニッケ・ジャズパレード
　　三宅光子他
2200 ありちゃんのおかっぱ侍
2230 ダイヤル 110 番（NTV）
2300 OTV ニュース
2312 お天気◇おしらせ◇終了

●8月14日（木）OTV

850 パターン 905 メロディ
920 高校野球 柳井－大淀（西宮）
　　魚津－桐生（甲子園）
【中止時】1130 テストパターン
1145 メロディ
1155 おしらせ
1200 OTV ニュース
1215 アイラブ亭主「海への誘い」1240 ガイド 45 料
　　理手帖 冷やしソバの豚
　　肉ミソかけ」奥井
1300 婦人N「真夏の髪の手入れ」
　　首里高校選手 15 ガイド
1320 家庭百科（OTVF）
　　「美しい泳ぎ」木崎国嘉
1325 高校野球（つづき 甲子園）
【中止時】1325 放送休止
1720 パターン 31 メロディ
1741 まんがくらぶ
1750 毎日新聞テレビニュース
1800 赤胴鈴之助 吉原豊明 他
1815 電気の ABC
1830 文学ところどころ「王将」
1845 テレビガイド
1850 OTV ニュース
1856 あしたのお天気
1900 テレビぴよぴよ大学（KR）
1930 花王ワンダフルクイズ（NTV）
2000 京阪テレビカー
　　「がんこ親爺」
　　十郎・雁玉 広野みどり
　　日高久他
2030 日本選手権水上競技大会
　　女子 100 背、男子 100
　　他（神宮）解説・村山修一
　　近江アナ
2100 OTV ワールド・スポーツ
2115 ハーバー・コマンド
　　「復讐」声・阪修
2145 三越映画劇場
2200 金語楼劇場・おトラさん
　　（KR）柳家金語楼
　　小桜京子他
2230 小唄教室（KR）
　　暮てる葉 有田てるい他
2245 テレビガイド
2250 OTV ニュース
2302 お天気◇おしらせ◇終了

●8月15日（金）OTV

740 テストパターン（クラシック）
755 メロディ 805 ハイライト
820 高校野球（甲子園）
　　平安－高知
　　渡辺 中村アナ
　　◇OTV ニュース
　　◇家庭百科（OTVF）
　　「季節のいけばな」
　　辻井弘州
1100 作新－高松商（甲子園）
　　吉田 久保アナ
　　◇料理手帖「床ぶしの油
　　炒め」◇家庭ニュース勝村
【中止時】1130 パターン
1140 オープニングメロディ
1155 来週のハイライト
1200 OIV ニュース 10 一 曲
1215 パッチリ天国
　　「風流兵隊日記」
1240 ガイド 46 料理手帖
1300 ポーラ婦人 N 薄田桂
1320 家庭百科（OTVF）
　　好村 村上
【中止時】
　休止またはパッチリ天国
1555 徳島商業－魚津（甲子園）
※この試合記録的大延長
1710 テストパターン
1725 来週のハイライト
1741 まんが 50 朝刊ニュース
1800 ぼくのわたしの音楽会
　　芦屋ピアノ・グループ
1815 素人のど自慢 暁テル子
1845 ガイド 50 OTV ニュース
1856 天気 1900 街のチャンピオン
1930 野外オペラ「アイーダ」
　　（YTV サービス放送と
　　パラ）砂原美智子
　　ポーラ
2000 OTV スポーツファンシート
　　巨人－阪神（後楽園）
　　南村侑広
【中止時】西鉄－南海
　　【野球ない時】「影のある街」
2100 話題のアルバム 10 ガイド
2115 日真名氏飛び出す（KR）
　　「魔球」
　　解決編45芸能トピックス
2200 又四郎行状記（KR）
　　「しびれ酒」
2230 三協グッドナイト・ショウ
　　竹部バレエ団ダニー菅野
2255 Nお天気◇おしらせ◇終了

●8月16日（土）OTV

840 テストパターン 55 おしらせ
900 動物園のおともだち 古賀
945 仲よし N 55 マンガ公園
1030 京だより「六道踊と京の橋」
1045 カメラルポお料理訪問
　　「奈良観音院の茶がゆ」
1100 ボンネル映画アワー
　　「青い乳房」（紹介）
1115 海外トピックス
1130 経済サロン「住宅公団」
　　田中雄一 小西嘉夫
1200 OTV ニュース 10 ガイド
1215 ダイラケのびっくり捕物帖
　　「しゃっくり勘兵衛」前篇
1240 ガイド 45 OK 横丁に集ま
　　れ」（NTV）
1315 短編映画
1315 東西合同歌舞伎「心中
　　天網島」鴈治郎他
1345 高校野球 徳島商－魚津
　　再試合（甲子園）
　　～おしらせ◇休止
1745 テレビガイド
1750 OTV ニュース
1756 あしたのお天気
1800 アニヨと銃をとれ
1830 ダイハツコメディ・やり
　　くりアパート（OTV）
　　「プロレスの巻」
　　大村崑 佐々十郎
　　茶川一郎 花和幸助
　　三角八重 芦屋小雁
　　横山エンタツ 初音礼子
1900 スーパーマン「謎の灯台」
1930 わが家は楽し
　　「楽しきかなドライブ」
　　玉川伊佐男 青木義郎
　　小田切みき 野尻健
2000 日本選手権水上競技大会
　　（神宮）村山修一
　　近江アナ
2100 漫画映画「仔熊のコロ」
2115 東芝日曜劇場「母の断層」
　　（OTV）依田義賢・作
　　萬代峯子 岩田直二他
2215 ダイハツスポーツウィクリー
2230 女秘書スージー
2300 ガイド 05 OTV ニュース
2312 お天気◇おしらせ◇終了

●8月18日（月）OTV

1105 テストパターン（クラシック）
1120 オープニングメロディ
1130 おしらせ 35 婦人N 上田
1155 家庭百科（OTVF）茶珍俊夫
　　「二カ月目の赤ちゃん」
1200 OTV ニュース
1215 カクテルサロン 旗照夫
　　宇治かほる 安西 木村
1240 テレビガイド
1245 料理手帖「スズキとトマト
　　の重ね焼」辻勲
1300 高校野球（甲子園）
　　作新一徳島
　　久保顕次アナ
　　高知商一柳井
　　西村アナ◇休止
【中止時】1300 放送休止
1720 オープニング31 メロディ
1741 まんがくらぶ
1750 毎日新聞テレビニュース
1800 子供の教室（OTV）
　　「国際電話の話」立花章
1815 ポンタイムこの人よ
　　「原爆の子」秋元喜雄他
1845 ガイド◇OTVニュース◇天気
1900 おさげ社長（KR）おさげ
　　社長のボーイフレンド
1930 太閤記（NTV）「藤吉郎編」
2000 大助捕物帳
　　消えた宇津川小町
2030 ナショナルTVホール（KR）・
　　銭形平次捕物控
　　「永楽銭の謎」後篇
　　若山富三郎他
2100 カメラだより北から南から
　　「老兵は消えず」
2115 ウロコ座「中山七里」前篇
　　尾上松緑 八千草薫
　　伊志井寛 伊藤春章
　　坂本武 三島耕
　　藤代佳子
2145 月曜対談・２つの椅子
　　優勝戦両校校長」
2200 日本美を訪ねて」
2215 OTV 週間世界ニュース
2225 短編映画
2230 カメラぶいつもどこかで
　　「山頂に生きる」
　　45 ガイド
2250 OTV ニュース
2302 あしたのお天気
2305 おしらせ◇放送終了

●8月19日（火）OTV

1105 テストパターン
　　ドボルザーク作品
1120 メロディ 35 婦人N 奥村
　　「初秋の生地」
1145 OTV ニュース
1215 ほほえみ一家（KR）竜崎一郎
　　坪内美詠子他 40 ガイド
1240 料理手帖「サラダ料理二種」
　　井上幸作 岩原富子
1255 高校野球決勝戦（甲子園）
　　久保顕次アナ 松井一之
【中止時】おしらせ◇休止
1710 パターン 30 短編映画
1741 漫画くらぶ
1750 朝日新聞テレビニュース
1800 呼出符号L「インカの壺」
　　前篇 高梧眞 千葉保他
1815 名犬リンチンチン
　　「ロンギー船長」
1845 ガイド ニュース お天気
1900 カロランミュージカル
　　「恋は風に乗って」
　　ジェームス繁田
　　ペギー葉山 朝丘
　　雪路 中原美紗緒
　　笠田敏夫
1930 ばらの伯爵（KR）「恐怖島」
2000 山一名作劇場（NTV）
　　「幽霊やしき」
　　福田恒存・作
　　三國連太郎 江川宇礼夫
　　南美江 川口知子
2030 サンヨーテレビ劇場（KR）
　　「あゝ江田島」南原伸二
2100 近鉄パールアワー・
　　「うちのお父ちゃん」
　　エンタツ 森本たか子
2115 ピアス劇場愛情シリーズ
　　「湖上の面影」
2145 ミナロンドリームサロン
　　芦野宏 大伴千春
2205 映画「美しい人」上原謙
　　香川京子 滝沢修
2300 OTV 週間世界ニュース
2315 OTV ガイド
2330 お天気◇おしらせ◇終了

●8月20日（水）OTV

1130 テストパターン（歌の花かご）
1145 メロディ 55 おしらせ
1200 OTV ニュース
1215 奥さん天国
　　〜東西夫婦気質〜
　　「花瓶物語」（KR）
　　市川寿美礼 春日俊二
　　江戸家猫 40 ガイド
1245 料理手帖「栄養やき」
　　辻徳光 広瀬修子
1300 婦人ニュース 河野■寿
1315 テレビガイド
1320 家庭百科（OTVF）「胃潰瘍」
　　木崎国嘉 25 放送休止
1440 テストパターン 55 おしらせ
1500 日豪水上八幡大会
　　「開会式」解説：小池
　　実況・通訳：中村鋭一
　　（ABC）
　　200 自由　100 背泳
　　800 自由　シンクロナ
　　　　　　イズドスイミング
　　400 自由
1750 朝日新聞テレビニュース
1800 ヘッケルとジャッケル（漫画）
　　「ねず公と可愛い子猫」
1815 獅子文六アワー（NTV）
　　悦ちゃん「まわり灯篭」
1845 テレビガイド
1850 OTV ニュース 56 お天気
1900 わが輩ははなばな氏（KR）
　　「めぐり逢いの巻」
1930 歌はあなたと共に
　　青木光一 藤島桓夫
　　若杉啓二 丸山他
2000 OTV スポーツファンシート
　　東映一南海 大和球士
【中止時】阪急一大毎
【野球ない時】
　　劇場中継 菊五郎劇団
　　若手公演「高田 馬場」
2100 コント千一夜 森光子 他
2115 宮本武蔵（NTV）
2145 ニッケ・ジャズパレード
　　宇治かほる
2200 ありちゃんのおかっぱ侍
　　「若殿のお気に入り」
2230 ダイヤル 110 番（NTV）
　　「恐怖の影」
2300 新大阪政談
2230 週間TV 久田恵寸45ガイド
2250 OTV ニュース
2302 お天気◇おしらせ◇終了

●8月21日（木）OTV

1130 テストパターン（クラシック）
　　組曲うば車の冒険
　　（カーペンター作曲）
　　指揮：ハワート・ハンソン
　　イーストマンロチェスター響
1145 オープニングメロディ
1155 おしらせ1200 OTVニュース
1215 アイ・ラブ・亭主（KR）
　　海への誘い 40 テレビ
　　ガイド
1245 料理手帖「塩漬け菜と豚肉
　　油いため」平田武一（マナ
　　料理学校）
1300 婦人N 大谷東平 15 ガイド
1320 家庭百科（OTVF）
　　「皮膚と化粧品」
　　25 放送休止
1720 パターン 36 おしらせ
1741 まんがくらぶ
1750 毎日新聞テレビニュース
1800 はなしの社会科
　　「米ソ対立四つの目」
　　日高一郎と市岡中学校
　　生徒
1815 ますらを派出夫会（KR）
　　「お芝居騒動の巻」
1845 ガイド◇OTVニュース◇天気
1900 スーパースターメロディ
　　「舟歌」「ダイアナ」
　　三浦洸一 平尾昌章
　　夏目三郎
1930 生家テレビ劇場ミュージカル
　　ストーリー「アストリア
　　物語」ジョージ・ガー
　　シュイン傑作集から
　　麻島千穂 高岡奈千
　　近藤真理
2000 この謎は私が解く（KR）
　　「海辺の家」前篇
　　鮎川哲也・作 船山裕二
2030 特ダネを逃がすな（KR）
　　「ゆらぐ帯」前篇
2100 OTV ワールド・スポーツ
2115 ハーバー・コマンド「亡命者」
2145 短編映画劇場
2200 金語楼劇場・おトラさん（KR）
　　「吹矢の巻」柳家金語楼
　　小桜京子他
2230 小唄教室（KR）
　　三升家小勝 堀小奈津他
2245 テレビガイド
2250 OTV ニュース
2302 お天気◇おしらせ◇終了

●8月22日（金）OTV

1130 テストパターン
　　（フライングリズム）
　　ユーアー・ドライビング・
　　ミー・クレイジー
　　ビリー・メイ楽団
1145 オープニングメロディ
　　斎籐超とニューサウンズ
1155 おしらせ
1200 OTV ニュース
1215 映画の窓（KR）
　　「戦争と貞操」（ソ連映画）
　　解説：荻昌弘 岩崎
1240 テレビガイド
1245 料理手帖「フルーツポンチ」
　　小林孝二
1300 婦人ニュース 花柳春洸他
1320 家庭百科（OTVF）「昆虫
　　の整理」木崎国嘉
　　25 放送休止
1715 テストパターン 軽音楽
1730 ハイライト45月光仮面予告
1750 毎日新聞テレビニュース
1800 ぼくのわたしの音楽会
　　大阪市北陵中学校
1815 素人のど競べ「合格者大会」
1845 ガイド 50 ニュース 56 天気
1900 街のチャンピオン
1930 日豪水上大阪大会 400m
　　100m 背 他
　　解説：小池 実況・通
　　訳：中村鋭一（ABC）
1850 OTV ニュース
1856 あしたのお天気
1900 テレビよぴよ大学（KR）
1930 花王ワンダフルクイズ（NTV）
2000 京阪テレビカー・がんこ
　　親爺「人情うらおもての巻」
　　十郎 雁玉他
2030 特ダネを逃がすな（KR）
2100 OTV スポーツファンシート
　　巨人一広島（後楽園）
　　中沢不二雄 越智アナ
【中止時】西鉄一大毎
【野球ない時】英映画
　　「影のある街」
2045 日豪水上八幡大会
　　（割り込み）
　　つづいてプロ野球（再開）
※YTV 試験放送と同一番組 雨傘映画
は異なる。水上実況の割り込みは OTV
のみ。試合延長時 OTV のみ途中降り。

●8月23日（土）OTV

1130 テストパターン「幻想交響曲」
　　ベルリオーズ作品
　　イゴール・マルケビッチ
　　指揮 フィルハーモニー管
1145 オープニングメロディ
　　義則忠夫とキャスバ・
　　オーケストラ
1155 ハイライト1200 ニュース
1215 パッチリ天国「男優志願」
1240 テレビガイド
1245 料理手帖「ハムのゼリー寄せ」
　　清見俊夫 岩原富子
1300 婦人N 薄見 15 ガイド
1320 家庭百科（OTVF）
　　「排水と衛生」茶珍俊夫
　　25 放送休止
1715 テストパターン 軽音楽
1730 ハイライト45月光仮面予告
1750 毎日新聞テレビニュース
1800 ぼくのわたしの音楽会
　　大阪市北陵中学校
1815 素人のど競べ「合格者大会」
1845 ガイド 50 ニュース 56 天気
1900 街のチャンピオン
1930 日豪水上大阪大会 400m
　　100m 背 他
　　解説：小池 実況・通
　　訳：中村鋭一（ABC）
2000 OTV スポーツファンシート
　　巨人一広島（後楽園）
　　中沢不二雄 越智アナ
【中止時】西鉄一大毎
【野球ない時】英映画
　　「影のある街」
2045 日豪水上八幡大会
　　（割り込み）
　　つづいてプロ野球（再開）
2100 話題のアルバム 10 ガイド
2115 日真名氏飛び出す（KR）
　　「海上に怪火あり」前篇
2145 芸能トピックス
2200 又四郎行状記（KR）「破牢」
2230 三協グッドナイト・ショウ
　　歌・三宅光子他
2250 N 天気 おしらせ 終了

●8月24日（日）OTV

840 テストパターン55おしらせ
900 動物園のおともだち
　　古賀忠造 45 仲よしN
　　マンガ公園「犬の運動会」
955 京だより 「一条寺」
1030 京だより 「一条寺」
1045 カメラルポお料理訪問
　　「お料理訪問・小西延女」
1100 文学ところどころ「夫婦戦」
1115 海外トピックス
1130 経済サロン
1200 OTV ニュース 10 ガイド
1215 ダイラケのびっくり捕帖
　　「しゃっくり勘兵衛」後篇
　　ダイラケ・ラケット
　　森光子 中村あやめ
　　藤田まこと他
1240 テレビガイド
1245 OK 横丁に集まれ（NTV）
　　「あにおとうと」
1450 宝塚歌劇中継「花の饗宴」
　　春日野 筑紫 黒木
1745 ガイド 50 OTV ニュース
1756 あしたのお天気
1800 月光仮面
　　「パラダイ王国の秘宝」（1）
1830 ダイハツコメディ・
　　やりくりアパート（OTV）
　　「先輩にいかすの巻」
　　大村崑 佐々十郎他
1900 スーパーマン「魔法の短剣」
1930 わが家は楽し
　　「トカトン父さん」
　　玉川伊佐男 青木義郎
　　小田切みき 野尻健
2000 劇場中継（中座）
　　「摂州合邦辻 安里屋庵
　　室の場」仁左衛門
　　霞仙 友右衛門 菊次郎
　　秀太郎 吉三郎
2115 東芝日曜劇場「置手紙」
　　（CBC）成沢昌茂・作
　　大河原信近 森雅之
　　大河原員子 浦辺粂子
2215 ダイハツスポーツウィクリー
2230 スージー「うわごと」
2300 ガイド2305 OTVニュース
2312 お天気◇おしらせ◇終了

●8月25日(月) OTV

- 1130 テストパターン(クラシック) 序曲とロンドカプリチオーソ バイオリン:ヤッシャ・ハイフェッツ 指揮ウイリアム・スタインバーグ RCA響
- 1145 オープニングメロディ 小坂務とカルテット
- 1155 おしらせ
- 1200 OTVニュース
- 1215 カクテルサロン 深緑
- 1240 ガイド 45 料理手帖「夏のビールと酒のさかな」辻嘉一
- 1300 婦人ニュース 白井鉄造
- 1315 ガイド 20 家庭百科(OTVF)「干物と乾物」茶珍俊夫
- 1325 放送休止
- 1720 テストパターン(ジャズ) ラブ・ミー・トゥモロー
- 1741 まんがくらぶ
- 1750 毎日新聞テレビニュース
- 1800 子供の教室(NTV) 福貴正三「コン虫の標本と整頓」
- 1815 ポンタイムこの人を(NTV)
- 1845 ガイド◇ニュース◇お天気
- 1900 おさげ社長(KR)「おさげ社長の外国貿易」
- 1930 映画「宇宙探検」
- 2000 大助捕物帳(NTV)「化物退治」
- 2030 ナショナルTVホール(KR)・銭形平次捕物控「御落胤殺し」
- 2100 カメラだより北から南から「ファンの条件」
- 2115 ワコ座「中山七里」後篇
- 2145 月曜対談・2つの椅子「青春裏街道」大宅壮一 秋田実
- 2200 座談会「愛の育み・身体障害児の教育生活」今井鎮雄 水野祥太郎 身体障害児と母
- 2230 カメラぽいつもどこかで「科学捜査」
- 2245 ガイド 50 OTVニュース
- 2302 お天気◇おしらせ◇終了

●8月26日(火) OTV

- 1130 テストパターン(ショパン) ピアノ協奏曲第二番 ピアノ パウル・バドゥーラ・スコダ 指揮:アルトゥール・ロジンスキー、ウィーン国立歌劇場管弦楽団 45 メロディ 森亨とシックスポインツ
- 1200 OTVニュース
- 1215 ほほえみ一家(KR)「美しき小唄ımbaucı匠」40 ガイド
- 1240 料理手帖「コーンチャウダー」井上幸作 岩原富子
- 1300 婦人N 今日幾代 15 ガイド
- 1320 家庭百科(OTVF) 藤川瓜子「初秋の流行とデザイン」
- 1325 放送休止
- 1730 テストパターン
- 1750 朝日新聞テレビニュース
- 1800 呼出符号L「インカの壺」後篇 高桐眞 千葉栄也
- 1815 アニュー銃をもって「オランダ人のライフル」
- 1845 ガイド 50 N 56 お天気
- 1900 カロランミュージカル(KR)「恋は風に乗って」ジェームス繁田 ペギー葉山 朝丘雪路 中原美紗緒 笠田敏夫
- 1930 ばらの伯爵(KR)「恐怖島」木村功 水谷八重子他
- 2000 山一名作劇場(NTV)「幽霊やしき」
  ※YTV試験放送と同一番組
  福田恒存・作 三國連太郎 江川宇礼夫 南為二 羽田知子他
- 2030「あゝ江田島」南原伸二 原保美 戸田皓 久嶋俊介
- 2100 うちのお父ちゃん
- 2115 夢に罪あり野上千鶴子 池山淳子他 40 ガイド
- 2145 ミナロンドリームサロン 北浩二 大伴千春 ジョージ岡
- 2200 シンフォニーオブジエアー 上原謙 香川京子 滝沢修
- 2250 OTV週間世界ニュース
- 2305 Nお天気◇おしらせ◇終了

●8月27日(水) OTV

- 1130 テストパターン(歌の花かご) 思い出さん今日は(島倉)
- 1145 オープニングメロディ ジミー荒木 55 おしらせ
- 1200 OTVニュース
- 1215 奥さん天国 ~東西夫婦気質~ご注意あそばせ(OTV) 京都伸夫・作 西条凡児 萬代峯子 山村弘三 環三千世
- 1240 テレビガイド
- 1245 料理手帖「クリーム煮のケース盛り」辻徳光 広瀬修子
- 1300 婦人ニュース 橋本凝胤
- 1315 ガイド 20 家庭百科(OTVF)「家庭看護教本」木崎国嘉
- 1325 放送休止
- 1730 テストパターン(コージーコーナー)
- 1741 まんがくらぶ 45 おしらせ
- 1750 朝日新聞テレビニュース
- 1800 ヘッケルとジャッケル(漫画)「ねず公と可愛い子猫」
- 1815 獅子文六アワー(NTV) 悦ちゃん「花束のかげに」
- 1845 ガイド◇OTVニュース◇天気
- 1900 わが輩ははなばな氏(KR) 押売りはいかに撃退すべきや
- 1930 歌はあなたとともに 大津美子 金原二郎アナ
- 2000 OTVスポーツファンシート 南海-西鉄 浜崎真二 久保顕次 [雨天時] 劇映画「次郎長まかり通る」
- 2130 コント千一夜 森光子他
- 2145 ニッケ・ジャズパレード 江利チエミ ヒギンズ 演奏:秋満義孝、平岡精二とオールスタースイングバンド
- 2200 ありちゃんのおかっぱ侍 夜のゴールデンボーイの巻
- 2230 ダイヤル110番(NTV)「被害者を探せ」
- 2300 天気 おしらせ 終了

●8月28日(木) OTV

- 1100 テストパターン(クラシック ハイライト)交響曲・新世界より(ドボルザーク)
- 1145 オープニングメロディ
- 1155 おしらせ 1200 OTVニュース
- 1215 アイラ亭主(KR) 40 ガイド
- 1245 料理手帖「ベーコンロールサーモンボール」
- 1300 婦人ニュース 朝比源隆
- 1315 テレビガイド
- 1320 家庭百科(OTVF)「秋の髪型」山本鈴子 25 ガイド
- 1730 テストパターン(映画音楽)
- 1745 おしらせ
- 1750 朝日新聞テレビニュース
- 1800 はなしの社会科「十代の問題」坂本遼他
- 1815 ますらを派出夫会(KR)
- 1845 ガイド◇ニュース◇お天気
- 1900 スーパースターショー「フランク永井ショー」「西銀座駅前」「夜霧の第二国道」フランク永井 朝倉ユリ
- 1930 宝塚テレビ劇場「おはなさん」溝江博 大路三千緒 白雪式娘 玉野ひか留 若尾鮎子
- 2000 この謎は私が解く(KR)「海辺の家」解決編 鮎川哲也・作(この回)船山裕二 影万里江
- 2030 鞍馬天狗(KR)「羽田扇道中」
- 2100 奥様多忙(KR)「愛すべきかな」
- 2115 目で聴く話題 雨風曇(NTV)「テレビ日本」今東光
  ※YTV同時
- 2145 おはこう表(OTV)
  ※この日今東光が出演予定であったがVTR故障で映画に変更。
- 2200 新大岡政談
- 2230 週間TVニュース 久田忠守
- 2245 テレビガイド
- 2250 OTVニュース
- 2302 天気 おしらせ 終了

●8月29日(金) OTV

- 1050 パターン ダウン・ヤング ピアノ:デル・ウッド
- 1105 オープニングメロディ
- 1120 テレビ婦人スクール「1958年最新パリモード」歌:深緑夏代 デザイナー:牛山源一郎 演奏:原孝太郎と六重奏団
- 1150 憩いのリズム
- 1200 OTVニュース
- 1215 映画の窓(KR)「河は呼んでいる」解説:小森和子 40 ガイド
- 1245 料理手帖「エビしんじょと小鮎串越えに」拭石俊枝
- 1300 婦人N中山リウ 15 おしらせ
- 1320 家庭百科(OTVF) 木崎国嘉「夏休みをふりかえって」
- 1325 放送休止
- 1730 テストパターン 40 メロディ
- 1750 朝日新聞テレビニュース
- 1800 ぼくのわたしの音楽会「花のゆりかご」「魔の笛」みつば会 田中ファミリーアンサンブル
- 1815 パッチリタイム・黒駒探偵「野球魔王」前篇 松本朝大 三宅邦子他
- 1845 ガイド 50 OTVニュース
- 1856 あしたのお天気
- 1900 テレビよぴよ大学(KR)
- 1930「カメラ探訪」製作の秋 鍋井克之 小magazinagayoshi河井寛次郎 吉原治良 矢野橋村他
- 2000 京阪テレビカー・がんこ親爺「舞い込んだ娘」十郎 雁玉他
- 2030 特ダネを逃がすな(KR)「揺らぐ帯」後篇
- 2100 OTVワールド・スポーツ
- 2115 ハーパー・コマンド「小船長さん」最終回
- 2145 短編映画劇場
- 2200 金語楼劇場・おトラさん(KR)「日用品の巻」
- 2230 小唄劇場 中村あやめ 田村貴美他
- 2245 ガイド◇N◇天気◇終了

●8月30日(土) OTV

- 1130 テストパターンプロコフィエフ作品 組曲「キージェ中尉」指揮:フリッツ・ライナー 演奏:シカゴ交響楽団
- 1145 オープニングメロディ
- 1155 来週のハイライト
- 1200 OTVニュース
- 1215 土曜寄席 落語「三人旅」枝鶴「無精の代参」米朝
- 1240 テレビガイド
- 1245 料理手帖「エビと卵のコロッケ」福井菊次郎
- 1300 婦人ニュース 薄田桂
- 1315 テレビガイド
- 1320 家庭百科(OTVF) 茶珍俊夫「読書の姿勢と照明」
- 1325 放送休止
- 1725 テストパターン 軽音楽
- 1735 来週のハイライト
- 1741 まんがくらぶ「予告篇」
- 1750 毎日新聞テレビニュース
- 1800 赤胴鈴之助 吉田豊明他
- 1815 電気のABC「電化夫人」
- 1830 もしも、もしもの物語「人気嫁暴れしんといデス」川上たのぼる 前田知子 藤田まこと他 45 ガイド
- 1850 OTVニュース◇お天気
- 1856 あしたのお天気
- 1900 街のチャンピオン
- 1930 劇場中継(大阪毎日ホール)「七人のわた 恋飛脚大和往来 封印切の場」鴈治郎 扇雀 我童 福助 成太郎 松若
- 2100 話題のアルバム 10 ガイド
- 2115 日真名氏飛び出す(KR)「海上に怪火あり」解決編
- 2145 ※おはこう表
  ※8月28日を放送
- 2200 又四郎行状記(KR)「東雲」
- 2230 三協グッドナイト・ショウ 中原美紗緒他
- 2255 OTVニュース
- 2302 あしたのお天気◇おしらせ ◇放送終了

●8月31日(日) OTV

- 840 テストパターン 55 おしらせ
- 900 動物園のおともだち「ライオン」加納義男
- 945 仲よしN 55 マンガ公園「ドッグ・ショー」ほか
- 1030 京だより「物売女風俗」
- 1045 カメラルポお料理訪問「お料理訪問・中村真」
- 1100 文学ところどころ「天平の甍」
- 1115 海外トピックス
- 1130 経済サロン「絹」
- 1200 OTVニュース 10 ガイド
- 1215 ダイラのびっくり捕物帖「お高祖頭巾の女」前篇
- 1240 ガイド 45 芸能トピックス「日蓮と蒙古大襲来」
- 1315 ナショナル日曜テレビ観劇会「丸橋忠弥」新国劇
- 1455 宝塚歌劇中継「ブロードウエイシンデレラ」
- 1620 おしらせ 25 放送休止
- 1725 パターン 25 ガイド
- 1745 テレビガイド 50 ニュース
- 1856 あしたのお天気
- 1800 月光仮面「正義は死せず」
- 1830 ダイハツコメディ・やりくりアパート(OTV)「現代操縦法の巻」大村崑
- 1900 スーパーマン「地下の札束」
- 1930 わが家は楽し「坊やのアルバイト」
- 2000 劇場中継「高田の馬場」(新宿松竹座)羽左衛門 市蔵 菊蔵 坂東飛鶴 菊次郎
- 2100 二つの椅子「上方歌舞伎をどうする」中村鴈治郎 大鹿時生
- 2115 東芝日曜劇場「海の星」(KR)八木隆一郎・作 園井啓介 柳永二郎 丹阿弥谷津子
- 2215 OTVニュース 25 スポーツN
- 2230 スージー
- 2300 テレビガイド
- 2305 グッドナイト・ファンタジー「私の心はあなたのもの」宇治かほる 栗野圭一と楽団
- 2320 お天気◇おしらせ◇終了

これがOTVだ　1958年8月

【単独番組】
●東芝日曜劇場「母の断層」
　1958年8月17日（日）21：15～22：15
　依田義賢作。出演：萬代峯子、岩田直二ほか
●第40回全国高校野球大会
　8月8日（金）～19日（火）
　甲子園、西宮両球場に中継車各1台を配備し二元放送。各局にネット。
●日豪国際水上競技大会
　8月23日（土）19：30～20：00、20：45～21：00
　400m 100m背 他。実況・通訳：中村鋭一（ABC）大阪プールから中継。途中プロ野球中継を挟む。
●カメラ探訪「制作の秋」
　8月29日（金）19：30～20：00
　鍋井克之、小磯良平、河井寬次郎、吉原治良、矢野橋村他を探訪。報道部制作。
●七人の会「恋飛脚大和往来封印切の場」
　8月30日（土）19：30～21：00
　（大阪毎日ホール）
　関西歌舞伎の自主公演「七人の会」を中継。鴈治郎、扇雀、我童、福助、成太郎、松若。

【新番組】
【8月1日（金）】
●がんこ親爺
　（～10月17日、全12回）
　金20：00～20：30　京阪テレビ・カー枠のドラマ。十郎・雁玉他。

【8月10日（日）】
●スージー
　（～1959年5月12日、全42回）
　日22：30～23：00　9月21日より「女秘書スージー」と改題。10月7日より火曜日に変更しKRTからOTVへ発局を変更。

【8月12日（火）】
●うちのお父ちゃん
　（～10月28日　全13回）
　火21：00～21：15
　近鉄パールアワー枠のドラマ。

【8月22日（金）】
●もしも・もしもの物語
　（～1958年10月8日）水18：00～18：15
　川上のぼる　大久保怜ほか

【8月29日（金）】
●テレビ婦人スクール
　～1959年3月23日）曜日移動多し
　11：20（または25）～11：50（55）
「1958年最新パリモード」
　　深緑夏代　牛山源一郎 原孝太郎と六重奏団
「秋の流行ウールコート」
　　大塚末子 島倉千代子 菅原通済
「全国織物ショー」
「ウールの中国服」吉岡悠紀子　胡美芳
「ロンドンウールファッションショー」伊東茂平
「ツイードの魅力」
「パリモードあれこれ」石河滋彦 塩沢沙河他
「ウールコートショー・愛犬とともに」
　　佐久間美代子 芦野宏
「ウールキャラバンショー」　武井 福本 前田
「仏伊モードの旅」酒井恒子　大谷洌子
「ウールモード」
「映画ファッション」久保菜穂子 高島他
「住宅教室」
「コーヒーの知識」
「ぼくの陶器」辻輝子 辻弘徳

【8月30日（土）】
●土曜寄席
　（～1955年1月16日、全72回。1959年6月6日より「白元土曜寄席」）。

【8月31日（日）】
●グッドナイト・ファンタジー
　（～1959年3月10日、全26回。放送曜日、時間変更あり）三協精機提供枠。

1958年 ⑨ 月

1958年9月

1日　朝日放送から出向社員39名入社

同日　松竹と道頓堀三座（角座、文楽座、中座）の定時定期中継放送を契約

6日　「日真名氏飛び出す」この日放送分番組制作（13日分も）

9日　毎日放送への転出希望者4名に対し第四回退社が発令された。

10日　編成局報道部映画課を廃止し、編成局演出部映画課を設置。技術部に映像課、管理課を設置し、整備課を廃止。東京支社に報道部を設置した。

29日　フェスティバル・ホールの「第1回関西産業音楽祭」を後援

東京につづき大阪でも民放テレビ2局体制がはじまり、ゴールデンタイムで東西の制作番組が対決するようにもなった。
この番組表（1958年9月8日／日曜日）ではOTV制作の「やりくりアパート」とNTV制作の「光子の窓」が裏表で対決している。
どちらも譲らぬ大人気番組である。

第3章「増幅」

テレビの笑い、
大阪のテレビ。
（前編）

*

OTVは翌年（1959年）の合併にむけてABCからの社員を迎え、着々と準備をすすめていた。また、既に開局したYTVや、本放送開始を目前に控えたKTV、12月開局を目指しているMBSと、大阪は確実に「四局体制」に向かっていた。

これは、出演者から見れば「仕事の機会が増える」きっかけに違いなかった。

そこで、当時人気のあった出演者の中から、OTV、YTV、KTV、MBSの各局の黎明期に人気番組に出演した俳優・コメディアンの大村崑さんに当時の話をうかがった。

ここでは、OTVの想い出だけでなく、新しく開局した各社のエピソードなども語っていただいた。それぞれが持っていた社風やカラーの違い、そして、大阪発のコメディ番組・お笑い番組が全国で大ヒットし、在阪局共有の「金の鉱脈」となった経緯などもお話し頂いた。

●北野劇場からテレビへ

大村 ご存じのように、大半の人が…もう、いないですからねェ。もう、一緒にやった仲間は、ほとんど逝ってしまっちゃいました。

元々．僕は、全国を回って司会をやってたんですよ。しばらくの間、歌手の小畑実さんとか、東海林太郎さんとか、灰田勝彦さんとか、当時の大御所…古い人の司会を担当してましてね。

山陰・山陽とか四国、九州と、古い人の地方巡業の司会者やってたんだけど、これはどうも歌い手にヨイショばっかりでイヤだと思って。それで、とりあえず喜劇のトコ行けないかなと思うてた時に、北野劇場の角倉支配人が呼んでくれたんです。

そこに佐々十郎がいて「俺は三つ年上だ。俺の言うこときけー」言うて。

そこへまもなく、ミナミの南街劇場で座長やった茶川一郎が、南街をつぶして北野劇場へ入ってきたんですよ。

もともと茶ぁやんは浅草、佐々やんは新宿のムーランルージュにいたんですが、まあ、言うたら尾羽うち枯らして…東京で売れないから、関西で一旗あげようってね、来たんですよ。それで、北野劇場で江利チエミ、雪村いづみ、とか当時のビッグなスターが来て、一週間とか十日やるでしょ、その歌のあいだに、紗とか中幕がおりてきたところ、つまり緞帳の次の幕の前でコントするのよ。

茶ぁやんはお母さんやったり。佐々やんはツッコミ、僕はボケで。

そのうち、佐々やんが「自分は本来ボケなんだ。お前が来たから俺はツッコんでるけど、早くツッコミ憶えてくれ」言うて、しごかれたことがありました。でも、まあその時分は、ツッコミは、まだ素人だからダメでした。

今やったら、赤い霊柩車なんかでもツッコミやってますけどね、その時分はまだわからないじゃないですか。

僕は、彼らに…茶川一郎、佐々十郎の二人に、北野劇場の一緒の部屋でしごかれて…その頃僕はまだペーペーの新人でしたからね。二人は化粧台並べてやってるけど、僕だけ別でね。

佐々やんは僕に「おまえは、俺たちより三つ年下だ」て言うてたんです。この世界で三つ年下て言うたら大変じゃないですか。

でも、ホントのとこ、佐々やん、死んだとき、僕と一歳違いやったんですヨ。奥さんがお通夜の晩に「うちの主人、崑ちゃんと一つ違いやのにこんな早よいってしまって」て泣いてましたから。

そうして、三人が芯になって北野劇場で回している所へ芦屋雁之助・小雁が入ってきたんです。

●やりくりアパート（OTV）

「やりくりアパート」は僕のテレビ最初の出演番組です。北野劇場の出演中に、花登筺先生のところにテレビ局から話が来たんです。それで僕ら

に「テレビやれ！」言うて。

台本が来ました。設定はエンタツ先生と、初音礼子さんが夫婦でアパートの管理人。これが主役。

で、アパートに部屋が十くらいあって、まんなかに廊下があって、そこに大工さん、オカマ、学生が二人…いろんな人が住んでて、お金のない人がお金のやりくりしていたんで、タイトルが「やりくりアパート」いうんです。

「五十円返して」とかそんな話ばっかり出てくるんですよ。一万円とか二万円じゃないんです。それが見てて面白いわけですよ。庶民的で。

で、僕は学生の役だったんだけど、わざと小学生並みの芝居をしたんです。かたちは大学生やけど、頭の中身は小学校か中学校なみ。

そしたら、はじめのうちねぇ、おしゃもじ持ったお母さん連中が「やりくりアパート反対」ってデモをやったんですよ。

「あんな学生、見せてもらったら困る。うちの子供、せっかく勉強してるのに。角帽までかぶって、あんなひどい学生だして、計算もできないようなアホなことして」て言うんです。

でも、アホなことしてても、最後はちゃんと褒美をもらえるようなオチなんですよ。

で、これがあたったんですよ。

おしゃもじ族のおばさんも、半年もせんうちに、みんな挨拶に来て「こんな楽しい番組ありません」て（笑）。すごいでしょ？

今、六十七・八から七十超えた人たちはですね、当時小学校の生徒やったんですが、みんな「やりくりアパート」とか「番頭はんと丁稚どん」「頓馬天狗」を見てるんですよ。だから、街の中で握手してきて、泣く人がいましたよ。「生きてるナマの崑ちゃんに会ったー」って。

大学生役の僕と佐々やんは、そうやって人気が出てきたんですけど、時には他のアパートの住人も持ってこないかんと言うことで、たとえば大工さんとか、女形とかをストーリーの芯に持ってくることがあるんです。けど…他の登場人物を中心に持ってくると、視聴率が落ちるんですよ。やっぱり大学生役の僕と佐々やんが出てきた方が数字がとれる。だから最後は完全に僕らが胴とっちゃったんです。

●ダイハツ「ミゼット」

そこへきて、ダイハツの生コマーシャルあったでしょ。あれが当たったんですよ。

最初の頃は、女の子がお医者さんみたいな白いコートを着て運転してきて、カメラの前で降りて、「この車はダイハツ提供のミゼットという車で…」とか言うて説明して、十秒か二十秒くらいのコ

マーシャルやったんです。

ところがある時、その人が、本番中にセリフがでてこなくなっちゃったんですよ。

本番前。みんな見てるじゃないですか。

この頃は、開始の三十秒前から刻むんです。

「三十秒ォ前ッ！」って言ったらね、もう…みんなピーッとして現場が凍りついたような雰囲気になるんです。「髪にクリップついてるじゃないかーッ！」とか、最後の最後までいろんな声が飛ぶし。

それで、いよいよ「5！4！3！2！1！」って言ったら始まるんだけど、そら緊張して緊張して。…とうとう女の子のセリフが止まっちゃったんですよ。

もう、本番はじまってるし。

しゃあないから、カメラが切り返して「ミゼット」を写して。そのあいだに女の子に原稿を渡して読まして、なんとか終わったんだけど…

次の週に行ったら、その子、クビになりました。

で、その女の子が首になったときに、佐々やんと僕に「やれ」ということになったんです。

原稿用紙を貰ったんですよ。それには「この車はダイハツのミゼットという車です。これは三百キロの荷物を積んで六十キロのスピードで走れます。ミゼット！」。

「キロ」のところに赤線を書いてあって「ここ、間違えないでください」てなってる。それ見て佐々やんが、僕に「お前はそそっかしいから、俺が数字のところをやるから、お前は『ミゼット！』のとこだけやれ」とか言うて。

二人で、ミゼットを挟んで前に立つような恰好で、ミゼットを真ん中に見せて。カメラの横に大きな字で「ミゼット」と書いてあって。

佐々やんが「この車はダイハツの車で、三百キロの荷物を積んで六十キロのスピードで走れます。この車は…」言うたら、僕が「ミゼット！」言うわけです。

あとは時間まで「お父さんの車」「ミゼット！」「みんなの車」「ミゼット！」「この町の車！」「ミゼット！」「日本の車！」「ミゼット！」「みなさんの」「ミゼット！」「…」「ミゼット！」「…」「ミゼット！」「…」「ミゼット！」って、時間が来るまで「ミゼット！ミゼット！」言うて連呼するわけですよ。

だんだんスピードがでて最後に「ミゼットォーッ！」ってやったら、佐々やんがバーンって叩くわけです。「あっちいけーッ！」って。

「バカヤロー！そんなミゼットミゼットばっかり抜かしやがってこのぉ」いうて、僕を画面の外に突き飛ばして、パッと正面向いて「…ミゼット。言うたったぁ」て。

花登先生も、ディレクターの多田さんも、代理店も、当然「本番前にいっぺん見せてくれ」て言うんですよ。でも佐々やんは「見せられない」って言った。佐々やんエライでしょ？

見せたら「ミゼットばっかり抜かしやがって」がカットになることわかってる。でも、そしたら、その後がウケなくなるんです。だから僕にも「ゼッタイ誰にも見せるなよ！本番前に一人でやるなよ！」て。

このコマーシャルがバカウケしたんです。そしたら千円くれたんですよ。

「やりくりアパート」のギャラが三千円の時にですよ。

● 時間との闘い

この番組は、花登筐先生が仕切ってたんです。花登さんは現場には、ホンの薄っぺらい台本しか持って来ないんですけど、それを、ディレクターの多田さんが写して配るんです。

普通は台本って、ちゃんとしたのがあるじゃないですか。でも、「やりくりアパート」は完璧な台本じゃないんですよ。

生放送で、番組が始まって…ネット番組だから、おしりは伸ばせないんです。だからキチーッと時間通り始まって、終わらないといけない。時間調整の連続ですよ。

だから「5秒巻け！」とか、「10秒巻け！」とか、もっと大変になると「すごく巻け！」とか、手を

クルクル廻していろんな指示が出る。

そのうち、カメラマンとかスタッフが、台本をピーッとちぎってパッと放るんですよ。スタジオで一斉に紙が飛ぶから「あ、一枚飛んだ」て。

一枚飛んだら「二十秒から三十秒くらい巻きやナ」とわかるんだけど、僕の役は「ボケ」だから、ボケ役が演技を巻いたらおかしいでしょ？

だから、ディレクターが、ツッコミ役の佐々十郎とか芦屋雁之助とかに「巻き」のサインを送るわけですよ。

あと、番組の最後に「校長先生が僕らを表彰する」というシーンがあったんですが、セットに紅白の幕を張って…テレビは白黒やったけど（笑）…小道具さんが桜の花びらをちょっと散らしてね、校長先生役の白川さんが表彰状を持ってスタンバイしてるんですよ。いつ出番が来るやらわからないからね。

で、いよいよ自分のシーンが来るな、と。

カメラが集まってくるでしょ？

キューがきてね。

「佐々、大村諸君は…」

と、言おうと思うてたら「チャンチャチャンチャチャーチャンチャ…」ってエンドテーマが入ってもうた！

画面に出演者の名前とかが出て来て、本人が「あぁぁぁっ！」て。

「ギャラ貰えるやろな！」

ていうたら佐々やんが

「名前が出たからには貰える！シメたもんや！」

もうその時点ではスタジオの音声、切れてるから、声を出してもいいからね。

フロアには澤田隆治さんもいました。あのかたは、僕と一緒の世代で、当時から大活躍した人ですけど、みんなビビリまくった人で。彼がディレクターで、ビーッってやりはじめたのが「やりくりアパート」の頃なんです。

そこで僕は役者として、彼は助監としてインカムつけてやってたんです。

澤田さんは、台本でもなんでも、そこらにあるものは、皆「資料にする」言うて風呂敷に包んで持って帰りました。

で、アパートの部屋を二部屋くらい借りて…

重さでアパートが傾いたいうて（笑）

そんな話、聞いたことありますヨ。

僕も莫大な資料持ってたんですが、豊中の自宅から転宅するときに、自分の要るモンだけとって、あとは全部息子に「どれでもせぇ」と渡しました。

僕らたまに「先生、その資料どうするんですか。はやく処理したほうが」てネ、言いました。

宝塚映画で「やりくりアパート」を撮る時に…あれは夜中に撮ったんですけど、阪急電車で行かないと間に合わない…スタジオにみんな待たせてね。十三の駅で駅舎の柱にもたれて爆睡した覚えてますよ。

とにかく寝る間がないんです。もう、眠たくて眠たくて。車にのったら寝てる。

でも、一緒に乗ってるガードマンが話しかけてくるし、僕は話好きやから一緒に話するしね。

だから、電車移動でガードマンと少し離れて、柱にもたれて次の電車待ってると「ガァァァ…」って寝てしまう。あとから「よう寝てましたよ」言われたもん。

それで、現場に入ったら、入ったらすぐに「ヨーイ、スタート！」ですよ。

とにかく忙しいんです。

あと、OTVでは、日曜日の朝「崑さんの日曜漫画」にも出てました。内容はほとんど記憶にないんですけど、たまにファンが

「自分もそれに出てました！」

とか言ってました。これは視聴者参加番組です。

●「珍劇アワー」と結婚式（YTV）

讀賣テレビの現場は、おとなしかったですね。東京の日本テレビから来てる人が多かったからでしょうか。

最初のレギュラーが「珍劇アワー」。大阪ガス提供の番組です。若いガスメーターのおじさんが制服着て出てくるんです。

その「珍劇アワー」の稽古をしてる時に、うちの女房がスタジオに来たんですよ。

当時、花登筐先生が僕に「もうお前は人気出てきたからね、女の問題で週刊誌にでも出されたらいかん」と言うんです。

その頃、雁之助はもう夫婦になってて、小雁ちゃんは好きな女と同棲してたんですよ。で、僕だけ恋人に逃げられて…僕が芸能人になった途端に逃げちゃたんですよ。向こうの親が反対してね。まぁ、一人で楽しくやってたんです。

ところが、急に「来年三月、お前、結婚しろ！」て言われて。「雁之助が結婚してることバレんうちに、三人で揃って結婚式をしよう。雁之助も独身の顔して参加する」て。

テレビ結婚式にしようというわけです。讀賣テレビで。それで「それにあわせて結婚相手を見つけてこい」と、僕にいうわけですよ（笑）。

テレビ結婚式の前の年（1959年）に、うちの家内が放送局にシャンソンのオーディションを受けに来たんですよ。毎日テレビに。

その頃、家内は、ラジオ神戸で「声のクイーン」てやってたんです。ミス神戸とか声のクイーンてのはお祭りの花電車乗ったりするでしょ…そこでジャズの担当をするということで、毎日放送のオーディション受けたんです。

それが終わって、若い時におそわったイワキさんていう先生を讀賣テレビに訪ねたら「今日は崑ちゃんたちが仕事してるから、見て帰り」って、台本貰ったんです。それで、僕らの稽古場に入ってきたんですよ。

そしたらみんなヒソヒソ
「誰の女や？」いうて。
「佐々やん手が早いから…」ていうたら
「違う」
一緒にいた弟の五郎ちゃんも「知らん」
知らんはずですもん。エライさんの伝手で来てるんですから。

で、僕、メシ食いに行く前に、スタジオのモニターで高校野球見てたんですよ。自分も若いころ高校野球やってたから。

そしたら後ろから「あのォ」て声かけられて。
見たら、さっきの女の人。
コマーシャルガールかなと思ってたら「違います」て言うんです。
「弟があなたの大ファンで、サインを頂きたいんです」っていうから「マ、よろしワ」いうことで。地下の食堂行って。

まず、最初に弟さんの名前をきいて、
次に住所をきいて、それから
「あなたのお名前は？」いうて（笑）。
食堂の箸袋に書いて貰って…
書いて貰ろたらこっちのモンやもんネ…
それからプッシュして「逢いましょう」とか言うたんです。

あちらのお父さん、お母さんは崑ちゃんファンで「行ってこい、行って来い」いうことで。三回くらいデートしたのかな。まあ、忙しい最中です。
須磨までとんかつ食べにいったりとか。文楽座行って、曾我廼家十吾先生の芝居見せたりとか、あの人はクラシックとかバレエとかしかみたことないのに、まさに「浪花の芝居」を見せて。

で、また須磨にとんかつ食べに行って、三回目に「結婚して」いうことになってやね。

本人、三十分くらいずーっと唸ってましたよ。

ケーブルカー見ながら時計見て、もう帰らならん時間になって。

「うん言うてくれますか？」言うたら

「はぁ…」て。

これが「うん」に見えたのよ。

でも、うちの家内は「うん」やなかった言うんです（笑）。うなづいただけ。

それから、花登筺先生とうちの親父に言って、使者立てて、仲人、結納と強引に（笑）。それで三人でテレビ結婚式やったんですよ。

そらすごかったです！

午前中は太閤閣で自分らの家族の結婚式やって、午後からテレビの二つのスタジオ使って。

一つは結婚式場で三人の牧師さんが来てました。

もう一つは披露宴。芸能人がいっぱいきて。

あの時分、ほんとにいっぱいの芸能人が来て。専属契約も何も関係なしにですよ。

そのままうちは新婚旅行まで行って、他の二組はもう「できてる夫婦」やからウチに帰って、そこから一週間休みですよ。生放送を。

あの時…九つくらいあった生放送、全部休み。

三人にそれぞれスポンサーがついて、仲人さんをしてくれました。僕はダイハツと大塚製薬ともう一つ付いて。一銭も金出さずに結婚式やって、お祝いもいっぱいもらって、一週間の休み貰って、そして新婚旅行。そのあいだ、お祝いのために代わりの放送したんでしょうね。

とにかく、花登筺先生という人の偉大さね。そういうことを考える人ね。何より、テレビ結婚式にしたらお金になるやないですか。自分で台本書いたらいいんですから。

僕ら「花登筺一派」やから…花登事務所からお金貰うてたからね。今でいうプロダクションみたいな感じです。給料払う時はいつも「ギャラのこと言うな。今にあげてくれるから。言わんほうがええ。あがるッ！」て。

後できいたら、あの先生の原稿料がものすごくあがってた（笑）。ものすごい家に住んでんだよ。

最初は僕ら「コバコちゃん」言うてたんですよ。「崑ちゃん」と一緒。でも、テレビで売れてきたら、夜、暇ができてクラブに行って「花登先生です」ていうたら、皆が「えっ！こんな若い方ですか！もっと歳いった人かと…」て。「いや、先生ですよ」て言うたら「へぇー！」言うて。

みんな女の子、僕ばっかりヨイショするやないですか。それで花登さんがとうとうカチッときて、次に行くときは眼鏡かけて「俺はコレの兄貴です。ホントの兄貴です。兄貴が台本書いて」て（笑）。

そしたらみんな「センセ、センセ」言い出して。

僕も「センセ」言わないかん。

しゃあないから「センセ」。

● 「とんま天狗」と大塚製薬

讀賣テレビの中野さんという人…。

日本テレビから来た人やったけど、大阪では偉いさんで。頓馬天狗を作ってくれた人ですが、その中野さんが僕を見出してくれました。大塚製薬に行って「大村崑使え」って言うてくれたんです。

「大村崑は、やりくりアパートで人気が出てきた。番頭はんと丁稚どんでも人気が出た。いままでは主役でなかったけど、頓馬天狗では大村崑を使いましょう」いうて、大塚製薬さんとこにもってきたんです。

大塚さんは、なんにもわからへんけど「まあ、一社提供でやらしてもらいます」て。

大塚さんに足向けて寝られないですわ。いまだに。今、家族ぐるみで親しくおつきあいしてますからね。

当時は現場にスポンサーが来てました。

スポンサーはスポンサーで、いろんなとこから声、聴いてくるわけですよ。ちょっと慣れてくると「ここらへんでちょっとコケてよ」とか言うた

頓馬天狗に扮した大村崑さん（写真提供：大塚製薬）

りネ。そしたら「コケたら、衣装汚れますからアキまへん」て言うて（笑）。家庭的でしたよ。

　土曜日の七時に鐘の音が「ゴ〜ン」となったら、天狗の面をかぶった顔が最初に画面に映るんだけど「ゴ〜ン」までの間三十秒くらい天狗の面をかぶったままでカメラの前に構えてスタンバイするんです。目のところからみんなが走り回ってるのを見ていて、やがて三十秒前になると一面シーンとなって
「5！4！3！2！1！」
鐘が「ゴ〜ン」と鳴ると
「姓は尾呂内、名は楠公。人呼んで『頓馬天狗』。
バーッと面をとって、
ピーッと肩のほうにやって、
シャッとやって。
小雁ちゃんが「御用だーっ！」と来るのを斬ったら「ヤラレたよぉ」て。
「ヤラレたか。やられたら、これを付けてみろ」ってオロナイン軟膏見せて
「オロナイン軟膏ぉぉ。効能ぉは…」って。
そんな生コマが入ってたんです。
お侍さんの名前が「オロナイン軟膏（尾呂内楠公）」いうてね。

　そういうことを考えて作ってたのが、花登筺先生やったんです。普通はコマーシャルは芝居が済んでから、別のセットが組んであって、そこに製品が並んでて、そこで生コマやって、またドラマに戻る、これが普通やったんです。
　ところが花登筺先生のアイディアは違う。
　これだけ内容に折りこんでるのって、ない。
　スタジオには、コマーシャルやる人も、みんな一緒にいるから、そういう意味では賑やかでした。
　ハプニングもいろいろありましたよ。

●下げろ！下げろ！
　ある時は、うちの母が番組を見て
「お前、今日は具合悪かったん？」
て言うんです。
　その五〜六年前に肺結核を患ったせいで肺を片方取ったからね、そのまま働いてたでしょ、テレビ局から帰りもせんと、徹夜で稽古してたりしてるから、母が心配してね。
　でも、この時は、違うんですよ。
　シーンの変わり目に、ちょっと座って汗を拭いてもらってたんですよ。そしたら、カメラがセットのあいだを走って移動してる間に、カメラのスイッチが間に合わなくて、切り替わる前に、メイクさんが白い服着ておでこ叩いてるトコ、カメラが映しちゃったわけですよ。タリー点けたままで。座って汗をふいてもらってるトコを母が見て「具合悪かったん？」て。
　あと、こんな話もありましたよ。
　スタジオに土手をこしらえて、頓馬天狗がガールフレンド呼んで横笛を吹いてるシーン。お月さんがホリゾントに映ってるでしょ、土手の上で、ま、いうなれば、ラブシーンやね。
　僕は笛を吹けないから、最初だけピーてあわせて、あとは適当に指を動かして、笛の音にあわせるんです。

その時に、スタジオの全員から、手で
「下げろ」
みたいなサインがくるわけですよ。
当時はスタジオにカメラマンからスポンサーまで皆おるでしょ。普通はディレクターが指示をくれるんですけど、この時はなぜかみんなでサインしてくるんですよ。
「何を下げるのかな」と思って…
背の高さと土手の高さのつり合いかなと思ってちょっと背を縮めてみたりしたんだけど、そしたらみんなで首振って
「チャウチャウチャウチャウ！」
　もっと「下げろ！」て。
結局、何を下げたらいいかわからんうちにそのシーン終わったんですよ。
で、後できいたら、土手の上から、鳥打ち帽子のオッサンがふたりヒョコヒョコ顔出して、モロにうつってる！
植木屋のおっさんですやん。
スタジオに植木が入ってるから、終わったら持って帰らなイカンのですわ。
舞台と違って、テレビは生の植木が入ってるじゃないですか。根っこの生えたやつ。
植木屋さんが「もうそろそろ終わりかなぁ〜」と思うてね。セットの裏に回ったらやね…ホリゾントにお月さん映ってるのに…そんなん気にせんと二人そろって
「今、何やってるんかなぁ〜」
て覗いたんですわ。
あとで二人ともえらい怒られて（笑）。
そういう面白いことがありましたよ。
テレビのお客さんもそれ見て笑わなしゃあない。
その時分は、映画やテレビとかどうやって撮ってるか、今みたいに一般の人が知ってる世界やないからね。それがモロに見えたりしたから。そういう意味では、ちょっと面白ったね。迫力あって。

●**古手のウルサイやつ**

まあ、今の現場はもう「すいません」ばっかりですね。大勢が芝居やっててやね、一人が「すいません」てやったら、そこで止まるんですよ。もっぺん撮り直しで。
こないだも「すいません！もう一度お願いします」ていうから「ちょっとまて！誰なんや犯人は…。声出せよ犯人！」て言うたらスタッフのひとりが「わたしです」ていうから「自分でいえよ『すいません！』って。われわれ役者はちゃんと自分で言うやんか！」て。
僕も爆発せん男やけど、この時はとうとう言いましたね。現場に緊張がない。

僕らが若い時はね、現場には古手のウルサイやつが一人いましたよ。その人が入ってきたら皆が「オハヨウゴザイマス」て。
「お前、昨日のあのセリフ、駄目やで。ちゃんと噛み込んで芝居せえよ」とかね。
「わからんかったら、訊いてこいよ！」
とか言われて、訊きにいったら
「そんな芝居なんか教えられるかい。自分で覚えい。盗め！自分で」
とか言うて。
昨日言うたことと今日と全然違う。
昨日と今日と違うのであれば、次の時も違うかもしれないって、もっぺん訊きに行ったら
「昨日やったことを今日やるのやったら、稽古

いらん！そのため、稽古してるんだろう！」
　て言うんですよ。
　どういう屁理屈か知らんけど。
　いっぱい言われて、そういううるさいのいたんですよ。
　僕みたいな平和主義…昔は暴れん坊やったけど、今や平和主義になってるから…自分でもね、ちょっと怒って締めなイカンかな、と思いますね。
　ま、昔から見たら、今の現場は、怒り方が足らんわね。
　昔はもう尻をまくって、現場から帰ってしまいましたね。稽古の最中ですよ。茶川一郎なんか何べん帰ったか。
　放送の前の日の晩、本読みを放送局でやっててやね、セリフを何回も言うて「やめた！」とかいって帰っちゃうんだから。「こんなセリフ言えるかッ」て。
　で、助監督が走っておっかけていってやね、一時間ほどしたら帰ってきてやね「すいません、茶川さん出てくれませんから」て言うと花登筐先生とかディレクターとかが
　「よし！今日、皆、旅館泊まり！」
　出演者だけは旅館とってくれますけど、他の関係者は局の中でどこかで皆寝てたわけですよ。替えのパンツなんかない。もともとウチに帰るつもりやったから。そうしてパンツを穿き潰した人、結構いたと思うよ。
　これをやるとね、助監督（AD）が、走り回って頭下げて回るでしょ？
　ところが、このADがものの数年のうちにディレクターになるんですよ。新しい局やから昇進も早いからね。すると「問題児はいらん」言うて、使わない…。佐々十郎とか茶川一郎をはずしたりするんです。その点、僕は新人やから「ハイ、ハイ」てきいてる。「崑ちゃんはいいよなあ」とかいうて。
　でも、そのかわり僕は佐々十郎・茶川一郎のためにあちこちで「佐々十郎・茶川一郎、使うてください」て言うんですよ。そしたら「アンタ、あの人の味方してんの。あんだけいじめられたのに。そんなことしてたらアンタが危ないで。ウチの専務、怒り狂ってんで！」って。
　そういわれたらねぇ…。

●人気のすごさ

　やりくりアパートの時は、各地から集まってきた高校野球の人とか、スタジオ見学者は多かったですね。
　外部の人はスタジオの中に入れなかったでしょ。今はNHKでもスタジオのぞけるようになってるけど、当時はスタジオの中で笑うたりしたらあかんでしょ。だから、一般の人は喫茶店とか、外までしか入れませんでした。
　讀賣テレビはロビーのところに大きな喫茶店があって、大きなテレビもあって、外から自由に入れたんですけど、そこが人でいっぱいになってしまって。そのうち喫茶店の外からガラス越しに二百人くらいが張り付いてるんですよ。そうしてみんなでテレビ見てるんです。
　だから、とんま天狗、本番終わったら、まずはかつらつけて汗いっぱいのまんま、喫茶店のところで、来てくれた人たちと握手するんですよ。それで、いったんスタジオからメーク室に行って、もいっぺんでてくると、まだガラスの外に人がかなり残ってるから、頓馬天狗の格好でもう一度挨

拶して、また引っ込んで、着替えてロビーにでてきて、最後まで残ってた人に囲まれながら車にのるんですから。

この時は、ボディガードに、大学の相撲部とか柔道部とかからアルバイトを呼んで、僕を囲んで前一人、両脇二人、後ろ一人…多い時は全部二人、二人、二人で六人態勢のガードについてもらうんですよ。表に出る前に、廊下で一回ガードのお稽古しましたよ。ガードのリハーサル。群衆がワッと来たときにどう脱出するか言うて。

「僕らもお手伝いしますけど、脱出するときは相手の膝、蹴ってください」っていうんだよ。

スゴいよ！

車にやっとこさ乗って。で、うちに帰りました…うちに帰っても、近所の子供が沢山いるんだもの。夜、ご飯食べんと待ってるわけですよ、子供らが。

そしたら親が怒りに来るんです。

「ご飯食べてない」いうて。だから、うちのおふくろがご飯蒸しにお芋さんをふかしてね。

頓馬天狗を終わってからやからねえ…終わって小一時間のちに家について、鳥打帽子とサングラス取ったら「大村崑だ！」て。

当時は写真なんかないから、握手とかサインなんかしてね。で、それ聞いた子が次の週に来てる。

そら大変。

二回くらい頓馬天狗の格好のまま帰りましたよ。母が言うんだもん。「頓馬天狗の姿見たい」て。こんな六角形の鬘入れも借りて、弟子の若い衆に私服持たせて帰りました。

そらどんなに喜んだか。

町内はおまつりみたいなもんです。僕は調子に乗って、井戸端で、ちょうど釣瓶のひもがあって、その前でポーズつけて一人でチャンバラしたりして（笑）。面白かったです。

（後編／P355 へつづく）

子供たちに大人気で雑誌広告にも登場（写真提供：大塚製薬）

●9月1日（月）OTV

1130 テストパターン（クラシック）
1145 オープニングメロディ
　　　小坂務とカルテット
1155 おしらせ1200ニュース
1215 カクテルサロン
　　　黒岩三代子　木村与三男
1240 ガイド 45 料理手帖
　　　「魚のぶどう酒煮」辻勲
1300 ポーラ婦人ニュース
　　　野上night・洋子 15 ガイド
1320 家庭百科（OTVF）
　　　「粉食をおいしく」
　　　茶珍俊夫
1325 おしらせ 30 放送休止
1730 テストパターン
　　　（ジャズをどうぞ）
1745 おしらせ
1750 新聞テレビニュース
1800 子供の教室（OTV）
　　　「今日は二百十日」
　　　柴田淑次
1815 フューリーとソニー「発端」
　　　声：宇治あけみ　城
1845 ガイド 50 OTV ニュース
1856 あしたのお天気
1900 おさげ社長（KR）
　　　「おさげ社長のお姉さま」
　　　永津澄江　飯田覚三
　　　川喜多雄二　野々村
1930 ロビンフッドの冒険
　　　「居酒屋の騒動」
2000 歌謡学校「流転わらべ歌」
　　　津村謙　松山恵子
　　　若原一郎
2030 ナショナルTVホール（KR）・
　　　銭形平次捕物控「恋文
　　　道中記」若山富三郎他
2100 カメラだより北から南から
　　　「ここは危険なり」
2115 ウロコ座「お澱のたましい」
2145 OTV ニュース
2155 スポーツニュース
2200 お母さん「息子の嫁」
　　　（KR）村瀬幸子 沼田曜一
2230 カメラルぽいつもどこかで
　　　「忍術は生きている」
2250 ダイハツスポーツウィクリー
2300 お天気◇おしらせ◇終了

●9月2日（火）OTV

1130 テストパターン
　　　（クラシックハイライト）
　　　ベートーベン
1145 オープニングメロディ
1200 OTV ニュース
1215 ほほえみ一家（KR）
　　　竜崎一郎 坪内美詠子他
1240 テレビガイド
1245 料理手帖
　　　「サラダとハムロール」
　　　井上幸作
1300 ポーラ婦人ニュース
　　　松下幸之助 15 ガイド
1320 家庭百科（OTVF）
　　　「毛糸の選び方」
　　　藤川延子
1325 おしらせ 30 放送休止
1730 テストパターン
　　　（ポピュラーアルバム）
1745 おしらせ
1750 毎日新聞テレビニュース
1800 呼出符号Ｌ「挑戦者」
　　　高柳眞 大隈保他
1815 アニーよ銃をとれ
　　　「二万ドルの行方」
　　　45 ガイド
1850 OTV ニュース 56 お天気
1900 カロランミュージカル（KR）
　　　「恋は風に乗って」
　　　ジェームス繁田
　　　ペギー葉山　朝丘雪路
　　　中原美紗緒　笠田敏夫
1930 笑美の伯爵（KR）
　　　木村功　水谷八重子他
2000 ハワイ大学合唱団演奏会
　　　「イエスはわが喜び」
　　　「日本の子守唄」他
2030 島倉千代子ショー
　　　「忘れ得ぬ人」
　　　能沢佳子他
2100 うちのお父ちゃん
　　　エンタツ
　　　森本たか子他
2115 夢に罪あり　高島忠夫
　　　細川俊夫　大空真弓
2140 ガイド 45 OTV ニュース
2150 OTV スポーツニュース
2200 おはこら ら（KR/OTV）
　　　※ NTV からネット変更
2220 テレビジョッキー（KR）
　　　旗照夫　朝丘雪路
2250 きのうきょう 矢部利茂
2300 お天気◇おしらせ◇終了

●9月3日（水）OTV

1130 テストパターン（歌の花かご）
1145 オープニングメロディ
1155 おしらせ
1200 OTV ニュース
1215 奥さん天国
　　　～東西夫婦気質～
　　　「私は顔です」（KR）
　　　市川寿美礼　春日俊二
　　　江戸家猫八 40 ガイド
1245 料理手帖「散らしずし」
　　　辻徳光
1300 ポーラ婦人ニュース
　　　伊吹武彦 15 テレビガイド
1320 家庭百科（OTVF）
　　　木崎国嘉
　　　「コルセットの医学」
1325 おしらせ
1730 テストパターン
　　　（コージーコーナー）
1745 おしらせ
1750 毎日新聞テレビニュース
1800 漫画映画「一休さん」
1815 漫画映画
　　　ヘッケルとジャッケル
1845 テレビガイド
1850 OTV ニュース
1856 あしたのお天気
1900 わが輩ははなばな氏（KR）
　　　「社長と月給」
1930 OTV スポーツファンシート
　　　阪神－中日（甲子園）
　　　解説：浜崎真二
　　　担当：久保顕次アナ
　　　【雨天時】
　　　大洋－国鉄
　　　【ない時】劇映画
2030 鞍馬天狗（KR）
2100 奥様多化（KR）「台風一過」
　　　江見渉　山岡久乃他
2115 来週のハイライト
2130 ミナロンドリームサロン
　　　岡崎広志 栗原圭一と
　　　楽団 大伴千春
　　　ジョージ岡
2145 OTV ニュース
2150 OTV スポーツニュース
2200 新 大同政談　（KR）
2230 私のカメラガイド 45 ガイド
2250 きのうきょう 第一回
　　　矢部利茂
2300 お天気◇おしらせ◇終了

●9月4日（木）OTV

1100 テストパターン（クラシック）
1145 メロディ 55 おしらせ
1200 OTV ニュース
1215 アイ・ラブ・亭主（KR）
　　　「明日の青空」
　　　宮川洋一　富永美紗子
　　　増山江威子　梅屋かほる
　　　山本嘉子　服部哲治
　　　小原乃梨子　直木みつ男
　　　中谷祥浩
1240 テレビガイド
1245 料理手帖「生揚げどうふ
　　　ぶどうじょう油添え」
1300 ポーラ婦人ニュース
　　　熊取谷武 15 テレビガイド
1320 家庭百科（OTVF）「口紅」
　　　山本鈴子 25 テレビガイド
1330 放送休止
1730 テストパターン45 おしらせ
1750 朝日新聞テレビニュース
1800 はなしの社会科
　　　田中菊次郎
1815 ますらを派出夫会（KR）
　　　森川信　若水ヤエ子他
1845 テレビガイド
1850 OTV ニュース
1856 あしたのお天気
1900 スーパースメロディ
　　　「夜霧の滑走路」
　　　三船浩の歌
1930 宝塚テレビ劇場
　　　「歌の花園」
　　　寿美花代　淡路通子他
2000 この謎は私か解く（KR）
　　　「金時計の秘密」前篇
　　　大木民夫　影万里江他
2030 特ダネを逃がすな（KR）
　　　「香港のスチュアデス」
　　　前篇
2100 OTV ワールド・スポーツ
2115 金語楼劇場・おトラさん
　　　（KR）「座禅の巻」
　　　柳家金語楼 小桜京子他
　　　45 OTV ニュース
2145 短編映画館
2155 OTV スポーツニュース
2200 サンヨーテレビ劇場（KR）
　　　「父ありき」前篇
　　　佐分利信　田中英司
　　　坂本武
2230 小唄教室　伊志井寛
　　　細川 京塚 柳柚巳子他
　　　45 ガイド
2250 OTV 週間テレビニュース
2300 お天気◇おしらせ◇終了

●9月5日（金）OTV

1050 テストパターン
　　　（フライングリズム）白夜他
1110 オープニングメロディ
1115 おしらせ
1120 テレビ婦人スクール
　　　「秋の流行ウールコート」
　　　解説：大塚末子
　　　歌：島倉千代子
　　　菅原通済
1150 憩いのリズム
1200 OTV ニュース
1215 映画の窓（KR）「バイキング」
1240 テレビガイド
1245 料理手帖「豚肉とリンゴの
　　　重ね焼き」田積富貴他
1300 婦人ニュース 鴨居羊子
1315 テレビガイド
1320 家庭百科（OTV）
　　　「新しいウエディングドレス」
　　　藤川延子 25 放送休止
1730 テストパターン
1740 オープニングメロディ
1750 朝日新聞テレビニュース
1800 赤胴鈴之助
1815 電気の ABC「雷・今と昔」
1830 わが家の青春「母の誕生」
　　　雪村いづみ　坪内美詠子
1845 ガイド 50 OTV ニュース
1856 あしたのお天気
1900 テレビぴよぴよ大学（KR）
1930 カメラ探訪「芸術の秋」
2000 京阪テレビカー・
　　　がんこ親爺
　　　「ロマンス母ちゃんの巻」
2030 寄席中継（角座）
　　　三遊亭柳枝・喜子代
　　　芦乃家雁玉・十郎
　　　ワカサ・ひろし
　　　岩田直二　石田
2100 話題のアルバム 10 ガイド
2115 日真名氏飛び出す（KR）
　　　「窓からの手」前篇
2145 OTV ニュース
2155 OTV スポーツニュース
2200 又四郎行状記（KR）
2230 三協グッドナイト・ショウ
　　　築地容子他
2250 きのうきょう 矢部利茂
2300 お天気◇おしらせ◇終了

●9月6日（土）OTV

1130 テストパターン（クラシック）
1145 オープニングメロディ
1155 来週のハイライト
1200 OTV ニュース
1215 土曜寄席
　　　三味線コント：滝の家
　　　鯉香　漫才：東五九童・
　　　蝶子
1240 テレビガイド
1245 料理手帖「こうし肉シチュー
　　　ハンガリー風」石本
1300 婦人ニュース 勝村泰三
1315 テレビガイド
1320 家庭百科（OTVF）
　　　「家庭のスポーツ」
　　　25 休止
1720 テストパターン（軽音楽）
1735 来週のハイライト
1741 まんがくらぶ
1750 朝日新聞テレビニュース
1800 ぼくのわたしの音楽会
　　　大阪市芦池小学校
1815 パッチバイトム・黒駒探偵
　　　「野球魔王」後篇
　　　松本朝夫　三宅邦子他
1845 ガイド 50 OTV ニュース
1856 あしたのお天気
1900 街のチャンピオン
　　　トップライト
1930 部長刑事　第一回
　　　「俺は言えない」
　　　中村栄二　波田久夫
　　　嶋達太郎　菅亜紀子
　　　筧甲幸男　真木康次郎他
2000 寄席中継（角座）
2100 OTV ワールド・スポーツ
2115 金語楼劇場・おトラさん
　　　（KR）「座禅の巻」
2145

●9月8日（月）OTV

1130 テストパターン
1145 メロディ 55 おしらせ
1200 OTV ニュース
1215 カクテルサロン
　　　ジェニー愛田他40ガイド
1245 料理手帖「マルセイユ風
　　　のアジ料理」辻勲
1300 婦人ニュース 毛利菊江
1315 テレビガイド
1320 家庭百科（OTVF）
　　　「子供の工夫」茶珍俊夫
1325 原子力平和利用シリーズ
　　　「原子力入門」(短編映画)
1350 関西六大学野球
　　　関学-立命（日生球場）
　　　解説：寺本秀平
　　　【中止時】1350 おしらせ
　　　55 のしらせ
1730 テストパターン45 おしらせ
1750 毎日新聞テレビニュース
1800 子供の教室（OTV）
　　　「文楽の人形」
　　　吉永孝夫 玉五郎
1815 フューリーとソニー
1845 ガイド 50 OTV ニュース
1856 あしたのお天気
1900 おさげ社長（KR）「おさげ
　　　社長とチャンピオン」
　　　永津澄江　飯田覚三
　　　川喜多雄二　野々村
1930 ロビンフッドの冒険
　　　「山火事」
2000 歌謡学校　林伊佐緒他
2030 ナショナルTVホール(KR)・
　　　銭形平次捕物控
　　　「恋文道中」若山富三郎他
2100 カメラだより北から南から
　　　「私売ります」
2115 ウロコ座「お源のたましい」
　　　後編 柳永二郎
　　　藤間紫　猿若吉代
　　　神田光庸　桂典子
2145 OTV ニュース
2155 スポーツニュース
2200 お母さん「銀座のママ」
　　　山根寿子　森雅之他
2230 カメラといつもどこかで
　　　「海女生活」
2250 ダイハツスポーツウィクリー
2300 お天気◇おしらせ◇終了

●9月9日（火）OTV

1130 テストパターン（クラシック）
　　　ベートーベン45 メロディ
1200 OTV ニュース
1215 ほほえみ一家（KR）
　　　「引越し騒ぎ」竜崎一郎
　　　坪内美詠子◇テレビガイド
1245 料理手帖「スミルナ・ス
　　　テーキ」小林幸作
1300 ポーラ婦人ニュース
　　　ゲスト：鍋井克之
1315 テレビガイド
1320 家庭百科（OTVF）
　　　「秋の外出着」
　　　藤川延子 25 おしらせ
1330 放送休止
1730 テストパターン
1745 おしらせ
1750 朝日新聞テレビニュース
1800 呼出符号L「挑戦者」
　　　高桐眞　千葉保他
1815 アニーと銃をとれ
　　　「けちん坊な親切さん」
1845 ガイド 50 OTV ニュース
1850 OTV ニュース 56 お天気
1900 カロランミュージカル（KR）
　　　「恋は風に乗って」
　　　ジェームス繁田
　　　ペギー葉山　朝丘雪路
　　　中原美紗緒　笠田敏夫
1930 ばらの伯爵（KR）「脱出」
2000 源平芸能合戦
　　　日本電気-沖電気工業
　　　審査・徳長他
　　　古関　豊吉
2030 潜水王マイクネルソン
　　　「ジェット機遭難」
2100 うちのお父ちゃん
　　　「娘の縁談」エンタツ
　　　森本たか子他
2115 夢に罪あり　高島忠夫
　　　細川俊夫　大空真弓
2140 ガイド 45 OTV ニュース
2150 OTV スポーツニュース
2200 おはこうら表（KR/OTV）
　　　浪花千栄子　初音礼子他
2215 テレビガイド（KR）
2220 テレビジョッキー
　　　旗照夫　朝丘雪路
2250 きのうきょう 矢部利茂
2300 天◇おしらせ◇終了

●9月10日（水）OTV

1130 テストパターン（クラシック）
　　　青く美しきドナウ 他
1145 オープニングメロディ
1155 おしらせ
1200 OTV ニュース
1215 奥さん天国
　　　～東西夫婦気質～
　　　(OTV) 京野伸夫・作
　　　西条凡児　萬代峯子
　　　山村弘三　環三千世
1240 テレビガイド
1245 料理手帖「サケの八寸盛り」
1300 婦人ニュース 金田りん
1315 テレビガイド
1320 家庭百科（OTVF）
　　　「家庭医療箱」木崎国嘉
1325 おしらせ◇放送休止
1730 テストパターン
　　　（ポピュラーアルバム）
1745 おしらせ
1750 朝日新聞テレビニュース
1800 もしも・もしもの物語
　　　川上のぶ夫 大久保怜
1815 漫画映画・ヘッケルと
　　　ジャッケル
　　　「勇敢なディンキーちゃん」
1845 ガイド 50 OTV ニュース
1856 あしたのお天気
1900 わが輩ははなばな氏（KR）
　　　「私には夫がある」
1930 OTV スポーツファンシート
　　　阪急-南海（西宮）
　　　浜崎真二　西村アナ
　　　【雨天時】西鉄-東映
　　　【ない時】映画
　　　「砂丘の敵」
2130 コント千一夜 森光子他
2145 OTV ニュース
2150 OTV スポーツニュース
2200 ありちゃんのおかっぱ侍
2230 特別番組「バスカチーフ
　　　潜航記・深海を探る」
　　　能勢武晴　久保伊津男
2245 OTV ニュース
2250 OTV 週間世界ニュース
2305 お天気◇おしらせ◇終了

●9月11日（木）OTV

1130 テストパターン
1145 メロディ 55 おしらせ
1200 OTV ニュース
1215 アイ・ラブ・亭主（KR）
　　　「家内安全」40 ガイド
1245 料理手帖「魚の巻き揚げ
　　　甘煮」奥井広美
　　　佐藤和枝
1300 ポーラ婦人ニュース
　　　増田光吉（甲南大）
　　　15 ガイド
1320 家庭百科（OTVF）
　　　「ピンカール」山本鈴子
1500 おしらせ 30 放送休止
1730 テストパターン45 おしらせ
1750 毎日新聞テレビニュース
1800 はなしの社会科
　　　「台湾海峡の危険」
　　　坂本邁也
1815 ますらを派出夫会（KR）
　　　「母恋きつね」森川信
　　　若水ヤエ子他
1845 OTV ニュース
1850 OTV ニュース
1856 あしたのお天気
1900 スーパースターメロディ
　　　林伊佐緒　霧島昇
　　　松島詩子
1930 宝塚テレビ劇場「ブードウ」
　　　恵ゆたか　雅章子
　　　都路のぼる　南城照美
2000 この謎は私が解く（KR）
　　　「金時計の秘密」解決篇
　　　大木民夫　影万里江他
2030 鞍馬天狗（KR）「密偵」
2100 奥様多忙（KR）
　　　「山の彼方に」
　　　江見渉　山岡久乃他
2115 短編映画
2130 ミナロンドリームサロン
　　　宝とも子　栗原圭一
　　　大伴千春 ジョージ岡
2145 OTV ニュース
2150 OTV スポーツニュース
2200 新大岡政談「守宮」
2230 私のアイディア 辻二郎
2245 テレビガイド
2250 きのうきょう 矢部利茂
2300 お天気◇おしらせ◇終了

●9月12日（金）OTV

1055 テストパターン
　　　（フライングリズム）
1115 オープニングメロディ
1125 テレビ婦人スクール
　　　「全国織物ショー」
1150 憩いのリズム
1200 OTV ニュース
1215 映画の窓
　　　「モンパルナスの灯」
　　　荻昌弘 40 テレビガイド
1245 料理手帖「スイートポテト」
1300 婦人ニュース 安西冬衛
1315 テレビガイド
1320 家庭百科（OTVF）
　　　テーブルマナー
　　　25 放送休止
1640 テストパターン
1700 秋場所の魅力を語る
　　　若秩父　富壁　豊の海他
　　　◇秋場所の話題：
　　　　武蔵川　清水礼子他
1750 新聞テレビニュース
1800 ぼくのわたしの音楽会
　　　豊中市立克明小学校生
1815 電気のABC「秋」
1830 わが家の青春「日曜大工」
　　　雪村いづみ 坪内美詠子
1845 ガイド◇OTV ニュース
1850 OTV ニュース
1856 あしたのお天気
1900 テレビぴよぴよ大学（KR）
1930 児童映画
　　　「不思議な頭巾」
2000 京阪テレビカー・
　　　がんこ頑固
　　　「お見合い延長戦の巻」
2030 特ダネを逃がすな（KR）
　　　「香港のスチュアデス」
　　　後篇
2100 OTV ワールド・スポーツ
2115 金語楼劇場・
　　　おトラさん（KR）
　　　「祭りの巻」柳家金語楼
　　　小桜京子他 45 OTV
　　　ニュース
2145 短編映画劇場
2155 OTV スポーツニュース
2200 サンヨーテレビ劇場（KR）
　　　「父ありき」中篇 佐々利
　　　信　田中英司 坂本武
2230 小唄教室
　　　井上恵比他
2245 テレビガイド
2250 OTV 週間テレビニュース
2300 お天気◇おしらせ◇終了

●9月13日（土）OTV

1130 テストパターン（クラシック）
1145 オープニングメロディ
1155 来週のハイライト
1200 OTV ニュース
1215 土曜寄席
　　　落語：桂枝太郎
　　　漫才：秋山右楽・左楽
1240 OTV ニュース
1245 料理手帖「レバーと野菜の
　　　串揚げ」藤井忠孝
1300 ポーラ婦人ニュース薄門
1315 テレビガイド
1320 家庭百科（OTVF）
　　　「季節のいけばな」
　　　肥原康甫（未生流）
　　　25 休止
1720 テストパターン（クラシック
　　　ハイライト）
1735 来週のハイライト
1741 まんがくらぶ
1750 朝日新聞テレビニュース
1800 ぼくのわたしの音楽会
1815 パッチパイム・黒部探偵
　　　「かたつむりの歯」前篇
　　　松本朝夫　三宅邦子他
1845 テレビガイド
1850 OTV ニュース
1856 あしたのお天気
1900 街のチャンピオン
　　　トップ・ライト
1930 部長刑事「口紅の秘密」
　　　中村栄二　波田久夫
　　　嶋連太郎　菅垣紀子
　　　箆田辛男　真木康次郎他
2000 道頓堀アワー（中座）
　　　第一回 一谷嫩軍記・
　　　熊谷陣屋（一幕）
　　　延二郎　十蔵
　　　仁左衛門　翫次郎
2100 話題のアルバム 10 ガイド
2115 日真名氏飛び出す（KR）
　　　「窓からの手」解決編
2145 芸能トピックス
2155 OTV スポーツニュース
2200 又五郎行状記（KR）
2230 三協グッドナイト・ショウ
2250 きのうきょう 矢部利茂
2305 お天気◇おしらせ◇終了

●9月14日（日）OTV

840 テストパターン55 おしらせ
900 動物園のおともだち「くま」
　　　加納他45仲よしニュース
955 マンガ公園　漫画6本
1030 京だより「けまり」
1045 カメラルポお料理訪問
　　　泉田行夫
1100 文学ところどころ「夜の河」
1115 海外トピックス
1130 経済サロン「煙草と生活」
　　　本間　柏村
1200 OTV ニュース 10 ガイド
1215 ダイヤのびっくり捕物帖
　　　「不思議な笛」前篇
　　　ダイマル・ラケット
　　　森光子　中村あやめ
　　　藤田まこと他
1240 テレビガイド
1245 芸能トピックス
　　　「スチュワーデス誕生」
1315 ナショナル日曜テレビ
　　　観劇会「夜な夜な中納言」
　　　勘三郎　鶴田他
1500 大相撲秋場所（蔵前）
　　　初日（KR）
1750 OTV ニュース55 おしらせ
1800 月光仮面「金は魔物」
1830 ダイハツコメディ・やり
　　　くりアパート（OTV）
　　　「秋風の吹く頃はの巻」
1900 スーパーマン
　　　「謎の観음像」
1930 ラマーオブジャングル
　　　「閉ざされたブラック」
2000 運命の標的
　　　「一万ドルの友情」
2030 人生ご案内
　　　江利チエミ 八波むと志
　　　由利徹　南利明
2100 二つの椅子 佐伯良謙 望月
2115 東芝日曜劇場「彦市ばなし」
　　　（KR）尾上松緑　市川羽左
　　　衛門　坂東八十助
2215 ニュース 25 スポーツN
2230 スージー「女市志願」
2300 グッドナイト・ファンタジー
　　　「虹と星と夢」星野みよ子他
2315 お天気◇おしらせ◇終了

●9月15日(月) OTV	●9月16日(火) OTV	●9月17日(水) OTV	●9月18日(木) OTV	●9月19日(金) OTV	●9月20日(土) OTV	●9月21日(日) OTV
1130 テストパターン(クラシック)	1130 テストパターン (クラシックハイライト) ベートーベン	1130 テストパターン (クラシックハイライト)	1130 テストパターン45 メロディ	1100 テストパターンリスト作品	1130 テストパターン(クラシック)	840 テストパターン55おしらせ
1145 メロディ 55 おしらせ	1145 メロディ おしらせ	1145 オープニングメロディ	1155 おしらせ	1115 オープニングメロディ	1145 オープニングメロディ	900 動物園のおともだち
1200 OTV ニュース	1200 OTV ニュース	1200 OTV ニュース	1200 OTV ニュース	1125 テレビ婦人スクール 「秋の流行ウールコート」 解説：大塚末子 歌：島倉千代子 菅原通済	1155 来週のハイライト	「魚のえさ」雨宮
1215 カクテルサロン宇治かほる 木村与三男他 40 ガイド	1215 ほほえみ一家(KR) 竜崎一郎 坪内美詠子他 40 ガイド	1215 奥さん天国 ～東西夫婦気質～(KR) 市川寿美礼 春日俊二 江戸家猫八 40 ガイド	1215 アイラブ亭主 家内安全「夫婦三景」 40 ガイド		1215 土曜寄席 漫才：洋児 糸民 夢児	45 仲よし N
1245 料理手帖「豚と野菜のクリーム煮」辻勲 佐藤和枝	1245 料理手帖「さよりの輪つなぎ揚げ」井上幸作	1245 料理手帖 「小だいのらんちゅう焼」	1245 料理手帖「ジンギスカン焼」平田武一（マナ料理学校）	1150 憩いのリズム	1240 テレビガイド	955 マンガ公園 漫画6本
1300 婦人ニュース 四宮恭二	1300 婦人ニュース 村山リウ	1300 婦人ニュース 牧野夫佐子	1200 OTV ニュース	1245 料理手帖「小魚のバター焼きと食べ方」豊田三雄	1030 京だより「上嵯峨」
1315 テレビガイド	1315 テレビガイド	1315 テレビガイド	1215 映画の窓(KR) 「死刑台のエレベーター」	1300 婦人ニュース 勝村泰三	1045 カメラルポお料理訪問 梅棹忠夫のカラコルム 料理 泉田行夫
1320 家庭百科 (OTVF)「老人向けの食物」茶珍俊夫	1320 家庭百科 (OTVF) 藤川延子「秋のホームドレス」	1320 家庭百科 (OTVF) 「帯と腰ひも」山本鈴子	1320 家庭百科 (OTVF) 「スポーツのあとの心得」木崎国嘉 25 おしらせ	1240 テレビガイド	1315 テレビガイド
1325 原子力平和利用シリーズ「医学」（短編映画）	1325 おしらせ◇放送休止		1245 料理手帖「夕食の献立例」	1320 家庭百科 (OTVF) 吉久久一「3ヶ月目の赤ちゃん」	1100 文学ところどころ「廓」
1345 おしらせ 休止	1430 テストパターン45おしらせ	1325 おしらせ 30 放送休止	1300 婦人ニュース 前田曉美	1325 放送休止	1115 海外トピックス
1430 テストパターン45おしらせ	1450 秋場所今日の話題	1430 テストパターン45おしらせ	1315 放送休止	1320 家庭百科 (OTVF) 藤川延子「楽しいピクニック」	1415 テストパターン45おしらせ	1130 経済サロン 鈴木俊三他
1450 秋場所今日の話題	1500 大相撲 秋場所二日目	1450 秋場所今日の話題	1500 大相撲 秋場所五日目	1445 来週の番組	1200 OTV ニュース 10 ガイド
1500 大相撲 秋場所初日	1730 テストパターン45おしらせ	1500 大相撲 秋場所四日目	1750 毎日新聞テレビニュース	1325 放送休止	1450 秋場所今日の話題	1215 ダイラケのびっくり捕物帖「不思議な笛」後篇 ダイマル・ラケット 森光子 中村あやめ 藤田まこと他
1730 テストパターン45おしらせ	1750 朝日新聞テレビニュース	1730 テストパターン(ポピュラー)	1800 はなしの社会科「中共の外交ロケット」	1430 テストパターン45 おしらせ	1500 大相撲 秋場所七日目
1750 毎日新聞テレビニュース	1800 呼出符号L 高桐眞 千葉信子他	1745 おしらせ	1450 秋場所今日の話題	1720 テストパターン(クラシック)
1800 子供の教室 (OTV)「ぼくの切手」坂辅男 三好健司	1815 アニメくさをとれ 45 ガイド	1750 毎日新聞テレビニュース	1815 名犬ラッシー 「可愛いご主人」声：北条金子 45 ガイド	1500 大相撲 秋場所六日目	1735 来週のハイライト	1240 ガイド 45 月光仮面(再)
1800 もしも・もしもの物語 川上のぼる 前田知子	1750 朝日新聞テレビニュース	1741 まんがくらぶ	1315 ナショナル日曜テレビ観劇会「銀座馬鹿」伊志井寛 京塚昌子他
1815 フューリーとソニー「馬喰」声：宇治あけみ 城	1815 ヘッケルとジャッケル	1800 赤胴鈴之助	1750 OTV ニュース55おしらせ
1845 ガイド 50 OTV ニュース	1845 ガイド 50 OTV ニュース	1815 電気のABC「空港と電気」伊庭佐内	1800 ぼくわたしの音楽会 大阪児童合唱団	1800 月光仮面・パラダイ王国の秘宝
1856 あしたのお天気	1850 OTV ニュース 56 お天気	1900 カロランミュージカル(KR)「恋は風に乗って」ジェームス繁田 ペギー葉山 朝丘雪路 中原美紗緒 笈田敏夫	1850 OTV ニュース 56 お天気	1830 わが家の青春「母の誕生」
1900 おさげ社長(KR)「おさげ社長と笑い薬」	1856 あしたのお天気	1815 ヘッケルとジャッケル	1900 スーパースターメロディ 三浦洸一ヒットパレード「あゝダムの町」他	1845 ガイド 50 OTV ニュース	1815 バッチイタイム・黒髪探偵「かたつむりの歯」後編 松本朝夫 三宅邦子他	1830 やりくりアパート (OTV)「チンドン屋愛情論の巻」大村崑 佐々十郎 茶川一郎 花和幸助 三角八重 芦屋小雁 横山エンタツ 初音礼子
1930 ロビンフッドの冒険「花嫁は妙薬がお好き」	1900 わが輩ははなばな氏(KR)「私には夫がある」	1856 あしたのお天気	1900 テレビびびる大学(KR)	1845 ガイド 50 OTV ニュース
2000 歌謡学校 曽根史郎 朝倉ユリ 踊・竹前玲子	1930 ばらの伯爵(KR) 木村功 水谷八重子他	1930 ますらを派出夫会(KR)	1930 宝塚テレビ劇場 民謡バラエティ日本よいとこ「五ツ木の子守唄」「おてもやん」「会津磐梯山」「佐渡おけさ」 黒木ひかる 赤里明美 浜木綿子 藤里美保 他	1856 あしたのお天気
2030 ナショナルTVホール(KR)・銭形平次捕物控「恋文道中記」後篇	2000 源平芸能合戦 板付米空軍キャンプ-陸上自衛隊第四管区	2000 OTV スポーツファンシート 西鉄-阪急(平和台) 浜崎真二 西村アナ 【雨天時】南海-大毎 【ない時】劇映画	1930 短編映画劇場「親の心この心」杉本昭 沢彰謙	1900 街のチャンピオン トップ・ライト	1900 スーパーマン「一口だけの王様」
2100 カメラだより北から南から「新名所案内」	2030 潜水王マイクネルソン		2000 京阪テレビカー「がんこ親爺」雁玉・十郎 日高久 広野みどり他	1930 部長刑事「黒い牙」中村栄二 波田久夫 嶋連太郎 菅亜紀子 筧中吉男 真木康次郎他	1930 ラマーオブジャングル 神の呼び声 声 大木
2115 ウロコ座「江戸の挽歌」前篇 市川翠扇 伊志井寛 市村羽左衛門他	2100 うちのお父ちゃん エンタツ 森本たか子他	2000 この謎は私が解く (KR)「山荘の一夜」前篇	2000 劇場中継 人形浄瑠璃（文楽座）「恋女房染分手綱・沓掛村」住太夫 綱太夫 弥七 玉五郎	2000 運命の標的「一万ドルの友情」
	2115 夢に罪あり 高島忠夫 細川俊夫 大空真弓	2130 おはこうら表 (KR/OTV) 河内桃子 初音礼子	2030 鞍馬天狗「夜の客」		2030 人生ご案内「山小屋に灯火あり」
2145 ニュース 55 スポーツ N	2145 OTV ニュース	2100 奥様多忙 (KR)「只今出張中」江見渉 山岡久乃他	2100 OTV ワールド・スポーツ	2100 話題のアルバム 10 ガイド	2100 二つの椅子「笑いの今昔」 榎本健一 伴淳三郎
2200 お母さん「ひぐらしの宿」淡島千景 坂本武他 30 ガイド	2140 テレビガイド	2150 OTV スポーツニュース	2115 コント千一夜 森光子 他	2115 金語楼劇場・おトラさん (KR) 柳家金語楼 小桜京子他	2115 日真名氏飛び出す (KR)「東京よいとこ」	2115 東芝日曜劇場 (CBC)「我がうえの星は見えず」左幸子 高橋昌也 坂本武他
2145 OTV ニュース	2200 ありちゃんのおかっぱ侍	2130 ミナロンドリームサロン 小林昭 大伴千春 ジョージ岡	2145 OTV ニュース55スポーツN	2200 サンヨーテレビ劇場 (KR)「父ありき」後篇 佐力 利信 田中英司 坂本武
2200 母もらしのレ(KR)	2150 OTV スポーツニュース	2230 芸能トピックス	2200 ルポ・いつも何処かで「漫才長屋」	2250 OTV 週間世界ニュース	2230 小唄教室 (KR) 花柳錦之輔 蒝町よし子 勇吉 45 ガイド	2155 OTV スポーツニュース
2235 映画「画家キングマン」	2215 スイートミュージック	2245 テレビガイド	2145 ニュース 50 スポーツN	2200 又四郎行状記 (KR)	2215 ニュース 25 スポーツN
2250 ダイハツスポーツウィクリー	2245 テレビガイド	2250 きのうきょう 矢部利茂	2200 新大岡政談「守宮」後編 藤山竜一旗和子 桜むつ子他	2250 OTV 週間テレビニュース	2230 三協グッドナイト・ショウ 宝とも子 菅野	2230 女秘書スージー「女中志願」
2305 お天気◇おしらせ◇終了	2250 きのうきょう 矢部利茂	2305 お天気◇おしらせ◇終了	2230 私のアイディア 間宮	2305 お天気◇おしらせ◇終了	2250 きのうきょう 矢部利茂	2300 グッドナイト・ファンタジー 梅田コマチーム
	2305 お天気◇おしらせ◇終了		2245 テレビガイド		2305 お天気◇おしらせ◇終了	2315 お天気◇おしらせ◇終了
			2250 きのうきょう 矢部利茂			
			2305 お天気◇おしらせ◇終了			

第3章「増幅」

●9月22日（月）OTV
- 1130 テストパターン（クラシック）
- 1145 オープニングメロディ
- 1155 おしらせ 1200 OTV ニュース
- 1215 カクテルサロン 星野みよ子　木村与三男
- 40 テレビガイド
- 1245 料理手帖「イワシのグラタン イタリー風」辻勲　佐藤和枝
- 1300 婦人ニュース 香住春吾
- 1315 テレビガイド
- 1320 家庭百科（OTVF）糖・蜜と人工甘味　茶珍俊夫
- 1325 原子力平和利用シリーズ「農業・産業」（短編映画）
- 1345 おしらせ 50 放送休止
- 1430 テストパターン45 おしらせ
- 1450 秋場所今日の話題
- 1500 大相撲 秋場所九日目（KR）
- 1750 朝日新聞テレビニュース
- 1800 子供の教室（OTV）「月見と月世界」佐伯恒夫他
- 1815 フューリーとソニー「ジプシー」声:宇治あけみ 城
- 1845 ガイド 50 OTV ニュース
- 1856 あしたのお天気
- 1900 おさげ社長「おさげ社長に手を出すな」永津澄江　飯田覚三　川喜多雄二　野々村
- 1930 ロビンフッドの冒険「別離と友情」
- 2000 歌謡学校　若山彰　花村菊江他
- 2030 ナショナルTVホール（KR）・銭形平次捕物控「庚申横丁」前篇　若山富三郎他
- 2100 カメラだより北から南から「只今勉強中」
- 2115 ウロコ座「江戸の挽歌」中篇　市川翠扇　伊志井寛　市村羽左衛門　坂東鶴之助　藤間紫　河原崎権十郎
- 2145 OTV ニュース
- 2155 スポーツニュース
- 2200 お母さん「夏」淡島千景　坂本武他
- 2230 短編映画
- 2250 ダイハツスポーツウィクリー
- 2305 お天気◇おしらせ◇終了

●9月23日（火）OTV
- 950 テストパターン
- 1005 オープニングメロディ
- 1015 秋分マンガくらぶ
- 1100 ミュージカル「ひがん花の咲く丘で」
- 1130 まんが「文福茶釜」他
- 1200 OTV ニュース
- 1215 ほほえみ一家（KR）竜崎一郎 坪内美詠子他
- 1240 テレビガイド
- 1245 料理手帖「フリカッセーチキンマセドアン」井上幸作
- 1300 婦人ニュース 藤川延子
- 1320 家庭百科（OTVF）藤川延子
- 1325 おしらせ 30 放送休止
- 1430 テストパターン45 おしらせ
- 1450 秋場所今日の話題
- 1500 大相撲 秋場所（蔵前）十日目（KR）
- 1745 おしらせ
- 1750 毎日新聞テレビニュース
- 1800 呼出符号L高橋眞千賀菜他
- 1815 テレビジョッキー「踊れ物語」近藤玲子 貝谷八百子
- 1845 ガイド◇ニュース◇お天気
- 1900 カロランミュージカル（KR）「恋は風に乗って」ジェームス繁田　ペギー葉山　朝丘雪路　中原美紗緒　笠田敏夫
- 1930 ばらの伯爵（KR）木村功 水谷八重子他
- 2000 源平芸能化合戦 徳兵衛
- 2030 潜水王マイク・ネルソン「青い海藻」
- 2100 うちのお父ちゃん　エンタツ 森本たか子他
- 2115 夢に明あり 高島忠夫 細川俊夫 大空真介
- 2140 テレビガイド45 ニュース
- 2150 OTV スポーツニュース
- 2200 ルポ・いつも何処かで
- 2215 ウィーン音楽の夕べ
- 2250 きのうきょう 矢部利茂
- 2315 お天気◇おしらせ◇終了

●9月24日（水）OTV
- 1130 テストパターン（クラシックハイライト）ハイドンの曲
- 1145 オープニングメロディ
- 1155 おしらせ
- 1200 OTV ニュース
- 1215 奥さん天国 〜東西夫婦気質〜「夫の勤務評定」（OTV）京都伸夫・作 西条凡児　萬代峯子　山村弘三　環三千世
- 1240 テレビガイド
- 1245 料理手帖「サケときゅうりのかつら巻」
- 1300 婦人ニュース 木谷雅一
- 1315 テレビガイド
- 1320 家庭百科（OTVF）「家庭看護・湿布」木崎國嘉
- 1325 おしらせ 30 放送休止
- 1430 テストパターン45 おしらせ
- 1450 秋場所今日の話題
- 1500 大相撲秋場所十一日目（KR）
- 1750 毎日新聞テレビニュース
- 1800 もしも・もしもの物語 大久保怜
- 1815 ヘッケルとジャッケル
- 1845 ガイド 50 OTV ニュース
- 1856 あしたのお天気
- 1900 わが輩ははなばな氏（KR）「秋祭り」
- 2000 この謎が解く（KR）「山荘の一夜」解決編 大木民夫　影万里江他
- 2030 鞍馬天狗（KR）「夜の客」
- 2100 奥様お忙（KR）「只今出張中」江見渉　山岡久乃他
- 2115 コント千一夜 森光子 他
- 2130 ミナロンドリームサロン 星野みよ子 大伴千春 ジョージ岡
- 2145 OTV ニュース
- 2150 OTV スポーツニュース
- 2200 新大岡政談「権三と助十」前篇 西川敬三郎他
- 2230 私のアイディア 内田巌
- 2245 きのうきょう 矢部利茂
- 2305 お天気◇おしらせ◇終了

●9月25日（木）OTV
- 1130 テストパターン（クラシックハイライト）
- 1145 オープニングメロディ
- 1155 おしらせ
- 1200 OTV ニュース
- 1215 アイラブ亭主（KR）夫婦三景「秋の想い」40 テレビガイド
- 1245 料理手帖「豆腐の満月蒸」田中陽一　佐藤和枝
- 1300 婦人ニュース 岡部伊都子
- 1315 テレビガイド
- 1320 家庭百科（OTVF）私の皮膚の手入れ 山本鈴子
- 1325 おしらせ 30 放送休止
- 1430 テストパターン45 おしらせ
- 1450 秋場所今日の話題
- 1500 大相撲秋場所十二日目（KR）
- 1750 朝日新聞テレビニュース
- 1800 はなしの社会科「四年連続豊作」
- 1815 名犬ラッシー「嵐の一夜」声:北条美智留
- 1845 ガイド 50 OTV ニュース
- 1856 あしたのお天気
- 1900 スーパースターメロディ「赤城哀歌」三波春夫　一戸竜也
- 1930 宝塚テレビ劇場 シャンソン・ド・パリ
- 2000 この謎が解く（KR）「山荘の一夜」解決編 大木民夫　影万里江他
- 2030 鞍馬天狗（KR）「夜の客」
- 2100 奥様お忙（KR）「只今出張中」江見渉　山岡久乃他
- 2115 コント千一夜 森光子 他
- 2130 ミナロンドリームサロン 星野みよ子 大伴千春 ジョージ岡
- 2145 OTV ニュース
- 2150 OTV スポーツニュース
- 2200 新大岡政談「権三と助十」前篇 西川敬三郎他
- 2230 私のアイディア 内田巌
- 2245 きのうきょう 矢部利茂
- 2250 OTV 週間テレビニュース
- 2305 お天気◇おしらせ◇終了

●9月26日（金）OTV
- 1055 テストパターン
- 1115 オープニングメロディ
- 1125 テレビ婦人スクール「ウールの中国服」吉岡悠紀子 胡美芳
- 1150 憩いのリズム
- 1155 テストパターン（クラシック）
- 1200 OTV ニュース
- 1215 映画の窓（KR）「愛する時と死する時」
- 1240 テレビガイド
- 1245 料理手帖「ロシア風の壷焼」拭石俊枝　高折八州子
- 1300 婦人ニュース 宮本正太郎
- 1315 放送休止
- 1320 家庭百科（OTVF）「楽しいパーティー」山下守
- 1325 放送休止
- 1430 テストパターン45 おしらせ
- 1450 秋場所今日の話題
- 1500 大相撲秋場所十三日目（KR）
- 1750 毎日新聞テレビニュース
- 1800 赤胴鈴之助
- 1815 電気のABC 伊藤佐内
- 1830 わが家の青春 雪村いづみ 坪内美詠子
- 1845 テレビガイド
- 1850 OTV ニュース 56 お天気
- 1900 テレビよびよ大学（KR）
- 1930 京阪テレビカー「がんこ親爺」
- 2000 少年航路 脚本（交代）秋月桂太 上山雅伸池 波正太郎 知切光蔵
- 2030 特ダネを逃がすな（KR）「化粧」後篇
- 2100 OTV ワールド・スポーツ
- 2115 金語楼劇場・おトラさん（KR）柳家金語楼 小桜京子他
- 2145 OTV ニュース 55 スポーツ N
- 2200 サンヨーテレビ劇場（KR）「梵化」前篇 川喜多雄二 山岡久乃 影万里江 藤島竜一 芦田伸介
- 2230 小唄教室（KR）堀小美次他
- 2245 テレビガイド
- 2250 OTV 週間テレビニュース
- 2305 お天気◇おしらせ◇終了

●9月27日（土）OTV
- 1130 テストパターン（クラシック）
- 1145 メロデディ
- 1155 来週のハイライト
- 1200 OTV ニュース
- 1215 土曜寄席漫才：松枝・菊二 サザエ・歌楽 40 ガイド
- 1245 料理手帖「霞揚げ」北岡万三郎
- 1300 ポーラ婦人ニュース 薄田昶
- 1315 テレビガイド
- 1320 家庭百科（OTVF）「壁の若返り」吉矢久一
- 1325 放送休止
- 1420 テストパターン
- 1435 来週のハイライト
- 1450 秋場所今日の話題
- 1500 大相撲秋場所十四日目（KR）
- 1750 朝日新聞テレビニュース
- 1800 ぼくのわたしの音楽会 神戸市立池田小
- 1815 パッチリタイム・黒獅深貞「藤娘の秘密」松本朝夫　三宅邦子他
- 1845 ガイド 50 OTV ニュース
- 1856 あしたのお天気
- 1900 街のチャンピオン トップ・ライト
- 1930 部長刑事「五時間後の被害者」葉月一郎・作　中村栄二　波田久夫　嶋連太郎　菅亀紀子　筧田幸男　真木康次郎他
- 2000 道頓堀アワー「寄席中継」（角座）正司花江・照江・歌江　柳亭痴楽
- 2100 話題のアルバム 10 ガイド
- 2115 日真名氏飛び出す（KR）「東京よいとこ」解決篇
- 2145 OIV ニュース 55 スポーツ N
- 2200 又四郎行状記（KR）仁左衛門 延二郎 芳子 酒井光子他
- 2230 三協グッドナイト・ショウ 深緑夏代
- 2250 きのうきょう 矢部利茂
- 2305 お天気◇おしらせ◇終了

●9月28日（日）OTV
- 840 テストパターン 55 おしらせ
- 900 動物園のおともだち「サイとカバ」45 仲よしN
- 955 マンガ公園 漫画6本
- 1030 京だより「古い町家」
- 1045 カメラルポお料理訪問 平山亮太郎
- 1100 文学とところどころ「細雪」
- 1115 海外トピックス
- 1130 経済サロン「台湾問題をめぐって」
- 1200 OTV ニュース 10 ガイド
- 1215 ダイラケのびっくり捕物帖 ダイマル・ラケット 森光子　中村あやめ　藤田まこと他
- 1240 テレビガイド
- 1245 芸能トピックス「森繁久弥特集」
- 1315 ナショナル日曜テレビ観劇会「松竹新喜劇・破れ太鼓」渋谷天外　石河薫他
- 1500 大相撲秋場所千秋楽（KR）
- 1750 OTV ニュース 55 おしらせ
- 1800 月光仮面「パラダイ王国の秘宝」
- 1830 やりくりアパート（OTV）大村崑　佐々十郎　茶川一郎　花和幸助　三角八重　芦屋小雁　横山エンタツ 初音礼子
- 1900 スーパーマン「地底の恐怖」
- 1930 ラマーオブジャングル「黒ダイヤの魔術」
- 2000 運命の標的「潮風の処刑」
- 2030 人生ご案内 江利チエミ 八波むと志　由利徹　南利明
- 2100 二つの椅子「大阪弁」山崎豊子 浪花千栄子
- 2115 東芝日曜劇場「濡髪さま」（CBC）仁左衛門 延二郎 芳子 酒井光子他
- 2215 ニュース 25 スポーツ N
- 2230 女秘書スージー「パリから来た女」
- 2300 グッドナイト・ファンタジー Mカーチス 梅田コマチーム
- 2315 天◇おしらせ◇終了

これがOTVだ 1958年9月

【単独番組】

●ハワイ大学合唱団演奏会

1958年9月2日（火）20：00～20：30

「イエスはわが喜び」「日本の子守唄」他、宗教曲や民謡を取り混ぜ、フラも披露。VTR収録。

●芸術の秋

9月5日（金）19：30～20：00

関西オペラ、関響、法村・友井バレエ団等芸術集団をカメラ探訪。報道部制作

●スチュワデス誕生

9月14日（日）12：45～13：15　報道部制作

●ウイーン音楽の夕べ

9月23日（火）22：15～22：50

エドワルド・シュトラウス指揮、東響。

●特別座談会「新聞に望む」

9月30日（火）13：25～

第11回新聞週間に当り新藤次郎（朝日新聞）、浦上語六（毎日新聞）編集局長及び梅棹忠夫、牧野夫佐子の出席で放送。

【新番組】

【9月2日（火）】

●ニュース解説・きのうきょう

（～1961年9月29日、全477回）

火22：50～23：05　当初は火、木、土の放送。12月8日より月、水、金放送に変更。解説は矢部利茂。田中彰治の回もあった。

【9月4日（木）】

●私のアイデア

木22：30～22：45 街の発明家を紹介する番組。

【9月6日（土）】

●連続アクチュアルドラマ「部長刑事」

（～2002年3月30日、全2159回）

土19：30～20：00

「この番組は、一人の部長刑事を通じて、社会の治安維持のために黙々として働く、人間警察官の姿を描いたドラマである」という冒頭ナレーションがこのドラマの性格を端的にあらわしている。

刑事や市民の感情や人間味にに焦点をあてた作品。最後まで一本完結の30分番組だったため、60分ドラマが主流になった時代には「どんな事件でも必ず30分以内に解決する日本一優秀な警察」といわれた。

大阪府警察本部が応援。このドラマは43年半の放送期間中、特別版を除き、ドラマの真ん中にCMを置かなかった。

1958.9

・日教組と総評、勤務評定反対で全国闘争。大阪を含む13都府県で教員スト。
・記録的大豊作。八千二百四十六万石を達成。
・朝日麦酒が日本初の缶入りビールを発売。

●9月29日（月）OTV

1020 テストパターン（クラシック）ベートーベンの曲
1035 岸総理記者会見実況中継
1155 おしらせ200 OTVニュース
1215 カクテルサロン 寄立薫 木村与三男 40 ガイド
1245 料理手帖「若鶏の赤ブドウ酒煮」辻勲 杉野
1300 婦人ニュース「大阪の味」作家・長谷川幸延 15 ガイド
1320 家庭百科（OTVF）「蛋白質の知識」茶珍俊夫
1325 原子力平和利用シリーズ「原子科学の進歩」（短編映画）
1345 おしらせ 50 放送休止
1730 テストパターン タンゴ名曲集 45 おしらせ
1750 朝日新聞テレビニュース
1800 子供の教室（OTV）お猿と人間 川村
1815 フューリーとソニー「声：宇治あけみ城 45 ガイド
1850 OTVニュース 56 お天気
1900 おさげ社長（KR）「おさげ社長と二宮金次郎」
1930 ロビンフッドの冒険「女同士」
2000 歌謡学校「面影」若山彰 花村菊江 踊・花柳若菜
2030 ナショナルＴＶホール(KR)・銭形平次捕物控「庚申横丁」後篇
2100 カメラだより北から南から「至れり尽せり」
2115 ウロコ座「江戸の燦歌」後篇 市川翠扇 伊志井寛 市村羽左衛門 坂東鶴之助 藤間紫 河原崎権十郎
2145 ニュース 55 スポーツ N
2200 お母さん「トランペットの子守唄」
2230 映画「レクリエーション職場」
2250 ダイハツスポーツウィクリー
2250 OTV 週間テレビニュース
2305 お天気◇おしらせ◇終了

●9月30日（火）OTV

1130 テストパターン（クラシックハイライト）ベートーベン
1145 オープニングメロディ
1200 OTVニュース
1215 ほほえみ一家（KR）「面接試験」竜崎一郎 坪内美詠子他
1240 テレビガイド 45 料理手帖
1300 婦人ニュース「大阪の味」
1315 テレビガイド
1320 家庭百科（OTVF）藤川延子 編み物のデザイン
1325 特別座談会「新聞に望む」新藤次郎 浦上語六 梅棹忠夫 牧野夫佐子◇おしらせ◇休止
1730 テストパターン
1745 おしらせ
1750 朝日新聞テレビニュース
1800 呼出符号 L「拳銃強盗」
1815 テレビジョッキー「踊子物語」近藤玲子 貝谷バレエ
1845 テレビガイド
1850 OTVニュース
1856 あしたのお天気
1900 カロランミュージカル(KR)「恋は風に乗って」ジェームス繁田 ペギー葉山 朝丘雪路 中原美紗緒 笠田敏夫
1930 ばらの伯爵（KR）木村功 水谷八重子他
2000 源平芸能合戦
2030 潜水王マイクネルソン
2100 うちのお父ちゃん エンタツ 森本たか子他
2115 東京零時刻（KR）第一回 金子信雄 多摩桂子
2140 テレビガイド
2145 OTVニュース
2155 OTVスポーツニュース
2200 ルポ・いつも何処かで「大阪船場の一日」
2220 イタリアンミュージックの夕 児玉迫子他
2250 きのうきょう 矢部利茂
2305 お天気◇おしらせ◇終了

【9月9日（火）】
●源平芸能合戦
（～1964年10月31日 全319回）

火20:00～20:30 職場対抗の視聴者参加番組。共同制作。対決カードは「日本電気－沖電気工業」「板付米空軍キャンプ－陸上自衛隊第四管区」「日本勧業証券－玉塚証券」「福岡玉屋－小倉玉屋」「宝酒造－大黒ブドー酒」「東洋レーヨン－旭化成」「日本工学－富士フィルム」「小倉井筒屋－福岡岩田屋」「曽根崎芸妓－大阪南花街」「BOAC－ナショナル金銭登録機」「小学館－十条製紙」「伊藤忠－第一商事」「福岡光頭会－福岡銀髪会」「東京トヨペット－東京いすゞ」「帝人－松下電器」「丸善石油－東亜石油」「八幡浜商議所－福岡商議所」「国分商店－広屋商店」「ABC対MBS」「飯塚商店連合－大牟田商連」「大洋漁業－極洋捕鯨」「博多人形協組－博多織協組」「はとバス－三菱ふそう」「全近鉄－全阪神」「九州マンガ協会－博多あひる会」「日本酒類－東邦酒類」「大阪府理容連合会－大阪美容連合会」「東京ガス－東京都水道局」「福岡市－久留米市」「新東洋－リズム時計」「済生会福岡病院－福岡日本赤十字病院」「新明和工業－湯浅電池」「日本航空－富士重工」「雪印乳業－丸井デパート」など、同業・隣接の企業や各種団体の組み合わせ。審査員は古関裕而 花柳徳兵衛ほか。

●潜水王マイクネルソン
（～1959年6月2日、全39回）

火20:30～21:00 トヨタ映画劇場枠の外国テレビ映画。原題「Sea Hunt」。United Artists Televisionほかが制作した海洋冒険ドラマ。

主人公はカリフォルニアの深海研究所で深海生物の生態を研究する元海軍の潜水士マイク・ネルソン（ロイド・ブリッジス）。

太平洋やメキシコ湾に出かけて、難破船の宝探しを行いながら、宝を狙う悪党を退治する。水中のシーンではモノローグが中心となった。

【9月13日（土）】
●道頓堀アワー
（～1974年3月29日 全1248回）

土20:00～21:00（時間変更多し）1958年9月1日 松竹とOTVとの間に結ばれた道頓堀三座（角座、文楽座、中座）の定時定期中継放送契約に基づくレギュラー番組。

OTV時代の主な演目は以下の通り（寄席演芸は「演芸番組」の項に別記）。

1958年10月4日（第一回）「寄席中継」（角座）
10月11日 松竹新喜劇「花婿三段跳」（角座）
10月18日 十吾家庭劇「お祖母さん」（文楽座）
11月1日、8日 松竹新喜劇「細雪」上巻（角座）
11月15日 文楽座「義経千本桜・釣瓶寿司屋の段」
12月29日 人形浄瑠璃仮名手本忠臣蔵（文楽座）から「祇園一力茶屋」
12月6日 十吾家庭劇「お母さんと学生帽」
12月20日 松竹新喜劇「細雪」中巻（角座）
12月27日 十吾家庭劇「いつもの手口」（文楽座）
1959年1月10日 新春歌舞伎（中座）「廓文章」
1月24日 歌舞伎（中座）「男伊達ばやり」三場
1月31日、2月7日 新春座公演
「明治・大阪やくざ伝 忠治三代目」前後篇（中座）安達国春 萬代峯子 山口幸生 速水雛子
2月14日「東西浪曲名人大会」（文楽座）
　鶯童「紀之国屋文左衛門・戻り船」
　菊春「左甚五郎伝・鯉刻み」
2月21日 松竹新喜劇・渋谷天外一座「しぶちん・四場」（中座）山崎豊子原作
3月14日 十吾家庭劇「七両二分」嵯峨みやじ
　曾我廼家百合子 高村俊郎 高田次郎
4月11日 松竹新喜劇「子宝温泉」
5月2日 人形浄瑠璃「白いお地蔵さん」
　日本国連協会入選作
　脚色：巌谷慎一 作曲：西亭
　竹本津太夫 つばめ太夫 桐竹紋二郎 玉市
　黒い混血児問題をテーマに洋楽調と口語形式で。

5月16日松竹新喜劇「貸間と縁談」三景（中座）
5月30日松竹新喜劇「めりい・ごうらんど（中座）」
以後、1974年3月29日まで全1248回続いた。

【9月18日（木）】
●テレビ映画「名犬ラッシー」

（〜1965年5月31日、全363回）

木 18:15 〜 18:45　原題「Lassie」。同名の英国小説を原作とし、戦前から何度か映画化された。本作品は1954年から米CBS系列で全米放送された。

日本ではKRT系列で1957年11月3日に開始されたが、途中、別番組になんどか分断されながら長期間放送された。フィルムネット。

【9月28日（日）】
●東芝日曜劇場「濡髪さま」

（CBC制作）

21:15 〜 22:15　吉井勇脚本のドラマ。喜劇。

9	0 ●ニュース解説　藤瀬五郎 15 劇「人間万事金の世の中」(1)渋谷天外ほか松竹新喜劇 40 動き「激突する勤評闘争」	9・00シューベルト「交響曲第8番」 30 諏訪根自子のバイオリン独奏　シューベルト「提琴小奏鳴曲」パガニーニ「奇想曲第13」他	0 浪曲「夕立勘五郎」広沢虎造 30 素人うた合戦　司会・稲川英雄、審査・安藤鶴夫、古賀政男他（東京山野ホール）	0 素人物まねコンクール　ゲスト伴淳、司会・市村俊幸 30 漫才二題①秋田Aスケ・Bスケ②ミスワカサ・ひろし	0 コールデンポスト「マドロスママさん」鶴美幸「乙女旅」藤本二三代、曽根史郎ほか　担当・水本、和田アナ	0 ミュージック「思い出」他　フランク・プールセル楽団 30 全国お国自慢のど自慢コンクール　司会・鳴海アナ	0 30
10	0 ●15講談「半七捕物帳」貞山 30 落語「死神」古今亭今輔 50 フランス憲法草案と植民地	0 高校「数学Ⅰ」中村幸四郎 20 高校「上級英語」東京外大教授・梶木隆一◊45 気象通報	0 コーラス大学　東京コラリアーズ他、司会・三宅アナ 30 スポーツ◊40 今日の動きⓃ	0 Ⓝ◊5 名作「偽証の時」 20 軽音楽「初恋」「河は呼んでる」ほか ◊50 プロ野球	0 浪曲「冥途の飛脚」百合子 20 Ⓝ ◊スポーツ◊25 五分時評 30 軽音楽「恋人よ我に帰れ」「黒い瞳」「慕情」「ローマの秋」ほか（0時まで） 0・00Ⓝ◊5 歌　ペギー葉山 0・35軽音楽　Fシナトラ他	0 スポーツニュース◊5 Ⓝ 10 大学受験講座「単語熟語研究」野原「現代文」坂本浩	0 20 30
11	0 ●◊10 岐路に立つ原子力開発 ◊30 海外ニュースから 40 映画音楽「慕情」「魅惑」◊●	0 日本音楽史「江戸時代」町田嘉章、芳村伊十郎ほか 30 音楽話のくずかご増沢健美	0 軽音楽「ドミノ」「アゲイン」 30 英語「総合研究」宮田明夫 0・00軽音楽リクエスト番組	0 Ⓝ◊20 軽音楽「秘めた恋」他 35 録音「ゆがめられた青春」 0・05言葉と文字　倉石、梅棹		10 Ⓝ ◊天気◊20 録音風物誌 30 パリのシャンソン芦原英了 0・00ミッドナイト・コーベ	0 30

NHKテレビ

7・00 ● 長谷部忠◊15 体操
7・25 朝のしらべ　戸田敏子
7・40 テレビ歳時記今福アナ
11・00 低学年の贈物「仁王さま」野村万作、小山源喜
11・25 ①音楽教室②美術教室　解説・野呂信次郎ほか
11・55 海外だより「豪州」
0・00 ●◊15 歌「花言葉の歌」久保菜穂子、能沢佳子
0・35 夏休み後の健康診断
0・50 きょうの料理浅田綾子
1・00 大学野球　立教―明大
2・30 学生選手権水上実況
5・00 大学野球　早大―法大
5・55 ● ◊6・00告知と漫画
6・10 びっくり百科　①子供の歌②九月の星②宿題
6・40 鉄砲小弥太　津村悠子　坂東亀三郎、尾上九朗右衛門、臼井正明ほか
7・00 Ⓝ◊15 プロ野球実況　阪神―巨人（甲子園）芥田武夫、下山アナ　●ない時7・15児童劇映画「生きている絵」劇映画「大仏様と子供達」
9・40 六大学野球展望　上野
9・50 泥沼の王子製紙スト
10・00 Ⓝ◊15 焦点　吾妻光俊
10・25 こんにゃく談義　夢声
10・45 産業「楽譜の印刷」他
10・55 おしらせ、天気予報

大阪テレビ 6

11・30 パターン（クラシック）
11・45 オープニングメロディ
0・00 Ⓝ◊15 寄席①三味線コント　滝の家鯉香②漫才　東五九童・蝶子
0・45 料理「こうし肉シチューハンガリー風」石本
1・00 婦人ニュース勝村泰三
1・20 家庭のスポーツ　木崎
5・20 パターン（軽音楽）
5・35 来週のハイライト
5・45 おしらせ　◊50 朝日Ⓝ
6・00 私の音楽会　芦池小
6・15 黒帯探偵「野球魔王」後編　松本朝夫、三宅邦子、設楽幸嗣他◊50 Ⓝ
7・00 街のチャンピオン
7・30 連続劇「部長刑事」(1)中村栄二、茂孝しのぶ　菅亜紀子、寛田幸男他
8・00 寄席中継（漫才三題）①三遊亭柳枝・喜代子②芦乃家雁玉・十郎③ミスワカサ・ひろし
9・00 話題のアルバム
9・15 日真名氏飛び出す「窓からの手」前編　久松保夫、岩田直二、石田他
9・45 Ⓝ ◊スポーツニュース
10・00 又四郎行状記　中村竹弥、浜田百合子、天津敏
10・30 ショー　築地容子ほか
10・50 ニュース解説矢部利茂

読売テレビ 10

10・45 テストパターン ◊告知
11・05 コーラス　同大グリー
11・15 子供の心と体朝山新一
11・30 婦人の為の読書　伊吹
11・45 映画「子供のオモチャ」
0・00 Ⓝ◊15 軽音楽　中原美紗緒、フォーコインズ
0・40 婦人ニュース　茅誠司
1・00 料理メモ　岡松喜与子
1・15 東京六大学野球実況
5・45 Ⓝ◊55 お天気ガイド
6・00 森先生「どうしましょう」武石昇、藤村有弘
6・15 素人のど競べ　小金馬
6・45 ニュース・フラッシュ
7・00 我らのキャシディ「幽霊そうどう」声・岡譲司
7・30 何でもやりまショー　ゲスト田村しげる・寺尾智沙、司会・三国一朗
8・00 プロ野球　阪急―西鉄　南村侑広、大平アナ　⑪または、大毎―南海　⑪野球のない時、劇映画「影のある街」
9・00 今日の出来事 ◊漫画Ⓝ
9・15 芝雀時代劇「恋さま遊ぶ」宮城千賀子、森健二
9・45 芸能ニュース
10・00 ハリウッド劇場「お袋バンザイ」声・城達也
10・30 スポーツニュース
10・40 軽音楽　朝丘雪路◊ Ⓝ

テレビ料理

【ＯＴＶ】

★ハンガリー風の子牛肉のシチュー（材料五人分）子牛の肉375グラム、玉ねぎ大一個、ピーマン大一個、シャンピニオン十個、パプリカ大サジ二杯、バター小サジ二杯、トマトペーストカップ½杯、生クリームカップ½杯、塩こしょう、パセリ一束、煮出汁または湯、カップ½杯。（ニョッキ材料）メリケン粉125グラム、バター50グラム、卵二個、牛乳カップ一杯と½、おろしチーズ、塩、こしょう、ナツメッグ少々。

【ＮＨＫ】

★チョコレート・フロマージュ（材料六人分）砂糖60グラム、ゼラチン12グラム、塩小サジ½、牛乳カップ一、ココア小サジ二―三、卵白（小）二個。

「日真名氏」大阪で活躍

強行ロケ

民放テレビの人気者「日真名氏」が大阪に飛び出した。今週と来週の「窓からの手」は、おなじみの日真名進介と泡手大作が、大阪テレビに仕事があって大阪に着いたとたん、銀行ギャング事件に巻きこまれて、得意の活躍をするという筋。そのロケが四、五の両日、大阪駅前、地下鉄入口、仁川ピクニック・センター、甲南病院などで行われた。

事件の発端、銀行から走り出たギャングが警官（石田茂樹）を撃って逃走、そこへ日真名氏と大作がかけつける場面は、新大阪ビル前が舞台。さすが人気プロだけあって、通りかかった人は、たちまち「映画のロケかと思ったら、OTVのあの番組やないか」「やあ、日真名氏がいる」と気づき、交通整理に出動した本物の警官たちの制止もきかず、車道に黒山の人だかり。なかには、時間を忘れて見物していて「あら、遅刻した」とかけ出す人もある騒ぎだった。

日真名氏の久松保夫は、四日朝の急行で大阪へ着いたとたん、待ちかまえていたスタッフにつかまって大阪駅前からロケに入り、八日には東京へ帰らないとラジオの録音に間に合わぬという。また、大作の高原駿雄も、映画のロケ先の福島県郡山から汽車を乗りついで、かけつけたそうで、文字通り「暇なし、大あわて」の日程。OTVの栗原ディレクターは「いままでのなかで一番ロケ場面が多く、しかも二回分をとりためしなくてはならないので、強行撮影です」と話していた。「窓からの手」の前、後編は、六日と十三日の夜九時十五分から、大阪テレビなど各局ネットで放送される。

日真名氏の久松保夫(左)と泡手大作の高原駿雄（新大阪ビル前で）

▲1958年9月6日、「部長刑事」第1回放送のテレビ欄。
右の記事では「日真名氏飛び出す」、大阪での強行ロケの様子を伝える。

1958年 10月

4日 大阪朝日会館の阪中正夫追悼公演「馬」を後援。

7日 フェスティバルホールと神戸国際会館で開催のABC開局7周年記念「バーベル・リシチャン独唱会」を後援。

9日 フェスティバル・ホールのABC主催「チェロとピアノのソナタ」を後援。エンリコ・マイナルディ（チェロ）、カルロ・ゼッキ（指揮）

12日 新卒採用分入社試験をABCと共同実施。

26日 第3スタジオ副調整室施設の整備を終了。

28日 フェスティバルホールのABC開局7周年記念「A響記念演奏会」を後援。

30日 ABCホールの第3回「ABCステレオ・レコード・コンサート」後援。

30日 関西テレビ放送（KTV）にテレビ本免許。11月1日試験放送開始。

31日 フェスティバルホールの「ABC祭」を後援。

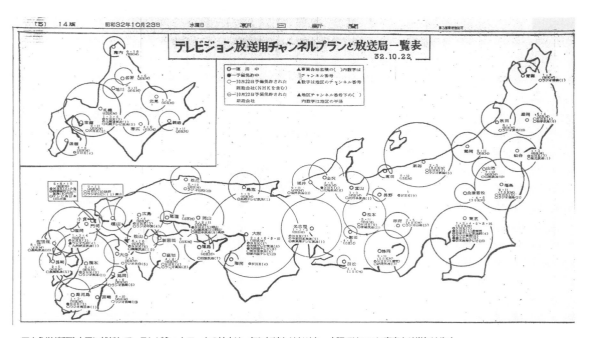

田中角栄が郵政大臣に就任して、テレビネットワークの拡大は一気に加速しはじめた。大阪ではついに東京より半年はやく民放テレビ3局体制に突入。また、全国ではラジオ・テレビ兼営局が次々と開局し、その多くがKRTとOTVのネット番組を放送。OTVによる「大阪文化の輸出」が本格化しはじめた。

テレビの笑い、大阪のテレビ。

（後編）

●並び立った二大看板

大村 「ちゃりんぼ兄弟」！ 藤山寛美、大村崑という大看板をそろえて、ものすごい宣伝やったんです。でも、番組は失敗しました。視聴率がとれなかった。

考えてくださいよ、ボケ二人で何できますか。僕が「ボケしかできない言うたら」藤山さんがツッコミをせんならんでしょう？

佐々やんの時と同じですよ。

藤山寛美さんは、ボケをしたいんですよ。

「アホの藤山寛美」がスタートした当時ですからね。それで売れてたんですもん。

だから、やるなら、たとえば、誰かもう一人、親父役か何かで、有名な役者をおいて、ぼくら二人兄弟をツッコミ倒すとかね。そんなことやったらウケるけど、二人揃ってボケがいるだけではねぇ。

だから、番組、短かったね。

結局、お互いますます忙しくなって「スケジュールがとれないからやめよう」いうことになったんです。

でも、それを機会に仲良くなりましたからね。僕がかわいがってもらいました。

お客さんは、コメディで受けてる人が「普通の芝居」をしてると、物足りないんです。「ストレスがたまっておもろなかった」言うんです。

作品的にはいい芝居に出てても、僕らはおもろなかったらねぇ…。喜劇役者が真面目になったら、「なんや、おもろないやん」てなってしまう。普通の役者になってしまうんですよ。

だから、今やってる「赤い霊柩車」でも、僕の出るトコは「おもろうしたい」んです。

●不思議な放送局・KTV

関テレは不思議な局やったですね。

「高校野球」て、言うてました。

前の日に本読みやるやないですか。次に現場でリハーサルをやる。そこで僕らアドリブ飛ばすやないですか、そうすると

「それ、言いますか？」

て言うわけですよ。

現場のカメラマンとかが。

そしたらディレクターが

「ＯＫ，崑ちゃん、これ喋るよ」とか

「佐々やんがこれ喋るよ」とかいうて、

スタッフ全員に向って

「このふた言いれて！」て言うわけですよ。

そしたらみんな

「ちょっと待ってください…」

ていうて一斉にガーッて集まって、輪になって書き込むんですよ。

「いくよー！」

言うてディレクターが階段をタンタンタンタンて駆け上がって

「本番10分前！」

といかいうと、輪になったやつが

「オー！」

とかいって別れるんですよ。

僕が佐々やんに「高校野球やねぇ」て（笑）。

佐々やんが「あのくらいのセリフ、覚えてほしいよなぁ」て。アドリブも台本に書かなあかんのですよ。

それに、電鉄会社から来てる人とか、東京の放送局で勉強した人とかネ、いろんな人が集まってるんです。関西テレビは。

「植木がここに欲しい」ということになるでしょう。本番もうすぐやのに、植木ひとつ入れるのに伝票書かなならん。スタッフがその伝票持って走り回って、植木屋が来るんですよ。

植木なんて、どっかから持ってきたらいいじゃないですか。伝票でやらないかんのやね。

出来た頃の関西テレビは、いろんな世界から来てる人が喧々囂々でテレビやってるから、なかなか一つにならん。そういう現場に入った時は、僕らも、頭使いましたよ。

その点、OTV なんか、新人同士ばっかりやったから、みんなわりに家族的でね。

● 凄惨な現場…

関西テレビのお醤油会社の提供の番組で。ドラマの前後にでてくる生コマーシャル。

白いお洋服着たべっぴんさんがね、お醤油を持ってスタンバイしてるわけですよ。お醤油を持ったままニコニコ笑いながら待っててネ。周りのみんなは「がんばりやー」「がんばりやー」いうて。女の子も「ハイ、ありがとうございます」いうてるうちに「三十秒前ーッ！」。

全員パーッと準備について「5！4！3！2！…」っていったら…女の子、気絶しちゃったの。緊張で。

バーン！と瓶がわれて、白い洋服に醤油が散って、殺人事件の現場みたいになってしまった。

「うわあぁ！」

本番でっせ！

もう写されへんやん。

仕方ないから、その子を担いでいくのを横目に見ながら、すぐにドラマ本編に入るわけですよ。

ザラザラザラザラ…ガラスの音して。

救急車の走ってくる音がスタジオまで聞こえてくるんですよ、その子を搬送せなあかんからスタジオ開けっ放しでしょ。

「どないなったの！」ていうたら「いや、けがはないけど、ガラスの中で醤油に染まってるから血だらけみたいに見える」て。白黒テレビやからね。見た目、殺人事件みたいになってんねん。

あと、こんな話もありましたよ。

芸妓さんが船に乗るのにスッと乗ったら、提灯吊るしてた針金に頭がひっかかって、パッとかつらがとれてしまって…それが「映ってもうた」いうて泣いてね。でも、泣いてる場合と違うから、その場でなんとしてもかぶり直さなあかんのです。

立ち回りの時もすごかったですよ。

頓馬天狗なんか、僕、近目やから、刀が当たるんですよ。ボンボン当たるから、みんな新聞紙を胴に巻いてやってました。今やったら週刊誌いれますけどね。当たるとバチーッと決まるから気持ちいいんですよ。

的場さんいう殺陣師さんがいて、その人が「構わないから当ててくれ」言うんですよ。自分ら若い衆に「当ててくれ」って。

それから、真っ向切りいうのは、恐いんですよ。

真正面からくるときは、メガネ叩かれたらえらい大けがになりますからね。

それに、こういうズバーッと切れたとたんに、舞台やったら血糊つけるけど、テレビの場合は子供が見てるから血糊なんかつけないわけよ。映画

みたいに障子にダーッと血をかけたりそういうことはしない。子供が見てるから血を出さないとか、そういうのはあったけどね。

コメディだから面白い立ち回りがありましたよ、たとえば、

ひっくり返ってバーッとトンボ切って

倒れた時カツラが飛んでって、

パッと被ったら反対向きで、

反対に被ったまままだやりよる。

「うぉぉぉぉ…反対だぁ！」て。

…噴くで！

今考えたらホント、よくもまあ病後の体があまり強くない時にあんなことやったね。エンタツ先生が「死ぬぞコイツ。コイツきっと死ぬ。こんなことしてたら。青い顔して」って。

見たらほんとに青い顔なんですよ。だから僕、いっつも女の人が持ってる紅を唇につけるんです。便所で。そういうカバーしてたんです。

そうしてるうちにエンタツ先生、死んだんですわ。「死ぬでー、死ぬでー」言うてた人が死んじゃったんです。

それほどね、現場ではみんな殺気づいて、家の事も忘れ、テレビのために頑張ってたの。

そら大変やったですよ。

藤田まことが、ちょっと有名になった頃にね

「俺、怒ったよ、崑ちゃん…」

て言うんですよ。

演技して構えてるところに、カメラが十分に寄ってこなかったんで怒ったんですよ。

「『カメラ、もっと寄ってこいよ！ 車輪（コマ）がついてんだろう！ 俺は照明に、これ以上出ると照明の陰になるから、これ以上前に出んといてくれ、て言われるんや。テープで×印つけられてるの見えるやろ。その指示が出てんの、お前も見てんねやろ。だったら、カメラのほうで寄って来いよ！ 何さらしとんじゃ！』て言うたった」て。

そういう現場よ！

で、済んだらみんな「おつかれっ！」て。

あとは視聴率いくらやったん、て聞いて、

「ハァよかったなあ…」て。

街歩いたら「見ましたよ！」

こっちは「ありがとう！」

その「ありがとう」言う側は、皆、ロクなもの食ってませんでした。戦いの場だったんですから。

● 「番頭はんと丁稚どん」（MBS）

「番頭はんと丁稚どん」は、花登先生が自分で書いたペラみたいなのを台本にしてたんですが、忙しい時は新野新とか山路洋平とかに台本書かせてました。

番組が始まった頃は北野劇場と堂島のスタジオ（MBS本社）を行ったり来たりしながら稽古してたんです。北野劇場は「映画・実演・映画・実演・映画」の順番やったから「映画」やってるあいだに堂島で稽古して、戻って劇場でコントをやるんです。この映画と映画のあいだにやりくりアパートの本番もありました（OTV）。うまくできてるんですよ。

ところがそのうち、テレビで有名になった途端に、北野劇場がつぶれちゃったんですよ。客が来ないようになって。自分の故郷がなくなったのはさびしいねんけど、おかげでテレビでられるようになったんですよ。かけもちせんと。

● 伝説の「東上り」

「番頭はんと丁稚どん」で「東上り」いうて、東京のネット局のNETテレビ（日本教育テレビ）から放送したことがあったんですよ。

その時、これまた花登筺の考えで、飛行機にのるとき番頭と丁稚の格好でタラップをあがりなさい、て。ビートルズより先ですよ(笑)。マスコミいっぱい連れて。飛行機の中でもお客と一緒に写って。降りてから、僕らはオープンカー乗って。報道陣がそれに伴走してるの。週刊誌とかカメラマンが乗ってるの。銀座、靖国神社、都内名所、いろんなトコまわってね。道路の真ん中にあった都電の電停のポールに登って。今やったら警察に怒られるけど「あそこに登ってワーッとやってくれ」て。

で、局にはいりました。

この時は、東京の役者も何人か出るわけでそよ。で、僕ら、取材陣連れて入ってくるから、騒がしかったんです。そしたら、スタジオに張ってあったカーテンの向こうから
「やかましいなあ。何やってるんだよ」
「大阪のテレビ局のオンエアで…」
ていうたら
「ナニワの電気紙芝居か？」
とか言うてくる。
それで、笑いの王国の番頭さんが、
「ちょっとご挨拶行かれたほうがいいですよ」
ていうんですよ。
佐々やんとか茶川さんは、もともと東京人やからすぐ行って「すいません！どうもおひさしぶりで」て。そしたら
「お前ら、尾羽打ち枯らして関西に逃げて、拾ってもらって、また帰ってきたのか」
「先生、冗談はほどほどにしてくださいよ」
「えらく面白くなったなあ」
とか聞こえるわけですよ。ね？　それで
「誰だ、アタマは」ていうから
「大村崑です」
「え？　来たのか、一緒に」言うて。
それで私に番頭さんが
「あいさつに行ってください、行ってください」

ていうから、大きな声で
「私は客人です。何で行かなあかんの？客やから、あっちから挨拶来てくれたらええんで」て…
今、思えばおそろしいようなことを…
でも、もう二度とここに来ないと思うて…
吠えたもんやから、敵、作った！
吠えた相手、誰やと思います？
コロムビアトップ・ライトのトップさん。
要するに歌謡の司会の総帥ですよ。あの一派が全国の歌謡曲の司会をしてるんですから。そこに向って吠えたもんやから、あとが大変で。
ところが、そこをスリーポケットの谷幹一、関敬六、渥美清。この三人がパッとガードしてくれた。僕は気が早いから絶対喧嘩になるヨ、て思うから助かりました。

●**コトバの秘密**
僕が中心になった関西の番組、なぜ地方にウケたか。わかります？
実は、言葉に企業秘密があるんです。
佐々さんも、茶川さんも、東京から来たけど関西で嫁さんを貰ったんです。そうすると、外人が日本に来て日本人の嫁さんもらうと、日本語上手に喋るのと同じように、彼らも関西弁を喋るようになったんです。僕らから見たら、ちょっとおか

しい関西弁だから「佐々弁」「茶川弁」て言うてましたけどね。でも、それがテレビ出たら通用したんです。
僕は、幸いにも神戸の人間だったんです。サラッとした浜言葉ですよ。「へぇワテはナンでございますぅ」いうような上方の噺家さんが喋るようなベタベタな関西弁ではないわけです。僕は茶川弁、佐々弁を仕込まれたおかげで、大阪の言葉を出さなかったわけですよ。
「へてからぁ」「わてはぁ」「そうでおまんねんでー」「何いうてまんねんなー」みたいな大阪弁は使わなかったんです。
セリフが全部でこれだけあるとしますと、標準語とか神戸弁の中に「ワテは」とか「知りまへん」

とか、要所要所も関西弁のニオイだけいれて…これはアチャコさんが僕に指示したんです。

これが一番の企業秘密ですけど。

アチャコさんが、僕を呼んでこう言うたんです。「おまえはジャリ（子供）に受けるなぁ…。俺も若い時から『アチャコ！アチャコ！』いうてものすごく愛されて…そのジャリがもう大人になって、それがまたおじいさん、おばあさんになって、そのまた子供の子供までが『アチャコ！アチャコ！』いうてきとるん。長い！ 崑ちゃん…お前見てたら、皆が『崑』と言えへん。おれは『アチャコ』やけどお前は『崑ちゃん』言われてる。映画で言うたら（目玉の）『松っちゃん』から続く『ちゃん』づけやから、これは偉大なもんや！ いま、ジャリに追っかけまわされてるけど、ジャリはすぐ大人になるで。ジャリ、大事にしろよぉっ！」て。

実際、四世代くらいに受けるんです。

それともう一つ。

「俺が喋ってる関西弁を勉強せぇ。俺は全部は関西弁、喋ってない」て教えてくれたんです。

当時はロケ撮影の時は、現場で画と一緒にセリフも録音して、それをもとに、助監督がアフレコ用の台本作るわけですよ。それでスタジオで、もう一回、画にあわせてセリフを入れなおすんです。俺も若い衆に録音機持たせてました。アドリブが要所要所入るから。自分でもチェックできるように。

台本通りにきちっとしゃべるような役者やったら「ここは間が空いてる」とか「このセリフはここでちょっと色つけて喋ってる」ぐらいはあるけど、僕らはアドリブで「ワァ」とか「ハァ」とかはいったり、違うセリフをやったりするもんやから、それを書き起こしたアフレコ台本いうたら、すごいんですよ。

宝塚映画でやりくりアパートの映画撮ったときにね、ロールとロールの端と端つないで、スタートしてからズーッと七分間、ワンカットをまわしっぱなしで撮ったことがありました。

中之島のベンチに座って、二人で一気に関西弁デ喋って、最後に「さぁ、行こう！」言うて立ったら、トランペットが「タラララァ〜」と鳴ってキャバレーに入ってゆく…というシーンなのよ。

それをアチャコさんが見てねえ「お前、アレ、苦労したやろう」て。

「ロケに行ったら、喋るな。俺は喋らんやろう」

「先生、喋りませんでしたね。僕、聴いてて、先生、体の調子悪いんかな思うてました」言うたら

「ちゃうねん。音があわへんねん！われわれ」て。

つまり、助監督がプレビューの時に台本と見比べて『はい！ここで口がふたつあいてます！何かいれてください！ハとかホとか』言うんです。だから、ロケに行ったら、なるたけ喋らないようにする、ということなんです。

それで、スタジオで撮るときは、今度は標準語を主に使って、要所に関西弁いれると、全国に通じるんです。

東北行ってウケたときに「おばあちゃん、僕の言うてること、ようわかる？」ていうたら「よくわかる」て言うのよ。

昔の東北の母国語はズゥズゥ弁なんですよ。あの人らの母国語やねん。学校の先生もズゥズゥ弁で喋ってる。子供も皆喋ってる。

NHKのアナウンサーが喋ってる標準語はわかる…つまり標準語はわかるわけ。関西弁なんかぜんぜんわからない。でも「へぇ、ワテ」とか「そう

でおます」とか「さいなら」「おおきに」くらいならわかるから、このくらいは入れるんです。

それをやったから

「私、崑ちゃんのお芝居よくわかる」て。

これが、ヒットしたんです。

一度、東京で「やりくりトリオ」やった時に、舞台を見た踊り子さんに「僕の言うてること、わかった？」っていうと「わかんないわねェ」っていう。「コラ、このコラがわかれへん言葉喋ったらアカン」と思いました。

南利明ていましたけど、あの人は僕をネタにしてワンシーン、ギャグをつくっちゃたんだもの。

「何！？何言うた？」

「いや、そうでんねん」

「もっぺん言って見」

「そうでんねん」

「レコード壊れてるよコイツ」て。

そのあとアドリブで「そうでんねんそうでんねんそうでんねん」いうのがウケたから次はこれをギャグにして自分でも「そうでんねん」。そういう時代です。笑われるけど、勉強心もあったんやなあ。必死のパッチでね。

●どうする？　「大阪の」テレビ

在阪民放テレビができてから六十年たちました

けど、これから将来どうなるか…ますます難しいと思います。スポンサーになる企業は東京に行っちゃったでしょ？　東京に本社になって関西は支社になって。本社と名前がでていても東京の方は「本店」になってたりして、人材もどんどん流出している。

でも、テレビ局が全局でストやったのが一番のきっかけやないですかね。低迷の。

とんでもないストやった。われわれ出演者が、局に呼ばれていくじゃないですか。そしたら「入場拒否」ですよ。「入らんとってくれ」いうんですよ。ロックアウト。

出演者は、スタジオ入らなかったら撮れないじゃないですか。現場は全部管理職がやってました。懐かしい人がキュー振ってたりしてね。

で、役者がそろっても、衣装がない。「どっかに隠してたんやないか」とかいろいろあって、大変苦労して作品を作ってたんですよ。

そうしてるうちに「これじゃ番組作れない」ということになって、ディレクターがＶＴＲテープだけもって東京に行ったんですよ。東京支社に。それで、東京で作るようになったんですよ。

役者も東京からくるから交通費少なくて済むでしょ。僕だけ大阪から行きゃいいんだから。

今、そうでしょ。「赤い霊柩車」も、僕以外はみ

んな東京やから。ロケしても「木屋町」とか「道修町」とか大阪の地名貼ってやね、車に大阪のナンバーでもつけて走ってたら、日本国中どこの街でも大阪になるんです。そういう時代。

役者も首脳陣は全部東京に移ってるじゃないですか。東京行かなかったら売れてない言われたことあった。でも、僕のウチは本宅は大阪にあるよ。奥さんも住んでるしね。

ミヤコ蝶々さんがおっしゃったんですよ。

「崑よ、おまえぜったい一生行くな」て。

「行きません。行く気持ちないし、東京は稼ぐとこであって、墓も皆こっちにあるし。行きません」

そしたら「行きやがってみぃオマエ、承知せんぞ」て言うてました（笑）。

　だから、この年になっても、東京に稼ぎにいかなならん。東京のスタジオで誰かが「朝、混んじゃってねえ、地下鉄乗り継いでも一時間半かかっちゃったよ」なんていうてても、こっちは「やかまっしゃい！俺は箕面の山の上から何時間かかってやってきたんや！」（笑）

　今は、そういう時代。はっきりいって、現状のままでは…僕の考えですけど…もっぺん大阪から発信するようなものはもうできないんやないか。

　人材、いないよ。ドラマも構成も。スタッフも、作家もいない。今、テレビ業界から若い人、逃げてるんですよ。これに気が付いてない。

　スポンサーも、つかない。

　「東京で作るんだったら出しましょう」だから。

　リニアモーターカーが名古屋までできたら、もうはっきりいって、名古屋が中心になってものすごく栄えると思いますよ。東京の文化はかなり名古屋に移ると思います。大阪はもっとしんどくなると思います。僕は危機感感じてますよ。

　だから、なんかそういう、今でいう救世主みたいな人が…ラグビーの五郎丸やないけど、打てばシュートをきめる、みたいな人…この大阪でピカーッってやってくれる人がでたら…一度逃げ出した人でも、見てくれるかもしれない。そういう人が出てこん限り、大阪は動かんですよ。

　僕、久しぶりに女房と一緒に大阪駅でイタリアレストラン行きましたけど「ええっ！大阪こないなってんのん！？」て。浦島太郎みたいなもんです。若い人たちはそういうところに来たりするけど、一般の人達はもう動かないでしょう。お金持ってる人は使わないでしょう。

　世界中があぶなくなってるいま、誰が守ってくれるというたら、自分のお金しかないじゃないですか。お金、だんだん使わなくなると思う。

　経済も苦しくなって、東京一極中心で、名古屋がとってかわるでしょうけど。この状況、もっとひどくなってくると思いますよ。現に僕なんか、大阪では百パーセント仕事ないですもん。デビューしてこんなになるのに、恥ずかしい話やけど。

エラいさんにいいましたもん

　「なんで東京からタレント呼んで使わなならん。何曜日と何曜日はあいてるから使いなさい」いうたら「いやぁまたその節ありましたら」て。

　僕なんか、使いやすいと思うよ。いろんなこと知ってるわけやから。

　われわれの歳の者が面白がるような番組、今、作れないでしょ。局もスポンサーも。昔は、二〜三人くらいの古手が出てきて喋るトーク番組とかありましたよね。

　「昔のフィルム見せましょうか？」

　「えーっ、昔そんなことあったの！」とかいう。

　そういうのやらないんですよ。

　「新婚さんいらっしゃい」があんのやから「旧婚さんいらっしゃい」があってもいいのにネ。旧婚さんのほうがどんだけおもろいネタ持ってるか。

　それに、企画の貧困もそうやけど、スポンサーの顔色みながら企画してるでしょう。

　「頓馬天狗」の時、中野さんはスポンサーから「主役に大村崑て…どこの馬の骨やわからん人間を」て最初言われたんやて。でもちゃんと説明したら「そんなオイシイ話！うち一社だけでええの？」て。

　中野さんが「ちゃんと責任持ちます。すごい人気ですから」言うたら「ほな、使いましょう！」て単独スポンサーについてくれた。

大塚製薬、当時、社員49人の会社ですよ。

今や、何万人もいますから。僕を使ってくれた人のお父さんが銅像になってますよ。

スポンサーと一タレントがね、こんだけ親戚みたいに仲良くなるのはね、他に例がないんですよ。

こうやって喋ってること、本にしてもろうて、いつか放送人が読んでくれて「あぁ、先人はこんなこと、やってきたんだなあ。われわれもちょっと、フンドシしめなおしてやらなあかんなあ」て思ってくれたらと思います。【終】

オロナイン軟膏からオロナミンCまで、さまざまな大塚製薬の広告に登場した大村崑さん（写真提供：大塚製薬）

＜インタビュー中に登場するおもな番組＞

●ダイハツコメディ・やりくりアパート
（日 18：30～19：00）OTV→ABC
1958年4月6日～1960年2月28日
全100回
ダイハツ自動車提供
横山エンタツ　初音礼子　花和幸助　三角八重
佐々十郎　茶川一郎　大村崑　芦屋小雁　ほか
大村崑のテレビデビュー作品。

●崑ちゃんの日曜漫画
（日 09：30～09：45）OTV→ABC
1958年10月5日～

●珍劇アワー
（火 21：45～22：00）YTV
1959年5月12日～9月　大阪ガス提供
佐々十郎　大村崑ほか
6月2日からは「ごめんください」。10月5日からMBSに移動し「佐々やんのごめんください」。（～1961年12月27日）いずれも大阪ガス提供。

●崑ちゃんのとんま天狗
（土 19：00～19：30）YTV
1959年9月5日～1960年12月24日
初期の題名は「お笑い珍勇伝・頓馬天狗」
大塚製薬提供

●テレビ結婚式
1960年3月1日　YTV

●七ふく劇場・番頭はんと丁稚どん
（月 19：30～20：00）MBS
1959年3月9日～1961年4月18日
道修町の薬問屋「毎宝堂」で奉公に励む三人の丁稚（一松・茶川一郎、崑松・大村崑、小松・芦屋小雁）ほかによる人情喜劇。七ふく製薬提供

●シャープコミカルス・ちゃりんぼ兄弟
（火 19：00～19：30）KTV
1960年3月15日～6月7日　全13回
早川電機提供
藤山寛美　大村崑　石浜祐次郎ほか

●ドラマ「赤い霊柩車」シリーズ
（不定期金 21：00～22：55）フジテレビ系列
1992年3月6日から「金曜プレミアム」枠で放送されている単発2時間ドラマのシリーズ。
出演　片平なぎさ　大村崑　山村紅葉　若林豪
　　　神田正輝ほか。

1958.10

- 大阪新歌舞伎座が開場。
- 宇治川で茶まつりのポンポン船が転覆。乗客25名が川へ。
- 西成で少女グレン隊ら逮捕。造兵廠後では「アパッチ族」壊滅。

●10月1日 (水) OTV

- 1130 テストパターン(歌の花かご)
- 1145 オープニングメロディ
- 1155 おしらせ
- 1200 OTV ニュース
- 1215 奥さん天国
  　～東西夫婦気質～
  　「入れ知恵の巻」(KR)
  　市川寿美礼 春日俊二
  　江戸家猫八 40 テレビガイド
- 1245 料理手帖「香りを逃さぬ松茸の銀紙焼き」
  　辻徳光
- 1300 ポーラ婦人ニュース
  　「婦人欄に望む」
  　山京子(歌人)
- 1315 テレビガイド
- 1320 家庭百科(OTVF)
  　「傷の手当て」木崎国嘉
- 1325 おしらせ
- 1730 テストパターン45おしらせ
- 1750 朝日新聞テレビニュース
- 1800 もしも・もしもの物語
  　「スター誕生」
- 1815 漫画映画ヘッケルとジャッケル4本
- 1845 ガイド 50 OTV ニュース
- 1856 あしたのお天気
- 1900 わが輩ははなばな氏 (KR)
  　「パパ帰る」
- 1930 ますらを派出大会 (KR)
  　「ますらお田舎にゆく」
  　森川信 若水ヤエ子
  　瀧野侑他
- 2000 プロバスケットボール
  　(東京都立体育館) タタム・
  　ハーレム・トロッターズ対
  　全米学生選抜軍 吉川アナ
- 2130 おはこうら表 (KR/OTV)
  　昔昔亭桃太郎 葦原邦子
- 2145 OTV ニュース
- 2155 OTV スポーツニュース
- 2200 ありちゃんのおかっぱ侍
  　「ひとりぼっちの土俵入り」
- 2230 芸能トピックス45ガイド
- 2250 OTV 週間世界ニュース
- 2305 現代の顔 (KR) 長嶋茂雄
- 2310 お天気◇おしらせ◇終了

●10月2日 (木) OTV

- 1130 テストパターン
  　(クラシック) 白鳥の歌
- 1145 オープニングメロディ
- 1155 おしらせ
- 1200 OTV ニュース
- 1215 アイ・ラブ・亭主 (KR)
  　宮川洋一 富永美紗子
  　増山江威子 梅屋かほる
- 1240 テレビガイド
- 1245 料理手帖「牛肉のしぐれ煮」
- 1300 婦人ニュース 明石達夫
- 1315 テレビガイド
- 1320 家庭百科(OTVF)「お白粉」
  　山本鈴子 25 おしらせ
- 1330 放送休止
- 1730 テストパターン45おしらせ
- 1750 毎日新聞テレビニュース
- 1800 はなしの社会科「子供新聞」
  　田中菊次郎他
- 1815 名犬ラッシー
  　「いたずら小僧」
- 1845 ガイド 50 OTV ニュース
- 1856 あしたのお天気
- 1900 スーパースターメロディ
  　神戸一郎ヒット集
  　「十代の恋よさようなら」
  　能沢佳子 浪花小子
- 1930 人間計算機(公開番組)
  　シャクンタラ・デビイ
  　司会・泉日行夫 小早川
  　大勇君 渡辺阪大理学
  　部教授 藤村幸三郎
- 2000 この謎は私か解く (KR)
  　「灰色の別荘」前篇
- 2030 鞍馬天狗 (KR)
- 2100 奥様多忙 (KR)
- 2130 ミナロンドリームサロン
  　淡島あい子他 大伴千春
  　ジョージ岡 45 ニュース
- 2155 OTV スポーツニュース
- 2200 新大岡政談 旗和子
  　桜むつ子 藤山竜一他
- 2230 私のアイディア 45 ガイド
- 2250 きのうきょう 矢部利茂
- 2315 現代の顔 (KR) 大江健三郎
- 2320 あしたのお天気
- 2323 おしらせ◇放送終了

●10月3日 (金) OTV

- 1055 テストパターン(クラシック)
- 1110 オープニングメロディ
- 1115 テレビガイド
- 1125 テレビ婦人スクール
- 1150 憩いのリズム 55 おしらせ
- 1200 OTV ニュース
- 1215 映画の窓 (KR)
  　「手錠のままの脱獄」(米)
  　解説：荻昌弘40 ガイド
- 1245 料理手帖「洋風魚のそぼろライス」田積富貴
- 1300 婦人ニュース 吉田常雄
- 1320 家庭百科(OTVF)「魚つり」
  　木崎福嘉25おしらせ休止
- 1730 テストパターン(ポピュラー)
- 1745 おしらせ
- 1750 毎日新聞テレビニュース
- 1800 赤胴鈴之助
- 1815 電気の ABC「電車」
  　伊藤佐内
- 1830 わが家の青春「お父さんの善行」雪村いづみ
  　坪内美詠子
- 1845 ガイド 50 OTV ニュース
- 1856 あしたのお天気
- 1900 テレビぴよぴよ大学 (KR)
- 1930 京阪テレビカー・がんこ
  　親爺「秋空はれての巻」
  　雁九・十郎他
- 2000 少年航路 (KR)
  　「ふるさとに湖あり」
  　露口茂 山本学他
- 2030 特ダネを逃がすな (KR)
  　「顔役」前篇
- 2100 OTV ワールド・スポーツ
- 2115 金語楼劇場・おトラさん
  　(KR)「護る影の巻」
- 2145 OTV ニュース
- 2155 OTV スポーツニュース
- 2200 サンヨーテレビ劇場 (KR)
  　「梵化」後篇 川喜多雄二
  　山岡久乃 影万里江
  　藤原竜一 芦田伸介
- 2230 小唄教室
  　吉川梅 西川辰美
- 2245 テレビガイド
- 2250 OTV 週間テレビニュース
- 2305 現代の顔 (KR) 石原裕次郎
- 2310 お天気◇おしらせ◇終了

●10月4日 (土) OTV

- 1130 テストパターン(クラシック)
  　チャイコフスキーの音楽
- 1145 オープニングメロディ
- 1155 来週のハイライト
- 1200 OTV ニュース
- 1215 土曜寄席
  　大正琴：庭野千草
  　漫才：お浜・小浜
- 1240 テレビガイド
- 1245 料理手帖「料理コンクール第一位「松たけのクロケット」
- 1300 婦人ニュース
  　「ソ連の核実験再開と今後」勝村泰三 15 テレビガイド
- 1320 家庭百科 (OTVF)
  　「保温と敷物」
- 1325 男子専科
  　「ネクタイをしめましょう」
- 1330 おしらせ 35 放送休止
- 1715 テストパターン
  　(ポピュラー)
- 1730 来週のハイライト
- 1750 朝日新聞テレビニュース
- 1800 ぼくのわたしの音楽会
  　ちぐさ会といずみ会他
- 1815 パッチリタイム・黒帯
  　探偵「藤娘の秘密」後篇
  　松本朝夫 三宅邦子他
- 1845 ガイド 50 OTV ニュース
- 1856 あしたのお天気
- 1900 街のチャンピオン
- 1930 部長刑事「愛情と質札」
  　中村栄二 波田久夫
  　嶋連太郎 菅亜紀 筧
  　田幸男 真木康次郎他
- 2000 道頓堀アワー「寄席」(角座)
  　曲技：和楽 和喜美
  　いとし・こいし
  　浪曲「鹿政談」菊春：
- 2100 話題のアルバム 10 ガイド
- 2115 日真名氏飛び出す (KR)
  　「夜の賭博者」前篇
- 2145 OTV ニュース
- 2155 OTV スポーツニュース
- 2200 又四郎行状記 (KR)
- 2230 三協グッドナイト・ショウ
- 2250 きのうきょう 矢部利茂
- 2305 現代の顔 (KR) 田中彰治
- 2300 お天気◇おしらせ◇終了

●10月5日 (日) OTV

- 840 テストパターン 55 おしらせ
- 900 動物園のおともだち「水鳥」
- 930 嵐さんの日曜漫画 第一回
- 945 仲よしニュース
- 955 マンガ公園 漫画6本
- 1030 京だより「京都美術大学」
- 1045 カメラルポお料理訪問
  　中山文甫
- 1100 文学ところどころ
  　「今東光・作 闘鶏」
- 1115 海外トピックス
- 1130 経済サロン
  　「日本貿易界の前途」
- 1200 OTV ニュース 10 ガイド
- 1215 ダイラケのびっくり捕物帖
  　ダイマル・ラケット
  　森光子 中村あやめ
  　藤田まこと他40ガイド
- 1245 ロッテ歌のアルバム
- 1315 林家三平の真打披露会
- 1415 ナショナル日曜テレビ観劇会「残菊物語」
  　コマ劇場公演
  　扇雀 半四郎 乙羽
- 1635 科学大展覧(原子力館より)
  　伏見康治 高津真也
- 1750 OTV ニュース 56 お天気
- 1800 月光仮面 大瀬康一
  　日輪マコ他
- 1830 ダイハツコメディ
  　やりくりアパート (OTV)
  　大村崑 佐々十郎 茶川
  　一郎 花和幸助 三角
  　八重 芦屋小雁 横山
  　エンタツ 初音礼子
- 1900 スーパーマン
- 1930 ラマーオブジャングル
- 2000 運命の標的「同情殺人」
- 2030 人生ご案内 江利チエミ
  　八波むと志 由利徹
  　南利明
- 2100 二つの椅子「日本人のくせに」
  　オーティス・ケリー他
- 2115 東芝日曜劇場「はね太鼓」
  　(KR) 杉村春子 宮口精二
  　吉葉山他
- 2215 ニュース 25 OTV スポーツ N
- 2230 芸術の秋
- 2300 グッドナイト・ファンタジー
- 2315 お天気◇おしらせ◇終了

●10月6日（月）OTV	●10月7日（火）OTV	●10月8日（水）OTV	●10月9日（木）OTV	●10月10日（金）OTV ※KTV試験電波発射開始	●10月11日（土）OTV	●10月12日（日）OTV
1130 パターン 45 メロディ	1130 テストパターンバッハ作品	1130 テストパターン（歌の花かご）	1130 パターン	1055 テストパターン（クラシック）	1130 テストパターン	840 テストパターン 55 おしらせ
1155 おしらせ1200OTVニュース	1145 オープニングメロディ	1145 オープニングメロディ	1145 メロディ◇おしらせ	1110 メロディ 20 おしらせ	1145 オープニングメロディ	900 動物園のおともだち
1215 カクテルサロン　黒岩三代子　木村与三男	1200 OTV ニュース	1155 おしらせ	1200 OTV ニュース	1125 テレビ婦人スクール「ロンドンウールファッションショー」解説：伊東茂平	1155 来週のハイライト	「トドと大白鳥」
40 テレビガイド	1215 ほほえみ一家 (KR)	1200 OTV ニュース	1215 アイ・ラブ・亭主 (KR)「秋は夢を追って」◇ガイド	55 ガイド	1200 OTV ニュース	930 崑さんの日曜漫画
1245 料理手帖 辻勲	1240 テレビガイド	1215 歌のハイライト「君呼ぶ唄声」朝倉ユリ		1200 OTV ニュース	1215 土曜寄席　漫才：栄子・小円　落語：染丸「子ほり相撲」	945 仲よしN55マンガ公園
1300 婦人ニュース「秋の優秀」塩尻15テレビガイド	1245 料理手帖「ミートボールパンケーキ」	40 テレビガイド	1245 料理手帖「鶏の骨付き揚と卵の醬油煮」奥井広美	1215 映画の窓 (KR)「鉄道員」解説：荻昌弘　中村		1030 京だより
1320 家庭百科 (OTVF)「焼き魚」茶珍俊夫	1300 婦人ニュース「国民年金」	1245 料理手帖「赤肉鯨の変わり焼」辻徳光	1300 婦人ニュース「子供と歌」山京子（歌人）15 ガイド	40 ガイド	1240 テレビガイド	1045 カメルラポお料理訪問　山本　鈴木
1325 原子力平和利用シリーズ「技術者の育成」◇休止	1315 テレビガイド	1300 婦人ニュース 中山尚子	1320 家庭百科 (OTVF)「眼のメイキャップ」山本鈴子 15 休止	1245 料理手帖「マシマロ」小林	1245 料理手帖「行楽料理コンクール第一位	1100 文学ところどころ
1730 テストパターン45おしらせ	1320 家庭百科 (OTVF)　秋のコートの支度	1315 テレビガイド		1300 婦人ニュース「週間展望」薄田桂15テレビガイド	(KR)大津英子 和田弘他	「斑鳩物語」
1750 毎日新聞テレビニュース	1325 おしらせ 30 放送休止	1320 家庭百科 (OTVF)「食欲の医学」木崎国嘉 25 おしらせ◇休止	1320 家庭百科 (OTVF)「ホームバー」	1320 家庭百科 (OTVF)「季節のいけばな」	1315 児童劇映画 楠田薫他	1115 海外トピックス
1800 子供の教室 (OTV) 柴田鍊次「110番とパトロールカー」	1730 テストパターン（ポピュラーアルバム）		1730 テストパターン45おしらせ	1325 おしらせ 30 放送休止	1320 家庭百科 (OTVF)	1130 経済サロン「日本の道路」
1815 フューリーとソニー「人殺し馬」45ガイド	1745 おしらせ	1730 テストパターン（ポピュラーアルバム）	1750 朝日新聞テレビニュース	1715 テストパターン（ポピュラー）	1325 おしらせ 30 放送休止	1200 OTV ニュース 10 ガイド
1850 OTV ニュース 56 お天気	1750 朝日新聞テレビニュース	1745 おしらせ	1800 はなしの社会科「収穫の秋」田中菊次郎他	1730 来週のハイライト	1715 テストパターン（ポピュラー）	1215 ダイラケのびっくり捕物帖「死神と娘」前篇※
1900 おさげ社長 (KR)「おさげ社長と空手チョップ」	1800 呼出符号L　高桐眞　千葉保他	1750 新聞テレビニュース	1815 名犬ラッシー「森のキャンプ」◇テレビガイド	1745 おしらせ 50 朝日新聞N	1730 来週のハイライト	40 ガイド
1930 ロビンフッドの冒険「クリスマスの鷲鳥」	1815 芸能トピックス「京都時代劇スター地図」	1800 もしも・もしもの物語「親爺エレジーの巻」川上のぼる 大久保伝	1850 OTV ニュース 56 お天気	1800 赤胴鈴之助	1750 毎日新聞テレビニュース	1245 ロッテ歌のアルバム (KR)大津美枝 和田弘他
2000 歌は踊る　津村　松山　若原	1845 テレビガイド	1815 アイバンホー・森の盗賊「ガース親子との邂逅」	1900 スーパースターメロディ江利チエミ 旗照夫他	1815 電気のABC「電車」(2) 伊藤佐内	1800 ぼくのわたしの音楽会　神戸市歌敷山中学生徒	1315 児童劇映画 楠田薫他
2030 ナショナルTVホール (KR)・銭形平次捕物控「幻の民五郎」	1850 OTV ニュース	ブラウン・ムーア　声：矢島正明　斎藤ひさ子　熊谷	1930 ボートライト（バリトン）独唱会（東京産経ホール）「主のもとにのがれよ」「原光」「憧れ」「黒人霊歌」「世に告げよ」「娘よお前と開かれる時」「モーツァルト」他	1830 わが家の青春「希望の鐘」雪枝いづみ 坪内美詠子	1815 パッチタイム・黒鷺探偵「望遠鏡の中の男」前篇　松本朝夫 三宅邦子他	1415 ナショナル日曜テレビ観劇会「その人」　新派公演　水谷八
2100 カメラだより北から南から「就職虎の巻」	1856 あしたのお天気	1845 テレビガイド		1845 テレビガイド		1625 コンサート中継「東響演奏会」ベートーベン「運命」他 ヤンソンス・指揮 東京交響楽団
2115 ウロコ座「天の琴」前篇　川内康範・作 水戸光子　内海突破　近松良枝　坂東鶴之助　花柳武始	1900 カロランミュージカル (KR)「恋は風に乗って」　ジェームス繁田　ペギー葉山　朝丘雪路　中原美紗緒　笠田敏夫	1850 OTV ニュース	2000 この謎は私が解く「灰色の別荘」解決篇	1850 OTV ニュース	1845 ガイド 50 OTV ニュース	1725 座談会「日本選手権の行方」藤村 戸倉 50 IVニュース
2145 OIV ニュース 55 スポーツ N	1930 ばらの伯爵 (KR)　木村功　水谷八重子他	1856 あしたのお天気	2030 鞍馬天狗「逢魔の江戸」	1856 あしたのお天気	1856 あしたのお天気	1756 あしたのお天気
2200 お母さん「秋晴れて」(KR)	2000 源平芸能合戦　日本勧業証券－玉塚証券	1900 わが輩ははなばな氏 (KR)「パパのおはなしの巻」	2100 奥様多忙 (KR)「男性No.1」	1900 テレビの夕方チャンピオン	1900 街のチャンピオン	1800 月光仮面「悪魔の敗北」
2230 バーベル・リシチアン（バリトン）特別独唱会 ※OTVスタジオから放送「あなたと座っていた」「ドンジュアンのセレナーデ」（チャイコフスキー）「バラ」（グリーク）◇ガイド	2030 潜水王子マイクネルソン「六日間の漂流」	1930 husbands派出所 (KR)　森川信　若水ヤエ子　瀧野他	2130 ミナカドリームサロン　宝とも子　栗野圭一　大伴千春　ジョージ岡	1930 京阪テレビカー・がんこ親爺「お化け騒動の巻」雁玉・十郎他	1930 部長刑事「人形の夢」中村栄二 波田久夫 嶋連太郎 菅亜紀子 筧田幸男 真木陳次郎他	1830 ダイハツコメディ・やりくりアパート (OTV)
	2100 うちのお父ちゃんエンタツ　森本たか子他	2000 ボクシング「東洋タイトルマッチ」（東京都立体育館）エスピノサー三浦　福地健治－沢田二郎　解説：司信夫 近江アナ	2145 OTV ニュース	2030 特ダネを逃がすな (KR)「顔役」後篇	2000 道楽堀アワー松竹新喜劇「花婿三段跳」（角座）石浜祐次郎 酒井光子 滝見すが子	1900 スーパーマン「殺人プロレス」
2305 ダイハツスポーツウィクリー	2115 東京0時刻「悪の報酬」金子信雄　渡辺美佐子	2140 ガイド 45 OTV ニュース	2155 OTV スポーツニュース	2100 OTV ワールド・スポーツ	2100 話題のアルバム 10 ガイド	1930 ラマーのアルバム「帰らざる客」声：大木
2320 現代の顔 (KR) 松本清張	2155 OTV スポーツニュース	2155 OTV スポーツニュース	2200 新大岡政談「村井長庵」前篇	2115 金語楼劇場・おトラさん (KR)「目の愛護の巻」柳家金語楼 小桜京子他 45 OTV2155 OTV スポーツニュース	2115 日真名氏飛び出す (KR)「夜の賭博者」解決編	2000 運命の標的「警察医」
2305 お天気◇おしらせ◇終了	2200 ルポ・いつも何処かで「貧いっこ」	2200 ありちゃんのおかっぱ侍	2230 私のアイディア 園文子		2145 OTV ニュース	2030 人生案内「旅廻り檜舞台」
	2215 女秘書スージー「結婚プレゼント」	2230 芸能トピックス	2245 テレビガイド	2200 サンヨーテレビ劇場「愛染天使」前篇「化粧の女」水戸光子 二本柳寛 小林トシ子 初井言栄	2155 OTV スポーツニュース	2100 二つの椅子「舞台裏余話」長十郎 依田義賢
	※シネコーダー初使用	2245 テレビガイド	2250 きのうきょう 矢部利茂		2200 又四郎行状記 (KR)	2115 東芝日曜劇場 (KR)尾上梅幸　市川翠扇 村田嘉久子
	2250 きのうきょう 矢部利茂	2250 OTV 週間世界ニュース	2305 現代の顔 (KR) 村山雅美	2230 小唄教室柳亭孝45ガイド	2230 三協ダイナイト・ショウ 深森夏代	2215 ニュース 25 スポーツ N
	2305 現代の顔 (KR) 山下太郎	2305 現代の顔 (KR) 五味川純平	2310 お天気◇おしらせ◇終了	2250 OTV 週間テレビニュース	2250 きのうきょう 田中彰治	2230 撮影所だより「瞼地獄」他
	2310 お天気◇おしらせ◇終了	2310 お天気◇おしらせ◇終了		2305 現代の顔 (KR) 上田仁	2305 現代の顔 (KR) 稲垣浩	2300 グッドナイト・ファンタジー 松原貞夫
				2310 お天気◇おしらせ◇終了	2310 お天気◇おしらせ◇終了	2315 天◇おしらせ◇終了

※【びっくり捕物帖】10月12日 12：15。この回から東京のネット局が KRTV に移った。

●10月13日(月) OTV

1130 テストパターン
1145 オープニングメロディ
1155 おしらせ
1200 OTV ニュース
1215 カクテルサロン
　　　黒岩三代子　木村与三男
　40 テレビガイド
1245 料理手帖　菊花松たけの
　　　バター焼き　辻勲
1300 婦人ニュース野上弥生子・洋子
1315 テレビガイド
1320 家庭百科 (OTVF)
　　　「炊き込み飯」◇おしらせ
1330 放送休止
1730 テストパターン
1745 おしらせ
1750 朝日新聞テレビニュース
1800 子供の教室 (OTV)
　　　「楽器の集い」
　　　布施女子高生　宮崎光幸
1815 フューリーとソニー
　　　声：城達也他 45 ガイド
1850 OTV ニュース◇お天気
　　　「おさげ社長の芸術祭？」
　　　永津澄江　飯田覚三
　　　川喜多雄二　野々村
1930 ロビンフッドの冒険
2000 歌謡学校「中国メロディ集」
　　　胡美芳　司会・西条凡児
2030 ナショナルTVホール (KR)・
　　　銭形平次捕物控
　　　若山富三郎
2100 カメラは北から南から
2115 ウロコ座「天の琴」後篇
　　　川内康範・作　水戸光子
　　　内海突破　近松良枝
　　　坂東鶴之助　花柳武始
2145 OTV ニュース
2155 スポーツニュース
2200 お母さん「ママの大旅行」
　　　(KR) 村瀬幸子沼口曜一
2230 短編映画「交換教授」
2250 ダイハツスポーツウィクリー
2305 お天気◇おしらせ◇終了

●10月14日(火) OTV

1110 テストパターン
　　　(クラシックハイライト)
1130 オープニングメロディ
1140 家庭百科 (OTVF) 藤川延子
　　　秋コートの着方
1145 婦人ニュース
　　　「踏切番三十年」
1200 OTV ニュース
1215 ほほえみ一家 (KR)
　　　「秋祭の歌」
1240 テレビガイド
1245 料理手帖「松たけスープ」
1300 OIV スポーツファンシート
　　　日本選手権 第三戦
　　　ゲスト：飯島滋弥
　　　　　　　別所毅彦
　　　杉浦忠　解説：武末悉昌
　　　◇おしらせ◇休止
1600 テストパターンバッハの曲
1740 おしらせ 45 あしたのお天気
1750 毎日新聞テレビニュース
1800 呼出符号L
　　　「誰かが狙っている」
　　　高桐眞　千葉保他
1815 喜劇と共に 30 年
　　　ダイマル・ラケット伴淳三郎
1845 テレビガイド
1850 OTV ニュース
1856 あしたのお天気
1900 カロランミュージカル (KR)
　　　「恋は風に乗って」
　　　ジェームス繁田
　　　ペギー葉山　朝丘雪路
　　　中原美紗緒　笠田敏夫
1930 ばらの伯爵 (KR)「第一歩」
2000 源平芸能合戦
　　　福岡玉屋一小倉玉屋
2030 潜水王マイケルソン
　　　「深海に挑む」
2100 うちのお父ちゃん
　　　「迷子やーい」
2115 東京0時刻「群衆の中の顔」
2140 ガイド 45 ニュース
2155 OTV スポーツニュース
2200 ルポ・いつも何処かで
　　　「みちのくの塩田」
2215 女秘書スージ「一人もう」
2250 きのうきょう 矢部利茂
2305 お天気◇おしらせ◇終了

●10月15日(水) OTV

1130 テストパターン(歌の花かご)
1145 オープニングメロディ
1155 家庭百科 (OTVF)
　　　「糖尿病」木崎国嘉
1200 OTV ニュース
1215 歌のハイライト「銀座の蝶」
　　　大津美子　神峰坂浮子
1240 テレビガイド
1245 料理手帖「サケどんぶり」
　　　辻徳光
1300 婦人ニュース「ビルマの
　　　学生」山田泰子
1315 OIV スポーツファンシート
　　　日本選手権 第四戦
　　　解説：大和球士
　　　試合後、おしらせ◇休止
1315 おしらせ 20 休止
1730 テストパターン
　　　(ポピュラーアルバム)
1745 おしらせ
1750 毎日新聞テレビニュース
1800 おにいちゃん 第一回
　　　川上のぼる 寺島真知子
　　　小島慶四郎
1815 アイバンホー、森の盗賊
　　　「パイ焼きライメン」
　　　声：矢island正明斎藤ひさ子
1845 ガイド 50 OTV ニュース
1856 あしたのお天気
1900 わが輩ははなばな氏 (KR)
1930 ますらを派出生
2000 劇場中継 前進座公演
　　　「士族の商法」
　　　(大阪毎日ホール)
　　　瀬川菊之丞　河原崎
2130 おはこうら票 (KR/OTV)
　　　ゲスト・竹脇昌作
2145 OIV ニュース55スポーツN
2200 ありちゃんのおかっぱ侍
2230 芸能トピックス 45 ガイド
2230 私のアイディア 45 ガイド
2250 きのうきょう 矢部利茂
2305 現代の顔 (KR) 岸恵子
2310 お天気◇おしらせ◇終了

●10月16日(木) OTV

1125 テストパターン(クラシック)
1140 オープニングメロディ
1155 家庭百科 (OTVF)
　　　「乳液」山本鈴子
1200 OTV ニュース
1215 アイ・ラブ・亭主 (KR)
　　　秋は夢を追って
　　　「三人の亭主への電話」
1240 テレビガイド
1245 料理手帖「ビフテキの焼き
　　　方」平田武一（マナ料
　　　理学校）
1300 婦人ニュース「花嫁の父」
　　　堀口
1315 OIV スポーツファンシート
　　　日本選手権 第四戦
　　　解説：武末悉昌
　　　大和球士　別所
　　　試合後、おしらせ◇休止
【中止時】
1315 おしらせ 20 休止
1730 テストパターン 45 おしらせ
1750 朝日新聞テレビニュース
1800 はなしの社会科「陸と海
　　　と空」田中菊次郎他
1815 名犬ラッシー「僕らは仲良」
1845 ガイド◇ニュース◇お天気
1900 スーパースターメロディ
　　　「映画スターの夕べ」
1930 テレビジョッキー「四つの恋」
　　　旗照夫　朝丘雪路
2000 この謎は私が解く (KR)
　　　「呪いの壺」前篇
　　　大木民夫　影万里江
2030 鞍馬天狗 (KR)
　　　「逢魔の江戸」
2100 奥様多忙 (KR)「唇寒し」
　　　江見渉　山岡久乃他
2130 ミナロンドリームサロン
　　　ビンボーダナオ
　　　大伴千春　ジョージ岡
2145 ニュース 55 スポーツ N
2200 サンヨーテレビ劇場 (KR)
　　　「愛天使」中篇
　　　水戸光子　二本柳寛
　　　小林トシ子　初井言栄
2230 小唄教室 若手の夕
　　　◇ガイド
2250 OTV 週間テレビニュース
2305 現代の顔 (KR) 田中恵子
2310 お天気◇おしらせ◇終了

●10月17日(金) OTV

1055 パターン 1110 メロディ
1120 おしらせ
1125 テレビ婦人スクール
　　　「ツイードの魅力」
1155 家庭百科 (OTVF)
　　　「小鳥の飼い方」山下守
1200 OTV ニュース
1215 映画の窓 (KR)
　　　「サレムの魔女」
　　　解説：荻昌弘
1240 ガイド 45 料理手帖「秋
　　　さばの紙包み焼き」小林
1300 婦人 N「減税貯蓄」
1315 OIV スポーツファンシート
　　　日本選手権 第五戦
　　　武末悉昌　大和球士
　　　別所　おしらせ◇休止
【中止時】
1315 おしらせ20放送休止
1730 テストパターン
　　　(ポピュラー)
1745 おしらせ　50毎日新聞N
1800 赤胴鈴之助
1815 電気の ABC「電車」(3)
　　　伊藤佐内
1830 わが家の青春「希望の鐘」
1845 テレビガイド
1850 OTV ニュース 56 お天気
1900 街のチャンピオン
1930 部長刑事「嫉妬」
　　　中村栄二　波田久夫
　　　嶋連太郎　菅亜紀子
　　　筧田幸男　真木康次郎他
2000 道頓堀アワー
　　　「お祖母さん」（文楽座）
　　　曾我廼家十吾　由良路子
　　　高田次郎他　十吾家庭劇
2100 OTV ワールド・スポーツ
2115 金語楼劇場・オトラさん
　　　(KR)「貯金の日」
　　　柳家金語楼　小桜京子他
　45 OTV ニュース
2155 OTV スポーツニュース
2200 又四郎行状記 (KR)
　　　「銀河屋敷」中村竹弥
　　　浜田百合子 若柳敏三郎
2230 三協グッドナイト・ショウ
　　　笠田敏夫　東宝舞踊団
2250 きのうきょう 矢部利茂
2305 現代の顔 (KR) 太田薫
2310 お天気◇おしらせ◇終了

●10月18日(土) OTV

1130 テストパターン
1145 オープニングメロディ
1155 来週のハイライト
1200 OTV ニュース
1215 土曜寄席 桂小文治独演
　　　会「紙くず屋」
1240 テレビガイド
1245 料理手帖　堀田吉夫
1300 ポーラ婦人ニュース
　　　週間展望 勝村泰三
　　　◇ガイド
1320 家庭百科 (OTVF)
　　　赤ちゃんシリーズ
　　　吉矢久一
1325 おしらせ◇休止
1705 テストパターン(ポピュラー)
1720 来週のハイライト
1739 長編漫画映画「白蛇伝」
1800 朝日新聞テレビニュース
1800 ぼくのわたしの音楽会
　　　大阪市立大宮中学校
1815 パッチリタイム・黒髪探偵
　　　「望遠鏡の中の男」後篇
　　　松本朝夫　三宅邦子他
1845 ガイド 50 OTV ニュース
1856 あしたのお天気
1900 街のチャンピオン
1930 部長刑事「嫉妬」
1900 テレビぴよぴよ大学 (KR)
1930 京阪テレビカー「がんこ
　　　親爺」雁玉・十郎他
2000 少年航路 (KR)
　　　露口茂　山本学他
2030 特ダネを逃がすな (KR)
　　　「記者志願」前篇
2100 OTV ワールド・スポーツ
2115 日真名氏飛び出す (KR)
2145 OTV ニュース
2155 OTV スポーツニュース
2200 サンヨーテレビ劇場 (KR)
　　　「愛天使」中篇
2230 三協グッドナイト・ショウ
　　　笠田敏夫　東宝舞踊団
2250 きのうきょう 矢部利茂
2305 現代の顔 (KR) 太田薫
2310 お天気◇おしらせ◇終了

●10月19日(日) OTV

840 テストパターン55おしらせ
900 動物園のおともだち
　　　「大きな動物たち」（福岡）
930 崑さんの日曜漫画
945 仲よし N 55 マンガ公園
1030 京だより「高瀬川」
1045 カメラルポお料理訪問
　　　岡部伊都子
1100 文学ところどころ「暖簾」
1115 海外トピックス
1130 経済サロン 教養
　　　「高田保馬にきく」
1200 OTV ニュース 10 ガイド
1215 ダイラケのびっくり捕物帖
　　　「死神と娘」後篇
　　　40 ガイド
1245 ロッテ歌のアルバム (KR)
　　　「宮城まり子」
1315 ナショナル日曜テレビ観
　　　劇会「山吹」海老蔵
　　　羽左衛門　梅幸　鶴之助
1500 大相撲準本場所45ガイド
1750 OTV ニュース 56 お天気
1800 月光仮面「生きていた怪獣」
　　　大瀬康一　日輪マコ他
1830 やりくりアパート (OTV)
　　　「ウェディングマーチ」
　　　大村崑　佐々十郎
　　　茶川一郎　花和幸助
　　　三角八重　芦屋小雁
　　　横山エンタツ 初音礼子
1900 スーパーマン「海賊島」
1930 ラマーオブジャングル
　　　「未知の恐怖」声 大木
2000 運命の標的
　　　「象のオルゴール」
2030 人生ご案内
　　　「とらぬ狸の皮算用」
2100 二つの椅子「あんたと私」
　　　今東光　蝶々 雄二
2115 東芝日曜劇場「女人連祷」
　　　(CBC 芸術祭参加作品)
　　　尾上梅幸　市川翠扇
　　　村田嘉久子
2215 ニュース 25 スポーツ N
2230 撮影所だより「恐喝」他
2245 総理に聞く 岸信介
　　　唐島基智三
2315 お天気◇おしらせ◇終了

●10月20日（月）OTV

1130 テストパターン
　　（クラシックハイライト）
1145 オープニングメロディ
1155 おしらせ
1200 OTV ニュース
1215 カクテルサロン　黒岩三
　　代子　木村与三男
　　40 テレビガイド
1245 料理手帖　辻勲
1300 婦人ニュース
　　野上丹治・洋子
1315 テレビガイド
1320 家庭学校（OTVF）
　　「香辛料の使い方」◇休止
1730 テストパターン45おしらせ
1750 毎日新聞テレビニュース
1800 子供の教室（OTV）村山籽弘
　　「二千年前の住いと暮し」
1815 フューリーとソニー
　　　声：宇治あけみ　城
1845 ガイド 50 OTV ニュース
1856 あしたのお天気
1900 おさげ社長
　　「おさげ社長の最高殊勲
　　　選手」飯田覚三
　　川喜多雄二　野々村
1930 ロビンフッドの冒険
2000 歌謡学校「東京詩集」
　　　鶴田浩二　淡谷のり子
2030 ナショナルTVホール（KR）
　　銭形平次捕物控
　　「お局六」岩山富三郎他
2100 カメラが北から南から
　　「まだ使えます」
2115 ウロコ座　盤獄の一生・
　　第一回：水島道太郎
　　尾上九朗右衛門　小松
　　方正　西柑晃　櫻川大助
　　坂東鶴之助　金子信雄
　　猿若清方　左卜全
　　市川子団次　坂東簑助
　　大木民夫　湊俊一
　　桂典文
2145 OTV ニュース
2155 スポーツニュース
2200 母さん
　　佐分利信　河内桃子
2230 カメラでいつもどこかで
2250 ダイハツスポーツウィクリー
2305 現代の顔（KR）柏村信雄
　　◇お天気◇おしらせ
　　◇終了

●10月21日（火）OTV

1130 テストパターン
　　（クラシックハイライト）
　　ベートーベン
1145 オープニングメロディ
1200 OTV ニュース
1215 ほほえみ一家（KR）
　　「秋の酒場で」竜崎一郎
　　坪内美詠子他40 ガイド
1245 料理手帖
1300 婦人ニュース「結婚哲学」
1315 テレビガイド
1320 家庭百科（OTVF）
　　「子供のセーター」藤川
1325 おしらせ 30 放送休止
1730 テストパターン
　　（ポピュラーアルバム）
1745 おしらせ
1750 毎日新聞テレビニュース
1800 呼出符号 L
　　高桐眞　千葉保他
　　「誰かが狙っている」
1815 ミュージカル「詩雄のもの」
　　深緑夏代
1845 テレビガイド
1850 OTV ニュース 56 お天気
1900 カロランミュージカル（KR）
　　「恋は風に乗って」
　　ジェームス繁田
　　ペギー葉山　朝吹雪路
　　中原美紗緒　笠田敏夫
1930 ばらの伯爵（KR）「共謀」
　　木村功　水谷八重子他
2000 源平芸能合戦
　　宝酒造・大黒ブドー酒
2030 潜水王マイクネルソン
　　「水中殺し」
2100 うちのお父ちゃん
　　「商売繁盛」エンタツ
　　森本たか子他
2115 東京 0 時間「幻の死体」
2140 テレビガイド
2145 OTV ニュース
2155 OTV スポーツニュース
2200 ルポ・いつも何処かで
　　「キリシタン部落」
2215 女秘書スージー
2245 テレビガイド
2250 きのうきょう 矢部利茂
2305 お天気◇おしらせ◇終了

●10月22日（水）OTV

1130 テストパターン（クラシック）
　　モーツァルト作品
1145 オープニングメロディ
1155 おしらせ
1200 OTV ニュース
1215 歌のハイライト
　　「ガス灯」他
1240 テレビガイド
1245 料理手帖「肉詰めれんこん
　　の春雨あげ」辻徳光
1300 婦人ニュース　河野須寿
1315 テレビガイド
1320 家庭百科（OTVF）
　　「家庭看護・ベッド洗髪」
1325 木ドサーカスショー
　　（国鉄三宮駅前）◇休止
1730 テストパターン（ポピュラー）
1745 おしらせ
1750 朝日新聞テレビニュース
1800 おにいちゃん　川上のぼる
　　寺島真知子　小島慶四郎
1815 アイバンホー・森の盗賊
　　「塔の歌声」ブラウン・
　　ムーア　声：矢島正明
　　斎藤ひさ子
1845 ガイド 50 OTV ニュース
1856 あしたのお天気
1900 スーパースターメロディ
　　藤原恒夫　小林旭　宮尾
1930 テレビジョッキー「心と心」
　　旗照夫　朝吹雪路
2000 ボクシング（日大講堂）
　　「わが輩はコネである」
2030 鞍馬天狗（KR）「逢魔の江戸」
2100 奥様多忙（KR）「青いみかん」
2130 ミナロンドリームサロン
2145 OTV ニュース
2155 OTV スポーツニュース
2200 新大岡政談「村井長庵」
2230 私のアイディア　内田巌
2245 テレビガイド
2250 きのうきょう 矢部利茂
2305 現代の顔（KR）邸永漢
2310 お天気◇おしらせ◇終了

●10月23日（木）OTV

1130 テストパターン（クラシック）
1145 メロディ 55 おしらせ
1200 OTV ニュース
1215 アイ・ラブ・亭主（KR）
　　三人の亭主への電話
　　「君はわが運命」
　　宮川洋一　富永美紗子
　　増山江威子　梅屋かほる
　　山本嘉子　服部哲治
　　小原乃梨子　直木みつ男
　　中台祥浩
1240 テレビガイド
1245 料理手帖「そば焼売」
1300 婦人ニュース　中井駿二
1315 ガイド 20 家庭百科（OTVF）
　　「乳液」山本鈴子
1325 憩いのリズム
1330 世界の食卓めぐり
　　岡本太郎　岸恵子他
1730 テストパターン45おしらせ
1750 毎日新聞テレビニュース
1800 はなしの社会科
　　「電話のはなし」
　　菅原一（電電公社）
1815 名犬ラッシー
　　「サーカス道化師」
1845 ガイド 50 OTV ニュース
1856 あしたのお天気
1900 スーパーメロディ
　　藤原恒夫　小林旭
1930 テレビジョッキー「心と心」
　　旗照夫　朝吹雪路
2000 この話は私か解く（KR）
　　「呪いの壺」解決編
　　大木民夫　影万里江
　　乱歩他
2030 鞍馬天狗（KR）「逢魔の江戸」
2100 奥様多忙（KR）「青いみかん」
2115 金語楼劇場・おトラさん
　　（KR）「内祝の巻」
　　金語楼　小桜京子他
2145 OTV ニュース
2155 OTV スポーツニュース
2200 サンヨーテレビ劇場（KR）
　　「愛染天街」後篇
　　「去る女」水戸光子
　　二本柳寛　小林トシ子
　　初井言栄
2230 小唄教室　（KR）
　　寿喜本政
　　芥川一郎　秀十郎
　　45 テレビガイド
2250 OTV 週間テレビニュース
2305 現代の顔（KR）武見太郎
2310 お天気◇おしらせ◇終了

●10月24日（金）OTV

1055 テストパターン
1110 メロディ 20 おしらせ
1125 テレビ婦人スクール
　　「パリモードあれこれ」
　　石河滋彦　塩沢沙河他
1200 OTV ニュース
1215 映画の窓（KR）「西部の人」
　　解説：荻昌弘40 ガイド
1245 料理手帖 秋さばの紙包
　　み焼き」小林
1300 婦人ニュース「秋の音楽界」
　　吉村一夫15 テレビガイド
1320 家庭百科（OTVF）
　　「スケート入門」
　　木崎国意
1325 おしらせ 30 放送休止
1345 プロ野球 日米親善野球
　　カージナルスー全日本
1730 テストパターン
1745 おしらせ 50 毎日新聞 N
1800 マンガ「アリババ」
1815 電気のABC「停電の時は」
1830 わが家の青春
　　「にわかセールスマン」
　　雪村いづみ　坪内美詠子
1845 ガイド◇ニュース◇お天気
1900 テレビびよびよ大学（KR）
1930 京阪テレビカー
　　泣きべそ天使 第一回
　　「うそをついてすみません」
　　歌楽 広野みどり 八杉他
2000 少年航路（KR）
　　「悪気流に注意せよ」
　　前篇 池田忠夫他
2030 特ダネを逃がすな（KR）
　　「記者志願」後篇
2100 OTV ワールド・スポーツ
2115 金語楼劇場・おトラさん
　　（KR）「内祝の巻」
　　金語楼 小桜京子他
2145 OTV ニュース
2155 OTV スポーツニュース
2200 サンヨーテレビ劇場（KR）
　　「愛染天街」後篇
　　「去る女」水戸光子
　　二本柳寛　小林トシ子
2230 三協グッドナイト・ショウ
　　深緑夏代
2250 きのうきょう 矢部利茂
2305 現代の顔（KR）糸川英夫
2310 お天気◇おしらせ◇終了

●10月25日（土）OTV

1130 テストパターン
　　（クラシックハイライト）
　　チャイコフスキーの音楽
1145 来週のハイライト
1155 来週のハイライト
1200 OTV ニュース
1215 土曜寄席 痴楽「妻を語る」
　　漫才：三平四郎
　　40 ガイド
1245 料理手帖「なすのステーキ」
　　富田利八郎　佐藤和枝
1300 ポーラ婦人ニュース
　　「週間展望」薄田桂
1315 家庭百科（OTVF）
　　「障子とフスマのはりかえ」
1320 短編映画
1345 プロ野球 日米親善野球
　　カージナルスー全日本
1715 テストパターン
　　（ポピュラーアルバム）
1730 来週のハイライト
1750 朝日新聞テレビニュース
1800 ぼくのわたしの音楽会
　　ハッピーコーラス
1815 パッチリタイム・黒眼深偵
　　「聖像の謎」前篇
　　松本朝夫　三宅邦子
1850 OTV ニュース 56 お天気
1900 街のチャンピオン
1930 部長刑事「盗まれた足跡」
　　中村栄二　波田久夫　嶋
　　連太郎　菅亜紀子　筧他
　　幸男　真木康次郎他
2000 道楽鞭アワー・寄席（角座）
　　漫才：右楽・左楽
　　浪曲：梅中軒鴬童
2100 話題のアルバム 10 ガイド
2115 日真名氏飛び出す（KR）
　　「サルは語る」解決編
2145 OTV ニュース
2155 OTV スポーツニュース
2200 又内行状記（KR）
　　中村竹弥　浜田百合子
　　若柳敏三郎
2230 三協グッドナイト・ショウ
　　深緑夏代
2250 きのうきょう 矢部利茂
2305 現代の顔（KR）糸川英夫
2310 お天気◇おしらせ◇終了

●10月26日（日）OTV

840 テストパターン55おしらせ
900 動物園のおともだち
　　「イルカとクジラ」
930 嵐さんの日曜漫画
945 仲よしニュース
955 マンガ公園 漫画 6 本
1030 京だより「楽焼」
1045 カメラルポお料理訪問
1100 文学ところどころ「奈良」
1115 海外トピックス
1130 経済サロン
　　「これからの株式投資」
1200 OTV ニュース 10 ガイド
1215 ダイラケのびっくり捕物帖
　　「姿なき声」前篇
　　40 ガイド
1245 ロッテ歌のアルバム（KR）
1315 ナショナル日曜テレビ
　　観劇会「助さん格さん」
　　有島　三木　旗他
1515 おしゃれ教室　藤川延子
1530 大相撲場所1745ガイド
1750 OTV ニュース 56 お天気
1800 月光仮面「マンモスコング」
1830 やりくりアパート（OTV）
　　「新婚家庭」
1900 スーパーマン
　　「ジェットパイロット」
1930 ラマーオブジャングル
　　「罪の報い」声　大木
2000 運命の標的「砂漠の追跡」
2030 人生ご案内「天使の素顔」
2100 二つの椅子「親馬鹿」
　　東郷青児　渋谷天外
2115 東芝日曜劇場「近松物語」
　　（放送百回記念 KR）
　　花柳の渡仏前にビデオ
　　収録　花柳章太郎
　　桜緋紗子　市川翠扇
　　大矢市次郎　伊志井寛
2220 ニュース 30 スポーツ N
2235 撮影所だより「裸の大将」
2250 グッドナイト・ファンタジー
　　「南国の情熱」松原
　　山内　小野他
2320 お天気◇おしらせ◇終了

●10月27日 (月) OTV

1130 テストパターン（クラシック）
1145 メロディ 55 おしらせ
1200 OTV ニュース
1215 カクテルサロン　黒岩三代子　木村与三男
1240 テレビガイド
1245 料理手帖「幕の内弁当」辻勲
1300 婦人ニュース　黒田しのぶ
1315 テレビガイド
1320 家庭百科 (OTVF)「夜食」茶珍俊夫◇おしらせ
　　◇休止
1730 テストパターン45おしらせ
1750 毎日新聞テレビニュース
1800 子供の教室 (OTV)
　　柴田淑次
1815 フューリーとソニー
　　声：宇治あけみ　城
1845 テレビガイド
1850 OTV ニュース 56 お天気
1900 おさげ社長「おさげ社長とニセ社長」
　　永津澄江　飯田覚三
1930 ロビンフッドの冒険
2000 歌謡学校 (KR) 高島忠夫
　　若松和子　五月みどり
2030 ナショナルTVホール (KR)
　　銭形平次捕物控
　　「お局お六」後編
　　若山富三郎
2100 カメラだより北から南から
　　「お医者御無用」
2115　2145 OTV ニュース
2155 スポーツニュース
2200 お母さん
　　「柳晴花明」(KR)
　　村瀬幸子　沼田曜一
2230 短編映画「氷山を追って」
2250 ダイハツスポーツウィクリー
2305 現代の顔 (KR) 糸川英夫
　　◇お天気◇おしらせ
　　◇終了

●10月28日 (火) OTV

1130 テストパターン
1145 オープニングメロディ
1200 OTV ニュース
1215 ほほえみ一家 (KR)
　　「真昼の珍事」竜崎一郎
　　坪内美詠子他40ガイド
1245 料理手帖「お子様ランチ」
1300 婦人ニュース　松下幸之助
1315 テレビガイド
1320 家庭百科 (OTVF) 藤川延子
1325 おしらせ◇放送休止
1730 テストパターン45おしらせ
1750 朝日新聞テレビニュース
1800 呼出符号L
　　高桐眞　千葉保他
1815 アニーよ銃をとれ
1845 テレビガイド
1850 OTV ニュース
1856 あしたのお天気
1900 カロランミュージカル (KR)
　　「悩み買います」
　　ジェームス繁田
　　ペギー葉山　朝丘雪路
　　中原美紗緒　笹田敏夫
1930 ばらの伯爵 (KR)
　　木村功　水谷八重子他
2000 源平芸能合戦
　　東洋レーヨン一旭化成
2030 潜水王マイクネルソン
　　「海底の宝探し」
2100 うちのお父ちゃん
　　「今日は秋晴れ」
　　エンタツ　森本たか子他
2115 東京0時刻
　　「肖像画は知っている」
2140 テレビガイド
2145 OTV ニュース
2155 OTV スポーツニュース
2200 ルポ・いつも何処かで
　　「西陣」
2215 女秘書スージー
2245 テレビガイド
2250 きのうきょう 矢部利茂
2305 現代の顔 (KR) 小林武
　　◇お天気◇おしらせ
　　◇終了

●10月29日 (水) OTV

1130 パターン 45 メロディ
1155 おしらせ
1200 OTV ニュース
1215 歌のハイライト「大阪の人」
　　三浦「テレビ塔の見える道」大江洋一
　　踊：花柳春山 40 ガイド
1245 料理手帖「魚の栗蒸し」
　　辻徳光　広瀬修子
1300 婦人ニュース「家庭と教養」
　　石田光（大阪教育研究所）
1315 テレビガイド
1320 家庭百科 (OTVF)
　　「しもやけの予防」
　　木崎国嘉　山本鈴子
1325 おしらせ 30 放送休止
1730 テストパターン45 おしらせ
1750 毎日新聞テレビニュース
1800 おにいちゃん「大きな地図」
1815 アイバンホー・森の盗賊
　　「居酒屋の殺人」45 ガイド
1850 OTV ニュース
1856 あしたのお天気
1900 わが輩ははなばな氏 (KR)
　　「華やかなバーベキュー」
1930 ますらを派出夫会 (KR)
　　「笑いましょう」
　　森川信　若水ヤエ子
　　瀧野他
2000 ゴールデンコンサート
　　（日比谷公会堂）
　　「オペラ名曲集」バーベル・リシチアン（バリトン）レオニード・コーガン（バイオリン）
　　大谷洌子、二期会合唱団
　　日本交響楽団
2130 おはこうら表 (KR/OTV)
　　葦原邦子
　　ゲスト・白坂依志夫
　　中川弘子
2145 OIVニュース55スポーツN
2155 OTV スポーツニュース
2200 新大岡政談 (KR)
2230 私のアイディア 内田巌
2245 テレビガイド
2250 きのうきょう 矢部利茂
2305 現代の顔 (KR) 池島信平
2310 お天気◇おしらせ◇終了

●10月30日 (木) OTV
※本放送開始700日目

1130 テストパターン（クラシック）
1145 オープニングメロディ
1155 おしらせ
1200 OTV ニュース
1215 アイ・ラブ・亭主 (KR)
1240 テレビガイド
1245 料理手帖「さんまのロール焼」小川旭　佐藤和枝
1300 婦人ニュース
　　「女性とドライブ」
　　笠原芳
1315 テレビガイド
1320 家庭百科 (OTVF)「乳液」
　　山本鈴子
1325 憩いのリズム
1330 世界の食卓めぐり◇休止
1730 テストパターン45 おしらせ
1750 毎日新聞テレビニュース
1800 江利チエミショー
1815 名犬ラッシー
　　「算術の計算」
1845 テレビガイド
1850 OTV ニュース
1856 あしたのお天気
1900 スーパースターメロディ
　　若原一郎ヒットパレード
　　「丘にのぼりて」他
1930 テレビジョッキー
　　宝とも子　中原美紗緒他
2000 この謎は私が解く (KR)
　　「テレビ塔殺人事件」
　　前篇　大木民夫
　　影万里江　乱歩他
2030 鞍馬天狗
2100 奥様多忙 (KR)「ある季節」
2130 ミナロンドリームサロン
　　最終回　大伴千春
　　ジョージ岡
2145 OTV ニュース
2155 OTV スポーツニュース
2200 新大岡政談 (KR)
2230 私のアイディア 内田巌
2250 きのうきょう 矢部利茂
2305 現代の顔 (KR) 中村寅吉
2310 お天気◇おしらせ◇終了

●10月31日 (金) OTV

1055 テストパターンリストの曲
1110 メロディ 20 おしらせ
1125 テレビ婦人スクール
　　「ウールコートショー・愛犬とともに」
　　佐久間美代子　芦野宏
1200 ニュース15映画の窓 (KR)
　　「制服の処女」荻昌弘
　　淀　松島
1240 テレビガイド
1245 料理手帖　洋風白菜鍋
　　田積富貴
1300 婦人N水野祥太郎15ガイド
1320 家庭百科 (OTVF)
　　「子供の遊戯」木崎国嘉
　　25 おしらせ 休止
1615 テストパターン
1630 開局七周年記念「ＡＢＣまつり」第二部（フェスティバルホール）
　　雪村いづみ　笹田敏夫
　　中原美紗緒　東郷たまみ　ビンボウ・ダナオ他
1740 映画「ノーチラス号北極横断」
1750 朝日新聞テレビニュース
1800 漫画映画 15 電気のABC
　　「家庭のあかり」
　　泉田行太
1830 わが家の青春
　　「村長さんの孫」
1845 ガイド 50 天気 56 天気
1900 テレビぴよぴよ大学 (KR)
1930 京敷テレビカ泣きべそ天使
　　「大失敗さるかに合戦」
2000 少年航路 (KR)
　　「悪気流に注意せよ」
　　後篇
2030 特ダネを逃がすな (KR)
　　「砂にかく文字」前篇
2100 OTV ワールド・スポーツ
2115 金語楼劇場・おトラさん
　　(KR)「時計紛失の巻」
2145 ニュース 55 スポーツ N
2200 サンヨーテレビ劇場 (KR)
　　「私は貝になりたい」
　　（芸術祭参加作品）
　　橋本忍・作　フランキー堺
　　桜むつ子　佐分利信他
2335 ガイド 40 週間テレビ N
2355 現代の顔 (KR) 鷹杉清三郎
2400 お天気◇おしらせ◇終了

これがOTVだ 1958年10月

【単独番組】
●人間計算機

1958年10月2日（木）19：30〜20：00

来日中のシャクンタラ・デヴィの公開放送。泉田行夫、小早川大勇君、渡辺阪大理学部教授 藤村幸三郎。

シャクンタラ・デヴィ（Shakuntala Devii　1929〜2013）はバンガロール出身の作家・研究者であるが、幼少時から複雑な暗算をこなすことで有名だった。サーカス団員であった父がカードゲームをしていた時、当時3歳の娘に計算の才能があることを発見し、6歳の時マイソール大学で初めて人前で計算能力を披露。13ケタ×13ケタの掛算を28秒で行い、210桁の数字の21乗根、42桁の数字の20乗根、曜日の計算も一瞬にして行った。

●科学大博覧会「原子力館」

10月5日（日）16：35〜17：50

伏見康治、高津真也。

阪神パークから中継。

「科学大博覧会」は1958年9月27日〜1958年11月30日に開催された朝日新聞の創刊80周年記念イベント。科学全般の博覧会だったが、1957年10月にソ連がスプートニク1号の打ち上げに成功して以来、米ソ宇宙開発競争のただなかでもあり、宇宙関連の企画に人気が集中。「日本宇宙旅行協会」などの後援もあった。千代田光学精工（現・コニカミノルタ）によって実演公開された「ノブオカ式プラネタリウムⅠ型」国産第一号が話題を呼んだ。テレビ電話やマジックハンドなども人気であった。中継は、当時政府が推進していた原子力事業を推進するパビリオンから。

●リシチャン特別独唱会

10月6日（月）22：30〜23：00

バリトンのバーベル・リシチャン独唱、ナウム・パルテル伴奏によるを特別番組として放送。

●四天王寺復興「勧進大相撲準本場所」

10月19日（日）、26日（日）15：00〜17：45

1934年の室戸台風と1945年の大阪大空襲で五重塔を含む重要建築の大部分を失った四天王寺を復興するため、さまざまな勧請がおこなわれた。この相撲はそのうちの一つで、1963年には五重塔伽藍、1979年には聖霊院奥殿・絵堂・経堂が再建。飛鳥時代の様式が忠実に再現された。興業の中日と千秋楽を大阪府立体育館から中継。

●木下大サーカス・ショウ

10月22日(水)13：25〜　国鉄三ノ宮駅前から。

●私は貝になりたい（本放送）

10月31日（金）22：00〜23：35

サンヨーテレビ劇場枠。第11回芸術祭参加作品（橋本忍作、KRT制作）を放送。東京支社で録画を保管。12月21日、このVTRを使って再放送された。

新番組
【10月5日（日）】

●崑さんの日曜漫画

（〜9月27日）日9：30〜9：45

世代を超えて人気上昇中の大村崑による子供向け番組。スタジオに子供を招いて生放送した。

【10月15日（水）】

●おにいちゃん

（〜1959年5月27日、全33回）

木18：00〜18：15

出演：川上のぼる　寺島真知子　小島慶四郎ほか。

【10月24日（金）】

●マエダ・マンガ・タイム

（〜1959年2月27日、全19回）

金18：00〜18：15。

●泣きべそ天使

（〜1962年9月28日、全204回）

19：30〜20：00　京阪テレビ・カー枠のドラマ。

1958年 11月

6日　朝日会館の京都市響第1回定演を後援

7日　ABCホールの学習院大学主催「文化講演会」を後援。

8日　四天王寺会館の「大阪新劇界第1回共同公演・破戒」を後援。

9日　「二つの椅子」に西鉄・稲尾和久、巨人・長嶋茂雄が登場。「好敵手対談」。

22日　関西テレビ（KTV）が第8チャンネルで放送開始。JODX-TV。

25日　MBS、テレビ放送開始延期を発表。同日　第七回定時株主総会を開催。総収入8億3000万円、純利益6546万円、配当年1割2分。

26日　朝日会館の「アカデミー児童劇団第3回公演・つづり方兄妹」を後援。

30日〜12月1日　OTV開局2周年、ABC7周年記念のグランドショウ「黄金の饗宴（全17）」景をフェスティバル・ホールで朝日放送と共催。「ナショナル日曜観劇会」で放送

同日　西宮球技場の全日本ハンドボール連盟主催「全日本学生東西対抗ハンドボール」を後援。

関西テレビ開局〜完全ローカル、苦闘の半年〜

関西テレビ（KTV）は1957年に設立された「大関西テレビジョン放送株式会社」を直接の前身とする。

まず、1952年8月29日、京都放送（KHK通称・ラジオ京都）社長・白石古京氏を代表発起人として「京都放送」名義で免許を申請。つづいて9月1日に産経新聞社会長・前田久吉氏を発起人代表として「テレビ大阪」名義で申請（現在のTVOテレビ大阪とは無関係）。10月10日には神戸放送（CR通称・ラジオ神戸）社長・田中寛次氏を代表発起人として「神戸放送」名義で申請した。

しかしこれらは1954年12月3日、郵政省によって拒否された。

同11日には前田久吉氏に加えて京阪神急行電鉄（通称・阪急）元会長小林一三氏、元大阪工業会会長・吉野孝一氏を発起人として「関西テレビジョン放送」名義で申請。しかし1957年1月25日に一三氏が急逝したため、小林米三氏が発起人を継承した。

1956年1月24日には一度拒否された京都放送が、同5月10日に同じく拒否された神戸放送が再度申請したがこれも拒否され、1956年12月7日に両社合同で「株式会社近畿テレビ」名義の申請書を提出し、両社社長が発起人代表についた。

翌1957年6月24日、関西テレビジョンと近畿テレビの間で協議があり、各個の申請を取り下げた上で「大関西テレビジョン放送株式会社」名義の免許を申請し、7月8日に予備免許を受けると共に新会社を立ち上げるための準備に入った。仮事務所は北区高垣町のミルクホールを改装し、編成関係や実務訓練は天六の阪急電車高架下の事務所でおこなわれた。

1958年2月1日「大関西テレビ放送」名義で発足。

KTVの予備免許は1959年6月8日であったが、この半年以上前に送信所も本社も完成する見込みがあったため、いち早く開局する事とし、1958年末という目標を打ち出した。

送信所と本社の建設は急ピッチですすめられ、1958年9月14日には生駒山上の送信所で火入れ式がおこなわれた。ついで10月10日には北区梅ヶ枝町に本社が完成。11月22日を開局予定日とした。

これに先立つ1958年7月5日「大関西テレビ放送株式会社」という名前が長くて呼びにくいという理由で商号を「関西テレビ放送株式会社」に改め、略称をKTVとした。

社員は1957年暮れの時点で、関係会社からの出向や移入社員など約70人。1958年には二回の入社試験で102人の新入社員を迎え、4月と6月に入社後、社内講習を経て全国の既発局で実地研修を受けた。最終的に開局までに社員・アルバイトを含め309人を集めた。

1958年10月30日に正式免許が交付され、11月1日からコールサインJODX-TVで試験放送を開始。短いサービス放送の期間を経て1958年11月22日に本放送を開始した。

開局初日には、東宝の応援を受けて、梅田コマスタジアムから盛大な開局記念番組が放送された（番組表参照）。特に「東宝スターパレード」は映画・舞台で人気の俳優・タレントが続々するという大盤振る舞いであったが、実際は、入り時間と出演順序が知らされるだけで、スターたちが続々会場に到着しては、簡単な打ち合わせだけで生放送のステージに送り出されるというハプニング満載の内容であったという。そのため放送は予定を40分も越えて終了した。

しかし、この頃のKTVは、放送時間の延長については口うるさくなかった。なぜならば、ほぼすべての番組がローカル放送だったからである。

しかし、これが半年間の苦労の種となった。

1958年11月22日、関西テレビの開局日のテレビ欄。▲

●フジか NET か

　関西テレビは、在京ネット局の開局を待たず、自社制作率90パーセント以上で開局した。

　1959年に開局が予定されている在京局2局のうち、フジテレビジョン（当時FTV）は一般放送局、日本教育テレビ（NET）は教育放送局。幸い関西テレビはフジテレビとネットを組む方向で話がまとまっていたが、MBSがフジテレビから番組単位の供給契約を行う可能性もないわけではなかった。MBSにもフジとのコネクションはあり、すでに打診をはじめていたのだ。いずれにせよ、両局とも、教育放送局とネット関係を結ぶのは避けたいというのが本音ではあった。

　結局KTVはフジとのネットが決まったが、それでもアテにしていた週6本のプライムタイム番組がMBSに流れて行ったため、「電波料収入の稼ぎ頭」となる番組を自ら調達しなければならなくなった。番組制作の経験がないKTVにとっては予想を超える負担であった。

　しかし、この苦労が独特のステーション・カラーを生む土壌を育み、いくつものきっかけを得た。

　たとえば「宝塚映画」への番組制作委託である。「おばはん」「十六文からす堂」など、完成度の高いテレビ映画（フィルム制作によるテレビドラマ）が開局時から放送され、その後長年、関テレ発の全国枠を支えた。

　また、さらなる番組不足は、劇場中継や外国映画で補った。劇場中継は宝塚大劇場、梅田コマスタジアム、新歌舞伎座、文楽座、産経ホール、京都南座などの公演で、のちにフジテレビにもネットされ、関西の舞台芸能を紹介する枠となった。

　また、奇抜な戦術に出ることもあった。たとえばKTVでは昼の部の放送開始前と後、夕方の放送開始前の試験電波を「テストパターン・レコード・コンサート」と称してFM放送ばりにハイファイ音楽を聞かせた。この手法はOTVでもYTVでも行われてはいたが、KTVは昼の放送を他局より早めに上げて、名曲を「たっぷり」聞かせていた。

　讀賣新聞と産業経済新聞では各局のテストパターンにおける詳細な選曲、特集予告を出していたが、この頃はレコード一枚買うにも高価であったし、ラジオは雑音交じりの中波放送が主流であったから、テレビは良い音質で音楽を楽しむ手段として重宝されたのかもしれない。

　また、今ではあたりまえの「お天気おねえさん」を本格的に導入したのはKTVが最初である。

　夕方6時の短い外国漫画のあと「テレビ天気図・タカラちゃんの天気予報」というタイトルで、軽快なメロディの後、「タカラちゃん」こと大阪樟蔭女子大生の中森孝子さんが、可愛らしい帽子と丸眼鏡をかけて、天気図を使って予報を伝えた。子供番組の時間帯という発想だったのかもしれないが、大人にも評判が良かった。この天気予報は週7日の放送だったから、担当中、中森さんは旅行にも行けなかったのではないか。

　また、各局がしのぎを削った料理番組だが、KTVは連日、宝塚歌劇団の女優をゲストに迎えて放送していた。これはタレントをゲストに迎えるタイプの料理番組の走りである。

　このほか「関西のみなさまへ」「関西の目」など関西エリアを意識した番組が設定され、大きな特徴となった。

【開局直後のKTV編成例】

⑧ 12月8日（月）KTV

- 1000 テストパターン・レコード・コンサート 交響曲第9「合唱」◇ガイド
- 1130 テレビ幼稚園「冬ごもり」大阪市立住吉幼稚園
- 1145 KTVニュース
- 1155 お天気◇関西の皆様へ
- 1200 お昼のメロディ「霧のロンドン」小林昭 法村友井バレエ団
- 1220 料理教室 二汁茶碗蒸し 藤井平太郎 ゲスト：林章子
- 1240 テストパターン「宝田明の歌」◇休止
- 1720 テストパターン レイ・アンソニー管演奏集◇お知らせ◇ガイド
- 1800 漫画映画「リトルキング」
- 1807 タカラちゃんの天気予報
- 1815 USIS映画「カリフォルニアの農村青年」
- 1845 KTVニュース 55ガイド
- 1900 舶来寄席 南道郎 中島そのみ 園佳也子 フォーコインズ 他
- 1930 松竹家庭劇「警職問答」曾我廼家十吾 葦原百合子 曾我廼家八重子 高杉俊郎 高田次郎 他（文楽座）
- 2030 文化映画「ともだち」
- 2100 風流舞姿「童心一茶」山村聡 岩禄次他
- 2115 僕らは二人で一人前「遺産相続人」前篇 いとしこいし 山中美保子 春日井真澄 藤田まこと
- 2145 KTVニュース 55ガイド
- 2200 みどりの天気サロン
- 2206 関西の目ローカルニュース
- 2215 時の十字路 坂本勝兵 レギュラー：塩沢元次
- 2230 番組予告◇放送終了

⑧ 12月9日（火）KTV

- 1000 テストパターン◇ガイド
- 1130 テレビ幼稚園「動物のおうち」住吉幼稚園
- 1145 KTVニュース
- 1155 お天気◇関西の皆様へ
- 1200 お昼のメロディ 坂元すみ子 大阪バレエ学園
- 1220 料理教室 平田武一 雅章子
- 1240 テストパターン 美空ひばりヒット曲集
- 1720 テストパターン◇ガイド
- 1800 漫画映画「リトルキング」
- 1807 タカラちゃんの天気予報
- 1815 東と西のお友達「ドイツの巻」石浜恒夫 レイフ・サロモンセン他
- 1845 KTVニュース 55ガイド
- 1900 第八救助隊「飛行場の惨事」溝田繁 武周病 武内盛夫
- 1930 十六文からす堂「千人悲願」夏目俊二 千原万紀子 市川小金吾 森金太 他
- 2000 ブレーブイーグル「青サギの叫び」キース・ラーソン キーナ・ノムキーナ
- 2030 アロン・バラエティショー「ホワイト・スポーツコート」他 笠田敏夫 E.H.エリック他
- 2100 警察手帳「恐喝」岩田直二 波田久夫 酒井哲 新屋英子 緋桜陽子
- 2145 KTVニュース 55ガイド
- 2200 みどりの天気サロン 山本みどり
- 2206 関西の目ローカルニュース
- 2215 時の十字路 倉石労働大臣 塩沢元次
- 2230 番組予告
- 2235 放送終了

⑧ 12月10日（水）KTV

- 1000 テストパターン 交響曲「田園」
- 1125 ガイド
- 1130 テレビ幼稚園「常盤木の始り」大阪住吉幼稚園
- 1145 KTVニュース
- 1155 お天気◇関西の皆様へ
- 1200 お昼のメロディ「初恋」他 滝えり子 大阪バレエ学園
- 1220 料理教室 瀬戸宮五郎 雅章子
- 1240 テストパターン 古賀政男集◇休止
- 1720 テストパターン「パリはアコーディオン」
- 1755 ガイド・タイム
- 1800 漫画映画「リトルキング」
- 1807 タカラちゃんの天気予報 中森孝子（大阪樟蔭女子大生）
- 1815 ピカ助捕物帳「異人屋敷」前篇 頭師孝雄 嵐三右衛門 碧川澄子 松之助
- 1845 KTVニュース 55ガイド
- 1900 ちゃらんぽら人生「強敵現るの巻」いとしこいし 天路律子 和歌鈴子 他
- 1930 ロンドン警視庁「完全犯罪」
- 2000 ガンスモーク「手術」声・高城準一 千葉順二 八代順 来宮良子
- 2030 寄席 曲芸：乙女節子 奇術：ジョージ多田
- 2100 映画「温度計」
- 2115 新サラリーマン読本「お寿司と上役の巻」汐風章子 江波陰
- 2145 KTVニュース 55ガイド
- 2200 みどりの天気サロン
- 2206 関西の目ローカルニュース
- 2215 時の十字路 塩沢元次
- 2230 番組予告◇放送終了

⑧ 12月11日（木）KTV

- 1000 テストパターン「交響曲第七番イ長調」（ベートーベン）25ガイド
- 1130 テレビ幼稚園「リズムとマット遊び」大阪住吉幼稚園
- 1145 KTVニュース
- 1155 お天気◇関西の皆様へ
- 1200 お昼のメロディ「恋人よ我に帰れ」「18世紀のサロンにて」
- 1220 料理教室 辻勲 雅章子
- 1240 テストパターン シャリング五重奏団演奏集から 55ガイド
- 1720 テストパターン「夜のセレナーデ」◇ガイド
- 1800 漫画映画「リトルキング」
- 1807 タカラちゃんの天気予報 中森孝子（大阪樟蔭女子大生）
- 1815 大洋劇場「本番OK」若水ヤエ子 桜京美
- 1845 KTVニュース 55ガイド
- 1900 テレビお見合い 司会：竹中郁
- 1915 芸能ニュース「山本富士子集」
- 1930 将棋に憑かれた男 北村英三 谷口浩 安達国春 男城輝也
- 2000 木曜劇場「土星主税」（京都南座）渡辺霞亭・作 中村雁治郎 片岡仁左衛門 嵐吉三郎 沢村訥子 中村扇雀他 対談・大鍋時生 鍋井克之
- 2100 季節の手帳「博多人形」「下田物語」島倉千代子
- 2115 ヘルメス・ナイトキャップ 黒岩三代子 ジェニー楽団 他
- 2145 KTVニュース 55ガイド
- 2200 みどりの天気サロン 山本みどり
- 2206 関西の目ローカルニュース
- 2215 時の十字路 時事解説 レギュラー：塩沢元次
- 2230 番組予告◇放送終了

⑧ 12月12日（金）KTV

- 1000 テストパターン「英雄」（ベートーベン）指揮：クレンペラー◇ガイド
- 1130 テレビ幼稚園「松の木の願い」大阪市堀川幼稚園
- 1145 KTVニュース
- 1155 お天気◇関西の皆様へ
- 1200 お昼のメロディ「ジプシーの唄」「黒い瞳」高橋淳子 法村・友井バレエ団
- 1220 料理教室 辻徳光 雅章子
- 1240 テストパターン 石原裕次郎ヒットソング集
- 1720 テストパターン 小林昭ヒットアルバム
- 1800 漫画映画「リトルキング」
- 1807 テレビ天気図・タカラちゃんの天気予報 中森孝子（大阪樟蔭女子大生）
- 1815 ケーシー・ジョーンズ「死神特急」
- 1845 KTVニュース 55ガイド
- 1900 短編映画「働く機械」
- 1930 宝塚テレビ劇場「ウインナ・ワルツ」構成：小牧正英 四条秀子 朝霧早苗 沖ゆき子 瞳うらら 宝塚歌劇団 他
- 2000 映画「夜明け前」前篇 滝沢修 宇野重吉 乙羽信子 小夜福子 他
- 2100 世界の旅「北欧州の巻」
- 2115 あっぱれ蝶助無茶修業「妖術会得の巻」日向阿佐子・原案 ミヤコ蝶々 南都雄二 夢路いとし 喜味こいし
- 2145 KTVニュース 55ガイド
- 2200 みどりの天気サロン
- 2206 関西の目ローカルニュース
- 2215 時の十字路 時事解説 チェット・チュム 塩沢元次
- 2230 番組予告◇放送終了

⑧ 12月13日（土）KTV

- 1000 テストパターン 25ガイド
- 1130 テレビ幼稚園「ごっこ遊び」大阪市堀川幼稚園
- 1145 KTVニュース
- 1155 お天気◇関西の皆様へ
- 1200 お昼のメロディ 岡崎広志他「オール・オブ・ミー」他
- 1220 料理教室 石井栄作 雅章子
- 1240 テストパターン 伸びゆく子供「近江学園の子供」中西昇
- 1300 私のカルテ 杉山茂他「小児結核療養学園」
- 1315 鬼一法眼三略の巻・菊畑の場（御園座）市川少女歌舞伎
- 1420 テストパターン
- 1750 お知らせ 55ガイド
- 1800 漫画映画「リトルキング」
- 1807 タカラちゃんの天気予報
- 1815 家庭演芸会 審査・吉村一夫 山村他
- 1845 KTVニュース
- 1855 テストパターン
- 1900 スポーツニュース
- 1915 芸能ニュース
- 1930 歌のスターアルバム「おーい中村君」若原一郎他
- 2000 外国映画紹介「三本指の狼」
- 2100 白いジャングル「密告者」夏目俊二 千原万紀子 市川小金吾 森金太 他
- 2030 義士討入りの当夜 講談：旭堂南陵
- 2100 短編映画「人に奉仕する機械」日本生産性本部制作
- 2115 河内風土記「真雪秘密の法」嵐三右衛門 初音礼子 津川アケミ 東光男 笑福亭松之助 市川小金吾他
- 2145 KTVニュース 55ガイド
- 2200 みどりの天気サロン
- 2206 関西の目ローカルニュース
- 2215 時の十字路 時事解説 平野狐城 塩沢元次
- 2230 番組予告◇放送終了

⑧ 12月14日（日）KTV

- 930 テストパターン◇おしらせ
- 1000 劇場「不破数右衛門」
- 1055 映画「エビ漁師」
- 1125 料理手帖 麺料理二題「かき入り小055鍋」
- 1145 KTVニュース
- 1155 お天気◇関西の皆様へ
- 1200 宝塚ミュージックサロン「初恋」「嘘は卵」真咲のり子
- 1215 この一週間
- 1220 テストパターン 鶴田浩二集「美しい灯」他
- 1240 テストパターン「フレディ・マーチン演奏集」
- 1750 お知らせ 55ガイド
- 1800 漫画映画「リトルキング」
- 1807 タカラちゃんの天気予報
- 1815 南蛮太郎「第三の影」田中美佐雄・作 片岡秀太郎 吉田豊明 中山千夏 青木茂也
- 1845 KTVニュース 55ガイド
- 1900 青春ブランコ「ソック議員危うし」「恋のさやあて」

●実験と称賛

KTVは技術面でもあれこれ大胆でユニークな実験を試みている。

1958年12月27日16：00から「ステレオ実験放送」がおこなわれた。これは、関西テレビの映像にあわせてラジオ神戸、ラジオ大阪、ラジオ京都からステレオで音声を放送するというもので、ラジオ2波による音声だけの立体放送はNHKなどで既におこなわれていたが、これにテレビ映像を加えたものは初めての試みである。

この日の実験では、まず16：00～16：25にラジオ神戸から、次に16：30～17：00にラジオ大阪とラジオ京都から音声を放送した。前者はテレビ音声とラジオ音声による二チャンネル立体放送、後者はラジオ音声だけによる二チャンネル（またはテレビを加えた三チャンネル）立体放送の実験であったと思われる。

この実験はのちに「ステラマ」として実用化された。「ステラマ」とは「ステレオ・ドラマ」の略であるが、神戸・大阪・京都のラジオ三局の協力により1960年3月27日、ステラマ第一回作品「コルトを持つ男（茂木草介・作）」が放送された。

この時は、テレビを正面、ラジオを背後に置くという極めてユニークな立体方式で、ラジオだけ聞いてもラジオドラマとして成立するように作られていた。さらにドラマの中では、主人公の「私」は一度も画面にあらわれず、テレビカメラが主人公の「目」になって進めるというものでもあった。だから主人公である「私」が煙草に火をつけると、画面にはライターを持った手と、吐き出した煙がいっぱいにひろがる、といったシーンもあった。KTVのステラマは今でいえば「バーチャルリアリティ」を志向した未来的な番組だったのだ。

1959年5月5日にはこどもの日の特別番組の一つとして「実況中継・テレビ海底をゆく」が放送された。

これは、鳥羽市の東海サルベージが所有していた深海潜水艦「白鯨」からの実況中継で、和歌山県日高郡由良町沖の澄み切った深海を生放送で中継したもので、人々ははじめてみる生々しい海底風景に驚いたという。

この実況中継では自社製の水中カメラ「KTVマリン」が活躍した。ダイバーが担いだカメラは潜水艦「白鯨」の航行をとらえ、この映像を母船「海工丸」の副調整室に送り、マイクロ波で近くの山から紀伊水道を超えて徳島市の眉山を経由して大阪までリレーしたのだ。

この中継がユニークなのは、潜水艦を「撮影のための乗り物」としてでなく「撮影の対象」とした点にある。この放送は水中からの生中継における民間放送第一号に数えられている。

また、先発各局がアメリカのカラーテレビの動向に注目していたとき、KTVは独自方式のカラー放送「KTVマジックカラー（KMC）」を企画していた。

KMCはKTVと甲南大学助教授湯浅一経氏の共同研究による疑似カラー化システムで、白黒受像機を改造せずに発色させるという奇策である。

基本原理は19世紀末にベンハムが発見した「主観色」の原理を応用したもので、白黒信号を適当に断続させることで色彩を「感じさせる」ものであった（1959年7月14日初放送）。

ただ、KMCは一般的なカラーテレビが目指していた総天然色放送ではなく、白黒放送への「部分着色」であり、番組タイトルやCMなどへの応用が目的であったようだ。特に「紫と白を交互に点滅させたロールテロップ」は演出効果が高いと好評であった。さらに、当初心配された「目への影響」についても、奈良県立医科大学の研究により「影響なし」というお墨つきを貰うに至った。

さらにKTVは1959年にアメリカのエドウィン・ランド（ポラロイドカメラの発明者）が発表した「二原色原理」に注目し、二色の組み合わせによるカラー放送の可能性を日本コロンビアなどと共同研究した。この研究はやがて三色原理によ

るカラー放送の導入により役割を終えたかに見えたが、この「二原色原理」に心理的作用などを組み合わせることで、新たなカラー技術の開発に役立つのではないかという見方もあったようだ。

後発会社であったKTVは広告演出の工夫でスポンサーの関心をひくことにも力を入れた。

先述のKMCもそうであるし、屋外撮影フィルムとスタジオ演技の組み合わせによるCM演出手法・KVS（KTVビデオスコープ）、画面の一部をひし形や長方形に抜いて別画面をはめこむKSE（KTVスペシャルエフェクト）、画面の中に商品を四重、六重に映したり、それらを中央に置かれた商品の周りでぐるぐる回すプリズム撮影の技術、ななめ、真横、倒立で撮影する技術、白黒反転を利用した黒色スーパー技術など、CM制作に役立ちそうな「目を引く映像作り」の技術に力を入れた。

編成的にも大胆な実験をおこなった。1960年7月から月～金の15時台に編成した「テレビ名画座」は、5日間同じ映画を放送するという、まさに街の名画座を思わせるもので、往年の名画を好きな日にゆっくり楽しめる点が人気を呼び、昼間にもかかわらず20パーセントを超える視聴率を獲得。放送界の常識に一石を投じた。

このように細かい工夫まであげればきりがないが、KTVは幾多の困難を逆手にとって、ユニークな演出技術、制作技術を育てていった。これがKTVの社風に影響を与えたのはいうまでもない。

また、この精神はドラマ制作の中にも強く生きていた。1960年にはドラマ「青春の深き淵より」（大島渚・脚本　野添泰男・演出）が芸術祭賞、「御寮人さん」（川口松太郎・脚本　角野源平・演出）が奨励賞第一席と「ダブル受賞」して放送界を驚かせた。

さらに翌年もドラマ「選挙参謀」（菊島隆三・脚本　小泉祐二・演出）が奨励賞第四席を受賞。加えてその翌年はドラマ「一坪の空」（土井行夫・脚本　橋本隆亘・演出）と「示談屋」（安藤日出夫・脚本　藤信次・演出）がそれぞれ奨励賞第五席・第六席で再びダブル受賞。開局まもない放送局の受賞に全国の放送関係者は目を見張った。

ドラマ「青春の深き淵より」は、当時人気を集めていた若手映画作家・大島渚に脚本を発注したものだが、セリフによって論理的に社会問題を追求してゆく硬派のダイアローグドラマで、野添氏は「視聴者が身近な個々の問題としてとらえられるように」特定の地方や環境を示さず、没個性的なセット（どこにでもあるような事務机や家財道具など）をわざと用いて、緊張感の高い会話を際立たせることに成功した。

この芸術ドラマは、関西テレビの現存最古のドラマの一本として横浜の放送ライブラリーで公開されている。

1958.11

- 皇太子婚約を発表、ミッチー・ブームはじまる。
- 天津乙女が紫綬褒章、浪花千栄子、横山エンタツ他になにわ賞。
- 濃霧のためダイヤ改正直後の阪急神戸線で特急に急行が追突。

⑥11月1日（土）OTV

- 1130 テストパターン45 メロディ
- 1155 来週のハイライト
- 1200 OTVニュース
- 1215 土曜寄席 タンバ・タンゴ 菊二・松枝 40 ガイド
- 1245 料理手帖 世渡三郎 「エビとキスのいがグリ揚げ」
- 1300 ポーラ婦人ニュース 「週間展望」勝村泰三
- 1315 家庭百科 (OTVF) 「プロパンガス」 20 おしらせ
- 1325 放送休止
- 1715 テストパターン
- 1730 来週のハイライト◇おしらせ
- 1750 毎日新聞テレビニュース
- 1800 ぼくのわたしの音楽会 堺市立大浜中学校
- 1815 パッチリタイム・黒帯 探偵「聖像の謎」後篇 松本朝夫 三宅邦子他
- 1845 テレビガイド
- 1850 OTVニュース
- 1856 あしたのお天気
- 1900 街のチャンピオン
- 1930 部長刑事「協力者」 中村栄二 波田久夫 嶋連太郎 菅亜紀子 筧田幸男 真木康次郎他
- 2000 道頓堀アワー（中座） 松竹新喜劇「細雪」 上巻前篇 渋谷天外 中村あやめ 酒井光子 由利京子他
- 2100 話題のアルバム 10 ガイド
- 2115 日真名氏飛び出す (KR) 「闇夜に気をつけろ」前篇
- 2145 OTVニュース
- 2145 芸能トピックス
- 2155 OTVスポーツニュース
- 2200 又四郎行状記 (KR) 「十万坪の決闘」 中村竹弥 浜田百合子 若柳敏三郎
- 2230 三協グッドナイト・ショウ 有明ユリ SKDダンシングチーム
- 2250 きのうきょう 矢部利茂
- 2305 現代の顔 (KR) 近藤日出造
- 2310 お天気◇おしらせ◇終了

⑥11月2日（日）OTV

- 840 パターン 55 おしらせ
- 900 動物園のおともだち
- 930 嵐さんの日曜漫画
- 945 仲よしニュース
- 955 マンガ公園 漫画6本
- 1030 京だより「修学院離宮」
- 1045 カメラルポお料理訪問 辻久子
- 1100 文学ところどころ「廓」
- 1115 海外トピックス
- 1130 経済サロン「ナベ底景気と中小企業」藤原楠之助 畑中浩二他
- 1200 OTVニュース 10 ガイド
- 1215 ダイラケのびっくり捕物帖 「姿なき声」後篇 40 ガイド
- 1245 ロッテ歌のアルバム (KR) 三浦洸一
- 1315 ナショナル日曜テレビ 観劇会「東西合同歌舞伎・天地開闢」 大阪新歌舞伎座こけら落とし 寿海他◇休止
- 1720 テストパターン45 ガイド
- 1750 OTVニュース 56 お天気
- 1800 月光仮面「マンモスコング」
- 1830 やりくりアパート (OTV) 「就職試験の巻」エンタツ
- 1900 スーパーマン 「見知らぬ世界」
- 1930 ラマーオブジャングル 「狙われた宣教師」 声 大木
- 2000 映画「オートバイ警官」
- 2030 人生ご案内 江利チエミ 八波むと志 由利徹 南利明
- 2100 二つの椅子「お花ブーム・お茶ばやり」小原豊雲（花道）千宗興（茶道）
- 2115 東芝日曜劇場 「写楽の大首」 (OTV 芸術祭参加作品) 長谷川幸延・作 岡田英次 実川延二郎 大谷ひと江 荒木雅子 武田正憲 嵐三右衛門 速水雛子 谷口完他
- 2215 ニュース 25 スポーツN
- 2235 撮影所だより「恐喝」他
- 2245 グッドナイト・ファンタジー
- 2315 お天気◇おしらせ◇終了

◉11月3日（月）OTV

1130 テストパターン
　　（クラシックハイライト）
1145 メロディ 55 おしらせ
1200 OTV ニュース
1215 カクテルサロン　雪村
　　いづみ ジェームス繁田
1240 テレビガイド
1245 料理手帖
　　「ビーフステーキ」辻勲
1300 ポーラ婦人ニュース「菊作
　　り」中橋　15 テレビガイド
1320 家庭百科（OTVF）
　　「スープと栄養」
　　茶珍俊夫
1325 劇場中継「北野秋のおどり」
　　ジェームス繁田 黒岩
　　三代子 雪村いづみ
　　佐々十郎　茶爪二郎
1730 テストパターン 45 おしらせ
1750 毎日新聞テレビニュース
1800 子供の教室（OTV）
　　進みゆく自動車
　　島津楢蔵他
1815 フューリーとソニー
　　「幽霊町」
　　声：宇治あけみ　城
1845 ガイド 50 OTV ニュース
1856 あしたのお天気
1900 おさげ社長「おさげ
　　社長のマツタケがり」
　　永津澄江　飯田覚三
　　川喜多雄二　野々村
1930 ロビンフッドの冒険
　　「タック神父の活躍」
2000 歌謡学校 ディック・ミネ
　　宝とも子　藤啓会
2030 ナショナルＴＶホール（KR）・
　　銭形平次捕物控
　　「八人芸の女」
　　前篇 若山富三郎他
2100 カメラだより北から南から
　　「万年豊作」
2115 ウロコ座 盤獄の一生・
　　第三回「叫ぶ盤獄」
　　45 OTV ニュース
2155 OTV スポーツニュース
2200 お母さん「華やかな決別」
　　中川弘子　宮坂将嘉
2230 短編映画
　　「アメリカ合衆国」
2250 ダイハツスポーツウィクリー
2305 現代の顔（KR）源田実
2310 お天気◇おしらせ◇終了

◉11月4日（火）OTV

930 テストパターン
950 オープニングメロディ
1000 国会中継「警職法公聴会」
　　中野好夫　長谷川
1155 おしらせ
1200 OTV ニュース
1215 ほほえみ一家（KR）
　　竜崎一郎　坪内美詠
　　子他 40 ガイド
1245 料理手帖「モロコのマリ
　　ネー」井上幸作
1300 婦人ニュース「家庭経済」
　　上田秀夫 15 テレビガイド
1320 家庭百科（OTVF）
　　「冬のウール地」
　　藤川延子
1325 おしらせ 30 放送休止
1730 テストパターン
1750 毎日新聞テレビニュース
1800 呼出符号 L
　　高桐眞　千葉保他
1815 短編映画「ノーチラス号
　　北極横断」「人間の住む
　　惑星」45 ガイド
1850 OTV ニュース 56 お天気
1900 カロランミュージカル（KR）
　　「悩み買います」ペギー
　　深蔵夏代　山崎唯
　　牧野ヨシオ
1930 ばらの伯爵（KR）木村功
　　水谷八重子他
2000 源平芸能合戦「日本工
　　学一富士フィルム」
2030 潜水王マイクネルソン
　　「ミサイルの行方」
2100 近鉄パールアワー・あま
　　から父さん 第一回
　　「ダブルプレーの巻」
　　横山エンタツ 柿木太嘉子
　　三角八重他
2115 東京0時刻 金子信雄
　　渡辺美佐子　織田政雄
　　山岡久乃
2140 ガイド 45 OTV ニュース
2155 OTV スポーツニュース
2200 カメラぶらいつもどこかで
　　「祇園の舞妓」
2245 テレビガイド
2250 きのうきょう 矢部利茂
2305 現代の顔（KR）山下清
2310 お天気◇おしらせ◇終了

◉11月5日（水）OTV

1130 パターン 45 メロディ
1155 おしらせ
1200 OTV ニュース
1215 歌のハイライト「駐車場
　　の女」浜村　築地
　　若松和子
1240 テレビガイド
1245 料理手帖「サンマの八幡巻」
1300 婦人ニュース
　　「ゼンソクの話」
1315 テレビガイド
1320 家庭百科（OTVF）木崎国
　　嘉「八頭身の医学」
　　25 おしらせ
1330 瀬戸内の秋
　　山と海の合わせ鏡
　　海上ロケーション三元
　　中継・児島半島金甲山
　　・屋島北端遊鶴亭
　　・関西汽船備讃航路定
　　期船上
　　※海上移動船舶からの初中継
1410 放送休止
1730 テストパターン 45 おしらせ
1750 毎日新聞テレビニュース
1800 おにいちゃん「大きな地図」
　　川上のぼる 寺島真知子
　　小島慶四郎
1815 アイバンホー、森の盗賊
　　「戦う修業僧」45 ガイド
1850 OTV ニュース 56 お天気
1900 わが輩ははなばな氏（KR）
　　「部屋の中の見知らぬ男」
1930 ますらを派出大会
　　「笑いましょう」森川信
　　若水ヤエ子　瀧野他
2000 ボクシング
　　勝又信雄一黒木正克
　　バンタム級選手権戦
　　石橋宏次一池田光春
　　吉川アナ解説：郡司信夫
　　白井義男
2130 おはこうら表（KR/OTV）
　　ゲスト・早川雪洲
　　45 ニュース
2155 OTV スポーツニュース
2200 ありちゃんのおかっぱ侍
　　「岡っぴき天下の巻」
2230 OTV 週間世界ニュース
2245 ガイド
2250 現代の顔（KR）羽田矩子
2255 お天気◇おしらせ◇終了

◉11月6日（木）OTV

1130 テストパターン
1145 オープニングメロディ
1155 おしらせ
1200 OTV ニュース
1215 アイ・ラブ・亭主（KR）
　　「路地裏の菊」
1240 テレビガイド
1245 料理手帖「しいたけと肉の
　　合せ揚げ」奥井úss
1300 婦人ニュース「秋の行楽」
　　磯野義倉（交通公社）
1315 テレビガイド
1320 家庭百科（OTVF）
　　防火の注意」山本鈴子
1325 憩いのリズム
1330 世界の食卓めぐり「インド」
　　◇休止
1730 放送休止◇テストパターン
1750 朝日新聞テレビニュース
1800 水谷良重ショー
　　宮川洋一　白木秀雄
1815 名犬ラッシー
　　「おじいちゃんの病気」
1845 テレビガイド
1850 OTV ニュース 56 お天気
1900 スーパースターメロディ
　　宝田明　山田真二他
1930 テレビジョッキー
　　ペギー葉山「忘れよう」
　　「祈りをあなたに」他
2000 この謎は私が解く（KR）
　　「テレビ塔殺人事件」
　　解決篇 江戸川乱歩他
2030 鞍馬天狗（KR）「浪人大路」
2100 奥様多忙（KR）
　　「お手伝いさんの巻」
　　江見渉　山岡久乃他
2130 芸能トピックス
2145 OTV ニュース
2155 OTV スポーツニュース
2200 新大岡政談「櫓太鼓」（前）
2230 短編映画 45 テレビガイド
2250 きのうきょう 矢部利茂
2305 現代の顔（KR）太田薫
2310 お天気◇おしらせ◇終了

◉11月7日（金）OTV

930 パターン 50 グメロディ
1000 岸総理政局を語る
1120 おしらせ
1125 テレビ婦人スクール
　　「ウールキャラバンショー」
　　武井　福本　前田
1200 OTV ニュース
1215 映画の窓
　　「わたしの可愛い人」
　　解説：荻昌弘 40 ガイド
1245 料理手帖「ノルマンド風
　　パン」「ケーキとココア」
1300 婦人ニュース「警職法」
　　梅棹忠夫 15 テレビガイド
1320 家庭百科（OTVF）
　　「贈答の心得帳」
　　25 おしらせ
1330 放送休止◇テストパターン
1715 相撲熱戦館 45 ガイド
1750 毎日新聞テレビニュース
1800 漫画映画「氷の北極」他
　　50 朝日新聞 N
1830 わが家の青春「独立自尊」
　　雪村いづみ 坪内美詠子他
1845 ガイド 50 ニュース 56 天気
1900 テレビぴよぴよ大学（KR）
1930 京阪テレビ泣きべそ
　　天使「サーカスへいらっ
　　しゃい」歌楽　広野み
　　どり　八杉他
2000 京阪テレビカー・少年航路
　　「小さな海坊主」
　　梅丘純義　池田忠夫他
2030 特ダネを逃がすな（KR）
　　「砂にかく文字」後篇
2100 OTV ワールド・スポーツ
2115 金語楼劇場（KR）「掛軸の巻」柳家
　　金語楼　小桜京子他
2145 ニュース 55 スポーツ N
2200 サンヨーテレビ劇場（KR）
　　「風立ちぬ」前篇
　　高田敏江　木村功
　　大森義夫
2230 小唄教室 竹本小仙人
2250 OTV 週間テレビニュース
2305 現代の顔（KR）鷹杉清三郎
2310 お天気◇おしらせ◇終了

◉11月8日（土）OTV

1130 パターン 45 メロディ
1155 来週のハイライト
1200 OTV ニュース
1215 土曜寄席
　　漫才「秋深し」
　　柳枝・喜代子
1240 テレビガイド
1245 料理手帖「エビ・カキ・
　　イカのフライ」谷森元他
1300 婦人 N「週間展望」
　　薄田桂
1315 家庭百科（OTVF）
　　「ヘヤークリーム」
　　山本鈴子
1320 おしらせ 25 放送休止
1645 テストパターン
1700 来週のハイライト
1715 おしらせ
1720 座談会「勝負に生きる」
　　鶴ヶ嶺　琴ヶ浜
　　中西太　豊田泰光
　　50 朝日新聞 N
1800 ぼくのわたしの音楽会
　　堺市立大浜中学校
1815 パッチリタイム・黒潮探偵
　　「足跡で捜せ」前篇
　　松本朝夫　三宅邦子他
1845 テレビガイド 50 ニュース
1856 あしたのお天気
1900 街のチャンピオン
1930 部長刑事「無頼の宿」
　　中村栄二　波田久夫
　　嶋通礼三郎　菅亜紀子
　　筧田幸男　真木康次郎他
2000 道頓堀アワー松竹新喜劇
　　「細雪」上の巻 後篇
　　（角座）渋谷天外
　　中村あやめ　酒井光子
　　由利京子他
2100 話題のアルバム 10 ガイド
2115 日真名氏飛び出す（KR）
　　「闇夜に気をつけろ」
　　解決篇
2145 OTV ニュース
2155 OTV スポーツニュース
2200 又四郎行状記（KR）
　　「女ごころ」中村竹弥
　　浜田百合子 岩柳敏三郎
2230 三協グッドナイト・ショウ
　　生田恵子 楠他
2250 きのうきょう 矢部利茂
2305 現代の顔（KR）春野鶴子
2310 お天気◇おしらせ◇終了

◉11月9日（日）OTV

840 テストパターン 55 おしらせ
900 動物園のおともだち
930 嵐さんの日曜漫画
945 仲よし N 55 マンガ公園
1030 京だより
1045 カメラルポお料理訪問
　　山口誓子
1100 文学ところどころ
　　「二十四の瞳」
1115 海外トピックス
1130 経済サロン
　　「飲料と生活」佐々木他
1200 OTV ニュース 10 ガイド
1215 ダイラケのびっくり捕物帖
　　「虚無僧変化」前篇
1240 テレビガイド
1245 ロッテ歌のアルバム（KR）
　　里見浩太郎　白根一男
1315 ナショナル日曜テレビ観
　　劇会　新国劇
　　「決闘高田馬場」（御園
　　座）池波斉太郎・作演出
　　辰巳柳太郎　島田
　　郡司八郎　川村憲一郎
　　香川桂子
1525 大相撲 九州場所初日
　　（福岡スポーツセンター）
　　解説：天龍三郎　輝屋
　　担当：近江アナ 荒井アナ
1750 ニュース 56 あしたのお天気
1800 月光仮面「マンモスコング」
　　大瀬康一　日輪マコ他
1830 ゆっくりアパート（OTV）
1900 スーパーマン
　　「見知らぬ世界」
1930 ラマーオブジャングル
　　「ジャングルの陰謀」
　　声 大木
2000 運命の標的「かくれ家」
2030 人生ご案内
　　「駐在さんの日記」
2100 二つの椅子　好敵手
　　稲尾和久　長嶋茂雄他
2115 東芝日曜劇場
　　「あにいもうと」（KR）
　　伊志井寛　水谷八重子
　　伊井友三郎 加藤和恵他
2215 ニュース 25 スポーツ N
2235 撮影所だより
　　「弥次喜多」他
2245 グッドナイト・ファンタジー
　　星野みよ子他
2315 お天気◇おしらせ
　　◇終了

11月10日（月）OTV

- 1130 パターン メロディ おしらせ
- 1200 OTV ニュース
- 1215 カクテルサロン
  ビンボーダナオ
  木村与三男
- 1240 テレビガイド
- 1245 料理手帖「中華風アメ煮」
  辻嘉一
- 1300 婦人ニュース 粱川義男
  「独禁法改正と家庭経済」
- 1315 テレビガイド
- 1320 家庭百科（OTVF）
  「ふぐの話」茶谷俊夫
  25 おしらせ◇休止
- 1440 テストパターン 55 おしらせ
- 1500 大相撲九州場所二日目
  （福岡スポーツセンター）
- 1750 毎日新聞テレビニュース
- 1800 子供の教室（OTV）
  「消防の働き」松島他
- 1815 フューリーとソニー
  「4 H物語」
- 1845 ガイド OTV ニュース 天気
- 1900 おさげ社長（KR）
  「おさげ社長を捜せ」
- 1930 ロビンフッドの冒険
  「人質作戦」
- 2000 歌謡学校 曽根 藤本
- 2030 ナショナルTVホール（KR）・
  銭形平次捕物控
  「八人芸の女」後篇
  若山富三郎他
- 2100 カメラだより北から南から
  「道徳に関する十二章」
- 2115 ウロコ座 盤獄の一生・
  第四回「盤獄よどこへ行く」
  水島道太郎 尾上九朗右
  衛門 小松方正 西村晃
  藤間大助 坂東簑之助
  金子信雄 猿若清方
  左卜全 市川子団次
  坂東簑助 大木民夫
  湊俊一 桂典子
  45 OTV ニュース
- 2155 スポーツニュース
- 2200 お母さん「母の慕情」
- 2230 短編映画「びん詰め料理」
- 2250 ダイハツスポーツウィクリー
- 2305 現代の顔（KR）沢田美喜
- 2310 お天気◇おしらせ◇終了

11月11日（火）OTV

- 1130 テストパターン
- 1145 メロディ 55 おしらせ
- 1200 OTV ニュース
- 1215 ほほえみ一家（KR）
  「運動会の日」
  竜崎一郎 坪内美詠子他
  40 ガイド
- 1245 料理手帖「舌びらめの詰め
  もの」井上幸作他
- 1300 婦人ニュース「フラフープ」
  江頭英美子 15 テレビガイド
- 1320 家庭百科（OTVF）
  「温かい家庭着」
  25 おしらせ
- 1330 放送休止
- 1440 テストパターン 55 おしらせ
- 1500 大相撲九州場所三日目
  （福岡スポーツセンター）
- 1750 朝日新聞テレビニュース
- 1800 呼出符号L
  高桐眞 千葉保他
- 1815 短編映画（短編科学映画）
- 1845 ガイド 50 OTV ニュース
- 1856 あしたのお天気
- 1900 カロランミュージカル（KR）
  「悩み買います」ペギー
  葉山 深緑夏代
  山崎唯 牧野ヨシオ他
- 1930 ばらの伯爵（KR）
- 2000 源平芸能合戦
  小倉井筒屋 一 福岡岩田屋
- 2030 潜水王マイクネルソン
- 2100 近鉄パールアワー・あま
  から父さん
  横山エンタツ 柿木
  汶嘉子 三角八重他
- 2115 東京0時劇場「死後の処刑」
  金子信雄 渡辺美佐子
  織田政雄 山岡久乃
- 2140 テレビガイド
- 2145 OTV ニュース
- 2155 OTV スポーツニュース
- 2200 カメラぽいつもどこか
  「路地の芸人」
- 2215 女秘書スージー
  アン・サザーン他
- 2250 きのうきょう 矢部利茂
- 2305 現代の顔（KR）水野成夫
- 2310 お天気◇おしらせ◇終了

11月12日（水）OTV

- 915 テストパターン
- 940 宗谷を送る 1：座談会
  2：壮行会（日の出桟橋）
- 1110 おしらせ 15 休止
- 1130 テストパターン
- 1145 メロディ◇おしらせ
- 1200 OTV ニュース
- 1215 歌のハイライト
  神戸一郎 川村淳他
  40 テレビガイド
- 1245 料理手帖 茶巾蒸し二種
- 1300 婦人ニュース
  「早瀬俊夫」
- 1315 テレビガイド
- 1320 家庭百科（OTVF）「血圧」
  木國信嘉 25 おしらせ
  ◇休止
- 1440 テストパターン 55 おしらせ
- 1500 大相撲九州場所四日目
  （福岡スポーツセンター）
- 1750 朝日新聞テレビニュース
- 1800 おにいちゃん
  「おかあさんの絵の巻」
  川上のぼる 寺島真知子
  小島慶四郎
- 1815 アイバンホー・森の盗賊
  「にせ金造り」
- 1845 ガイド 50 OTV ニュース
- 1856 あしたのお天気
- 1900 わが輩ははなばな氏（KR）
  「青春よ永遠に」
- 1930 ますちち捕物大会（KR）
  最終回「皆さんお疲れさま
  の巻」森川信 歌水ヤエ子
  瀧野他
- 2000 「芽」芸術祭参加作品
  茂木草介・作 西山嘉孝
  森光子 石田茂樹他
  ※初の完全VTR編集ドラマ。屋外セット
  撮影を9日に予定したが雨のため
  10日に撮影
- 2115 東京0時劇場「死後の連引」
  ゲスト・天津羽衣
  葦原邦子
- 2145 ニュース◇スポーツN
- 2200 ありちゃんのおかっぱ侍
  「迷うときとさめるとき」
- 2230 OTV 週間世界ニュース
- 2245 テレビガイド
- 2250 現代の顔（KR）森脇将光
- 2255 お天気◇おしらせ◇終了

11月13日（木）OTV

- 1130 テストパターン（クラシック）
  歌劇アリア
- 1145 メロディ 55 おしらせ
- 1200 OTV ニュース
- 1215 アイ・ラブ・亭主（KR）
  「ベビー誕生」
- 1240 テレビガイド
- 1245 料理手帖「オムレツ」
  平田
- 1300 婦人ニュース「演劇と家庭」
  芥川比呂志
  15 テレビガイド
- 1320 家庭百科（OTVF）
  「季節の生花」辻井弘州
  25 憩いのリズム
- 1330 世界の食卓めぐり
  ハンガリー◇おしらせ
  ◇休止
- 1440 テストパターン 55 おしらせ
- 1500 大相撲九州場所五日目
  （福岡スポーツセンター）
- 1750 毎日新聞テレビニュース
- 1800 久慈あさみショー
  千葉信男
- 1815 名犬ラッシー
  「ラッシーのお産」
- 1845 ガイド 50 OTV ニュース
- 1856 あしたのお天気
- 1900 スーパースターメロディ
  曽根史郎 島倉千代子他
- 1930 テレビジョッキー
  益田喜一
  「レディ・オブ・スペイン」
  北見洋
- 2000 この謎は私が解く（KR）
  「顔」前篇
  大木民夫 影万里江他
- 2030 鞍馬天狗（KR）
  「浪人大路・琴を弾く女」
- 2100 奥様多忙（KR）
  「旦那さまと日曜日」
  江見渉 山岡久乃他
- 2130 芸能ウイークリー
- 2145 ニュース 50 スポーツ N
- 2200 新大岡政談
  「櫓太鼓」後篇
- 2230 教室 三津之丞
  蓼胡界他
- 2250 OTV 週間テレビニュース
- 2305 現代の顔（KR）大蔵貢
- 2310 お天気◇おしらせ◇終了

11月14日（金）OTV

- 1055 テストパターン
- 1110 メロディ 20 おしらせ
- 1125 テレビ婦人スクール
  「仏伊モードの旅」
  酒井恒子 歌：大谷冽子
- 1200 OTV ニュース
- 1215 映画の窓（KR）
  「静かなるドン・憂愁編」
  解説：荻昌弘 尾崎宏次
- 1240 テレビガイド
- 1245 料理手帖
  「ボンベイ風かやく御飯」
  融紅鸞 15 テレビガイド
- 1300 婦人ニュース「七五三」
  勝村泰三
- 1320 家庭百科（OTVF）
  「テレビセットの知識」
- 1325 おしらせ 30 放送休止
- 1440 テストパターン 55 おしらせ
- 1500 大相撲九州場所六日目
  （福岡スポーツセンター）
  矢代アナ
- 1750 朝日新聞テレビニュース
- 1800 ぼくのわたしの音楽会
  神戸市平野小学校
- 1815 電気のABC「居間の照明」
  寺尾 広瀬他
- 1830 わが家の青春
- 1845 ガイド
- 1850 OTV ニュース
- 1856 あしたのお天気
- 1900 テレビぴよぴよ大学（KR）
- 1930 京阪テレビカー・泣きべそ
  天使 歌楽 広野みどり
  八杉他
- 2000 京阪テレビカー・少年新路
  山本学 他
- 2030 特ダネを逃がすな（KR）
  「これは殺人だ」前篇
- 2100 OTV ワールド・スポーツ
- 2115 金語楼劇場・おトラさん
  （KR）柳家金語楼
  小桜京子他
- 2145 ニュース 55 スポーツ N
- 2200 サンヨーテレビ劇場（KR）
  「風立ちぬ」中編
  高田敏江 木村功
  大森義夫
- 2230 小唄教室 三津之丞
  蓼胡界他
- 2250 きのうきょう 矢部利茂
- 2305 現代の顔（KR）東郷青児
- 2310 お天気◇おしらせ◇終了

11月15日（土）OTV

- 1110 テストパターン
- 1140 来週のハイライト
- 1155 家庭百科（KR）
  「石ケンの色々」
  山本鈴子
- 1200 OTV ニュース
- 1215 土曜寄席
  漫才：五九童・蝶子
- 1240 テレビガイド
- 1245 料理手帖「卵の出汁巻き
  とさつま汁」福州国三
- 1300 婦人ニュース「週間展望」
- 1315 ひばり・小鉠姉弟リサイタル
  高倉健 山東昭子 豊吉
- 1500 大相撲九州場所七日目
  （RKB）
  （福岡スポーツセンター）
  解説：天龍三郎 輝昇
  担当：近アナ 荒井アナ
- 1750 朝日新聞テレビニュース
- 1800 ぼくのわたしの音楽会
  神戸市平野小学校
- 1815 パッチリタイム・黒幕祭偵
  「足跡で捜せ」後篇
  松本朝夫 三宅邦子他
  45 ガイド
- 1850 OTV ニュース 56 お天気
- 1900 街のチャンピオン 大平透
- 1930 部長刑事「その妻を見張れ」
  中村栄二 波田久夫
  嶋達太郎 菅亜紀子
  寛田英三 真木康次郎他
- 2000 道頓堀アワー 文楽座公演
  「義経千本桜」鈴餅寿司
  屋の段 吉田難波掾
  玉男 鶴沢清六 寛治他
- 2100 話題のアルバム 10 ガイド
- 2115 日真名氏飛び出す（KR）
  「四人は狙う」前篇
- 2145 OTV ニュース
- 2155 OTV スポーツニュース
- 2200 又四郎行状記（KR）
  「紅葉狩り」中村竹弥
  浜田百合子 若柳敏三郎
- 2230 三協グッドナイト・ショウ
  生田恵子 楠他
- 2250 きのうきょう 矢部利茂
- 2305 現代の顔（KR）東郷青児
- 2310 お天気◇おしらせ◇終了

11月16日（日）OTV

- 840 テストパターン 55 おしらせ
- 900 動物園のおともだち
  古賀忠道 30 日曜漫画
- 945 仲よしニュース
- 955 マンガ公園・パンドラの箱他
- 1030 京だより「東山三十六峯」
- 1045 カメラルポ お料理訪問
  吉村一夫
- 1100 文学とところどころ「あかがい」
- 1115 海外トピックス
- 1130 経済サロン・
  世界を結ぶ通信網
  進藤次郎（朝日新聞大
  阪本社編集局長）
  中村正吾（朝日新聞ア
  メリカ総局長）
  ※ワシントンから電話で
  参加 浜田良知（国際電
  信電話大阪支社長）
- 1200 OTV ニュース 10 ガイド
- 1215 ダイラケのびっくり捕物帖
  「虚無僧変化」後篇
  40 ガイド
- 1245 ロッテ歌のアルバム（KR）
  平尾 藤島 野沢
- 1315 ナショナル日曜テレビ観
  劇会「日劇・秋のをどり」
  水谷良重 中島潤他
- 1525 大相撲九州場所中日
  （RKB）
- 1750 OTV ニュース 56 お天気
- 1800 月光仮面
- 1830 やりくりアパート（OTV）
- 1900 スーパーマン
- 1930 ラマーオブジャングル
- 2000 運命の標的「嵐の一夜」
- 2030 人生ご案内 江利チエミ
  八波むと志 由利徹
  南利明
- 2100 二つの椅子
  フラフープ問答
  藤森速水 河井冨美恵
- 2115 東芝日曜劇場
  「マンモス・タワー」
  (KR 芸術祭参加作品)
  森雅之 三島雅夫
  森繁久弥 木村功
  下元勉他
- 2235 ニュース 45 スポーツ N
- 2250 撮影所だより「灯台」他
- 2305 私のアルバム 渋谷のり子
- 2315 お天気◇おしらせ◇終了

第3章「増幅」

⑥11月17日（月）OTV

1130 テストパターン
1145 メロディ55 おしらせ
1200 OTV ニュース
1215 カクテルサロン 星野みよ子
　　　木村与三男
　　　40 テレビガイド
1245 料理手帖「五目とうふ」
　　　辻勲
1300 婦人ニュース◇岩本栄之助
1315 テレビガイド
1320 家庭百科（OTVF）「みかん」
　　　茶珍俊夫 25 おしらせ
　　　30 休止
1440 テストパターン55おしらせ
1500 大相撲九州場所九日目
　　　（福岡スポーツセンター）
　　　担当：樋口アナウンサー
1745 おしらせ
1750 毎日新聞テレビニュース
1800 子供の教室（OTV）
　　　「絵の鑑賞」井島勉
1815 フューリーとソニー
　　　「少年ロデオ大会」
　　　声：宇治あけみ 城
1845 ガイド 50 OTV ニュース
1856 あしたのお天気
1900 おさげ社長（KR）「おさげ
　　　社長とデマカセ山師」
　　　永津澄江 飯田覚三
　　　川喜多雄二 野々村
1930 ロビンフッドの冒険
　　　「紅白弓試合」
2000 蝶々のしゃべっちゃ玉人生
　　　「旅役者の巻」蝶々雄二
　　　雁玉 荒木雅子他
2030 ナショナルTVホール（KR）・
　　　銭形平次捕物控
　　　「朱塗りの筐」
　　　若山富三郎他
2100 カメラだより北から南から
　　　ファッション・アラ・モード
2115 ウロコ座「馬がもの言う」
　　　前篇 坂東簑助
　　　左幸子他
2145 ニュース 55 スポーツ N
2200 お母さん「落葉の唄」
　　　宮城千賀子 阪口美奈子他
2230 短編映画「若い市民」
2250 ダイハツスポーツウィクリー
2305 現代の顔（KR）日経連専
　　　務理事・前田一
2310 お天気◇おしらせ◇終了

⑥11月18日（火）OTV

1000 テストパターン
　　　（クラシックハイライト）
1015 劇映画
　　　「腕白小僧国会へ行く」
　　　江畑■子他
1116 子供の日・マンガ祭り
1146 家庭百科（OTVF）
　　　「子供の遊び」木崎国嘉
1151 日本の百人「福井貫一」
1200 OTV ニュース
1210 一曲どうぞ
　　　歌・中原美紗緒
1215 音楽へのいざない
　　　柳原温子のピアノ独奏
1240 テレビガイド
1245 料理手帖「お子様ランチ」
1300 ポーラ婦人ニュース
　　　第一回
1315 短編映画「宇宙探検」
1345 劇場中継
　　　「美空ひばりショー」
1500 大相撲夏場所（蔵前）
　　　二日目（NTV）佐渡ヶ嶽
　　　五ツ島 本多アナ 原アナ
1750 毎日新聞テレビニュース
1800 ポポンタイムこの人を
　　　（NIV）「昔の■」
　　　白木実他
1845 テレビガイド
1850 あしたのお天気
1853 OTV ニュース
1900 おさげ社長（KR）
　　　「おさげ社長の子供の日」
　　　永津澄江 飯田覚三
　　　川喜多雄二 野々村
1930 太閤記（NTV）「藤吉郎編」
2000 大助捕物帳（NTV）
　　　「晒された女」前篇
2030 ナショナルTVホール（KR）
　　　人知れずこそ
2100 カメラだより北から南から
　　　「男性礼讃」
2115 ウロコ座「天狗草子」
　　　前篇 坂東簑助
　　　小夜福子他
2200 OTV 週間世界ニュース
2215 ニッカ・ヒッチコック劇場
2245 ガイド 50 OTV ニュース
2302 日づけ古辞典（OTVF）
2305 お天気◇おしらせ◇終了

⑥11月19日（水）OTV

1125 テストパターン グリーク曲
1140 オープニングメロディ
1155 おしらせ
1200 OTV ニュース
1215 歌のハイライト
　　　「東京ムード」他
　　　曽根史郎 伊東のり子
1240 テレビガイド
1245 料理手帖「イカ白菊焼と
　　　ゆずなべ」
1300 婦人ニュース
　　　「晩秋の詩情」小野
　　　15 テレビガイド
1320 家庭百科（OTVF）「脳下
　　　垂体」木崎国嘉
　　　25 おしらせ 休止
1440 テストパターン55おしらせ
1500 大相撲九州場所十一日目
　　　（福岡スポーツセンター）
1750 毎日新聞テレビニュース
1800 おにいちゃん
　　　「あしたは遠足だ」
　　　川上のぼる 寺島真知子
　　　小島慶四郎
1815 アイバンホー・森の盗賊
　　　「アーサー王子の冒険」
　　　ブラウン・ムーア
　　　声：矢島正明 斎藤ひ
　　　さ子 熊谷
1845 ガイド 50 OTV ニュース
1856 あしたのお天気
1900 わが輩ははなばな氏（KR）
　　　「百万円を貯金する方法」
1930 裁判（KR）「消えた船長」
　　　松本清張・作 岡田英次
　　　小林トシ子 高田敏江
　　　下條正巳他
2000 ボクシング
　　　池山伊佐巳ー山田孝造
　　　金子繁治ー大滝三郎
　　　解説：郡司信夫
　　　白井義男 渡辺アナ
2130 おはこう表（KR/OTV）
　　　ゲスト・坂本武
2145 OTV ニュース
2155 OTV スポーツニュース
2200 ありちゃんのおかっぱ侍
　　　「歌うかっぱ御殿」
2230 週間世界ニュース45ガイド
2250 現代の顔（KR）益田金六
2255 お天気◇おしらせ◇終了

⑥11月20日（木）OTV

1125 テストパターン
1140 オープニングメロディ
1150 おしらせ
1200 OTV ニュース
1215 アイ・ラブ・亭主（KR）
　　　「ベビー誕生」「お会計は
　　　別々に」
1240 テレビガイド
1245 料理手帖「豆腐の信田
　　　巻き」
1300 婦人ニュース「私のみたお客」
　　　中川とみ子
　　　15 テレビガイド
1320 家庭百科（OTVF）「五か月
　　　の赤子」吉矢久一
1325 憩いのリズム
1330 世界の食卓めぐり「ブラジル」
1440 テストパターン（ポピュラー）
1500 大相撲九州場所十二日目
　　　（福岡スポーツセンター）
1750 朝日新聞テレビニュース
1800 はなしの社会科
1815 名犬ラッシー「おじい
　　　ちゃんの誕生日」
1845 テレビガイド
1850 あしたのお天気
1856 あしたのお天気
1900 スーパースターメロディ
1930 スーパーマン
2000 この謎は私が解く
　　　「顔」解決篇 大木民夫
　　　影万里江他
2030 鞍馬天狗（KR）
　　　「浪人大路・襲撃」
2100 奥様多忙（KR）
2115 コント千一夜 森光子 他
2130 芸能トピックス
2145 OTV ニュース
2155 OTV スポーツニュース
2200 新大岡政談「男の嫉妬」
2230 ふるさとの歌
　　　ダークダックス 45 ガイド
2251 OTV 週間世界ニュース
2306 現代の顔（KR）
2311 お天気◇おしらせ◇終了

⑥11月21日（金）OTV

1055 テストパターン
1110 オープニングメロディ
1120 おしらせ
1125 テレビ婦人スクール
　　　「ウールモード」
1200 OTV ニュース
1215 映画の窓（KR）「SOS タイ
　　　タニック」
　　　解説：荻昌弘他
1240 テレビガイド
1245 料理手帖「ポルトガル風
　　　のご飯と野菜スープ」
　　　拭石俊枝
1300 婦人ニュース「冷凍時代」
1315 テレビガイド
1320 家庭百科（OTVF）
　　　「スキーの準備」
1325 映画「アワータイムズ」
1400 川上のぼるリサイタル
　　　（ABC ホール）
1500 大相撲九州場所十三日目
　　　（福岡スポーツセンター）
1750 毎日新聞テレビニュース
1750 新聞ニュース
1800 漫画映画
1815 電気の ABC
　　　「読書とあかり」
1830 わが家の青春雪村いづみ
　　　坪内美詠子
　　　45 テレビガイド
1850 OTV ニュース 56 お天気
1900 テレビぴよぴよ大学（KR）
1930 京阪テレビ泣きべそ夫債
　　　「犯人は誰なんでしょう」
　　　歌楽 広野みどり 八杉他
2000 京阪テレビカー・少年松路
　　　「金星よ今晩は」前篇
　　　梅丘純義 池田忠夫他
2100 OTV ワールド・スポーツ
2115 金語楼劇場・おトラさん
　　　柳家金語楼 小桜京子他
2145 OTV ニュース
2155 OTV スポーツニュース
2200 サンヨーテレビ劇場（KR）
　　　「風立ちぬ」後編
　　　高田敏江 木村功
　　　大森義夫
2230 小唄教室
2250 OTV 週間テレビニュース
2305 現代の顔（KR）東山千栄子
2310 お天気◇おしらせ◇終了

⑥11月22日（土）OTV

1105 テストパターン
1135 来週のハイライト
1150 家庭百科（OTVF）「健毛法」
　　　山本鈴子 55 おしらせ
1200 OTV ニュース
1215 土曜寄席 漫才「初恋物語」
　　　かしまし三人娘
　　　40 ガイド
1245 料理手帖「かぶらむし」
　　　近藤
1300 婦人ニュース「週間展望」
　　　薄田佳
1315 劇場中継「おこま」
　　　芸術祭参加劇
　　　（浅草・常盤座）
　　　大工美智子 吉沢章之他
1500 大相撲九州場所十四日目
　　　（福岡スポーツセンター）
　　　解説：天龍三郎 輝昇
　　　担当：近江アナ 荒井アナ
1750 毎日新聞テレビニュース
1800 ぼくのわたしの音楽会
　　　大阪東中学
1815 パッチリタイム・黒影探偵
　　　「にせ札山の恐怖」前篇
　　　松本朝夫 三宅邦子他
1845 ガイド 50 OTV ニュース
1856 あしたのお天気
1900 街のチャンピオン 大平透
1930 部長刑事
　　　「ドラムに消えた男」前篇
　　　中村栄二 波田久夫
　　　嶋連太郎 菅亜紀子
　　　筧田幸男 真木康次郎他
2000 道頓堀アワー「寄席」
　　　（角座）笑顔・笑美子
　　　ワカオ・ひろし
　　　浪曲：広沢菊春
2100 話題のアルバム 10 ガイド
2115 日真名氏飛び出す（KR）
　　　「四人は狙う」解決編
2145 OTV ニュース
2145 芸能トピックス
2155 OTV スポーツニュース
2200 又四郎行状記（KR）
　　　「霜の舞」中村竹弥
　　　浜田百合子 若柳敏三郎
2230 三協グッドナイト・ショウ
　　　歌・踊り宇治かほる他
2250 きのうきょう 矢部利茂
2305 現代の顔（KR）西尾末広
2310 お天気◇おしらせ◇終了

⑥11月23日（日）OTV

840 パターン 55 おしらせ
900 建築 軽量型鋼の家
930 嵐さんの日曜漫画
945 仲よし N 55 マンガ公園
1030 京だより「桃山城跡」
1045 カメラルポお料理訪問
　　　融紅鴛
1100 文学ところどころ「王将」
1115 海外トピックス
1130 経済サロン「造幣局」
1200 OTV ニュース 10 ガイド
1215 ダイラケのびっくり捕物帖
　　　「用心深い男」前篇
1240 テレビガイド
1245 ロッテ歌のアルバム（KR）
　　　青木 松山 織井
1315 ナショナル日曜テレビ観
　　　劇会「松竹新喜劇・故
　　　郷に橋あり」天外他
1450 大相撲九州場所千秋楽
　　　（福岡スポーツセンター）
　　　解説：天龍三郎 輝昇
　　　担当：榎本アナ 寺山アナ
1750 OTV ニュース 56 お天気
1800 おもちゃ箱 榎本公江
　　　松田トシ他
1830 ダイハツコメディ・やりく
　　　りアパート（OTV）
　　　「勤労感謝」
1900 月光仮面
　　　「マンモスコング」
1930 ラマーのジャングル
　　　「白人の首長」声 大木
2000 運命の標的
　　　「港のいれずみ師」
2030 私は何も分からない
　　　八波むと志
　　　由利徹 南
2100 二つの椅子
　　　歌舞伎と大阪
　　　松尾国三 北岸佑吉
2115 東芝日曜劇場「北緯
　　　四十七度」
　　　（HBC 芸術祭参加作品）
　　　山口純一郎・作
　　　夏川大二郎 大塚道子
　　　上田敏也
2225 ニュース 35 スポーツ N
2240 撮影所だより
　　　司葉子 宝田明
2255 グッドナイト・ファンタジー
　　　高橋伸
2315 お天気◇おしらせ
　　　◇終了

⑥11月24日(月) OTV

1125 テストパターン
1145 オープニングメロディ
1150 おしらせ
1155 ショー・ウインドー
1200 OTV ニュース
1215 カクテルサロン
　　沢たまき 木村与三男
1240 テレビガイド
1245 料理手帖「純インド風カレー」
　　辻勲 杉野アナ
1300 婦人ニュース「鍵」
　　三木章弘
1315 テレビガイド
1320 家庭百科(OTVF)「圧力鍋」
　　茶珍俊夫 25 おしらせ
1330 放送休止
1730 テストパターン45おしらせ
1750 朝日新聞テレビニュース
1800 子供の教室(OTV)
　　「同じものでも違って見える」藤岡喜愛
1815 フューリーとソニー
　　「放浪者」声：宇治あけみ
　　城 45 ガイド
1850 OTV ニュース 56 お天気
1900 おさげ社長
　　「おさげ社長に幸あれ」
1930 ロビンフッドの冒険
　　「敵陣攻略」
2000 蝶々のしゃぼん玉人生
　　「旅役者の巻」
2030 ナショナルTVホール(KR)・
　　銭形平次捕物控
　　「朱塗りの筐」
　　若山富三郎他
2100 カメラだより北から南から
　　「働けど働けど」
2115 ウロコ座「馬がもの言う」
　　後篇 坂東鶴之助 左幸子他
2145 OTV ニュース
2155 スポーツニュース
2200 お母さん「去りゆく日」
　　宮城千賀子 阪口美佐子
2230 短篇映画「アワタイムス」
2250 ダイハツスポーツウィクリー
2305 現代の顔(KR)堤康次郎
2310 お天気◇おしらせ◇終了

⑥11月25日(火) OTV

1125 テストパターン40メロディ
1150 おしらせ◇ショーウインドー
1200 OTV ニュース
1215 ほほえみ一家(KR)
　　竜崎一郎 坪内美詠子他
　　40 ガイド
1245 料理手帖「キャベツ料理2題」井上幸作他
1300 婦人ニュース 村山リウ
1315 テレビガイド
1320 家庭百科(OTVF)「ガウン」
　　藤川延子
　　25 おしらせ 休止
1730 テストパターン
1750 毎日新聞テレビニュース
1800 呼出符号L
　　「400万円追加せよ」
　　高桐眞 千葉保他
1815 おとぎ劇場「人魚姫」
1845 ガイド 50 OTV ニュース
1856 あしたのお天気
1900 カロランミュージカル(KR)
　　「悩み買います」ペギー
　　深緑夏代 山崎唯
　　牧野ヨシオ
1930 ばらの伯爵(KR)「遺言状」
　　木村功 水谷八重子他
2000 源平芸能合戦
　　「BOAC ーナショナル
　　金銭登録機」
　　審査：古関裕而
2030 潜水王マイクネルソン
　　「人喰いわに」
2100 近鉄パールアワー・
　　あまから父さん
　　横山エンタツ柿木汰嘉子
2115 東京0時刻「夜を走る」
　　金子信雄 渡辺美佐子
　　織田政雄 山岡久乃
2140 ガイド 45 OTV ニュース
2155 OTV スポーツニュース
2200 カメラルポいつもどこかで
　　「ダイアル119番」
2215 女秘書スージー
　　アン・サザーン他
2250 きのうきょう 矢部利茂
2305 現代の顔(KR)野坂参三
2310 お天気◇おしらせ◇終了

⑥11月26日(水) OTV

800 テストパターン
820 山と海 第一部【再放送】
900 OTV ニュース
910 山と海 第二部【再放送】
1155 おしらせ
1200 OTV ニュース
1215 歌のハイライト「星空」他
　　松山 若山彰他
　　40 ガイド
1245 料理手帖
　　「サザエのつぼ焼」
1300 婦人ニュース
　　「バイオリン教育」
　　辻久子 辻吉之助
　　15 ガイド
1320 家庭百科(OTVF)「家庭
　　看護保温法」木崎国嘉
1325 おしらせ 30 放送休止
1715 テストパターン45おしらせ
1750 毎日新聞テレビニュース
1800 おにいちゃん
　　「迷い子の小鳥」川上このぼる
　　寺島真知子 小島慶四郎
1815 アイバンホー・森の盗賊
　　「伝説の名剣」
　　ブラウン・ムーア 声：矢島正男 藤原ひさ子
1845 ガイド 50 OTV ニュース
1856 あしたのお天気
1900 わが輩ははなばな氏(KR)
　　「深夜の訪問者」
1930 裁判「消えた船長」
　　後篇 松本清張・作
　　岡田英次 小林トシ子
　　高田敏江 下篠正巳他
2000 劇場中継「ビニロン・
　　フェスティバル」
　　1：レビュー：打吹美砂
　　　白雪式娘
　　2：KDT ショー：沢たまき
　　　東郷たまみ他
2130 はこうあこうま(KR/OTV)
　　ゲスト・志村立美 芦原邦子
2145 OTV ニュース
2155 OTV スポーツニュース
2200 ありちゃんのおかっぱ侍
　　「にせおかっぱ侍出現」
2230 週刊世界N◇ガイド
2250 現代の顔(KR)長嶋京典
2255 お天気◇おしらせ◇終了

⑥11月27日(木) OTV

925 テストパターン
955 特報「皇室会議招集」
1005 記録映画「皇居」他
1100 けさの皇居から
1115 獅子舞 新橋喜兵衛
1130 舞踊「松の功」
1145 箏曲
1200 御婚約者アルバム その一
　　（中継や座談会）
1330 音楽「皇帝円舞曲」
1400 邦楽「七福神」花柳寿輔
1415 御婚約者アルバム その二
　　（ご両親や学友座談）
1550 婦人ニュース
1605 邦楽「高砂の松」
　　吾妻太夫 文蔵
　　延二郎 扇雀他
1630 座談会
　　「御婚約者の横顔」
1655 記録映画「皇太子殿下」
1720 バレエ「シンデレラ」
1750 朝日新聞テレビニュース
1800 漫画映画
1815 名犬ラッシー
1845 ガイド 50 OTV ニュース
1856 あしたのお天気
1900 スーパースターメロディ
　　「百回記念」平尾昌章
　　神戸一郎
1930 短編映画「スーパーマン」
2000 この謎は私が解く(KR)
　　「夜間飛行」前篇
　　船山裕二他
2030 座談会
　　「皇太子さまおめでとう」
　　桶谷繁雄他
2100 奥様多忙(KR)
　　江見渉 山岡久乃他
2130 芸能ウィークリー
2145 ニュース 55 スポーツN
2200 「女の影」
　　（芸術祭参加作品）
　　勘三郎 八重子
　　襄助他
2330 現代の顔(KR) 川内康範
2335 お天気◇おしらせ◇終了

⑥11月28日(金) OTV

1055 テストパターン
1110 オープニングメロディ
1120 おしらせ
1125 テレビ婦人スクール
　　「映画ファッション」
　　久保菜穂子 髙島他
1215 映画の窓(KR)
　　「夏は知らない」
　　解説：荻昌弘 40 ガイド
1245 料理手帖「ミンチボール
　　と野菜シチュー」田積
1300 ポーラ婦人ニュース
　　「火災保険の話」酒井一男
1315 テレビガイド
1320 家庭百科(OTVF)
　　「冬向の美容体操」
1325 おしらせ 30 放送休止
1730 テストパターン45おしらせ
1750 毎日新聞テレビニュース
1815 電気の ABC「暖房器」
1830 わが家の青春「子犬の歌」
　　雪村いづみ 坪内美詠子
1845 ガイド 50 OTV ニュース
1856 あしたのお天気
1900 テレビよびよ大学(KR)
　　「にせ札屋の恐怖」後篇
1930 京阪テレビカー泣きべそ天使
　　「フラフープでフラフテです」
　　歌ま 広野みどり 八杉他
2000 京阪テレビ劇場・少年海路
　　「二十五秒の怪盗」前篇
　　梅丘純義 池田忠夫他
2030 特ダネを逃がすな(KR)
　　「六さんの災難」前篇
2100 OTV ワールド・スポーツ
2115 金語楼劇場・おトラさん
　　(KR)「五本杉」柳家金
　　語楼 小桜京子他
　　45 OTV ニュース
2155 OTV スポーツニュース
2200 サンヨーテレビ劇場
　　「消防芸者」
　　(RKB 芸術祭参加作品)
　　竜崎一郎 筑紫あけみ
　　斎田明 二三代他
2300 現代の顔(KR) 日高孝次
2310 OTV 週間テレビニュース
2325 お天気◇おしらせ◇終了

⑥11月29日(土) OTV

1125 テストパターン
　　ベルリオーズ
　　幻想交響曲ハ長調
1145 ハイライト 55 おしらせ
1200 OTV ニュース
1215 土曜寄席 光晴・夢若
1240 テレビガイド
1245 料理手帖「いり卵の牛肉巻」
　　「角正料理」吉村正一郎
1300 婦人ニュース「週間展望」
　　勝村泰三
1320 家庭百科(OTVF)「入浴
　　と化粧」山本鈴子
1325 劇場中継「唐人塚 OTV
　　開局二周年記念番組
　　(新歌舞伎座)」岡本綺
　　堂・作 市川寿海
　　尾上九郎右衛門 市川
　　寿美蔵 尾上梅幸他
1445 「海外特派員」
　　(ヒッチコック)」
1452 漫画 いたずら小犬の
　　バディちゃん
1730 来週のハイライト
1750 新聞テレビニュース
1800 ぼくのわたしの音楽会
　　集英小学校
1815 バッチリタイム・黒帯探偵
　　「にせ札屋の恐怖」後篇
1845 ガイド 50 OTV ニュース
1856 あしたのお天気
1900 街のチャンピオン
1930 部長刑事「ドラムに消えた男」後篇
2000 道頓堀アワー 人形浄瑠璃
　　「仮名手本忠臣蔵・
　　祇園一力茶屋」(文楽座)
　　山城小椽 土佐大夫他
2100 話題のアルバム 10 ガイド
2115 日真名氏飛び出す(KR)
　　「美しき恐怖」前篇
2145 ニュース45芸能トピックス
2155 OTV スポーツニュース
2200 海の笛
　　(CBC 芸術祭参加作品)
　　中江良夫・作 清川虹子
　　滝田裕介 下元勉他
2250 きのうきょう 矢部利茂
2305 現代の顔(KR) 日高孝次
2310 お天気◇おしらせ◇終了

⑥11月30日(日) OTV

840 パターン 55 おしらせ
900 動物園のお友達 古賀忠道
920 サントス楽団特別演奏
955 マンガ公園
1020 仲よしN
1030 京だより「大覚寺」
1045 カメラルポお料理訪問
　　「角正料理」吉村正一郎
1100 文学ところどころ
　　「天平の甍」井上靖
　　15 海外トピックス
1130 経済サロン「道修町今昔」
1200 ニュース 10 テレビガイド
1215 ダイラケのびっくり捕物帖
　　「用心深い男」後篇
　　◇ガイド
1245 ロッテ歌のアルバム(KR)
　　江利チエミ他
1315 フェスティバルホール中継
　　大阪テレビ放送開局二
　　周年「黄金の饗宴」
　　全十七景 森繁久弥
　　雪村いづみ 笠田сказ夫
　　中原美紗緒 ペギー葉山
　　花菱アチャコ
　　ミヤコ蝶々 南都雄二
　　ダイ・ラケ 辻久子他
1545 柔道大会
　　「世界柔道選手大会」
　　解説：醍醐七段 工藤
1745 ガイド◇N◇天気
1800 榎本公江 松田トシ他
1830 やりくりアパート(OTV)
　　「タツの縁談」
1900 月光仮面「知恵くらべ」
1930 ラマーオブジャングル
　　「偶像を盗む男」声 大木
2000 運命の標的「暗殺者」
2030 人生ご案内
　　「小使いさんはお人好し」
2100 二つの椅子
　　「おめでとう皇太子さま」
2115 東芝日曜劇場「ビルの谷間」
　　(OTV 芸術祭参加作品)
　　萬代峯子 中谷昇
　　小池朝雄 阪脩
　　加藤治子 速水雛子
2215 OTV ニュース◇スポーツN
2230 撮影所だより
2245 グッドナイト・ファンタジー
　　寺本圭一
2300 天気◇おしらせ◇放送終了

【御婚約者発表】1958 年 11 月 19 日。早朝のニュース特報から皇太子の婚約者発表、慶祝番組が夕方まで続いた。

これがOTVだ　1958年11月

単独番組

●ナショナル日曜観劇会
「東西合同歌舞伎・天地開闢」
1958年11月2日（日）13：15～
新装落成の新歌舞伎座こけら落とし公演。市川壽海、市川海老蔵、尾上松緑ほか。ネット放送。

●東芝日曜劇場「写楽の大首」
11月2日（日）21：15～22：15
長谷川幸延・作　出演：岡田英次、実川延二郎ほか。第13回芸術祭奨励賞受賞。詳細は「プレミアムドラマ」参照。

●劇場中継「北野秋のおどり」
11月3日（月）13：25～
北野劇場から中継。出演：ジェームス繁田、黒岩三代子、雪村いづみ、佐々十郎、茶川一郎

●国会中継「警職法公聴会」
11月4日（火）10：00～
第三十回衆議院地方行政委員会公聴会。10:24開議。議題は「警察官職務執行法の一部を改正する法律案について」。解説は中野好夫ほか。

●短編映画
11月4日（火）18：15～18：45
9月16日に「アニーよ銃を取れ」終了後「宝塚おとぎ劇場」開始までの2回にわたり、短編映画が放送された。4日は「ノーチラス号北極横断」「人間の住む惑星」。11日は「科学映画」とだけある。

●瀬戸内の秋　山と海の合わせ鏡
海上ロケーション三元中継
11月5日（水）13：30～14：10
テレビロケーション特別編。児島半島金甲山～屋島北端遊鶴亭～関西汽船備讃航路定期船上を結ぶ三元中継。移動船舶からの海上マイクロ波中継に日本初の成功。紅葉に燃える金甲山が瀬戸内の海面に写って美しい合わせ鏡を作る、という模様を実際にテレビカメラで確かめようという企画。「テレビ・ロケーション」参照。岡山・RSKへネットされ、こちらではスポンサーがついていたという。

●岸総理政局を語る
11月7日（金）10：00～10：20

●芽
11月12日（水）11月12日（水）
20：00～21：30
茂木草介脚本、西山嘉孝　森光子ほか。豊中市在住の小学生の詩と作文でつづった作品。OTVに隣接する空地に長屋を建設し、VTRで数十カ所に及ぶ切り貼り編集をして完成させた。第13回芸術祭奨励賞受賞。「プレミアムドラマ」参照。

●ひばり・小野姉弟リサイタル
11月15日（土）13：15～15：00
高倉健、山東昭子、豊吉。東京からのネット

●経済サロン「世界を結ぶ通信網」
11月16日（日）11：30～12：00
司会：今村益三　ゲスト：進藤次郎（朝日新聞大阪本社編集局長）、中村正吾（朝日新聞アメリカ総局長）。この日はアメリカ合衆国ワシントンDCから、国際電信電話大阪支社長・浜田良知が電話で参加した。

●川上のぼるリサイタル
11月21日（金）14：00～15：00
ABCホールから生中継。

●特別アンコールアワー
11月26日（水）8：20～9：00 第一部
9：10～11：55 第二部
実況中継「山と海の合わせ鏡」「富士山頂」「瀬戸内の秋」を再放送。

●劇場中継「ビニロン・フェスティバル」
11月26日（水）20：00～21：30
大日本紡績がビニロン発明20年・命名10年記念ビニロンフェスティバルを開催。大日本紡績・倉敷レイヨン共催。11月12日、11月18日に大阪・東京で開催されたものを録画中継。
第一部「レビュー」打吹美砂、白雪式娘。第二

部「KDTショー」沢たまき、東郷たまみ他。

●慶祝番組「高砂の松」
11月27日（木）16：05〜16：30
皇太子妃決定にあたり放送。中村扇雀、実川延二郎等出演。

●開局2周年記念番組テレビ・ロードショウ
11月29日（土）14：45〜
映画「海外特派員」（A. ヒッチコック）

●リカルドサントス管弦楽団特別演奏会
11月30日（日）9：20〜9：55
開局2周年記念として東京産経ホールからVTR録画中継。

●フェスティバルホール中継
大阪テレビ放送開局二周年
「黄金の饗宴」全十七景
11月30日（日）13：15〜15：45
森繁久弥、雪村いづみ、笠田敏夫、中原美紗緒、ペギー葉山、花菱アチャコ、蝶々・雄二、ダイマル・ラケット、辻久子ほか

●東芝日曜劇場「ビルの谷間」
11月30日（日）21：00〜22：00
芸術祭参加作品。
萬代峯子、仲谷昇、小池朝雄ほか　脚本：依田義賢。深夜の中之島。ビルの谷間でたこ焼きと中華そば、酒を商う一軒の屋台を舞台に繰り広げられる会話中心の作品。「プレミアムドラマ」参照。

新番組
【11月4日（火）】
●近鉄パールアワー「あまから父さん」
（〜1959年4月28日　全26回）
火22：00〜22：15
横山エンタツ、柿木汰嘉子、三角八重ほかによる生放送のテレビドラマ。

【11月17日（月）】
●蝶々のしゃぼん玉人生
（〜1960年10月31日、全100回）
月20：00〜20：30　ミヤコ蝶々、南都雄二、茶川一郎、芦乃家雁玉、谷口完、広野みどり、中山千夏ほかによる生ドラマ。名和青朗・作。

【11月18日（火）】
●宝塚おとぎ劇場
（〜1959年2月24日、全15回）
火18：15〜18：45　生放送のおとぎミュージカル。第一回は「チュウチュウ花嫁」富士野高嶺桜香。「テレビドラマの一週間」参照。

皇太子さま ご婚約

発表待って慶祝電波
各放送局とも特別番組

きょう皇室会議で、皇太子さまのご婚約が決まるので、各放送局はそれぞれ慶祝番組を予定している。

会見のあとで、夜七時のニュースのあとに、一夜づくりのC交響楽団の「皇帝」、民放でも、主に東京と大阪からの番組を東京ネットして、これから放送するのだろう。五時からのバラ色の夜六時半からの「おめでとう皇太子さま」などがある。

キーステーションでは、四日を入れた録音構成「ご婚約おめでとう」、発表をもとに、AB「若人のひろば日本」「喜びにわく日本」〔後10・50〕〕が予定されている。

このほか日本フィルの「第九」などの録音演奏放送もあるほか、大阪民放の「大阪から」、名古屋からの「名古屋から」、松永和風の語る「京大阪の二宮診療」、中田喜直、今東光氏らの南海宮音楽会、今東光氏の母宮の方の南東京からの「おめでとう皇太子さま」〔後5・5〕ほか、ワイド「大阪、神戸、京阪神〕〕、大阪からの「おめでとう皇太子さま」〔後10・0〕。

「縁談」〔後7、中日本〕Bは放送文化研究所の担当している日本を代表する「縁談の松」と西野バレエ団の「シンデレラ」を準備し、夜の放送には、KRB系の関西テレビは開局して間がないテレビ会社などでは慶祝の記念合戦を待ち、両者とも、NHK傘下の開放を「喜びの日・各地の表情」を伝える。目下の放送には主力を注いでいる。

これに対し、日本テレビの多くの系列放送局で慶祝番組を早くには、夜の「関東フィル」の「三位一体」の大阪、松永和風の語る「京大阪の三宮診療」、おだやかな「ある家庭の朝」〔後10・20〕。NHKの教育文化研究所と子供の学力に関しては、静岡県での子供のラジオとテレビ、これに対しラジオとテレビの子供に対する精神的影響を測って、両親への警告を決めた。〔前6・50〕が行われる

紙上再放送
NHK 「ラジオ・テレビと子供の教育」

NHK第二放送の「家庭と役割」で、二十三日「ラジオ・テレビと子供の教育」という番組構成が組まれたが、二十三日東京で開かれた第九回家庭研究会全国大会での対話を収録したもので、先生、家庭、放送教育にたずさわった「放送と家庭の指導」というテーマで討論してみた。

お父さんお母さんは、テレビ勝手に、家中の誰かはテレビの悪い影響から子供をどう守るか、一月上旬からの新しいプログラムとして、これにテレビ時代の新しいシツケのようなものを作って、週一度の番組を検討する。そして聞き中のある方が、「できることなら家中でテレビを検討する」、先生も話もあったようだが、ある先生は「お父さんおたちがこの番組を検討する気も悪いか」、そういった感想を書いて教えてください。

「皆さん一人一人がお父さんがお母さんが不在のあいだ、午後七時の一時間あまりで午後八時半あまりで放送時間は、午前、午後四時半あまり、午前、午後八時ごろから「夜十時ごろからは教育、文学、教養、九時頃は職業、農業」

NHK教育テレビの開始

NHKでは来年はじめから「教育テレビ」に先立ってテレビ局の開設を進める。従来の文化放送の各局での教育テレビ開始は全国でも本放送は先立つものとしては第二となる。一月上旬からの新しいテレビ局の放送開始の時期は、放送時間は一週間に、午前、午後四時半あまり、午前、午後七時、夜十時頃までのローカル放送、夜十一時からは教育放送も開始する、放送時間は、一週間平均。

放送時間は一週間五時間あまり、四時半あまりから、幼稚園用ピヨンちゃん、少年の自然科学（音楽、工作、歴史、体育、生活）・青年向け理科教室高校講座、生活設計、くらしの政治、教育科学、芸能、活、文学、音楽の番組。

大阪府警ブラスバンド演奏などの音楽、舞踊、目黒時、長野時の録音番組、PTA関係の人々向け教養として日本史、向こう教養として日本史、研究等、演芸、長時間、音楽番組、大阪の芸能番組を編成し、その放送開始時間は九時頃からの開始が予定される。

家中で番組の検討
テレビを買う時期も大切
悪い影響から守ろう

アナ とりあえず「ラジオ・テレビと子供の教育」について伺いたい、山梨県教育委員会のOさんから、お願いいたします。

Oさん それより問題はそういう国の番組に出てくるのが一つ、これらのテレビ対策についてでしょう。

アナ とりあえず、五十回まで出てしまった、あなたのところに今相談に来たあっていることは、あましよう、と思うのですか、特殊の場合のほかは受けないけれど、いちおう、しかし、ななかやはり、子供たちのみちや、あました。あなたがたテレビを出していたのは、初めからナマでやるから、それは「漫画相撲」といって、漫画で社会風刺やってしまう、そんなような番組、それに立会ったとき、漫画で出出する、そう組んで対談してみるとはとてもしていたからとらしいものでした。どうも、そういうTに出演してからは外ではあるから、録音というのは、どうも切ってしまって気のない手品がしらない思って、切り抜けましたよ。それで録音というのは、どうも切ってしまって気のない手品がしらない思って、切り抜けしまった、がっかりさせられた。というわけである。

読売テレビ10

9・00 音楽30 吹奏楽
10・00 舞踊「五節舞」「万歳楽」
10・30 合唱と吹奏楽東京混声
11・00 邦楽「四季の山峡」中村歌右衛門011・30臨時
11・45 皇太子の日 各地の表情
0・40 喜びの日 各地の表情
1・45 座談会「ご婚約を祝う」田中耕太郎、岡田英治他
2・30 ご婚約者記者会見
2・45 （R）婦人「皇太子のご婚約に思う」曾野綾子
3・45 映画と座談会「我らの皇太子」上崎国蔵、木村勢、和田他
4・45 九千万人よろこびの日
4・50 （R）6・00マンガ轟先生
6・15 スピードゲーム子供集
6・45 （R）フラッシュ 外国歌
7・00 雑草の歌「愛の二人三脚」岡田英次、城泉徹他
7・30 歌、北野路子、川村淳
8・00 映画「アボット、コステロ脱獄旅行の巻」
8・30 鴨田澄二アワー「やくざ先生より、愛嬌学園」
9・00 今日の出来事 滝満氏他
9・15 目で叩く話題 夢前他
10・00 お喜び歌 万代峰子
10・15 灯今も消えず 幸田紹
10・30 スポーツ （R）婚約時評
 徳沢秀雄、福島慶子
10・55 特別番組「皇太子さまご婚約」011・25 （R） 英語

関西テレビ8

9・00 臨時テストパターン
10・00 臨時テストパターン
11・00 臨時テストパターン
11・00 幼稚園「ピヨンちゃん」
11・45 （R）055天気の関西の指標
0・00 皇太子妃決定特別番組
0・10 皇太子賢歌と座談会
0・45 KTV慶祝フィルム「お二人の横顔」
2・30 ご婚約者記者会見
2・45 慶祝フィルム
6・00 漫画「リトルキング」
6・15 大皇劇場「本番OK」
6・45 （R）055 テレビガイド
7・00 （R）テレビお見合い 小野十三郎、平井明子ほか
7・15 芸能ニュース
7・30 映画「プリンス外遊アルバム」
8・00 吹奏楽「君が代」ほか大阪府警ブラスバンド
8・10 座談会と合唱 大谷孝、大谷須美子、大谷朋道、林道次ほか
8・30 文楽人形劇「菅原三番叟」竹本綱大夫、吉田文雀、玉助、栄三他
8・45 皇室音楽と合唱 ヘンデル曲「ソナタ第四番」はか
9・30 慶祝フィルム45 （R）
10・00 関西のローカル
10・10 皇太子妃学友の思い出

マイク放談
見えぬ自分の姿
宮尾しげを

NHKテレビを見るはずだった毎日放送の「とんだ珍談」へ撮りに、初めてやるとラジオとは違うから、漫画ブームはすさまじいものだろうというご意見に、いわくのである。
（漫画家・芸能評論家）

BKは予定通り

NHK大阪放送局では、二十五日に開局延期を発表したMBSとは別に、二十七日の本放送にあたって、国策通り「皇太子妃会見のニュースを放送、それまでテレビのテストパターンで音楽を放送しながら経過を伝えた。

11月27日（水）、NHKと民放各局は早朝から「皇室会議招集」の臨時ニュースを放送。開局間もないKTVもテストパターンで音楽を放送しながら経過を伝えた。
また、この日、サービス放送でこのニュースを伝えているはずだったMBSテレビは、25日に開局延期を発表した。

1958年 12月

1日　開局2周年記念日。
同日　NHK 大阪テレビジョン第2チャンネルへ
8日　CM用第4スタジオ完成
10日　技術部木村久生調整課長の「ライングスポットカメラによるポインター」、技術部白川嘉秀、鈴木雄夫両氏の「ロールテロップの自動停止装置」の考案実用化、技術部映像課の「第3スタジオ副調整室設備の整備」に対し社長賞授与
12日　「写楽の大首」「芽」「ビルの谷間」のビデオテープの活用に対し第13回芸術祭奨励賞決定。
17日　日刊スポーツ社主催「ゴルフの夕べ」後援
18日　第34回取締役会でABCとの対等合併を決議。同日ABCも取締役会で同様の決議
20日　ABC主催「石井好子シャンソン・リサイタル」を後援。
23日　ABCとの合併契約書調印。存続会社はABCとなった。
同日　四天王寺会館の「第8回大阪府高校演劇コンクール」を主催。第7回は後援者だった
24日　扇町公園から聖歌隊を実況中継。トランジスタ・カメラの利用に先鞭をつける。

テレビドラマの一週間 〜15分ドラマ全盛期〜

ここには、OTVが製作したドラマやコメディ、人形劇等のうち、レギュラー化されたものを中心にまとめた。各回ごとの副題については、判明した分のみ記載した。また、前・後編にわかれたものは一つの副題にまとめている。出演者については、放送回によって入れ替わりがあるためここでは記載していない。

このリストにない、シリーズ外の単発作品や、在京局制作番組の受注分等については、巻末の番組リストを参照していただきたい。

【月曜日】
●翻訳ドラマシリーズ
（月 18:00〜18:15）

演劇の世界には「紅毛もの」と呼ばれるジャンルがある。日本人が西洋人の扮装をして日本語で翻訳作品を演じるものだ。

これをテレビ版でやったのがこのシリーズ。ただ、当時のオルシコン式カメラの性能と、グイグイ引き込まれるストーリーのおかげで、金髪のかつらも、目を張った派手なメイクも、つけ鼻も目立つことはなく、視聴者は自然に視ることができたようだ。

スポンサー向け「ビデオパンフレット」（1958年放送）にはこの収録の模様が本読みから本番まで克明に残されているが、パリのちんぴらのセリフが時代劇調だったりして、その後の外国映画の吹き替えにも影響を与えたことが考えられる。

・名探偵ルコック
（1957年7月1日〜9月23日全13回）
原作：エミイル・ガボリオ（Etienne Èmile Gaboriau）脚本：石浜恒夫　出演：飯沼　慧、西村嘉孝、荒木雅子、坂本和子。「ルコック登場す」「長靴の男」「死体置場」「謎の犯人メイ」「謎の面会人」「独房の囚人」「囚人脱走」「ルコックの追跡」「セルムーズ公爵」「消えた犯人」「侯爵夫人の謎」「森の決闘」ほか。日本では黒岩涙香による翻案がおこなわれた。演出：中西武夫

・皇太子の冒険
（1957年9月30日〜12月23日全13回）
演出：中西武夫　原作：R.L.スチーブンソン（Robert Louis Balfour Stevenson）脚本：石浜恒夫
出演：飯沼慧、溝田繁、島村昌子。「皇太子フロリゼル殿下」「不思議な夜会」「夜間の決闘」「帽子の神箱」「宝石泥棒」「オペラグラス」「毒薬」ほか。スチーブンソンは「宝島」で知られる英国の作家。

・パリの秘密

（1957年12月30日〜1958年3月24日全13回）
演出：中西武夫　原作：ユージューヌ・シュ　脚本：石浜恒夫　出演：橘正巳、寺下貞治、南原直子。「陰謀」「穴倉」「リゴレット」「女囚」「面会人」「屋根裏」「ラセーヌ」「結婚衣装」「地下キャバレー」「悪の家路」「ある晴れた日に」ほか

●月曜20：00〜20：30枠
・蝶々のしゃぼん玉人生

（1958年11月17日〜1960年10月31日）

原作・脚本：名和青朗　出演：ミヤコ蝶々、南都雄二、芦乃家雁玉、茶川一郎、広野みどり、谷口完、中山千夏ほか。「旅役者」「居候第一日」「臨時家政婦」「勇ましき夫婦」「はて？面妖な」「楽は苦の種」「歌を忘れたカナリア」「歌を忘れたカナリア」「めでたく一緒に」ほか

【火曜日】
●少年ミステリー枠（火 18：00〜18：15）

平日18時台は子供向け番組が配されたが、火曜日にあった大和紡提供の少年ミステリードラマ枠は人気も質も高かったという。

脚本は、それまで北野劇場やOSミュージックで幕間コントなどを書いていた花登筐氏。このシリーズがテレビドラマでのデビューである。また、このシリーズの中でOTVの多田尊夫氏が演出を担当し、やがて「花登・多田コンビ」として「やりくりアパート」（1958年4月）へとつながってゆく。

子供向け番組とはいえ、ミステリードラマであるためセットのリアリティは不可欠で、大人向けドラマの制作と同じくらい手間がかけられていた。

また、このシリーズの第二弾である「仲よし探偵団」では、のちに「お昼のワイドショー」（NTV）や「お荷物小荷物」（ABC）などでマルチタレントとして活躍し、テレビを離れてから作家、国会議員、市民運動家として活躍する中山千夏氏がデビューした。当時子役であった。

・魔王の笛

（1957年4月23日〜7月16日全13回）

出演：川地義郎、番里たかし、小倉徳七、大友美鶴

・仲良し探偵団

（1957年7月23日〜1958年1月7日全23回）

出演：加本正則、中原美紗緒、中山千夏、小倉徳七。「異人館の謎」「王冠の行方」「黒服の男」「白紙の手紙」「夜行103列車」ほか

・柊城の幻影

（1958年1月14日〜1月28日）

・盗まれた宝石

（1958年2月4日〜2月25日）

・こどもスリラー・奇妙な足跡

（1958年3月4日〜1958年3月25日）

・呼出符号L

（1958年4月1日〜1959年3月31日）

脚本：檀上文雄　出演：高桐眞、嶋連太郎、千葉保、若杉弥生、谷口完、西山嘉孝。「ゼロの秘密」「盗まれた宝石」「牧場の男」「笑う影の男」「二つの顔」「この声に従え」「インカの壺」「挑戦者」「400万円追加せよ」「目撃者は誰だ」「消えた小切手」「切れたブランコ」「なだれ」「暗い時間」「白い部屋」「消えた船客」ほか

●阪急提供・子供向け枠（火 18：15〜18：45）
・宝塚おとぎ劇場

（1958年11月18日〜1959年2月24日全15回）

白井鐵造、高木史郎作。
「チュウチュウ花嫁」富士野高嶺　桜香
「鉢かつぎ姫」瑠璃豊美
「雪のバラ」美吉佐久子　美吉野一也　明月美保
「山姥と馬吉」沖ゆき子　晴野歌子　八乙女京子
「Xマスプレゼント」黛光
「七福神」浜木綿子　南条照美
「さるかにゲーム」藤里美保　浜木綿子他

「消えた姫君」淀かほる 星空ひかる
「鬼のたから」緑八千代 恵さかえ 南城照美
「真説シンデレラ姫」時凡子
「ワンフウ物語」寿美花代
「銀の夕月」梓真弓 幾久真由美 神州洋子
「ラルスの復讐」寿美花代 毬るい子 大城月江
「ミスター花咲」天城月江
　毎回、宝塚歌劇団メンバーが多数出演。

●トヨタ映画劇場（火20：30～21：00）
・潜水王マイクネルソン
　（1958年9月9日～1959年6月2日 全39回）
　ロイド・ブリッジス主演の冒険テレビドラマ。原題 "Sea Hunt"。

●近鉄パールアワー（火21：00～21：15）
　この枠自体は開局以来のものであるが、1957年3月26日まで単発ドラマ他の企画の混成枠で、のちに連続ドラマ枠となった。横山エンタツが多く出演している。

・のんきな一族
　（1957年4月2日～6月25日）
　演出：多田尊夫　脚本：香住春吾　出演：横山エンタツ、三角八重、筧田浩一。「うとましき真実」「家族会議」ほか

・これからの人生
　（1957年7月2日～9月24日）
　「貸間いたします」「洗たく機ブーム」「ミチ子の在り方」「心配無用」「身の上相談」「慰安旅行」「小さいお客様」「妻の誕生日」ほか

・何月何日何曜日
　（1957年10月1日～12月24日）
　「文の秘密」「長屋の名人」「一等当選」「ボーナスの使い方」ほか

・おっさん人生
　（1958年1月7日～8月5日）
　「抵抗療法」「月掛貯金の巻」「今日は公休日の巻」「アマカラ騒動の巻」「おひなさま」「四月馬鹿」「花見団子」「電話騒動の巻」「テレビ到達の巻」「氷はじめました」「キャンプシーズン」「お中元の巻」「夏祭り」「たか子の帰郷」ほか

・うちのお父ちゃん
　（1958年8月12日～10月28日）

・あまから父さん
　（1958年1月4日～1959年4月28日）
　「ダブルプレー」「娘ごころ親ごころ」「たすけあい」「364日目」「寒波襲来」「きょうはお留守番」「ボーイ・フレンド」「鬼は外福は内」「三寒四温」「花嫁の条件」「今日はひな祭り」「頭が痛い」「春宵一刻千金」「テンぼけ」「娘心というものは」他

●火曜外国ドラマ枠（火22：00～22：30）
・戦慄の旅券
　（1956年12月11日～1957年10月8日）
　「メキシコ編」「ブリスベーン編」「リマ編」「ハヴァナ編」「リマ編」「ロンドン編」「カルカッタ編」「ダマスカス編」「マドリード編」「ブリスベイン編」「ベオグラード編」ほか

・マーチンケイン捜査シリーズ
　（1957年10月15日～1958年7月15日）
　「XLO516」「消えた男」「えのぐ箱」「盗聴」「山頂」「古城の金」「ダイヤの髪飾り」「恐喝者」「流河の秘密」「脱獄囚」「劇場の殺人」「狙われた切手」「その殺し待て」「放射性物質」「レディ・キラー」「幽霊の街」「テレプリンター」「賭博狂」「信号待ち」「リスボンの休日」「二〇三号機」「ロケットを堀った男」「復讐」ほか

【水曜日】
●水曜18：00～18：15枠
・団子串助漫遊記
　（1957年12月4日～1958年4月30日 全22回）
　出演：中村栄治郎、中村芳子、中村富十郎、桂五郎。「初のぼりの巻」「雲助退治の巻」「プロレスの巻」「Xマスの巻」「清水港の巻」「初午」「消えた死体」「矢文の巻」「座敷牢の巻」「地下牢の巻」「白狐党の巻」

「轟然一発の巻」「燃えるダイナマイトの巻」「伊勢の海賊の巻」ほか

・もしも・もしもの物語

（1958年8月22日〜10月8日 全7回）

「スター誕生」「親爺エレジーの巻」

・おにいちゃん

（1958年10月15日〜1959年5月27日 全33回）

出演・川上のぼる、小島慶四郎ほか。「大きな地図」「おかあさんの絵の巻」「あしたは遠足だ」「迷い子の小鳥」「千ちゃんの病気」「お母さんの手紙の巻」「ひろった本」「メリーXマスの巻」「明日はお天気」「ひとりぼっちの巻」「素晴らしいしらせ」「大さむ小さむの巻」「待てど暮せど」「千吉を呼ぶ声」「お母さんの胸に」「みんなの願い」「美しい造花」「新聞騒動」「学芸会のけいこ」「こわれた傘」「帰ってきた人」「小さいお客様の巻」「二つの約束」「千吉の休日」「商売がたき」「千吉の誕生日」「明日も青空」「人形と一緒に」

●ポケット劇場（水18：30〜18：45）

（1956月12月5日〜1958年7月18日 全85回）

※1957年7月3日から金曜日に移動。副題は金曜の項参照。

●大阪の顔（水20：00〜20：30）

（1956月12月12日〜1957年5月1日 全21回）

脚本：長谷川幸延、茂木草介、香村菊雄　プロデューサー：川村雄、山下良三　ディレクター：栗原茂一郎。

NTVへネットされたレギュラー番組第一号。プロ野球ナイターの予定枠で放送されたため5月1日に終了した。提供は洋酒の寿屋（現・サントリー）。

生放送が当たり前であったこの当時、30分ドラマは長尺に属し、ノートラブルで終わることがまずなかった。OTVにとって初めての30分ドラマ。

下町を舞台に庶民の哀歓を描く人情劇。毎回完結するシリーズものだった。

第一回「師走の靴」は柳川清、吉川佳代子、橘正己、岩田直二、中村太郎ほかが出演した。

前日19：30、第一スタジオで「テレビ浮世亭」の終了後、寄席セットを解体し、そこから終夜で7〜8杯のセットを「水族館式」に立てる。小道具の飾りつけなども済ませて、翌朝、そのスタジオでリハーサルがおこなわれる。夜八時、3台のカメラをフル稼働してドラマが大阪と東京で同時放送されたのだ。

登場人物がドラマ中で寿屋のサントリー・ウイスキーを飲むシーンなどが写真で残されている。この番組のスタッフは徹夜の連続だったため番組名にひっかけて「徹夜の顔」と呼ばれた。

「師走の靴」「夜の睡蓮」「26日のサンタクロース」「舞扇」「宵えびす」「牡丹刷毛」「残月」「むかしの人」「三の午」「をなごし」「母の貯金」「二つの時計」「とりかご」「きもの」「おぼろ朝」「でっち」「もくれん」「晩春」

●南海電車枠（水21：00〜21：15）

・コント千一夜

（1956月12月5日〜1961月9月28日 全248回）

この番組は、視聴者から寄せられた2枚のスナップ写真のうちの1枚からはじまり、ラストシーンをもう1枚のスナップ写真にオーバーラップさせて終わるという「お題噺」のようなドラマだ。

この挑戦的なドラマに挑んだのは以下の通り。脚本は京野伸夫・長沖一・香住春吾・茂木草介の交代制。ディレクターは庄野至。セットデザインは鈴木俊郎と芝田真珠郎。

出演は、森光子をレギュラーとして、各回で役に応じて決められた。

放送は第2スタジオに3〜4杯のセットを水族館式に立て廻し、2台のカメラで撮影した。

毎回2枚の写真をつないで作るというスタイルそのものがスリリングであったが、連続ものではないため、物語の舞台は、山中、海水浴場、さら

にはサーカス小屋、時代劇、西部劇の世界まであって、美術担当者泣かせであったという。

スポンサーは南海電車であったが、フェリー南海丸遭難の直後はこの番組を休んでクラシック音楽の演奏を放送した。この対応は新聞評論などで高く評価された。

【木曜日】

●奥様今日は（木 13：05～13：20）

（1957年3月14日～）

「旦那様は御出勤中」「ダイヤ指輪の巻」「レースと共に」「出張には油断するな」「魅惑の装い」ほか

●シラレン国（木 18：00～18：5）

（1957年6月13日～9月26日全16回）

演出：小田稔　原作：菊池すなお　脚本：壇上文雄　出演：長岡秀幸、広野みどり、藤井誠、加本正則、沙月ひろみ、筧田幸男、山里しのぶ、梶川武利。

まだ誰も月面に到達したこともない時代に、地球外の宇宙船を惑星を想像し、そこに住む宇宙人の生態や習俗、都市などをどうやって画面の中に「具現化」させたのか。

宇宙と名付けられたイラストレーションを片っ端から集めて創造の限りを尽くした「宇宙」を舞台とした子供向けのＳＦドラマである。

プラスチックはおろか、ビニールもアルミも使えなかった時代、壁の透明感を出すためにグラスファイバーのシートを使用。ところがおかげで細かいガラス繊維が作業をする指に刺さって何日もチクチクした。アルミ箔に針穴をあけて星空をつくり、ガラスに描いた怪しげな模様を星雲に見立てた。宇宙船のディスプレイは音楽番組でも大活躍の「スクリーンプロセスへの手描き投射」で作成。

宇宙基地のミニチュアセットは、玩具や台所用品を組み合わせて製作。写真で見るとただの食器を並べただけのような空間が、照明のマジックとオルシコンカメラの威力で「宇宙都市」に変貌した。宇宙人たちのコスチュームやメイクにも奇抜なアイディアが盛り込まれていた。

原作：菊池すなお、脚本：壇上文雄、小田稔
美術：阪本雅信
出演：長岡秀幸、藤井誠、広野みどり

「浮いた紙風船」「三吉の行方」「みどりの島」「ふしぎな窓」「空飛ぶ裁判」「おかしな学校」「大きな草の実」「奇妙な劇場」「機械の中の三吉」「お母さんの心配」「キャンプの三吉」「こども大会」「謎の老人」「地下の工場」「秘密の乗物」「水中ロケットの旅」

●カゴメ劇場（木 18：00～18：15）

・母の肖像～朝の花々より～

（1957年10月31日～1958年1月23日　全13回）

演出：小田稔　原作：円地文子　脚本：京都伸夫　出演：稲田京子、弓津矢子、八杉陽子、白石純子、広野みどり。

・母恋草

（1958年1月30日～1958年4月24日　全13回）

演出：小田稔　脚本：田村幸二　演出：小田稔　脚本：田村幸二　出演：植草千恵、広野みどり他

●宝塚テレビ劇場（木 19：30～20：00）

（1957年10月3日～1958年9月25日全52回）

「スターとともに」「みにくいあひるのこ」「ホームコメディ　フラッシュ娘」「舞踊劇　汐の音」「幸福の王子」「バレエ劇　公園にて」「舞踊劇　舞い込んだ神様」「ホリナイト・ホリデイ」「恋女房」「天津乙女と共に」「宝塚おどり　寿初春絵巻」「ヘンデルとグレーテル」「スターとともに」「民話　不知火物語」「バレエ　ソーピーと讃美歌」「舞踏　雪月花」「寿美花代」「日本民謡より　白狐・小女郎」「そよ風さん」「椿姫物語」「天使と泥棒」「日本建国秘話　赤い砂丘」「揚雲雀」「白い神」「ロシ

「アンバレエ」「旅行カバン」「キャラバンゲンソウ」「風船は見た」「六月の宵の幻想曲」「ミュージカルプレー　うぐいす」「オリムポスのリンゴ」「風鈴」「愛の歓び」「バレエファンタジー　海の神秘」「舞踊劇　雪の舞扇」「ミュージカルプレイ　貴女はあじさい」「可愛い仲人」「ミュージカルストーリー　アストリア物語」「おはなさん」「歌の花園」「ブードウ」「民謡バラエティ　日本よいとこ」「シャンソン・ド・パリ」

【金曜日】

● NTVへのフイルムネット枠
（金 21：15 ～ 21：45）
・ハーバー・コマンド
（1957年12月6日～1958年8月29日 全39回）
「白い円筒」「爆薬」「暴力波止場」「危険な出迎え人」「パナマ帽の男」「ある知能犯罪」「港の復讐」「ヨットクラブの娘」「罪を重ねる男」「港の伝道師」「純金のホイルキャップ」「麻薬」「少年は知っていた」「脱獄囚」「帰ってきた男」「必至の逃亡者」「波止場の変死体」「自殺志願者」「海底の黄金」「放火魔」「船隊入港」「影におびえる男」「漂流船」「目撃者」「いつわりの証言」「不法入国者」「隊長を脅迫する男」「復讐」「亡命者」「小船長さん」ほか

● テレビ紙芝居（金 18：15 ～ 18：30）
・6助がんばれ
（1956月12月7日～1957年8月9日 全35回）
脚本：茂木草介　出演：石田茂樹、波田久夫、吉川澄代、小見満里子　音楽：小倉博

● ロッテ劇場（金 18：15 ～ 18：30）
・赤胴鈴之助
（1957年9月20日～1958年10月17日）
出演：吉田豊明、石田茂樹、矢野文彦、松井茂美、富永美沙子。脚本：松浦健郎。同時期にKRTV、CBCでも「赤胴鈴之助」が放送されたが、異なるキャスティングによる別番組。

● 人形劇「ポケット劇場」（金 18：30 ～ 18：45）
（1956月12月5日～1958年7月18日 全85回）
※ 1957年7月3日までは　水 1830 ～ 18：45
横矢猛氏がデザインを担当していたが、第一回では、道具帳にあった「二分の一」という縮尺を制作チーフの大工さんが「面積二分の一」と解釈してしまい巨大すぎるセットができあがってしまった。それを大慌てで作り直し本番ギリギリに完成。リハーサルなしで本番を迎えてしまったという。開局直後ならではの逸話を持つ番組。

「あわて床屋」「良寛さま」「もういくつ寝たらお正月」「シロちゃんのお耳」「ぶくすけ熊ところすけ熊」「アラムの冒険」「おじいさんのすることはいつもよい」「アラムの冒険」「白雪姫」「こうのとりになった王様」「ヘンゼルとグレーテル」「カスペルの冒険」「黄金の蛇とエメラルドの蛇」「のろまのハンス」「長靴をはいた猫」「ペールと水の精」「黒ん坊ウサギ物語」「ペールと水の精」「せむしの子馬」「うかれバイオリン」（イギリス童話）「アラビアンナイト〜魔法のランプ」「ハメルンの笛吹きおじさん」「森の王子」（グリム童話）「ブレーメン音楽隊」「馬にばけた狐どん」「お馬に化けた兎どん」「アリババと盗賊」「うりこひめとあまんじゃく」「さるかに物語」「オッペルと象」「赤頭巾（グリム童話）」
・小さいお嫁さんシリーズ
「犬猫おばさまの巻」「さつま芋」「温習会の日」「ミシス・ブライヤンの巻」「家庭訪問」「花束の巻」「花束の巻」「小さい時計」

● 京阪テレビ・カー
単発ドラマ期間（金 20：00 ～）
「京阪テレビカー」は、もとはテレビ受像機を車内に搭載した京阪特急の列車の名前で、到達時間で阪急・国鉄に負けていた京阪電車が打ち出した苦肉の策。最初は終日 NHK テレビを放映していた

が、OTVが「テレビカーと連動した番組を、帰りの通勤時間帯にどうでしょうか」と売り込んで出来たのがこの放送枠。最初はどの席からでも見やすくわかりやすい「ゼスチャーゲーム」を放送していたが、1958年からはドラマの放送になった。

車内では車掌さんが調整バーを動かして、カーブを曲がるたびに生駒山の方向にアンテナを向けなおして美しい画像をキープしていたというから驚きだ。

「コメディ・鬼の国」（1958年1月31日）

「コメディ・宇宙人登場」（1958年2月7日）

「歌時計」（1958年2月14日）

「音楽バラエティ・キューバの恋人たち」
（1958年2月21日）

「路地の雨」（1958年2月28日）

「ドラマ・玉子酒」（1958年3月7日）

「■水」（1958年3月14日）

●京阪テレビ・カー 連続ドラマ期間

・純情家族（金20：00〜）
（1958年3月21日〜7月25日 全19回）
がんこ親爺（金20：00〜）
（1958年8月1日〜10月17日 全12回）
※1958年10月3日から金19：30〜
脚本：香川登志緒 出演：林田十郎、芦之家雁玉、吉川雅恵、若杉弥生、日高久、広野みどり。「秋空はれての巻」「お化け騒動の巻」ほか

・泣きべそ天使（金19：30〜）
（1958年10月24日〜1962月9月28日 全204回）
脚本：小田和生 出演：浮世亭歌楽、頭師孝雄、吉川雅恵、八杉陽子。「うそをついてすみません」「大失敗さるかに合戦」「サーカスへいらっしゃい」「犯人は誰なんでしょう」「フラフープでフラフラです」「晴れ着には泣かされますの巻」「それだけはいえません」「お父ちゃんご苦労さん」「お正月は嬉しいです」「僕だって男の子です」「この子をどうしましょう」「迷惑をかけてはいけません」「お婆ちゃんいらっしゃい」「これはお手柄でした」「今日はついてません」「これはしくじりました」「はたして運命はいかに」「謹んでお受けしますの巻」「きょうはお彼岸です」「断じて負けられません」「元気で行ってきます」「千代吉たぬき退治」「たぬき退治は大失敗でした」「とんだ歓迎会でした」「お父ちゃんは淋しい」「居候はつらいです」「子供には弱いです」ほか

【土曜日】
●富士フィルム枠（パッチリタイム）
（土12：15〜12：40）

・パッチリ天国
（1958年4月19日〜8月23日 全19回）

澤田隆治ディレクターのテレビデビュー作。一話完結のコント番組。出演：姿三平、浅草四郎、藤田まこと、三浦策郎、芦屋小雁、田中淳一、人見きよし、前田知子ほか。

若手コメディアン、若手作家を起用し、作家は香川登志緒、山路洋平。6月頃から藤田まことも出演し、ここから「てなもんや三度笠」への道が始まる。生放送。

「野球魔王」「かたつむりの歯」「藤娘の秘密」「望遠鏡の中の男」「聖像の謎」「足跡で捜せ」「にせ札団の恐怖」「あぶりだしの秘密」「二日遅れのXマス」「宝を探せ」「放射能は狙う」「スケートの女王」「消えた男」「人形のなぞ」「盗まれた切手」ほか。

●大阪ガス枠（土19：30〜20：00）
・部長刑事（連続アクチュアルドラマ）
（1958年9月6日〜2002年3月30日 全2159回）

演出：中西武夫 出演：中村栄二、波田久夫、嶋連太郎、菅亜紀子、筧田幸男ほか。

番組冒頭のタイトルバックに流れる「この番組は、一人の部長刑事を通じて、社会の治安維持のために黙々として働く、人間警察官の姿を描いた

「ドラマである」というナレーションにあるとおり、捕物アクションや探偵捜査的な要素よりも、登場人物のおかれた境遇や社会的事情、そして、時に揺り動かされる刑事たちの感情や人間味に焦点をあてた作品。

このドラマは四十三年半の放送期間中、長時間の特別版を除き、ドラマの真ん中にＣＭを置かなかった。大阪ガス提供。

「俺は云えない」「口紅の秘密」「黒い牙」「五時間後の被害者」「愛情と質札」「人形の夢」「嫉妬」「盗まれた足跡」「協力者」「無頼の宿」「その妻を見張れ」「ドラムに消えた男」「にいちゃんの子守唄」「生きていた人形」「指紋は見ていた」「静かなる惨劇」「初夢と亡者」「逢いに行った女」「東京の客」「夜の風車」「女はそれを知らない」「鍵」「遺書」「物いわぬ死体」「地獄の花は紅くない」「アパッチ御殿」「おそすぎた反省」「アパッチ御殿」「アパッチ御殿」「狂ったハンドル」「非番」「おめでたい男」「桜と銃弾」「宗右衛門町の雨」「二人目は邪魔だ」「魔女」「バスト38の男」「俺を殺す気」「獅子の目」ほか

●白い桟橋（土20：30〜21：00）

（1957年10月5日〜1958年5月10日 全32回）

制作：栗原茂一郎（OTV）　ディレクター：河野雅人（OTV）、野崎一元（NTV）　出演：松本朝夫、熊谷真由美、川崎弘子、鈴木善夫、井藤敬子、伊藤友乃、木沢由起子、久邇恭子ほか。

副題は「書き終わらない手紙」「赤い電話」「電報」「赤い電話」「第六夜　約束」「二枚の切符」「女ふたり」「仮装舞踏会」「彼女の父親」「仮装舞踏会」「寮の日曜日」「港を歩く」「貸した部屋」「最後の仕事」「旅愁」「妙な愛し方」「告白」「妙な愛し方」「納屋橋河畔」「桜咲く」「魚の顔」「大阪の風」「友情と愛情」「女の幸福」「解決のない人生」ほか

●ソールアチャラカ劇場（土22：30〜22：45）

（1957年1月19日〜4月27日 全15回）

出演：滝雅雄、平凡太郎、川上正夫、南亜子、田村淳子、俵田裕子ほか。「これがアチャラカだ」「愛ちゃんさよなら」「国定忠治」「泥棒涙あり」「湯島の白梅」「斬られ与三郎」「ある日の午後のことだった」「美女と野獣」「春の幽霊」「花嫁はどこにもいる」「空巣のシーズン」ほか

【日曜日】

●日曜コント（日10：45〜11：00）

・Mr.しんさいばし

（1957年6月9日〜1957年8月25日）

●日曜昼間のコメディ枠

（日12：45〜13：00、1957年6月9日から12：15〜12：45）

・新版大阪五人娘

（1956月12月9日〜1957年4月21日 全20回）

演出：中西武夫　原作：藤沢恒夫　脚本：石浜恒夫　出演：桂美保、原黎子、飯沼慧、能勢圭英子。「尋ねる人」「海の潮風」「消えた娘」「つん寅」「無精髭」「妖精の行方」ほか

・ユーモア航路

（1957年4月28日〜6月2日　全6回）

「月と甲板」「ウエディングドレス」「ランデブー2題」「花の恋人」ほか

・びっくり捕物帖

（1957年4月22日〜1960月5月22日　全161回）

演出：信太正行、澤田隆治　出演：中田ダイマル・ラケット、森光子、永田光男、藤田まこと、美杉てい子、環三千世、人見きよし、三角八重、関本勝、小島慶四郎。1957年5月27日まで月19：00〜19：30。全国ネット開始にあたり6月9日から日曜日に移動。

OTVとしては初めてのマゲもの（時代劇）であったため画づくりに苦心。美術担当は舞台美術を参考にテレビうつりのいい時代セットを考えた。

問題は殺陣のシーンであった。ABCから移籍してきたばかりの澤田隆治ディレクターは映画館に通って東映時代劇のシーンを研究したが、当時のテレビカメラは、重量やケーブルの都合で映画カ

メラに比べて機敏な動きが困難であったため、殺陣の激しい動きについてゆけず、映画のような絵作りは困難だった。そのため、当時の時代劇ドラマはどうしても殺陣のシーンになると引きの画面にせざるを得なかったのだ。しかしそれでも、テレビカメラの動く範囲で動的なカットわりができるよう苦心を重ねていった。そこで得られたノウハウは将来的にABCの時代劇作品に活かされた。

「鬼むすめ」「念仏小僧」「幽霊草紙」「人さらい天狗」「人さらい天狗」「さかさま騒動」「さかさま騒動」「鳥追い女」「鳥追い女」「おいてけ地獄」「ニセ勘太の巻」「いなり小町」「お妙さま危機」「天満の子守唄」「身代わり花嫁」「あけすの間」「白頭巾御用」「親分勘太」「親分の娘」「通りゃんせ」「鶴を折る女」「お化け鯉」「びょうぶ変化」「まぼろしの鏡」「三人亭主」「五郎長災難の巻」「三人道中の巻」「化猫騒動の巻」「幽霊になった男の巻」「逃げた死体の巻」「猫盗人」「二人の伝吉の巻」「三日月城の怪異」「しゃっくり勘兵衛」「お高祖頭巾の女」「不思議な笛」「死神と娘」「姿なき声」「虚無僧変化」「用心深い男」「冥土からの手紙」「師走の騒動」「歌カルタ詮議」「雪の足跡」「薬売りの男」「五人の山伏」「密使」「六文銭の秘密」「三人目の女」「いたずら女中」「お妙さま変化」「名無しの権兵衛」ほか

● ダイハツコメディ（日 18：30～19：00）

・やりくりアパート

（1958年4月6日～1960年2月28日 全100回）KRT系へネット。

演出：澤田隆治、多田尊夫　出演：横山エンタツ、佐々十郎、大村崑、茶川一郎、E・H・エリック、初音礼子、中山千夏、富士乃章介、三浦策郎、立原博、黒岩三代子、筧浩一、結城三千代、花和幸助、三角八重、芦屋小雁、由美あづさ、生駒道男、芦屋雁之助、花紀京、大屋満、園佳代子、槙祥次郎、笠原亮三、中野ひろみ、ミヤコ蝶々ほか。

「御紹介の巻」「隣人愛の巻」「発明家の巻の巻」「犯人は誰だの巻」「家庭教師の巻」「スリにご用心の巻」「男は三度勝負するの巻」「愚兄愚弟の巻」「明日はどっちだの巻」「海風・恋風の巻」「今宵ロマンスの巻」「盆おどりの巻の巻」「プロレスの巻の巻」「先輩はいかすの巻」「現代操縦法の巻」「おやじ来るの巻」「秋風の吹く頃はの巻」「チンドン屋愛情論の巻」「ウェディングマーチ」「新婚家庭」「就職試験の巻」「勤労感謝」「タツの縁談」「プリンス誕生」「Xマス・贈物」「ボーナスは貰ったが」「年末多忙」「一年の計は」「いつも笑顔で」「雪の降る町で」「春はどこから」「福は内の巻」「名古屋旅行」「もつれた関係」「小さな秘密」「雛まつり」「夜の公園は」「彼岸まいり」「三月生まれ」「リンゴの花と桜の花」「百年前のやりくりアパート」（一周年記念企画）「同じ屋根の下」「そよ風と私」「安全な曲がり角」「わが家の憲法」「明日は雨か」「善意で行こう」「四つのエピソード」「祭りのあとさき」「恥ずかしいなァ」ほか。

● 東芝日曜劇場　OTV分

（日 21：15～22：15）

・かんてき長屋（1957年12月1日　芸術祭参加）

・母の断層（1958年8月17日）

・写楽の大首（1958年11月2日　芸術祭参加）

芸術祭参加作品については「OTVのプレミアムドラマ」を参照。

・ビルの谷間（1958年11月30日　芸術祭参加）

● ちんどんやの天使（1958年6月1日）

16：15～17：00　我国初のVTR「使用」番組（香住春吾作）。ミヤコ蝶々・南都雄二がチンドン屋と天使の二役を合成画面によって演技するという特殊撮影。記録保存用ではなく「効果の道具」として利用した点は特筆に値する。出演はこのほか柿木汰嘉子、海老江寛ほか。冒頭「VTRについての解説」15分あり。

1958.12

・大証が労組ストのため立会できず、翌日、株屋との間で大乱闘。
・新1万円札（聖徳太子像）発行。
・世界一の自立鉄塔・日本電波塔（東京タワー）完工。一般公開へ。

第3章「増幅」

⑥12月1日（月）OTV

930 パターン 50 メロディ
1000 伸びゆくテレビジョン
1035 文吾郎好み「段畑」他
1100 スメタナ弦楽四重奏他
1130 誕生日十二月一日
1155 テレビ・ショーウインドウ
1200 OTV ニュース
1215 カクテルサロン
　　　ペギー葉山
1240 テレビガイド
1245 料理手帖「鰯の法蓮草巻
　　　揚げ」
1300 婦人ニュース◇テレビガイド
1320 ルポ 日本経済の鼓動
1325 ガイド◇休止◇パターン
1510 ジャズとタンゴ
　　　藤沢嵐子他
1540 博多のにわか「にわか」他
1600 寄席 枝鶴 ダイ・ラケ他
1650 各社フレッシュコンビ
1720 漫画カーニバル
　　　45 おしらせ
1750 新聞テレビニュース
1800 子供の教室 (OTV)
　　　「大阪城」岡本良一
1815 フューリーとソニー
　　　声：宇佐あけみ 城建他
1845 ガイド 50 OTV ニュース
1856 あしたのお天気
1900 あんみつ姫 (KR)
　　　中原美紗緒 浜田百合子
1930 ロビンフッドの冒険
　　　「犯人は誰だ？」
2000 蝶々のしゃぼん玉人生
　　　「旅役者の巻」 蝶々
　　　雄二 雁来 荒木雅子他
2030 ナショナルTVホール
　　　(KR) 銭形平次捕物控
　　　「雪の精」 前篇
　　　若山富三郎他
2100 カメラだより北から南から
　　　「愛されるおまわりさん」
2115 東京 0 時刻
　　　「恐怖の三日間」
　　　金子信雄 渡辺美佐子
　　　織田政雄 山岡久乃他
2145 OTV ニュース◇スポーツN
2200 お母さん 水戸光子
2230 短編映画
2250 ダイハツスポーツウィクリー
2300 天気◇現代の顔 (KR)
　　　幸田文◇おしらせ
　　　◇放送終了

⑥12月2日（火）OTV

1025 パターン 45 メロディ
1055 職場の合唱 松下電器他
1125 座談会「テレビと生活」
　　　大原総一郎 石川まさ
　　　他◇テレビガイド
1155 テレビ・ショーウインドウ
1200 OTV ニュース
1215 ほほえみ一家 (KR)
　　　「花嫁失踪」 竜崎一郎
　　　他◇テレビガイド
1245 料理手帖「温かいいも
　　　サラダ」 井上幸作 他
1300 婦人N 竹沢淳◇ガイド
1320 家庭百科(OTVF)パーティー
　　　ドレス 藤川延子
1325 リズムラリー・コンガの響き
　　　キャリオカ 会津磐梯山
　　　他 東京キューバンボー
　　　イズ トリオカラカロス
　　　大橋シスターズ (アクロ
　　　バット)
1410 京阪神を結ぶ三元放送
　　　中井光次（大阪市長）
　　　高山義三（京都市長）
　　　原口忠次郎（神戸市長）
　　　長谷川周重
　　　◇おしらせ◇休止
1730 パターン 50 朝日新聞N
1800 呼出符号 L
　　　「目撃者は誰だ」
1815 宝塚おとぎ劇場
　　　「鉢かつぎ姫」 瑠璃豊美
1845 ガイド◇ニュース◇お天気
1900 カロランミュージカル(KR)
　　　「悩み買います」
1930 モダン・ダンス エリカ・
　　　ワイネルト・ショー
　　　「ピカソ展の印象」
　　　「神話鳥」
2000 源平芸能合戦
　　　審査：古関裕而
2030 潜水王マイケルソン
　　　「盗まれた秘密兵器」
2100 近鉄パールサンデー・
　　　あまから父さん
　　　「娘ごころ親ごころ」
2250 きのうきょう 矢部利茂
2305 現代の顔 (KR) 中村立行
2310 お天気◇おしらせ◇終了

⑥12月3日（水）OTV

1125 テストパターン
1140 オープニングメロディ
1150 おしらせ
1155 テレビ・ショーウインドウ
1200 OTV ニュース
1215 歌のハイライト
　　　青木 花村 大寿静他
1245 料理手帖「白菜とベーコ
　　　ン鍋」辻徳光 広瀬修子
1300 婦人ニュース「今年の
　　　ボーナス」 秋山隆吉
1315 テレビガイド
1320 家庭百科(OTVF)「感冒」
　　　木崎国嘉 25 おしらせ
1730 テストパターン
　　　（コージーコーナー）
1745 おしらせ
1750 朝日新聞テレビニュース
1800 おにいちゃん
　　　「千ちゃんの病気」
　　　川上のぼる 寺島真知子
　　　小島慶四郎
1815 アイバンホー・森の盗賊
1845 ガイド 50 OTV ニュース
1856 あしたのお天気
1900 わが輩ははなばな氏 (KR)
　　　「喧嘩街成敗」
1930 裁判 L
　　　「血液の証言」 前篇
　　　夏川大二郎 細川他
2000 ボクシング「東洋チャン
　　　ピオン第五戦」
　　　稲垣龍治－鄭国勉
　　　沢田二郎－康世哲
　　　解説：郡司 白井
2130 おはこうら表 (KR/OTV)
　　　万里昌代（新東宝）
2145 OTV ニュース
2150 OTV スポーツニュース
2200 ありちゃんのおかっぱ侍
　　　「せんちめんたる狂女」
2230 芸能ウイークリー
　　　「春を待つ京都の時代劇」
2245 テレビガイド
2250 現代の顔 (KR)
　　　フランキー堺
2302 あしたのお天気
2305 おしらせ◇放送終了

⑥12月4日（木）OTV

1125 テストパターン
1140 オープニングメロディ
1150 おしらせ
1155 テレビ・ショーウインドウ
1200 OTV ニュース
1215 アイ・ラブ・亭主 (KR)
　　　「美しき旅」40 テレビ
　　　ガイド
1245 料理手帖「中華風肉のて
　　　んぷら丼」 奥井л美
　　　佐藤和枝
1300 婦人ニュース
1315 男のおしゃれ
1320 家庭百科 (OTVF)
　　　「燃料の科学」 茶珍俊夫
1325 憩いのリズム
1330 世界の食卓めぐり
　　　「オランダ」藤原義江
　　　◇休止
1730 テストパターン45 おしらせ
1750 毎日新聞テレビニュース
1800 スタープレゼント
　　　歌 中原他
1815 名犬ラッシー
　　　「可愛そうな犬たち」
1845 ガイド ニュース お天気
1900 スーパースターメロディー
　　　鈴木三重子
　　　「恋の五つ木娘」
　　　白根一男「母恋椿」
1930 スーパーマン
　　　「犬は知っている」
2000 この謎は私が解く (KR)
　　　「夜間航路」 解決篇
　　　船山裕二 影万里江他
2030 鞍馬天狗 (KR)
　　　「浪人大脱・奪還の巻」
2100 奥様多忙 (KR)「師走の風」
　　　江見渉 山岡久乃他
2115 コント千一夜 森光子他
2130 芸能ウイークリー
　　　「春を待つ京都の時代劇」
2145 OTV ニュース
2150 OTV スポーツニュース
2200 新大岡政談「茛屋喜八」
　　　夏川大二郎 藤代佳子
2230 ショー 東郷 竹部 中北
2300 あしたのお天気
2305 現代の顔 (KR) 山口シズエ
2310 おしらせ◇放送終了

⑥12月5日（金）OTV

1125 テストパターン（古典音楽）
1140 オープニングメロディ
1150 おしらせ
1155 テレビ・ショーウインドウ
1200 OTV ニュース
1215 映画の窓 (KR)「晩鐘」
　　　（オーストリア映画）
　　　解説：荻昌弘 飯島匡
　　　丹羽陸夫他
1240 ガイド 45 料理手帖
　　　「田舎風豆のシチュー」
　　　堀越フサエ 高折八州子
1300 ポーラ婦人ニュース
　　　「冬を暖かく」 足利
1315 テレビガイド
1320 いけばな教室 肥原康甫
1325 家庭百科 (OTVF)
　　　「ダンス入門」木崎国嘉
　　　50 おしらせ他
1730 ストパターン45 おしらせ
1750 毎日新聞テレビニュース
1800 漫画映画「キコの狐退治」
1815 電気の ABC
　　　「冬の暖房機・電気ざぶ
　　　とん」
1830 映画「大地に投資する」
1845 ガイド 50 OTV ニュース
1856 あしたのお天気
1900 テレビびよよよ大学 (KR)
1930 京阪テレビカー泣きべそ
　　　天使「ボーナスをお出し
　　　なさい」
2000 少年航路 (KR)
　　　「二十五秒の怪盗」 後篇
　　　梅丘純義 池田忠夫他
2030 特ダネを逃すな (KR)
　　　「不在証明」 前篇
2100 TV ワールド・スポーツ
2115 金謎劇場・おトラさん (KR)
　　　「あんまの巻」
　　　柳家金語楼 小桜京子他
2145 OTV ニュース
2155 OTV スポーツニュース
2200 サンヨーテレビ劇場 (KR)
　　　「親馬鹿ちゃんりん」
　　　永井智雄 荒木道子
　　　南風
2230 小唄教室 (KR) 大隅初江
　　　竹枝せい 田辺■子
2300 現代の顔 (KR) 田崎勇三
2310 OTV 週間テレビニュース
2325 お天気◇おしらせ◇終了

⑥12月6日（土）OTV

1125 テストパターン
1140 メロディ 50 おしらせ
1200 OTV ニュース
1215 土曜寄席 漫才「台所
　　　交響楽」 浪花家芳子・
　　　市松 40 ガイド
1245 料理手帖「おろしクワイの
　　　揚げだし」 丹羽陸夫他
1300 ポーラ婦人ニュース
　　　「週間暖望」 薄田15ガイド
1320 家庭百科 (OTVF)
　　　「ハンドクリーム」
　　　山本静子
1325 関東大学ラグビー
　　　青山学院－法政
　　　立教－慶応
1335 家庭百科 (OTVF)
　　　「ダンス入門」木崎国嘉
　　　50 おしらせ
　　　解説：松本秀明
1730 テレビガイド
1745 来週のハイライト
1750 朝日新聞テレビニュース
1800 ぼくのわたしの音楽会
　　　神戸本山中学校
1815 バッチリタイム・黒部探偵
　　　「あぶりだしの秘密」
　　　前篇
1845 ガイド 50 OTV ニュース
1856 あしたのお天気
1900 街のチャンピオン
1930 部長刑事「にいちゃんの
　　　子守唄」 中村栄二
　　　波田久夫 嶋連太郎
　　　菅田紀子 筧田幸男
　　　真木康次郎他
2000 道頓堀アワー 十吾家庭劇
　　　「お母さんと学生帽」
　　　（文楽座）曾我廼家十吾
　　　草間百合子 高村俊郎
　　　矢弓 八方ほか
2100 話題のアルバム 10ガイド
2115 日 真名氏飛び出す (KR)
　　　「美しき恐怖」 解決編
2145 ニュース45芸能トピックス
2155 OTV スポーツニュース
2200 維新風雲録 服部哲治
　　　丘久美子 芦田伸介
2230 ヤシカ土曜劇場
　　　「今度はおれの番だ」
　　　三橋達也 左幸子 伊豆
2250 きのうきょう 矢部利茂
2305 現代の顔 (KR) 岩瀬英一郎
2310 お天気◇おしらせ◇終了

⑥12月7日（日）OTV

905 テストパターン25おしらせ
930 嵐さんの日曜漫画
945 仲よしニュース
955 マンガ公園・ネズミの戦争他
1030 京だより「湯葉と麩」
1045 カメラルポお料理訪問
　　　花柳有洸
1100 OTV 週間テレビニュース
1115 海外トピックス
1130 経済サロン「百貨店」
　　　北沢敬二郎 大井治
　　　今村アナ
1200 OTV ニュース 10 ガイド
1215 ダイラケのびっくり捕物帖
　　　「冥土からの手紙」前篇
1240 テレビガイド
1245 ロッテ歌のアルバム (KR)
　　　三波春夫 ジェームス
　　　三木
1315 ナショナル日曜テレビ
　　　観劇会「東宝現代劇・
　　　花のれん」 三益愛子
　　　益田喜頓 森光子他
　　　◇休止
1725 パターン◇おしらせ◇ガイド
1750 OTV ニュース 56 お天気
1800 芸能スナップ
　　　「暗黒街の顔役」
1815 スタープレゼント 若山
1830 やりくりアパート (OTV)
　　　「プリンス誕生」 大村崑
1900 月光仮面 マンモスコング・
　　　正義の逆襲
1930 ラマーオブジャングル
　　　「謎の死」 声 大木
2000 運命の標的「催涙弾強盗」
2030 人生ご案内「当るも八卦」
2100 二つの椅子 天津 水谷
2115 東芝日曜劇場「別れ囃子」
　　　(KR) 市川段四郎 中村
　　　又五郎 松本克平
　　　南田洋子
2215 ニュース25OTVスポーツN
2230 撮影所だより
　　　「スクリーンハイライト」
2245 グッドナイト・ファンタ
　　　ジー 黒岩三代子
2300 お天気◇おしらせ
2310 終了

●12月8日（月）OTV

- 1125 パターン 40 メロディ
- 1150 おしらせ
- 1155 テレビ・ショーウインドウ
- 1200 OTVニュース
- 1215 カクテルサロン
  - ジェニー愛田他
  - 40 ガイド
- 1245 料理手帖「フレンチコロッケ」
  - 辻勲 杉野アナ
- 1300 婦人ニュース「お歳暮」
  - 河野
- 1315 テレビガイド
- 1320 家庭百科（OTVF）「焼鳥」
  - 茶珍俊夫
- 1325 おしらせ◇休止◇パターン
- 1745 おしらせ
- 1750 毎日新聞テレビニュース
- 1800 子供の教室（OTV）
  - 「国鉄の切符」
  - 宗像忠夫（鉄道局）
- 1815 ソ連漫画「魔法の杖」
  - 「山犬とラクダ」
- 1845 ガイド 50 OTVニュース
- 1856 あしたのお天気
- 1900 あんみつ姫（KR）
  - 「あんみつ姫と腰元たち」
- 1930 ロビンフッドの冒険
  - 「僕はお山の大将」
- 2000 蝶々のしゃぼん玉人生
  - 「旅役者の巻」蝶々雄二
- 2030 ナショナルTVホール（KR）
  - 銭形平次捕物控
  - 「雪の精」後篇
  - 若山富三郎他
- 2100 カメラだより北から南から
  - 「会議は踊る」
- 2115 東京 0 時刻
  - 「電話で知らせろ！」
- 2145 OTVニュース
- 2155 スポーツニュース
- 2200 お母さん「信号機」
  - 水戸光子
- 2230 ダイハツスポーツウィクリー
- 2250 きのうきょう 矢部利茂
- 2300 あしたのお天気
- 2305 現代の顔（KR）芥川也寸志
- 2300 お天気◇おしらせ◇終了

⑥12月9日（火）OTV

- 1130 テストパターン
- 1145 オープニングメロディ
- 1155 テレビ・ショーウインドウ
- 1200 OTVニュース
- 1215 ほほえみ一家（KR）(KR)
  - 「お金は天下の」旗ály子
  - 40 ガイド
- 1245 料理手帖「カレースープ」
- 1300 婦人ニュース
  - 「正月食品の値段」
  - 夏原義蔵
- 1315 テレビガイド
- 1320 家庭百科（OTVF）
  - 「お正月着」藤川延子
- 1325 おしらせ 30 放送休止
- 1730 テストパターン
- 1745 おしらせ
- 1750 朝日新聞テレビニュース
- 1800 呼出符号L
  - 「目撃者は誰だ」
  - 高桐眞 千葉保他
- 1815 宝塚おとぎ劇場「雪のバラ」
  - 美吉佐久子 美吉野一也
  - 明月美保他 45 テレビ
  - ガイド
- 1850 OTVニュース 56 お天気
- 1900 カロランミュージカル（KR）
  - 「悩み買います」
  - ペギー葉山 深緑夏代
  - 山崎唯 牧野ヨシオ
- 1930 フューリーとソニー
  - 「ひねくれた少女」
- 2000 源平芸能合戦
  - 審査：古関裕而
  - 久松保夫 上月左知子
  - 若水他
- 2100 近鉄パールアワー・
  - あまから父さん
  - 「たすけあいの巻」
  - 沢村貞子
- 2130 おはこうら表（KR/OTV）
  - 近藤日出造　45 OTV
  - ニュース
- 2115 ばらの伯爵（KR）「決闘」
  - 木村功 水谷八重子他
- 2140 テレビガイド 45 ニュース
- 2155 OTVスポーツニュース
- 2200 カメラぽいつもどこかで
  - 「おもちゃ」
- 2215 女秘書スージー「気になる
  - 週間」アン・サザーン他
- 2245 テレビガイド
- 2250 きのうきょう 矢部利茂
- 2305 現代の顔（KR）石井好子
- 2310 お天気◇おしらせ
  - ◇放送終了

⑥12月10日（水）OTV

- 1055 テストパターン（クラシック）
- 1115 オープニングメロディ
- 1125 生活科学教室
  - 頭の美しいシルエット
  - 名和
- 1150 おしらせ
- 1155 テレビ・ショーウインドウ
- 1200 OTVニュース
- 1215 歌のハイライト
  - 津村襄 翼ひろみ他
- 1240 テレビガイド
- 1245 料理手帖「湯どうふ」
  - 辻徳光 広瀬静子
- 1300 婦人ニュース「医学と禅」
  - 長谷川卯三郎 15 ガイド
- 1320 家庭百科（OTVF）
  - 「お酒の医学」木崎国嘉
  - 25 おしらせ 休止
- 1730 テストパターン45おしらせ
- 1750 朝日新聞テレビニュース
- 1800 おにいちゃん「お母さんの
  - 手紙の巻」川上のぼる
- 1815 名犬ラッシー
  - 「一夜のジプシー」
- 1845 テレビガイド
- 1850 ガイド 50 OTVニュース
- 1900 スーパースターメロディ
  - 「ホープ特集」芝 大関
  - 大江
- 1930 スーパーマン
  - 「まぼろしの狼」
- 2000 この謎は私が解く（KR）
  - 「ヒゲのある虚像」前篇
  - 船山裕二 影万里江
  - 小畑他
- 2100 奥様多忙（KR）「冬枯れ」
  - 江見渉 山岡久乃他
- 2115 コント千一夜 森光子 他
- 2130 芸能ウイークリー
- 2145 OTVニュース
- 2150 OTVスポーツニュース
- 2200 ありちゃんのおかっぱ侍
  - 「鐘を合図に」
- 2230 OTV週間世界ニュース
- 2245 テレビガイド
- 2250 きのうきょう 矢部利茂
- 2302 現代の顔（KR）江戸川乱歩
- 2312 あしたのお天気
- 2315 おしらせ◇放送終了

⑥12月11日（木）OTV

- 1125 テストパターン（クラシック）
- 1140 オープニングメロディ
- 1150 おしらせ
- 1155 テレビ・ショーウインドウ
- 1200 OTVニュース
- 1215 アイ・ラブ・亭主（KR）
  - 「美しき旅」40 テレビガイド
- 1245 料理手帖「蒸しサバの納豆
  - じょうゆとゆずの甘煮」
  - 平田武一
- 1300 婦人ニュース「歳末防災」
  - 高寺 15 テレビガイド
- 1320 家庭百科（OTVF）「Xマス
  - ツリー」木崎国嘉
- 1340 映画レイニア山公園◇休止
- 1420 関東大学ラグビー
  - 慶応－東大 松元秀明
- 1730 テストパターン（ポピュラー）
- 1745 おしらせ、朝刊ニュース
- 1800 短編映画「一番安全な道」
- 1815 電気のABC「ステレオ」
- 1830 男子専科 クリスマスの
  - 贈り物 小林昭
- 1845 ガイド 50 OTVニュース
- 1856 あしたのお天気
- 1900 テレビぴよぴよ大学（KR）
- 1930 京阪テレビカー泣きべそ
  - 天使 泣きたくには泣か
  - されますの巻 歌楽
  - 広野みどり 吉川雅恵
  - 八杉順子他
- 2000 少年航路（KR）
  - 「妹葉災難」前篇
  - 梅丘純義 池田忠吉他
- 2030 特ダネを逃がすな（KR）
  - 「進藤刑事」前篇
- 2100 OTVワールド・スポーツ
- 2115 金語楼劇場・おトラさん
  - （KR）「おタケ結婚の巻」
  - 柳家金語楼 小桜京子他
- 2145 ニュース55OTVスポーツN
- 2200 サンヨーテレビ劇場（KR）
  - 「風と雲と」
  - 南原伸二 小林トシ子
  - 奈良岡朋子
- 2230 小唄教室
  - 松延 村田嘉久子
- 2302 現代の顔（KR）山野愛子
- 2312 あしたのお天気
- 2325 お天気◇おしらせ◇終了

⑥12月12日（金）OTV

- 1125 パターン（クラシック）
- 1140 メロディ 50 おしらせ
- 1200 OTVニュース
- 1215 映画の窓（KR）「女の一
  - 生」他 解説：蘆原英了
  - 40 ガイド
- 1245 料理手帖「シュークリーム」
- 1300 婦人ニュース「冬山ブーム」
- 1315 テレビガイド
- 1320 いけばな教室「応用花器」
  - 肥原康甫
- 1335 家庭百科（OTVF）「Xマス
  - ツリー」木崎国嘉
- 1640 テストパターン
- 1655 来週のハイライト
- 1700 早明ラグビー決勝ダイジェ
  - スト
- 1730 座談会「火災シーズン」
- 1750 毎日新聞テレビニュース
- 1800 ぼくのわたしの音楽会
  - 尼崎市金楽寺小学校
- 1815 パッチリタイム・黒髪探偵
  - 「あぶりだしの秘密」
  - 後篇 松本朝夫
  - 三宅邦子他
- 1845 ガイド 50 OTVニュース
- 1856 あしたのお天気
- 1900 街のチャンピオン
- 1930 部長刑事「生きていた
  - 入墨」中村栄二
  - 波田久夫 嶋速太郎
  - 菅亜紀子 筧田幸男
  - 真木康次郎他
- 2000 道頓堀アワー「寄席」（角座）
  - 漫才三題 栄子・小円
  - 右楽・左楽 春弥・捨丸
- 2100 話題のアルバム 10 ガイド
- 2115 日真名氏飛び出す（KR）
  - 「堀部安兵衛と拳銃」
  - 前篇
- 2145 OTVニュース
- 2145 芸能トピックス
- 2155 OTVスポーツニュース
- 2200 維新風雲録 服部哲治
  - 丘久寿子 芦田伸介
- 2230 ヤシカ土曜劇場
  - 「今度はおれの番だ」
  - 三橋達也 左幸子 伊豆
- 2302 現代の顔（KR）山野愛子
- 2312 お天気◇おしらせ◇終了

⑥12月13日（土）OTV

- 1125 テストパターン（クラシック）
- 1140 メロディ 50 おしらせ
- 1200 OTVニュース
- 1215 土曜寄席
  - 漫才「のんだ安・高田
  - の馬場」ワカサ他
  - 40 テレビガイド
- 1245 料理手帖「アメリカ風カキ
  - スープ」松下貝也
  - 佐藤和枝
- 1300 婦人ニュース「週間展望」
  - 勝村 15 テレビガイド
- 1320 家庭百科（OTVF）
  - 「写真向きの化粧」25休止
- 1640 テストパターン
- 1655 来週のハイライト
- 1700 早明ラグビー決勝ダイジェ
  - スト
- 1730 座談会「火災シーズン」
- 1750 毎日新聞テレビニュース
- 1800 ぼくのわたしの音楽会
  - 尼崎市金楽寺小学校
- 1815 パッチリタイム・黒髪探偵
  - 「あぶりだしの秘密」
  - 後篇 松本朝夫
  - 三宅邦子他
- 1845 ガイド 50 OTVニュース
- 1856 あしたのお天気
- 1900 街のチャンピオン
  - トップライト
- 1930 部長刑事「生きていた
  - 入墨」中村栄二
  - 波田久夫 嶋速太郎
  - 菅亜紀子 筧田幸男
  - 真木康次郎他
- 2000 道頓堀アワー「寄席」（角座）
  - 漫才三題 栄子・小円
  - 右楽・左楽 春弥・捨丸
- 2100 話題のアルバム 10 ガイド
- 2115 日真名氏飛び出す（KR）
  - 「堀部安兵衛と拳銃」
  - 前篇
- 2145 OTVニュース
- 2145 芸能トピックス
- 2155 OTVスポーツニュース
- 2200 維新風雲録 服部哲治
  - 丘久寿子 芦田伸介
- 2230 ヤシカ土曜劇場
  - 「今度はおれの番だ」
  - 三橋達也 左幸子 伊豆

⑥12月14日（日）OTV

- 905 テストパターン 25 おしらせ
- 930 嵐ちゃんの日曜漫画
- 945 仲よしニュース
- 955 マンガ公園「町一番の消防夫」
- 1030 京だより「基礎物理学
  - 研究所」
- 1045 カメラルポお料理訪問
  - てんぷらと湯豆腐
  - 花柳有洸
- 1100 OTV週間テレビニュース
- 1115 海外トピックス
- 1130 経済サロン「鉄の今昔」
  - 佐分利裕一
- 1200 OTVニュース 10 ガイド
- 1215 ダイラケのびっくり捕物帖
  - 「冥土からの手紙」
- 1240 テレビガイド
- 1245 思い出のアルバム（KR）
  - 三波春夫 ジェームス三
  - 木他
- 1315 ナショナル日曜テレビ
  - 観劇会 東宝現代劇・
  - 女優物語（東宝劇場）
  - 越路吹雪 喜章
  - ロッパ 高島忠夫
  - のり平 ダナオ
  - 八波むと志◇休止
- 1700 テストパターン15おしらせ
- 1720 映画「なだはま」45 ガイド
- 1750 OTVニュース 56 お天気
- 1800 芸能スナップ
  - 「隠し砦の三悪人」
- 1815 スタープレゼント 逗子
- 1830 やりくりアパート（OTV）
  - 「Xマス・贈物」
- 1900 月光仮面「マンモスコング」
- 1930 ラマーオブジャングル
  - 「偶像の呪い」声 大木
- 2000 運命の標的「女と宝石」
- 2030 人生ご案内
  - 「煙突の下の人生」
- 2100 二つの椅子 天津 水谷
- 2115 東芝日曜劇場「故郷の月」
  - （KR）大矢市次郎
  - 楠田薫 伊志井寛
  - 京塚昌子他
- 2215 OTVニュース
- 2225 OTVスポーツニュース
- 2230 撮影所だより
  - 「スクリーンハイライト」
- 2245 グッドナイト・ファンタジー
  - 笠田敏夫 他
- 2300 お天気◇おしらせ◇終了

12月15日（月）OTV

- 1110 パターン◇メロディ◇告知
- 1140 短編映画「カメラ工場」
- 1155 テレビ・ショーウインドウ
- 1200 OTV ニュース
- 1215 カクテルサロン　東郷たまみ　木村与三男他
- 1240 テレビガイド
- 1245 料理手帖「ひき肉のポーピエット」辻勲　杉野アナ
- 1300 婦人ニュース「Xマスの装い方」田中千代
- 1315 テレビガイド
- 1320 家庭百科（OTVF）「おもちの話」茶珍ة夫
- 1325 おしらせ 30 放送休止
- 1730 テストパターン 45 おしらせ
- 1750 朝日新聞テレビニュース
- 1800 子供の教室（OTV）「美術織物の話」
- 1815 漫画「森のキツツキ・森の旅行者」
- 1845 ガイド 50 OTV ニュース
- 1856 あしたのお天気
- 1900 あんみつ姫（KR）「姫のボーナス」中原美紗緒　浜田百合子
- 1930 ロビンフッドの冒険「三国一の花むこ」
- 2000 蝶々のしゃぼん玉人生「旅役者」蝶々雄二　雁玉　荒木雅子他
- 2030 ナショナルTVホール（KR）・銭形平次捕物控「謎の鍵穴」前篇　若山富三郎他
- 2100 カメラだより北から南から「私はホープ」
- 2115 東京0時版「諦めるのはまだ早い」金子信雄　渡辺美佐子　織田政雄　山岡久乃
- 2145 ニュース 55 スポーツN
- 2200 お母さん「ゆめ」伊藤弘子　戸川弓子　御橋他
- 2230 ダイハツスポーツウィクリー
- 2250 きのうきょう 矢部利茂
- 2300 天気◇現代の顔（KR）中山正善
- 2310 お天気◇おしらせ◇終了

12月16日（火）OTV

- 1125 テストパターン
- 1140 オープニングメロディ
- 1155 テレビ・ショーウインドウ
- 1200 OTV ニュース
- 1215 ほほえみ一家（KR）「夫と口紅」竜崎一郎　坪内美詠子他
- 1240 テレビガイド
- 1245 料理手帖「若どりのポットロースト」井上幸作他
- 1300 婦人ニュース「海外の花道熱」
- 1315 テレビガイド
- 1320 家庭百科（OTVF）「晴着の着こなし」藤川延子
- 1325 おしらせ 30 放送休止
- 1730 テストパターン 45 おしらせ
- 1750 毎日新聞テレビニュース
- 1800 呼出符号L「目撃者は誰だ」高桐眞　千葉保他
- 1815 宝塚おとぎ劇場「山姥と馬吉」沖ゆき子・瞳野歌子　八乙女京子 45 テレビガイド
- 1850 OTV ニュース 56 お天気
- 1900 カロランミュージカル（KR）「悩み買います」
- 1930 フューリィとソニー
- 2000 源平芸能合戦「小学館・十条製紙」審査：古関裕而　豊吉他
- 2100 近鉄パールアワー・あまから父さん　横山エンタツ　柿木汰嘉子　三角八重他
- 2115 ばらの伯爵（KR）木村功　水谷八重子他 40 ガイド
- 2145 OTV ニュース
- 2155 OTV スポーツニュース
- 2200 カメラルぽいつもどこかで「夜間中学生」
- 2215 女秘書スージー　アン・サザーン他
- 2250 現代の顔（KR）遠藤周作
- 2310 あしたのお天気　おしらせ◇放送終了

12月17日（水）OTV

- 1125 テストパターン
- 1140 オープニングメロディ
- 1150 おしらせ
- 1155 テレビ・ショーウインドウ
- 1200 OTV ニュース
- 1215 歌のハイライト「好きな人」藤本二三代「伊豆の子守唄」田端義夫
- 1240 テレビガイド
- 1245 料理手帖「茶そばあんかけ」
- 1300 婦人ニュース「家庭と詩」草野 15 テレビガイド
- 1320 家庭百科（OTVF）「消化剤」木崎国嘉 25 おしらせ
- 1330 放送休止
- 1730 テストパターン 45 おしらせ
- 1750 毎日新聞テレビニュース
- 1800 おにいちゃん「ひろった本」川上のぼる　寺島真知子　小島慶四郎
- 1815 アイバンホー・森の盗賊「燃える流星」45 ガイド
- 1850 あしたのお天気
- 1856 あしたのお天気
- 1900 わが輩ははなばな氏（KR）「年末助け合い運動」
- 1930 裁判（KR）「18時1分のアリバイ」前篇　松下達夫　林孝一　渥美国泰他
- 2000 ボクシング（浅草公会堂）「東洋チャンピオン第六戦」リデラー勝又行雄　山口義治－斎藤登
- 2130 おはこうら表（KR/OTV）高村建夫　葦原邦子
- 2145 OTV ニュース
- 2150 OTV スポーツニュース
- 2200 ありちゃんのおかっぱ侍「南蛮かるた」
- 2230 OTV 週間世界ニュース
- 2245 テレビガイド
- 2250 きのうきょう 矢部利茂
- 2302 あしたのお天気
- 2305 現代の顔（KR）金正米吉
- 2310 お天気◇おしらせ◇終了

12月18日（木）OTV

- 1125 テストパターン
- 1140 メロディ 50 おしらせ
- 1155 テレビ・ショーウインドウ
- 1200 OTV ニュース
- 1215 アイ・ラブ・亭主（KR）「あざやかな恋人たち」
- 1240 テレビガイド
- 1245 料理手帖「とうふのエビくずびき」田中藤一
- 1300 婦人ニュース「年末郵便特別扱」15 ガイド
- 1320 家庭百科（OTVF）「家具の手入れ」山下守
- 1325 憩いのリズム
- 1330 世界の食卓めぐり「カナダ」シケット一家
- 1730 テストパターン 45 おしらせ
- 1750 朝日新聞テレビニュース
- 1800 短編映画
- 1815 名犬ラッシー「ジェフ君の鷹」声・北条金子 45 ガイド
- 1850 OTV ニュース
- 1856 あしたのお天気
- 1900 スーパースターメロディ「ヒットパレード」J 繁田　藤島恒夫
- 1930 スーパーマン「おさるのお手柄」
- 2000 この謎は私が解く（KR）「ヒゲのある虚像」後篇　船山裕二　影万里江　小畑佑
- 2030 特ダネを逃がすな（KR）「進藤刑事」中篇
- 2100 OTV ワールド・スポーツ
- 2115 奥様多忙（KR）「青い花」江見渉　山岡久乃他
- 2130 芸能ウイークリー
- 2145 OTV ニュース
- 2150 OTV スポーツニュース
- 2200 サンヨーテレビ劇場（KR）「風と雲と」中篇
- 2245 テレビガイド
- 2250 きのうきょう 矢部利茂
- 2305 現代の顔（KR）辻政信
- 2315 お天気◇おしらせ◇放送終了

12月19日（金）OTV

- 1125 テストパターン（古典音楽）交響曲告別（ハイドン）
- 1140 メロディ 50 おしらせ
- 1155 テレビ・ショーウインドウ
- 1200 OTV ニュース
- 1215 映画の窓（KR）「ぼくの伯父さん」荻昌弘
- 1240 テレビガイド
- 1245 料理手帖「チーズバーガー」
- 1300 婦人ニュース「質屋から見た年末」浅貝
- 1315 テレビガイド
- 1320 今週の教室 肥原康甫「Xマスのいけばな」
- 1335 家庭百科（OTVF）木崎国嘉「楽しいXマス」
- 1340 おしらせ 45 放送休止
- 1730 テストパターン 45 おしらせ
- 1750 朝日新聞テレビニュース
- 1800 漫画劇 15 電気の ABC
- 1830 映画「わたしたちのユニセフ」
- 1845 テレビガイド
- 1850 OTV ニュース
- 1856 あしたのお天気
- 1900 テレビぴよぴよ大学（KR）
- 1930 京阪テレビカー泣きべそ天使「それだけはいえません」歌楽 広野みどり　吉川雅恵　八杉陽子他
- 2000 少年航路（NR）「空を飛ぶ聖者」梅丘純義　池田忠夫他
- 2100 OTV ワールド・スポーツ
- 2115 金語楼劇場・おトラさん（KR）「おヤエ田舎へ」柳家金語楼 小桜京子他
- 2145 OTV ニュース
- 2155 OTV スポーツニュース
- 2200 サンヨーテレビ劇場（KR）「堀部安兵衛と拳銃」解決篇
- 2245 テレビガイド
- 2250 きのうきょう 矢部利茂
- 2305 現代の顔（KR）塚本■治
- 2312 お天気◇おしらせ◇終了

12月20日（土）OTV

- 1125 テストパターン
- 1140 メロディ 50 おしらせ
- 1155 テレビ・ショーウインドウ
- 1200 OTV ニュース
- 1215 土曜寄席「僕の趣味君の趣味」秋田AスケBスケ 40 ガイド
- 1245 料理手帖「揚げかしわの酒漬け」梁耀庭　佐藤和枝
- 1300 婦人ニュース「週間展望」薄江桂 15 テレビガイド
- 1320 家庭百科（OTVF）山本鈴子「季節のヘアスタイル」
- 1325 放送休止
- 1715 テストパターン
- 1730 来週のハイライト
- 1750 朝日新聞テレビニュース
- 1800 ぼくのわたしの音楽会 同志社香里オルフォイ
- 1815 パッチリタイム・黒柳徹氏「二日遅れのXマス」前篇　松本朝夫　三宅邦子他
- 1845 ガイド 50 OTV ニュース
- 1856 あしたのお天気
- 1900 街のチャンピオン
- 1930 部長刑事「指紋は見ていた」中村栄二　波田久夫　嶋連太郎　菅亜紀子　筧山幸男　真木康次郎他
- 2000 道頓堀アワー 松竹新喜劇「細雪」（中篇）酒井光子　曾我廼家明蝶　中村あやめ　由利京子　石浜祐次郎他
- 2100 話題のトピックス 10 ガイド
- 2115 日真名氏飛び出す（KR）
- 2145 OTV ニュース
- 2145 話題のトピックス
- 2155 OTV スポーツニュース
- 2200 維新風雲録　服部哲治　丘久美子　芦田伸介
- 2230 ヤシカ土曜劇場「今度はおれの番だ」三橋達也　左幸子　伊豆
- 2302 現代の顔（KR）塚本■治
- 2312 お天気◇おしらせ◇終了

12月21日（日）OTV

- 905 テストパターン 25 おしらせ
- 930 日曜漫画 945 仲よしニュース
- 955 マンガ公園「ファニー危ない」
- 1030 京だより「つけ物」
- 1045 カメラルぽお料理訪問　花柳有洸
- 1100 OTV 週間テレビニュース
- 1115 海外トピックス
- 1130 綺斉サロン「歳末のタクシー」大井治　今村益三
- 1200 OTV ニュース 10 ガイド
- 1215 ダイラケのびっくり捕物帖「師走の騒動」前篇 40 ガイド
- 1245 ロッテ歌のアルバム（KR）三橋　石井　宮
- 1315 ナショナル日曜テレビ観劇会「新派大合同・銀座芸者」（大阪新歌舞伎座）水谷八重子　大矢市次郎　市川翠扇
- 1425 古例顔見せ大歌舞伎「鳴神」（東京歌舞伎座）幸四郎　梅幸他
- 1540 短編映画「アラン少年」
- 1600 私は貝になりたい【再放送】（KR 芸術祭文部大臣賞受賞記念再放送）フランキー堺　佐分利信他 45 テレビガイド
- 1750 OTV ニュース 56 お天気
- 1800 芸能スナップ
- 1815 スタープレゼント 逗子
- 1830 やりくりアパート（OTV）「ボーナスは貰ったが」
- 1900 月光仮面「危うし名探偵」
- 1930 ラマーオブジャングル「狂った科学者」声 大木
- 2000 運命の標的「老将」
- 2030 人生ご案内
- 2100 二つの椅子　南部融
- 2115 東芝日曜劇場（KR）「将軍江戸を去る」幸四郎　中車　又五郎
- 2215 ニュース 25 スポーツN
- 2230 スクリーンハイライト「十戒」
- 2245 グッドナイト・ファンタジー　星野みよ子
- 2300 天◇おしらせ◇終了

12月22日 (月) OTV

- 1110 テストパターン
- 1125 オープニングメロディ
- 1135 おしらせ 40 短編映画
- 1155 テレビ・ショーウインドウ
- 1200 OTV ニュース
- 1215 カクテルサロン
  J 繁田　木村与三男他
  40 ガイド
- 1245 料理手帖「クリスマスのおつまみもの」辻勲
- 1300 婦人ニュース　熊取谷武
- 1315 テレビガイド
- 1320 家庭百科 (OTVF)
  「おにしめの話」狩珍俊夫
- 1325 おしらせ 30 放送休止
- 1730 テストパターン 45 おしらせ
- 1750 毎日新聞テレビニュース
- 1800 子供の教室 (OTV)
  「オルゴール」吉田光邦
- 1815 ソ連漫画「いたずら熊」
  「雪だるまの郵便屋」
- 1845 ガイド 50 ニュース
- 1856 あしたのお天気
- 1900 あんみつ姫 (KR)
  「あんみつ姫とクリスマス」
  中原美紗緒　浜田百合子
- 1930 ロビンフッドの冒険
  「その女は悪魔だ」
- 2000 蝶々のしゃぼん玉人生
  「旅役者の巻」蝶々雄二
  雁玉　荒木雅子他
- 2030 ナショナル TV ホール (KR)・銭形平次捕物控「謎の鍵穴」後篇　若山富三郎他
- 2100 カメラだより北から南から
  「窓」
- 2115 東京 0 時刻「諦めるのはまだ早い」後篇
  金子信雄　渡辺美佐子
  織田政雄　山岡久乃
- 2145 OTV ニュース 55 スポーツ N
- 2200 お母さん「また来る時も」
- 2230 ダイハツスポーツウィクリー
- 2250 きのうきょう　矢部利茂
- 2300 あしたのお天気
- 2305 現代の顔 (KR)
  加藤鐐五郎
- 2310 おしらせ◇放送終了

12月23日 (火) OTV

- 1125 パターン 40 メロディ
- 1155 テレビ・ショーウインドウ
- 1200 OTV ニュース
- 1215 ほほえみ一家 (KR)
  「聖なる子らよ」竜崎一郎
  坪内美詠子他 40 ガイド
- 1245 料理手帖「洋風よせ鍋」
  井上幸作他
- 1300 ポーラ婦人ニュース
  「日本の Xマス」
  矢代武助
- 1315 テレビガイド
- 1320 家庭百科 (OTVF)「訪問着」
  藤川延子 25 おしらせ
- 1330 放送休止
- 1730 テストパターン 45 おしらせ
- 1750 朝日新聞テレビニュース
- 1800 呼出符号 L 最終回
  「目撃者は誰だ」高桐眞
  千葉民雄他
- 1815 宝塚おとぎ劇場
  「Xマスプレゼント」
  黛光他
- 1845 ガイド 50 N 45 お天気
- 1900 カロランミュージカル (KR)
  「悩み買います」
  ペギー葉山　深緑夏代
  山崎唯　牧野ヨシオ他
- 1930 フューリーとソニー「友情」
- 2000 源平芸能合戦
  「伊藤忠対第一商事」
  審査: 古関裕而　雷吉他
- 2030 潜水王マイケルソン
  「死の宣告」
- 2100 近鉄パールアワー・あまから父さん　横山エンタツ
  柿木汰嘉子　三角八重他
- 2115 ばらの伯爵 (KR)
  「最後の一人」木村功
  水谷八重子他
- 2140 テレビガイド
- 2155 OTV スポーツニュース
- 2200 カメラポいつもどこかで
  「山寺」
- 2215 女秘書スージー
  「美貌の殺人者」
- 2250 現代の顔 (KR)　児玉誉士夫
- 2300 「聖き夜空」
  夏川大二郎　湊俊一
  沢田皓久他
- 2330 お天気◇おしらせ◇終了

12月24日 (水) OTV

- 1125 パターン◇メロディ◇告知
- 1155 テレビ・ショーウインドウ
- 1200 OTV ニュース
- 1215 歌のハイライト 平尾昌章
  朝比奈愛子 40 ガイド
- 1245 料理手帖「日本カキサラダ」
- 1300 ポーラ婦人ニュース
  「歳末助け合い運動」
  梅田厚生館長
- 1315 家庭百科 (OTVF)
  家庭看護「日光浴」
  木崎国嘉
- 1320 米国のXマス
- 1330 ノルウェーのXマス
- 1340 おしらせ 45 放送休止
- 1730 テストパターン 45 おしらせ
- 1750 朝日新聞テレビニュース
- 1800 おにいちゃん
  「メリーXマスの巻」
  川上のぼる　寺島真知子
  小島慶四郎
- 1815 アイバンホー・森の盗賊
  「アイルランドの女王」
  ブラウン・ムーア
- 1845 テレビガイド
- 1850 OTV ニュース 56 お天気
- 1900 わが輩ははなばな氏 (KR)
  「七面鳥と酔っ払い」
- 1930 裁判 (KR)
  「18時1分のアリバイ」
  後篇
- 2000 「妹背山婦女庭訓」より
  「三笠山御殿の場」
  幸四郎　羽左衛門
  梅幸　松緑　福助他
  (劇場中継)
- 2130 おはこうら表 (KR/OTV)
  杉similar
- 2145 ニュース 50 スポーツ N
- 2200 ありちゃんのおかっぱ侍
  「売り言葉にご用心」
- 2230 週間世界 N 45 ガイド
- 2250 歌のタベ　矢部利茂
- 2305 現代の顔 (KR) 福島慶子
- 2315 映画「修道女の生活」
- 2330 クリスマスミサ中継
  (大浦天主堂より)
  ※開局直前の長崎放送テレビから
  ◇お天気◇おしらせ◇終了

12月25日 (木) OTV

- 1125 テストパターン
- 1140 オープニングメロディ
- 1150 おしらせ
- 1155 テレビ・ショーウインドウ
- 1200 OTV ニュース
- 1215 アイ・ラブ・亭主 (KR)
  「あざやかな恋人たち」
  「愛の歓び」
- 1240 テレビガイド
- 1245 料理手帖
  日の丸豆腐と菊花卵
  小川旭
- 1300 婦人ニュース
  「冬休みと子供」
- 1315 テレビガイド
- 1320 家庭百科 (OTVF) 山下守
  「敷物や畳のしみぬき」
- 1325 放送休止
- 1730 テストパターン 45 おしらせ
- 1750 毎日新聞テレビニュース
- 1800 歌と踊り 御影あい子他
- 1815 名犬ラッシー「木の上のお家」声・北条金子
  45 ガイド
- 1850 OTV ニュース 56 お天気
- 1900 スーパースターメロディ
  大津美子　三船浩
  宮尾色他
- 1930 スーパーマン「危機」
- 2000 この謎は私が解く (KR)
  「消えた花嫁」前篇
  船山裕二　影万里江
  小畑他
- 2030 鞍馬天狗 (KR)
  「角兵衛獅子」
- 2100 奥様多忙 (KR)
  「静かなる喜び」江見渉
  山岡久乃他
- 2115 コント千一夜　森光子他
- 2130 芸能ウィークリー
- 2145 OTV ニュース
- 2150 OTV スポーツニュース
- 2200 新大岡政談「茛屋喜八」
  夏川大二郎　藤代佳子
- 2230 三協グッドナイトショー
  「8ミリ作品紹介など」
  小川洋子 コインズ
- 2302 現代の顔 (KR) 前田久吉
- 2312 お天気◇おしらせ◇終了

12月26日 (金) OTV

- 1130 テストパターン◇メロディ
- 1155 おしらせ
- 1140 オープニングメロディ
- 1200 OTV ニュース
- 1215 映画の窓 (KR)
  「映画の眼 1958 年」
  解説: 飯島正　登川
- 1245 料理手帖「洋風日の出かまぼこと松竹梅」
  堀越フサエ
- 1300 ポーラ婦人ニュース
  「お正月の楽しい遊び方」
  浮田市子 15 ガイド
- 1320 いけばな教室　肥原康甫
  「お正月のいけばな」
- 1335 家庭百科 (OTVF) 藤川延子
  「カジュアル・ウエア」
- 1340 おしらせ 45 放送休止
- 1730 テストパターン 45 おしらせ
- 1750 毎日新聞テレビニュース
- 1800 ぼくちゃんの音楽会
  同志社香里オルフォイ
- 1815 バッチリタイム・黒猫探偵
  「二日遅れのXマス」
  後篇　松本朝夫
  三宅邦子他
- 1830 映画「アラン少年」45 ガイド
- 1850 OTV ニュース 56 お天気
- 1900 テレビぴよぴよ大学 (KR)
- 1930 京阪テレビカー泣きべそ天使「静かなる惨劇」
  中村栄二　波田久夫
  嶋連太郎　菅亜紀子
  筧田岩男　真木康次郎他
- 2000 道頓堀アワー 十吾家庭劇
  「いつもの手口」(文楽座)
  久仁野又行　曾我廼家十吾　由良喜代春他
- 2100 OTV ワールド・スポーツ
- 2115 金語楼劇場・オトラさん
  (KR)「火の用心と洋タンス」
  柳家金語楼　小桜京子他
- 2145 OTV ニュース
- 2155 OTV スポーツニュース
- 2200 サンヨーテレビ劇場 (KR)
  「風と雲と」後篇
  南原伸二　小林トシ子
  奈良岡朋子
- 2230 小唄教室 花柳章太郎
- 2245 テレビガイド
- 2250 きのうきょう 矢部利茂
- 2305 現代の顔 (KR) 橋本忍
- 2315 お天気◇おしらせ◇終了

12月27日 (土) OTV

- 1125 テストパターン
- 1140 オープニングメロディ
- 1150 おしらせ
- 1215 土曜寄席 洋風 夢路他
- 1240 テレビガイド
- 1245 料理手帖 つごもりそば
- 1300 婦人ニュース「今年の回顧」
  薄田基久夫　勝村泰三
  15 ガイド
- 1320 家庭百科 (OTVF)
  「パーティー化粧」
  山本鈴子
- 1325 放送休止
- 1720 テストパターン
- 1730 来週のハイライト 45 ガイド
- 1750 朝日新聞テレビニュース
- 1800 ぼくぼくちゃんの苦労
- 1815 パッチリタイム・黒猫探偵
  「二日遅れのXマス」
  後篇　松本朝夫
  三宅邦子他
- 1845 ガイド 50 OTV ニュース
- 1856 あしたのお天気
- 1900 街のチャンピオン
- 1930 部長刑事「静かなる惨劇」
  中村栄二　波田久夫
  嶋連太郎　菅亜紀子
  筧田岩男　真木康次郎他
- 2000 道頓堀アワー 十吾家庭劇
  「いつもの手口」(文楽座)
  久仁野又行　曾我廼家十吾　由良喜代春他
- 2100 話題のアルバム 10 ガイド
- 2115 日真名氏飛び出す (KR)
  「俺のげんこつは痛い」
- 2145 OTV ニュース
- 2145 芸能トピックス
- 2155 OTV スポーツニュース
- 2200 維新風雲録 服部杏治
  丘久美子　芦田伸介
- 2230 ヤシカ土曜劇場
  「今度はおれの番だ」
  三鷹達也　左幸子
  伊豆
- 2302 現代の顔 (KR) 吾妻徳穂
- 2312 お天気◇おしらせ◇終了

12月28日 (日) OTV

- 905 パターン 25 おしらせ
- 930 日曜漫画 945 仲よし N
- 955 マンガ公園「大男たいじ」
- 1030 京だより「しめ縄」
- 1045 カメラルポお料理訪問
  「カレーライス」
  花柳有洸
- 1100 OTV 週間テレビニュース
- 1115 海外トピックス
- 1130 経済サロン
  「証券界この一年」
- 1200 OTV ニュース 10 ガイド
- 1215 ダイラケのびっくり捕物帖
  「師走の騒動」後篇
- 1240 テレビガイド
- 1245 ロッテ歌のアルバム (KR)
  「小林旭ショー」
  君和田民枝　熊沢佳子
- 1315 ナショナル日曜テレビ観劇会「新国劇・名人」
  (明治座) 川口松太郎書き下ろし三幕七場
  島田正吾　辰巳柳太郎
  初瀬乙羽　外崎恵美子
  香川桂子
- 1525 モスクワ芸術座公演
  「どん底」グリボフ チエリノフ他 (中継)
  ◇休止◇パターン
- 1745 告知◇N◇天◇芸能スナップ
- 1815 スタープレゼント
  雪村いづみショー
  有島一郎
- 1830 ダイハツコメディ・やりくりアパート (OTV)
  「年末多忙」
- 1900 月光仮面
  「マンモスコング」
- 1930 ラマーオブジャングル
  「白き豹」声 大木
- 2000 運命の標的「復讐」
- 2030 人生ご案内
  「今日も水は流れて」
- 2100 二つの椅子
  「明暗 1958 年」
  曾我廼家十吾　今東光
- 2115 東芝日曜劇場「冬の人」
  (KR) 尾上松緑　中村
  勘三郎　丹阿弥谷津子
- 2215 ニュース 25 スポーツ N
- 2230 スクリーンハイライト「十戒」
- 2245 グッドナイト・ファンタジー
- 2300 お天気◇おしらせ◇終了

第3章「増幅」

⑥12月29日(月) OTV

1045 パターン 1100 メロディ
1110 おしらせ
1115 座談会「ベールを脱いだ宇宙」糸川英夫 竹内端夫(東京天文台技官) 岸田純之助(科学朝日編集部) 大宅壮一
1155 テレビ・ショーウインドウ
1200 OTV ニュース
1215 カクテルサロン　J繁田　御影あい子 木挽三雄他
1240 テレビガイド
1245 年を越す課題第一回「住宅」(フィルム構成)
1300 婦人ニュース 八木富恵子「お正月の着付けと髪型」
1315 テレビガイド
1320 家庭百科(OTVF)「お正月の飲物」茶珍俊夫
1330 座談会「文芸この一年」広津 大江 遠藤 有吉
1330 おしらせ◇休止◇パターン
1715 スポーツアルバム
1800 子供の教室(OTV) 吉田光邦「楽しいトランプの話」
1815 ソ連漫画「熊の裁判」
1845 ガイド◇ニュース◇天気
1900 あんみつ姫(KR)「あんみつ姫とお年越」中原美紗緒 浜田百合子
1930 ロビンフッドの冒険「遠来の客」
2000 蝶々のしゃぼん玉人生「旅役者の巻」
2030 ナショナルTVホール(KR)・銭形平次捕物控「巾着切りの娘」若山富三郎
2100 カメラだより北から南から「御用納」
2115 東京0時刻「狙われた女」
2145 OTVニュース◇スポーツN
2200 お母さん「母の作文」
2230 ダイハツスポーツウィクリー
2250 きのうきょう「一年の回顧」猪木正道 村山他◇天気
2320 現代の顔(KR) 橋本忍
2325 お天気◇おしらせ◇終了

⑥12月30日(火) OTV

1125 テストパターン
1140 オープニングメロディ
1155 テレビ・ショーウインドウ
1200 OTV ニュース
1215 ほほえみ一家(KR)「悔いなき年を」竜崎一郎 坪内美詠子 他◇テレビガイド
1245 年を越す課題 第二回「道路」フィルム構成
1300 ポーラ婦人ニュース「お正月の花」矢代武助
1315 テレビガイド
1320 おしゃれメモ「毛皮」
1330 座談会「テレビの眼 1958年」橋本忍(「私は貝になりたい・作者」) 内村直也(劇作家) 羽仁進(映画監督) 野口久光(映画評論家) 荻昌弘(映画評論家)他
1625 テストパターン
1715 スポーツアルバム「国内編」
1745 おしらせ 50 朝日新聞N
1800 呼出符号L「12月30日」
1815 宝塚おとぎ劇場「七福神」浜木綿子 南条照美
1845 ガイド◇ニュース◇天気
1900 カロランミュージカル(KR)「悩み買います」ペギー葉山
1930 フェリーとソニー「ボーイスカウト物語」
2000 源平芸能合戦「福岡光頭会一福岡銀髪会」審査：古関裕而 豊吉他
2030 潜水王マイクネルソン「浮遊機雷」
2100 近鉄パールアワー・あまから父さん「364日目」
2115 ばらの伯爵(KR)「希望」
2140 ガイド◇N◇スポーツN
2200 カメラルポいつもどこかで「大谷石」
2215 女秘書スージー「どんぐりはどんぐり」
2250 現代の顔(KR) 和田博雄
2300 あしたのお天気
2305 お天気◇おしらせ◇終了

⑥12月31日(水) OTV

1125 パターン 35 おしらせ
1140 海外N特集
1155 テレビ・ショーウインドウ
1200 OTV ニュース
1215 歌のハイライト 島倉千代子 松山恵子 40 ガイド
1245 年を越す課題 第三回「交通」フィルム構成
1300 ポーラ婦人ニュース「さよなら1958年」勝村泰三
1315 テレビ・ショーウインドウ
1320 家庭百科(OTVF)「冷え性」木崎国嘉
1330 「兎と亀」世志凡太他
1400 OTV ハイライト
1415 恋とベンチの物語 森光子 のぼる 光晴 夢若 米朝 歌楽
1600 芸能ウイークリー特集
1630 1958年海外スポーツ
1715 特集「日本の歩み」
1745 おしらせ
1750 朝日新聞テレビニュース
1800 おにいちゃん「明日はお天気」
1815 アイバンホー・森の盗賊「杖に秘められた自由」
1545 ガイド 50N 天
1850 OTV ニュース 56 お天気
1900 1958年オールスター歌の饗宴 (ラジオ東京/KRテレビ)
　※MBS, ラジオ東京と同時
　ひばり 曽根 鈴木 高島 二三代他(日劇)
2100 年忘れグランドショー 森繁久弥 由利徹 朝丘雪路 そのみ 市丸 良重 F堺他
2230 ニュース◇スポーツニュース
2245 ありちゃんのおかっぱ侍「百八つまでの恋」
2315 OTV 週間世界N◇ガイド
2330 現代の顔(KR) 藤田小乙姫
2340 ゆく年くる年 (全民放ラジオ共同番組は 2300から先行開始。テレビ2340 合流) 祇園髪結い場(YTV) 京都知恩院(OTV) ◇天◇終了

これが OTV だ　1958年 12月

【単独番組】

● 伸びゆくテレビジョン

1958年12月1日（月）10:00〜10:35
報道部制作

● 人形浄瑠璃「文五郎好み」

12月1日（月）10:35〜11:00 「段畑」他

● スメタナ弦楽四重奏団演奏会

12月1日（月）11:00〜11:30

● 公開番組「誕生日十二月一日」

12月1日（月）11:30〜11:55 毎年恒例の番組。ひきつづき大谷智子女史が司会をつとめ、帝塚山学院児童合唱団による合唱も披露された。構成・茂木草介。

● テレビルポ・日本経済の鼓動
　「生産地帯をゆく」

12月1日（月）13:30〜 東京（KRTV）「証券取引所」ほか福岡（RKB）北海道（HBC）大阪（OTV）名古屋（CBC）各地の代表産業の現状を五元中継で紹介。鍋底景気からようやく上向線をたどりはじめた日本の経済・産業の表情をさぐる。OTV・CBCの開局二周年祝賀番組。

●ジャズ・アンド・タンゴ・フェスティバル

12月1日（月）15:10〜15:40　藤沢嵐子他。

●お笑い演芸会

12月1日（月）16:00〜16:50　開局記念の寄席中継。笑福亭枝鶴 中田ダイマル・ラケット

●テレビと生活

12月2日（火）11:25〜11:55　開局2周年記念番組座談会。大原雄一郎、石川まさ。

●京阪神を結ぶ三元中継

12月2日（火）14:10〜　中井光次（大阪市長）高山義三（京都市長）原口忠次郎（神戸市長）長谷川周重。

●エリカ・ワイネルト・ショウ

12月2日（火）19:30〜20:00　来日中の現代舞踊家が出演。「ピカソ展の印象」「神話鳥」。

●恋とベンチの物語

12月31日（水）14:15〜15:00　年忘れお笑い大会をABC専属タレントの出演でABCホールから中継。森光子、川上のぼる、松鶴家光晴・浮世亭夢若、桂米朝、三笑亭歌楽。

●大晦日特別番組「ゆく年くる年」

12月31日（水）23:40〜　民放テレビ・ラジオ初のサイマルキャストで放送。23:00から全民放ラジオの共同番組が先行開始し、そこにテレビが合流した。関西からは祇園髪結い場（YTV）、京都知恩院（OTV）。

【新番組】

【12月17日（日）】

●芸能スナップ

（〜1975年9月28日全462回）

日 18:00〜18:15

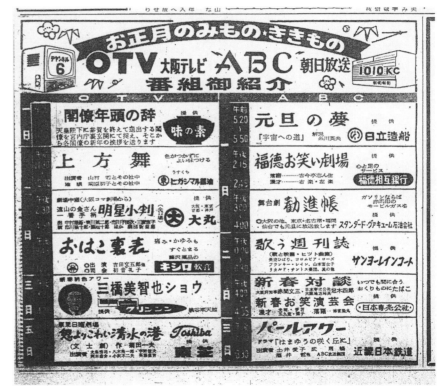

1957年12月31日「ABCとOTVの年末番組案内」

1958年12月2日（火）「京阪神を結ぶ三元中継」放送

1959年 1月

1日　元近鉄パールズ監督・芥田武夫に野球放送解説者を委嘱。

同日　ABCホールの朝日放送主催「新春デズニー映画大会」を後援。

15日　技術部、テレビ番組自動切替装置完成発表。

26日　MBSの出資金3000万円をABCが肩代り。

15日　合併に関する大株主懇談会を大阪グランドホテルで開催。東京では2月3日「アラスカ」で開催。

27日　MBSとの兼務であった役員4名（永松徹、本田親男、杉道助、高橋信三）OTV役員を辞任。

同日　フェスティバル・ホールで開催の「アリゴ・ポーラ独唱会」を後援。

同日　中座の新春座公演「忠治三代目」を後援。

29日　ABCホールでABC・日刊スポーツ共催の「川上・藤村両選手の引退を惜しむ会」を後援。

31日　毎日放送にテレビ本免許。

いよいよ合併〜くじびきまでの道〜

●合併準備

朝日陣営はOTV開局前からの思惑に従い、合併後の事業環境づくりを見据えて、ABCから社員を段階的に移籍させ、合併後も従前の「OTVクオリティ」が維持できるようにしていった。

一方、毎日陣営は、営業活動の実績を活かして、スポンサーにMBSテレビ開局後の支援を頼んだ。

事実上の会社分割にあたって、両陣営はOTV設立後に入社したプロパー社員に、それぞれへの勧誘をすすめた。ただ、中にはやや強引とも思われる動きもあったため、1958年2月9日、鈴木社長じきじきに、社内放送を通じて全社員に「残留又は異動の希望を社長宛に親展の書簡で提出するよう」呼び掛けた。その結果、NJBへの転出希望者は104名に、残留してABCに入る希望者は200名にまとまった。

●反故にされた「黙約」

ここでいったん遡って、関西地区の多局化に関する動きを再度整理する。

まず、1956年2月に郵政省は、京浜地区に3局（3ch,4ch,6ch）、名古屋地区に2局（3ch,5ch）、京阪神地区に2局（4ch,6ch）という置局方針を示した。ただし1952年2月に調印された日米地協定に従って1ch、2ch用の周波数は米軍レーダーに占有されていたため使用できず、名古屋と京阪神にはNHK1局、民間放送1局しか開局できなかった。そこで、朝日・毎日両陣営と郵政省との「黙約」で、合弁（OTV設立）がおこなわれたのだ。

一方、同年4月7日、OTV開局の準備が進むなか、ABCとNJBは、それぞれ単独でも免許を申請。また、大阪進出を果たした讀賣新聞社も11月に「新大阪テレビ」を申請した。

OTV開局の翌年1月、日本のテレビジョンは11チャンネルに拡大された（1、2chは米軍から未返還のまま）。郵政省は京阪神地区にはあらたに8ch,10chを割り当てると発表した。これを受け、従前から申請していた産業経済新聞社の「関西テレビジョン」と、京都放送と神戸放送合同の「近畿テレビ」とが、申請を一本化して「大関西テレビ」として6月に申請した。

申請林立する中、1957年7月8日、郵政省は「大関西テレビ」に免許を交付。一方、ABCとNJBの申請については「OTVの開局を以て決着済み」という姿勢を示し、新大阪テレビの申請とともに「却下」した。つまりOTV設立時に交わした「黙約」

は反故にされたのである。

ところが、7月10日、岸内閣の改造で田中角栄が郵政大臣に就任して、流れが変わった。

10月には、全国の民放・NHK43局に一挙に予備免許を与えた。田中はテレビ放送への強い推進姿勢をみせ、京阪神にはさらに一波を割り当てた。3chと10chがNHK教育テレビジョンおよび民間の「準教育局」に割り当てられることになったのだ。

準教育局とは、大屋壮一の「一億総白痴化」に代表されるテレビ番組の低質化指摘に対応して設けられた基準であり、一定以上の割合を学校放送や社会教育、教養普及に充てることを条件としていた。

このままでは新大阪テレビに10chをもっていかれて、ABCもNJBも独自のテレビ局を持たぬままになってしまうおそれがある。毎日新聞社の田中香苗社長はすぐに有力政治家を通じて、NJBへの免許交付を訴えた。

一方同じ頃、当時代議士であった讀賣新聞社主の正力松太郎氏も「新大阪テレビ」について免許への圧力をかけた。

田中郵政相はこれに反応し、すぐに京阪神地区のチャンネルを工面した。折しも米軍から返還され、姫路地区に割り当てられていた2chを京阪神地区に振り替え（姫路はこの時から、放送行政上の近畿広域圏に含まれた）、さらに米軍が使用していた12chを返還させ、近畿地区全体として2ch、10ch、12chを確保したのだ。

「隠しチャンネル」という噂が立ったほど急な「12ch」の登場であったが、これにより「NHK教育、新大阪テレビ、朝日放送、新日本放送」の4社が2ch、10ch、12chの3波を奪い合う状況になった。しかし、当然NHK教育が優先的に12chを割り当てられるから、実際のところ、民間三社で2波を奪い合うことになった。

10月6日、田中郵政相は民放用の2波のうち一つは新大阪テレビに割り当て、そしてもう一つは「NJBかABCのどちらかがOTVと合併し、残る一方に割り当てる」と発表した。

また、「近畿教育文化テレビジョン」と「関西教育文化放送」二つの教育専門局の申請については、これを一本化して新免許局に合併させるという方針が下された。

この条件について、田中郵政相の意思は堅く、そうでなければ申請にはとりあわないと言われた以上、どちらがOTVを継承するか、決めなければならなくなった。

●クジびきの一件

そこで、小林一三の生前の示唆に従って、クジびきの結果を神の声として受け入れることにした（という説がある）。

1957年夏、関桂三関経連会長の立ち合いのもと、NJBの杉道助社長とABCの飯島幡司社長の間でクジびきがおこなわれた。その結果クジを当てたのは杉社長で、杉社長が先にひいた封筒には「新チャンネル」とあった。その結果、新チャンネルはNJBが獲得、OTVの事業はABCが継承するということになった…といわれている。

密室でおこなわれた「クジびき」が本当に行われたかどうか、疑問視する意見もある。この時の証拠がまったく残されず、かつ、現場に立ち会った人が、一切を語らなかったからである。

しかし、これが実話であるかどうかとは別に、OTVの将来を決める会合の席に鈴木社長が同席していなかった事実に注目し、疑問に思ったOTV在籍者は少なからずいたようだ。

1959.1

- 高野山で初参詣のバスが転落。
- キューバ革命。カストロ軍が全土を掌握し権力を奪取。
- 昭和基地に置き去りにした樺太犬の生存確認。

⑥1月1日（木）OTV

700 伊勢神宮元日風景
740 尾張万歳「御殿万歳」
800 音楽 木琴：平岡歌：樋本他
830 邦舞「蓬莱」海老蔵八重子
850 特集「皇太子」
900 四元中継「新春の空から」
950 社長挨拶 鈴木剛
1000 閣僚挨拶◇皇居風景 他
1100 歌い初め春のパレード
　　　コロムビアローズ
　　　三波 曽根他
1200 OTVニュース
1220 歌舞伎舞踊「女車曳」
　　　鴈治郎 扇雀 玉緒
1300 スーパーマン
　　　声・大平透
1330 婦人ニュース「各国の遊び」
1345 劇場中継「寄席」（角座）
　　　漫才正司花江・照江・
　　　歌江 松葉家奴・喜久
　　　奴 小円・栄士
1430 寄席中継 小さん 文楽
　　　正蔵 小勝 小柳枝
1530 邦楽長唄「鶴亀」小三郎
1550 映画「カーネギーホール」
1800 漫画
1815 名犬ラッシー「目の手術」
　　　北条他
1845 テレビガイド
1850 OTVニュース
1900 三橋美智也アワー
　　　「月の峠道」他 花柳春他
2000 コメディ
　　　「誰も知らなかった」
2030 芸能人バラエティ
　　　市川高麗蔵 坂東好太郎
　　　沢村国太郎 南風洋子
　　　森田昌宏 市川子団次
　　　ヤコブ・フィッシャー他
2100 奥様多忙（KR）
2115 コント千一夜 森光子 他
2130 芸能ウイークリー
2145 OTVニュース
2155 スポーツニュース
2200 新大岡政談「絵姿妻」
2230 三協グッドナイト・ショウ
2305 ロードショー
　　　「明日の出来事」
　　　終了後◇おしらせ◇終了

⑥1月2日（金）OTV

850 現代の顔（KR）
900 初稽古風景「花筐部屋」
950 皇居一般参賀風景
1030 関西財界大いに語る
1100 上方舞「高砂」「寿」他
1130 皇太子殿下に望む 荒垣
1200 OTVニュース
1215 劇場中継「綱の上の人生」
　　　天外 明蝶々
1245 料理手帖
1300 婦人ニュース
1400 小唄教室 冨十郎夫妻
1430 軽音楽と歌 高橋伸也他
1530 劇場中継「桜の園」（文藝座・
　　　録画）モスクワ芸術座
1800 漫画
1815 電気のABC「花鬼」
　　　泉田行夫 寺尾
1830 演芸館　AスケBスケ
1845 テレビガイド
1850 OTVニュース
1856 あしたのお天気
1900 テレビぴよびよ大学（KR）
1930 京阪テレビカー・泣きべ
　　　そ天使
　　　「お正月は嬉しいです」
　　　浮世亭歌楽 頭師孝雄
　　　吉川雅恵 八杉陽子
2000 少年航路（KR）
　　　「五万二千円の愛情」
2030 特ダネを逃がすな（KR）
　　　「陳情」
2100 OTVワールド・スポーツ
2115 金語楼劇場・おトラさん
　　　（KR）「年始回り」柳家
　　　金語楼 小桜京子他
2145 OTVニュース
2200 サンヨーテレビ劇場（KR）
　　　「阿部一族」松本幸四郎
　　　市川染五郎 木暮実千代
　　　中村芝鶴 織本順吉
　　　南原伸二
2300 あしたのお天気
2305 ロードショー
　　　「奇跡は起こり得る」
　　　Pゴダード メレデス他
　　　終了後◇おしらせ◇終了

⑥1月3日（土）OTV

815 テストパターン◇おしらせ
845 現代の顔（KR）山本富士子
855 藤間宗家稽古初め風景
930 対談 岸信介 笠信太郎
1000 新春風景 五局リレー
1100 奇術ショー G多田他
1130 コメディ
　　　江戸姿いろはの書初め
1200 OTVニュース
1215 蝶々雄二の新春女中日記
　　　環三千世他
1305 ジャズ　ペギー葉山
　　　芦野宏 中原美紗緒
　　　東郷たまみ
1350 おはこうら表（KR/OTV）
　　　大津美子
1420 東西対抗ラグビー（花園）
　　　「早大一同大」西村アナ
1600 宝塚歌劇「新春大漁振り」
　　　（宝塚大劇場）明石照子
　　　筑紫他
1700 漫画「五匹の子猫たち」
1730 漫画書き初め 清水崑
1800 ぼくのわたしの音楽会
　　　楽友会他
1815 パッチリタイム・黒帯探偵
　　　「宝を探せ」45ガイド
1850 OTVニュース
1656 あしたのお天気
1900 街のチャンピオン
1930 部長刑事「初夢と亡者」
2000 劇場中継 人形浄瑠璃
　　　「艶姿女舞衣 酒屋の段」
　　　亀松
2100 話題のアルバム
2110 テレビガイド
2115 日真名氏飛び出す（KR）
　　　「猪を探せ」前篇
2145 芸能トピックス
2155 OTVニュース
2200 維新風雲録 服部哲治
　　　丘久美子 芦山伸介
2230 ヤシカ土曜劇場
　　　「今度はおれの番だ」
　　　三橋達也 左幸子 伊豆
2300 あしたのお天気
2305 ロードショー「暗黒街の
　　　弾痕 いのちの限り」
　　　フォンダ他
　　　◇おしらせ◇終了

⑥1月4日（日）OTV

800 パターン◇おしらせ
835 仲よしN45 石清水宮
900 藤間宗家稽古初め風景
950 プロ野球監督放談 千葉他
1010 いのしし談義 猪熊他
1030 金語楼一代記より
　　　「泣き笑い五十年」「想い
　　　出は乱れ飛ぶ」
　　　（金語楼50年記念）
　　　朝丘雪路 江川宇礼雄
　　　大山和朗他＜イカリソース＞
1130 経済サロン「今年の景気」
1200 OTVニュース 10ガイド
1215 ダイラケのびっくり捕物帖
　　　「歌ガルタ詮議」前篇
1240 テレビガイド
1245 ロッテ歌のアルバム（KR）
　　　勝新太郎 神楽坂浮子
1315 ナショナル日曜テレビ
　　　観劇会「東宝現代劇・
　　　大和撫子」（東京芸術座）
　　　清川虹子 渡辺篤
　　　森川信 浅茅しのぶ
　　　花柳喜章
1600 ボクシング 辰巳一村岡
　　　米倉一福本
　　　解説：白井義男
1745 ガイド◇OIVニュース◇天
1800 芸能スナップ「宝塚初詣」他
1815 スタープレゼント
　　　勝新太郎ショー 和歌山
1830 ダイハツコメディ・やりくり
　　　アパート（OTV）
　　　「一年の計は」
1900 月光仮面「幽霊党の逆襲・
　　　姿なき殺人」
1930 ラマーオブジャングル
　　　「脱獄囚」声・大木
2000 運命の標的「カジノの約束」
2030 人生ご案内「大工交響曲」
2100 二つの椅子「長寿の歓び」
　　　山城少掾 難波掾
2115 東芝日曜劇場「皇女和の宮」
　　　（KR）花柳章太郎
　　　水谷八重子 伊志井寛
　　　京塚昌子
2215 OIVニュース◇スポーツN
2230 フランク永井ショー
　　　「西銀座駅前」「有楽町
　　　であいましょう」他
2300 お天気◇おしらせ◇放送終了

第3章「増幅」

◎1月5日(月) OTV

- 930 テストパターン 55 おしらせ
- 1000 東西世界テレビ名剣交換会
   阿部孝次郎 他
   (第一スタジオ)
- 1100 びっくりタワー騒動記
- 1155 テレビ・ショーウインドウ
- 1200 OTV ニュース
- 1215 カクテルサロン ペギー菊山
- 1240 テレビガイド
- 1245 料理手帖「カキとベーコンのソテー 鶏肉のガランチン 三色くしざし」(フィルム構成)
- 1300 婦人ニュース 八木富恵子
   「お正月の着付けと髪型」
- 1315 テレビガイド
- 1320 家庭百科(OTVF)「調味料」
- 1330 山城掾引退披露興行
   人形浄瑠璃 吉弁杉由来より「二月堂の段」
   山城少掾 難波掾
   綱太夫 津太夫
   つばめ太夫 藤蔵
- 1500 菊五郎劇場「廓文章・吉田屋」海老蔵 梅幸
- 1600 歌謡ショー 三浦一 他
- 1645 バラエティ 旭道南陵他
   「浪花今昔ひとめぐり」
- 1715 政界展望 1959年を語る
   細川隆元 矢内原伊作
- 1745 おしらせ◇朝日新聞ニュース
- 1800 子供の教室(OTV)
   子供オペレッタ◇ソ連漫画
- 1845 ガイド◇N◇天
- 1900 あんみつ姫(KR)「あんみつ姫のファッションショー」
- 1930 ロビンフッドの冒険
- 2000 蝶々のわたし 横山エンタツ 人生
- 2030 ナショナルTVホール(KR)・銭形平次捕物控「トソの杯」
- 2100 カメラだより北から南まで
- 2115 東京0時別「死体をかくせ」
- 2145 OTV ニュース◇スポーツN
- 2200 映画「お姉さんと一緒」
- 2230 ダイハツ スポーツウィクリー
- 2250 きのうきょう 矢部利茂◇天
- 2305 現代の顔(KR) 舟橋聖一
- 2310 おしらせ◇放送終了

◎1月6日(火) OTV

- 1125 テストパターン
- 1140 オープニングメロディ
- 1155 テレビ・ショーウインドウ
- 1215 ほほえみ一家(KR)
   「見合いの相手は」
   竜崎一郎 坪内美詠子
   40 ガイド
- 1245 料理手帖「白ソースの作り方」井上幸作 岩原富子
- 1300 婦人ニュース「今年の正月」
- 1315 テレビガイド
- 1320 家庭百科(OTVF)
   「毛糸の利用」藤川延子
- 1325 おしらせ◇放送休止
- 1730 テストパターン 45 おしらせ
- 1750 毎日新聞テレビニュース
- 1800 呼出教号「消えた小咽手」
   高桐眞 千葉保他
- 1815 宝塚おとぎ劇場
   「さるかにゲーム」
   藤里美保 浜木綿子他
   宝塚歌劇団
- 1845 ガイド 50 OTV ニュース
- 1856 あしたのお天気
- 1900 カロランミュージカル(KR)
   「悩み買います」ペギー葉山代 山崎唯
   牧野ヨシロ
- 1930 フューリーとソニー「狂犬病」
- 2000 源平芸能合戦
   東京トヨペット―東京いすゞ
   審査:古関裕而 豊岡他
- 2030 潜水王マイケネルソン
   「南国の恋」
- 2100 近鉄パールアワー・あまから父さん 横山エンタツ
   柿木太嘉子 三角八重他
- 2115 旗本退屈男 中村竹弥
   藤間城太郎他 40 ガイド
- 2145 OTV ニュース
- 2155 OTV スポーツニュース
- 2200 カメラルポいつもどこかで
   「海苔を作る人」
- 2215 女秘書スージー
- 2250 現代の顔(KR) 白山源三郎
- 2300 あしたのお天気
- 2305 放送終了

◎1月7日(水) OTV

- 1125 テストパターン
   歌劇・カルメン(ビゼー)
- 1140 オープニングメロディ
- 1150 おしらせ
- 1155 テレビ・ショーウインドウ
- 1200 OTV ニュース
- 1215 歌のハイライト J 繁田
   ペギー葉山 40 ガイド
- 1245 料理手帖「蒸しずし」
   辻徳光
- 1300 ポーラ婦人ニュース
   「宇宙への夢」高梨
- 1315 家庭百科(OTVF)
   「せきどめ」木崎国嘉
- 1320 おしらせ 25 放送休止
- 1730 テストパターン
- 1745 おしらせ
- 1750 毎日新聞テレビニュース
- 1800 おにいちゃん「ひとりぼっちの巻」川上のぼる
   寺島真知子 小島慶四郎
- 1815 アイバンホー・森の盗賊
   「ケンシ切の上衣」
   ブラウン・ムーア
   声:矢島正明 斎藤ひさ子
- 1845 テレビガイド
- 1850 OTV ニュース
- 1856 あしたのお天気
- 1900 わが輩ははなばな氏(KR)
   「僕の初夢」
- 1930 裁判(KR)「父の唄」
   三井弘次 寺島信子
   坂本武 増田
- 2000 映画「果てなき船路」
   ジョン・ウエイン
   トーマス・ミッチェル
- 2130 おはこうら表(KR/OTV)
   鈴木伝明
   お相手:葦原邦子
- 2145 OTV ニュース
- 2150 OTV スポーツニュース
- 2200 ありちゃんのおかっぱ侍
   「満願百夜の初夢」
- 2245 テレビガイド
- 2250 きのうきょう 矢部利茂
- 2305 現代の顔(KR) 林寿郎
- 2315 あしたのお天気
- 2320 放送終了

◎1月8日(木) OTV

- 1125 テストパターン
- 1140 オープニングメロディ
- 1150 おしらせ
- 1155 テレビ・ショーウインドウ
- 1200 OTV ニュース
- 1215 日本の歌 花柳徳兵衛社中
- 1240 テレビガイド
- 1245 料理手帖「五目御飯の肉包み」奥井広美
- 1300 ポーラ婦人ニュース
   「水の都の記念碑」
- 1315 テレビガイド
- 1320 家庭百科(OTVF)
   「赤ちゃん離乳」吉矢久一
- 1325 憩いのリズム
- 1330 世界の食卓めぐり
   「スイス」藤原◇休止
- 1730 テストパターン
- 1745 おしらせ
- 1750 朝日新聞テレビニュース
- 1800 映画「私の大地」
- 1815 名犬ラッシー「占い切手帳」
   声・北条美智留 金子
- 1845 テレビガイド
- 1850 OTV ニュース
- 1856 あしたのお天気
- 1900 テレビぴよぴよ大学(KR)
- 1930 京阪テレビカー泣きべそ天使「僕だって男の子です」
   歌楽 広野みどり 吉川雅恵 八杉陽子他
- 2000 少年航路(KR)
   「立春大吉」梅尼純義
   池田忠夫他
- 2030 特ダネを逃がすな(KR)
   「ゆがんだ月」前篇
- 2100 OTV ワールド・スポーツ
- 2115 金語楼劇場・おトラさん
   (KR)「おもちの巻」柳家金語楼 小桜京子他
- 2145 OTV ニュース スポーツN
- 2200 サンヨーテレビ劇場(KR)
   「青春の肖像」南原伸二
   木暮実千代 加藤治子
   岡村文子
- 2230 小唄教室 エンタツ他
- 2245 テレビガイド
- 2250 きのうきょう 矢部利茂
- 2305 現代の顔(KR) 今東光
- 2315 あすのお天気
- 2320 放送終了

◎1月9日(金) OTV

- 1125 テストパターン
- 1140 メロディ 50 おしらせ
- 1155 テレビ・ショーウインドウ
- 1200 OTV ニュース
- 1215 映画の窓(KR)「可愛い悪魔」
   (フランス映画)
   解説:荻昌弘 ジャン・ギャバン バルドー他
- 1240 テレビガイド
- 1245 料理手帖「くるみのケーキ」
- 1300 婦人ニュース「十日戎」
- 1315 テレビガイド
- 1320 家庭百科(OTVF)
   「室内運動」木崎国嘉
- 1325 おしらせ 30 放送休止
- 1730 テストパターン 45 おしらせ
- 1750 毎日新聞テレビニュース
- 1800 漫画劇「アロハオエ」
- 1815 電気のABC「たこあげ」
   泉目行夫他
- 1830 映画「日本の印象」
- 1845 ガイド 50 OTV ニュース
- 1856 あしたのお天気
- 1900 十日戎中継「商売繁盛で笹持って」森光子
   ◇休止・テストパターン
- 1930 部長刑事「逢いに行った女」
   中村栄三 波田久夫
   嶋連太郎 菅座紀子
   筧田幸男 真木康次郎他
- 2000 道頓堀アワー 新春歌舞伎
   「夕霧・伊左衛門廊文章」
   (中座) 友右衛門
   仁左衛門
- 2100 話題のアルバム 10 ガイド
- 2115 日真名氏飛び出す(KR)
   「猪を探せ」解決篇
- 2145 ニュース 55 スポーツN
- 2200 維新風雲録
- 2230 ヤシカ土曜劇場
   「今度はおれの番だ」
   三橋達也 左幸子
- 2300 現代の顔(KR) 川喜多かしこ
- 2310 お天気 15 放送終了

◎1月10日(土) OTV

- 1110 パターン 30 メロディ
- 1140 いけばな教室 肥原康甫
   「ガラス器を使って」
- 1150 おしらせ
- 1155 テレビ・ショーウインドウ
- 1200 OTV ニュース
- 1215 土曜寄席「神めぐり」
   東五九童 松葉蝶子
   40 ガイド
- 1245 料理手帖「カキのベーコン巻きグリル」
   豊田三雄他
- 1300 婦人ニュース「週間展望」
   勝手悉三 15 テレビガイド
- 1320 家庭百科 (OTVF)
- 1325 「雪と化粧」山本鈴子
- 1325 十日戎中継「商売繁盛で笹持って」森光子
   ◇休止・テストパターン
- 1640 来週のハイライト
- 1700 座談会「初場所を前に・九州熱戦譜と展望」
   天龍 輝昇他
- 1750 朝日新聞テレビニュース
- 1800 ぼくのわたしの音楽会
   大阪旭陽中学
- 1815 パッチリタイム・黒部深偵「放射能は狙う」前篇
- 1845 ガイド◇ニュース◇お天気
- 1900 街のチャンピオン
- 1930 部長刑事「逢いに行った女」
- 2000 道頓堀アワー 新春歌舞伎
- 2100 話題のアルバム 10 ガイド
- 2115 日真名氏飛び出す(KR)
   「猪を探せ」解決篇
- 2145 ニュース 55 スポーツN
- 2200 維新風雲録
- 2230 ヤシカ土曜劇場

◎1月11日(日) OTV

- 905 テストパターン 25 おしらせ
- 930 日曜漫画 945 仲よしN
- 955 マンガ公園「悪戯ラジオ」他
- 1030 京だより
- 1045 カメラルポお料理訪問
   鍋井克之
- 1100 週刊N 15 海外トピックス
- 1130 経済サロン
   「車両の移り変わり」
- 1200 OTV ニュース 10 ガイド
- 1215 ダイラケのびっくり捕物帖
   「歌カルタ詮議」後篇
- 1240 テレビガイド
- 1245 ロッテ歌のアルバム(KR)
   コロムビアローズ J 繁田
- 1315 ナショナル日曜テレビ観劇会「新国劇・男ありて」(大阪歌舞伎座)
   島田正吾 外崎恵美子
   行友勝江他
- 1500 大相撲 初場所初日(KR)
   (蔵前国技館) ◇ガイド
- 1750 OTV ニュース◇お天気
- 1800 芸能スナップ
- 1815 スタープレゼント 朝丘雪路
- 1830 ダイハツ・チームで
   やりくりアパート(OTV)
   「いつも笑顔で」
- 1900 月光仮面「幽霊党の逆襲」
- 1930 ラマーオブジャングル
   「白人の魔術」声:大木
- 2000 運命の標的
   「曲がり角の幸運」
- 2030 人生ご案内
   「奇妙な新年会」
   由利徹 南利明
- 2100 二つの椅子「月へ行ける」
   宮本正太郎
- 2115 東芝日曜劇場「命の長持」
   (KR)藤間紫 市川段四郎
- 2215 ニュース◇OTVスポーツN
- 2230 スクリーンハイライト
   「花のれん」「女の一生」他
- 2245 グッドナイト・ファンタジー
   宇治かほる
- 2300 天◇放送終了

●1月12日（月）OTV

1125 テストパターン
1140 オープニングメロディ
1150 おしらせ
1155 テレビ・ショーウインドウ
1200 OTV ニュース
1215 カクテルサロン
　　ペギー葉山 木村与三男
1240 テレビガイド
1245 料理手帖「貝のパン粉焼き」
1300 ポーラ婦人ニュース
　　「勅language"窓"」前川
　　15 ガイド
1320 家庭百科（OTVF）
　　「毛糸の利用」藤川延子
1325 おしらせ 30 放送休止
1440 テストパターン（ポピュラー）
1500 大相撲初場所二日目（KR）
　　細川隆元 矢内原伊作
　　（蔵前）
1745 おしらせ◇毎日新聞ニュース
1800 子供の教室（OTV）
　　「彫刻の作り方見方」
1815 ソ連漫画「三つの魔法」
1845 ガイド 50 OTV ニュース
1856 あしたのお天気
1900 あんみつ姫「あんみつ姫と乳兄妹」中原美
　　紗緒 浜田百合子
1930 ロビンフッドの冒険
　　「マリアン結婚話」
2000 蝶々のしゃぼん玉人生
　　「旅役者の巻」蝶々雄二
　　雁玉 荒木雅子他
2030 ナショナルTVホール（KR）・
　　銭形平次捕物控
　　「屠蘇の杯」若山富三郎他
2100 カメラより北から南から
　　「負けられません」
2115 東京0時刻「証人を探せ」
　　金子信雄 渡辺美佐子
　　織田政雄 山岡久乃
2145 OTV ニュース
2155 スポーツニュース
2200「母と子」（KR）・藪入り」
2230 ダイハツスポーツウィクリー
2250 きのうきょう 矢部利茂
2300 あしたのお天気
2305 現代の顔（KR）田宮謙次郎
　　◇放送終了

●1月13日（火）OTV

1125 テストパターン
1140 オープニングメロディ
1150 おしらせ
1155 テレビ・ショーウインドウ
1200 OTV ニュース
1215 ほほえみ一家（KR）
　　「五千円札の行方」
　　40 ガイド
1245 料理手帖「チキンマカロニ」
　　井上幸作 岩原富子
1300 ポーラ婦人ニュース
　　「お正月過ぎの健康」
1315 テレビガイド
1320 家庭百科（OTVF）「晴れ着
　　の始末」藤川延子
1325 おしらせ
1440 テストパターン藤娘（長唄）
1500 大相撲初場所三日目（KR）
1745 おしらせ
1750 毎日新聞テレビニュース
1800 呼出符号L「消えた小切手」
　　後編 高桐眞 千葉信保他
1815 宝塚おとぎ劇場
　　「消えた姫君」
　　淀かほる 星空ひかる
1845 ガイド 50 OTV ニュース
1856 あしたのお天気
1900 カロランミュージカル（KR）
　　「悩み買います」
1930 フューリーとソニー「奇蹟」
2000 源平芸能合戦
　　「帝人一松下電器」
　　審査：古関裕而 豊吉他
2030 潜水王マイクネルソン
　　「水中スクーターの冒険」
2100 近鉄パールアワー・あま
　　から父さん「寒波襲来」
　　横山エンタツ 柿本todos
　　嘉子 三角八重他
2115 旗本退屈男「初姿ご存じ
　　退屈男」中編 中村竹弥
　　藤間城太郎他
2140 ガイド 45 OTV ニュース
2155 OTV スポーツニュース
2200 カメラといつもどこかで
　　「有楽町二十四時」
2215 女秘書スージー
　　「週末旅行」
2250 現代の顔（KR）益谷秀次
2300 あしたのお天気
2305 放送終了

●1月14日（水）OTV

1125 テストパターンバレエ音楽
1140 オープニングメロディ
1150 おしらせ
1155 テレビ・ショーウインドウ
1200 OTV ニュース
1215 歌のハイライト
　　「東京ランデブー」
　　「河よ呼んでいる」J 三木
　　デューク・エイセス
1240 テレビガイド
1245 料理手帖「お鏡かぶらの
　　ふろふき」辻徳光
1300 婦人ニュース「女優」
　　山田五十鈴
1315 家庭百科（OTVF）「検眼」
　　木崎国嘉 20 おしらせ
1330 放送休止
1440 テストパターン
1500 大相撲初場所四日目（KR）
1745 おしらせ
1750 朝日新聞テレビニュース
1800 おにいちゃん
　　「素晴しいしらせ」
1815 アイバンホー・森の盗賊
　　「牛盗人」
　　ブラウン・ムーア
1845 ガイド 50 OTV ニュース
1856 あしたのお天気
1900 わが輩ははなばな氏（KR）
　　「忘れた休日の巻」
1930 裁判（KR）「眼に涙あり」
　　前篇 三井弘次 寺島
　　信子 坂本武 増田
2000 ボクシング
　　リデラ一三浦清
　　鄭国弁一石橋広次
　　解説：郡司勉一
　　白井義男
2130 おはこうら表（KR/OTV）
2145 OTV ニュース
2150 OTV スポーツニュース
2200 ありちゃんのおかっぱ侍
　　「藪入りの出来事」
2230 OTV 週間世界ニュース
2245 テレビガイド
2250 きのうきょう 矢部利茂
2305 現代の顔（KR）灘尾弘吉
2315 あしたのお天気◇放送終了

●1月15日（木）OTV

1025 パターン◇メロディ
1045 おしらせ
1055 ジュニアコンサート
　　「初春の門出」
　　木琴：中川佐智子
　　朝日ジュニアオーケストラ
　　大阪本部教室生 ハイドン
　　おもちゃの交響曲
1125 座談会 竹田吉文「秘境
　　ペルーアンデスを探る」
1155 テレビ・ショーウインドウ
1200 OTV ニュース
1215 石井好子 シャンソンリサイタル
1240 ガイド 45 料理手帖「白
　　菜のサケ包み蒸し」
　　奥井広美
1300 婦人ニュース「成人の日」
1315 ガイド 20 家庭百科（OTVF）
　　「オーデコロン」吉矢久一
1325 憩いのリズム
1330 世界の食卓めぐり
　　「エジプト」
1345 劇場中継 コマ歌舞伎
　　「雪・月・花」扇雀
　　半四郎 葵助 久慈あ
　　さみ 天津乙女
1500 大相撲初場所（蔵前）
　　五日目（KR）45 おしらせ
1750 朝日新聞 N 1800 短編映画
1815 名犬ラッシー「可愛い仔牛」
1845 ガイド◇OIV ニュース◇天気
1900 スーパースターメロディ
　　高島忠夫
1930 スーパーマン（漫画）
2000 この謎は私が解く（KR）
　　「雪の夜の惨劇」後篇
　　船山裕二 影万里江
　　小畑他
2030 鞍馬天狗（KR）
　　「黄金の秘図」後篇
2100 奥様多忙（KR）「冬ばら」
2115 コント千一夜 森光子他
2130 芸能ウイークリー
2145 ニュース 50 スポーツ N
2200 新大岡政談「藪原検校」
2230 三協グッドナイトショウ
　　「8ミリ作品紹介など」
2300 現代の顔（KR）原田三夫
2310 あしたのお天気 放送終了

●1月16日（金）OTV

1125 パターン（クラシック）
1140 メロディ　50 おしらせ
1155 テレビ・ショーウインドウ
1200 OTV ニュース
1215 映画の窓「絶対命令」
　　解説：荻昌弘
　　植草甚一 他
1240 テレビガイド
1245 料理手帖 お餅のいただ
　　きかたいろいろ
1300 婦人ニュース「やぶ入り」
　　錦寄席兵衛 15 テレビガイド
1320 家庭百科「季節の生け花」
　　佐治尸蛤 25 おしらせ
1330 放送休止
1440 テストパターン
1500 大相撲初場所六日目（KR）
1745 おしらせ 50 毎日新聞
　　ニュース
1800 漫画劇場
1815 電気の ABC「モールス」
　　30 映画
1845 テレビガイド 50 OTV
　　ニュース
1856 あしたのお天気
1900 テレビぴよぴよ大学
1930 京阪テレビカー・泣き
　　べそ天使
2000 少年航路
　　「冬山捜索七日間」
2030 特ダネを逃がすな
　　「ゆがんだ月」後篇
2100 ワールドスポーツ
2115 金語楼劇場・おトラさん
　　「釣り堀の春」
2145 OTV ニュース
2155 OTV スポーツニュース
2200 青春の肖像 小暮美千代
2230 小唄教室 花柳芳十郎
2245 テレビガイド
2250 きのうきょう
　　（解説）矢部利茂
2305 現代の顔 花籠久光
2315 あすのお天気
2320 放送終了

●1月17日（土）OTV

1050 パターン 1105 メロディ
1115 番組ハイライト
1135 家庭百科（OTVF）
　　「コーヒーの入れ方」
1140 いけばな教室 拾った
　　いけばな 50 おしらせ
1155 テレビ・ショーウインドウ
1200 OTV ニュース
1215 土曜寄席 三遊亭柳枝
　　南喜代子 40 テレビガイド
1245 料理手帖「スペイン風ライ
　　ス」石本千太郎
1300 ポーラ婦人ニュース
　　「週間展望」薄田桂
1315 大江美智子一座「男の花道」
　　（浅草常盤座特別興行より）
　　大江美智子 吉沢章之
　　田中他
1500 大相撲初場所七日目（KR）
1750 朝日新聞テレビニュース
1800 ぼくのわたしの音楽会
　　神戸西須磨小
1815 パッチタイム・黒闇貞
　　「放射能を狙う」後篇
　　松本朝夫 三宅邦子他
1845 テレビガイド
1850 OTV ニュース 56 お天気
1900 街のチャンピオン
1930 部長刑事「東京の客」
　　中村栄二 波田久夫
　　嶋雄太郎 菅重紀子
　　寛田幸男 真木康次郎他
2000 道頓堀アワー・寄席（角座）
　　Aスケ Bスケ 和楽
　　和喜美 春代捨丸
2100 話題のアルバム 10 ガイド
2115 日真名氏飛び出す（KR）
　　「梯子は折れる」前篇
2145 OTV ニュース
2145 芸能トピックス
2155 OTV スポーツニュース
2200 維新風雲録 服部哲治
　　丘久美子 芦田伸介
2230 ヤシカ土曜劇場
　　「今度はおれの番だ」
　　三橋達也 左幸子 伊豆
2300 現代の顔（KR）大野伴睦
2310 あしたのお天気、放送終了

●1月18日（日）OTV

905 テストパターン 25 おしらせ
930 日曜漫画 45 仲よしニュース
955 マンガ公園「変わった洗濯屋」
1030 京だより「金らんどん」
1045 カメラルポお料理訪問
　　長沖一
1100 OTV 週間テレビニュース
1115 海外トピックス
1130 経済サロン 石山賢吉
　　大井治 今村益三
1200 OTV ニュース 10 ガイド
1215 ダイラケのびっくり捕物帖
　　「雪の足跡」前篇 森光子
　　ダイマル・ラケット 西条
　　中村あやめ 藤田まこと他
1240 テレビガイド
1245 ロッテ歌のアルバム（KR）
　　山下敬二郎 北和代
　　浜村美智子 玉置宏
1315 ナショナル日曜テレビ
　　観劇会「新忠臣蔵・瑞
　　泉院」幸四郎 中車
　　歌右衛門 福助 吉十郎
1450 大相撲初場所（蔵前）中日
　　（KR）解説：天龍三郎
　　輝昇
1745 ガイド 50 OTV ニュース
1756 お天気 1800 芸能スナップ
1815 スタープレゼント J 繁田
1830 ダイハツコメディ・やりくり
　　アパート（OTV）
　　「雪の降る町で」
1900 月光仮面「幽霊党の逆襲」
1930 ラマーオブジャングル
　　「過去からの呼び声」
　　声・大木
2000 運命の標的「静寂のまち」
2030 人生ご案内 江利チエミ
2100 二つの椅子
　　「プロ野球表と裏」田宮
2115 東芝日曜劇場「嫉妬」（KR）
　　村田嘉久子 三崎千恵子
　　岩畑加根子
2215 OTV ニュース
2225 OTV スポーツニュース
2230 スクリーンハイライト
　　「花のれん」「女の一生」他
2245 グッドナイト・ファンタジー
　　フォアコインズ
2300 あしたのお天気 05 放送終了

第3章「増幅」

◎1月19日（月）OTV

1125 パターン◇メロディ◇告知
1155 テレビ・ショーウインドウ
1200 OTV ニュース
1215 カクテルサロン
　　E.H. エリック　岡部伊
　　都子　竹中郁　前田知子
　　40 ガイド
1245 料理手帖「カキのシチュー」
1300 婦人ニュース
　　「入学をひかえて」
　　大阪市立大・中西昇
　　15 ガイド
1320 家庭百科（OTVF）
　　「ホーム・ケーキ」
　　藤川延子
1325 おしらせ◇放送休止
1440 テストパターン
1500 大相撲初場所九日目（KR）
　　細川隆元　矢内原伊作
1745 おしらせ
1750 毎日新聞テレビニュース
1800 子供の教室（OTV）「科学
　　鑑識指紋の話」大阪府警
　　本部鑑識課　秋山元次
1815 ソ連漫画「かっこうと椋鳥」
　　「玩具の水球試合」
1845 ガイド
1850 OTV ニュース 56 お天気
1900 あんみつ姫
　　「お家の御法度」
　　中原美紗緒　浜田百合子
1930 ロビンフッドの冒険
　　「替え玉戦法」
2000 蝶々のしゃばく玉人生
　　「旅役者」蝶々雄二
　　雁玉　荒木雅子他
2030 ナショナルTVホール（KR）・
　　銭形平次捕物控「鉄砲
　　汁」前篇 大川橋蔵他
2100 カメラだより北から南から
　　「当店店員気質」
2115 東京 0 時刻「七百万円の
　　誘惑」金子信雄
　　渡辺長作　織田政雄
　　山岡久乃
2145 OTV ニュース 55 スポーツ N
2200 母と子（KR）「早春」
2230 ダイハツスポーツウィクリー
2250 きのうきょう 矢部利茂
2300 あしたのお天気
2305 現代の顔（KR）石井光次郎
2315 おしらせ◇放送終了

◎1月20日（火）OTV

1125 パターン 40 メロディ
1155 テレビ・ショーウインドウ
1200 OTV ニュース
1215 ほほえみ一家（KR）
　　「午前三時の客」竜崎
　　一郎　坪内美詠子
　　40 ガイド
1245 料理手帖「ブラウンソースの
　　作り方」井上宰作 岩瀬富子
1300 婦人ニュース 柳井たつ
1315 テレビガイド
1320 家庭科（OTV）「スラックス」
1325 おしらせ
1440 テストパターン
1500 大相撲 初場所 （蔵前）
　　十日目（KR）1745 おしらせ
1750 新聞テレビニュース
1800 呼出符号 L「消えた小切手」
　　高桐眞　千葉保他
1815 宝祭おとぎ劇「鬼のたから」
　　緑八千代　恵さかえ
　　南城照美
1845 ガイド 50 OTV ニュース
1856 あしたのお天気
1900 カロランミュージカル（KR）
　　「悩み買います」
1930 フューリーとソニー「試験」
2000 源平芸能合戦
　　丸善石油－東亜石油
　　審査：古関裕而 豊吉他
2030 潜水王マイクネルソン
　　「海底の牢獄」
2100 近鉄パールアワー・あまから
　　父さん「きょうは留守番」
　　横山エンタツ 柿木汰嘉
　　子　三角八重他
2115 旗本退屈男
　　「初姿ご存じ退屈男」
　　後篇　中村竹弥
　　藤間城太郎他
2140 ガイド 45 OTV ニュース
2155 OTV スポーツニュース
2200 カメラルぽいつもどこかで
　　「寒の釣船」
2215 女秘書スージー
　　「恋のすれ違い」
2250 現代の顔（KR）柴田錬三郎
2300 あしたのお天気
2305 放送終了

◎1月21日（火）OTV

1125 テストパターン
1140 オープニングメロディ
1150 おしらせ
1155 テレビ・ショーウインドウ
1200 OTV ニュース
1215 歌のハイライト
　　鈴木三重子 高松和男
1240 ガイド
1245 料理手帖「鮭の軟骨みぞ
　　れ酢あえ」辻徳光
　　広瀬修子
1300 婦人ニュース「川柳と心」
　　岸本水府
1315 家庭百科（OTVF）「消毒」
　　木崎国嘉 20 おしらせ
　　◇休止
1440 テストパターン
1500 大相撲初場所十一日目
　　（蔵前）（KR）
1745 おしらせ
1750 朝日新聞テレビニュース
1800 おにいちゃん
　　「大さむ小さむの巻」
　　川上弘久　寺島真知子
　　小島慶四郎
1815 名犬ラッシー
　　「ポーキィ君の愛犬」
　　声・北条美智加　金子
1845 ガイド 50 OTV ニュース
1856 あしたのお天気
1900 スーパースターメロディ
　　神戸一郎　雪村いづみ
　　宮尾
1930 スーパーマン
　　「無人の町」
2000 この人の謎は私か解く（KR）
　　ダイナマイト殺人事件
　　前編　船山裕二　影万
　　里江　小畑他
2030 鞍馬天狗（KR）
　　「暗殺人別帳」前篇
2100 奥様多忙（KR）「故郷」
　　江見渉　山岡久乃他
2115 コント千一夜 森光子 他
2130 芸能ウィークリー
2145 OTV ニュース
2150 OTV スポーツニュース
2200 新大岡政談「藪原検校」
2230 三協グッドナイトショー
　　「8 ミリ作品紹介など」
　　J 繁田 トリオロスチカロス
2300 現代の顔（KR）吉屋信子
2310 あしたのお天気
2315 放送終了

◎1月22日（木）OTV

1025 テストパターン「バレエ音楽」
1040 オープニングメロディ
1050 おしらせ 1125 座談会
1155 テレビ・ショーウインドウ
1200 OTV ニュース
1215 今様オペレッタ
　　「春がそこまで」猫八他
1240 テレビガイド
1245 料理手帖「甘ダイの酒
　　蒸し」
1300 婦人ニュース「黙阿弥忌」
　　山本修二 15 テレビガイド
1320 家庭百科（OTVF）「防音」
　　山下守 25 婦人のリズム
1330 世界の食卓めぐり「タイ」
　　安西郷子 45 おしらせ
　　◇休止
1440 テストパターン
1500 大相撲 初場所 （蔵前）
　　十二日目（KR）
1745 おしらせ
1750 朝日新聞テレビニュース
1800 短編映画「アフリカに
　　技術大学」
1815 名犬ラッシー
　　「ポーキィ君の愛犬」
　　声・北条美智加　金子
1830 映画「世界の収穫祭」
　　「おどけいるか」45 ガイド
1850 OTV ニュース 56 お天気
1900 テレビぴよぴよ大学（KR）
1930 スーパーテレビカー泣きべそ
　　天使「この子をどうしましょう」
2000 少年航路　（KR）
　　「暮芽ぐむ頃」千石規子
　　中山　梅丘純義
　　池田忠夫他
2030 特ダネを逃がすな（KR）
　　「疑わざる者」前篇
2100 OTV ワールド・スポーツ
2115 金語楼劇場・おトラさん
　　（KR）「お豆眠る」
2145 ニュース 55 スポーツ N
2200 サンヨーテレビ劇場（KR）
　　「青春の肖像」南原伸二
　　木暮実千代 加藤治子
　　岡村文子
2230 小唄教室
　　半四郎　とよ峰他
2245 ガイド
2250 きのうきょう 矢部利茂
2305 現代の顔（KR）小原豊雲
2315 あすのお天気　放送終了
2320 放送終了

◎1月23日（金）OTV

1125 テストパターン
1140 メロディ 50 おしらせ
1155 テレビ・ショーウインドウ
1200 OTV ニュース
1215 映画の窓（KR）
　　「影」（ポーランド映画）
　　解説：荻昌弘 岡田晋也他
1240 テレビガイド
1245 料理手帖「スコットランド
　　風肉のシチュー」
　　堀越フサエ
1300 婦人ニュース「母」
　　東千栄子 15 テレビガイド
1320 家庭百科（OTVF）
　　「熱帯魚の飼い方」山下守
1325 おしらせ 30 放送休止
1440 テストパターン
1500 大相撲初場所十三日目（KR）
1745 おしらせ
1750 朝日新聞テレビニュース
1800 漫画劇場
1815 電気の ABC
　　「最初の電信機」
　　泉田行夫他
1830 映画「世界の収穫祭」
　　「おどけいるか」45 ガイド
1850 OTV ニュース 56 お天気
1900 テレビびよびよ大学（KR）
1930 スーパーテレビカー泣きべそ
　　天使「この子をどうしましょう」
2000 少年航路　（KR）
　　「暮芽ぐむ頃」千石規子
　　中山　梅丘純義
　　池田忠夫他
2030 特ダネを逃がすな（KR）
　　「疑わざる者」前篇
2100 OTV ワールド・スポーツ
2115 金語楼劇場・おトラさん
　　（KR）「お豆眠る」
2145 ニュース 55 スポーツ N
2200 サンヨーテレビ劇場（KR）
　　「青春の肖像」南原伸二
　　木暮実千代 加藤治子
　　岡村文子
2230 小唄教室
　　半四郎　とよ峰他
2245 ガイド
2250 きのうきょう 矢部利茂
2305 現代の顔（KR）小原豊雲
2315 あすのお天気 放送終了
2320 放送終了

●1月24日（土）OTV

930 テストパターン
1000 自民党党大会実況
　　（東京・産経会館）
1200 OTV ニュース
1215 土曜寄席「僕のへそくり」
　　ミナミサザエ・浮世歌楽
1240 テレビガイド
1245 料理手帖洋風だし巻 後篇
1300 婦人ニュース「週間展望」
　　岡田録右衛門
1318 映画「沈黙の世界」
1322 家庭百科　（OTVF）
　　「寒気と肌」山本鈴子
1330 いけばな教室「早春を盛る」
　　豊雲 45 おしらせ 50 休止
1440 テストパターン
1500 大相撲初場所十四日目（KR）
1750 毎日新聞テレビニュース
1800 ぼくのわたしの音楽会
　　ABC こどもコーラス
1815 バッチリタイム・黒部探偵
　　「スケートの女王」前篇
　　松本朝夫　三宅邦子他
1845 ガイド 50 OTV ニュース
1856 あしたのお天気
1900 街のチャンピオン
1930 部長刑事「夜の風車」
　　中村栄二 波田久夫 嶋
　　連太郎　菅亀紀子 筧
　　田幸男　真木康次郎他
2000 道頓堀アワー（中座）
　　「男伊達ばやり」三場
　　寿海　寿美蔵 仁左衛
　　門 延二郎他
2100 話題のアルバム 10 ガイド
2115 真名氏飛び出す（KR）
　　「梯子は折れる」解決編
2145 OTV ニュース
2145 芸能トピックス
2155 OTV スポーツニュース
2200 維新風雲録 服部哲治
　　丘久美子　芦田伸介
2230 ヤシカ土曜劇場
　　「今度はおれの番だ」
　　三橋達也　左幸子
2300 現代の顔（KR）松村謙三
2310 あしたのお天気15 放送終了

●1月25日（日）OTV

905 パターン◇おしらせ◇漫画
945 仲よしニュース
955 マンガ公園「人魚と水兵」他
1030 京だより 瀧川幸辰
1045 カメラルぽお料理訪問
　　長沖一
1100 OTV 週間テレビニュース
1115 海外トピックス
1130 経済サロン「ヘリコプター」
1200 OTV ニュース 10 ガイド
1215 ダイラケのびっくり捕物帖
　　「雪の足跡」後篇
　※ラケット急病で各番組対応
1240 テレビガイド
1245 ロッテ歌のアルバム（KR）
　　平尾　良重　朝比奈
　　玉置宏
1315 ナショナル日曜テレビ
　　観劇会「雪手716」三
　　幕　章太郎　京塚昌子
　　大矢八重子
1500 大相撲初場所千秋楽（KR）
1745 ガイド◇ニュース◇お天気
1800 芸能スナップ「結婚の夜」
　　小泉博他
1815 スタープレゼント
　　神戸一郎　雪村いづみ
1830 ダイハツコメディ・
　　やりくりアパート
　　「春はどこから」
　　大村崑　佐々十郎
　　茶川一郎
1900 月光仮面「幽霊党の逆襲」
1930 ラマーオブジャングル
　　「部落の陰謀」声 大木
2000 運命の標的「出獄前」
2030 人生ご案内「侠客一代」
2100 二つの椅子「タロウジロウ」
　　寺内信三　深山
2115 東芝日曜劇場「いれずみ」
　　（KR）殿山泰司他
2215 ニュース 25 0IV スポーツ N
2230 スクリーンハイライト
2245 グッドナイト・ファンタジー
　　近藤・岩村バレエ団
2300 あしたのお天気
2305 放送終了

405

●1月26日（月）OTV
1125 テストパターン40メロディ
1150 おしらせ
1155 テレビ・ショーウインドウ
1200 OTVニュース
1215 カクテルサロン「フランスを語る」オーシコルヌ E.H.エリック前田知子 40 テレビガイド
1245 料理手帖「巻豚肉の湯煮」
1300 婦人ニュース 住吉仙也「ヒマルチュリに挑む」
1315 テレビガイド
1320 家庭百科（OTVF）「お味噌」茶ণ俊水25おしらせ休止
1640 テストパターン（ポピュラー）
1700 初場所優勝のあと（KR）天龍三郎 輝昇 近エアナ
1735 映画「宇宙に挑む」他
1745 おしらせ
1750 毎日新聞テレビニュース
1800 子供の教室（OTV）科学鑑識「指紋の話」大阪府警本部鑑識課・秋山次
1815 ソ連漫画「間違いの鳥」
1845 ガイド 50 OTVニュース
1856 あしたのお天気
1900 あんみつ姫（KR）
1930 ロビンフッドの冒険「古だぬき退治」
2000 蝶々のしゃぼん玉人生「旅役者」
2030 ナショナルTVホール（KR）銭形平次捕物控「鉄砲汁」後篇 若山富三郎他
2100 カメラだより北から南から「スキー場は花ざかり」
2115 東京0時刻「理由なき殺人」金子信雄 渡辺美佐子 織田政雄 山岡久乃
2145 ニュース 55 スポーツN
2200 母と子（KR）「コップの中の青春」
2230 ダイハツスポーツウィクリー
2250 きのうきょう 矢besides利茂◇天
2305 現代の顔（KR）梅沢文雄
2315 放送終了

●1月27日（火）OTV
1120 パターン 35 メロディ
1145 テレビガイド
1150 おしゃれ「帽子」藤川延子
1155 テレビ・ショーウインドウ
1200 OTVニュース
1215 ほほえみ一家（KR）「夫は哀し」竜崎一郎 坪内美詠子他
1240 テレビガイド
1245 料理手帖「ビーフアラモード」井上幸作 岩原富子
1300 婦人ニュース「新しい住い」柳井たつ
1315 国会「岸総理施政方針演説」衆議院本会議場より中継
1430 テレビガイド 35 放送休止
1610 テストパターン 25 おしらせ
1630 国会中継 社会党鈴木委員長
1745 おしらせ 50 毎日新聞N
1800 呼出符号L「切れたブランコ」高桐眞 千葉院他
1815 宝塚おとぎ劇場「真説シンデレラ姫」時凡子
1845 ガイド 50 OTVニュース
1856 あしたのお天気
1900 カロランミュージカル（KR）「悩み買います」「天使と恋人たち」
1930 フューリーとソニー「フューリーの勝利」
2000 源平芸能合戦 八幡浜商議所・福岡商議所 審査：古関裕而 豊吉他
2030 潜水王マイクネルソン「魔の水圧」
2100 近鉄パールアワー・あまから父さん「ボーイ・フレンド」
2115 旗本退屈男「三日月と稲妻」中村竹弥 藤間城太郎他
2140 ガイド 45 OTVニュース
2155 OTVスポーツニュース
2200 カメラルポいつもどこかで「さよなら仔馬」
2215 女秘書スージー「女とドレスと年齢と」
2250 現代の顔（KR）利恵治
2300 お天気 05 放送終了

●1月28日（水）OTV
1125 テストパターン
1140 オープニングメロディ
1150 おしらせ
1155 テレビ・ショーウインドウ
1200 OTVニュース
1215 歌のハイライト「雨の東京」「夜が笑っている」淡谷 織井
1240 テレビガイド
1245 料理手帖「節分汁」辻徳光 広瀬修子
1300 ポーラ婦人ニュース ドストエフスキー
1315 テレビガイド
1320 家庭百科（OTVF）「ガン」木崎国嘉25おしらせ休止
1730 テストパターン45おしらせ
1750 朝日新聞テレビニュース
1800 おにいちゃん「待てど暮せど」川上のぼる 寺島真知子 小島慶之郎他
1815 アイバンホー・森の盗賊「消えた少年」
1845 ガイド 50 OTVニュース
1856 あしたのお天気
1900 わが輩ははなばな氏（KR）「どちらがいいのか」
1930 裁判（KR）「現行犯」三井弘次 寺島信行 坂本武 増田
2000 ボクシング「東洋チャンピオン九戦」池山伊佐巳・風間雅二郎 伊藤八郎・酒井涼治 解説：郡司信夫 白井義男
2130 おはこうら表（KR/OTV）ゲスト・十朱久雄
2145 ガイド
2150 OTVスポーツニュース
2200 ありちゃんのおかっぱ侍「日本一の優等生」
2230 OTV週間海外ニュース
2245 テレビガイド
2250 きのうきょう 矢野利茂
2305 現代の顔（KR）雪枝いづみ
2315 あしたのお天気
2320 放送終了

●1月29日（木）OTV
1125 テストパターン
1140 メロディ◇おしらせ
1155 テレビ・ショーウインドウ
1200 OTVニュース
1215 朝丘雪路ショー「スイング・サノサ」他 牟田悌三 熊倉一雄他
1240 テレビガイド
1245 料理手帖「カキとハムの包み揚げ」小川旭 佐藤和枝
1300 ポーラ婦人ニュース「帽子のおしゃれ」中村英子
1315 ガイド20家庭百科（OTVF）プラスチックと台所 山下守
1325 おしらせ 30 休止
1730 テストパターン45おしらせ
1750 朝日新聞テレビニュース
1800 短編映画「氷山を追って」
1815 名犬ラッシー「ジェフ君の部屋」声・北条美智留 金子他
1845 ガイド 50 OTVニュース
1856 あしたのお天気
1900 スーパースターメロディ コロムビアローズ 君和田民枝 大野一夫 宮尾たか志
1930 スーパーマン（漫画）「ふしぎな首飾り」
2000 この謎は私が解く（KR）「ダイナマイト殺人事件」解決篇 船山裕二 影万里江 小畑他
2030 鞍馬天狗（KR）「暗殺人別帳」後篇
2100 奥様多忙（KR）「光と影」江見渉 山岡久乃他
2115 コント千一夜 森光子 他
2130 芸能ウイークリー「喜劇人顔合わせ」伴淳三郎
2145 OTVニュース◇スポーツN
2200 サンヨーテレビ劇場「謀殺のカルテ」前篇 須賀不二夫 小林トシ子
2230 三協グッドナイトショー 石井好子 竹部バレエ
2300 現代の顔（KR）高柳賢三
2310 あしたのお天気15放送終了

●1月30日（金）OTV
1125 テストパターン
1140 メロディ◇おしらせ
1155 テレビ・ショーウインドウ
1200 OTVニュース
1215 映画の窓（KR）「白痴」解説：荻昌弘 久我美子 原他
1240 テレビガイド
1245 料理手帖「きな粉あめ」拭石俊枝
1300 婦人ニュース「背番号16」川上哲治15テレビガイド
1320 家庭百科（OTVF）藤川延子「スエーデン刺しゅう」
1325 おしらせ30放送休止
1730 テストパターン45おしらせ
1750 毎日新聞テレビニュース
1800 漫画劇場「小鳥の新婚夫婦」
1815 電気のABC「雑音防止」泉田行夫他
1830 映画「大地に投資する」「窓ガラスふき」45ガイド
1850 OTVニュース
1856 あしたのお天気
1900 テレビびよびよ大学（KR）
1930 京阪テレビカー・泣きべそ天使「迷惑をかけてはいけません」歌楽 広野みどり 吉川雅恵 八杉陽子他
2000 少年航路（KR）「疑惑の影」千石規子 中山 梅丘純義
2030 特ダネを逃がすな（KR）「疑わざる者」後篇
2100 OTV ワールド・スポーツ
2115 金語楼劇場・おトラさん（KR）「碁会所」柳家金語楼 小桜京子他
2145 OTVニュース◇スポーツN
2200 サンヨーテレビ劇場「謀殺のカルテ」前篇 須賀不二夫 小林トシ子
2230 小唄教室 和敬吉 福田治
2245 テレビガイド
2250 きのうきょう 矢野利茂
2305 現代の顔（KR）山崎豊子
2315 あすのお天気20放送終了

●1月31日（土）OTV
1110 テストパターン
1140 いけばな教室「異質素材による」
1200 OTVニュース
1215 土曜寄席 右楽・左楽 ミナミサザエ・浮世亭歌楽
1240 ガイド 45 料理手帖「スペイン風変わりオムレツ」富田利八郎
1300 ポーラ婦人ニュース「週間展望」薄田桂
1320 家庭百科（OTVF）「冬のバック」山本鈴子
1325 ジャック・ティガーデンショー「君去りし後」ティガーデンとその六重奏団 小島正雄 終演後おしらせ◇休止
1720 パターン30組ハイライト
1750 朝日新聞テレビニュース
1800 ぼくのわたしの音楽会 堺・開花幼稚園
1815 パッチリタイム・黒眼探偵「スケートの女王」後篇
1845 ガイド 50 OTVニュース
1856 あしたのお天気
1900 街のチャンピオン
1930 部చ刑事「女はそれを知らない」中村栄二 波田久夫 嶋連太郎 菅亜紀子 筧田幸男 真木康次郎他
2000 道頓堀アワー 新春座公演「明治・大阪やくざ伝・忠治三代目」前篇（中座）安達国春 萬代峯子 山口幸生 速水雛子
2100 話題のアルバム 10 ガイド
2115 日真名氏飛び出す（KR）「サキソホンを抱く女」前篇
2145 ニュース 2155 スポーツN
2200 維新風雲録 服部哲治 丘久美子 芦田伸介
2230 ヤシカ土曜劇場 最終回「今度はおれの番だ」
2300 現代の顔（KR）田中千代
2310 あしたのお天気15放送終了

これがOTVだ　1959年1月

【単独番組】

●四元中継「初春の空から」

1959年1月1日（木）9：00〜9：50

東京タワー・大阪新朝日ビル・名古屋テレビ塔・福岡テレビ塔を結ぶ四元中継。

●社長挨拶

1月1日（木）9：50〜10：00

鈴木剛社長。

●上方舞

1月2日（金）11：00〜11：30

「高砂」「寿」他

●モスクワ芸術座公演「桜の園」4幕

1月2日（金）15：30〜18：00

文楽座から録画中継。公演がロシア語でおこなわれたため、会場から中継車に日本語で「今、何ページ目」と指示を送りながら、カメラ割りと照合したり、字幕を送り出したり大いに苦心。字幕スーパー製作のため制作費は開局以来最高額に達した。

●新春風景

1月3日（土）10：00〜11：00

HBC、KRT、CBC、RKBとの5局リレー。

●蝶々・雄二の新春女中日記

1月3日（土）12：15〜13：05？　ミヤコ蝶々・南都雄二、環三千世　ほか。

●東西大学ラグビー「早大－同大」

1月3日（土）14：20〜16：00

花園ラグビー場

●プロ野球監督新春放談

1月4日（日）9：50〜10：10

千葉（近鉄）、鶴岡（南海）、藤本（阪急）、田中（阪神）各監督が出席。VTR放送。

●金語楼一代記より（柳家金語楼50年記念）
「泣き笑い五十年」「想い出は乱れ飛ぶ」

1月4日（日）10：30〜11：30

朝丘雪路　江川宇礼雄。柳家金語楼芸能生活50周年記念番組。イカリソース提供。

●東西財界・テレビ名刺交換会

1月5日（月）10：00〜11：00

第一スタジオでの年賀式。東京・大阪二元座談会に財界人23名が出席。

●喜劇「びっくりタワー騒動記」

1月5日（月）11：00〜11：55

香川登志緒・作、中田ダイマル・ラケット、世志凡太、大久保怜、藤田まこと　ほか。

●良弁杉の由来より「二月堂の段」（文楽座）

1月5日（月）13：30〜15：00

人形浄瑠璃・豊竹山城少椽引退披露興行。豊竹山城少椽、難波椽、竹本綱太夫、津太夫、つばめ太夫、藤蔵。

●十日戎バラエティ・
　　商売繁盛で笹もって来い

1月10日（土）13：25〜

例年の十日戎の中継をバラエティ化。スタジオと今宮戎神社の二元構成。構成・香川登志緒。

●ジャック・ティーガーデンショー

1月31日（土）13：25〜

ティーガーデンとその六重奏団、司会・小島正雄。

「君去りし後」ほか。翌2月1日にも放送あり。

1959年2月

1日　ABCホール「講演と映画の夕」を後援

5日　フェスティバル・ホールで朝日放送、寿屋主催「百万人の音楽7周年記念演奏会」を後援

12日　名古屋支局を名古屋ABC会館内に設置

21日　甲子園球場からタイガースの練習風景を中継。

同日　甲子園阪神戦の水曜・日曜の優先権を獲得。

24日　27日より大阪テレビは放送呼称を朝日放送大阪テレビ、略称をABC-OTV、呼出符号をJONR-TVに変更すると記者発表。

26日　臨時株主総会で朝日放送との合併承認。同日朝日放送でも同様の承認。期日は6月1日に。

27日　呼称などを変更。

テレビのタニマチ～OTVを支えた企業とブランド～

スポンサーに関する情報は新聞番組表や社史にはほとんど記録されていないが、新聞紙上でおこなわれた「CMへの意見募集」や広告効果測定のためのクイズ企画でその一端を知ることができる。

スポンサーには、番組一本にまるごと出資する「番組スポンサー」と、番組の合間にCMだけを流す「スポット出稿」があるが、OTV放送開始直後、広告効果について調査するためにスポット広告主を掲載した企画広告があった。

ここで、OTVの番組を支えた「テレビのタニマチ」の一部を列挙してみよう。ここでは、社名、ブランドネーム、商品名などは、実際に広告に示されていたものを優先的に表記した。

● OTVのスポット広告主

（1957年1月）

※時刻はCM放映予定時刻

<食品>

ボブチョコマメ・スカウト製菓　日12：10

清酒「福娘」（花木酒造）日17：37

清酒「泉正宗」（泉酒造）金12：40

清酒「大関」（長部商店）金21：59

大寅のかまぼこ（大寅）水18：45

神戸屋のパン（神戸屋）木20：59

高山堂の粟おこし（高山堂）土21：14

<繊維、化学>

ダイトウボウ毛糸（大東紡績）月18：44

ニチレナイロン（日本レイヨン）水19：59

伊賀屋のふとん（伊賀屋製綿）木12：39

心斎橋「西川」のふとん（西川）木18：44

九桜印柔道衣（早川繊維）金12：09

ナイロン靴下「ローヤルリツセイ」（立真繊維）金21：59

ポリゾール（高分子化学）月・金21：14

<自動車>

ヒルマン・いすゞバス（近畿いすゞ自動車）日12：10

ラビットスクーター（関西ラビットスクーター）月21：14

<家庭用品>

象印ファンシーヂャー（協和魔法瓶工業）日12：10

タイガージャー（タイガー魔法瓶工業）火19：29

プラネットジャー（浅原金属）土17：51

<軽金属>
　ミカド印アルミ／アルマイト（日東アルミ）
　　水20：59
　アルミは地球印（大阪アルミ）木18：45
　ツルマル印アルミ製品（日本アルミ）金20：59
<製薬>
　ドイツの痔薬・ポステリザン（マルホ商店）
　　水21：59
　ヨウモトニック（三共製薬）土21：14
<その他>
　シウラスポーツ　木21：44
　マトウ家具　土17：51
　コロンビアレコード／テレビ（日本コロンビア）
　　月19：29　水20：29　金18：29

●**在阪各社の番組スポンサー**
　ここでは、OTV、YTV、KTV、YTV各社の「番組スポンサー」リストからまとめた。以下のうち「OTV→YTV」とあるのは、讀賣テレビ開局の時に引っ越した番組を示す。このリストでは、一部、在京局制作の番組も含むが、近畿地区で放送した局の名を付した。

<**証券・保険・金融**>
江口証券
・ホームアルバム（OTV）
・ぼくのわたしの音楽会
大井証券、大阪商事、大阪屋証券
・経済サロン（OTV）
岡三證券・岡三の投資信託
・てれび武芸帳（KTV）
日本生命
・たのしい生活を（OTV）
山一證券
・山一名作劇場（OTV）

<エネルギー>
大阪瓦斯
・ポケット劇場（OTV）
関西電力
・明るい家庭（OTV）
・ブルデルの彫刻（OTV）
丸善石油
・ドラマ「河内風土記」（KTV）
・ドラマ「人生案内」（YTV）

<**各種製造・電器・自動車**>
浦賀船渠
・テレビ産業教室・造船「進水式実況」（OTV）
エマンテ磁気製品
・お昼の演芸（YTV）
オリエント時計
・世紀のKOシリーズ（OTV）
昌和製作所
・ダイナミックグローブ（OTV）
ダイハツ工業
・ダイハツ　ワールドスポーツ（OTV）
・ダイハツ　スポーツウイークリー（OTV）
トヨタ自動車
・ロンドン・東京5万キロ（OTV）
・トヨタ毛糸編機・愛知工業（OTV）
・プレイハウス（OTV）
日本電気
・OTVニュース（正午）（OTV）
日本電装
・デンソー木曜劇場（OTV）
八欧電気・ゼネラルテレビ
・ゼネラル劇場「水戸黄門」（OTV）
・ドラマ「御嬢さん売り出す」（OTV）
早川電気工業・シャープテレビ
・コメディ「のり平喜劇教室」（OTV）
日立製作所
・大相撲夏場所1957（OTV）
松下電器・テレビはナショナル
・ドラマ「てんてん娘」（OTV）
・ドラマ「まりっぺ先生」（YTV）
・日曜午後のプロ野球第二試合（15：00～）

マツダ三輪トラック
- 水曜夜のプロ野球（OTV）

三菱電機
- ドラマ「鞍馬天狗」（OTV）

<運輸・流通>

関西汽船
- ドラマ「新版大阪五人娘」（OTV）

近畿日本鉄道
- 近鉄パールアワー（OTV）

近鉄百貨店
- メトロニュース（OTV）

京阪電車
- 京阪ゼスチャーゲーム（OTV）

大丸
- 二つの椅子（OTV）

高島屋　大阪なんば高島屋
- 芸能トピックス（OTV → YTV）
- 素顔拝見（MBS）

南海電車
- ドラマ「コント千一夜」（OTV）

阪急電車・大阪うめだ阪急
- 宝塚ファンコンテスト（OTV）
- 宝塚テレビ劇場（KTV）
- ドラマ「ちゃらんぽら人生」（KTV）

阪神電車
- 野球教室（OTV）

<繊維・化学>

赤玉フトン袋本舗
- ムードミュージックショウ（OTV）

旭化成工業
- ぴよぴよ大学（OTV）

倉敷レイヨン
- ファッションミュージック（OTV）

新日本窒素
- ミナロンドリームサロン（OTV）

大日本紡績　ニチボーシャツ
- 喜劇天国（ニチボー・アワー）（OTV）

大和紡・ミラクルセット
- ドラマ「魔王の笛」（OTV）

東洋紡
- ドラマ「奥様多忙」（OTV）

東洋レーヨン・ナイロン
- ドラマ「特ダネを逃がすな」（OTV）

日本毛織
- ニッケ・ジャズパレード（OTV → YTV）

福助靴下・福助足袋・福助商事
- 素人のどくらべ（OTV）

<製薬・化粧品>

エスエス製薬
- がんばれ6助（OTV）

小野薬品　アナヒスト、ソルベン
- 松竹新喜劇「通天閣の灯」（OTV）
- ドラマ「月と子ども」（OTV）

花王石鹸　新花王石鹸
- ワンダフルクイズ（OTV → YTV）
- ドラマ「ターゲット」（OTV）

科研薬化工　ゼリア錠
- ドラマ「雨だれ母さん」（OTV）

加美乃素
- 歌はあなたと共に（OTV）
- 美空ひばりショー 中継（OTV）

三共製薬　ミネビタール、ルル三錠
- ドラマ「日真名氏飛び出す」（OTV）

参天製薬　新大学目薬
- スーパースターメロディ（OTV）

塩野義製薬
- ポポンタイム・この人を（OTV → YTV）
- ペンギン劇場「宝島」（サンスター）（OTV）

七ふく製薬　便秘には七ふく
- 番頭はんと丁稚どん（MBS）

ダーリン・スーパー　新しい美容目薬
- スーパー・スター・メロディ（OTV）

大日本製薬　女性ホルモン パレストリール
- ドラマ「陽気なコーリス」（OTV）

丹頂チック
- オールスター歌合戦 1956（OTV）

東京田辺製薬　チミコデ
- ドラマ「ジャングルジム」（OTV）

日絆薬品工業　はり薬イチバン
- ドラマ「いつもどこかで」（OTV）
- コロンビア・アワー（YTV）

日本メンソレータム本舗　新発売メンソレータム
- ミュージック・プレゼント（OTV）

ピアス　ベルクリーム
- ピアス笑劇場（OTV）

藤沢製薬　総合水虫薬トリコマイシンＳ
- おはこ裏表（OTV）

明城ポマード本舗　明城男性ヘヤークリーム
- 明城アワー「捜査メモ」YTV

モナ化粧品　モナアストリゼント
- ドラマ「言わぬが花」（OTV）
- コメディ「びっくり捕物帖」（OTV）

桃谷順天館　明色アストリンゼント
- 新春明色アワー　三橋美智也ショウ（OTV）

森下製薬　モラビタン
- ゴルフ教室（OTV）

森下仁丹　ゴールケース付仁丹
- 戦慄の旅券（OTV）
- ハリウッド劇場（YTV）

柳屋ポマード
- ドラマ「街」（OTV）

ライオン　グリーンライオン
- ドラマ「スーパーマン」（OTV）

<商業>

シルバー商事
- 太閤記（OTV）

<食品>

旭電化工業　リス印マーガリン
- 料理手帖（金）（OTV）

アサヒビール　バヤリースオレンジ
- 何でもやりまショー（OTV）
- ABC ニュース（ABC-OTV　21：45）

味の素
- 料理手帖（水）（OTV）
- 閣僚年頭の辞（OTV）

エス・ビー食品　SB カレー
- 料理手帖（月）（OTV）

オリエンタル即席カレー
- 歌う青春列車（OTV）

ブラザーミシン
- きんぴら先生（OTV）

トリスウ井スキー
- 水曜夜のプロ野球（OTV）

中島菫商店　キユーピーマヨネーズ
- 料理手帖（火）（OTV）

野田醤油・キッコーマン醤油
- 料理手帖（木）（OTV）

ハウス食品　ハウスカレー
- 素人のど自慢（OTV）
- ドラマ「太閤記」（OTV）

ヒガシマル醤油
- 上方舞（OTV）

森永ミルクキャラメル
- No.1 ショウ（OTV）

吉原製油　ゴールデンサラダ油
- 料理手帖（土）（OTV）

ロッテチウインガム
- ロッテ歌のアルバム（OTV）
- ドラマ「鉄腕アトム」（MBS）

<出版>

新興のテストブック　新興出版社、啓林館
- シンちゃんのまんが劇場（OTV）

平凡
- 平凡アワー　平凡芸能ニュース（OTV）

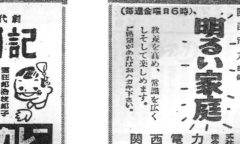
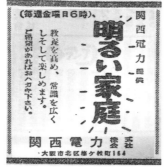

1959.2

・黒部トンネル（10130メートル）が全通。
・100円玉（稲穂）、50円玉、10円玉の発行開始。
・音楽学生であった小澤征爾、神戸港より「音楽武者修行」に出発。

●2月1日（日）OTV

905 テストパターン 25 おしらせ
930 日曜漫画 45 仲よしニュース
955 マンガ公園「山の悪者」他
1030 京だより 瀧川幸辰
1045 カメラルポお料理訪問
　　　おやつ「ドーナツ」小林
1100 OTV 週間テレビニュース
1115 海外トピックス
1130 日曜サロン 改題第一回
　　　「お菓子と子供たち」
　　　中西昇　宮井
1200 OTV ニュース 10 ガイド
1215 ダイラケのびっくり捕物帖
　　　「薬売りの男」前篇◇ガイド
1245 ロッテ歌のアルバム（KR）
　　　平尾　良重　朝比奈
　　　玉置宏
1315 ナショナル日曜テレビ
　　　観劇会「獄門帳」
　　　（新宿第一劇場）
　　　勘助　段四郎
1420 ジャック・ティガーデン
　　　ショー　小島正雄
　　　◇おしらせ◇休止
1730 パターン 45 テレビガイド
1750 OTV ニュース 56 お天気
1800 芸能スナップ 小泉博他
1815 スタープレゼント
　　　越路吹雪ショー
　　　「ベンチの恋人たち」ほか
1830 ダイハツコメディ・やりくり
　　　アパート「福は内の巻」
1900 月光仮面「死の催眠術」
1930 ラマーオブジャングル
　　　「青牙の恐怖」声 大木
2000 運命の標的
　　　「チャンピオン物語」
2030 人生ご案内 江利チエミ
2100 二つの椅子
　　　菊田一夫　山崎豊子
2115 東芝日曜劇場「黒い手袋」
　　　（KR）月丘千秋　二本柳寛
　　　細川ちか子　原保美
　　　日高ゆりえ他
2215 ニュース 25 スポーツ N
2230 スクリーンハイライト
2245 グッドナイト・ファンタジー
　　　星野他 2300 天気◇終了

第3章「増幅」

● **2月2日（月）OTV**

1045 テストパターン
1100 オープニングメロディ
1115 おしらせ
1120 家庭百科 (OTVF)
　　「いわし」茶珍康夫
1125 生活科学教室
　　「皮を使った手芸」
1155 テレビ・ショーウインドウ
1200 OTV ニュース
1215 団体族に聞く 郡山嘉彦
　　千葉茂 大崎 40 ガイド
1245 料理手帖「エッグドライ
　　カレー」
1300 婦人ニュース 高谷淳
　　「知能テスト」
1315 おしらせ 15 ガイド 20 休止
1730 テストパターン 45 おしらせ
1750 毎日新聞テレビニュース
1800 子供の教室 (OTV) 珍し
　　いカメラの話 西村雅貫
1815 ソ連漫画「黄金のリンゴ」
1845 ガイド 50 OTV ニュース
1856 あしたのお天気
1900 あんみつ姫 (KR)
　　「あんみつ姫と花言葉」
　　中原美紗緒 浜田百合子
1930 ロビンフッドの冒険
　　「判事と代官」
2000 蝶々のしゃぼん玉人生
　　「旅役者」 蝶々雄二
　　雁玉 荒木雅子他
2030 ナショナルＴＶホール (KR)・
　　銭形平次捕物控「水車
　　の音」前篇
　　若山富三郎他
2100 カメラだより北から南から
　　「旅なれた人々」
2115 東京０時刻「妻の命を」
　　金子信雄 渡辺美佐子
　　織田政雄 山岡久乃
2145 OTV ニュース 55 スポーツN
2200 母と子 (KR)「星空」
　　小食福子 園井啓介
　　吉川光子
2230 ダイハツスポーツウィクリー
2250 きのうきょう 矢部利茂
2300 あしたのお天気
2305 現代の顔 (KR) 飛田穂洲
2315 放送終了

● **2月3日（火）OTV**

1045 テストパターン
1100 メロディ 15 おしらせ
1120 家庭百科 (OTVF)
　　「プルオーバー」藤川延子
1125 いけばな教室
　　「背景を活かす生花」
1145 テレビガイド
1155 テレビ・ショーウインドウ
1215 ほほえみ一家 (KR)「節分
　　の夜」 竜崎一郎
　　坪内美詠子他
1240 テレビガイド
1245 料理手帖「変わりマヨネーズ」
1300 婦人ニュース「おまけ」森本
1315 おしらせ 20 放送休止
1730 テストパターン 45 おしらせ
1750 朝日新聞テレビニュース
1800 呼出符号L「切れたブランコ」
　　高梅慎 千葉保他
1815 宝塚おとぎ劇場
　　「ワンフウ物語」寿美代
1845 ガイド 50 OTV ニュース
1856 あしたのお天気
1900 カロランミュージカル (KR)
　　「悩み買います」ペギー
　　深葉夏代 山崎唯
　　牧野ヨシオ
1930 フューリーとソニー
　　「材木だぞ」
2000 源平芸能合戦
　　国分商店・広屋商店
　　審査：古関裕而 豊品他
2030 潜水王マイクネルソン
　　「水中の狩猟」
2100 近鉄パールアワー・あまか
　　ら父さん「鬼は外福は内」
　　横山エンタツ 柿木汰
　　嘉子 三角八重他
2115 旗本退屈男
　　「三日月と稲妻」
2140 ガイド 45 OTV ニュース
2155 OTV スポーツニュース
2200 カメラルぽいつもどこかで
　　「廻れ印刷機」
2215 女秘書スージー
　　「最高峰熟秘書」
2250 現代の顔 (KR) 荒垣秀雄
2300 あしたのお天気 終了

● **2月4日（水）OTV**

1045 テストパターン
　　交響曲第四番ヘ短調
　　（チャイコフスキー）
1100 オープニングメロディ
1115 おしらせ
1120 家庭百科 (OTVF)
　　「麻酔」木崎国嘉
1125 生活科学教室
　　「みかんと美容」
1155 テレビ・ショーウインドウ
1200 OTV ニュース
1215 歌のハイライト「雨の東京」
　　「夜が笑っている」
　　淡谷 織井
1240 テレビガイド
1245 料理手帖「節分汁」
　　辻徳光 広瀬修子
1300 婦人ニュース「定年制」
　　大阪市立大学・
　　梅棹忠夫
1315 おしらせ 20 放送休止
1730 テストパターン 45 おしらせ
1750 朝日新聞テレビニュース
1800 おにいちゃん
　　「千吉を呼ぶ声」
　　川上のぼる 寺島真知子
　　小島慶四郎
1815 アイバンホー・森の盗賊
　　「ウェデングケーキの巻」
　　ブラウン・ムーア
　　声：矢島正明 斎藤ひ
　　さ子 熊谷 45 ガイド
1850 OTV ニュース 56 お天気
1900 わが輩ははなばな氏 (KR)
　　「奇抜な招待」
1930 裁判 (KR)「呪縛」
　　桑山正一 並木瓶太郎
　　高島敏郎
2000 劇映画「暗黒の河」
　　監督：アンドレ・ド・トス
　　オペロントーン・ミッチェル
　　ペインター他
2130 おはこうら集 (KR/OTV)
　　ゲスト：山野愛子
2145 ニュース 50 スポーツ N
2200 ありちゃんのおかっぱ侍
　　「初午ラブコール」
2230 三協グッドナイトショー
　　「8 ミリ作品紹介など」
　　ビリー吉田 レディス
2245 テレビガイド
2250 きのうきょう 矢部利茂
2300 現代の顔 (KR) 赤尾好夫
2310 あしたのお天気
2315 お天気 20 放送終了

● **2月5日（木）OTV**

1045 テストパターン
1100 メロディ 15 おしらせ
1120 家庭百科 (OTVF)「音質」
　　山下守
1125 テレビ婦人スクール
　　「住宅教室」
1155 テレビ・ショーウインドウ
1200 OTV ニュース
1215 かしましアワー
　　青春おてんば日記
　　「こいさんのラブコール」
　　花江・歌江・照江
　　40 ガイド
1245 料理手帖「北国風シュウマイ」
　　奥井広美 佐藤和枝
1300 婦人ニュース「洋服の更生」
　　森南海子 15 おしらせ
　　◇休止
1730 テストパターン 45 おしらせ
1750 毎日新聞テレビニュース
1800 渡辺まんがくらぶ
　　「哀れな王様」
1815 名犬ラッシー「テレビ騒動」
　　声・北条美智留 金子他
1845 テレビガイド
1850 OTV ニュース 56 お天気
1900 スーパースターメロディ
　　「高田告示ヒットパレード」
　　花村菊江 岡田他
　　宮尾たか志
1930 スーパーマン（漫画）
　　「北へ飛ぶ」
2000 この謎は私が解く (KR)
　　「女剣戟殺人事件」前篇
　　船山裕二 影万里江
　　小畑由
2030 鞍馬天狗 (KR)
　　「天狗おろし」
2100 奥様多忙 (KR)「我が家」
　　江見渉 山岡久乃他
2115 コント千一夜 森光子 他
2130 芸能ウィクリー
2145 OTV ニュース
2150 OTV スポーツニュース
2200 新大岡政談
　　「薮原検校」
2230 OTV 週間海外ニュース
2245 テレビガイド
2250 きのうきょう 矢部利茂
2305 現代の顔 (KR) 菊山一夫
2315 お天気 20 放送終了

● **2月6日（金）OTV**

1045 テストパターン
1100 メロディ 15 おしらせ
1120 家庭百科 (OTVF)
　　「切手あつめ」 山下守
1125 服飾教室「春の子供服」
1155 テレビ・ショーウインドウ
1215 映画の窓 (KR)「荷車の歌」
　　山本薩夫 望月優子
　　左幸子 荻昌弘 40 ガイド
1245 料理手帖「マカロニと牛
　　肉のカレーシチュー」
1300 婦人ニュース
　　「マスコミと子供」
　　白川和子
1315 おしらせ 20 放送休止
1730 パターン 45 おしらせ
1750 毎日新聞テレビニュース
1800 漫画劇場
　　「アラジンの魔法」
1815 電気の ABC 奥田行夫他
　　「テレビの雑音防止法」
1830 芸能ウィクリー
　　「木下恵介大阪で語る」
1845 ガイド 50 OTV ニュース
1856 あしたのお天気
1900 テレビよぴよ大学 (KR)
　　「街のチャンピオン」
1930 京阪テレビカー泣きべそ
　　天使「お婆ちゃんいらっ
　　しゃい」歌楽 広野みどり
　　吉山雅恵 八杉陽子他
2000 少年航路（KR）
　　「東京タワーの合唱」
　　千石規子 中山
　　梅丘純義 池田忠夫他
2030 特ダネを逃がすな (KR)
　　「狙われた男」前篇
2100 金語楼劇場・おトラさん
　　(KR)「公衆電話の巻」
2115 日真名氏飛び出す (KR)
　　サキソフォンを抱く女
　　解決編
2145 OTV ニュース
2155 OTV スポーツニュース
2200 維新風雲録 服部哲治
2230 ヤシカ土曜劇場 幽霊紳士
　　「女子学生が賭をした」
　　前篇 佐分利信
2300 現代の顔 (KR) 渡辺美佐
2310 あしたのお天気、放送終了

● **2月7日（土）OTV**

1045 テストパターン
1100 メロディ 15 おしらせ
1120 家庭百科 (OTVF)
　　「化粧と栄養」
1125 来週のハイライト
1140 いけばな教室
　　「サロン調の生花」
1155 テレビ・ショーウインドウ
1200 OTV ニュース
1215 土曜寄席 光晴・夢若
1240 テレビガイド
1245 料理手帖「松葉揚げ」
　　北岡
1300 婦人ニュース「週間展望」
　　岡田録右衛門
1315 劇場中継 女剣戟公演
　　「愛怨しがらみ双紙」
　　不二洋子 筑波澄子他
　　◇休止
1730 テストパターン 45 おしらせ
1750 朝日新聞テレビニュース
1800 ぼくのわたしの音楽会
1815 パッチタイム・黒帯探偵
　　「消えた男」前篇
　　松本朝夫 三宅邦子他
　　45 ガイド
1850 OTV ニュース 56 お天気
1900 街のチャンピオン
1930 部長刑事「鍵」中村栄二
　　波田久夫 嶋連太郎
　　菅畑紀子 筧田幸男
　　真木康次郎他
2000 道頓堀アワー新春座公演
　　「明治・大阪やくざ伝・
　　忠治三代目」後篇
　　（中座）安達国春 萬代
　　峯子 山口幸生
　　速水勝他
2100 話題のアルバム 10 ガイド
2115 日真名氏飛び出す (KR)
　　サキソフォンを抱く女
　　解決編
2145 OTV ニュース
2155 OTV スポーツニュース
2200 サンヨーテレビ劇場
　　「謀殺のカルテ」後篇
　　須賀不二夫 小林トシ子
2230 小唄教室 芳杖雄輝
2245 テレビガイド
2250 きのうきょう 矢部利茂
2305 現代の顔 (KR) 下中弥三郎
2315 あすのお天気、放送終了

● **2月8日（日）OTV**
※本放送開始 800 日目

905 テストパターン 25 おしらせ
930 日曜漫画 45 仲よしニュース
955 マンガ公園
1030 京だより 稲荷大社
1045 カメラルポお料理訪問
1100 OTV 週間テレビニュース
1115 海外トピックス
1130 日曜サロン「証券取引所」
1215 ダイラケのびっくり捕物帖
　　「薬売りの男」後篇
1240 テレビガイド
1245 ロッテ歌のアルバム (KR)
　　高índ浩吉 村田秀雄
1315 ナショナル日曜テレビ
　　観劇会「鳥辺山心中」
　　寿海 沢村訥子
　　延二郎 歌右衛門
　　菊次郎 霞仙
1500 貨幣のできるまで（造幣局）
　　解説：岡村作業部長
　　※初めて所内にＴＶが入った
1530 映画「阿部一族」幸四郎
　　南原伸二 小暮美千代
1745 ガイド◇ニュース◇お天気
1800 芸能スナップ 小泉博他
1815 スタープレゼント
　　越路吹雪ショー
1830 やりくりアパート
　　「名古屋旅行」大村崑
　　佐々十郎 茶川一郎
　　花和幸助 三角八重
　　芦屋小雁 横山エンタツ
　　初音礼子
1900 月光仮面「土地を守る人々」
1930 ラマーオブジャングル
　　「ジャングルの恐怖」
　　声・大木
2000 運命の標的「花屋の殺人」
2030 人生ご案内「四季社員」
2100 二つの椅子 川上 藤村
　　「赤バットと飛ばし棒」
2115 東芝日曜劇場「今日の日」
　　(KR) 尾上松緑 藤間紫
　　坂東蓑助
2215 ニュース◇スポーツニュース
2230 歌の花束「初雪晶田」
　　浮子 山中 川村
　　佐川他
2245 お天気 50 放送終了

413

●2月9日（月）OTV

1045 テストパターン
1100 メロディ 15 おしらせ
1120 家庭百科（OTVF）
　　　「ヨーグルト牛乳」
　　　茶珍俊夫
1125 生活科学教室
　　　「皮を使った手芸」
1155 テレビ・ショーウインドウ
1200 OTV ニュース
1215 カクテルサロン「アフター
　　　ユース」前田知子
　　　ダッセ・グループ他
1240 テレビガイド
1245 料理手帖「ソーセージライス」
　　　辻勲 杉野アナ
1300 婦人ニュース「女子と進学」
　　　平林治徳 15 おしらせ
1320 放送休止
1730 テストパターン 45 おしらせ
1750 毎日新聞テレビニュース
1800 子供の教室（OTV）松本
　　　「人を生きかえらせる話」
1815 ソ連漫画「不思議な井戸」
1845 ガイド 50 OTV ニュース
1856 あしたのお天気
1900 あんみつ姫（KR）
　　　「あんみつ姫の冒険」
1930 ロビンフッドの冒険
　　　「行方不明の使者」
2000 蝶々のしゃぼん玉人生
　　　「旅役者」蝶々雄二
　　　雁玉 荒木雅子他
2030 ナショナルTVホール（KR）・
　　　銭形平次捕物控
　　　「水車の音」後篇
2100 カメラだより北から南から
　　　「反主流派」
2115 東京0時刻「グラスは語る」
2145 OTV ニュース
2155 スポーツニュース
2200 母と子（KR）
　　　「橘体操女塾裏」
2230 見ないでおきまショー
　　　「ダイアナの巻」御197他
2250 きのうきょう 矢部利茂
2300 あしたのお天気
2305 現代の顔（KR）矢次一夫
2315 おしらせ◇放送終了

●2月10日（火）OTV

1045 テストパターン
1100 オープニングメロディ
1115 おしらせ
1120 家庭百科（OTVF）
　　　「春の服地」藤川延子
1125 いけばな教室
　　　勅使河原和風
1145 テレビガイド
1155 テレビ・ショーウインドウ
1200 OTV ニュース
1215 ほほえみ一家（KR）
　　　「黒帯物語」竜崎一郎
　　　村内美詠子他
1240 テレビガイド
1245 料理手帖「スープの取り
　　　方 コンソメの作り方」
1300 婦人ニュース「脳波」
　　　松本浩治 15 おしらせ
1320 放送休止
1730 テストパターン 45 おしらせ
1750 朝日新聞テレビニュース
1800 呼出符号L「なだれ」
　　　高桐眞 千葉保他
1815 アイバンホー・森の盗賊
　　　「猪の耳」ブラウン・ムーア
1845 ガイド 50 OTV ニュース
1856 あしたのお天気
1900 カロランミュージカル（KR）
　　　「キャンプイン！」橘薫
　　　高島忠夫 高美アリサ他
1930 フューリーとソニー
　　　「幻の馬」
2000 源平芸能合戦 ＡＢＣ対
　　　ＭＢＳ 審査：古関裕而
　　　AスケBスケ
2030 潜水王マイクネルソン
　　　「人食い鯨」
2100 近鉄パールアワー
　　　「あまから父さん
　　　横山エンタツ
　　　柿木汰嘉子 三角八重他
2115 旗本退屈男 中村竹弥
　　　薗田城太郎他 40 ガイド
2145 OTV ニュース
2155 OTV スポーツニュース
2200 カメラぽいつもどこかで
　　　「雪山に炭を焼く人」
2215 女秘書スージー
2250 現代の顔（KR）米倉健治
2300 あしたのお天気05放送終了

●2月11日（水）OTV

1045 テストパターン
1100 オープニングメロディ
1115 おしらせ
1120 家庭百科（OTVF）「貧血」
　　　木崎国嘉
1125 テレビ婦人スクール
　　　「コーヒーの知識」
1155 テレビ・ショーウインドウ
1200 OTV ニュース
1215 歌のハイライト
　　　「別れの三号地」Cローズ
　　　大野一夫他40テレビガイド
1245 料理手帖「イワシ料理
　　　二種」
1300 婦人ニュース「国旗」
　　　河野須寿
　　　15 おしらせ◇休止
1730 テストパターン 45 おしらせ
1750 毎日新聞テレビニュース
1800 おにいちゃん「お母さんの
　　　胸へ」川上のぼる
　　　寺島真知子 木下サヨ子
1815 名犬ラッシー
　　　「間違えられたラッシー」
　　　声・北条美智留 金子他
1845 ガイド 50 OTV ニュース
1856 あしたのお天気
1900 わが輩ははなばな氏（KR）
　　　「ホームバーの巻」
1930 裁判（KR）「遺言状」
　　　桑山圧一 並木瓶太郎
　　　高島敏郎
2000 劇映画「貿易風」フレデ
　　　リック・マーチ トーマス・
　　　ミッチェル アン・サザーン
2130 おはこうら表（KR/OTV）
　　　葦原邦子
　　　ゲスト・飯田蝶子
2145 OTV ニュース
2150 OTV スポーツニュース
2200 ありちゃんのおっぱ侍
　　　「江戸のホームラン王」
2230 OTV 週間海外ニュース
2245 テレビガイド
2250 きのうきょう 矢部利茂
2305 現代の顔（KR）柴田徳三郎
2315 あしたのお天気
2320 放送終了

●2月12日（木）OTV

1045 テストパターン
1100 オープニングメロディ
1115 おしらせ
1120 家庭百科（OTVF）「離乳」
　　　吉矢久一
1125 生活科学教室「住宅改善」
　　　三浦
1155 テレビ・ショーウインドウ
1200 OTV ニュース
1215 かしましアワー・青春おてん
　　　ば日記「大いなる西部劇」
　　　花江・歌江・照江
1245 料理手帖 洋風さつま汁
1300 婦人ニュース「ソ連の子供達」
　　　中川正文 15 おしらせ
1320 放送休止
1730 テストパターン 45 おしらせ
1750 毎日新聞テレビニュース
1800 渡辺まんがくらぶ
　　　「牛屋を逃げ出してみた
　　　けれども」他
1815 名犬ラッシー
　　　「間違えられたラッシー」
　　　声・北条美智留 金子他
1900 スーパースターメロディ
　　　「好きな人」
　　　二三代 朝倉他
1930 スーパーマン（漫画）
　　　「人形の秘密」
2000 この謎は私が解く（KR）
　　　「女collector殺人事件」解決篇
　　　船山裕二 影万里江
　　　小畑也
2030 鞍馬天狗（KR）「天狗おろし」
　　　後篇
2100 奥様多忙（KR）「身から出た
　　　錆」江見渉 山岡久乃他
2115 コント千一夜 森光子他
2130 芸能ウイークリー
2145 ニュース◇スポーツニュース
2200 新大岡政談「恋路夜深川」
2230 三協グッドナイトショー
　　　中島潤 竹部玲子
　　　中野ブラザース
2300 現代の顔（KR）藤沢嵐子
2310 あしたのお天気15放送終了

●2月13日（金）OTV

1045 テストパターン
1100 オープニングメロディ
1115 おしらせ
1120 家庭百科（OTVF）「茶道入門」
1125 服飾教室「ジャージィを
　　　着る」伊東孝 渡辺他
1155 テレビ・ショーウインドウ
1200 OTV ニュース
1215 映画の窓（KR）「三月生まれ」
　　　戸川エマ 荻昌弘40ガイド
1245 料理手帖
　　　「クジラの狩豹焼」
　　　堀越フサエ
1300 婦人ニュース 石井好子
　　　「聖バレンタインデー」
1315 おしらせ 20 放送休止
1730 テストパターン 45 おしらせ
1750 朝日新聞テレビニュース
1800 漫画劇場「西部の英雄」他
1815 電波のABC「マイクロフォン」
　　　泉田行夫
1830 芸能ウイークリー
　　　「森光子物」45 ガイド
1850 OTV ニュース 56 お天気
1900 テレビよびよ大学（KR）
1930 京阪テレビカー泣きべそ
　　　天使「これはお手柄でし
　　　た」歌 広野みどり
　　　吉川雅恵 八杉陽子他
2000 少年航路（KR）
　　　「東京タワーの合唱」
　　　千石規子 中山
　　　梅丘純義 池田忠夫他
2030 特ダネを逃がすな（KR）
　　　「狙われた男」後篇
2100 OTV ワールド・スポーツ
2115 金語楼劇場・おトラさん
　　　（KR）「行方不明」柳家
　　　金語楼 小桜京子他
　　　45 OTV ニュース
2155 OTV スポーツニュース
2200 サンヨーテレビ劇場
　　　「燃えろ燃えろ」前篇
　　　南原伸二 月丘千秋
2230 小唄教室 山村若他
2245 テレビガイド
2250 きのうきょう 矢部利茂
2305 現代の顔（KR）近藤荒樹
2315 あすのお天気、放送終了

●2月14日（土）OTV

1045 パターン 1100 メロディ
1115 おしらせ
1120 家庭百科（OTVF）
　　　「にきびどめ」山本鈴子
1125 来週のハイライト
1140 いけばな教室
　　　「サロン調の生花」
1155 テレビ・ショーウインドウ
1200 OTV ニュース
1215 土曜寄席 三平・四郎
1240 テレビガイド
1245 料理手帖「若鶏のいため
　　　焼き煮 煮揚げ卵つき」
　　　北岡万三郎
1300 ポーラ婦人ニュース
　　　「週間展望」薄田桂
1315 三人吉三巴白波（東横
　　　ホール）河原崎権十郎
　　　坂東八十助 鶴之助
　　　沢村由次郎他
1715 テストパターン
1730 番組ハイライト45おしらせ
1750 毎日新聞テレビニュース
1800 ぼくのわたしの音楽会
　　　園田学園中学
1815 パッチタイム・黒帯探偵
　　　「消えた男」後篇
1845 ガイド 50 OTV ニュース
　　　◇お天気
1900 街のチャンピオン
1930 部長刑事「遺書」中村栄二
　　　波田久夫 嶋連太郎
　　　菅笛紀子 筧田幸男
　　　真木東次郎他
2000 道頓堀アワー（文楽座）
　　　「東西浪曲名人大会」
　　　鶯童「紀之国屋文左衛
　　　門、戻り船」菊春「左
　　　甚五郎節伝・鯉抜け入」
2100 話題のアルバム 10 ガイド
2115 日真名氏飛び出す（KR）
　　　「一枚の特急券」前篇
2145 OTV ニュース55スポーツN
2200 維新風雲録
2230 ヤシカ土曜劇場「幽霊紳士・
　　　女子学生が賭をした」
　　　後篇 佐分利信
2300 現代の顔（KR）河野一郎

●2月15日（日）OTV

905 テストパターン25おしらせ
930 日曜漫画945仲よしニュース
955 マンガ公園「ネズミの大会」
1045 おやつ教室 小林孝二
1100 OTV 週間テレビニュース
1115 海外トピックス
1130 日曜サロン「8ミリ」
　　　南部正
1200 OTV ニュース 10 ガイド
1215 ダイラケのびっくり捕物帖
　　　「五人の山伏」前篇
1240 ガイド
1245 ロッテ歌のアルバム（KR）
　　　宝田明 中田康子
1315 ナショナル日曜テレビ観
　　　劇会「十吾家庭劇・赤
　　　帽の赤ん坊」（文楽座）
1440 ラグビーの三地域対抗戦
　　　全関東－全九州
1630 映画「四人の米国人」
1745 ガイド 50 OTV ニュース
1756 あしたのお天気
1800 芸能スナップ 小泉博他
1815 スタープレゼント
　　　柳沢真一ショー 小桜京子
　　　丘みどり 猫八
1830 ダイハツコメディ・やりくり
　　　アパート「もつれた関係」
1900 月光仮面
　　　「幽霊党の逆襲・巌地獄」
1930 ラマーオブジャングル
　　　「青い蜘蛛」声 大木
2000 運命の標的「深夜の脅迫」
2030 人生ご案内「もぐら横丁」
2100 二つの椅子「印象派～
　　　ピカソ」徳永悠一 望月
2115 東芝日曜劇場「盲目物語」
　　　（KR）谷崎潤一郎原作
　　　千谷道雄脚色 藤間紫
　　　河野ますみ 勘三郎
2215 OTV ニュース
2225 OTV スポーツニュース
2230 座談会「魔法の白い砂」
　　　林謙一 轟夕起子 徳永
2245 カメラぽいつもどこかで
　　　「スチュワデス」
　　　◇天気◇放送終了

第3章「増幅」

●2月16日（月）OTV
1045 テストパターン
1100 オープニングメロディ
1115 おしらせ
1120 家庭百科（OTVF）「ソース」
　　 茶珍俊夫
1125 生活科学教室
　　「趣味の木彫」
1155 テレビ・ショーウインドウ
1200 OTVニュース
1215 カクテルサロン「結婚ブーム」
　　 寿昌文章 E.H.エリック
　　 前田知子他
　　 40 テレビガイド
1245 料理手帖「カキの鍬形焼き」
　　 辻勲 杉野アナ
1300 婦人ニュース「子供の反
　　 抗期」石田光他
　　 15 おしらせ◇休止
1730 テストパターン45おしらせ
1750 毎日新聞テレビニュース
1800 子供の教室（OTV）
　　「深海の貝」
1815 ソ連漫画「勇敢な仔鹿」
1845 ガイド 50 OTVニュース
1856 あしたのお天気
1900 あんみつ姫（KR）
　　「あんみつ姫の冒険」
1930 ロビンフッドの冒険
　　「森の腕白小僧」
2000 蝶々のしゃぼん玉人生
　　「旅役者」蝶々雄二
　　 雁玉 荒木雅子他
2030 ナショナルTVホール
　　（KR）・銭形平次捕物控
　　「傀儡名臣」
2100 カメラだより北から南から
　　「目下婚約中」
2115 東京0時刻「私は殺される」
　　 金子信雄 渡辺美佐子
　　 織田政雄 山岡久乃
2145 OTVニュース
2155 スポーツニュース
2200 母と子（KR）「風」
2230 見ないでおきまショー
　　 御影あい子他
2250 きのうきょう 矢部利茂
2300 あしたのお天気
2305 現代の顔（KR）望月優子
2315 放送終了

●2月17日（火）OTV
1045 テストパターン
1100 メロディ◇おしらせ
1120 家庭百科（OTVF）
　　「春のよそおい」
1125 いけばな教室「照朝と生花」
1145 テレビガイド
1155 テレビ・ショーウインドウ
1200 OTVニュース
1215 ほほえみ一家（KR）
　　「新婚三か月」竜崎一郎
　　 坪内美詠子他40 ガイド
1245 料理手帖「カレーのポター
　　 ジュ」井上幸作 岩関富子
1300 婦人ニュース「越境入学」
1315 おしらせ◇休止◇パターン
1720 スポーツ座談
　　「ペレス・米倉戦」
　　 塚原 郡司
1745 おしらせ 50 朝日新聞N
1800 呼出符号L「なだれ」後篇
1815 宝塚おとぎ劇場
　　「ラルスの復讐」寿美花代
　　 毬ふみ子 天城月江
　　 45 ガイド
1850 OTVニュース 56 お天気
1900 カロランミュージカル（KR）
　　 殿下と結婚する方法
　　 中川弘
1930 フューリーとソニー
　　「海賊の宝」
2000 源平芸能合戦
2030 潜水王マイクネルソン「脱出」
2100 近鉄パールアワー・あまから
　　 父さん「三寒四温の巻」
　　 横山エンタツ 柿木太嘉子
　　 三角八重他
2115 旗本退屈男
　　「幽霊を買う退屈男」
2140 ガイド 45 OTVニュース
2155 OTVスポーツニュース
2200 カメラぽいつもどこかで
2215 女秘書スージー
2245 グッドナイト・ファンタジー
　　 旗照夫
2315 現代の顔（KR）
　　 宮之原貞光

●2月18日（水）OTV
1045 テストパターン
1100 オープニングメロディ
1115 おしらせ
1120 家庭百科（OTVF）
　　「看護蒸気吸入」木崎旭嘉
1125 生活科学教室「電池」小原
1155 テレビ・ショーウインドウ
1200 OTVニュース
1215 歌のハイライト
　　「瀬戸の杏」石井千恵
　　「りんご子守唄」野村雪子
　　 40 テレビガイド
1245 料理手帖「カニ料理二種」
1300 婦人ニュース 上田安子
　　「服飾ラインの変遷」
1315 おしらせ 20 放送休止
1730 テストパターン45 おしらせ
1750 毎日新聞テレビニュース
1800 おにいちゃん
　　「みんなの願い」
　　 川上のぼる 寺島真知子
　　 小島慶四郎
1815 アイバンホー・森の盗賊
　　「鞭の身代り」45 ガイド
1850 OTVニュース 56 お天気
1900 わが輩ははなばな氏（KR）
　　「タントントン」
1930 裁判（KR）「反対訊問」
　　 桑山正一 並木瓶太郎
　　 高島敏郎
2000 ボクシングフライ級
　　 ノンタイトル
　　 Pペレス・米倉健司
　　 白井義男
2130 おはこうら表（KR/OTV）
　　 葦原邦子 ゲスト・福田
　　 蘭童 川崎弘子
2145 OTVニュース
2150 OTVスポーツニュース
2200 ありちゃんのおかっぱ侍
　　「二月生れ」
2230 OTV週間海外ニュース
2245 テレビガイド
2250 きのうきょう 矢部利茂
2305 現代の顔（KR）
2315 あしたのお天気
2320 放送終了

●2月19日（木）OTV
1045 テストパターン
　　（クラシック）
1100 オープニングメロディ
1115 おしらせ
1120 家庭百科（OTVF）
　　「季節のいけばな」
1125 生活科学教室
　　「火事の季節」
1155 テレビ・ショーウインドウ
1200 OTVニュース
1215 かしましアワー・青春おてん
　　 ば日記「唐人お吉」
　　 構成・三田純一
　　 花江・歌江・照江
　　 40 ガイド
1245 料理手帖「千枚大根の
　　 けんちん蒸し」
　　 田中藤一他
1300 婦人ニュース「めしとごはん」
　　 学生大・前田勇15おしらせ
1320 放送休止
1730 テストパターン 45 おしらせ
1750 朝日新聞テレビニュース
1800 渡辺まんがクラブ
　　「悪者のクモ」
1815 名犬ラッシー「ラッシー
　　 の首輪」声・北条美智留
　　 子他
1845 ガイド 50 OTVニュース
1856 あしたのお天気
1900 スーパースターメロディ
　　「好きな人」三浦洸一
　　 淡谷のり子他
1930 スーパーマン（漫画）
　　「人間爆弾」
2000 この謎は私が解く（KR）
　　「華やかな殺人」前篇
　　 船山裕二 影万里江
　　 小畑他
2030 鞍馬天狗（KR）
　　「続天狗おろし」前篇
2100 奥様多忙（KR）
　　「日曜日の訪問客」
2115 コント千一夜 森光子 他
2130 芸能ウイークリー
2145 OTVニュース
2150 OTVスポーツニュース
2200 新大岡政談「恋路夜深川」
2230 三協グッドナイトショー
　　「8ミリ作品紹介など」
　　 宇治かほる他
2300 現代の顔（KR）北原文枝
2310 あしたのお天気15放送終了

●2月20日（金）OTV
1045 テストパターン
1100 オープニングメロディ
1115 おしらせ
1120 家庭百科（OTVF）
　　「手芸手帳」藤川延子
1125 服飾教室
1155 テレビ・ショーウインドウ
1200 OTVニュース
1215 映画の窓
　　「ニューヨークの王様」(英)
　　 荻昌弘岩崎旭40 ガイド
1245 料理手帖「フライカステラ」
　　 拭石俊枝
1300 ポーラ婦人ニュース
　　「アザの治療法」
　　 馬場正次15おしらせ休止
1730 テストパターン45おしらせ
1750 毎日新聞テレビニュース
1800 漫画劇場 ビンゴゲームの
　　 好きなニワトリ 他
1815 電気のABC 泉田行夫他
1830 芸能ウイークリー映画便り
1845 ガイド 50 OTVニュース
1856 あしたのお天気
1900 テレビぴよぴよ大学（KR）
1930 京阪テレビカー泣きべそ
　　 天使「今日はついてません」
　　 歌楽 広野みどり 吉川
　　 雅恵 大杉陽子他
2000 少年航路（KR）
　　「東京タワーの合唱」千石
　　 規子 中山 梅丘純義
　　 池田忠夫他
2030 特ダネを逃がすな（KR）
　　「不法所持」前篇
2100 OTVワールド・スポーツ
2115 金語楼劇場・おトラさん
　　（KR）「夢物語」
　　 柳家金語楼
2155 OTVスポーツニュース
2200 サンヨーテレビ劇場（KR）
　　「燃えろ燃えろ」後篇
　　 南原伸二 月丘千秋
2230 小唄教室 若柳吉世他
2245 テレビガイド
2250 きのうきょう 矢部利茂
2305 現代の顔（KR）中村勘三郎
2315 あすのお天気20放送終了

●2月21日（土）OTV
1045 パターン
1100 オープニングメロディ
1115 おしらせ
1120 家庭百科（OTVF）「香水」
1125 いけばな教室
　　「サロン調の生花」
1155 テレビ・ショーウインドウ
1200 OTVニュース
1215 土曜寄席「からたち日記」
　　 沼路・夢鶴・絡巻40 ガイド
1245 料理手帖「酒のかす入り
　　 ひろうすの吸物」堀田他
1300 ポーラ婦人ニュース
　　「週間展望」
1315 プロ野球練習風景（中継）
　　 阪神タイガース笠原◇休止
1715 テストパターン
1730 来週のハイライト
1745 おしらせ
1750 朝日新聞テレビニュース
1800 ぼくのわたしの音楽会
　　 大阪市中浜小
1815 パッチタイム・黒幕探偵
　　「人形のなぞ」前篇
　　 松本朝夫 三宅邦子他
　　 45 ガイド
1850 OTVニュース 56 お天気
1900 街の時計
1930 部長刑事「物いわぬ死体」
　　 中村栄二 波田久夫
　　 嶋連太郎 菅亜紀子
　　 筧山幸男 真木康次郎他
2000 道頓堀アワー 松竹新喜劇
　　 渋谷天外一座「しぶちん」
　　 四場（中座）
　　 山崎豊子原作 五郎八
　　 石浜祐次郎 藤山寛美
　　 千葉敏三郎 あやめ他
2100 話題のアルバム 10 ガイド
2115 日真名氏飛び出す（KR）
　　「一枚の特急券」解決編
2145 OTVニュース
2155 OTVスポーツニュース
2200 維新風雲録 服部哲治
　　 丘久美子 芦田伸介
2230 ヤシカ土曜劇場
　　 幽霊紳士・平家蟹の亡
　　 霊より 殿山泰司他
2300 現代の顔（KR）池田勇人
2310 あしたのお天気15放送終了

●2月22日（日）OTV
905 テストパターン25おしらせ
930 日曜漫画45仲よしニュース
955 マンガ公園「勇敢なナイト」
1030 京だより「雛人形」
1045 おやつ教室「サブレー」
　　 小林孝二
1100 週間テレビN
1115 海外トピックス
1130 日曜サロン 南部正
　　「オート三輪の出来るまで」
1200 OTVニュース 10 ガイド
1215 ダイラケのびっくり捕物帖
　　「五人の山伏」後篇
　　 ダイマル・ラケット
　　 森光子 中村あやめ
　　 藤田まこと他
1240 テレビガイド
1245 ロッテ歌のアルバム（KR）
　　 高島忠夫 大空真弓
1315 ナショナル日曜テレビ
　　 観劇会東宝現代劇
　　「がっこの先生」
　　 三幕十場（東京芸術座）
　　 八千草薫 市川寿美礼
　　 小泉博
1620 プロボクシング
　　 沢田二郎‐村岡照雄
1715 映画「ふしぎな太鼓」
　　 45 ガイド
1750 OTVニュース 56 お天気
1800 芸能スナップ 小泉博他
1815 スタープレゼント
　　 筑紫まりショー
1830 やりくりアパート
　　「小さな秘密」
1900 月光仮面「幽霊党の逆襲・
　　 呪文の部屋」
1930 ラマーオブジャングル
　　「女神の迷信」声 大木
2000 運命の標的「深夜の脅迫」
2030 人生ご案内
2100 二つの椅子「我等の税金」
　　 村山達雄 西条凡児
2115 東芝日曜劇場「軍configuration」
　　 火野葦平原作 鈴木政男脚本
　　 岡本愛彦演出 フランキー堺
　　 南原伸二 桜むつ子他
2215 ニュース 25 スポーツN
2230 歌の花束「そっとこのまま」
　　 林 大津 石井他
2245 あしたのお天気◇終了

● **2月23日（月）OTV**

1045 パターン 1100 メロディ
1115 おしらせ
1120 家庭百科（OTVF）
　　　「レバー」茶珍俊夫
1125 生活科学教室
　　　「スエーデン刺しゅう」
1155 テレビ・ショーウインドウ
1200 OTV ニュース
1215 カクテルサロン「空陸
　　　動くバー」君ヶ袋真一
　　　シンシア 辻内
　　　前田知子他
1240 テレビガイド
1245 料理手帖「フライド・
　　　ロールコロッケ」
　　　辻勲 杉野アナ
1300 ポーラ婦人ニュース
　　　社会へ出る心がけ
　　　村山リウ
1315 おしらせ 20 放送休止
1730 テストパターン 45 おしらせ
1750 毎日新聞テレビニュース
1800 子供の教室 50 OTV ニュース
　　　「ガールスカウト」
1815 ソ連漫画「みにくいあひ
　　　るの子」他
1845 ガイド◇N◇天
1900 あんみつ姫（KR）
　　　「冷たい戦争」
1930 ロビンフッドの冒険
　　　「赤い服のウイル」
2000 蝶々のしゃぼん玉人生
　　　「旅役者」 蝶々 雄二
2030 ナショナルＴＶホール
　　　（KR）・銭形平次捕物控
　　　「傀儡名臣」後編
2100 カメラだより北から南から
　　　「農ני出し」
2115 東京0時刻
　　　「血ぬられた断層」
2145 ニュース◇スポーツニュース
2200 母と子（KR）「ある日曜の
　　　午後」藤間柳 勘三郎他
2230 見ないでおきましょー
2250 きのうきょう 矢部利茂
2300 あしたのお天気
2305 現代の顔（KR）寺本亀義
2315 放送終了

● **2月24日（火）OTV**

1045 テストパターン
1100 メロディ 15 おしらせ
1120 家庭百科（OTVF）
　　　「おしゃれメモ・スカーフ」
1125 いけばな教室
　　　「ひなまつりと童心」和風
1145 テレビガイド
1155 テレビ・ショーウインドウ
1200 OTV ニュース
1215 ほほえみ一家（KR）
　　　「料理講習会」竜崎一郎
　　　坪内美詠子他 40 ガイド
1245 料理手帖 トマトソース
　　　井上幸作 岩原富子
1300 婦人ニュース 高井俊夫
1315 おしらせ 20 放送休止
1730 テストパターン 45 おしらせ
1750 朝日新聞テレビニュース
1800 呼出符号L「暗い時間」
1815 宝塚おとぎ劇場ミュー
　　　ジカル「ミスター花咲」
　　　天城月江 寿美花代他
1845 ガイド 50 OTV ニュース
1856 あしたのお天気
1900 カロランミュージカル（KR）
　　　「殿下と結婚する方法」
1930 フューリーとソニー「赤ん坊」
2000 源平盛衰記
　　　飯塚商店連合―大牟田
　　　商連 審査：古関裕而
　　　三味線豊吉
2030 潜水王マイクネルソン
　　　「必至の潜水」
2100 近鉄パールアワー・
　　　あまから父さん
　　　「花嫁の条件の巻」
2115 旗本退屈男
　　　「幽霊を買う退屈男」
2140 ガイド 45 OTV ニュース
2155 OTV スポーツニュース
2200 カメラぽいつもどこかで
　　　「雪国で生まれる夏の
　　　着物」
2215 女秘書スージー
　　　「内気なデイト」
2245 グッドナイト・ファンタジー
　　　滝えり子他
2300 現代の顔（KR）宮之原貞光
2310 あしたのお天気 15 放送終了

● **2月25日（水）OTV**

1045 パターン
1100 オープニングメロディ
1115 おしらせ
1120 家庭百科（OTVF）
　　　「血液銀行」
1125 生活科学教室
　　　「鉄とステンレス」
1155 テレビ・ショーウインドウ
1200 OTV ニュース
1215 歌のハイライト「黒の口笛」
　　　灰田勝彦「置き手紙」
　　　朝倉ユリ
1245 料理手帖「藤の花ずしと
　　　菱ずし卵のお吸物」辻他
1300 ポーラ婦人ニュース
　　　「月給二倍論」
　　　平山亮太郎
1315 おしらせ◇休止◇パターン
1745 おしらせ
1750 朝日新聞テレビニュース
1800 おにいちゃん「美しい造花」
　　　川上のぼる 寺島真知子
　　　小島慶四郎
1815 アイバンホー・森の盗賊
　　　「帰ってきた騎士」
　　　ブラウン・ムーア
1845 ガイド 50 OTV ニュース
1856 あしたのお天気
1900 わか輩ははなばな氏（KR）
　　　「狭き門」
1930 裁判（KR）「謎の32口径拳銃」
　　　浜田寅彦 内田良平他
2000 ボクシング
　　　池山伊佐巳―酒井源治
　　　池田光春―宮本恒富
　　　白井義男 吉川
2130 おはこうら表（KR/OTV）
　　　葦原邦子 木村若衛
2145 OTV ニュース
2150 OTV スポーツニュース
2200 ありちゃんのおかっぱ侍
　　　「八百八町さようなら」
2230 OTV 週間海外ニュース
2245 テレビガイド
2250 きのうきょう 矢部利茂
2305 現代の顔（KR）西郡安
2315 あしたのお天気◇放送終了

● **2月26日（木）OTV**

1045 パターン 1100 メロディ
1115 おしらせ
1120 家庭百科（OTVF）
　　　「新しい家具」山下守
1125 生活科学教室
　　　「暮しの中の台所」
1155 テレビ・ショーウインドウ
1200 OTV ニュース
1215 かしましアワー青春おてん
　　　ば日記「初恋物語」
　　　花江・歌江・照江 40 ガイド
1245 料理手帖「中華ль虫し」
　　　（ひな祭りのサクラと
　　　タチバナ）小川
1300 ポーラ婦人ニュース「女大学」
　　　有吉佐和子 13 おしらせ
1315 短編映画 野球時代
1330 ラグビー
　　　全カナダ―全明治
　　　解説：笠原恒彦 渡辺
1705 テストパターン
1720 座談会・12球団の実力を
　　　採点する「セリーグ」
　　　解説：芥田武夫 笠原和夫
1745 おしらせ 50 朝日新聞N
1800 渡辺まんがくらぶ
　　　「黒い仔羊の話」
1815 名犬ラッシー
1845 ガイド 50 OTV ニュース
1856 あしたのお天気
1900 スーパースターメロディ
　　　大津美子 曽根史郎 宮尾
1930 スーパーマン
2000 この謎は私が解く（KR）
　　　「華やかな殺人」解決篇
　　　船川裕二 影万里江 小畑他
2030 鞍馬天狗（KR）
2100 奥様多忙（KR）
2115 コント千一夜 森光子 他
2130 芸能ウイークリー
2145 ニュース 50 OTV スポーツN
2200 新大岡政談
　　　「恋路夜深川」
2230 三協グッドナイトショー
　　　ビリー吉田他
2300 現代の顔（KR）世耕弘一
2310 あしたのお天気
2315 放送終了
※（JOBX-TV 閉局）

● **2月27日（金）OTV**
※「JONR-TV」朝日放送大阪テレビ開始

1045 テストパターン
1100 オープニングメロディ
1115 おしらせ
1120 家庭百科（OTVF）
　　　「春の園芸」藤川延子
1125 服飾教室「春を呼ぶレース」
1155 テレビ・ショーウインドウ
1200 ABC ニュース
1215 映画の窓（KR）
　　　「危険な曲がり角」（仏）
　　　荻昌弘 清水晶 佐藤美子
1240 テレビガイド
1245 料理手帖「イワシのころ
　　　も焼き」田積富貴
1300 ポーラ婦人ニュース
　　　「うちの宿六」森繁杏子
1315 おしらせ◇休止◇パターン
1720 座談会・12球団の実力を
　　　採点する・パリーグ
　　　解説：芥田武夫 笠原和夫
1745 おしらせ◇毎日新聞ニュース
1800 轟先生（YTV パラ）
1815 電気のABC 泉田行夫他
1830 芸能ウイークリー 東宝
　　　だより・テレビガイド
1850 ABC ニュース◇お天気
1900 テレビぴよぴよ大学（KR）
1930 京阪テレビカー泣きべそ
　　　天使「これはしくじりま
　　　した」
2000 少年航路（KR）「一直線」
2030 特ダネを逃がすな（KR）
　　　「不法所持」後篇
2100 ABC ワールド・スポーツ
2115 金語楼劇場・おトラさん
　　　（KR）「訪ね人」
2145 N55ABCスポーツニュース
2200 サンヨーテレビ劇場（KR）
　　　「にあんちゃん」
2230 小唄教室 三升延 橘他
2245 テレビガイド
2250 きのうきょう 矢部利茂
2305 現代の顔（KR）福田赳夫
2315 あすのお天気 20 放送終了

● **2月28日（土）OTV**

930 パターン 50 メロディ
1000 スキー回転競技大会中継
　　　（札幌市・三角山 HBC）
1120 家庭百科（OTVF）
　　　「ツートーン化粧」
1125 いけばな教室
　　　「サロン調の生花」
1155 テレビ・ショーウインドウ
1200 ABC ニュース
1215 土曜寄席
　　　漫才「春遠からじ」
　　　海原お浜・小浜
　　　40 ガイド
1245 料理手帖「チダイかるか
　　　ん湯」世渡三郎
1300 ポーラ婦人ニュース
　　　「週間展望」薄田桂
1315 平岡養一・辻久子
　　　ジョイントリサイタル中継
1345 スキー回転競技大会つづき
　　　（札幌市・三角山 HBC）
1700 テストパターン
1715 漫画 6本 45 おしらせ
1750 朝日新聞テレビニュース
1800 ぼくのわたしの音楽会
　　　芦屋市精道中学校
1815 パッチャリオ・黒部探偵
　　　「人形のなぞ」後篇
1845 テレビガイド
1850 ABC ニュース 56 お天気
1900 街のチャンピオン
　　　司会：トップライト
1930 部長刑事
　　　「地獄の花は紅くない」
2000 道頓堀アワー寄席（角座）
　　　「野崎村」：笑顔・笑美子・奴
　　　「馬だより」：玉枝・成三郎
　　　「松づくし」：奴・喜多奴
2100 話題のアルバム 10 ガイド
2115 日真名氏飛び出す（KR）
　　　「入学試験」前篇
2145 ABC ニュース
2155 ABC スポーツニュース
2200 維新風雲録 最終回（KR）
2230 8ミリスコープ「シネクレ族」
　　　殿山泰司他
2300 現代の顔（KR）岩堀喜之助
2310 お天気◇放送終了

【コールサイン変更】2月26日深夜をもって「JOBX-TV」のコールサインを廃止。翌日から「JONR-TV（朝日放送大阪テレビ。略称 ABC-OTV）」での放送となった。本書ではスペースの関係上、番組表では「OTV」を引き続き使用する。

これがOTVだ 1959年2月

【単独番組】
●ジャック・ティーガーデン・ショウ
　2月1日（日）14：20～
　「トロンボーンの王様」とジャパン・オールスター・デキシーランドの共演。司会・小島正雄。前日にも放送あり。

●貨幣のできるまで（実況放送）
　2月8日（日）15：00～15：30
　テレビカメラ初めて大阪造幣局へ入る。

●あしたのお天気
　2月26日（木）2310～
　JOBX-TVの最後の番組。テロップで各地の天気を放送。このあとテロップで「あすの番組」が予告され「OTVシグナルミュージック」で終了した。23：59を持ってJOBX-TVは廃局され、事業は朝日放送に継承された。24：00をもって第六チャンネル（中心周波数185MHz）はJONR-TVに割り当てられた。

●テストパターン
　2月26日（木）17：05～17：20頃
　OTVから送出された最後のテストパターン。テストパターンの中心に描かれた「猫」はこれをもって引退した。

　2月27日（金）10：45～11：00　ABCが事業を継承して初めてのテストパターン。ネコの目バージョンは廃止され、中心に「6」と描かれたものが継続された。JONR-TVとしての最初の放送。開始音楽は引き続き「OTVシグナルミュージック」が使われた。

●平岡養一・辻久子
　　　ジョイント・リサイタル
　2月28日（土）13：15～13：45
　朝日放送テレビ開始記念番組。

【新番組】
【2月1日（日）】
●日曜サロン
　（～1961年4月30日）
　「経済サロン」の後継番組
2月1日「お菓子と子供たち」中西昇 宮井
2月8日「証券取引所」
2月15日「8ミリ」南部正
2月22日「オート三輪の出来るまで」南部正
2月29日　　————
3月1日「マイクロウエーブ」南部正
3月8日「今日の板ガラス」中村文雄 油田恒夫
3月15日「長寿と薬」西村
3月22日「コンベヤ」
3月29日「印刷の話」
4月5日「一刀彫」寺尾勇
4月12日「僕の設計図」小川正他
4月19日「内職」鞍好子
4月26日　竹岡敬一
5月3日「新歌舞伎座」竹岡敬一
5月10日　　茶珍俊夫 他
5月17日「郊外電車」和田
5月24日「サケ・マス八万五千トン」（以後省略）

【2月5日（木）】
●かしましアワー
　（～10月29日　全39回）
　12：15～12：40
　朝日放送と専属出演契約を結んだかしまし娘を主人公とするバラエティ。

●渡辺まんがくらぶ
　（～1962年9月13日）
　木18：00～18：15

蝶々の『しゃぼん玉人生』
花のかおり・お乳の泡立ち
牛乳石鹸
新製品 牛乳油脂シャンプー

倉敷レイヨンの新番組
「わが母校 わがふるさと」
毎週日曜日 午後10:30〜11:00
倉敷レイヨン株式会社

大丸提供番組
二つの椅子
大丸 大阪・京都・神戸
3月1日「男役・女役」寿美花代・大谷友右衛門のお二人
3月8日「やぁこんばんは」フランキー堺・井津三郎のお二人

あすのテレビ番組（OTV）
夜7時より「月光仮面」
おいしい 総合ビタミン パンビタンベビー

来週の大阪テレビ（朝日放送）をごらん下さい

本欄に掲載の8つのテレビ番組について、あなたのご意見・ご感想をお寄せ下さい。1つの番組につき1点ずつ、計8点の優秀作を選定して、右記の規定による謝礼を差し上げます。

なお、入選された8名の方には、引続き毎週1回、5月末日まで、当該番組のご意見を寄せていただきますので、予めご了承下さい。

応募規定
本欄掲載の番組について、ご意見・ご感想などを何点でもまた8つある番組のうち、発表日でも結構ですから不折りで封書でお送り下さい。ただし番組ごとに別便にして、表には「テレビ番組批評〇〇〇〇会社（提供会社名）」と朱書のこと。
あて先 大阪市北区堂島中1 大阪テレビ（朝日放送）事業部番組批評係
締切日 3月14日（土）当日消印をもって締切ります。
原稿内容 番組に対する意見、感想、批評は自由、応募作品の版権は当方に属し、原稿は返却しません
原稿枚数 1点800字以内（原稿用紙2枚）
謝礼 1番組につき1点（計8点）の優秀作を選び、1万円を呈上します。
原稿にはあなたの①住所②職業③年齢を必ず記入して下さい。

道頓堀アワー
コンチワ！
かまぼこいかがです
かねてつ
百貨店・有名食料品店・八百屋さんにあります

大阪ガス提供
大阪府警察本部協賛
部長刑事
この番組は、一人の部長刑事を通して、社会の治安維持のために日夜苦労して働く人間像を描いたドラマであります

坊やからおじいちゃんまで
スーパーマン！
ABC-OTV・6チャンネル
毎週木曜・夜7時30分〜8時
オールスターセール
歯磨なら…ライオン

☆新番組☆
ここにこんな人が
マルゴ
田辺製薬
（週刊朝日記載）
☆プレグナンジオール含☆
女性3つの悩み ジオリバ
ニキビ・生理異常・夏季湿疹用
30錠250円・100錠680円

第4章 「展開」

～事情が生んだ多様性～

1959.3 ～ 1959.6

1959年 3月

1日　毎日放送（MBS）テレビ、本放送開始。

2日　債権者異議申述公告を官報に掲載。確認している債権者394名に合併異議申述催告書を発送。朝日放送側も同様に公告、発送。

2日　ABCでABC－OTV初の合同連絡会議開催

8〜22日　大相撲春場所実況中継でスロー・テープを初使用。900mmズーマーレンズを国内初使用

9日　合併届出書を公正取引委員会に提出

24日　東京支社、朝日新聞東京本社新館に移転

25日　公正取引委員会、合併届出書を受理

31日　堂島中1丁目15番地の土地238坪（788平方メートル）を大阪建物から購入

MBSテレビ開局 〜ハンデを強みにかえたスタート〜

●「事業介入」との闘い

NJBとABCがOTVを作った経緯についてはこれまで繰り返し説明してきた通りだが、ここで、OTVが事実上分割されて、MBSテレビが本放送を開始するまでを中心に説明する。

1957年7月10日に就任した田中角栄郵政大臣が10月に大量免許を行った際（400ページ参照）、NHK大阪のチャンネル移動に伴って最後に残った第4chを「OTVの事業を継承しなかった側」に割り当てると決定。朝・毎二社間の交渉でNJBが新チャンネルを獲得したが（400ページ参照）郵政大臣・田中角栄は、「テレビ免許はラジオ会社におろすのではなく新聞社におろす」と言い、その上で「新しいテレビ局を申請するのであればNJBではなく毎日新聞自体が主体となるように」と指示した。この方針が後世「腸捻転」や「地方紙と全国ネットの関係」など、いくつもの問題を産む原因となった。

さらに田中郵政相は、NJBに阪急資本が入っていることを指摘し、NJBから阪急資本を抜いて、同じく阪急の資本を持つ大関西テレビにまとめるよう求めた。

これはまぎれもなく、政府による民間企業への強い介入であった。

杉道助社長は「NJBとしては創業からのパートナーを追い出す考えはない」と答えたが、郵政大臣は「それならば、毎日新聞社単独であらたにテレビ免許を申請すれば済む話だ」と、先の言葉を強調した。

結局、郵政大臣の提案に従って、毎日新聞社は「テレビ大阪」という名称で新たにテレビ免許を申請した（現・テレビ大阪とは関係ない）。

ところが1957年10月22日、郵政大臣の方針とは無関係に、新テレビ免許は「ラジオ会社であるNJB」に下され、「テレビ大阪」の申請はNJBに一本化された。ただ、それでも郵政大臣からは「あくまで放送は新聞主導で」という念押しがあったという。

●「新日本放送」から「毎日放送」へ

1957年11月1日、「テレビ開局準備委員会」は本放送開始予定を一年一か月後の1958年12月1日に定めた。

1958年1月27日。NJBは臨時株主総会が開催され、増資と「毎日放送」への社名変更が決定された。変更期日は6月1日と決まり、この日、NJBラジオがMBSラジオに改称された。

OTVからMBSへの移籍はこのころから段階的におこなわれた。

まず1958年2月13日、第一次人事異動として、永松徹常務を営業局長・東京支社長から解嘱し、南木淑郎放送部長、高木一見経理部長、富田隆之助東京支社営業部長の3名のNJBへの転出がきまった。同時に立石泰輔、吉田三七雄、佐伯洋、小野寺省蔵の各氏がABCから転入。それを補充するようにABCからの移籍も始まった。

3月1日には、高島義雄技術部長ほかがNJBへ転出し、水田朝吉氏がABCから転入。4月30日には小谷正一総合企画室長が退社し、翌日、総合企画室が廃止され編成局編成部にとってかわった。この時から、毎日系の社員がまとまって退社しはじめた。

また、申請一本化のためNJBとの合併が求められていた教育専門局「関西教育文化放送」は、高橋信三氏と関西教育文化放送代表の板橋菊二氏との話し合いで、1958年3月29日に「一定時間の教育番組を放送すること」「毎日放送の取締役に関西教育文化放送から一名を加えること」を条件として、MBSの出資による「関西教育文化放送会議」を結成することになった。この団体はその後も「毎日放送テレビ教育会議」として活動している。

7月1日にはMBSテレビの料金表を発表。8月5日には建設中の毎日大阪会館南館8〜9階に二つのスタジオを完成させ、中継車も購入した。

8月1日には50名、30日には30名の転出希望者50名がOTVから移籍し、ここに納まった。

9月には生駒山の送信所が竣工された。10月22日に試験電波を発射。開局予定の1958年12月1日を迎える段取りが順調にすすめられていた。

ところがMBSは、この時点になって、財産・権益の分与についてABCとの間に大きな見解の相違があることを知った。

MBSは「OTVは合弁会社であるから、当然、資産と営業上の権益は等分されるべきだ」と主張したが、ABCは「OTVは解体するのではなくABCと合併するのだから、営業権と資産もそのまま引き継ぐのは当然だ」と主張した。

結果として、ほぼABCの考え方が採用され、MBSは新チャンネルを獲得するかわりに、機材を含む大半の財産を手放すことになった。OTV開局時に旧NJBから出向した社員、資本金そして、移籍希望者を引き取っただけであった。

ただ、強い戦力であったAmpexのVTRについては、2台のうち1台がMBSに「移籍」した。

その後MBSは、NJB開局期から使ってきた阪急百貨店屋上の局舎のうち、PR効果の高かったラジオスタジオだけを残し、ほとんどの機能を毎日新聞社内に移した。

●営業権益とネットワーク

OTV資産の大半を手離しての大変な再出発であったが、一方でMBS行きを決めていた営業局のメンバーは、評判のフットワークを生かして早々に在阪・在京のスポンサー誘致と、KRTVの獲得にとりかかっていた。

MBSは「KRTVとのネット」という営業権益まで失うわけにはゆかなかった。MBSにとって、KRTVのネット獲得は生命線だったのだ。KRTVのネットワークは、ラジオネットワークを基盤に北海道から九州まで貫通しており、民放テレビとしては唯一の全国ネットであった。

まず、在京のスポンサーを説得するため、東京支社のメンバーがKRTVの番組に出稿している在京企業をアプローチし、MBSテレビへの支援とOTVからMBSへの番組ネットを誘いかけた。MBSは、OTVからの社員異動などの作業がおちついた頃から、12月1日開局という予定に従って、追い込み準備にかかった。NHK大阪も第2chへの引っ越しに向けて試験電波を発射しはじめた。

この時点で、関係者のみならず大方は、KRTVはMBSとステーションネットを結ぶと見ていた。さらにKRはもともと毎日・朝日・讀賣・電通の4社

相乗りで設立されたが、毎日の力が若干強く、また、鹿倉専務も毎日新聞からの人であったため、MBSとのネットは確定的だとおもわれていたのだ。

ところが、開局を10日後にひかえた11月21日の朝、広告代理店からMBS東京支社へ衝撃的な連絡があった。

「KRTVの意向により、予定されていた番組はMBSへネットチェンジできなくなった」

名古屋支局にも同じ連絡があった。

MBS永松徹常務は、KRTV今道潤三常務を大急ぎで訪ね「営業編成的に了解されている10番組」をMBSにネットするよう申し入れた。

KRTVは6月にRKB、OTV、CBC、HBCと排他的なネットワーク協定を結んではいたが、これはあくまでテレビニュースに関する協定であり、放送全体に関する協定ではない。

この急な決定に、いろんな憶測が飛んだ。ついには私怨説まで出たほどで、事情のつかめない決定だったのだ。

11月25日、開局直後の関西テレビの話で盛り上がっている裏で、MBSテレビの開始延期が発表され、翌年3月1日に再設定された。

営業も制作も編成もいちからやり直しとなった。KRTVや企業へのネット誘致は引き続きおこなわれたが、交渉は進行しなかった。

結局、MBSのネット相手はNET（日本教育テレビ）に決まった。

● 日本教育テレビとは

NETこと日本教育テレビは、日本初の教育専門民間テレビ局である。京浜地区に割り当てられたチャンネル（郵政省は教育専門局の設置を希望）を巡って、映画系の「国際テレビ放送」、株式市況と宗教・教養番組を特徴とする「日本短波放送」（現・日経ラジオ社）、教育系の「日本教育放送」を中心に、日活国際テレビ放送、富士テレビ放送（フジテレビとは別）、極東テレビ放送、太平洋テレビ、東京テレビジョン放送が合流して一本化された。

1957年には赤尾好夫（日本教育放送・旺文社）、大川博（国際テレビ放送・東映）、岡村二一（国民テレビ）、小田嶋定吉（日本短波放送）、安井謙（東京テレビジョン放送・参議院議員）を発起人代表者として「東京教育テレビ」として予備免許を受け、10月に発起人総会を開催して「日本教育テレビ」となった。代表者に新聞関係者が参与していないのが大きな特徴である。

ニュースに関しては当初、共同通信社、富士テレビジョン（現・フジテレビ）、中部日本放送とともに1958年7月に「共同テレビジョンニュース」を設立したが、富士テレビとの差別化をはかるため東映と朝日新聞社の共同出資により11月「朝日テレビニュース社」を設立し、ここから主にニュースを供給を受ける方針をとった。NETがのちにテレビ朝日となった事情の一端はここにある（朝日新聞社の資本参加は1965年3月31日から）。

共同テレビとの関係は、開局から約1年ほどで解消され、朝日テレビニュースとの関係が徐々に深まり、1983年8月1日にテレビ朝日報道局に一本化された。

送信所は1958年12月23日に営業を開始した東京タワーに置かれたが、その翌日午後3時から試験電波を発射。翌年1月10日10時からサービス放送を開始し、2月1日10時に「獅子舞」で本放送を開始した。

当初は6チャンネル式テレビの普及率がおよそ三割もあったことや、教育テレビ局に対する認識の低さなどから視聴者数において他の在京よりも苦しい状況を強いられた。

● 三つのスタジオ

MBSは堂島の大阪毎日会館にテレビ放送の設備を設けた。

スタジオは南館8階にAスタジオ（175平方メートル）とBスタジオ（100平方メートル）、そして道を挟んで北館11階にあるMBSホール（170平

方メートル）をCスタジオに改造した。

　新聞社のビルの一郭をテレビ放送用に改造しただけであるから、番組制作上の動線など関係ない。時として、一つのスタジオだけでは足りず、三つのスタジオをまたいで一時間ドラマが制作されたこともあった。この時Cスタジオ（北11階）はA、Bスタジオ（南8階）とフロアが違う上に、道路をまたぐ渡り廊下（9階）を通るため、カメラがAスタからBスタに移動したり、出演者が放送中に階段や渡り廊下を走ることもあった。また、録画制作であっても自由に編集ができない時代だったから生放送も同然の作り方で、局内を駆け回っている途中でうっかり転ぶこともできなかった。

　さらに、エレベーターが小さかったため、セットを運ぶ際には半分に切って蝶番を付けるなどの工夫も必要だったようで、逆にこれらの制約に対応するため、セット1杯だけで済む番組や、カメラ1台だけで制作できる番組の発想やノウハウが生まれた。

　しかし、ニュースに関していえば、新聞社と同居していることを活かして、夜の「ニュース編集室」では、ストレートニュースだけでなく、毎日新聞社の論説委員や部長クラスが担当するニュース解説や、フィルム構成、討論会、そして各種特集を放送し、現在のニュースバラエティの起源ともいえる番組を生み出した。一日の最後の番組でもあったため、ニュースの量によって終了時間を延長することもできた。これはローカル番組の良さである。

　またMBSテレビの黎明期を語る上で忘れてはならないのは「軒先制作」という手法である。

　開局直後に開始したコメディ「番頭はんと丁稚どん」はミナミの南街シネマ（映画館）から中継放送されていたが、実際にはスクリーン前の空間にセットをたてて、それを舞台としていた。南街シネマはもともと東宝が戦前から所有するミナミの興行拠点「南街映画劇場」が発展・変遷してできたものであるが、1955年からは「南街ミュージックホール」としてトップレス・ダンサーによる踊りとコントを上演するステージシアターとしても使われていた。しかしこの興業は不振におわり1958年には再び映画劇場に改装し「南街シネマ」となった。

　この場所をテレビ用に使うことを提案したのは「番頭はんと丁稚どん」を提案した花登筐であった。花登はそれ以前にも、ステージショーの紗幕や、緞帳をあげただけのカーテン幕の空間でコントを演出した経験があったので、自信を持って提案できたのだろう。放送時には、直前まで堂島の局内で打ち合わせと立ち稽古をおこない、本番前の映画興行がない時間に南街シネマに乗り込んでスタンバイしていたという。

　ここでは、当時大人気の大村崑・茶川一郎・芦屋小雁らが出演していたが、同じメンバーのコントでも、OTVやYTV、KTVから放送されたスタジオ制作のものに比べ、客席の笑い声やざわめき、あるいは舞台用の照明が醸し出す雰囲気などによって、今風にいう「ライブ感」が生まれ、また、出演者にとっても反応を得やすい客前での演技であったから、かえって「苦肉の策」が、いい番組を作るきっかけとなったのかもしれない。

●準教育局としてのMBSテレビ

　MBSは準教育局であったから、午前中は学校放送を行っていたが、ここで在京ネット局であるNET制作の学校放送番組を放送することができたのは幸いであった。

　夜のプライムタイムはフジテレビと（あれだけ番組を出し渋っていた）KRTVからの番組供給があったが、21時台以降はNET制作の「娯楽的演出のある教養番組」が多くネットされたため、YTVよりさらに「準教育局」らしくなった。

　どうやらこの時、制作者たちは「教育・教養番組の基準は解釈次第だ」ということに気付いていたようだ。つまり、よくいえば「どんな番組も見せ方次第で視聴者を啓蒙することができる」とい

うことであり、娯楽番組の演出手法を、教育・教養番組にも生かせることがわかったのだ。

さらに制作者は、教育・教養番組のありかたにも新しい可能性を感じ始めていた。つまり、教育・教養を「人々に供給する」のではなく、教育・教養の世界に「人々を引きつける」ように企画・演出をすることが、よりテレビらしいかかわりかたではないかということだ。

従来的な娯楽番組であっても番組の作り方次第で教養番組たり得る。「歌うフランス語講座」などはその最たる例であろう。「河は呼んでいる」などの人気の歌を原語で紹介する番組ではあるが、音楽番組のようにも楽しめる番組だ。「小唄入門」なども、趣味講座ではあるが、当時の流行に即したものである。両番組とも22時台ではじまったが、まもなく人気を得てプライムタイムに移動した。

また「素顔拝見」などのインタビュー番組も教養番組とされた。同時に、教養番組という名に恥じない質の高いインタビューが高く評価された。

「身近な心理実験室」「テレビもの申す」「舞踊の歩み」「日曜大法廷」など、知的好奇心をそそるタイプの番組が並んだことも注目に値する。

このほか、アメリカ制作の成人教育用のフィルムコンテンツ「エンサイクロペディア・ブリタニカ」（EB）は、有名な百科事典の英語版というよりは、現在のディスカバリー・チャンネルやナショナルジオグラフィックＴＶのような存在であった。

これはアメリカで戦前から制作されてきたものであるが、ことに1950年代はソ連の台頭を懸念したアメリカ政府が、国民教育向上のためこの番組を資金的に支援し、質も向上。経営的にも全盛期を迎えていた。

「EBフィルム」として知られたこのコンテンツは、「文化映画」のひとつとして各局で活用され、MBSではこれをレギュラー番組化したのだ。

それまで一般番組ととらえられてきた「外国ドラマ」も、吹き替えをやめて字幕にすることで「英語教育番組」と位置付けられた。

このように、従来の一般向け番組も、ちょっと手を加え、ちょっと視点を変えるだけで「教養番組」と宣言できるようになったのだ。

こうしたやりかたは「基準をかいくぐるための手段」とは異なる。半世紀後「教養」や「知識」がバラエティ番組の主題として重要視されるようになったことや、NHK教育テレビが旧来の講座形式から、テレビらしい柔軟な演出に変化していることをみれば、娯楽的演出で知の世界に人を引き込むことが、知られざる世界を広く見聞きさせる方法として有効であったと考えられるだろう。

【開局直後のMBSテレビ編成例】

❹3月30日（月）MBS
- 915 テストパターン
- 930 選抜高校野球抽選会
  ◇おしらせ◇お天気
- 1050 毎日TVニュース
  （毎日新聞）
- 1100 野球のおじさん「道徳」
- 1120 こどもニュース 馬場雅大
- 1130 身の回りの科学（小・中）
  「暮らしに役立つ電気」
- 1155 テレビ・ガイド
- 1200 毎日のお料理 お手軽朝食
- 1215 音楽の手帳「僕のおじさん」
  中島園平岡精二◇ガイド
- 1245 ニュース・サロン 杉本アナ
- 1300 幼児のひろば
  「お山のなかよし会」
- 1710 アメリカめぐり
- 1730 TV英語（1年）Jack and betty「子羊と狼」
  井上和子（桜塚高）
- 1750 毎日TVニュース
  （毎日新聞）
- 1800 トムの冒険 06 童謡漫画
- 1815 東映アワー
  「撮影所巡り」他
- 1830 スーパーお姉さん「お花見」
  北林英三 荒木雅子
- 1845 ガイド◇ニュース◇天気
- 1900 エプロンおばさん
  「くすのき君の就職試験」
- 1930 七ふくテレビ劇場
  番頭はんと丁稚どん
  「あかんたれ」
  （東宝テレビ部 MBS）
- 2000 落語鑑賞「新作落語」
  桂米丸他
- 2030 めおと歳時記「親の不注意」
- 2100 めおと歳時記「新入学」
  三条美紀 伊達信
- 2115 陽のあたる坂道（フジ）
- 2145 素顔拝見 高田浩吉
- 2200 海外ニュース◇
- 2205 スポーツニュース◇ガイド
- 2215 小唄教室「春がすみ」
  和歌浦糸子 藤041孝子他
- 2235 ニュース編集室
- 2255 お天気◇おしらせ◇終了

❹3月31日（火）MBS
- 1025 テストパターン・コンサート
- 1040 おしらせ・お天気
- 1050 毎日TVニュース（毎日新聞）
- 1100 あそびましょう
  前沢奈緒子他
- 1120 こどもニュース
- 1130 English for you
  （学校英語）
  「私達のお友達」
  木村恒夫
- 1155 テレビ・ガイド
- 1200 毎日のお料理 松下貝也
- 1215 踊るリズム「お江戸日本橋」
  牧一春
- 1245 ニュース・サロン
- 1300 幼児のひろば
  「すきな画をかこう」
  ◇休止◇テストパターン
  ◇おしらせ
- 1710 映画「イギリスの印象」
- 1730 TV英語・実用英会話
  （基礎編）ノーマン夫妻
  川地健助他
- 1750 毎日TVニュース（毎日新聞）
- 1800 トムの冒険
  「盗まれた休日」
- 1806 童謡漫画
- 1815 座談会「選大会を迎えて」
  三輪竹男 井口新次郎
  樋上竜太郎
- 1840 いこいの音楽
- 1845 ガイド◇ニュース◇天気
- 1900 風小僧（東映）
  「嵐を呼ぶ兄剣」
  目黒ユウキ 山城新悟
- 1930 火曜劇場「金魚の唄」
  双葉弘子 石川阿弥子
- 2000 松竹テレビ劇場
  「芸道一代甲」後篇
  林与一 中村芳子
  萬代峯子 片岡仁
- 2100 NET劇場・この命ある限り
  小暮実千代 中川弘子
- 2130 テレビもの申す
- 2145 週間スポーツニュース
- 2200 海外N◇スポーツN◇ガイド
- 2215 歌うフランス語講座
  「河は呼んでいる」
  田辺佳志子
- 2235 ニュース編集室
- 2255 お天気◇おしらせ◇終了

❹4月1日（水）MBS
- 825 テストパターン◇おしらせ
- 845 選抜高校野球「入場式」
- 1000 岐阜商一日大二高
  〔雨〕945 テストパターン
- 955 おしらせ
- 1000 春を迎えた動物
  ◇公園めぐり
- 1025 体育館
  ◇入学式準備OK
- 1150 毎日TVニュース（毎日新聞）
- 1200 岐阜商一日大二高 つづき
  〔試合終了後〕
  毎日のお料理◇Nサロン
- 〔雨〕1200 毎日のお料理
  1215 リズム
  1245 ニュースサロン
- 1300 おしらせ
- 1305 放送休止
- 1310 石和高一平安高
- 1420 久留米高一天理高
- 1730 切手世界めぐり
- 1750 毎日TVニュース（毎日新聞）
- 1800 トムの冒険 06 童謡漫画
- 1815 まぼろし探偵
  「ナゾの怪電波」
- 1845 ガイド◇ニュース◇天気
- 1900 七色の星座「花嫁人形」
  「未来は春が」「五月の歌」他 島倉千代子
  北沢彪他
- 1930 エディ・キャンター・ショー
  「作戦成功す」田中
- 2000 赤穂浪士
- 2030 恐怖の扉「拾った封筒」
- 2100 エンサイクロペディア・
  ブリタニカ「となかいの群」
- 2115 スリラー劇場
  「霧の中の少女」後篇
  小宮光江 飯田他
- 2145 映画のしおり「撮影所巡り」
- 2200 海外ニュース（6スポーツ）
- 2210 テレビ・ガイド
- 2215 身近な心理実験室
  「噂ばなし」
- 2230 クラボー・ミステリー劇場
  「白い封筒」
- 2300 編集室 20天◇予告◇終了

❹4月2日（木）MBS
- 755 テストパターン 10 おしらせ
- 815 選抜高校野球 第一試合
  芦屋商ー高知商 井口他
  解説：井口他
- 1040 会津高一県立尼崎高
- 〔試合終了後〕毎日のお料理
  ニュース・サロン
- 〔雨天時〕
- 940 パターン◇おしらせ
- 1000 歌
- 1023 ひとすじの道
- 1100 理料
- 1125 春は海辺にも
- 1150 毎日TVニュース
- 1200 毎日のお料理
- 1215 映画 45 N サロン
- 1300 手芸 15 告知 20 休止
- 1250 東邦高一倉敷工高
- 1500 富田林高一長崎南山高
- 1730 オーストリアだより
- 1750 毎日TVニュース（毎日新聞）
- 1800 トムの冒険 06 童謡漫画
- 1815 メリー・ゴー・ラウンド
  「ギャンティ君と野球試合」
- 1845 ガイド◇ニュース◇天気
- 1900 雪之丞変化 江畑絢子
- 1930 子供のお国 06「赤ちゃん狐の大冒険」他
- 2000 人情診察 金語楼丹下他
- 2030 映画「子熊の冒険」
- 2100 記録映画
  「ヒマラヤの山羊」
- 2115 碧い眼の東京日記（KR）
  「エイプリル・フール」
  リンダ・ビーチ Gフォー
  ス J伊藤 兼高他
- 2145 週間N◇海外N◇スポーツN
- 2210 ガイド 15 年輪の秘密
- 2235 MBSリサイタル
  ピアノ：内田玲子
- 2305 ニュース編集室
- 2325 お天気◇おしらせ◇終了

❹4月3日（金）MBS
- 755 テストパターン 10 おしらせ
- 815 選抜高校野球 第一試合
  膳所商一高知商 井口他
- 1040 松商学園一日大三高
- 〔試合終了後〕毎日のお料理
  ニュース・サロン
- 〔雨天時〕
- 940 パターン 55 おしらせ
- 1000 ゆかいなことば
- 1023 僕の目私の手
- 1045 あそびましょう
- 1125 動く実験室
- 1150 毎日TVニュース
- 1200 毎日のお料理
- 1215 映画 45 N サロン
- 1300 幼児 10 おしらせ
- 1320 放送休止
- 1230 毎日のお料理 奥井広美
- 1245 ニュースサロン
- 1300 戸畑高一岐阜商高
- 1500 中京商高一平安高
- 1730 チェコスロバキアの印象
- 1750 毎日TVニュース
  （毎日新聞）
- 1800 トムの冒険 06 童謡漫画
- 1815 まんが「ネズ公とカナリヤの歌」他
- 1845 ガイド◇ニュス◇天気
- 1900 日本歴史シリーズ・源義経
- 1930 クランチ船長
  「強情な女社長」
- 2000 あの波の果てまで
  牧真介
- 2045 歌のマホウビン
  デューク・エイセス黒部他
- 2100 真珠の小箱「桜の歴史」
  小清水卓二
- 2115 捜査本部「セブン殺人事件」前篇
- 2145 スポーツのぞきめがね
  「選抜野球あれこれ」
- 2200 海外N◇スポーツN◇ガイド
- 2215 泣き笑い二刀流
  「巡礼さがし」
  ワカサ・ひろし 真白一平
- 2245 ニュース編集室
  田中菊次郎
- 2305 お天気◇おしらせ◇終了

❹4月4日（土）MBS
- 755 テストパターン
- 810 おしらせ
- 815 選抜高校野球
  天理高一高松商 久保田
- 1040 高校野球・
  芦屋高一浪商高
- 〔雨天時〕
- 930 テストパターン
- 945 おしらせ
- 950 毎日TVニュース
- 1000 図工 20 公園めぐり
- 1045 あそびましょう
- 1100 児童劇映画
- 1150 毎日TVニュース
- 1200 毎日のお料理 豊田
- 1215 映画 45 ニュースサロン
- 1300 暮らし
- 1315 幼児の知能テスト
- 1330 おしらせ 35 放送休止
- 1220 毎日のお料理◇Nサロン
- 1250 高校野球・県立尼崎高
  ー苫小牧高
- 1500 高校野球・
  東邦高一長崎南山
- 1750 毎日TVニュース（毎日新聞）
- 1800 パズルおじさん
- 1815 ぼくの私の音楽会
- 1830 世界の国々を訪ねて
  「米の国タイ」
- 1845 ガイド◇ニュース◇天気
- 1900 ジャブジャブショー
  中島そのみ 長嶋茂雄
- 1930 若君日本晴れ（KR制作）
  「三千両長七郎」
- 2000 うちのおばあちゃん
  「麻雀見合」
- 2030 天真童子「銅八身を隠す」
- 2100 メイ子のごめんあそばせ
- 2115 パット・マスターソン「私刑」
- 2145 海外トピックス
- 2200 海外N◇スポーツN
- 2215 百万ドルもらったら
  「ロビー仕伐とその腕達」
- 2245 8ミリ私の傑作「映写会」
- 2305 映画「鞭のボレロ」
- 2320 ニュース編集室影林能次
- 2340 お天気◇おしらせ◇終了

❹4月5日（日）MBS
- 920 テストパターン 35 おしらせ
- 940 選抜高校野球 第一試合
  芦屋商一広陵高
  解説：井口他
  ◇試合終了後
  チャームスクール
- 〔雨天時〕
- 1055 テストパターン
- 1110 おしらせ・お天気
- 1115 チャームスクール
- 1130 映画
- 1200 戦国暴れん坊
- 1230 週間トピックス 45 映画
- 1300 リンレイパズルインタビュー
- 1320 女人戯場
- 1300 幼児◇おしらせ◇休止
- 1210 高校野球・
  会津高一県立尼崎
  ◇試合終了後
  「愛の鐘を鳴らそう」
- 1420 高校野球・
  東邦高一倉敷工高
  ◇試合終了後
- 1630 パズルインタビュー
- 1650 パターン 1745 おしらせ
- 1750 毎日TVニュース
- 1800 珍犬ハックル
- 1830 ヘリコプター・
  ノーベル号の冒険
  「恐怖のオートバイ」
- 1900 クイズショー
  司会：関光夫
- 1930 寄席中継 漫才
  「エンタツの結婚行進曲」
  良一・けんじ エンタツ
- 2030 億万長者と結婚する法
- 2100 花の中の日記帳
  中原美紗緒
- 2115 日曜大法廷
  「うなぎ屋のたいこ」
  円右 華声他
- 2145 映画「春のこども」
- 2200 海外ニュース 06 スポーツN
- 2210 ガイド 15 イギリス短編映画
- 2230 激流 東山千栄子 松本克平
- 2300 ニュース編集室
  影林能次
- 2320 お天気◇おしらせ
  ◇終了

1959年3月1日 MBSテレビ開局

開局を告知する新聞広告。1959年2月26日（左）28日（右）毎日新聞

1959.3

- 台風、高潮対策のための西大阪防潮堤が完成。
- 英BOAC航空が初採用した日本人スチュワーデスの1人が謎の扼死。
- 神戸港で花火積み込み中、大爆発。機帆船か木端微塵に。

第4章「展開」

●3月1日（日）OTV

920 テストパターン◇おしらせ
945 朝日放送テレビ開始記念
　　マスコミセンター
　　進藤次郎　鈴木剛
　　平井常次郎
1045 おやつ教室「パインの作り方」
　　小林孝二
1100 ABC 週間テレビニュース
1115 海外トピックス
1130 日曜サロン「マイクロ
　　ウエーブ」　南部正
1200 ABC ニュース 10 ガイド
1215 ダイラケのびっくり捕物帖
　　「密使」前篇 40 ガイド
1245 ロッテ歌のアルバム (KR)
　　「雪村いづみショー」
　　雪村いづみ　デューク
　　エイセス
1315 ナショナル日曜テレビ
　　観劇会「仮名手本忠臣蔵」
　　（歌舞伎座）幸四郎
　　松蔦　猿之助　時蔵
1500 トロピカルムード
　　中原美紗緒　ピンボー
　　ダナオ
1530 バラエティ「てなもんや
　　大放送」　ダイマルラ
　　ケット他 45 ガイド
1750 ABC ニュース◇お天気
1800 芸能スナップ
1815 スタープレゼント
　　東郷たまみショー
1830 ダイハツコメディ・やりくり
　　アパート「雛まつり」
1900 月光仮面「幽霊党の逆襲・
　　魔人の火」
1930 ラマーオブジャングル
2000 運命の標的「深夜の脅迫」
2030 劇場中継「新国劇　国定
　　忠治」辰巳柳太郎
　　島田正吾　野村
2100 二つの椅子「男役女役」
　　友右衛門　寿美花代
2115 東芝日曜劇場「都会の山彦」
　　(OTV) 作・長谷川幸延
　　安達国晴　萬代峯子
　　荒木雅子
2215 ABC ニュース
2225 ABC スポーツニュース
2230 わが母校・わが故郷
　　金田一京助　田子一民他
2300 あしたのお天気◇放送終了

●3月2日（月）OTV

1045 テストパターン
1100 朝日新聞テレビニュース
1110 家庭百科（OTVF）
　　「オードブル」茶珍俊夫
1115 現代の顔
　　岩堀喜之助【再】
1125 生活科学教室 木村鉄雄
　　「簡単に作れるおひな様」
1155 テレビ・ショーウインドウ
1200 ABC ニュース
1215 カクテルサロン「ドライブ
　　ウエー巡り」佐藤繁治
　　石原光子　E.H.エリック
1240 テレビガイド
1245 料理手帖「野菜のかさね
　　揚げ」
1300 ポーラ婦人ニュース
　　「アメリカ気質」笠井春雄
1315 ガイド◇休止◇パターン
1745 おしらせ
1750 朝日新聞テレビニュース
1800 子供の教室（OTV）
　　「レコードのできる迄」
1815 ソビエトマンガ
　　「不思議の国への旅行」
1845 テレビガイド
　　◇ABC ニュース
1856 あしたのお天気
1900 あんみつ姫
　　中原美紗緒 浜田百合子
1930 歌の花束 津川謙 石井花恵
　　大江洋一 奥他
2000 蝶々のしゃぼん玉人生
　　「旅役者」蝶々 雄二
2030 ナショナルＴＶホール
　　（KR）・銭形平次捕物控
　　「雛の別れ」
2100 カメラだより北から南から
　　「お雛様」
2115 東京0時刻「雪山は招く」
　　前篇
2145 ABC ニュース◇スポーツN
2200 母と子（KR）「きたない帽子」
2230 見ないでおきまショー
　　御影他
2250 きのうきょう 矢部利茂
2300 あしたのお天気
2305 現代の顔（KR）深沢七郎
2315 放送終了

●3月3日（火）OTV

1045 テストパターン
1100 朝日新聞テレビニュース
1110 家庭百科（OTVF）
　　「高校生の通学服」
1115 現代の顔（再）深沢七郎
1125 いけばな教室「環境と生花」
1145 テレビガイド
1155 テレビ・ショーウインドウ
1200 ABC ニュース
1215 ほほえみ一家（KR）
　　「老いたる雛」◇ガイド
1245 料理手帖「サバ煮込みポル
　　トガル風」井上幸作
1300 婦人ニュース「春を告げ
　　る小鳥」高井俊夫
1315 おしらせ◇休止◇パターン
1745 おしらせ
1750 朝日新聞テレビニュース
1800 呼出符号Ｌ「暗い時間」
1815 ロビンフッドの冒険
　　「古城への招待」
1845 テレビガイド
1850 ABC ニュース
1856 あしたのお天気
1900 カロランミュージカル（KR）
　　「殿下と結婚する方法」中川
1930 フューリーとソニー
　　「野球チーム」
2000 源平芸能合戦
　　大洋漁業－極洋捕鯨
　　審査：古関裕而
　　三味線豊吉
2030 潜水王マイクネルソン
　　「迷信」
2100 近鉄パールアワー・あまから
　　父さん「今日はひな祭り」
2130 おはこうら表（KR/OTV）
　　ゲスト・川田正子・孝子
　　お相手：葦原邦子
2140 ガイド◇ABC ニュース
2155 ABC スポーツ
2200 カメラポいつもどこかで
　　「ぼくらは美容師」
2215 女秘書スージー
　　「恐るべき子供達」
2245 グッドナイト・ファンタジー
　　星野みよ子他
2300 ABC 週間海外N◇ガイド
2310 きのうきょう 矢部利茂
2305 現代の顔（KR）水谷良重
2315 あしたのお天気◇終了

●3月4日（水）OTV

1045 テストパターン
1100 朝日新聞テレビニュース
1110 家庭百科（OTVF）「眼底」
1115 現代の顔（再）倉石忠雄
1125 生活科学教室「電話の話」
1145 テレビガイド
1155 テレビ・ショーウインドウ
1200 ABC ニュース
1215 歌のハイライト「北海の宿」
　　林「銀座千一夜」
　　宮下加子
1240 テレビガイド
1245 料理手帖「とり貝とごぼう
　　の天ぷら」
　　辻徳光　広瀬修子
1300 婦人ニュース「芝居あれ
　　これ」三宅周太郎
1315 おしらせ 20 放送休止
1430 テストパターン
1445 ABC スポーツファンシート
　　プロ野球オープン戦
　　西鉄－国鉄　武永悉昌
1730 テストパターン45おしらせ
1750 朝日新聞テレビニュース
1800 おにいちゃん「新聞騒動」
　　川上のぼる 寺島真知子
　　小島慶四郎
1815 アイバンホー・森の盗賊
　　「自由の鐘」ブラウン
　　ムーア
1845 テレビガイド
1850 ABC ニュース 56 お天気
1900 わが輩はなばなな氏（KR）
　　「日曜大工」
1930 裁判（KR）「真実の谷間」
　　穂積隆信 高田敏江
　　稲葉他
2000 映画「永遠に貴方を」
　　監督：Tガーネット
2130 おはこうら表（KR/OTV）
　　ゲスト・川田正子・孝子
　　お相手：葦原邦子
2145 ABC ニュース
2150 ABC スポーツニュース
2200 ここにこんな人が
　　「鐘づくりの神様」
　　老子次右衛門 渋沢秀雄
2230 ABC 週間海外N◇ガイド
2250 きのうきょう 矢部利茂
2305 現代の顔（KR）水谷良重
2315 あしたのお天気◇終了

●3月5日（木）OTV

1045 テストパターン
1100 朝日新聞テレビニュース
1110 家庭百科（OTVF）「塗料」
1115 現代の顔（再）水谷良重
1125 生活科学教室「住いの傷害」
1145 テレビガイド
1155 テレビ・ショーウインドウ
1200 ABC ニュース
1215 かしましアワー 青春おて
　　んば日記「君はマドロス」
　　花江・歌江・照江
　　40 ガイド
1245 料理手帖
　　「豆腐の米粉揚げ」
1300 婦人ニュース「お水取り」
　　東大寺執事長・橋村英位
1315 おしらせ 20 放送休止
1430 テストパターン
1445 ABC スポーツファンシート
　　プロ野球オープン戦
　　西鉄－国鉄　武永悉昌
1730 テストパターン45おしらせ
1730 テストパターン45おしらせ
1750 朝日新聞テレビニュース
1800 渡辺まんがくらぶ
1815 名犬ラッシー「軍用犬」
1845 ガイド 50 ABC ニュース
1856 あしたのお天気
1900 スーパースターメロディ
　　「春日八郎ヒットパレード」
　　香川万知子　水原淳
1930 スーパーマン
　　「スーパーマンと犯罪
　　製造機」
2000 この謎は私が解く（KR）
　　「幽霊は二度殺される」
　　前篇 船山裕二
　　影万里江 小畑他
2030 鞍馬天狗
　　「天狗捕わる」前篇
2100 奥様多忙（KR）
2115 コント千一夜 森光子 他
2130 ABC スポーツウイークリー
2145 ABC ニュース
2150 ABC スポーツニュース
2200 新大岡政談「彼岸ざくら」
2230 三協グッドナイトショー
　　朝丘雪路　8ミリ作品
　　紹介他
2300 現代の顔（KR）加納久朗
2310 大学入試・今年の傾向
2340 あすのお天気45 放送終了

●3月6日（金）OTV

1045 テストパターン
1100 朝日新聞テレビニュース
1110 家庭百科（OTVF）
　　スポーツ・ウエア
　　藤川延子
1115 現代の顔（再）
　　加納久朗
1125 服飾教室「絹の話」鈴木
1155 テレビ・ショーウインドウ
1200 ABC ニュース
1215 映画の窓（KR）「走り来る
　　人々」荻昌弘
　　40 テレビガイド
1245 料理手帖「ロール肉のブロ
　　イルと野菜」丹羽暉夫
　　堀越　高折
1300 ポーラ婦人ニュース
　　「油と錆」黒田清一
1315 おしらせ 20 放送休止
1730 テストパターン45おしらせ
1750 朝日新聞テレビニュース
1800 漫画「一本足の海賊」
1815 電気のABC「電機を正し
　　く使いましょう」
1845 テレビガイド
1850 ABC ニュース
1856 あしたのお天気
1900 テレビぴよぴよ大学（KR）
1930 京阪テレビカー・泣きべそ
　　天使「はたして運命はい
　　かに」歌楽 広野みどり
　　吉川雅恵 八杉房子他
2000 少年航路（KR）「嫁ぐ人」
　　千石規子　中山
　　梅丘純義　池田忠夫他
2030 特ダネを逃がすな（KR）
　　「その女を捜せ」前篇
2100 ABC ワールド・スポーツ
2115 金語楼劇場・おトラさん
　　（KR）「不思議な歌」
　　柳家金語楼 小桜京子他
45 ABC ニュース
2155 ABC スポーツニュース
2200 サンヨーテレビ劇場
　　遺稿品「しぶちん」森
　　光子 十朱久雄 津島
2230 自動車ショー 旗照夫
　　池部良 雪村いづみ
　　久保菜穂子
2300 現代の顔（KR）福田起夫
2310 あしたのお天気15放送終了

●3月7日（土）OTV

1045 テストパターン
1100 朝日新聞テレビニュース
1110 入学案内
1115 （再）浅沼稲次郎
1125 いけばな教室
　　「嵯峨流の基本」
1145 テレビガイド
1155 テレビ・ショーウインドウ
1200 ABC ニュース
1215 土曜寄席
　　漫才：サザエ・歌楽
1240 テレビガイド
1245 料理手帖「崩し高野くず
　　あんかけ」丹羽暉夫
　　佐藤和枝
1300 婦人ニュース「週間展望」
1315 大相撲春場所 明日開く
　　天竜三郎 秀ノ山
　　浅香山
1415 家庭百科（OTVF）「クリーム」
　　山本鈴子◇休止
1700 テストパターン
1730 番組ハイライト
1750 朝日新聞テレビニュース
1800 ぼくのわたしの音楽会
　　登美丘西小学校
1815 パッチタイム・黒影探偵
　　「盗まれた切手」前篇
　　松本朝夫 三宅邦子他
1845 ガイド 1850 ABCニュース
1856 あしたのお天気
1900 街のチャンピオン
1930 部長刑事「アパッチ御殿」
　　中村栄二 波田久夫
　　嶋連太郎 菅亜紀子
　　筧田享男 真木操炊郎他
2000 道頓堀アワー「寄席」（角座）
　　ミノル・みどり 歌江
　　照江・花江 松枝・菊二
2100 話題のアルバム 10 ガイド
2115 日真名氏飛び出す（KR）
　　「入学試験」解決編
2145 ABC ニュース
2155 ABC スポーツニュース
2200 噂船鷦船「鐘づくりの神様」
　　水島道太郎 原保美
　　服部哲治 丘久美子
2230 8ミリスコープ「シネクレ族」
　　由利徹 八波むと志
2300 現代の顔（KR）船田中
2310 あしたのお天気15放送終了

●3月8日（日）OTV

905 テストパターン25おしらせ
930 嵐さんの日曜漫画
945 仲よしＮ 55 マンガ公園
1030 京だより「七宝」
1045 おやつ教室「胡桃いりキャ
　　ラメル」
1100 ABC 週間テレビニュース
1115 海外トピックス
1130 日曜サロン「今日の板ガラス」
　　中村文夫　油田恒夫
1200 ABC ニュース 10 ガイド
1215 ダイラケのびっくり捕物帖
　　「密使」後篇
1240 テレビガイド
1245 ロッテ歌のアルバム（KR）
　　青木　鈴木　川村
1315 ナショナル日曜テレビ
　　観劇会 春の物語
　　「なためけ娘」
　　榎本健一　峯他
1500 大相撲春場所（府立体育館）
　　初日（OTV）
　　解説：天竜　浅香山
1750 ニュース56あしたのお天気
1800 芸能スナップ 小泉博他
1815 津川雅彦ショー 長門
1830 やりくりアパート（OTV）
　　「夜の公園」大村崑
　　佐々十郎　茶川一郎
　　花和幸助　三角八重
　　芦屋小雁　横山エンタツ
　　初音礼子
1900 月光仮面「幽霊党の逆襲・
　　悪の実命」
1930 ラマーオブジャングル
　　「虎の爪」声 大木
2000 運命の標的
　　「三角形の底辺」
2030 新国劇 国定忠治（2）
　　辰巳 石山 河村 外崎
2100 二つの椅子「やあ今晩は」
　　フランキー堺 伴淳三郎
2115 東芝日曜劇場「四十雀」
　　（KR）花柳章太郎
　　大矢市次郎 伊志井寛
　　京塚昌子
2215 ニュース25ABC スポーツN
2230 わが母校・わが故郷
　　桑原武夫 猪熊兼繁
　　今西錦司 伊吹武彦
2245 あしたのお天気50放送終了

第4章「展開」

●3月9日（月）OTV	●3月10日（火）OTV	●3月11日（水）OTV	●3月12日（木）OTV	●3月13日（金）OTV	●3月14日（土）OTV	●3月15日（日）OTV
1045 テストパターン（クラシック）	1045 テストパターン	1045 テストパターン	1045 テストパターン	1045 テストパターン	1045 テストパターン	905 テストパターン25おしらせ
1100 朝日新聞ニュース	1100 朝日新聞テレビニュース	1100 朝日新聞N	1100 朝日新聞テレビニュース	1100 朝日新聞テレビニュース	1100 朝日新聞テレビニュース	930 日曜漫画 清水崑他
1110 家庭百科(OTVF)茶珍俊夫	1110 家庭百科(OTVF)「小学生の通学服」	1110 家庭百科(OTVF)「包丁の話」	1110 家庭百科(OTVF)「玩具」	1110 家庭百科(OTVF)	1110 現代の顔【再】賀屋興宣	945 仲よしニュース
1115 現代の顔【再】船田中	1115 現代の顔【再】荻村伊智朗	1115 現代の顔【再】牧野純子	1115 現代の顔【再】荒木貞夫	1115 現代の顔【再】淡谷のり子	1120 入学案内	955 マンガ公園
1125 生活科学教室 古沢恵美子	1125 いけばな教室「新しい生け花と花器」吉村華泉 松浦45ガイド	1125 生活科学教室「顔料」稲村耕雄	1125 生活科学教室 武田ます他	1125 服飾教室「生まれ変わったパリモード」伊東茂平 聞き手：鈴木	1125 いけばな教室「嵯峨流の基本」	1030 京だより「舞妓さん」
1155 テレビ・ショーウインドウ	1155 テレビ・ショーウインドウ	1155 テレビ・ショーウインドウ	1155 テレビ・ショーウインドウ	1155 テレビ・ショーウインドウ	1155 家庭百科(OTVF)「携帯用化粧品」	1045 おやつ教室「ロールの作り方」
1200 ABCニュース	1200 ABCニュース	1200 ABCニュース	1200 ABCニュース	1200 ABCニュース	1200 ABCニュース	1100 ABC週間テレビニュース
1215 カクテルサロン「前衛生花」E.H.エリック 前田知子 木村与三男他40ガイド	1215 ほほえみ一家(KR)「愛の腕時計」◇ガイド	1215 歌のハイライト	1215 かしましアワー青春おてんば日記「春がきました」歌江・照江・花江 西山嘉孝他	1145 テレビガイド	1215 土曜寄席 漫才・小円・栄子	1115 海外トリックス
1245 料理手帖「フライの盛り合わせスパゲティ添え」辻勲	1245 料理手帖「カニコロッケ」井上幸作	1240 テレビガイド	1240 ガイド45料理手帖「サンドイッチ5種」平田武一 佐藤和枝	1155 テレビ・ショーウインドウ	1240 テレビガイド	1130 日曜サロン「長寿と薬」西村
1300 婦人ニュース「勝負と家庭」若乃花夫人15おしらせ	1300 ポーラ婦人ニュース「地震の話」東H15おしらせ	1245 料理手帖「なたね蒸し」辻徳光 広瀬修子	1245 料理手帖「チーズトースト」拭石俊枝	1215 映画の窓(KR)「私は死にたくない」荻昌弘40テレビガイド	1245 料理手帖「小ダイの詰め物オイル焼き」絹川幸三郎他	1200 ABCニュース10ガイド
1315 テレビガイド20放送休止	1320 放送休止	1300 婦人ニュース「職場の男女交際」越沢外茂治	1300 ポーラ婦人ニュース「音楽生活」辻久子	1245 料理手帖「チーズトースト」拭石俊枝	1300 婦人ニュース展望 上田	1215 ダイラケのびっくり捕物帖「六文銭の秘密」前篇
1440 テストパターン	1440 テストパターン	1315 おしらせ◇放送休止	1315 おしらせ◇休止◇パターン	1300 婦人ニュース「はまり役」信生三15おしらせ20ガイド	1315 劇場中継「曽根崎心中」（新歌舞伎座）鴈治郎 扇雀 吉三郎 霞仙他	1240 テレビガイド
1500 大相撲春場所(府立体育館)二日目(OTV)天龍 浅香山 担当：近江アナ 村上アナ	1500 大相撲春場所(府立体育館)三日目(OTV)5おしらせ	1430 テストパターン	1500 大相撲春場所(府立体育館)五日目(OTV) 45おしらせ	1440 テストパターン	1445 来週のハイライト「クリーム」山本	1245 ロッテ歌のアルバム(KR) 曽根史郎 神戸一郎
1745 おしらせ 50朝日新聞N	1750 朝日新聞テレビニュース	1500 大相撲春場所(府立体育館)四日目(OTV)	1500 大相撲春場所(府立体育館)六日目(OTV) 45おしらせ	1500 大相撲春場所(府立体育館)七日目(OTV)	1315 ナショナル日曜テレビ観劇会 松竹新喜劇「失恋の女神」天外 五郎八 酒井光子 藤山寛美
1800 子供の教室(OTV)「電光ニュース」	1800 呼出符号L「白い部屋」高桐眞 千葉保他	1745 おしらせ	1750 朝日新聞テレビニュース	1730 番組ハイライト	1450 大相撲春場所(府立体育館)中日(OTV)
1815 左近右近(KR)	1815 ロビンフッドの冒険「卑怯なヤブ医者45ガイド」	1750 朝日新聞テレビニュース	1800 渡辺まんがくらぶ	1500 大相撲春場所(府立体育館)	1750 朝日新聞テレビニュース	1750 大相撲春場所(府立体育館)中日(OTV)
1845 ガイド 50 ABCニュース	1850 ABCニュース56お天気	1800 おにいちゃん「学芸会のけいこ」	1815 電気のABC「春がきた」	1800 漫画劇場	1800 ぼくのわたしの音楽会「木琴」	1800 芸能スナップ 小泉博他
1856 あしたのお天気	1900 カロランミュージカル「殿下と結婚する方法」	1815 アイバンホー・森の盗賊「物真似師」45ガイド	1815 名犬ラッシー「おじいちゃんの誕生日」声・北条美智留 金子他	1815 電気のABC「春がきた」	1815 パッチリタイム・黒部探偵「盗まれた切手」後篇	1815 スタープレゼント深綠夏代ショー トニー谷
1900 あんみつ姫「あんみつ姫とご隠居」中原美紗緒 浜田百合子	1930 フューリーとソニー「地震」ボビイ・ダイヤモンド他	1850 ABCニュース56お天気	1856 あしたのお天気	1830 島倉千代子ヒット曲	1845 ガイド	1830 ダイパツコメディ・やりくりアパート「彼岸まいり」大村崑 佐々木 茶川一郎 他
1930 唄の花束 津村謙 石井千恵 大江洋一 奥他	2000 源平芸能合戦「博多人形協組－博多織協組」	1900 わか輩ははなばな氏(KR)「ママと泥棒」	1900 スーパースターメロディ フランク永井ヒットパレード「ラブレター」青木純子他	1845 テレビガイド	1850 ABCニュース56お天気	1900 月光仮面「幽霊党の逆襲・仮面の女」大瀬康一
2000 蝶々のしゃぼん玉人生「旅役者」	2030 潜水王マイクネルソン「水中奇術師」	1930 裁判(KR)「いのちの償い」	1930 スーパーマン「黒衣の女の謎」	1850 ABCニュース	1900 街のチャンピオン	1930 ラマーオブジャングル「閉ざされた部落」
2030 ナショナルTVホール(KR)・銭形平次捕物控「雛の別れ」後篇 若山富三郎他	2100 近鉄パールアワー・あまから父さん「頭が痛い」	2000 ボクシング 石川圭一－伊藤八郎 関口鉄男－風間桂三 解説：郡司信夫 白井義男 渡辺アナ	2000 この謎は私が解く(KR)	1856 あしたのお天気	1930 部ков刑事「おそすぎた反省」	2000 運命の標的「時のいたづら」
2100 カメラだより北から南から「優等生」	2115 旗本退屈男「血汐頭巾」後篇	2130 おはこうら表(KR/OTV)葦原邦子 福田勝治	2030 鞍馬天狗(KR)	1900 テレビぴよぴよ大学(KR)	2000 道頓堀アワー十苔家庭劇「七両二分」（文楽座）嵯峨みやじ 曾我廼家百合子 高村俊郎	2030 劇場中継「新国劇」国定忠治 辰巳 石山 河村 木崎
2115 東京0時刻「雪山は招く」後篇	2140 ガイド 45 ABCニュース	2145 ABCニュース	2100 奥様多忙(KR)「先輩後輩」	1930 京阪テレビカー泣きべそ天使「謹んでお受けしますの巻」	2100 話題のアルバム10ガイド	2100 二つの椅子「一年生」フランキー堺 伴淳三郎
2145 ABCニュース55スポーツN	2155 ABCスポーツニュース	2150 ABCスポーツニュース	2115 コント千一夜 森光子他	2000 少年航路「形見の指輪」	2115 真名氏飛び出す(KR)「女予言者」前篇	2115 東宝劇場「華やぐいのち」(老妓抄より KR) 岡本かの子・作 乙羽信子 木村功 朝丘雪路 加藤他
2200 母と子(KR)「かげろう」	2200 カメラぽいつもどこかで「瀬戸物で暮らした町」	2200 新大岡政談	2130 ABCスポーツウイークリー	2030 特ダネを逃がすな(KR)「その女を探せ」後篇	2145 ABCニュース
2230 見ないでおきますょう「失恋」世志凡太他	2215 女秘書スージー「風邪もまた楽し」	2230 ABC週間海外ニュース	2145 ABCニュース	2100 ABCワールド・スポーツ	2155 ABCスポーツニュース	2215 ABCニュース◇スポーツ
2250 きのうきょう 矢部利茂	2245 グッドナイト・ファンタジー フォア・コインズ	2245 ガイド	2155 ABCスポーツニュース	2115 金語楼劇場・おとうさん(KR)「お料理法の巻」柳家金語楼 小桜京子 他45 ABCニュース	2200 鳴門秘帖	2225 ABCスポーツニュース
2300 あしたのお天気	2300 現代の顔(KR)牧野純子	2247 三協グッドナイトショー 森交工 8ミリ作品紹介他	2200 サンヨーテレビ劇場「しぶちん」森光子 十朱久雄	2155 ABCスポーツニュース	2230 8ミリスコープ「シネクレ族」由利徹 八波むと志	2230 わが母校・わが故郷「京都府立一中」湯川秀樹 湯浅佑一 井島勉 菊地
2305 現代の顔(KR)	2310 あしたのお天気15放送終了	2302 現代の顔(KR) 荒木貞夫	2230 落語「権兵衛狸」小勝	2145 ABCニュース	2300 現代の顔(KR)佐藤弘人
2315 終了		2312 あしたのお天気	2247 きのうきょう 矢部利茂	2200 サンヨーテレビ劇場「しぶちん」森光子 十朱久雄	2310 あしたのお天気
		2317 放送終了	2302 現代の顔(KR)賀屋興宣	2230 落語「権兵衛狸」小勝	2315 放送終了	2245 お天気50放送終了
			2312 あすのお天気◇終了	2247 きのうきょう 矢部利茂		
				2302 現代の顔(KR)賀屋興宣		
				2312 あすのお天気◇終了		

●3月16日（月）OTV
1045 パターン 1100 朝日新聞N
1110 家庭百科(OTVF)「精肉料理」
1115 現代の顔【再】佐藤弘人
1125 生活科学教室
　　「春の手袋と帽子」
1155 テレビ・ショーウインドウ
1200 ABC ニュース
1215 カクテルサロン
　　「自動車のいろいろ」
　　佐多直寛　木村他
　　40 ガイド
1245 料理手帖「カニライス
　　王冠風」辻勲　杉野わこ
1300 婦人ニュース「税金の申告」
　　佐藤建司15おしらせ休止
1440 テストパターン
1500 大相撲春場所(府立体育館)
　　九日目（OTV）天龍
　　浅香山　担当：近江アナ
　　村上アナ
1745 おしらせ 50 朝日新聞N
1800 子供の教室(OTV)竹中
　　「子供の教室(OTV)の
　　できるまで」
1815 左近右近（KR）
　　「故郷をあとに」
1845 ガイド◇ABC ニュース
　　◇天気
1900 あんみつ姫（KR）
　　「あんみつ姫と春がすみ」
1930 唄の花束「銀座地階の女」
2000 蝶々のしゃぼん玉人生
　　「旅役者」
2030 ナショナルTVホール
　　（KR）・銭形平次捕物控
　　「からくり屋敷」前篇
2100 カメラだより北から南まで
　　「火の用心」
2115 東京0時ις「セレベスの鬼」
　　金子信雄　渡辺美佐子
　　織田政雄　山岡久乃
2145 N ◇スポーツ
2200 母と子（KR）「ばら」
2230 見ないでおきましょう
2250 きのうきょう 矢部利茂
2300 あしたのお天気
2305 現代の顔（KR）八木秀次
2315 放送終了

●3月17日（火）OTV
1045 テストパターン
1100 朝日新聞テレビニュース
1110 家庭百科(OTVF)「通勤服」
1115 現代の顔【再】八木秀次
1125 いけばな教室
　　「枝物をいける」吉村華泉
　　松浦アナ
1145 テレビガイド
1155 テレビ・ショーウインドウ
1200 ABC ニュース
1215 ほほえみ一家（KR）
　　「春の花壇で」竜崎一郎
　　坪内美詠子他
1240 テレビガイド
1245 料理手帖「野菜オムレツ」
　　井上幸作
1300 婦人ニュース「家庭料理」
　　東中15おしらせ20休止
1410 テストパターン
1430 公立高校入試問題解答
　　速報
1500 大相撲春場所十日目
　　（OTV）
1745 おしらせ 50 朝日新聞N
1800 呼出符号L「白い部屋」
　　高桐眞　千葉保他
1815 ロビンフッドの冒険
　　「代官の靴探し」
　　45 ガイド
1850 ABC ニュース 56 お天気
1900 カロランミュージカル
　　（KR）「殿下と結婚する
　　方法」中原　旗他
1930 フューリーとソニー
　　ボビイ・ダイヤモンド他
2000 源平芸能合戦
　　「はとバス三菱ふそう」
2030 潜水王マイクネルソン
2100 近鉄パールアワー・
　　あまから父さん
2115 旗本退屈男「白羽の矢」
2140 テレビガイド
2145 ABC ニュース
2155 ABC スポーツニュース
2200 カメラルポいつもどこかで
2215 女秘書スージー
2245 LMS 珍道中
　　雁之助　小雁　三浦
2300 現代の顔（KR）葛西嘉資
2310 あしたのお天気
2315 放送終了

●3月18日（水）OTV
1045 テストパターン
1100 朝日新聞テレビニュース
1110 家庭百科(OTVF)「家庭薬」
1115 現代の顔【再】葛西嘉資
1125 生活科学教室「電気と熱」
1155 テレビ・ショーウインドウ
1200 ABC ニュース
1215 歌のハイライト
　　「若者よ恋をしろ」中島孝
　　「東京の花嫁さん」能沢佳子
1240 テレビガイド
1245 料理手帖「しいたけ小エ
　　ビの二身焼き」
　　辻徳光　広瀬修子
1300 ポーラ婦人ニュース
　　「日曜画家」中沢清
1315 おしらせ 20 放送休止
1440 テストパターン
1500 大相撲春場所十一日目
　　（OTV）
1745 おしらせ
1750 朝日新聞テレビニュース
1800 おにいちゃん「こわれた傘」
　　川上のぼる 寺島真智子
　　小島慶四郎
1815 アイバンホー・森の盗賊
　　「短剣の頭文字」
　　45 ガイド
1845 ガイド 50 ABC ニュース
1856 あしたのお天気
1900 スーパースターメロディ
　　香川万知子　水原淳
1930 スーパーマン(漫画)
　　「スーパーマンと騎士道」
2000 この謎を解く（KR）
　　「鬼火の峠」前篇
2030 鞍馬天狗（KR）「海道記」
2100 奥様多忙（KR）「春の雨」
　　江見渉 山岡久乃他
2115 コント千一夜 森光子他
2130 ABC ワールド・スポーツ
2145 ABC ニュース
2150 ABC スポーツニュース
2200 新大岡政談「思い妻」
　　前篇
2230 三協グッドナイトショー
　　沢たまき他
2300 現代の顔（KR）平塚常次郎
2310 あしたのお天気15おしらせ

●3月19日（木）OTV
1045 テストパターン
1100 朝日新聞テレビニュース
1110 家庭百科(OTVF)「家庭看護・家庭薬」
1115 現代の顔【再】松岡洋子
1125 生活科学教室「家の寿命」
　　新海他
1155 テレビ・ショーウインドウ
1200 ABC ニュース
1215 かしましアワー青春おてんば
　　日記「バーゲンセール」
　　正司歌江・照江・花江他
1240 テレビガイド
1245 料理手帖「南禅寺蒸し」
1300 ポーラ婦人ニュース
1315 おしらせ 20 放送休止
1440 テストパターン
1500 大相撲春場所
　　十二日目（OTV）
1745 おしらせ
1800 渡辺まんがくらぶ
1815 名犬ラッシー
　　「約束の日曜日」
　　声・北条美智留　金子他
1845 ガイド 50 ABC ニュース
1856 あしたのお天気
1900 スーパースターメロディ
　　香川万知子　水原淳
1930 スーパーマン(漫画)
　　「スーパーマンと騎士道」
2000 この謎を解く（KR）
　　「鬼火の峠」前篇
2030 鞍馬天狗（KR）「海道記」
2100 奥様多忙（KR）「春の雨」
　　江見渉 山岡久乃他
2115 金語楼劇場・おトラさん
　　（KR）「お好み焼き」柳家
　　金語楼 小桜京子他
2145 ABC ニュース
2155 ABC スポーツニュース
2200 サンヨーテレビ劇場
　　（KR）「持参金」森光子
　　十朱久雄　津島
2230 落語「浮世床」三遊亭円生
2300 現代の顔（KR）北条誠
2310 あすのお天気
2315 放送終了

●3月20日（金）OTV
1045 テストパターン
1100 朝日新聞テレビニュース
1110 家庭百科(OTVF)「ヘアースタイル」
1115 現代の顔【再】
　　平塚常次郎
1125 いけばな教室
　　「冬物のしまい方」
1155 テレビ・ショーウインドウ
1215 映画の窓（KR）「大洪水」
　　（英国映画）キール他
　　解説：荻昌弘
1245 料理手帖「イカの詰め物
　　フライ」田積富貴
1300 ポーラ婦人ニュース
1300 婦人ニュース「新劇の立場」
　　劇団民芸　宇野重吉
1315 おしらせ 20 放送休止
1440 テストパターン(ポピュラー)
1500 大相撲春場所十三日目
　　（OTV）
1730 番組ハイライト
1750 朝日新聞テレビニュース
1800 漫画 15 電気のABC
　　「火力発電」泉田行夫他
1815 パッチリタイム・黒帯探貞
1830 青木光一集
1845 テレビガイド
1850 ABC ニュース
1856 あしたのお天気
1900 テレビぴよぴよ大学（KR）
1930 京刑事部長泣きべそ
　　天使「きょうはお彼岸です」
2000 少年航路（KR）
　　「サインボール」
2030 特ダネを逃がすな（KR）
　　「ハム応答せよ」
2100 話題のアルバム 10 ガイド
2115 日真名氏飛び出す（KR）
　　「女予言者」解決編
2145 ABC ニュース
2155 ABC スポーツニュース
2200 鳴門秘帖
2230 8ミリスコープ「シネクレ族」
　　由利徹　八波むと志
2300 現代の顔（KR）舩田中
2310 あしたのお天気
2315 放送終了

●3月21日（土）OTV
1045 テストパターン
1100 朝日新聞テレビニュース
1110 入学案内
1115 現代の顔【再】北条誠
1125 いけばな教室
　　「嵯峨流の基本」
1145 テレビガイド
1155 家庭百科(OTVF)
　　「ヘアースタイル」
1200 ABC ニュース
1215 土曜寄席 松旭斎晃洋
1240 テレビガイド
1245 料理手帖「いり豆腐と
　　彼岸弁当」福井国三
　　佐藤和枝
1300 ポーラ婦人ニュース
　　「週間展望」岡田
1315 女義劇「涙の渡り鳥」(浅草・
　　常盤座) 原厳作
　　不二洋子　井村
1500 大相撲春場所(府立体育館)
　　十四日目（OTV）天龍
　　三郎　秀ノ山　浅香山
1730 番組ハイライト
1750 朝日新聞テレビニュース
1800 ぼくのわたしの音楽会
　　登喜丘西小学校
1815 バッチリタイム・黒帯探貞
1845 テレビガイド
1850 ABC ニュース
1856 あしたのお天気
1900 街のチャンピオン
1930 部長刑事「罠」
2000 道頓堀アワー（中座）
　　磯の源太「振袖勝負」
　　大江美智子　吉田正雄
　　宮沢章之
2100 話題のアルバム 10 ガイド
2115 日真名氏飛び出す（KR）
　　「女予言者」解決編
2145 ABC ニュース
2155 ABC スポーツニュース
2200 鳴門秘帖
2230 8ミリスコープ「シネクレ族」
　　由利徹　八波むと志
2300 現代の顔（KR）舩田中
2310 あしたのお天気
2315 放送終了

●3月22日（日）OTV
905 テストパターン25おしらせ
930 嵐さんの日曜漫画
945 仲よしニュース
955 マンガ公園「弱い狼の話」他
1030 京だより「長岡京」
1045 おやつ教室 小林孝二
　　「チョコレートプディング」
1100 ABC 週間テレビニュース
1115 海外トピックス
1130 日曜サロン「コンベヤ」
1200 ABC ニュース 10 ガイド
1215 ダイラケのびっくり捕物帖
　　六文銭の秘密 後篇
　　40 ガイド
1245 ロッテ歌のアルバム（KR）
　　田端義夫　小野透他
1315 ナショナル日曜テレビ
　　観劇公演 新派公演「銀座
　　人情」水谷八重子
　　大矢市次郎　京塚昌子
1435 大相撲春場所(府立体育館)
　　千秋楽（OTV）
　　解説：天龍　浅香山
　　村上他
1750 ABC ニュース 56 お天気
1800 芸能スナップ 小泉博他
1815 スタープレゼント
　　鳳やち代ショー上月他
1830 やりくりアパート
　　「三月生まれ」
1900 月光仮面「幽霊党の逆襲・
　　死の暗室」
1930 ラマーオブジャングル
　　「閉ざされた部落」
　　声・大木
2000 運命の標的「ピアノを待
　　つ村へ」
2030 新国劇「男ありて」島田
　　正吾　外崎恵美子　石山
2100 二つの椅子「週刊誌を切る」
　　大宅壮一　中井
2115 東芝日曜劇場
　　「大石最後の一日」
　　元禄忠臣蔵 より（KR）
　　松本幸四郎 市川染五郎
　　香川京子
2215 ABC ニュース
2225 ABC スポーツニュース
2230 わが母校・わが故郷
　　「松山商業」藤本定義
　　筒井修
2245 あしたのお天気50放送終了

第4章「展開」

●3月23日（月）OTV

1045 テストパターン
1100 朝日新聞テレビニュース
1110 家庭百科 (OTVF)「卵」
　　　茶珍俊夫
1115 現代の顔【再】島津久永
　　　辻輝子　辻弘徳
1125 テレビ婦人スクール
　　　「ぼくの陶器」
　　　辻勲　辻弘徳
1155 テレビ・ショーウインドウ
1200 ABCニュース
1215 カクテルサロン
　　　川上ヒロ子他40ガイド
1245 料理手帖「フーガーデン」
　　　辻勲　杉野アナ
1300 ポーラ婦人ニュース
　　　「パチンカーの苦心」
　　　15ガイド
1320 放送休止
1700 テストパターン◇おしらせ
1720 大相撲春場所熱戦のあと
　　　優勝三賞力士他
1745 おしらせ50朝日新聞N
1800 子供の教室 (OTV)
　　　「おたまじゃくし」
　　　浅山憲司他
1815 左近右近 (KR)「洗馬越え」
　　　立花伸介　藤間城太郎
　　　水原他
1845 ガイド50ニュース56天気
1900 あんみつ姫 (KR)
　　　「あんみつ姫と花見の喧嘩」
1930 唄の花束 浜村美智子
2000 蝶々のしゃぼん玉人生
　　　「旅役者」蝶々雄二
　　　雁玉
2030 ナショナルTVホール (KR)・
　　　銭形平次捕物控
　　　「からくり屋敷」後篇
2100 カメラだより北から南から
　　　「お寺繁盛記」
2115 東京0時刻「消えた毒薬」
2145 ニュース55スポーツN
2200 母 (KR)
　　　「お母さんのように」
　　　森川　飯田　小林
2230 見ないでおきまショー
　　　「失恋」
2250 きのうきょう 矢部利茂
2300 あしたのお天気
2305 現代の顔 (KR) 新田次郎
2315 終了

●3月24日（火）OTV

1045 テストパターン
1100 朝日新聞テレビニュース
1110 家庭百科 (OTVF)「ハンカチ」
1115 現代の顔【再】新田次郎
1125 朝日料理サロン 辻茶珍
1145 テレビガイド
1155 テレビ・ショーインドウ
1200 ABCニュース
1215 ほほえみ一家 (KR)
　　　「女中の失踪」竜崎一郎
　　　坪内美詠子他
　　　◇テレビガイド
1245 料理手帖「ビーフカレー」
1300 婦人ニュース「8ミリブーム」
1315 欧州このごろ
　　　「滞在七年の記」
　　　森恭三夫妻
1730 テストパターン45おしらせ
1750 朝日新聞テレビニュース
1800 呼出符号L「消えた船客」
　　　前篇 高桐眞 千葉保他
1815 ロビンフッドの冒険
　　　名判官タック神父
　　　45ガイド
1850 ABCニュース56お天気
1900 カロランミュージカル (KR)
　　　「殿下と結婚する方法」
　　　内 旗他
1930 フューリーとソニー
　　　「狼の群」ボビイ・ダイ
　　　ヤモンド他
2000 源平芸能合戦
　　　全沢鉄一全阪仲
　　　審査：今東光
2030 潜水王マイクネルソン
　　　「殺生岩」
2100 近鉄パールアワー・
　　　あまから父さん
　　　「春宵一刻千金」
2115 旗本退屋男「白羽の矢」
　　　後篇
2140 ガイド45 ABCニュース
2155 ABCスポーツニュース
2200 カメラルポいつもどこかで
　　　「ダの字のつくお菓子」
2215 女秘書スージー
　　　「ソーセージが盗まれた」
2245 LMS珍国中 雁之助
　　　小雁　三浦
2300 現代の顔 (KR) 金丸富雄
2310 あしたのお天気
2315 放送終了

●3月25日（水）OTV

1045 テストパターン
1100 朝日新聞テレビニュース
1110 家庭百科 (OTVF) 木崎加嘉
1115 現代の顔【再】大浜信泉
1125 生活科学教室
　　　「鋼とほうろう鉄器」泉具助
1155 テレビ・ショーウインドウ
1200 ABCニュース
1215 歌のハイライト
　　　歌：若松　若原他
1240 テレビガイド
1245 料理手帖「ふき御飯」
　　　辻徳光　広瀬他
1300 ポーラ婦人ニュース
　　　「僕の道」岡田好弘
　　　木村雄二
1315 おしらせ20 放送休止
1730 テストパターン45おしらせ
1750 朝日新聞テレビニュース
1800 おにいちゃん「帰ってき
　　　た人」川上のぼる
1815 名犬ラッシー「親切な飛
　　　行士」声・北条美智留
　　　他45ガイド
1850 ABCニュース56お天気
1900 スーパースターメロディ
　　　「若原一郎ヒットパレード」
　　　北見和夫他
1930 スーパーマン
　　　「死の太鼓」
2000 この謎は私が解く (KR)
　　　「鬼火の峠」解決編
2030 鞍馬天狗 (KR)「海道記」
2100 奥様多忙 (KR) 最終回
　　　「華やかなる終曲」
　　　江見渉　山崎久乃他
2115 コント千一夜 森光子他
2130 ABCスポーツウイークリー
2145 ABCニュース
2150 ABCスポーツニュース
2200 新大岡政談「思い妻」
　　　前篇
2230 三協グッドナイトショー
　　　「8ミリ作品紹介など」
　　　武井義明他
2300 現代の顔 (KR) 原茂
2310 あしたのお天気
2315 放送終了

●3月26日（木）OTV

1045 テストパターン
1100 朝日新聞テレビニュース
1110 家庭百科 (OTVF)「化粧台」
1115 現代の顔【再】大浜信泉
1125 生活科学教室「ねむりの
　　　効用」新海他
1155 テレビ・ショーウインドウ
1200 ABCニュース
1215 かしましアワー青春おてんば
　　　日記「黒メガネの男」
　　　正司歌江・照江・花江他
1240 テレビガイド
1245 料理手帖「チリメン雑魚
　　　と豆腐のクロケット」
1300 婦人ニュース「日中貿易
　　　の将来」川勝伝
1315 おしらせ20 放送休止
1730 テストパターン45おしらせ
1750 朝日新聞テレビニュース
1800 渡辺まんがくらぶ
1815 アイハンド・森の盗賊
　　　「脱出」45 テレビガイド
1850 ABCニュース56お天気
1900 スーパースターメロディ
　　　「若原一郎ヒットパレード」
　　　他45ガイド
1930 スーパーマン
1950
2000 少年航路 (KR)
　　　「今日の日を」
2030 特ダネを逃がすな (KR)
　　　「ハム応答せよ」後篇
2100 ABC ワールド・スポーツ
2115 金語楼劇場・おトラさん
　　　(KR)「宝石」柳家金語
　　　楼　小桜京子
2145 ABCニュース
2155 ABCスポーツニュース
2200 サンヨーテレビ劇場 (KR)
　　　「船場狂い」森光子
　　　三益愛子　千秋みつる
　　　沢村敏子　水の也清美
2230 落語「長屋の花見」金馬
2300 現代の顔 (KR) 松野鶴平
2310 あすのお天気
2315 放送終了

●3月27日（金）OTV

1045 テストパターン
1100 朝日新聞テレビニュース
1110 家庭百科 (OTVF)
　　　「お天気図」
1115 現代の顔【再】原茂
1145 テレビガイド
1155 テレビ・ショーウインドウ
1200 ABCニュース
1215 映画の窓 (KR)
　　　「キクとイサム」高橋
　　　恵美子　奥の山ジョージ
1240 テレビガイド
1245 料理手帖「はまぐり入り
　　　洋風ライス」堀越フサエ他
1300 ポーラ婦人ニュース
　　　「結婚」村山リウ
1315 おしらせ20放送休止
1715 テストパターン
1730 番組ハイライト
1750 朝日新聞テレビニュース
1800 漫画「おいらの町のオリン
　　　ピック」
1815 電気のABC「電気81年」
　　　泉田行夫他
1830 青木光一集45ガイド
1850 ABCニュース56お天気
1900 京阪テレビピーよぴーよ大学・泣きべそ
　　　天使「断じて負けられま
　　　せん」
1930 部長刑事「十字架は汚れ
　　　ていなかった」
2000 道頓堀アワー・寄席（角座）
　　　三代目桂春団治襲名披
　　　露興行　桂春団治
　　　桂文楽　旭堂南陵
　　　笑福亭松鶴
2100 話題のアルバム10ガイド
2115 日真名氏飛び出す (KR)
　　　「夜のお針娘」前篇
2145 ニュース55ABCスポーツN
2200 鳴門秘帖
2230 8ミリスコープ「シネクレ族
　　　「外国旅行記」
2300 現代の顔 (KR) 石原松枝
※韓国抑留船員留守家族会連
　合会長
2310 あしたのお天気15放送終了

●3月28日（土）OTV

1045 テストパターン
1110 入学案内
1115 現代の顔【再】松野鶴平
1120 入学案内
1125 服飾教室「春の帽子」
1145 テレビガイド
1155 テレビ・ショーウインドウ
1200 ABCニュース
1215 土曜寄席 サザエ・歌楽
　　　◇ガイド
1245 料理手帖「家庭向け即席
　　　焼豚」梁耀庭
1300 婦人ニュース「週間展望」
1315 映画「明日は大樹に」
1415 プロ野球 南海-阪神
　　　芥田武夫　西村アナ
　　　（中止時）幸司郎
1640 来週のハイライト
1700 座談会「地方選挙」岡田
1720 座談会「伸びゆく石油産業
　　　川村正人50朝日新聞テレビN
1800 仲よし音楽gガイド
1815 パッチリタイム・黒部架貞
　　　「血の秘密」後編
1845 テレビガイド
1850 ABCニュース
1856 気のお天気
1900 街のチャンピオン
　　　トップライト
1930 部長刑事「十字架は汚れ
　　　ていなかった」
2000 道頓堀アワー・寄席（角座）
　　　三代目桂春団治襲名披
　　　露興行　桂春団治
　　　桂文楽　旭堂南陵
　　　笑福亭松鶴
2100 話題のアルバム10ガイド
2115 日真名氏飛び出す (KR)
　　　「夜のお針娘」前篇
2145 ニュース55ABCスポーツN
2200 鳴門秘帖
2230 8ミリスコープ「シネクレ族
　　　「外国旅行記」
2300 現代の顔 (KR) 石原松枝

●3月29日（日）OTV

905 テストパターン25おしらせ
930 崑さんの日曜漫画
945 仲よしニュース
955 マンガ公園「動物の新入生」
1030 灰ざら「懐石」
1045 おやつ教室「焼きリンゴ」
　　　小林孝二
1100 ABC週刊テレビニュース
1115 海外トピックス
1130 日曜サロン「印刷の話」
1200 ABCニュース10ガイド
1215 ダイラケのびっくり捕物帖
　　　「三人目の女」前篇
　　　40ガイド
1245 ロッテ歌のアルバム (KR)
　　　三船浩　河野真佐子
1315 ナショナル日曜テレビ
　　　観劇会「樅の木は残った」
　　　（明治座）幸四郎
　　　歌右衛門　勘弥他
1515 プロ野球 東映-国鉄
　　　解説：大和球土近江アナ
1750 ABCニュース56お天気
1800 芸能スナップ 小泉博他
1815 スタープレゼント
　　　ペギー葉山ショー 上月他
1830 ダイハツコメディ・やりくり
　　　アパート
　　　「リンゴの花と桜の花」
　　　大村崑　佐々十郎
　　　茶川一郎
1900 月光仮面 大瀬他
1930 ラマーオブジャングル
　　　「黒ダイヤの秘密」
　　　声・大木
2000 運命の標的
　　　「南の島のクラス会」
2030 劇場中継「新国劇月ありて」
　　　その2 島田正吾
　　　外崎恵美子
2100 二つの椅子「浪人有情」
　　　八谷義造　秋田実
2115 東芝日曜劇場
　　　「一本腕と一本足」(KR)
　　　吉井勇・作　伊志井寛
　　　養助　安達国晴　上月他
2215 ABCニュース
2225 ABCスポーツニュース
2230 わが母校・わが故郷
　　　「小田原中学」河野一郎
　　　尾崎一雄　白井俊明
2245 あしたのお天気
2250 放送終了

431

●3月30日（月）OTV

1045 パターン 1100 朝日新聞N
1110 家庭百科 (OTVF)「鯨肉」
　　 茶珍俊夫
1115 現代の顔【再】石原松枝
1125 生活科学校「マリオネット」
　　 辻輝子 辻弘徳
1155 テレビ・ショーウインドウ
1200 ABC ニュース
1215 カクテルサロン「真珠を
　　 訪ねて」エリック 前田
　　 知子 40 ガイド
1245 料理帖「ロールキャベツ」
　　 辻勲 杉野アナ
1300 婦人ニュース 長田玉枝
　　「息子は生きている」
1315 映画 テニス・ギブソン
1330 映画と座談会 岸信介他
　　「税金とそのゆくえ」
1730 テストパターン45おしらせ
1750 朝日新聞テレビニュース
1800 子供の教室 (OTV)
　　「橋の色々」浅田憲司他
1815 左近右近 (KR)「鬼の面」
　　 立花伸介 藤間城太郎
　　 水原他
1845 ガイド 50 N 56 お天気
1900 あんみつ姫 (KR)
　　「あんみつ姫と時の氏神」
　　 中原美紗緒 浜田百合子
1930 唄の花束 浜村美智子
　　 築地容子 デュークエ
　　 イセス
2000 蝶々のしゃぼん玉人生
　　「旅役者」
2030 ナショナルTVホール (KR)・
　　 銭形平次捕物控
　　「からくり屋敷」後篇
2100 カメラだより北から南から
　　「海辺の幸」
2115 東京 0 時刻
　　「電話が追ってくる」
2145 ABC ニュース55スポーツN
2200 母と子 (KR)「あだ花」
2230 見ないでおきまショー
　　「ハレム」世志凡太他
2250 きのうきょう 矢部利茂
2300 あしたのお天気
2305 現代の顔 (KR) 川崎秀二
2315 放送終了

●3月31日（火）OTV

1045 テストパターン
1100 朝日新聞テレビニュース
1110 家庭百科 (OTVF)「農村着」
1115 現代の顔【再】川崎秀二
1125 朝日お料理サロン
　　 茶珍俊夫
1145 テレビガイド
1155 テレビ・ショーウインドウ
1200 ABC ニュース
1215 ほほえみ一家 (KR)
　　「晴れて今宵は」竜崎
　　 一郎 坪内美詠子他
　　 40 ガイド
1245 料理手帖むきエビのカツ
　　 レツロシア風」井上幸作
1300 婦人ニュース「子供の心理」
1315 おしらせ 20 放送休止
1730 パターン 45 おしらせ
1750 朝日新聞テレビニュース
1800 呼出符号L「消えた船客」
　　 後篇 高桐眞 千葉保他
1815 ロビンフッドの冒険
　　「他国者は追出せ」
1845 ガイド 50 ABC ニュース
1856 あしたのお天気
1900 カロランミュージカル (KR)
　　「殿下と結婚する方法」
1930 フューリーとソニー
　　「インデアンの山」
　　 ボビイ・ダイヤモンド他
2000 源平芸能合戦
　　 九州マンガ協会ー博多
　　 あひる会 審査：進藤
　　 誠一他
2030 潜水王マイクネルソン
　　「殺人ボンベ」
2100 近鉄パールアワー・あま
　　 から父さん「テンぼけ
　　 の巻」
2115 旗本退屈男「落花の剣」
2140 ガイド 45 ABC ニュース
2155 ABC スポーツニュース
2200 カメラぽいつもどこかで
　　「赤帽のOさん」
2215 女秘書スージー
　　「恋のお相手」
2245 LMS 珍道中 雁之助 小雁
　　「エジプトでミイラに
　　 される」
2300 現代の顔 (KR) 島倉千代子
2310 あしたのお天気15放送終了

これがOTVだ 1959年3月

【単独番組】
●朝日放送テレビ開始記念
　「マスコミセンター」

1959年3月1日（日）9:45〜10:45
出演：進藤次郎　鈴木剛　平井常次郎
開始記念実況放送。

新番組
【3月4日（水）】
●ここにこんな人が
（〜10月28日 全35回）
木 22:00〜22:30
隠れた市井の名人、達人をネット各局の持ち回り制作で紹介する。

【3月17日（火）】
●LMS 珍道中
（〜4月28日　全7回）
火 22:45〜23:00
芦屋雁之助・小雁ほか

【3月24日（火）】
●「朝日お料理サロン」
（〜1963年9月24日、月後半2回、全110回）

1959年4月10日、皇太子ご成婚の日のラテ欄から。KTVはフジテレビの開局が間に合わなかったため、実況中継はNTVの番組をネット。MBSは東京のネット局であるNETが中継に参加しなかったため、KRTVの番組をネットした。なおこの日NHKは総合テレビと教育テレビで視点の異なる中継や特別番組を放送した。

1959年 4月

1日　朝日放送株式会社、大阪テレビ放送株式会社の無線局免許承継申請書を郵政省に提出。

同日　リハーサル室で新入社員42名の入社式。

同日　NHK大阪教育テレビジョン、本放送開始。日本で初めての12ch局。

14日　午後2時より、毎日放送への転出者104名の歓送パーティー（クラブ関西2階）

20日　東京支社入社式。ABCと合同で実施。

22日　放送番組の供給に関する協定の制限を盛込んだ改正放送法施行。

25日　合併届出書、効力発生。

通天閣と東京タワー

1956年の秋、再建されたばかりの通天閣を見上げながら、12月のOTV開局に向けた関西財界や大衆の盛り上がりを重ねていた大阪人がいた。彼はテレビ局免許の獲得ではOTVに先を越されはしたが、この日のイメージを胸に、より大きな目標に向かって挑んでいったのである。

この章ではOTVの成功からさまざまなビジネスモデルを抽出してうまれた「東京タワー」に注目し、これを「人工の生駒山」「東京の通天閣」として読み解いていきたい。

本書では、ここまで何度も「テレビは大阪の地場産業である」という言葉を述べてきた。それは、まず、大阪大学第4代総長だった八木秀次先生が日本中で使われている家庭用テレビアンテナの発明者であること、海外組立が中心になるまで大阪が日本の家庭用受像機の最大生産地であったということ、ご自身も大阪・土佐堀の出身である。そして、大阪がテレビの性能を最大限に駆使して「大阪という街自身」を日本の隅々にまで売り出した、という三つであり、これだけテレビに影響を与え、関与した街はないと言いたいのだ。

当然「番組制作本数や視聴者の人口では東京にかなわないではないか」という声はある。実際、日本のテレビ放送局の第一号はNHKも民放も東京である。そして、東京タワーを使って首都圏およそ3000万の視聴者に番組を打ち込んでいるのも在京局である。しかし、よくみるとその陰に巨大な大阪人の影がある。NHK東京が本放送を始めた日、NHK大阪ははるかに大きなサービスエリアに向けて東京の数倍の出力で試験放送をしていた（放送内容はほぼ一緒である）。そして戦後の日本のテレビを象徴してきた「東京タワー」こそは、まさに大阪人の発案から生まれた「人工の生駒山」なのだ。

●大阪人の発想

日本の総人口の3割近くを抱える首都圏で、半世紀にわたってテレビ放送を送り出してきた「東京タワー」は、一人の大阪人のインスピレーションと奇抜な発想から誕生した。

東京タワー誕生のきっかけは、1956年10月の大阪・新世界「通天閣」再建に遡ることができる。

1912年7月、第五回万国博覧会の跡地に大阪土地建物会社が建設した歓楽街「新世界」のシンボルとして、パリのエッフェル塔を模した地上二百五十尺の巨大な塔が建設された。当時の大阪

土地建物の社長・土居通夫の名から「通天閣」と名づけられた。当時、日本一の高さを誇る建築物だった。

やがて1936年、通天閣は吉本興業へ30万円で売却され、1943年2月に戦時鉄材供出により300トンあまりの鉄くずとして軍に献納された。

それから13年後。各方面の努力の甲斐あって、シンボルを失った新世界に通天閣が再建され、さびれ果てた新世界に活気がよみがえった。お土産が売れ、地代は二倍、三倍とはねあがり、地元商店街の店舗もぞくぞくと増改築に手を付けていった…。

この様子に刮目していたのは、1950年に公職追放を解除され、大阪新聞と産業経済新聞社の社長に復帰していた前田久吉であった。

前田久吉は大阪出身。新聞販売業を成功させたのち新聞発行に乗り出し、戦前に発刊した大阪新聞、産業経済新聞、日本工業新聞などを、今でいう「コンベンションとのメディアミックス」によって影響力ある媒体に育て上げた。空襲によって本社を焼失したものの、終戦の五年後には東京への進出を果たすほどに勢いを取り戻していた。メディア界の風雲児である。

前田は戦後五年間の公職追放の影響もあって、ラジオ・テレビへの進出に出遅れたことを悩んでいた。実際に前田の構想が実を結んだのは1958年の大阪放送（ラジオ大阪・7月）と関西テレビ（11月）であり、地元のライバルである朝日・毎日に大きく水をあけられたように感じていた。

そんな中、OTVの開局を目前とした秋の空に、大阪のシンボル・通天閣が再びそびえ立った。通天閣自体の経営こそ、入場料の安さなどもあって行き悩みはじめたが、周辺地域が徐々に活気を取り戻して行く様子をみて、前田は「塔を核とした面的なビジネス」のインスピレーションを得、ある構想を心の中に温めはじめたのであった。

●歴史から挑戦を挑んだ前田案

大阪のテレビ局は「生駒山」のおかげで、効率よく広い範囲にサービスエリアを持つことができたが、東京では手ごろな山がないこともあって、NTVもKRTVもNHKも自社で送信タワーを建てていた。

東京・千代田区の「麹町保育園」では、昭和二十年代の終わりにつくられた園歌の中に「のっぽのおじさんテレビ塔」という歌詞が登場するが、当時の地形図から判断すると、歌詞の通り千代田区一番町の同保育園からは二番町のNTV送信塔、紀尾井町のNHK送信塔が大きく、少々遠くに赤坂のKRTV送信塔の先端が見えていたと考えられる。

のっぽのおじさんは3人もいたことになる。

実は、この時郵政省は、放送局が個別に自社鉄塔を立てるやりかたに悩んでいた。年に巨大な鉄塔が乱立するのは景観上も良くないし、飛行機の航行にも支障がでると考えられていた。

ところが100メートルを超える巨大鉄塔が既に3本も立ち、今後さらに新局が予定されていることを考えると、今後のためにも、総合電波塔をいち早く設け、全局のアンテナを収容しなければならず、それに向けて意見を求めていた。

前田はこれに応えて自らの総合電波塔構想を提案した。

前田はこの構想をまとめるにあたっては、先述した通天閣の話に加え、蘇我馬子が585年に建立したとする大野丘北塔（日本書紀に記述があるのみで詳細は不明。当時、奈良県橿原市和田にあの塔の基台が該当するとされていたが発掘調査によって否定された）や、593年建立の法隆寺の塔を皮切りに、日本には1300年以上の高層建築の歴史と技術があると説いた。また、東寺の五重塔（57m）や興福寺の五重塔（53m）といった実績を考えれば、現代の日本の技術力を以てすれば、エッフェル塔（318m）を上回る巨大鉄塔を立てることなど「あえて至難な業でもあるまい（「東京タワー物語」より）」とも言った。加えて、実際に明治以

降導入されたレンガ建築技術と日本の伝統的建設技術の合同によって、東京・浅草に凌雲閣（いわゆる「浅草十二階」67m）が建設され、さらには鉄鋼技術の向上によって大阪・通天閣（初代）が建設されたとも説き、具現性を強調した。

また、電波時代の到来にあわせて東京・愛宕山のJOAKラジオ用鉄塔（45m）が建設され、戦後は札幌テレビ塔（147m）、東京・紀尾井町のNHK送信塔（180m）、名古屋テレビ塔（180m）などが既に実現されており、電波事業とタワー建設は不可分なものであるとも説かれた（ここでは札幌テレビ塔が、直後に誕生した手稲山のマウントトップ送信所にトップの座を譲ったことや、いずれも150メートル級である日本テレビやラジオ東京の鉄塔について、触れてはいない）。

また、海外からドイツ（当時「西ドイツ」）のシュツットガルトに建設されたテレビ塔（210メートル）や、モスクワ（当時、ソビエト社会主義共和国連邦の首都）に予定されていた500m超の超高層テレビ塔「オスタンキノタワー」（1967年完工）などの事例をひき、巨大鉄塔は世界の趨勢でもあるとも説いた。

加えてイスラム教のミナレットや太古の仏塔、中国の塔楼にまで遡って「塔の文明論」を展開し、人類社会における「塔」の意味や位置づけまで考察したのであった。この「知的好奇心と実利的視点を交えながらとんでもなく深いところまで掘り下げてゆく考え方」はいかにも大阪の風土を感じさせる「破天荒な知的拡大力」を感じさせる。

最終的に、郵政省は前田案を採用した。その理由は、構想の内容もさることながら、その「中立性」にあった。つまり、他の提出者の多くが（提案者自身である）既存の放送局に有利な計画を提出したため、大阪に基盤を持つ前田の計画が有利なポジションに押し出されたのである。「大阪発の提案」であることが有利に働いたのだ。

●**日本電波塔株式会社**

長年日本工業新聞社や産業経済新聞社の社長であった前田久吉のもとには、必要とする科学者・技術者に関するデータが十分集まっていた。その中から相談相手に選んだのは、愛宕山のJOAKラジオ鉄塔を皮切りに、各地のテレビ塔の設計や建築指導にあたった「塔博士」こと工学博士・内藤多仲教授（当時早稲田大学名誉教授）であった。

前田の相談は至極明快で「エッフェル塔をしのぐ総合電波塔を日本で建設できるかどうか」であった。それは日本の在来鉄塔の倍の高さに達するマンモス・タワーである。内藤博士はさすがに一人ではなんともいえず、前田の申し入れを引きうけた上で日建設計工務の鏡歳吉、高橋芳郎、合田久夫をスタッフとして招き、検討をはじめた。

前田案は最初から現在の港区・芝公園を予定していたが、この敷地は、増上寺の檀家たちが所有するものであり、その総代の中に前田と親交のあった池貝庄太郎（池貝鉄工所社長）、藤山愛一郎（当時外務大臣。元日商会頭）、小川栄一（藤田観光社長）がいたが、中でも輪転機を製造していた池貝との縁が深く、用地買収について増上寺とのあいだに立って惜しみなく協力してくれた。そのため入手することができたのだ。また、前田以外の案はいずれも「都心部に広大な土地を確保する」という点で苦戦しており、その点有利な案であった。

ただ、都内有数の景勝地でもあったこの土地の取得をめぐっては相当に激しい横やりや応酬もあったようで、詐欺や不正までからんで、ついには国際問題にまで発展する可能性があった。

やがて、運営会社として「日本電波塔株式会社」が設立された。発起人には、まもなく合弁でフジテレビを設立する文化放送の渋沢敬三会長と水野成夫社長、ニッポン放送の稲垣平太郎会長と植村甲午郎社長、日本教育テレビ設立に参加する旺文社の赤尾好夫社長や、テレビ事業に積極的な東映・大川博社長、松竹・城戸四郎社長、東宝・小林富佐雄社長、そして東急の五島昇社長など前田久吉

を含めた40人の名が並んだ。

やがて内藤博士による設計図が完成した。最新技術を用いてとはいうが、まだ計算尺の時代の設計であり、こういった設計には学術的裏付けとともに豊富な現場経験や職人的感性が求められた。この時代、東京タワーのみならず、宇宙ロケットに至るまで計算尺が使用されていたのだ。また、実際の建設にあたっては竹中工務店、日建設計工務、三菱重工、松尾橋梁、宮地建設工業の協力のもと、桐生五郎氏を棟梁とする伝統的な鳶職の人々が活躍した。まさに前田久吉が考えた「伝統と近代技術の合同」による世界的挑戦が行われたことになる。

この難工事は、残念ながら一名の犠牲者を出したものの、予定期日までに達成された。その過酷な現場はアメリカNBCでも紹介された。こうして世界最大（当時）の電波塔が東京都心に出現したのであった。

前田の構想はこれだけではなかった。前田は通天閣の再建が地元商店街の復興につながったことをヒントに、タワーの下に「近代科学館」を設け、ここに管理施設のみならず科学資料館や名店街、食堂、娯楽施設、テレビ中継にも利用できる公演施設を収容し、さらにはタワー周辺の観光化も積極的にすすめた。南極から生還した樺太犬の銅像を誘致したり、大流行したボーリング施設を開場したり、隣接地にある鹿鳴館時代から続く名園を買収した。このあとも蝋人形館、日本歌謡殿堂、水族館などが併設され、青々とした大景観の中に、かつての「新世界」を思わせるような、雑多で、大衆的なパワーを持った「東京らしくない異空間」が完成した。東京タワーとその一郭は、前田久吉のインスピレーションが生んだ「大阪文化の飛び地」にほかならない。

KRTVが自社鉄塔を離れて東京タワーから送信を開始したのはOTV合併後であったからOTVの番組が東京タワーから送信されたことはないが、OTVが最初に筋道をつけた「上方の笑い」が関東に拡散されたのは、まぎれもなく「大阪人が構想した東京タワー」からなのであった。

産經新聞（東京）の広告

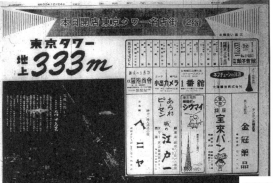
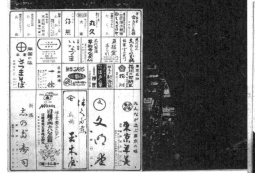

産經新聞（東京）に掲載された藤テレビの広告。東京タワーとの一体感が強調されている。

1959.4

- 混血児問題を主題とした洋楽調・口語体の文楽「白いお地蔵さん」公演。
- 皇太子明仁親王と正田美智子さんが結婚。
- 修学旅行用列車「きぼう」「ひので」デビュー。京都発「きぼう」に1195人。

●4月1日(水) OTV

- 935 テストパターン
- 950 中継・今日から一年生
- 1035 フーバーダム物語
- 1100 朝日新聞テレビニュース
- 1110 家庭百科 (OTVF)
   木崎国嘉
- 1115 現代の顔【再】島倉千代子
- 1125 生活科学教室「クリーム」
- 1155 いこいのリズム
- 1200 ABC ニュース
- 1215 歌のハイライト 高島忠夫
   大空真弓 40 ガイド
- 1245 料理手帖「筍苔煮と姫皮の
   ごま酢和え」辻徳光
   広瀬修子
- 1300 婦人ニュース
   「桜供養」笹部
- 1315 アトラス地球を回る
- 1330 舞踊テレビ史「ある日あ
   る時あるところに」
- 1430 バラエティ「四月一日最大
   のショー」いづみ
   ペギー 芦野 有馬他
   ◇放送休止
- 1600「恋の城」(明治座)
   葭町の二郎他
- 1745 おしらせ
- 1750 朝日新聞テレビニュース
- 1800 おにいちゃん
   川上のぼる 寺島真知子
   小島慶四郎
- 1815 アイバンホー・森の盗賊
  「身代金」45 テレビガイド
- 1850 ABC ニュース 56 お天気
- 1900 フランキーの無暗弥太郎
   (KR)「俺は全くツイている」
- 1930 裁判 (KR)
   「これは安楽死だ」
- 2000 ゴールデン歌謡ショー
   フランク永井 三浦
   いづみ ダックス
   Cローズ 藤島
   島倉 春日他
- 2130 名談語 今村義正
- 2145 ABC ニュース
- 2150 ABC スポーツニュース
- 2200 ここにこんな人が「赤胴
   スカート剣法」中村主丁他
- 2230 ABC 週間海外ニュース
- 2245 きのうきょう 矢部利茂
- 2300 ABC ニュース
- 2310 現代の顔 (KR) 神谷正太郎
- 2320 あしたのお天気 25 放送終了

●4月2日(木) OTV

- 1045 テストパターン
- 1100 朝日新聞テレビニュース
- 1110 家庭百科 (OTVF)「化粧台」
   山下守
- 1115 現代の顔【再】
   神谷正太郎
- 1125 生活科学教室「建築の
   季節」田坂嘉康
- 1155 テレビ・ショーウインドウ
- 1200 ABC ニュース
- 1215 かしましアワー青春おて
   んば日記「お見合いノイ
   ローゼ」正司歌江・照江・
   花江 他
- 1240 テレビガイド
- 1245 料理手帖「焼きそば」
   奥井広美
- 1300 婦人ニュース「うちの宿六
   三上妙子 15 おしらせ
   ◇休止
- 1730 テストパターン 45 おしらせ
- 1750 朝日新聞テレビニュース
- 1800 渡辺まんがくらぶ
- 1815 名犬ラッシー「足の悪い
   少年」声・北条美智留
   金子他
- 1845 テレビガイド
- 1850 ABC ニュース 56 お天気
- 1900 スーパースターメロディ
   品川隆二 松山恵子
- 1930 スーパーマン(漫画)
   「街の狼達」
- 2000 この謎は私が解く
   「踊り子と宝石」前篇
- 2030 鞍馬天狗 (KR)「海道記」
- 2100 明日また「今日子の誕生」
   江見渉 上月左知子他
- 2115 コント千一夜 森光子 他
- 2130 ABC スポーツウイークリー
- 2145 ABC ニュース
- 2150 ABC スポーツニュース
- 2200 特集「教育にっぽん」
- 2230 三協グッドナイトショー
   「8ミリ作品紹介など」
   牧野ヨシオ他
- 2300 ABC ニュース
- 2310 現代の顔 (KR) 中山恒明
- 2320 あしたのお天気
- 2325 放送終了

●4月3日(金) OTV

- 1045 テストパターン
- 1100 朝日新聞テレビニュース
- 1110 家庭百科 (OTVF)
   木崎国嘉
- 1115 現代の顔【再】中山恒明
- 1125 生花教室 隅田
   「学窓を出た方のために」
- 1155 テレビ・ショーウインドウ
- 1200 ABC ニュース
- 1215 映画の窓 (KR)「恋人たち」
   荻昌弘 淀川長治
- 1240 テレビガイド
- 1245 料理手帖「レモンメレン
   ゲパイ」拭石俊枝
- 1300 婦人ニュース
   「取引所の十年」
- 1315 コメディ 高島忠夫
   青春アパートは大騒ぎ
- 1345 寄席中継
   漫才: 光晴・夢若
       三平・四郎
   落説: 枝鶴 他
- 1730 テストパターン 45 おしらせ
- 1750 朝日新聞テレビニュース
- 1800 電気の ABC「適正記録」
- 1815 漫画「サーカスの一日」
- 1830 映画「人工衛星」45 ガイド
- 1850 ABC ニュース 56 お天気
- 1900 テレビぴよぴよ大学 (KR)
- 1930 京阪テレビカー泣きべそ
   天使「元気で行ってきます」
- 2000 少年航路 (KR)
   「けがの功名」
- 2030 特ダネを逃がすな (KR)
   「冷たい頬」前篇
   島崎雪子
- 2100 ABC ワールド・スポーツ
- 2115 金語楼劇場・おトラさん
   (KR)「さくらさくら」
   柳家金語楼 小桜京子他
   45 ABC ニュース
- 2155 ABC スポーツニュース
- 2200 サンヨーテレビ劇場 (KR)
   「羅生門」中谷昇 森光子
   毛利菊江 左ト全
- 2245 きのうきょう 矢部利茂
- 2300 ABC ニュース
- 2310 現代の顔 (KR) 金田正一
- 2320 あすのお天気
- 2325 放送終了

●4月4日(土) OTV

- 1045 テストパターン
- 1100 朝日新聞テレビニュース
- 1110 家庭百科 (OTVF) 山本鈴子
- 1115 現代の顔【再】
- 1125 いけばな教室「ユーモアを
   生ける」筒井紫夢
   佐藤 45 ガイド
- 1155 テレビ・ショーウインドウ
- 1200 ABC ニュース
- 1215 土曜寄席「映画のない時代」
   漫才: 春代・捨松
   40 ガイド
- 1245 料理手帖「英国風鯨肉ブ
   ロセット」松下員也
   佐藤和枝
- 1300 婦人ニュース「週間展望」
   岡田
- 1315 映画「次團長一家罷り通る」
   伴淳三郎 雪代敬子
- 1500 フィギュアスケーティング
   大会中継(大阪)
   解説: 今野東雄 広瀬
- 1730 対談「民主政治と地方自治」
   長浜政寿 矢部利茂
- 1750 朝日新聞テレビニュース
- 1800 仲よし音楽会 堺東幼稚園
- 1815 人形劇「孫悟空」
   竹田三之助一座
   45 ガイド
- 1850 ABC ニュース 56 お天気
- 1900 街のチャンピオン
- 1930 部長刑事「狂ったハンドル」
- 2000 道頓堀アワー
   「芦花天神記」(文楽座)
   曲・杵屋勝太郎
   野沢松之輔他
- 2100 話題のアルバム 10 ガイド
- 2115 日真名氏飛び出す (KR)
   「夜のお針娘」解決編
- 2145 ABC ニュース
- 2155 ABC スポーツニュース
- 2200 鳴門秘帖
- 2230 8ミリスコープ「シネクレ族」
   由利徹 八波むと志
- 2300 ABC ニュース
- 2310 現代の顔 (KR) 金田正一
- 2320 あしたのお天気
- 2325 放送終了

●4月5日(日) OTV

- 910 テストパターン 25 おしらせ
- 930 日曜漫画 45 仲よしニュース
- 955 マンガ公園「石器時代」他
- 1030 京だより「ロケ風景」
- 1045 おやつ教室 小林孝二
   「シュークリームの作り方」
- 1100 ABC 週間テレビニュース
- 1115 スポーツの窓
- 1130 日曜サロン「一刀彫」
   寺尾勇
- 1200 ABC ニュース 10 ガイド
- 1215 ダイラケのびっくり捕物帖
   「三人目の女」後篇
   40 ガイド
- 1245 ロッテ歌のアルバム (KR)
   「当って砕けろ」
   フランク永井
- 1315 ナショナル日曜テレビ
   観劇会「春の勝札」
   (新宿第一劇場)
   矢田弥八・作 勘弥
   松嶌 秀調 九歳
- 1440 三橋美智也アワー
- 1540 映画◇漫画◇映画
- 1700 映画「大地に挑むもの」
- 1730 男子専科「ネクタイ」
- 1745 ガイド 50 ABC ニュース
- 1756 ニュース
- 1800 芸能スナップ 小泉博他
- 1815 スタープレゼント
   岩井半四郎ショー 有洸
- 1830 ダイハツコメディ・やり
   くりアパート
   百年前のやりくりアパ
   ート」(番組開始一周年
   記念企画)
- 1900 月光仮面
   「その復讐に手を出すな」
- 1930 ラマーオブジャングル
- 2000 運命の標的「危険な獲物」
- 2030 劇場中継「新国劇」
- 2100 二つの椅子・吉井勇他
- 2115 東芝日曜劇場「あだこ」
- 2215 ABC ニュース
- 2225 ABC スポーツニュース
- 2230 わが母校・わが故郷
   「県立豊岡中」今東他
- 2245 あしたのお天気
- 2250 放送終了

●4月6日（月）OTV
1045 テストパターン
1100 朝日新聞テレビニュース
1110 家庭百科(OTVF)「クロレラ」
　　　茶珍俊夫
1115 現代の顔【再】金田正一
1125 生活科学教室 刀根富貴子
　　　「マリオネットの舞台」
1155 いこいのリズム
1200 ABCニュース
1215 カクテルサロンウエディング
　　　ドレス・ショー 今竹幸子
　　　40 テレビガイド
1245 料理手帖「ミンチボール」
　　　辻勲 杉野アナ
1300 婦人ニュース「チベット問題」
　　　京大教授・長尾雅人
1315 おしらせ 20 放送休止
1730 テストパターン45おしらせ
1750 朝日新聞テレビニュース
1800 子供の教室（OTV）
　　　「トンネル」
1815 左近右近(KR)
　　　「また逢う日」立花伸介
　　　藤間城太郎 水原他
1845 ガイド 50 ABCニュース
1856 あしたのお天気
1900 あんみつ姫(KR)
　　　「あんみつ姫と招待状」
　　　中原美紗緒 浜田百合子
1930 ロビンフッドの冒険
　　　「道草をした伊達男」
2000 蝶々のしゃぼん玉人生
　　　「居候第一日」
2030 ナショナルTVホール(KR)・
　　　銭形平次捕物控「花見
　　　の仇討」前篇
2100 カメラで北から南まで
　　　「酔っ払い天国」
2115 東京0時刻「影あ る女」
2145 ABCニュース55スポーツN
2200 母と子(KR)「月夜」
2230 見ないでおきなさいショー
　　　「初恋」世志凡太
　　　御影あい子他
2250 きのうきょう 矢部利茂
2300 ABCニュース
2310 現代の顔 (KR) 伊達巽
2320 あしたのお天気25放送終了

●4月7日（火）OTV
1045 テストパターン
1100 朝日新聞テレビニュース
1110 家庭百科(OTVF)
　　　「ハネムーンの支度」
1115 現代の顔【再】伊達巽
1125 いけばな教室 鎌田素石
1125 生活科学教室 45 ガイド
1155 いこいのリズム
1200 ABCニュース
1215 ほほえみ一家(KR) 竜崎
　　　一郎 坪内美詠子他
　　　40 テレビガイド
1245 料理手帖「オランダ風シ
　　　チュー」井上幸作
1300 婦人ニュース「行楽期の
　　　取締」高井俊夫
1315 映画「建設の資源・雨」
1330 政伤の窓 第一回
　　　赤城宗徳他
1345 おしらせ 50 放送休止
1730 テストパターン45おしらせ
1750 朝日新聞テレビニュース
1800 漫画劇場「キコちゃん」
1815 ウィーン少年合唱団
　　　特別演奏会「青きドナウ」
　　　「ます」「花」他
1845 ガイド 50 ABCニュース
1856 あしたのお天気
1900 カロランミュージカル(KR)
　　　「殿下と結婚する方法」
1930 フューリーとソニー
　　　「幽霊町」ボビイ・ダイ
　　　ヤモンド
2000 源平芸能合戦
　　　「日本酒類−東邦酒類」
2030 潜水王マイクネルソン
　　　「怪物の正体」
2100 近鉄パールアワー・あま
　　　から父話
2115 旗本退屈男 40 ガイド
2145 ABCニュース
2155 ABCスポーツニュース
2200 ここにこんな人が
　　　「蜜月旅行 60 年」
　　　徳田義信 渡辺寛
2230 ABC週間海外ニュース
2245 きのうきょう 矢部利茂
2300 ABCニュース
2215 女秘書スージー
2245 LMS 珍道中
　　　雁之助・小雁 三浦策郎
2300 ABCニュース
2310 現代の顔 (KR)
　　　遠藤波津子
2320 あしたのお天気◇放送終了

●4月8日（水）OTV
1045 テストパターン
1100 朝日新聞テレビニュース
1110 家庭百科(OTVF)
　　　「家庭看護」
1115 現代の顔【再】遠藤波津子
1125 生活科学教室
　　　「電気・スイッチ」
　　　小原俊夫
1155 いこいのリズム
1200 ABCニュース
1215 歌のハイライト 三宅広一
　　　翼ひろみ他
　　　40 テレビガイド
1245 料理手帖「イカの三つ輪煮」
1300 婦人ニュース「春先の健康」
1315 候補者出そろう 渋沢
1330 劇場中継
　　　「東おどり・今様蓬莱山」
1730 テストパターン45おしらせ
1750 朝日新聞テレビニュース
1800 おにいちゃん 川上のぼる
　　　寺島真知子 小島慶四郎他
1815 アイバンホー・森の盗賊
　　　「道化師の娘」45 ガイド
1850 ABCニュース 56 お天気
1900 フランキーの無闇弥太郎
　　　(KR)「形勢逆転」
1930 裁判(KR)「悪魔と結婚し
　　　た女」池内淳子 高橋とよ
2000 ボクシング
　　　石川圭一・酒井源治
　　　高山一夫・三浦清
　　　解説：郡司信夫 白井
　　　義男 近江アナ
2130 うきよ談語「宮中あれこれ」
　　　藤樫準二
　　　45 ABCニュース
2150 ABCスポーツニュース
2200 カメラよどこかで
　　　「ぼくははなし家一年生」
2230 ABCニュース
2320 あしたのお天気
2325 放送終了

●4月9日（木）OTV
1045 テストパターン
1100 朝日新聞テレビニュース
1110 家庭百科(OTVF)
　　　「季節の生花」
1115 現代の顔【再】
　　　五島美代子
1125 生活科学教室
　　　「新婚生活と住い」
1155 テレビ・ショーウインドウ
1200 ABCニュース
1215 かしましアワー
　　　青春おてんば日記
　　　「美わしき友情」正司
　　　歌江・照江・花江 他
1240 テレビガイド
1245 料理手帖「木の芽田楽」
　　　奥井広美
1300 ポーラ婦人ニュース
　　　「十二単」田中他
1345 子供映画「せむしの子馬」
　　　「動物園日記」
　　　◇休止◇パターン
1600 都おどり
　　　「夢模様謡曲絵巻」
　　　（ヒガシマル醤油提供）
1715 座談会 田中耕太郎 池田
　　　潔他「これからの皇室の
　　　ありかた」
1745 おしらせ 50 朝日新聞 N
1800 渡辺まんがくらぶ
1815 名犬ラッシー 45 ガイド
1850 ABCニュース 56 お天気
1900 スーパースターメロディ
　　　若山彰 白根一男
　　　藤本二三代
1930 スーパーマン
2000 この話し解く(KR)
　　　「踊り子と宝石」解決篇
2030 ミュージカル劇「四月の
　　　恋」草笛光子 小泉博
2100 明日また 戸山啓子
　　　「今日子のアクセサリー」
2115 コント千一夜 森光子 他
2130 ABCスポーツウイークリー
2145 ABCニュース◇スポーツN
2200 座談会「祝典を明日に
　　　控えて」藤樫準二 入江
2230 三協グッドナイトショー
　　　雪村いづみ他
　　　「8ミリ作品紹介など」
2300 ABCニュース
2310 現代の顔 (KR) 吉川重国
2320 あしたのお天気25放送終了

●4月10日（金）OTV
600 テストパターン
615 実況「正田美智子さん出発」
715 対談「皇太子御成婚」
　　徳川夢声 高峰秀子
800 邦楽「青春吉日」勘十郎
820 ミュージックパレード
900 実況中継
　　◇皇太子御所出発
　　◇賛歌披露
　　◇賢所・結婚の儀
　　◇座談会：徳川夢声他
1100 華やかなる調べ
　　　結婚行進曲（ワグナー）
　　　戴冠式マーチ（マイトベーヤ）
　　　指揮：上田仁
　　　新室内楽団 藤原歌劇団
　　　貝谷八百子 谷桃子
　　　松山樹子
1200 ABCニュース
1215 花のプリンセス
　　　いづみ 三浦
1300 実況・沿道神林布陣
1345 実況中継「輝しきパレード」
　　　徳川夢声他
　　　（MBSと同一番組）
1545 座談会「今日のご盛儀」
1625 子供会「日の丸あげて」
1645 奉祝鴛鴦屏風 延二郎
1710 グランドフィナーレ
　　　（皇太子御成婚）◇おしらせ
1750 朝日新聞テレビニュース
1800 三船浩アワー
1830 歌のプレゼント◇ガイド
1850 ABCニュース◇お天気
1900 テレビぴよぴよ大学(KR)
1930 おめでとうパレード
2000 五局リレー・春宵に寿ぐ
　　（皇太子御成婚）
　　「聖心女子大同窓お祝い会」
　　「奈良県吉野・太古踊り」
　　「札幌・慶祝市民大会」他
　　RKB-OTV-CBC-KRTV-HBC
2100 ABCワールド・スポーツ
2115 金語楼劇場・おトラさん
　　　(KR)「お金を集める」
2145 ABCニュース◇スポーツN
2200 サンヨーテレビ劇場(KR)
　　「しあわせ」田浦正巳
　　　高田敏江 永島隆一他
2250 ニュース特集「世紀の祝典」
2350 現代の顔 (KR) 山田康彦
2400 あしたのお天気，放送終了

●4月11日（土）OTV
1045 テストパターン
1100 朝日新聞テレビニュース
1110 家庭百科(OTVF)山本鈴子
　　「ハンドバッグ今昔物語」
1115 現代の顔【再】山田康彦
1125 いけばな教室「モダンな
　　　生花」
1145 テレビガイド
1155 テレビ・ショーウインドウ
1200 ABCニュース
1215 土曜寄席
　　　漫才：右楽・左楽
1240 テレビガイド
1245 料理手帖「生シイタケの
　　　ぶどう酒煮」豊田三雄
1300 婦人ニュース「週間展望」
　　　小林孝二
1315 ジュニア・フェスティバル
　　　朝比奈隆
1345 新国劇「賊将桐野利秋」
　　　四幕 桐野：辰巳
　　　大久保：島田
　　　西郷：郡司 芸者小初：
　　　香川 他（大阪歌舞伎座）
1610 産業の窓「しょうゆ」他
1730 対談「選挙運動いろいろ」
　　　矢部利茂 南村
1750 新聞テレビニュース
1800 仲よし音楽会 高木他
1815 人形劇「孫悟空」
　　　竹田三之助一座
　　　45 ガイド
1850 ABCニュース 56 お天気
1900 街のチャンピオン
　　　トップライト
1930 部長刑事「非番」
2000 道頓堀アワー 松竹新喜劇
　　「子宝温泉」(中座)
　　　五郎八 酒井光子
　　　中村あやめ他
2100 話題のアルバム 10 ガイド
2115 白真名氏飛び出します
　　「運転に注意せよ」前篇
2145 ABCニュース
2155 ABCスポーツニュース
2200 鳴門秘帖
2230 わが母校・わが故郷
　　「東京府立一中」
　　　吉井勇他
2300 ABCニュース
2310 現代の顔 (KR) 甘露寺受長
2320 あしたのお天気
2325 放送終了

●4月12日（日）OTV
910 テストパターン
925 おしらせ
930 日曜漫画
945 仲よしニュース
955 マンガ公園
1030 京だより
1045 おやつ教室 小林孝二
1100 ABC週間テレビニュース
1115 スポーツの窓
1130 日曜サロン「僕の設計図」
　　　小川正也他
1200 ABCニュース 10 ガイド
1215 ダイラケのびっくり捕物帖
　　　「いたずら女中」前篇
1240 テレビガイド
1245 ロッテ歌のアルバム(KR)
　　　旗照夫 中原美紗緒他
1315 ナショナル日曜テレビ観
　　　劇会「司法卿捕縛・江
　　　藤新平」猿之助 段四郎
　　　中車 福助 芝鶴
1434 ABCスポーツファンシート
　　　阪神−広島（甲子園）
　　　芥田武夫
1540 映画◇漫画◇映画
1725 テストパターン40ガイド
1750 ABCニュース 57 お天気
1800 芸能スナップ 小泉博他
1815 スタープレゼント
　　　林家三平ショー 柳橋
1830 ダイハツコメディ・やりくりア
　　　パート「同じ屋根の下」
1900 月光仮面「正義の旗」
1930 ラマーオブジャングル
　　　「ジャングルの陰謀」
　　　声・大木
2000 運命の標的「呼子笛」
2030 新国劇・男ありて
　　　島田正吾 外崎恵美子
　　　郡司
2100 二つの椅子 オーティス・
　　　ケリー 内坂武彦
2115 東芝日曜劇場
　　「総会屋錦城」(KR)
　　　坂東養助 萬代峯子
　　　木村功 伊達信
　　　殿山泰司他
2215 ABCニュース◇ABCスポーツN
2230 演芸
　　　落語「寝床」三遊亭円生
　　　漫才：リーガル千太・
　　　万吉
2245 あしたのお天気50放送終了

第4章「展開」

●4月13日（月）OTV

1045 パターン 1100 朝日新聞N
1110 家庭百科(OTVF)「クロレラ」
　　　吉矢久一
1115 現代の顔【再】甘露寺受長
1125 生活科学教室「草木染め」
1155 いこいのリズム
1200 ABC ニュース
1215 カクテルサロン
　　　私たちの結婚 扇雀・
　　　扇千景 ダナオ 淡路
　　　恵子 40 ガイド
1245 料理手帖「フローレンス風
　　　豚肉の衣揚げ」辻勲
　　　杉野アナ
1300 ポーラ婦人ニュース
　　　「ウィーン歌劇演出・
　　　ヨゼフビットに聞く」
1315 テストパターン
1730 テストパターン
1745 おしらせ 50 朝日新聞N
1800 子供の教室(OTV)
　　　「子供の詩」竹中郁
1815 左伏左近(KR)「文久元年」
　　　立花伸介 藤間城太郎
　　　水原他
1845 50 ニュース 56 お天気
1900 あんみつ姫(KR)
　　　「あんみつ姫と夕月姫」
1930 歌の花束 白根一男
　　　松山恵子 能沢佳子
2000 蝶々のしゃぼん玉人生
　　　臨時家政婦
2030 ナショナルTVホール(KR)・
　　　銭形平次捕物控
　　　「花見の仇討」後篇
　　　若山富三郎他
2100 カメラだより北から南から
　　　「四月十日」
2115 東京0時刻「制服に手を
　　　出すな」金子信雄
　　　渡辺美佐子 織田政雄
　　　山岡久乃
2145 ABC 55 スポーツN
2200 母と子(KR)
　　　「やきいもとすずらん」
2230 見ないでおきまショー
　　　世志凡太 御影あい子
2250 きのうきょう 矢部利茂
2300 N 10 現代の顔(KR)
　　　高島象山
2320 あしたのお天気 25 放送終了

●4月14日（火）OTV

1045 テストパターン
1100 朝日新聞テレビニュース
1110 家庭百科 (OTVF)
1115 現代の顔【再】
　　　鎌田素石 45 テレビガイド
1125 生活科学教室「花と技巧」
1155 いこいのリズム
1200 ABC ニュース
1215 カクテル(KR)竜崎一郎
　　　坪内美詠子他
1240 テレビガイド
1245 料理手帖「牛肉とよせハム」
1300 婦人ニュース「裸の個人」
1315 歌うCM 23 短編映画
1330 政府の窓 高崎せつ子
1345 おしらせ 50 放送休止
1730 テストパターン 45 おしらせ
1750 朝日新聞テレビニュース
1800 漫画劇場「犬の演芸会」他
1815 ロビンフッドの冒険
　　　「危機一髪」45 テレビ
　　　ガイド
1850 ABC ニュース 56 お天気
1900 カロラン ミュージカル(KR)
　　　「女性はツイている」
　　　ペギー葉山
1930 フューリーとソニー
　　　「空飛ぶ円盤」
2000 大阪芸能合戦「大阪府
　　　理容連合会―大阪美容
　　　連合会」
2030 潜水王マイクネルソン
　　　「シャーロック島の秘密」
2100 近鉄パールアワー・あま
　　　から父さん
　　　「娘心というものは」
2115 旗本退屈男「おいてけ
　　　地蔵」前篇
2140 ガイド 45 ABCニュース
2155 ABC スポーツニュース
2200 カメラルポいつもどこかで
　　　「浪花のオールド・ショー」
2215 女秘書スージー
　　　「ペンフレンド騒動」
2245 LMS 珍道中 雁之助
　　　小雁 三浦策郎
2300 ABC ニュース
2310 現代の顔(KR)相賀徹夫
2320 あしたのお天気
2325 放送終了

●4月15日（水）OTV

1045 テストパターン
1100 朝日新聞テレビニュース
1110 家庭百科 (OTVF)
1115 現代の顔【再】倉石忠雄
1125 生活科学教室「魔法ビン」
1155 いこいのリズム
1200 ABC ニュース
1215 歌のハイライト
　　　「白根一男ショー」
1240 ガイド
1245 料理手帖「魚としいたけ
　　　の落とし焼き」辻原光
　　　広瀬修子
1300 婦人ニュース 井上彦之助
1315 ABC シンギングCM
1320 短編映画「つどいの家」
1345 ABC スポーツファンシート
　　　阪神国鉄（甲子園）
　　　解説：芥田武夫
1730 テストパターン 45 おしらせ
1750 朝日新聞テレビニュース
1800 おにいちゃん「小さいお
　　　客様の巻」上のぼる
　　　寺島真知子 小島慶四郎
1815 アイバンホー・森の盗賊
　　　「ウォーセスターへの道」
1845 ガイド 50 ABC ニュース
1856 あしたのお天気
1900 フランキーの無頼弥太郎
　　　(KR)「いれかわりたち
　　　かわりの巻」フランキー
　　　堺 十朱久雄 日野明子
　　　松下達夫 小林他
1930 裁判(KR)
　　　「孤独な女相続人」
　　　小山康宗徳 島崎雪子
　　　笹川恵三 汐見洋他
2000 映画「ナイルの鷹」
2130 うきよ談語
　　　三遊亭金馬 平林たい子
2145 ABC ニュース
2150 ABC スポーツニュース
2200 ここにこんな人が
　　　「靴なおしの人生詩集」
　　　塚原嘉重 渋沢秀雄
2230 三協グッドナイトショー
　　　福本泰行他
2245 きのうきょう 矢部利茂
2300 ABC ニュース
2310 現代の顔(KR)藤本真澄
2320 あしたのお天気
2325 放送終了

●4月16日（木）OTV

905 テストパターン 25 おしらせ
930 「皇太子ご結婚奉祝都民
　　　大会」（実況）木村鉄雄
1100 朝日新聞テレビニュース
1110 現代の顔【再】神彰
1115 現代の顔【再】藤本真澄
1125 生活科学教室
　　　「子供のいいぶん」
1155 いこいのリズム
1200 ABC ニュース
1215 かしましアワー青春おてん
　　　ば日記「天晴れ武勇伝」
1240 ガイド
1245 料理手帖「ナマブシ料理
　　　二種」田中藤一
　　　佐藤和枝
1300 婦人ニュース「タイから
　　　来て」オラサ・アユタヤ
　　　15 おしらせ
1320 放送休止
1730 テストパターン 45 おしらせ
1750 朝日新聞テレビニュース
1800 渡辺まんがくらぶ
1815 名犬ラッシー
　　　「ラッシーの子守」
1845 ガイド 50 ABC ニュース
1856 あしたのお天気
1900 スーパースターメロディ
　　　「高田浩吉時代劇歌謡
　　　ショー」島倉千代子他
1930 スーパーマン
　　　「スーパーマンのにせ者」
2000 この謎は私が解く(KR)
　　　「スケート場殺人事件」
　　　前篇
2030 屋根の下に夢がある(KR)
　　　第一回「桂太郎頑張れ」
　　　若原雅大 永井百合子他
2100 明日という今日の休日
2115 コント千一夜 森光子他
2130 ABC スポーツウイークリー
2145 ABC ニュース
2150 ABC スポーツニュース
2200 演芸 柳家小さん、
　　　歌謡漫談
2230 三協グッドナイトショー
2245 きのうきょう 矢部利茂
2300 ABC ニュース
2310 現代の顔(KR)神彰
2320 お気天 25 放送終了

●4月17日（金）OTV

1045 テストパターン
1100 朝日新聞テレビニュース
1110 現代の顔【再】神彰
1125 服飾教室
　　　「皇太子妃の帽子と衣装」
　　　筒井紫雲
　　　45 テレビガイド
1155 テレビ・ショーウインドウ
1200 ABC ニュース
1215 映画の窓
　　　「お嬢さんお手柔らかに」
　　　（フランス映画）荻昌弘
1240 テレビガイド
1245 料理手帖「ケース盛り
　　　二種 チキン・イン・ケース
　　　サラダ・イン・コルネー」
　　　拭石俊枝 高折八州子
1300 ポーラ婦人ニュース
　　　「うちの宿六」
　　　西脇ジェーン
1315 シンギングCMコンクール
　　　入選作品発表 放送休止
1635 テストパターン
1650 ようこそ皇太子ご夫妻
　　　「喜びにわく伊勢路」
1730 映画「私たちのユニセフ」
1745 おしらせ 50 朝日新聞N
1800 電気のABC 15 短編映画
1845 ガイド 50 ABC ニュース
1856 あしたのお天気
1900 テレビぴよぶ大学(KR)
1930 京阪テレビカー泣きべそ
　　　天使「千代吉たぬき退治」
2000 少年航路(KR)
　　　「主坊突っ走れ」
2030 特ダネを逃がすな(KR)
　　　「盗まれた声」前篇
2100 ABC ワールド・スポーツ
2115 金語楼劇場・おトラさん
　　　(KR)柳家
　　　金語楼 小桜京子他
　　　45 ABC ニュース
2155 ABC スポーツニュース
2200 サンヨーテレビ劇場(KR)
　　　「貸借棚消し胸算用」
　　　新右衛門 調右衛門
2245 きのうきょう 矢部利茂
2300 ABC ニュース
2310 現代の顔(KR)松本満次
2320 あすのお天気 ◇終了

●4月18日（土）OTV

1045 テストパターン
1100 朝日新聞テレビニュース
1110 現代の顔【再】松本満次
1125 いけばな教室「台所の生花」
　　　筒井紫雲
　　　45 テレビガイド
1155 テレビ・ショーウインドウ
1200 ABC ニュース
1215 土曜寄席 落語「野崎詣り」
　　　春曲治 40 テレビガイド
1245 料理手帖「白魚そば」
　　　薩摩卯一 佐藤和枝
1300 皇太子ご夫妻のご参拝
　　　「伊勢神宮御報告の儀」
　　　（CBC ヘリ実況あり）
　　　担当：土屋アナ 加藤アナ
1700 ABC ニュース
1715 来週のハイライト
1730 座談会「私はこんな人を」
　　　矢部利茂 金森 45 ガイド
1750 朝日新聞テレビニュース
1800 仲よし音楽会
　　　真田山小学校
1815 人形劇「孫悟空」
　　　竹田三之助一座
　　　声・七尾伶子他
　　　45 ガイド
1850 ABC ニュース 56 お天気
1900 街のチャンピオン
1930 部長刑事「おめでたい男」
2000 道端堀アワー「寄席」(角座)
　　　笹山タンパ・タンゴ
　　　正司歌江・花江・照江
　　　都家文雄・美智代
2100 話題のアルバム 10 ガイド
2115 日吉名氏飛び出す(KR)
　　　「運転に注意せよ」
　　　解決編
2145 ABC ニュース
2155 ABC スポーツニュース
2200 鳴門秘帖
2230 わが母校・わが故郷
　　　「天王寺中学」鍋井克之他
2300 ABC ニュース
2310 現代の顔(KR)梅林寺こう
2320 あしたのお天気
2325 放送終了

●4月19日（日）OTV

910 テストパターン 25 おしらせ
930 日曜漫画 45 仲よしニュース
955 マンガ教室 10 子供だより
1045 おやつ教室 小林孝二
1100 ABC 週間テレビニュース
1115 スポーツの窓
1130 日曜サロン「内職」鞍子
1200 ABC ニュース
1215 ダイラケのびっくり捕物帖
　　　「いたずら女中」後篇
1240 テレビガイド
1245 ロッテ歌のアルバム(KR)
　　　山下敬二郎
1315 ナショナル日曜テレビ
　　　観劇会 松竹新喜劇
　　　「才女の道徳」
　　　渋谷天外他
1455 プロ野球中継 阪神―巨人
　　　芥田武夫 西村アナ
1740 テレビガイド
1750 ABC ニュース
1756 あしたのお天気
1800 芸能スナップ 小泉博他
1815 ミラクルボイスショー
1830 ダイハツコメディ・やりくり
　　　アパート「そよ風と私」
　　　大村崑 佐々十郎
　　　茶川一郎他
1900 月光仮面
　　　「その復讐に手を出すな」
1930 ラマーオブジャングル
2000 運命の標的「切れた電話」
2030 劇場中継「新国劇」
2100 二つの椅子
2115 東芝日曜劇場「剣」
　　　（平手造酒より KR）
　　　赤松長義・作 木村功
　　　段四郎 霧立のぼる
　　　団子 長谷川照容
2215 ABC ニュース
2225 ABC スポーツニュース
2230 火事に燃えない家
2245 特別番組
　　　◇皇太子ご夫妻喜びの初旅
　　　◇舞踊「鶴の寿」
　　　◇おしらせ◇放送終了

441

●4月20日（月）OTV

- 1045 テストパターン
- 1100 朝日新聞テレビニュース
- 1115 現代の顔【再】梅木寺こう
- 1125 生活科学教室「草木染め」井上秀雄　瀬能礼子
- 1155 いこいのリズム
- 1200 ABC ニュース
- 1215 カクテルサロン「野球選手と結婚して」吉田選手、河野選手夫人他
- 1240 テレビガイド
- 1245 料理手帖「舌ヒラメのトスカ風衣焼き」辻勲　杉野アナ
- 1300 ポーラ婦人ニュース「女性と文学」井上靖
- 1315 おしらせ 20 放送休止
- 1730 テストパターン
- 1745 おしらせ 50 朝日新聞 N
- 1800 子供の教室（OTV）「ぼくらの修学旅行」藤ជ勲
- 1815 左近右近（KR）「一年目」立花伸介　藤間城太郎　水原他
- 1845 ガイド 50 ABC ニュース
- 1856 あしたのお天気
- 1900 あんみつ姫（KR）「あんみつ姫とゆく春」中原美紗緒　浜田百合子
- 1930 歌の花束　二三代　佐竹新太郎　夏目三郎他
- 2000 蝶々のしゃぼん玉人生「勇ましき夫婦」
- 2030 ナショナルTVホール（KR）・銭形平次捕物控「吹矢の虹」前篇
- 2100 カメラだより北から南から「ニューフェスの変わり種」
- 2115 東京0時刻「すれちがった女」
- 2145 ニュース◇スポーツニュース
- 2200 母と子（KR）「結婚指輪」
- 2230 見ないでおきまショー
- 2250 きのうきょう 矢部利茂
- 2300 ABC ニュース
- 2310 現代の顔（KR）井上尚一
- 2320 あしたのお天気 25 放送終了

●4月21日（火）OTV

- 1045 テストパターン
- 1100 朝日新聞テレビニュース
- 1115 現代の顔【再】井上尚一
- 1125 お料理サロン　辻徳光　広瀬他
- 1145 ガイド 55 いこいのリズム
- 1200 ABC ニュース
- 1215 ほほえみ一家（KR）竜崎一郎　坪内美詠子他
- 1240 ガイド
- 1245 料理手帖「スイス風ミンチボール」
- 1300 婦人ニュースMレグレース
- 1315 文楽嫩会発表会（文楽座）「ひらがな盛衰記」紋二郎　相子大夫他　解説：大鋸時生
- 1420 政府の窓「公明選挙」青木正　終了後、おしらせ◇放送終了
- 1730 テストパターン 45 おしらせ
- 1750 朝日新聞テレビニュース
- 1800 シンちゃんの漫画劇場
- 1815 ロビンフッドの冒険「踊り子シベラ」45 ガイド
- 1850 ABC ニュース 56 お天気
- 1900 カロランミュージカル（KR）「女性はツイている」ペギー葉山
- 1930 フューリーとソニー「4 H物語」
- 2000 源平芸能合戦「東京ガス－東京都水道局」
- 2030 潜水王マイクネルソン「腹背の敵」
- 2100 近鉄パールアワー・あまから父さん
- 2130 うきよ談語「鍵の話」三遊亭金馬　堀英夫
- 2140 テレビガイド
- 2145 ABC ニュース
- 2155 ABC スポーツニュース
- 2200 カメラルポ　いつもどこかで「加古川に生まれる着物」
- 2215 女秘書スージー
- 2245 LMS 珍道中
- 2300 ABC ニュース
- 2310 現代の顔（KR）吉田茂
- 2320 あしたのお天気 25 放送終了

●4月22日（水）OTV

- 1045 テストパターン
- 1100 朝日新聞テレビニュース
- 1115 現代の顔【再】吉田茂
- 1125 生活科学教室「はさみ」岡本誠之他
- 1155 いこいのリズム
- 1200 ABC ニュース
- 1215 歌のハイライト　神戸一郎ショー「ひとみちゃん」「十代の海と空」他　福田弓子
- 1240 テレビガイド
- 1245 料理手帖「タイの桜蒸し」辻徳光　広瀬修子
- 1300 ポーラ婦人ニュース「明日は投票日」今東光
- 1315 おしらせ 20 放送休止
- 1730 テストパターン 45 おしらせ
- 1750 朝日新聞テレビニュース
- 1800 おにいちゃん「二つの約束」川上のぼる　寺島真知子　小島慶四郎
- 1815 アイバンホー・森の盗賊「大鴉の伝説」45 ガイド
- 1850 ABC ニュース 56 お天気
- 1900 フランキーの無敵弥太郎（KR）「ワンワン道中記」
- 1930 裁判（KR）「姿婆の風」殿山泰司　簡野典子　野々村他
- 2000 ボクシング　辰巳八郎－松谷好美　杉崎昭俊－池島久生　解説：郡司信夫　白井義男　近江アナ
- 2100 明日また「今日子の月給日」戸山啓子
- 2115 コント千一夜 森光子 他
- 2130 ABC スポーツウイークリー
- 2145 ABC ニュース
- 2150 ABC スポーツニュース
- 2200 ここにこんな人が「たった一人の文楽」洞奥一郎　虎太郎　北岸佑吉
- 2230 ABC 週間海外ニュース
- 2245 きのうきょう 矢部利茂
- 2300 ABC ニュース
- 2310 現代の顔（KR）臼井吉見
- 2320 あしたのお天気
- 2325 放送終了

●4月23日（木）OTV

- 1045 テストパターン
- 1100 朝日新聞テレビニュース
- 1115 現代の顔【再】臼井吉見
- 1125 生活科学教室「家ができるまで」
- 1155 いこいのリズム
- 1200 ABC ニュース
- 1215 かしましアワー青春すてんば日記「お兄ちゃんの馬鹿」正司歌江・照江・花江他
- 1240 テレビガイド
- 1245 料理手帖「精進料理二種」小川旭
- 1300 婦人ニュース「新国劇」島田正吾 15 おしらせ◇休止
- 1730 テストパターン 45 おしらせ
- 1750 朝日新聞テレビニュース
- 1800 渡辺まんがくらぶ「バディちゃんのインディアン退治」
- 1815 名犬ラッシー「木の上のお家」声・北条美智留　金子他
- 1845 ガイド 50 N 56 お天気
- 1900 高田浩吉時代劇歌謡ショー「流転」島倉千代子　五月他
- 1930 スーパーマン（漫画）「スーパーマンと黒猫」
- 2000 この謎は私が解く（KR）スケート場殺人事件解決篇
- 2030 屋根の下に夢がある（KR）「落ち着かない春」若原雅大　有百合子他
- 2100 明日また「今日子の月給日」戸山啓子
- 2115 コント千一夜 森光子 他
- 2130 ABC スポーツウイークリー
- 2145 ABC ニュース
- 2150 ABC スポーツニュース
- 2200 サンヨーテレビ劇場（KR）「こころ」夏目漱石・作　夏川静江　佐分利信　高田敏江　高橋昌也　村瀬幸子
- 2245 きのうきょう 矢部利茂
- 2300 ABC ニュース
- 2310 現代の顔（KR）杉下茂
- 2320 あすのお天気
- 2325 放送終了
- 2315 地方選挙開票速報
- 2345 現代の顔（KR）神彰◇天◇終了

●4月24日（金）OTV

- 1025 テストパターン
- 1040 地方選挙開票特報 渋沢
- 1100 朝日新聞テレビニュース
- 1115 選挙開票特報 神彰
- 1125 服飾教室「ディオール・ショー」
- 1215 映画の窓（KR）「お熱いのがお好き」(米) 解説：野口久光他
- 1240 テレビガイド
- 1245 料理手帖「カラメルプリン」拭石俊枝
- 1300 婦人ニュース「テレビと新劇」杉村春子
- 1315 選挙開票速報 1605 おしらせ
- 1610 放送休止
- 1730 テストパターン 45 おしらせ
- 1750 朝日新聞テレビニュース
- 1800 電気のABC「水力発電」
- 1815 短編映画「オーストリアの旅」
- 1845 ガイド 50 ABC ニュース
- 1856 あしたのお天気
- 1900 テレビぴよぴよ大学（KR）
- 1930 京阪テレビカー・泣きべそ天使「たぬき退治は大失敗でした」
- 2000 少年航路（KR）「ベル 47D 応答なし」
- 2030 特ダネを逃がすな（KR）「盗まれた声」後篇
- 2100 ABC ワールド・スポーツ
- 2115 金語楼劇場・おトラさん（KR）「当てズッポー」柳家金語楼 小桜京子他
- 2145 ABC ニュース
- 2155 ABC スポーツニュース
- 2200 サンヨーテレビ劇場（KR）「こころ」夏目漱石・作　夏川静江　佐分利信　高田敏江　高橋昌也　村瀬幸子
- 2245 きのうきょう 矢部利茂
- 2300 ABC ニュース
- 2310 現代の顔（KR）杉下茂
- 2320 あすのお天気
- 2325 放送終了

●4月25日（土）OTV

- 1045 テストパターン
- 1100 朝日新聞テレビニュース
- 1115 現代の顔【再】杉下茂
- 1125 いけばな教室「玄関の花」筒井紫雲
- 1145 テレビガイド
- 1155 テレビ・ショーウインドウ
- 1215 土曜寄席「かしまし股旅道中記」正司歌江・照江・花江
- 1240 テレビガイド
- 1245 料理手帖「カニの卵寄せスパゲッティ添え」石本千太郎　佐藤和枝
- 1300 婦人ニュース「週間展望」上田秀夫（朝日新聞経済部長）
- 1315 おしらせ 30 放送休止
- 1715 テストパターン
- 1730 来週のハイライト 45 ガイド
- 1750 朝日新聞テレビニュース
- 1800 仲よし音楽会　ひなぎく童謡
- 1815 人形劇「孫悟空」竹田三之助一座
- 1845 テレビガイド
- 1850 ABC ニュース 56 お天気
- 1900 街のチャンピオン
- 1930 部長刑事「桜と銃弾」
- 2000 道頓堀アワー「寄席」（角座）笑顔・笑美子・やっこ　小文治　秋山右楽・夏川左楽
- 2100 話題のアルバム
- 2110 テレビガイド
- 2115 日真名氏飛び出す（KR）「拳銃がほしい」前篇
- 2145 ABC ニュース
- 2155 ABC スポーツニュース
- 2200 鳴門秘帖
- 2230 わが母校・わが故郷「福岡県立修猷館」笠信太郎他
- 2300 ABC ニュース
- 2310 現代の顔（KR）長井秋穂
- 2320 あしたのお天気
- 2325 放送終了

●4月26日（日）OTV

- 910 テストパターン
- 925 おしらせ 930 日曜漫画
- 945 仲よしニュース
- 955 マンガ公園 1030 京だより
- 1045 おやつ教室「ローズクッキー」小林孝二
- 1100 ABC 週間テレビニュース
- 1115 スポーツの窓
- 1130 日曜サロン 竹岡敬一
- 1200 ABC ニュース 10 ガイド
- 1215 ダイラケのびっくり捕物帖「お妙さま変化」前篇
- 1240 テレビガイド
- 1245 ロッテ歌のアルバム（KR）神戸一郎　真咲他
- 1315 ナショナル日曜テレビ観劇会「興行師よりし子」宮城まり子　市村俊幸　馬渕他
- 1725 テストパターン
- 1740 テレビガイド
- 1750 ABC ニュース
- 1756 あしたのお天気
- 1800 芸能スナップ 小泉博他
- 1815 ミラクルボイスショー「大空真弓ショー」
- 1830 ダイハツコメディ・やりくりアパート「安全な曲がり角」大村崑　佐々十郎　茶川一郎他
- 1900 月光仮面「ドクロ仮面出現す」
- 1930 ラマーオブジャングル「白人の酋長」声・大木
- 2000 運命の標的「浦路」
- 2030 ミュージカル「ホール・イン・ワン」井上義明　朝丘雪路　宮那智子
- 2100 二つの椅子「ペントレース」中沢　鈴木
- 2115 東芝日曜劇場「老夫婦」（KR）花柳章太郎　伊志井寛　京塚昌子
- 2215 ABC ニュース
- 2225 ABC スポーツニュース
- 2230 演芸歌謡艶談:シャンバロー
- 2245 ジョッキー「幻想」中原美紗緒 牧バレエ団
- 2300 あしたのお天気
- 2305 放送終了

これがOTVだ　1959年4月

●4月27日（月）OTV

1045 テストパターンくるみ割り
　　人形（チャイコフスキー）
　　より
1100 朝日新聞テレビニュース
1115 現代の顔【再】東竜太郎
1125 生活科学教室「絽刺し」
　　松田はる江　瀬能礼子
1155 いこいのリズム
1200 ABC ニュース
1215 カクテルサロン エリック
　　ポートのいろいろ
　　40 ガイド
1245 料理手帖「サージン・ア
　　メリカン」辻勲 杉野アナ
1300 婦人ニュース「女性の
　　生き方」円地文子
　　15 おしらせ 休止
1730 テストパターン
1745 おしらせ
1750 朝日新聞テレビニュース
1800 子供の教室（OTV）
　　「春の野山」藤川勲
1815 左近右近（KR）
　　「本膳と豆腐屋」立花伸
　　介 藤間勘太郎 水原他
1845 ガイド 50 ABC ニュース
1856 あしたのお天気
1900 あんみつ姫
　　「あんみつ姫とつみ草」
　　中原美紗緒　太宰久雄
1930 歌の花束 築地容子
　　中原葉子 北見和夫
　　藤島恒夫
2000 蝶々のしゃぼん玉人生
　　「はて？面妖な」
　　中山千夏　蝶々雄二
　　雁玉　荒木雅子他
2030 ナショナルTVホール（KR）
　　銭形平次捕物控
　　「吹矢の虹」後篇
　　若山富三郎他
2100 カメラだより北から南から
2115 東京0時刻「役者が上だ」
　　金子信雄　渡辺美佐子
　　織田政雄　山岡久乃
2145 ニュース 55 スポーツ N
2200 母と子（KR）「うきくさ」
2230 見ないでおきまショー
2250 きのうきょう 矢部利茂
2300 ABC ニュース
2310 現代の顔（KR）長井秋穂
2320 あしたのお天気
　　25 放送終了

●4月28日（火）OTV

1045 テストパターン
1100 朝日新聞テレビニュース
1115 現代の顔【再】長井秋穂
1125 お料理サロン お好み
　　てんぷら 辻徳光 茶珍
　　俊夫 45 ガイド
1155 いこいのリズム
1200 ABC ニュース
1215 ほほえみ一家（KR）
　　竜崎一郎 坪内美詠子他
　　40 ガイド
1245 料理手帖「鯖のカレー
　　浸し」
1300 婦人ニュース
　　「結婚の法律」
1315 短編映画
1330 政府の窓「郵便と生活」
　　板野学　森竹真砂子
1345 おしらせ 50 放送休止
1730 テストパターン 45 おしらせ
1750 朝日新聞テレビニュース
1800 シンちゃんの漫画劇場
1815 ロビンフッドの冒険
　　「小鼠の悪戯」45 ガイド
1850 ABC ニュース 56 お天気
1900 カロランミュージカル（KR）
　　「女性はツイている」
　　ペギー葉山
1930 フューリーとソニー
　　「腹話術師」
2000 源平芸能合戦
　　福岡市－久留米市
　　安永良億
2030 潜水王マイクネルソン
　　「ウラン騒動」
2100 近鉄パールアワー・
　　あまから父さん
2115 旗本退屈男
　　「贋金一万両」
2140 テレビガイド
2145 ABC ニュース
2155 ABC スポーツニュース
2200 カメラルポいつもどこかで
　　最終回「おむつ屋でござい」
2215 女秘書スージー
　　「良心のささやき」
2245 LMS 珍道中
2300 ABC ニュース
2310 現代の顔（KR）山中勇吉
2320 あしたのお天気
2325 放送終了

●4月29日（水）OTV

945 テストパターン
1000 お慶びの天皇ご一家
1030 フィルム「千代田の春」
1100 朝日新聞テレビニュース
1115 現代の顔【再】山中勇吉
1125 生活科学教室「牛乳」
　　前野
1155 いこいのリズム
1200 ABC ニュース
1215 歌のハイライト 浜村 大江
1240 ガイド 45 料理手帖
　　「春の野菜を使って・
　　ふきとうどのたき合せ
　　うどと三つ葉のゴマ酢
　　かけ」辻徳光 広瀬修子
1300 婦人ニュース「笑い」
　　藤山寛美◇予告
　　◇パターン
1345 プロ野球中継
　　阪急－西鉄（西宮）
　　解説：芥田武夫 西村
1630 劇場中継 花梢会公演
　　「鎌倉三代記」延二郎他
1745 おしらせ 50 朝日新聞 N
1800 おにいちゃん「千鳥の休日」
　　川上のぼる 寺島真知子
　　小島慶四郎
1815 アイバンホー・森の盗賊
　　「覆面の賊」45 ガイド
1850 ABC ニュース 56 お天気
1900 フランキーの無闇弥太郎
　　（KR）「会長はシロだ」
1930 裁判（KR）「将軍と塀」
　　殿山泰司 筒野典子
　　野々村他
2000 劇映画「法のバリケード」
　　（伊）ピエロ・コスタ監督
　　ロッサノ・パドパーニ他
　　イリイ・パドパーニ他
2130 うきよ談語「芝居話」
　　三遊亭金馬 中村靏右
　　衛門
2145 ニュース 50 ABC スポーツ N
2200 ここにこんな人が
　　「科学映画の鬼」
　　小林米作　馬渕逸雄
2230 ABC 週間海外ニュース
2245 きのうきょう 矢部利茂
2300 ABC ニュース
2310 現代の顔（KR）酒井恒
2320 あしたのお天気
　　25 放送終了

●4月30日（木）OTV

1045 パターン 1100 朝日新聞N
1115 現代の顔【再】酒井恒
1125 生活科学教室
　　「アパート生活」
1155 いこいのリズム
1200 ABC ニュース
1215 かしましアワー青春おて
　　んば日記「チンドン屋人生」
　　正司歌江・照江・花江他
1240 テレビガイド
1245 料理手帖「前菜二種とり
　　肝のカラアゲ くらげ
　　の酢の物」奥井広美
1300 ポーラ婦人ニュース
　　ホテルの楽しみ
　　川口四郎吉
1315 おしらせ 20 放送休止
1730 テストパターン 45 おしらせ
1750 朝日新聞テレビニュース
1800 渡辺まんがくらぶ
　　「パディちゃんのインディ
　　アン退治」
1815 名犬ラッシー
　　「仔馬のドミノ」声・
　　北条美聖留 金子他
1845 ガイド 50 ニュース 56 天気
1900 三浦洸一ヒットパレード
　　「踊り」島倉千代子
　　五月他
1930 スーパーマン
　　「恐るべき破壊者」
2000 この謎は私が解く（KR）
　　仏像とアイスクリーム
　　前篇
2030 屋根の下に夢がある（KR）
　　「親というものは」
　　若原雅夫 永井百合子他
2100 明日人生
　　「今日子とお茶くみ」
　　戸山啓子
2115 コント千一夜 森光子 他
2130 ABC スポーツウイークリー
2145 ニュース 50 ABC スポーツ N
2200 劇場中継 新国劇
　　「荒神山・吉良の仁吉」
　　島田正吾　久松喜世子
2230 三協グッドナイトショー
　　エセル中田他
　　「8ミリ作品紹介など」
2300 ABC ニュース
2310 現代の顔（KR）永田雅一
2320 あしたのお天気 25 放送終了

【単独番組】

●皇太子殿下御成婚特別番組

1959年4月10日（金）

・実況中継「輝しきパレード」

13：45 ～ 15：45

御成婚パレード中継にKRTV系列で参加し、

東宮仮御所からの中継を担当。

出演：徳川夢声他。（MBSと同番組）

・五局リレー春宵に寿ぐ　20：00 ～ 21：00

RKB-OTV-CBC-KRTV-HBC のリレー番組。

聖心女子大同窓お祝い会（KRTV）

奈良県吉野・川上村の太古踊り（OTV）

札幌・慶祝市民大会（HBC）他

【新番組】

【4月1日（水）】

●フランキー堺の無闇弥太郎

（～11月25日、KRTV）

水 19：00 ～ 19：30　OTVとABCが6回制作

【4月28日（火）】

●シンちゃんのまんが劇場

火 18：00 ～ 18：15 （変更多し）

1959年 5月

20日 　第八回定時株主総会を本社会議室で開催。
　　　　総収入7億4500万円、純利益6235万円。
　　　　朝日放送との合併を確認
同日 　社史『アルバムOTV』刊行。119頁
　　　　大阪テレビ放送事業部・編
21日 　朝日放送株式会社と合併。
　　　　資産負債、権利義務の一切を継承。
29日 　朝日放送、無線局免許人の承継許可

これらはいずれも実際にオンエアされた画面からとったものである。

テストパターンやネットワークサイン（全国ネット番組の冒頭で表示されるID映像）に使われた猫のマスコットは誰が考え出したものか明らかにされていない。OTVのロゴマークが制定されたあと、誰かが言った「猫の目みたいやナ」という一言から猫が生まれ、真ん中の丸窓から覗くテストパターンや、ネットワークサインが生まれた。それはまるでライオンが吠えるMGM映画のタイトルのパロディのようでもある（丸窓と関係ない猫のサインもあった）。この猫こそ、日本で初めてのステーションマスコットなのだ

第5章「OTVが残した言葉」

OTVが残した「言葉」

◆

「今後は社を異にして仕事に励まれるわけですが、当社で得られた多くの経験は、かならずや将来朝日、毎日両放送でのご活躍に大きな力になるものと信じております。」
(鈴木剛社長／"Album OTV"「みなさんへ」)

◆

「大阪テレビ全社員で琵琶湖畔へ清遊に出かけた。全社員と言っても十数名。湖水で泳いだ。今は全社員400余名。合併後は1,000名近くなる。これでは一緒に水泳は出来かねる。」
(原　清・編成局長／"Album OTV")

◆

「今年70になる母の便りに「いつもお前の音楽を聴いてから、テレビのスイッチを切ります」と書いてあった。」
(服部良一・作曲家／"Album OTV")

◆

「『アイディアがかんじんだ』『何かいい企画はないかネ』と人の顔をみれば挨拶がわりにおっしゃるが、テレビという機能の本体を見きわめることが先決だ。」
(小谷正一・総合企画室長)

◆

「私は、反省よりも、企画を早くねって万全を期したいという気持ちでいっぱいね」
(稲田英子・アナウンサー／"Album OTV"「座談会・晴姿憂世月給取り〜おいらテレビマン」)

◆

「お蔭さんで、わしらみたいな貧乏人にも大相撲がみられます」
(街頭テレビを視聴する老人)

◆

「とにかく弾けば弾くだけそのまま反響が返ってきました」
(岩崎宏・ジャズピアニスト／"Album OTV")

◆

「ともかくテレビは一番神経がつかれます。映画や舞台の比ではないのです。」
(森光子・俳優／"Album OTV")

◆

「私たちに昨日はない、ただ実力の養成こそ急務であることを痛感する」
(吉村繁雄・演出部／"Album OTV"「かんてき長屋」)

◆

「今度の作品も、きっと僕を苦しめるだろう。もう現に苦しみつつある。」
(横山隆一・漫画家／"Album OTV")

◆

「正直にいって、あまりにすさまじいテレビ界の転変のはげしさ、ほかの仕事の世界ならその何倍かの日数を要したであろうにちがいないめまぐるしさは、逆に、私たちにはその間が10年あまりででもあったように思えもするのである。」
(田村恭一・東京支社次長／"Album OTV"「東京使者の弁」)

◆

「OTV情報がテレビ史の古文書に入れられてももはやよいのではないでしょうか」
(吉川忠章・営業部／"Album OTV"「OTV情報回顧」)

◆

「5億の資本はさて集めるとなると大仕事であった」
(下条吉次郎・報道部／"Album OTV"「草創期のメモから」)

◆

「私としては富士山の守り本尊浅間神社のおサイセンをもっとはずんでおけばよかったと悔やまれてならない」(太田寛・報道部／"Album OTV"「オールズブ素人登山隊」)

◆

「神だのみだけです！　お賽銭の領収書、切っとくなはれ！」
(守屋篤太郎・技術部／富士山・浅間神社にて)

第5章「OTVが残した言葉」

◆

「ぼくはぼくの顔を見て笑ったりするのもこまるが、こわがられてはなおこまります」
（山下清・画家／"Album OTV"）

◆

「それでも我々は決定的にくじけるということはなかった。創業の興奮と開局の熱気が我々を支えていたともいえる」
（西原英治・報道部／アンノ・ドミニ）

◆

「すべて新らしい試みというものは、いざ実行に移すとなると、えてして思わぬ障害にぶつかることが多いものなのである」
（山下良三・プロデューサー／"Album OTV"「TVカメラ二月堂に乗り込む」）

◆

「野球のSBOのカウントですが、OTVが開局したときには既設局はこれをリレーでやっていました。他局のやった事をまねるのはいやだというわけで、甲田君らと2〜3度徹夜して、OTV製の真空管式のを作ってしまいました。これは現在でもどこにもないもので、優れた特徴を持っています」
（木村久生・技術部／"Album OTV"「ポインターによせて」）

◆

「張りつめた緊張の後に迫る寒気は何ともいえぬほど冷たい」
（村上勝・報道部／"Album OTV"「キャッチできたスプートニク2号」）

◆

「安くて、簡単にできて、おいしくて栄養のあるもの」
（「料理手帖」のモットー）」

◆

「OTV開局の時の公演は、バンドの集まりといい、多彩な出演といい、すべて豪華の一言につきるもので、あのような豪華な買い物ブギをふたたび唄えることは永久にないと思います。」
（笠置シヅ子・歌手／"Album OTV"）

◆

「グラマー風の女性が数字を持ち出して幾何の問題などを教えたら、これは娯楽番組になるのか、教養番組になるんか、どちらでしょうか？」
（渋谷天外・俳優／"Album OTV"）

◆

「この受賞がもっぱらわれわれの実力のみによって、堂々たる安定感をもって獲得したものだ――とは、どうしてもうぬぼれてはいられない。そんなことよりも今年は一日も早く準備にとりかかって運命の神様さえソッポを向いて否応なしに賞をかちとれるような実力を養いたいものだ」
（山下良三・プロデューサー／OTV社報）

◆

「いままでテレビ放送は、その身動きがあまりに鈍重なため、その機能性を十分に発揮できずにきた」
（有田隆・技術部／"Album OTV"「OTビジョンの誕生」）

◆

「前を行くはずのN君の姿が見えない。不思議に思ってあたりを探すT君の耳に『カメラ！カメラ！』と怒鳴るN君の声だ。肥料溜のなかからカメラを持ち上げて闇夜の入浴、これは大変とN君からカメラを受け取った。人間さまを引張り上げなかったT君の商売気をうらんだのはN君の方さ」
（安永禎男・報道部／"Album OTV"「雲仙号墜落事件」）

◆

「中継というのは他人の家に出向いて仕事をするようなものである。その家の主人だけでなく家族全部となか良くなり、勝手をくまなく知って初めて遠慮なく十分な仕事ができるもので、そうなるまでに年期が要る」
（守屋篤太郎・技術部／"Album OTV"「中継車は行く」）

◆

「スタジオの中はライトでいっぱいです。やわらかな光、強い光、そしてシルエット。」
(岩崎洋・ジャズピアニスト／ *"Album OTV "*)

◆

「カメラの都合で前後左右の動きを決められ、フライパンの動かし方、塩の入れ方にも気を遣い、その上に時間に追いかけられていたのではたまったものではない。マァーぺんでていなさいと逆ネジを食らわしたいくらいの気持ちで一杯だったのがほんとうのところでした。」
(井上幸作・料理家／ *"Album OTV "*)

◆

「芸術家に芸術家らしい仕事をやらせてやろうという襟度が、テレビ局やスポンサーに時として望まれてもよいのではないでしょうか。」
(武智鉄二・演出家／ *"Album OTV "*)

◆

「だいたい、私は、電気再生の音というのが嫌いだ。」
(黛敏郎・作曲家／ *"Album OTV "*)

◆

「" 徹夜の顔 " これは『大阪の顔』のスタッフにつけられた異名ですが、ナイターに移る五月一日を最終回として、全二十一話にいたるシリーズドラマを完了するまでこの顔は洗われることなくつづけられました。」
(栗原茂一郎・演出部／ *"Album OTV "* 「" 徹夜の顔 " のころ」)

◆

「総務担当者から『君は二百十日間働きづめで、台風みたいな男だ。悪いが少し休暇とってくれ』と言われたほどです」
(亀井茂・演出部／大阪テレビを担った人たち)

◆

「大阪を知っているだけでは、大阪ものは書けない。要は、いかに大阪を観察しているかという、作者・演出者自身の眼である。」
(長谷川幸延・劇作家／ *"Album OTV "*)

◆

「相変わらぬのは『火事のOTV』というところかな」
(安永禎男・報道部／ *"Album OTV "* 「雲仙号墜落事件」)

◆

「この広い海の水を手ですくい、みなこぼれ落ちてしまったあと、手にくっついているほんのわずかな水をなめてみた僕にとって、この世界は未開の土地ではあるが、これを開拓する意欲は充分にあり、またやるつもりです。」
(吉田豊明・赤胴鈴之助主役／ *"Album OTV "*)

◆

「外人のセールスエンジニアがよく来たのもこの頃だ。通訳が技術者でない時は、技術的なことを紙と鉛筆を利用して話すことも多かった。」
(浜部孝三／ *"Album OTV "*)

◆

「(街頭テレビについて)『そんなモン置かれたらただでさえ狭いとこえおがよけいにせまなりまんが、無茶いいなはんな』という単純型から『道路交通取締法違反』というウルサ型まで、先輩局NTVやKRTから聞いていたスムースな話とはおよそかけはなれたことばかりで面喰ってしまった。」
(伊藤治・事業部／ *"Album OTV "*)

◆

「狭義のホームドラマばかりが続いたら、視聴者の方であきてしまいます。現在の日本のテレビドラマは、ジャンルをふやすことが必要だと私は考えています。」
(内村直也・劇作家／ *"Album OTV "*)

◆

「世界のあちらこちらで、わたくしたちが黄と呼ばれ、あなたたちが黒と呼ばれ、そしてどのように扱われてきたか………、それは、あなたたちのほうがもっとよく知っておられることと思います。会社が黄と黒を愛しているように、こんどの公演はあなたたちとわたくしたちを強く強く結びつけました。こんなうれしいことは今ま

第5章「OTVが残した言葉」

でありませんでした。黄と黒とはこのようになる運命を持っていたのだと思います。あなたたちはすぐれた芸術だけでなくもっともっと深いものをこの国に残してゆかれるのだ、と信じています。」
（小谷正一・総合企画室長／デスティネ舞踊集団へのあいさつ）

◆

「いわば功成り終わった外人芸術家のために、物見遊山の記念碑を建てて差し上げるだけのような企てには疑問が感じられてならない。何かもっと生のものが欲しいのだが。」
（内村信義・事業部長／ "Album OTV "）

◆

「テレビのコマーシャルを見るのも、勉強ではなくて、二度とふれるなというタブーを見ているのである。」
（横山隆一・漫画家／ "Album OTV "）

◆

「最初、大阪テレビに見学に行ったの。サブにモニターが6台くらい並んでいるでしょ。こりゃ、ぼくには無理だなと思ったね。聖徳太子でも無理だと思ったわ」
（澤田隆治／大阪テレビを担った人たち）

◆

「5,6才ぐらいの子供のリクエストに答えてその豆ファンからの感謝の手紙を受け取った時は一切の悩みが解消したようなすがすがしさを覚えたものです。」
（斎藤超・ハモンド奏者／ "Album OTV "）

◆

「『雨でもやります。アドリブでいきます』テレシネに連絡して『レコードのH君。雨の中之島のBGMを大至急出してください』もう30秒前だ。橋の上のカメラマンが雨に打たれている川面のアップをカメラでとらえた。『よっしゃそれや、本番5秒前』」
（庄野至・演出部／ "Album OTV "）

◆

「『結婚したら料理手帖を参考に毎日おいしいお料理を食べさせたい』というロマンチックな感想を送っていた御嬢さんから半年ぐらいたって『昨日のビールのおつまみもの、辛党の主人に大好評でした』と寄せられ、次には『妊産婦向きの栄養ある献立も放送してほしい』という手紙が来ることもあって、こんな時には、私たちの喜びもひとしお、またためいきもその倍くらいです。」
（土方暁子・事業部／ "Album OTV "）

◆

「放送時間は3分だがクッションをとると中身は2分そこそこ、それでゲーテを語り、ダヌンチョを説明しなければならない。これは大変なことである。」（斎藤諭一／ "Album OTV "）

◆

「ラケット：失敗も多いけど、たいていうまいことごまかしてんなァ。しやけど、どないもならんのがある。
ダイマル：そんな時、どっちかさきにフキ出してもて、二人で笑うてもて、ごまかしてまうけど
ラケット：いやいや、そんなんがかえって、一ばん、おもろいさかいなあ……。」
（中田ダイマル・ラケット／ "Album OTV "）

◆

「大阪へ行った時に、時々出演させて頂きました。このことにも問題があると思います。ついでにテレビ出演するということが大いに問題だと思うのです。そのテレビ一本のために、大阪へ行くというふうになるのが普通にならねばいけないと思います。」
（ダークダックス／ "Album OTV "）

◆

「予算は5.6万円で、貰った力士が喜び、郷土色豊かで、しかも宣伝効果のある賞品。無い知恵を搾った結果が、ご覧のような大瓢箪である。木製

で、高さが1米60糎、最大胴回りは2米50糎、重量がなんと30貫。もっとも、これは瓢箪を請け合った業者の話で、私たちがちょっと担いでみたところでは50貫近くあったらしいが。」
(黒川龍二・事業部／"Album OTV")

◆

「数多い視聴者に未熟ながら音楽へのひたむきな私の努力と精進を聴いて貰うのだという気持ちによくも耐えてきたと思う。」
(岡田博・ジャズピアニスト／"Album OTV")

◆

「そこで作者やプロデューサー、ディレクターたちと数度にわたって相談し、孫悟空の誕生、つまり名もない石猿からはじめることにしたので悟空のスーパーマンぶりを期待した人にはいささか拍子抜けしたようだったが、誰もが知っている孫悟空になるまでの生い立ちに、悟空という化け物の持っている人間性（？）があるのだ。天上界では猿、猿といわれて、いじめられ、からかわれ仲間外れにされて、一人さびしく、やるせない生活から、怒りっぽくなるお人好しの悟空……そういう悟空を僕は愛しているのだ」
(榎本健一・喜劇俳優／"Album OTV")

◆

「テレビ放送にとっては、技術、演出、美術などのトラフィック（導線）計画の良否が、放送全体に大きな影響を及ぼすものだと強く印象づけられました。」
(越山欽平・清水建設設計部／"Album OTV")

◆

「今でも印象に残っているのは、メーキャップ室が地下にある事です。これはたしか日本ではじめてだったと思います。設計上のスペースの問題から止むを得ずそうなったとしたら、これは大した僥倖というものです」
(三和完児・ボードビリアン／"Album OTV")

◆

「テレビはほとんどナマ放送だし、その放送ぶりはまるで戦争のようなあわただしさである。(中略)大金を出したスポンサーは、プロの中身にいろいろ注文がある。(中略)ところが、副調整室から放送風景を一度見ると、余りの事に文句がでなくなる。すっかりプロデューサーに同情して何も言わずに帰るそうだ。
(朝日新聞1957.5.27「赤ランプ」より)

◆

「とかく一方的になりがちなマスコミの世界で、視聴者とこんなに心がよわすことのできる番組をますます大切にしなければと感じます。」
(土方暁子・事業部／"Album OTV")

◆

「番組の内容も見たり聞いたりするファクターがより集まって成長というか、発展というか、そういう言葉をあてはめていんじゃないか。開局前にこういうことになろうとは予期しておらないものが出てきているということなんです。誰が考えるということでなしに自然に出てきているということです。これがいつまでも続く可能性はあるわけです」
(青木亨・報道部／"Album OTV"「座談会・晴姿憂世月給取り～おいらテレビマン」)

◆

「質屋の七郎が鮭の下に新聞紙を敷いた」
(OTV1957年アナウンサー採用試験問題より)

◆

「ラジオは慣れましたけどな、テレビはだいぶ勝手が違いまんな。客がおれへんから笑い声がおまへん。するとネタが出て来よらへん。ネタ忘れたんかいな、エライこっちゃと思うとジェスチュアもでけへん。」
(中田ラケット／朝日新聞1957 7.30)

◆

「『宝塚ファンコンテスト』はNJBとOTVの両方にあるんですけど、これをよく間違える。それも不思議にNJBの時だけ『ここOTVのスタジオに沢山の…』とか、いっちゃってから気が付くんですけど、あまりしばしばなもんですから『南城さん、君OTVからいくらかもらってるんじゃ

第5章「OTVが残した言葉」

ないかい』って、係の人に皮肉言われたものです」
（南城照美　朝日新聞1957年8月31日「マイク裏おもて」）

◆

「午後一時に放送（料理手帖）が終わると、スタッフの希望者が、おかずにちょうだいします。リハーサルや本番の分をあわすと数人前にはなるし、だいいちほんとにおいしいか、どうかの研究になりますからね」
（朝日新聞1957年9月2日　赤ランプ）

◆

「暴言とは真実を語る異なり。こんな定義の引用を許して頂けるなら───特殊事情で夫婦別れをした両親の、それももっとも楽しかったころの家庭環境を子供たちに作文させるような立場だとも感じられる。懐かしい、楽し、思い出よりも、うら寂しさのほうが先行するのが、子供の正真な心根だと思う」
（永松徹取締役／"Album OTV"「いくとせふるさとOTV」）

◆

「ここに記念アルバム贈呈に当り、本アルバムに残された数々の思い出がやがて美しい夢となり、生涯を通じていつまでも私どもの心を結び、また楽しませてくれるよすがとなりますよう祈ってやみません。」
（鈴木剛社長／"Album OTV"「みなさんへ」）

◆

「関取を見たことのない私には、彼らが怒っているのか、笑っているのか、一向に判別しかねた」
（黒川龍二・事業部／"Album OTV"「朝汐と微笑」）

◆

「私たちは子供の頃、大人ぶって背伸びしていたことを考えると、私は子供におもねったものを子供に与えたくはないのです。19世紀のパリやロンドンを扱ったものだけに、衣裳、メーク、背景、小道具、みんな熱心だったのを思い出します。
（中西武夫・プロデューサー／"Album OTV"「ルコックの精神」）

◆

「洋画のふきかえは、スウェターの染め替えに似ている。ときどきもとのものより良いのができたかのごとく見える。また、時には、染粉がモロモロになる。そんな時、つくづく思うことである『あーあ、まっさらの毛糸で編んでみたいな』」
（佐野昭子・演出部／"Album OTV"「染め替え引受申候」）

◆

「わが社は国産品を使用する最初の民間テレビ局として出発し、よくその困難を克服した上、種々の改良、開発を行って、テレビ放送界に顕著な功績をあげて来たのである」
（遠藤邦夫・技師長／"Album OTV"「技術改良主義の3年」）

◆

「とにかくいつまでもこのころのような活気と希望と団結のある生活を失わないで持ち続けたいものだ」
（大国盛治・総務部／"Album OTV"「OTV誕生」）

◆

「たとえつたなくても、その人の持ち味をいかした個性的な放送が、機械を通して、人間的な温か味を、リスナーたちに伝えることができた時、始めて私たちの仕事の意味──つくりものでない生きたマスコミ──があるような気がするんです」
（広瀬修子・アナウンサー／"Album OTV"「アッ！いけない本番だ！」）

◆

「現場では喧嘩があって大変でした。例えば"水に映っている月"はどうやって撮るのかというようなことで侃侃諤諤」
（野添泰男・演出部／民間放送のかがやいていたころ）

◆

「でもね、なんぼかの隙間はある。それがぼくら

の上手な遊び場や」
(阪本雅信・放送部／『上方テレビ美術事始め』)

◆

「テレビジョンにとってその現在はすでに過去である。それには未来しかない」
(吉川忠章・営業部／"Album OTV"「OTV情報回顧」)

◆

「やってみなわからんやろ！」
(守屋篤太郎・技術部)

◆

1959.5

- 1964年東京オリンピック開催が決まる。
- 淀川沿岸の関西原子炉計画、水本村の反対決議で宙に。
- 北アルプス、谷川岳他で弾丸登山による遭難多数。

●5月1日（金）OTV

1045 テストパターン
1100 朝日新聞テレビニュース
1110 現代の顔【再】永田雅一
1125 服飾教室「ブラウス」
　　　森英恵
1155 いこいのリズム
1200 ABC ニュース
1215 映画の窓 (KR)
　　　座談会「210日世界一周」
　　　津川雅彦 川喜多和子他
1240 テレビガイド
1245 料理手帖「ひき肉の卵巻」
　　　田積富貴 高柳アナ
1300 ポーラ婦人ニュース
　　　「うちの宿六」
　　　アチャコ夫人
1315 おしらせ 20 放送休止
1700 テストパターン
1715 映画「春場所の回顧」
1745 おしらせ
1750 朝日新聞テレビニュース
1800 電気のABC 泉田行夫他
1815 USIS映画
　　　「アメリカ万華鏡」
1845 テレビガイド
1850 ABC ニュース
1856 あしたのお天気
1900 テレビぴよぴよ大学 (KR)
1930 京阪テレビカー・泣きべそ天使
　　　「とんだ歓迎でした」
2000 少年航路 (KR)
　　　「ベル47D 応答なし」
　　　後篇
2030 特ダネを逃がすな (KR)
　　　「友情のワナ」
2100 OTV ワールド・スポーツ
2115 金語楼劇場・おトラさん
　　　(KR)「おやエと友情」
　　　柳家金語楼 小桜京子他
2145 ABC ニュース
2155 ABC スポーツニュース
2200 サンヨーテレビ劇場 (KR)
　　　「雁」前篇 森鴎外原作
　　　山内明 森光子 御橋公
　　　浦辺条子 小田切
2245 きのうきょう 矢部利茂
2300 ABC ニュース
2310 現代の顔(KR) フロージャック
2320 あすのお天気
2325 放送終了

●5月2日（土）OTV

1045 テストパターン
　　　四季（ビバルディ）
　　　イ・ムジーチ楽団
1100 朝日新聞テレビニュース
1115 現代の顔【再】宮城音弥
1125 いけばな教室「子供の日に」
　　　肥原康甫
1145 ガイド 55 いこいのリズム
1200 ABC ニュース
1215 土曜寄席
　　　夢路いとし・喜味こいし
1240 テレビガイド
1245 料理手帖「桜ダイの油焼き」
　　　北岡万三郎 佐藤和枝
1300 ポーラ婦人ニュース
　　　「週間展望」岡田
1315 おしらせ 30 放送休止
1715 テストパターン
1730 来週のハイライト
1745 ガイド 50 朝日新聞テレビN
1800 仲よし音楽会 大阪聖和小
1815 人形劇「孫悟空」
　　　竹田三之助一座
　　　声・七尾伶子他 45 ガイド
1850 ABC ニュース 56 お天気
1900 街のチャンピオン
1930 部長刑事「宗衛門町の雨」
2000 道頓堀アワー 人形浄瑠璃
　　　「白いお地蔵さん」
　　　（文楽座）脚色：巌谷慎一
　　　作曲：西亭 竹本津太夫
　　　つばめ太夫 桐竹紋二郎
　　　玉市
　　　※日本国連協会入選作。
　　　黒い混血児問題をテーマに
　　　洋楽調と口語形式で制作。
2100 話題のアルバム 10 ガイド
2115 日真名氏飛び出す (KR)
　　　「拳銃がほしい」解決編
　　　久松保夫 高原駿雄他
2145 ニュース 55 ABC スポーツN
2200 鳴門秘帖
2230 わが母校・わが故郷
　　　「静岡中」村松梢風
　　　高塚竹堂 田川博一
2300 ABC ニュース
2310 現代の顔 (KR) 和田春生
2320 あしたのお天気 25 放送終了

●5月3日（日）OTV

910 テストパターン 25 おしらせ
930 日曜漫画 45 仲よしニュース
955 マンガ公園「哀れな王様」
1030 京だより
1045 おやつ教室 小林孝二
1100 ABC 週間テレビニュース
1115 スポーツの窓
1130 日曜サロン「新歌舞伎座」
　　　竹岡敬一
1200 ABC ニュース 10 ガイド
1215 ダイラケのびっくり捕物帖
　　　お妙さま変化・後篇
　　　40 ガイド
1245 ロッテ歌のアルバム (KR)
　　　「惜春鳥」若山彰他
1315 ナショナル日曜テレビ
　　　観劇会 十吾家庭劇
　　　（京都南座）「入学試験」
　　　弓矢八万他
　　　「浮世床」高田次郎
　　　草間百合子
1725 テストパターン 40 ガイド
1750 ABC ニュース 56 お天気
1800 芸能スナップ 小泉博他
1815 ミラクルボイスショー
　　　「有島一郎ショー」
1830 ダイハツコメディ・やりくり
　　　アパート (OTV)
　　　「わが家の憲法」
　　　大村崑 佐々十郎
　　　茶川一郎 他
1900 月光仮面
　　　「その復讐に手を出すな」
1930 ラマーオブジャングル
　　　「偶像を盗む男」声 大木
2000 運命の櫛引「身がわりの旅」
2030 コーラス・パレード
　　　ダックス コインズ他
2100 二つの椅子「憲法の焦点」
　　　俵静夫 河野須寿
2115 東芝日曜劇場「窓の灯」
　　　(KR) 久坂栄二郎・作
　　　下元勉 細川ちか子
　　　宇野重吉 内藤武敏
2215 ABC ニュース
2225 ABC スポーツニュース
2230 演芸 落語「鰍潟」
　　　三遊亭円生
2245 映画「レンブラント」
2300 あしたのお天気
2305 放送終了

第5章「OTVが残した言葉」

●5月4日（月）OTV

1045 パターン 1100 朝日新聞N
1115 現代の顔【再】和田春生
1125 生活科学教室「クリスチャンレース」古沢美恵子
1155 いこいのリズム
1200 ABC ニュース
1215 カクテルサロン
　　「ボートのいろいろ」
雨天時
　　「オーナードライバー先輩に聞く」木村与三男 井狩甫他
1240 ガイド 45 料理手帖
　　「ポークカツレツカレー」辻勲 杉原アナ
1300 婦人ニュース「初夏の装い」藤川延子 15 告知
　　20 休止
1440 テストパターン
1500 大相撲夏場所（蔵前）
　　二日目（KR）45 おしらせ
1750 朝日新聞テレビニュース
1800 子供の教室(OTV)
　　「模型鉄道の話」
　　木下一郎
1815 左近右近(KR)「戸がくし狼」
　　立花伸介 藤間城太郎
　　水原他
1845 ガイド 50 ABC ニュース
1856 あしたのお天気
1900 あんみつ姫 (KR)
　　「あんみつ姫と旅立ち」
1930 歌の花束「月に踊る天使」
　　J 三木 菅原 岩本
2000 蝶々々のしゃぼん玉人生
　　蝶々 雄二 雁玉
　　荒木雅子他
2030 ナショナルTVホール(KR)・銭形平次捕物控
　　「身投げする女」前篇
2100 カメラだより北から南から
　　「人出の季節」
2115 東京 0 時刻「指名手配」
2145 ニュース 55 スポーツN
2200 母と子 (KR)「大阪の風」
2230 ジャケットムード 牧野
2250 きのうきょう 矢部利茂
2300 ABC ニュース
2310 現代の顔 (KR) 辻政信
2320 あしたのお天気 25 放送終了

●5月5日（火）OTV

1045 テストパターン
1100 朝日新聞テレビニュース
1115 現代の顔【再】辻政信
1125 生活科学教室
　ジュニアオーケストラ
　演奏会中継「日本古謡集」
1200 ABC ニュース
1215 ほほえみ一家 (KR)
　　竜崎一郎「ある友情」
　　坪内美詠子他
1240 テレビガイド
1245 料理手帖
　　「子供向き卵ご飯」
1300 婦人ニュース
　　「一年生の一月」
1315 漫画映画
1330 政府の窓
　　板野学 森竹真砂子
1345 映画「すべてを恋に」
1500 大相撲夏場所 (蔵前)
　　三日目 (KR) 45 おしらせ
1750 朝日新聞テレビニュース
1800 シンちゃんの漫画劇場
　　「かっぱ川太郎」
1815 ロビンフッドの冒険
　　ハーブの持ち主は
　　45 ガイド
1850 ABC ニュー 56 お天気
1900 カロランミュージカル(KR)
　　「女性がついている」
　　ペギー葉山
1930 フューリーとソニー
2000 源平芸能合戦 安永良億
　　「新東洋リズム時計」
2030 潜水王マイケルソン
　　「隠されたダイヤ」
2100 我が家の青春 (KR)
　　「別れの三号地」
　　コロムビアローズ
　　坂本武 飯田蝶子他
2115 旗本退屈男「贋金一万両」
　　後篇 40 テレビガイド
2145 ABC ニュース
2155 ABC スポーツニュース
2200 近鉄パールアワー
　　あまから父さん
2215 女秘書スージー
　　「経営法の実践」
2245 シークレット 棚木律子他
2300 ABC ニュース
2310 現代の顔 (KR)
　　中曽根康弘
2320 あしたのお天気
2325 放送終了

●5月6日（水）OTV

1045 テストパターン
1100 朝日新聞テレビニュース
1115 現代の顔【再】
　　中曽根康弘
1125 生活科学教室
　　「パーマネント」
　　名和好子他
1155 いこいのリズム
1200 ABC ニュース
1215 歌のハイライト
　　「冷たい男」
　　佐川新太郎 J 三木
　　北見和夫他
1240 テレビガイド
1245 料理手帖「からくりイカと青豆の含め煮」
　　辻徳光 広瀬佐子
1300 婦人ニュース「法」
　　植木寿子
1315 おしらせ 20 放送休止
1440 テストパターン
1500 大相撲夏場所 (蔵前)
　　四日目 (KR) 45 おしらせ
1750 朝日新聞テレビニュース
1800 おにいちゃん 川上のぼる
　　寺島真知子 小島慶四郎
1815 アイバンホー・森の盗賊
　　「石工たちの団結」
1845 ガイド 50 ABC ニュース
1856 あしたのお天気
1900 フランキーの無髯弥太郎 (KR)「五月の青春の巻」
1930 裁判 (KR)「大審院」
　　(ある裁判官の記録)
　　前篇 佐分利信
　　三宅邦子他
2000 ボクシング
　　石川圭一一 篠沢佐久治
　　辰巳八郎・長総照雄
　　三浦清一中村勝三
　　大川寛一奥山利夫
2130 うきよ談語
2145 ABC ニュース
2150 ABC スポーツニュース
2200 ここにこんな人が
　　「球場の土に生きて」
　　筒井修川当薫 米田信二
2245 きのうきょう 矢部利茂
2300 ABC ニュース
2310 現代の顔 (KR) 宮城たまよ
2320 あしたのお天気
2325 放送終了

●5月7日（木）OTV

1045 テストパターン
1100 朝日新聞テレビニュース
1115 現代の顔【再】宮城タマヨ
1125 生活科学教室
　　「お母さんのいる場所」
　　鈴木
1155 いこいのリズム
1200 ABC ニュース
1215 かしまし アワー
　　青春おてんば日記
　　「女性の敵」
1240 テレビガイド
1245 料理手帖「キャベツの重ね煮」早川武一
　　佐藤和枝
1300 ポーラ婦人ニュース
　　ジャニーヌ・シャラ
1315 おしらせ 20 放送休止
1440 テストパターン
1500 大相撲夏場所 (蔵前)
　　五日目 (NTV)
1745 おしらせ 50 朝日新聞N
1800 まんがくらぶ
1815 名犬ラッシー
　　「古い切手帳」
1845 ガイド 50 ABC ニュース
1856 あしたのお天気
1900 スーパースターメロディ
　　沢本忠雄 大野
　　中島そのみ
1930 スーパーマン（漫画）
　　「地球の滅びる日」
2000 この謎は私が解く (KR)
　　「仏像とアイスクリーム」
　　解決篇
2030 屋根の下に夢がある (KR)
　　「子供同士」若原雅夫
　　永田百合子他
2100 明日また「今日子の陰謀」
　　戸山啓子 松岡他
2115 コント千一夜 森光子 他
2130 ABC スポーツウィークリー
2145 N 55 ABC スポーツ N
2200 劇場中継 新国劇
　　「荒神山・吉良の仁吉」
　　山内明 森光子
　　御橋公 浦辺粂子・小田切
　　島田 辰巳 清水
2230 三協グッドナイトショー
　　「8ミリ作品紹介など」
　　J 愛田 磯野他
2300 ABC ニュース
2310 現代の顔 (KR) 上田保
2320 お天気 25 放送終了

●5月8日（金）OTV

1045 テストパターン
1100 朝日新聞テレビニュース
1110 現代の顔【再】上田保
1125 服飾教室「下着の知識」
1155 いこいのリズム
1200 ABC ニュース
1215 映画の窓 (KR)「めざめ」
　　(独) 津川雅彦
1240 テレビガイド
1245 料理手帖「ハモの鳴門焼き」
　　堀田吉夫 佐藤
1300 婦人ニュース「週間展望」
　　上田保
1315 劇場中継「雨の陸橋」「五千両手柄」
　　(新宿第一劇場)
1500 大相撲夏場所 (蔵前)
　　七日目 (KR)
1750 ABC ニュース
1756 あしたのお天気
1800 芸能スナップ 小泉隆他
1815 ミラクルボイスショー
　　「安西郷子ショー」
1830 ダイハツコメディ・やりくりアパート (OTV)
　　「明日は雨か」大村崑
　　佐々十郎 茶川一郎 他
1900 月光仮面「不幸な男」
1930 ラマーオブジャングル
　　「邪教の猿神」声 大木
2000 運命の標的
　　「四時十二分の散歩」
2030 夜のムード ペギー葉山
　　武井義明 朝丘雪路他
2100 二つの椅子
　　「カーネーション」
　　平林徳治 水木
2115 東芝日曜劇場「熊」(KR)
　　中江良夫・作
　　益田喜頓 清川虹子他
　　15 ABC ニュース
2225 ABC スポーツニュース
2230 演芸落語「道灌」小さん
2245 映画「オランダの紹介」
2300 あしたのお天気
　　05 放送終了

●5月9日（土）OTV

1045 テストパターン
1100 朝日新聞テレビニュース
1115 現代の顔【再】北村サヨ
1125 映画「南米見て歩る記」
　　(スイス航空) 45 ガイド
1155 いこいのリズム
1200 ABC ニュース
1215 土曜寄席 光晴・夢若
1240 テレビガイド
1245 料理手帖「イカミンチのマーガリン焼き」
　　堀田吉夫 佐藤
1300 婦人ニュース「うちの宿六」藤沢典子
1315 生花教室「母の日の花」
　　肥原
1335 参議院選挙始まる
　　矢部利茂
1405 文楽「白いお地蔵さん」
　【再】津太夫 紋二郎他
1500 大相撲夏場所 (蔵前)
　　六日目 (KR) 45 おしらせ
1750 朝日新聞テレビニュース
1800 電気の ABC
　　「エジソンと電灯の発明」
1815 映画「カメラ旅行」
1845 ガイド 50 ABC ニュース
1856 あしたのお天気
1900 街のチャンピオン
　　トップライト
1930 部長刑事
　　「二人目は邪魔だ」
2000 道頓堀アワー「寄席」(角座)
　　ダイマル・ラケット
　　正司歌江・照江・花江
　　千歳家今次・今若
2100 話題のアルバム 10 ガイド
2115 目真名氏飛び出す (KR)
　　「花園の狼」前篇
　　久松照夫 高原駿雄他
2145 ABC ニュース
2155 ABC スポーツニュース
2200 鳴門秘帖
2230 わが母校・わが故郷
　　「長岡中」堀口大学
　　松岡厳 町永
2300 ABC ニュース
2310 現代の顔 (KR) 高橋俊英
2320 あしたのお天気
2325 放送終了

●5月10日（日）OTV

910 テストパターン
925 おしらせ 930 日曜漫画
945 仲よしニュース
955 マンガ公園「哀れな王様」
1030 バイグル
1045 おやつ教室「ブランマンジェ」
　　小林孝二
1100 ABC 週間テレビニュース
1115 スポーツの窓
1130 日曜サロン 茶珍俊夫他
1200 ABC ニュース 10 ガイド
1215 ダイラケのびっくり捕物帖
　　「名無しの権兵衛」前篇
1240 テレビガイド
1245 ロッテ歌のアルバム (KR)
　　青木純子
1315 ナショナル日曜テレビ
　　観劇会「越後獅子祭・片貝甲四郎」
　　辰巳柳太郎 香川桂子
　　清水彰他
1500 大相撲夏場所 (蔵前) 中日
　　(KR)
1750 ABC ニュース
1756 あしたのお天気
1800 芸能スナップ 小泉隆他
1815 ミラクルボイスショー
　　「安西郷子ショー」
1830 ダイハツコメディ・やりくりアパート (OTV)
　　「明日は雨か」大村崑
　　佐々十郎 茶川一郎 他
1900 月光仮面「不幸な男」
1930 ラマーオブジャングル
　　「邪教の猿神」声 大木
2000 運命の標的
　　「四時十二分の散歩」
2030 夜のムード ペギー葉山
　　武井義明 朝丘雪路他
2100 二つの椅子
　　「カーネーション」
　　平林徳治 水木
2115 東芝日曜劇場「熊」(KR)
　　中江良夫・作
　　益田喜頓 清川虹子他
　　15 ABC ニュース
2225 ABC スポーツニュース
2230 演芸落語「道灌」小さん
2245 映画「オランダの紹介」
2300 あしたのお天気
　　05 放送終了

●5月11日（月）OTV

1045 テストパターン
1100 朝日新聞テレビニュース
1115 現代の顔【再】高橋俊英
1125 生活科学教室 小園他
　　　「楽しいポケットの工夫」
1155 テレビ・ショーウインドウ
1200 ABC ニュース
1215 カクテルサロン
　　　「ドレス・ファッション」
【雨天時】オーナードライバー
　　　の先輩に聞く 40 ガイド
1245 料理手帖「イワシの野菜
　　　チーズ焼き」辻勲 寺岡
1300 婦人ニュース
　　　「アメリカの日本髪」
　　　美容家・山本鈴子
　　　15 おしらせ
1315 テレビガイド 20 放送休止
1440 テストパターン
1500 大相撲夏場所（蔵前）
　　　九日目（KR）
　　　1745 おしらせ
1750 朝日新聞テレビニュース
1800 子供の教室（OTV）
　　　「国民体育デー」
　　　岩田次郎
1815 左近右近（KR）「死の丘」
1845 ガイド◇ニュース
　　　　　　　　　　◇天気
1900 あんみつ姫（KR）
1930 唄の花束「雨の遊園地」
　　　白根 神楽坂浮子
　　　石井千枝
2000 蝶々のしゃぼん玉人生
　　　「楽は苦の種」蝶々雄二
　　　雁玉 荒木雅子他
2030 ナショナルTVホール（KR）・
　　　銭形平次捕物控
　　　「身投げする女」後篇
　　　若山富三郎他
2100 カメラだより北から南から
　　　「当世浮世ぶろ」
2115 東京0時刻
　　　「破られた紙幣」
2145 ABC ニュース
2155 スポーツニュース
2200 母と子（KR）「金魚」
2230 ジャケットムード
2250 きのうきょう 矢部利茂
2300 あしたのお天気
2305 現代の顔（KR）
　　　フロージャック神父

●5月12日（火）OTV

1045 パターン 1100 朝日新聞 N
1115 現代の顔【再】
　　　フロージャック神父
1125 いけばな教室「基本花型」
　　　横地
1200 ABC ニュース
1215 ほほえみ一家（KR）
　　　「みどりの頃」40 ガイド
1245 料理手帖「サラダ料理
　　　二種 芝えびとマカロニ
　　　のサラダ レタスと卵の
　　　サラダ」
1300 ポーラ婦人ニュース「ナイ
　　　チンゲール・デー」
　　　高浜利夫
1315 短編映画「二人の客」
1330 政府の窓「野鴨週間」
1350 休止
1440 テストパターン
1500 大相撲夏場所十日目（KR）
1750 朝日新聞テレビニュース
1800 シンちゃんの漫画劇場
　　　「アリババと40人の
　　　盗賊」
1815 ロビンフッドの冒険
　　　「不思議な男」45 ガイド
1850 ABC ニュース 56 お天気
1900 カロランミュージカル
　　　（KR）「女性はツイている」
1930 フューリーとソニー
　　　「少年の日」
2000 源平芸能合戦 済生会福岡
　　　病院―福岡日本赤十字
　　　病院 安永良徳他
2030 潜水王マイクネルソン
　　　「謎の女」
2100 我が家の青春（KR）
　　　コロムビアローズ
　　　坂本武 飯田蝶子他
2115 旗本退屈男「まだら蜘蛛」
　　　前篇 40 テレビガイド
2130 うきよ談話「オルゴール」
　　　三遊亭金馬他
2145 ニュース
2155 ABC スポーツ N
2200 近鉄パールアワー・
　　　あまから父さん
2215 女秘書スージー「恋人」
2245 シークレット 棚木律子他
2300 ABC ニュース
2310 現代の顔（KR）田中彰治
2320 あしたのお天気
　　　25 放送終了

●5月13日（水）OTV

1045 テストパターン
1100 朝日新聞テレビニュース
1115 現代の顔【再】田中章治
1125 生活科学教室「化粧」
　　　細田文一郎 金子亜矢子
　　　泉大助 55 いこいのリズム
1200 ABC ニュース
1215 歌のハイライト
　　　「平民昌章ショー」
　　　40 ガイド
1245 料理手帖「キャベツ巻の
　　　酢の物」辻徳光
　　　広瀬修子
1300 婦人ニュース 白井昌夫
　　　「ヨーロッパの映画・
　　　演劇」
1315 おしらせ 20 放送休止
1440 テストパターン
1500 大相撲夏場所十一日目
　　　（NTV）
1745 おしらせ 50 朝日新聞 N
1800 おにいちゃん「商売がたき」
　　　川上のぼる 寺島真知子
　　　小島慶四郎
1815 アイバンホー・森の盗賊
　　　「悪魔の地下牢」
　　　45 ガイド
1850 ABC ニュース 56 お天気
1900 フランキーの無闇弥太郎
　　　「犬の条件」
1930 裁判（KR）「大審院」
　　　（ある裁判官の記録）
　　　後篇 佐分利信 三宅
　　　邦子他
2000 プロ野球中継
　　　東映―大毎（KR）
　　　解説：西沢道夫 渡辺
【中止時】阪急―近鉄（西宮）
2000 劇映画
2115 きよ談話「オルゴール」
　　　三遊亭金馬他
2145 ABC ニュース
2150 ABC スポーツニュース
2200 ここにこんな人（KR）
　　　「薄弱児と元参謀」
　　　仲野好雄 仲野美保子
2230 三協グッドナイトショー
　　　「8ミリ作品紹介など」
　　　武井義明 上原待子と
　　　SKD 他
2300 ABC ニュース
2310 現代の顔（KR）大島秀一
2320 あしたのお天気
　　　25 放送終了

●5月14日（木）OTV

1045 テストパターン
1100 朝日新聞テレビニュース
1115 現代の顔【再】大島秀一
1125 生活科学教室
　　　「音と住い」宮城
1155 いこいのリズム
1200 ABC ニュース
1215 かしましアワー青春おてん
　　　ば日記「鬼の居ぬ間に」
　　　正冨践工・照工・花工他
1240 テレビガイド
1245 料理手帖「タイの杉板焼き」
1300 婦人ニュース「お城の建築」
　　　竹腰健造
1315 劇場中継（千日前大劇）
　　　ダイマル・ラケット
　　　東喜たまみ 笑福亭松之助
1335 コーラス・パレード
　　　ダックス コインズ他
1500 大相撲夏場所十二日目
　　　（KR）
1745 おしらせ
1800 まんがくらぶ
1815 名犬ラッシー「海賊ごっこ」
　　　声・北条美智留 金子他
1845 ガイド 50 ABC ニュース
1900 スーパースターメロディ
　　　「マラゲニヤ」チエミ
　　　遠山他
1930 スーパーマン（漫画）
　　　「不思議な密室」
2000 この謎は私が解く（KR）
　　　「手袋の秘密」前篇
2030 屋根の下に夢がある（KR）
　　　「青春の智恵」若原雅夫
　　　永井百合子他
2100 明日または
　　　「今日子の野球見学」
　　　戸山啓子 松岡他
2115 コント千一夜 森光子 他
2130 ABC スポーツウイークリー
2145 ABC ニュース
2155 ABC スポーツニュース
2200 サンヨーテレビ劇場
　　　「殉愛」高友子 南原
　　　伸二 飯塚敏夫 伊達信
2245 きのうきょう 矢部利茂
2300 ABC ニュース
2310 現代の顔（KR）清水馨八郎
2320 あすのお天気
2325 放送終了

●5月15日（金）OTV

1045 テストパターン
1100 朝日新聞テレビニュース
1110 現代の顔【再】山手樹一郎
1125 服装教室 谷長二他
1155 いこいのリズム
1200 ABC ニュース
1215 映画の窓（KR）「緑の館」
　　　（米）小森和子 荻昌弘
　　　◇ガイド
1245 料理手帖「拭石俊枝
　　　泡雪羹とスパイスケーキ
1300 婦人ニュース「うちの宿
　　　六」佐藤行子
1315 生花教室「置合わせて見る
　　　花」肥原
1500 大相撲夏場所十三日目
　　　（KR）
1745 おしらせ
1750 朝日新聞テレビニュース
1800 電気のABC「エジソン」
　　　泉田行夫他
1815 運命の標的「にせ金貨」
1845 ガイド 50 ABC ニュース
1856 あしたのお天気
1900 テレビよぼよ大学（KR）
1930 京阪テレビカー泣きべそ
　　　天使
2000 「華やかな反抗」
2030 特ダネを逃がすな（KR）
　　　「二人の目撃者」後篇
2100 OTV ワールド・スポーツ
2115 金語楼劇場・オトラさん
　　　（KR）「蚊と蝿をなくし
　　　ましょう」柳家金語楼
　　　小桜京子他
2145 ABC ニュース
2155 ABC スポーツニュース
2200 サンヨーテレビ劇場
　　　「花園の狼」解決編
　　　久松保夫 高原駿雄他
2145 ニュース◇ABC スポーツ N
2200 鳴門秘帖
2230 わが母校・わが故郷
　　　「宇治山田中」沢渇久孝
　　　中山伊知郎 久留勝他
2300 ABC ニュース
2310 現代の顔（KR）小宮豊隆
2320 あしたのお天気
　　　25 放送終了

●5月16日（土）OTV

1045 テストパターン
1100 朝日新聞テレビニュース
1115 現代の顔【再】清水馨八郎
1125 映画
　　　「ヨーロッパのあれこれ」
1145 テレビガイド
1155 いこいのリズム
1200 ABC ニュース
1215 土曜寄席「ひとりのバラ
　　　エティ」川上のぼる
1240 テレビガイド
1245 料理手帖「舌ヒラメフライ」
1300 婦人ニュース
　　　「週間展望」岡田
1315 劇場中継
　　　「仮名手本忠臣蔵」
　　　（新歌舞伎座）勘三郎
　　　中車 又五郎
1500 大相撲夏場所（蔵前）
　　　十四日目（KR）天龍
　　　浅香山 鈴木
1750 朝日新聞テレビニュース
1800 仲よし音楽会
　　　枚岡市石切小
1815 人形劇「孫悟空」
　　　竹田三之助一座
　　　声・七尾伶子他
1845 テレビガイド
1850 ABC ニュース
1856 あしたのお天気
1900 街のチャンピオン
　　　トップ ライト
1930 部長刑事「魔女」
2000 道頓堀アワー
　　　松竹新喜劇「貸間と縁談」
　　　三景（中座）五郎八
　　　石河薫 あやめ
　　　五九郎 石浜祐次郎
2100 話題のアルバム
2110 テレビガイド
2115 日真名氏飛び出す（KR）
2145 ニュース◇ABC スポーツ N
2200 鳴門秘帖
2230 わが母校・わが故郷
　　　「宇治山田中」沢渇久孝
　　　中山伊知郎 久留勝他
2300 ABC ニュース
2310 現代の顔（KR）小宮豊隆
2320 あしたのお天気
　　　25 放送終了

●5月17日（日）OTV

910 テストパターン 25 おしらせ
930 日曜漫画
　　　45 仲よしニュース
955 マンガ公園「黒い子羊」他
1030 庭だより
1045 おやつ教室 小林孝二
1100 ABC 週間テレビニュース
1115 スポーツの窓
1130 日曜サロン「郊外電車」
　　　和田
1200 ABC ニュース 10 ガイド
1215 ダイラケのびっくり捕物帖
　　　「名無しの権兵衛」後篇
1240 テレビガイド
1245 ロッテ歌のアルバム（KR）
　　　「三波春夫ショー」
　　　鶴美幸
1315 ナショナル日曜テレビ
　　　観劇会「祇園囃子」
　　　（東京宝塚劇場）
　　　長谷川一夫 扇雀
　　　八重子 南悠子
1450 大相撲夏場所千秋楽
　　　（KR）
1750 ABC ニュース 56 お気気
1800 芸能スナップ 小泉博他
1815 ミラクルボイスショー
　　　「中村メイ子ショー」
　　　千葉
1830 ダイハツコメディ・やりくり
　　　アパート（OTV）「善意で
　　　行こう」大村崑
　　　佐々十郎 茶川一郎 他
1900 月光仮面「どくろの反撃」
1930 ラマーオブジャングル
　　　「ジャングルの裁き」
　　　声・大木
2000 プロ野球中継阪急―西鉄
　　　解説：芥田武夫 中村
【中止時】大毎―近鉄
2000 映画「オリーブの下に平和
　　　はない」
2130 東芝日曜劇場「一晩一両」
　　　（KR）山手樹一郎・作
　　　尾上松緑 香川京子
　　　伊志井寛 金田他
2230 ABC ニュース
2240 ABC スポーツニュース
2245 二つの椅子「お城ばやり」
　　　旭堂南陵 波江悌夫
2300 あしたのお天気
2305 放送終了

第5章「OTVが残した言葉」

● 5月18日 (月) OTV

1045 パターン 1100 朝日新聞N
1115 現代の顔（再）小宮豊隆
1125 生活科学教室
　　　レースをあしらった室
　　　内装飾
1155 テレビ・ショーウインドウ
1200 ABC ニュース
1215 カクテルサロン「オーナー
　　　ドライバーの先輩に聞く」
　　　山口真美子　大島慶子
1240 テレビガイド
1245 料理手帖「いちごのカーディ
　　　ナル」辻勲　寺岡
1300 ポーラ婦人ニュース
　　　「最近の南米」栗坂義郎
1315 ガイド 20 放送中止
1650 テストパターン
1705 座談会　若乃花他
　　　「大相撲場所を終わって」
1745 おしらせ 50 朝日新聞N
1800 子供の教室 (OTV)
　　　「交通の施設」松尾
1815 近右近(KR)「秘殺の壇」
1845 ガイド50 ニュース56 天気
1900 あんみつ姫 (KR)
　　　「あんみつ姫と狐ツキ」
　　　中原美紗緒　浜田百合子
1930 歌の花束
　　　「クルセード・アワー」
　　　L・フィットーニ他
2000 蝶々のしゃぼん玉人生
　　　「歌を忘れたカナリア」
2030 ナショナルTVホール
　　　「銭形平次捕物控「綾吉
　　　殺し」前篇 若1富2理他
2100 カメラだより北から南から
　　　「前世紀」
2115 東京0時刻
　　　「追いつめられた男」
2145 ニュース◇スポーツN
2200 母と子 (KR)
　　　「くるみの木のある家」
2230 ジャケットムード　三宅
2245 きのうきょう　矢部利茂
2300 あしたのお天気
2305 現代の顔 (KR) 今井功
　　　◇終了

● 5月19日 (火) OTV
※本放送開始900日目

1045 テストパターン
1100 朝日新聞テレビニュース
1115 現代の顔（再）今井功
1125 料理サロン 辻徳光
　　　茶珍俊夫「相談」
　　　「実演指導」
1200 ABC ニュース
1215 ほほえみ一家「招かざる客」
　　　竜崎一郎 坪内美詠子
　　　40 テレビガイド
1245 料理手帖「新じゃがとエビ」
　　　広瀬修子
1300 ポーラ婦人ニュース
　　　「関西古寺」亀井
1315 特別番組「参院選展望」
　　　渋沢輝二郎　高橋アナ
1330 政府の窓
　　　「貨物輸送の近代化」
1345 おしらせ 50 放送中止
1730 テストパターン45おしらせ
1750 朝日新聞テレビニュース
1800 シンちゃんの漫画劇場
1815 ロビンフッドの冒険
　　　「副代官のミステイク」
1845 ガイド 50 ABC ニュース
1856 あしたのお天気
1900 ミュージカル・
　　　女性はついている
　　　ペギー葉山
1930 フューリーとソニー
　　　「日照り」
2000 源平芸能合戦 安永良億
　　　「新明和工業―湯浅電他」
2030 潜水王マイクネルソン
　　　「勇敢な子供達」
2100 我が家の青春 (KR)
　　　コロムビアローズ
　　　武本　飯田蝶子他
2115 旗本退屈男「まだら蜘蛛」
　　　後篇40ガイド45ニュース
2155 ABC スポーツニュース
2200 近鉄パールアワー・
　　　あまから父さん
　　　「たちまち失恋」
2215 チャーミング・パラダイス
　　　牧野ヨシオ他
2245 シークレット 棚木律子他
2300 ABC ニュース
2310 現代の顔 (KR) 橋本竜伍
2320 あしたのお天気
　　　◇放送終了

● 5月20日 (水) OTV

1045 テストパターン
　　　ブルックナー
　　　「交響曲第四番」
1100 朝日新聞テレビニュース
1115 現代の顔（再）橋本竜伍
1125 生活科学教室
　　　「プラスチック」浅井他
　　　55 いこいのリズム
1200 ABC ニュース
1215 歌のハイライト 小野透
　　　「湖畔の散歩道」40 ガイド
1245 料理手帖「とこぶしの酒蒸し」
　　　辻徳光　広瀬修子
1300 婦人ニュース「舞台の夫婦」
　　　岸輝子 15 おしらせ 20 休止
1730 テストパターン 45 おしらせ
1750 朝日新聞テレビニュース
1800 おにいちゃん
　　　「千吉の誕生日」
　　　川上のぼる　寺島真知子
　　　小島慶四郎
1815 アイバンホー・森の盗賊
　　　「黒衣の襲撃者」
　　　45 ガイド
1850 ABC ニュース 56 お天気
1900 フランキーの無医村太郎
　　　「酒も飲め飲め飲むならば」
1930 裁判(KR)「十年の鎖」南原
1950 プロ野球中継 阪神―巨人
　　　解説：西沢道夫　渡辺
【大阪雨天時】西鉄―東映
【試合ない時】
　　　映画「混血児アンジェロ」
2130 うきよ談語
　　　45 ABC ニュース
2150 ABC スポーツニュース
2200 ここにこんな人が
　　　「ミルクの村づくり」
　　　久保政夫 ヒサ子
2130 ABC スポーツウイークリー
2145 ABC ニュース
2155 ABC スポーツニュース
2230 ABC 週間海外ニュース
2245 きのうきょう 矢部利茂
2300 ABC ニュース
2310 現代の顔 (KR) 横山泰三
2320 あしたのお天気
2325 放送終了

● 5月21日 (木) OTV

1045 テストパターン
1100 朝日新聞テレビニュース
1115 現代の顔（再）横山泰三
1125 生活科学教室「庭とくらし」
　　　清水友雄
　　　55 いこいのリズム
1200 ABC ニュース
1215 かしましトーク
　　　青春おてんば日記
　　　「沈黙は金」正司歌江・
　　　照江・花江 他
1240 テレビガイド
1245 料理手帖
　　　「サバのドミグラスソース
　　　焼」田賀富貴
1300 婦人ニュース「うちの宿六」
　　　千嘉代子　中山たく
　　　ニコルソン 15 おしらせ
1315 生花教室 肥原康甫
1330 おしらせ 35 放送中止
1730 テストパターン 45 おしらせ
1750 朝日新聞テレビニュース
1800 渡辺まんがくらぶ
1815 名犬ラッシー「目の手術」
　　　声・北条美智留 金子他
1845 ガイド 50 ABC ニュース
1856 あしたのお天気
1900 スーパースターメロディ
　　　「バイ・バイ・メズモ」
　　　宝とも子
1930 スーパーマン
　　　「謎のラジウム」
2000 この謎は私が解く (KR)
　　　「手袋の秘密」解決編
2030 屋根の下に夢がある
　　　(KR)「20 年目の妹」
　　　若原雅夫 永井百合子他
2100 明日また「今日子の花物語」
　　　戸山啓子　松岡他
2115 コント千一夜 森光子 他
2130 ABC スポーツウイークリー
2145 ABC ニュース
2155 ABC スポーツニュース
2200 サンヨーテレビ劇場 (KR)
　　　「殉愛」
2245 きのうきょう 矢部利茂
2300 ABC ニュース
2310 現代の顔 (KR) 武田恒徳
2320 あしたのお天気
2325 放送終了

● 5月22日 (金) OTV

1045 テストパターン
1100 朝日新聞テレビニュース
1110 現代の顔（再）武田恒徳
1125 服装教室 牛山源一郎 他
　　　「夏を呼ぶレースショー」
1155 いこいのリズム
1200 ABC ニュース
1215 映画の窓 (KR) 荻昌弘
　　　「悲しみは空の彼方に」
1240 テレビガイド
1245 料理手帖
　　　「ハンバーグス
　　　テーキベーコン巻き」
　　　上田
1300 婦人ニュース「週間展望」
　　　田賀富貴
1315 映画「硝煙テキサス街道」
　　　ロッドキャメロン
1410 関西六大学野球
　　　解説：松井一之 西村
　　　◇休止
　　　◇テストパターン
1730 来週のハイライト◇おしらせ
1750 朝日新聞テレビニュース
1800 仲よし音楽会 若草会
1815 人形劇「孫悟空」
　　　竹田三之助一座
　　　声・七尾伶子他
1845 ガイド 50 ABC ニュース
1856 あしたのお天気
1900 テレビびよびよ大学 (KR)
1930 京阪テレビカー・泣きべそ
　　　天使「居候は辛いです」
2000 少年航路 (KR)
　　　「幻想航海図」前篇
2030 特ダネを逃がすな (KR)
　　　「愛憎の決算」前篇
2100 OTV ワールド・スポーツ
2115 金語楼劇場・おトラさん
　　　「違ってたの巻」
　　　柳家金語楼　小桜京子他
2145 ABC ニュース
2155 ABC スポーツニュース
2200 サンヨーテレビ劇場 (KR)
　　　「殉愛」
2245 きのうきょう 矢部利茂
2300 ABC ニュース
2310 現代の顔 (KR) 内藤武敏
2320 あすのお天気
2325 放送終了

● 5月23日 (土) OTV

1045 テストパターン
1100 朝日新聞テレビニュース
1115 現代の顔（再）内藤武敏
1125 映画「カリビア海の休日」
1145 テレビガイド
1155 いこいのリズム
1200 ABC ニュース
1215 土曜寄席 歌楽・サザエ
1240 テレビガイド
1245 料理手帖「ハンバーグス
　　　テーキベーコン巻き」
1300 婦人ニュース「週間展望」
　　　上田
1315 映画「硝煙テキサス街道」
　　　ロッドキャメロン
1410 関西六大学野球
　　　解説：松井一之 西村
　　　◇休止
　　　◇テストパターン
1730 来週のハイライト◇おしらせ
1750 朝日新聞テレビニュース
1800 仲よし音楽会 若草会
1815 人形劇「孫悟空」
　　　竹田三之助一座
　　　声・七尾伶子他
1845 ガイド 50 ABC ニュース
1856 あしたのお天気
1900 俺のチャンピオン
1930 部長刑事「バスト38の男」
2000 道頓堀アワー「寄席」
　　　(角座)
　　　漫才：日佐丸・ラッパ
　　　落語「親子電車」枝太郎
　　　漫才：松葉家奴・喜久奴
2100 話題のアルバム
2110 テレビガイド
2115 日真名氏飛び出す (KR)
　　　「坊主が憎けりゃ」前篇
　　　久松保夫 高原駿雄他
2145 ABC ニュース
2155 ABC スポーツニュース
2200 鳴門秘帖
2230 わが母校・わが故郷
　　　「神戸高等商船」
　　　松本満次　村上明
2300 ABC ニュース
2310 現代の顔 (KR) 中村草田男
2320 あしたのお天気
　　　25 放送終了

● 5月24日 (日) OTV

910 パターン 25 おしらせ
930 日曜漫画 45 仲よしN
955 マンガ公園 1030 京だより
1045 おやつ教室 小林孝二
1100 ABC 週間テレビニュース
1115 スポーツの窓
1130 日曜サロン 松原他
　　　「サケ・マス八万五千トン」
1200 ABC ニュース 10 ガイド
1215 ダイラケのびっくり捕物帖
1240 テレビガイド
1245 ロッテ歌のアルバム (KR)
　　　「三波春夫ショー」
　　　若原一郎　福原他
1315 ナショナル日曜テレビ
　　　観劇会「團菊祭」（東京・
　　　歌舞伎座）「浅妻舟」
　　　市川海老蔵 尾上松緑他
1520 M・レグーレス演奏会
1606 映画「テレビと広告」
1725 パターン◇おしらせ◇
1756 あしたのお天気
1800 芸能スナップ「港の牙」
1815 ミラクルボイスショー
　　　「藤本二三代ショー」
1830 ダイハツコメディ・
　　　やりくりアパート (OTV)
　　　「四つのエピソード」
　　　大村崑　佐々十郎
　　　茶川一郎 他
1900 月光仮面「毒ぐもの秘密」
　　　大原康一　谷幹一他
1930 漫画「勇敢なスコッチ君・
　　　猟のパーティー」
2000 プロ野球中継 巨人―大洋
　　　解説：西沢道夫 近江
【中止時】近鉄―東映
【試合ない時】
　　　映画「オリーブの下に
　　　平和はない」
2130 東芝日曜劇場「末っ子」(KR)
　　　守田勘弥　夏川静江
　　　須賀不二夫 坂東鶴之助他
2230 ニュース 40 スポーツ N
2245 二つの椅子　松本幸四郎
　　　三宅周太郎
2300 あしたのお天気◇放送終了

455

●5月25日（月）OTV

1045 パターン 1100 朝日新聞N
1115 現代の顔【再】中村草田男
1125 生活科学教室「アクセサリー」
1155 テレビ・ショーウインドウ
1200 ABCニュース
1215 カクテルサロン「愛の動物」
　　 ■野大三郎40テレビガイド
1245 料理手帖「ニース風の
　　 卵サラダ」辻勲 寺岡
1300 ポーラ婦人ニュース
　　 「ガールスカウト」
　　 高力寿美子 戸崎
1315 テレビガイド 20放送休止
1355 テストパターン
1410 関西六大学野球
　　 「関学―関大」
　　 解説・松井一之 西村
1705 座談会 20特別番組「新任
　　 イギリス大使を囲んで」
　　 モーランド 高畑誠一
　　 寿岳他
1750 朝日新聞テレビニュース
1800 子供の教室 (OTV)
　　 「耳の医学」
1815 左近右近 (KR)「びわ湖」
1845 ガイド 50 ABCニュース
1856 あしたのお天気
1900 あんみつ姫（KR）
　　 「あんみつ姫とある少女」
　　 中原美紗緒 浜田百合子
1930 クルセード・アワー
　　 カールマイカー ムーア
2000 蝶々のしゃぼん玉人生
　　 「歌を忘れたカナリア」
　　 蝶々 雄二 雁玉
　　 荒木雅子他
2030 ナショナルＴＶホール・
　　 銭形平次捕物控
　　 「綾吉殺し」後篇
　　 若山富三郎他
2100 カメラだより北から南から
　　 「薫風捕物帳」
2115 東京０時刻
　　 「スケッチブックの女」
2145 ニュース 55 スポーツN
2200 母と子(KR)「にせあかしや」
　　 花柳小菊 岡田英次
2230 シークレットムード 沢村
2245 きのうきょう 矢部利茂
2300 あしたのお天気
2305 現代の顔 (KR) 相磯勝也
2315 放送終了

●5月26日（火）OTV

1045 テストパターン
1100 朝日新聞テレビニュース
1115 現代の顔【再】相磯勝也
1125 料理サロン 辻徳光
　　 茶珍俊夫
1200 ABCニュース
1215 ほほえみ一家 (KR)
　　 「招かざる客」竜崎一郎
　　 坪内美詠子他
1240 テレビガイド
1245 料理手帖 井上幸作
　　 玉葱の詰めものサラダ
1300 婦人ニュース
　　 「日本人と菓子」
1315 特別番組 猪木他
　　 「両党の皮算用と見通し」
1330 政府の窓「警察音楽隊」
1345 ガイド 50 放送休止
1725 テストパターン（三浦環集）
1745 おしらせ
1750 朝日新聞テレビニュース
1800 シンちゃんの漫画劇場
1815 ロビンフッドの冒険
　　 「副代官のミステイク」
1845 ガイド 50 ABCニュース
1856 あしたのお天気
1900 ミュージカル・女性はツイ
　　 ている
1930 フューリーとソニー
　　 「気狂い草」
2000 源平芸能合戦
　　 「日本航空―富士重工」
　　 審査：古関裕而
　　 花柳徳兵衛他
2030 潜水王マイクネルソン
　　 「潜水強盗」
2100 我が家の青春 (KR)
　　 コロムビアローズ
　　 坂本武 飯田蝶子他
2115 旗本退屈男「亡霊屋敷」
　　 前篇
2140 ガイド 45 ABCニュース
2155 ABCスポーツニュース
2200 近鉄パールアワー・
　　 あまから父さん
2215 三協グッドナイト・ショウ
　　 丸山明宏 宇治かほる
2245 きのうきょう 棚木律子他
2300 ABCニュース
2310 現代の顔 (KR) 伊吹八重子
2320 お天気 25 放送終了

●5月27日（水）OTV

1045 テストパターン
　　 ラベル「ピアノ協奏曲
　　 ト短調」
1100 朝日新聞テレビニュース
1115 現代の顔【再】伊吹八重子
1125 生活科学教室「電気の知識」
　　 小原敏男
1155 いこいのリズム
1200 ABCニュース
1215 歌のハイライト「藤原恒夫
　　 ショー」「おのぼりさ
　　 んだ」他
1240 テレビガイド
1245 料理手帖「イワシの甘酢
　　 煮」辻徳光 広瀬修子
1300 婦人ニュース「食中毒」
　　 茶珍俊夫 15 おしらせ
1330 放送休止
1705 テストパターン
1725 オリンピック東京招致決
　　 まる 松沢他 45 おしらせ
1750 朝日新聞テレビニュース
1800 おにいちゃん
　　 「明日も青空」
　　 川上のぼる 寺島真知子
　　 小島慶四郎
1815 アイバンホー・森の盗賊
　　 槍の名手サイモン
　　 ◇ガイド
1850 ABCニュース 56 お天気
1900 フランキーの無医村太郎
　　 「眠れよい子よ」(KR)
1930 裁判 (KR)「ステージの母」
　　 村田貞枝 三浦光子他
2000 プロ野球中継 西鉄―南海
　　 （平和台）
　　 解説：武末悉昌 榎本
　　 【中止時】東映―大毎
2100 我が家の青春 (KR)
2130 うきよ談語「狂言」
　　 野村万蔵 万作 金馬
2145 ABCニュース
2150 ABCスポーツニュース
2200 ここにこんな人が
　　 「玩具の発明王」川崎俊先
2230 短編映画
　　 「ブラジル見聞記」
2300 ABCニュース
2310 現代の顔 (KR) 市川雷蔵
2320 あしたのお天気
2325 放送終了

●5月28日（木）OTV

1045 テストパターン
1100 朝日新聞テレビニュース
1115 現代の顔【再】宮部一郎
1125 生活科学教室「育児の場」
　　 早見元三 55 いこいの
　　 リズム
1200 ABCニュース
1215 かしましアワー青春おてんば
　　 日記「江戸ッ子さんコ
　　 ンニチハ」
1240 テレビガイド
1245 料理手帖 酢豚 奥井
1300 婦人ニュース「沖縄事情」
　　 遠山一平 15 おしらせ
1320 放送休止
1730 テストパターン 45 おしらせ
1750 朝日新聞テレビニュース
1800 渡辺まんがくらぶ
1815 名犬ラッシー
　　 「すてられた仔犬」
　　 声・北条美智留 金子他
1845 ガイド 50 ABCニュース
1856 あしたのお天気
1900 スーパースターメロディ
　　 「神戸一郎ヒットパレード」
　　 「恋人を待つなら」他
1930 スーパーマン「スーパー
　　 マンと鉛の仮面」
2000 この謎は私が解く (KR)
　　 「アパートの殺人」前篇
2030 屋根の下に夢がある (KR)
　　 「天才少年現る」若原
　　 雅夫 永井百合子他
2100 明日また「今日子と小唄」
　　 戸山京子 松岡他
2115 コント千一夜 森光子 他
2130 ABCスポーツウイークリー
2145 ABCニュース
2155 ABCスポーツニュース
2200 劇場中継
　　 「新国劇 無法一代」
　　 辰巳柳太郎 香川桂子
　　 石山
2300 ABCニュース
2310 現代の顔 (KR) 市川寿海
2320 あしたのお天気
2325 放送終了

●5月29日（金）OTV

1045 テストパターン
1100 朝日新聞テレビニュース
1110 現代の顔【再】渡久地政信
1125 服装教室
　　 「デザイン画の描き方」
　　 平沢信一 55 いこいの
　　 リズム
1200 ABCニュース
1215 映画の窓(KR)「すずらん祭」
　　 蘆原英了 40テレビガイド
1245 料理手帖 青豆のポタージュ
　　 堀越フサエ 寺岡
1300 婦人ニュース「うちの宿六」
　　 千嘉代子
1315 生花教室「水を見る花」
　　 肥田康甫 広瀬修子
1330 おしらせ
1335 ABCニュース
1730 テストパターン
1745 おしらせ
1750 朝日新聞テレビニュース
1800 電気のABC「ディーゼル
　　 発電」泉田伴夫他
1815 運命の的「ある貯蓄法」
1845 ガイド 1850 ABCニュース
1856 あしたのお天気
1900 テレビぴよぴよ大学 (KR)
1930 京阪テレビカー泣きべそ
　　 天使「子供には弱いです」
2000 少年航路 (KR)
　　 「幻想航海図」後篇
2030 特ダネを逃がすな (KR)
2100 OTVワールド・スポーツ
2115 金語楼劇場・おトラさん
　　 「ミッキーさん」
　　 柳家金語楼 小桜京子他
2145 ABCニュース
2155 ABCスポーツニュース
2200 サンヨーテレビ劇場 (KR)
　　 「殉愛」
2245 きのうきょう 矢部利茂
2300 ABCニュース
2310 現代の顔 (KR) 市川寿海
2320 あすのお天気
2325 放送終了

●5月30日（土）OTV

1045 テストパターン
1100 朝日新聞テレビニュース
1115 現代の顔【再】市川寿海
1125 料理教室「鶏料理三種」
　　 東畑朝子 吉沢久子
1145 ガイド 55 いこいのリズム
1200 ABCニュース
1215 土曜寄席 漫才
　　 「お笑いクイズ合戦」
　　 三平・四郎 40 ガイド
1245 料理手帖 射込みトマト
　　 世виз三郎 佐藤和枝
1300 婦人ニュース「週間展望」
1315 映画「密林の魔女」
　　 バスタークラブ他
　　 ◇おしらせ◇休止
1715 テストパターン
1730 競馬ハイライト 45 おしらせ
1750 朝日新聞テレビニュース
1800 仲よし音楽会
　　 大阪市晴明丘小学校
　　 野村
1815 人形劇「孫悟空」
　　 竹田三之助一座
　　 声・七尾伶子他
1845 テレビガイド
1850 ABCニュース
1856 あしたのお天気
1900 街のチャンピオン トップ
　　 ライト
1930 部長刑事「俺を殺す気」
2000 道頓堀アワー 松竹新喜劇
　　 「めりい・ごうらんど」
　　 （中座）曾我廼家五郎八
　　 明蝶 藤山寛美
　　 酒井光子 石河薫 由利
2100 話題のアルバム 10 ガイド
2115 日真名氏飛び出す (KR)
　　 「坊主が憎けりゃ」解決編
　　 久松保夫 高原駿雄他
2145 ABCニュース
2155 スポーツN 2200 鳴門秘帖
2230 わが母校・わが故郷「青森」
　　 淡谷のり子 淡谷悠蔵
　　 田川
2300 ABCニュース
2310 現代の顔 (KR) 武見太郎
2320 あしたのお天気
　　 25 放送終了

●5月31日（日）OTV

910 テストパターン 25 おしらせ
930 日曜漫画 45 仲よしニュース
955 マンガ公園 1030 京だより
1045 日曜喫茶室
　　 ジョージ・ルイカー
1100 ABC週間テレビニュース
1115 芸能アルバム
1130 特別番組「伸びゆく交通路」
　　 磯野博也
1200 ABCニュース 10 ガイド
1215 ダイラケのびっくり捕物帖
1240 テレビガイド
1245 ロッテ家のアルバム (KR)
　　 白根一男 大空真弓
1315 ナショナル日曜テレビ
　　 観賞会「銀座暮色」
　　 越路吹雪 伊志井寛他
1420 フランキー永井ショー
　　 藤本二三代他◇休止
1725 テストパターン 45 おしらせ
1750 ABCニュース 56 お天気
1800 芸能スナップ
1815 スタープレゼント
　　 三船浩 筑紫あけみ
1830 ダイハツコメディ・やりくり
　　 アパート (OTV)「祭りの
　　 あとさき」大村崑
　　 佐々十郎 其中山一郎他
1900 月光仮面「見事なる計略」
　　 大浦康一 谷幹一他
1930 漫画「おもちゃの国・
　　 猫のサンタクロース」
2000 プロ野球中継 西鉄―大毎
　　 （平和台）解説：武末悉昌
　　 【中止時】
　　 阪神―広島（甲子園）
　　 【または】東映―近鉄
　　 【試合ない時】
　　 「オリーブの下に平和は
　　 ない」
2130 東芝日曜劇場「鰤の海」
　　 (KR) 大矢市次郎
　　 河内桃子 京塚昌子
　　 久門他
2230 ABCニュース40スポーツN
2245 二つの椅子「チャイム対談」
　　 W・ノット 須藤
2300 あしたのお天気 05放送終了

※**朝日放送大阪テレビ
（ABC－OTV）」廃止**

これがOTVだ　1959年5月

単独番組

● **参議院選挙始まる**
1959年5月8日（金）13：35 ～ 14：05
矢部利茂

● **参院選展望**
1959年5月19日（火）13：15 ～ 13：
渋沢輝二郎、高橋アナ

● **新任イギリス大使を囲んで**
5月25日（月）17：20 ～ 17：45
駐日英国大使サー・オスカー・モーランド（Sir Oscar Charles Morland）、高畑誠一、寿岳文章他

● **両党の皮算用と見通し**
5月26日（火）13：15 ～ 13：30
猪木正道　ほか

● **特別番組「伸びゆく交通路」**
5月31日（日）11：30 ～ 12：00
磯野博（大阪市交通局高速鉄道課長）

新番組

【5月5日（火）】
● **シークレット**
（～7月28日、全13回）
火22：45 ～ 23：00　生放送によるスタジオミュージカル。棚木律子他

【5月24日（日）】
● **マルマン日曜娯楽館**
（～8月30日、全13回）
日10：45 ～ 11：00
出演：牧野周一、ジョージ・ルイカーほか

【5月24日（日）】
● **モービル劇場**
（～12月13日、全21回、共同制作）
日15：30 ～ 16：15
この番組については番組表上では確認されていない。

番組の合間に放送されたIDカード

1959年6月

1959年6月1日（月）

合併登記を完了し、大阪テレビ放送解散。朝日放送がラジオテレビ兼営局として発足。鈴木剛OTV社長は朝日放送社長に就任。

15日　合併披露宴を新大阪ホテルで開催
17日　東京・東京會舘でも開催。
23日　名古屋観光ホテル開催。

OTVの遺産 〜テレビを発展に導いた五つの種〜

● それから……

1959年6月1日月曜日11：00、中之島のABCホールで合併記念式が開催され、大阪テレビ放送株式会社と朝日放送株式会社との合併登記が完了。企業としてのOTVは消滅。朝日放送がラジオとテレビの事業と免許を継承した。

大阪テレビ放送社長・鈴木剛氏は、新制・朝日放送の社長に就任した。大阪テレビ放送の局舎は「ABC堂島局舎」と改称して、引き続きテレビ番組の制作・送出に使用された。だからこの時期の社用封筒には中之島（ラジオ）と堂島（テレビ）の両住所が併記されている。

15日　朝日放送は新大阪ホテルで合併披露宴を開催。かくして「大阪テレビ放送」は公式の場からいっさい姿を消した。

喫緊の課題は、OTVという大人気ブランドにかわる「ABCテレビ」というブランドを定着させることにった。そのためABCはテレビ用にスチリッシュなロゴを新調した。それは太いゴチック体で描かれた小文字のabcを、一文字づつ「眼」の形の枠で囲むというものであるが、abcの部分に用いられている太ゴチックは、OTVのロゴから継承した字体だ、と、新聞紙上で説明された。

また、1959年2月末〜1959年5月末まで、放送上は「朝日放送大阪テレビ（ABC-OTV）」という名称を使い、事業の継続性をアピールした。この期間は、ニュースなどは「ABCニュース」になったが、番組の制作クレジットにはOTV、ネットワークIDにはABC-OTVが使われた。

そうして、ABCテレビになってからも「第6チャンネル」は在阪局の「横綱」として人気を保ち続けた。「びっくり捕物帖」と「やりくりアパート」から始まった大阪発テレビコメディの人気は、そのままABCに引き継がれ、浮沈を繰り返しながら「てなもんや三度笠」という時代の絶頂にまで到達した。

笑いの番組について限って言えば、そもそもABCラジオ自体、開局以来「お笑い放送局」と呼ばれるほどコメディ・演芸に強く、演芸場である戎橋松竹（エビショー）を公開スタジオのように駆使し、また「お笑い街頭録音」や「漫才教室」など上方芸人ならではの腕を活かしたモダンな番組企画で全国的に成果をあげていたのだ。

そこに、OTVからきたコメディ番組や喜劇中継が全国ネット上に大きな噴出孔をあけた。

また、コメディで出遅れた関西テレビも、商人もののドラマをきっかけに「人情と出世」（貧困や

社会的地位の差を人情と知恵で乗り越える）という鉱脈を掘り当てて、「どてらい奴」に至る大きな流れを打ち出した。

また OTV の体質的特徴である「冒険」も、ひとつの鉱脈として各局に受け継がれた。合併した年の秋、ABC テレビは富士山より難易度の高い「黒四ダム建設現場からの中継」を成功させたし、再度富士山からの中継もおこなった。また、他の在阪・在京局もそれぞれ、山に登り、海に潜り、新たな番組形態を開発して、強い存在感をアピールした。

これら「鉱脈」を活かした甲斐あって、在阪局は「準キー局」というステータスを獲得し、全国ネットの中に格別なポジションを得ることに成功した。それは、4局がそれぞれ独自の噴出孔を確保したことも意味する。つまり4つの噴出孔は、その後たびたび全国に大小の「上方ブーム」を引き起こし、新しい「大阪像」を輸出していった。

● グッドイメージを広めた在阪テレビ局

今や、大阪・関西の言葉は全国のテレビラジオから鳴り響いている。かつて「関西弁アレルギー」がひどかった関東でさえ、今や時間帯に関係なくどこかのチャンネルで、必ずといっていいほど関西出身の芸人や関西のタレントが出演している。驚くべきことに、2016 現在、千葉テレビやテレビ神奈川の「地域情報番組」にまで、関西のタレントが出演している。

残念ながら、今や「大阪」は明らかに輸出超過になってしまった。かつて「珍しい」とか「大阪らしい」といわれたものは、いまや（質はともかく）全国で「製造・販売」されており、回りまわって大阪経済を圧迫している。珍しくもなんともない身近なものになったのだ。まるで、日本の製造業が、かつて日本から学んだ海外企業によって圧迫されるようになったのと同じではないか。

もちろん、テレビで表現されている「大阪っぽさ、関西らしさ」は大阪・関西の地元のそれと同じではない。大村崑さんのインタビューにもある通り、在阪局は、テレビ向きの「明朗、明快、滑稽、温和な」大阪弁・関西弁表現を用いて「ポジティブなイメージ」を定着させたのだ。

近年、大阪・関西の「本物」を輸出しようとする動きもあるにはあるが、こちらはなかなか苦戦しているようだ。先に広められたステレオタイプ・イメージとのギャップに阻まれているのだ。

とはいえ、いまから半世紀前まで、東日本一帯には、大阪に対するマイナスイメージがあった。昔の東京人のなかには「関西人はあけすけで、駆け引き好きで、押しが強い、無作法で自信満々な連中」と言うステレオタイプなイメージを持つ人が多かった。また、京都も大阪も神戸も（時には名古屋まで）区別なく「カンサイ」と呼ばれた。

ところが在阪テレビ局のヒット番組が、これを大きく払拭したのだ。これだけでも見事な成果ではないだろうか。

たとえば「びっくり捕物帖」が掘り起こした「上方のコメディ」という鉱脈、「やりくりアパート」が掘り起こした「人情と下剋上」という鉱脈、このふたつの大鉱脈から生み出された番組は、じっくりと全国の心をとらえ、大阪にたいするバッドイメージをひっくりかえすに至ったのだ。

少なくとも、60 年前よりはるかに「大阪人が全国区で活躍しやすく」なっているのだ。しかし、今の在阪局、在阪企業家たちは、それを本当に生かしているようには思えない。恵まれた状況を本当に理解しているのだろうか。

● 大阪から見る放送史

視聴者の「OTV」という記憶は、合併後まもなく「ABC」または「朝日テレビ」に入れ替わった。まるで改名・襲名した芸人や俳優が、自らの芸によって古いイメージを脱ぎ捨てたのと同じである。「やりくりアパート」や「びっくり捕物帖」を見ていた人も、いま、それが OTV 制作だったことを忘れている人がほとんどだ。市中で話を聞いても、

第六チャンネルが最初からABCテレビだと思っている人ばかり。イメージ刷新が成功した結果、OTVは「忘れ去られたテレビ局」になった。

また、OTVの元社員は、大半がライバル局に散ってしまったため、表だって会うこともままならず、同窓会を開くことも憚られたようだ。初めて同窓会が開かれたのはOBが全員定年退職した後であった。OTVについて自由に語り残し、書き残す機会がなかったことが、OTVに関する記録の少なさにつながった。

さらに、OTVが公式に残した資料のほとんどは、約二年半の「電波を出していた期間」のものであり、期間が短いぶん量が少ない。幸い残されていた資料も、社屋の移転や社員の退職にともなって紛失・廃棄されていった。このとき失われた営業資料やパンフレットも少なくない。

会社消滅の直前には、社員と関係者に社史・「"Album OTV"」が配られた。のちに元社員の回想録やメンバーが内輪でまとめた文集が数冊出版されたが、多くは関係者の本棚に奥深く仕舞われている。こうしてOTVは「まぼろしのテレビ局」になっていったのだ。

幸い、合併直後に朝日放送から刊行された社史「ABC十年」には、数多くのOTVの現場写真が掲載されており、また、公刊されなかった「朝日放送十二年」では、OTVの詳細情報が比較的細かく記録されている。

NHKは、二十世紀の日本の放送の総括するとして「二十世紀放送史」を敢行したが、OTVのことはわずかしか書かれていない。一方、TBSの50年史ではOTVにスペースを割くと共に、付録DVDの中に人気番組「やりくりアパート」の映像を収めた。これは大注目に値する。

とはいえ、こんなケースはまれなことで、OTVおよび在阪局の黎明期という「日本放送史上の大きな実験的一郭」は、日本の放送史の中からすっぽり抜け落ちているといっても過言ではない。

私が本書で大阪テレビを取り上げるにあたっては「地方局史」という視点ではなく、日本の放送史研究における「不可欠な一郭」に焦点をあてることを常に念頭においた。

本書のようなアプローチは全国で行われてもいいと考える。私に能力があれば、全国の都市を舞台に、それぞれの都市を視点の中心においた「あらたな視点による日本の放送史」を編纂したいところだが、まだまだ大阪から掘り起こしたいものがあるのでそれはできない。

●本書で語りきれない話

OTVは「黎明期」のまま消えた。本書ではその「よちよち歩きの時代」を支えた人々の力や、黎明期ならではの驚きと発見を中心に記してきたが、逸話の多くは現在の基準からすれば信じがたい冒険や無理ばかりに見える。

たとえば、一本の番組のために大勢が家庭生活を放り出して局内に寝泊まりしていたということが、笑い話のように明るく語られてはいるが、労働環境の健全性という点でみれば大いに問題であった。

また、初心者同然のチームによる富士登山や「防備な現場作業は、事故がなかったから美談として残っているのであって、ちょっとした風の吹き方で歴史的な遭難事故になっていた。

また、各地での興業中継に際しては、それぞれ侠客とのやりとりもあったという。今でこそこうした折衝は法的に禁止されているが、当時はそれを飛ばしては何もできなかった。

OTV社内には、他社同様、不祥事や、私怨、妬みに由来するトラブルが「なかったわけではない」と聞いた。これは人間が営むものであるかぎり避けて通ることはできない。聖人君子に、テレビという怪物などあやつれるはずがない。

当時は出演者との契約条件も曖昧であった。テレビはまだ産業として日が浅かったため、劇場、ラジオ、映画のどれを参考にすればいいのかわか

らなかった。つまり、一回こっきりの生放送ドラマの出演料を、いったいどう計算すればいいのか、誰もわからなかったのだ。次々と番組を作らなければならないなか、一枚の契約書が足手まといになるおそれもあった。

また、企業としてのOTVは、今から見れば給与体系やシステム、そして労働条件にも未熟な点があった。しかし、それでもOTVは銀行経営の経験者が社内にいたぶん、経理の手順は洗練されていたし、会計帳簿のシステム、ハイスペックな給与計算器の導入、現在に通じる経費管理システムなど、目を見張る点は多かった。

合併後、明治時代に創設された朝日新聞社以来の経理・会計システムを継承したABCの方式に統合されたが、OTVの社員にとって、しばらくは馴染めなかったようだ。

また、合併にあたって両社の資材・人材（正社員・契約社員・アルバイト）をどうするかという「人員整理」と「財産分け」の問題もあった。

さらに、労働環境・労働条件という点についていえば、社員が若さと気合で乗り切れた間は、番組制作や営業成績の達成感で不満をやりすごせたが、評判の高まりと共に現場はますます多忙になり、健康を冒すほどの疲労が目に見えはじめた。また、先述のテレビ従業員健康調査統計で報告された「送り手になったことの恐ろしさを知るばかりで、自己の処し方がわからない」という、放送人ならではの心理的ストレスも重なり「はたして私の雇用条件・待遇はこれら見合ったものか？」という疑問がわき起こりはじめた。それがABCの場合1961年12月1日23:30～12月3日20:00の「ラジオ・テレビ停波スト」に繋がったといっても過言ではない。

こうした動きはABCに限ったものではない。日本各地の放送局で、それぞれの規模に応じたストライキがおこなわれ、スタジオ、局舎のロックアウトやマスタールームの攻防が繰り広げられた。

● OTV抜きで日本のテレビは語れない

ところで、多くの研究者は、日本の放送は、誕生以来「東京主導で発展してきた」ように著述している。しかし、本書をご覧いただいてもわかる通り、日本の放送史は黎明期から現在まで「大阪」なしには存在しえなかったのである。実際、ラジオもテレビも「東洋一の商都」であった大阪の大きな経済力を背景として誕生した。

OTVの志は、ABCテレビのみならずMBS、KTV、YTVにも伝えられた。たとえば、1960年の芸術祭テレビ部門はABCテレビ制作の「釜ヶ崎」とKTV制作の「青春の深き淵より」が大賞を受賞し、在阪局の制作能力の高さに多くの視線が注がれたが、どちらもOTVで制作経験を積んだ人々が手掛けた番組だ。

「釜ヶ崎」を制作したABCテレビの制作陣の大半はOTV出身者であることは言うまでもない。KTV「青春の深き淵より」は、担当ディレクターがOTVで人気番組「ミナロン・ドリームサロン」でディレクターを務めた野添泰男氏（当時、堀泰男氏）だった。いずれもOTV時代にノウハウを積み上げた人々が作った番組だ。

OTVは全国各地でも技術を伝承した。

注目すべきは「OTVがフジテレビにカメラ指導をした」という話だ。それは、フジテレビが開局するにあたって、ライバル局になる在京のNTVやKRTに指導を頼むのを嫌って、先行開局していたネット局のKTVに相談したところ、KTVに移籍した野添氏の紹介で、OTVのカメラマンであった亀井氏が指導に行ったというのだ。OTVとフジテレビの間にこんな技術継承があったとは驚きである。

OTVはこのほかにも北陸放送テレビジョン（MRO）やラジオ山陽テレビジョン（RSK）の技術指導にあたったことが、それぞれの社史等に記録されている。ABC合併後も西日本を中心に、先輩局として全国に技術を伝承した。

また、甲子園とプロ野球の両方で徹底的に鍛え

られたOTVやABCの中継陣は、西日本を中心に中継技術の指導にあたった。

ここで技術が伝承された時、当然、ヘリコプター中継や広島大遠征、富士山からの生中継などの「経験談」も語られたに違いない。こんな形でもOTVの余熱が伝播していった。

● **OTVから採った「5つの種」**

OTVの成功には、もちろん、さまざまな幸運要因もあったが、いずれも再現可能な「良き先例」として研究される価値があると思う。その成功から学ぶことがあるとすれば、たとえば次のようなことではないだろうか。

❶放送局は競合、対立、併走するさまざまな企業、人、勢力の中立地帯としてスタジオの門戸を開く。次にスポンサーには、放送局を広告媒体としてだけでなく「企業文化の競争の場」として利用することを仕向けるべきである。これにより、テレビ放送はそれ自体が「空中博覧会」として機能しはじめるだろう。そこからは演出の勝負だが、良い素材・力のある素材が集まるところには、良いアイディアが「寄せられる」ことは、言うまでもない。

❷中継車や記者を随時駆け巡らせ、街中から集めた動きや熱気を、冷めないうちに市中にフィードバックすることで、積極的な情報循環を起こし「熱気の共有化（＝ライブ化）」をすすめる。現場の熱を熱のまま形にするのことは、テレビとテレビ以外の映像メディアの決定的な違いである。生でみてこそ面白いテレビでなければ、テレビである意味がない。ビデオ・オンデマンドで済む話ではないか。

❸すぐれた番組の完成を「唯一無二の共通目標」とし、風通しの良い環境を整えること。興味や冒険心から生まれた挑戦的なアイディアを「企画・制作・技術・営業の一体化」によって最速で具現化し、それが生み出す現場の熱狂・熱意自体が人気の対象になるような「人気テレビ局」を目指すことだ。人気番組は大事だが、人気テレビ局であることは、もっと大事なのだ。

❹確立した技術やノウハウは積極的にパブリックドメイン化し、競争相手と「より高い土俵で勝負できる」よう、自らを高みに追い込んでゆく。この度量の大きさは社内に豊かな雰囲気を作るとともに、すぐれたライバルを育て、業界全体からの尊敬を集める。ブランドイメージの工場には不可欠な土壌だ。

❺どんなに個人視聴の習慣が広まっても、街頭テレビやテレビカーのような「視聴者をつないで熱狂を増幅する」ための工夫や手段を手放さないことが大事だ。個人試聴向けの番組でも、見終わった後視聴者の中で「共通する何か」が残り、次の回までの話の種を提供することが大事だ。人々の話題を引き起こすような「提起感覚」を忘れないことで24時間は24時間以上の価値を持つ。そのためにも、番組はスタジオ内ではなく、実際に見てくれた人々の心の中で完成されるべきであり、そうして24時間、視聴者の心をとらえ続けることでシェアは飛躍的に高くなるのだ。

以上は、OTVについて取材・研究した結果、出てきたものである。放送の歴史を繙くということは、できあがった果実をほぐして、未来に向けて種を取り出すことにほかならないが、OTVからはこんなに「オモロい」種が採れたのだ。

以上五つは、ごく当たり前のことにみえて、実は「時代」や「理論」や「事情」など、いろいろ理由をつけて避けている事ばかりではないだろうか。これはテレビに限ったことではない。ラジオしかり、新聞しかり、出版しかり、インターネットサービスしかり…メディアと称するものなら、だれでもそっくり真似できる（しかも物まねにな

らない）おいしいパブリック・ソースのアイディアではないか。

● もし・・・

たまに「もし現在 OTV がそのまま継続していたら、どれだけ素敵な放送局に成長していただろうか」と思うことがある。

1950 年代に構想されていた堂島の巨大メディアセンターが実現していたら、OTV はその一角を占めていただろう。社屋のてっぺんには、デジタル放送の時代を迎えてもあの「ネコの目」マークが燦然と輝いていたに違いない。

もしかしたらテストパターンにあらわれていた猫がマスコットキャラクターとして画面で踊っているかもしれない。服部良一作曲の開始音楽もずっと使われていただろう（現在は ABC ラジオの開始音楽に使われている）。ロビーには鈴木社長が描いたという「初代 OTV 局舎」の油絵が飾られているだろう。「ネコの目バッヂ」と呼ばれた金色と黒の社章バッヂや、JOBX-TV と太字で書かれた黄色いウインドブレーカーを着たスタッフが、界隈を行ったり来たりしていたかもしれない。想像は広がるばかりである。

開局記念日であった 2013 年 12 月 1 日、中之島でおこなわれた大阪大学二十一世紀懐徳堂主催のイベント「とんがってたテレビ美術」の終了後、この日の主役の一人であった OB の阪本雅信さんに「もし今でも OTV があったら、どんな放送局になってたでしょうね？」と聞いてみた。

すると、阪本さんはしばらく「うーん」と唸っていたが、やがて太い眉をヒョィとあげてこう言った。

「まぁ…普通のテレビ局でしょ」

以上が、まぼろしのテレビ局・大阪テレビ放送と、そのライバル局の黎明期に関する逸話の「氷山の一角」である。

1959.9

・ポリオ、指定伝染病に決定。
・日本光学工業が「ニコン F」を発売。
・後楽園球場で展覧試合。巨人長嶋がサヨナラ本塁打。

【ABCテレビ】

◉6月1日（月）ABC
※「朝日放送テレビジョン」開始
- 1045 テストパターン（クラシック）
- 1100 朝日新聞ニュース
- 1115 現代の顔【再】武見太郎
- 1125 生活科学教室「日本人形」
- 1155 テレビ・ショーウインドウ
- 1200 ABC ニュース
- 1215 カクテルサロン エリック
- 1240 テレビガイド
- 1245 料理手帖「初夏のプレートディナー」辻勲 寺岡
- 1300 ポーラ婦人ニュース「電波の日」香西
- 1315 ジャニーヌ・シャラ・バレエ公演（兼営記念）「パリの外国人」「ドンキホーテ」
- 1420 東西お笑い大会（兼営記念）円生 文楽 米晴・夢若 かしまし娘
- 1545 ハワイアン・フェスティバル（兼営記念）ペギー葉山 朝丘雪路 バッキー白片他
- 1630 短編映画「フィンランドの夏の観光」
- 1705 座談会 投票を前にしてわが党を語る 岸信介 浅沼稲次郎他
- 1750 朝日新聞テレビニュース
- 1800 子供の教室 菅田琢治
- 1815 左近右近（KR）「雲の行方」
- 1845 ガイド 50N ◇天
- 1900 あんみつ姫（KR）
- 1930 クルセード・アワー「ハレルヤ・コーラス」
- 2000 蝶々のしゃぼん玉人生「めでたく一緒に」
- 2030 ナショナルTVホール（KR）銭形平次捕物控
- 2100 カメラだより北から南から「辺地の夏」
- 2115 東京0時刻「アリバイ」
- 2145 ニュース ◇55 スポーツ
- 2155 スポーツニュース
- 2200 母と子「むさしの暮色」
- 2230 ジャケットムード旗
- 2245 きのうきょう 矢部利三
- 2300 ABC ニュース
- 2310 現代の顔（KR）駒形作次
- 2320 あしたのお天気 23放送終了

◉6月2日（火）ABC
- 1045 テストパターン
- 1100 朝日新聞テレビニュース
- 1115 現代の顔【再】駒形作次
- 1125 いけばな教室「花と美術」
- 1200 ABC ニュース
- 1215 ほほえみ一家（KR）◇ガイド
- 1245 料理手帖「豚肉の水だき」井上幸作
- 1300 婦人のハイライト「梅雨」藤井義之
- 1315 短編映画「ダービーに出る迄」
- 1330 政府の窓 45 短編映画
- 1355 劇場中継「日本民謡フェスティバル」黛節子 雪村いづみ 笠田敏夫 マヒナスターズ他
- 1720 オリンピック教室◇おしらせ
- 1750 朝日新聞テレビニュース
- 1800 シンちゃんの漫画劇場「悪猫大王退治」
- 1815 ロビンフッドの冒険「泣きっ面に蜂」
- 1845 テレビガイド◇ABCニュース
- 1856 あしたのお天気
- 1900 ミュージカル・女性はツイている
- 1930 フューリーとソニー「無線電話」城達也
- 2000 源平芸能合戦「雪印乳業－丸井デパート」
- 2030 潜水王マイクネルソン「港の青春」
- 2100 我が家の青春（KR）「なくて七クセ」コロムビアローズ 坂本武 飯田蝶子他
- 2115 旗休退屈男「亡霊屋敷」後篇
- 2140 ガイド 45 ABC ニュース
- 2155 ABC スポーツニュース
- 2200 近鉄パールアワー・あまから父さん
- 2215 三協グッドナイト・ショウ
- 2245 シークレット 棚木律子他
- 2300 ABC ニュース
- 2310 現代の顔（KR）前田多門
- 2320 お天気 23 参議選速報 続いて放送終了

◉6月3日（水）ABC
- 810 テストパターン◇おしらせ
- 830 参議院選挙 速報と解説
- 940 開票速報 1005 速報と解説
- 1030 朝日 N 1040 開票速報
- 1115 参議院選挙 地方区 開票速報と解説
- 1155 いこいのリズム
- 1200 ABC ニュース
- 1215 歌のハイライト 五月朝倉 40 テレビガイド
- 1245 料理手帖「いわしダンゴの五色汁」辻徳光 広瀬修子
- 1300 婦人ニュース「中国絵画」鍋井 15 開票速報
- 1410 両党の表情
- 1505 地方区開票総まとめと解説
- 1605 参議院選挙速報 各地の表情
- 1740 おしらせ◇あしたのお天気
- 1750 朝日新聞テレビニュース
- 1800 おにいちゃん「人形と一緒に」川上のぼる 寺島真知子 小島慶四郎
- 1815 アイバンホー・森の盗賊「身替りの騎士」
- 1845 ガイド 50 ABC ニュース
- 1856 あしたのお天気
- 1900 フランキーの無謬弥太郎（KR）「夜の訪問者」
- 1930 裁判（KR）「再執行猶予」三条美紀 安井昌二 磯野
- 2000 プロ野球 東映－南海（駒沢球場）解説：西沢道夫【雨天時】阪急－大毎（西宮）【ない時】劇映画「混血児アンジェロ」
- 2130 うきよ談語
- 2145 ABC ニュース
- 2150 ABC スポーツニュース
- 2200 ここにこんな人が「島のお猿先生」古屋義男 八重子
- 2230 ABC の週間海外ニュース
- 2245 きのうきょう 矢部利三
- 2300 ABC ニュース
- 2310 現代の顔（KR）三宅泰雄
- 2325 全国区選挙特報◇終了

◉6月4日（木）ABC
- 810 テストパターン
- 830 開票速報と解説 藤原
- 1015 現代の顔【再】三宅泰雄
- 1030 ABC ニュース
- 1040 開票速報と解説 1105 特報
- 1125 生活科学教室「梅雨に備えて」
- 1155 いこいのリズム
- 1200 ABC ニュース
- 1215 かしましアワー青春おてんば日記 正司歌江・照江・花江◇ガイド
- 1245 料理手帖「ごま豆腐」平田武一
- 1300 婦人ニュース「歯の女王」吉田茂 15 両党本部の表情
- 1400 速報 5 当選・当選確実の紹介
- 1505 選挙特報 20 テストパターン
- 1605 選挙特報 30 おしらせ
- 1705 座談会「参議院選挙を顧みて」細川 唐島
- 1725 総まとめと解説 40 特報
- 1745 あしたのお天気
- 1750 朝日新聞テレビニュース
- 1800 渡辺まんがくらぶ「悪猫の王様」
- 1815 名犬ラッシー 声・北条美智留 金子他 45 テレビガイド
- 1850 ABC ニュース 56 お天気
- 1900 スーパースターメロディ「港の鴎」曽根「噂の男」岡
- 1930 スーパーマン「二つの顔」
- 2000 この謎は私が解く（KR）「アパートの殺人」解決篇
- 2030 屋根の下に夢がある（KR）「甦える春」若原雅夫 林百合子他
- 2100 明日また 戸山啓子 他（KR）
- 2115 コント千一夜 森光子 他
- 2130 ABC スポーツウイークリー
- 2145 ABC ニュース
- 2155 ABC スポーツニュース
- 2200 劇場中継「新劇無去一代」辰巳柳太郎 香川佳子 石山
- 2245 愛の調べ 福本泰子 高美アリサ 青年バレエ
- 2300 ABC ニュース
- 2310 現代の顔（KR）清原邦一
- 2320 あしたのお天気 25 放送終了

◉6月5日（金）ABC
- 1045 テストパターン
- 1100 朝日新聞テレビニュース
- 1110 現代の顔【再】清原邦一
- 1125 生活科学教室「乳製品」前野
- 1155 いこいのリズム
- 1200 ABC ニュース
- 1215 映画の窓（KR）「青春群像」（伊映画）安岡章太郎 秋山
- 1240 テレビガイド
- 1245 料理手帖「フランス風の小エビ入りカレー」野尻
- 1300 ポーラ婦人ニュース「うちの宿六」湯川スミ
- 1315 いけばな教室「流儀花」辻井
- 1330 おしらせ
- 1335 劇場中継「日本民謡フェスティバル」伊予漫才、阿波踊り他◇休止
- 1605 選挙特報 30 おしらせ
- 1705 座談会「参議院選挙を顧みて」細川ちか子 木村功 天路圭子 楠田薫 田中明夫 近松
- 1715 テストパターン
- 1730 テストパターン 40 おしらせ
- 1745 朝日新聞テレビニュース
- 1800 電気の ABC 電波を作る人々 泉田行夫他
- 1815 運命の標的「バラと宝石鉄琴」
- 1845 人形劇「孫悟空」竹田三之助一座 声 七尾伶子
- 1900 テレビぴよぴよ大学（KR）
- 1930 京阪テレビカー泣きべそ天使
- 2000 少年航路（KR）「奇妙な男」
- 2030 うちの社会科「電話は便利というもの」小島正雄 轟夕起子
- 2100 ABC ワールドスポーツ
- 2115 金語楼劇場・おたらさん（KR）「出鱈目」柳家金語楼 小桜京子他
- 2145 ABC ニュース
- 2155 ABC スポーツニュース
- 2200 サンヨーテレビ劇場「母の社会科」細川ちか子 木村功 天路圭子 楠田薫 田中明夫 近松
- 2245 きのうきょう 矢部利三
- 2300 ABC ニュース
- 2310 現代の顔（KR）小泉隆 ◇天気
- 2135 放送終了

◉6月6日（土）ABC
- 1045 テストパターン
- 1100 朝日新聞テレビニュース
- 1115 現代の顔【再】小泉隆
- 1125 料理教室「帆立貝柱カン詰め」
- 1145 テレビガイド
- 1155 いこいのリズム
- 1200 ABC ニュース
- 1215 土曜寄席 漫才「映画物語」右楽・左楽
- 1245 料理手帖「ちまき寿司」丹羽節夫 佐藤和枝
- 1300 ポーラ婦人ニュース「週間展望」上田
- 1315 東京をどり（舞台）川路龍子 小月冴子
- 1440 演芸 落語：文楽 歌謡雑談：シャンバロー他
- 1715 テストパターン
- 1730 番組ハイライト◇おしらせ
- 1745 朝日新聞テレビニュース
- 1800 仲よし音楽会 堺市浜寺小学校 野村昌子
- 1815 人形劇「孫悟空」竹田三之助一座 声 七尾伶子
- 1845 ガイド 50 ABC ニュース
- 1856 あしたのお天気
- 1900 街のチャンピオントップライト
- 1930 部長刑事「獅子の目」
- 2000 道頓堀アワー「寄席」（角座）横山ホットブラザーズ 奇術：正一 中村春代・捨丸
- 2100 話題のアルバム
- 2110 テレビガイド
- 2115 日真名氏飛び出す「三本指は狙う」前篇 久松保夫 高原駿雄他
- 2145 ABC ニュース
- 2155 ABC スポーツニュース
- 2200 鳴門秘帖
- 2230 わが母校・わが故郷「小倉中学」ロッパ 火野葦平 吉田他
- 2300 ABC ニュース
- 2310 現代の顔（KR）長浜徹介
- 2320 あしたのお天気
- 2325 放送終了

◉6月7日（日）ABC
- 810 テストパターン 25 おしらせ
- 830 時事談話（KR）細川隆元他
- 900 聞いてみよう見てみよう 斎藤良輔 30 日曜漫画
- 945 仲よしニュース
- 955 マンガ公園 1030 京だより
- 1045 日曜娯楽版 小林孝二
- 1100 OTV 週間テレビニュース
- 1115 芸能アルバム
- 1130 日曜サロン「瀬戸内の旅」
- 1200 ABCニュース◇テレビガイド
- 1215 ダイラケのびっくり捕物帖 ダイマル・ラケット 森光子 中村あやめ 藤田まこと他
- 1240 テレビガイド
- 1245 ロッテのアルバム（KR）藤島恒夫 能狀他
- 1315 ナショナル日曜テレビ観劇会 歌舞伎「石の庭」松緑 梅幸 羽左衛門 鯉三郎
- 1430 劇映画「天国がくれた12時間」J ギャバン他
- 1550 早慶対抗水上競技大会中継 解説・村山修一 吉川
- 1745 ガイド 50 ABC ニュース
- 1756 あしたのお天気
- 1800 芸能スナップ 小泉博他
- 1815 中原美紗緒ショー
- 1830 ダイハツコメディ・やりくりアパート「恥ずかしいなァ」大村崑 佐々十郎 茶川一郎 花石幸助 三角八重 芦屋小雁 横山エンタツ 初音礼子
- 1900 月光仮面「生きていた妻子」
- 1930 不二家の時間（KR）第一回「ポパイ」浦野光他
- 2000 プロ野球 東映－阪急 解説・西沢道夫 近江（中止時）近鉄－大毎 または映画
- 2130 東芝日曜劇場「柳橋伝」（KR）市川猿之助 市川段四郎 藤間紫
- 2240 ABC ニュース
- 2245 財界えんま帳「一億総白痴？」稲畑太郎 原吉平 稲田英子
- 2300 あしたのお天気
- 2305 放送終了

【MBSテレビ】

❹6月1日（月）MBS	❹6月2日（火）MBS	❹6月3日（水）MBS	❹6月4日（木）MBS	❹6月5日（金）MBS	❹6月6日（土）MBS	❹6月7日（日）MBS
925 テストパターン	925 テストパターン	740 テストパターン	640 テストパターン	940 テストパターン	940 パターン 55 おしらせ	940 パターン 55 おしらせ
945 おしらせ・天気	945 おしらせ・天気	755 おしらせ・天気	655 おしらせ・天気	955 おしらせ	1000 たのしいずこう 安野光雄	1000 鉄腕アトム（フジテレビヘネット）瀬川雅人 木崎豊 富永一矢他
950 毎日 TV ニュース	950 毎日 TV ニュース	800 選挙特報 足立悦郎	700 参議院選挙特報 石川定雄	1000 ことばあそび 上田次郎	1025 算数教室「時計の話」	1030 日本の産業「醤油」
1000 わたしたちの道徳	1000 ひとびとのはたらき	950 毎日 TV ニュース	1000 うたうえほん	1023 僕の目私の手	1045 あそびまショー「時計」伊藤	1100 漫画
1023 みんなのことば「劇を見る」横山昭作	1025 ルーペの下に 酒井	1000 かがく オペレッタ「ねむの木さん」	1025 ひとすじの道 重森孝司	1043 仲よし音楽クラブ 渡辺茂他	1100 児童映画「蜂の子」成田桂一堀雄二◇ガイド	1115 チャーム・スクール 桜井
1045 週間子供ニュース	1045 あそびまショう 人形劇	1023 体育館「体力テスト」	1045 あそびまショー「うま」	1100 お母さんのための心理学	1200 毎日のお料理 いかだ揚げ 後藤	1130 アベック料理コンテスト ゲスト：春日三治
1100 美を求めて「つづれ織」	1100 名高い音楽家「天才モーツァルト」奥田良三	1045 ぼくらの研究「台地の村」	1100 科学の楽園「牛乳の栄養」前田長久 内田則子	1125 動く実験室「レンズとカメラ」	1215 いたずら小僧「一日一善」Aスケ Bスケ	1200 寄席中継 曲芸：小仙他「吉本バラエティ」大村他
1125 これからの日本「福沢諭吉」富田正文	1125 幼児のひろば	1100 働く喜び「製品の化粧」	1125 幼児のひろば「あそびましょう」	1200 毎日のお料理 鶏肉の香味揚げ奥井広美	1245 ニュース・サロン 杉本アナ	1300 リンレイパズレインタビュー
1150 憩いの音楽	1150 憩いの音楽	1125 選挙特報 山崎正英	1150 憩いの音楽	1215 テレビ昼席 キャップ・チャップ 西条凡児	1300 毎日 TV ニュース	1320 愛の鐘を鳴らそう 泉
1200 毎日のお料理	1200 毎日のお料理「鮎のフライ二種」	1150 憩いの音楽	1200 毎日のお料理 田中藤一	1245 ニュース・サロン 杉本アナ	1310 くらしの工夫「一時間で作れるイス」足立真三 紺野馨子アナ	1400 関西喜劇人協会公演 伴淳三郎 アチャコ Aスケ他
1215 百万人の英語「帽子屋にて」J・B・ハリス	1215 ママの育児日記「太らない赤ちゃん」高井俊夫	1200 毎日のお料理「フライ・サンドイッチ 二種 ミートフライ、シュリンプフライ」辻勲	1215 参議院選挙特報 中村了	1300 毎日 TV ニュース	1325 おしらせ 30 放送休止	1715 8ミリ私の傑作 今枝
1245 ニュースサロン 杉本アナ	1240 テレビガイド	1215 座談会 猪木正道 稲曽治兵衛	1300 毎日 TV ニュース	1310 英語「かけごとは損か」五十嵐新次郎	1730 パターン◇45 おしらせ	1735 どぶねずみ号日本漂流記
1300 毎日 TV ニュース	1245 ニュースサロン 杉本アナ	1300 おしらせ 05 パターン	1310 おしらせ◇放送休止	1650 パターン 1705 おしらせ	1750 毎日 TV ニュース（毎日新聞）	1750 毎日 TV ニュース・天気
1310 おしらせ◇放送休止	1300 毎日 TV ニュース	1640 テストパターン	1640 テストパターン	1710 チェコスロバキアの印象	1800 こどもの王様 泉田行夫	1800 珍犬ハックル「逃げたキングコング」声・立川恵三 他
1710 テストパターン5おしらせ	1310 おしらせ◇放送休止	1655 おしらせ	1655 おしらせ	1730 TV 英語 Jack and Betty（中3）井上和子（桜塚高）	1815 ぼくの私の音楽会「峠のわが家」大淀中学校	1830 ヘリコプター・ノーベル号の冒険「山火事」
1730 TV 英語 Jack and Betty（1年）井上和子（桜塚高）	1650 テストパターン 05 おしらせ	1700 座談会「参院選挙とこれからの参院」福田赴夫 浅沼稲次郎	1700 各党選挙本部風景	1750 毎日 TV ニュース	1830 世界の国々を訪ねて「工業の国西ドイツ」竹脇昌作	1900 クイズショー「マジック・ホール」上原浦太郎 円歌 他
1750 毎日 TV ニュース（毎日新聞）	1710 イギリスの印象	1750 毎日 TV ニュース	1720 座談会「参議院選挙を終わって」池松文雄	1800 トムの冒険	1845 テレビ・ガイド	1930 ミュージカル「ドラム缶持って来い」ペギー葉山藤村有弘他
1800 トムの冒険	1730 TV 英語・実用英会話（基礎編）	1800 トムの冒険	1750 毎日 TV ニュース（毎日新聞）	1806 まんがのお国	1845 MBS ニュース◇各地の天気	2000 天兵童子「高松城水攻め」
1806 まんがのお国	1745 おしらせ 担当：奈良アナ	1806 まんがのお国	1800 トムの冒険	1815 ヘッケルとジャッケル「悪葉茹化 他 45 ガイド	1900 ジャブジャブショー デューク・エイセス 他	2030 億万長者と結婚する法「化けの皮」七尾伶子
1815 東映アワー「撮影所巡り」他	1750 毎日 TV ニュース	1815 まぼろし探偵「れい迷乱？」	1806 まんがのお国	1845 MBS ニュース◇各地の天気	1930 若君日本晴れ（KR）「長七郎バテレン事件」後篇 明智十三郎 村田正雄	2100 花の中の日記帳 中原美紗緒 旗照夫 東恵美子
1830 スーパーお姉さん「ガード下の兄妹」45 ガイド	1800 トムの冒険	1845 テレビ・ガイド	1815 メリー・ゴー・ラウンド「パーシー君の災難」	1900 日本歴史シリーズ「新春太閤記」宮崎照男 花房錦一 石井一雄 他	2000 あの波の果てまで	2115 うちのおばあちゃん「むすめ心」五九童 他
1845 MBS ニュース◇各地の天気	1805 まんがのお国	1845 MBS ニュース◇各地の天気	1845 MBS ニュース◇各地の天気	1930 夫と妻の記録「戦火のウィーンで」渡辺謙	2045 歌のマホウビン 歌「ママ恋人がほしい」藤沢嵐子 早川真平	2145 テレビもの申す 入江得郎
1900 エプロンおばさん「命短し」	1815 七色仮面「謎の蛇笛」波島進 安藤三男 香山光子	1900 七色の星座「三浦洸一ショー」	1900 雪之丞変化「変化ごよみ」江畑絢子 丹波哲郎 若宮他	2000 人情佳診鞄「玩具のピストル」金語楼 丹下キヨ子	2100 真珠の小箱「鑑真忌」	2200 海外ニュース 12 ガイド
1930 七ふくテレビ劇場 番頭はんと丁稚どん「特別休暇」	1845 MBS ニュース◇各地の天気	1930 エディ・キャンター・ショー「バクダン夫人大学へ行く」	1930 夫と妻の記録「戦火のウィーンで」渡辺謙	2030 恐怖の扉「母の秘密」	2115 クラボー・ミステリー劇場「雨」和気清一真日辰丸	2215 メイ子のごめんあそばせ
2000 心に詩あり「北原白秋」沼田曜一 橋本菊子 東	1900 風小僧（東映）「狐火地獄」目黒ユウキ 山城新伍	2000 陛下と共に 松方コレクション 富永惣一	2000 人情佳診鞄「玩具のピストル」金語楼 丹下キヨ子	2100 記録映画・ジャングル「コブラとマングース」宇多アナ	2145 スポーツのぞきめがね「ライオンズ」	2230 激流「福沢桃介伝」
2030 メディック「成層圏に挑む」	1930 カネカロン パレード「金髪のジェニー」ダークダックス 他	2030 恐怖の扉「母の秘密」	2030 コロちゃんの冒険	2115 碧い眼の東京日記（KR）「オリンピック・ゲーム」	2215 パット・マスターソン「汚職の町」高島陽 他	2300 ニュース編集室 長谷川虎雄
2100 妻の日記「柿若葉」浦里他	2000 プロ野球 東映―南海（駒沢）若林忠士 奈良アナ【雨天時】阪急―大毎 解説：楠安夫	2100 エンサイクロペディア・ブリタニカ「土」解説：二木正之	2100 記録映画・ジャングル「コブラとマングース」宇多アナ	2145 週間ニュース	2235 短編映画	2320 お天気◇おしらせ 25 終了
2115 陽のあたる坂道（CX 制作）市川和子 夏小大二郎 他	2115 善人物語「耐えきれぬ苦しみ」	2115 赤穂浪士	2115 年輪の秘密「筆と墨」	2200 海外ニュース	2245 ニュース編集室 景山能次	
2145 素顔拝見 林家三平	2145 週間スポーツニュース	2145 映画のしおり「各撮影所巡り」	2145 週間ニュース	2206 スポーツ N 10 ガイド	2405 お天気◇おしらせ 10 終了	
2200 海外 N◇スポーツ N◇ガイド	2200 海外ニュース ※選挙速報あり	2200 海外ニュース	2200 海外ニュース	2210 ガイド		
2215 小唄教室 東千代之助	2206 きょうのスポーツ10ガイド	2206 スポーツ N◇ガイド	2206 スポーツ N 10 ガイド	2215 百万ドルもしたら「戦慄の一瞬」高橋正夫 滝口順平		
2230 歌うフランス語教室 伊吹	2215 参議院選挙特報 高橋敏夫	2215 参議院選挙特報	2215 年輪の秘密「筆と墨」	2245 ニュース編集室 上沼健吉		
2245 ニュース編集室 平出忠夫	2245 参議院選挙特報 中村了	2500 天気・おしらせ 05 終了	2235 短編映画	2305 お天気◇おしらせ 10 終了		
2305 天気・おしらせ 10 終了	2305 天気・おしらせ 10 終了		2245 ニュース編集室「参議戦を終わって」中村了			
			2405 天気・おしらせ 10 終了			

第5章「OTVが残した言葉」

【関西テレビ】

⑧6月1日（月）KTV
1030 テストパターン RC
1100 おしらせ・天気 05 ガイド
1110 テレビ幼稚園
　　　「でんでんむし」
　　　大阪市立住吉幼稚園
1130 天気予報 35 今朝の N から
1145 ニュース 55 天気 56 ガイド
1200 モダン寄席
　　　「コミックショー」
1215 バースデークイズ
　　　司会：トップ・ライト
1245 スポーツニュース
1250 おとなの漫画 55 ガイド
1300 座談会
　　　「投票日を前にして」
　　　福田赳夫　浅沼稲次郎
1330 料理教室
　　　アジのきゅうり巻き
　　　小川旭
1345 おしらせ
1350 テストパターン◇休止
1730 テストパターン◇おしらせ
1750 こどもニュース
1800 海外ニュース
1810 タカラちゃんの天気予報
1815 南蛮小天狗「安南の星」
　　　岩井礼一郎　シリアー・
　　　ポール　速水維子
1845 KTVニュース◇ガイド
1900 俺んち物語
　　　「浩ちゃんの飛行機」
1930 漫才とコミック音楽
　　　玉松チャックキャップ
　　　あひる艦隊
2000 6月のア・ラ・カルト「マニア」
　　　千葉信男　刈風ヒデ子
　　　吉田ハルナ　シャンペン・
　　　トリオ 他
2100 てれび武芸帳
　　　「少年剣士」天王寺剣友会
2115 裸の町
　　　「マルドゥーン殉職す」
2145 KTV ニュース
2150 スポーツニュース 55 ガイド
2200 映画「日本の鉄鋼」
　　　安斎義美
2300 お天気◇おしらせ◇終了

⑧6月2日（火）KTV
1030 テストパターン RC
1100 おしらせ◇天気 05 ガイド
1110 テレビ幼稚園
　　　神戸あけの星保育園
1130 天気
1135 けさのニュースから
1145 KTV ニュース 55 天◇ガイド
1200 演芸 落語
　　　「小倉船」桂小文治
　　　水の也清美　春江ふかみ
1215 バラエティ「ドラ子ちゃん」
　　　橘ツヤ　桂小西
　　　三遊亭可青
1245 スポーツニュース
1250 おとなの漫画 55 ガイド
1300 趣味と私、石黒敬七
1330 料理教室　平田武一
1345 おしらせ 50 パターン RC
1730 パターン◇おしらせ
1750 こどもニュース
1800 海外ニュース
1810 タカラちゃんの天気予報
1815 私達の音楽会
　　　ピアノ五重奏曲『鱒』
　　　（シューベルト関西室内
　　　楽団）
1845 KTV ニュース 55 ガイド
1900 第八裁判隊「憎しみの執念」
1930 鶴田浩二アワー
　　　「関の弥太っぺ」
2000 青空通り　左ト全 他
2030 松竹新喜劇アワー
　　　「長屋人情」後篇　天外
　　　明蝶　五郎八　寛美
　　　石浜裕次郎　五九郎
　　　酒井光子
2100 スター千一夜　三木鮎郎
2115 歌のスターアルバム
　　　「からたち日記」
　　　島倉千代子
2145 KTV ニュース
2150 スポーツニュース 55 ガイド
2200 芸能ハイライト（大映）
2210 ベビーギャング
　　　白木みのる
2215 ありちゃんのパパ先生
2245 週間スポーツ N
2300 KTV ニュース
2308 参議院選挙開票速報◇終了

⑧6月3日（水）KTV
600 テストパターン RC
650 おしらせ・天気 55 ガイド
700 参議院選挙開票速報
800 開票速報「地方区当選者」
900 開票速報「両党本部中継」
1005 開票速報「西日本」
1115 参議院選挙開票速報
1125 けさのニュースから
1145 KTV ニュース 55 天
　　　◇ガイド
1200 開票速報
　　　「地方区・東日本」
1255 開票速報
　　　「地方区・西日本」
1330 料理教室
　　　鰹の霜降り造り
1345 おしらせ
1350 「参議院地方区に関する
　　　解説」「両党本部の中継」
　　　他◇休止
1700 テストパターン RC
1745 おしらせ 50 こども N
1800 N◇タカラちゃん天気
1815 風雲三剣士
　　　「しゃりこうべの怪」
1845 KTV ニュース 55 ガイド
1900 可愛いアリス「縁結び」
1930 少年ジェット「鉄人騎士」
2000 ガンスモーク
　　　「気違いに刃物」
2030 宝塚テレビ劇場「白鳥」
　　　浜木綿子　高千穂佑子
　　　真帆志ぶき　野ヨ小百合 他
2100 スター千一夜　花柳章
　　　太郎　花柳勝子
2115 セールスマン水滸伝
　　　「天晴れる弟」朝丘雪路
　　　森川信　藤村有弘
　　　平凡太郎　桃太郎 他
2145 N 50 スポーツ N 55 ガイド
2200 芸能ハイライト（東宝）
2210 ベビーギャング
　　　白木みのる
2215 地方検事
　　　「汚された学園」
2245 参議院全国区当選者を
　　　迎えて
2308 全国区速報と解説◇終了

⑧6月4日（木）KTV
1000 テストパターン RC
1100 おしらせ・天 05 ガイド
1110 テレビ幼稚園
　　　「リズム遊び・動物園」
　　　中本幼稚園
1135 けさのニュースから
1145 ニュース 55 天気 56 ガイド
1200 虹のメロディ
　　　「銀座地階の女」
　　　コロムビア・ローズ 他
1215 参議院選挙開票速報
1245 スポーツニュース
1250 おとなの漫画◇テレビガイド
1300 参議院選挙開票速報
　　　全国区
1330 料理教室◇おしらせ
1350 テストパターン◇休止
1700 テストパターン◇おしらせ
1750 こどもニュース
1800 海外ニュース
1810 タカラちゃんの天気予報
1815 大洋劇場「本番 OK」
1845 KTV ニュース 55 ガイド
1900 風流舞姿「妄執」
　　　花柳緑寿　緑也　栄良
1915 海外トピックス
1930 変幻三日月丸「一眼魔王」
2000 映画
　　　「アフリカ物語」
　　　・映画「フリーダム」
　　　・座談会
　　　ラジモンハン・ガンジー
　　　アントン・フィリップ
　　　渋沢雅英司会・渋谷敏三
2145 KTV ニュース
2150 スポーツニュース 55 ガイド
2200 芸能ハイライト（大映）
2210 ベビーギャング
　　　白木みのる
2215 ちゃらんぽら人生
　　　「老夫婦失踪す」環三千世
　　　初音礼子 他
2245 座談会「戦い終わって」
　　　福田赳夫（自由民主党）
　　　浅沼稲次郎（日本社会党）
2315 お天気◇おしらせ◇終了

⑧6月5日（金）KTV
1100 テストパターン RC
1120 おしらせ・天気 25 ガイド
1130 テレビ幼稚園
　　　「観察・朝顔のお引っ越し」
　　　大阪味原幼稚園
1145 KTV ニュース◇天気◇ガイド
1200 虹のメロディ　磯町緑
　　　義則忠夫とキャスパ楽団
1215 花ざかり八軒長屋
　　　「いざさらば決闘！」
　　　ロイ・ジェームス
　　　牟田悌三　小桜京子 他
1245 スポーツニュース
1250 おとなの漫画 55 ガイド
1300 暮らしの映画
　　　「人間の権利」
1330 料理教室 辻千代子
　　　いわしの山家風揚げ
　　　15 予告
1700 テストパターン◇おしらせ
1750 こどもニュース
1800 海外ニュース
1807 タカラちゃんの天気予報
1815 ケーシー・ジョーンズ
1845 KTV ニュース 55 ガイド
1900 青春ぶらんこ
　　　「危険な年ごろ」
1930 スターアンドステーション
2000 ペリー・メースン
　　　「逃げた看護婦」
2100 ニッポン拝見「トラック便・
　　　東海道をゆく」
　　　語り手：牟田悌三
2115 テレビワールドショー
　　　「世界一周旅行」三橋達也
　　　淡路恵子　神戸一郎
　　　朝丘雪路　高英男 他
2145 KTV ニュース
2150 スポーツ 55 ガイド
2200 芸能ハイライト（松竹）
2210 ベビーギャング
2215 同窓会・たて糸よこ糸
　　　「学習院大学」富永惣一
　　　安場保国 他
2230 演芸十三夜「親子酒」
　　　可楽
2245 週間海外 N◇天◇予告
2315 海外 N◇天気◇予告
　　　◇終了

⑧6月6日（土）KTV
1000 テストパターン RC
1100 おしらせ・天 05 ガイド
1110 幼稚園「海彦と山彦」
1125 タカラ料理手帖
　　　スピードクッキング
　　　講師：田中謙一
1145 KTV ニュース◇天気予報
1156 テレビガイド
1200 マジックサロン児玉岩治
　　　痴楽　桜むつ子 他
1215 土曜日をあなたに
　　　「宝とも子ショー」
　　　チカロス　東京キュー
　　　バンボーイズ
1245 スポーツニュース
1250 おとなの漫画 55 ガイド
1300 暮らしの映画
1320 映画「おしゃれ狂女」
1730 パターン◇おしらせ
1750 こどもニュース◇ガイド
1810 タカラちゃんの天気予報
1815 ピカ助捕物帳
　　　「謎の手型」
1845 KTV ニュース
1900 ローンレンジャー
　　　「人生の曲がり角」
1930 海の非常線
　　　「白い手紙」後篇
2000 東芝土曜劇場
　　　「有頂天時代」
　　　白坂依志夫・作
　　　南原伸二　多々良純
　　　鳳八千代　杉裕之
　　　堀込久子 他
2100 スター千一夜　有馬稲子
2115 あっぱれ蝶助無茶修業
　　　「にわか役者」
2145 N◇スポーツ N◇ガイド
2200 芸能ハイライト（松竹）
2210 ベビーギャング
　　　白木みのる
2215 テレビ浪曲「露に咲く
　　　花」富士月の栄
2245 ミュージック・ファインダー
　　　中島潤

⑧6月7日（日）KTV
1000 テストパターン RC
1040 おしらせ
1045 素っ飛び五十三次
1100 日フィル演奏会
　　　「悲愴」（チャイコフスキー）
1140 おしらせ
1145 ニュース 55 天気 56 ガイド
1200 宝塚ミュージックサロン
1215 オンボロ人生
　　　「億万長者の遺産」
1245 スポーツニュース
1250 おとなの漫画 55 ガイド
1255 テレビガイド
1300 KTV ニュース　馬淵威夫
1315 「エンタツちょびN 弁漫遊記」
1430 テレビ海底をゆく
　　　ゲスト：藤原豊吉　木原他
1730 テレビガイド
1745 おしらせ 50 こどもニュース
1800 海外ニュース 10 天気予報
1815 仮面劇場　司会：桂丸
1845 KTV ニュース 55 ガイド
1900 わたしたちの音楽会
　　　ピアノ：加崎公子　宏子
　　　バイオリン：藤田勝美 他
1930 ミュージカルス
　　　「天使も夢を見る」
　　　舟橋花　朝丘雪路
　　　白鳩真弓 他
2000 うちのママは世界一
　　　「ママが欲しいの」
2030 文化映画
2100 スター千一夜 田村高広
2115 河内風土記「身代金」
2145 KTV ニュース
2150 スポーツニュース 55 ガイド
2200 短編映画
2211 ドラマ 三行広告尋ね人
　　　「美眼売ります」
　　　佐野周二　永井百合子
　　　筑紫あけみ 他
2241 ガイド 45 週間ニュース
2300 今日のニュース
2305 ガイド 10 放送終了

【讀賣テレビ】

⑩6月1日（月）YTV
745 パターン
800 名作童話劇場
805 テレビのおばちゃま
830 体操◇家庭百科◇ひととき
900 クッキングスクール
915 休止
1040 テストパターン55おしらせ
1100 楽しい理科20 社会科
1140 やさしい教育相談室
　　「精神薄弱児」
1200 日本テレN◇ママと一緒に
1240 婦人ニュース「愚問賢答」
　　寿海氏 テレビ・ガイド
1300 奥様料理メモ
　　岡松喜代子
1315 暮らしの栞
　　「つり入門」南部
1330 私のおしゃれ 山田真二
1345 おしらせ50 放送休止
1730 テストパターン◇おしらせ
1745 あしたの天気◇讀賣新聞N
1800 轟先生10 ガイドタイム
1815 デン助のお笑い劇場
　　「デン助乗り出す」
　　大宮敏光
1845 YTV ニュースフラッシュ
1855 国際ニュース
1900 黒帯先生青春記
　　明日香実
1930 セゴビアギター演奏会
　　バッハ「ガボット」他
　　朝比奈隆指揮
　　関西交響楽団
2000 怪傑黒頭巾「謎の黒鳥」
2030 テレビスコープ
　　「真夏への招待」
　　・サングラス兼用の帽子
　　・水着の茶道
　　・ビニール製ヨット 他
　　司会・小島正雄
2100 きょうの出来事◇スポーツN
2115 モーガン警部
　　「時効成立」
2145 テレビスポーツ
2200 夫婦百景「無茶苦茶爺と
　　おばあさん」
2230 漫画N◇天気
　　◇野球のスコア
2240 風流交差点
2255 テレニュース（英語）
2310 リヴィングイングリッシュ
2320 Nフラッシュ◇おしらせ◇終

⑩6月2日（火）YTV
745 パターン 800 名作童話劇場
805 テレビのおばちゃま30体操
841 家庭百科45 朝のひととき
900 クッキングスクール
915 休止
1040 テストパターン55おしらせ
1100 楽しい理科20 社会科
1140 合唱「田舎のバス」
1200 日本テレニュース
1215 僕と私のファッション
1240 婦人ニュース
　　「いびき千一夜」
1300 奥様料理メモ 赤堀全子
1315 暮らしの栞「ドクター」
1330 手芸講座
1345 プロ野球
　　巨人－広島（札幌）
　　南村侑広
1720 パターン◇おしらせ
1745 あしたの天気
1750 朝日新聞テレビニュース
1800 轟先生10 ガイドタイム
1815 名犬リンチンチン
　　「幌馬車隊」
1845 YTV ニュースフラッシュ
1855 国際ニュース
1900 ポポンタイム・この人を
　　「少年気象台」
　　「医師とボクサー」
1930 新吾十番勝負
2000 聊斎志異「黒衣の女」
2030 ダイヤル110番
　　「暁の銃声」
2100 きょうの出来事
2110 スポーツニュース
2115 ニッカ・ヒッチコック劇場
　　「黄色のセダン」
2145 珍劇アワー
　　佐々十郎 大村崑
2200 ダイナミックグローブ
　　小坂照男－伊藤八郎
　　解説：平沢雪村
　　志生野アナ
2250 漫画ニュース55 天気
2258 野球のスコア
2300 スポーツの目
2315 YTV ニュースフラッシュ
2330 選挙速報◇座談会
　　◇選挙速報
2355 ニュース特集◇終了

⑩6月3日（水）YTV
645 テストパターン
700 ニュース30 選挙速報
755 ガイド◇名作童話劇場
805 テレビのおばちゃま
830 選挙速報 御手洗辰雄
905 朝のひととき
920 クッキング・スクール
940 選挙速報
1200 日本テレニュース
　　◇選挙速報
1240 婦人N「選挙短評」細川
1300 座談会
　　◇「地方区の結
　　果をみて」◇休止
1720 テストパターン◇おしらせ
1745 あしたの天気
1750 毎日新聞テレビニュース
1800 轟先生「ミスおしるこ」
1810 捜査メモ「車中の事件」
1840 ガイドタイム
1845 YTV ニュースフラッシュ
1855 国際ニュース
1900 ビーバーちゃん
1930 誘惑「女店員」
2000 プロ野球 国鉄－中日
　　解説：岡田大平
　　【雨天時】阪急－大毎
　　【中止時】ペナントレース
2015 ヤシカ・ゴールデン劇場
　　「田舎芸者」
2115 きょうの出来事
2125 スポーツ N
2145 ニッケ・ジャズ・パレード
　　「ネバーザレス」
　　ビンボー・ダナオ 他
2200 夜のプリズム
　　「狙われた宿」
　　芦田伸介 池田忠夫 他
2230 漫画ニュース
2355 天気◇野球のスコア
2240 ゴルフ・ドクター
2255 テレニュース（英語）
2310 選挙速報
2410 YIV ニュースハイライト
2415 おしらせ◇放送終了

⑩6月4日（木）YTV
635 テストパターン
650 選挙速報 713 選挙速報
745 テストパターン
800 名作童話劇場
805 テレビのおばちゃま
830 体操40 家庭百科
845 朝のひととき
900 クッキング・スクール
920 参議院のあり方
1055 テストパターン◇おしらせ
1120 楽しい理科（一年）
1140 楽しい理科（二年）
1200 日本テレ N
　　◇婦人 N 選挙速報
1230 両党首記者会見
　　55 ガイド
1300 いこいの調べ 中島潤
1325 奥様料理メモ
1340 暮らしの栞
　　「台所に便利な物」
1355 親子・対談 鰐淵賢舟 晴子
1425 座談会
　　「参議院選挙を顧みて」
　　安藤鉎生 中村寿雄◇休止
1720 パターン◇おしらせ
1745 あしたの天気
1750 讀賣新聞テレビニュース
1800 轟先生「修理が流行」
1810 ガイド15 スピードゲーム
1845 YTV ニュースフラッシュ
1855 国際ニュース
1900 ニコニコまんが劇場
　　「ベティの日本旅行」
1930 歌のパレード「桜の園」
2000 フライト「脱出」
2030 菊地寛シリーズ
　　「時の氏神」
2100 きょうの出来事◇スポーツN
2115 目で聞く話題「雨・風・雲」
　　「選挙違反講座」
　　青山利男
2145 スポーツ・芸能ルポ
2200 人生案内「幼き反抗」
2215 テレニュース（英語）
2230 リヴィングイングリッシュ
2235 天気予報◇野球のスコア
2240 撮影所だより
2255 座談会「これからの政局」
2340 YTV ニュースハイライト
2345 おしらせ◇放送終了

⑩6月5日（金）YTV
745 テストパターン
800 名作童話劇場
805 テレビのおばちゃま
830 体操40 家庭百科
841 家庭百科45 朝のひととき
900 クッキングスクール15休止
1035 テストパターン◇おしらせ
1100 高校「これになりたい」
1130 社会の動き 服部正
1140 私の十代 桑原武夫
1200 日本テレニュース
1215 コロムビア・アワー
1240 婦人ニュース 55 ガイド
1300 奥様料理メモ 江上トミ
1315 暮らしの栞「つり入門」
1330 家庭医学
　　「季節の健康・匂い」◇休止
1720 テストパターン◇おしらせ
1745 あしたの天気
1750 朝日新聞テレビニュース
1800 轟先生「縄つき教育」
1815 矢車剣之助
　　「暴風蝙蝠組」
1845 YTV ニュースフラッシュ
1855 国際ニュース
1900 誰かがあなたを愛してる
　　「母と私たち」
　　ペギー葉山
1930 花王ワンダフルクイズ
2000 ダイヤモンドアワー・
　　ディズニーランド
　　「グーフィーの出世物語」
2100 きょうの出来事
　　◇スポーツ N
2115 ウイリアム・テル
2145 芸能トピックス
2200 チョコラ劇場・雑草の歌
2210 大相撲ダイジェスト
2230 漫画ニュース
2235 天気◇野球のスコア
2240 窓のうちそと
2255 テレニュース（英語）
2310 リヴィングイングリッシュ
2320 YTV ニュースハイライト
2325 おしらせ◇放送終了

⑩6月6日（土）YTV
745 テストパターン
800 名作童話劇場
805 テレビのおばちゃま30体操
841 家庭百科45 朝のひととき
900 クッキングスクール15休止
1040 テストパターン
1055 おしらせ
1100 楽しい理科20 社会科坂西
1140 名作のヒロイン
　　「女の一生」
1200 日本テレニュース
1215 お笑いアンデパンダン
1240 婦人ニュース◇ガイド
1300 奥様料理メモ
1315 マンガ映画「悪魔退治」
1620 テストパターン
1635 剣劇ミュージカル
　　「妻恋鴉」南風カオル
1700 バレエ「七つの舞踏靴」
　　金井克子 中村文子
　　岡本博雄 菅美那子
　　30 短編映画
1745 あしたの天気
1750 毎日新聞テレビ N
1800 轟先生10 ガイドタイム
1815 素人のど競べ 小金馬
1845 YTV ニュースフラッシュ
1855 国際ニュース
1900 まりっぺ先生
　　「招かれざる客」
1930 プロ野球 国鉄－巨人
　　南村侑広 志生野アナ
　　【中止時】
　　雪村いづみショー
2000 スリラー
　　「天国は遠すぎる」
2115 きょうの出来事
2125 スポーツニュース
2130 ショー ペギー葉山他
2145 芸能ニュース
2200 ハリウッド劇場「悪夢」
2230 マンガニュース
2235 天気◇野球のスコア
2240 ウイークエンド・イン
2255 テレニュース（英語）
2310 YTV ニュースハイライト
2315 おしらせ◇放送終了

⑩6月7日（日）YTV
750 パターン 810 おしらせ・
　　天気
818 9000万人の政治
　　「自民党と政局」
900 週間ニュース
910 トピックス
920 産業ニュース
930 探偵ダンちゃん
945 ミユキ野球教室 谷本稔
1000 仲よし日曜音楽会
　　吉村一夫
1030 パパ起きてちょうだい
1100 二十世紀「0.1秒へ挑戦」
1200 日本テレニュース
1215 気転奥様
1245 OK横丁に集まれ
　　藤村有弘
1330 水上競技大会中継
　　早慶対抗
1430 舞台中継 歌舞伎
　　「延命院日当」
　　鶴之助 芝雀 八百蔵
1615 水上競技大会中継
　　早慶対抗
1745 学生映画「原子と産業」
1800 たのしい科学「家の骨相」
1815 人形劇「アラジンの冒険」
1830 花椿ショウ・光子の窓
　　「夢」草笛光子
　　藤村有弘 原信夫
1900 パパはいつでも知っている
1930 怪人二十面相
　　「烏帽子をかぶる獅子」
2000 プロ野球中継
　　国鉄－巨人
　　岡田源三郎 越智アナ
　　【中止時】
　　劇「魔天楼と花」
2115 きょうの出来事
2125 スポーツニュース
2130 ハニータイム 黒岩三代子
2145 サンデー・ダークダックス
2200 連続推理ドラマ
　　「そんな筈がない」
2230 マンガニュース
2235 天気予報◇野球のスコア
2240 自民党から皆様へ
　　「岸総理大いに語る」
2255 テレニューススポーツ（英）
2310 YTV ニュースハイライト
2315 おしらせ◇放送終了

NHKテレビ

- 7・00 ●025 提琴 諏訪晶子
- 7・40 話 行水 秋山安三郎ら
- 7・55 海外 ◊8・00 けさの…
- 8・15 小学1・2年おさらい
- 8・40 教育映画 ◊9・01 英語
- 9・30 人形劇 森楡と太陽
- 11・05 映画「嘘は走らない」
- 11・30 テレビ見学「阿蘇山」
- 0・00 ◊15 音楽 佐藤輝子
- 0・40 料理 鯛の貴妃衣焼き
- 1・00 百科「家庭看護」小松ら
- 5・55 おしらせ◊6・00 まんが
- 6・07 チロリン村とクルミの木「ピー子がんばれ」
- 6・35 スポーツ・グラフ「時評」池田潔、西川055 ●
- 7・00 ●◊15 バス通り裏
- 7・30 危険信号「ゲストとファン大会」桂米丸、大泉滉圭輔、司会・新藤
- 隣もも隣り「夏の終わりに」喜劇、チエミ、河内
- 8・00 ●◊流れ星の群 磨風洋子、山内明、小林千登勢、細川ちか子ら
- 8・30 夜の街 坂田二郎
- 9・00 テレビ劇場「胸と猛」比村和夫、伊志井寛、小池朝雄、岸田今日子、京塚昌子、中村芝鶴、辻村ら
- 10・00 ●◊15 海外ニュース
- 10・20 今日の焦点 坂田二郎
- 10・35 8ミリサロン 杵屋六左衛門、小川静雄、大場
- 11・05 おしらせ・天気予報

朝日テレビ ⑥

- 7・00 朝刊◊10 スポーツ◊20 ●
- 7・40 劇「竹内寿恵」◊海外 ●
- 8・00 朝刊◊10 スポーツ
- 8・15 幼稚園「おとなの楽器」
- 11・00 ●因 ◊世界とびある記
- 11・25 服装「私の好きな服」
- 0・00 ◊15 映画の窓「アンネの日記」狭昌弘ほか
- 0・45 料理「豆ご飯とスープ」
- 1・00 婦人「乱歩賞」新車
- 1・15 台所「エンゼルケーキ」
- 5・30 ●◊45 因◊50 ●
- 5・40 トムの冒険 ◊海外因 ●
- 6・00 電気「電池出来るまで」
- 6・15 コルト45「最後の機会」声・川合ら◊50 ●
- 7・00 びよびよ大学 坊茶、千葉、音羽、野島アキオら
- 7・30 泣きべそ天使「夏休みはつらいです」歌楽ら
- 8・00 キャノン・ボール「時は刻みゆく」声・桑山ら
- 8・30 うちのトノサマ 島正雄、轟夕起子、三国一朗、藤波京子、三津田
- 9・00 ワールド・スポーツ
- 9・15 おトラさん「敵討」金園綾、柳沢真一、小桜ら
- 9・45 ●55 スポーツニュース
- 10・00 劇 船場の娘「不義討」千典子、阪脩、萬代峰子、吉川佳代子、榊田ら
- 10・45 ニュース解説 矢部利茂
- 11・00 ●◊10 劇「郵便員」●

毎日テレビ ④

- 9・00 まんがのおじさん、秋
- 9・20 服装と採楽「プランクトンの美しさ」◊子供因
- 0・00 軽音楽 コインズ、十川
- 0・15 お笑いタッグマッチ やりたいものみたいもの「ぼくは一日工場長」
- 10・30 東語まんが ◊11・50 ●
- 0・00 料理「魚の天ぷら入りくず煮」講師・奥井広美
- 0・15 落語◊昼席①ショー・木村フクジ、青山欣三ら②漫才柳枝・喜代子◊45 ●
- 5・30 英語 井上和子◊50 ●
- 6・00 海外ニュース◊15 ●
- 6・15 鉄腕アトム「水爆攻撃を阻止せよ」瀬川雅人、入江たか子◊50 ◊56 ●
- 7・00 新書太閤記 石井一雄、尾上、円山、堀、東ら
- 7・30 クランチ船長「恋すれど」小山田宗徳、成田ら
- 8・00 あの波の果てまで 馬渕鴨吾、牧真史、三浦光子 寺島幹夫ら
- 8・30 魅惑のハーモニー 旗照夫、真鍋賀子、浅原ら
- 9・00 話「陶芸の美」松田正柏
- 9・15 影暗い海 山口幸生、横森久、小林トシ子ら
- 9・45 スポーツ「中日」●ら
- 10・00 海外 ◊6 スポーツ
- 10・15 同窓会 大屋晋三、住田同窓会 大屋晋三、住田
- 10・30 ハーモニー 坂田健吉ら
- 10・45 週刊海外ニュース
- 11・05 あすの天気◊おしらせ

関西テレビ ⑧

- 11・30 幼稚園「歌とお話」長沢寿子ら◊45 ●◊55 因
- 0・00 コンサート 巌本真理ら
- 0・15 お笑いタッグマッチ ゲスト・杉浦幸雄、西川辰美、柳昇、柳好、夢楽
- 0・45 スポーツ◊50 まんが
- 1・00 みんながみている頁理
- 1・30 料理教室 講師・辻徳光
- 3・00 日米親善少年野球大会ペナ・パーク―明治中
- 5・45 おしらせ◊50 こども
- 6・00 海外ニュース◊15 ●
- 6・15 宝塚テレビ劇場「恋盗人」春日野八千代、南悠子、神代錦ら◊45 ●
- 7・00 青春ぶらんこ「にわか成金」声・加茂、津村ら
- 7・30 刑事「張込みは俺にまかせろ」(前)高松英郎 小原利之、半四郎、高焦男
- 8・00 ペリー・メースン「謎の足跡」声・佐藤英夫、藤野節子、松富五郎ら
- 9・00 ニッポン拝見「秘境知床を探る」牟田悌三
- 9・15 ショー「世界一周・イギリス」朝丘雪路ほか
- 9・45 芸能ハイライト(大映)
- 10・15 漫画◊35 因◊38 スコア
- 10・40 愁のうちそと「借りて来た壺」中村伸郎ら◊55 ●
- 11・00 今日の●◊5 明日の因

読売テレビ ⑩

- 8・00 童話劇◊5 おばちゃま
- 8・40 百科◊9・00 クッキング
- 9・20 祝賀挨拶 新田◊30 映画
- 10・00 コンサート 巌本真理ら
- 10・30 舞踊 時雨西行 所輔ら
- 11・30 座談会 稲村耕雄、内村
- 0・00 ◊15 歌 村田英雄ら
- 0・40 婦人 ◊1・00 料理手帳
- 1・15 暮しの栞◊季節の健康
- 1・45 テレビドクター 山田
- 2・00 歌謡スター大行進
- 4・00 テレメンタリー「水産日本」解説・桧山義夫ら
- 5・30 まんが◊45 因◊50 ●
- 6・00 養先生 筒野典子、武石
- 6・15 矢車剣之助「銀仮面」手塚茂夫、美川洋一郎ら
- 6・45 ◊55 国際ニュース
- 7・00 映画「そり」(ベニス国際映画受賞作品)
- 7・30 クイズ 司会・今泉良夫 ゲスト・半四郎、高英男
- 8・00 ディズニー・ランド「月世界探検」声・黒沢良、小山田宗徳、田村ら
- 9・00 出来事◊10 スポーツ
- 9・15 ウイリアム・テル「宝石の行方」声・田中明夫
- 9・45 芸能トピックス
- 10・00 雑草の歌「隣のおばさん」飯田蝶子、吉行和子
- 10・30 漫画◊35 因◊38 スコア
- 10・40 愁のうちそと「借りて来た壺」中村伸郎ら◊55 ●
- 11・10 生きた英語◊20 ●告知

NHK教育 ⑫

- 8・12 おしらせ
- 8・15 小学校1・2年生のおさらい「おはようモンちゃん・長さを計ろう」本田敏子、声・五月女道子、久里千春、中村門ら
- 8・40 教育映画「日本ざるの自然社会」
- 9・01 中学生のおさらい「英語」カーラ・リクター 国際キリスト教大学講師 吉沢美穂
- 6・57 おしらせ
- 7・00 君も考える「スポーツ」司会と指導 法政大学講師 早川元二ほか
- 7・30 英語会話 ゲスト・E.エドワーズ、M.スカーゲン、ドン・エリック
- 8・00 科学の話題「月ロケットへの道・ロケットの目と頭脳」ゲスト・高木昇、解説・岸本康
- 8・30 日本の文学「徳富蘆花」解説・大正大学教授 塩田良平、朗読・鶯田アナ
- 9・00 技能講座「自動車学校・法規編」(自動車の動き方)伊沢昭一、酒井アナ
- 9・30 高等学校講座「夏季ゼミナール・数学Ⅲ」(条件のついた最大値・最小値)佐藤忠
- 10・00 おしらせ

▲1959年8月28日（金）「OTV 開局から 1000 日目」

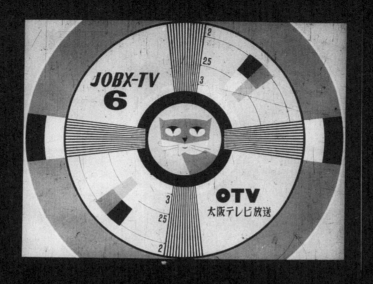

付録

- OTV放映番組リスト（放送日、放送開始日順）
- 「芸名略称、別称」対照表

OTV 放映番組リスト

　このリストは、OTV、ABC-OTV で放映された番組をまとめたものであるが、OTV 制作番組に加え、ネット局の制作番組 OTVF 制作番組、広告代理店からの番組、外国番組、映画の一部を加えた。制作社が判明したものはその旨付記したが、判明していないものが少なからずある。また、題名、開始・終了日が不詳な番組は加えていない。

　放送回数、開始・終了日は、OTV、OTVF 制作のものに限って記載し、ネット番組はネット開始日のみ記載した。回数は原則として ALBUM OTV 記載の数字を採り、それ以外は、新聞番組表をもとに数えたものを採った。しかし、各種の事情によって中止、再放送されたものもあるため、ここに記載された数字が必ず正しいとは言えない。

　番組タイトルの中には ALBUM OTV 記載のものと新聞記載のもので異なる場合があるが、ここでは新聞番組表との一致を優先した。但し、紙面の都合で省略されているものは ALBUM OTV などの表記にしたがった。

　ドラマ、コメディ、演芸番組の出演者は、それぞれに関連する章のリストを、舞台中継などは当該月の「これが OTV だ」や番組表を参照されたい。

1956年11月（サービス放送）

●単発番組

フィルムポエジー「OTV の塔」
1956年11月1日（木）13：00〜13：03
2日（金）12：56〜13：00（再）竹中郁

映画「日本美を求めて」
1日（木）13：03〜13：33

映画「カウボーイ現代版」
1日（木）13：33〜14：05

スクリーンマガジン「写真家ウエストン」
2日（金）12：00〜12：44

文化の日に寄せて
3日（土）12：45〜13：00
吉田文五郎、山口誓子、緒方惟一ほか

東京六大学野球実況　早慶戦（神宮球場）
3日（土）13：00〜（KRTV）

野球中継「ドジャース対巨人」（後楽園球場）
9日（金）13：50〜（NTV）

野球中継「ドジャース対全日本」（後楽園球場）
10日（土）13：40〜（NTV）
11日（日）13：30〜（NTV）

短編映画「世界スポーツ特集」
11日（日）13：08〜13.28

楽しい生け花
15日（木）12：00〜12：20
肥原康甫・宇治かほる

映画「造船日本」
15日（木）12：20〜12：48

日本舞踊「錦秋薫浪華色彩」
15日（木）19：00〜19：30
北新地・南地連中

音楽コメディ「恋とトンプク」
16日（金）12：00〜12：20
立原博、安宅珠里、芦屋雁之助、小雁ほか
「恋の〜」「恋は〜」など資料により誤記多し。

スリラー劇「予言」
16日（金）19：00〜19：30
都路正夫、溝江博ほか

秋の味覚を語る
17日（土）11：50〜12：10
湯木貞一、大久保恒次

劇「晩秋の幸福」
17日（土）19：00〜19：40
森光子、北村英三、石田茂樹

座談会「ぼくはこうみる」
17日（土）19：40〜19：55
新藤次郎　岩井雄二郎

「付録」

大阪キューバンボーイズショー
　18日（日）11：50～12：10
ミュージカルショー「チャンネルNO.6」
　18日（日）19：00～19：30　香住豊ほか
中座中継「延命院日当」
　18日（日）19：30～21：00
　片岡仁左衛門、嵐吉三郎、嵐雛助、片岡我童
みんな美しく
　19日（月）11：50～12：10
　武内幸子　三浦禧余子
映画の窓「ボウニ分岐点」
　19日（月）12：10～12：40（KRTV）
　「ボウニー～」「ボワニー～」など資料によって異なる。
音楽ファンタジア「星くずの秋」
　19日（月）19：00～19：30　宝とも子ほか
短編映画「飛行機時代」
　20日（火）19：00～19：30
スタジオバレエ「美しきダニューブ」
　21日（水）19：30～20：00 西野バレエ団
浪曲ドラマ「白菊」
　22日（木）19：00～19：35
スリラードラマ「六人の客」
　22日（木）19：35～20：00
ボクシング中継「早大対近大」（大阪府立体育館）
　22日（木）20：00～21：00
食後の演芸
　23日（金）12：10～12：55　三人奴
ウエストミンスター交響合唱団特別演奏会
　24日（日）19：30～20：30（日比谷公会堂）
プロレス実況「ヘビー級選手権挑戦者決定試合」
　30日（金）20：45～22：15
　東富士―山口利夫　戦（府立体育館）

●シリーズ番組
希望の歌声　11月17日ネット開始
　土 12：10～12：40（KRTV）
　江口泰代　加藤雅夫　関真紀子
太閤記『日吉丸編』11月19日ネット開始
　月 19：30～20：00（NTV）
　荒木玉枝、森健三、織田政雄ほか
歌う青春列車 11月20日ネット開始
　火 12：10～12：40（KRTV）
お嬢さん売り出す　11月20日ネット開始
　火 19：30～20：00（KRTV）
ファッションミュージック
　11月21日ネット開始
　水 12：10～12：40（KRTV）
笑劇場　11月21日ネット開始
　水 19：00～19：20（KRTV）
テレビ昼席　11月22日ネット開始
　木 12：10～12：40（KRTV）
テレビぴよぴよ大学　11月23日ネット開始
　金 19：00～19：30（KRTV）河井坊茶ほか
花王ワンダフルクイズ　11月23日ネット開始
　金 19：30～20：00（NTV）司会：今泉良夫
素人のどくらべ　11月24日ネット開始
　土 18：15～18：45（NTV）暁テル子
歌謡大学 11月24日ネット開始
　土 19：00～19：30（KRTV）
　松井翠声、柳家金語楼
オリンピックニュース
　11月26日（月）～12月12日（水）
　昼夜29回放送。
ニュース・天気予報
OTVニュース（昼）毎日12：00～12：10
　1956年11月20日～1959年2月26日）
OTVニュース（夕）毎日17：54～18：00
　1957年11月25日 18：54～に移動
OTVニュース（最終）（開局～1958年8月30日）
　ニュースの量によって終了時刻が変動。
OTVニュース（22時）月～土21：45日22：15
　1958年8月31日、最終ニュースを移動。
新聞テレビニュース（月～土）18：50～19：00
　（朝日11月26日～、毎日11月27日～）

1957 年 11 月 25 日 17：50 〜に移動
朝日新聞・毎日新聞合同ニュース
（1956 年 12 月 1 日の一回だけ）
朝日新聞テレビニュース
月〜土 11：00 〜 11：10（1959 年 3 月 2 日増設）

天気予報（夕）
OTV ニュース（夕）の前の 3 分間。
1958 年 7 月 9 日より同ニュースの後へ

天気予報（最終）時刻不定。放送終了直前。

ABC ニュース（深夜）23：00 〜 23：10
ABC-OTV 制作。1959 年 4 月 1 日から。

1956 年 12 月

●単発番組

社長あいさつ
1956 年 12 月 1 日（土）10：01 〜 10：20
OTV 社長・鈴木剛（2 スタ）

寿式三番叟
1 日（土）10：20 〜 10：40（1 スタ）

誕生日十二月一日
1 日（土）10：40 〜 10：50（2 スタ）
大谷智子　石浜恒夫　野口源次郎
帝塚山学院児童合唱団
純子ちゃん　利之君　伸介君他

これが OTV だ（フィルム構成）
1 日（土）10：50 〜 11：10
久保顕次アナ

絵本太功記・尼崎の場
1 日（土）11：20 〜 13：05（南座）

OTV ジャスト・ジャズ
1 日（土）13：05 〜 13：30

幾菊蝶初音道行
1 日（土）13：50 〜

シンフォニー・オブ・OTV（大阪歌舞伎座）
・第一部 1 日（土）
　17：55 〜 18：50
・第二部 1 日（土）
　19：00 〜 19：30

舞踊劇・独楽三番叟
2 日（日）12：00 〜 13：00
（梅田コマ）

映画 "THIS IS YOUR MUSIC"
2 日（日）13：00 〜 13：30

お笑い七福神
2 日（日）13：30 〜 14：10

スペクタクル・これがコマだ
2 日（日）14：10 〜（梅田コマ）

オリンピックあれこれ
2 日（日）18：15 〜

伊藤寛　南部忠平

東宝ミュージカル「マゲモノ絵草子俺は忍術使い」
3 日（月）11：30 〜（KRTV）
三木のり平　有島一郎

八雲琴の演奏
13 日（月）13：45 〜 14：00（CBC）

歌謡パレード花の競演
3 日（月）14：00 〜 14：40（KRTV）
越路　奈良　久慈　笠置シヅ子

お笑いプレゼント
3 日（月）14：40 〜 15：10（2 スタ）

西崎緑ショー「江島生島」
3 日（月）15：10 〜 16：30（NTV）
中村芳子（1 スタ）

OTV スポーツファンシート・ビリヤード全日本 3 クッション選手権シリーズ第一回
3 日（月）16：30 〜 17：30
小方ー久保

ジョン・セバスチャン・ハーモニカ・リサイタル
10 日（月）12：10 〜 12：40

「序章・玄黄」「スペイン組曲」「赤い天幕」
14 日（金）15：00 〜（産経会館）

魔法のトランペット
16 日（日）19：30 〜 20：00

関響特別演奏会　20日（木）13：00～
　ステン・フリュクベリ指揮関西交響楽団

おなごり漫才ショー
　30日（日）20：00～21：00　十郎・雁玉
　光晴・夢若、大阪松竹歌劇団。大劇より。

年忘れ東西漫才大会
　31日（月）13：10～14：05（NTV共同制作）
　右楽・左楽 捨丸・春代他

ゆく年くる年
　31日（月）23：30～24：20
　NTV、KRTV、CBC、OTV共同制作

●シリーズ番組

OTVシグナルミュージック（作曲：服部良一）
　月～土昼の部開始・終了（12月1日～1990年）
　月～土夜の部開始・終了（.～不明）
　2013年7月からABCラジオの開始音楽。

テレビガイド（番組ガイド）
　（12月1日～1959年2月27日）
　一日数回。番組表にのらない事が多い。

ほろにがショー「何でもやりまショー」
　土19：30～20：00（NTV）

明日は日曜日
　土20：00～20：30（NTV）

シャープ劇場「のり平喜劇教室」
　土20：30～21：00（NTV）

メトロニュース
　（1956年12月1日～1957年11月23日全51回）
　土21：00～21：10

日真名氏飛び出す
　土21：15～21：45（KRTV）

ダイナミックグローブ
　土21：45～22：45（NTV）

経済サロン
　（12月2日～1959年1月25日全112回）
　日11：40～（1957年4月7日より11：30～）
　司会　今村益三アナ

OTV週間世界ニュース・週間海外ニュース
　日18：15～18：30（1956年12月2日のみ）
　月22：00～22：15（前後多し）

私も出まショー
　日18：30～（NTV）

ジャングル・ジム
　日19：00～（NTV外国番組）

鞍馬天狗「江戸日記」
　日19：30～（KRTV）のちに移動

いざこ座旗上興行「デンデンバラエティ」
　日20：00～（NTV）

東芝日曜劇場
　日21：00～22：00（第一回「舞踊劇　戻橋」）
　日21：15～22：15（第二回以降）

OTVスポーツウイークリー
　（12月2日～1976年11月26日、全505回）
　日22：15～22：30（移動多し）週間ニュース。

ゴルフ教室
　（12月2.日～1957年9月8日、全41回）
　日22：30～22：45（繰り上がり等あり）
　石井廸夫　福井正一

世紀のKOシリーズ
　（12月3日～1957年3月25日　全17回）
　月18：00～18：15（移動あり）

ポポンタイム「この人を」
　（12月3日ネット開始）
　月18：15～18：45（NTV）越智正典アナほか

言わぬが花
　（12月3.日～1957年4月15日、全20回）
　月19：00～19：30　ミヤコ蝶々・南都雄二

ニチボーアワー「喜劇天国」
　月20：00～20：30（NTV）

ナショナル劇場「てんてん娘」
　月20：30～21：00（KRTV）

お好み浪花寄席
　（12月3日～1957年6月24日　全30回）

月21：00〜21：15（第二スタジオ）

ウロコ座

月21：15〜21：45（KRTV）

大丸ミュージカル・ショーウインドー

（12月3日〜1957年3月25日 全17回）

月2145〜22：00（1スタ）

オープニング・メロディ

（昼12月4日〜1959年2月28日 全692回）

（夕12月4日〜1958年5月24日 全439回）

月〜土の放送開始時。10分間の生演奏。

料理手帖

（12月4日〜1983年4月22日 全7099回）

月〜木、土12：45〜13：00

1956年12月28日から金曜追加。

不思議の国のおじさん

（12月4日〜1957年4月16日）

火18：00〜18：15

テレビ浮世亭

（12月4日〜1958年6月24日 全78回）

火19：00〜19：30

近鉄パールアワー

（12月4日〜1960年4月26日、全248回）

火21：00〜21：15

ミナロンドリームサロン

（12月4日〜1958年10月30日 全99回）

水21：45〜22：00

子供のお国

（12月5日、16日、23日、30日、1月6日）

水18：00〜18：30　12月16日以降日18：00〜。

「ミュージィ絵本・子供のお国」は別番組。

ポケット劇場

（12月5日〜1958年7月18日、全85回）

水18：30〜18：45　1958年4月18日までは

スタジオ人形劇。以降はドラマ。（1スタ）

コント千一夜

（12月5日〜1961年9月28日 全248回）

水21：00〜21：15　森光子ほか。

芸能トピックス

（12月5日〜1959年1月24日 全120回）

水22：00〜22：15 ほか移動多し。

お笑いヒノマル劇場

（12月6日〜1957年3月7日、全11回）

木18：00〜18：15

宝塚ファン・コンテスト

（12月6日〜1957年9月26日、全43回）

木19：30〜20：00（1スタ公開放送）

ダイハツ・ワールドスポーツ

（12月6日〜1978年3月28日）

木21：00〜21：15

「OTVワールドスポーツ」とも

明るい家庭

（1956年12月7日〜28日金12：45〜13：00、12月28日〜1958年3月28日18：00〜 18：15、全68回）

人形劇場

（12月7日〜12月21日、全3回）

金18：00〜18：15

テレビ紙芝居「6助がんばれ」

（12月7日〜1957年8月9日、全35回）

金18：15〜18：30

京阪ゼスチュア・ゲーム

（12月7日〜1957年12月27日、全55回）

金20：00〜20：30

野球教室

（12月7日〜1958年3月7日、全70回）

金21：00〜21：15

ムードミュージック・ショー

（12月7日〜1957年3月27日、全13回）

金22：00〜22：15

三越映画劇場

（12月7日〜1958年8月29日、全91回）

金21：45〜22：00

ホモちゃん劇場

（12月8日〜）土18：00〜18：15

ラテ欄には「漫画と手品」

クラブ劇場ミュージックシリーズ『歌えば楽し』

（12月9日〜1957年12月28日、全47回 再放送含む）日 12：15〜12：40（前後あり）

新版大阪五人娘

（12月9日〜1957年4月21日、全20回）
日 12：45〜13：00

海外トピックス

（12月9日〜1959年3月29日、全122回）
日 18：00〜18：15

外国テレビ映画『戦慄の旅券』

（12月11日〜1957年10月8日、全39話）
火 22：00〜22：30

原題 "PASSPORT TO DANGER"。CBCにネット

大阪の顔

（12月12日〜1957年5月1日、全21回）
水 20：00〜20：30　NTVにネット。

1957年1月

●単発番組

初笑い寄席中継

1957年1月1日（火）13：50〜15：00
（戎橋松竹）

ミナロンドリームサロン拡大版

1月1日（火）15：30〜16：00

15分番組を拡大。

人形浄瑠璃初春興行吉田難波掾改名披露

1月2日（水）14：05〜16：00
「お染久松」ほか。（文楽座）

第1回東西対抗ラグビー試合「早大対同大」

1月3日（木）14：30〜16：15
（花園ラグビー場）

映画「神変美女桜　解決篇又四郎笠」

1月3日（木）22：45〜

京舞

1月4日（金）11：30〜12：00
井上八千代ほか

関西財界大いに語る

1月4日（金）13：00〜13：30

松竹新喜劇・チンドン屋物語（中座正月公演）

1月4日（金）13：30〜15：15

OTV スポーツファンシート

プロレス国際試合中継（大阪府立体育館）
1月5日（土）16：30〜18：00
「力道山対アデリヤン」「芳の里対大坪」

侠客御所五郎蔵

（大阪歌舞伎座「當る酉歳初春大歌舞伎」中継）
13日（日）20：00〜21：00

ロンドン・東京5万キロ（全4回）

第一回　特派員による対談と全体総覧

1月20日（日）11：00〜11：40

第二回　欧州編

1月27日（日）11：25〜11：40

第三回　近東編

2月3日（日）11：25〜11：40

第四回　アジア編

2月10日（日）11：25〜11：40

「明るい家庭」巨匠ブルデルの人と作品

1月25日（金）18：00〜18：15

北野ステージ・ショー中継「恋愛パトロール」

1月27日（日）20：00〜21：00（北野劇場）

●シリーズ番組

ソール・アチャラカ劇場

（1月19日〜1957年4月27日、全15回）
土 22：30〜22：45

1957年2月

●単発番組

松竹新喜劇「通天閣の灯」全四場（中座）

1957年2月3日（日）13：40〜

ミュージック・プレゼント

2月10日（日）13：00〜13：30

棟方志功の版画芸術
　2月19日（火）18：00～18：15
西洋美術名作展
　2月21日（木）22：00～22：45
　（京都市立美術館）
バレエ「シルヴィア」「白と黒の幻想」
　2月25日（月）12：10～12：40

●シリーズ番組
ミュージィ絵本・こどものお国
　（2月3日～1957年3月31日　休み多し）
　日18：00～18：30
お好み浪花寄席
　（2月4日～1957年6月24日、全30回）
　月21：00～21：15

1957年3月

●単発番組
漫画と野球のひなまつり
　1957年3月3日（日）9：00～17：00
　・漫画映画（24本）9：15～11：40
　・バレエひなまつり　15：30～
★歌劇「夫婦善哉」
　3月27日（水）14：00～（大阪産経会館）

競馬実況「桜花賞」
　3月31日（日）15：20～

●シリーズ番組
ウエスト写真教室
　（3月1日～1957年5月24日）
　金22：30～22：50
テレビ服飾サロン（全3回）
　3月2日（土）13：05～13：35田中千代
　4月2日（火）12：10～12：40藤川延子
　6月1日（土）12：15～12：45藤川延子

私のコレクション
　（3月7日～8月29日、10月3日～1958年8月7日）木22：30～22：50　OTVF制作。
一曲どうぞ
　（3月11日～1958年6月30日）
　月～土12：10～12：15ほか
奥様、今日は
　（3月14日～5月2日）
　木13：05～13：20

1957年4月

●単発番組
ディオール・ショー―美しきシルエット
　1957年4月9日（火）18：00～18：15
のびゆく子供たち
　4月12日（金）18：00～
第60回あしべ踊り「西鶴五人女」（文楽座）
　4月15日（月）13：05～
都をどり「謡曲・平家物語」（祇園歌舞練場）
　4月19日（金）13：05～

●シリーズ番組
二つの椅子
　（1957年4月1日～1959年5月31日全114回）
　月21：45～22：00　（のちに日21：00～）
のんきな一族
　（4月2日～1957年6月25日、全13回）
　火21：00～21：15　（1スタ）
おはこ裏表
　（4月2日～1958年8月21日　全100回）
　開始時NTV、9月2日からKRTVへネット。1959年4月からローカル。初音礼子、芦原邦子。
カメラ便り「北から南から」
　（4月11日～1963年12月24日、全361回）

木 18：00〜18：15　5月24日から金22：00〜1958年2月10日から月21：00〜KRTV、CBC、HBC、OTVの共同制作

プロ野球展望

（4月14日〜1957年12月10日）

火　22：35〜22：50

びっくり捕物帖

（4月22日〜1960年5月22日全161回）

月 19：00〜19：30

6月9日から日12：15〜12：45

中田ダイマル・ラケット、森光子、藤田まこと。

少年探偵ドラマ「魔王の笛」

（4月23日〜1957年7月16日、全13回）

火 18：00〜18：15　香里たかし　川地義郎

大友美鶴

小倉徳七　松田明　国田栄弥　高霧真　ほか

ユーモア航路

（4月28日〜6月2日　全6回）

日 12：45〜13：00

1957年5月

●単発番組

三びきの魔法の犬（毎日会館）

1957年5月5日（日）9：30〜11：00

大河敏彦 渡辺芳子ほか

パリ・木の十字架少年合唱団

5月8日（水）19：00〜19：30

木の十字架少年合唱団

人形浄瑠璃「艶客女舞衣－酒屋の段」（文楽座）

5月10日（金）15：30〜　吉田難波掾

吉田東太郎、吉田玉市、竹本土佐大夫、

鶴沢藤蔵。

テレビぴよぴよ大学（OTV制作回）

5月10日（金）19：00〜19：30

第27回浪花おどり「情の花道」（産経会館）

5月13日（月）12：30〜13：20　北新地連中

OTVスポーツファンシート

プロ野球中継「巨人一中日」（後楽園）

5月15日（水）20：00〜NTV発

中沢不二雄　越智正典

特別番組「街頭中継・街の景気はどうですか」

5月19日（日）11：30〜12：00

心斎橋・大丸屋上から放送。

1957年6月

●単発番組

実況中継・時計は生きている

1957年6月9日（日）10：15〜10：45

渡辺紳一郎

カリフォルニア大学グリークラブ特別演奏会

6月15日（土）12：10〜12：40

実況中継「活動する伊丹空港」

6月16日（日）11：30〜12：00

フルシチョフ大いに語る

6月17日（月）22：32〜

提供・朝日新聞社。前日、KRTVでも放送。

第1回「ウエスト月例写真コンクール」

6月23日（日）16：15〜17：45

棚橋紫水ほか

●シリーズ番組

サンデー・モーニング劇場

（6月9日〜不定期）8：40〜10：15（変更多し）

宇宙冒険ドラマ「シラレン国」

（6月13日〜9月26日、全16回）

木 18：00〜18：15　長岡秀幸、笠田幸男、

沙月ひろみ他。

ナショナル・サンデープレゼント日曜テレビ観劇会

（6月16日〜1965年3月13日全404回）

日曜日午後放送（開始終了時刻不定）

週間世界ニュース（時間変動多し）

（6月17日〜ABC）のち「週間海外ニュース」

長靴をはいた猫

（6月26日〜7月10日、全3回）

1957年7月

●単発番組

音響フィルム

7月10日（水）17：45〜17：55　OTVF制作。

五十嵐喜芳の渡伊記念リサイタル

1957年7月13日（土）12：10〜12：40

テノール・五十嵐喜芳

新作舞踊発表会中継

7月13日（土）16：15〜17：44（産経会館）

花柳有洸、坂本晴江

祇園祭

7月17日（水）13：05〜14：05

放送開始直後に映像・音声ともに途絶。

スターダスト・コンサート

7月20日（土）19：00〜19：30　産経会館

石井好子、笈田敏夫。

天神祭

7月25日（木）15：15〜

藤田好古、生田花朝女、今村益三アナ。

●シリーズ番組

名探偵ルコック

（7月1日〜9月23日全13回）

月18：00〜18：15

ニッカヒッチコック劇場

（7月1日〜1958年6月23日、全52回）

火22：20〜22：50

近鉄パールアワー「これからの人生」

（7月2日〜9月24日　全12回）

火21：00〜21：15

なかよしニュース

（7月3日〜1960年5月1日全144回）

時間帯変動多し。

テレビロケーション

（1957年7月7日〜9月28日）

第一回「中之島にて」

7月7日（日）8：15〜9：00

第二回「ミナト大阪」

7月14日（日）8：15〜9：00

第三回「大阪駅」

7月21日（日）8：15〜9：00

第四回「錦織・龍村シルクマンションから」

7月28日（日）8：15〜9：00

第五回「心斎橋をゆく」

8月3日（土）12：10〜12：45

第六回「浜寺水練学校」

8月4日（日）8：15〜9：00

第七回「千里山アパートをたずねて」

8月11日（日）8：15〜9：00

特別編「東映京都撮影所」

9月8日（日）8：15〜9：00

特別編「ミナトコウベ」

9月19日（木）　11：30〜12：00

特別編「自衛隊の朝」

9月28日（土）11：00〜11：40

仲良し探偵団

（7月23日〜1958年1月7日、全23回）

火18：00〜18：15

マンガ横丁

（7月29日〜1958年2月22日CBCネット）

月〜土17：43〜17：51　日17：10〜17：50

日曜日は6本まとめて再放送。

1957年8月

●単発番組

実況中継「原爆慰霊祭」

1957年8月6日（火）7：55〜9：00

（広島平和公園）。繁村純孝アナ。

特別番組「夏の甲子園大会」
8月11日（日）12：45～13：25　佐伯達夫他
第39回全国高校野球大会
8月12日（月）～20日（火）
第一試合9：55～　第二、第三試合の開始時刻はなりゆき。
OTV久保顕次アナ、ABC村上守アナ、小林一繁アナ、中村鋭一アナ。
デスティネ舞踊集団お別れ公演
8月15日（木）12：10～13：00（1スタ）
ジャン＝レオン・デスティネ舞踊集団
OTVスポーツファンシート「プロレス国際試合」
8月21日（水）20：00～21：30
（大阪府立体育館）
レートン、フレッチス対東富士、豊登
ボボ・ブラジル対力道山。NTVにネット。
テレメンタリー「日本の旅」
8月24日（土）13：35～17：35
HBC、NTV、CBC、OTV四局リレー。
総合司会・徳川夢声。
テレビ産業教室・造船「進水式実況」
8月29日（木）7：00～
KRTV制作。HBC、CBCとの4局ネット。

●シリーズ番組
マンガ公園（まとめ再放送）
（8月4日～1959年11月29日、全119回）
日17：10～17：45
月～土の夕方に放送した漫画をまとめて再放送。
音楽へのいざない
（8月10日～1958年6月23日）
土11：40～12：00

1957年9月

●単発番組
人形浄瑠璃 仮名手本忠臣蔵
1957年9月7日（土）13：35～「落人」「四段目」
特報・台風10号
9月7日（土）23：03～23：23
「気象解説」（気象協会・広野解説部長）
「市民の心得」（大阪市・松本民政局長）
私はOTVのアナウンサー
9月8日（日）12：45～13：15
繁村純孝、今村益三、久保顕次、竹中文博、矢代清二、小深秀子、佐藤和枝、稲田英子、および新人・玉井孝、黒田昭夫、岩原富子、広瀬修子、高折八洲子の各アナ。

ドラマ「月と子供」
9月14日（土）21：45～22：30
日向阿沙子（ミヤコ蝶々）・作
今日は老人の日
9月15日（日）10：30～10：50
今村益三アナ
ミュージカルファンタジア・秋
9月19日（木）22：35～22：50
西野皓三バレエ団
大阪まつり
9月30日（月）13：40～16：40
第一部「大阪の幻想」
第二部「バラエティ・雪月花浪華彩色」
（梅田コマスタジアム）

●シリーズ番組
アンテナは見ている
（9月15日～1958年6月1日　全37回）
日22：30～22：45　21：00～21：15
OTV　栗原茂一郎制作。KRTVとの共同制作。
ロッテ劇場・赤胴鈴之助
（9月20日～1958年10月17日　全55回）
金18：15～18：30　各局へネット。
皇太子の冒険
（9月30日～1957年12月23日 全13回）

月 18：00〜18：15　飯沼慧、溝田繁ほか。

1957年10月

● 単発番組

新聞にもの申す

1957年10月1日（火）13：00〜13：30

伊吹武彦、西脇リカ、坂田勝郎、新藤次郎

ネール首相に聞く

10月6日（日）22：15〜23：00

民放とNHKの共同制作（東京迎賓館）

安倍能成、笠信太郎、松岡洋子

OTVスポーツファンシート

プロレス世界選手権大会「力道山対ルー・テーズ」

10月13日（日）20：00〜21：15　（扇町プール）

前進座公演「好色一代女」

10月18日（金）13：20〜　（京都南座）

依田義賢脚色 河原崎しづ江

噴煙（五所平之助作・演出）

10月23日（水）20：00〜21：00

芸術祭参加作品

日本シリーズ「西鉄対巨人」

10月26日（土）12：30〜27日（日）12：45

● シリーズ番組

近鉄パールアワー「何月何日何曜日」

（10月1日〜1957年12月31日）

火21：00〜21：15

出演・横山エンタツ他

時の眼

（10月2日〜1958年5月14日、全32回）

水22：35〜22：50

日高一郎（毎日新聞調査部長）

田中菊次郎（毎日新聞整理部長）

木村照彦（朝日新聞編集局次長）

大島昭（朝日新聞経済部長）が交代で担当。

宝塚テレビ劇場

（10月3日〜1958年9月25日全52回）

木19：30〜20：00

白い桟橋

（10月5日〜1958年5月10日、全32回）

土20：30〜21：00　NTV・OTV共同制作。

モーニング・コーラス

（10月6日〜1958年1月26日）

日10：45〜11：00　コーラス系歌手の番組。

ダイヤル110番

（10月6日ネット開始〜1958年8月YTVへ）

日17：15〜17：45　9月3日にNTVで先行開始。

ヤンキース対ブレーブス

（10月7日〜10日、全4戦）

政府広報番組「テレビ週報・政府から国民へ」

（10月12日〜1959年3月30日）時間移動多し。

KRTV、HBC、CBC、OTV。

1959年4月7日から「政府の窓」。

外国テレビ映画「探偵マーチンケイン」

（10月15日〜1958年7月15日、全39回）

火22：00〜22：30

コットン・デザインルーム

（13：00〜13：15　10月15日〜11月5日

全4回）

火13：05〜　藤川延子、加茂みやじ、

佐藤安紀子、奥村恵津子ほか。

カゴメ劇場「母の肖像〜朝の花々より」

（10月31日〜　1958年1月23日　全13回）

木18：00〜18：15

1957年11月

● 単発番組

街道の秋

1957年11月3日（日）15：00〜

中央競馬「菊花賞」

11月17日（日）15：50～（京都競馬場）

舞踊「鳥獣戯画絵巻」

11月30日（土）13：00～（KRTV）

藤間紫他　OTV開局一周年記念祝賀番組。

劇場中継「勧進帳」

11月30日（土）13：35～（NTV制作）

河原崎長十郎他 前進座。祝賀番組。

お好み浪花寄席

11月30日（土）15：00～

● シリーズ番組

ゴルフ学校（「ゴルフ教室」改め）

（11月3日～1958年1月26日）

日22：30～22：45　「ゴルフ教室」改題。

京だより

（11月16日～1959年10月18日、全101回）

1957年11月16日より土13：00～13：15

1958年5月18日より土10：30～10：45

OTVF制作

話題のアルバム

（11月30日～1960年4月30日、全126回）

土21：00～21：10

1957年12月

● 単発番組

誕生日十二月一日

1957年12月1日（日）9：25～9：40

大谷智子、小見満里子ちゃん、純子ちゃん、双子の兄弟・利之君、伸介君ほか

東芝日曜劇場「かんてき長屋」

1日（日）21：15～22：15

芸術祭参加作品。

モナ歌まつり

12月3日（火）13：00～14：00（中央公会堂）

OTV案内・フィルムパンフレット

12月3日（火）14：00～14：30

OTV紹介映画。完全版が現存する貴重な番組。

灘の酒造り（生中継）

12月7日（土）13：30～14：10　灘五郷から。若林与左衛門他。KRTVへネット。

全日本学生卓球選手権大会（大阪府立体育会館）

12月21日（土）16：00～17：10

捨てられたクリスマス・ツリー

12月24日（火）22：50～23：47

ドラマ「小判は寝姿の夢」

12月30日（月）13：50～

ミュージカルヴァラエティ「花のファンタジー」

12月31日（火）17：00～17：30　ネット放送。

年忘れ東西漫才大会

12月31日（火）14：20～　共同制作。

ゆく年くる年

12月31日（火）23：15～24：30　5局リレー。

● シリーズ番組

団子串助漫遊記

（12月4日～1958年4月30日、全22回）

18：00～18：15 ネット番組。宮尾しげを原作。

ハーバー・コマンド

（12月6日～1958年8月29日全39回）

金21：15～21：45　NTVへフイルムネット。

僕の私の音楽会（のちに「仲良し音楽会」）

（12月7日～1960年4月30日）

18：00～18：15

土プロ野球炉辺放談

（12月15日～1958年1月4日）

開始時は17：30～17：45

1958年1月11日、25日は週間ニュースの後、

1958年2月2日～3月23日は日22：30～22：45。

OTVスポーツファンシート「プロレスアワー」

（12月20日～1958年3月7日、全12回）。

金 16：40 〜 時間移動あり。第三スタジオ、阿倍野体育館、弥栄会館などから中継。

京阪テレビ・カー

（12月27日〜）

金 20：00 〜 20：30 京阪枠の企画刷新。

パリの秘密

（12月30日〜 1958年3月24日、全13回）

月 18：00 〜 18：15

1958年1月

●単発番組

ニューイヤーコンサート

1958年1月1日（水）9：20 〜 10：15

ABC交響楽団等

エンタツの「正月先生」

1月1日（水）20：00 〜 21：00 茂木草介作。

テレメンタリー四局リレー

新春風景「街から皇居へ」

1月2日（木）10：00 〜 11：00 幹事・NTV

フランキー堺、三津田健ほか。

上方舞

1月2日（木）11：30 〜 12：00

山村若、山村糸、山村若津也、山村久子、床田順一等出演、

劇場中継・遠山の金さん 一番手柄

1月2日（木）14：30 〜 16：50（梅田コマ劇場）

座談会・関西財界大いに語る

1月3日（金）16：20 〜 16：50 杉道助・司会

宇宙よもやま話

1月4日（土）10：30 〜 11：00

宮本正太郎、三浦禧余子ほか

おらが年わんわん大会

1月4日（土）11：00 〜 12：00 徳川夢声、

ゲスト・浅沼稲次郎、田中角栄郵政相ほか

NTV、HBC、CBC、OTV 四局リレー

奥様は嘘がお好き

1月4日（土）13：00 〜 13：45

香住春吾作、蝶々、雄二、エンタツ等出演

松竹新喜劇中継・ニコヨン紳士録

1月4日（土）13：45 〜 15：10 渋谷天外ほか。

（中座）

ジャクリーヌ・フランソワ・リサイタル

1月9日（木）20：00 〜 20：30（NTV）

今宮戎

1月10日（金）13：00 〜 津江孝夫宮司

牧村史陽 米倉政江 今村益三アナ

成人の日特別番組「製油所を訪ねて」

1月15日（水）12：10 〜 12：40

（丸善石油下津製油所）

バレエ・白鳥の湖

1月15日（水）13：35 〜 15：00

西野バレエ団、東京フィルハーモニー管弦楽団

宝塚おどり

1月16日（木）19：30 〜 20：00

浜木綿子、神代錦、南悠子、故里明美ほか

●シリーズ番組

近鉄パールアワー「おっさん人生」

（1月7日〜 1958年8月5日）

火 21：00 〜 21：15

柊城の幻影

（1月14日〜 1月28日 全3回）

火 18：00 〜 18：15

カゴメ劇場「母恋草」

（1月30日〜 4月24日 全13回）

木 18：00 〜 18：15

1958年2月

●単発番組

1958年度全日本ボクシング新人王決定戦

2月2日（日）16：30 〜 17：30 NTVへネット。

（中央公会堂）

海に伸びる工場－灘浜の埋立工事現場から
2月16日（日）11：30〜12：00

テレビページェント「良弁杉」
2月25日（火）13：00〜
雨天のため24日から25日に順延。

●シリーズ番組

街のチャンピオン
（2月1日〜1960年3月26日）
土19：00〜19：30
114本中10本をOTVが制作。

日本の百人
（2月3日〜5月29日）
月〜土11：51〜12：00
100本中15本OTV制作。

1958年3月

●単発番組

オールブラックス対全関西（ラグビー中継）
1958年3月5日（水）14：50〜（西宮球技場）

大相撲春場所（大阪場所）
3月9日（日）〜23日
毎日15：00〜18：00

大阪公立高校入試問題をめぐり
3月17日（月）14：30〜15：00
中尾新六、大石恒二郎

近鉄パールズ激励会
3月25日（火）17：00〜17：50
加藤久幸監督　中田ダイマル・ラケット
星野みよ子　世志凡太　近鉄選手

●シリーズ番組

三協グッドナイトショウ
（3月8日〜ABCに継承）
22：30〜22：50　出演・深緑夏代、里井茂等

こどもスリラー・奇妙な足跡
（3月4日〜3月25日　全4回）
火18：00〜18：15　花登筐作。

文学ところどころ
（3月9日〜6月8日、7月25日〜11月30日、
全33回）日11：00〜11：15　OTVF制作

純情家族
（3月21日〜7月25日、全19回）
20：00〜20：30「京阪テレビカー」枠のドラマ。

カメラ・ルポ「お料理訪問」
（3月23日〜1959年1月25日、全43回）
日10：45〜11：00

1958年4月

●単発番組

第30回選抜高校野球大会実況中継
1958年4月1日（火）〜10日（木）
HBC、KRTV
、CBC、RKBへネット。

春は『暖簾』から
4月1日（火）17：20〜17：50
KRTV開局3周年記念。

国際見本市初日実況中継
4月12日（土）11：10〜11：51
（ソ連館、米国館）解説：関重夫。

日本郷土芸能大会
4月12日（土）15：00〜（大阪府立体育会館）

レニングラード交響楽団特別演奏会
4月15日（火）20：30〜21：00
アレクサンドル・ガウク指揮。
近衛秀麿・辻久子による対談あり。
東京にネット。（フェスティバル・ホール）

ザルツブルグ人形劇
4月16日（水）13：00〜14：00（産経会館）

都おどり中継「風流京洛の四季」
4月26日（土）13：45〜（祇園歌舞練場）

●シリーズ番組

呼出符号 L
　（4月1日～1959年3月31日）
　火 18：00～18：15

電気の ABC
　（4月4日～1973年9月30日、全799回）
　金 18：15～18：30　子供向番組。

ダイハツコメディ「やりくりアパート」
　（4月6日～1960年2月28日、全100回）
　金 18：30～19：00　全国ネット。

おしゃれコート・ミュージック
　（4月11日～5月2日、全4回）
　金 13：00～

動物園のおともだち
　（4月13日～11月30日）
　日 9：00～9：45　上野動物園、多摩動物園、阪神パーク、池田動物園ほか各地から中継。
　KRT 制作、OTV 制作回あり

家庭百科
　（4月14日～1959年4月13日、全308回）
　月～土 11：45～など　OTVF 制作。

パッチリ天国
　（4月19日～8月23日、全19回）
　土 12：15～12：40　8月30日からは土 18：15～18：45で「パッチリタイム・黒帯探偵」。

ポケット劇場「小さいお嫁さん」
　（4月25日～7月18日）
　金 18：15～18：30　詳細不明。

1958年5月

●単独番組

総選挙特番　1958年5月1日～21日午後
　21日まで選挙関連番組を放送。投票は 22日（木）におこなわれた。
　1日（木）13：00～「総選挙を迎えて」
　3日（土）13：15～特別座談会「選挙戦はじまる
　8日（木）14：30～「明るい選挙」
　　　　　　　　　　1 大阪の候補者紹介
　　　　　　　　　　2 対談 広瀬優 矢部利茂
　9日（金）14：30～「私の処女票」
　10日（土）14：30～対談「婦人と選挙」
　12日（月）14：30～「選挙を汚すもの」
　16日（金）14：30～「各地の終盤戦」
　17日（土）13：17～「私はこういう人を選ぶ」
　19日（月）14：40～「私はこういう人を選ぶ」
　21日（水）17：20～「選挙と政治」

船出
　5月2日（金）15：20～（神戸港桟橋）

入学して1カ月
　5月6日（火）11：16～11：46（追手門学院）

特集番組「テレビにもの申す」
　5月11日（日）11：30～12：00
　加藤秀俊、村山リウほか。

第28回「浪花おどり～大阪画暦」
　5月13日（火）13：15～15：00（毎日ホール）

第28回衆議院選挙開票速報
　5月22日（木）23：05～翌2：09

●シリーズ番組

幸せはどこに
　（5月1日～5月22日）木 18：00～18：15

ポーラ婦人ニュース
　（5月5日～1968年9月28日　全3237回）
　月～土 13：00～13：15　玉井孝、稲田英子アナ。

1958年6月

●単独番組

ちんどんやの天使
　1958年6月1日（日）16：15～17：00
　ミヤコ蝶々・南都雄二、柿木汰嘉子、海老江寛他。
　冒頭「VTR についての解説」あり。

日本初のVTR使用番組。

動物園のおともだち（OTV制作回）
「岡山池田動物園から生中継」
6月8日（日）09：00〜09：45
ゲスト：池田隆政夫妻（岡山・池田動物園）

ゆかた祭テレビショウ
1958年6月24日（火）13：23〜（ABCホール）
三浦洸一、かしまし三人娘等出演。

ミュージカルバラエティ「夏」
6月30日（月）22：15〜22：45 「波の会」出演。

● シリーズ番組

わが家は楽し
（6月1日〜8月31日、全13回）
日 19：30〜20：00　NTVからも放送。

ボンネル映画アワー
（6月15日〜8月17日、全10回）
日 11：00〜11：15

金語楼劇場「おトラさん」
（KRTから6月20日ネット開始）
金 22：00〜22：30
KRTでは1956年6月8日開始。

ヘルメスカクテルサロン
（6月30日〜1959年12月28日、全79回）
月 12：15〜12：40　1959年1月19日、企画変更。

1958年7月

● 単独番組

富士山から実況中継
7月7日（月）10：30〜11：30　KRTVへネット
今村益三アナウンサー

祇園祭実況中継
7月17日（木）9：45〜11：00（四条寺町）
伊吹武彦 繁村純孝アナウンサー。

天神祭二元実況中継
7月25日（金）15：00〜
旭堂南陵、徳光孝ほか。
（大阪天満宮と堂島川畔の屋形船より）

● シリーズ番組

カメラ・ルポ「いつもどこかで」
（7月7日〜1959年4月28日）
火 22：00〜22：15

奥さん天国〜東西夫婦気質〜
（7月9日〜10月1日、全13回）
水 12：15〜12：45　KRTVと交互制作。

1958年8月

● 単独番組

東芝日曜劇場「母の断層」
1958年8月17日（日）21：15〜22：15

第40回全国高校野球選手権大会
8月8日（金）〜19日（火）

日豪国際水上競技大会
8月23日（土）19：30〜20：00、20：45〜21：00 実況・通訳：ABC中村鋭一（大阪プール）

カメラ探訪「制作の秋」
8月29日（金）19：30〜20：00
鍋井克之、小磯良平、河井寛次郎、吉原治良、矢野橋村他を探訪。報道部制作。

七人の会「恋飛脚大和往来　封印切の場」
8月30日（土）19：30〜21：00（大阪毎日ホール）

● シリーズ番組

がんこ親爺
（8月1日〜10月17日、全12回）
金 20：00〜20：30
京阪テレビ・カー枠のドラマ。

スージー
（8月10日〜1959年5月12日、全42回）
日 22：30〜23：00

9月21日より「女秘書スージー」。
10月7日より火曜日に変更し発局をKRTから
OTVへと交代。

うちのお父ちゃん
（8月12日〜10月28日 全13回）
火 21：00〜21：15
近鉄パールアワー枠のドラマ。

もしも・もしもの物語
（9月10日〜1958年10月8日）
水 18：00〜18：15 川上のぼる 大久保玲ほか

テレビ婦人スクール
（8月29日〜1959年3月23日）
曜日移動多し 11：20（または25）〜11：50（55）

土曜寄席
（8月30日〜1960年1月16日、全72回。
1959年6月6日より「白元土曜寄席」）。

グッドナイト・ファンタジー
（8月31日〜1959年3月10日、全26回）
放送曜日、時間変更あり。

1958年9月

● 単独番組

ハワイ大学合唱団演奏会
1958年9月2日（火）
20：00〜20：30 VTR収録。

芸術の秋
9月5日（金）19：30〜20：00

スチュワデス誕生
9月14日（日）12：45〜13：15

ウイーン音楽の夕べ
9月23日（火）22：15〜22：50
エドワルド・シュトラウス指揮、東響。

特別座談会「新聞に望む」
9月30日（火）13：25〜

● シリーズ番組

ニュース解説「きのうきょう」
（9月2日〜1961年9月29日、全477回）
火 22：50〜23：05 当初は火、木、土。
12月8日より月、水、金に変更。
解説・矢部利茂、田中彰治。

私のアイディア
（9月4日〜10月30日 全9回）
木 22：30〜22：45 内田巖

連続アクチュアルドラマ「部長刑事」
（9月6日〜2002年3月30日、全2,159回）
土 19：30〜20：00

源平芸能合戦
（9月9日〜1964年10月31日全319回）
火 20：00〜20：30 古関裕而 花柳徳兵衛ほか

潜水王マイクネルソン
（9月9日〜1959年6月2日、全39回）
火 20：30〜21：00 原題「SEA HUNT」。

道頓堀アワー
（9月13日〜1974年3月29日全1248回）
土 20：00〜21：00（時間変更多し）

テレビ映画「名犬ラッシー」
（9月18日〜1965年5月31日、全363回）
土 18：15〜18：45 原題「LASSIE」。KRT発。

東芝日曜劇場「濡髪さま」（CBC制作）
9月28日（日）21：15〜22：15

1958年10月

● 単独番組

人間計算機
1958年10月2日（木）19：30〜20：00
シャクンタラ・デヴィ、泉田行夫、小早川大勇、
渡辺阪大理学部教授、藤村幸三郎。

科学大博覧会「原子力館」
10月5日（日）16：35〜17：50
伏見康治 高津真也。

リシチャン特別独唱会
　10月6日（月）22：30〜23：00
　バリトン：バーベル・リシチャン
　伴奏：ナウム・パルテル伴奏
四天王寺復興「勧進大相撲準本場所」
　中日：10月19日（日）15：00〜17：45
　千秋楽：26日（日）15：00〜17：45
　（大阪府立体育館）
木下大サーカス・ショウ
　10月22日（水）13：25〜　国鉄三ノ宮駅前から。
サンヨーテレビ劇場「私は貝になりたい」
　10月31日（金）22：00〜23：35（KRTV）
　枠。第11回芸術祭参加作品
　12月21日 OTVのエアチェックVTRを再放送。

●シリーズ番組
崑さんの日曜漫画
　（1958年10月5日〜9月27日）
　日9：30〜9：45　大村崑。
おにいちゃん
　（10月15日〜1959年5月27日、全33回）
　木18：00〜18：15
マエダ・マンガ・タイム
　（10月24日〜1959年2月27日、全19回）
　金18：00〜18：15。

泣きべそ天使
　（10月24日〜1962年9月28日、全204回）
　金19：30〜20：00
　京阪テレビ・カー枠のドラマ。

1958年11月

●単独番組
ナショナル日曜観劇会
　「東西合同歌舞伎・天地開闢」
　1958年11月2日（日）13：15〜
　新歌舞伎座こけら落とし公演。
　市川壽海、市川海老蔵、尾上松緑ほか。
　ネット放送。
東芝日曜劇場「写楽の大首」
　11月2日（日）21：15〜22：15
　第13回芸術祭奨励賞受賞。
劇場中継「北野秋のおどり」
　11月3日（月）13：25〜（北野劇場）
国会中継「警職法公聴会」
　11月4日（火）10：00〜
　第三十回衆議院地方行政委員会公聴会。
　10：24 開議。中野好夫ほか。

短編映画
　11月4日（火）18：15〜18：45
瀬戸内の秋　山と海の合わせ鏡
　海上ロケーション三元中継
　11月5日（水）13：30〜14：10
　テレビロケーション特別編。岡山RSKへネット。
岸総理政局を語る
　11月7日（金）10：00〜10：20
芽
　11月12日（水）20：00〜21：30　第13回芸術祭奨励賞受賞。
ひばり・小野姉弟リサイタル
　11月15日（土）13：15〜15：00
　高倉健、山東昭子、豊吉。東京からネット。
経済サロン「世界を結ぶ通信網」
　11月16日（日）11：30〜12：00　今村益三アナ、進藤次郎、中村正吾、浜田良知（電話参加）。
川上のぼるリサイタル
　11月21日（金）14：00〜15：00（ABCホール）
特別アンコールアワー
　11月26日（水）
　8：20〜9：00第一部「山と海の合わせ鏡」
　9：10〜11：55第二部「富士山頂」「瀬戸内の秋」
劇場中継「ビニロン・フェスティバル」
　11月26日（水）20：00〜21：30

第一部「レビュー」打吹美砂、白雪式娘。
第二部「KDT ショー」沢たまき、東郷たまみ他。

皇太子妃決定慶祝番組「高砂の松」
11月27日（木）16：05～16：30
中村扇雀、実川延二郎ほか。

開局2周年記念番組テレビ・ロードショウ
映画「海外特派員」（A. ヒッチコック）
11月29日（土）14：45～

リカルドサントス管弦楽団特別演奏会
11月30日（日）9：20～9：55（東京産経ホール）
VTR 録画中継。

フェスティバルホール中継
大阪テレビ放送開局二周年「黄金の饗宴」
全十七景　11月30日（日）13：15～15：45

東芝日曜劇場「ビルの谷間」
11月30日（日）21：00～22：00
芸術祭参加作品。

●シリーズ番組

近鉄パールアワー「あまから父さん」
（11月4日～1959年4月28日　全26回）
火 22：00～22：15

蝶々のしゃぼん玉人生
（11月17日～1960年10月31日、全100回）
月 20：00～20：30

宝塚おとぎ劇場
（11月18日～1959年2月24日、全15回）
火 18：15～18：45
生放送のおとぎミュージカル。

1958年12月

●単独番組

伸びゆくテレビジョン
1958年12月1日（月）　10：00～10：15
報道部制作

人形浄瑠璃「文五郎好み」
12月1日（月）10：35～11：00　「段畑」他

スメタナ弦楽四重奏団演奏会
12月1日（月）11：00～11：30

公開番組「誕生日十二月一日」
12月1日（月）11：30～11：55　大谷智子

テレビルポ・日本経済の鼓動「生産地帯をゆく」
12月1日（月）13：30～　KRT、RKB、HBC、OTV、CBC 五元中継。

ジャズ・アンド・タンゴ・フェスティバル
12月1日（月）15：10～15：40　藤沢嵐子他。
OTV 開局記念番組。

お笑い演芸会
12月1日（月）16：00～16：50　開局記念。

座談会「テレビと生活」
12月2日（火）11：25～11：55
開局2周年記念　大原雄一郎、石川まさ。

京阪神を結ぶ三元中継
12月2日（火）14：10～　長谷川周重
中井光次（大阪市長）高山義三（京都市長）
原口忠次郎（神戸市長）。

エリカ・ワイネルト・ショウ
12月2日（火）19：30～20：00

道頓堀アワー
十吾家庭劇「お母さんと学生帽」（文楽座）
12月6日（土）20：00～21：00　曾我廼家十吾、
草間百合子、高村俊郎、弓矢八方ほか。

恋とベンチの物語
12月31日（水）14：15～15：00　森光子、
川上のぼる、松鶴家光晴・浮世亭夢若、桂米朝、
三笑亭歌楽。（ABC ホール）

大晦日特別番組「ゆく年くる年」
12月31日（水）23：40～
民放テレビ・ラジオ初のサイマルキャスト。

芸能スナップ
（12月7日～1975年9月28日全462回）
日 18：00～18：15

1959年1月

●単独番組

四元中継「初春の空から」

1959年1月1日(木)9:00～9:50(東京タワー、新朝日ビル、名古屋テレビ塔、福岡テレビ塔)

社長挨拶

1月1日(木) 9:50～10:00　鈴木剛社長

上方舞

1月2日(金) 11:00～11:30 「高砂」「寿」他

モスクワ芸術座公演「桜の園」4幕

1月2日(金) 15:30～18:00　録画中継。（文楽座）

新春風景

1月3日(土) 10:00～11:00　HBC、KRT、CBC、OTV、RKBのリレー。

蝶々・雄二の新春女中日記

1月3日(土) 12:15～13:05?

東西大学ラグビー「早大－同大」

1月3日(土) 14:00～16:00 花園ラグビー場

プロ野球監督新春放談

1月4日(日) 9:50～10:10　近鉄、南海、阪急、阪神各監督が出席。VTR放送。

柳家金語楼50年記念・金語楼一代記より「泣き笑い五十年」「想い出は乱れ飛ぶ」

1月4日(日) 10:30～11:30

東西財界・テレビ名刺交換会

1月5日(月) 10:00～11:00)

東西財界人23名が出席。(1スタ)

喜劇「びっくりタワー騒動記」

1月5日(月) 11:00～11:55

良弁杉の由来より「二月堂の段」

1月5日(月) 13:30～15:00

人形浄瑠璃・豊竹山城少掾引退披露興行。豊竹山城少掾、難波掾、竹本綱太夫、津太夫、つばめ太夫、藤蔵。（文楽座）

十日戎バラエティ「商売繁盛で笹もって来い」

1月10日(土) 13:25～

スタジオと今宮戎神社の二元構成。

ジャック・ティーガーデンショー

1月31日(土) 13:25～

1959年2月

●単独番組

ジャック・ティーガーデン・ショウ

1959年2月1日(日) 14:20～　小島正雄。

実況放送・貨幣のできるまで

2月8日(日) 15:00～15:30（大阪造幣局）

あしたのお天気

2月26日(木) 23:10～　JOBX-TV最終番組。

テストパターン

2月26日(木) 17:05～17:20頃

OTVから送出された最後のテストパターン。

2月27日(金) 10:45～11:00

ABCとして初めてのテストパターン。

平岡養一・辻久子　ジョイント・リサイタル

2月28日(土) 13:15～13:45

朝日放送テレビ開始記念番組。

●シリーズ番組

日曜サロン

（2月1日～1961年4月30日）

「経済サロン」改題

かしましアワー

（2月5日～10月29日　全39回）

木 12:15～12:40

渡辺まんがくらぶ

（2月5日～1962年9月13日）

木 18:00～18:15

1959年3月

●単独番組

朝日放送テレビ開始記念「マスコミセンター」

　1959年3月1日（日）9：45～10：45

　進藤次郎 鈴木剛 平井常次郎

●シリーズ番組

ここにこんな人が

　（3月1日～10月28日　全5回）

　水22：00～22：30（持回り制作）

LMS珍道中

　（3月17日～4月28日　全7回）

　火22：45～23：00　芦屋雁之助・小雁ほか

「朝日お料理サロン」

　（3月24日～1963年9月24日、全110回）

　月後半の2回放送

1959年4月

●単独番組

皇太子殿下御成婚等別番組

　1959年4月10日（金）

　・実況中継「輝しきパレード」13：45～15：45

　・五局リレー春宵に寿ぐ　20：00～21：00　磯野博ほか

●シリーズ番組

フランキー堺の無闇弥太郎

　（4月1日～11月25日、KRTV)

　水19：00～19：30　OTVとABCが6回制作

シンちゃんのまんが劇場

　（4月28日～1962年9月13日、全67回）

　火18：00～18：15（変更あり）

1959年5月

●単独番組

参院選展望

　1959年5月19日（火）　13：15～13：30

新任イギリス大使を囲んで

　5月25日（月）　17：20～17：45

　寿岳文章ほか

両党の皮算用と見通し

　5月26日（火）　13：15～13：30

　猪木正道ほか

特別番組「伸びゆく交通路」

　5月31日（日）　11：30～12：00

●新番組

シークレット

　（5月5日～7月28日、全13回）

　火22：45～23：00　ミュージカル。

　棚木律子他

マルマン日曜娯楽館

　（5月24日～8月30日、全13回）

　日10：45～11：00

モービル劇場

　（5月24日～12月13日、全21回、共同制作）

　番組表上に発見できず未確認。

「芸名略称・別称」対照表

新聞ラテ欄は紙幅が限られているため、出演者の多い人形浄瑠璃や歌舞伎中継、演芸番組では亭号を略して記載することが多い。ここでは、番組表上、省略されることが多い芸名について略称や別称との対照表を作成した。グループのメンバーについてはOTV時代のものを記載した。

●英字、記号

略称	正式名
Aスケ・Bスケ	秋田Aスケ・Bスケ
〆吉・貞奴	花菱〆吉・花柳貞奴
〆香	浅草〆香（音曲）

●かな

略称	正式名
いとし・こいし	夢路いとし・喜味こいし
お浜・小浜	海原お浜・小浜
かしまし三人娘	かしまし娘 正司歌江・照江・花江
かつ江	都家かつ江
サザエ・歌楽	ミナミサザエ・浮世亭歌楽
ジャグラー都一	一陽斎都一
シャンバロー	柳四郎・初代岡三郎・邦一郎

●た行

略称	正式名
ダイ・ラケ	中田ダイマル・ラケット
タイヘイトリオ	タイヘイ洋児・糸路・夢
タイヘイ洋児他	タイヘイ洋児・糸路・夢路
ダイマル・ラケット	中田ダイマル・ラケット
タンバ・タンゴ	笹山タンバ・宮津タンゴ
つばめ太夫	豊竹つばめ太夫
トップ	コロムビア・トップ
トップ・ライト	コロムビアトップ・ライト

●は行

略称	正式名
ハッタリーズ	バイオリン・ハッタリーズ
ハリー	ハリー長谷川（奇術）
ハロー・ジロー	西都ハロー・ジロー
ヒット・ますみ	大空ヒット・三空ますみ
ひな子	吾妻ひな子
フォンタクト	H・フォン・タクト（ドイツの三亀松）
ホープ	凸凹ホープ
ホットブラザース	横山ホットブラザース
ボップ	凸凹ボップ
ボップ・ホープ	凸凹ボップ・ホープ
ミノル・みどり	橘ミノル・双葉みどり
ラッキー・セブン	香島ラッキー・御園セブン
ラッパ・日左丸	平和ラッパ・日左丸
らら子・凡太	星らら子（星ララ子）・望月凡太
ロッパ	古川ロッパ、古川緑波
ワカサ・ひろし	ミスワカサ・島ひろし
ワカナ・一郎	ミスワカナ・玉松一郎

【漢字・よみがな順】

●あ〜お

略称	正式名
市松・芳子	浪花家市松・芳子
一光	松旭斎一光（足芸）
一歩・道雄	宮島一歩・三国道雄
今次・今若	千歳家今次・今若
歌江・照江・花江	かしまし娘
歌子・泰志	千守歌子（?）・泰志 千守歌子＝高田田鶴子のち守住田鶴子
歌麿・やちよ	流行亭歌麿・やちよ
歌子・泰志	千守歌子（?）・泰志
右楽・左楽	秋山右楽・夏川左楽
英二・喜美江	都上英二・東喜美江
栄三	吉田栄三
笑がお・やっこ・笑美子	三人奴（市松笑がお・塚本やっこ・市松笑美子）
枝太郎	桂枝太郎

円右	三遊亭円右	小雁	芦屋小雁	正楽	林家正楽
延二郎	實川延二郎	小雁・雁之助	芦屋小雁・雁之助	正三・文路	山崎正三・都家文路
円生	三遊亭円生	小金治	桂小金治	捨丸	砂川捨丸
円蔵	橘家円蔵	五九郎	曾我廼家五九郎	捨丸・春代	砂川捨丸・中村春代
円遊	三遊亭円遊	小さん	柳家小さん	寿美蔵	市川壽美藏
鶯童	桃中軒鶯童	小蝶・あきら	ミヤコ小蝶・鳴尾あきら	住大夫	竹本住大夫

●か～こ

		小鉄	鏡味小鉄	清六	鶴沢清六
和子・〆子	東和子・西〆子	小半治	柳家小半治	千太・万吉	リーガル千太・万吉
亀松	桐竹亀松	小柳枝	春風亭小柳枝	染丸	林家染丸
歌楽	浮世亭歌楽	五郎八	曾我廼家五郎八	染団治	林家染団治
雁玉・十郎	芦乃家雁玉・林田十郎			染団治・駒治	林家染団治・駒治
寛治	鶴沢寛治	●さ～そ		染之助・染太郎	海老一染之助・染太郎
雁之助	芦屋雁之助	西都ハロー・ジロー	もと西都波呂・治呂		
喜久治・松枝	五条家喜久治・松枝	三人奴	市松笑がお・塚本やっこ・市松笑美子	●た～と	
喜代丸	新橋喜代丸			玉市	吉田玉市
喜代子	南喜代子	三平・四郎	姿三平・浅草四郎	玉枝・成三郎	もろ多玉枝・広多成三郎
菊二・松枝	五條家菊二・松枝	枝鶴	松鶴家枝鶴	玉男	吉田玉男
菊春	廣澤菊春	周一	牧野周一	玉五郎	吉田玉五郎
菊春・吉郎・太郎	橘家菊春・吉郎・太郎	十吾	曾我廼家十吾※	玉助	吉田玉助
金馬	三遊亭金馬	十郎・雁玉	林田十郎・芦乃家雁玉	千草	庭野千草（生恵幸子の旧名）
桂子・好江	内海桂子・好江	寿海	市川寿海	蝶々・雄二	ミヤコ蝶々・南都雄二
鯉香	瀧の家鯉香	寿郎	浅田家寿郎	千代菊	松鶴家千代菊
幸朗・幸子	人生幸朗・生恵幸子	昇二・大介	阿部昇二・林大介	痴楽	柳亭痴楽
小円・栄子	三遊亭小円・木村栄子	笑橋	春風亭笑橋	津太夫	竹本津太夫
小勝	三升家小勝	伸・ハワイ	暁伸・ミスハワイ	綱大夫	竹本綱大夫
		正一	一陽斎正一	貞山	一龍斎貞山

※【曽我廼家十吾】当時は「じゅうご」とも「とおご」とも呼ばれていた。

鉄舟	向井鉄舟	福団次	桂福団次	奴・喜久奴	松葉家奴・喜久奴	
天外	渋谷天外	藤蔵	鶴沢藤蔵	山城少掾	豊竹山城少掾	
都一	ジャグラー都一 （一陽斎都一）	文章・こま代	東文章（都家文昭）・こま代	夢丸・ひな子	浮世亭夢丸・吾妻ひな子	
		文雄	都家文雄	夢若	浮世亭夢若	
東洋・小菊	岡田東洋・小菊	文雄・田鶴子	都家文雄・高田田鶴子	芳子	浪花家芳子	
十吾	曾我廼家十吾	文雄・美智代	都家文雄・美智代	洋容・由起江	宮田洋容・布地由起江	
土佐太夫	竹本土佐太夫	二三男	桂二三男	米丸	桂米丸	
歳男・団之助	千歳家歳男・松鶴家団之助		（もと柳家紫朝・声帯模写）	●ら〜ろ		
友右衛門	大谷友右衛門	文五郎	吉田文五郎＝吉田難波掾	ララ子	星らら子、星ララ子	
●な〜の		文楽	桂文楽	李彩	吉慶堂李彩（中国奇術）	
難波掾	吉田難波掾（吉田文五郎）	米朝	桂米朝	竜光	アダチ竜光	
南陵	旭堂南陵	凡児	西条凡児	柳枝	春風亭柳枝（東京） または三遊亭柳枝（大阪）	
仁左衛門	片岡仁左衛門	●ま〜も				
虹子・寿郎	寿郎は「浅田家寿郎」のこと	松枝・菊二	五條家松枝・菊二	柳枝・喜代子	三遊亭柳枝・南喜代子	
猫八	江戸家猫八	松太夫	竹本松太夫	●わ〜ん		
●は〜ほ		松之助	笑福亭松之助	和楽	翁家和楽（太神楽）	
馬琴	宝井馬琴	三亀松	柳家三亀松（三味線粋曲）	和楽・和喜美	翁家和楽・和喜美（太神楽）	
馬生	金原亭馬生	光晴・夢若	松鶴家光晴・浮世亭夢若	和楽社中	翁家和楽社中（太神楽）	
伯山	神田伯山	夢楽	三笑亭夢楽			
春代・捨丸	中村春代・砂川捨丸	明蝶	曾我廼家明蝶			
春団治	桂春団治	桃太郎	昔昔亭桃太郎（のちの柳昇）			
波呂・治呂	西都ハロー・ジロー	紋二郎	桐竹紋二郎			
日左丸	平和日左丸	紋十郎	桐竹紋十郎			
百生	三遊亭百生	●や〜よ				
百歩・昇二	林百歩・阿部昇二	弥七	竹沢弥七			

〜おやすみのまえに〜

おやすみのまえに（あとがきにかえて）

● ノートのようにご活用ください

　このたびは「大阪テレビ放送」の研究発表におつきあいくださり、まことにありがとうございました。もっと軽く、薄く、読みやすくすることができたのかもしれませんが、今回さまざまな理由からこのような大判の本になりました。

　本書の構成は、あれこれ考えた末に「時系列」としました。そして、そこから主要なエピソードや解説を枝分かれさせることにしました。

　また、この本全体に余白を比較的多く作り、読者の皆様が自由に書き込んでいただけるようにもしています。

　本書の編纂にあたっては、大阪市生まれの放送研究者・山田充郎さんに多大な協力をいただきました。まずは山田さんに「年表」を作成していただくことから始めました。

　この年表は、大阪テレビ放送が残した数少ない公式記録 *"Album OTV "* に掲載された年表をベースに、各社の社史新聞記事、OBによる刊行物などから抽出したもので、研究に不可欠な作業です。

　各月の冒頭に掲載されている年表は、これをもとにしたものです。山田さんの年表では、同じ出来事に対して、資料によって異なる日付、地名、人名等がある場合、両論併記で書かれていますが、本書ではさまざまな視点で検討し、最も妥当性の高い情報を掲載しました。また、妥当性が判断できないものは、年表への掲載を避けました。

　つづいて「全番組表」は朝日新聞（大阪版）のラテ欄をベースに、毎日新聞、産業経済新聞、読売新聞の各大阪版ラテ欄と照合しながら作成しました。

　しかし、ラテ欄の番組表は、限られた紙面に情報を詰め込むために、たとえば
・番組タイトルが短縮される
・副題や出演者の名前が短縮、省略される
・5分以下のミニ番組が表から割愛される
　といった問題が起きます。

　本書ではまずこれらの「省略」をできるだけ復元しようと試みました。しかしその一方で、この「省略」が、当時の情報優先順位を反映している可能性もあると考え、本書に再構成した番組表には、支障のない範囲で反映させました。

　また、各月の最後にある「これがOTVだ」には、その月に放送された特別番組や、その月から放送開始した（またはネット開始した）番組を、解説つきで紹介しています。もちろん、詳細不明な番組が少なくないことは言うまでもありません。

　さらに、放送開始日が確認できない番組もありますが、これらについては、各種資料をもとに妥当なものを選び、必要に応じて付記しています。

　本文の最後に、全番組表のリストがありますが、これは「これがOTVだ」を集成したものです。しかし、一部「これがOTVだ」と異なる情報が存在しますが、その場合、全番組表リストのものを優先的にとってくださるようお願いいたします。

　ともあれ、皆様にはぜひ、本書を「ノートのように」お使いいただければと思います。テレビジョン放送の黎明期については、本書以外にもたくさんの資料本がありますから、その中で大阪テレビ放送に結びつく情報があれば、ぜひ、本書に書きだして下さい（図書館の場合そうはゆきませんが…）。

　また、そういった「読者の皆様の発見や指摘」をお伝えいただけるよう、本書のWebsiteを開設しました。ここには、発見情報、訂正・改訂情報、

新資料等のリリース情報をお寄せください。

つづいて、本書刊行までの流れを謝辞にかえてお話し、ついで、OTVについて一緒に研究してくださる方のための資料情報について書き進めます。

◀■▶

●**本書刊行までの流れ**（謝辞にかえて）

本書がどういう過程を経て刊行に至ったか、少々長くなりますが、ご説明します。

最初の動機は、私が十代の頃に購読していた雑誌「ラジオの製作」（誠文堂新光社）の付録「全国テレビ局テストパターン集」と「全国放送局コールサイン一覧」でした。私はその付録で「JOBX-TV」という欠番と、他で見たことがない「大阪テレビ放送」のテストパターンを見つけました。かれこれ40年も前の少年時代の疑問から端を発しています。

当時はインターネットなどありませんから、その疑問に応えてくれる資料の有無を知るだけでも大仕事でした。結局、その一年後、千葉県木更津市の中央図書館でNHK発行の「放送五十年史」と出会い、その中に黎明期のテレビ局のリストを発見するまでまったく手がかりがなかったのです。

◀■▶

その後、図書館で放送関係の資料を探して「JOBX-TV」の謎を追いかけていましたが、その間に日本テレビ（NTV）、東京放送（TBS）などの社史に触れ、ついに朝日放送十年史である「ABC十年」と出会いました。すでに十年が経過していたと思います。

これにより大阪テレビ放送が、朝日放送テレビの前身であることはよくわかったのですが、具体的なことはまったくわからずにいました。

それから何の進展もないまま10年が過ぎ、30代も半ばになった頃、小松左京先生のご紹介で澤田隆治さんをご紹介いただき「小松左京マガジン」の中でインタビューをさせていただきました。OTVに関する具体的な取材・研究活動はここから始まったといっても過言ではありません。

澤田さんからは、OTVの成り立ちや、局内の雰囲気、社風などについてお話をいただきましたが「ほんまはプロパーの人から聞いた方がいいんだろうけど

…」と頻繁におっしゃっていました。プロパー、つまりOTVに直接入社した社員ということです。

インタビューを終えたあと、澤田さんが「OTVのことを知りたいんやったら、急がなダメですよ。もうみんな80歳超えるからネ」と言いました。

◀■▶

生まれこそ大阪・箕面ですが、かれこれ40年以上関東に住んでいます。何のコネクションも（そして東西を往来できるだけの取材費も）なく、図書館や古本屋を回る日々が続きました。

そんななかで思いついたのが、国会図書館に収蔵されている大阪の新聞各紙の「ラジオ・テレビ欄」をひたすら書き写すという地道な作戦でした。

早速、国会図書館に赴き、マイクロフィルムを相手に書き写し作業を始めました。

まずは、本放送開始前一か月間のサービス放送の番組表を全部書き写してみました。これで、その後の作業計画を立てる参考にしようという考えです。

実際に集めるうちに、サービス放送の番組表にはOTVの実験精神や、センス色濃く表れていることを発見し、番組表を集めて解析することの価値を発見しました。

そこで、サービス放送期間に加え、開局直後

の数日間の番組表を集め、細かい解説を挟んだ報告を2008年にアジア放送研究会発行の「アジア放送研究月報」で発表しました。

その後、2010年〜2012年にかけて、松岡正剛氏がたちあげた編集工学研究所のインターネット企画「本座」の中で「まぼろしのテレビ局」というタイトルで連載がはじまりました。当時の編集長・太田剛さんが面白がってくれたのでした。アジア放送研究月報で発表した研究報告に、より詳細な取材を加えてリリースしました。

◀■▶

この頃には、小銭を貯めて買い集めた在阪各局、全国各局の社史を用いて、OTVを軸に「黎明期のテレビ放送事情全体を研究する」というスタンスが固まりました。「大阪を視座に放送史全体を見る」というわけです。

また、これとは別に、私個人の研究サイト「大阪テレビ放送研究会」をたちあげ、サービス放送期間の番組表電子化集成などの成果を公開していました。

これが有難い出会いのきっかけを作ってくれました。

私の研究サイトを見たOTVのOB・直井孝司さん(技術部中継課)が「大阪テレビにご関心がおありですか?」とメールで問い合わせてくださいました。すぐさま、これまでの経緯などを説明したところ、近々お祝いごとのために東京に行くので会いましょうということになり、東京・芝公園のホテルを尋ねました。

そこで約2時間、これまでの研究経緯をお話しし、OTV時代のさまざまなエピソードの一部を伺いました。

この時に頂いたアドバイスがその後重要なものとなりました。まず、OTVの事業を継承したABCは実在・現役の企業であるから、ABCにとって損害になるような研究は(OBとしては)してほしくない、ということでした。

次に、OTVのOBを紹介することはできるが、MBSに移ってしまった人々とは、ほとんど交流がない。また、放送の世界を早々に去ってしまった人も多く、どこまで期待に添えるか保証できない、ということ。

そして、何かの「権利」を狙っているのではないかと疑われないように、ということでした。

これら3つのアドバイスを胸に、まずは、直井さんの紹介で朝日放送に西村嘉郎さんを訪ね、研究の趣旨を聴いていただきました。西村さんからは「私たちの大先輩たちの偉業です。ぜひともがんばって研究してください。期待しています」と言葉を頂きました。そして、「川崎は怪しい者ではない」という御墨付きを得て、その後スムースに在籍者を紹介していたけるようになりました。

◀■▶

そうして取材を進めるうちに、成果を出版したらいいだろうという話がでました。ただ、予算も出版経験もないので、電子版で安くあげることを考えていたところ、OBの一人からこんな一言がありました。

「どうせ将来、みんな棺桶に入るんやから、燃えやすいように紙の本がエエな」

この瞬間、研究成果は紙の本として出版する、ことと決まりました。

◀■▶

こうして、月に何度か国会図書館に通うようになり、同時に「大阪テレビが面白いぞ」「誰も知らないまぼろしのテレビ局だぞ」「半世紀以上前にCIもVIも導入していたのだ」「ステーションロゴが宇宙映画みたいでかっこいいぞ!」などと周囲にいいふらしていました。

すると、当時、大阪大学中之島キャンパスにある「大阪大学21世紀懐徳堂」で社学連携イベントの企画・制作などをされていた特任研究員の荒木基次さんから「その話を聞かせてほしい」という声をいただきました。ここから、2013年

3月に「大阪大学21世紀懐徳堂塾　OSAKAN CAFE Vol.① 幻の"大阪テレビ"」というタイトルと題して、写真パネル展示とトークイベントを開催するに至ったのです。

この時、大阪大学21世紀懐徳堂では、大阪の忘れられている偉業、今評価されるべき遺産を再認識・再発掘して紹介するシリーズが組まれていたのですが、その第一号として「大阪テレビ」が選ばれたというわけです。

大阪テレビはまさに「再発見・再評価」されるにふさわしいものでした。流行を生んだ人気番組（びっくり捕物帖、やりくりアパートなど）や、人々の生活習慣に影響を与えた長寿番組（部長刑事、料理手帖など）を輩出し、新聞にも「洗濯機、冷蔵庫、OTV」と書かれたほどであったにもかかわらず、ほとんど誰も憶えていない。「まぼろしのテレビ局」というキャッチフレーズは、大阪内外で多くの方々の関心を呼んだようです。

一番驚いたのはOTV在籍者の皆さんでした。まず半世紀近く、OTVを紹介する一般向けイベントはなく「いったい誰がこんなことを仕掛けたのだ」と思われたようです。

2013年3月3日午後、京阪中之島線なにわ橋駅地下コンコースにある「アートエリアB1」で「幻の"大阪テレビ"」が開催されました。

会場では3月1日から、朝日放送提供のスティル写真や、OBの方々が持ち寄ってくださった貴重な資料が展示され、壁面にはOTVの製作した営業用「フィルムパンフレット」（開局一周年目の午後に放送）や、本放送初日に放送された「これがOTVだ」（現存最古の放送番組の一つ）、そしてOTVが世界で初めて成功したヘリコプターからの生中継の模様をおさめた映像を繰り返し上映しました。

3日の午後、予想をはるかに超えて150人もの方々が会場に集まりました（最終的には180人にも達した）。

私はそこで愕然としました。会場に集まった方々の9割以上がOTVに在籍されていた方々だったのです。

そんな「自分よりOTVに詳しい人がびっしり集まった会場」で、いったい私は何を話せばいいのでしょうか。集まったのはみんな「事の当事者」です。

トークショーの第一部は、大阪の大衆文化に詳しい、大阪大学総合学術博物館の橋爪節也館長（当時）を迎え、おもに「橋爪先生に向って」OTVがすばらしいテレビ局であったかという話をしました。高知県からかけつけてくれた戸田

大阪大学21世紀懐徳堂塾「OSAKAN CAFE」第1回のチラシ

健史さんのような若い放送研究者を客席に見つけてからは、ほとんど彼らに向けて話しかけていました。それ以外は「私よりOTVに詳しい方々」なのです。いずれにせよ、第一部はまるで口答試験のように終わりました。

第二部は、在籍されていた方々に御登壇いただきました。この時のメンバーは、営業の水田忠伸さん、カメラマンの亀井茂さん、そしてア

大阪大学21世紀懐徳堂塾「OSAKAN CAFE」第1回の会場風景。通常30〜40名のカフェに、次から次へとOB・OGやご家族、関係者が来場。総入場者は180名を超えた。

ナウンサーの「ミスターOTV」こと今村益三さんでした。この時のそれぞれのお話は本書の中にしっかりと盛り込まれています。

　特に水田さんが訥々とした口調で「広告料金を値引きしたことは、一回もありませんでした」「会社の売り上げが悪かったこと、最初からまったくありませんからねえ」と何気なくおっしゃいましたが、実はとびきりすごい話でした。

　今村さんは、富士山頂で歩き回りながら生で喋るのがいかに大変だったか、本当に息をきらしながら話してくださいました。

　質疑応答タイムにはいると、OB・OGのかたがたから次々挙手がありましたが、ここでは亀井さんが話を仕切ってくださり、私は本当に聴き手にまわることができました。この先、亀井さんにはステージにあがるたび、お世話になりっぱなしです。

　ご来場の在籍者の方々はさまざまな想い出を語って下さいました。たとえば本書に掲載している「富士山から生中継」の「バナナと大きなネズミの話」はロケーションマネージャーをつとめた山田定信さんが会場で聞かせてくださった話をもとにしたものです。

　また、トークショーの中で、美術の阪本雅信さんが「ミナロン・ドリームサロン」のことをお話くださって、写真資料がたくさん残存していることなどを教えてくれました。この発言は、本文に掲載した番組再現イベント＆トークショー」に繋がります。

　さらに、テレビ美術の竹内志朗さんが番組タ

イトルにまつわる話とともに、ご自身の著書をお持ち下さいました。

　加えて終了後、滝川楊子さんが当時のスナップ写真を持ってきてくださいました。当時の堂島のBG(今でいうOL)たちのファッションがよくわかる一枚です。本文中、屋上で撮影した写真をご紹介しています（P29参照）。このほか、スキー旅行などの写真をお預かりしました。

　OTVについて紹介するイベントのはずが、OTVについて私が話を伺う「公開取材」のようになりました。ちょうどみなさんには同窓会のようにもなったようで、終了後も楽しそうに雑談されていました。

◀■▶

　2012年春「高橋信三放送文化研究基金」という研究者助成があることを知りました。そこで、この助成金を受けて、OTVの放送期間中（1956年11月～1959年5月）のすべてのラテ欄情報を手入力で電子化することを考えました。また同時に、OBの方々が私蔵されている写真や社内報、刊行物、記念品などの所在を調査し、リストを作成して、資料散逸を防ぐこともあわせて申請しました。

　ありがたくも、申請は受理されました。

　新阪急ホテルでおこなわれたパーティーでは、運営委員長の山本雅弘さんをはじめ、委員の方々から「ずいぶんお若く見えますが（当時私は49歳）、なぜそのお歳でOTVを？」と、興味津々に質問して下さいました。OTVを知っているはずのない世代の者がいきなり関東から現れたの

ですから当然の質問です。まさにこの数ページに書いたような話をしました。この日、山本さんが、証書授与の際に「私どもの創業者（高橋信三氏）に縁のある放送局について研究していただき、ありがとうございます」という言葉をくださいました。在阪民放史のはじまりに触れた思いでした。西村嘉朗さんの「私たちの大先輩たちの偉業を」という言葉とともに、いつも深く嚙みしめています。

◀■▶

こうして東西を往来しながら、OB の方々、OB 以外の方々への取材がはじまりました。

そんななか、大阪テレビフィルムの社長をされていた織田文雄さんにお目にかかり、長時間のインタビューが実現しました。このインタビューは大発見の瞬間でした。この話は本書でも一項を設けるほどで、実は OTV が日本の教養番組に大きな影響を与えていたことがわかったのです。また、織田さんは従軍経験をお持ちの方ですが、従軍経験者にとって、帰還後「メディアに携わる事」がどういう感覚を生じさせるのか、そのあたりの機微も教えて頂きました。

◀■▶

夏休みを挟んで、もともと欠落や誤字脱字の多い番組表の電子化をすすめ、そこで発見した矛盾点を OB の方に伺うという作業をしながら、12 月 1 日に開催する「OTV 開局 58 周年記念イベント」の準備にかかりました。

このイベントの目的は「OB 私蔵の写真を活用する」ということでしたが、3 月のイベント「まぼろしの大阪テレビ」の時に出た阪本雅信さんの資料写真コレクションを素材にして、当時のスタジオを再現できないかという企画になりました。

そこから先の話は「ミナロン・ドリームサロン」の項に書いた通りですが、OB お三方に集まっていただき、打ち合わせを重ねるうちに、阪本さんの目に輝きがまし、野添さんの服装がお洒落なものになり、亀井さんの笑い声は大きくなってゆきました。阪本さんがスタジオセットをデザインし、野添さんがエラ割りをしてキューを振るという「レジェンドマッチ（伝説の試合）」の体制で、OTV の人気番組「ミナロン・ドリームサロン」を公開で制作するという夢のような話が実現するのです。

ミュージシャンをどうするかは、かなり悩みました。当時「ミナロン」にご出演いただいた方は、今や大御所ばかりで、当然、年齢も大御所級。また、若い、または中堅の現役ミュージシャンの場合、歌い方や演奏法が変わってしまって、1950 年代当時の雰囲気がないのです。

そんな時、救世主のように現れてくださったのが、東京で活躍する歌手のさがゆきさんでした。さがさんは、ジャズを起点にボサノバから 50 年代ポップス、オリジナルナンバー、そして前衛音楽まで幅広い世界で活躍する方として知られていますが、ジャズに関しては中村八大さんを筆頭に、1950 〜 60 年代に活躍した大御所との共演経験があり、ほとんど途絶えてしまった「スウィング全盛期の歌唱法」を身に付けている貴重な一人です。中村八大オーケストラの専属歌手として選ばれた実力と経験の持ち主で、スケール感たっぷりに訴えることができるタイプ（これをメジャーっぽさといいますが）。

この頃さがさんは、大阪・豊中出身のジャズギターの名手・潮先郁男さんと、スウィング全盛時代の名曲を聴かせるライブを頻繁に開催していたのですが、その場を訪ね、イベントの趣旨をお話して、出演交渉をしました。本当ならば潮先さんも一緒ならばよかったのですが、健康上のご都合もあり、さがさんのギター弾き唄いということでお願いしました。まもなく選曲案とデモ演奏の CD を送っていただきました。

「半世紀以上前のテレビ番組の再現」という怪しい企画を面白がってくれたのは、彼女の好奇

心によるところだと思います。

　すぐに大阪に赴き、打ち合わせの場で「歌手がつかまりました」とご報告し、デモCDで「月にちなんだ3曲」を聴いていただきました。みなさん「ええなぁ」「ええやないか」というお答え。

　そこに、三人のOBのどなたかから…
「ところで…ラツの具合は？」との声。
「ああ、こっちに写真あるヨ」と別の声。
「お、これやったらOKやな！」と別の声。

　早い話『ラツの具合』とは、容貌＝カメラ映りのことだったのですが、さがさんの彫りの深い顔だちがイメージぴったりだったのでしょう。最後にモノクロで仕上げることを予定していたわけで、モノクロにしたときのカメラ映りも考えていたのかもしれません。

◀■▶

　ところで、この頃、阪本さんはお芝居の美術にもかかっていました。ちょうど、劇団往来の公演「ドクトル・クノック（演出・要冷蔵）」の美術と脚本の和訳（原作はフランス語）を阪本さんが担当しておられたのです。

　せっかくの事なので「一心寺シアター倶楽」まで見にゆきましたが「フランスの田舎」を「河内のとある村」に置き換えたという奇抜な設定は、いかにも阪本さんらしい「思いきりの良さ」だと思いました。阪本さんのテレビ美術家・舞台美術家以外の面を知る貴重な機会となりました。

　12月1日、京阪中之島線なにわ橋駅の「アートエリアB1」で「OSAKAN CAFE　第3回　とんがっていたテレビ美術」と題して、テレビ番組の再現とトークショーがおこなわれました。

　会場では「鉄道芸術祭」が開催中で、松岡正剛さんの毛筆があしらわれた華やかな展示会場の奥に、OTV第二スタジオと同じ面積の仮設スタジオが設けられました。

　番組再現と、完全アドリブのトークライブとなりましたが、ここでは在籍者で技術部の植田譲治さんがイメージオルシコン管の実物をお持ちくださったり（P210写真参照）、志水英子さん（当時・稲田英子アナウンサー）が、放送現場の雰囲気や番組が作り出した映像美についてお話しくださったり、客席が一体となって58周年を祝うことができました。詳細は本編「ミナロン〜」（P207「座談会」参照）の項をご参照ください。

◀■▶

　かくしてビッグイベントが終わり、残り半年で番組表の電子化も終了したところで、出版プロデューサーの高橋憲一さん（デジタポリス社代表）が「大阪テレビの話、本にしない？」と話しかけてくれました。高橋さんとはこの時すでに20年ほどのおつきあいになりますが、こんな話は初めてです。

　そこで、大急ぎで企画書を書き、その一方で再び「公益信託高橋信三放送文化振興基金」の門をたたきました。今度は、平成25（2013）年度の成果をもとに「OTVについての本を出す」ことが目標になりました。

　審査の結果、助成して頂けることとなり、すぐさま、前述の「年表」を山田充郎さんからご提供いただいて、断片情報の関連付けがはじまりました。発掘された恐竜の骨を組み立てる作業です。

　ここから、本文の執筆作業と番組表の再整理が始まりました。

　本文の執筆については、まず、富士山に出かけました。運の悪いことに直前に足を捻挫したため、六合目半までの登頂となり、「東洋館にOTV社旗が現存するか」を調べることができませんでした。しかし、富士山の過酷で神秘的な雰囲気を体験することにより、少し追体験することができたのではないかと思います。

　また、真冬の東大寺に赴き、テレビページェント「良弁杉」が放送された現場も歩いてきました。あの急な階段を、組んだ丸太にのせたテ

レビカメラを運び下したのか、と、ゾッとしました。

真夏の浜寺公園にも出かけてみました。予想以上に蚊が多く、きっと中継当日も悩まされたのではないかと思いました。

また、瀬戸内海の海上中継を書く前に明石まで出かけました。この時は、孫文記念館を訪問したので、昔の海辺別荘地の雰囲気をつかむこともできました。

それらの実地体験を踏まえて、これらの中継現場を務められた報道の青木亨さんや、技術の甲田与志雄さん、カメラの亀井茂さんのお話を伺いました。

また、梅田新道のビヤホールでお知り合いになった在阪各社のOBの方々や、OTVに出入りされていた広告代理店の方からも当時の話を伺うことができました。

番組表の再整理は、中之島の二つのイベントでお世話になった荒木基次さん（本業はデザイナー）とのやりとりでおこなわれました。あれこれ試した上「一週間分をB5ヨコに並べる」ことにしました。この本の「手に余る大きさ」は、まさにそこから生まれたのです。書店が最も扱いにくいに違いないこの大きさ・形にも一応、理由…いや事情があるのです。

そこに深刻な話が飛び込んできました。出版をすすめてくれたデジタポリスの高橋憲一さんが入院してしまったのです。夏ごろには抗がん剤治療のため急速に痩せはじめ、9月半ば、あっというまにあの世に旅立たれました。病室に満足なネット環境がなかったため十分なやりとりができないままの別れになりました。

ここでまた「出版社探し」から始めなければならなくなりました。こんな専門的で変わった判型の分厚い本の出版ですから、なかなか話をきいてはくれません。

私はこの時「大阪を題材にした本なのだから、いっそ大阪の出版社がいい」と言い、出版・印刷の世界が長い荒木さんに大阪で出版社を探して頂くことにしました。

出版社が決まらないまま、9月末に本文の執筆があがりました。

10月下旬、荒木さんが大阪・堂島の編集プロダクション「140B」の中島淳さんを紹介してくれました。同社は京阪電車が発行するフリーペーパー『月刊島民』を編集している会社としても知られていますが、荒木さんから中島さんに「大阪テレビを特集したらどうか」と話を持ちかけたところ「それは面白い！」ということになり、早速、準備にかかりました。

これは大変ありがたいチャンスとなりました。500ページをかけて伝えようとしている話を「8ページにまとめる」のはなかなか大変で、全体

月刊島民 2015年12月1日「大阪・テレビのはじまり」号　(C)140B

「おやすみのまえに」

像の説明と、面白いディテールやエピソードの紹介をどう両立させるか苦労しました。

中島さんから投げかけられる質問は、私には想定外のものばかりで、まったく違う角度からOTVをとらえるチャンスとなりました。特にOTVと現代の大阪のつながりや、OTVが大阪〜近畿一帯に作り出した「熱狂」に焦点を当てることで、この成功の本質かつかめたように考えます。

こうしてリリースされた『月刊島民』12月号は、京阪沿線の方々や、大阪市内各地の配布拠点を利用している読者の方々の手に渡りましたが、一番驚いたのは在阪局のOBの方々だったようです。

12月の上旬に梅田新道のビヤホールでおこなわれた関西民放クラブの懇親会では多くの方が「これは何？」「これ、読んだか？」「これ、誰が仕掛けたんや？」「よう載せたなあ」と『月刊島民』を手に首をひねっていたそうです。やがて、140Bの編集スタッフ・江口由夏女史がこのために撮影してくれた顔写真を見て「あー、こいつかあ！」ということになったようですが、開局59周年のサプライズとしては、すばらしい成功を収めたと思います。

『月刊島民』では、毎月の特集にあわせた一般向けのレクチャーシリーズ「ナカノシマ大学」を開催していますが、2016年1月に大阪テレビに関するレクチャーを開催してくれることとなり、大阪大学中之島キャンパスの佐治敬三ホールをおさえてくれました。

正月を過ぎて1月半ばに「ナカノシマ大学・まぼろしの大阪テレビ」が開催されました。会場には長年この活動を支え続けてくださっているOBの亀井さんや直井さんをはじめ、在阪各局の皆さんが来てくださいました。また、関西以外では、東京からは日放労の中村委員長が、岩手からは日本アマチュア無線連盟岩手県支部の野田支部長が来てくれて、研究の成果を高く評価して下さいました。

話は少し遡りますが『月刊島民』の話がきまった直後に、荒木さんが、天王寺の東方出版（本書の出版元）の今東成人会長を紹介してくれました。そこで、これまでの経緯を説明し、既に書きあがった原稿を見た上で、この本の出版を受諾してくださいました。その成果がこの一冊です。

また、同じ頃、大村崑さんのインタビューもおこないました。当初は大阪に出向いてのインタビューを考えていたのですが、大村さんは本当にお忙しい方で、大阪・東京間を週に何度も

往来しているとのことで、皇居の近くに場所をとってお話を伺いました。時代を代表する大御所へのインタビューということで口が渇くほど緊張しましたが、当時の現場の「熱」を伝えようと、大村さんは角度を変えてエピソードや「想い」を語って下さいました。本書に掲載するにあたっては、ほとんどノーカットの状態で収録しました。それほど密度の濃い、焦点の定まった内容だったのです。

「プロレスアワー」の項では、プロレスの歴史研究で知られる小泉悦次さんが、番組表の中から力道山に関する歴史的新発見をしてくださいました。

もともとは専門家に構成をお願いするために、プロレス好きのメディアプロデューサー柴田恵陽さんにご紹介いただいたのですが、資料を読むうちに「これはスクープだ！」と検証してくださいました。これは雑誌『Ｇスピリッツ』2016年6月発行号「特集・金曜夜8時の新日本プロレスＰＡＲＴ３〜狂騒の80年代編〜」の特別企画「大阪から見た日本マット界創生期〜山口利夫vs力道山の攻防〜」に詳しく報告されています。

◀■▶

　さて、本書にはいろんな図版が用いられていますが、「序」の鈴木剛社長と「演劇」の曾我廼家十吾、渋谷天外、藤山寛美のお三方は、写真でなく、小島のぶ江さんに肖像の挿絵をお願いしました。

　なお、のぶ江さんのお兄様はOTV報道部に在籍した小島昭男さんで、近年では関西民放クラブが毎月開催する市民参加の懇親会の幹事として知られた斯界の有名人です。

　のぶ江さんには、最初は当時の演劇事情についてお話を伺うという事でお目にかかりました、その時画集を見せていただき、そこで絵を書いていただくことを考えたという次第です。

　とにかく、よってたかって出来上がった本です。

　さて、私は複数の事を並行して進めるのが大の苦手ですが、取材・執筆と並行して日々の本業（演芸ディレクター）もやらなければなりません。

　そんな中、昭和2年生まれの父が老衰でこの世を去りました。さまざまな人にあいさつをした後で、昼寝をするように眠ったのが最期。しばらくは葬儀や保険関係の手続きに時間を取られましたがなんとか乗り切ることができました。

　人の最後はいつも突然です。前年、美術の阪本雅信さんが肺炎で亡くなっていたことを、なくなった数か月後に知りました。それ以外にも、この企画に興味を示してくださった各局のOBの方々が何人もこの世を去って行かれました。澤田隆治さんの「急がなダメですよ！」という言葉が、改めて重くのしかかります。

◀■▶

　校正では特に固有名詞が多いことと、昔の芸能人の名前がよくわからないことなどが頭痛の種となりました。

　本文の時代考証については、年表制作の山田充郎さんに、また、手薄になっていた毎日放送・新日本放送関連の情報にはOBである辻一郎さんからご提供いただいた資料でチェックすることができました。また、デザイナーの荒木さんは当時の事を知る世代でいらっしゃるので、レイアウトの際にあれこれ気づいた点を指摘して下さいました。

　出演した芸人さんの名前や演目は、澤田隆治さんにチェックしていただきました。全く調べがつかない古い芸人さんの情報を、細かく直して下さいました。しかしそれでも「何カ所かまだウラをとれない点がある」とのこと。精度をどこまで高めるかなのですが、歴史を扱う本の深さや難しさを想いました。

　と、ここまでが、この本のできるまでのおおまかな流れです。

◀■▶

　本書は実在した企業の記録であり、その事業を継承する会社が現存しています。ゆえに、さまざまな事情で公にお礼を述べることを遠慮しなければならない方もいらっしゃいます。複雑な人脈からのご支援でできた一冊でもありますからお名前を失礼なく並べるのは至難の業。そこで物語のスタイルにしてご紹介した次第です。

● 資料解説

　本書はもともと「OTV および関西の民放テレビの黎明期を研究するための基礎資料を集成する」という目的で生まれたものですから、たくさんの資料を情報源とし、多くの引用を取り込んでいます。関係者の証言による一次情報との照合をするためにも必要です。

　ただ、そのすべてを一冊に集めることは、今段階では物理的に不可能ですから、詳細なことを知るにはやはり原資料にあたる必要があるでしょう。そこで、これからこの分野の研究に参加される方のために、本書の執筆に用いた資料をできるだけご紹介したいと思います。

『アルバム OTV （"Album OTV"）』

　1959 年 5 月 20 日発行　非売品
発行　大阪テレビ放送株式会社
編集　大阪テレビ放送事業部
写真　北代省三、伊藤嘉彰
　　　ミラー工房
意匠　小森三二　福田秀見
印刷　大阪グラビア印刷

　OTV や関西民放の黎明期を研究するためには必携の一冊です。OTV の設立から解散までを、たくさんの写真と出演者の証言・寄稿とともに時系列で編纂したもので、社員の文集にもなっているため、普通書き残されないような小さなエピソードが記録されているのがうれしい限りです。

　ところどころにとんがったグラフィックアートが用いられ、半世紀を超えてもなお語り継がれる OTV の「センスの良さ」を裏付けています。

　この「社史」は、合併が決まった後、鈴木社長が「社員の想い出に残るようなものを」ということで企画されました。あくまで関係者向けの「非売品」ということで出版関係のデータにも残っておらず、国立国会図書館にも蔵書がありません。ただ、私が確認する限りでは龍谷大学の図書館に一冊保存されており、利用資格があれば直接見ることができるでしょう。私は羽尻公一朗博士（工学）のご尽力でこのコピーを入手し、これによって研究が大きく進展しました。電車代と煙草代だけで、この資料の入手に動いてくれた博士には、まったく頭があがりません。

　現在、私のところには、OB の方から、現物を一冊預けて頂いております。たぶん現存するアルバム OTV の中でも最も状態のいい一冊ですが、それでも紙箱は崩壊がはじまっています。製本も、決して頑丈なものではありませんから、資料として用いるときには、できるだけコピーを利用し、ページを開かないことが肝心です。

　この本は、この二十年、古書流通で一回も見たことがありません。調査によれば、多くの OB の方が宝物のように保存していることがわかっています。また、亡くなられたあとも、ご遺族が貴重なものとして引き続き保管されているようです。もしも研究のためにこの本の実物をご覧になりたいという方は、私あてお知らせいただくのが一番早いでしょう。

『ABC十年』

1961年3月15日発行　非売品
発行　朝日放送株式会社
　　　阿藤伝治（取締役総務局長）
編集　十周年記念誌編集委員会
印刷　大日本印刷

　放送研究者には最も知られた「名作社史」の一つですが、OTV研究には必携の一冊です。
　「写真集」と別称されるほど写真・図版が満載で、しかも写真素材にあわせて自由なレイアウト編集をしているビジュアルな出来上がり。しかも、発行部数が多かったようで、古書市場にも常に流通しており、社史の中では手に入れやすいものです。
　この本は合併の翌々年に発行されましたが、テレビ部門の大半はOTV時代のものです。当時の制作現場や記事などが写真でたくさんのこされています。また「ビルの谷間」「芽」「良弁杉」「かんてき長屋」など名作ドラマのセット写真がのこされているのは見逃せません。さらに、この本の「年譜」も研究上必要なものです。
　国会図書館は言うまでもありませんが、都道府県の中央図書館クラスであればほぼ全国、近畿圏であれば、ある程度歴史のある図書館なら、ほぼ必ず寄贈されていることと思います。

『朝日放送の50年』（三分冊）

2000年3月31日発行　非売品
発行　朝日放送株式会社
編集　朝日放送社史編纂室
制作協力　朝日カルチャーセンター株式会社
　　　　　株式会社出版文化社
印刷　凸版印刷

　「本史」「番組おもしろ史」「資料集」の三分冊で光栄されていますが、「本史」では全423頁（索引を含む）の内OTVに40ページ近くを割いており、二年半の流れを大つかみにするには最適かもしれません。ただ、そこで使用されている写真は、さすが自社アーカイブの素材から選んだだけあって「ミヤコ蝶々・南都雄二とアンペックスVTRの記念ショット」といった珍しいものなどがあり、必見です。また「番組おもしろ史」ではOTVを代表する番組『びっくり捕物帖』『やりくりアパート』『部長刑事』が写真多数を添えて解説されています。番組の成り立ちがわかるだけでなく、その後大阪のテレビに与えた影響なども書かれています。
　これは古書流通では『ABC十年』ほど見かけませんが、国会図書館ほか、全国の主要図書館には寄付されているようで、全国で手に取って読むことができるようです。
　本は3冊が一つの箱に収められており、なかなか手の込んだものになっています。長年一緒に研究をしている河野虎太郎さんは十年ほど前、名酒を片手にこの本を機嫌よくめくっていた時、うっかり箱をふみ潰してしまったそうで、いまでも飲み過ぎたことを後悔しているそうです。そのくらい美しい装丁なのです。

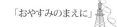

『朝日放送の十二年』 非売品

　これは、社外に正式に刊行されたものでなく、社内の一部に稿本の状態で配布されたもののようで、一般には流通していません。『～十二年』は技術データが詳細なほか、出来事の背景に関する資料も独自の記述がありますが、校正を受けずに書いた部分もあるようで、一部不正確な情報もみられます。本書では部分的な参考にとどめました。

『毎日放送の40年』

　1991年9月1日発行　非売品
発行　株式会社毎日放送
編集　株式会社毎日放送40周年史編纂室
制作協力　大日本印刷株式会社
　　　　　CDC事業部関西本部年史企画室
印刷　大日本印刷

　この本は、関西のみならず、日本の民放史を知るうえで必携の一冊です。何より日本の民間放送の前史に関する詳しい記述があるため、たとえばOTVの成り立ちについて知る時には必読です。

　OTV関連のエピソードはほとんど記述されていませんが、OTVからMBSへの移籍や、在京ネット局の問題でMBSが開局を延期するに至った経緯などはこちらのほうが詳しく記述されています。

　『毎日放送50年史』は『40年』にくらべて、黎明期の記述について大きな差はありませんが、資料編がCD-ROM化されており、貴重な映像もあります。

　MBSにはこのほか『MBS10年史』『毎日放送十年のあゆみ』『二十年の歩み～毎日放送』など多くの本がありますが、これらは図書館でも古書店でも比較的出会うチャンスの多いものだと思います。

『楊梅は孤り高く～毎日放送の25年』

　1976年9月発行　毎日新聞社
著者　南木淑郎

　この本は、個人著作の形をとってはいますがMBSの二十五年史として公式のものとしても扱われています。
毎日新聞社から一般書籍として発売されたため、古書でもよくみつけます。

　この本ではOTVからMBSへの異動に関する話が詳しく出ています。

『追想　高橋信三』

　1980年12月20日　非売品
発行　株式会社毎日放送
印刷・製本　大阪高速印刷
　　　　　　株式会社

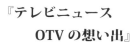

　この本は高橋信三さんが亡くなった後に発行された追悼文集ですが、この中に、本書の「序」にある、森繁久弥さんのエピソードが記されています。

『テレビニュース　OTVの想い出』

　1993年12月1日　非売品
発行　「OTVの想い出」編集委員会
制作　朝日カルチャーセンター
印刷　株式会社キュープリント

　OTV報道部に在籍していた方々が、それぞれの担当番組、担当作業を中心に綴った手記30編をまとめた文集。「火事のOTV」といわれた機動力の高さや、報道部が企画した画期的な番組の数々が紹介されています。研究者必携の一冊といいたいところですが、古書流通にはまったくあらわれず、入手は困難です。しかし、国会図書館や、大阪市内の一部図書館で読むことは可能です。

『6chは上方文化や』

1987年9月10日

発行　朝日カルチャーセンター

発行所　大阪書籍

著者　三上泰生

　OTV時代技術部中継班にいた方の手記ですが、現場エピソードが手に汗を握るような生々しさで描かれています。本書では「ふたつの大遠征」「プロレスアワー」「富士山から生中継」など、重要なシーンで、この本から引用させていただきました。

　また「プロレスアワー」の章で書かれている、力道山に関する貴重な発見は、まさにこの一冊がきっかけとなりました。

　この本は最近は古書市場でも珍しくなり、徐々に入手困難となってきましたが、研究上必要とされる方は、一度私あてご連絡下さい。

『上方テレビ事始め』

2006年12月1日

発行　清風堂書店

著者　阪本雅信

　美術の阪本雅信さんが、OTV開局五十周年の記念日に、ご自分の資料用写真や日記をもとにスタジオ制作番組を中心にまとめた一冊。主要なドラマやバラエティについての解説があり、また、開局直前直後のようすが克明に記録されているため、研究者には必携の一冊。OTVのみならず、NHK大阪テレビジョンの黎明期や民放各局の黎明期についても触れているため、基本資料の一つとして活用できます。自費出版のため流通にムラがありますが、Amazonで探すと、新品・古書の両方で入手可能です。もし入手困難となった場合、研究上必要とされる方は、一度私あてご連絡下さい。

『テレビと芝居の手書き文字　これまで歩いた道』

2010年11月10日

発行　株式会社イグザミナ

著者　竹内志朗

　OTVのみならず在阪テレビ局のタイトル文字やあらゆるロゴタイプ、背景画を長年制作してこられた方の貴重な一冊です。当時のテロップなどはほとんど放送後すぐに破棄されましたが、竹内さんは主要な番組タイトルを記憶の中から呼び出して、この本の中でリメイクしています。

　テレビ美術という新しいジャンルを発展させた大奮闘が描かれた、研究者必携の一冊です。

『聞き取り集「大阪テレビ（OTV）を担った人たち」』

2015年10月21日

自由ジャーナリストクラブ・メディア史研究グループ小山帥人、中川健一、西村秀樹　編

本書と同じく公益信託高橋信三放送文化基金の助成を受けて取材・出版された一冊。OTV在籍者からは阪本雅信（美術）、西村弘（報道カメラマン）、貝谷昌治（ディレクター）、亀井茂（制作部カメラマン）、志水（稲田）英子アナ、宮崎（広瀬）修子アナ、澤田隆治（ディレクター）、町田正夫（東京支社・編成）鈴木昭典（音声→ディレクター）の各氏、出演者からは大村崑、芦屋小雁の両氏にインタビューしています。この企画のリーダーをつとめた小山帥人さんはNHK大阪放送局に勤務されていた方ですが、大阪の放送界のさまざまな事情を周知した上でのインタビューは、情報の深みにおいてダントツです。現場に携わった方々の「想い」や「激しさ」に触れる重要な一冊です。入手困難な本ですが、OTV関係の研究をする上で必要とされる方は私宛ご連絡ください。

『民間放送のかがやいていたころ
　　ゼロからの歴歴史　51人の証言』

2015年10月

関西民放クラブ「メディア・ウオッチング」
辻一郎・貝谷昌治・出野徹之・武田朋子
出版　大阪公立大学共同出版会

関西民放クラブ主催の「メディアウオッチング」事業の一環でおこなわれた関西民放OBたちの講演を集めた分厚い一冊。公益信託高橋信三放送文化基金の助成を受けています。

この本では、OTV関係では野添泰男、今村益三、亀井茂、高岸敏雄、澤田隆治といった方々の話が収録されています。民放創成期から繰り返し全国に波及した「上方ブーム」の作り手まで広い世代を網羅しており、関西の放送史を研究する方には必携の一冊だと思います。

『民間放送十年史』

1961年12月25日

発行所　社団法人日本民間放送連盟
印刷所　合同印刷株式会社

この中に民放各社がデータ入りで自己紹介をするページがあり、OTVは既に合併・消滅していましたが特別に　ページを割り当てられています。このページ数でOTVについて説明した文は珍しく、貴重な一冊です。古書流通でたまにみかけますが、民間放送の黎明期を総覧的に知るには最適な一冊です。

『私だけの放送史』

2008年6月9日

発行　清流出版株式会社
著者　辻一郎

辻さんはNJBに入社し、MBSで主に報道分野を歩いた方ですが、この本はOTVに関することを報道的な視点で記述したもの。当事者の手

記や談話が多い中、貴重な一冊です。他の本ではあまりみられない小谷正一さんに関する話や、MBSテレビ開局までの水面下のいきさつが丁寧に書かれています。

『笑いをつくる』

1994年10月〜12月放送「NHK人間大学・上方芸能・笑いの放送史」テキスト

2002年6月30日　「NHKライブラリー」

著者　澤田隆治

発行所　日本放送出版協会

テレビ講座用にわかりやすく構成されたもので、OTVについてとりあげた珍しいレクチャーです。OTVのみならず、関西民放の黎明期のコメディ事情をわかりやすく解説されており、上方コメディが在阪メディアの大事な金脈となってゆくようすがわかります。

『私説コメディアン史』

1977年11月10日

発行所　株式会社白水社

著者　澤田隆治

「笑いをつくる」に先行する澤田さんの著書ですが、こちらはより人間関係や背景に光を当てており、この分野についての研究を進める方におすすめします。

『近畿の太陽　讀賣テレビ十年史』

1969年　非売品

讀賣テレビ放送株式会社

讀賣テレビ放送の社史としては、DVDつきの50年史などもありますが、準教育局時代のことを知るには十年史のほうがいいようです。

『関西テレビ十年史』

1968年　非売品

関西テレビ放送株式会社総務局社史編集室編

関西テレビでもDVDつきの50年史を制作していますが、黎明期のすべての番組タイトルとデータが記録されており、フジテレビ開局までの伝説の半年間の様子を知ることができます。また、開局後におこなったユニークな技術実験の数々が記録されており、この本でも資料として活用しました。

『TBS60年史』（本編・資料編）

2002年1月　非売品

東京放送編

TBSが開局60周年を記念してリリースした渾身の社史。民間放送全体の動向を丁寧に紹介しながら自社のことを語っているため、民放60年史を総覧するためにもとしても活用できます。TBSテレビの前身である「ラジオ東京テレビジョン」の番組についても、もちろん記述されています。

『大衆とともに25年』（沿革史・写真集）

1978年8月　非売品

日本テレビ放送網株式会社

社史編纂室編

日本テレビが開局25周年を記念して発行した写真とデータ満載の一冊です。戦後、日本にテレビジョン放送が導入された一部始終が細かく書かれていることや、25年間の週間番組表（春・

「おやすみのまえに」

秋）が掲載されており、大変貴重な一冊です。

『テレビ夢50年』

2004年　非売品

日本テレビ50年史編集室編

日本テレビが開局60周年を記念して制作した社史（非売品）ですが、時代やジャンルごとに全八分冊とDVDで構成されており、映像資料の充実した使いやすい資料です。古書流通は少なく、高価ですが、主要図書館には収蔵されています。

『テレビ朝日社史　ファミリー視聴の50年』

1984年2月　非売品

全国朝日放送株式会社総務局社史編纂部編

テレビ朝日は日本最初の「民間教育専門テレビ局」として開局したNET（日本教育テレビ）を前身に持っていますが、この本では初期の番組についてもよく紹介されており、たとえば初期のネットパートナーであったMBSの番組表解析には欠かせない一冊です。

『20世紀放送史』

2001　日本放送協会

　　　日本放送協会放送文化研究所編

出版　日本放送出版協会

本編（上下）や資料集を中心とした組本で、20世紀の日本の放送全般を網羅した大集成ですが、東京を中心とした視点で構成されているためOTVに関する記述はわずかです。しかし、民放テレビ多局化が一気に進んだきっかけや、ネットワーク間の競争については外部者の視点から公平に描かれているため、裏付けを固めるには必要な一冊です。

『こちらJOBK　NHK大阪放送局七十年』

1995年5月31日　非売品

発行　日本放送協会大阪放送局

企画・編集
　　　NHK大阪放送局七十年史編集委員会

制作　有限会社朋興社

印刷　ナニワ印刷株式会社

OTVの最初のライバル局であるNHK大阪放送局の局史です。NHKの全国各地の放送局の多くが、それぞれ独自に局史を編纂していますが、その筆頭ともいえるのがこの一冊です。

全体に写真と出演者のコメントが多いのが特徴ですが、本文も細部にわたって丁寧に記述されており、テレビについても実験放送からカラー放送開始までの技術的過渡期をこまかく記録しているため、OTVに関する研究をする上でも大変役立ちます。

『テレビ塔物語　創業の精神を、いま』

1974年8月28日

日本テレビ放送網株式会社総務局編

発行　日本テレビ放送網株式会社

印刷　凸版印刷株式会社

前述の「大衆とともに25年」（二十五年史）のために集めた資料に新たな資料を加えて、日本テレビが最後までこだわった「自社鉄塔からの放送」に焦点を当てて編集した、一般向けの読み物です。

この本は日本のテレビジョン導入に関して詳細に記されており、本書でも参考にしました。

『前田久吉伝―八十八年を顧みて』

1980年4月

発行　日本電波塔　非売品

本書「東京タワー」の項で中心的な資料とした一冊です。東京タワーについては前田久吉氏自身が1959年に「東京タワー物語」を書いていますが、こちらは新聞店の開業から房総半島「マザー牧場」の開発まで生涯にわたる人物伝です。この本には「東京タワー物語」からの引用も多く、前田氏が手掛けたメディア全体の歴史

を把握する資料としても役立つ一冊です。

『年刊テレビ・ドラマ代表作選集 1958』

1959年

飯島正、内村直也 編

OTVの芸術祭参加作品である「かんてき長屋」を台本で楽しむことができる貴重な一作。

セットの描写や登場人物のキャラクター説明も丁寧で、読んでいるだけで世界に引き込まれる。

また、「どたんば」「菜種河豚」といった同年代のすぐれたドラマも併催されており、資料的価値が高い。

比較的多く出版された本なので、入手や閲覧は難しくありません。また、図書館にも多く所蔵されていますが、用紙の酸化がだいぶすすんでいるので、電子コピーのさいには　最大の注意が必要です。

<収録作品>

生と死の十五分間
　（NTV 飯沢匡）森繁久弥
どたんば
　（NHK 菊島隆三）三国廉太郎
勝利者
　（KRTV キノトール　小野田勇）石原良
ひょう六とそばの花
　（NHK 土井行夫）
水仙と木魚
　（NHK 三好十郎）大森暁美
帰って来た人
　（NHK 飯島正）高森和子
菜種河豚
　（KR 吉井勇）大矢市次郎
清水坂
　（NHK 北条秀司）大阪放送劇団総出演
袖たもと
　（NTV 久保田万太郎）加藤武
かんてき長屋
　（OTV 長谷川幸延）大久保恵司

<読み物>

テレビ・ドラマの書き方（内村直也）
テレビ・ドラマの演出（東郷静男）
テレビと俳優（岩崎修）

『年刊テレビ・ドラマ代表作選集 1959』

1960年

飯島正、内村直也 編

こちらは OTV 作品「ビルの谷間」だけでなく OTV からも放送された「囮」「マンモス・タワー」なども採録されています。

この本には「演出メモ」と題して、各ドラマの演出担当者による文が寄せられているが「ビルの谷間」の演出メモでは、このドラマが狙ったモダンな映像演出について詳しく説明されています。

<収録作品>

ルミ子よ、わが子
　（NHK 藤田敏雄）耕田実
囮（おとり）
　（ダイヤル110番第282回　NTV 井手雅人）
我がうえの星は見えず
　（CBC 内村直也）左幸子
白い墓標の影に
　（NHK 茂木草介）奈良岡朋子
桔梗の夢
　（NHK 円地文子）フランキー堺
マンモス・タワー
　（KRTV 白坂依志夫）森雅之
人間動物園
　（NHK 菊島隆三）藤間紫
海の笛
　（CBC 中江良夫）清川虹子
ビルの谷間
　（OTV 依田義賢）萬代峯子
女の影
　（KRTV 宇野信夫）市川猿之助

『テレビ料理 365 日』

1958年　六月社刊

「料理手帖」の項でも紹介しましたが、番組開始からテキストが発行されるまでの期間のメニューを中心にレシピと盛り付け例（白黒写真）が掲載されています。

元旦から大晦日までカレンダー風にページをならべているため、材料の旬や料理の季節感がわかりやすく、また、季節の行事料理や機会料理も豊富で、名店の味の再現から大阪ならではの経済料理も紹介されており、当時のさまざまな階層の関西の味が一冊で楽しめます。

発行数は多かったですが「台所で使われる本」だったため残っているものも少なく、古書店で見かけることも珍しいものです。しかし、国会図書館には所蔵されています。

『料理手帖』

（テキスト）

大阪テレビが発行した初期のテキストは、関西の古書店では入手可能です。日々の放送予定に添っているため、この番組を研究するには必読とえるでしょう。

構成台本等

脚本を扱う古書店では、稀にOTVのバラエティやドラマの台本を見かけます。大阪のみならず、東京の神田神保町にある脚本・演劇本専門の古書店でもスタジオ舞踊の朗読台本や、音楽バラエティの構成台本が販売されているのを確認しました。

また、早稲田大学演劇博物館には「シラレン国」の台本が所蔵されているとの情報もあります。さらに、個人的に保管されている台本も少なからず存在することを確認しています。

これらの台本をもとに、OTVの名作の数々がリメイクされることを期待します。

その他

上記の他、OTVが発行した広報資料や社報だけでなく「用が済めば廃棄されるような書類」である会計書類、発令、告知の類は、研究上「第一級」に値します。さらに株券や、株式関係の書類、登記資料なども、企業としてのOTVを研究する上で資料となります。

さらに、OTV社員の皆さんが実際に携帯していた名刺やバッヂも第一球の資料。特にバッヂは「猫の目」と呼ばれるきっかけとなったものです。

また、受信報告を寄せた人に対しては、技術部から「受信確認証（ベリカード）」も発行されており、毎日新聞ではその存在が紹介されていますが、実際にコレクションされたものは確認されていません。国内放送局のベリカードでは、最も珍しいものといえるでしょう。

◀■▶

また、社員の皆さんが自らの資料とするために撮影した現場写真や、何かの記念に撮影された写真で多く関係者に向けて焼き増しされたものが多数あります。これらはOTV関係者が私蔵していることが多いのですが、パネル展示などを企画すればご協力いただけることもあるため、その際にはホームページ「大阪テレビ放送研究会」からご相談ください。

◀■▶

以上はこの本を執筆するにあたって資料としたものの一部であり、このほかにも音楽、演芸、技術、流行、登山、鉄道などの専門資料も用いましたがここでは省略します。

また、OTV関係の資料のうち、個人的な出版や有志の文集の一部には、書籍名を伏せているものがあります。

● 研究者の皆様へ

この「おやすみの前に」を書いているのは、アナログテレビ放送終了からちょうど五年目、7月24日の深夜です。

5年前の23:58、朝日放送が停波の直前に懐かしい「OTVシグナルミュージック」を放送しました。映像はOTV時代の局舎や街頭テレビなどでしたが、そこにははっきりと「大阪テレビ」または「OTV」と書かれていました。朝日放送テレビの前身が大阪テレビ放送であることを知らない人にはまったくの謎の映像だったかもしれません。

5年前のことを想いながら、この原稿を書いているというわけです。

◀■▶

さて、繰り返しになりますが、本書の編集にあたっては、時代考証や各界専門家の試読をお願いしました。しかし、それでもまだまだ推測や可能性で記した部分もあり、完全な資料とはいえません。むしろ本書は、初めて編纂された基礎資料集として「出来事全体の流れ」を把握していただくことに力点を置き、枝葉となる部分については、今後の研究によって、もっと正確なものとなるよう努めます。

また同時に、本書を通じてOTVや大阪の民放テレビ黎明期、日本の放送史に関心を持った方から、ご意見や、新情報、訂正、考察、推論などを積極的に集め、Web上で共有するとともに、改訂版発行の際に盛り込んでゆきたいと思います。

この本をお読みになって気になる点がありましたら、どんどん余白にメモして下さい。そして、その中から気になるものを書きだして、次のインターネットサイトでお送りください。皆さんのお手元の一冊が、どんどん著者の手元の稿本を超えてゆくのです。

また、余白に書き込んだものをスキャンして、下記のインターネットサイト経由でお送りいただいたり、コピーを出版社あてご郵送くださっても結構です。番組表の訂正情報などはこの方法の方がラクかもしれません。この活動を通じて、ひとりでも研究仲間が増えることを祈ってやみません。

「大阪テレビ放送研究会」

http://www.owarai.to/otv

さて、この本もまもなく結末を迎えます。長らくおつきあいくださいまして誠にありがとうございました。

同時代を過ごした方には懐かしい断片の数々を愉しんでいただけたことと思います。また、後の時代に生まれた私と同様の方々は、黎明期のダイナミズムや、人間味あふれる仕事の数々に触れることができたことと思います。

近年、テレビに対する、人々の「愛情」が薄れてきたように思います。制作者が自らの番組に愛情を注ぐのは変わりませんが、リスク管理やコンプライアンス管理と引き換えに、多くの「愛情の注ぎ方」が失われたことは確かです。もちろん私は過労や危険作業を礼賛、または必要悪として認めるものではありませんが、折角、多様な考え方の人間が集まって作っているのですから「チーム内で上手にカバーしながら、ほどほどに無理する」ことはできないものかと思います。

また、視聴者が（出演者ではなく）テレビに対する愛情を急速に失いはじめていることに危機感をおぼえます。「あると楽しい存在」が「なければならない存在」を経て「あってもいい存在」になりつつあります。もちろんテレビに対して「なくても困らない存在」そして「邪魔な存在」と仰る方は昔からいますが、近年は、テレビ放送の政治・社会問題の取り上げ方、流行への取り組み方に厳しい意見を持つ方が増えており「もういらない」という流れを生みそうになってい

「おやすみのまえに」

ます。

また、大阪および関西の経済も長期にわたって低迷しています。ことに圧倒的な資金フローで潤ってきた大阪は、資金の流れが東京中心に傾倒してから続落的な状況におかれています。

大阪は、社会も経済も「ライブな力」に飢えています。仕事も遊びも世界的・全国的な流行によって固定化、プレザーブ化されてしまい、大阪伝来の、いまここに生まれた何かを愉しみ尽くす「ライブな生き方、やりかた」が廃れつつあります。幸い、大阪人独特の「熱狂」の気質は（対象がほとんど政治とタイガースに向けられているのは考えものですが）失われておらず、出来事に対するリアクションの良さは日本でも有数だと思いますが、一方、文化的・娯楽的な共有体験から「大阪らしさ」を育てる要素が少なくなっていることを残念だと思います。

OTVは幸い、大阪の財界・文化界・娯楽界の三つのパワーに支えられ、「空中博覧会」というべき成果を残しました。

これを時代の産物、偶然の出来事で片付けるのは簡単です。しかし、そんな安直なあきらめ方を大阪千年の歴史は許すでしょうか。今こそ、この、二年半の成果を今に結び付けて、明日の道筋につないでゆけないかと思います。

過去の出来事は、語り継がれるによって歴史となり、歴史はリサイクルされることで未来の材料になります。大阪は昔から、時間をリサイクルすることで繁栄を維持して来ました。まさに、伝統と未来が直結して「成功の循環」が維持されたのだと考えます。

いま、その循環が途切れています。過去から学ぶ流れが消えています。大阪の不景気は果して「東京集中」のせいだけでしょうか。時間や体験を循環させるポンプ、すなわち在阪メディア自体がパワーダウンしているせいではないでしょうか。一億総評論家の時代、メディアの側に、パワー不足を言い訳する癖がついてしまったのも残念です。

この本を手にされた「現役の」放送関係者の皆さん、ぜひともOTVの成功を過去の幸運で済ませることなく、今できることに積極的に結び付けて頂きたいと思います。

さて、当初、アナログテレビの走査線の本数にちなんで「525ページ」で完成することを目標としていた本書ですが、やや少なめのページ数で完結となりそうです。どうか、残りの数ページは皆さんの探究心や想像力で埋めて頂ければと思います。そして、ぜひとも皆様に埋めて頂

いた数ページを、著者あてお送りください。この本が、皆様の手元で完成されることを祈っております。この一冊をきっかけに、テレビジョンをもっとライブでパワフルなものにしようという「応援の輪」ができればと思います。

テレビジョンは大阪の地場産業です。
ではどちらさまも、おやすみなさい。

OTVのクロージング画面は2種類あって、テストパターンが小さくなっていくのと中之島の夜景でビルの灯が消えていくというもの。

本書は「公益信託高橋信三記念放送文化基金」の平成25年度、26年度助成を受けて刊行されました。

【写真提供】
朝日放送株式会社
株式会社毎日新聞社
大塚製薬株式会社
大阪テレビOB・OGの皆様

著者略歴

川崎隆章（かわさき　たかゆき）
1964年大阪府箕面市生まれ。
千葉県立君津高等学校卒。
1995年よりTokyo FMの文字多重放送コンテンツ開発で放送業界入り。
マルチメディア番組の企画制作に従事。1999年より演芸番組ディレクター。落語専門レーベル「ワザオギ」の創立時からディレクターを務める。
アジア放送研究理事。

（編集＋アートディレクション＋デザイン＋撮影＝有限会社グッズ：荒木基次）

まぼろしの大阪テレビ
全番組表集成
～1000日の空中博覧会～

2016年10月3日　初版第一刷発行

著者……………川崎隆章
発行者……………稲川博久
発行所……………東方出版株式会社
　　　　　　　　〒543-0062
　　　　　　　　大阪市天王寺区逢阪2-3-2-602
　　　　　　　　TEL：06-779-9571　FAX：06-6779-9573
　　　　　　　　www.tohoshuppan.co.jp/
印刷所……………シナノ印刷株式会社
ISBN978-4-86249-271-5